Heinrich Lutz
Österreich-Ungarn
und die Gründung
des Deutschen
Reiches

Heinrich Lutz
Österreich-Ungarn und die Gründung des Deutschen Reiches

Europäische Entscheidungen
1867 – 1871

Propyläen

© 1979 by Ullstein GmbH
Frankfurt am Main · Berlin · Wien
Propyläen Verlag
Satz: Otto Gutfreund, Darmstadt
Druck: Süddeutsche Verlagsanstalt und Druckerei, Ludwigsburg
Buchbinder: May und Co, Darmstadt
Printed in Germany 1979
ISBN 3 549 073925

Gewidmet dem Gedächtnis an
FRIEDRICH ENGEL-JANOSI
18. Februar 1893 – 7. März 1978

Inhalt

Vorwort

Seit ich im Jahre 1966 einem Ruf aus Deutschland nach Wien folgte, beschäftigten mich die Fragen der deutsch-österreichischen Zusammenhänge im 19. und 20. Jahrhundert. Anregungen verdanke ich meinem lehrer Franz Schnabel, der nach dem Ende des Dritten Reiches die Fragen um die Entstehung des Bismarckreiches kritisch zu erörtern lehrte. Viel bedeutete in Wien die Begegnung mit Friedrich Engel-Janosi, der mich in all den Jahren durch fesselnde Gespräche und mehr noch durch freundschaftliche Nähe in die versunkene Welt der Habsburger Monarchie einführte. Ich hoffte, ihm dies Werk noch überreichen zu dürfen. Nun sei es der Erinnerung an diesen hervorragenden Gelehrten gewidmet, der die Kultur des alten Österreich so lebendig und anziehend darzustellen und weiterzugeben vermochte.

Die Fragen dort neu aufzunehmen, wo sie nach den Forschungen von Heinrich von Srbik seit 1945 geruht hatten, war für den unbefangen aus Deutschland Kommenden eine Herausforderung, sowohl im Dienst der Wissenschaft wie im Interesse der persönlichen Orientierung. Wenn ich in den zehn Jahren, die seit dem Beginn der Arbeit an diesem Thema vergangen sind, unendlich viel gelernt habe, und wenn die Fragestellung sich zunehmend von der deutsch-österreichischen Problematik auf den weiteren Bereich des Zusammmenlebens der deutschsprachigen Kultur mit den Nachbarn im Osten und Südosten verschob, so habe ich für dies Lernen und diese Erweiterung des Horizontes nach vielen Seiten Dank zu sagen.

Für zahlreiche wertvolle Informationen und Anregungen im Umkreis der ungarischen Geschichte schulde ich den Kollegen István Diószegi, Miklos Komjáthi und Peter Hának in Budapest aufrichtigen Dank. Instruktive Hinweise zur polnischen Seite des damaligen Geschehens verdanke ich Henry Batowski (Kraków); Fran Zwitter (Ljubljana) half mir mit eindringenden Erläuterungen und Literaturhinweisen zur Geschichte der Slowenen und der jugoslawischen Bewegung. Diese Hilfe und die Hilfe österreichischer Kollegen, die mich in Fragen der südosteuropäischen und ungarischen Geschichte unterstützten, war auch deshalb besonders wichtig, weil mir die entsprechenden Sprachkenntnisse fehlten. Von den Kollegen in Graz und Wien sind mit besonderem Dank zu nennen Ferdinand Hauptmann und Richard Plaschka mit seinen Mitarbeitern Dr. Arnold Suppan und Dr. Horst Haselsteiner. Im Umkreis des Instituts für Geschichte der Universität Wien fand ich intensive Hilfe und Anregung bei Adam Wandruszka und bei Gerald Stourzh, der in freundschaftlicher Weise einen Teil des Manuskripts las. Für die Mühe, das ganze Manuskript gelesen zu haben, und für eine Fülle von Hinweisen und Ergänzungen habe ich Helmut Rumpler (Klagenfurt) herzlich zu danken, der seit unseren gemeinsamen Wiener Jahren an dem Entstehen der Arbeit Anteil nahm. Meinen näheren Mitarbeitern schulde ich Dank nicht nur für ihre tatkräftige Hilfe in all den Jahren, sondern auch für förderliche Geduld: Herrn Dr. Moritz Csáky, Herrn Dr. Peter Eppel und Herrn Friedrich Skol, der viele Monate mit mir im Archiv arbeitete und in mehreren Arbeitsgängen das Manuskript ins Reine schrieb. Der Bibliothekar des Instituts, Herr Ferdinand Schmied, leistete Außerordentliches in der Bereitstellung der Literatur. Schließlich danke ich Herrn Lothar Höbelt für die Mitarbeit bei den Korrekturen und für die Erstellung des Registers.

Unter den deutschen Kollegen, auf deren Rat und Hilfe ich mich dankbar stützen konnte, ist vor allem Eberhard Kolb (Würzburg) zu nennen. Er hatte die Güte, mir einen Teil seiner ungedruckten Habilitationsschrift über Bismarcks Politik 1870/71 zur Verfügung zu stellen. Wertvolle Anregungen verdanke ich Josef Becker (Augsburg). Theodor Schieder, auf dessen Einladung ich 1972 erstmals einige meiner Ergebnisse auf der Jahresversammlung der Historischen Kommission in München vortragen und im folgenden Jahr in der Historischen Zeitschrift veröffentlichen konnte, sei auch hier für sein förderndes Interesse aufrichtig gedankt.

Den Beamten des Haus-, Hof- und Staatsarchivs, des Kriegsarchivs und des Verwaltungsarchivs in Wien und des Hauptstaatsarchivs in München zu danken ist mir eine besondere Freude. Ohne ihre unermüdliche Hilfe hätte eine Arbeit wie diese nicht geschrieben werden können.

Die umfangreichen, im Anmerkungsteil ausgebreiteten Nachweise und Erörterungen aus Quellen und Literatur dürfen wohl trotz der etwas klein geratenen Drucktypen auf die Aufmerksamkeit des interessierten Lesers rechnen. Die angezogenen Werke sind bei wiederholter Zitierung im allgemeinen nur mit einem Kurztitel angeführt. Eine Wiederholung des vollen Titels erfolgt nur dort, wo das Werk mit besonderer Hervorhebung erwähnt wird.

Wien, im Juli 1979   H. L.

Einleitung

Fragen der Geschichte

Die Reise in die Vergangenheit, kaum mehr als hundert Jahre weit, führt uns in eine versunkene Welt. Wir befinden uns in einem noch monarchisch geprägten Europa, auch wenn das Bürgertum, über die politischen Niederlagen von 1848 hinweg, sich immer stärker zur Geltung bringt. Das nach 1848/49 äußerlich neu gefestigte System monarchischer Ordnung überdeckt sehr unterschiedliche Stufen und Tendenzen nationaler und sozialer Entwicklung. Gekrönte Häupter residieren inmitten ihrer Höfe und ihrer Etikette, die wirklich oder scheinbar aus dem Mittelalter stammen. Kaiser und Könige kommandieren die Armeen, nehmen die Beamten und Bischöfe in Pflicht, schließen Verträge, glauben noch sagen zu können, nach innen und außen: »Es ist mein Wille...« Doch die tiefe Diskrepanz zwischen monarchischer Form und politisch-sozialer Realität bietet neue, ausnehmende Bedingungen für den Auftritt großer politischer »Macher«: Cavour, Napoleon III., Bismarck. Der Adel spielt noch überall eine große Rolle; doch er ist nicht mehr kategorisch vom Leben und Geist des aufsteigenden Bürgertums getrennt, das überall Kompromisse mit den alten Oberschichten eingeht.

Im Gehäuse der Monarchien regten sich stärker denn je Fleiß und Gewerbe des Bürgertums, das auf die fortschrittlichen, völkerverbindenden und liberalisierenden Wirkungen von Handel, Industrie und Verkehr vertraut. Technik und Wissenschaft, Weltwirtschaft und zivilisatorischer Komfort tragen über die nationalen und kosmopolitischen Enttäuschungen von 1848/49 hinweg und lassen sie nachträglich als nur vorübergehende Rückschläge erscheinen. Der neue Optimismus der Freihandelsepoche sucht seine Ziele im langfristigen Ausbau freiheitlicher Institutionen, er findet seine Sprache in der stürmischen Entwicklung des europäischen Pressewesens der sechziger Jahre. Der Telegraph umspannt erstmals die Welt. Zur Tiefe der Bildung treten die Weite der Information und die Kraft der öffentlichen Meinung. Das freie Wort verbürgt Fortschritt und Zivilisation. Und selbst dort, wo die Gegensätze von Monarchie und Volksfreiheit, die scharfe Vielstimmigkeit der Nationalitäten und die Forderungen der sich organisierenden Industriearbeiter reale Konflikte anzeigen, sind die Hoffnungen des Jahrhunderts auf einen

erreichbaren Ausgleich in Gerechtigkeit und Frieden noch nicht dementiert.
In diese farbige, hoffnungsvolle, versunkene Welt der sechziger Jahre des vorigen Jahrhunderts tritt der Leser der folgenden Seiten.

Dieses Buch erzählt von Begebenheiten und erläutert Fragen, die der europäischen, der österreichischen und der deutschen Geschichte zugehören. Es
beginnt mit der ersten europäischen Krise nach dem Ende des Deutschen
Bundes, mit jener Luxemburgkrise, die im Frühjahr 1867 den Ansatz der
neuen Tendenzen zur Blockbildung quer durch die Mitte Europas bezeichnet: hier Frankreich und Österreich-Ungarn, dort Preußen und Rußland. Es
schließt mit dem Blick auf das Entstehen des Dreikaiserbündnisses 1872:
Nach der Niederwerfung Frankreichs und der Gründung des Deutschen Reiches gelingt es Bismarck, den von Wien intendierten liberalen österreichisch-deutschen Mitteleuropablock durch den Einschluß Rußlands in ein
Bündnis der drei konservativen Kaisermächte zu überführen. Allerdings –
dies wird im Schlußabschnitt nur mehr angedeutet – war dieser Erfolg Bismarcks vorübergehend; nach dem Ende seiner Amtszeit 1890 dominiert sogleich die ursprüngliche österreichische Idee des Mitteleuropablocks ohne
Rußland, wie sie Beust 1870/71 den Interessen der Habsburgermonarchie
allein angemessen gefunden hatte. Daß dieser späte Triumph der Wiener
Konzeption dann nicht mehr wie bei Beust im Zeichen einer liberalen Gesellschaftspolitik und einer unverbrüchlichen Verbindung des Mitteleuropablocks (der eine friedensichernde Fortsetzung des Deutschen Bundes von
1815 sein sollte) mit dem liberalen Westen stand – das machte freilich eine
fundamentale Veränderung der Dinge aus.

In den Jahren 1867 bis 1871 veränderten sich viele Bedingungen und Formen des Lebens in der Donaumonarchie und in Deutschland; aus der Fülle
dieser Veränderungen und der sie verursachenden und auslösenden, begleitenden und bestimmenden Ereignisse wählt die Darstellung aus. Die Auswahl orientiert sich an einigen durchgehenden Fragen, denen der Gang der
Erzählung und Analyse in komplexer und wechselnder Weise zu folgen versucht.

1. Mit welchen Zielen, Mitteln und Ergebnissen griff die Politik Österreich-Ungarns in den Entscheidungsprozeß ein, der von 1866 bis 1871 zur
Entstehung des Deutschen Reiches führte?

2. Welche Voraussetzungen und welche Folgen hatten dieser Prozeß und
diese Politik in den inneren Verhältnissen der Monarchie, insbesondere in
Bezug auf die Nationalitätenprobleme des Vielvölkerstaates?

3. Welche Bedeutung hatte im Rahmen der Veränderungsprozesse, die das
Werden des kleindeutschen Reiches und die Umgestaltung des Habsburgerreiches ausmachten, das Zusammentreffen des Aufstiegs der deutschen Nationalbewegung mit den nationalen und sozialen Emanzipationsbestrebungen der slawischen Völker?

4. Welche Bedingungen und welche Wirkungen des Ringens der österreichisch-ungarischen Führung – zunächst *gegen* die kleindeutsche Reichsgründung, dann *um ihre Integration* in das außen- und innenpolitische Interessensystem der Monarchie – sind im Bereich der europäischen Politik und ihres strukturellen Wandels festzustellen?

5. Wie ist im Horizont solcher Entscheidungsprozesse die Funktion der beiden Männer zu sehen, die als Protagonisten gelten: Beust und Bismarck?

Die Tragweite dieser Fragestellungen, die sich vielfach berühren, reicht selbstverständlich über das Jahr 1871 hinaus. Immer wieder haben Historiker mit ganz unterschiedlichen Standpunkten übereinstimmend die Konsequenzen betont, die sich aus den Entscheidungen von 1867/71 bis zum Ende von 1918 ergaben. In eindringlicher Weise formulierte 1967 bei einer Diskussion aus Anlaß des Centenars des österreichisch-ungarischen Ausgleichs der tschechische Forscher Jiří Kořalka den folgenreichen Zusammenhang des deutsch-ungarischen Dualismus (der eine Föderalisierung der Donaumonarchie im Sinne der slawischen Bevölkerungsmehrheit verhinderte) mit der außenpolitischen Bindung an Deutschland:

»Alle Versuche um eine föderalistische Lösung in Zisleithanien sind gerade durch die Zusammenflechtung des Zweibundes und des Dualismus bei verschiedenen Stellen in Berlin und Budapest auf verschiedene Negation gestoßen... Und wenn... der Zweibund und der Dualismus immer mehr und unzertrennbar verbunden waren, wenn sich da keine andere Lösung ergab, dann müssen und mußten wir an der weiteren Entwicklungsmöglichkeit der Habsburgermonarchie ganz wesentlich zweifeln. Wenn es so war, dann gab es ohne eine große Veränderung der internationalen Lage und eine innenpolitische und soziale Revolution in Österreich leider kein Zusammenleben mehr.«[1]

Natürlich wird diese Perspektive vor allem von den Erfahrungen der tschechischen Geschichte bestimmt; es ist nur eine unter den verschiedenen Perspektiven, die in der heutigen Forschung diskutiert werden. Ihre exemplarische Bedeutung liegt darin, daß hier die historische Herleitung *und* eine politisch-ethische Begründung der neuen mitteleuropäischen Staatenwelt von 1918/19 über viele Jahrzehnte hinweg vorgenommen wird.

Kořalka hat die Reflexion über die Folgen des erstarrten Dualismus und der deutsch-österreichischen Bindung bis zur Staatswerdung der Tschechoslowakei 1918 geführt. Doch läßt sich unschwer zeigen, daß die Relevanz der oben angeführten Fragestellungen noch weiter reicht. Nicht nur die Beziehungen zwischen der Weimarer Republik, Österreich und Südosteuropa, auch der finstere und verhängnisvolle Komplex des nationalsozialistischen Großdeutschlands, seiner ideologischen Begründung wie seiner Ost- und

Südostpolitik können in der Kontinuität bestimmter Entscheidungen der Jahre 1867/1871 gesehen werden. Ohne die Tiefe und Weite der sukzessiven Weichenstellungen zu verkennen, ohne das Ausmaß der von anderen Faktoren bestimmten Wandlungen institutioneller, sozialer und bewußtseinsmäßiger Art zu verkürzen, hat sich doch der heutige Historiker diesen Kontinuitätsproblemen zu stellen. Gerade eine Forschung, die es mit den Bruchstellen zwischen deutscher Nationalität und nichtdeutscher Bevölkerung im komplexen Rahmen der Habsburger Monarchie zu tun hat, kann auf ein deutliches Verfolgen der weiteren Perspektiven bis in die Welt von heute nicht verzichten.

Der Katalog der fünf Fragen, an dem sich die folgende Darstellung orientiert, hat strukturgeschichtliche und historiographische Voraussetzungen, auf die noch näher einzugehen ist (in den Abschnitten zwei und drei der Einleitung). Zuvor erscheint es zweckmäßig, die Fragen selbst etwas zu entfalten und zu verdeutlichen. Denn schon in ihrer Formulierung kommen bestimmte Annahmen und Ausgangspositionen zum Ausdruck, die nicht alle so selbstverständlich sind, wie sie vielleicht klingen mögen. Auf diese markanten und besonderen Züge der Fragestellung sei der Leser gleich anfangs hingewiesen. Sie begleiten und erschließen die Abfolge der Kapitel. Gerade weil die Ordnung der Erzählung und Analyse im allgemeinen chronologisch verläuft, ist dem möglichen Mißverständnis entgegenzutreten, als ob schon das narrative Nacheinander von sich aus den besten Zugang zur geschichtlichen Erkenntnis erschließe. Es kann nicht deutlich genug ausgesprochen werden, daß das vorliegende Buch nicht einfach eine wie auch immer gebändigte und gestaltete Abbild- oder Nacherzählung ist, sondern Ergebnis eines ziemlich verwickelten Rekonstruktionsvorganges. Wer mit den Augen der Wissenschaft liest, weiß das ohnehin. Wer ohne Umwege liest, um zu erfahren, »wie es eigentlich gewesen«, mag weniger nach dieser vorgängigen Werkstattarbeit des Historikers fragen; er hält sich legitimerweise an das, was dabei herausgekommen ist, an den Buchtext, und ob dieser einleuchtet oder nicht. Die Legitimität dieses Interesses findet ja schon darin ihren Grund, daß ein solches Buch sich einer allgemeinverständlichen Sprache bedient – oder, anders gesagt, daß der Autor sich bemüht, den selbstverständlichen Anteil fachsprachlicher Elemente nur so einzusetzen, daß die Sache der Vergangenheit dem Leser von heute sich selbst erklärt.

Überhaupt sollte die Trennlinie zwischen »wissenschaftlichem« und »allgemeinem« Interesse an der Geschichte doch nicht schärfer gezogen werden, als sie in Wirklichkeit zumeist ist. Jedes fachliche Interesse ist auch ein allgemeines Interesse, und kein allgemeines Publikum könnte gedacht werden, das nicht auch ein genaues Gehör und Gespür für die »Mache« eines Geschichtswerkes hätte. Dies alles bleibt vorausgesetzt, und dennoch – oder gerade deshalb – hat die einleitende Erläuterung der Fragen, um die es geht, Anspruch auf besondere Aufmerksamkeit. Hier öffnen sich die Türen zu weiterreichenden Perspektiven – wenn es gelingt, sie zu öffnen. Hier werden also gewisse Rahmen-Einsichten der nachfolgenden Untersuchung antizipiert; ohne diese partielle Vorwegnahme könnte der Einstieg in das Folgende nicht mit der angemessenen Sorgfalt angeboten werden.

Die *erste Frage* nach den Zielen, Mitteln und Ergebnissen der Wiener und Budapester Politik gegenüber dem Prozeß der kleindeutschen Einigung nimmt unter anderem drei Voraussetzungen an. Erstens wird der Begriff Politik hier und im folgenden in einem zugleich weiten und eindeutigen Sinne verwendet. Die eindeutige Abgrenzung liegt darin, daß nicht im sozialen oder wirtschaftlichen oder kulturellen Bereich, sondern auf jener Ebene, die die Zeitgenossen so wie wir heute als »Politik« bezeichneten und auf der politisches Handeln stattfand, die entscheidenden Veränderungsprozesse verfolgt werden. Diese Betrachtungsweise beruft sich keineswegs auf einen grundsätzlichen Vorrang der politischen Geschichte. Sie ergibt sich vielmehr zweckmäßigerweise aus dem besonderen, eher kurzfristigen und eben am besten »politisch« erfaßbaren Charakter der fraglichen Vorgänge. Es wird zweitens davon ausgegangen, daß auf Seiten Österreich-Ungarns eine kohärente Politik – wie immer sich wandelnd und auf die verschiedensten Bedingungen innerstaatlicher und außenpolitischer Art bezogen – stattfand. Weiterhin liegt die Annahme zugrunde, daß diese Politik bei allem Wandel ihrer Zielsetzungen und Mittel von Bedeutung für die mitteleuropäischen Ergebnisse von 1871 war. Nicht im Modell eines einfachen Gegenübers von Sieg und Anpassung (oder Unterwerfung), sondern eher im Modell eines komplexen, vielfach ineinandergreifenden und sich gegenseitig bedingenden Ringens scheint dieser Vorgang beschreibbar. Nirgendwo stand es 1866 in den Sternen geschrieben, daß die Dinge so gehen mußten, wie sie dann gingen. Gegenüber allen Nachwirkungen borussischer Geschichtslegenden hier und österreichisch-deutscher Zweibundmythen dort ist die relative Offenheit der Entscheidungssituationen, vor allem auch hinsichtlich der deutschen Provinzen Österreichs, sehr zu betonen. Eines waren die Intentionen Bismarcks seit 1866, mit der nationalen Einigung nach Möglichkeit an den Grenzen Österreichs Halt zu machen. Doch wir sehen 1871 nicht nur die Wiener, sondern auch die Berliner Politiker sehr von der *Sorge* bedrängt, ob nicht eine übermächtige Welle von Anschlußbegeisterung die Entwicklung rasch weiter treiben werde.[2] (Berlin wollte 1871 den Anschluß der deutsch-österreichischen Provinzen nicht, weil man keine zusätzlichen Katholiken und Slawen brauchen konnte und weil man an der Existenz der Donaumonarchie außenpolitisch aufs höchste interessiert war.) Dies war eine bald vorübergehende Sorge. Aber die irredentistische Krise von 1871 – ausgelöst durch die proslawischen Wirkungen der föderalistischen Pläne des Ministeriums Hohenwart-Schäffle – fand eben nicht von selbst ein Ende, sondern aufgrund sehr

konkreter und in anderer Richtung höchst folgenreicher Entscheidungen:
Für die Überwindung dieser Krise zahlte Österreich unter anderem den Preis
einer Verwerfung der föderalistischen Verfassungsreform. Schon der Blick
auf dieses eine Beispiel kann verständlich machen, warum eine umfassende
Formulierung der ersten Frage so wichtig erscheint. Daß im übrigen im Horizont dieser Frage neben den Beziehungen zu Preußen der süddeutschen Politik Wiens besondere Bedeutung zukommt, versteht sich von selbst.

Die *zweite Frage* geht von dem allgemeinen Axiom eines sehr engen Zusammenhangs von Innen- und Außenpolitik aus. Im Falle des Vielvölkerstaates Österreich-Ungarn sind besondere Umstände zu beachten, die dieses
Axiom nicht etwa einschränken, aber seine methodische Anwendung strek-
kenweise ziemlich erschweren. Wenn die Außenpolitik die Domäne der unmittelbaren Entscheidungsgewalt des Kaisers war und wenn die parlamentarische Kontrolle der Außenpolitik durch die Delegationen wenig bedeutete
(davon wird im nächsten Abschnitt die Rede sein), so hieß das keineswegs,
daß sich außenpolitische Konzepte, Strategien und Entscheidungen in einem
abstrakten Freiheitsraum abspielten. Es heißt aber, daß es nicht immer leicht
ist, nachzuweisen, ob und wie die verschiedenen Faktoren der Innenpolitik
auf die im absolutistischen Stil geführte Außenpolitik einwirkten. Eine weitere Komplikation liegt darin, daß sich die Parteigruppierungen keineswegs
voll mit den nationalen Abgrenzungen deckten. Andererseits ist die ständige
Präsenz der deutschen Frage und der »slawischen Frage« kaum zu überschätzen. Die deutsche Frage war in diesen Jahren stets eine Frage *in Österreich*, nicht außerhalb Österreichs. Und während die Sonderstellung der
Ungarn nach dem Zustandekommen der dualistischen Verfassung (mit
preußischer Sympathie) eher statisch wirkte, bekamen die Emanzipationsbewegungen der Austroslawen durch ihren Zusammenhang mit der orientalischen Frage und mit dem von Rußland geförderten Panslawismus eine
starke Dynamik.

So wird in einer betonten Weise durch die *dritte Frage* der Bezugsrahmen
für wesentliche Aspekte der deutsch-slawischen Begegnung hergestellt. Auszugehen ist einerseits von der Gleichzeitigkeit der beiden Bewegungen in den
sechziger Jahren, andererseits von den Unterschieden in der Zusammensetzung, im sozialen Entwicklungsstand, in der Erfolgsfrage und in der traditionellen Stellung innerhalb der Monarchie. Die Slawen in Österreich-Ungarn
bildeten keine Einheit; neben den »geschichtlichen« Völkern (Tschechen,
Polen, Kroaten, Serben) standen kulturell und politisch aufsteigende Nationalitäten (Slowenen, Slowaken, Ruthenen), die erst ihre nationale Identität entwickelten. Die privilegierte Stellung der Deutschen in der Monarchie
stammte aus einer pränationalen Vergangenheit. Wenn sich nun ihre überwiegende Mehrheit von dem Aufstieg und Erfolg des nationalen Gedankens
im außerösterreichischen Deutschland mitreißen ließ, so schuf dies ganz neue

Probleme. Die Forderungen der Deutsch-Österreicher und die der slawischen Völker der Monarchie trafen aufeinander, steigerten sich aneinander. Der »Rassenkampf«, wie man damals schon sagte, war durch die Ereignisse von 1848/49 aufs schwerste vorbelastet. Damals hatte sich jene antislawische Einstellung weitester Kreise des deutschliberalen Bürgertums fixiert, die bekanntlich auf dem linken Flügel – bis zu Marx und Engels – eher noch an Heftigkeit zunahm. Stets kamen auch die Prärogativen der Krone und die Standesinteressen des Adels ins Spiel. Kein Gleichklang nationaler, aufsteigender Bürgerschichten hier und dort, sondern ein verwickeltes Ringen sich teilweise überschneidender sozialer, ethnischer, weltanschaulicher Gruppierungen – so stellt sich das weltgeschichtlich bedeutsame Zusammentreffen der deutschen und der slawischen Bewegungen in der Monarchie nach 1866 dar. In jedem Moment war es aufs engste verbunden mit dem Entstehen der deutschen Einheit hier, mit dem Aufstieg Rußlands und seinen Balkanzielen dort.

Die *vierte Frage* könnte als bare Selbstverständlichkeit erscheinen. Doch liegt auch hier eine wichtige Pointierung vor, die der Erläuterung bedarf. Denn es geht ja nicht schlechthin um die europäische Dimension der Vorgänge, also um die Analyse und Bewertung der jeweiligen Beziehungen der Monarchie zu Rußland, Frankreich, Italien und den anderen Staaten Europas. Mit dem Stichwort »struktureller Wandel der europäischen Politik« wird Position bezogen in einer Meinungsverschiedenheit, die quer durch die Forschung geht. Historiker unterschiedlicher Provenienz vertreten den Standpunkt, daß im Grunde das europäische Staatensystem von Metternich bis 1918 sich wenig oder kaum geändert habe.[3] Das (freilich schon viel ältere) Prinzip des europäischen Gleichgewichts erscheint hier als ein brauchbares, konstantes Modell zur Analyse der europäischen Geschichte, die als Staatengeschichte gesehen wird. Erst das Jahr 1918 hat – nach dieser Ansicht – mit dem Ende des Gleichgewichtsprinzips einen ganz tiefen Einschnitt gebracht. Dem steht eine andere Rahmenkonzeption gegenüber; sie sieht in dem letzten Drittel des 19. Jahrhunderts – wesentlich, aber keineswegs ausschließlich durch den deutsch-französischen Krieg und die Bismarcksche Reichsgründung eingeleitet – ein neues, verändertes Stadium der internationalen Beziehungen: gekennzeichnet durch Prozesse der politisch-militärischen Konzentration und Blockbildung, durch eine zunehmende Umorientierung des industriellen Wachstums vom humanitären Freihandelsideal zur staatlichen Protektion (Imperialismus) und durch das Zurücktreten liberal-kosmopolitischer Ausgleichsnormen zugunsten von Chauvinismus und Konfliktverschärfung in nationaler wie sozialer Hinsicht.[4] Von der letzteren Auffassung, die hier nur in vereinfachter Form angedeutet werden kann, ist die Pointe der vierten Frage angeregt. Nicht überhaupt und irgendwie, sondern mit dem Blick auf einen »gerichteten« Strukturwandel der europäischen Politik wer-

den die europäischen Bezüge verfolgt. Elemente zur Bestimmung dessen, was
diesen Strukturwandel eigentlich ausmacht und seine Richtung beeinflußt,
werden dabei mit der gebotenen Vorsicht gesammelt.

Schließlich führt die *fünfte Frage* in Bereiche, die traditionellerweise beliebt und reich bearbeitet sind. Bismarck, als Heros, Gigant, Koloß, Dämon
und sonstwie vielfach behandelt, stellt in der Tat einen wichtigen Bezugspunkt fast aller Fragen dieses Buches dar. Die Perspektive von Österreich her
ist in der neueren Forschung (nach 1945) kaum ernsthaft geprüft und durchgeführt worden. Für die Jahre bis 1870, bis zum durchschlagenden, stabili-
sierenden Erfolg, stellt sich von dieser Seite her (und nicht nur von hier) eine
Vorfrage; gab es eine Alternative: Preußen ohne Bismarck? Beusts Bemühen
um Bismarck-Gegner innerhalb des preußischen Systems – zum Beispiel um
die preußische Königin Augusta und um den preußischen Botschafter in Paris, Graf von der Goltz, – weist in diese Richtung. Und es ist dabei die Gegenseitigkeit der möglichen Absichten zu beachten: Bismarck hat immer wieder
versucht, den liberalen Beust zu stürzen, weil er eine konservative Regierung
Österreichs für schwächer und fügsamer gegenüber Preußen hielt (was eine
unbewiesene Annahme war) und weil überhaupt ein statisch-autoritäres System in Österreich viel besser in seine gesellschaftspolitische europäische
Konzeption paßte. Beust hat sich in seiner Wiener Zeit niemals direkt über
seine Ziele hinsichtlich der inneren Verhältnisse Preußens geäußert. Doch
liegt es auf der Hand, daß Männer wie von der Goltz, die wie Beust an liberalen, westeuropäischen Konzepten orientiert waren, als Partner der neuen
österreichischen Politik viel anziehender erscheinen mußten als Bismarck.
Insgesamt wissen wir zuwenig, um mehr als einen geheimen Wiener Wunsch
nach einem Preußen ohne Bismarck feststellen zu können.

Die grundlegenden Interpretationsprobleme, wie sie in der neueren Bis-
marckforschung, insbesondere seit Franz Schnabels epochemachendem Aufsatz von 1949, diskutiert werden, geben den Rahmen der folgenden Analysen ab.[5] Im Spiegel des österreichischen Ringens um die deutsche Frage ergibt
sich ein ebenso deutliches wie nuancenreiches Bild der Bismarckschen Politik
zur Zeit ihrer stärksten Belastungen. Selbst der eingeschworene Feind jeder
falschen historischen Personalisierung muß zugestehen, wie ungewöhnlich
der Anteil dieses einen Mannes an der Umformung und Neuaggregation der
vorhandenen sozialen und politischen Kräfte war, wie schmal der Pfad sich
wand, den er führend voranging, wie definitiv seine Erfolge in der Beseitigung der Voraussetzungen alternativer Lösungssätze wurden, und wie wirkungsvoll er Sprachregelungen ausgab, die ihm zeitweilig ein politisches
»Bewußtseinsmonopol« verschafften, das blendend Tatsachen schuf und bei
Freund und Feind bis heute nachwirkt.

Ganz anders der »Tausendkünstler« Beust, der in die Geschichte als intri-
ganter, unfähiger und unterlegener Feind Bismarcks eingegangen ist. Die

Bemühungen, ihn im Zuge einer richtigeren Sachanalyse auch biographisch unbefangen zu würdigen, haben seit einiger Zeit eingesetzt. Beusts Wiener Wirken als Außenminister, seit Sommer 1867 als Reichskanzler der österreichisch-ungarischen Monarchie steht im Mittelpunkt unserer Darstellung. Die Konstellation der inneren Kräfte, mit denen er zu rechnen und zu arbeiten hatte, war noch wesentlich komplizierter als das Bezugsfeld der Bismarckschen Politik. Der dualistische Rahmen der Verfassung von 1867 ist mit Beusts Namen im Guten und Schlechten verbunden. Er kam aus Sachsen und war Protestant. Dies brachte ihm Schaden und Nutzen. Vor allem aber war er bei aller Loyalität zu Österreich ein deutscher Politiker, in dem die föderativen Traditionen des Deutschen Bundes als Kern eines ius publicum Europaeum stets lebendig blieben. Sein Liberalismus war nicht frei von opportunistischen Zügen, er scheint jedoch im Brust-an-Brust-Ringen mit Bismarcks Preußen an Kraft eher gewonnen zu haben. Es lag an der einzigartigen Stellung Beusts im Knotenpunkt höchst unterschiedlicher Kräfte und Tendenzen, daß er allein immer wieder gerufen war, die Gesamtinteressen der Monarchie zu formulieren. Wir werden sehen, wie er sie unter wechselnden Umständen stets im Sinne liberaler Prinzipien nach innen und außen formulierte, ohne dafür beim Kaiser und bei der klerikal-konservativen »Hofpartei« mehr als höchstens taktische Duldung zu finden. Das Erbe des deutschen Föderalismus suchte er »auf dem friedlichen Wege freithätiger Vereinbarung« zu vollstrecken, mit den Mitteln einer Konsens- und Vertragspolitik auf der deutschen wie auf der europäischen Ebene. So ist die Frage nach Beusts Wiener Tätigkeit paradoxerweise auch die Frage nach den Prinzipien und Erfolgen einer Politik, die sich aus jenem Fundus deutschliberaler und föderalistischer Überzeugungen herleitete, die nach 1866 sonst nirgendwo und nirgendmehr die Chance großer Betätigung hatten.

Bismarck und Beust sind als Gewinner und Verlierer in die Geschichte eingegangen, jener als Exponent eines folgenreichen, neuen politischen Stils von »Blut und Eisen«, dieser als Vertreter einer überwundenen Welt. Es sollte aber nicht übersehen werden, daß beide Staatsmänner der gleichen deutschen Generation angehörten und ihren Weg inmitten vergleichbarer politisch-sozialer Realitäten zu suchen hatten. Beide Politiker standen vor der Aufgabe, die nach 1848/49 wiederhergestellte monarchische Autorität mit den fortwirkenden Kräften des liberalen, kapitalistischen Bürgertums zusammenzuführen. Beide arbeiteten hier mit den Mitteln einer quasi absolutistischen Kabinettspolitik, dort mit dem Parlamentarismus und mit den neuen Methoden der Massenpresse, die eine breite bürgerliche Öffentlichkeit erreicht. Beide hatten pränationale Staatsform und neues Nationalbewußtsein zu berücksichtigen, beide hatten die Lösung der deutschen Frage und die Neuorientierung des europäischen Staatensystems, das seit 1866 erschüttert war, im Auge. So stellt sich das politische Ringen zwischen Berlin und Wien

1866 bis 1870 nicht einfach als Schlußakt der deutschen Nationswerdung dar. Vielmehr verkörpern die Persönlichkeiten Bismarcks und Beusts in mehrfacher Hinsicht die Parallelität unterschiedlicher politischer Konzepte. In Bismarcks Norddeutschland von 1866 waren – so sahen es viele Zeitgenossen – die Prinzipien von Recht und Freiheit bereits gebrochen. Konnte es Beust gelingen, von den schwierigen Ausgangspositionen eines Vielvölkerstaates her die gleichen Prinzipien nach innen und außen zum Siege zu führen? So stand zwischen Beust und Bismarck nicht nur die Frage nach der künftigen Gestaltung Mitteleuropas, sondern darüberhinaus die Frage nach der siegreichen Signatur des Jahrhunderts.

»The Facts of Austria«

Ein Rundblick auf die inneren Bedingungen der Politik Österreich-Ungarns nach dem Ausgleich kann, soll er nicht einen eigenen Band füllen, nur ganz fragmentarischen Charakter haben. Der englische Historiker Carlyle Aylmer Macartney, der zuletzt den Versuch gewagt hat, eine Gesamtgeschichte der Habsburgermonarchie im 19. Jahrhundert zu schreiben, hat an die Spitze seines wohlgelungenen Werkes das Diktum eines Unterhausabgeordneten von 1869 gesetzt: »What statesman inside or outside the Empire knows anything at all of the facts of Austria? It is a science in itself, nay, it is half a dozen sciences.« Daß dies um Nachsicht heischende Zitat nicht übertreibt, dürfte von Kennern der Materie nicht bestritten werden. Unser einleitender Versuch beschränkt sich auf einige Hinweise, die für das Verständnis der folgenden Ereignisse unmittelbar wichtig sind.

Kaiser Franz Joseph hatte nach dem verlorenen Krieg um Deutschland 1866 sogleich die Verhandlungen mit den ungarischen Staatsmännern wieder aufgenommen, die schon zuvor auf den Ausgleich im Sinne einer Wiederherstellung der eigenen Staatlichkeit Ungarns im Rahmen der Monarchie eingeschworen waren. Die neue Verfassungsform[6] war unter Beusts Regie zwischen der Krone und den ungarischen Politikern ausgehandelt, dann von dem Budapester Parlament als Vertrag zwischen dem König-Kaiser und der ungarischen Nation beschlossen worden. Die Krönung Franz Josephs zum König von Ungarn in Budapest hatte im Juni 1867 diesen grundlegenden Vorgang abgeschlossen. Siebenbürgen ging im neuen Ungarn auf; das Königreich Kroatien, der Stephanskrone inkorporiert, erhielt durch eine eigene Vertragsregelung 1868 einen Sonderstatus, der den Interessen der Oberschicht entgegenkam.[7] Die parteipolitische Konstellation im ungarischen Reichstag beruhte auf einem sehr eingeschränkten Wahlrecht mit relativ hohem Zensus (und hohen Wahlkosten für den einzelnen Abgeordneten). Bis in die siebziger Jahre ergab sich eine ziemlich konstante Kräfteverteilung. Wenigen Konservativen stand die sehr starke ›Deákpartei‹ gegenüber, die den Ausgleich ausgehandelt hatte, im Parlament über eine Zweidrittelmehrheit verfügte und in Julius Andrássy nun den Ministerpräsidenten stellte. Das ›Linke Zentrum‹ unter der Leitung Kálmán Tiszas war im Prinzip mit dem Ausgleich, aber nicht mit seiner Form einverstanden. Die ›Achtundvierziger Partei‹ (»äußerste Linke«), die die vollständige Unabhängigkeit des Landes und das allgemeine Wahlrecht forderte, war nur eine unbedeutende Splittergruppe. Für die Behandlung der nichtungarischen Nationalitäten bot zwar das Nationalitätengesetz von 1868 einen liberalen Rahmen, doch zeichnete sich bald eine immer schärfere Magyarisierungspolitik ab, die durch die dualistische Verfassungskonstruktion nicht gebremst, sondern begünstigt wurde.[8]

Die Form und die Verfahrensweise der staatlichen Reorganisation in den nichtungarischen Reichsteilen wurden im Januar/Februar 1867 erst *nach dem Ausgleich mit Ungarn* entschieden. Einerseits bedeutete dies ein (von Beust vorgeschlagenes und kraft kaiserlicher Sanktion durchgeführtes) Verfahren, das die cisleithanischen Länder vor das Fait accompli des ungarischen Ausgleichs stellte. So kam die überaus mächtige Stellung der Krone schon bei der Entstehung der dualistischen Verfassung zum Ausdruck: nicht in der freien Verhandlung über eine von Ungarn an Cisleithanien gerichtete »Verfassungsofferte«, sondern als kaum verhülltes kaiserliches Diktat präsentierte sich 1867 der westlichen Reichshälfte die fortan gültige Form des Dualismus.[9] Andererseits konnte Beust bei den Verhandlungen, die zur Annahme durch den cisleithanischen Reichsrat in Wien im Dezember 1867 führten, fest mit der Unterstützung der zentralistisch gesinnten Deutschliberalen rechnen. Auch hier war die Basis der politischen Parteiengruppierung ein sehr eingeschränktes Wahlrecht. Die von Schmerling 1861 eingeführte »Wahlgeometrie« mit ihrem ausgeklügelten System von Wahlkurien begünstigte nicht nur die wohlhabenden, städtischen Bevölkerungsschichten – das war damals quer durch Europa üblich – sondern sie hatte das erklärte Ziel, den Deutschen gegenüber den nichtdeutschen Nationalitäten Vorteile zu verschaffen. In diesem Wahlsystem waren die Landtage und ihre Wahlordnungen zunächst maßgebend; bis 1873 gab es keine direkten Wahlen zum Reichsrat. Die Landtage der einzelnen Kronländer entsandten nach einem festen Schlüssel aus ihrer Mitte die Mitglieder des Abgeordnetenhauses[10], während in das Herrenhaus des Reichsrates nur der Monarch berief.

Beust hat das Schmerlingsche Wahlsystem von 1861 in die neue Verfassung übernommen; ihre prodeutsche und antislawische Funktion hat er bewußt in Rechnung gestellt. In die gleiche Richtung zielte der zentralistische Charakter der Dezemberverfassung von 1867: Wenn schon nicht in der Gesamtmonarchie, so sollte wenigstens in der westlichen Reichshälfte gegenüber der von den Nichtdeutschen gewünschten Landesautonomie der Wiener Zentralismus, der den Interessen der traditionell führenden Deutschen entsprach, erhalten und neu abgesichert werden. Beust hat nach 1867 Zug um Zug – wir werden es sehen – die Bedeutung des Nationalitätenproblems bemerkt und gewisse föderalistische Korrekturen ins Auge gefaßt. Doch in den entscheidenden Auseinandersetzungen mit der landesföderalistischen Alternative, wie sie 1866/67 Graf Belcredi vertrat, hat der damals erst kurz aus Sachsen nach Österreich gerufene Minister mit aller Entschiedenheit den Standpunkt der deutschen Vorherrschaft in der westlichen Reichshälfte verfochten. Er erklärte im Januar 1867 dem Kaiser, und man bemerkt schon hier den argumentativen Zusammenhang zwischen rascher innenpolitischer Konsolidierung (mit Hilfe der Deutschen und Ungarn) und weiteren außenpolitischen Aspekten und Zielen:

»...Es muß schlechterdings ein fester Boden gewonnen werden, von dem man dann später weiter operieren kann und dieser bietet sich, wie die Sachen einmal gekommen sind, in dem Zusammengehen des deutschen und ungarischen Elementes gegen den Panslawismus. Es erscheint rein unmöglich, daß die Regierung ihre Hauptstütze in den slavischen Bevölkerungen suche und zugleich ihren Sitz und ihre Zentralaktion inmitten der entfremdeten deutschen Bevölkerung haben soll. Es mag zugegeben werden, daß die slawischen Teile der Monarchie ebenso leicht nach Rußland als die deutschen Provinzen nach Deutschland gravitieren können, aber jedenfalls ist soviel gewiß, daß im entscheidenden Augenblicke die befriedigten Deutschen die verstimmten Slawen besser beherrschen werden, als dies umgekehrt der Fall sein würde. Die äußere Lage ist aber entschieden so, daß eine noch weitergehende Verstimmung der deutschen Bevölkerung in Österreich die Gefahren, die Österreich von Preußen her drohen, bei weitem mehr erhöhen muß als eine vorübergehende Verstimmung der glücklicherweise in ihren Aspirationen geteilten slawischen Bevölkerungen Rußland gegenüber erzielen kann.«[11]

In der gleichen Weise argumentierte Beust in der entscheidenden Ministerratssitzung vom 1. Februar 1867; im Beisein des Kaisers sprach sich die Mehrheit der Minister für Beust und gegen Belcredis föderalistische Konzeption aus, die der slawischen Majorität innerhalb der Bevölkerung der Monarchie entgegenkommen wollte.[12] So stand an der Wiege des Dualismus der Gedanke der deutsch-ungarischen Vorherrschaft Pate. Freilich lag der Unterschied der beiden tragenden Komponenten auf der Hand: Die Ungarn hatten ihre Heimat zur Gänze innerhalb der Monarchie, das Zentrum deutscher Sprache und Kultur lag außerhalb. Dem Rechnung zu tragen, war Beust durchaus bemüht; seine Argumentation gegenüber dem Kaiser zeigt die fundamentale Koppelung des dualistischen Staatsneubaus mit einer engagierten Deutschlandpolitik. Sie tritt im vorliegenden Zusammenhang vor allem in defensiver Prägung auf. Ihre offensiven Formen sind in der Floskel »später weiter operieren...« hier nur angedeutet. Davon wird noch zu sprechen sein.

Das »Bürgerministerium«, das auf der Basis der Dezemberverfassung[13] seine Tätigkeit als erstes liberales Kabinett Cisleithaniens aufnahm, war ganz von den Deutschliberalen dominiert. Zwar war im Zuge des rechtsstaatlichen Ausbaus in die Dezemberverfassung der überaus wichtige Paragraph 19 des Grundrechtskatalogs aufgenommen worden, mit der berühmten Präambel: »Alle Volksstämme des Staates sind gleichberechtigt und jeder Volksstamm hat ein unverletzliches Recht auf Wahrung und Pflege seiner Nationalität und Sprache.« Doch die herrschende Partei sah, ganz ähnlich wie Beust im Januar 1867, auch weiterhin die westliche Reichshälfte als ihre Domäne an. Es gab unter den Deutschliberalen eine Fülle politischer Nuancen, bis zu dem philanthropischen, slawenfreundlichen Liberalföderalismus eines Adolph Fischhof.[14] Aber im Grundgedanken war man sich einig: »Wir müssen demnach die Hegemonie des deutschen Gedankens in West-Österreich wollen, wir müssen in dieser Hälfte des Reiches die politische Führung ebenso wie sie die Ungarn in der Osthälfte des Reiches besitzen, wir müssen mit einem Worte die volle Verwirklichung des dem Dualismus zu Grunde liegenden Gedankens wollen.«[15]

Diesem Anspruch der Deutschliberalen auf die »politische Führung« standen sowohl die Anfänge einer deutschen, katholisch-konservativen Gruppierung wie die Exponenten der einzelnen Nationalitäten Cisleithaniens in den Landtagen und im Reichsrat gegenüber. An der Spitze der Opposition waren die tschechischen Politiker tätig, Alttschechen wie Jungtschechen, die im Kampf für das »böhmische Staatsrecht« seit 1867 starke Verbündete im landesföderalistischen böhmischen Feudaladel fanden. Am anderen Ende der Skala standen die Polen, die mit Beusts Unterstützung ihren privilegierten Weg zur ausgebauten Landesautonomie in Galizien beschritten. Für die Wirkmöglichkeiten dieser unterschiedlichen Kräfte war letztlich entscheidend die dualistische Verfassungsform. Über den beiden Ministerien in Budapest und Wien stand als »Überregierung« das gemeinsame Ministerium, mit Beust als Reichskanzler an der Spitze, der zugleich Minister des Äußern und des kaiserlichen Hauses war. Für die weiteren den beiden Reichshälften gemeinsamen Angelegenheiten gab es einen Reichskriegsminister und einen Reichsfinanzminister.

Diese Titel mit ›Reich‹ wurden von ungarischer Seite vielfach bestritten; Beust und die meist deutschsprachige hohe Bürokratie hielten mit den formalen Bezeichnungen eine weiterreichende, wenn auch nicht präzise ausformulierte Konzeption fest: den Gedanken des gemeinsamen, über den beiden Halbstaaten stehenden Reiches, mit einer wirklichen Reichsregierung, gestützt auf eine fortlebende Gesamtstaatsidee, die ihre Konkretisierung vor allem in der gemeinsamen Außenpolitik und in der Heeresorganisation mit einheitli-

cher Kommandogewalt des Kaisers (und mit deutscher Kommandosprache)
fand. Bezeichnenderweise hat der Kaiser nach Beusts Abgang den Titel
›Reichskanzler‹ nicht mehr verliehen. Es ist insgesamt beachtenswert, wie
Beust in verschiedener Weise die Formen und inhaltlichen Bestimmungen einer ›Reichsregierung‹ betonte, an der nach ihm der Ungar Andrássy nicht
mehr interessiert war. Nicht nur, daß der Reichskanzler durch möglichst
häufige Beiziehung des ungarischen und cisleithanischen Ministerpräsidenten zu den Sitzungen des gemeinsamen Ministerrates diese Institution auf-
zuwerten und ihren Einfluß auf die beiden »Teilregierungen« in Budapest
und Wien auszuweiten wußte. Auch die überaus starke Entscheidungsgewalt
der Krone in Sachen der Außenpolitik und des Militärwesens, die ja in gewisser Weise einem institutionellen Ausbau der Reichsregierung im Wege stand,
suchte Beust nicht ohne Erfolg im Sinne einer dauerhaften Festigung der zentralen Organe des Reiches zu nutzen. Die ungarische Seite war diesem Ausbau eines »Oberstaates« durch Beust in Wien von Anfang an abgeneigt; er
widersprach im allgemeinen der ungarischen Konzeption des Dualismus und
er war für Budapest um so weniger erwünscht, als die Dominanz des deutschen Elementes und der deutschen Sprache in den »oberstaatlichen« Organen unter Beusts Ägide unverkennbar war. So war es kein Zufall, daß Andrássy sogleich im Januar 1868 mit dem Problem der Bezeichnungen ›Reich‹
und ›Reichsminister‹ auch die Sprachenfrage für die gemeinsamen Ministerien aufwarf: Forderung auf die Ernennung ungarischer Staatssekretäre in
den drei Ministerien, insbesondere im Hinblick auf den Geschäftsverkehr
mit der Delegation des ungarischen Reichstages.[16] Beust gelang es – offenbar
von Franz Joseph unterstützt – den ungarischen Vorstoß im wesentlichen abzuweisen. Als reduziertes Ergebnis kam schließlich nur die Berufung des Barons Béla Orczy als Sektionschef ins Außenministerium zustande, der offiziell als Vertrauensmann der ungarischen Regierung fungierte.

Weiterhin stand der ungarischen Seite für ihre Einflußnahme an der Wiener Zentrale eine Institution zur Verfügung, die in altertümlicher Weise am
Reichskanzler vorbei Zugang zu Franz Joseph als König von Ungarn hatte:
Es gab in Wien stets einen ungarischen Minister »am Allerhöchsten Hoflager«, der seine Weisungen vom ungarischen Ministerpräsidenten erhielt. Die
Wirkweise dieses delegierten Ministeriums erstreckte sich offenbar nicht nur
auf Franz Joseph und sein Zivil- und Militärkabinett, sondern es diente auch
der direkten Kommunikation von Andrássy zu Beust.[17] Überhaupt nahm ja
die ungarische Seite aufgrund einer expliziten Aussage des ungarischen Ausgleichsgesetzes[18] (der kein gleichlautender Passus im cisleithanischen Verfassungstext entsprach) ein Zustimmungsrecht gegenüber den Maßnahmen des
gemeinsamen Außenministeriums in Anspruch. Wir werden sehen, wie sehr
Andrássy bemüht war, den Einfluß seiner Reichshälfte geltend zu machen
und wie ihm dabei die relative politisch-parlamentarische Geschlossenheit

Ungarns – gegenüber dem zunehmenden Dissens in der westlichen Hälfte – zugute kam. Doch ist gegenüber den weitverbreiteten Ansichten von dem *effektiven* Einfluß Ungarns auf die Außenpolitik Wiens für die Ära Beust durchgehend erhebliche Skepsis anzumelden. Andrássy selbst hat gelegentlich im vertrauten Kreise seine Unterlegenheit gegenüber Beusts institutioneller Stärke offen bekannt. Als er im Dezember 1868 eine offensive Politik in der bosnischen Frage gegenüber Beust nicht durchsetzen konnte, schrieb er seinem Freund Kállay: »Aber trotz aller meiner Anstrengungen gegen das Inertionsgesetz ist es mir bis jetzt nicht gelungen, einen Erfolg zu erzielen. Am Klavier sitzt mein alter Freund, und vergebens schiebe ich ihm andere Noten zu, denn er spielt doch etwas anderes.«[19]

Zu den zentralen Einrichtungen Österreich-Ungarns gehörten auch die »Delegationen«. Ihre eigenartige Form und Verfahrensweise hat Anlaß zu scharfer bis schärfster Kritik gegeben, vor allem in den späteren Jahrzehnten, als die Hoffnungen auf den Ausbau der Delegationen zu einem echten Reichsparlament sich nicht erfüllten und jener Zustand eintrat, den Miklos Komjáthy folgendermaßen charakterisierte: »Dieses Fehlen eines echten parlamentarischen Gegengewichtes ermöglichte es, die Monarchie in scheinbar moderner Umhüllung auch weiterhin absolutistisch zu regieren.«[20] Für die Ära Beusts ist dagegen von einer noch nicht so eindeutigen Situation und Bewertung auszugehen. Es gab eine cisleithanische und eine ungarische Delegation. Sie tagten gleichzeitig, abwechselnd in Wien und in Budapest, sie hatten das Budget der gemeinsamen Ministerien zu beschließen und konnten zum Ort gesamtstaatlicher parlamentarischer Aussprache und Mehrheitsbildung werden. Jede Delegation hatte sechzig Mitglieder. Zwanzig davon wurden jeweils aus dem Oberhaus (des ungarischen Reichstages, des cisleithanischen Reichsrates) entsandt, je vierzig aus den beiden Abgeordnetenhäusern. Da im Westteil der Monarchie die Stellung der Landtage zu berücksichtigen war, wurde für die Wahl der vierzig Delegationsmitglieder aus dem Wiener Reichsrat ein Wahl- und Verteilungsschlüssel bindend festgesetzt, der die bunte Vielfalt der ›im Reichsrat vertretenen Königreiche und Kronländer‹ zeigt:

»Es haben mittelst absoluter Stimmenmehrheit zu wählen
die Abgeordneten [scilicet des Reichsrates] aus

dem Königreiche Böhmen	10
dem Königreiche Dalmatien	1
dem Königreiche Galizien und Lodomerien mit dem Großherzogtume Krakau	7
dem Erzherzogtume Österreich unter der Enns	3
dem Erzherzogtume Österreich ob der Enns	2
dem Herzogtume Salzburg	1

dem Herzogtume Steiermark	2
dem Herzogtume Kärnthen	1
dem Herzogtume Krain	1
dem Herzogtume Bukowina	1
der Markgrafschaft Mähren	4
dem Herzogtume Ober- und Niederschlesien	1
der gefürsteten Grafschaft Tirol	2
dem Lande Vorarlberg	1
der Markgrafschaft Istrien	1
der gefürsteten Grafschaft Görz und Gradiska	1
der Stadt Triest mit ihrem Gebiete	1
[Delegationsmitglieder]	40.«[21]

Die beiden Delegationen tagten gleichzeitig, aber im Regelfall nicht gemeinsam. In den Verhandlungen über den Ausgleich hatten sich die Ungarn, vor allem Andrássy, heftig gegen gemeinsame Delegationssitzungen gewandt.[22] Ihre Argumentation war klar: Am Beispiel des Wahlverhaltens von Abgeordneten der Siebenbürger Sachsen erläuterte Andrássy seine Sorge vor einer Majorisierung der Ungarn durch das Zusammengehen nichtungarischer Mitglieder (Deutsche, Serben, Rumänen, Slowaken) der ungarischen Delegation mit »den übrigen Fremden« (damit konnten die Slawen, aber auch die Deutschen Cisleithaniens gemeint sein). So war man zu einem recht sonderbaren Kompromißergebnis gekommen. In der Regel verkehren die beiden Delegationen, gleichzeitig tagend und mit der gleichen Tagesordnung befaßt, nur durch »schriftliche Botschaften«. Nur wenn ein dreimaliger Schriftwechsel ergebnislos bleibt, ist eine gemeinsame Sitzung anzuberaumen, in der aber keine Debatte, sondern nur eine »stumme« Abstimmung stattfindet. Eine solche gemeinsame Sitzung gab es erstmals am 30. August 1869, mit einer Abstimmung über eine Lappalie (soll die Einkommensteuer des aus dem gemeinsamen Budget finanzierten Österreichischen Lloyd an Ungarn oder an Cisleithanien gezahlt werden?). Die ungarische Delegation stimmte geschlossen, die cisleithanische nicht, so daß die Ungarn sich durchsetzten.[23]

Unabhängig von diesen und ähnlichen Erfahrungen hielten die Ungarn an der einmal festgelegten, überaus schwerfälligen Institution der Delegationen fest. In den Jahren bis 1879 war infolge des tschechischen Boykotts des Reichsrates eine slawische Majorisierung in den Delegationen nicht zu befürchten. Ob in diesen Jahren die Furcht vor einer deutschen Majorisierung objektiv oder subjektiv gegeben war, bliebe zu untersuchen. Jedenfalls hatte die politische Führung der Monarchie in der Ära Beust ihre Rechnung zu machen mit einem kümmerlich ausgestatteten, mühsam funktionierenden parlamentarischen Organismus , der nur der Schatten eines modernen, arbeitsfähigen Reichsparlamentes war. Diese Situation und die damit verknüpfte Problematik der beiden »Teilparlamente« in Wien und Budapest scheint den Kaiser und die feudal-konservative »Hofpartei« nicht gestört zu haben; es war ja außer allen sonstigen Prärogativen der Krone im Bereich von Außenpolitik und Militär auch in Budgetfragen dem Kaiser ein weitreichendes Notrecht eingeräumt.[24] Anders sah die Sache aus, wenn man in der Entwicklung zeitgemäßer parlamentarischer Formen für Österreich-Ungarn ein wesentliches Element des Fortschritts und Ausgleichs nach innen und des wiederzugewinnenden Einflusses nach außen – insbesondere nach der deutschen Seite hin – sehen wollte. Dies war bei Beust der Fall. Er hatte den ungarischen Forderungen im Falle der Delegationen nachgegeben, wohl nachgeben müssen. Aber wir sehen ihn ununterbrochen um die Funktionstüchtigkeit und die Würde der parlamentarischen Institutionen der Monarchie, insbesondere der Delegationen, bemüht. Er tat was er konnte, um den konstitutionell-parlamentarischen Ausbau werbewirksam im Ausland geltend zu machen: gegenüber Westeuropa und Italien, vor allem aber im Rahmen seiner liberalen Kampagne für »moralische Eroberungen« in Deutschland. Sein Verhalten deckte sich mit seinen Bekenntnissen zur Bedeutung des Parlamentarismus, so wenn er in der amerikanischen Gesandtschaft in Wien beim Festdinner zur Unabhängigkeitsfeier 1870 eine Rede hielt:[25]

»It is unquestionable that Parliamentary life is not always pleasant, neither for the Government, nor for the members, nor for the people. But, gentlemen, in my opinion it is equally dangerous for Governments as for nations to shirk Parliamentary duties. Parliament is to a nation, what home is to the family…«

Aber auch fernab der Öffentlichkeit – im innersten Kreis des politischen Entscheidungsprozesses – trat Beust für eine auszubauende, integrative Aufgabe der Delegationen ein. Als es sich im Mai 1871 darum handelte, den Kaiser endgültig auf das neue, prodeutsche System österreichischer Außenpolitik festzulegen, stellte der Reichskanzler Franz Joseph in prinzipieller Weise vor Augen, welche Bedeutung er den Delegationen beimaß: »Meines Erachtens sollen die Delegationen nicht allein dazu dienen, der Regierung die nötigen Geldmittel und die moralische Unterstützung ihrer Politik durch ein beifälliges Votum zu gewähren, sie sollen auch durch ihre Debatten dem Ausland imponieren und dadurch jenem Votum das entsprechende Ansehen verschaffen.«[26] Zu diesem System einer durchgehenden Aufwertung der Delegationen, die das Forum der österreichischen Außenpolitik bilden sollten, gehörte auch die regelmäßige Publikation der sogenannten Rotbücher. Beust ließ für jede Delegationssitzung nach dem Vorbild des in England, Frankreich und Italien eingeführten parlamentarischen Usus eine Sammlung einschlägiger diplomatischer Aktenstücke publizieren. Diese Rotbücher sollten sowohl für die Delegationen wie für eine weitere, europäische Öffentlichkeit die Ziele und Wege der großen Politik des Ballhausplatzes erläutern.[27]

Gewiß war auch in diesem Bereich der Abstand zwischen Konzeption und schnöder Wirklichkeit erheblich. Dennoch kann zusammenfassend nicht genug betont werden, daß die Jahre der Ära Beust, um die es im Folgenden geht, in mehrfacher Hinsicht von den darauffolgenden Jahrzehnten einer dualistischen Erstarrung der staatsrechtlichen, sozialen und nationalen Verhältnisse der Monarchie abzuheben sind. Zum ersten war die Stellung des Reichskanzlers im Unterschied zu Andrássy und dessen Nachfolgern dadurch gekennzeichnet, daß er infolge seiner die Außen- und Innenpolitik beherrschenden Schlüsselposition von 1867 auch in den folgenden Jahren faktisch weit über den formalen Rahmen der Verfassung hinaus Macht ausübte und koordinierend wirkte. Zweitens war dies Reichskanzlersystem grundsätzlich angelegt auf eine wirkungsvolle Handhabung der dualistischen Einrichtungen parlamentarischer und behördlicher Art, die deutlich die Konzeption einer starken und integrationsfähigen Reichsregierung im Sinne des »Oberstaates« zeigt — ganz im Gegensatz zu der ungarischen Konzeption, die nur die zwei Reichshälften und ihre Abgrenzung sehen wollte. Die Wiener Konzeption der Jahre 1867/1871 war noch dynamisch und integrativ; sie betonte den rechtsstaatlich-parlamentarischen Neuansatz, der dem mächtigen Kaiser einen mächtigen Reichskanzler an der Spitze eines abgestuften konstitutionellen Systems gegenüberstellte. Und drittens war dieser Oberstaat der Beustschen Ära selbstverständlich deutschsprachig. Das heißt: diese ersten Jahre des Dualismus führten nicht nur darin das Erbe des deutschliberalen Zentralismus weiter, daß die Deutschen in Cisleithanien die Führung beanspruchten. Auch das Reichskanzlersystem als solches (also der Oberstaat über den beiden Reichshälften) stand noch im Zeichen des deutschen Führungsanspruches innerhalb der Monarchie.

Daß dieser doppelte Anspruch, der sich nicht nur gegen die Slawen, sondern letztlich auch gegen die Ungarn richtete, höchst problematisch war, liegt auf der Hand. Denn er bot Konfliktstoff, wohin man nur blickte. Er war — wie wir sehen werden — mit den außenpolitischen Interessen der Monarchie, die bis 1870/71 in Richtung Frankreich lagen, schwer vereinbar. Er stand einer Befriedigung der berechtigten Ansprüche der slawischen Nationalitäten im Wege. Aus diesem Anspruch ergab sich angesichts der intransigenten Haltung der Deutschliberalen (gegenüber den anderen Nationalitäten) zunächst die Störung, dann die Gesamtkrise des seit 1867 intendierten liberalen Aufbau- und Versöhnungswerkes. Im übrigen wird der enge Zusammenhang des liberalen und des deutschen Aspektes im neuen System von 1867 mit der neuen Deutschlandpolitik der Monarchie weiter unten zu erläutern sein.

Inwiefern und wie lange dieser deutsche Anspruch den eigentlichen Absichten des Kaisers entsprach, ist schwer zu sagen. Sicher aber hatte Franz Joseph 1866/67 mit der Berufung Beusts den Ausschlag in dieser Richtung gegeben. Die zunehmende Verschärfung des Nationalitätenkonfliktes in Cisleithanien, ohne daß Beust eine Lösung gelang, hat dann dies ganze System in die Krise geführt. Und Franz Josephs Entschluß, 1871 hinter Beusts Rücken das föderalistische Kabinett Hohenwart–Schäffle mit einer proslawischen Ausgleichspolitik zu betrauen, kann als ein starkes Symptom des Schwankens gewertet werden. Hinter diesem Versuch – wir werden sehen, daß er weder innen- noch außenpolitisch zu einer dauerhaften Wendung führte – stand die »Hofpartei«. Für die Analyse der innenpolitischen Auseinandersetzungen der Jahre ab 1867 ist es nicht ohne Bedeutung, ob man gegenüber den beiden großen Gruppierungen – hier den Deutschliberalen, dort der ungarischen Déakpartei – noch die »Hofpartei« im Sinne einer Sammelbezeichnung für die konservativ-klerikal-föderalistischen Kräfte in Rechnung stellt. Die Schwierigkeit liegt darin, daß es sich bei den beiden anderen Gruppierungen tatsächlich um Parteien in der eigentlichen Wortbedeutung handelt, bei der »Hofpartei« aber nur um ein nicht leicht zu definierendes Konglomerat erzherzoglicher, aristokratischer und klerikaler Kreise mit Teilen der hohen Bürokratie und des Offizierskorps, denen an der »Basis« konservativ-klerikale Wählergruppen unterschiedlicher Nationalität entsprachen. Unter der deutschen Bevölkerung war diese Richtung in Tirol am stärksten, sie griff aber im Zusammenhang mit der wachsenden Opposition gegen die liberal-antiklerikale Gesetzgebung 1868/69 auch auf andere Gebiete über.[28] Man kann im vorliegenden Zusammenhang diese unterschiedlich zusammengesetzte Gruppierung nur mit großem Vorbehalt als Partei auf der gleichen Ebene wie die Deutschliberalen (auch »Verfassungspartei« genannt) und Déaks Ungarn bezeichnen. Demgemäß wird im Folgenden von der Hofpartei nur in Anführungszeichen die Rede sein.

Unter den einzelnen Faktoren und Instrumenten, die für die Aktion des Systems von 1867 nach innen und außen von Bedeutung waren, ist nun in aller Kürze auf Diplomatie, Militär, Wirtschaft und Pressewesen einzugehen.

Das *Ministerium des Äußern*, dessen Präsidialsektion Beust zur »Reichskanzlei« ausbaute (mit Abteilungen für den gemeinsamen Ministerrat, die Delegationen, das Pressewesen und die »höheren Polizeiangelegenheiten«)[29], war von oben her durch den ständigen Kontakt des Reichskanzlers mit dem Monarchen in seiner Arbeitsweise bestimmt. Alle wesentlichen Entscheidungen wurden unmittelbar zwischen Beust und Franz Joseph festgelegt. Der Chef der Kabinettskanzlei, Staatsrat Alfred von Braun, spielte nur in innen- und personalpolitischen Fragen, nicht in der Außenpolitik, eine gewisse Rolle als »graue Eminenz«. Die führenden Mitarbeiter Beusts – Leopold von Hofmann, Ludwig von Biegeleben, Unterstaatssekretär Otto Rivalier von Meysenbug, Max von Gagern, Roger von Aldenburg und so weiter – stammten zum Teil wie er aus Deutschland, waren jedenfalls alle in der deut-

schen Kultur und in den Traditionen föderalistischer Politik verankert. Es
gab unterschiedliche Schattierungen vom Hochkonservativen bis zum gemäßigt Liberalen, Freunde Preußens fand man hier keine. Der gebürtige
Hesse Biegeleben, der seit 1850 bis zu seinem freiwilligen Ausscheiden im
Dezember 1870 das Referat für die deutschen Angelegenheiten leitete, formulierte nach Königgrätz seine Anti-Bismarck-Haltung in eindrucksvoller
Weise:

> »Der Du das Wort ›Macht geht vor Recht‹ gesprochen,
> Ich sage, Frevler, Dir, Du wirst nicht sterben,
> Eh Gott an Dir in flammendem Verderben
> Die Ehre seines Ebenbilds gerochen...«[30]

Daß diese grundsätzliche »Schärfe des Ausdrucks gegen Preußen«, die
Beust an dem klerikal-konservativen Biegeleben (und auch an Meysenbug) fest-
stellte, keineswegs der elastischen Politik und Sprache der neuen Ära
1866/67 entsprach, ist ausdrücklich zu betonen. Beust berichtet in seinen
Memoiren, daß er bei seinem Amtsantritt die beiden, deren antipreußische
Einstellung viel zu dem endgültigen Bruch mit Berlin im Frühjahr 1866 beigetragen habe, nicht aus dem Ministerium entfernt habe, obwohl dies damals
leicht möglich gewesen wäre.[31] Der Reichskanzler fand offenbar in diesem
Falle wie auch sonst keine Schwierigkeiten darin, Mitarbeiter mit nuancier-
ten Überzeugungen zum gemeinsamen Werk zu vereinen.

Die Diplomaten, die Beust zur Verfügung standen, zeichneten sich durch
eine weitgehende Gemeinsamkeit österreichischer Staatsgesinnung aus und
waren zumeist, bei fühlbaren Unterschieden der nationalen Herkunft, noch
ganz von der mitteleuropäisch-großdeutschen Ordnungsidee aus der Zeit des
Deutschen Bundes geprägt. Einzelne Gestalten, die im Rahmen der österreichischen Außenpolitik von besonderer Bedeutung waren, werden in den folgenden Kapiteln hervortreten: Graf Carl Friedrich Vitzthum, ein persönlicher Freund des Reichskanzlers, den er 1867 aus dem sächsischen Dienst holte, großdeutsch und konservativ gesinnt und immer wieder mit vertraulichen
Sendungen beauftragt[32]; Richard Metternich, langjähriger Botschafter in
Frankreich, als Sohn des verstorbenen Staatskanzlers in Paris wie in Wien
hochangesehen und auch bewitzelt (einen »elegant-berühmten Modefürsten,
Ehrenbürger von Sybaris, musikalischen Diplomaten und diplomatischen
Musikanten« nannte ihn sein Standesgenosse Prinz Aloys Liechtenstein)[33];
Graf Felix Wimpffen, Österreichs Gesandter in Berlin, der scharf und mißtrauisch das Wechselspiel der Bismarckschen Politik verfolgte und 1871
nach Italien gehen mußte, da man meinte, er stehe der Neuordnung der
deutsch-österreichischen Beziehungen im Wege[34]; Anton von Prokesch-
Osten, der große Gelehrte und Freund antiker wie orientalischer Kultur, der
zuletzt als Botschafter in Konstantinopel sich ganz mit der Sache des Osmanischen Reiches identifizierte.[35] Über Graf Rudolf Apponyi und sein Wirken

als Botschafter in London sind wir seit kurzem durch aufschlußreiche Untersuchungen informiert, die den gesellschaftlichen Umkreis und auch die von Beust sehr geförderte publizistische Werbearbeit des ungarischen Aristokraten in England zeigen.[36] Insgesamt bestätigt der Aktenbefund, was die Berichte von Zeitgenossen[37] betonen: Die österreichische Außenpolitik verfügte in der Ära Beust sowohl in den diplomatischen und konsularischen Außenposten wie in der Zentrale über ein wirkungsvolles Instrumentarium; die Mitarbeiter stellten sich mit ungeteilter Überzeugung der zentralen Direktive zur Verfügung, dem Wiederaufstieg der konstitutionell erneuerten Monarchie im deutschen und europäischen Kräftefeld zu dienen.

Die Reorganisation der *Armee* spielte nach der Niederlage von 1866 eine wesentliche Rolle in der inneren und äußeren Politik Österreich-Ungarns.[38] Im Rahmen des langfristigen Strukturwandels, der in der zweiten Hälfte des 19. Jahrhunderts alle kontinentalen Großmächte zu einer Modernisierung und Erweiterung ihres Militärapparates führte, kam in Österreich-Ungarn den Jahren nach Königgrätz eine besondere Bedeutung zu. Die Forderung nach Stärkung der Wehrkraft als Garantie eines Wiederaufstiegs der Monarchie zu ihrem einstigen internationalen Ansehen war klar, doch ihr standen entgegen die antimilitärische Orientierung der Mehrzahl der Deutschliberalen, die Knappheit der Mittel und zeitweilig auch die militärisch-nationalen Sonderwünsche auf ungarischer Seite. Der langwierige Weg der militärorganisatorischen und parlamentarischen Beratungen bis zu dem neuen Wehrgesetz vom 5. Dezember 1868, das neben anderen Reformmaßnahmen die Einführung der allgemeinen Wehrpflicht brachte, braucht hier nicht verfolgt zu werden. Wichtig sind dagegen die Fragen der politisch-militärischen Koordinierung, der allgemeinen strategischen Orientierung und des Eindruckes, den die preußische Militärpolitik und Rüstung im internationalen Vergleich in Wien hervorrief.

Franz Joseph, der stark in militärischen Kategorien dachte und lebte, hatte in der Sicherung seiner direkten Kommandogewalt einen, wenn nicht den entscheidenden, Gesichtspunkt der dualistischen Verfassung gesehen. Nach der Umwandlung der früheren Generaladjutantur des Kaisers in die kaiserliche Militärkanzlei (unter der Leitung von Oberst Friedrich von Beck-Rzikowsky) und einer Neuregelung der Dinge zwischen dem Kriegsministerium und Erzherzog Albrecht stellte sich die politisch-militärische Spitzengliederung folgendermaßen dar: Das gemeinsame Kriegsministerium – zunächst unter Franz Freiherrn von John, dann unter Franz Freiherrn Kuhn von Kuhnenfeld[39] – verfügte über sehr weitgehende Kompetenzen – »Organ seiner k.k. apostolischen Majestät als obersten Kriegsherrn... höchste Militärbehörde« –, auch nachdem das Wehrgesetz von 1868 der Forderung der Ungarn entsprechend eine ungarische Landwehr (Honvéd) und eine cisleithanische Landwehr errichtet hatte. Daneben trat die Stellung Erzherzog Albrechts, der als Generalinspektor der Armee Ausbildungs- und Überwachungsfunktionen ausübte, sehr zurück. Das Militärkabinett blieb wichtig, auch als Adressat und Weisungsstelle für die Militärattachés, deren Berichtstätigkeit oft weit in militärpolitische Fragen reichte. Durch diese Konstruktion kam es auffallenderweise dazu, daß die Kommandokompetenz des Kaisers via Kriegsministerium weitgehend in das konstitutionelle Beratungsund Beschlußverfahren des gemeinsamen Ministerrates unter Beusts Vorsitz einbezogen war. So blieb hier, wo oft auch Erzherzog Albrecht − und selbstverständlich immer wieder der Kaiser selbst − an den Sitzungen teilnahmen, trotz aller vorbereitenden Kulissengespräche eine verfassungsmäßige Form der Koordination politischer und militärischer Gesichtspunkte gesichert. Dies gewann besondere Bedeutung in der Julikrise 1870 und während des deutsch-französischen Krieges.

Die strategischen Überlegungen und Planungen der Armee, die nun für Jahre in einen tiefgehenden Prozeß der Umstrukturierung eintrat, waren nicht eindeutig. Einerseits war der Gesichtspunkt des Zeitgewinns maßgebend: Man brauchte Jahre und nochmals Jahre, um die Reorganisation abzuschließen.[40] Ein besonderes Problem stellte dabei die Dauer der Mobilisierung dar. In den Militärgesprächen, die im Frühjahr und Frühsommer 1870 Erzherzog Albrecht mit Frankreich führte, war es das A und O der österreichischen Forderungen, bei einem gemeinsamen Operationsplan die mindestens sechswöchige Mobilmachungsfrist der k.u.k. Armee zu berücksichtigen.[41] Im übrigen betonte gerade Albrecht noch 1870 die Unfertigkeit der allgemeinen Reorganisation: man brauche noch Zeit. Andererseits stand die Führung unter dem Eindruck der russischen Rüstungen und des Fortschritts der strategischen Bahnbauten aus dem Inneren Rußlands gegen die österreichische Grenze. Zu der militärischen Leistungsfähigkeit Frankreichs hatte man im allgemeinen Zutrauen, obwohl es auch hier schon skeptische Stimmen gab. Ein Zweifrontenkrieg (mit Frankreich und Italien, gegen Preußen und Rußland) schien 1868/1870 höchst unerwünscht und riskant. Dies hinderte jedoch den temperamentvollen Kriegsminister Kuhn im Juli 1870 nicht, für eine »allgemeine Konflagration« einzutreten.[42] Wir werden sehen, wieso er mit dieser Idee allein blieb und wie sich nach der österreichischdeutschen Annäherung schon Anfang 1872 die Dinge in ganz anderem Licht darstellten: neue Perspektive eines gemeinsamen deutsch-österreichischen Krieges gegen Rußland.

Der Eindruck der zunehmenden Stärke der preußischen Armee nach 1866 − als »Drehpunkt des Staates« charakterisierte sie 1868 der österreichische Militärattaché in Berlin − war nachhaltig und in den verschiedensten Bereichen zu bemerken. Einerseits wirkte er auf das Tempo und die Art und Weise der militärischen Reorganisation in Österreich-Ungarn. Andererseits verschärfte die preußische Kritik an den Zuständen und Leistungen der österreichischen Armee auch in den Jahren nach 1866 die antipreußischen Ressentiments in weiten Kreisen. Bewunderung, Verbitterung und Unzufriedenheit im Hinblick auf die langsamen Fortschritte im eigenen Land bestimmten das Verhältnis zu der preußischen Macht, um so mehr, als sich nun die militärisch-politische Bindung Süddeutschlands an Preußen (durch die seit März 1867 bekannten »Schutz- und Trutzverträge« vom August 1966) unter den Augen Wiens in eine weitgehende militärorganisatorische Integration umsetzte. Die Funktion der k.u.k. Armee als gesamtstaatliche Klammer und Integrationsfaktor eines Vielvölkerstaates blieb aufmerksamen Beobachtern, wie Bismarck, nicht verborgen. Im allgemeinen fanden aber im Ausland der heftige parlamentarische Zank um das Militärbudget und die sonstigen Posten des militärischen Passivsaldos der Monarchie mehr Aufmerksamkeit.

Ganz anders und sehr positiv sah die Bilanz Österreich-Ungarns auf dem Gebiet der *wirtschaftlichen Entwicklung* in den Jahren nach Königgrätz aus. Diese Jahre gelten mit Recht als Periode eines starken Konjunkturanstiegs, der erst mit dem Börsenkrach von 1873 endete. Die vorliegenden, allerdings mit Vorsicht zu benutzenden Vergleichszahlen für das Prokopf-Sozialprodukt in Österreich-Ungarn und Deutschland (Grenzen von 1870) zeigen den absoluten Anstieg, aber auch das kontinuierliche Zurückfallen gegenüber der Steigerung in Deutschland:[43]

	1840	1850	1860	1870	1880	1890
Österreich-Ungarn	(266)	(283)	(288)	(305)	(315)	(361)
Deutschland	(267)	308	354	426	443	537

Schon vor Beust hatte das föderalistisch-konservative Ministerium Belcredi in der Außenhandelspolitik einen freihändlerischen Kurs eingeschlagen.[44] In der liberalen Ära wurde diese Politik verstärkt weitergeführt, mit bemerkenswerten Ergebnissen in der Einfuhrsteigerung und im Gesamtwachstum. Die Einfuhr von Eisen und unedlen Metallen stieg von 1861 bis 1871 von viereinhalb auf vierzigeinhalb Millionen Gulden, der Textilimport von zehn auf sechzig Millionen Gulden, während gleichzeitig die inländische Erzeugung einen starken Aufschwung nahm. Das Eisenbahnnetz verdoppelte sich zwischen 1860 und 1870. Beust engagierte sich persönlich für die Fortsetzung des österreichisch-ungarischen Bahnnetzes nach Konstantinopel und Saloniki. Im Zuge der nun in größerem Maßstabe einsetzenden wirtschaftlichen Zusammenarbeit mit Westeuropa (Frankreich, England, Belgien) förderte er in nachdrücklichster Weise die Orientbahnkonzession des deutsch-belgischen Bankiers Moritz von Hirsch. Dies gehörte in die große Konzeption einer kommerziellen Erschließung und sozio-ökonomischen Entwicklung der europäischen Türkei.[45]

Dem entsprach der Abschluß einer Reihe von freihändlerischen Handels-
verträgen: mit England und Frankreich (noch unter Belcredi), 1867 mit Belgien und den Niederlanden, 1868 mit der Schweiz und dem deutschen Zollverein, 1869 mit Japan, China und Siam, 1870 mit Spanien und einigen Staaten Südamerikas. Ausbau der Gewerbefreiheit, liberale Neuordnung der
Steuergesetzgebung, Erweiterung der Befugnisse der Handels- und Gewer-
bekammern und eine Initiative zur Reform und Vereinheitlichung des internationalen Münzwesens (1867 Präliminarvertrag mit Frankreich über den
Anschluß Österreichs an die ›Union latine‹) lagen auf der gleichen Linie libe-
ralkapitalistischer Expansion.

Die prosperierende wirtschaftliche Lage schlug sich auch in den Staatsfi-
nanzen nieder, die sich bis 1873 in ungewohnt gesunder Weise entwickelten.
Unter Abzug der sogenannten außerordentlichen Einnahmen ergeben sich
folgende Zahlen in Tausend Gulden[46]:

	Ausgaben	Einnahmen	Überschuß oder Defizit
1868	224 463	221 963	+ 2 500
1869	222 143	233 585	+ 11 442
1870	246 336	245 300	− 1 036
1871	261 266	266 314	+ 4 922
1872	260 055	284 188	+ 24 133
1873	281 685	286 304	+ 4 619
1874	286 602	263 890	− 22 712

So konnte der scheidende Reichskanzler Beust, als er im November 1871 der
Öffentlichkeit Rechenschaft über seine fünfjährige Tätigkeit gab, auch den
großen wirtschaftlichen Aufschwung für sein Erfolgskonto beanspruchen:
»...Wir haben uns mit Vertrauen der Entwicklung jener überreichen Hilfsmittel zuwenden können, mit denen die Vorsehung dieses Reich beschenkt
hat, und eine Prosperität ohnegleichen belohnt unsere Anstrengungen...«[47]

Allerdings – eine Hoffnung, der auch Beust nicht ferngestanden war, erfüllte sich keineswegs: Den Ausgleich der nationalen Gegensätze hatte die
wirtschaftliche Prosperität dieser Jahre nicht näher gerückt. Ohne das sehr
verwickelte Problem des Zusammenhangs von sozioökonomischer und na-
tionalitätenpolitischer Entwicklung hier entfalten zu können, sei wenigstens
ein Aspekt des Fragenkomplexes Politik-Wirtschaft-Nation in Kürze berührt. Der Abschluß des neuen Handelsvertrages mit dem deutschen Zollverein war durch ein Entgegenkommen Bismarcks erleichtert worden, der
1867/68 positive Anknüpfungen mit Wien suchte.[48] In den Vorverhandlungen und noch bei der Ratifizierung durch das Zollparlament hatte es Wider-

stände von zwei Seiten gegeben: einerseits bei den süd- und westdeutschen Schutzzöllnern, andererseits bei einem Teil der österreichischen Industrie, gegen welche sich Beust aber mit dem Hinweis auf die freihändlerischen Wünsche Ungarns durchsetzen konnte. Im Ringen zwischen Preußen und Österreich um die deutsche Frage war dieser Handelsvertrag – wie wir sehen werden – nur eine Episode ohne bestimmendes Gewicht. Es stellt sich jedoch an dieser Stelle die weitreichende Frage, welche Bedeutung insgesamt der kräftigen wirtschaftlichen Entwicklung und der liberalen Wirtschaftspolitik Wiens im Faktorenbündel der deutschen Frage zukam.[49] Dabei kann von der Tatsache ausgegangen werden, daß wichtige wirtschafts-, zoll- und handelspolitische Entscheidungen im Ringen Österreichs und Preußens um die Vorherrschaft in Deutschland schon vor 1866 gefallen waren, gegen Wien gefallen waren, wie hoch oder niedrig man auch den Stellenwert dieser Entscheidungen im Ensemble des gesamten Prozesses ansetzen will. Verfolgt man weiterhin die wirtschaftspolitischen Konstellationen zwischen Österreich-Ungarn, Norddeutschland, Süddeutschland und Westeuropa in den Jahren 1866 bis 1870, so fällt es schwer, eindeutige Trends oder Interessenlagen auszumachen, ausgenommen vielleicht die Tendenzen zu einer stärkeren westeuropäisch-österreichischen Wirtschaftsverflechtung. In Süddeutschland wie in Cisleithanien gab es Gegensätze zwischen schutzzöllnerischen und freihändlerischen Interessengruppen. Hier wie dort standen diese Jahre im Zeichen kapitalistischer bürgerlicher Erfolge und ausdauernder sozialkonservativer Kräfte. Sowenig für diese Jahre das alte Schema aufrechtzuerhalten ist – freihändlerisch-fortschrittliches Kleindeutschland organisiert sich politisch gegen schutzzöllnerisch-konservatives Österreich –, sowenig zeichnen sich im Umkreis des Bezugsfeldes Süddeutschland-Österreich ökonomische oder auch soziale Gravitationsfelder ab, die für oder gegen Berlin oder Wien ganz klar ins Gewicht fallen. Möglicherweise hätten sich bei längerer Dauer des politisch unentschiedenen Zustandes solche Determinanten in Wirtschaft oder Gesellschaft deutlich herausgebildet. In der kurzen Zeit bis 1870 sind sie nicht klar zu sehen. An der Oberfläche erscheinen politische, regionale und weltanschauliche Orientierungen, die mit unterschiedlichen wirtschaftlichen und sozialen Interessen wechselnd zusammengehen. Österreichs Wirtschaftsliberalismus und politischer Liberalismus werben in Süddeutschland und Norddeutschland, während gleichzeitig die antiklerikale Stoßrichtung der liberalen Ära konservativ-katholische »Freunde Österreichs« an der Wiener Politik irre werden läßt.

Ein starker, aber in seiner konkreten Wirkung schwer faßbarer Faktor im politischen Leben der Jahre nach Königgrätz sind die *Presse* und die öffentliche Meinung. Auch diese Faktoren wirken, irgendwie ähnlich der Wirtschaftsentwicklung, zwischen Staat und Gesellschaft.[50] Die Presse wird einerseits

von der Regierung und den politischen Kräften Österreich-Ungarns eingesetzt; so etwas wie Beusts großangelegte Pressepolitik hatte es in der Monarchie noch nie gegeben. Andererseits bewegte und motivierte die Presse, nun
zunehmend von alten Zensurhemmnissen befreit, erstmals breite Schichten
der Bevölkerung; sie erweiterte und artikulierte die Öffentlichkeit im Hinblick auf die politischen Entscheidungsprozesse. So wie Beust nach engli-
schem Vorbild die ›Rotbücher‹ erscheinen ließ, um zugleich den Delegationen und einer weiteren Öffentlichkeit des In- und Auslandes die außenpolitischen Ziele und Erfolge der Monarchie zu demonstrieren, so verstanden es
seine Mitarbeiter, in vielfacher Weise die Presse in Österreich und in Ungarn,
in Deutschland wie in Frankreich, England, Italien und Belgien im Sinne der
Intentionen des Ballhausplatzes zu beeinflussen. Nicht nur die süddeutschen
Staaten waren ein bevorzugtes Terrain der Wiener Einflußnahme, über Sachsen reichten die Kontakte weit nach Nord- und Westdeutschland. Hier traf
die um Mittel gewiß nie verlegene Pressepolitik Bismarcks auf einen ebenbür-
tigen Gegner. Das Hin- und Herwogen der publizistischen Kämpfe zwischen
Wien und Berlin mit immer neuen Winkelzügen und Waffen gehört zu
den faszinierenden Begleiterscheinungen des politischen Ringens dieser
Jahre. Der Ballhausplatz bediente sich nicht nur der periodischen Presse;
auch Flugschriften[51] und umfangreiche, seriös geschriebene Werke[52]
wurden zur Meinungsbildung im In- und Ausland eingesetzt. Dies
unausgesetzte, sehr bewußte Arbeiten mit dem Öffentlichkeitsbezug gehört
wesentlich zur Signatur der Ära Beust. Es kann freilich in der folgenden
Darstellung nicht kontinuierlich, sondern nur schwerpunktmäßig
verfolgt werden.
    Zur allgemeinen Erläuterung der pressepolitischen Komponente des
Beustschen Systems – Andrássy setzte auch hier die Dinge nicht in gleicher
Weise fort – möge statt vieler Einzelhinweise ein ausgewähltes Beispiel dienen. Die Wiener ›Presse‹, die seit 1867 beziehungsweise seit einer neuerlichen
Transaktion im August 1869 finanziell und redaktionell ganz vom Ballhausplatz abhing, wurde bei letzterer Gelegenheit von Beusts Presseleitung mit
bindenden politischen Direktiven versehen.[53] Diese leitenden Grundsätze für
die Redaktion der Presse lauteten:[54]
    »Die ›Presse‹ soll das Organ einer liberal-konservativen Partei in Öster-
reich sein, welche an der ungeschmälerten Integrität des Reiches unbedingt
festhält, deren Gefühle dynastischer Natur sind und die auf der Basis der gegenwärtigen Verhältnisse den sozialen und politischen Fortschritt des Landes anstrebt.
    Die ›Presse‹ wird ebenso sehr den retrograden wie den radikalen Elemen-
ten entgegentreten, sich vielmehr zu einem Centralpunkt der gemäßigt freisinnigen Partei herauszubilden trachten.
    Sie wird die Befestigung der heutigen Verfassung des Reiches streng im

Auge haben, deren Anwendung und Ausbildung durch die gesetzgebenden und exekutiven Organe des Staates fördern und das parlamentarische Leben in Österreich in jeglicher Weise stärken und entwickeln.

An dem dualistischen Gedanken, der heute das Reich trägt, festhaltend, wird die ›Presse‹ allen Nationalitäten der Monarchie eine gleiche und unparteiische Berücksichtigung zuteil werden lassen. – So wie sie es war, welche den Ausgleich mit Ungarn durch ihr Eingreifen vor zwei Jahren – allen andern Strömungen gegenüber – publizistisch erst fest begründete, so wird sie auch in Zukunft die Versöhnung der einander bekämpfenden und mißverstehenden Nationalitäten als eine ihrer wesentlichsten Aufgaben ansehen. Sie wird ein Mittel sein, der Aufreizung und Verhetzung der einzelnen Stämme Österreichs einen Damm entgegenzusetzen und diejenigen Ideen und Institutionen werden von ihr warm befürwortet werden, welche das Ziel, die divergierenden Interessen der Bevölkerungen zusammenzufassen und auszugleichen, am sichersten erreichen lassen.

Es folgt hieraus, daß in allen wesentlichen Fragen eine Übereinstimmung der ›Presse‹ mit den Anschauungen der Regierung besteht, daß, wenn eine Differenz sich ergibt, dieselbe nur in untergeordneter Angelegenheit vorkommen kann. Es ist derselbe liberal-konservative Gedanke, welcher die Regierung des Reiches beseelt, der auch in der ›Presse‹ zum Ausdruck gebracht werden soll.

In der auswärtigen Politik folgt die ›Presse‹ dem in der neuen Ära zur Geltung gelangten Prinzip, der Wahrnehmung der eigenen, österreichischen Interessen ohne Rücksicht auf irgend welche frühere Verbindung eines Staates mit dem andern und ohne sich durch Sentimentalität bestimmen zu lassen.

An die Stelle der Gefühlspolitik soll die der Interessen treten und aus diesem Grunde wird die ›Presse‹ jenen Staaten sich publizistisch wohlwollend erweisen, welche Österreich eine Stütze in Europa bieten.

Ohne gerade Allianzen zu befürworten, solange dieselben nicht eine Notwendigkeit für die tatkräftige Aktion sind, wird die ›Presse‹ doch die freundschaftlichen Beziehungen zu den Österreich geneigten Staaten kräftig kultivieren.

In der Lage, in welcher sich ganz Europa befindet und in der Österreich insbesondere ist, läßt sich ein auf Jahre hinaus feststehendes Programm für die auswärtige Politik wohl nicht feststellen. – Es gilt aber als Grundsatz, daß die uns von andern Staaten erwiesene Freundschaft in der ›Presse‹ die verdiente Anerkenung finden wird und daß die ›Presse‹ mit allen ihr zu Gebote stehenden Mitteln gegen jene Front machen wird, welche auf die Zerstückelung oder auch nur auf die Schwächung des Reiches ausgehen.

Hieraus wäre im Concreten abzuleiten, daß die auswärtige Politik der ›Presse‹ das uns von Frankreich entgegengetragene Wohlwollen zu erwidern

und die Verlegenheiten, welche uns im Oriente und von Preußen aus bereitet
werden, mit den publizistischen Waffen wettzumachen hätte.

Was die formelle Behandlung der einzelnen politischen Fragen und der öffentlichen Interessen überhaupt anlangt, so wäre dafür zu sorgen, daß jede
ungerechtfertigte Polemik persönlicher Natur zu entfallen hätte. Um die Sache, nicht um die Person wird es sich bei den Besprechungen handeln. Nur so
wird dem allgemeinen Wohle genützt und die Interessen des einzelnen fänden
Schonung.«

Zur Würdigung der überaus interessanten inhaltlichen Bezüge sei auf den
späteren Abschnitt verwiesen, der die innen- und außenpolitische Konstellation im Sommer 1869 behandelt.[55] Was die Methode dieser Öffentlichkeitsarbeit angeht, so ist die genaue Dosierung der Direktiven ebenso eindrucksvoll wie die dahinterstehende Überzeugtheit von der Harmonie staatlicher
Interessenpolitik mit humaner Vernunft. Nicht als ob die Pressepolitik der
Ära Beust auf Schach- und Winkelzüge, Verdeckung, Doppelspiel und einseitige Pointen je verzichtet hätte. Man wird sehen, wie etwa in den Entscheidungssituationen im Herbst 1870 Beust sich sehr abgewinkelter publizistischer Mittel bediente, um die Annäherung an Bismarck-Deutschland vorzubereiten und einzufädeln. Aber gerade im Vergleich mit den Bismarckschen
Methoden fallen das geradezu naiv provozierende Vertrauen auf die allgemeine Vernünftigkeit der eigenen Position und der ungebrochene Fort-
schrittsbezug auf. Gegenüber dem Ansprechen nationaler Subjektivität und
Leidenschaft auf seiten der Berliner Staatspublizistik stand in Wien der ra-
tionale Bezug auf die multinationale Öffentlichkeit im eigenen Land und auf
das Forum Europas im Vordergrund.

Zu Ende des Rundblicks auf Fakten, Einrichtungen und Attitüden in Österreich-Ungarn folgt ein Blick auf jene zwei außenpolitischen Probleme, die seit
1866/67 im Vordergrund standen und zugleich tief in die inneren Verhältnisse der Monarchie eingriffen: die orientalische Frage und die deutsche Frage. Unter der orientalischen Frage verstand man damals nicht etwa die Probleme des Vorderen Orients. Es ging vielmehr um die Gegenwart und Zukunft der dem Osmanischen Reich zugehörigen Teile Südosteuropas.[56]
Hierzu zählten die von der Pforte abhängigen Fürstentümer Montenegro,
Serbien und Walachei/Moldau (zwei vereinigte Fürstentümer, die sich dann
Rumänien nannten). Nur das Königreich Griechenland war souverän. Die
politischen und sozialen Emanzipationsbestrebungen der christlichen Balkanvölker standen in einem komplexen Kräftefeld: hier die seit Jahrzehnten
diskutierten und angezielten türkischen Reformmaßnahmen, die den isla-
misch-osmanischen Feudalstaat in einen modernen, pluralistischen Staat
verwandeln sollten, dessen Programm die »Fusion aller Raçen und Religionen« war; dort die seit dem 18. Jahrhundert expandierende Politik Ruß-

lands, die sich auf die Gemeinsamkeiten der orthodoxen Kirche und – teilweise – der Sprache und Abstammung stützte. Es gab auf seiten der Regierung wie der russischen Öffentlichkeit unterschiedliche Varianten der Balkanpolitik, die je nach den Umständen in den Vordergrund traten: von einer friedlichen, mit den europäischen Mächten abgestimmten Förderung innertürkischer Reformen bis zur totalen Auflösung der europäischen Türkei, an deren Stelle eine Föderation christlicher Nationalstaaten unter russischem Protektorat treten sollte (mit direkter Herrschaft über Konstantinopel und die Meerengen).

Für Österreich-Ungarn lag seit dem Ausschluß aus Italien und dem Ende seiner Stellung im Deutschen Bund eine Aktivierung der bisher meist ganz konservativ-turkophilen Balkanpolitik nahe.[57] Dabei war nicht nur die Sorge vor der russischen Expansion von großer Bedeutung; es kamen auch die Interessen und Tendenzen der slawischen Bevölkerung Österreich-Ungarns ins Spiel (und das Problem der Rumänen in Siebenbürgen). Hinter allem sah man das Schreckgespenst des Panslawismus: Für die führenden deutsch-österreichischen und ungarischen Kreise standen alle tatsächlichen oder nur vermuteten Beziehungen zwischen den austroslawischen Gruppen, Rußland und den Balkanstaaten und -völkern im Verdacht, Teile eines gewaltigen Komplotts zu sein, das gegen die Existenz der Monarchie gerichtet war. Von Wien aus gesehen komplizierte sich die Lage noch durch zeitweilige Versuche Preußens, in Fortführung von Projekten aus dem Kriegsjahr 1866 großrumänische oder auch großserbische Strömungen gegen Österreich-Ungarn zu ermuntern. Andererseits hatte Wien mit der Tatsache einer ungarischen Sonderpolitik am Balkan zu rechnen, wie sie etwa in Andrássys Geheimverhandlungen mit Serbien über eine Aufteilung Bosniens zu fassen ist.

Am Ballhausplatz sah man 1866/67 die Neuorientierung der österreichischen Orientpolitik im engsten Zusammenhang mit der europäischen Gesamtsituation.[58] Beust hatte schon lange vor seiner Wiener Zeit die Idee vertreten, Rußland eine im europäischen Konsens zu erfolgende Aufhebung der diskriminierenden Folgen des Krimkrieges (Schwarzmeerklauseln des Pariser Friedens 1856) anzubieten. Die neue Konzeption, die er seit Herbst 1866 in der orientalischen Frage verfolgte, verband diesen europäischen Konsensgedanken der Heranziehung Rußlands mit ganz konkreten Ansätzen, die sich aus den politischen und wirtschaftlichen Interessen der Monarchie ergaben. Die Emanzipation der Balkanvölker sollte gefördert werden, vorsichtig, evolutionär, durch administrative Reformen und wirtschaftliche, verkehrspolitische und kulturelle Erschließung. Davon würde Österreich-Ungarn als nächster Nachbar am meisten profitieren. Dies konnte ohne Zertrümmerung des Osmanenreiches, ohne Errichtung größerer Nationalstaaten an den Grenzen Österreich-Ungarns, ohne Verwandlung des Balkans in

einen Kampfplatz der Großmächte geschehen (Frankreich und England galten damals als die natürlichen Balkanverbündeten der Monarchie gegen
Rußland). Das Gelingen hing vor allem von der Zusammenarbeit sämtlicher
europäischer Großmächte ab. Die europäische Türkei war, um die Wirksamkeit der Reform- und Entwicklungspolitik zu gewährleisten, einer gemeinsamen *europäischen Kontrolle* zu unterstellen. Rußlands Mitwirkung
war die grundlegende Bedingung. Sie sollte, das war einer der neuen Gedanken der Wiener Orientpolitik im Winter 1866/67, als Gegenleistung für die
Aufhebung der Schwarzmeerklauseln von 1856 erfolgen. Dieser Ansatz
stieß, wie weiter unten zu verfolgen ist, rasch auf große Hindernisse. Das benimmt ihm nichts von seiner Bedeutung. Er zeigt beispielhaft, wie die konkrete Interessenlage der Monarchie im Zeichen der neuen liberalen Ära am
Ballhausplatz neu durchdacht und formuliert wurde und wie für die langfristigen und schwierigen Strukturprobleme der orientalischen Frage eine moderne österreichische Antwort entworfen wurde. Ihre Stärke wie ihre Schwäche können auch heute noch zu mannigfachen Reflexionen Anlaß geben.

Viel schwieriger als im Bereich der orientalischen Frage stellt sich die Aufgabe dar, einleitend jene objektiven und subjektiven Bedingungen der deutschen Frage zu skizzieren, die für die dualistische Monarchie seit 1867 maßgebend waren. Stärker noch als im Falle der Balkanpolitik griff die deutsche
Frage ins Innere und Innerste der Monarchie und ihrer Neuorientierung nach
Königgrätz ein. Was wollte der Kaiser, als er im Herbst 1866 die Außenpolitik der Monarchie, im Januar 1867 auch die innenpolitische Rekonstruktion
in die Hände Beusts legte, der als führender Vertreter einer föderalistischen
deutschen Nationalpolitik zeitweilig Bismarcks bestgehaßter Rivale im Ringen um die Neugestaltung der deutschen Dinge war? Was wollte Beust 1866
bis 1870 in Sachen Deutschland? Welche deutsche Politik wurde von Wien
aus für möglich gehalten? Und wie stand es um die objektiven Möglichkeiten, von Wien her den deutschen Dingen eine andere Wendung zu geben als
sie dann tatsächlich eintrat? Während die Hauptlast dieser und ähnlicher
Fragen im Verlauf der folgenden Darstellung abzutragen ist, richtet sich das
einleitende Interesse auf einige Anfangsbedingungen, die freilich auch nur
mit Hilfe kurzer Vorgriffe auf das Spätere erörtert werden können.
   Was den Kaiser, Beust und die deutsche Frage angeht, so ist mit der vielverbreiteten Formel der »Revanche« für Königgrätz wenig bis nichts anzufangen. Sehr überlegt und ausgewogen ist die Ausgangsposition Franz Josephs bei der Berufung Beust neuerdings von Barbara Jelavich beschrieben
worden: Beusts »appointment marked the emperor's intention not to accept
the decision of 1866 but to continue a policy of opposition to Prussia. Francis
Joseph saw the German question as primarily a manifestation of the rivalry
of the two houses of Hohenzollern and Habsburg, rather than as a national

issue. Thus he now sought to redeem the honor of his family. The aim of
Beust's foreign policy in the five years in which he was in office was to be,
first, to reform and strengthen the inner structure of the state and, second, to
restore to Austria her former status among the great powers.«[59] Eines ist die
dynastische und halb pränationale Vorstellungs- und Wertwelt des Kaisers,
ein anderes das Denken, Wollen und Tun des von ihm nach Wien geholten
deutschen Staatsmannes. Oben war schon der starke deutsche Akzent zu betonen, den Beust persönlich und ganz unverhohlen in die dualistische Konstruktion einbrachte. Wenn man aber nach der außenpolitischen und
deutschlandpolitischen Ergänzung Ausschau hält, die dieser innenpolitischen Orientierung entsprechen sollte oder mußte, so wird man mühsam suchen und schließlich überwiegend nur indirekte Zeugnisse und kleinforma-
tige Fragmente zu fassen bekommen. Das kann bei einem so programmfreu-
digen und gern formulierenden Mann wie Beust kaum ein Zufall sein. Nach
der Durchsicht tausender einschlägiger Dokumente ergibt sich folgender
Eindruck: Der Reichskanzler hat nicht etwa nach dem definitiven Scheitern
der antipreußischen Hoffnungen 1870 die Spuren einer zuvor in Wien maßgebenden deutschen Revisionspolitik systematisch verwischt. Vielmehr
wurde anscheinend eine solche Revisionspolitik im Sinne scharf umrissener
Ziele und konkreter Strategien niemals voll ausgearbeitet. Es scheint, daß
man sich auch im engsten Kreise – Beust und Franz Joseph, Beust und seine Intimfreunde, wie etwa Graf Vitzthum – nur über allgemeine und ziemlich flexible Rahmenvorstellungen in Richtung deutscher Zukunft einig
war.

Preußen sollte, wenn es ging, nicht vernichtet, aber eingeschränkt werden;
mit Beusts Worten hieß das: »Ni avilir, ni démolir, mais contenir [la
Prusse].«[60] Die erwünschte Neuordnung der Dinge soll Österreich »den
Wiedereintritt in Deutschland« ermöglichen (was auch immer das im einzelnen bedeuten konnte).[61] Dieser Gedanke des »Wiedereintritts« verband sich
– jedenfalls in den Jahren 1867/68, bevor es zu der ganz scharfen Konfrontation mit Preußen gekommen war – offenbar mit Reminiszenzen aus der Zeit,
als Beust von Sachsen aus in einem trialistischen Sinne um die Reform des
Deutschen Bundes bemüht war (sächsisches Reformprojekt von 1861): Die
sich zusammenschließenden deutschen Mittel- und Kleinstaaten sollten als
dritte Kraft ein Bindeglied zwischen Preußen und Österreich bilden. In einem
Rückblick auf die im Frühjahr 1867 durch Bayern und Preußen in Wien geführten Bündnissondierungen (Tauffkirchens Mission) hat Beust Anfang
März 1868 gegenüber dem ihm befreundeten bayerischen Gesandten Graf
Bray seine eigenen Gesprächsanregungen vom Vorjahr nochmals präzisiert.
Bray berichtete nach München über das Gespräch, das nun nur mehr retrospektive Bedeutung hatte:[62] »Die Idee, welche ihm [sc. Beust] als unter Um-
ständen für die Konstituierung eines weiteren Bundes ausführbar vorge-

schwebt habe, sei die der Trias gewesen, worin – neben dem norddeutschen Bunde – Süddeutschland und Deutsch-Österreich als gleichberechtigte Glieder hätten Platz finden können.« Das Festhalten an der Idee des Deutschen Bundes, das wie ein roter Faden die 1887 erschienenen Memoiren Beusts durchzieht, konkretisiert sich gelegentlich in dem Hinweis, daß das später erreichte völkerrechtliche Verhältnis Österreichs zu Deutschland (dessen erste Grundlegung Beust mit Recht für sich in Anspruch nimmt) nun doch kein Ersatz für die friedenssichernde Funktion eines Staatenbundes in der Mitte Europas sein könne. Ergänzt wird diese Aussage durch das gleichfalls rückblickend formulierte Urteil: »Die endliche faktische Lösung der deutschen Frage, wie sie gekommen ist, ... [konnte] für Österreich nicht die seiner Wahl sein, ... hauptsächlich darum nicht, weil sie in seine inneren Verhältnisse tief und störend eingriff.«[63] Es ist auffallend, wie hier der fundamentale Zusammenhang zwischen deutscher Frage und innenpolitischer Sicherung der deutschen Dominanz betont wird – freilich in einer Art von logischem Umkehrschluß, der für Beusts politische Maximen aufschlußreich ist: Ausgangspunkt ist die Selbstverständlichkeit des Festhaltens an der traditionellen Vorrangstellung der Deutschen in der Monarchie; hieraus ergibt sich für Beust die rückblickende Option für eine Alternative zu 1870, die Österreich den staatlichen Zusammenhang mit dem »übrigen Deutschland« gesichert hätte.[64]

Soweit lassen sich die Rahmenvorstellungen Beusts in ihrer allgemeinen Form wohl einigermaßen zuverlässig erkennen; viele weitere Zeugnisse fügen sich stützend in diese Rekonstruktion ein. Unsicher wird der Boden, sobald wir nach den objektiven Chancen einer Realisierung fragen, schon bei den Entscheidungsfaktoren innerhalb der Monarchie (Kaiser, »Hofpartei«, Ungarn, Deutschliberale?) und erst recht außerhalb Österreich-Ungarns (Süddeutschland, Frankreich, Preußen und die nationalliberale Bewegung?). Frankreich, das im folgenden eine so wesentliche Rolle in der österreichischen Außenpolitik spielte, mußte doch wohl für eine positive Rolle im Rahmen dieser deutschen Ziele gewonnen werden. Oder sollte Frankreich nur benutzt und ausgespielt, aber schließlich dem deutschen Programm geopfert, bzw. untergeordnet werden? Die Frage nach dem komplizierten Verhältnis zwischen der französischen Allianz und der Deutschlandpolitik Wiens begleitet die folgenden Kapitel. Die Spannweite und Unbestimmtheit der hier zugrunde liegenden Hypothesen und Alternativen kann nicht besser gezeigt werden als durch einen Passus aus der großen Denkschrift Beusts vom Mai 1871, welche den Kaiser auf die Konsolidierung der neuen, mit Berlin verbundenen Außenpolitik festlegte. Hier schwieg der Reichskanzler über die Bündnisverhandlungen mit Frankreich und Italien 1868/69 und griff auf die Salzburger Absprache mit Napoleon III. vom August 1867 zurück: zuwartende Politik gegenüber Preußen, bis zu weiteren Erfolgen der politischen

Rekonstruktion und der Aufrüstung in Österreich; bis dahin Festhalten am
Status quo des Prager Friedens:[65] »Hätte man diesen Gedanken in Frankreich festgehalten, so wäre der bewaffnete Friede zuerst für Deutschland
unerträglich geworden und hätte entweder dort zu einer diplomatischen Verständigung genötigt, bei welcher für uns günstige Chancen in Aussicht standen, oder er hätte zu einem Offensivkrieg [sc. Preußens] gegen Frankreich geführt, wobei wieder für uns eine vorteilhafte Stellung gegeben war. ... Alle
diese Umstände haben sich aber nunmehr gründlich geändert.«

Wie erforscht und schreibt man diese Geschichte?

Die historische Forschung lebt von Fragen, von Quellen und von der Auseinandersetzung mit der eigenen Forschungstradition. Die Fragen, mit welchen
es dies Buch zu tun hat, sind im ersten Teil der Einleitung skizziert worden.
Die *Quellen*, die es zu durchforschen galt, sind nicht weniger vielgestaltig als
die Verhältnisse und Ereignisse, die zu klären waren. Der weite Bereich der
Öffentlichkeit Österreich-Ungarns, seit Beginn der liberalen Ära von nie
dagewesener Bedeutung, bietet sich dem Forscher mit einer Überfülle gedruck-
ter Information: die periodische Presse, Flugschriften, Broschüren, Parla-
mentsprotokolle, Briefwechsel, Memoiren. Die politischen Entscheidungsprozesse in Österreich-Ungarn[66] und die diplomatischen Aktionen der Wiener Regierung[67] sind nur zu geringem Teil in gedruckten Sammlungen
zugänglich. Besser sieht es mit der Dokumentation der preußischen und französischen Außenpolitik aus. Die preußische Serie[68] ist zwar nicht ganz vollständig erschienen, bietet aber durch die Einbeziehung diplomatischer Aktenstücke außerpreußischer Herkunft eine wertvolle Basis. Die französische
Reihe[69] liegt abgeschlossen vor; dort sind jedoch unter anderem die Berichte
der Militärattachés nicht durchgehend berücksichtigt. Von den ›Documenti
Diplomatici Italiani‹ liegen leider nur drei einschlägige Bände vor[70], während
die russischen Akten überhaupt nicht gesammelt vorliegen und nur Bruch-
stücke hie und da greifbar geworden sind.[71] Weiterhin stehen auf deutscher
Seite zwei besonders wichtige Quellenreihen zur Verfügung: einmal die
Friedrichsruher Bismarck-Ausgabe[72] und zum anderen die von Hermann
Oncken herausgegebene Dokumentation zur Rheinpolitik Napoleons III.[73],
die sehr viel Material der Wiener Archive bringt, insbesondere zu Beusts
Frankreich- und Italienpolitik. Wertvoll sind auch die von dänischer und
deutscher Seite vorgelegten Quellenbestände zur Nordschleswigschen
Frage.[74]
    Die Sammlungen diplomatischer Aktenstücke werden ergänzt durch die
Memoiren und Korrespondenzen der politisch Handelnden jener Zeit. Einer
Fülle von einschlägigen Publikationen auf der Seite Preußens (und auch der

deutschen Mittelstaaten)[75] steht ein auffallender Mangel an derartigen Quellen auf österreichischer Seite gegenüber. Zur Erklärung dieses Phänomens ist einmal auf die allgemeine Erfahrungstatsache hinzuweisen, daß auf der Seite des Erfolges mehr Neigung besteht, Memoiren zu verfassen und zu publizieren als auf der unterlegenen Seite. Zum anderen sollte aber auch der tiefergehende Unterschied in politisch-sozialer und kultureller Hinsicht bedacht werden: Die reiche Memoirenliteratur im kleindeutschen Umkreis war vom Ansatz wie vom Publikum her durch ein vergleichsweise homogenes und dichtes Milieu getragen, dessen Nährboden in der nuancenreichen, aber eben doch letztlich auf nationale Einheit hin angelegten bürgerlich-protestantischen Kultur lag. Ganz anders in der Habsburgermonarchie, wo die pränationale Reichsidee eines Vielvölkerstaates wohl noch in der bürokratischen und militärischen Dienstbereitschaft erheblicher Gruppen, nicht aber in einer vergleichbar modernen und einheitlichen Bewußtheitsstufe und einem entsprechenden Lesepublikum seine Stütze fand. So sind für unsere Epoche außer den Memoiren des Haupthandelnden – Beust – an politisch wertvollen autobiographischen Quellen eigentlich nur die Denkwürdigkeiten seines aus Sachsen kommenden Mitarbeiters Graf Vitzthum[76] und des gleichfalls aus dem protestantisch-deutschen Milieu (Württemberg) stammenden Professor-Ministers Albert Schäffle[77] zu nennen. Die Lebenserinnerungen des im Dienste Beusts stehenden Journalisten Ludwig von Przibram[78] sind in atmosphärischer Hinsicht und für Details, mangels ähnlicher Aufzeichnungen von anderer Hand, unbedingt zu benützen. Aber in die Zentren der politischen Entscheidungsprozesse führen sie sowenig wie das, was uns Revertera, Tschabuschnigg, Hasner oder Stremayr hinterlassen haben.[79]

Was wir von Franz Joseph kennen, sind Briefe, die im allgemeinen nicht viel von Politik enthalten[80]; auch diese nicht zahlreichen Passagen bedürfen fast in jedem Fall einer sorgfältigen Interpretation mit Hilfe anderer Dokumente. Ob die jüngst der Österreichischen Nationalbibliothek angebotene Sammlung bisher unbekannter Briefe des Kaisers an Katharina Schratt Neues ergeben wird, muß abgewartet werden. Eine nähere Erörterung verdienen dagegen die schon oben erwähnten Memoiren Beusts: »Aus Drei Viertel-Jahrhunderten«[81]. Ihre Bedeutung erscheint groß, aber nicht leicht zu bestimmen. Helmut Rumpler ist kürzlich im Rahmen einer umfassenden und differenzierten Erörterung des Problems einer Beust-Biographie[82], auf die wir noch zurückkommen werden, auch in die Diskussion über den Quellenwert dieser Autobiographie eingetreten. Rumpler geht von dem engagierten Motto aus, das Beust im Rückblick auf die von ihm bis 1870 vertretene Linie einer föderalistischen Lösung der deutschen Frage – mit Preußen und Österreich – niederschrieb: »Nach alledem durfte man sagen, daß ich unterlegen sei, nicht aber, daß ich geirrt habe.«[83] Rumpler kommentiert in bemerkenswerter Weise: »Damit hatte sich Beust in später Stunde noch einmal leidenschaftlich für die von ihm vertretene Sache engagiert, leidenschaftlicher, als er es je als aktiver Politiker nach außen hin getan hat. Daß es ihm nicht gelungen ist, dieses Engagement theoretisch zu untermauern, darin muß die eigentliche Schwäche der Beustschen Erinnerungen gesehen werden.« Im vorliegenden Zusammenhang, wo nicht das biographisch-personale Problem Beust im Vordergrund steht, sondern wo von einer Sachanalyse der österreichischen Politik her, gewissermaßen in Rückkoppelung, diese Memoiren befragt werden, ergibt sich eine etwas andere Perspektive. Einmal wurde schon oben gezeigt, daß Beusts Engagement in der deutschen Frage zwischen 1866 und 1870 zwar reichlich weite und allgemeine Konturen hatte, aber gerade in dieser Allgemeinheit aus gleichzeitigen und späteren Zeugnissen ziemlich zuverlässig rekonstruiert werden kann. Und dieser Sektor fügt sich schlüssig in die sonstigen Aspekte von Beusts europäischer Politik ein (Frankreich, Orient, Rußland, Italien), die nicht weniger Interesse verdienen. Von dieser gesicherten, empirischen Basis her kann man die von Rumpler scharf als »eigentliche Schwäche« getadelte Eigenart der Memoiren – Beust »war außerstande, selbst sein Leben und Wirken unter eine leitende Idee zu stellen und sie dem entgegenzusetzen, was er bekämpfte… und für Deutschland als ein Unglück betrachtete« – anders beurteilen. Die Schwierigkeit beim Schreiben dieser Memoiren mußte ja darin liegen, daß Beust nicht nur einen, sondern mehrere Brüche in seinem, dem deutschen und dem europäischen Schicksal zu bedenken hatte. Drei, ja eigentlich vier Schichten politischen Engagements mit jeweils stark veränderten Rahmenbedingungen liegen in diesen Memoiren in wechselnder Sediment- und Erinnerungsstärke übereinander: die sächsische Zeit bis 1866, die Wiener Zeit der europäischen und antibismarckschen Hoffnungen (bis 1870), dann – als ein besonders wichtiger Abschnitt – das Jahr vom Herbst 1870 bis zu Beusts Sturz im Herbst 1871, das im Zeichen der erfolgreichen Bemühung stand, durch eine entschiedene Annahme der Avancen Bismarcks eine neue Stabilisierung der österreichischen Außen- und Innenpolitik zu erreichen, und schließlich die späte Zeit als Botschafter in London und Paris.

Der alte Mann, nun im spätbismarckschen Europa schreibend, schwankte gegenüber dem jetzt anscheinend ganz mit der deutsch-österreichischen Allianz versöhnten deutschsprachigen Publikum zwischen Konsens – »habe ich doch die ersten Grundlagen dafür geschaffen« –, Kritik und leiser Warnung. Diese Warnungen waren leise, nicht nur weil es Beust überhaupt nicht lag, die Kassandra zu spielen, sondern auch deshalb, weil die politische Wertwelt, von der aus er nach wie vor urteilte, gegenüber der Realität der achtziger Jahre keine einheitliche Stellungnahme mehr gestattete, während sie bis 1870, ja sogar bis zum Sturz von 1871 für ihn eine starke Einheit gebildet hatte: hier der europäische Friede, dem die föderalistische Organisation der europäischen Mitte dienen sollte, dort das Deutschtum, dem überhaupt und in Österreich ein Vorrang, ein friedlicher Vorrang, gebührte. Europa, Friede, Deutschtum, diese Werte hatten für Beust bis 1866, bis 1870, ja bis zu der späten Konzeption des »mitteleuropäischen Friedensblocks« von 1870/71 eine Art von prästabilierter Harmonie gebildet, nicht zu vergessen die gesellschaftspolitische Komponente: Fortschritt und Ausgleich durch liberale Reform. Bis zur Mitte der achtziger Jahre war aber alles so anders geworden, es waren die nationalen und sozialen Konflikte allseits so gewachsen, daß sich Europa, Frieden und Fortschritt nicht mehr glatt auf den Vorrang des Deutschtums reimten. In der Richtung dieser mehrfachen Brüche und des inneren Wertkonfliktes, so meine ich nach wiederholter Lektüre der Memoiren, sollte man die Profilschwäche des alten Beust erklären: Station um Station waren ihm, dem Deutschtum und Europa jene vorbismarckschen Zustände und Qualitäten abhanden gekommen, an denen sein politisches Engagement vom Anfang bis zum Ende Anhalt suchte.

Ungedruckte Quellen zum Thema stehen in den Archiven der alten Monarchie und der damaligen europäischen Mächte in unendlicher Menge zur Verfügung. Hier galt es zu wählen und eine für die weitere Forschung nützliche Konzentration zu pflegen. Fast alles durchforschte Archivmaterial befindet sich in Wien: vor allem im Haus-, Hof- und Staatsarchiv, einiges auch im Kriegsarchiv, etwas im Verwaltungsarchiv. Einige kleinere Ergänzungen entnahm ich den Münchner Archivbeständen. Die Berliner Akten, die jetzt im Politischen Archiv des Auswärtigen Amtes in Bonn liegen, blieben außer Betracht. Selbstverständlich kann damit gerechnet werden, daß eine umfassende Durchforschung dieser Bestände (ebenso wie die systematische Durchsicht mittelstaatlicher Archive: Stuttgart, Karlsruhe, Dresden, Darmstadt und so weiter) noch wertvolle Aufschlüsse ergibt. Die Begründung für diesen Verzicht war nicht nur der praktische Gesichtspunkt, daß die Arbeit sonst noch langwieriger, das Buch noch dicker geworden wäre. Vielmehr erschien es angesichts des Vielen, was wir über den Umkreis der Bismarckschen Politik gedruckt vorliegen haben, nicht nur vertretbar, sondern methodisch sinnvoll, durch die Konzentration auf das Wiener Archivmaterial, wo am wenigsten publiziert vorlag, neuen und festen Boden zu gewinnen.

Wer viele Jahre über diesen sorgsam geordneten Akten sitzt, sich in die famose Konzeptschrift Beusts einliest, die immer wieder überraschende Mischung von bürokratischer Routine und individueller Beobachtung und Tat als erstklassige Schlüsselaufgabe zu durchschauen beginnt, kommt in die Gefahr, die »innere Grenze« auf dieser Forschungsebene immer weiter hinauszurücken; das heißt, man sucht die Gewißheit, im Bereich der Wiener Politik kein für die Fragestellung erhebliches Blatt übersehen zu haben, weder in den zentralen Akten des gemeinsamen Ministerrates, noch in dem Verkehr zwischen Reichskanzler, Kaiser und Ministern, noch in dem diplomatischen Schriftwechsel mit den österreichischen Diplomaten und den fremden Regierungen in Berlin, München, Dresden, Stuttgart, Karlsruhe, Darmstadt, St. Petersburg, Konstantinopel, Florenz, Paris, Brüssel und London.[84] Aufmerksamkeit verlangen außerdem die handelspolitischen Betreffe, die Presse- und Informationspolitik, die Berichterstattung der Militärattachés, die strategischen und militärpolitischen Überlegungen und Beschlüsse der obersten Instanzen. Naheliegend ist der Einwand, daß diese Grenze um so weniger erreichbar ist, als sich ja die Fragestellungen selbst erst im Laufe der Forschungsarbeit voll entfalten. Doch wiegen diese und ähnliche Überlegungen in der Praxis bekanntlich meist weniger als eine Grenzerfahrung auf anderer Ebene, die schlechthin unwiderlegbar ist: die Unmöglichkeit, bei einem die Geschichte dieser Zeit erzählenden Buch, das über eine Spezialfrage hinausgreift, mehr als nur einen geringen Bruchteil des ungedruckten, gesammelten Materials direkt zur Sprache zu bringen. Man arbeitet und sammelt also bis zu einem Sättigungsgrad, wo – chemisch oder marxistisch gesprochen – die Quantität in die Qualität umschlägt oder wenigstens umzuschlagen beginnt.

Ohne auf die ebenso zahlreichen wie interessanten quellenkritischen Einzelfragen dieser Archivarbeit einzugehen, soll hier nur eine Frage von allgemeinerer Bedeutung angefaßt werden. Bismarck hat sich gelegentlich reichlich wegwerfend über den Quellenwert diplomatischer Aktenstücke für den nachlebenden Historiker geäußert, mit dem bezeichnenden Hinweis: »Eher sieht man noch was aus den Zeitungen…«[85] Er mochte dabei wohl vor allem seine eigenen Produkte im Auge haben, die ja allerdings zum großen Teil Meisterwerke einseitig pointierender, den Gesamtzweck und -zusammenhang biedermännisch verdeckender Formulierungskunst sind. Doch nicht um diese, insgesamt gar nicht beantwortbare Frage des Quellenwerts geht es hier, vielmehr um ein Problem, das selbst der leutselig ausplaudernde Bismarck nie ganz deutlich angesprochen hat: *um die Rolle geheimer politischer Informationen und Kontakte.* Was wußten Bismarck und Beust gegenseitig von ihren Geheimnissen? Daß damals wie auch in anderen Epochen der Weltgeschichte auf breiter Front mit Geheiminformationen gearbeitet und gehandelt wurde, ist ein für den Historiker unbezweifelbarer Befund. Aber nur sehr selten ist Licht in diese Dunkelzone zu bringen; vermutlich wußten zum Beispiel Beust und Bismarck in diesen entscheidenden Jahren wesentlich mehr von den Plänen, Engagements, Kräften und Möglichkeiten des anderen, als jemals in den erhaltenen Aktenstücken zum Ausdruck kommt. Die Gerüchte über geheime österreichisch-französische Allianzverhandlungen hat Bismarck nach außen hin stets als unerheblich abgetan. Indessen zeigt eine genauere Analyse, daß er zeitweilig zu tief beunruhigt war, als daß er nicht ziemlich genau Bescheid hätte wissen müssen. Beust hatte in der Julikrise 1870 plötzlich eine Geheiminformation über ein russisches Aufmarschangebot (das Zar Alexander II. den Preußen zur Sicherung der öster-

reichischen Neutralität tatsächlich gemacht hatte).[86] Dies fiel für die österreichische Politik und für die Neutralitätsentscheidung ins Gewicht. Woher
kam die Information? Die Kunst der Postinterzepte war in Wien seit den Zeiten Metternichs wohl nicht ganz aus der Übung gekommen. Aber der Ge-
heimdienst reichte weiter.

Ein Beispiel sind die Papiere von Cerçay, dem Landschloß von Napoleons
Vertrautem Eugène Rouher, wo mecklenburgische Soldaten im Herbst 1870
die aus dem Louvre hierhergebrachte Kabinettskorrespondenz erbeuteten,
mit Stücken, die offenbar Beust wie auch süddeutsche Politiker lieber nicht in
Bismarcks Händen gesehen hätten.[87] Aber zu klären, ob und wie nun Bismarck daraus Vorteile zog (Erpressung im Zusammenhang mit den Beitrittsverhandlungen Bayerns und Württembergs zum neuen Bund?), ist nicht mit
Eindeutigkeit möglich. Vielleicht steht mit letzterer Affäre eine weitere Ge-
heimaktion in Zusammenhang, die Henry de Worms 1886 in seinem Vorwort zur englischen Ausgabe der Beust-Memoiren erwähnt. Hier wird erzählt, daß Beusts jüngerer Freund Ludwig von Oppenheimer (der nach 1866
aus Sachsen nach Österreich kam und sich im böhmischen Grundbesitz ein-
kaufte) während des deutsch-französischen Krieges vom Reichskanzler mit
vertraulichen Depeschen zu Bismarck nach Versailles geschickt wurde.[88]
Nirgends habe ich sonst eine Notiz über diese angebliche Geheimmission gefunden. Hat Worms einen Gedächtnisfehler gehabt? Hat er vielleicht die Tatsache, daß Beust Anfang November 1870 eine von Oppenheimer verfaßte
politische Broschüre (über das künftige Verhältnis Österreichs zum neuen
Deutschland) nach Berlin und zu Bismarcks Kenntnisnahme brachte, im obigen Sinne verdreht? Was hätte auch Gegenstand der Geheimverhandlungen
Beust–Bismarck sein sollen? Wir wissen nichts. Wir tappen im dunkeln, wie
in den meisten Fällen dieser Art. Bleibt das Fazit: Die Vorgänge in dieser
Dunkelzone sind zwar meist nicht faßbar, aber dieser Unsicherheitsfaktor
sollte bei einer umsichtigen Analyse der faßbaren Elemente als tragbar hingenommen werden.

Der heutige Forschungs- und Diskussionsstand im Bereich der *Interpretationen* ist von sehr unterschiedlichen Ansätzen gekennzeichnet. Für den näheren und weiteren Umkreis der Gründung des Deutschen Reiches 1870/71
hat das Centenar 1970/71 den Anstoß zu einer Reihe von Sammelbänden gegeben, die einen informativen Querschnitt der deutschsprachigen Positionen
und Diskussionen bieten.[89] Ausgehend von der Reflexion über die heutige
Existenz zweier deutscher Staaten mit unterschiedlicher Gesellschaftsordnung sind die meisten dieser Centenarbeiträge von einem Problembewußt-
sein getragen, das – bei sehr unterschiedlicher wissenschaftlicher und ideolo-
gischer Orientierung – weit von der einstigen Dominanz Bismarckscher
Interpretationsmuster wegführt. Zahlreiche Anregungen und Anknüpfungspunkte bieten sich hier der von Österreich ausgehenden Betrachtung,

wobei die von Theodor Schieder betonte Kategorie des »unvollendeten Nationalstaats« ebenso Beachtung verdient, wie die neue Durchforschung der süddeutschen Eigendynamik gegenüber Berlin durch Josef Becker.[90] Die verstärkte Anwendung sozial- und wirtschaftsgeschichtlicher Methoden im Umkreis der Reichsgründung verdient gleichfalls Beachtung; sie würde durch eine stärkere Emanzipation von den politischen Bezugsfeldern der kleindeutschen Tradition nur an Interesse gewinnen.

Was nun die österreichisch-ungarische Außen- und Innenpolitik unserer Zeit angeht, so spiegelt sich das starke Interesse der angelsächsischen Forschung in einer Reihe bedeutsamer Darstellungen, die in größerem Zusammenhang auch die Jahre 1867 bis 1871 behandeln. Alan John Percivale Taylor, Arthur James May, Carlyle Aylmer Macartney, Barbara Jelavich und Francis Roy Bridge haben kenntnisreiche, vielseitige und scharfsinnige Monographien vorgelegt, denen der Autor vielfach verpflichtet ist.[91] Ausgehend von der Kontinuität der österreichischen Staatlichkeit im europäischen Bezugsfeld und vom Nationalitätenproblem zeigen gerade diese ausgreifenden und abwägenden Darstellungen die Schlüsselfunktion der kritischen Jahre nach dem Ende des Deutschen Bundes. So regten auch sie zu einer speziellen Untersuchung jener »intervening period« (Macartney) an, wo im Zusammenspiel innen- und außenpolitischer Faktoren die deutsche Frage sich nochmals dramatisch mit der Frage nach der Zukunft des Habsburgerreiches und Europas verband.

In der deutschsprachigen Geschichtsschreibung gibt es über hundert Jahre hinweg eine reiche und komplexe Tradition in der Behandlung der österreichischen Geschicke zwischen Königgrätz und dem Dreikaiserbündnis von 1872. Das Interesse konzentrierte sich hier besonders auf die Zeit bis zum Ausbruch des deutsch-französischen Krieges. Jener zweite Abschnitt bis zum Beginn der Ära Andrássy, dem in der folgenden Darstellung besondere Aufmerksamkeit gilt, wurde – wohl nicht zufällig – weniger beachtet. Die schon erwähnte Studie Helmut Rumplers zum Problem einer Beust-Biographie[92] hat über den personalen Aspekt hinaus auch die Wege der historiographischen Diskussion von Sachproblemen österreichisch-ungarischer Politik nach Königgrätz erhellend dargestellt. Geht man den Verzweigungen dieser Diskussion nach, so treten einige Beobachtungen prägnant hervor.

Unmittelbar anschließend an Bismarcks Kampf- und Presseparolen von damals ergab sich eine besonders enge Verknüpfung politischer Urteile (zunächst meist kleindeutsch-»realpolitisch« wertend) mit deutschen Gegenwartsfragen: Milde nach dem Sieg herrscht bei Heinrich von Sybel, schärfer urteilt Hans Delbrück[93]; bei Hermann Oncken kommt von der antifranzösischen Grundstimmung nach 1918 wieder neue Bitterkeit in die Behandlung der österreichisch-französischen Allianzverhandlungen[94]; Heinrich von Srbik sucht im Zeichen seiner gesamtdeutschen Geschichtsauffassung eine

versöhnliche Deutung der Ära Beust[95]; Neuverfestigungen bismarckbezoge-
ner Nationalidentität nach 1945 schaffen neues Unverständnis, während die
radikale Bismarck-Kritik Franz Schnabels 1949 mit dem Blick auf die deutsche Katastrophe nun auch die Gegenfrage ganz personal stellt: »Immerhin
bleibt zu prüfen, wieweit Graf Beust, der ja in den Jahren der Reichsgründung der eigentliche Antipode Bismarcks gewesen ist, ein fähiger Staatsmann
war und nur eben an dem Gegenspieler gescheitert ist, als dieser einen Weg
ging, der auf kurze Sicht angelegt und daher sehr viel einfacher war, zumal
wenn er ohne Gewissensbedenken und über das Recht hinweg gewaltsam
gebahnt und verfolgt wurde.«[96]
    Die zweite Beobachtung scheint der ersten zu widersprechen, bildet jedoch
ein notwendiges Korrektiv. Man betrachte die zwei Ansätze, die – wie skiz-
zenhaft auch immer – unserer Meinung nach der Sache analytisch und wertend am nächsten kamen: Srbik in einem kurzen Text von 1936 und der ame-
rikanische Historiker Hans A. Schmitt in einem Aufsatz von 1968.[97] Srbiks
und Schmitts politische und »lebensweltliche« Voraussetzungen liegen
denkbar weit auseinander. Gemeinsam ist ihnen Sachkenntnis, Sinn für Differenzierung und unabhängiges Urteil. Was nun? Wir sehen, daß es im komplexen Gang historiographischer Erkenntnis auch hier außerwissenschaftli-
che und innerwissenschaftliche Faktoren des Fortschritts gibt.[98]
    Eine dritte und letzte Beobachtung führt näher an die Aufgabenstellung
des vorliegenden Buches heran. Deutschsprachige Autoren, die sich gestern
und heute mit der Entstehungsgeschichte des Deutschen Reiches von 1871
beschäftigen, haben ersichtlich große bis sehr große Schwierigkeiten, das Bestehen von Möglichkeiten alternativer Wege zur Lösung der deutschen Frage
in Rechnung zu stellen. Vielfach erscheint noch heute der unter Bismarck
eingeschlagene Weg mit all seinen gesellschaftspolitischen, nationalpolitischen und europäischen Konsequenzen (auch mit dem »Draußenbleiben«
von soviel Millionen Deutschösterreichern) so zwingend, daß bereits die Erörterung möglicher Alternativen als methodisch unzulässig abgewiesen
wird. Angesichts dieser wenig befriedigenden Diskussionslage kann vielleicht der Weg empirischer Untersuchung eher voranführen, als die Aufstellung von Forderungsprogrammen, sei es von politisch-ideologischer Basis
her oder auf der Ebene radikaler Methodendiskussion. Es darf jedoch gegenüber diesem ebenso auffallenden wie wichtigen Problem geschichtlicher Erkenntnis bei aller empirischen Konzilianz die scharfe Ausgangsfrage nicht
umgangen werden: Sollen die Entscheidungsprozesse bis 1871 nun so beschrieben werden, daß es einen *Hauptweg* gab, den Bismarckschen Weg
(deshalb Hauptweg, weil er der Weg des Erfolges war), und sonst noch den
einen oder anderen Ansatz zu Nebenwegen, die, gemessen am Maßstab des
Hauptweges, nur zu unbefriedigenderen Ergebnissen geführt hätten? Oder
ist anstelle dieses Modells ein Bezugsrahmen angemessen, wo nicht von ei-

nem eindeutigen Vorrang der im Bismarckschen Weg beschlossenen gesell-schaftspolitischen, nationalpolitischen und europäischen Optionen ausge-gangen wird; wo vielmehr der Maßstab der deutschen und der europäischen Interessen so verstanden wird, wie er von der Gesamtheit der heute über-blickbaren Erfahrungen her zu verstehen ist; wo versucht wird, den kom-plexen Verlauf der Entscheidungsprozesse im ununterbrochenen Wechsel-spiel der personalen und strukturellen Faktoren ohne Vorurteil erzählend zu verfolgen? Die Folgerungen aus dem Stand der heutigen geschichtswissen-schaftlichen Diskussion weisen, so scheint mir, in die Richtung des zweiten Modells. So wird die Ausgangsfrage, wie ja schon zu Anfang der Einleitung angedeutet, eindeutig im zweiten Sinne beantwortet.

Die Kunst des Schreibens liegt im Weglassen. Was wurde im folgenden weggelassen, was wurde nur kurz oder ausschnitthaft behandelt? Einige wichtige Einzelprobleme, die in einer *deutschen Geschichte* der Jahre nach 1866 kaum fehlen dürften, wurden beiseite gelassen: das Welfenproblem und das Problem Nordschleswigs (Artikel V des Prager Friedens, der Preußen zu einer Volksabstimmung in Nordschleswig verpflichtete),[99] weiterhin der Gesamtkomplex der proösterreichisch-großdeutschen Gruppen und Strö-mungen in Deutschland (wobei die Irritation und Spaltung durch die antikle-rikalliberale Politik Österreichs seit 1868 als wichtiger Faktor zu untersu-chen wäre). Im österreichisch-ungarischen Bereich mußte darauf verzichtet werden, die Politik der Deutschliberalen und ihr wechselndes Verhältnis zu Beust näher zu beleuchten (obwohl hier wichtige Erklärungsmomente für die mangelnde Stoßkraft seiner Süddeutschlandpolitik und für die Problematik der französischen Allianz näher zu erörtern wären). Erst recht konnten die verzweigten Wege der nationalen Gruppen in der Monarchie nicht eigentlich behandelt werden; sie treten erst dort in Erscheinung, wo die Gewichte von Innen- und Außenpolitik deutlich in Bewegung geraten. Die damalige Bedeu-tung der Arbeiterbewegung[100] und die kirchlichen Aspekte von Staat und Gesellschaft der liberalen Ära (und die diplomatischen Verhandlungen Wiens mit dem Vatikan)[101] konnten bestenfalls gestreift werden, so wichtig sie für eine ausgewogene Einschätzung der inneren Koordinaten dieser Ära und ihrer sozialen und geistigen Kräfte sind.

Blickt der Leser in das Inhaltsverzeichnis, so sieht er sogleich den Zusam-menhang wie auch die unterschiedliche Gewichtung der beiden Teile des Werkes (›Peripetien nach dem Ende des Deutschen Bundes: ...‹ und ›Schritt-weise Entscheidung für den Sieger: ....‹). Die vier Jahre bis zur Julikrise 1870 werden in geraffter Weise behandelt. Der Akzent liegt auf der außenpoliti-schen Entwicklung, um so die Neuartigkeit der europäischen Probleme und der österreichischen Situation nach dem Ende des Deutschen Bundes zu zei-gen. Im zweiten Teil wird die Darstellung dichter, die innenpolitischen Mo-mente treten seit dem Ausbruch des deutsch-französischen Krieges stark hervor. Die Einteilung in drei Kapitel soll die rasch und tief sich ändernden Konstellationen hervorheben, wie überhaupt dem Hervorgehen dieser kriegsbedingt scharfen Wendungen aus den vergleichsweise offenen und langfristigen Verlaufsmustern der Jahre zuvor besondere Aufmerksamkeit zugewendet wurde. Eine gewisse Sonderstellung nimmt der große Exkurs zu Ende des zweiten Kapitels ein; hier wird die öffentliche Meinung in einer zeitlich übergreifenden Weise behandelt. Das dritte Kapitel, das vom November 1870 bis Ende 1871 reicht – mit einem Ausblick in das Jahr 1872 und bis zu Andrássys Einschwenken in das Dreikaiserbündnis –, ist zunächst in ähnlicher Dichte wie die vorausgehenden Abschnitte angelegt. Die abschließenden Unterkapitel folgen wieder einem strafferen Duktus, der sich an einigen wenigen Entscheidungssituationen orientiert, die das Ineinandergreifen innen- und außenpolitischer Faktoren nochmals in dramatischer Zuspitzung zeigen. Erst mit der Modifikation des Beustschen Systems in der Ära Andrássy – mit dieser Feststellung schließt der zweite Teil – können die ganz unmittelbaren Zusammenhänge der Reichsgründung mit den Geschicken der Habsburger Monarchie als abgeschlossen gelten. Der Schluß ›Rückblick und Ausblick‹ nimmt dann die Fragen der Einleitung auf und gibt einen problemgeschichtlichen Ausblick ins 20. Jahrhundert.

Erster Teil
Peripetien nach dem Ende des Deutschen Bundes:
Europa auf der Suche nach einer neuen
Orientierung (1867 bis 1870)

Vorbemerkung

Nach dem Ende des Deutschen Bundes standen sich Österreich und Preußen, jene Staaten, die so lange als die »zwei deutschen Großmächte« gegolten hatten, in einer neuartigen Konstellation gegenüber, deren weitere Entwicklung für ganz Europa unmittelbare Folgen hatte. Jenes jahrhundertealte Föderativsystem, das die Mitte des Kontinents ausgefüllt hatte, hatte bis dahin der vollen Mobilisierung all der politisch-militärischen und sozioökonomischen Kräfte im Wege gestanden, die sich hier seit dem Beginn des Jahrhunderts in zunehmendem Tempo entwickelt hatten. Nach dem Ende dieses Systems, das Preußen absichtsvoll herbeigeführt hatte, fanden sich die beiden Protagonisten des Ringens von 1866 plötzlich mit neuen und härteren Bedingungen des politischen Lebens konfrontiert: Hinter dem Schein einer neugewonnenen Flexibilität der beiden, nunmehr ohne bundesrechtliche Bindungen aneinanderstoßenden mitteleuropäischen Großstaaten zeigten sich rasch starke Tendenzen – um nicht zu sagen Zwänge – zu einer politisch-militärischen Blockbildung neuer Art.

Die neue Mobilität der europäischen Politik seit dem Ende des Deutschen Bundes war das eine; ein anderes war das Hervortreten neuer Konstanten. Von nun an wird der enge Zusammenhang der deutschen und der orientalischen Frage faßbar. Noch wichtiger: Nach einer kurzen Zeit der Unentschiedenheit gravitierten die Verhältnisse zu einer blockartigen Konstellation, in welcher sich Preußen und Rußland auf der einen, Österreich und Frankreich (mit Italien) auf der anderen Seite zusammenfanden. Die geographische Trennungslinie zwischen diesen beiden »Blöcken« verlief quer durch das Gebiet deutscher Sprache, in eindeutiger Abgrenzung von Oberschlesien bis zum Vogtland, dann fraglich werdend angesichts der unklaren Lage der süddeutschen Staaten; die Militärbündnisse mit Preußen und der Zollverein zogen eine Grenze gegen Österreich vom Böhmerwald zum Bodensee. Der Prager Friede und die ihm folgende französisch-österreichische Politik wollten den Main als Grenze festhalten; Süddeutschland sollte zum Verbindungsglied einer gemeinsamen Aktion Österreichs und Frankreichs werden.

Die Frage nach der Bildung eines deutschen Nationalstaates wie nach seiner gesellschaftspolitischen und verfassungsmäßigen Ausgestaltung stand mit erhöhter Dringlichkeit auf der Tagesordnung, solange über Süddeutschland und die deutschsprachigen Teile der Habsburger Monarchie nicht entschieden war. Die preußische Führung setzte weiterhin auf die nationale Karte; dies kam dem doppelten Amalgamierungsprozeß in Norddeutschland (Annexionen und Verbündete) zugute, deckte sich aber keineswegs mit den Interessen des russischen Partners, der einer preußischen Expansion über den Main hinaus eher mißtrauisch gegenüberstand. Andererseits waren die fortbestehenden und nach 1866 teilweise wieder anwachsenden Tendenzen einer großdeutschen, an Österreich orientierten Nationalbewegung nicht zu übersehen. Wie sollte Wien die Berücksichtigung dieser Faktoren mit der innerstaatlichen Umgestaltung (Ausgleich mit Ungarn 1867) und vor allem mit den Zielen der französischen Politik (Gewinne an der Ostgrenze) vereinbaren?

Es war also einerseits die deutsche Frage mit all ihren gesellschaftlichen, kulturellen und machtpolitischen Implikationen aufs engste mit den Fragen der europäischen Politik verknüpft. Andererseits war die Bildung und die Konfrontation der beiden »Blöcke« seit 1867 keineswegs eindeutig und ausschließlich auf eine so oder so konzipierte Lösung der deutschen Frage bezogen. Ganz abgesehen von der orientalischen Frage und ihren tiefgehenden Wirkungen entsprang diese Konfrontation, die für die Situation bis zum Juli 1870 so wichtig war, einer Vielzahl von zum Teil widersprüchlichen Faktoren politischer, militärischer, ökonomischer und psychologischer Art auf seiten der beteiligten Staaten. Solche Faktoren bilden sich nicht von heute auf morgen, sie waren in den Traditionen und Entwicklungsprozessen der europäischen Staaten von langer Hand angelegt. Aber erst nach dem Ende des föderativen und ausgleichenden zwischenstaatlichen Rechtssystems in Mitteleuropa 1866 werden diese Faktoren ohne die bisherigen Hemmungen und Schranken wirksam. Der Historiker sieht, daß nach 1866 die Probleme Mitteleuropas sich auf einer neuen, qualitativ veränderten Ebene entfalten: Wegfall der rechtlich-politischen Schranken des Deutschen Bundes, verschärfte Dynamik der nationalen Frage (nicht nur im Bereich der deutschen Nationalität!), neuer Entwicklungsstand der industriellen Produktion (mit zunehmendem Vorsprung Norddeutschlands), im Zusammenhang damit neue Relevanz der militärischen Rüstung und der strategischen Aspekte der politischen Allianzen.

Dieser letzte Gesichtspunkt verdient eine kurze Erläuterung am Beispiel des Zweifrontenkrieges. Es gab zwar sowohl in Preußen wie in Österreich ältere Erfahrungen mit Zweifrontenkriegen. Im Falle Preußens kann man das Nachwirken solcher Erinnerungen – etwa an die Kaunitzsche Koalition (Frankreich, Rußland und Österreich) – in der Epoche nach 1866 mit Händen greifen. Unter den grundlegend veränderten Bedingungen der Politik und

Kriegführung im 19. Jahrhundert brachte aber erst das Ende des Deutschen Bundes Gespenst und Wirklichkeit des Zweifrontenkrieges für Preußen-Deutschland wieder nachhaltig zur Geltung. Er gehörte seitdem bis zu Hitlers Feldzügen zu den Grundproblemen deutscher politischer Existenz. Preußen hatte 1866 Österreich durch das erfolgreiche Bündnis mit Italien besiegt. Doch gerade für den Sieger von Königgrätz stellte sich von nun an ununterbrochen das Problem der zweiseitigen militärischen Bedrohung. Es ist von großer Bedeutung, zu sehen, wie die militärische Führung Preußens sogleich nach dem Sieg über Österreich die Wahrscheinlichkeit eines künftigen Zweifrontenkrieges (gegen Frankreich und Österreich) berechnet und entsprechende Operationspläne ausarbeitet. Bezeichnenderweise tritt schon in den ersten Überlegungen Moltkes von Ende 1866 die Rolle Rußlands hervor.

Moltke war zwar nie ein Freund einer engeren politisch-militärischen Zusammenarbeit mit Rußland, aber innerhalb des Denkmodells eines Zweifrontenkrieges führte ihn, solange er mit Österreich als Verbündetem Frankreichs rechnete, der Sachzwang in wechselnden Entwürfen zur durchgehenden Formulierung einer Bedingung des Sieges: Bindung eines wesentlichen Teiles der österreichischen Streitkräfte durch einen russischen Aufmarsch an der galizischen Grenze.

Vorausgreifend ist darauf hinzuweisen, daß der Sieg über Frankreich 1870/71 die preußische Führung keineswegs der Sorge vor dem Zweifrontenkrieg enthob. Im Gegenteil, alle Entwürfe und Aufmarschpläne ab 1871 gehen von der Wahrscheinlichkeit aus, daß Frankreich in den kommenden Waffengang mit einem für Preußen-Deutschland bedrohlichen Ost-Verbündeten eintreten werde. Charakteristisch für die Grundgedanken des politisch-militärischen Systems in Berlin ist die Tatsache, daß die deutschen Aufmarschpläne von 1871 bis 1879 abwechselnd Rußland oder Österreich als präsumptiven Verbündeten einsetzen (der erste Entwurf Moltkes für einen Zweifrontenkrieg mit Österreich gegen Frankreich und Rußland stammt schon vom April 1871, also noch aus der Zeit vor dem Abschluß des Frankfurter Friedens!). Vom Abschluß des Zweibundes an ist dies Schwanken zu Ende. Seitdem wird in Berlin kontinuierlich an einer Konzeption des Zweifrontenkrieges weitergearbeitet, die Österreich als Verbündeten festhält.

Auf österreichischer Seite gab es keinen Moltke und keine mit dem Großen Generalstab in Berlin an Kompetenz und Effizienz wirklich vergleichbare militärische Planungsbehörde. Dessen ungeachtet läßt sich das Modell des Zweifrontenkrieges in politischen und militärischen Dokumenten auch hier mit Deutlichkeit verfolgen, verschärft durch die Sorge vor einer dritten Front bei einem Eingreifen Italiens an der Seite Preußen-Deutschlands und Rußlands. Die politisch-strategischen Überlegungen und Pläne Wiens waren weiter kompliziert durch die Rücksicht auf das deutsche Nationalgefühl, durch die Einwirkung der Ungarn und durch die Berücksichtigung der Balkanpro-

bleme. Dazu tritt die Hemmung durch den langsamen Ausbau der neuen
Heeresorganisation und der Eisenbahnen; auch die wenig klaren Aspekte einer erfolgreichen strategischen Zusammenarbeit mit den französischen Armeen erscheinen bedenklich. Ohne diese Einzelfragen hier zu erörtern, läßt
sich zusammenfassend der österreichische Aspekt des Zweifrontenproblems
folgendermaßen fassen: Das Bestreben der Wiener Führung ist von 1866 bis
1870 stets darauf gerichtet, die Wiederholung einer der Lage von 1866 ähnlichen Zweifrontenbedrohung zu vermeiden. Zahlreiche Einzelzüge der österreichischen Politik bis 1870 gegenüber Preußen, Frankreich, Rußland und
Italien, die – für sich genommen und auf der bloß politischen Ebene betrachtet – schwer verständlich erscheinen, sind von dieser strategischen Motivation her zu verstehen.[1] Das gleiche gilt für die entscheidende Phase der Annäherung zwischen Wien und Berlin 1870/71. Mit einigen Schwankungen in
Richtung Rußland und Frankreich nähert sich in den Folgejahren die strate-
gisch-politische Konzeption Wiens einer dauerhaften Kooperation mit der
deutschen Armee. Diese Kooperation eröffnet bei gleichzeitiger Pflege der
Beziehungen zu Italien der österreichischen Seite angesichts der geographi-
schen Voraussetzungen günstige Perspektiven: Der von Wien so erfolgreich
ausgehandelte Zweibundvertrag beläßt Deutschland in der Situation des
Zweifrontenkriegs, während Österreich nur mehr Rußland als präsumptiven
Gegner hat. Daß dies nur ein vorübergehender Gewinn war und daß später
bei der zunehmenden Verschärfung der europäischen Blocksituation die Donaumonarchie alle Handicaps der Zweifrontensituation der Mittelmächte
spüren werde, war in dem uns beschäftigenden Zeitraum noch nicht zu sehen.
    Von diesen weiterreichenden Betrachtungen, die der neuen Signatur der
europäischen Politik nach 1866 am Beispiel der strategischen Planung und
des Zweifrontenkrieges galten, wendet sich der Blick zum Ausgangspunkt
zurück.
    Wenn auch 1867/70 die möglichen Konsequenzen dieser Art von Block-
bildung schon deutlich werden – siehe die mögliche Aufteilung des deutschen
Sprachraums in eine französische und in eine russische Kombination –, so
stehen wir doch erst in den Anfängen der Entwicklung. In den Beziehungen
zwischen den beiden »Gruppen« – die Bezeichnung »Blöcke« erscheint für
diesen Zeitabschnitt vielleicht noch nicht ganz angemessen – wechseln Wol-
ken der Kollision mit dem Sonnenschein des »Apaisement«. Mit den friedli-
cheren Stimmungen ist in Paris und Wien meist der Gedanke einer Trennung
zwischen Preußen und Rußland verbunden. Dies Konzept gab es in verschiedenen Variationen. Für Österreich lag es von Haus aus näher, im Sinne einer
Isolierung Rußlands die Annäherung Preußens an die eigene Entente zu wünschen, während Frankreich zur anderen Variante neigte: Isolierung Preußens
durch Verbesserung der Beziehungen zu Rußland. Es gab aber auch andere

Ansätze. Im Januar 1868 zeigte sich Frankreich an einem Herüberziehen Preußens interessiert. Und im späteren Verlauf des Jahres 1868 versuchte Beust eine Verbesserung des Verhältnisses zu Rußland. Die Innenpolitik Österreichs und Frankreichs wirkte anfangs nicht so spürbar in die Außenpolitik hinein wie gegen Ende dieses Zeitabschnittes. Die großen inneren Schwierigkeiten und Krisensituationen, die sowohl in Frankreich wie in Österreich-Ungarn auftreten werden, sind in ihrer Bedeutung für die Entente und die europäische Politik ab 1869 zu würdigen.

Es kann nicht die Aufgabe der folgenden Kapitel sein, die verwirrende Vielfalt der politischen Kraftlinien und Auseinandersetzungen zwischen Wien und Berlin vom Prager Frieden bis zum Ausbruch des deutsch-französischen Kriegs im einzelnen zu verfolgen. Vielmehr soll mit dem Blick auf die Vorgänge von 1870/71 ein Zweifaches versucht werden. Zunächst geht es um die Analyse einiger wichtiger Zustandsveränderungen im Verhältnis der beiden Staaten und ihrer europäischen Stellung in den ersten Jahren nach 1866. Dabei müssen nicht nur die Position Frankreichs, sondern auch die russische Politik und die orientalische Frage einbezogen werden. Die letzten drei Unterkapitel des ersten Teils dieses Buches münden in eine querschnittartige Bestandsaufnahme der Beziehungen zwischen Österreich-Ungarn und Frankreich, Rußland, Preußen sowie Süddeutschland vor der Hohenzollernkrise, mit stärkerer Berücksichtigung der inneren Verhältnisse und der Verfassungskrise der Donaumonarchie. Der zunehmende Gegensatz zwischen Deutschen und Slawen beginnt die dualistische Konsolidierung und die Werbekraft der neuen, liberalen Ära Österreichs in Frage zu stellen.

Das Nichtzustandekommen einer neuen preußisch-österreichischen Zusammenarbeit

Die Tauffkirchensche Mission im Frühjahr 1867: ein neuer Bund Österreichs mit Deutschland?

Im Jahre 1867 kommt zwischen Österreich, Preußen und Rußland ein schwerwiegendes Problem, gewissermaßen das Problem der Zukunft, zum Vorschein. Österreich, da aus Italien und Deutschland ausgeschlossen, muß für eine von Preußen angebotene Allianz oder »Anlehnung« als Prämie Garantien auf dem Balkan verlangen. Die preußische Führung unterschätzt anscheinend zunächst den Ernst dieser neuen Situation; erst zögernd bemerkt sie, welchen Widerspruch solche Garantien auf der Seite des befreundeten Rußland hervorrufen würden. Die objektive Schwierigkeit, derartige Orientgarantien, wie sie Österreich brauchte, zu geben, ohne Rußland tief zu verstimmen und eventuell in die Arme Frankreichs zu treiben, wurde jedenfalls in Wien rascher als in Berlin erkannt.

Durch den bayerischen Ministerialrat Graf Tauffkirchen ließ Bismarck Anfang April 1867 in Wien ein konkretes Angebot für ein mitteleuropäisches Bündnis (mit antifranzösischer Spitze) machen.[1] Es war das erste seit Königgrätz und blieb – auch über die Annäherungsphase von 1871/72 und das Dreikaiserbündnis hinweg – bis 1879 das letzte. Für Wien war dieses Angebot Bismarcks um so bedenklicher, als die österreichische Orientpolitik gerade damals die Zusammenarbeit mit Frankreich gesucht und teilweise schon gefunden hatte[2], ganz zu schweigen von den Fragen nach der politischen Orientierung Süddeutschlands. Darüber hinaus hatten die seit Januar 1867 begonnenen Sondierungen Napoleons III. das weitere Ziel, auch Rußland in die französisch-österreichische Verständigung über eine gemeinsame Orientpolitik einzubeziehen. Sollte nun Österreich sich von Preußen in einen Konflikt – möglicherweise in einen Krieg – mit Frankreich hineinziehen lassen? Mit dieser Eventualität mußte angesichts der Zuspitzung zwischen Berlin und Paris damals gerechnet werden. Der Luxemburg-Krise, die den zeitlichen und sachlichen Hintergrund für das durch Tauffkirchen nach Wien überbrachte Bündnisangebot Bismarcks bildete, kam unter dem europäischen Aspekt eine erhebliche Bedeutung zu, die weit über den Streit um das ehemals zum Deutschen Bund gehörende Großherzogtum hinausreichte. Diese Krise schloß einerseits ein Stadium, in dem eine preußisch-französische

Zusammenarbeit (mit Kompensationen für Napoleon III.) möglich erschien und erörtert wurde, in rüder Weise ab. Mit ihr begann andererseits die von nun an bis 1870 wirkende Spannung zwischen einem preußisch-russischen und einem französisch-österreichischen Gravitationszentrum der europäischen Politik. Beust hat zwar das Ende April durch den französischen Botschafter Gramont übermittelte Angebot einer Defensiv- und Offensivallianz mit Napoleon III. ebenso entschieden abgelehnt, wie kurz zuvor die Offerte aus München und Berlin. Aber die Dinge begannen nun doch in diese Richtung zu tendieren. Die Bedeutung der Vorgänge vom April 1867 als einer Tendenzwende wurde der Mehrzahl der handelnden und beobachtenden Zeitgenossen nicht sogleich klar. Insbesondere auf preußischer Seite meinte man noch überraschend lange, mit Österreichs »Anlehnung« an Berlin auch weiterhin sicher rechnen zu können. Erst als 1868 das Ausmaß der für Preußen bedrohlichen Möglichkeiten sichtbar wurde, die in einer mit Frankreich verbündeten Politik des wiedererstarkten Kaiserstaates lagen, begann man in Berlin plötzlich Alarm zu schlagen.

Mit einem Telegramm Bismarcks vom 2. April 1867 setzte das diplomatische Manöver ein, am 16. April war die Ablehnung des Berliner Angebots durch Beust entschieden. Es geht hier nicht darum, die Abläufe und Motivationen dieser diplomatischen Aktion nebst Vor- und Nachgeschichte erzählend zu entfalten. Vielmehr soll untersucht werden, welche weiterreichenden Positionen und Probleme bei dieser Gelegenheit zwischen Berlin und Wien ans Licht traten. Auch süddeutsche, französische und russische Interessen kamen dabei mit ins Spiel – Bismarcks Telegramm vom 2. April war nach München, nicht nach Wien gerichtet.[3] Es beauftragte den dortigen preußischen Gesandten Werthern, den bayerischen Regierungschef Fürst Hohenlohe zu Sondierungen in Wien hinsichtlich der Bedingungen eines Bündnisses des Kaiserstaates »mit Deutschland« zu ermuntern. Zwei Tatsachen, die für den weiteren Verlauf der Aktion von ausschlaggebender Bedeutung waren, treten hier schon deutlich hervor. Das eine ist der unmittelbare Anlaß: Bismarcks Befürchtung, bei einem Krieg mit Frankreich Österreich nicht auf seiner Seite zu haben.[4] Schon früher hatte er wiederholt seinen Wunsch nach besseren Beziehungen, nach einem Bündnis mit Österreich zum Ausdruck gebracht.[5] Aber über allgemeine Phrasen im Stile des für österreichische Ohren nach dem Prager Frieden wenig verständlichen Satzes »Es ist für uns alle Platz in Deutschland« waren diese Eröffnungen nicht hinausgegangen. Im Gegenteil, wo es um Taten ging, kamen die Dinge nicht wirklich voran – so zum Beispiel im Falle des von Beust angestrebten Handelsvertrages mit Preußen.[6] Jetzt erst, in der akuten Kriegsgefahr, ergriff Bismarck die Initiative. Er schaltete dabei – dies ist als Zweites bemerkenswert – Bayerns Interessen und den unruhigen Ehrgeiz des Chefs der bayerischen Regierung ein.

Chlodwig Fürst zu Hohenlohe hatte in München Ende 1866 als Vertreter eines kleindeutschen nationalen Programms sein Amt angetreten. Er betrieb von Anfang an den baldigen Anschluß Süddeutschlands an den Norden. Erst unter dem Einfluß maßgebender Faktoren der bayerischen Politik modifizierte er seit Februar 1867 sein Programm; er trat von nun an für eine Allianz mit Österreich als Bedingung für den Anschluß des Südens an den Norden ein.[7] Die inneren Widersprüche dieses Programms sind evident: Was sollte in der Tat Österreich als Gegenleistung für eine so weitgehende und für Preußen vorteilhafte Modifikation des Prager Friedens geboten werden? Sie scheinen jedoch Hohenlohe und seinen engsten Mitarbeiter im bayerischen Außenministerium, Graf Tauffkirchen, in ihrem Optimismus nicht beirrt zu haben. Die bayerische Initiative, die ursprünglich eine zeitliche und sachliche Koordinierung des neuen Österreich-Bündnisses mit der Ausarbeitung der norddeutschen Verfassung beabsichtigte, geriet seit März 1867 in die hohen Wellen der Luxemburg-Krise. Erste Sondierungen in Wien durch den Publizisten Julius Fröbel und den großdeutsch orientierten bayerischen Gesandten Bray-Steinburg hatten für München einen positiven Eindruck ergeben. In einer fortgesetzt optimistischen Stimmung wurde nun die Luxemburger Krise als ein begünstigendes Moment begrüßt. Am 31. März hatte Hohenlohe an König Ludwig II. berichtet:

»Der Gedanke einer Allianz des zu bildenden deutschen Staatenbundes mit Österreich scheint nach offiziösen Kundgebungen in Berlin und Wien alle Aussicht auf Erfolg zu bieten...[8]

In diese Kombination griff nun Bismarck kräftig ein. Es ist leicht zu erkennen, daß es ihm zunächst darum ging, die süddeutschen Staaten, die sich zwischen Frankreich und Österreich in einer militärisch und politisch nicht einfachen Lage befanden, für den sich aus der Luxemburg-Krise eventuell ergebenden Kriegsfall im Sinne der Schutz- und Trutzbündnisse festzuhalten. Diese Geheimverträge vom August 1866 hatten – noch vor dem Abschluß des Prager Friedens – die preußische Verfügung über die militärischen Kräfte (und damit über die Politik) Süddeutschlands sichergestellt. Sie waren eben erst, im März 1867, veröffentlicht worden, und Beust hatte Berlin gegenüber sogleich in deutlicher Form ausgesprochen, daß er sie für unvereinbar mit dem Prager Frieden hielt.[9] – Weiterhin ist Bismarcks Absicht klar, die nationale Hochstimmung des Augenblicks, die sich gegen Frankreich richtete, im gegebenen Falle zu Fortschritten in der deutschen Einigung zu benutzen.[10] Weniger klar ist, was Bismarck sich von Österreich eigentlich erwartete und wie ernsthaft sein nun erfolgendes Angebot gemeint war. Nicht nur der mehr als bescheidene Inhalt des Angebots – davon wird noch die Rede sein – sondern auch die Modalitäten des Vorgehens lassen gewisse Zweifel an dem vollen Ernst zu. Bismarck hat nach dem raschen Scheitern der Verhandlung allein Tauffkirchen und seiner Ungeschicklichkeit die Schuld gegeben.[11] Aber hätte er nicht die begrenzten Möglichkeiten dieses diplomatisch ungeschulten mittelstaatlichen Juristen von Anfang an kennen müssen, vor allem nach dem persönlichen Auftritt Tauffkirchens in Berlin, wo er sich Bismarcks Weisungen einholte, bevor er nach Wien ging? Und wäre es nicht überhaupt bei einem vollen Ernst des Unternehmens erforderlich gewesen, die Allianz mit Österreich sogleich mit den Mitteln der eigenen, preußischen Diplomatie zu suchen?

Inzwischen hatte eine weitere Unterredung des wieder nach Wien entsandten Julius Fröbel mit Beust stattgefunden, in welcher mit Deutlichkeit die Vorbehalte und Garantieforderungen Österreichs zum Ausdruck kamen: »...in der orientalischen Frage durch Sicherstellung gegen eine Besetzung Bulgariens durch Rußland«.[12] Hohenlohe ließ sich dadurch nicht entmutigen und ging weiter ans Werk. Für Bayern konnte eine freundschaftliche Verständigung der beiden Gegner von 1866 gewiß nur Vorteile bieten, wenn diese Verständigung nicht über seinen Kopf hinweg, sondern eben durch bayerische Vermittlung zustande kam. Man schlug deshalb folgenden Weg ein: Graf Tauffkirchen wurde zunächst nach Berlin entsandt, um von dort – wie man hoffte – mit zusätzlichen Aufträgen der preußischen Regierung nach Wien weiterzureisen. Es sollte sich also um eine kombinierte bayerisch-preußische Bündnisinitiative handeln. Der bayerische Unterhändler wurde dementsprechend am 13. und 14. April von Bismarck, am 14. April auch von König Wilhelm I. empfangen. Bismarck hat dem österreichischen Gesandten in Berlin, Graf Wimpffen, sogleich über seine Gespräche mit Tauffkirchen berichtet und die prinzipielle Seite der Allianzfrage entwickelt: »Ich [sc. Bismarck] habe ihm gesagt, Österreich müsse sich jetzt die Frage vorlegen, ob es eine gegenseitige defensive Anlehnung mit Deutschland wieder gewinnen wolle oder nicht?«[13] Der preußische Ministerpräsident sprach mit Wimpffen des weiteren von den Konzessionen, welche man jetzt an Österreich machen wolle und auch machen könne, da die öffentliche Meinung diese Annäherung sehr begrüßen würde: »Es ließe sich darauf ein Bündnis fester und bleibender Natur gründen...«

Im Unterschied zu dieser Betonung der prinzipiellen Aspekte blieb der tatsächliche Inhalt dessen, was Bismarck an möglichen Allianzleistungen Tauffkirchen mit auf die Reise nach Wien gab, mehr als bescheiden. Es lohnt sich, vor allem im Hinblick auf die Entwicklung der folgenden Jahre, in Bismarcks eigenen Worten dies Angebot festzuhalten[14]:

»Wir könnten Österreich dasjenige gewähren, was ihm früher der Deutsche Bund gewährt habe, das heißt innere und äußere Sicherheit; die letztere, in zweifellos defensiver Beschränkung, entweder

a) für die ganze österreichische Monarchie auf Zeit, etwa auf ein bis drei Jahre, oder

b) für den deutschen Teil durch ein dauerndes Bündnis ohne bundestägliche Verfassung, rein als internationaler Vertrag aufgefaßt. Auch würde sich

c) ein zeitweiliges Bündnis vervollständigen lassen durch eine zeitweilige
Abmachung über die türkische Angelegenheit. In eine solche Kombina-
tion würden wir aber auch Rußland hineinziehen müssen.«
Es fällt sogleich auf, wie unzureichend dies Angebot war, gemessen an den
Bedürfnissen und Interessen der Habsburger Monarchie, die eben erst durch
Preußen ihrer jahrhundertealten Verankerung in der deutschen Mitte des
Kontinents beraubt worden war und zuvor ihre italienische Stellung verloren
hatte. Die 1866 zum Schaden Österreichs durchgeführte Zerschlagung des
Deutschen Bundes hatte dem Kaiserreich nun aber doch auch eine neue Bewegungsfreiheit gebracht; ihre möglichen Vorteile, wie zum Beispiel die
Chancen eines auf Dauer berechneten Zusammengehens mit Frankreich im
Orient, konnten durch so begrenzte Zusicherungen Preußens kaum aufgewo-
gen werden. Eine Absicherung nur gegen Italien hin, wie sie in der Variante B
implicite gegeben und von Bismarck auch ausdrücklich beabsichtigt war[15],
besaß gegenüber den Orientfragen nur ganz untergeordnete Bedeutung. – Es
ist nun für die Beurteilung dieses Angebots und auch der weiteren, an seine
rasche Ablehnung sich anschließenden Berliner Erörterungen besonders
wichtig, die damalige preußisch-russische Konstellation ins Auge zu fassen.
Sie engte Bismarcks Verhandlungsspielraum gegenüber Wien von Anfang an
erheblich ein. In St. Petersburg errechnete man sich aus der preußisch-französischen Krise in der Luxemburgfrage sogleich eine stärkere Bindung Berlins an Rußland und an seine Balkaninteressen. Auf der anderen Seite gab es
seit Januar 1867 französisch-russische Verhandlungen, die in die Richtung
einer Abstimmung der französisch-österreichischen Balkanpolitik mit St. Petersburg zielten. Russischerseits war man jedenfalls während der gesamten
Luxemburgkrise sehr daran interessiert, den Kontakt mit Frankreich und die
entsprechenden Balance-Möglichkeiten gegenüber einer befürchteten preußisch-österreichischen Annäherung aufrechtzuerhalten. Eine durch Preußen
vermittelte russisch-österreichische Verständigung über Balkanfragen
scheint in dies komplizierte Spiel der Petersburger Diplomatie damals ganz
und gar nicht gepaßt zu haben. Offensichtlich wurden dort Sicherungen gegen eine solche Eventualität gesucht. Stremouchow, der Direktor des asiatischen Departements im russischen Außenministerium, legte dem preußischen Gesandten, Prinz Reuß, am 1. April ein ausgearbeitetes Programm einer gegen Frankreich wie Österreich gerichteten Kooperation vor.[16] Dies
sollte für den Fall gelten, daß sich Napoleon III. bei einer Zuspitzung der
Krise auf österreichische Hilfe stützen könne (was man in St. Petersburg als
möglich, wenn nicht sogar wahrscheinlich bezeichnete). Stremouchow erklärte dem preußischen Diplomaten:
»Für diese Kooperation müsse man unsererseits gewisse Garantien
für die Regelung der orientalischen Frage erhalten. Man würde sich mit einem
Minimum begnügen. Aufhebung des Vertrages von 1856 hinsicht-

lich des Schwarzen Meeres und Versicherung seitens Preußens, daß
dasselbe nie die Vergrößerung Österreichs durch Bosnien und die Herzegowina, welche von Frankreich in Aussicht gestellt worden, zugeben
werde.«

Man sieht, wie hier schon bei der ersten internationalen Krise nach 1866
zwischen Berlin, Wien und St. Petersburg Grundprobleme zur Sprache
kommen, die Europa weit über Bismarcks Zeit hinaus in Atem halten werden. Der nur sondierende Charakter des russischen Vorstoßes wurde auch
dadurch unterstrichen, daß nicht Gortschakow selbst die Sache vorgetragen
hatte. Die Antwort Berlins erfolgte sogleich in bezeichnender Weise.[17] Bismarck sagte dem russischen Wunsch nach Revision der Schwarzmeerklauseln des Pariser Friedens seine Unterstützung zu.[18] (Es wird im August 1870
zu beobachten sein, wie dieser Punkt des russischen Orientprogramms von
Preußen ins Spiel gebracht wird, um die Intervention einer Liga der Neutralen im deutsch-französischen Krieg erfolgreich zu verhindern.[19]) Dagegen
bestritt Bismarck das Interesse Österreichs an Bosnien und Herzegowina und
erteilte dem russischen Kooperationsangebot gegen ein eventuell mit Frankreich verbündetes Österreich insofern eine totale Absage, als er es überhaupt
nicht erwähnte. Er ging vielmehr einen Schritt in der entgegengesetzten Richtung und empfahl Rußland, Österreich dadurch »in einer unseren und den
russischen Interessen gleich sehr entsprechenden Richtung seiner Politik zu
erhalten«, daß man sein Streben nach Sicherheit und ruhiger Entwicklung
unterstütze.

Auf dem gleichen Wege folgte rasch der nächste Schritt. Während sich die
europäische Lage vorübergehend zu entspannen begann – nicht zuletzt aufgrund eines Wiener Vermittlungsvorschlages in Sachen Luxemburg, der
schließlich den Weg aus der Krise wies[20] –, telegraphierte Bismarck am 15.
April an Reuß; dieser sollte in St. Petersburg mit großem Nachdruck eine Zusicherung im Sinne des durch Tauffkirchen überbrachten Bismarckschen
Garantieangebotes an Österreich erwirken.[21] Bismarck verschwieg dabei die
bereits durch Tauffkirchen eingeleitete Aktion. Und er erweiterte – anscheinend in einer raschen, spontanen Wendung – das Projekt der preußisch-
österreichischen Allianz zu einer Dreier-Koalition, die Reuß dem russischen
Kanzler vorschlagen sollte:

»...Wenn wir eine Annäherung zu drei zwischen Rußland, Österreich und
uns bewirken könnten, so wäre unabhängig von der Befriedigung Frankreichs der Friede sicher. Ich vermute, daß Österreich die Hand dazu bieten
würde, wenn ihm Rußlands und unsere Bürgschaft gegen Gefahren an der
türkischen Grenze auf eine bestimmte Frist, nicht über drei Jahre, gesichert
würde... Wir würden auf Verhandlungen in der Richtung, wenn sie, was
bisher nicht geschehen, von Wien kommen, nur mit Wissen und Willen Rußlands eingehen. Sprechen sie offen, aber außeramtlich und auf persönliche

Zusage der Verschwiegenheit mit Gortschakow, um zu hören, was er davon denkt.«

Tatsächlich hat der Leiter der russischen Außenpolitik nicht gezögert, in ausführlicher Weise zu sagen, was er von Bismarcks österreichischer Improvisation hielt. Es war eine glatte, unverhüllte Absage nicht nur an das Projekt einer Annäherung à trois, sondern auch in der orientalischen Garantiefrage: »Rußland... müßte aber mit seinen ganzen Traditionen, mit seiner Überzeugung, ja mit seiner Pflicht brechen, wollte es sich den Wünschen seiner Glaubensgenossen widersetzen, ihr hartes Los zu erleichtern und eine bessere Existenz unter türkischer Botmäßigkeit anzustreben. Es ist daher nicht möglich, von Rußland eine Garantie zu verlangen, welche in ihren Folgen seinen eifrigst befolgten Bestrebungen geradezu entgegenstehen würde.«[22]

Die eigenartige Logik dieser Ausführungen Gortschakows ist das eine – sie kann nur im größeren Zusammenhang der russischen Balkanpolitik und ihrer Bedeutung für Österreichs Bestrebungen hinreichend erläutert werden.[23] Das andere ist die unmittelbare Wirkung in Berlin. König Wilhelm brachte am Rande des Berichts aus St. Petersburg einen seiner lapidaren Vermerke an, deren kritischer Bezug zu Bismarcks Aktionen jeweils in Rechnung zu stellen ist: »Also auch die Preuß[ischen] Garantie Bestrebungen wären damit unmöglich.«[24] Anders Bismarck. Er ließ nochmals am 18. April ein ganz vertrauliches Schreiben an Reuß ergehen[25], mit einer Information über Tauffkirchens Mission (über deren Scheitern in Wien am 16. April er zu diesem Zeitpunkt noch nicht informiert war) und mit einem sehr eindringlichen Plädoyer für eine russische Garantie an Österreich. Er ging dabei soweit, bereits eine unverbindliche, stillschweigende Billigung Rußlands angesichts einer in St. Petersburg »bekannten preußisch-österreichischen Verabredung« als ausreichend für die Aufnahme einer entsprechenden Verhandlung in Wien zu bezeichnen. Auch dies – die Bereitschaft zur weiteren preußischen Initiative in Wien, der gegenüber anscheinend Tauffkirchens Sendung nur vorbereitender Charakter zugemessen wurde – war ein neuer und beachtenswerter Zug.

Reuß hat diese Weisung Bismarcks nicht mehr zum Gegenstand einer Unterredung mit Gortschakow gemacht. Ihm genügte anscheinend die zuvor schon – auf das Telegramm vom 15. April hin – erhaltene gründliche Abfuhr. In einem Gespräch am 22. April kam der russische Staatsmann seinerseits auf die Sache zurück, erklärte Reuß gegenüber die Ideen des Fürsten Hohenlohe für aussichtslos und betonte, Österreich werde sich für jetzt überhaupt nicht in eine, auch keine nur defensive, Verbindung gegen Frankreich bringen lassen.[26] Damit traf Gortschakow das Richtige, während seine abschließende Bemerkung eine hübsche Portion gezielten Giftes enthielt: »Er fürchte, Euer Exzellenz [scilicet Bismarck] täuschten sich in der Appreciation der Gesinnung des Wiener Kabinetts, in welches er auch nicht das geringste Vertrauen setzen könne.«

Es waren also der preußischen Initiative durch die dezidierte Ablehnung seitens der russischen Regierung die wesentlichen Voraussetzungen hinsichtlich der orientalischen Frage entzogen, die aber für Österreich von hervorragender Bedeutung war. Wie immer auch Bismarck bei einem positiven Fortgang der Wiener Mission Tauffkirchens gegenüber König Wilhelm hier und Gortschakow dort weiter manövriert hätte – es ist nicht recht ersichtlich, was bei einer Fortsetzung der Bündnisinitiative außer einer diplomatisch-publizistischen Scheinaktion hätte herauskommen können.[27]

Doch zu einer solchen Erprobung einer trotz Rußlands Weigerung weiterlaufenden Aktion kam es gar nicht, weil Tauffkirchen sehr bald nach dem Eintreffen in Wien eine klare Absage der österreichischen Regierung erhielt. St. Petersburg und Wien waren sich also darin einig, nicht in die von Bismarck entworfene Kombination einzutreten. Für den österreichischen Ministerpräsidenten Friedrich Ferdinand Freiherrn von Beust lag offenbar die negative Entscheidung fest, noch bevor der bayerische Unterhändler sich bei ihm vorstellte. Es liegen keine Anzeichen vor, daß es in Wien interne Auseinandersetzungen oder auch nur ein Zögern gegeben habe, die aus München und Berlin gekommene Initiative freundlich abzuweisen. Diese klare Haltung hatte ihre Vorgeschichte.[28]

Beusts langfristige Absichten waren von Anfang an nicht leicht zu vereinbaren: einerseits mit Frankreichs Hilfe die Wiedergewinnung der europäischen Stellung Österreichs zu erreichen und andererseits das Nationalgefühl der deutschen Bevölkerung in der Monarchie und in Süddeutschland in schonender, ja in gewinnender Weise in Rechnung zu stellen. Mit dem Beginn der Luxemburger Krise ergab sich eine komplizierte Situation: Unterstützte man die französische Absicht auf den Gewinn dieses früher zum Deutschen Bund gehörenden Territoriums, so entfremdete man sich das deutsche Nationalgefühl.[29] Dies bemerkte man bald in Paris. Und rasch begann man dort eine Verbindung Österreichs mit Preußen und Süddeutschland zum Schutze Luxemburgs zu fürchten. So machte sich für Wien mit dem Beginn der Luxemburgkrise der Vorteil geltend, von beiden Seiten umworben zu werden. Beust versuchte den Gewinn für Österreichs internationale Stellung festzuhalten und zugleich das genannte Dilemma zwischen profranzösischer und deutscher Politik zu überwinden, indem er mit Vermittlungsvorschlägen zur Vermeidung eines kriegerischen Konfliktes hervortrat. Diese Vermittlungspolitik war in vollem Zuge und hatte erste Erfolge aufzuweisen, als Tauffkirchen in Wien eintraf. Es hätte den Verzicht auf alle Vorteile der verbesserten, unabhängigen Stellung Österreichs bedeutet, wäre man eine Bindung an Preußen eingegangen, die in dieser Konstellation gleichbedeutend mit dem Bruch mit Frankreich gewesen wäre.

Trotz der Eindeutigkeit dieser negativen Vorentscheidung lohnt es sich, einige der Argumente näher ins Auge zu fassen, die Beust bei seinen Verhandlungen mit dem bayerisch-preußischen Unterhändler am 16., 18. und 21. April verwendete und die in begleitenden Unterredungen zur Sprache kamen.[30] Vorweg sei darauf hingewiesen, daß Beust von Anfang an gegen die formale Seite der Mission Tauffkirchens schwere Bedenken geltend machte, die er allerdings dem bayerischen Unterhändler nicht so direkt aussprach, wie er sie gegenüber Wimpffen zur Mitteilung in Berlin formulierte; er berichtete diesem, daß zwar der preußische Gesandte in Wien, Werther, die Bemühungen Tauffkirchens unterstützte, »doch muß ich bemerken, daß die Aussprüche des ersteren nicht von bindendem Charakter waren und daß wir daher den erwähnten Allianzvorschlägen immerhin nur auf die Gefahr hin hätten Gehör leisten können, sie in Berlin nicht im voraus genehmigt zu wissen.«[31] Diese formale Schwäche der Verhandlungsposition Tauffkirchens – wie man sie in Wien auffaßte – entsprach der inhaltlichen Unzulänglichkeit seines aus Berlin mitgebrachten Angebots. Gerade Werther, der über die ganze Aktion des bayerischen Sondergesandten wenig erbaut war, hat beide Gesichtspunkte gegenüber Bismarck nicht ohne leise Schadenfreude in schlagender Weise festgestellt. Er fügte am 18. April seinem Bericht über die »absolute Ablehnung« Beusts folgende Bemerkung bei[32]: »Bei dieser Gelegenheit hat sich herausgestellt, daß mit geringen und bedingten Vorteilen die Defensivallianz Österreichs für Deutschland jetzt nicht zu gewinnen ist, und daß später eventuell zu solchen Verhandlungen nur der direkte Weg zwischen Berlin und Wien ohne weitere Vermittlung zu suchen sein dürfte.«

Doch die offenkundigen Schwächen der ephemeren Aktion Tauffkirchens nehmen den Argumenten und Positionen, die bei diesem Anlaß in Wien hervortraten, nichts von ihrer längerfristigen Bedeutung. Beust betonte gegenüber Tauffkirchen zunächst die Wiener Vermittlungsinitiative zwischen Paris und Berlin, die zur Zeit eine Verbindung mit einer der Streitparteien ausschließe. Eine Koalition mit Preußen werde den europäischen Frieden nicht sichern, sondern weiter gefährden; Preußen werde dann zu keinen Konzessionen mehr bereit sein; Österreich habe dagegen mit der tödlichen Feindschaft Frankreichs zu rechnen und werde durch ein französisch-italienisches Zusammenwirken mit entsprechenden territorialen Zielen (Trentino) bedroht sein. Weiterhin fragte Beust nach der Kompetenz und Gewichtverteilung in der zu schließenden Allianz: Solle Österreich dann lediglich warten, bis es von Berlin den Marschbefehl für seine Truppen erhalte, »oder ob und welche Stellung Österreich bei den Unterhandlungen über Krieg und Frieden eingeräumt werden wolle«.[33] Darauf wußte Tauffkirchen keine Antwort, sowenig wie auf Beusts Fragen nach der verfassungsrechtlichen Ausgestaltung des vorgeschlagenen weiteren Bundes (mit Einbeziehung Deutsch-Österreichs). Der Ministerpräsident spielte in der ihm eigenen Art die Hypothese eines gemeinsamen Sieges von Preußen und Österreich über Frankreich durch: »Was dann? Wird uns Preußen dann eine *Suprematie* oder auch nur *Gleichberechtigung* in Deutschland zurückgeben? Wird es uns hiefür Sicherheit geben? Ich glaube nicht.«[34]

Man sieht, wie Beust, der so viele Jahre von Sachsen aus für eine föderative Lösung der deutschen Frage gekämpft hatte, auch als österreichischer Regierungschef noch stark von diesem vergangenen Ringen um die Bundesreform geprägt ist. Man bemerkt in seiner Argumentation, wie kurz erst der Deutsche Bund aufgehört hat zu bestehen. Nun war freilich mit der Frage nach der Gleichberechtigung Österreichs in einem neuen Bundesverhältnis mit Berlin – wie immer es aussehen mochte – nicht nur für die Jahre 1867 bis 1870, sondern mutatis mutandis bis 1918 eine Grundfrage der politischen Existenz der Monarchie gestellt. Auch darin liegt die zukunftsweisende Bedeutung dieser Verhandlungen.

Ohne Zweifel hatte im April 1867 für die österreichische Regierung, war einmal das magische Wort vom »Wiedereintritt in Deutschland« gefallen, die Frage einer gesicherten *Parität* gegenüber Preußen eine zentrale Bedeutung. Die Äußerungen Beusts, so vorsichtig sie auch formuliert wurden, sind hinsichtlich *dieser Bedingung für jede zukünftige Eventualität klar* gehalten. Beust konnte nicht anders, als von Berlin zu fordern, daß von dorther, wenn schon die Reminiszenzen an den alten Deutschen Bund hervorgeholt wurden, auch konkrete Vorschläge kommen müßten:

»Man muß in Berlin ohne Zweifel begreifen, daß ein großer Ernst in dieser Frage insoferne liegt, als es Preußens Sache ist, aus den unfruchtbaren Allgemeinheiten herauszutreten, und uns zu sagen, auf welchen Grundlagen das herbeigewünschte neue Bündnisverhältnis ruhen soll, damit Österreich darin für seine Sicherheit, seinen Einfluß und sein Interesse ebenso gute, und für seine Eintracht mit Preußen bessere Bürgschaft finde, als in dem früheren Bunde.«[35]

Gerade dieser Fragenkomplex war aber in Tauffkirchens Berliner Aufträgen ganz ausgespart geblieben und Bismarck schwieg sich darüber auch weiterhin aus. Beust legte Tauffkirchen gegenüber größten Nachdruck auf eine Konkretisierung. Er betonte hier wie auch in späteren Äußerungen in einer Weise, die das sonst von Wien festgehaltene Prinzip des Wartens auf Berliner Vorschläge auffallend überschritt, die verfassungsmäßige Parität mit Preußen als conditio sine qua non; ja er entwickelte wenig später noch weitere Vorstellungen für einen zukünftigen »gesamtdeutschen Bund«. In der Antwort auf eine von Hohenlohe im Mai 1867 erneuerte Initiative zur österreichisch-deutschen Allianz gab Beust – nach dem Bericht des bayerischen Gesandten in Wien – folgende Erklärung ab:[36]

»Österreich ist jetzt vor allem mit seiner eigenen Konstituierung beschäftigt. Eine unmittelbare Teilnahme an einer Neubildung Deutschlands ist ihm

sowohl durch den Prager Vertrag und den voraussichtlichen Widerspruch
Preußens als durch eigene Staatsrücksichten untersagt. Gestattet ein späterer
Wechsel der Verhältnisse dereinst die Wiederaufnahme näherer Beziehungen
Österreichs zu Deutschland, so würde des ersteren Begehren sein: Wiedereintritt Österreichs in den Bundesrat und Teilnahme an der Bundesleitung mit
einer der preußischen vollkommen gleichen Berechtigung. Erst, nachdem
dies erreicht, könnte eventuell von der Beschickung eines deutschen Parlaments durch österreichische Abgeordnete die Rede sein.«
    Dies war anscheinend die über den aktuellen Anlaß der Tauffkirchenschen
Mission hinausreichende Quintessenz von Beusts Argumentation in Sachen
einer eventuellen neuen Bundesverfassung. Man zögert, ob man nur von einem in diplomatischer Freundlichkeit den Bayern servierten Bündel von
Wenn und Aber oder aber von der Skizze eines latenten »deutschen Programms« sprechen soll. Es wird später zu zeigen sein, wie kompliziert dieser
Bereich der österreichischen Politik im Widerstreit von Wünschen, Interessen und Opportunitäten, von sachlichen Voraussetzungen und persönlichen
Konzeptionen und Mentalitäten war. – Zu Beusts Verhandlungen mit
Tauffkirchen zurückkehrend, ist noch die Behandlung und Bewertung der
von Bismarck angebotenen Orient-Garantien kurz ins Auge zu fassen. Der
österreichische Ministerpräsident kritisierte die erste Variante des Angebots
(kurzfristiges Bündnis mit der Gesamtmonarchie) als sehr unklar und sprach
den Vorteilen, die Bismarck hier für Österreich zu sehen meinte, auch bei einer Einbeziehung Rußlands jede Bedeutung ab.[37] Eine Erneuerung der Heiligen Allianz sei schwer durchzuführen. Sie habe seinerzeit auf dem Gedanken
der Legitimität beruht, der seither von allen Mächten, außer Österreich, verlassen sei. Von Rußland sei im Orient zur Zeit weniger ein bewaffnetes Eingreifen zu fürchten, als »jene moralische Unterstützung des Zersetzungspro-
zesses« in der Türkei, welche tief in der Tradition der russischen Politik begründet sei und gegen die es kaum Garantien gebe. Beust tat also diesen
Aspekt des Bismarckschen Angebots als gegenstandslos ab.
    Damit war Tauffkirchens Sendung erledigt, Wien war nicht für ein Bünd-
nis mit »Deutschland« gewonnen; und Bismarck vermied es nun, den Konflikt mit Frankreich zu verschärfen. Aber während in London aufgrund einer
von Rußland weitergeführten Verhandlungsinitiative eine friedliche Lösung
der Luxemburgkrise gefunden wurde, fuhr Bismarck fort, vom künftigen
Bündnis mit Österreich zu reden. Er betonte kategorisch, daß er sich Österreichs sicher sei. Von Österreich sei nichts zu fürchten: »Sie wollen sich teuer
verkaufen, aber *nur* an Deutschland[38].« Gegenüber Wimpffen benutzte er
jede Gelegenheit, um auf die Allianzfrage zurückzukommen.[39] Ob Bismarck
davon Kenntnis hatte, daß Beust Ende April 1867 ein französisches Bündnisangebot, durch Napoleons Botschafter Gramont in Wien überbracht, eindeutig abgewiesen hatte[40], wissen wir nicht. Wie auch immer man dieses er-

ste französische Angebot an Österreich und die Frage seiner Ernsthaftigkeit beurteilen will – die Tatsache bleibt bestehen, daß Beust zu diesem Zeitpunkt noch nicht daran dachte, die Monarchie irgendwie an Frankreich zu binden. Von beiden Seiten umworben, ging Österreich aus der Luxemburgkrise mit gesteigertem internationalen Ansehen hervor. Dem trug Bismarck weiterhin Rechnung. Er griff in die zwischen Wien und Berlin laufenden Verhandlungen über den Münzvertrag von 1857 im Sinne der österreichischen Interessen ein[41] und äußerte sich auch nach der Rückkehr von der Pariser Weltausstellung im Juni aufs freundlichste und anerkennendste über Beusts Person und seine politischen Erfolge in Wien und Budapest (Ausgleichsverhandlungen).[42] Überhaupt ist es auffallend, wie trotz des Scheiterns der Tauffkirchenschen Mission in München wie in Berlin Beust weiterhin als der Vertreter des »prodeutschen Kurses« in Wien galt. Es wird ihm als Verdienst angerechnet, den deutschen Kurs gegen die klerikalen und höfischen Einflüsse durchzuhalten.[43] Dieses Bild von Beust als dem guten Deutschen sollte sich bald gründlich ändern. Beust wird für Bismarck und für die von ihm inspirierte Presse zum »bösen Mann« in Wien. Es bleibt zu untersuchen, wie es zu dieser Wendung kam, die nicht nur die Person Beusts betraf: Auf das milde Klima des Frühjahrs 1867, wo eine baldige Erneuerung eines österreichisch-deutschen Bundesverhältnisses geradezu selbstverständlich erschien, folgten seit dem Winter 1867/68 stürmische Zeiten.

Die Dynamik der preußischen Politik, die 1867 mit der Neukonsolidierung und dem Wiederaufstieg der Donaumonarchie zu rechnen hatte, richtete sich in den Monaten nach der Beilegung der Luxemburgkrise (Londoner Konferenz vom 7. bis 11. Mai 1867) vor allem auf Süddeutschland. Sichtbarer Ausdruck ihrer Ziele war die von Bismarck angeregte und durchgesetzte Reorganisation des Zollvereins als Vorform einer kleindeutschen Zusammenfassung. Im Juni und Juli wurde vom Norddeutschen Bund und den süddeutschen Staaten der revidierte Zollvereinsvertrag angenommen, der eine Verfestigung durch politische Institutionen brachte (Zollbundesrat, Zollparlament).[44] Dagegen konnten weder Frankreich noch Österreich Einspruch erheben. Doch mußten sich beide Mächte durch diese Entwicklung zu neuen Schritten herausgefordert fühlen.

Franz Joseph und Napoleon III. in Salzburg (August 1867):
Was kann eine österreichisch-französische Allianz bedeuten?

Das Zusammentreffen Napoleons III. mit Franz Joseph in Salzburg brachte den ernsthaften Beginn des Versuches, auf die europäische Politik durch eine österreichisch-französische Allianz einzuwirken.[1] Anlaß zu der Reise des französischen Kaiserpaares nach Österreich war der Tod Kaiser Maximilians von Mexiko, den die Republikaner am 19. Juni 1867 in Queretaro standrechtlich hingerichtet hatten. Franz Joseph hatte nach dem Eintreffen der Nachricht vom Tode seines Bruders den für Ende Juli geplanten Besuch der Pariser Weltausstellung abgesagt. Napoleon, der bekanntlich an dem mexikanischen Abenteuer Maximilians einen starken und wenig rühmlichen Anteil hatte, wollte nun dem österreichischen Kaiser einen Kondolenzbesuch machen. Beust hatte die Parisreise von Anfang an als Gelegenheit zu politischen Gesprächen sehr betrieben. Gegenüber der Situation vom Frühjahr, wo er ein unter dem Vorzeichen der Luxemburgkrise stehendes erstes französisches Angebot abgewiesen hatte, stellten sich die Dinge, gerade auch im Hinblick auf das preußische Vordrängen in Süddeutschland, nun anders dar. Für Beust, der eben das Gelingen des »Ausgleichs« mit Ungarn als eine wesentliche Etappe der inneren Konsolidierung des Kaiserstaates verzeichnen konnte (Krönung Franz Josephs zum ungarischen König in Budapest am 8. Juni) und den Titel ›Reichskanzler‹ erhalten hatte, mußte die Frage, ob der Wiederaufstieg Österreichs als europäische Großmacht mit Hilfe einer französischen Allianz zu bewerkstelligen wäre, nun zunehmende Bedeutung gewinnen. Die erhaltenen Dokumente zeigen ihn im Mittelpunkt der Salzburger Gespräche.[2] Von österreichischer Seite scheinen die weiteren Anwesenden – Andrássy als ungarischer Ministerpräsident und Taaffe als Vertreter des cisleithanischen Ministeriums – keine erhebliche Rolle gespielt zu haben. Französischerseits war nur der Botschafter in Wien, Duc de Gramont, anwesend, dessen eitle und wichtigtuerische Art einen marginalen Niederschlag in den Akten gefunden hat.[3]

Es ist aufschlußreich, daß Beust, als er 1871 – nach dem Frankfurter Frieden – für Franz Joseph das Programm einer künftigen österreichisch-deutschen Allianzpolitik entwickelte und bei dieser Gelegenheit die nun abgeschlossene Epoche eines Zusammengehens mit Frankreich kritisch würdigte, dem Kaiser nicht die Bündnisentwürfe und den Briefwechsel mit Napoleon von 1869 ins Gedächtnis rief, sondern jenes formlose Aktenstück, das heute als das einzige schriftliche Ergebnis des Salzburger Monarchentreffens gilt.[4] Es handelt sich um einen von Beusts Hand stammenden Text, den Napoleon eigenhändig durchkorrigiert hat. André Lorant, der in jüngster Zeit nochmals das Archiv des Quai d'Orsay durchforscht hat, kam zu dem Ergebnis, daß sich dort keine Akten zur Salzburger Zusammenkunft erhalten haben.[5] Wir sind also für die Rekonstruktion der Verhandlungen auf das angewiesen, was sich heute in Wien vorfindet. Dazu gehörten außer der erwähnten Aufzeichnung ein Promemoria Beusts für Franz Joseph, das vor Beginn der Besprechungen abgefaßt wurde,[6] und ein Bericht des Reichskanzlers an den Kaiser über seine erste Audienz bei Napoleon am 19. August.[7] Es lassen sich daraus und aus späteren Hinweisen Beusts die Absichten, Schwierigkeiten und Ergebnisse des Salzburger Monarchentreffens mit einiger Sicherheit feststellen. Im Mittelpunkt der gemeinsamen politischen Perspektiven, um deren Formulierung man sich in Salzburg bemühte, standen zwei Fragen: die Aufrechterhaltung des durch den Prager Frieden festgelegten Status quo in Süddeutschland – also der Schutz der Mainlinie durch eine französisch-österreichische Zusammenarbeit – und die orientalische Frage, die für Österreich-Ungarn angesichts des Aufstandes in Kreta und der auf eine beginnende Aufteilung des Osmanischen Reiches gerichteten Bestrebungen Rußlands unmittelbar und langfristig von größter Bedeutung war. Beide Fragen werden bis zur Entscheidung von 1870/71 in steter Korrelation die Außenpolitik der Monarchie bestimmen. In beiden Fragen waren die damaligen Interessen auf französischer und österreichischer Seite nur zum Teil identisch. Der Versuch, in beiden Fragen die Plattform gemeinsamer Interessen zu definieren und womöglich zu erweitern, machte den Inhalt der Salzburger Besprechungen aus.

Das Verhandlungsprogramm, das Beust Franz Joseph vor Salzburg vorlegte, war sehr vorsichtig abgefaßt. Es stellte die orientalische Frage in den Vordergrund, betonte ihren Vorrang vor der deutschen Frage und erwähnte im übrigen die Alternative einer Verständigung mit Preußen, wenn man mit Frankreich nicht zu einer befriedigenden Absprache hinsichtlich Rußlands und des Osmanischen Reiches gelangen sollte:

»Die nächste Gefahr droht Österreich von Rußland her, und die Verständigung über die Orientalische Frage, oder richtiger gesagt, über die gesamte östliche Frage dominiert alles übrige. Frankreich muß entweder entschieden gegen die russische Politik der Türkei und Österreich gegenüber auftreten oder uns sichere Garantien gegen die russischen Übergriffe durch ein gemeinsames Abkommen mit Rußland gewähren. Können wir nicht erreichen, daß Frankreich durch ein entschiedenes Einlenken in der kandiotischen Frage das russische Prestige unter den christlichen Bevölkerungen brechen hilft, daß es einer russischen Okkupation der Donaufürstentümer entschieden widersteht und das eventuelle Einschreiten Österreichs unterstützt, so legt es uns den Gedanken nahe, eine Verständigung mit Preußen zu suchen.«[8]

Den Hintergrund für dieses österreichische Programm bildete nicht nur der von Rußland unterstützte Aufstand der Griechen gegen die türkische Herrschaft in Kreta, sondern auch ein seit Herbst 1866 sowohl mit Frankreich wie mit Rußland geführter Meinungsaustausch über die orientalische Frage mit dem Ziele einer »großen Lösung«: gemeinsame Initiative der europäischen Mächte im Orient. Beust hatte in St. Petersburg – trotz des Wiener Angebots, für eine Revision der Schwarzmeer-Artikel des Pariser Vertrags von 1856 einzutreten[9] – nichts erreicht. Er hatte in Paris nur ein partielles Einschwenken auf das Wiener Programm bewirkt. Er trat gegen eine Abtretung Kretas an Griechenland und für eine »Enquête« der Großmächte in Kreta ein, also für einen europäischen Kollektivschritt zur Einleitung von Reformmaßnahmen zugunsten der christlichen Bevölkerung bei Wahrung der territorialen Integrität der Türkei.[10] Daß dieses Programm, das die von Metternich überkommene Integritätsmaxime mit einer liberalen und kommerziellen »Entwicklungspolitik« verband, einerseits Alternativen eines proportionalen Eigengewinns nicht ausschloß, andererseits durch ungarische Sonderbestrebungen kompliziert wurde, wird später zu zeigen sein. Für Salzburg kam es jedenfalls darauf an, mit Napoleon so oder so eine Eindämmung der russischen Balkanpolitik zu verabreden. Wie sollte aber Frankreich überhaupt auf eine energische, Österreich dauerhafte Garantien bietende Position im Südosten und Osten Europas festgelegt werden? Jedenfalls war – vor allem wenn die Sache gegen Rußland gemacht werden sollte – die Beiziehung Englands zu wünschen. Doch war angesichts der zurückhaltenden Kontinentalpolitik des Londoner Kabinetts trotz allen Interesses an der Erhaltung der Türkei von dort noch viel weniger Bereitschaft zu verbindlichen Zusagen zu erwarten als in Paris.

Noch schwieriger stellte sich am Vorabend von Salzburg die süddeutsche beziehungsweise deutsche Frage zwischen Paris und Wien dar. Das deutsche Programm der österreichischen Regierung wird im folgenden immer wieder in seinen konstanten Grundzügen wie im Wechsel der innen- und außenpolitischen Konstellationen zu behandeln sein. Sicher kann davon ausgegangen werden, daß eine Wiedergewinnung der europäischen Großmachtstellung der Monarchie im Bewußtsein der führenden Schichten Österreich-Ungarns mit einer weiteren Ausdehnung der preußischen Macht in Deutschland unvereinbar war. Auch der innere Bestand der Monarchie würde im Hinblick auf ihre deutsche Bevölkerung und auf die Anziehungskraft der deutschen Nationalbewegung bei einem Anschluß Süddeutschlands an den Norden noch stärker gefährdet sein, als dies seit 1866 ohnehin schon der Fall war. Das bedeutete: Festhalten an der Mainlinie, kontinuierliche Stärkung des österreichischen Einflusses in Süddeutschland unter dem Eindruck des nun sich entfaltenden liberalen Verfassungslebens der Monarchie, vorsichtige Ermunterung aller antipreußischen Gruppen und Stimmungen im Hinblick auf kommende Eventualitäten – soweit liegen die Dinge klar. Bei Beust selbst ist weiterhin die Verbindung einer europäischen Konzeption von Vertrags- und Konsenspolitik mit föderativen Ideen für eine nicht unter preußischer Führung stehende Lösung der deutschen Frage zu beobachten. Die Unklarheiten beginnen, wenn man die weiteren Perspektiven im Rahmen der »kommenden Eventualitäten« zu fassen sucht. Hier hilft nur eine behutsame, schrittweise Analyse einzelner Situationen und Aktionen weiter.

Beust befürchtete vor Salzburg, daß Napoleon Österreich kurzfristig in einen Angriffskrieg gegen Preußen zwecks Gewinnung deutscher Gebiete für Frankreich verwickeln wolle. Diese Kombination bezeichnete er in dem für den Kaiser bestimmten Promemoria als unmöglich:

»Dagegen hat es [sc. Österreich] bei einem Aggressivkrieg die Sympathien seiner deutschen Bevölkerung auf das Spiel zu setzen und im günstigsten Falle eine Stellung in Deutschland wieder zu gewinnen, die von Haus aus für die Monarchie in ihrer Gesamtheit vielleicht noch größere Schwierigkeiten im Gefolge haben würde, als die jetzige Ausschließung Österreichs, da eben diese Stellung ihr Dasein einer französischen Invasion und einer Verminderung deutschen Gebietes verdanken würde.«[11]

In der Tat sind von französischer Seite vor Salzburg (im April) und während des Monarchentreffens derartige Vorschläge gekommen.[12] Beust betonte später gegenüber dem hessischen Ministerpräsidenten Dalwigk, der ihm politisch und freundschaftlich nahestand, »Napoleon habe in Salzburg Österreich das südliche Deutschland angeboten, wenn man ihm das linke Rheinufer überlassen wolle. Er, Beust, habe darauf erwidert, solange der Kaiser Franz Joseph noch 8 Millionen deutscher Untertanen habe, könne er nie ein Erbieten annehmen, welches die Abtretung deutschen Gebietes bezwecke.«[13]

Das Salzburger Treffen stand also von Anfang an im Zeichen der Zurückweisung französischer Offensiv- oder Kompensationspläne gegenüber deutschem Gebiet. Wenn der Abschluß einer aktiven, offensiven Allianz mit Frankreich gegen Preußen ausgeschlossen war – in welcher Form sollte dann die Gemeinsamkeit österreichischer und französischer Interessen in der deutschen Frage formuliert werden und zum Tragen kommen? Grundsätzlich war ja die Entscheidung, ob man mit Frankreich überhaupt eine Politik zum Schutze des Prager Friedens verabreden wolle, österreichischerseits davon abhängig gemacht, daß man mit Frankreich in der Orientfrage übereinkommen könne. Da dieser Konsens – wie wir sehen werden – nur in eingeschränkter Weise zustandekam, mußte das Salzburger Ergebnis hinsichtlich der deutschen Frage umso zurückhaltender ausfallen. Hier handelte es sich in erster Linie darum, Frankreich von jeder Aktion bindend abzuhalten, die das deutsche Nationalgefühl verletzen und dadurch Österreich in Deutschland kompromittieren würde. Ebenso einigte man sich dahin, beiderseits alle Schritte zu unterlassen, die von Preußen als Drohung oder Provokation aufgefaßt werden könnten. Und Frankreich wurde ausdrücklich auf eine ostensible Friedenspolitik festgelegt, damit die süddeutschen Staaten nicht noch weiter, als dies bereits durch die Schutz- und Trutzbündnisse vom August 1866 geschehen war, in die Arme Preußens gedrängt würden: »Une politique ouvertement pacifique du Gouvernement français enlèvera tout prétexte à de nouveaux engagements qui seraient proposés et acceptés dans la prévision d'une guerre et dans un intérêt de securité.«[14] Diesem Katalog von Negativ-Bindungen standen einige positive Vereinbarungen gegenüber, die trotz ihrer vorsichtigen Fassung nicht ohne Bedeutung waren. Am Anfang stand das gemeinsame Bekenntnis zur Aufrechterhaltung des Prager Friedens, ohne daß freilich irgendeine Form von gemeinsamer Sanktionspolitik ins Auge gefaßt worden wäre. Im Gegenteil, die ausdrückliche Absage an jede als bedrohlich empfundene Intervention war verbunden mit der Proklamation einer Politik der »moralischen Eroberungen« gegenüber Süddeutschland: entsprechend einer französischen Friedenspolitik werde von österreichischer Seite her die nun inaugurierte liberale Innenpolitik die alten Sympathien der deutschen Bevölkerung wieder beleben. Ein öffentliches Hervortreten der »Entente et Union« zwischen Frankreich und Österreich solle den Regierungen Süddeutschlands eine unabhängige Haltung (gegenüber Preußen) nahelegen.

Das gemeinsame Vorgehen der beiden Mächte in der orientalischen Frage wurde in konkreterer Form aufgezeichnet. Die Aufrechterhaltung des Status quo ohne Feindseligkeit gegen Rußland ist der Ausgangspunkt. Für Kreta wird die weitere Zugehörigkeit zum Osmanischen Reich vorgesehen (was ein Erfolg Beusts gegenüber der ursprünglich die Zession an Griechenland befürwortenden Haltung Napoleons war). Rasche Einstellung der Kämpfe und ein baldiger Beginn der Enquête im Interesse der vorzunehmenden Reformen sollten angestrebt werden. Gegenüber Rußland und dem Osmanischen Reich wird in dieser Angelegenheit ein detaillierter Verfahrensplan entwickelt: Frankreich und Österreich werden eine gemeinsame Démarche in St. Petersburg unternehmen, um die dortigen Vorschläge zur Lösung der Kretafrage zu erfahren. Dann wollen sich beide Regierungen an England wenden, um seine Mitwirkung bei einem gemeinsamen Schritt an der Hohen Pforte zu gewinnen. In Athen sollte im Sinne einer Beruhigung gewirkt werden. (Es wird sich zeigen, daß Frankreich von diesem verabredeten Verfahren zugunsten Rußlands abweicht – ein rasches Versagen der Salzburger Übereinkunft in einem besonders aktuellen Punkt; und in Wien wird man sich diese negative Erfahrung sehr genau merken!)[15]

Der rumänischen Frage ist ein eigener Abschnitt der Vereinbarung gewidmet. Das vorbereitende Promemoria Beusts hatte den Akzent darauf gelegt, daß Frankreich sich einer russischen Okkupation Rumäniens kurzerhand widersetzen müsse und »das eventuelle Einschreiten Österreichs unterstützt«. Die Salzburger Verabredung formulierte dies Programm nur in einer modifizierten und gewundenen Form. Österreich verpflichtet sich – trotz seiner berechtigten Beschwerden – zu einer zurückhaltenden Politik gegenüber Bukarest »dans la prévision d'une intervention peut-être armée d'une autre puissance«.[16] Falls Österreich sich zur Okkupation eines Teils der Donaufürstentümer gezwungen sähe, würde Frankreich seine guten Dienste für einen beiderseitigen Truppenabzug und für eine Reaktivierung des Pariser Bündnisvertrags von 1856 (zwischen Frankreich, England und Österreich) einsetzen. – Es ist offenbar der österreichischen Seite in Salzburg nur teilweise gelungen, Napoleon auf eine eindeutig proösterreichische Orientpolitik festzulegen; von der im Promemoria en passant erwähnten Alternative ei-

ner allgemeinen französisch-russisch-österreichischen Verständigung ist im
übrigen keine Rede mehr.

Beust hat, wie wir jetzt wissen[17], Napoleon gegenüber das Grundproblem
der österreichischen Rußland- und Balkanpolitik scharf umrissen, um ihn
von der Zession Kretas an Griechenland abzubringen. Im Hinblick auf die
Ereignisse der Folgezeit lohnt es sich, auf diese prinzipiellen Darlegungen im
Gespräch Beusts mit Napoleon näher einzugehen. Der Reichskanzler hat dabei in bezeichnender Weise die bedrohliche Wirkung der russisch-panslawi-
stischen Bewegung sowohl für Österreich wie für das Osmanische Reich betont. Napoleon war – anscheinend um seine Haltung in der Kretafrage zu erläutern – zunächst auf die Zusicherungen eingegangen, die ihm der Zar und
Gortschakow kürzlich bei ihrem Besuch in Paris gemacht hatten:

»Die Zession Candiens hätten beide… entschieden verlangt, damit der König von Griechenland mit Hilfe dessen eine lebensfähige Verfassung ok-
troyieren könne und beide hätten die Zusicherung gegeben, daß solchen Falls
jede Bewegung in den übrigen Teilen des türkischen Reiches unterbleiben
werde. Er [sc. Napoleon] habe daher einerseits, weil im europäischen Interesse nicht allein die Erhaltung der Türkei, sondern auch ein gutes Verhältnis
zwischen Frankreich und Rußland liege, andrerseits die Türkei, wenn sie jenen russischen Wunsch nicht befriedige, fortwährende Unannehmlichkeiten
von russischer Seite zu erfahren habe, der Pforte zur Nachgiebigkeit geraten
und tue es noch.«

Gewiß zeigt dieses Beustsche Referat der Äußerungen Napoleons nur ein
verkürztes und vielleicht vergröbertes Bild der Leitidee französischer Orientpolitik. Es weist aber auf den Kern der Sache hin; ergänzend kann man der
folgenden Erwiderung Beusts entnehmen, daß Napoleon in seinen Darlegungen die Trennung Rußlands von Preußen als ein Ziel seines Entgegen-
kommens in der Kretafrage ansah. Der österreichische Reichskanzler kritisierte mit Schärfe die Auffassung Napoleons und entwickelte dagegen mit aller Deutlichkeit die österreichische Sicht der Dinge:

»Dies gab mir [sc. Beust] noch Veranlassung, dem Kaiser sehr ausführlich
und sehr entschieden darzulegen, wie in beiden Beziehungen auf seiner Seite
ein bedauerlicher Irrtum vorwalte. Auf der einen Seite nämlich dürfe der Kaiser versichert sein, daß alle Zugeständnisse, die er Rußland mache, an den
Beziehungen Rußlands zu Preußen nichts ändern und im Gegenteil für Preußen zu einer moralischen Nötigung würden, sich ebenfalls begehrlich zu zeigen; andrerseits aber sei Fürst Gortschakoff, wenn er jene eventuellen Zusagen in Bezug auf die Ruhe der anderen Teile des türkischen Reiches gebe, offenbar nicht de bonne foi. Wie dem aber auch sein möge, so würden weder
der Kaiser Alexander noch Fürst Gortschakoff es mehr in der Hand haben,
eine so vollständig organisierte Bewegung, wie solche in den slawischen Ländern Österreichs und der Türkei stattfindet, nach ihrem Belieben aufzuhal-

ten, namentlich wenn ein so ermunternder Umstand, wie die Befreiung Candiens von türkischer Herrschaft, dazu komme. Das einzige, was diese Bewegung hemmen und dämpfen kann, ist ein moralischer Echec Rußlands, welcher für unsere östliche Frage ebenso gute Wirkung haben würde, als der Luxemburger Echec für die süddeutsche Frage hatte. In beiden Fällen übte und
übt Österreich keine Feindseligkeit, sondern verhinderte einfach ein unbe-
rechtigtes Verlangen.«

Daß diese Darlegungen nicht ohne Eindruck auf Napoleon blieben, zeigt
die Annahme des österreichischen Aktionsprogramms in der Kretafrage, das
Beust im Anschluß an die obige Analyse Napoleon vortrug, und das dann
wörtlich in die abschließende Aufzeichnung aufgenommen wurde.[18] Im übrigen hatte Beust nicht versäumt, die Betonung des defensiven Charakters der
österreichischen Deutschland- und Orientpolitik noch durch einen Kommentar zu ergänzen, der aufhorchen läßt: daß nämlich »eine französisch-
österreichische Allianz im Orient gegen ein intervenierendes Preußen die
vollste Freiheit der Aktion eröffnen würde«. Das heißt wohl: Österreich
würde sich gegenüber einer preußischen Intervention, die durch ein österrei-
chisch-französisches Auftreten am Balkan (gegen Rußland) veranlaßt wäre,
in einer günstigen Lage befinden (da dann unter anderem das deutsche Nationalbewußtsein nicht gegen Österreich, sondern eher gegen Preußen zu
mobilisieren wäre). Dieser Gedanke, den Beust schon in seinem Salzburger
Bericht an Franz Joseph als »das alte Thema« bezeichnete, wird von nun an
wie ein roter Faden die Allianzverhandlungen mit Frankreich begleiten, ähnlich dem Konzept der moralischen Eroberungen in Deutschland. Man muß
die anhaltende Energie und Zielstrebigkeit, mit welcher von Wien her von
nun an die »Umleitung« der antipreußischen Erfolgswünsche Napoleons
vom Rhein nach dem Südosten betrieben wurde, anerkennen. Es wäre vorschnell, nur vom katastrophalen Ausgang her diese Politik beurteilen zu wollen – im Juli 1870 trat ja genau jene Konfrontation zwischen Frankreich und
dem deutschen Nationalbewußtsein ein, vor der Beust seit 1867 unaufhörlich gewarnt hatte und die er unbedingt vermieden wissen wollte. Indessen
wird schon in Salzburg sichtbar, wie schwierig und gewunden die praktische
Anwendung dieses Umleitungsprogramms sein werde. Wie sollte denn die
von Beust skizzierte französisch-österreichische Orientallianz jemals aktiv
zum Zuge kommen? War der Gedanke, die gemeinsame Konfrontation mit
Preußen nur dann aufzunehmen, wenn dieses, gegen eine französisch-österreichische Orientallianz intervenierend, in eine ungünstige, vom deutschen
Nationalgefühl nicht mehr gedeckte Situation geraten war, überhaupt reali-
tätsbezogen? War das ganz ernst gemeint, oder nur eine ins Fiktive führende
Kombination, um Napoleon erst einmal zu ködern und festzuhalten? Und
war dieses Hinausschieben der Konfrontation mit Preußen in eine mit solchen Vorbedingungen versehene Zukunft nicht vielleicht auch eine Taktik

Beusts gegenüber Kräften innerhalb der österreichischen Führungsschicht, die ihrerseits auf eine baldige »Revanche« drängten? Unverkennbar ist jedenfalls bei alledem, daß die Wiener Politik die Tür zu Preußen stets sorgfältig offengehalten hat. Denn auch die an die preußische Adresse gerichtete Berechnung der Salzburger Politik Beusts ist nicht zu unterschätzen. Konnte nicht die so ostensible Verbesserung des Verhältnisses Österreichs zu Frankreich in Berlin die Wirkung haben, in einer Konkurrenzsituation der Habsburger Monarchie künftighin bessere Bedingungen anzubieten, als dies im Frühjahr 1867 geschehen war? Beust ließ es gerade nach Salzburg nicht daran fehlen, Bismarck auf Österreichs Lebensfragen und Bedürfnisse im Westen und Osten mit einladender Deutlichkeit hinzuweisen. Auch diese Fragen werden die weitere Untersuchung begleiten.

Überblickt man das Ganze der Salzburger Ergebnisse, so fällt es nicht leicht, ihre Tragweite zu beurteilen. Auf der einen Seite waren die Divergenzen der Ziele und Mittel der beiden Kaiserstaaten in der deutschen Frage wie im Orient deutlich hervorgetreten. Die erzielten Kompromisse waren prekär, die antipreußische Orientierung Frankreichs mußte für Österreich im deutschen Bereich eher gefährlich, im Osten und Südosten aber wenig brauchbar erscheinen. Die Habsburger Monarchie brauchte vor allem Zeit, um ihre innere Reorganisation, ihre wirtschaftliche Sanierung und den militärischen Neuaufbau durchzuführen. Die Zeit arbeitete aber gegen das Prinzip des dynastischen Vielvölkerstaates. Das Gespenst des Panslawismus, das Beust Napoleon vor Augen geführt hatte, war mit der Zeit im Bunde. Und auch im Falle der deutschen Nationalbewegung mußte es zweifelhaft erscheinen, ob ein Gegensteuern im Sinne liberaler und großdeutsch-föderativer Ideen angesichts der Macht und Werbekraft Preußens noch Erfolg haben konnte: Nur wenn die dualistische Lösung eine rasche innere Konsolidierung Österreich-Ungarns herbeiführte, konnte vielleicht ein in Cisleithanien herrschendes und mit der Dynastie ganz konform gehendes Deutschtum den Wiener Anspruch glaubhaft machen, »daß die deutsche Sache ebensogut und besser hier vertreten ist als in Preußen«.[19]

Die nationale und auch soziale Emanzipation war unaufhaltsam im Gange, und so war es auch das Problem Napoleons III., ob die Zeit für oder gegen das Second Empire arbeitete. Denn wer suchte das Bündnis gegen das moderne Preußen mit dem zurückgebliebenen, multinationalen Österreich, Napoleon oder Frankreich? Napoleon stand zunehmend unter dem Druck eines Erfolgszwanges; sein Herrschaftssystem zeigte starke Abnutzungserscheinungen, der Kaiser selbst alterte, sein Prestige hing seit 1866 an der preußisch-deutschen Frage. Aber nicht er allein, ein erheblicher Teil der französischen Öffentlichkeit meinte, eine so unerhörte Kräfteverschiebung wie die Einigung Nord- und Süddeutschlands unter der straffen Führung des preußischen Militärstaates sei für Frankreich unerträglich. Und die Deutschen

selbst, von der Etsch bis an den Belt – so verschieden ihre kulturelle Geprägt-
heit, ihr sozialer Entwicklungsstand und ihre politische Mentalität sich darstellten – war es ihre Schuld, daß ihr nationales und soziales Emanzipations-
streben in Konflikt mit jener altetablierten Staatenwelt geraten war, als deren
Vertreter sich nun in Salzburg Napoleon und Franz Joseph getroffen hatten?
Gab es überhaupt eine Artikulation und eine Bündnismöglichkeit der »wahren Interessen« der Völker, jenseits der bürokratisch-militärischen Apparate,
die sich nach 1848/49 wieder so kräftig installiert hatten?

So artifiziell vor dem Hintergrund dieser Fragen Abreden der Monarchen
und Diplomaten à la Salzburg erscheinen mögen, so folgenreich mußten sie
unter den gegebenen Umständen für die elementaren Schicksale der Völker
werden. In diesem Sinne war Salzburg trotz aller objektiven wie subjektiven
Spannungen und Widersprüche zwischen den Lebensbedingungen der beiden sich nähernden Kaiserreiche eine Weichenstellung. Fortan, bis zum Sturz
Napoleons, hatte Europa mit einer Fülle neuer Faktoren zu rechnen, die sich
aus der Annäherung Frankreichs und Österreichs ergaben.

Österreich und Preußen nach Salzburg: Bismarck weist Beust
im Orient und in Süddeutschland ab (1867/68)

Am Vorabend der Salzburger Zusammenkunft leugnete die preußische Regierung jede Besorgnis vor den möglichen Folgen einer österreichisch-französischen Allianz. In Wirklichkeit lag die Sache aber anders. Bismarck über-
bot sich nach außen hin in Beteuerungen seiner friedlichen und freundschaftlichen Absichten gegenüber Österreich, bestritt alle weitergehenden Absichten in Süddeutschland und erklärte am 12. August – in konsequenter Fortführung der seit dem Frühjahr demonstrierten Linie – dem österreichischen
Gesandten, »daß er nichts so sehr wünsche und anstrebe als ein gutes, festes,
garantiertes Verhältnis« mit Österreich.[1] Wimpffen hatte im Verlauf dieses
Gespräches Bismarck auf die von Rußland ausgehende Beunruhigung des
Balkans hingewiesen, aber nur eine ausweichende Antwort erhalten. In seinem Bericht betonte der Gesandte Beust gegenüber nachdrücklich die Bedeutung Rußlands als einer Schranke für die Bewegungsfreiheit der preußischen
Außenpolitik, auch wenn Bismarcks Absichten gegenüber Österreich ernsthaft sein sollten:

»Die Zusammenkunft in Salzburg erfüllt ihn [sc. Bismarck] offenbar mit
ernsten Besorgnissen, und noch nie bestrebte er sich so sehr als heute, uns von
seinen freundschaftlichen Gesinnungen zu überzeugen. Inwieweit aber eine
Betätigung derselben in seinen Absichten liege und ihm, wenn er sie auch aufrichtig wollte, bei der für mich evidenten Solidarität zwischen Preußen und
Rußland möglich gemacht würde, muß ich der nächsten Geschichte anheim-

geben, sowie ich mir auch nie anmaßen werde, bei seinen Worten eine strenge Grenze zwischen Wahrheit und Dichtung ziehen zu können.«[2]

Nach der Salzburger Zusammenkunft berichtete die französische Diplomatie von einer »anxiété fébrile« in Berlin[3] und selbst der sehr zurückhaltende englische Botschafter Lord Loftus vermerkte, daß das Monarchentreffen in der preußischen Hauptstadt »some suspicion, not unmixed with alarm« geschaffen habe.[4] Die öffentliche Meinung beschäftigte sich ebenso in Preußen wie in Frankreich und Österreich-Ungarn intensiv mit Salzburg.[5] Beust verzichtete auf eine offizielle Stellungnahme; der französische Außenminister Moustier versandte am 25. August ein Zirkular, das den friedlichen Charakter der Begegnung unterstrich.[6] Bismarck produzierte in der ersten Septemberwoche nicht weniger als drei Rundschreiben zum Thema Salzburg, zwei ostensible am 2. und 7. September[7] und ein vertrauliches am 8. September[8]. In all dem Hin und Her der öffentlichen Meinung, das sich an dem »mystère de Salzbourg« entzündete, wurde bald klar, daß die Mehrheit der deutschen Blätter Österreichs der Annäherung zwischen den beiden Kaiserreichen zurückhaltend gegenüberstand. Es waren vor allem katholische Zeitungen, die die Allianz mit Frankreich begrüßten. In Frankreich selbst scheint die Stimmung auch gegenüber Österreich stark von der allgemeinen Malaise im Herbst 1867 beeinflußt gewesen zu sein.

In den Monaten nach Salzburg erschienen die großen Fragen der europäischen Politik weiterhin in offener Bewegung. Wie auch immer hier und dort das Gewicht der Salzburger Begegnung beurteilt wurde – zwischen Wien und Berlin herrschte weiterhin ein intensiver Gedankenaustausch, der vor allem die orientalische Frage und Süddeutschland betraf. Das in Artikel IV des Prager Friedens niedergelegte Projekt eines Bundes der süddeutschen Staaten stand den Absichten Preußens und der kleindeutschen Nationalbewegung eher im Wege. Für die preußische Führung knüpfte sich zudem an diesen Artikel die bittere Erinnerung, daß durch Napoleons Intervention nach Königgrätz ihre weitergehenden Pläne und Erfolgsaussichten in Süddeutschland abgeschnitten worden waren. Diese Unerfülltheit des ursprünglichen Programms des Siegers von 1866 in puncto Süddeutschland ist für das Verständnis der preußischen Politik südlich der Mainlinie zwischen 1867 und 1870 stark in Rechnung zu setzen. Beust wußte das wohl, er hat sich dennoch seit Ende Oktober in Berlin aktiv um den Südbund bemüht. Ebenso ging in der orientalischen Frage schon bald nach Salzburg von ihm die Initiative aus: Das rasche Abweichen Napoleons von der in Salzburg verabredeten Orientpolitik veranlaßte Beust um so mehr, Berlin auf die österreichischen Probleme im Osten und Südosten einladend aufmerksam zu machen. Bismarck seinerseits erkannte, daß die Frage der eventuellen französischen Avancen an die österreichische Orientpolitik nun einen kritischen Punkt zwischen Berlin und Wien darstellte. Es war ja im Frühjahr 1867 die preußische Sondierung

in Rußland bezüglich der österreichischen Südostinteressen raschestens gescheitert.[9] Dies hinderte Bismarck nicht, sich in dem vertraulichen Rundschreiben vom 8. September mit forciertem Optimismus über das fortdauernde Anlehnungsbedürfnis Österreichs an Preußen zu äußern; die Absicht
Napoleons, gegen Garantien, die er Österreich im Orient bieten könnte, von
Österreich Garantien gegen die (preußische) Einigung Deutschlands zu erhalten, sei in Salzburg nicht verwirklicht worden. »Dagegen dürfen wir annehmen, daß Seine Majestät der Kaiser von Österreich die Aussicht auf Wiedergewinnung der Anlehnung Österreichs an Deutschland den im Orient von
Frankreich zu bietenden Vorteilen nicht hat opfern wollen und es deshalb
abgelehnt hat, im Bunde mit Frankreich gegen Deutschland aufzutreten.«[10]
Sollte diese vertrauliche Depesche Beust bekannt geworden sein – was bei
der nachweislich bewährten Tüchtigkeit des österreichischen Informations-
dienstes ohne weiteres möglich war –, so hätte sich seine kritische Aufmerksamkeit wohl sofort der typisch Bismarckschen Begriffsbildung »Wiedergewinnung der Anlehnung Österreichs an Deutschland« zugewandt. Mit sug-
gestiver Kraft und im Widerspruch zu jeder historischen Wahrheit gab hier
Bismarck die für Preußen erwünschte Zielvorstellung als Wiederherstellung
eines vergangenen, natürlichen Zustandes aus. Denn es war eine glatte Fiktion, zu behaupten, Österreich habe sich jemals zuvor an »Deutschland« im
Sinne eines vergleichbaren politischen Partners angelehnt! Aber nicht so sehr
diese sprachlich-historische Kreativität Bismarcks ist das eigentlich Auffallende, sondern etwas anderes: die auch durch den Mißerfolg der Tauffkirchenschen Mission anscheinend unerschütterte Zuversicht, Österreich
werde letzten Endes seine Orientinteressen nie so hoch einschätzen, um ih-
retwillen in ein französisches und – rebus sic stantibus – antipreußisches System einzutreten. Auch wenn man den Zweckoptimismus des Zirkulars in
Rechnung setzt, bleibt ein starker Rest an Unklarheit. Auf welche Faktoren
im Kräftespiel der Monarchie rechnete Bismarck? Auf allgemeine Traditionen und Gefühle, die mit Nord- und Süddeutschland verbanden? Auf das
Nationalbewußtsein der Deutsch-Österreicher? Auf eine propreußische
Orientierung der in Ungarn herrschenden Déak-Partei? Auf traditionelle
oder nationale Bindungen im Kaiserhaus oder in der Person Beusts? Bismarck hatte noch jüngst Beust das »größte Vertrauen« ausgesprochen.
Beust seinerseits zögerte nicht, Bismarck in einer vorsichtigen, aber unmißverständlichen Sprache auf seinen grundlegenden Irrtum hinzuweisen
und ihm die für Österreich-Ungarn fundamentale Notwendigkeit darzulegen, gegenüber der Bedrohung durch Rußland Sicherheit zu gewinnen –
wenn nicht von Preußen, dann mit Hilfe Frankreichs. Die Sache ging so vor
sich, daß Ladenberg, der Geschäftsträger Preußens in Wien, bei einem Di-
plomatenempfang Beust den Inhalt einer Bismarckschen Weisung mitteilte,

welche in puncto Preußen-Österreich-Frankreich im gleichen Sinne wie das Zirkular vom 8. September gehalten war.[11] Beust nahm diese Mitteilungen mit der Bemerkung auf, daß er jede Annäherung an Berlin begrüßen werde. Zugleich äußerte er sich befriedigt über die von Bismarck in Aussicht gestellte Wiederaufnahme der Verhandlungen für einen neuen Handelsvertrag zwischen dem Zollverein und Österreich.[12] Ausgehend von Bemerkungen über die österreichische Presse, kam Beust dann zum Kern der Sache. Ladenberg berichtete diese Eröffnungen in folgender Form nach Berlin:

»Wenn die österreichischen Zeitungen über eine preußisch-russische Allianz schrieben, so gäben sie damit der in Österreich herrschenden Besorgnis der öffentlichen Meinung Ausdruck; er könne nicht dagegen schreiben lassen, denn er wisse nicht, wie weit unsere Beziehungen zu Rußland reichten. Aber das fühle er, daß eine Verständigung schwierig bleiben werde bei unseren Beziehungen zu einer Macht, die gegen Österreich eine feindselige, ja seine Sicherheit bedrohende Haltung einnehme. Diese Haltung Rußlands sei eine fortdauernde nagende Beunruhigung für Österreich, und man könne es ihm gewiß nicht verdenken, wenn er sich nach einer Sicherung umsehe, die er nicht entbehren könne, und wenn er zur Erreichung einer solchen die Fühlung mit Frankreich bewahrte. – In Dresden sei ihm jetzt auch versichert worden, daß man in Berlin eine Verständigung mit Österreich wünsche, er könne aber nur bedauern, daß diese gegenseitigen Wünsche nach Verständigung bisher eine so wenig greifbare Form gewonnen hätten...«[13]

Damit hatte Beust Bismarck in wohldosierter, klarer Form gesagt, wie die Dinge standen und worauf es in Wien ankam. Wenn Bismarck hören wollte, dann mußte er bemerken, wie konsequent die Linie der Aufforderung an Preußen war, die sich von der Wiener Antwort auf die Tauffkirchensche Mission bis zu diesem authentischen Kommentar zu Salzburg zog. Doch die Sache ging noch weiter.

Die unbefriedigenden Ergebnisse der in Salzburg verabredeten österreichisch-französischen Zusammenarbeit in der Orientfrage, die sich bereits im September abzeichneten, scheinen Beust sehr verstimmt zu haben.[14] Er sah sich veranlaßt, weiterhin in noch deutlicherer Form Berlin wissen zu lassen, daß trotz der »Fühlung mit Frankreich« Wien gerne mit sich reden ließe, wenn man nur seine Orientinteressen ernstzunehmen bereit sei.

Beust wählte einerseits den Weg der gezielten Indiskretion, ein wohlbekanntes Mittel, das auch diesmal seine Wirkung nicht verfehlte. Ladenberg wurde durch einen Wiener Gewährsmann informiert und berichtete am 1. Oktober in vertraulichster Form an Bismarck, daß es eine scharfe Auseinandersetzung zwischen Gramont, dem französischen Botschafter in Wien, und Beust über die deutsche Frage gegeben habe.[15] Beust habe sich in dezidierter Weise von jeder Form der Einmischung in die deutsche Frage (Nordschleswig, Süddeutschland) distanziert. »Wenn sich die Einigung zwischen Nord und Süd vollziehe, so habe Österreich zwar Grund, dieselbe als ein beklagenswertes Ereignis anzusehen, aber es werde sie als ein Fait accompli hinnehmen.« Wenn Frankreich wegen dieser Fragen mit Preußen einen Krieg führen wolle, so könne Österreich dies nicht verhindern; aber es müßte dann allein Frankreich, und nicht Preußen für den Ausbruch des Krieges verantwortlich gemacht werden. Österreich brauche vor allem den Frieden, um die Reorganisation im Innern durchzuführen. Und Ladenbergs anonymer Gewährsmann schloß mit der Bemerkung: »Beust sucht eine Annäherung an Preußen«. Das war nun schon überdeutlich. Und dementsprechend vermerkte in Berlin der Geheimrat Abeken an dieser Stelle des Berichts: »S. Majestät bemerkte hierzu: ›Das muß man benützen‹.«[16] Diese Bemerkung des preußischen Königs führt zu der Frage, wie nun Bismarck reagiert hat.

Bismarck hatte am 11. Oktober ein ausgedehntes und freundschaftliches Gespräch mit Wimpffen.[17] Er ging auf die Mitteilungen aus Wien nur insofern ein, als er Beusts Klage über fortbestehende Verbindungen zwischen Preußen und der ungarischen Opposition mit freundlichen Versicherungen zurückwies: Er wünsche eine positive Entwicklung des Ausgleichs zwischen Österreich und Ungarn und überhaupt das Beste für die Monarchie. Denn er gehe von der Ansicht aus, daß früher oder später Preußen und Österreich Alliierte sein müssen und werden. – Allgemeinheiten dieser Art waren Wimpffen nachgerade geläufig. Und er wandte nun auftragsgemäß das Gespräch auf die als bedrohlich empfundene Haltung Rußlands und auf die panslawistischen Bestrebungen. Eindringlich führte er Bismarck die zentrale Bedeutung der österreichischen Orientinteressen und ihrer Sicherstellung gegen Rußland vor Augen:

»Ich appellierte an das Billigkeitsgefühl des Grafen Bismarck, von dem ich verlange, daß es unserer Situation Rechnung trage, welche, durch die Ereignisse des vorigen Jahres der Stellung in Deutschland und des Einflusses in Italien beraubt, wenigstens nach Osten hin die Freiheit und eventuelle Richtung ihrer Politik bewahren müsse; ich brachte schließlich meine Äußerungen und die Haltung, welche Rußland gegen uns beobachtet, mit dem Verhältnisse Preußens zu dieser Macht in Verbindung, um ihm zu verstehen zu geben, daß bei der Intimität, welche zwischen den Kabinetten von Berlin und Petersburg besteht... und bei dem Umstande, daß meiner persönlichen Überzeugung nach sein Einfluß auf den Kaiser Alexander und Fürst Gortschakow ein weit größerer und maßgebenderer sei als jener, den die Träger der russischen Politik auf ihn ausübten; daß, deutete ich an, bei diesen Umständen, zwischen seinen Versicherungen für unsere Wohlfahrt und nach einer Annäherung mit uns und der feindseligen, jedenfalls wenig anständigen Haltung Rußlands gegen uns ein notwendigerweise in Österreich fühlbarer Widerspruch liege.«[18]

Die Antwort Bismarcks war ausweichend, er bagatellisierte die Gefahren des Panslawismus und der russischen Balkanpolitik. Und weiter kamen die Dinge zwischen Wien und Berlin nun nicht mehr voran. Wien hatte nicht versäumt, Berlin auch nach Salzburg nochmals die entscheidende Frage zu stellen. Hatte im Frühjahr noch das vom alten Deutschen Bund her geläufige Problem der möglichen Formen eines neuen Föderativsystems in Mitteleuropa im Vordergrund gestanden und hatte die orientalische Frage damals erst eine Nebenrolle gespielt, so war jetzt der Vorrang des Orients in den politischen Zielen und Berechnungen Wiens deutlich geworden. Wien hatte inzwischen mit Paris eine mögliche, aber von Anfang an sich als schwierig erweisende Unterstützung seiner Balkanpolitik verabredet. Ausgehend von dieser neuen Situation hatte man nun Bismarcks Freundschafts- und Allianzbeteuerungen beim Wort genommen und ihn in spezifizierter Form nach seinen Möglichkeiten in Richtung Rußland gefragt. Aber während König Wilhelm Interesse an einem Eingehen auf Österreichs Bereitschaft gezeigt hatte, blieb Bismarck die Antwort an Wien schuldig. Und schließlich schlug sein Schweigen seit dem Jahreswechsel 1867/68 in eine mit zunehmender Schärfe betriebene antiösterreichische Politik um, die sich mit einigen Schwankungen bis in den Herbst 1869 fortsetzte. Gleichzeitig nehmen die schon früher einsetzenden Überlegungen und Vorbereitungen des preußischen Generalstabs für einen Zweifrontenkrieg gegen Frankreich und Österreich definitiven Charakter an.[19] Was waren die Begleitumstände und Gründe dieser folgenreichen Wandlung? Zunächst ist auf die Entwicklung des Verhältnisses zwischen Österreich und Frankreich und auf die hieraus resultierende österreichische Initiative in der Südbundfrage einzugehen.

Die Pariser Weltausstellung des Jahres 1867 hinterließ bei den Zeitgenossen den Eindruck eines sehr gelungenen Unternehmens. Napoleon III. verbuchte die Ausstellungssaison mit der Fülle der Festivitäten und der Besuche gekrönter Häupter als einen persönlichen Erfolg, den er nach den Rückschlägen von Nikolsburg, Luxemburg und Mexiko bitter nötig hatte. Die österreichische Botschaft in Paris stand mitten im Festestrubel, der Tod Maximilians in Queretaro hatte kaum gestört. Fürst Richard Metternich ließ Johann Strauß nach Paris kommen. Im Garten des Botschaftshotels wurde ein großer Tanzsaal mit elektrischer Beleuchtung errichtet. Bei Walzerklängen traf sich hier die Crême der Pariser Gesellschaft und der ausländischen Ausstellungsgäste.[20]
Der im Sommer wegen der Hoftrauer ausgefallene Besuch des Kaisers Franz Joseph wurde im Herbst nun doch noch nachgeholt. Paris und Napoleon überschütteten den Monarchen mit Höflichkeiten. Beust begleitete den Kaiser, er hoffte in Paris jene Schwierigkeiten besprechen und vielleicht ausräumen zu können, die sich nach Salzburg der Verwirklichung des dort vereinbarten gemeinsamen Vorgehens in der Orientfrage entgegengestellt hatten. Die Details dieser Vorgänge vom September/Oktober brauchen hier

nicht behandelt zu werden; im Ergebnis liefen die Aktionen der französischen Diplomatie darauf hinaus, nicht nur in Bezug auf die Kretafrage, sondern ganz allgemein wieder stärker dem russischen Standpunkt Rechnung zu
tragen und die mit Österreich abgesprochene Linie (Integrität der Türkei, innere Reformen) zu verlassen.[21] Auch die Interna der französischen Politik
entwickelten sich in einer für Wien wenig befriedigenden Weise. Die
Schwankungen im Verhältnis der für den Frieden einstehenden und der zu
einem baldigen Krieg gegen Preußen drängenden Kräfte und die Unklarheit
über die eigentlichen Absichten Napoleons wirkten irritierend. Die römische
Frage begann für Frankreich in den Vordergrund des Interesses zu rücken
und damit – dies wird 1868/69 sehr deutlich werden – trat eine weitere
Schwierigkeit und nicht ein zusätzliches Element der Solidarität zwischen Paris und Wien in Wirkung.

Desto wichtiger war es für die Lenker der österreichischen Außenpolitik,
anläßlich des Aufenthaltes in Paris neuerlich Klarheit über die mögliche Wei-
terführung einer gemeinsamen politischen Linie im Orient und in Deutschland zu erlangen. Hinsichtlich des Osmanischen Reiches war die Situation
ebenso klar wie enttäuschend; ausgerechnet während des Aufenthaltes von
Franz Joseph in Paris wurde der Pforte von Frankreich, Rußland, Italien und
Preußen jene identische Note überreicht, die ganz konträr zur Auffassung
und Politik Wiens war und wirkte: keine Zusicherung der Integrität des türkischen Reiches und andererseits scharfe Kritik an den inneren Verhältnissen, die im Sinne Rußlands als Ermunterung für neue Aufstandsbewegungen
der christlichen Balkanvölker aufgefaßt werden mußte.[22] Diese zeitliche Koinzidenz war Napoleon und seinem Außenminister Moustier peinlich, bot
aber anscheinend Beust die Gelegenheit, nun sogleich eine spürbare Korrektur und ein Wiedereinschwenken der französischen Orientpolitik auf die
Salzburger Linie zu erreichen.[23] Ein von Paris aus am 1. November versand-
tes Zirkular Beusts konnte diese Wendung konstatieren[24], die Thronrede
Napoleons III. vom 19. November sprach sich im gleichen Sinne aus und
auch an der Pforte war nunmehr eine akzentuierte Zusammenarbeit der
österreichischen und französischen Diplomatie zu bemerken, verstärkt
durch englische Assistenz, um die sich Beust damals auch durch einen kurzen
Besuch in London bemüht hatte.[25] Eine bemerkenswerte Aktion ging aus
dieser neuen Gruppierung jedoch zunächst nicht hervor; die von Beust verfolgte Enquête- und Reformpolitik wurde von türkischer Seite wohlwollend
aufgenommen, die österreichische Enquêteforderung für Kreta aber schließlich als überflüssig abgelehnt.[26] Erst das Jahr 1868 brachte neue Bewegung in
die orientalische Frage.

Franz Joseph hatte auf dem Ball, den die Stadt Paris ihm zu Ehren gab, einen Toast auf das gemeinsame Wirken Frankreichs und Österreichs für eine
bessere und friedliche Zukunft ausgebracht: »... à marcher ensemble dans les

voies du progrès et de la civilisation! Puissions-nous, par notre union, offrir un nouveau gage de cette paix sans laquelle les nations ne sauraient prospérer. «[27] In der Tat war der europäische Friede zu diesem Zeitpunkt nicht nur von den Balkanfragen her zu sichern. Neben der unmittelbaren Beunruhigung, die damals von Italien ausging (wo eben Garibaldis Freischaren bei Mentana aus dem Kirchenstaat vertrieben wurden), war es weiterhin die deutsche Frage, die in der Mitte Europas aller Augen auf sich zog. Und da war es nun bezeichnend für die Einsicht und die seit Salzburg verarbeiteten Erfahrungen der österreichischen Führung, daß sie eine Initiative ergriff, die nicht mehr nur auf die französisch-österreichische Zusammenarbeit baute, sondern auch Preußen – trotz der bisherigen Nichterwiderung der Wiener Sondierungen – auf einer neuen Ebene miteinzubeziehen trachtete. Beusts Südbundprojekt, in Paris zuerst mit dem preußischen Botschafter von der Goltz in allgemeiner Form erörtert, dann von Napoleon III. gutgeheißen, sodann mit Hessen (Dalwigk), Württemberg (Varnbüler) und Bayern (Hohenlohe) besprochen, hat spätestens im Januar 1868 infolge des Offenbarwerdens des preußischen Widerstandes die Chance einer Verwirklichung in dieser Form verloren. Seine Bedeutung für die Offenlegung bzw. Polarisierung der politischen Interessenlage in Mitteleuropa darf aber nicht unterschätzt werden.[28] Es hat anscheinend von seinem Initiator her neben einer prinzipiellen Bedeutung – Ausführung des Artikels IV des Prager Friedens – eine taktische und eine erkundende Absicht verfolgt: In taktischer Hinsicht sollte die Frage des Südbundes aus einer antipreußischen, österreichisch-französischen Aktion in den Raum eines mit Preußen ausgehandelten Konsens gerückt und damit die Gefahr einer Entzündung eines kriegerischen Konfliktes an dem Problem Süddeutschland verringert werden (auch und gerade nach der französischen Seite hin). Als Versuchsballon sollte das Südbundprojekt wohl insofern dienen, als es von einer anderen Seite her als bisher dazu diente, die Möglichkeiten eines Modus vivendi mit Preußen zu überprüfen. Bei den letzten Sondierungen in Berlin hatten die orientalische Frage und die von Rußland Österreich dort zu gewährenden Sicherheiten im Vordergrund gestanden. Nachdem Bismarck darauf nicht geantwortet hatte und nachdem die Unzuverlässigkeit Napoleons im Orient evident geworden war, fand Beust sich veranlaßt, die in Paris neu bekräftigte französische Entente nun nicht gegen Preußen, sondern mit Preußen in den Versuch einer Stabilisierung der konfliktträchtigen süddeutschen Frage einzubringen.

Als Übermittler seiner Vorschläge nach Berlin wählte sich Beust den Grafen Robert von der Goltz, Preußens Botschafter in Paris.[29] Dieser bedeutende Diplomat, der Bismarcks politischen Zügen selbständig und kritisch gegenüberstand, stets für eine westeuropäisch orientierte, nicht an Rußland gebundene Stellung Preußens eintrat und zeitweilig als möglicher Nachfolger Bismarcks galt, war für den Leiter der österreichischen Außenpolitik ein

willkommener Gesprächspartner. Beust konnte in Goltz einen Exponenten
preußischer Politik sehen, der sowohl in der liberal-konservativen Grundein-
stellung wie in der westeuropäischen Orientierung ihm selbst erheblich näher
stand als Bismarck. Freilich stellte sich sehr bald heraus, daß Goltz damals
schon keine Aussichten mehr hatte, seine von Bismarck abweichenden Ansichten über Mittel und Ziele der preußischen Diplomatie in Berlin wirklich
zur Geltung zu bringen. Gerade im Falle der Beust-Goltzschen Südbund-
Sondierung machte Bismarck von den durch Goltz in anderem Zusammenhang so scharf kritisierten »ignoblen Mitteln« alsbald einen ebenso brüsken
wie wirkungsvollen Gebrauch. Es erwies sich also die Beustsche Anknüpfung
bei einem preußischen Diplomaten, der das Vertrauen Bismarcks nicht besaß, eher als Hemmnis. Doch ist bei dieser Beobachtung auch der Faktor des
Pariser Aufenthaltes und der dort mit Napoleon herbeigeführten Absprache
in Betracht zu ziehen: diese Umstände legten es ohnehin nahe, Preußens Pariser Vertreter zuerst ins Gespräch zu ziehen.

Goltz berichtete Bismarck am 29. Oktober aus Paris über einen Besuch
Beusts:

»Er [sc. Beust] sagte mir, daß er von hier den Eindruck entschieden friedlicher Tendenzen des Kaisers Napoleon mitnehme. Anlangend die deutsche
Frage, so bemerkte er, daß allerdings die hier herrschenden Besorgnisse vor
einem Überschreiten der Mainlinie mehr auf Einbildung als auf reellen politischen Interessen beruhten, da Preußen und der Norddeutsche Bund bereits
auf Grund der Schutz- und Trutzbündnisse und der ganzen politischen Lage
über die Kräfte Süddeutschlands verfügten. Aber gegen imaginäre Besorgnisse ließe sich nicht mit raisonnements kämpfen und es wäre daher
wünschenswert, den ersteren durch irgendeinen politischen Akt entgegenzutreten. Indem ich versuchte, mir über den Gedanken des österreichischen
Reichskanzlers größere Klarheit zu verschaffen, fragte ich ihn, ob
er ein provisorisches Definitivum im Sinne habe. Er akzeptierte diesen
Ausdruck, vermochte mir aber über die Form, in welcher er sich die Realisierung eines solchen Auswegs denke, keinen näheren Aufschluß zu
geben.

Den Widerstand Bayerns gegen die neue Form des Zollvereins erkannte
Freiherr von Beust als unhaltbar an...«[30]

Sicher hatte Beust dem preußischen Diplomaten nicht alles gesagt, was er
mit dem Südbund im Sinne hatte – vielleicht haben sich seine eigenen Vorstellungen auch im Laufe der folgenden Tage und Wochen erst kräftig weiter-
entwickelt. Es scheint aber auch, daß Goltz, dessen politische und persönliche Beziehungen zu Bismarck alles andere als unkompliziert waren, nach
Berlin nur eine reduzierte Fassung der Beustschen Eröffnungen berichtet hat.
Jedenfalls waren die späteren Inhaltsangaben, die Beust von diesem Pariser
Initialgespräch gab, nicht nur ausführlicher, sondern auch im entscheiden-

den Punkt anders akzentuiert: Der Reichskanzler verbreitete anschließend die Version, Goltz habe seinen Südbundvorschlag *positiv* aufgenommen — und er deduzierte daraus weiterhin die Folge, daß man mit der Unterstützung Preußens rechnen könne.

Mit besonderem Nachdruck vertrat Beust auf der Rückreise von Paris in München den Südbundplan. Hohenlohe hatte Zweifel hinsichtlich der eigentlichen Motive Österreichs, zeigte sich aber von dem Hinweis auf die Zustimmung des Botschafters Goltz und des württembergischen Ministers Varnbüler ebenso beeindruckt, wie von Beusts Bereitschaft, in Berlin zugunsten der Südbundgründung zu intervenieren.[31] Hohenlohe notierte sich: »Andere Äußerungen des Baron Beust scheinen die Annahme zu unterstützen, daß er einen Staatenverein der süddeutschen Staaten mit *gemeinsamer* militärischer und diplomatischer Organisation, etwa einen Rheinbund, wenn auch unter preußischem Protektorat, als das Ziel der französischen und österreichischen Wünsche ansieht.«[32]

Die Sache war von Beust klug eingefädelt; Bayern setzte sich umgehend mit Berlin in Verbindung, um festzustellen, ob tatsächlich mit der Zustimmung und Mitarbeit Preußens beim Zustandekommen eines Südbundes zu rechnen sei. Nun war wieder Bismarck am Zuge. Er reagierte sofort mit prinzipiellem Mißtrauen, das die auffallende Form eines völligen Ableugnens der durch Goltz erhaltenen Information annahm. Im übrigen rückte er im Gespräch mit dem bayerischen Gesandten die Schwierigkeiten eines Südbundes in den Vordergrund.[33] Beust trat nun auch direkt an Bismarck heran, knüpfte an das mit Goltz geführte Gespräch an und ließ sein Programm einer mitteleuropäischen Friedensaktion durch Zusammenwirken Preußens mit Österreich und Frankreich bei der Südbundgründung durch den preußischen Gesandten in Wien wie durch den österreichischen Gesandten in Berlin übermitteln.[34] Bismarck reagierte weiterhin säuerlich und indirekt abweisend, bestritt fortgesetzt, von Goltz überhaupt informiert worden zu sein, bestritt schließlich auch, von Beust im Sinne des Südbundes eine Anregung erhalten zu haben und ging zuletzt — als die stimmungsmäßige Wirkung der österreichischen Initiative in Süddeutschland nicht mehr zu verkennen war — zu Beschuldigungen gegen den österreichischen Staatsmann über. Beust habe — so schrieb er an Goltz — das in Paris geführte Gespräch mißbraucht: »Die Version, welche der Freiherr von Beust mißbräuchlich seiner Unterredung mit Ew. pp. zu geben versucht hat, um Preußen als einer Einigung der süddeutschen Regierungen in einem Südbunde unter Bayerns Führung geneigt darzustellen, hat bei unseren süddeutschen Freunden bereits ein Mißtrauen geweckt, welchem entgegenzutreten wir uns haben bemühen müssen.«[35] Auf dieser Linie operierte Bismarck weiter, mit zunehmender Verschärfung des Tones und der Mittel.

Anfang 1868 war es dann soweit, daß man sich in Berlin zur aktiven Unterstützung Serbiens und Rumäniens in einem für Österreich bedrohlichen Sinne entschied: Waffenlieferung an Serbien, Instrukteure und Zündnadelgewehre an Rumänien.[36] Die antiösterreichische Wendung der preußischen Politik wurde, entsprechend den Usancen Bismarcks, von gezielten Agitationen in der Presse begleitet. Ende Januar gab der Kanzler des Norddeutschen Bundes schließlich in einem Zirkular an die preußischen Missionen in Paris, London, Wien, Petersburg, Florenz, Dresden und Brüssel die neue, verbindliche Sprachregelung aus: Zwar werde in der (österreichischen) Presse seit einiger Zeit die Friedfertigkeit der Monarchie und die Neigung zu einer Annäherung an Preußen betont. Aber nachweislich sei das Gegenteil der Fall. Das Treiben antipreußischer Agenten im Dienste Österreichs könne Beust nicht verborgen geblieben sein; »...so muß ich glauben, daß die ganze Annäherungsphase eine mit Bewußtsein gespielte Komödie ist, und daß feste Pläne für die Zukunft in einer uns feindlichen Richtung bei Österreich bestehen«.[37] Das Signal zu einem generell antiösterreichischen Kurs der preußischen Politik galt von nun an, mit geringen Schwankungen, bis zum Herbst 1869. Zeitweilig schienen die Zeichen auf einen neuen Krieg, auf eine verschärfte Wiederholung des Waffengangs von 1866 hinzuweisen. Und dabei hatte es noch im Oktober 1867 ganz anders ausgesehen. Bismarck hatte damals gegenüber Hohenlohe eine schrittweise Verbesserung der preußisch-österreichischen Beziehungen als sicher hingestellt. Eine künftige Verbindung Österreichs, der süddeutschen Staaten und Preußens bezeichnete er als »couronnement de l'œuvre«.[38] Mag man den Zweckoptimismus dieser Äußerungen kritisch in Rechnung stellen, so gibt es doch aus der gleichen Zeit ganz unverdächtige interne Stellungnahmen, die weder bei König Wilhelm noch bei Bismarck eine Abwendung von der bisherigen Linie zeigen, die mit einem positiven Verhältnis zu Österreich rechnete.[39] Wie ist diese rasche, entschiedene Schwenkung zu erklären?

Das Zögern mancher preußischer Diplomaten, diese plötzliche antiösterreichische Wendung im gleichen Tempo mitzuvollziehen, ist beachtenswert. Dies und manche andere Symptome – insbesondere im Verhalten König Wilhelms – zeigen, daß es Bismarck selbst war, der die Schwenkung wollte. Es wäre an dieser Stelle interessant, die innere Konstellation der Macht, das damalige Kräfteparallelogramm der preußischen Politik zu untersuchen. Sowenig es erlaubt ist, nur von Bismarck zu sprechen und das komplizierte Netz der politischen Einflüsse und Potenzen zu vernachlässigen, das sich zwischen König, Königin und Thronfolger, zwischen Bismarckfreunden und -feinden, zwischen politischer und militärischer Führung spannte, so würde doch eine nähere Erörterung dieser Verhältnisse hier zu weit von der Sache wegführen. Es ist zu sehen, daß Bismarck sich in diesem Falle durchsetzt, anscheinend gestützt auf Moltke und die Militärs, die sich schon seit dem Frühjahr 1867 mit dem Gedanken eines Zweifrontenkrieges gegen Frankreich und Österreich vertraut gemacht haben, also mit der militärischen Konzeption der politischen voraus waren. Er allein hält die Fäden in der Hand, wird dem König von Mal zu Mal unentbehrlicher und kann den Weg vorschreiben. Was aber hat Bismarck im Sinne? Was sind die Gründe der Schwenkung? In den publizierten Dokumenten äußert sich Bismarck nur sehr bruchstückhaft (was unter anderem zur Folge hatte, daß die Historiographie das Ausmaß dieser Schwenkung nur unzulänglich erfaßt hat). Man muß den Entscheidungsvorgang in einer rekonstruierenden Kombination von Äußerungen und Faktoren ermitteln.

Vordergründig kann man feststellen, daß die süddeutsche Frage Bismarck außerordentlich beschäftigte. Die ganz knappe Mehrheit, mit der in München und in Stuttgart zum letztmöglichen Termin (einen Tag vor der von Berlin angedrohten Kündigung des Zollvereins) der neue Zollvereinsvertrag am 31. Oktober 1867 parlamentarisch verabschiedet worden war, hatte Bismarck sehr besorgt gemacht. Die Berichte aus den süddeutschen Hauptstädten sprachen von dem Einwirken Frankreichs und Österreichs zusammen mit dem katholischen Klerus in einem antipreußischen Sinne. Bismarck dachte voraus an den Ausgang der nun für das Frühjahr 1868 angesetzten Wahlen zum Zollparlament.[40] Für sein damals intern formuliertes Programm – die süddeutschen Staaten sobald wie möglich freiwillig dem Nordbund »zuzuführen« – war der Ausgang dieser Wahlen von höchster Bedeutung. So versteht man seine tiefgehende Irritation über die gerade damals einsetzende Beustsche Südbundinitiative, deren Raffinesse ja gerade in der Einbeziehung Preußens und damit in dem versuchten Überspielen und Neutralisieren der propreußischen-antiösterreichischen Frontstellungen im Süden lag.[41] Und auch jeder Versuch einer Aussöhnung Frankreichs mit dem deutschen Nationalgefühl und mit der De-facto-Verfügung Preußens über den Süden mußte, wenn er von Österreich ausging, die Pläne Bismarcks empfindlich stören. Zudem konnte Bismarck an den Etappen der österreichischen Außenpolitik von der Luxemburgkrise über Salzburg zur Südbundinitiative erkennen, daß man in Wien bereit war, die französische Karte trotz aller Schwierigkeiten mit beträchtlichem Einsatz zu spielen. Ein »billiges« Bündnis mit Österreich war für Berlin nicht zu haben. Die »Anlehnung« des Kaiserstaates an Preußen, von der Bismarck zu reden beliebte, stand nicht zur Diskussion. Ein weiteres Moment der Beunruhigung bildete seit Oktober 1867 die römische Frage. Napoleon verfolgte über Monate hinweg den Plan einer internationalen Konferenz zur Lösung der römischen Frage. Bismarck war gegen die Konferenz.[42] Er fürchtete einen französisch-italienischen Krieg und darüber hinaus jede Art von katholischer Solidarität, die sich um ein französisch-österreichisches Zusammengehen zum Schutze des Papstes kristallisieren konnte.

Aber mußte man deshalb die unentschieden-freundliche Situation des letzten Jahres so rasch aufgeben und die Zielvorstellung eines »garantierten Verhältnisses« zu Österreich so plötzlich zugunsten eines Kollisionskurses fallenlassen? Ohne Zweifel wirkten schon die Erfordernisse der kleindeutschen Partei in Süddeutschland und ihrer Geschlossenheit im bevorstehenden Wahlkampf zum Zollbundparlament in die Richtung einer scharfen antiösterreichischen Politik. Auch die Schwierigkeiten in den neuannektierten Gebieten (Hannover!) mochten in mancher Hinsicht eine eindeutige Härte dieser Art empfehlenswert erscheinen lassen. Doch der Horizont der Entscheidung reichte weiter. Im Hintergrund des politischen Szenenwechsels steht Rußland und seine Orientpolitik. Mittelbar und unmittelbar wirkt Rußland auf die Wege der preußischen Politik gegenüber Österreich ein. In dieser Einsicht, die der damaligen österreichischen Führung selbstverständlich war, lag die Rechtfertigung für den Vorrang einer aktiven Ostpolitik der Monarchie.

Die Bedeutung Rußlands und der orientalischen Frage für Österreich-Ungarns Außenpolitik nach dem Ausgleich

General von Stosch, der zum inneren Kreis der preußischen Führung gehörte, ohne ein Parteigänger Bismarcks zu sein, notierte am 12. Januar 1868: »In der Politik beschäftigt die orientalische Frage augenblicklich die Diplomaten. Es sind positive Anzeichen dafür, daß Rußland dort alle Vorbereitungen zu einer Krisis trifft; ehe es mit seiner Neubewaffnung fertig ist, wozu noch mindestens 1 1/2 Jahre nötig sind, wird es aber den Ausbruch nicht gestatten. Wir unterstützen Rußland moralisch in seinen Schritten gegen die Türkei, um Österreich, Frankreich und England im Atem zu halten.«[1]

Hier ist in undiplomatischen Worten und mit einer Offenheit, die man bei Bismarck nicht findet, ein wesentlicher Aspekt der europäischen Politik bezeichnet, der im Winter 1867/68 deutlich hervortrat. Inmitten der zahlreichen stärkeren und schwächeren Oszillationen einer noch nicht endgültig entschiedenen Mächtegruppierung zeigt sich in den russischen Verhältnissen und in der orientalischen Frage eine strukturelle Kontinuität. Auf der Seite der Habsburger Monarchie entsprach die seit 1867 die institutionelle und politische Konsolidierung im Sinne des Dualismus, die mit der Dezemberverfassung für Cisleithanien (und zuletzt mit dem ungarisch-kroatischen Ausgleich 1868) abgeschlossen wurde. Der Dualismus bedeutete eine neue Etappe nicht nur für die orientalische Frage, sondern auch für die Beziehungen zwischen St. Petersburg und Wien. Diese Voraussetzungen, die von nun an bis 1918 galten, wirkten in vielfacher Weise auf die russische Politik und auf die mit ihr eng verknüpften Balkanfragen zurück. Diesen Stand der Dinge gilt es nun im Hinblick auf die Außenpolitik der Monarchie in gedrängter

Form zu analysieren, um dann im folgenden Abschnitt einige Momente der Entwicklung bis zum Herbst 1868 zu verfolgen.

Es wird sich auch für diesen Zeitabschnitt wie schon für 1867 eine dauernde Korrelation zwischen der deutschen Frage und dem Orient feststellen lassen. Die Korrelation besteht in verschiedener Hinsicht und auf unterschiedlichen Ebenen. Die französische und die österreichische Diplomatie geben sich deutliche Rechenschaft über diese Zusammenhänge, auch wenn ihre Motivationen und Stellungnahmen sich keineswegs voll decken. Weniger klar tritt der Zusammenhang beider Problembereiche in der Argumentation der preußischen und der russischen Diplomatie hervor. Gortschakow und Bismarck, so verschieden im übrigen ihr diplomatischer Stil ist, ziehen es im allgemeinen vor, diese Korrelation, die für ihre Politik von nicht minderer Bedeutung ist, nicht zur Sprache zu bringen. Dies mag damit zusammenhängen, daß Berlin und St. Petersburg auf dem jeweiligen Gebiet deutlich offensiv eingestellt sind: Preußen in der deutschen, Rußland in der orientalischen Frage. Damit verbunden ist die stark ideologische Färbung dieser Offensiven und der an ihnen orientierten Diplomatensprache: die Sorge um das Schicksal der christlichen Balkanvölker hier und die Erfüllung der deutschnationalen Wünsche dort. Preußen und Rußland Rücken an Rücken, sich stützend für eine in erheblichem Maße offensiv und ideologisch geprägte Außenpolitik – dies ist ein auch für die Eigenart der jeweiligen Diplomatensprache kennzeichnender Gegensatz zu Frankreich und Österreich; diese reagieren als Mächte, die im Abstieg begriffen und ohne eindeutige Expansionsidee sind. Desto intensiver gestalten sich ihre Bemühungen um eine sorgfältige Analyse der Vorgänge in einem umfassenden Berichtshorizont. Klassische Beispiele solcher umfassenden europäischen Analysen mit Hervorhebung der Korrelation zwischen deutscher und orientalischer Frage findet man etwa bei Benedetti, dem französischen Botschafter in Berlin. Zu Anfang des Jahres 1868 sieht auch er – wie Stosch – die Zusammenarbeit Preußens mit Rußland, wodurch Österreich beunruhigt werden soll. Aber seine Analyse reicht weiter; er betont die gefährliche gegenseitige Steigerung der preußischen und russischen Pläne: »solidariser les ambitions de l'une en Allemagne avec celles de l'autre en Orient«.[2]

Das Jahr 1867 hatte eine durchgehende Verschlechterung der russisch-österreichischen Beziehungen gebracht. Hatte Beust an der Jahreswende 1866/67 noch gehofft, Rußland durch das Angebot einer Revision der beengenden Schwarzmeerklauseln von 1856 für eine Zusammenarbeit (mit Frankreich und England) in der orientalischen Frage zu gewinnen[3], so war seither eine Reihe von Ereignissen eingetreten, die von beiden Seiten her zu erheblichen Spannungen geführt hatten: das Anwachsen der panslawistischen Propaganda, die Österreich nicht nur von außen, sondern auch von innen her als außerordentlich bedrohend empfinden mußte, der Gegensatz in der Kretafrage, wo Rußland für die Abtretung an Griechenland, Österreich für die Integrität des türkischen Reiches eintrat; die Verbindung Österreichs mit Frankreich im Sinne einer gemeinsamen Orientpolitik, die die Erhaltung der Türkei und Reformen zwecks Verbesserung der Lage der Balkanvölker zu verbinden suchte; die Haltung Preußens, von Beust im Februar 1867 noch im positiven Sinne einer erhofften Nichteinmischung in die österreichische Orientpolitik gedeutet[4], nun aber zunehmend im antiösterreichischen Sinne auf Rußland einwirkend.[5] Gortschakows wachsendes Mißtrauen gegen Beusts Politik war von Bismarck systematisch geschürt worden. Gortschakow bekam die Auswirkungen der österreichisch-französischen Zusammenarbeit, obwohl sie hinter dem in Salzburg vereinbarten Programm zurückblieb, dennoch bald zu spüren. Nicht nur das Scheitern der russischen Absichten in der Kretafrage, auch das Geltendmachen französisch-österreichischer Tendenzen in Bukarest und Belgrad, die von Wien neuerdings betriebenen Projekte einer Eisenbahnverbindung nach Konstantinopel[6] und andere Symptome einer wirksam werdenden Kooperation zwischen Wien und Paris waren zu registrieren. Daneben bestanden die russischen Einwände und Befürchtungen wegen der polenfreundlichen Galizienpolitik Wiens verstärkt weiter. Und gerade in der polnischen Frage, wo die russische Öffentlichkeit und die Regierung des Zaren einer Meinung waren, bestand auch volle Übereinstimmung zwischen St. Petersburg und Berlin; auch die preußische Regierung beobachtete die Erfolge der polnischen Autonomie in Galizien mit zunehmendem Mißtrauen.

Im Vordergrund der diplomatischen Aktion läßt sich zu Ende des Jahres 1867 auf österreichischer wie auf preußischer Seite das Bestreben feststellen, die zwischen Wien und Petersburg anhängigen Fragen nicht weiter zu verschärfen, sondern eine gewisse, wenigstens atmosphärische Balance zu halten. Beust will alles ihm Mögliche tun, um mit Rücksicht auf Frankreich und dessen Einvernehmen mit Rußland das Mißtrauen Gortschakows nicht zu steigern[7]; Bismarck warnt zwar Rußland vor der österreichisch-französischen Zusammenarbeit im Orient, die auch England einzubeziehen sucht, rät aber gleichzeitig, »daß Rußland jetzt nicht durch ein zu markiertes Auftreten das Zusammenhalten jener drei Mächte befördere.«[8] Wie skeptisch jedoch zu diesem Zeitpunkt von österreichischer Seite die weitere Entwicklung des Verhältnisses zu Rußland im Hinblick auf dessen Gesamtsituation beurteilt wurde, zeigt eine Denkschrift, die der österreichische Gesandte in St. Petersburg, Graf Revertera, im November 1867 an Beust sandte.[9]

Reverteras Analyse der politischen Lage in Rußland beginnt mit der Frage, welche Ereignisse und Kräfte ein Ablenken von dem Weg der Reformen bewirkt haben, den Alexander II. ursprünglich eingeschlagen hatte. Der polnische Aufstand 1863, das Vorgehen der vor allem von Alexander Herzen inspirierten Emigration und die Attentate auf den Zaren werden als Ursachen für das Verlassen des so hoffnungsvoll im Sinne einer Eingliederung in die europäische Kultur begonnenen Reformweges bezeichnet. Nunmehr haben nationale Ideen ganz die Oberhand gewonnen, und sie beeinflussen auch den Zaren. Es gibt seither nur mehr zwei Richtungen, mit denen ernsthaft zu rechnen ist: die »Moskauer Richtung« mit ihrem großrussischen Programm und den Panslawismus. Als führenden Vertreter der großrussischen Tendenz sieht Reverera den Kriegsminister Miljutin; er habe als erster den Mut gehabt, offen »mit Europa zu brechen« und zu proklamieren, daß Rußland sich selbst genüge. Der Panslawismus aber, der aus einer Umwandlung der slawophilen Bewegung hervorgetreten ist, hat sich jetzt mit der großrussischen Idee verbunden: »[Il] s'est formé, en dehors du gouvernement, la coalition de la Russie avec le Panslavisme.« Heute würde der Zar – so schreibt Reverera – nicht mehr guten Gewissens sagen können, was er ihm 1864 bei seiner Antrittsaudienz erklärte, »qu'il condamnait le Panslavisme, et qu'avant d'être Slave il voulait être Russe«. Angesichts der Entwicklungen der letzten Jahre ist es überhaupt nicht mehr so wichtig, nach den Absichten des Zaren und der Regierung zu fragen. Ihre Schwäche gegenüber den nationalen Bestrebungen ist bemerkenswert. Diese Bestrebungen beginnen jetzt einen für die Nachbarstaaten sehr bedrohlichen Charakter anzunehmen. Die großrussische Idee und die panslawistische Propaganda verfolgen in Galizien und im Orient jetzt das gleiche Programm: nicht nur die Befreiung der Slawen, sondern die Vollendung der Zarenmacht durch die Herrschaft über den Orient. Diese Entwicklung wird sicher zu bewaffneten Konflikten führen. Die Explosion im Orient konnte ja in der Vergangenheit schon so häufig nur durch die Wachsamkeit der Diplomatie verhindert werden. Heute treibt alles in Rußland zum Krieg; die militärischen Vorbereitungen und der Ausbau der strategischen Bahnen werden intensiv betrieben, die preußischen Einrichtungen mit Eifer studiert. Diese Machtentfaltung im Sinne des erwähnten Programmes wird nur durch einen Faktor behindert: die asiatische Barbarei. Rußland hat auf allen Lebensgebieten das Gleichgewicht – laut Reverera den Garanten des Fortschritts und der Zivilisation – verloren. Die Religion ist zu einer Kriegsmaschine im Dienste der Russifizierung geworden. Gegen Polen wird gewütet, die nationale und religiöse Propaganda und Unterdrückung im Baltikum nimmt zu. Das Zoll- und Handelssystem ist veraltet. Größte Schwierigkeiten für das ausländische Kapital hemmen die wirtschaftliche Entwicklung des Landes. »Le progrès dont la constance est le seul secret de la civilisation moderne, se trouve entravé par des instincts sauvages qui poussent la Russie à empiéter sur les droits des autres peuples au lieu de s'occuper avec énergie de son développement intérieur.«

Dies düstere und unmittelbar furchterregende Tableau braucht nicht in allem den Bewertungen Beusts, Franz Josephs und der konservativen Kreise, als deren Exponent Erzherzog Albrecht gilt, entsprochen zu haben. Es ist aber in mehrfacher Hinsicht typisch für jene liberal-konservative Konzeption von der Stellung der Monarchie in einer durch kulturellen und sozioökonomischen Fortschritt nationale und religiöse Velleitäten überwindenden Weltentwicklung, auf die sich verschiedene Gruppen in dem neuen Verfassungsstaat einigen konnten: Die diesem Bild Rußlands zugrundeliegenden Wertungen waren der in Ungarn führenden Déakpartei gemeinsam mit den liberalen Deutschen Cisleithaniens; sie konnten ebenso von den Slawen der Monarchie akzeptiert werden, soweit sie an eine evolutionäre Erfüllung ihrer Ziele im Rahmen des Kaiserreiches dachten. Diese Bezüge zu den die Monarchie damals beherrschenden Ideen und Kräften, die sich bei der Analyse von Reverteras Denkschrift herstellen lassen, sind das eine. Das andere ist die Frage nach den unmittelbaren und nach den weiteren Schritten einer österreichischen Rußlandpolitik, welche sich an einem so düsteren Bild zu orientieren hatte. Gewiß war Beust – das zeigt seine diplomatische Korrespondenz dieses Jahres und unter anderem seine Salzburger Auseinandersetzung mit Napoleon III. – von zunehmend starken Vorbehalten gegen die russischen Tendenzen und gegen Gortschakows Politik erfüllt. Ob er jedoch die Prognose Reverteras von der Unausweichlichkeit eines bewaffneten Konflikts mit dem Zarenreich geteilt hat, bleibt dahingestellt. Überhaupt hielt sich Beust, der ja von seiner früheren Laufbahn her keineswegs ein Experte in Ostfragen war, mit allgemeinen Urteilen über Rußland sehr zurück; er scheint die antirussische Fixierung der in Ungarn herrschenden Kreise ebenso distanziert betrachtet zu haben, wie gewisse altfeudale Neigungen, in einer auf den Vormärz zurückgreifenden Weise positiv mit dem Zarenreich rechnen zu wollen. Als politischem Praktiker lag es Beust nahe, den Orient als das Prüffeld der russischen Politik zu beobachten. Hier mußte sich in concreto zeigen, was die russische Politik im Sinne hatte. Bevor aber nun auf die orientalische Frage einzugehen ist, erscheint es lohnend, einen vergleichenden Seitenblick auf die damalige Würdigung Rußlands durch Bismarck zu werfen.

Bismarck hat im Januar 1868 in einer sehr interessanten Weise sich über den Stellenwert Rußlands angesichts der dort zu beobachtenden politischen und militärischen Veränderungen geäußert. Er tat dies in seiner Antwort an den preußischen Militärbevollmächtigten in St. Petersburg, General von Schweinitz, der einen Bericht über »die russische Macht beim Jahreswechsel 1867/68« eingereicht hatte.[10] Dieser Bericht hatte sich vor allem auf den Fortschritt der militärischen Rüstungen, einschließlich der auch in Österreich so sehr beachteten strategischen Bahnbauten, bezogen, war aber auch auf die politischen und sozialen Verhältnisse und ihren Einfluß auf die militärische Leistungsfähigkeit des Staates eingegangen. Bismarck lobte die positiven Abschnitte in der Berichterstattung des Generals, kritisierte aber die skeptisch und einschränkend gehaltenen Passagen:

»Um einen richtigen Totaleindruck von Ew. pp. Berichte zu bewahren, mußte ich nach beendeter Lektüre mir noch einmal zurückrufen, was in der ersten Hälfte desselben von den vermehrten Verkehrsmitteln, den aufgeschlossenen Quellen des Nationalreichtums, den neuen Elementen moralischer Kraft gesagt ist. Diese Urteile unterschreibe ich aus voller Überzeugung, begründet auf eigene Anschauung der dortigen Verhältnisse. Diese werdenden Kräfte aber kommen einer jeden, auch einer ungeschickten russischen Regierung zugute und werden von ihr im Falle des Bedürfnisses mit der landesüblichen, wie Sie historisch richtig sie nennen, ›Suworowschen‹ Brutalität verwertet werden.«

Bismarck weiß es also besser als der aus St. Petersburg berichtende Schweinitz. Und dieses überraschende Besserwissen im Sinne eines Wegräumens kritischer Einwände gegen das Geschick der russischen Regierung, gegen Unzulänglichkeiten der politischen Praxis und des militärischen Ausbildungsstandes wird verständlicher, wenn man zwei Tatsachen in Rechnung stellt. Es handelte sich bei dem besprochenen Dokument um einen Immediatbericht, das heißt um einen von Schweinitz direkt an König Wilhelm erstatteten Bericht. Es scheint, daß Bismarck einen negativen Effekt beim König und in dessen Umgebung befürchtete und diesem im Sinne einer Höherbewertung der russischen Macht entgegenarbeiten wollte. Zum anderen bezog sich Bismarck in seinem Schreiben an Schweinitz direkt auf den Fall eines Krieges Frankreich-Österreich gegen Preußen-Rußland. Einem Urteil über die Wahrscheinlichkeit dieses Falles ging er aus dem Wege: »für den Kriegsfall, den ich nicht voraussehe, mit dem aber die öffentliche Meinung jetzt vorzugsweise sich beschäftigt...«. Deutlich geht es ihm aber darum, die Zahl der nach Schweinitz' Berechnungen in zwei bzw. vier Monaten an der österreichischen Grenze verfügbaren Truppen als ausreichend zu bezeichnen; ausreichend für die Aufgabe, welche Preußen in diesem Kriegsfalle von Rußland erwartet: die österreichischen Streitkräfte in Schach zu halten.[11] Ganz im Unterschied zu dem analytischen Ansatz des österreichischen Diplomaten, der Rußlands Weg am Ideal einer kosmopolitisch-pränationalen Fortschrittsidee mißt, geht es Bismarck um das meßbare Potential des militärischen Verbündeten der Zukunft. Nicht als ob Bismarck nicht differenzierter bewerten konnte, wenn es ihm darauf ankam, auch im Falle Rußland! Aber darum ging es ihm hier anscheinend nicht.

Die orientalische Frage, wie sie von Österreich her nach 1866 gesehen und behandelt wurde, ist erstaunlicherweise von der historischen Forschung bisher noch nicht im Zusammenhang untersucht worden.[12] Die folgende Übersicht verfolgt nur die Absicht, das österreichische Orientprogramm und die politischen Realitäten, auf die es sich bezog, soweit zu skizzieren, wie es für den thematischen Zusammenhang unbedingt erforderlich ist. Auf die inner-

politischen Voraussetzungen und Bedingtheiten dieser Politik ist mit Nachdruck hinzuweisen. Das von Beust seit Anfang 1867 intern formulierte Programm der Orientpolitik ließ er aus Anlaß der ersten Delegationssitzung im
Januar 1868 in der Einleitung zum ersten Band der offiziellen Aktenpublikation der Monarchie (›Rotbücher‹) veröffentlichen. Es zeigt zwar durchaus
seine persönliche Handschrift: in der Betonung der europäischen Solidarität
und des Vertrags- und Konsensdenkens und in der Verbindung liberaler und
kommerzieller Evolution mit der Bewahrung des politischen Status quo.
Doch ist dies Programm keineswegs im luftleeren Raum entstanden; es stellt
sich als eine Konzeption dar, die auf breite Zustimmung der unterschiedlichen Kräfte der dualistisch organisierten Monarchie angelegt war. Differen-
zierende Sonderbestrebungen, wie etwa eine in besonderer Weise auf die
Förderung Serbiens abgestellte ungarische Sonderpolitik oder die verschiedenen, in ihren strukturellen wie personalen Voraussetzungen recht interessanten Akzentuierungen des austroslawischen Gedankens angesichts einer
vom Verfall bedrohten Türkei hatten auf die Dauer keine Chance, sich gegenüber dem Wiener Programm durchzusetzen. Beust, dessen Eitelkeit ja
immer zu Vorsicht mahnt, hatte in diesem Fall wohl nicht unrecht, wenn er
retrospektiv die langfristig maßgebende Rolle des 1868 veröffentlichten Programms betonte: »Die ganze orientalische Politik nicht nur unter mir, sondern auch unter meinem Nachfolger war der getreue Reflex der Einleitung
zum ersten Rotbuch.«[13]
Dies Programm von 1868[14] war nicht mehr ganz identisch mit dem Programm, das Beust am 1. Januar 1867 in einer Weisung an Metternich, den
österreichischen Botschafter in Paris, entwickelt hatte.[15] Damals hatte man
in Wien noch gehofft, Rußland durch das Angebot einer Aufhebung der
Schwarzmeerklauseln von 1856 zur Mitarbeit an einer solidarischen Aktion
der europäischen Großmächte im Orient zu gewinnen. Das Jahr 1867 hatte
diese Erwartungen enttäuscht, und mit der russischen war auch die preußische Politik in den orientalischen Fragen weit davon entfernt, sich mit der
seither von Beust in gewisser Weise erreichten französisch-englisch-österrei-
chischen Kooperation anzufreunden. Dennoch und obwohl auch mit Frankreich und England sich nur teilweise befriedigende Erfahrungen ergeben hatten, hielt das 1868 publizierte Programm die Grundlinien von 1867 fest; sie
entsprachen offenbar in einer fundamentalen Weise den gegebenen Bedürfnissen und Absichten.
Der Grundgedanke war, die alte, seit Kaunitz und Metternich festgehaltene Maxime von der territorialen Integrität des Osmanischen Reiches mit
einer modernen, liberalen Reform- und Entwicklungspolitik zu verbinden,
die den unter türkischer Herrschaft stehenden Balkanvölkern ebenso zugute
kommen sollte wie der türkischen Bevölkerung selbst. Die Garantie- wie die
Reformpolitik müßten aber – davon zeigte sich Beust auch 1868 noch durch-

aus überzeugt – eine Sache *aller* Großmächte sein; für die Lösung so schwieriger Fragen müsse »die Gesamtkraft der europäischen Solidarität« aufgeboten werden. Größe und Weitblick können dieser Konzeption nicht abgesprochen werden. Daß dabei im Horizont eines liberal, aber nicht national orientierten Zukunftsbildes die partikularen Interessen der Monarchie in schöner Harmonie mit dem allgemeinen Interesse Europas gesehen wurden, liegt auf der Hand. Von den Realitäten, auf die sich dieses Programm bezog, wird noch im einzelnen zu sprechen sein. Vieles entzog sich wohl dem Blick und den Berechnungen des Wiener Kabinetts. Vieles mußte der Verwirklichung eines solchen Programmes widerstreben. Zu diesen Realitäten gehörte aber auch, was Beust sehr klar im Auge hatte: der Pariser Friede von 1856 als Ausgangs- und Angelpunkt einer europäischen Aktion zur Lösung der orientalischen Frage. Dieser Vertrag – das ergab sich für Beust aus dem Überblick über die Ereignisse seit dem Krimkrieg – mußte revidiert werden. Eine Revision in doppelter Hinsicht würde die Basis für die weitere positive Entwicklung bieten. In erster Linie, um Beusts eigene Worte zu gebrauchen: »Revision des Pariser Vertrages in dem Sinne, daß der Verpflichtung zum Schutz auch das Recht zur Kontrolle [sc. der Türkei seitens der Vertragsmächte] zur Seite gestellt werde.«[16] Es braucht hier nicht näher ausgeführt werden, was damit gemeint war: Beust stellte sich eine aus der Revision des Vertrages von 1856 hervorgehende permanente europäische Kontrollbehörde vor. Diese Institution sollte für die Verständigung der Großmächte untereinander wie für die der Türkei aufzuerlegenden Reformmaßnahmen zuständig sein. Der zweite Punkt der Revision betraf Rußland; es war schon erwähnt, daß die Erwartung bestand, Rußland durch eine einvernehmliche Aufhebung der diskriminierenden und beengenden Klauseln von 1856 für die Mitarbeit an der europäischen Kontrolle der Türkei und ihrer Reformen gewinnen zu können.

Beide Gesichtspunkte hat Beust im Januar 1868 der Öffentlichkeit in einer Weise vorgetragen, die von den Enttäuschungen des Jahres 1867 nicht unbeeinflußt war. Einerseits erwähnte er deutlich die mangelnde Bereitschaft, auf die seine Vorschläge bei den Westmächten wie bei Rußland gestoßen waren. Andererseits betonte er die fortdauernde Wünschbarkeit der Verwirklichung und unterstrich sie mit Argumenten aus der eigenen Interessensphäre der Monarchie – mit dem Blick auf die berechtigten Wünsche der »Brüdervölker« jenseits unserer Grenzen«; so hielt er gewissermaßen den Rahmen aufrecht, innerhalb dessen wenn nicht das Ganze, so doch einzelne Teile des Orientprogramms realisiert werden sollten. Die Frage freilich, ob nicht mit der Unausführbarkeit der zentralen Anliegen (Kontrollbehörde, Rußlands Mitwirkung) auch die einzelnen Teile des Programms sinnlos wurden und dann eben das Ganze anders angefaßt werden mußte, wird damals und später nicht ausdrücklich gestellt. Wir werden auf diese Frage zurückkommen.

Indessen erscheint das, was die Wiener Regierung 1868 der Öffentlichkeit zum Thema Orientpolitik mitzuteilen hatte, gerade im Hinblick auf die folgenden Entwicklungen und auf das Verhältnis zu Rußland wie zu Preußen und Frankreich von solcher Bedeutung, daß wenigstens zwei Abschnitte im Wortlaut zu zitieren sind.

»Im Anschluß an eine Darlegung der Gründe, die Wien davon abhielten, den Aufstand in Kreta zu unterstützen, wird das Prinzip einer Intervention zugunsten von Reformmaßnahmen der türkischen Regierung ausführlich begründet, ohne jedoch eine Revision des Pariser Vertrages ausdrücklich zu erwähnen: Andererseits durfte das Wiener Cabinett die Verpflichtung der Mächte, in die inneren Angelegenheiten der Pforte sich nicht einzumischen, nicht in dem absoluten Sinne auffassen, als ob die Mächte darauf verzichtet hätten, an der Gestaltung der Verhältnisse zwischen der ottomanischen Regierung und den christlichen Bevölkerungen der Türkei ein tiefes Interesse zu nehmen. Wenn dieses Interesse schon auf dem Standpunkte jeder anderen europäischen Macht gerechtfertigt ist, so gewinnt dasselbe für die österreichische Monarchie noch erhöhte Geltung durch die begreifliche Theilnahme, welche den christlichen Bevölkerungen des türkischen Reiches in den benachbarten Ländern Seiner Majestät gewidmet wird und die es in gewissem Grade selbst als einen Ehrenpunct erscheinen läßt, daß den Ansprüchen der Stammesgenossen auf fortschreitende, dem Gange der europäischen Civilisation folgende Entwickelung ihrer materiellen und moralischen Wohlfahrt eine gerechte Befriedigung nicht versagt werde. Wenn die Brudervölker jenseits unserer Grenzen Wünsche hegen, deren Erfüllung zu ihrer Beruhigung beitragen kann, ohne die wirkliche Macht der Pforte zu vermindern, so kann die Regierung des Kaisers und König Franz Josephs es sich nicht versagen, solchen Wünschen bei der Pforte, mit aller Achtung der Unabhängigkeit der Türkei, freundschaftlich das Wort zu reden.«

Die Ratschläge der europäischen Mächte sollen einen doppelten Zweck haben: Sie gewähren den Reformbestrebungen der Pforte einen starken moralischen Rückhalt, und sie halten die christlichen Bevölkerungen von »Akten der Selbsthilfe« zurück. In diesem Sinne hat Österreich-Ungarn bereits erfolgreich zwischen Montenegro und der Pforte vermittelt; es hat auch in maßgebender Weise sich für die Zurückziehung der türkischen Garnisonen aus Serbien eingesetzt. Dann kommt Beust auf die erwünschte Beiziehung Rußlands und – in etwas vager Form – auf die 1867 sehr präzise behandelte Frage einer institutionellen Sicherung der europäischen Zusammenarbeit zurück:

»Der wichtigste Zweck, Reformen im Innern des ottomanischen Reiches zu begünstigen, ohne die unermeßlichen Schwierigkeiten zu wecken, die man in dem Worte ›orientalische Frage‹ zusammenfaßt, dieser Zweck schien ferner der Regierung Seiner Majestät höchst wesentlich dadurch bedingt zu sein, daß derselbe von sämtlichen europäischen Großstaaten übereinstimmend und mit gleicher Entschiedenheit festgehalten, nicht aber durch die Sonder-Interessen einzelner Mächte durchkreuzt werde. In dieser Hinsicht glaubte die kais. kön. Regierung in unbefangenster Erwägung der Sachlage eine Verstärkung der Friedensbürgschaften darin zu erkennen, wenn die Stellung des russischen Kaiserhofs gegenüber der Türkei von den obenerwähnten einschränkenden und doch mehr oder weniger illusorischen Bestimmungen befreit würde, um sie derjenigen der übrigen Mächte anzunähern. Dieser lästigen Bedingungen ledig, konnte Rußland seine Politik mit dem allgemeinen europäischen Interesse, welches die Erhaltung der Integrität des türkischen Reiches fordert, um so leichter und vollständiger im Einklange erhalten. Um endlich jedem Auseinandergehen der Mächte so viel als möglich vorzubeugen und die Schwankungen und Ungleichheiten zu vermeiden, die selbst bei vorhandener Uebereinstimmung in den Grundsätzen von den vereinzelten Auffassungen und individuellen Einwirkungen so vieler Cabinette unzertrennlich sind, erschien es nützlich, daß angesichts der Ereignisse im Orient ein Mittelpunct der Verständigung über die Entschlüsse der europäischen Mächte existiere.«

In Belgrad und Bukarest, bei den bosnischen und bulgarischen Befreiungskomitees, im Serail zu Konstantinopel und an der Sängerbrücke in St. Petersburg sahen die Dinge freilich ganz anders aus. Die großen Hoffnungen auf eine baldige Befreiung der christlichen Balkanvölker vom türkischen Joch, die sich schon 1848 mit der Erwartung des »Finis Austriae« und den Plänen für eine Donauföderation aus Slawen, Ungarn, Rumänen und Griechen verbunden hatten, waren nach Königgrätz von neuem aufgelebt. Die nationalen und sozialen Emanzipationsbestrebungen waren innerhalb der Habsburger Monarchie wie im Osmanischen Reich in unaufhaltsamem Voranschreiten. So vielfältig die ethnischen und sozialen Voraussetzungen dieser Tendenzen waren, so unterschiedlich zeigten sich die Ideen und Interessen der sie tragenden und formenden Gruppen. Unbestimmt war noch die Richtung, die diese Entwicklung insgesamt nehmen sollte, und wechselnd waren die Bedingungen, die von außen her einwirkten. Preußen hatte 1866 die großserbische und großrumänische Agitation gegen Österreich ebenso angetrieben wie die tschechische und die ungarische Rebellion. Der russische Einfluß, insbesondere die sehr persönliche und energische Politik Ignatieffs, des russischen Botschafters in Konstantinopel, förderte in erster Linie die nationalen Bewegungen innerhalb des türkischen Machtbereiches; es fehlte aber auch nicht an Ermutigung für die zentrifugalen nationalen Kräfte in der Donaumonarchie. So konnte 1866 unmittelbar nach der Niederlage Österreichs sich das Ziel einer Auflösung der Donaumonarchie in engster Verbindung mit der Hoffnung auf den Zusammenbruch der türkischen Herrschaft in Europa darstellen.[17]

Der Aufstand in Kreta begann im Sommer 1866; im September 1866 wurde zwischen Serbien und Montenegro ein Vertrag abgeschlossen, der auf eine künftige Vereinigung der beiden Fürstentümer zielte. Im Mai 1867 kam zwischen Fürst Michael von Serbien und einer Gruppe bulgarischer Revolutionäre ein Abkommen zustande, das eine serbisch-bulgarische Union für den Fall eines siegreichen Krieges gegen die Pforte vorsah. Konkreter war der griechisch-serbische Vertrag vom 26. August 1867 gefaßt, dem im Januar 1868 eine Militärkonvention folgte: Serbien sollte Bosnien und Herzegowina erhalten, Griechenland Epirus und Thessalien. Dies antitürkische Koalitionssystem wurde im Januar 1868 vervollständigt durch eine Allianz zwischen Fürst Michael und Fürst Karl von Rumänien. So rüsteten sich die Kräfte für den Befreiungskampf, auf dessen baldigen Ausbruch man hoffte. Doch die rasche Konsolidierung der Monarchie, die Aufrichtung des Dualismus und schließlich der ungarisch-kroatische Ausgleich 1868 enttäuschten die nationalen Naherwartungen in allen ihren Verzweigungen von Prag bis Athen; nicht nur Ungarn (und Tschechen), auch ein erheblicher Teil der für die südslawische Idee zu gewinnenden Bevölkerungen waren nun erneut in einen Stabilisierungsprozeß einbezogen, der von Wien und Budapest ausging. Und mit der Neukonsolidierung der österreichisch-ungarischen Monarchie verringerten sich auch die Aussichten auf einen baldigen Kollaps der türkischen Herrschaft. Auch die Hoffnungen auf Frankreich, das in früheren Jahren als Freund und Förderer der Nationalitäten Südosteuropas galt, wurden 1867/68 zunehmend enttäuscht. Es wirkte sich aus, daß Frankreich in einer Schwenkung, die in den betroffenen Kreisen sofort spürbar wurde, zunehmend der österreichischen Politik sich annäherte; das hieß also Wegfall der früheren französischen Unterstützung, die gegen die Existenz Österreich-Ungarns und ebenso gegen die Existenz des Osmanischen Reiches gerichtet war. Diese Schwenkung Frankreichs war zwar keineswegs so eindeutig und konsequent, wie Österreich sie wünschen mußte. Aber ihre Auswirkungen waren dennoch unübersehbar und stärkten sowohl Österreichs Balkanposition als auch die antirevolutionären Kräfte im Südosten.

Es blieb den Kräften der Bewegung die Hoffnung auf eine baldige revolutionäre Lösung der orientalischen Frage durch Rußland (mit Preußen im Hintergrund). Und gewiß nahm der Umfang der russischen Balkan-Aktivitäten offizieller und inoffizieller Art seit 1866 ständig zu. Doch konnte dies nicht verhindern, daß an einigen Stellen – zumindest vorübergehend – die »neue Politik« Österreichs im Sinne evolutionärer Hoffnungen positiv aufgenommen wurde. Es wurde die Erwartung laut, Wiens deklarierte Abkehr von der früheren, nur defensiven und türkenfreundlichen Haltung könne den Zielen der Befreiung entgegenkommen.

Dies wird am deutlichsten in *Serbien*. Dort hatte Beust schon 1866 durch seine Intervention zugunsten der Freigabe der serbischen Festungen durch die Pforte eine Politik freundschaftlicher Nachbarschaft dokumentiert. Weiterhin versuchte Fürst Michael seine Verbindungen zu der nun in Ungarn zur Herrschaft gekommenen Gruppe für seine Bestrebungen auszunutzen. In diesen Zusammenhang gehört Michaels Aktion vom Frühjahr 1867. Beust hatte Edmond Zichy nach Belgrad gesandt, um dem Fürsten eine an Österreich angelehnte, zurückhaltende Politik und die Einstellung der in Wien und Konstantinopel beunruhigenden Rüstungen zu empfehlen. Insbesondere sollte der Fürst von einer Aktion in Richtung Bosnien abgehalten werden.[18] Fürst Michael begrüßte das aktive Interesse Wiens und sagte seine Unterstützung für eine friedliche Aktion zu, die dem Ausbruch heftiger Explosionen zuvorkommen wolle. Die Verhältnisse in Bosnien zeichnete er allerdings in sehr dunklen Farben, und er betonte die natürliche Neigung dieser elenden Bevölkerungen zu Serbien hin:

»Auf der einen Seite Härte, Grausamkeit, Rechtlosigkeit, Mangel an Schutz der Person und des Eigenthums, Herren wie die Blutegel, die das Volk aussaugen; auf der anderen Seite ein nicht reiches aber glückliches Volk, welches sehr wohlfeil von einem Fürsten regiert wird, den sein Volk anbetet, und an dem es mit kindlicher Liebe hängt, dazu dieselbe Sprache, der gleiche Glaube und so viele andere Bunde, ist es da zu wundern, wenn diese Leute ihre unleidliche Lage verbessern wollen?«[19]

Den Wiener Vorschlag, durch einen militärischen Kordon Serbien von Bosnien abzusperren, wies Michael als undurchführbar ab. Sein eigener Vorschlag, den er der Wiener Regierung im Vertrauen unterbreiten ließ, ging in eine ganz andere Richtung: Er erklärte sich bereit, bei voller Wahrung der Rechte und Einnahmen des Osmanischen Reiches, die Verwaltung von Bosnien und Herzegowina selbst zu übernehmen. In ganz persönlicher Form wandte sich der Fürst an Beust und appellierte an die Prinzipien der »neuen Politik« Österreichs: »Si... l'idée de rendre à la civilisation des pays qui dépérissent à vue d'œil, et cela sans aucune secousse, sans aucune atteinte à l'intégrité de l'Empire Ottoman, si cette idée pouvait tenter l'ambition des intelligences d'élite comme l'est celle de Monsieur de Beust, il suffit qu'il sache, qu'il pourra en toute sûreté compter sur mon concours, le plus dévoué et le plus sérieux.«[20]

Beust hatte sich jedoch schon vor dem Eintreffen dieses Vorschlages mit Frankreich dahingehend verständigt, jede Veränderung in Bosnien und Herzegowina, sei es im Sinne einer Vereinigung mit Serbien oder einer Autonomie oder Unabhängigkeit, zurückzuweisen.[21] Denn nicht nur die bosnische Frage als solche, auch das Projekt einer Unterstellung der beiden Provinzen unter serbische Verwaltung war schon zuvor Gegenstand diplomatischer Erörterungen in Wien, St. Petersburg, Paris und Konstantinopel gewesen. Der österreichische Gesandte am Zarenhof gab an, daß dieser Vorschlag von Stremouchow, dem Direktor des asiatischen Departements im russischen

Außenministerium, ausgegangen sei; dann habe Gortschakow ihn sich zueigen gemacht und versucht, Frankreich dafür zu gewinnen. Auch mit der Pforte habe Rußland in dieser Frage Kontakt aufgenommen.[22] Angesichts des französischen Widerstandes vermutete man dann in St. Petersburg, daß ein Geheimvertrag zwischen Paris und Wien über die eventuelle Annexion dieser Gebiete durch Österreich bestehe. Gortschakow richtete eine Warnung an die französische Adresse und bezeichnete die Annexion slawisch besiedelter Provinzen der Türkei seitens Österreichs kurzerhand als einen Casus belli.[23] Auffallend bleibt bei diesem Meinungsaustausch, daß Beust bei alledem noch weiter mit einer positiven Partnerschaft Rußlands im Orient rechnen zu können glaubte. Und selbst in der bosnischen Frage hielt noch wenig später Revertera eine Verständigung mit Rußland über den Erwerb dieser Gebiete für möglich, wenn man die russischen Interessen gegenüber Rumänien respektiere.[24]

So hatte sich für die österreichische Politik schon von 1867 an die bosnische Frage aufs engste mit der Frage nach dem künftigen Verhältnis zu Serbien verbunden. Von russischer wie von preußischer Seite wurde dieser Zusammenhang scharf verfolgt. Der preußische Generalkonsul in Belgrad, Rosen, legte im Dezember 1867 Bismarck eine umfassende Denkschrift über Serbien und die südslawischen Zukunftspläne vor[25]; er sah eine Aufgabe Preußens darin, bei dem bald zu erwartenden Ausbruch der orientalischen Wirren die großserbischen Pläne energisch zu unterstützen. Die Stellungnahmen der preußischen Vertreter in Wien, Konstantinopel und Bukarest, die Bismarck zu dieser Denkschrift einholte, bieten interessante Hinweise für die damalige Bewertung der österreichischen, von Frankreich sekundierten Orientpolitk.[26] Im Mittelpunkt stand die Frage: Wird Österreich mit Frankreichs Unterstützung demnächst Bosnien und Herzegowina, vielleicht auch das Fürstentum Serbien sich einverleiben?

Sucht man nach authentischen Stellungnahmen von seiten der österreichisch-ungarischen Regierung zu dieser Frage, so hat man sich vor allem an die ausführliche Instruktion zu halten, die Beust im April 1868 dem neuernannten Generalkonsul in Belgrad, Benjamin Kállay, mit auf den Weg gab.[27] Hier finden sich die uns schon bekannten Gesichtspunkte: freundschaftliche Versicherungen für Serbien, Warnungen vor einer Schilderhebung gegen die Türkei und vor großserbischen Projekten, dazu intensive Warnungen vor falschen Hoffnungen auf die russische Politik und die Betonung des österreichischen Interesses an einer Verbesserung der Lage der »auswärtigen Stammesgenossen unserer slavischen und rumänischen Bevölkerungen«: »Dieses Interesse hat in unseren Augen ein nicht geringeres Gewicht als das des Bestandes der Türkei, und gerade weil die Pforte uns zu ihren Freunden zählen darf, können wir bei ihr um so eindringlicher der Sache der christlichen Völkerschaften des Orients das Wort reden.«

Aufschlußreich ist die Direktive Beusts an Kállay hinsichtlich des im Vorjahr vorgebrachten Projektes einer Unterstellung von Bosnien-Herzegowina unter die Administration des serbischen Fürsten. Wien muß dieses Projekt schärfstens ablehnen. Die Pforte hat sich dagegen ebenso unbedingt ausgesprochen. Sollte der Fürst auf diesen Gedanken zurückkommen, so müsse der Generalkonsul dem kräftigst entgegenwirken, »wobei Sie unbedenklich darauf hinweisen können, daß, wenn je die Pforte mit einer solchen Maßregel sich überhaupt befreunden sollte, sie bei den mit der k.k. Regierung bestehenden vertrauensvollen Beziehungen deren Ausführung lieber in Ihre Hände als in jene der serbischen Regierung legen würde«.[28]

Das kann wohl nichts anderes heißen, als daß zu diesem Zeitpunkt nicht nur in Wien die Eventualität einer Okkupation von Bosnien und Herzegowina in einem positiven Sinne besprochen war, sondern daß man hierüber auch bereits eine Verständigung mit der Pforte herbeigeführt hatte. Wie verhielt sich aber eine solche Eventualität zu den Prinzipien von Beusts Orientpolitik? Formal war zwar in diesem Falle die territoriale Integrität der Türkei geschont. Aber mußte nicht die Unaufhaltsamkeit einer De-facto-Integration Bosniens in die Monarchie (wie sie ja dann später eingetreten ist) auch in den damaligen Überlegungen schon sichtbar werden? Es ist hier nicht möglich, auf die verschiedenen Komponenten der Wiener Meinungsbildung in Sachen einer solchen Okkupation einzugehen (Gegnerschaft der Ungarn, Interesse des Kaisers und militärischer und philoslawischer Kreise und so weiter). Festzuhalten bleibt, daß diese neue Einbeziehung expansiver Möglichkeiten mit den von Beust immer wiederholten Prinzipien seines Orientprogramms ebensoschwer vereinbar scheint, wie mit der Realität der russischen Interessen.

Indessen brachte in Serbien die Ermordung des Fürsten Michael (am 10. Juni 1868) einen Stillstand der ausgreifenden Balkan- und Koalitionspolitik. Die Regentschaft, die für den minderjährigen Thronerben Milan Obrenović amtierte, stand unter österreichischem Einfluß. Der Tod Michaels bedeutete auch ein Wiederaufflammen der serbisch-montenegrinischen Spannungen, da Fürst Nikolaus von Montenegro daran dachte, die Herrschaft in Serbien zu übernehmen. So war man 1868 wieder weit von einem Zusammenwirken der südslawischen nationalen Bestrebungen entfernt. Aber auch diese Rückschläge und die starke österreichische Position in Belgrad bedeuteten nur einen Aufschub. Wie unfest die Situation in diesem Bereich blieb, zeigte schon bald darauf der Aufstand in Süddalmatien.

In *Bukarest* lagen die Dinge womöglich noch komplizierter und schwieriger als in Belgrad. Die Donaufürstentümer Walachei und Moldau, seit 1866 unter der Regierung des Fürsten Karl von Hohenzollern-Sigmaringen, befanden sich aufgrund innerer wie äußerer Faktoren in einer besonders exponierten

Lage. Wie Serbien unterstanden sie weiterhin der Souveränität des Sultans,
durch ihre geographische Lage waren sie direkt und unausweichlich dem
Druck Rußlands ausgesetzt; der Weg nach Konstantinopel führte durch
diese Länder. Andererseits war die Habsburger Monarchie aus politischen
und militärischen Gründen aufs äußerste daran interessiert, die Fürstentümer, die seit 1848 im Sinne der großrumänischen Idee eine zunehmende Anziehungskraft auf die Rumänen in Siebenbürgen ausübten, nicht in den
Bannkreis einer feindlichen Gruppierung geraten zu lassen.

Der preußische Einfluß am Hofe des Fürsten Karl konnte sich stark geltend
machen. Der persönliche Ehrgeiz Karls fand in den labilen inneren Verhältnissen des Landes wenig Stütze, aber desto mehr Anregung zu ausgreifenden
Plänen; die Männer von 1848, wie Joan Bratianu und Konstantin Rosetti, die
damals am Ruder waren, verfolgten nicht nur großrumänische Ideen, sondern förderten auch die Insurrektion in Bulgarien und suchten im Zusammengehen mit Belgrad und Athen den Sturz der türkischen Herrschaft bald
herbeizuführen. Prinz Stirbey, ein Exponent der konservativen Richtung,
schilderte dem französischen Außenminister Moustier im März 1868 die
Pläne des Fürsten und die Situation des Landes in alarmierendster Weise.[29]
Fürst Karl sieht Rumänien an der Spitze des unmittelbar bevorstehenden Be-
freiungskampfes; er billigt dem Osmanenreich höchstens noch zwei oder drei
Jahre der Agonie zu. Der russische Einfluß ist allmächtig. Die herrschende
Partei Bratianu-Rosetti arbeitet mit Rußland zusammen, von dem sie die
Vergrößerung des Landes und die Erhebung zum Königreich erwartet. Die
bulgarischen Revolutionskomitees mit der Zentrale in Bukarest sind ohne
Wissen des Fürsten, aber mit Unterstützung des Ministeriums und Rußlands
organisiert. Im Augenblick raten die russischen Agenten in der Türkei von
einer offenen Bewegung ab, auch in Bukarest hält man sich jetzt, aufgrund
der Interventionen des Auslandes, in der bulgarischen Aktion zurück. Insgesamt aber ist – so meint Stirbey – Rumänien heute zum Zentrum jener revolutionären Partei geworden, die, aus allen übrigen Teilen Europas vertrieben,
nun ihre Hoffnungen auf die Entzündung der orientalischen Frage richtet
und sich dazu unter die Führung Rußlands gestellt hat.

Sieht man von den einseitigen Wertungen ab, so besteht zwischen der Si-
tuationsschilderung Stirbeys und den Berichten der ausländischen Diplomaten aus Bukarest kein tiefgehender Unterschied. Die Labilität der Zustände
macht Rumänien nicht nur außenpolitisch, sondern auch innenpolitisch zum
Objekt verschiedenartigster Einflüsse und Bestrebungen. Die französische
Politik, die von der Entstehung des rumänischen Staatswesens her eine starke
Stellung in Bukarest innehatte[30], schloß sich im Zuge ihrer Abwendung von
den früher verfolgten nationalrevolutionären Zielen immer enger an die
österreichischen Positionen an. Jede Veränderung im Orient wurde nun von
Frankreich als ein Gewinn für Rußland und als eine Gefahr für West- und

Mitteleuropa aufgefaßt. Bismarck dagegen, der ja schon 1866 dazu angesetzt hatte, die rumänische wie die serbische Karte gegen Österreich auszuspielen, machte seit Beginn des Jahres 1868 seinen Einfluß auf Fürst Karl im Sinne einer festen Anlehnung an Rußland geltend.[31] Er wandte sich dabei scharf gegen die von Goltz vertretene These, daß Preußen nächst Österreich am meisten an einer Eindämmung des russischen Einflusses in den Donaufürstentümern interessiert sein müßte.[32] Hinter dieser innerpreußischen Differenz bezüglich der Rumänienpolitik standen sehr weitreichende Gegensätze der Konzeptionen. Goltz, der überhaupt die russische Orientierung Bismarcks mit großer Skepsis sah, warnte ausdrücklich vor einem eventuellen Konflikt zwischen Österreich und Rußland wegen Rumäniens: ein solcher Konflikt wäre nämlich für Frankreich günstiger als ein direkter Kampf zwischen Frankreich und Preußen wegen der deutschen Frage.[33] Bismarck aber wollte das gleiche Argument – Kriegsgefahr wegen Rumäniens – im Gegenteil als Waffe seiner antiösterreichischen Kampagne einsetzen.

In diesem Zusammenhang schrieb übrigens Bismarck einen lapidaren Satz nieder, der – von der Forschung bisher offenbar nicht beachtet – einen Schlüssel zum Verständnis der Prinzipien preußischer und deutscher Orientpolitik bietet: Goltz hatte im Zuge seines Plädoyers gegen eine Absorption Rumäniens durch Rußland auch die traditionelle Maxime kritisiert, »daß Preußen bei der orientalischen Frage nicht direkt interessiert sei«. Bismarck hat seine Meinung dazu in einer russisch geschriebenen Randnotiz offengelegt (was er manchmal tat, wenn er sich kräftig ausdrücken wollte); der Herausgeber des Aktenstückes hat diese Notiz übersetzt: »ist von Nutzen zu sagen«.[34] Man hat also hier von Bismarcks eigener Hand das Eingeständnis, daß es sich bei der von ihm so oft wiederholten Maxime vom Desinteresse Preußens an der orientalischen Frage eher um ein taktisches Prinzip als um eine politische Wahrheit handelt.

Für Beust und die Wiener Regierung blieben also die Donaufürstentümer unter den verschiedensten Gesichtspunkten ein Herd ständiger Beunruhigung. Wohl konnte man in dieser oder jener Frage der Bukarester Regierung mit Wohlwollen und Entgegenkommen ein Einlenken in eine proösterreichische Linie empfehlen. Eine Anwendung der von Beusts Orientkonzeption her gebotenen »action pacifique« erwies sich aber auf dem Bukarester Boden als noch schwieriger als in Serbien: Eine ununterbrochene Kette von Friktionen (bulgarische Banden, Waffentransporte, Presseprobleme, Judenverfolgungen und so weiter) kennzeichnete 1868 die Beziehungen zwischen Wien und den Fürstentümern.[35] Ein Wandel ließ sich um so weniger absehen, als die preußische und russische Politik an der Fortdauer, wenn nicht Verschärfung der Gegensätze zunehmend interessiert war.[36]

In *Konstantinopel* lagen die Geschicke des türkischen Reiches in den Händen

des Sultans Abd ül-Aziz, unter dessen Ministern sich staatsmännisch bedeutende Männer von europäischem Renommee wie Ali Pascha und Fuad Pascha befanden. Österreich-Ungarn war an der Pforte seit vielen Jahren durch
Graf Prokesch-Osten vertreten, einen berühmten Gelehrten, dessen Sympathien für den Geist des Orients wie für das osmanische Imperium zu stark
waren, um ihm eine klare Analyse des wirklichen Zustandes dieses ehrwür-
digen Staatsgebildes zu gestatten.[37] Prokesch war durchdrungen von der
Notwendigkeit der Erhaltung der Türkei; darin liege »ein Lebensinteresse
für Österreich«. Er verband damit die Zuversicht in den Erfolg der inneren
Reformen, und er benutzte jede Gelegenheit, Bestätigungen dieser Zuversicht zu sammeln und nach Wien mitzuteilen. Als im Frühjahr 1869 der
Prince of Wales nach längerer Zeit wieder nach Konstantinopel kam, berichtete Prokesch dessen Lob der seither eingetretenen Veränderungen, mit dem
er selbst sichtlich übereinstimmte: »Es hieße die Augen absichtlich schließen,
wollte man die Fortschritte verkennen, die nach allen Richtungen gemacht
wurden; er [der Prince of Wales] zweifle nicht mehr, daß die Fusion der Ra-
cen und Religionen möglich sei und es scheine ihm der kranke Mann sich einer ganz erklecklichen Gesundheit zu erfreuen.«[38] In der Tat boten gerade
die Ereignisse der ausgehenden sechziger Jahre Anhalt für positive Prognosen
auf dem Wege der Reformen: 1868 wurde erstmals ein Staatsrat geschaffen,
von dessen Mitgliedern fast ein Drittel Christen waren. 1869 trat ein neues
Nationalitätengesetz in Kraft, das die Staatsangehörigkeit in einem westlichen Sinne von der Bindung an die Religionszugehörigkeit löste. Gleichzeitig
wurde zum erstenmal ein Nichtmuslim – ein Armenier – zum Minister er-
nannt.
    Nun war aber eben dies die Frage, ob das so schöne und mit den Lebensin-
teressen Österreich-Ungarns so übereinstimmende Programm einer »Fusion
der Rassen und Religionen« sich unter den gegebenen Verhältnissen in der
Türkei soweit verwirklichen lasse, daß damit sowohl den zentrifugalen Kräften der nationalen und sozialen Emanzipation im Inneren wie den von außen
kommenden Gegenkräften erfolgreich widerstanden werden konnte. Diese
Frage ist mit der inneren Problematik des Osmanischen Reiches in der Tan-
zimat-Epoche (Epoche der Reformen seit 1839 beziehungsweise 1856) aufs
engste verbunden. Die heutige Forschung verneint diese Frage eindeutig[39];
nicht nur mit dem simplen Hinweis auf die später in der Tat erfolgte Auflösung der Türkei, sondern mit tiefergreifenden Argumenten. Es werden vor allem die inneren Widerstände – auch des sich neu formierenden türkischen
Nationalbewußtseins – und der Gegensatz zwischen der für westliche Einflüsse empfänglichen Kapitale und den allen Reformbestrebungen widerstrebenden Verhältnissen in den Provinzen betont. Hier liegt nun freilich ein
Angelpunkt für die Beurteilung der von Beust inaugurierten Orientpolitik.
Daß Beust von dem philotürkischen Optimismus Prokeschs weit entfernt

war und die enormen Schwierigkeiten eines Reformprogramms von Anfang an in Rechnung stellte, zeigt sein Projekt einer europäischen Kontrollinstitution, das ja auf eine partielle Entmündigung des Sultans und seiner Administration hinausgelaufen wäre. Was aber nun, wenn die Hoffnung auf einen europäischen Konsens und eine gemeinsame Reformpolitik immer vager wurde? Und wie wird sich unter diesen Bedingungen das Verhältnis Rußlands zum Osmanischen Reich weiterhin darstellen? Wird Rußland – bei einer allgemeinen Konsolidierung der europäischen Verhältnisse – weiterhin wirklich die Karte des Umsturzes ausspielen? Oder wird es nicht auch eine evolutionäre Alternative anbieten wollen, die den türkischen Staatsmännern sogar ein Arrangement in dieser Richtung, wo Kraft und Einfluß vorhanden waren, nahelegen könnte?

In *St. Petersburg* hat man nie darauf verzichtet, unter den verschiedenen Varianten der Orientpolitik auch eine Lesart vorzutragen, die sich – jedenfalls dem Wortlaut nach – mit dem Prinzip der territorialen Integrität des Osmanischen Reiches und der Sicherung des europäischen Friedens vereinbaren ließ. Das Bedürfnis dazu ergab sich nicht nur aus der Rücksicht auf die sehr variablen Konstellationen des europäischen Kräftespiels, wo selbst das eng befreundete Preußen nicht immer gleicherweise zuverlässig erschien. Auch die inneren Verhältnisse des Zarenreiches, der nur langsam voranschreitende Ausbau der Armee, der Rüstungsindustrie und der Eisenbahnen und die unterschiedlichen Tendenzen der öffentlichen Meinung und der politischen Gruppierungen widersprachen einer eindeutig und einseitig auf die »Explosion« der orientalischen Frage hinzielenden Festlegung.

Eine solche Variante des russischen Orientprogramms hat im Februar 1868, als sich allgemein eine beruhigende Tendenz geltend machte, Gortschakow dem türkischen Geschäftsträger in St. Petersburg vorgetragen.[40] Der französische Außenminister wurde von Konstantinopel aus davon unterrichtet und betonte die volle Unvereinbarkeit auch dieser »gemäßigten« Konzeption mit der in Paris (und in Wien) festgehaltenen Auffassung. Gortschakow war bei seinen Darlegungen von dem Grundsatz der Erhaltung des türkischen Reiches und seiner Kräftigung durch Reformen ausgegangen. Er grenzte sich von Ignatieffs proslawischen Auffassungen ab. Das Prinzip der von Rußland befürworteten Reformen formulierte Gortschakow folgendermaßen: »Festigung der Autorität des Sultans mittels der Verbesserung des Schicksals der Christen… durch autonome Institutionen.« Dies war freilich unter dem gemeinsamen Stichwort der Reformen ein dem französischen wie österreichischen Programm diametral zuwiderlaufendes Rezept. Moustier hat den Gegensatz scharf herausgearbeitet: Das russische Konzept bedeutet die Trennung der mohammedanischen Bevölkerung von der christlichen. Die Konsequenz wäre die Aufteilung des Reiches gemäß der ethnischen Zugehörigkeit.«Wenn wir von Reformen sprechen, nehmen wir keine Unterscheidung zwischen Mohammedanern und Christen vor; wir suchen, was die Bevölkerungen untereinander annähern kann und nicht, was sie mit Notwendigkeit weiter auseinanderführen muß.«

Es erübrigt sich, weitere Variationen der russischen Orientpolitik und -programmatik nachzugehen. Das verzweigte System von Konspirationen und Plänen, dessen Netze von Rußland her nicht nur die europäische Türkei, sondern auch weite Teile der Habsburger Monarchie überzogen, ist bei alledem als gegeben und als in Wien weitgehend bekannt vorauszusetzen. So waren für die Wiener Regierung die orientalische Frage und das russische Engagement im Orient untrennbar mit den inneren Lebensfragen der Monarchie verknüpft. Je weniger es gelang, die orientalische Frage »stillzulegen« beziehungsweise durch Reformen ihre nationalpolitische Brisanz abzubauen, desto schwieriger mußten sich die Nationalitätenprobleme im Inneren der Monarchie gestalten. Und so war auch die deutsche Frage mit der orientalischen Frage nicht nur durch eine äußere Korrelation, sondern auch durch eine in der Sache liegende Analogie verbunden. In beiden Fällen ging es um nationale Bewegungen, die ihren Schwerpunkt außerhalb hatten, aber mit tausend Konnexionen in das Innere der Monarchie eingriffen. In beiden Fällen stand hinter den nationalen Bewegungen eine Großmacht, die sich zum Sprecher und zum von der Weltgeschichte berufenen Exponenten dieser Ansprüche erklärt hatte. Beide Schutzmächte beider Bewegungen waren eng verbunden; Bismarck hat diese Verbindung »eine politische Naturnotwendigkeit« genannt. Was stand diesen Bewegungen in Österreich-Ungarn entgegen? Eine Mischung altertümlicher politisch-sozialer Strukturen, kombiniert mit dem Anfang liberaler Institutionen und Entwicklungstendenzen und mit dem kontinuierlichen Rahmen pränationaler europäischer Ordnungsvorstellungen. Ähnlich, wenn auch in weitaus schwächerer Analogie, wäre auch die damalige Situation der Türkei als Vielvölkerstaat zu beschreiben. Die kommende Veränderung Europas wird von der Kraft und Kooperationsfähigkeit der vorhandenen Tendenzen bestimmt. Ihr Ergebnis aber wird uneinheitlich und widerspruchsvoll bleiben. Und der Sieg des nationalen Prinzips wird selbst in Mitteleuropa ein unvollständiger sein.

Die neue Konstellation: Preußen und Rußland – Österreich und Frankreich

Preußens Option für Rußland gegen Österreich – Schwankungen und neue Impulse der französisch-österreichischen Entente (1868)

Einer der besten Kenner der europäischen Politik jener Epoche hat die Jahre 1868/69, die dem Ausbruch des deutsch-französischen Krieges vorausgingen, als »Indian Summer« charakterisiert.[1] In der Tat blieb trotz all den offenen und verdeckten Konflikten, die sich in Mitteleuropa und im Osten gezeigt hatten und weiter zeigten, der Ausbruch der allgemeinen Krise zunächst aus. Von Belgrad und Bukarest, von Athen und Cetinje aus wurden weiterhin die nationalen Bewegungen der Balkanhalbinsel ermuntert und organisiert; Rußland jedoch gab das Signal zum großen Aufstand nicht. In Süddeutschland gab es im Zeichen der Wahlen zum Zollvereinsparlament vom Januar bis März 1868 heftige Auseinandersetzungen zwischen den propreußischen und antipreußischen Gruppen, die sich auch nach dem Wahlsieg der letzteren in mannigfachen Formen fortsetzten. Die preußische Führung aber richtete sich auf längerfristige Verläufe der Einigungsbewegung ein. Napoleon III. verfolgte die europäischen Verhältnisse gereizt und unsicher. Das Projekt einer europäischen Konferenz zur Lösung der römischen Frage hatte ihn im Herbst und Winter 1867/68 sehr beschäftigt; die französische Politik versprach sich davon die Behebung ihrer Schwierigkeiten mit Italien, die »Europäisierung« des Schutzes für die römische Herrschaft des Papstes und einen internationalen Prestigegewinn. Doch die Konferenzidee scheiterte, wobei die Gegnerschaft Bismarcks nicht der einzige Grund war. Unklar blieb die Stellung Frankreichs zu Preußens nationaler Politik. Der französische Botschafter in Berlin, Benedetti, hatte zu Beginn des Jahres 1868 eine scharfsinnige Prognose gegeben und daran die entscheidende Frage geknüpft[2]: Die Einigung Süddeutschlands mit Preußen ist im Kommen; Frankreich hat sich für eine klare Unterstützung oder für eine klare Gegnerschaft zu entscheiden. Im ersteren Falle – den Benedetti persönlich befürwortet – ist eine energische Neuorientierung vonnöten. Im zweiten Falle wird Österreich wichtig. Im ersteren Falle aber wird von Preußen der Druck zur Anlehnung an Rußland genommen und so die Aktivität Rußlands im Orient gedämpft, gleichzeitig aber die liberale Entwicklung des künftig geeinten Deutschland gefördert. Daß die französische Politik sich – aus verschiedenen Gründen – nicht zu der von Benedetti so oder so vorgezeichneten Konsequenz entscheiden konnte, gehört bekanntlich zur Signatur der Wartejahre 1868/69. Nur zwischen Preußen und Österreich-Ungarn kam es im Rahmen des »Indianersommers« zu einer eklatanten Zuspitzung. Sie erreichte ihren Höhepunkt im Winter 1868/69, brachte aber auch zum Zeitpunkt der heftigsten öffentlichen Polemiken keine akute Kriegsgefahr, die sich mit der Julikrise 1870 vergleichen ließe.

Aus den verwirrenden Einzelzügen sollen im folgenden nur jene Elemente der europäischen Politik hervorgehoben werden, die für die Konstellation von 1870/71 bedeutsam wurden. Das vorliegende Kapitel verfolgt die Dinge bis zum Beginn der Verhandlungen für eine französisch-österreichisch-italienische Tripleallianz im November 1868. Die schärfere Abwendung Preußens von Österreich, die politisch-militärische Absprache zwischen Rußland und Preußen im März 1868, Beusts Initiative zur Einbeziehung Englands in die französisch-österreichische Entente und schließlich der österreichische Abrüstungsvorschlag als Antwort auf ein neues französisches Offensivangebot (und dessen weitere Behandlung) stellen die wichtigsten Etappen dar.

Verschiedene Faktoren und Ereignisketten führten im Winter 1867/68 zu der schon erwähnten Verschärfung der Beziehungen zwischen Berlin und Wien.[3] Es wäre einseitig, diese Vorgänge nur als den Absichten Bismarcks entspringend zu betrachten. Doch ist in der Tat nicht zu übersehen, daß Preußen in besonderem Maße als treibende Kraft in Erscheinung tritt. Von der schroffen Ablehnung der Beustschen Südbundinitiative durch Bismarck war schon die Rede.[4] Breiten Raum nimmt seit Anfang Februar 1868 das Problem der Hannoverschen Emigranten ein.[5] Österreich hatte dem entthronten König Georg von Hannover und seiner Gattin seit 1866/67 in Hietzing Asyl gewährt. Die Wiener Regierung hatte von Anfang an dem Hietzinger Hof jede gegen den Prager Frieden gerichtete Tätigkeit untersagt. Bei der großen Anzahl von ehemaligen Angehörigen der hannoverschen Armee, die dem König ins Exil gefolgt waren, und bei der Stärke der im Lande selbst spürbaren welfischen Opposition konnte es nicht ausbleiben, daß aus diesen Gegebenheiten Schwierigkeiten erwuchsen, die das Verhältnis zwischen Berlin und Wien belasteten. Insbesondere die Tatsache, daß Gruppen von ehemals hannoverschen Offizieren und Soldaten, die seit Januar 1868 von der Schweiz nach Frankreich übertraten, österreichische Pässe besaßen, bot Bismarck Anlaß zu scharfen Anschuldigungen gegen Wien. Beust versuchte, die Affäre raschestens aus der Welt zu schaffen, Bismarck fuhr fort, sie politisch auszuschlachten.

In die gleiche Zeit fällt das Erscheinen des ersten österreichischen ›Rotbuches‹, einer zunächst für die Vorlage an die Delegationen gedachten Publikation aktueller diplomatischer Aktenstücke.[6] Die erstmals im Januar 1868 in

Wien zusammengetretenen Delegationen – je 60 Delegierte des cisleithani-schen Reichsrates und des ungarischen Reichstages – stellten das »gemein-same« parlamentarische Organ der Monarchie dar. Das Adjektiv gemeinsam verdient deshalb in Anführungszeichen gesetzt zu werden, weil die beiden Delegationen zwar gleichzeitig und mit den gleichen Tagesordnungspunkten und am gleichen Ort (alternierend in Wien und Budapest) tagten, aber im all-gemeinen ihre Sitzungen getrennt abhielten. Diesen Delegationen mit ihrem nicht unkomplizierten Verhandlungsmodus – und nicht den beiden Parla-menten in Wien und Budapest – schuldete das gemeinsame Ministerium und damit auch Beust als Minister des Äußeren Rechenschaft. Die parlamentari-sche Rechenschaftsablage über die Außenpolitik faßte Beust im Sinne der von ihm inaugurierten liberalen Öffentlichkeitsarbeit in einem weiten Sinne auf. Für den Druck und die Veröffentlichung der den Delegationen vorzule-genden Rotbücher bezog er sich ausdrücklich auf das Vorbild Englands und der dortigen Blaubücher. Ohne Zweifel verband er mit dieser von ihm per-sönlich ausgehenden Initiative – bis 1871 erschienen fünf solcher Rotbücher – politisch-propagandistische Zwecke auch im Hinblick auf die deutsche Frage. Das erste Rotbuch enthielt neben einer überaus interessanten pro-grammatischen Einleitung über die Ziele der österreichisch-ungarischen Au-ßenpolitik[7] unter den abgedruckten Aktenstücken einige Depeschen zur Tauffkirchenschen Mission des Vorjahres. Diese Enthüllungen über Bis-marcks antifranzösische Absichten wie über das Fehlen ernsthafter Bündnis-bedingungen im Berliner Angebot wurden von preußischer Seite sehr un-freundlich aufgenommen. Breite Erörterungen in der Presse und ein entspre-chender Notenwechsel knüpften sich daran. Bismarck steigerte seine Vor-würfe gegen das Rotbuch und gegen Beust zu prinzipieller Schärfe; er warf Beust ein unloyales Verfahren vor, das künftighin jeden vertraulichen Aus-tausch zwischen den Kabinetten unmöglich mache.

Bismarck, der für sich selbst nur wenig später die Wirksamkeit derartiger Publikationen anerkannte und ›Weißbücher‹ zu publizieren begann, fühlte anscheinend bei seiner Polemik gegen Beusts Rotbücher, die sich weiterhin noch verschärfte, den Druck einer neuartigen österreichischen Politik: erst-mals konnte nun, nach der Vollendung des Verfassungswerkes, Wien daran-gehen, in den Augen der europäischen und deutschen Öffentlichkeit Preußen durch das Vorweisen liberal-parlamentarischer Errungenschaften zu über-trumpfen. Beusts hochgespanntes Programm der »moralischen Eroberun-gen« reichte in dieser Beziehung ja weit über die Einzelfrage des Rotbuches hinaus. Bismarck mußte sich gerade von dieser Seite her empfindlich getrof-fen fühlen. Im Zusammenhang mit dem stärkeren Auftreten der Demokraten in Württemberg warf er Beust nicht nur vor, »Süddeutschland durch öster-reichischen Liberalismus kaptivieren« zu wollen[8] – was eine zutreffende Be-obachtung war –, er prognostizierte gleichzeitig auch unheilvolle Folgen für den inneren Bestand der Monarchie, die sich aus dem Bündnis Beusts mit »republikanischen Tendenzen« ergeben würden. Diese Frontwendung Preußens gegen die neue liberale Werbekampagne des konstitutionellen Österreichs wird zu einem wichtigen Faktor der Verschärfung. Um so wichtiger, als gleichzeitig – im Februar und März 1868 – der Wahlkampf und die Wahlentscheidungen zum Zollvereinsparlament in Süddeutschland einen unerwarteten Aufschwung der antipreußischen Gruppierungen und Gesinnungen brachten. Was die Diplomaten und Parteigänger Preußens aus Süddeutschland nach Berlin berichteten und was die Verhandlungen des Zollparlaments und das Verhalten der partikularistischen Mehrheit der süddeutschen Abgeordneten aller Welt zeigten, wies in die gleiche Richtung: steigender Einfluß Österreichs in Süddeutschland und Stagnation der noch im Vorjahr in raschem Flusse scheinenden kleindeutschen Nationalbewegung.[9]

Gerade der zuletzt genannte Komplex kann in seiner Bedeutung für die Verschärfung der preußisch-österreichischen Beziehungen kaum überschätzt werden. Aber für eine Politik, die hinter oft überraschend scharfen Zügen im Grunde so vorsichtig und abwägend vorging, wie dies für Bismarck kennzeichnend ist, war das alles wohl noch kein ausreichender Grund, in einer so raschen Wendung von der Bündniserwartung zur Konfliktstrategie überzugehen. Wir sehen die neue Position Berlins gegenüber Wien schon im Februar 1868 ohne Zögern und Unsicherheit von Bismarck in einer geheimen Weisung an den preußischen Botschafter in London formuliert[10]: Während man bisher noch an ein »im ganzen aufrichtiges, weil so sehr in der Richtung der wahren Interessen Österreichs liegendes Bestreben der österreichischen Regierung nach guten Verhältnissen mit Preußen« glauben konnte, sei dies nun nicht mehr der Fall. Beust zeige sich konnivent gegen die von Hietzing (Exil des Königs von Hannover) ausgehende Agitation. Preußen müsse deshalb auf seine eigene Sicherheit bedacht sein, seine guten Beziehungen zu Rußland pflegen und »auf Waffen gegen Österreich Bedacht nehmen«. Der Gefahr eines Krieges mit Frankreich könne Preußen ruhig entgegensehen, solange es der Neutralität Österreichs sicher ist.

»Aber die Gefahr wird komplizierter, wenn wir erwarten müssen, daß eine wieder hervorbrechende Feindschaft Österreich in die Arme Frankreichs und an die Spitze aller etwa noch in Deutschland vorhandenen antipreußischen Tendenzen führe. Wir müssen uns für diesen Fall... sichern und uns keine eventuellen Bundesgenossen entfremden. Wir finden solche leicht in den Völkerschaften an der österreichischen Grenze, etwa den Serben und ihren Stammesverwandten. Daß die Wiener Regierung nach dieser Seite als nach einem verwundbaren Punkte mit ängstlicher Sorgfalt blickt, ist... bekannt. Es ist ein Akt der Notwehr, wenn wir, um Österreich in Schach zu halten, dorthin Beziehungen suchen, die unserer Politik sonst fremdbleiben würden.

....Wir würden unsererseits nichts besseres wünschen, als vor solcher

Notwendigkeit bewahrt zu bleiben durch die Garantie, welche uns eine gesicherte und zuverlässige Haltung Österreichs gewähren würde.

In Ermangelung solcher Garantien müssen wir, um nicht allein den Eventualitäten einer französisch-österreichischen Allianz entgegenzugehen, uns alle Bündnisse offen erhalten, welche sich uns bieten.«

Daß diese erste ernsthafte Erörterung einer französisch-österreichischen Kriegsallianz an den preußischen Vertreter in London gerichtet war, ist kein Zufall. Immer wieder hat sich das englische Kabinett um eine Annäherung zwischen Wien und Berlin bemüht; dabei stand in wechselnder Deutlichkeit der Wunsch Pate, Preußen von Rußland zu trennen und insbesondere von einer Unterstützung der russischen Orientpolitik abzuhalten. (Auch die französische Politik kam immer wieder auf den Gedanken zurück, die beiden östlichen Mächte zu trennen, doch versuchte sie den Hebel andersherum anzusetzen: Trennung Rußlands von Preußen, im Sinne einer prowestlichen Politik des Zarenreiches und einer Isolierung Berlins.) Eben erst hatte Beust Lord Stanley versichert, daß Österreich jedes Angebot der Zusammenarbeit mit Preußen – vor allem im Hinblick auf den Orient – gerne entgegennehmen werde.[11] Leider habe aber das bisherige Verhalten Berlins keinen Anhaltspunkt geboten für die von Stanley angenommene friedliche und dem Standpunkt Englands, Frankreichs und Österreichs angenäherte Orientpolitik Preußens. Und Beust unterließ es schließlich nicht, Bismarck nochmals Vorschläge zu einem Zusammenwirken in der orientalischen Frage zu machen[12]:

»Für jetzt würde sich die nächste Gelegenheit, eine Übereinstimmung zu betätigen, wie so viele entgegenkommende Äußerungen des Grafen Bismarck sie uns hoffen lassen, in Bukarest darbieten, denn unsere Berichte von dort lassen uns nicht zweifeln, daß ausdrückliche Admonitionen, das Friedensinteresse und die Ruhe des Nachbarn nicht zu stören, bei der Regierung des Fürsten Karl ebenso gut angebracht sein würden als in Serbien. ... Es steht ... fest, daß die Idee einer großrumänischen Krone von der Regierung im Stillen begünstigt wird, daß sie eine Versuchung für den Fürsten bildet und daß Comitées bestehen, welche mit Connivenz der Regierung die Revolutionierung der rumänischen Bevölkerungen in den Nachbarreichen, in Siebenbürgen so gut wie in Bulgarien, betreiben. Bei dem Fürsten Carl ist ohne allen Zweifel das Wort Preußens das gewichtigste von allen, ... und es hängt daher ganz von der preußischen Regierung ab, dort eine Einwirkung zu üben, die uns als ein sicherer Beweis des von ihr der Wiederanknüpfung freundschaftlicher und vertrauensvoller Beziehungen zu Österreich beigelegten Werthes gelten würde.«

Daß diese Anregung in Berlin nicht mehr zu einer näheren Aussprache führte, ist bei der inzwischen von Bismarck eingeschlagenen, diametral entgegengesetzten Linie kein Wunder. Der Bundeskanzler legte offenbar damals das seit der Tauffkirchenschen Mission offengehaltene Dossier »Verständigung mit Österreich« zu den Akten. In einem Konzept seines Mitarbeiters Abeken für eine vertrauliche Information der preußischen Auslandsmissionen über diese Sendung (aus Anlaß der Publikation des Rotbuches) befand sich eine Passage, die das Sicherheitsbedürfnis Preußens und sein Verhältnis zu Österreich während der Luxemburgkrise betraf: »Daß wir in diesem Sinne gute Beziehungen zu Österreich wünschen mußten und immer wünschen müssen, liegt in der Natur der Sache.«[13] Bismarck verbesserte den Gedankengang seines Mitarbeiters, der den neuen Intentionen des Chefs nicht mehr entsprach, indem er in Abekens Konzept die Worte »und immer wünschen müssen« ausstrich. Von nun an lag also der von Preußens Sicherheitsbedürfnis ausgehende Wunsch nach guten Beziehungen zu Österreich nicht mehr in der Natur der Sache. Welche Veränderung der Natur der Sache war hier vorgegangen?

Schon in der programmatischen Darlegung an die Londoner Adresse war die zentrale Bedeutung hervorgetreten, die nunmehr Rußland für Bismarcks und Preußens Sicherheitsbedürfnis gewonnen hatte. Darauf ist nun näher einzugehen. Österreich suchte andererseits für sein eigenes Sicherheitsbedürfnis, dem Preußen nicht Rechnung tragen wollte oder konnte, weiterhin die Entente mit Frankreich. So traten zwei große Staaten, in der Mitte Europas durch so viele Bande der Tradition, der Kultur und der Sprache verbunden, auseinander, weil keiner beim anderen soviel Sicherheit zu finden glaubte, wie ihm die Verbindung hier mit Rußland, dort mit Frankreich zu versprechen schien. Bismarck hat damals die defensiven Aspekte seiner Rußlandpolitik ebenso betont wie Beust die seiner Frankreichpolitik. Doch der preußische Begriff der Sicherheit umschloß ohne Zweifel offensive Ziele: die nationale Einigung im kleindeutschen Sinne. Wenn Bismarck von einer Gefährdung Preußens sprach, so meinte er damit eine Gefährdung dieser Offensivziele. War dagegen die Sicherheit Österreichs eine rein bewahrende, fremd jeder Expansion? Dies zu behaupten, wäre einseitig. Denn sowohl nach der deutschen Seite hin, wie im Orient, war das Status-quo-Programm der österreichischen Politik verbunden mit der Absicht, Macht und Einfluß zu steigern. – Und schließlich bleibt bei aller abwägenden Beurteilung des damaligen Auseinandertretens preußischer und österreichischer Politik, dessen Bedeutung weit über 1870/71 hinaus nicht unterschätzt werden darf, ein besonders schwieriges Problem die Bewertung des persönlichen Anteils und des persönlichen Stils des Grafen Bismarck.

Wimpffen, Österreichs Gesandter in Berlin, hatte damals vollauf Gelegenheit, die österreichfeindliche Neuorientierung der preußischen Politik zu beobachten. Er beklagte sich Beust gegenüber in einem Privatbrief aufs bitterste[14]:

»Ich bin hier immer und besonders heute auf alles gefaßt, die Niederträchtigkeit, der man hier begegnet, übersteigt aber alle Begriffe, in der Komödie wie im Ernste! – In dieser Hinsicht mache ich gar keinen Unterschied zwischen Bismarck und seinen Herren.

…Ob Graf Bismarck Euer Excellenz die Ehre erweist, Sie persönlich zu hassen, weiß ich nicht; daß er aber Österreich nicht oder nur so, wie e r es meint, aufkommen und bestehen lassen will und daß Sie ihn deshalb in Österreich s e h r genieren – darüber kann nach meiner Ansicht nur mehr ein Urteil bestehen.«

Auch wenn man die Personalisierung politischer Sachprobleme, die bei Freunden und Feinden Bismarcks so häufig begegnet, kritisch in Rechnung setzt, bleibt angesichts einer Gesamtkonstellation, wie sie Wimpffens Brief beleuchtet, eine erhebliche Unklarheit: Was hatte Bismarck damals wirklich mit Österreich, Rußland und dem Orient im Sinne?

Im März 1868 kam es zwischen Preußen und Rußland zu einer Vereinbarung über gegenseitige militärische Hilfeleistung im Falle einer Bedrohung durch Frankreich und Österreich.[15] Diese Absprache, die auf preußischen Wunsch nicht in schriftlicher Form, sondern nur durch den Austausch bindender mündlicher Zusagen stattfand, hat für die weitere Polarisierung der europäischen Mächte und für die Situation von 1870 eine erhebliche Rolle gespielt. Ein Blick auf die unmittelbare Vorgeschichte und die näheren Umstände der Vereinbarung zeigt, wie sehr für beide Seiten das Problem Österreich im Mittelpunkt stand.

Zu Anfang des Jahres 1868 wurde in der europäischen Presse und unter den Diplomaten über eine Annäherung zwischen Preußen und Österreich, verbunden mit einer freundlicheren Gestaltung der Beziehungen zwischen Berlin und Paris, viel gesprochen. Es war dabei auch die Rede von »Österreichs deutschem Beruf im Orient«, also von einem preußisch-deutschen Zusammengehen in der orientalischen Frage. Anscheinend spielte dabei eine Rolle das positive Echo, das die Zusammensetzung der ersten cisleithanischen Regierung, des deutschliberalen »Bürgerministeriums« vom Dezember 1867, in weiten Kreisen Preußens und Deutschlands fand. Auffallend war, besonders für russische Beobachter, daß solche Stimmen auch in preußischen Blättern, in der Kölner Zeitung und in der Berliner Kreuzzeitung, laut wurden.[16] Besonders ein Kreuzzeitungsartikel vom 10. Januar, der den Wunsch formulierte, daß Österreich, gestützt auf eine positive Freundschaft mit Preußen, seinen deutschen Beruf im Orient »im vollsten Maße erfüllen möge«, erregte in St. Petersburg und bei Gortschakow großes Aufsehen. Bismarck sah sich einem ebenso raschen wie heftigen Aufflammen des stets latenten russischen Mißtrauens gegenüber. Und dies Mißtrauen der öffentlichen Meinung setzte sich alsbald in ein Drängen der russischen Regierung um. Prinz Reuß, der preußische Gesandte in St. Petersburg, sah darin eine

Folge der Isolierung der russischen Orientpolitik, seit Frankreich auf die Seite Österreichs getreten war: »Die Besorgnis aber, seit der Trennung von Frankreich auf diesem Gebiete vollständig isoliert zu sein, ist so groß, daß das Bedürfnis nach einer Stütze täglich mächtiger wird. Daher dies Drängen nach bindender Annäherung an Preußen und dies Zurschaustellen eines wirklich empfundenen oder nur fingierten Schmollens über unser angebliches Einverständnis mit Frankreich und Österreich.«[17] Bismarck versicherte Gortschakow umgehend, daß die Gerüchte über eine Änderung der preußischen Haltung zu Rußland jeder Grundlage entbehrten: »Wir betrachten Rußland als unseren natürlichen historischen und intimen Bundesgenossen.«[18] Das war nicht neu. Aber neu war, wie dezidiert Bismarck nun von Österreich abrückte. Man gewinnt den Eindruck, daß die Schärfe der Distanzierung von Wien und die damit verbundene Anschwärzung der österreichischen Politik ein Preis war, den Bismarck zu diesem Zeitpunkt für die Stabilität der Verbindung mit Rußland zu zahlen bereit war: »Ich kenne persönlich aus langjähriger Erfahrung die Verlogenheit der österreichischen Politik zu gut, um ihr bereitwillig zu trauen.« In diesem Sinne sich gegenüber Rußland zu äußern, kam einer Option gleich. War sie damals wirklich notwendig?

Die weiteren Schritte, die zur März-Vereinbarung führten, lassen die Vermutung zu, daß es *diese prinzipielle Form* der Option war, die Bismarck bieten zu müssen glaubte, um nicht entweder die Sicherheit der Anlehnung an Rußland zu verlieren oder sich in schwer kalkulierbare Risiken der russischen Orientpolitik hineinziehen zu lassen. Es stellte sich nämlich heraus, daß Zar Alexander und Gortschakow nun die Stunde gekommen sahen, Preußen nicht nur in allgemeiner Form festzulegen, sondern auch die aktuellen Probleme des Orients in einen bindenden Schutzvertrag mit Preußen einzubeziehen. Konkret ging es um Bosnien-Herzegowina.[19] Russischerseits wurde gewünscht und vorgeschlagen, daß Preußen nicht nur dann an der österreichischen Grenze aufmarschiere, wenn Rußland von Frankreich und Österreich bedroht werde (was ein Äquivalent zu einer russischen Aktion bei einer französischen und österreichischen Unternehmung gegen Preußen gewesen wäre). Vielmehr sollte dieser Aufmarsch auch erfolgen, wenn Österreich – und sei es auch im Einverständnis mit der Türkei – eine Besetzung von Bosnien-Herzegowina vornehme.[20] Diese Festlegung zu vermeiden, war ein großer Erfolg der überaus gewandten Verhandlungtaktik Bismarcks. Ebenso gelang es ihm, ohne jede Verstimmung der russischen Seite die schriftliche Fixierung des Übereinkommens zu vermeiden. Und selbst der Kern des Übereinkommens – die gegenseitige Hilfe bei einem Angriff Frankreichs und Österreichs auf Preußen oder Rußland – wurde von Bismarck unter souveräner Ausnutzung des mündlichen und damit indirekten Verhandlungsmodus so gefaßt und erläutert, daß russische Sonderwünsche nicht zum Zuge kamen.[21] Es war ein Meisterwerk diplomatischer Finesse, den Partner in so wesentlichen Punkten überspielt zu haben, und dabei die Verhandlungen in voller gegenseitiger Zufriedenheit abzuschließen. Allerdings – eine entscheidende Voraussetzung für das Gelingen war von Bismarck vom Beginn der Verhandlungen an nie aus den Augen verloren worden: Rußland in Wort und Tat zu versichern, daß Preußen Österreich und seiner Orientpolitik prinzipiell abweisend gegenüberstehe.

Angesichts dieser Umstände läßt sich folgende These formulieren: Die schroffe Wendung Bismarcks gegen Österreich, die im Januar/Februar 1868 zu beobachten ist, war nicht nur eine Folge der verschiedenen, oben behandelten Faktoren, die das unmittelbare Verhältnis der beiden Staaten belasteten. Sie war zusätzlich bedingt durch die Eigenart der preußischen Ententepolitik gegenüber Rußland; Bismarck bietet Rußland damals statt eines Eingehens auf spezifische Allianzwünsche, die Preußen sofort in die aktuellen Orientprobleme (Bosnien!) verstrickt hätte, die prinzipielle Sicherheit: Verzicht auf eine deutsch-österreichische Annäherung und Zusammenarbeit. Von Bismarck her war – dies scheint im Hinblick auf die Folgezeit wichtig – diese Option aber nicht im Sinne eines Dauerkonfliktes mit Österreich und einer Steigerung der Kriegsgefahr gemeint. Man gewinnt den Eindruck, daß er mit dem nun beginnenden scharfen Kurs (neben der Bindung Rußlands) in Österreich pädagogisch-interventionistische Zwecke verfolgte: die Einschüchterung Wiens, den Sturz Beusts und – wenn möglich – eine Umorientierung der österreichischen Außen- und Innenpolitik im Sinne der schon 1867 betonten »Anlehnung Österreichs an Deutschland«; dies Wunschbild einer von Berlin abhängigen, verfassungs- und gesellschaftspolitisch konservativen, weder in Süddeutschland noch im Orient störenden Politik des Kaiserstaates läßt sich aus den Dokumenten unschwer rekonstruieren. Daß sich Bismarck in dieser Richtung zunächst erheblich verrechnete, wird noch zu zeigen sein.

Von 1866 bis 1868, das heißt bis zum ersten Zusammentreten der Delegationen in Wien und des Zollparlaments in Berlin, war der Ausbau der neuen Verfassungseinrichtungen in Preußen-Deutschland und in Österreich-Ungarn in zeitlicher Parallele vor sich gegangen. Schon 1867 beginnend und 1868/69 deutlich werdend, verläuft nun die Ausgestaltung der französisch-österreichischen und der preußisch-russischen Entente parallel. Die Analogien dieser zwischenstaatlichen Verhältnisse dürfen aber angesichts der erheblichen Unterschiede nicht überschätzt werden. Die preußisch-russischen Beziehungen ließen sich trotz zeitweiliger Nervosität und eines in St. Petersburg immer wieder aufsteigenden Mißtrauens dank Bismarcks vorsichtiger Hand im allgemeinen ruhig und stetig an. Innerdeutsche Kritik an den gegen die Baltendeutschen gerichteten Russifizierungsmaßnahmen und an der panslawistischen Propaganda fehlte nicht. Aber Bismarck wußte mit Härte und Umsicht zu verhindern, daß diese Kritiken und Befürchtungen das Verhältnis zu Rußland belasteten. Dagegen war die Entwicklungslinie der österreichisch-französischen Entente dynamisch und von der Unrast Napoleons III. ebenso geprägt wie von dem mannigfachen Temperaturwechsel gegenüber Preußen und Rußland. Andererseits ging es Beust darum, die Unberechenbarkeiten des französischen Partners im Sinne der Konstanz des Salzburger Programms auszugleichen und zu diesem Zwecke die Entente womöglich zu erweitern.

Der neue Impuls, den Beust im Januar 1868 mit der Sendung Vitzthums nach Paris und London zu geben versuchte, galt einer stärkeren Einbeziehung Englands, sowohl hinsichtlich der deutschen wie der orientalischen Ziele der französisch-österreichischen Zusammenarbeit. Mit Vitzthum trat eine neue und in mehrfacher Hinsicht interessante Gestalt in die österreichische Diplomatie ein.[22] Er kam, wie der Reichskanzler, aus Sachsen und hatte eine langjährige Karriere als sächsischer Diplomat hinter sich, als er 1867 von Beust an den Ballhausplatz geholt wurde. Seit Juni 1868 als Gesandter Österreich-Ungarns in Brüssel akkreditiert, war er weiterhin der Vertrauensmann Beusts für die Fragen der westeuropäischen Politik; immer wieder wurde er in vertraulichen Missionen dort eingesetzt, wo Beust in besonderer Weise engagiert war. Vitzthum war ein geistvoller und scharfer Beobachter. Im Unterschied zu dem liberalkonservativen Praktizismus Beusts war er eher ein Mann »ideologisch« begründeter Konzepte. Stark an den Traditionen des europäischen Staatensystems orientiert, ging er in seiner Gegnerschaft zu Bismarcks Preußen mit Beust ganz einig, seine Grundhaltung zur deutschen und europäischen Politik war wohl um eine Schattierung konservativer. Die Korrespondenz Vitzthums ist auch deshalb besonders aufschlußreich, weil er als der engste Vertrauensmann Beusts diesem gegenüber manche Überlegungen ausspricht, die Rückschlüsse auf die eigenen – aber unausgesprochenen – Gedanken des Reichskanzlers erlauben. Ein Beispiel hierfür mag an dieser Stelle zitiert werden; es führt in das Zentrum der deutsch-österreichischen Hoffnungen, wie sie damals zwischen Vitzthum und Beust besprochen wurden, aber in den Akten nur sehr selten einen Niederschlag fanden. Vitzthum nannte im April 1868 in einem Privatbrief Beust die Gründe, die ihn zum Eintritt in den k.u.k. Dienst veranlaßten[23]:

»1. Meine politische Überzeugung, vor allem meine tiefeingewurzelte Vorliebe für Österreich, welches ich immer als die Vormacht unseres deutschen Vaterlandes betrachtet habe;

2. Mein Vertrauen zu Ihnen, den ich als den Einzigen ansehe, der Österreich und mit und durch Österreich, Deutschland retten kann.«

Vitzthum, der lange als sächsischer Gesandter in England gewirkt hatte und mit Disraeli persönlich befreundet war, ging in inoffizieller Mission über Paris nach London. Sein Auftrag war, zu erkunden, wie die Chancen für eine

Aktivierung der englischen Europa- und Orientpolitik im Sinne des Pariser Dreiervertrags vom 15. April 1856 (Garantie für die Integrität der Türkei) aussahen.[24] Nach zwei Monaten war klar, daß die Sendung sachlich zu keinem Erfolg geführt hatte. Die Positionen, die im Verlaufe dieser Sendung in Wien, Paris und London faßbar wurden, sind aber für den Fortgang der Dinge in mehrfacher Hinsicht von Bedeutung. Auf österreichischer Seite wird die Kombination des konservativen Vertragsdenkens – der Garantievertrag vom 15. April 1856 als völkerrechtliche Basis einer gemeinsamen Orientpolitik – mit aktuellen politisch-militärischen Berechnungen deutlich: Nur wenn England mit Frankreich und Österreich verbunden ist, kann ein preußisch-französischer Krieg in einer den Interessen Österreichs (und der Rücksicht auf Rußland!) entsprechenden Weise verlaufen: »Nur unter dieser Constellation ist nämlich ein Erfolg verheißender, *die bewaffnete Neutralität des Kaiserstaates wenigstens anfangs nicht ausschließender*[25] Zweikampf zwischen Frankreich und Preußen möglich.«[26] Denn entscheidend würde der Einsatz der französischen Flotte gegen die norddeutschen Küsten sein. Weiterhin stellte sich für die österreichischen Diplomaten bei der Gelegenheit der Pariser Vorverhandlungen (Vitzthum, Metternich, Napoleon, Moustier) eklatanter als bisher die persönliche Schwäche des französischen Kaisers und sein unberechenbares Schwanken zwischen Friedens- und Kriegspolitik heraus. Selbst Richard Metternich, der sonst eher zu rosaroter Berichterstattung neigte, mußte feststellen: »Mein Grundgedanke, daß nämlich der ›Caesar‹ moralisch und physisch sehr gesunken, steht trotz alledem aufrecht.«[27]

Auf französischer Seite fällt im Kontext der allgemeinen Unsicherheit, auf die Vitzthums Sondierung stieß, die starke Neigung zu einem ›Apaisement‹ mit Preußen auf. Man war sich mit London darin einig, daß Bismarck bereits von der russischen Orientpolitik abzurücken begonnen habe. Und man suchte Österreichs Zustimmung zu einer gewinnenden Politik gegenüber Berlin.[28] Es war wohl diese damals verbreitete Stimmung, die Beust am 5. Februar zu seinem nochmaligen – und letzten – Versuch eines Kooperations-Vorschlages für den Orient an Bismarck ermunterte.[29] In Berlin waren freilich damals die Weichen schon anders gestellt.

In London traf Vitzthum auf eine innerpolitische Situation und auf eine weitverbreitete Stimmung, die jede markierte Stellungnahme in kontinentalen Fragen als Gefährdung des europäischen Friedens zu vermeiden suchte. Vergeblich wandte sich der österreichische Sondergesandte auch an seinen Freund Disraeli, der nun eben (am 25. Februar) als Nachfolger Stanleys Premierminister geworden war. Vitzthum war am gleichen Tage zur Hoftafel auf Schloß Osborne geladen, als auch Disraeli gekommen war, um als neuernannter Premier der Königin Viktoria die Hand zu küssen. Nach dem Essen nahm der Gesandte Disraeli beiseite und entwickelte ihm nochmals die österreichische Anschauung und Aufforderung[30]:

»Sie wissen, daß Rußland im Orient eine Revolution vorbereitet, und daß es allein verantwortlich sein wird für den Krieg, der daraus entstehen kann. Österreich und Frankreich sind mit Ihnen darin einig, alles nur Mögliche zu tun, um diese Konflagration zu verhindern. Helfen Sie uns! Die Politik der Enthaltsamkeit dient nur dazu, den Feind zu ermuntern. Der Krimkrieg kam nur deshalb zustande, weil Zar Nikolaus fälschlich annahm, daß die Ideen von Bright und Cobden die englische Politik beherrschten und England sich alles gefallen lasse. Keine Fallen aufzustellen für die Diebe, die nachts Ihre Äpfel stehlen, mag weise und christlich sein. Aber ist es nicht unsinnig, die Diebe einzuladen, indem Sie am Eingang Ihres Parks ein Plakat anbringen: ›Hier sind keine Fangeisen aufgestellt.‹?«

Englands Abstinenz blieb bekanntlich auch in den folgenden Jahren unerschütterlich. Zwar waren – vor allem bei den Konservativen – noch starke Sympathien für Österreich-Ungarn vorhanden. Und es fehlte nicht an Versuchen, Englands Position in Berlin für einen Ausgleich der Spannungen zwischen Preußen und Österreich einzusetzen. Aber der negative Ausgang der Mission Vitzthums hatte definitiven Charakter; es erwies sich weiterhin als unmöglich, England als positive Kraft in die von Österreich zu erleidenden oder zu bewirkenden Kämpfe um die Gestaltung Mitteleuropas und des Orients dauerhaft einzubeziehen.

Ende März und im April 1868 war in Paris nicht mehr vom Apaisement mit Preußen die Rede. Die Zeichen standen auf Schlechtwetter. Manche Beobachter rechneten sogar mit dem baldigen Ausbruch des Krieges mit Preußen. Es scheint, daß vor allem die Zollparlamentswahlen und die Furcht, Bismarck könne das Zollparlament zu weiteren Schritten in Richtung der deutschen Einigung benützen, in Paris erhebliche Unruhe verursachten. Auch die Berichte des Prinzen Jérôme Napoléon, der eben von seiner Reise nach Preußen zurückgekehrt war, haben anscheinend alarmierend gewirkt.[31] Angesichts der für Wiens Politik der »moralischen Eroberungen« so erfolgreichen Wahlergebnisse und der entsprechenden Zurückhaltung Bismarcks gegenüber den in Berlin versammelten Abgeordneten mußte Beust großes Interesse daran haben, Napoleon von unbedachten Schritten zurückzuhalten. In diesem Sinne wirkte er mit allen ihm verfügbaren Mitteln und Argumenten auf die französische Regierung ein, um das prononcierte Mißtrauen und die Unzufriedenheit mit der angeblichen passiven Haltung Österreichs, die in Paris zutagegetreten waren, auszuräumen[32]: Er betonte die Neuausrüstung der Armee, die positiven Ergebnisse der bisherigen österreichischen Politik in Süddeutschland (im Sinne der Salzburger Absprache) und die Stärke seiner eigenen Position, die mit den neuen liberalen Institutionen unverbrüchlich verbunden sei – denn auch diese konstitutionelle Entwicklung der Monarchie hatte in den Tuilerien beunruhigt. Beust verlangte, nicht ohne spürbares Ressentiment, von Paris eine gerechtere Würdigung der antipreußischen Deutschlandpolitik Österreichs. Als schlagenden Beweis für die Zuverlässigkeit und den Erfolg seiner Politik auf diesem Felde der Entente mit Frankreich führte er Bismarcks Feindseligkeiten an: »L'hostilité sourde, mais active et continuée qu'il nous témoigne est le meilleur argument que je puisse invoquer.«

Der weitere Austausch zwischen Paris und Wien bekräftigte die Grundlinien der österreichischen Politik: Unwahrscheinlichkeit von gegen den Prager Frieden gerichteten Überraschungen in Süddeutschland (sei es von preußischer oder süddeutscher Seite), Rücksicht auf das deutsche Nationalgefühl im Sinne einer Trennung Preußens von Deutschland, vorsichtige Politik im Orient, wo Beust auf die Zurückhaltung des Fürsten Michael von Serbien rechnete, ohne den die Rumänen nichts Entscheidendes unternehmen würden.[33] In einem Punkt allerdings ergriff der Reichskanzler eine Initiative, die ersichtlich den doppelten Zweck hatte, Napoleon Genugtuung zu leisten und in Berlin und Süddeutschland ein »Signal« zu geben. Es handelt sich um die sogenannte Zollparlamentsdepesche Beusts vom 15. April 1868, die der österreichische Gesandte Wimpffen Bismarck vorzulesen hatte.[34] Österreich warnte Preußen im Hinblick auf Artikel IV des Prager Friedens vor einer Ausweitung der Kompetenzen des Zollvereinsparlamentes. In einer Sprache, die durch ihre freundliche Tönung um so mehr reizte, erwähnte Beust auch das Schweigen Bismarcks zu der seinerzeitigen Südbundinitiative.[35] Österreichs Interesse und die Sorge für die Erhaltung des Friedens veranlasse die gegenwärtige Mitteilung: Österreich könne nicht »gleichgültiger Zuschauer« bleiben, »falls in Berlin Demonstrationen vorkämen, welche die Natur des Zollparlaments verändern und den durch den Prager Friedensschluß begründeten vertragsmäßigen Zustand beiseitesetzen oder offen angreifen würden.«

Bismarck reagierte zunächst sehr erregt, verlangte die Zurückziehung der Depesche, sprach von unbefugter Einmischung und schien vor allem wegen der Wirkung auf die Öffentlichkeit besorgt.[36] Bemerkenswert ist nicht nur das verhältnismäßig rasche Einlenken Bismarcks, sondern auch die auffallende Zurückhaltung, die Beust in den folgenden Wochen gegenüber Paris an den Tag legte. Hermann Oncken hat die Gesamtsituation dahingehend gedeutet, daß in der zweiten Aprilhälfte 1868 eine europäische Krise bestanden habe, welche von Frankreich ausging und durch die damals von Österreich geübte Zurückhaltung zugunsten des Friedens entschieden wurde.[37] Diese Interpretation hat keinen sehr festen Boden. Sicher hat Beust in Paris nach Kräften gedämpft und gleichzeitig in Berlin Österreichs Standpunkt klargemacht. Wieweit diese Aktionen jedoch auf Bismarcks Verhalten, den Verlauf der Zollparlamentsverhandlungen und die schließliche Beruhigung in Paris Einfluß hatten, läßt sich nicht mit Sicherheit feststellen. Klar ist, daß der französische Außenminister Moustier in dem Augenblick zu einer ruhigeren

Tonart überging und von weiterem Drängen und Fragen in Wien abließ, als das Zollparlament darauf verzichtete, den Status quo Süddeutschlands in Frage zu stellen (Ablehnung des nationalliberalen Antrags am 7. Mai).[38] Beust hatte aus dieser Auseinandersetzung mit Frankreich im Frühjahr 1868, die wieder einmal die internen Schwierigkeiten der Entente gezeigt hatte, wenigstens *eine* wertvolle Klärung gewinnen können: Napoleons Zusicherung, daß in der deutschen Frage grundsätzlich Österreich die Initiative zustehe.[39] Während Beust die für Wien wie für Paris günstige Entscheidung des Zollparlaments nochmals zum Anlaß nahm, um die Erfolge der österreichischen Politik nicht nur im Süden, sondern auch im Norden Deutschlands zu betonen, versuchte er neuerdings, die Zusammenarbeit mit Frankreich für ein konkretes Ziel im Osten einzusetzen[40]; die Verhältnisse in Rumänien, wo antisemitische Ausschreitungen vor allem gegen österreichische Untertanen gerichtet waren, wurden als zweckmäßiges Feld der gemeinsamen Intervention bezeichnet: »Toujours est-il que c'est en Orient que notre entente avec la France peut se manifester, dès à présent, sans inconvenient.«

Die nächste Etappe in den österreichisch-französischen Beziehungen begann am 20. Juli 1868 mit einem Telegramm Metternichs an Beust, das eine Bündnisinitiative Napoleons ankündigte.[41] Ein friedlicher Sommer hatte die europäische Politik äußerlich zum Stillstand gebracht. Bismarck, krank und erschöpft, war für lange Monate nach Varzin gegangen, Beust saß in Bad Gastein, Kaiser Franz Joseph ging in Ischl auf die Jagd. Das Telegramm brachte Bewegung hinter den Kulissen. Der Reichskanzler bestellte Metternich sogleich zur mündlichen Berichterstattung nach Salzburg, schickte dem Kaiser von Gastein aus eine vorbereitende Mitteilung, legte in Salzburg mit Metternich die österreichische Marschlinie in einem kurzen Promemoria fest und holte dafür die Sanktion des Kaisers ein. Metternich unterbreitete Napoleon die österreichischen Gegenvorschläge. Anfang September kam auch Vitzthum nach Paris, um an den Geheimverhandlungen teilzunehmen und Metternich im Sinne Beusts zu sekundieren. Im Laufe des Oktobers begannen sich die Dinge zu klären, und im November/Dezember verlagerte sich die Auseinandersetzung über eine engere und aktive Gestaltung der französisch-österreichischen Entente auf eine neue Ebene: Beiziehung Italiens und Abschluß einer Triplealliance.

Was waren der Inhalt und das Ergebnis dieses unter strengster Geheimhaltung geführten Meinungsaustausches? Frankreich wollte offensichtlich aus den Grenzen der Salzburger Vereinbarung »ausbrechen« und zu einer baldigen spektakulären Aktion übergehen; der Ausbreitung der preußischen Macht sollte entweder eine bald zum Krieg führende Aktion mit dem unmittelbaren Ziel der »Wiederherstellung der Position Österreichs in Deutschland« oder eine einschüchternde Defensivschranke durch eine Garantie des

Status quo seitens der europäischen Mächte entgegengestellt werden.[42] Die Einwände, die von österreichischer Seite sofort gegen die erste Alternative geltend gemacht wurden und diese als ausgeschlossen bezeichneten, galten mutatis mutandis auch für den zweiten Vorschlag. Österreich bedurfte für seinen »Wiedereintritt in Deutschland« in erster Linie der Sympathien in Deutschland. Diese würden sofort verlorengehen, wenn der Kaiserstaat zusammen mit einer ausländischen Macht gegen Deutschland auftreten oder – im zweiten Falle – die Verewigung des Status quo fordern wollte. Zu einer Status-quo-Garantie würden sich auch weder Rußland noch England bereitfinden. Beust und Vitzthum schlugen stattdessen etwas wesentlich anderes vor: Frankreich solle sich an die Spitze einer großangelegten Initiative der europäischen Abrüstung stellen. Dieser Gedanke werde bei der europäischen Öffentlichkeit ein starkes Echo finden, denn der »Druck der materiellen Interessen«, die überall unter der forcierten Rüstung und der politischen Unsicherheit zu leiden haben, werde seiner Verwirklichung zugutekommen.

Das österreichische Abrüstungsprojekt fand auf französischer Seite eine geteilte Aufnahme. Der Napoleon besonders nahestehende Minister Rouher hat es zeitweilig sehr befürwortet. Schließlich versuchte Rouher jedoch, Beusts Vorschlag in die Richtung der ursprünglichen französischen Absichten umzubiegen: Eine vorherige Zusage österreichischer Waffenhilfe im Falle einer Ablehnung der Abrüstung durch Preußen wurde in Vorschlag gebracht. Zuletzt gab die Einwirkung Clarendons, der vor seiner Ernennung zum englischen Außenminister Napoleon besucht hatte, den Ausschlag in negativer Richtung; in den Tuilerien stellte man das Abrüstungsprojekt Beusts, über dessen reale Möglichkeiten und Auswirkungen auf das preußisch-französische Kräfteverhältnis man sich ganz unklar war, zurück und wandte sich Clarendons Idee einer englischen und eventuell europäischen Garantie des Status quo zu. Beust scheint über diesen Ausgang nicht unglücklich gewesen zu sein. Er benützte die Gelegenheit, um sogleich zwei konkrete Anliegen zu nennen, wo Frankreichs energische Initiative erwünscht war: die rumänische Frage (als Teil der orientalischen Frage, die Napoleon wieder nachdrücklich als günstiges Feld der Auseinandersetzung mit Preußen empfohlen wurde) und Italien, dessen Bundesgenossenschaft zu gewinnen für Frankreich wie für Österreich von außerordentlicher Bedeutung sei.[43] So ging aus der Wiener Initiative zur Abrüstung die Initiative zur Tripleallianz hervor: In den Augen Beusts sollte sie in ähnlicher Weise eine Ablenkung vom Rhein und eine Stärkung der französisch-österreichischen Bewegungsfreiheit im Orient bedeuten.

In der Kette der Entscheidungen, die zu 1870/71 hinführten, ist das österreichische Abrüstungsprojekt infolge seiner Zurückweisung durch Napoleon nur ein Intermezzo geblieben. Nun traten die Tendenzen zu einer massiven Blockbildung in den Vordergrund. Gegenüber dem deutlichen Zusammengehen Preußens und Rußlands trat Vitzthum mit Schärfe für die Notwendigkeit einer antipreußischen Festlegung Österreichs ein, für eine Allianz mit Frankreich, die klare offensive Ziele hatte. Mit der Möglichkeit einer künftigen Verständigung zwischen Österreich und Preußen wollte Vitzthum im Herbst 1868 nicht mehr rechnen:

»Solange man hoffen durfte, Preußen werde geneigt sein, die Neutralität Österreichs durch greifbare Zugeständnisse zu erkaufen, solange war die Politik der freien Hand geboten. Heute jedoch ist die Vermutung wohl begründet, daß Preußen und Rußland nicht sowohl eine Verständigung mit Österreich, sondern dessen Zertrümmerung im Auge haben.«[44]

Die radikale Position Vitzthums entsprach, wie sich in den folgenden Allianzverhandlungen zeigte, keineswegs der vorsichtigen Politik des Ballhausplatzes. Rücksichten der inneren Politik und eine zunehmende Skepsis hinsichtlich der Seriosität des französischen Verhandlungspartners machten sich in Wien geltend. Nicht so sehr die apokalyptische Vision einer von Preußen und Rußland drohenden Zertrümmerung der Monarchie war es, die Beust und Franz Joseph und die führenden Kreise der Habsburger Monarchie vor Augen hatten. Vielmehr war es die von Bismarck mit den verschiedensten Mitteln betriebene Politik, Österreich-Ungarn auf den Status einer zweitrangigen, von Preußen (und Rußland) abhängigen Macht festzulegen, auf die man in Wien zu reagieren hatte. Auf der diplomatischen Ebene stellte sich die Frage, ob unter diesen Umständen eine Politik »der freien Hand« oder eine Blockpolitik mit Frankreich und Italien die größeren Chancen und geringeren Risiken böte. Dahinter steht aber die fundamentalere Frage, ob überhaupt angesichts der damaligen politischen und gesellschaftlichen Realität in Österreich-Ungarn die Voraussetzungen gegeben waren, so oder so den Status einer Großmacht zu behaupten beziehungsweise wiederzugewinnen.

Österreich und Frankreich bis zum Sommer 1870: innere Krisen, Scheitern der Allianz, bleibende Affinität und zunehmende Unsicherheit

Frankreich und Österreich-Ungarn waren gewiß nicht die einzigen Staaten Europas, die zu Ende der sechziger Jahre mit erheblichen inneren Schwierigkeiten zu tun hatten. Aber stärker als woanders machten sich gerade in den beiden Kaiserreichen, die eben eine gemeinsame Linie europäischer Politik formulieren wollten, Symptome einer allgemeinen Krise des Systems bemerkbar. Und die unmittelbaren wie mittelbaren Folgen dieser tiefreichenden Krisenerscheinungen für die Bündnispolitik beider Staaten sind unübersehbar.

In Frankreich handelte es sich um nichts weniger, als um das Ende der autoritären Staats- und Regierungsform, die bisher die Stärke der Stellung Napoleons III. nach innen und außen ausgemacht hatte.[1] Das ›Empire libéral‹, seit 1868 in Einzelmaßnahmen sich ankündigend, 1869 mit einschneidenden Verfassungsänderungen grundgelegt und im Januar 1870 mit der durch den Namen Emile Olliviers bezeichneten Einführung des parlamentarischen Verfahrens vollendet, war als eine rettende Umgestaltung des bonapartistischen Systems gedacht. In der Tat erwies es sich jedoch als ein Weg zur Auflösung der Autorität des Kaisers mit irreversiblen Wirkungen nach innen und nach außen. Die liberale und antiklerikale Linke begann 1868/69 immer stärker hervorzutreten. Konnte zunächst noch an eine positive, liberale Analogie der französischen zu der österreichisch-ungarischen Verfassungsentwicklung gedacht werden, so zeigte sich bald der eindeutig negative Einfluß der beginnenden Instabilität der französischen Regierung auch auf die Führung der Geheimverhandlungen mit Wien, die höchster Diskretion bedurften. Während auf österreichischer Seite Beust im Sattel blieb (trotz aller Schwierigkeiten, von denen die Rede sein wird) und die parlamentarische Kontrolle der Außenpolitik durch die Eigenart der neuen Verfassung in engen Grenzen gehalten war, geschah in Paris das Gegenteil. Es begann ein rascher Wechsel der Außenminister. Auf Moustier folgten La Valette, dann der Fürst de La Tour d'Auvergne, schließlich – als erster parlamentarischer Ressortchef – Daru, dessen Nachfolger noch im Mai 1870 Gramont wurde, bis dahin Botschafter in Wien. Auch Rouher, der ja zunächst als Ministre d'Etat im Auftrag Napoleons und ohne Wissen des Außenministers die Geheimverhandlungen mit Österreich geführt hatte, demissionierte im Mai 1869. Über das formale Problem der Geheimhaltung beziehungsweise der Einweihung der wechselnden Minister hinaus zeigte sich, daß die jeweiligen Leiter der Außenpolitik Frankreichs – soweit sie überhaupt eingeweiht wurden und beteiligt waren – in den verschiedenen Stadien der Allianzgespräche recht unterschiedliche politische Gesichtspunkte geltend machten.

Doch die Schwierigkeiten lagen nicht nur in der Fortführung der Methoden einer Kabinettspolitik alten Stiles beim Übergang zum Parlamentarismus. Die Desintegration des autoritären Bonapartismus führte im Sommer 1869 zu Unruhen in vielen Teilen des Landes. Die Gesundheit des Kaisers schien den Belastungen nicht mehr standzuhalten. Seine Krankheit im August/September 1869 wurde vielfach als ein Symptom des baldigen Todes oder einer bevorstehenden Auflösung des Systems gewertet. Trotz einer raschen polizeilichen Unterdrückung der Unruhen und einer forcierten Genesung des Kaisers trug das Frankreich Napoleons III. seit dem Sommer 1869 für viele Beobachter das deutliche Stigma der Schwäche und des Verfalls.[2] Die militärischen Anstrengungen und Vorbereitungen Frankreichs galten nach wie vor als respektabel. Manche Feinde Preußens sahen in der französischen Armee das einzige Instrument, das imstande wäre, die preußische

Macht niederzuwerfen.[3] Aber die Berichte des österreichischen Militäratta-chés in Paris, des späteren Landesverteidigungsministers Welser von Welsersheimb, zeigen eine tiefe Skepsis gegenüber der Gesamtheit der französischen Verhältnisse wie gegenüber den Chancen einer wirkungsvollen militärischen Verabredung und Zusammenarbeit.[4]

In Österreich-Ungarn nahmen die Dinge zunächst einen Verlauf, der eine positive Ausfüllung des neuen dualistischen Rahmens erhoffen ließ. Der starke wirtschaftliche Aufschwung, der nach 1866 eingesetzt hatte und mit den Schwierigkeiten in Norddeutschland auffallend kontrastierte, konnte als ein hoffnungsvolles Symptom angesehen werden.[5] Mit dem im November 1868 von den Delegationen verabschiedeten Wehrgesetz war die Grundlage für die Reorganisation der Armee gelegt: Einführung der allgemeinen Wehrpflicht, dreijährige Dienstzeit, Kriegsstärke von achthunderttausend Mann, dazu Einrichtung der Landwehr beziehungsweise der Honved-Verbände im ungarischen Reichsteil. Aber schon bei diesen Verhandlungen hatte sich gezeigt, daß Beust, trotz der klaren Linie liberaler Reformpolitik, die er einschlug, mit zunehmenden Vorbehalten seitens der Deutschliberalen zu rechnen hatte. Der Abgeordnete Sturm hatte die Ansicht der liberalen Gegner des Wehrgesetzes formuliert: »Man schafft einen unerträglichen allgemeinen Militärzwang, eine Stütze der Dynastie, eine Geißel der Völker. Nicht ein Volksheer, ein Soldatenheer wird errichtet; das Wehrgesetz ist ein militärisches Konkordat.«[6] Auf der anderen Seite trug die energische liberale Reformgesetzgebung Cisleithaniens 1868/69 in Verbindung mit der römischen Frage, der von Wien angestrebten Konkordatskorrektur und der Konzilsankündigung zur Stärkung der klerikalen Opposition in den verschiedensten Landesteilen bei. Die Wahlen im Frühsommer 1870 ergaben in fast allen Landtagen eine Zunahme der klerikalen Abgeordneten. Die klerikalen Gruppierungen brachten zwar der profranzösischen Außenpolitik der Monarchie Sympathie entgegen, doch ihre Gegnerschaft gegen die innenpolitische Reformpolitik des liberalen »Bürgerministeriums« schwächte das Fundament der cisleithanischen Regierung und erschütterte damit die Voraussetzungen der außenpolitischen Aktion Beusts.

Die Deutschliberalen, deren Gegnerschaft gegen die Entente mit Frankreich Beust von Anfang an zu großer Vorsicht zwang, waren in ihren Vorstellungen von dem zukünftigen Verhältnis zwischen Österreich und Deutschland keineswegs einig. Sie unterstützten wohl Beusts Politik der »moralischen Eroberungen« in Süd- und Norddeutschland und begrüßten seine vorsichtigen großdeutschen Sympathiekundgebungen auf dem deutschen Schützenfest in Wien im Sommer 1868, waren aber weit davon entfernt, seine entschiedene Haltung in der schweren Krise mit Preußen 1868/69 geschlossen zu unterstützen. Das zeigte sich besonders deutlich in den Delegationsberatungen vom Juli/August 1869, wo Beusts Außenpolitik

von dieser Seite heftig angegriffen wurde. Die Angriffe der liberalen Linken
zielten zwar insofern völlig ins Leere, als sie von dem irrealen Programm eines engsten Zusammenschlusses Österreichs mit einem demokratischen, von
Junkertum und Militarismus freien Deutschland ausgingen.[7] Beust aber
hatte es zunehmend schwer, seine »finassierende«, von Preußen abgewiesene
und mit Frankreich in überaus komplizierten Verhandlungen stehende Politik populär zu machen. In seiner Delegationsrede vom 9. August betonte er
scharf die Abweisung seitens Preußens (im Rückblick auf die Tauffkirchensche Mission): »Ich gestehe aufrichtig, daß die damals von uns im Interesse
des Friedens gemachten Anregungen ohne alle Erwiderungen blieben, das
hat allerdings bei uns das Gefühl hervorgerufen, daß man andererseits nicht
geneigt sei, in irgendeine Verhandlung mit uns einzutreten.«[8] Er erklärte, daß
keine Allianzen mit anderen Staaten bestehen, unterstrich jedoch die guten
Beziehungen zu Frankreich, ihren aktuellen Wert im Orient und die Unsicherheit, »ob auch die Dinge in Deutschland zu der Zeit, wo wir Deutschland
brauchen würden, so beschaffen sein würden, um uns dann die Dienste zu
leisten, die wir von ihm erwarten«. Beust deklarierte die Außenpolitik der
Monarchie als eine Politik der freien Hand; von einer kompakten Unterstützung dieser Politik durch die Deutschliberalen konnte auch weiterhin nicht
die Rede sein, sowenig wie seitens der anderen Nationalitäten des Kaiserreiches.
   Denn hier lag nun der eigentliche Krisenherd für Österreich-Ungarn. Die
relative Stabilisierung der inneren Verhältnisse seit 1871/72 darf nicht darüber hinwegtäuschen, wie problematisch sich unmittelbar nach dem Abschluß des dualistischen Verfassungswerkes das Zusammenleben der Nationalitäten gestaltete, um so mehr, als es den zentrifugalen Kräften nicht an
Ermunterung von außen her fehlte. Das Schlagwort »Finis Austriae« war
von der Niederlage 1866 her gegeben. Es verstummte auch nach 1871 nicht.
Doch die Zeit unmittelbar vor und während des deutsch-französischen Krieges erlebte den Ausbruch der Nationalitätenkonflikte in alarmierender Heftigkeit. Die tschechischen Autonomieforderungen im Sinne des böhmischen
Staatsrechtes wurden im August 1868 in einer nachmals berühmt gewordenen »Deklaration« formuliert.[9] Die Tschechen im mährischen Landtage
folgten mit einer staatsrechtlichen Verwahrung. Beust hatte schon im Sommer 1868 in Prag im Auftrag des Kaisers mit den tschechischen Parteiführern
Palacky und Rieger verhandelt. Er stand mit seiner außenpolitischen Konzeption, die innenpolitisch auf der Teilung der Macht zwischen den Deutschen und den Ungarn beruhte, den föderalistischen Programmen nicht nahe
und konnte nicht zulassen wollen, daß der von ihm ausgehandelte Ausgleich
durch so weitgehende Forderungen, wie sie aus Prag kamen, in Frage gestellt
wurde.
   Der rasche Ausbruch der nationalen Gegensätze, durch den Widerstand

der zentralistisch orientierten Deutschliberalen weiter verschärft, blieb nicht auf Böhmen und Mähren beschränkt.[10] In Galizien wurden 1868/69 erhebliche Schritte in Richtung einer regionalen Autonomie zurückgelegt beziehungsweise von Wien sanktioniert. Den Deutschen war es zuviel, den Polen viel zuwenig, ganz zu schweigen von der ukrainischen Bevölkerung in Ostgalizien, auf die sich die russisch-panslawistische Propaganda besonders richtete. Die südslawische Frage war durch den kroatisch-ungarischen Ausgleich von 1868 nur an der Oberfläche entschärft. Die nationalen Forderungen der Slowenen, der Kroaten und der in der Monarchie lebenden Serben wurden immer deutlicher artikuliert. Sie fanden Gehör und Förderung auch bei Exponenten der österreichischen Regierung; Persönlichkeiten wie Feldmarschalleutnant Rodič und Feldmarschalleutnant Wagner meinten, der Monarchie durch die Förderung austroslawischer Ideen und eine entsprechende Praxis zu dienen. Der Aufstand in Süddalmatien 1869 war ein Hinweis auf die Eigenart dieser Verhältnisse; er wurde nämlich nicht mit Waffengewalt niedergeschlagen, sondern durch eine ausgehandelte Amnestie für die Aufständischen beendet.[11] Auch die italienische und die rumänische Minderheit machten ihre Forderungen geltend, die ohne Konflikte mit anderen nationalen Gruppen kaum zu erfüllen waren.

Die krisenhafte Wirkung der überraschend heftig aufflammenden Nationalitätenkonflikte zeigte sich zunächst weniger in der ungarischen Reichshälfte, wo die kompakte Mehrheit der Déakpartei fest im Sattel saß und die liberale Konzeption der Nationalitätenfrage (im Sinne von Männern wie Eötvös) noch nicht durch die spätere chauvinistische Madjarisierungspolitik widerlegt war. Sie zeigte sich fortgesetzt und immer stärker in Cisleithanien. Beust setzte im Interesse der Konsolidierung des Verfassungswerkes seine Bemühungen fort. Er versuchte während des Jahres 1869 gemeinsam mit Graf Taaffe in Böhmen zu Ausgleichsverhandlungen zu kommen.[12] Es sollte bei diesen inoffiziellen Verhandlungen, die ohne Zustimmung des cisleithanischen Ministeriums geführt wurden, eine Lösung gefunden werden, die den »staatsrechtlichen« und den nationalen Forderungen der Tschechen entgegenkam, ohne die dualistische Verfassung von 1867 als Ganzes zu revidieren. Das sehr weitgehende Forderungsprogramm der tschechischen Politiker wurde von ihrer Seite in den Geheimverhandlungen mit außenpolitischen Argumenten als sehr dringend bezeichnet. Ladislaus Rieger, der damals auch nach Paris reiste, um bei der französischen Regierung Unterstützung für die Forderungen der böhmischen »Deklaranten« zu gewinnen, begründete die Notwendigkeit eines föderalistischen Ausgleichs unter anderem mit der Wahrscheinlichkeit einer österreichischen Teilnahme an einem bevorstehenden preußisch-französischen Krieg. Seine Gesprächspartner – darunter vermutlich Taaffe selbst – protokollierten und erläuterten diese Argumente folgendermaßen:

»Als ausdrückliches Motiv für die Dringlichkeit des Ausgleiches wurde [sc. von Rieger] die außerordentlich gespannte Lage Europas, die Unvermeidlichkeit des Krieges zwischen Frankreich und Preußen, in welchem Österreich seine Neutralität kaum werde behaupten können, angeführt. Der Krieg könne in wenigen Wochen, er werde längstens binnen Jahresfrist zum Ausbruche kommen. Das befriedigte Königreich Böhmen werde das stärkste Bollwerk der Dynastie und Österreichs sein. Das nicht befriedigte gehe nach einer zweiten preußischen Okkupation für Österreich unwiederbringlich verloren. Nicht undeutlich leuchtete bei Entwicklung dieser Perspektive die Zuversicht hervor, daß Böhmen eventuell von Preußen die Gewährung seiner europäischen Selbständigkeit erwarte. Und hiernach gewinnt auch die beiläufig hingeworfene Bemerkung, wer weiß, ob man sich in einem Jahre mit dem begnügen werde, was man heute fordere, ihre eigentümliche, kaum mißzuverstehende Bedeutung. Selbstverständlich wurde von den beiden Ministern, welchen Rieger seine obigen Eröffnungen machte, Position für Position bekämpft...«

Das waren für die führenden Männer der Monarchie wenig beruhigende Perspektiven, um so beunruhigender, als die von Beust und Taaffe (wohl gewiß mit Billigung des Kaisers) veranlaßten Geheimverhandlungen 1869 zu keinem positiven Resultat führten. Das unbedingte Festhalten sowohl der alttschechischen als auch der jungtschechischen Partei an dem böhmischen Staatsrecht (das mit dem Dualismus unvereinbar war) erschien damals auch durch ihre Sorge vor einem beabsichtigten künftigen Anschluß der cisleithanischen Reichshälfte an »Deutschland« begründet. Ein vertraulicher Bericht des Prager Polizeidirektors Sedlaczek vom November 1869 besagte: »Da bei allen Deklaranten und ihrem Anhange am Lande die Überzeugung feststeht, daß die gegenwärtige Verfassung ein auf die Zukunft berechnetes Werk sei, das keineswegs Österreich, sondern das künftige Deutschland im Auge habe, so ist ein Abgehen der nationalpolitischen Partei in Böhmen von den Prinzipien des böhmischen Staatsrechtes nicht zu erwarten.«

Angesichts dieser Lage ergab sich statt eines Fortschritts in den Ausgleichsverhandlungen im Dezember 1869 eine Spaltung des Bürgerministeriums: Einer deutsch-zentralistischen Mehrheit stand mit den Ministern Taaffe, Potocki und Berger eine Minderheit gegenüber, die mit Nachdruck und Kompromißbereitschaft für einen Ausgleich mit den slawischen Nationalitäten eintrat. Die drei Minoritätsminister bezeichneten dem Kaiser »die Verständigung mit der gesamten nationalen Opposition und deren Heranziehung zur gemeinsamen verfassungsmäßigen Wirksamkeit als die dringendste Angelegenheit« der Regierung. Nun mußte Beust Stellung beziehen. Bezeichnenderweise entschied er sich jetzt – im Sinne der Intentionen Franz Josephs – für die antizentralistische Minderheit. Ausgleichsversuche, auch Versuche einer Parlamentsreform als Voraussetzung für zwischenparteiliche

Lösungsversuche, scheiterten rasch. Der cisleithanische Reichsrat (ohne Tschechen), den im Januar 1870 infolge eines Konflikts mit den Liberalen die Klerikalen verlassen hatten, wurde im März 1870 durch den Exodus der Polen, Rumänen, Slowenen und Italiener vollends arbeitsunfähig. Nun griff Beust ein; auf seinen Vorschlag wurde anstelle des zurückgetretenen Bürgerministeriums im April 1870 der polnische Graf Potocki mit der Regierungsbildung im Sinne eines föderalistischen Reformprogramms beauftragt. Aber nicht nur die Deutschliberalen, auch die Tschechen leisteten der neuen Regierung Widerstand. Es wurden daraufhin die Landtage (außer in Böhmen) und der Reichsrat aufgelöst; Neuwahlen brachten – wie schon oben gezeigt – Gewinne für die Klerikalen und auch für die nationalen Parteien.

So war Cisleithanien seit 1868 in eine sich stufenweise verschärfende Krise geraten, die die Grundlagen des eben erst geschaffenen Verfassungswerkes bedrohte, scharfe bis schärfste Gegensätze zwischen den Deutschen und den anderen Nationalitäten hervorrief und die Stellung des Reichskanzlers Beust und das eben wiedergewonnene internationale Ansehen der Donaumonarchie erschütterte. Die ungarische Seite gewann im Parallelogramm der Kräfte, das für die Politik der Monarchie maßgebend war, mit der Krise in Cisleithanien wachsenden Einfluß. Andrássy wurde seit 1869 als möglicher und baldiger Nachfolger Beusts genannt. Die Auseinandersetzung zwischen den beiden Staatsmännern, die Ende 1868/Anfang 1869 ihren Höhepunkt erreichte, ist unter diesem doppelten Aspekt zu sehen.[13]

Nachweislich war von Berlin aus schon länger in Ungarn gearbeitet worden, um das ohnehin nicht leicht zu balancierende Verhältnis zwischen Budapest und Wien im Sinne einer Lähmung der österreichischen Politik zu stören.[14] Das »Kokettieren« Preußens mit der ungarischen Linken wurde für die Deákpartei unangenehm, als die Vorbereitung der Wahlen in Ungarn mit dem Höhepunkt der preußisch-österreichischen Fehde im Winter 1868/69 zusammenfiel. In der Budapester Presse kam es zu intensiven Erörterungen der deutschen Politik Beusts und ihres Engagements für die Unabhängigkeit Süddeutschlands. Ein Weihnachtsartikel des berühmten Budapester Journalisten Max Falk im »Pester Lloyd« betonte – im Sinne der Wahlkampfinteressen Andrássys und seiner Partei – das Desinteresse Ungarns an der Mainlinie und die Abhängigkeit Beusts von der ungarischen Unterstützung.[15] Beust, der zu diesem Zeitpunkt persönlich und politisch Zielscheibe einer »guerre à mort« von seiten der preußischen Presse und Bismarcks war, fühlte sich von Andrássy im Rücken attackiert und äußerte sich privat in bitterster Weise über die »lâche bêtise des Hongrois«: »C'est ce qui m'a donné de véritables soucis, remué la bile et gâté le sommeil.« Er wollte in Andrássys Verhalten vor allem Egoismus und Eitelkeit sehen, mußte aber doch die politischen Hintergründe der Budapester Stellungnahme würdigen: »Um seine Popularität zu bewahren und den Wahlausgang zu sichern, aus Furcht vor der von

Preußen protegierten Linken, läßt er seine eigene Zeitung dementieren, die [zuvor] die Loyalität der Armee in einem von Preußen provozierten Krieg verkündet hatte; und er läßt eine Politik der Enthaltsamkeit befürworten, die in erster Linie Ungarn, preisgegeben allen Zufällen der Allianzen, ins Verderben führen würde.«[16]

Andrássy kam daraufhin nach Wien, es fanden Gespräche zwischen Beust, dem Kaiser und dem ungarischen Ministerpräsidenten statt, über deren Inhalt widersprechende Berichte vorliegen. Es scheint, daß Andrássy ein Einlenken in der Konfrontation mit Preußen und eine Neutralitätspolitik im Falle eines französisch-preußischen Konfliktes befürwortete, während Beust den Nachdruck auf die Einheitlichkeit der von ihm zu verantwortenden Außenpolitik der Monarchie legte. Andrássys Biograph Wertheimer hat die Auseinandersetzung als einen eindeutigen Sieg über die »Anschauungen großdeutscher Politik«, in denen Beust wie der Kaiser noch befangen gewesen seien, hingestellt. Dem ist entgegenzuhalten, daß eine im früheren Sinne großdeutsche Politik auch vor dem Januar 1869 weder bei Franz Joseph noch bei Beust festgestellt werden kann, und daß auch nach dieser Auseinandersetzung in der sehr komplexen deutschen Politik der Monarchie keine markante Änderung bemerkbar wurde.[17] Nach außenhin galt die Versöhnung der beiden Staatsmänner als gelungen. Daß weiterhin das Verhältnis zwischen Beust und Andrássy nicht unkompliziert blieb, lag nicht nur an dem Gegensatz der Persönlichkeiten und an den Unterschieden der politischen Konzeption und Interessenlage – die man nicht unterschätzen sollte –; es war die konkrete Position der beiden Politiker, die nicht verschiedener sein konnte: hier der ungarische Magnat, zum Tode verurteilter Revolutionär von 1848/49, nun Exponent einer starken, in Ungarn herrschenden Partei. Dort der protestantische Fremdling, ohne feste politische Basis, in einem Meer von widersprüchlichen Kräften lavierend und nur von dem bekanntlich recht wandelbaren Vertrauen des Monarchen gehalten. Unter diesen Bedingungen hatte Beust die Geheimverhandlungen mit Frankreich und Italien zu führen.

Es war kein Wunder, wenn kritische Beobachter des Auslandes den Zustand der beiden alten Großmächte, die sich nun aneinanderzubinden suchten, zunehmend in der Analogie des Niedergangs sahen. Dies gilt vor allem für die russische Publizistik, die mit größter Aufmerksamkeit die Krisensymptome in der Donaumonarchie verfolgte.[18] Verlauf und Ergebnis der Allianzverhandlungen zeigen, welche Kräfte und welche Schwächen in Frankreich, Österreich und auch in Italien ins Spiel kamen und wie die daraus resultierenden Ausgangspositionen für den deutsch-französischen Krieg tief in der europäischen Geschichte des 19. Jahrhunderts begründet waren.

Worum ging es unmittelbar bei diesen im größten Geheimnis geführten Ver-

tragsverhandlungen? Ein Blick auf den projektierten Vertragstext vom 20.
Mai 1869[19], der aus einer verwirrenden Fülle von Vorentwürfen und Korrekturen entstanden war und die Basis aller weiteren Auseinandersetzungen
und politischen Berechnungen blieb – bis zur französischen Hoffnung auf
Österreichs Kriegseintritt im Juli 1870 –, erschließt rasch das Problemfeld.
Der Vertragsentwurf, zwischen Wien und Paris verabredet, aber noch ohne
die Zustimmung Italiens, bestand aus einem Hauptteil und einem Zusatzpro-
tokoll, das wesentliche Einzelfragen regelte. Der von den drei Monarchen zu
schließende »Friedens-, Beistands- und Freundschaftspakt« verpflichtete zu
einem gemeinsamen Vorgehen in allen Fragen der europäischen Politik und
garantierte gegenseitig den territorialen Besitzstand. Beim Auftreten von
»symptomes de guerre« in Europa werden die drei Monarchen eine Offensiv-
und Defensivallianz abschließen, deren Bedingungen durch eine eigene Konvention zu regeln sind. Friedensverhandlungen und territoriale Regelungen
infolge eines Krieges werden nur gemeinsam und in Übereinstimmung
durchgeführt werden. Diesen allgemeinen Rahmen füllten die Einzelbestim-
mungen des Zusatzprotokolles aus. Italien ist verpflichtet, falls Frankreich
oder Österreich in den Krieg eintritt, sogleich eine Armee von zweihundert-
tausend Mann zur Verfügung zu stellen. Österreich wird im Falle eines Krieges mit Preußen der sofortige Kriegseintritt Frankreichs und Italiens zugesagt, »de tout le concours de leurs armes, dans le but d'assurer son intégrité«.
Frankreich und Österreich versprechen Italien eine Verständigung über ein
gemeinsames Vorgehen auf dem Vatikanischen Konzil und im Falle der Wahl
eines Nachfolgers für Pius IX. Italien darf im Gebiet von Tunis einen Flotten-
stützpunkt errichten und darf, falls die Schweiz die Neutralität verletzt, den
Kanton Tessin annektieren; es erhält von Wien, im Falle eines gemeinsamen
Sieges und anderweitiger Territorialgewinne Österreichs, Trient und Rovereto; von Frankreich wird ihm im gleichen Falle eine Grenzberichtigung bei
Nizza gewährt. Frankreich wird Italien im Kriegsfalle sämtliche Militäraus-
gaben vorschußweise bezahlen (Tilgung durch Kriegsentschädigung oder
durch Frankreich zugesagt). Frankreich wird mit allen Mitteln eine Anleihe,
die Österreich vor Eintritt in den Krieg benötigt, unterstützen.
    Eine für Österreich zentrale Frage war in diesem Vertragstext mit Still-
schweigen übergangen beziehungsweise durch den Verweis auf den im
Kriegsfall abzuschließenden, ergänzenden Allianzvertrag offengelassen
worden: die unbedingte Forderung Beusts, daß Österreich bei einem Konflikt zwischen Frankreich (und Italien) nur mit Preußen (ohne Rußland) neutral bleiben könne.[20] Dies war in der Tat der Angelpunkt der österreichischen
Vertragspolitik; gleich danach kam die Notwendigkeit der Einbeziehung Italiens, dem der Entwurf ja ersichtlich entgegenkam. Die Zustimmung Napoleons zu dem Projekt vom 20. Mai zeigt, daß er im Punkte der österreichischen Neutralität jedenfalls zeitweilig nachzugeben bereit war (was übrigens

im Falle des Vertragsabschlusses eine für Wien sehr günstige, einseitige Hilfsverpflichtung Frankreichs bedeutet und dem Vertrag eine wesentlich pazifizierende und Paris zurückhaltende Funktion gegeben hätte).

Drei Etappen sind in der Geschichte der französisch-österreichisch-italienischen Allianzverhandlungen zu unterscheiden. Ein erster Abschnitt setzt mit den Anregungen zur Beiziehung Italiens im Herbst 1868 ein und führt dann vom Februar bis zum Mai 1869 zur Formulierung unterschriftsreifer Vertragstexte. Ein zweiter Abschnitt ist von mannigfachen Hemmungen erfüllt: politische Umstellungen und Krisen in Frankreich, Hervortreten weiterer Forderungen Italiens (Isonzotal von Österreich; Freigabe Roms von Frankreich) und neuer Verfahrensschwierigkeiten in Florenz und schließlich das harte Insistieren Beusts auf der Notwendigkeit einer wenigstens anfangs einzuhaltenden Neutralität Österreichs im Falle eines preußisch-französischen Krieges. Dieser Abschnitt schließt im September/Oktober 1869 mit dem Verzicht auf eine Unterzeichnung der Verträge und mit dem Austausch der sogenannten Monarchenbriefe, die in unterschiedlichem Ausmaß Teile der Vertragssubstanz in Form von persönlichen Erklärungen der drei Herrscher festhielten. Der letzte Abschnitt, in der Literatur am wenigsten beachtet, reicht weiter bis zum Beginn der Hohenzollernkrise im Juli 1870. Die politischen Kontakte werden fortgesetzt und durch militärische Besprechungen ergänzt, deren Tragweite und Funktion im übrigen sehr umstritten sind.

Die in der deutschsprachigen Forschung stark nachwirkende These Hermann Onckens (deren großartige dokumentarische Fundamentierung bis heute nur wenig erweitert werden konnte) sah die Geschichte dieser Verhandlungen als einen kohärenten Verlauf, der trotz aller Wechselfälle zu einer immer engeren Gemeinsamkeit der gegen Deutschlands nationale Lebensziele gerichteten Politik Frankreichs und Österreich-Ungarns führte. Ganz im Banne der Vorstellung, daß die »Rheinpolitik« das beherrschende Problem der Zeit war, hat Oncken der orientalischen Frage wenig Aufmerksamkeit zugewendet. Ebenso eindeutig und einseitig war – bei aller Umsicht und Fundiertheit der Onckenschen Einzelforschung – auch das moralische Urteil: Das Recht war auf seiten der deutschen Nation; entgegenstehenden Konzeptionen und Interessen wird kein Anspruch auf eine äquitable Würdigung eingeräumt.[21] Die Revision dieser Urteile hat seither kräftig eingesetzt; vor allem mit den Arbeiten von Friedrich Engel-Janosi, Heinrich Potthoff und Victor-Lucien Tapié hat die Forschung einen neuen, ausgewogenen Stand erreicht.[22] Es ist nun möglich, von dem gesicherten Stand heutiger Kenntnisse auszugehen und im vorliegenden Zusammenhang die Untersuchung auf einige Aspekte zu konzentrieren, die für das Thema von besonderer Bedeutung sind oder deren Klärung im Horizont unserer Fragestellung noch vorangetrieben werden kann. Es ist vor allem zu fragen, was Österreich eigentlich wollte, woran der beabsichtigte Abschluß des Allianzvertrages scheiterte und welche Bedeutung jener eigenartige dritte Abschnitt (vom Oktober 1869 bis zur Julikrise 1870) für den weiteren Verlauf der europäischen Politik Österreichs und für seine Beziehungen zu den kriegführenden Mächten hatte.

In dem großen Rechenschaftsbericht über die Außenpolitik dieser Jahre, den Beust 1874 in einem denkschriftartigen Schreiben an seinen Amtsnachfolger Andrássy vorlegte, findet sich folgender Passus über die Allianzverhandlungen:[23]

»Diese Verhandlung stellte insofern von Hause aus kein namhaftes positives Resultat in Aussicht, als kein greifbares Objekt des Bündnisses existierte: allein negativ war sie von großem Werth. Die Gefahr, die uns bei dem bekannten Charakter und den Übungen des Kaisers Napoleon vorschweben mußte, war eine doppelte, daß er sich auf unsere Kosten in eine Verhandlung mit Preußen einlassen, und daß er zu unserem Schaden einen Krieg mit Preußen überstürzen werde. Wie sehr die erstere Befürchtung begründet gewesen, beweist die seitdem bekannt gewordene Verhandlung wegen Belgien, die zweite hat der Krieg von 1870 in dem stärksten Maße verwirklicht. Die erstere Gefahr wurde durch den Brief des Kaisers Napoleon entfernt, die zweite nicht; sie wäre es aber gewesen, wenn die beabsichtigte Vereinbarung ratifiziert wurde, daß nämlich in allen Fragen gemeinsame diplomatische Aktion einzutreten habe. Es ist gewiß keine Überhebung zu behaupten, daß solchenfalls wir den Krieg von 1870 zu verhindern gewußt hätten.«[24]

Diese Behauptungen Beusts sind post festum in rechtfertigender Absicht formuliert, allerdings gegenüber dem amtierenden Ressortminister, den er ausdrücklich auf die Kontrolle seiner Erklärungen durch die im Amt vorliegenden Akten verwies. Die Stichhaltigkeit des Behaupteten kann durch den Vergleich mit den während der Verhandlungen 1868/70 geäußerten Absichten überprüft werden. Freilich steht nicht alles in den Akten, was damals gedacht und besprochen wurde. Auch sind die Akten selbst nicht vollständig erhalten. Immerhin ist bei der Wichtigkeit der Frage nach den eigentlichen Absichten Österreich-Ungarns auch eine annäherungsweise Antwort der Mühe wert.

Nachdrücklich wird am Anfang der Beustschen Aussage von 1874 der defensive Charakter der Allianzziele betont: Zu einem positiven Resultat fehlte das »greifbare Objekt«. Wie stand es aber mit der orientalischen Frage, wie mit der deutschen Frage? Was meinte Richard Metternich, wenn er Beust gegenüber – neben der Sicherung Österreichs gegen verschiedene Risiken – als sein Ziel beim Vertragsschluß bezeichnete: »Nous reserver la plus grande marge d'accroissement de puissance…«?[25] Und was war von den Plänen zur föderativen Umgestaltung der deutschen Landkarte im Sinne einer Beschneidung der preußischen Macht und der Sicherung der Vorherrschaft Österreichs zu halten? Mit der letzten Frage beginnend, läßt sich feststellen, daß derartige Pläne in Form eines projektierten Vertragsartikels im Februar und März 1869 zwischen Paris und Wien ausgetauscht wurden. Als feststehenden Vorschlag der französischen Seite für den zu schließenden Allianzvertrag berichtete Vitzthum am 19. Februar an Beust unter anderem: »daß, im Falle eines Krieges in Deutschland, beide Mächte oder Frankreich allein, falls es allein engagiert ist, die Waffen nicht eher niederlegen, als bis in Deutschland die Grundlagen eines dauernden Friedens durch Herstellung eines neuen, aus möglichst gleich mächtigen Staaten zu bildenden Bundes geschaffen, der Zweck des Krieges sonach erreicht ist«.[26] Das war alles andere als harmlos. In etwas wechselnder Fassung war ein entsprechender Artikel in dem ersten ausgeführten französischen Vertragsprojekt vom 1. März 1869 und auch in dem von Metternich und Vitzthum sogleich ausgearbeiteten korrigierten Vorschlag enthalten.[27] Er taucht nochmals auf in einem wohl in den März zu datierenden Entwurf, der vermutlich von österreichischer Seite ausging[28], verschwand dann aber aus den weiteren Entwürfen, ohne daß in der begleitenden Diskussion die Gründe dafür erwähnt würden. In dem unterschriftsreifen Mai-Text war dann nur mehr ein sehr allgemeiner Satz enthalten (Artikel VI), der alle Fragen »de compensations et de remaniements territoriaux en conséquence d'une guerre éventuelle« der gemeinsamen Beschlußfassung aller drei vertragschließenden Monarchien zuwies.[29] Heißt das, daß man in Paris und Wien den Gedanken an derartige Kriegsziele in Deutschland aufgegeben hatte? Für ein zusammenfassendes Urteil über den politischen Stellenwert dieses vorübergehend diskutierten Kriegszielparagraphen sind weitere Gesichtspunkte zu berücksichtigen. In dem gesamten erhaltenen Aktenmaterial, das ansonsten sehr tief in die Gedankenwelt Beusts und des Kaisers hineinleuchtet, findet sich keine Erwähnung eines positiven Interesses an der Formulierung dieser Kriegsziele. Im Gegenteil – Beust und Franz Joseph haben, wie schon in Salzburg 1867 und im Sommer 1868 deutlich geworden war, mit unverändertem, ja seit dem Frühjahr 1869 noch gesteigertem Nachdruck die »intentions pacifiques« der Allianz verfochten und die Ablenkung Napoleons von einem Abenteuer auf deutschem Boden betrieben. Die Anregung der deutschen Kriegsziele kam von französischer Seite, Metternich und Vitzthum – damals offensiver orientiert als Beust und der Kaiser – griffen die Sache anscheinend ohne Widerstreben auf; in dem für den weiteren Verlauf der Verhandlung so wesentlichen österreichischen Gegenprojekt vom 18. März war der Artikel anscheinend nicht mehr enthalten. In den weiteren Diskussionen und Kontakten – auch nach dem Oktober 1869 – kam die Sache – soweit wir die Dokumente kennen – nicht mehr zur Sprache.

Mit der orientalischen Frage erging es im Laufe der Verhandlungen ähnlich. Sie war am Anfang von Wien im Sinne der seit Salzburg verfolgten Ablenkungsstrategie stark in den Vordergrund gerückt worden. Seit sich jedoch herausstellte, daß Frankreich keineswegs bereit war, im Falle eines österreichisch-russischen Krieges ein Expeditionskorps in den Orient zu entsenden (keine Wiederholung des Krimkrieges!)[30] erscheint ein Interesse Wiens an einer Akzentuierung der orientalischen Frage im Vertragstext nicht mehr gegeben. Der Mai-Entwurf erwähnte im Unterschied zu vorausgegangenen Textierungen die orientalische Frage sowenig mehr wie die deutsche Frage. Als im Mai 1870 eine ernste Komplikation mit Rumänien drohte und die österreichische Regierung sich der Haltung Frankreichs im Falle einer Okkupation der Donaufürstentümer versichern wollte, griff Beust bezeichnenderweise nicht auf die Allianzverhandlungen von 1869 und auf die in den Monarchenbriefen ausgetauschten »engagements« zurück, sondern auf die Salzburger Vereinbarung von 1867.[31] Es ist bezeichnend, wie auch in anderer Hinsicht[32] Wien diese Salzburger Absprache über die späteren und zum Teil viel weitergehenden Allianzverhandlungen hinweg als gültige Basis der Kooperation mit Frankreich betrachtete.

Doch zurück zur Ausgangsfrage nach den eigentlichen Absichten Österreichs und nach der offensiven oder defensiven Grundtendenz des geplanten Bündnisses. Bei der Bewertung einschlägiger Äußerungen muß ja stets der Kontext gewürdigt werden, um die Tragweite des Gesagten richtig zu beurteilen. So soll einerseits von der Durchsicht des gesamten bekannten Materials ausgegangen werden, andererseits kann die Hervorhebung einiger markanter Dokumente dem vorliegenden Zweck entsprechen. Beust hat in der entscheidenden Phase der Verhandlungen gegenüber Franz Joseph und Metternich zusammenfassend die Ziele Österreichs bezeichnet, die durch den Abschluß mit Frankreich und Italien erreicht werden sollten:[33]

»1. daß jeder preußische Angriff auf Österreich sogleich Frankreich und Italien in die Waffen ruft, also so ziemlich undenkbar wird,
2. ein lokalisierter Krieg zwischen Österreich und Rußland daher unwahrscheinlich wird,
3. wir den inneren Schwierigkeiten mit gesicherter Stellung, wenn auch nicht mit leichter Aufgabe, entgegentreten können.«

Nach einer neuerlichen Verhandlungsrunde, bei der von Wien her sehr hart um die Sicherstellung des österreichischen Rechts auf Neutralität bei einem isolierten preußisch-französischen Krieg gerungen wurde, faßte Beust gegenüber Metternich sein befriedigtes Urteil über die zuletzt erreichte Form des Vertragsentwurfes wie folgt zusammen:[34]

»Son caractère est essentiellement pacifique et ne contient rien qui puisse être interprété comme une provocation à la guerre. Au point de vue de nos intérêts spéciaux il atteint parfaitement le double but qui est l'objet de nos efforts. Il nous délivre de la crainte de voir l'Italie prendre un jour de nouveau les armes contre nous et il nous rassure aussi contre le danger de voir la France prendre en temps de paix avec la Prusse des arrangements funestes à nos intérêts.« Es folgen Erörterungen über die Vorteile der Garantie der territorialen Integrität Österreichs.

Diese zweite Erklärung stellt im Zuge des Verhandlungsganges eine logische Ergänzung der gegenüber Franz Joseph drei Wochen zuvor aufgezählten Vorteile des Vertrages dar. Beides läßt sich widerspruchslos zusammenfassen. Es ergibt sich dabei ein umfassendes Tableau der defensiven Bedürfnisse Österreich-Ungarns und der entsprechenden, von der Triplealliaz erwarteten Sicherheiten:

Sicherheit gegen Isolierung im Falle eines preußischen Angriffes,
Sicherheit gegen Isolierung im Falle eines russischen Angriffes,[35]
Sicherheit gegen einen italienischen Angriff,
Sicherheit gegen ein Arrangement Frankreichs mit Preußen auf Österreichs Kosten,
Allgemeine außenpolitische Absicherung, um der inneren Krise entgegenwirken zu können.

Die bösen Erfahrungen von 1859 und 1866 haben bei dieser Art von Argumentation deutlich Pate gestanden. Der defensive Grundzug der von Österreich verfolgten Vertragspolitik tritt in diesen ausschließlich für den ganz internen Gebrauch bestimmten Erklärungen Beusts mit aller wünschenswerten Eindeutigkeit hervor. Der Hinweis auf die innere Krise unterstreicht dies ebenso wie die erklärte Bereitschaft, die Sicherung nach der italienischen Seite hin mit dem Zugeständnis von Grenzkorrekturen (Trient und Rovereto) zu erkaufen. Man weiß, wie schwierig sich 1915 ähnliche Verhandlungen gestalteten, die Italien von dem Eintritt in den Weltkrieg abhalten sollten. – Etwas anders sieht die Sache bei Metternich aus. Er nennt bei der Aufzählung der Vertragsvorteile schon im März 1869 »notre droit de fixer ›post bellum‹ les remaniements territoriaux«[36]. Und Metternich war gewiß nicht der einzige im Kreise der führenden Schichten Österreich-Ungarns, der von einer französisch-österreichischen Bundesgenossenschaft offensivere Vorstellungen hatte, als wir sie bei Beust und dem Kaiser feststellen können. Aber gerade diese Metternichsche Variante österreichischer Frankreichpolitik bietet dem Historiker eine nicht unwichtige methodische Hilfe bei der Antwort auf die Frage: Was wollte Österreich eigentlich? Denn wie ein roter Faden läßt sich durch alle Etappen der Verhandlungen die unausgesetzte Mühe Beusts verfolgen, Metternich – notfalls unter Einsatz der Autorität des Kaisers – von offensiven »Abweichungen« im Sinne Napoleons abzuhalten beziehungsweise zurückzuholen.[37] Das verborgene Duell Beust-Metternich, das sich dem aufmerksamen Leser der Akten erschließt, ist ein wertvolles Indiz für das, was Beust und der Kaiser in diesem Falle »eigentlich« wollten. Nicht als ob für Franz Joseph und seinen Kanzler die Wiederaufrichtung der österreichischen Macht nach 1866 insgesamt und auf weitere Sicht in einen nur defensiven Rahmen eingeschränkt gewesen wäre – das war letztlich weder in der Richtung Deutschland, noch in der orientalischen Frage der Fall und konnte wohl auch rebus sic stantibus schwerlich der Fall sein. Aber in diesen Allianzverhandlungen zu dieser Zeit und mit diesem bekannt unzuverlässigen Partner erscheint das Steuer von Anfang an unverrückbar auf größte Vorsicht und defensive Sicherheit gestellt. Im Hinblick auf Beusts Aussage von 1874 ist also resümierend festzuhalten, daß wohl der defensive Grundzug zutraf, daß jedoch seinerzeit nicht nur die Sicherung gegen ein französisch-preußisches Arrangement, sondern eine breitere Palette von defensiven Bedürfnissen der Monarchie im Spiele war.

Bleibt zuletzt die Frage nach der Richtigkeit der zweiten Behauptung Beusts im Jahre 1874: Weiteres Ziel des beabsichtigten Vertrags sei es gewesen, durch die Verpflichtung zu gemeinsamer diplomatischer Aktion Frankreich an einem unbedachten Krieg gegen Preußen zu hindern.[38] Diese Absicht taucht in allgemeiner Form schon Anfang März 1869 bei Metternich auf: »empêcher la France de s'emparer du premier prétexte venu«.[39] Dieser Gedanke steht im Kontext weiterer Überlegungen; Österreich darf einerseits nicht untätig zusehen, wenn Frankreich unterliegt: Dann wäre Österreich Preußen und Rußland ausgeliefert. Und wenn Frankreich siegte, würde Österreich den Preis bezahlen, wenn es nicht zuvor Napoleon die Hände gebunden hat: »Empêcher la France de faire la paix sans nous«. Beust seinerseits hat im Juli 1869, als die Verhandlungen bereits in ein kritisches Stadium geraten waren, die (bei ihm stets vorhandene) Furcht vor einer antipreußischen Provokation Napoleons in sehr scharfer Weise zur Sprache gebracht: Ein provokantes Vorgehen würde die Entente Österreichs mit Frankreich kompromittieren, Österreich und Italien in die schwierigste Lage bringen und Preußen außerordentlich nützen, da das ganze Deutschland sich dann auf seine Seite schlagen würde.[40] Das war die Vorwegnahme der im Juli 1870 eingetretenen Situation. Und dies war keine punktuelle Intuition Beusts, sondern seine gesamte Verhandlungslinie seit Salzburg ist von der österreichischen Notwendigkeit diktiert, das Entstehen einer solchen Situation zu verhindern. Die außerordentlich scharfe Kritik, die er bekanntlich in der Julikrise 1870 an dem französischen Vorgehen übte, lag schließlich auf der gleichen Linie. – Aber diese klare und weitgreifende Gesamttendenz verdichtete sich in den uns vorliegenden Verhandlungsakten an keiner Stelle zu einer so präzise motivierenden und auf den Vertragstext bezogenen Sprache, wie es bei den obengenannten Defensivargumenten der Fall war. Mag sein, daß der Gedanke der *Bindung* Frankreichs und der risikosenkenden Einflußnahme auf seine politischen Entscheidungen im mündlichen Austausch selbstverständlicher präsent war, als es die Akten zeigen. Letztlich erscheint es angesichts des sehr hochentwickelten Mitteilungsstiles des Ballhausplatzes und bei der rechtfertigenden Absicht von Beusts Aussage 1874 wahrscheinlicher, daß dieser Gedanke erst nach 1870/71, nach dem Zusammenbruch des Second Empire, von Beust so stark herausgestrichen wurde.

Die Gründe für das Scheitern der Allianzverhandlungen sind schon mehrfach untersucht worden. Friedrich Engel-Janosi hat in überzeugender Weise auf die Bedeutung der römischen Frage hingewiesen.[41] Von Hause aus hatten weder Frankreich noch Österreich ein Interesse, die römische Frage aufzuwerfen. Die weltliche Herrschaft des Papstes, seit dem Anfang der sechziger Jahre auf das Patrimonium Sancti Petri beschränkt, stand damals unter dem moralischen und faktischen Schutz Napoleons III. Ein kleines französisches Okkupationskorps befand sich im Kirchenstaat. Gegenüber der in ganz Italien lautwerdenden Parole: »Roma capitale!« hatte am 5. Dezember 1867 Napoleons Staatsminister Rouher emphatisch erklärt: »L'Italie ne s'emparera de Rome, jamais!« Andererseits war die außenpolitische Lage der Kurie um 1869 sehr ungünstig geworden. Kardinalstaatssekretär Antonelli wußte, daß der Vatikan auch an Österreich in der Ära Beust keine verlässige Stütze mehr habe. Kompromißvorschläge hinsichtlich der Zukunft des ›Dominio temporale‹ hatten aber bisher gar keinen Erfolg gehabt. In den Verhandlungen, die König Viktor Emanuel mit Napoleon im November 1868 über einen zweiseitigen Allianzvertrag begann, kam sogleich die römische Frage zur Sprache; der König verlangte den Abzug der französischen Okkupationstruppen.[42] Das Projekt der Tripleallianz, das nun in den Vordergrund trat, wurde zunächst zwischen Paris und Florenz mit nur marginaler Beteiligung Wiens erörtert. Der Weg dieser Verhandlungen war mit Konzessionen an Italien gepflastert: nicht nur Grenzkorrekturen im Trentino (vielleicht auch am Isonzo), auch eine Niederlassung in Tunis und die Abtretung des Tessins, falls die Schweiz in einem zukünftigen Kriege nicht neutral bliebe (schließlich auch die Rückgabe von Nizza), ließ Viktor Emanuel sich zusichern. Die Bedeutung, die Beust von Anfang an dem Beitritt Italiens beimaß, ließ ihn zu einem Befürworter der Wünsche Viktor Emanuels werden. Daß die römische Frage schließlich zu einem so ernsthaften Hemmnis wurde, lag nicht an Österreich, sondern an Frankreich. Die italienische Seite wiederholte gegenüber Napoleon die Forderung nach Räumung des Kirchenstaates, in Paris lehnte man ab; das war der Stand von Mitte Juli 1869, den Metternich als »terrible crise avec l'Italie« bezeichnete.[43]

Daraufhin schaltete sich Beust direkt ein. Er verhandelte im August in Wien mit Vimercati, dem italienischen Militärattaché in Paris, der Viktor Emanuels persönlicher Vertrauensmann war. Beust sah richtig, wie sehr die italienische Forderung in den inneren Verhältnissen des Landes begründet war. Er hatte sich schon zuvor für einen baldigen Abzug der französischen Truppen aus Rom ausgesprochen, noch vor dem Beginn des Vatikanischen Konzils. Aber seine Hoffnung, Napoleon für eine befriedigende Zusage an

Italien zu gewinnen, erfüllte sich nicht. Als im September/Oktober 1869 der offizielle Gang der Verhandlung durch den Austausch der Monarchenbriefe abgeschlossen wurde, war die Erklärung, die Viktor Emanuel Napoleon übergab, unverbindlich und unklar. Der König erklärte seinen Wunsch nach einem baldigen Abschluß der Tripleallianz, machte die Unterzeichnung aber abhängig von einer vorherigen Lösung der römischen Frage, die den italienischen Vorstellungen entsprach.[44] Der Fortgang der Kontakte und Verhandlungen bis in die Julikrise 1870 zeigt, daß von italienischer wie von österreichischer Seite weiterhin Interesse an einem Abschluß bestand. Aber die von Wien ausgehenden Versuche, Napoleon mit den italienischen Forderungen auszusöhnen, kamen auch nach Kriegsbeginn nicht zum Ziele. Napoleon seinerseits scheint in übertriebenem Optimismus den Brief des italienischen Königs als eine ausreichende Bindung betrachtet zu haben.[45] Wenn trotz des ungelösten Konfliktes in der römischen Frage auch von italienischer und österreichischer Seite weiterhin die »moralische Bindung« durch die Monarchenbriefe betont wurde, so beruhten diese Behauptungen nicht auf einem Wunschdenken, sondern sie standen im Zeichen bestimmter Zwecke. In der Tat aber hatte sich die Unmöglichkeit erwiesen, eine so tief in der europäischen Geschichte begründete und mit so mannigfaltigen weltanschaulichen, politischen und sozialen Gegensätzen belastete Frage, wie es die ›Questione Romana‹ war, damals noch mit den Mitteln der Geheimdiplomatie auf der Ebene der angestrebten Tripleallianz zu lösen. Der 20. September 1870 brachte mit der militärischen Eroberung des von den französischen Truppen verlassenen Kirchenstaates eine Gewaltlösung. Das entsprach der Signatur des nun beginnenden neuen Zeitalters.

Victor-Lucien Tapié hat in einer ausgewogenen Analyse der Allianzverhandlungen und ihres Scheiterns die Rolle der römischen Frage voll in Rechnung gestellt. Er hat darüber hinaus einen anderen Gesichtspunkt betont, der sich ergibt, wenn man die diplomatischen Verhandlungen mit dem Blick auf die inneren Verhältnisse und die öffentliche Meinung der beiden Kaiserstaaten verfolgt: Beide Partner wollten prinzipiell das Bündnis, aber jeder wollte es – und mußte es wollen – zu einem anderen Zweck.[46] Die vorliegende Untersuchung kann – angefangen von den Salzburger Verhandlungen 1867 – die Bedeutung dieses Gesichtspunktes nur bekräftigen. Die Diskrepanz der Ziele, die sich aus den jeweiligen inneren Voraussetzungen und Kräfteverhältnissen in Österreich und in Frankreich ergab und die den verhandelnden Staatsmännern deutliche Grenzen zog, hat zu dem Scheitern der Allianz wesentlich beigetragen. Der Dualismus hatte die außenpolitische Bewegungsfreiheit der Monarchie nicht gestärkt, sondern beschränkt. Beust mußte nun nicht nur die Aversion des überwiegenden Teils der deutschen Bevölkerung gegen das französische Bündnis in Rechnung stellen. Er mußte auch die Opposition der Ungarn gegen jedes neuerliche Engagement in der deutschen

Frage und gegen jede akzentuiert antipreußische Politik berücksichtigen. Als er im März 1869 Andrássy in die Allianzverhandlungen einweihte, dauerte das Gespräch fünf Stunden und führte, wie der Kanzler dem Kaiser berichten mußte, »leider nicht zu dem gewünschten Resultat, obschon in mehreren Punkten Einverständnis erzielt wurde«.[47] Die bleibenden Streitpunkte nennt Beust nicht; man kann aus den weiteren Verhandlungsetappen mit Paris ersehen, daß von nun an die Frage einer eventuellen Begründung des Vertrages vor den Delegationen und das entsprechende Postulat einer unbedingten Sicherung der österreichischen Neutralität in einem französisch-preußischen Krieg für Beust besonders wichtig wurden.

Die innere Dynamik des Empire libéral drängte zum baldigen Einsatz seiner Kräfte, zum Kampf mit Preußen um Sicherheit und Hegemonie. Schon hier tritt jedoch, wenn wir vom Dualismus und von der Dynamik des Empire libéral sprechen, ein weiterer Faktor – oder, besser gesagt, eine Gruppe von Faktoren – ins Gesichtsfeld, die bei Engel-Janosi und Tapié implizit berücksichtigt sind, im Zusammenhang unseres Themas aber eine gesonderte und hervorgehobene Würdigung verdienen. Gemeint ist die Summe jener Phänomene, die auf österreichischer wie auf französischer Seite als *Krisensymptome des bestehenden staatlichen Systems* von 1868 bis 1870 verstärkt hervortreten. Die Erschütterung der anscheinend festen Fundamente, von denen aus Frankreich und Österreich-Ungarn 1868 die Verhandlungen begonnen hatten, macht einen wesentlichen Inhalt der inneren Politik der folgenden zwei Jahre aus. Beide Partner ließen es nicht an genauer Beobachtung der inneren Krise auf der anderen Seite fehlen. Dabei trat vor allem auf französischer Seite die grundlegende Erschwernis des diplomatischen Verfahrens sehr unmittelbar störend in Erscheinung, die mit dem Abbau der persönlichen Autorität Napoleons und dem Übergang zum parlamentarischen System verbunden war. Auf österreichischer Seite waren die Hemmungen durch die rasche Krise des Dualismus und den beginnenden Nationalitätenkonflikt – vor allem in der tschechischen Zuspitzung der Föderalisierungsfrage – in der diplomatischen Aktion nicht so direkt zu spüren. Aber indirekt waren die Folgen der inneren Krise gewiß mit der Krise des napoleonischen Systems vergleichbar. Angesichts dieser Sachlage, die durch reiches Quellenmaterial illustriert werden kann, erscheint es angemessen, den Katalog der Schwierigkeiten, an denen die Verhandlungen zur Tripleallianz scheiterten, noch zu erweitern: Neben der prinzipiellen Divergenz der Bündnisziele, neben der unüberbrückbaren Sachproblematik der römischen Frage ist es die *auf beiden Seiten fortschreitende Krise des bestehenden staatlichen Systems,* die mittelbar und unmittelbar den Abschluß des Vertrages verhindert hat.

Die besondere Bedeutung der österreichisch-französischen Beziehungen zwischen Oktober 1869 und der Julikrise 1870 für die folgenden Peripetien der

Wiener Politik liegt auf der Hand. Es kann hier nicht die Rede davon sein, diesen von der Forschung etwas vernachlässigten Bereich lückenlos zu durchleuchten. Vielmehr sollen, ausgehend von der durch die Monarchenbriefe geschaffenen Situation, nur einige interessante Punkte anvisiert werden. Dabei kommt schließlich der Frage nach den militärischen Besprechungen zwischen Frankreich und Österreich, die sich bis in den Juni 1870 verfolgen lassen, eine besondere Bedeutung zu.

Napoleon hatte bekanntlich im September 1869 eine anscheinend von österreichischer Seite kommende Anregung aufgegriffen, die durch inhaltliche und verfahrensmäßige Schwierigkeiten (Gegenzeichnung der Außenminister!) ins Stocken geratenen Allianzverhandlungen durch den Austausch von Monarchenbriefen zu einem provisorischen Abschluß zu bringen. Es sollten dadurch bestimmte prinzipielle Ergebnisse der Vorverhandlungen bindend fixiert werden. Darüber hinaus wurde die Schaffung eines Klimas »moralischer Verpflichtungen« zwischen den drei Partnern beabsichtigt, das im gegebenen Falle die rasche Einigung über konkrete politisch-militärische Absprachen erleichtern sollte. Napoleons Brief an Franz Joseph vom 24. September 1869 enthielt eine doppelte Zusage: sofortige uneingeschränkte Hilfe Frankreichs für Österreich, wenn es durch einen Angriff bedroht wird; keine Verhandlung mit einer fremden Macht ohne vorherige Verständigung mit Österreich.[48] Der entsprechende Brief Franz Josephs ist nicht erhalten. Er bot – das läßt sich mit Sicherheit rekonstruieren[49] – keine volle Reziprozität zu Napoleons Zusagen, sondern beschränkte sich auf den zweiten Punkt: Zusage, ohne vorherige Verständigung keine ›negotiation‹ mit einer anderen Macht aufzunehmen. Der Brief Viktor Emanuels an Napoleon III., von dem schon oben die Rede war[50], legte sich weder in dem einen noch in dem anderen Punkt fest, sondern beschränkte sich auf eine Absichtserklärung: Zustimmung zur Idee der Triplealliance, Wunsch nach baldigem Abschluß, Bereitschaft zur Unterzeichnung, wenn eine befriedigende Lösung der römischen Frage gefunden war.

Die Schwierigkeiten, an denen im Herbst 1869 der Abschluß des Vertrages gescheitert war, wurden in der Folgezeit nicht geringer, sondern größer. Weder Graf Daru (Außenminister von Januar bis April 1870) noch Emile Ollivier selbst, der als Ministerpräsident im April/Mai interimistisch das Portefeuille des Äußeren übernahm, wurden von Napoleon in das Geheimnis der Bündnisverhandlungen und der Monarchenbriefe eingeweiht. Zudem begab sich die französische Außenpolitik nun auf neue Wege, die sogar von der schon seit Salzburg festgehaltenen gemeinsamen Linie im Orient wie in der deutschen Frage fortführten. Einerseits wurde in engem Kontakt mit England das Abrüstungsprojekt wieder aufgenommen; es sollte nach Darus Absicht zur entscheidenden Waffe gegen Preußen werden – Österreich wurde von dieser Kampagne nicht einmal informiert. Und das wesentliche Moment des österreichischen Projekts von 1868 – Öffentlichkeit der Abrüstungsinitiative im Sinne einer Mobilisierung der öffentlichen Meinung und der wirtschaftlichen Interessen in Europa – wurde zugunsten von Geheimverhandlungen zwischen London und Berlin aufgegeben. Damit wurde es Bismarck leichtgemacht abzulehnen; von der Kompromittierung Berlins in den Augen der deutschen Öffentlichkeit, die Daru im Falle der preußischen Ablehnung erwartete, war natürlich erst recht nichts zu bemerken.[51] Zum anderen hatte Napoleon III. schon im November 1869 mit der Entsendung des Generals Fleury nach St. Petersburg einen neuen Kurs der Annäherung an Rußland begonnen. Gortschakow arbeitete nach Kräften auf die Wiederherstellung einer »Entente cordiale« hin, die er seit dem Einschwenken Frankreichs auf die Linie der antirussischen Orientpolitik Österreichs 1867 gestört sah. Daru sah zwar im Orient Divergenzen zur russischen Politik, und Gortschakows eloquente Versuche, den Panslawismus nur als eine sentimentale Vereinsmeierei hinzustellen, die der Beachtung seitens der Mächte nicht wert sei, stieß selbst bei dem reichlich naiven Fleury auf Skepsis.[52] Doch in der deutschen Frage konstatierte Daru die volle Identität der französischen und russischen Interessen an der Aufrechterhaltung des Status quo gegen Preußen.[53] Diese Umorientierung fiel zusammen mit einer erneuten französischen Kritik an der Passivität Österreichs in Süddeutschland, während Fleury und Gortschakow in dem Wunsch übereinstimmten, Österreich möge seine politische Aktivität vom Orient weg auf die deutsche Frage verlagern.[54]

Man kan sich unschwer vorstellen, welchen Eindruck dies alles in Wien machte, wo Beust seit der Krise des Bürgerministeriums bis zu der Einsetzung des föderalistischen Ministeriums Potocki und darüber hinaus unausgesetzt um die Basis seiner Stellung und seiner Politik zu ringen hatte. Er war mit einer zunehmenden Zurückhaltung der französischen Politik im Orient konfrontiert. Vor allem die türkisch-ägyptische Krise, die Österreich erheblich beschäftigte, machte starke Divergenzen zwischen Wien und Paris offenbar.[55] Ein zentrales Anliegen in Beusts Orientprogramm war das Bahnprojekt Wien-Konstantinopel.[56] Für seine rasche Realisierung brauchte man die Unterstützung der französischen Regierung und des Pariser Kapitalmarktes. Auf entsprechendes Drängen Wiens reagierte man in Paris nur zögernd. Bis tief in die Julikrise hinein zogen sich diese für Beust recht unbefriedigenden Verhandlungen. Dazwischen gab es weitere Überraschungen mit Ollivier. Zwischen ›poire et fromage‹ – wie Metternich berichtete – stellte der französische Ministerpräsident dem österreichischen Botschafter die Frage, ob Wien etwas dagegen habe, ganz Galizien (»diese Provinz, die mehr koste, als sie einbringe«) an Rußland abzutreten![57] Beust sah sich daraufhin veranlaßt, eine ernsthafte Analyse der Möglichkeiten einer künftigen Tripleallianz Österreich-Rußland-Frankreich anzustellen.[58] Er verwies Metternich ein-

dringlich auf die Schwierigkeiten mit Ungarn, mit den Deutschen, mit der galizischen Frage, wollte die Perspektive zwar nicht prinzipiell abweisen, ver-
wehrte sich aber vor allem gegen die beunruhigende und dilettantische Art
dieser französischen Initiative.

Als Mitte Mai 1870 Gramont das Außenministerium übernahm, konnte
dieser für Wien alarmierende Dilettantismus prorussischer französischer
Außenpolitik als entschärft gelten. Aber Gramonts Berufung führte sogleich
zu einer neuen Friktion, die in Wien als prinzipielle Belastung des österreichisch-französischen Verhältnisses aufgefaßt wurde. Der verständliche
Wunsch Beusts, den langjährigen Wiener Botschafter Frankreichs, der nun
zum Außenminister avanciert war, in die Geheimverhandlungen eingeweiht
zu sehen, wurde von Napoleon zunächst abgewiesen.[59] Beust kritisierte diese
Haltung Napoleons mit einer ungewöhnlichen Schärfe und bestand darauf,
daß Gramont eingeweiht werden müsse: »Diese Maßnahme erscheint uns
gebieterisch gefordert durch die persönliche Lage des Herzogs von Gramont,
durch das politische Interesse und schließlich durch die Rücksichten, die unserem Herrscher geschuldet sind, der ohnedies sich schwerlich davon überzeugen wird, daß die mit Frankreich geschlossene Allianz ein Werk von
Dauer und entscheidendem Einfluß auf die kommenden Ereignisse ist.«[60]
Die Heftigkeit der Intervention Beust ist um so verständlicher, wenn man in
Rechnung setzt, daß er – naheliegenderweise – mit der Berufung Gramonts die
Erwartung einer faktischen Reaktivierung der französischen Allianz verband. Vielleicht hat er damals auch gehofft, den Vertrag nun doch noch, mit
Gramonts Hilfe, zur Unterschrift zu bringen. Groteskerweise nahmen die
Dinge dann folgenden Verlauf: Gramont, der sich Ende Mai nochmals für
einige Tage aus Paris nach Wien begeben hatte, wurde auf Anweisung Napoleons dort durch Beust mit den Geheimverhandlungen des Vorjahres bekannt gemacht.[61]

Gramont zeigte sich mehr als überrascht. Nach der Lektüre des Briefes
Napoleons (vom 24. September 1869) erklärte er, daß infolge der seither eingetretenen Verfassungsänderung »der Wille des Souveräns nicht mehr genüge,
um das Land zu verpflichten«. Da hatte man's nun! Auf Beusts Einwand, daß
das Plebiszit (vom 8. Mai 1870) das persönliche Regime wieder befestigt
habe, erwiderte ihm Gramont stolz: »Cela n'empêche pas que les engagements pris n'auraient aucune signification, si je ne les acceptais pas, mais je
les accepte.« Damit war wohl für den Augenblick die Situation formal berei-
nigt. Aber es fragt sich, ob Beust und Franz Joseph nach diesen Vorfällen die
Zukunft der österreichisch-französischen Allianz noch mit Zuversicht ins
Auge fassen konnten. Nach außen wurden die positiven Beteuerungen nun
wieder aufgenommen. Von einer Unterzeichnung des Allianzvertrages aber
wollte Gramont weiterhin nichts wissen. Als Vitzthum ihn Ende Juni im
Sinne einer Wiederaufnahme der »grande affaire« sondierte, war seine Ant-

wort klar: »Il faut la laisser dormir maintenant.«[62] Im Juli bekamen dann die
Dinge rasch ein anderes Gesicht.

Nach der italienischen Seite hin kam es in anderer Weise zu Entwicklungen, die von den mit Napoleon gemeinsamen Zielen und Erörterungen
wegführten. Viktor Emanuel ergriff im Dezember 1869 und nochmals unmittelbar vor dem Ausbruch der Hohenzollernkrise die Initiative zu einer italie-
nisch-österreichischen Sonderpolitik angesichts der Gefahr eines Sturzes der
Dynastie und einer Revolution in Frankreich.[63] »Marcher sur Paris« – das
mochte für den italienischen König im Hinblick auf Nizza und Savoyen ein
anziehender Gedanke sein. Für Österreich war es nur wichtig, Italien weiterhin an seiner Seite zu wissen und sich vor preußischen Überraschungserfol-
gen in Florenz zu sichern. Mit einer baldigen Katastrophe in Paris, von deren
Möglichkeit Viktor Emanuel sprach, um rechtzeitig »andere Allianzen« zu
erwägen, wollte man damals in Wien anscheinend noch nicht rechnen.

Man muß diesen Kontext der österreichisch-französischen Beziehungen seit
dem Herbst 1869 im Auge behalten, um die in diesen Zeitabschnitt fallenden
militärischen Besprechungen zwischen Paris und Wien zutreffend würdigen
zu können. Es ist an sich schon bemerkenswert, daß es erst zu diesem Zeitpunkt, und nicht etwa im Zenith der Bündnishoffnungen 1869 zu derartigen
Besprechungen kam. Aber auch in anderer Hinsicht ergeben sich große Fragezeichen. Die Sache beginnt mit einer Reise Erzherzog Albrechts nach
Frankreich vom Januar bis zum März 1870, die zu Gesprächen mit Napoleon und zur Vorlage bestimmter operativer Gedanken für ein österrei-
chisch-französisches Zusammenwirken im Kriegsfalle führte.[64] Am 19. Mai
fand dann in den Tuilerien unter dem Vorsitz Napoleons ein sogenannter
Kriegsrat statt, an dem außer dem Kriegsminister Lebœuf die Generale
Frossard, Jarras und Lebrun teilnahmen. Anschließend wurde Lebrun von
Napoleon nach Wien entsandt, um mit Erzherzog Albrecht weiter zu verhandeln. Lebrun konferierte ausführlich mit Albrecht, hatte am 14. Juni eine
Audienz bei Franz Joseph in Laxenburg, reiste dann nach Paris zurück, erhielt von Erzherzog Albrecht operative Ausarbeitungen (mit Vorschlägen
und Überlegungen) nachgesandt und erstattete am 23. Juni einen mündlichen, am 30. Juni einen schriftlichen Bericht an Napoleon. Im Mittelpunkt
der Pariser und der Wiener Verhandlungen Albrechts stand die österreichische Bedingung: Erst sechs Wochen nach dem Beginn der Mobilmachung – in
Frankreich und Österreich – kann die österreichische Armee bereitstehen;
bis dahin muß die österreichische Regierung gegenüber Preußen neutral bleiben. Das gleiche Terminproblem sah der Erzherzog für die Mitwirkung Italiens gegeben, die im übrigen fest einkalkuliert wurde. Eine Fortsetzung der
Verhandlungen scheint geplant gewesen zu sein, kam aber – vielleicht infolge
der sich überstürzenden Juli-Ereignisse – nicht mehr zustande.

Es hat über die Frage der Ernsthaftigkeit dieser Militärverhandlungen und über die daraus resultierende Einschätzung der politischen Ziele Österreich-Ungarns gegenüber Preußen-Deutschland eine heftige Kontroverse im Kreis der Berliner Historiker zu Ende des 19. Jahrhunderts gegeben. Denn erst damals, nach dem Tode des Erzherzogs Albrecht, waren die bisher zurückgehaltenen Teile der Memoiren des Generals Lebrun veröffentlicht worden, die nicht nur seinen ausführlichen Bericht über die Wiener Mission von 1870 enthielten, sondern auch Aktenstücke von der Hand Albrechts, die an der Ernsthaftigkeit der damaligen französisch-österreichischen Offensivplanungen gegen Preußen keinen Zweifel zu lassen schienen. Hans Delbrück, der schon zuvor gegen Sybels österreichfreundliche und verharmlosende Auffassung der österreichisch-französischen Beziehungen 1868/70 aufgetreten war, versuchte nun aus Lebruns Memoiren gegen Heinrich von Sybel einen weiteren Beweis für die konsistente antipreußische Kriegspolitik Wiens zu gewinnen.[65] Hierin ist ihm Hermann Oncken damals und später gefolgt. Im Unterschied zu Onckens bitter-moralisierenden Urteilen (nach dem Ersten Weltkrieg) brachte Delbrück 1895 (in der Sicherheit der Zweibundsituation) dem, was er für die österreichische Politik von 1870 hielt, durchaus historisches Verständnis entgegen: »Kein Wunder also, daß Kaiser Franz Joseph und Beust, da sie einmal in dem Gedanken befangen waren, daß Süddeutschland nicht unter preußische Herrschaft geraten dürfe, und Preußen sogar im letzten Grunde die Zerstörung Österreichs beabsichtige, den Gegenschlag nicht Napoleon allein überlassen wollten – ganz abgesehen davon, ob dieser stark genug dazu war –, sondern sich an dem Kriege beteiligen und die Neugestaltung Mitteleuropas gemeinsam mit den Franzosen durchführen wollten.«[66]

Von österreichischer Seite sind keine Akten über diese Geheimverhandlungen bekanntgeworden.[67] Dennoch läßt sich aus den vorliegenden Quellen in einigen Punkten Klarheit gewinnen. Der Feldzugsplan, den Erzherzog Albrecht in Paris und drei Monate später in Wien mit Lebrun besprach, ist eindeutig faßbar und offenbar das Ergebnis detaillierter Vorarbeiten, die man in Österreich seit 1866 oder 1867 angestellt hatte.[68] Albrecht ging davon aus, daß die Monarchie sechs Wochen zur Mobilmachung braucht, während Frankreich und Preußen viel rascher mobilisieren können. Um Österreich-Ungarn nicht einem vorzeitigen Angriff überlegener preußischer Kräfte auszusetzen, sollte Wien zunächst im Schutze der Neutralität mobil machen (wodurch starke norddeutsche Kräfte in Schlesien und Sachsen gebunden würden). Die französische Armee, die nach Albrechts Meinung rascher marschbereit wäre als die Preußen, sollte sofort mit möglichst starken Kräften über den Rhein nach Süddeutschland vorstoßen und die Süddeutschen von den Norddeutschen trennen, während an der Saar eine zweite, wesentlich schwächere Formation nur eine Schein- und Ablenkungsoffensive durchführen würde. Wenn der massive französische Flankenstoß über Stuttgart bis in den Raum von Nürnberg gelangt ist, hat Österreich seinen Aufmarsch in Böhmen beendet, erklärt den Krieg und vereinigt seine Hauptarmee in Oberfranken mit den Franzosen, während gleichzeitig die Italiener über den Brenner in Bayern einrücken. Die Widerstandskraft der süddeutschen Verbände schätzt Albrecht sehr gering ein; eventuell sei sogar mit ihrem Abfall von Preußen zu rechnen. Die vereinigten Armeen marschieren dann gegen Berlin. In der Ebene von Leipzig ist mit der ersten großen Schlacht zu rechnen. Preußen soll an seiner »Wespentaille« von Berlin bis Stettin durchstoßen werden. Westlich davon liegen die neugewonnenen, unsicheren Gebiete. Östlich ist mit weiterem Widerstand zu rechnen, vielleicht mit weiteren Schlachten. Jedenfalls muß die Mobilmachung im März beginnen, die erste Entscheidungsschlacht möglichst noch im Mai stattfinden. Spätere Termine bringen die Gefahr eines Eingreifens Rußlands, das bis in den April durch Tauwetter gelähmt ist; auch wären die französischen und österreichischen Truppen einem Herbst- und Winterfeldzug in Norddeutschland klimatisch nicht gewachsen.

So phantastisch dieser Feldzugsplan im Lichte des tatsächlichen Kriegsverlaufes von 1870/71 erscheint – er ergibt sich logisch aus den damaligen Bedingungen österreichischer Rüstung und Politik. Daß der fundamentale Sechswochenvorbehalt nicht nur militärorganisatorisch bedingt war, sondern auch politische Bedeutung hatte, wurde zwar von Albrecht nicht zugestanden; es wurde der französischen Seite aber rasch klar und schließlich hat es, wie man sehen wird, Franz Joseph gegenüber Lebrun ganz offen ausgesprochen. Die Frage war nur, ob ein solcher Plan von Frankreich überhaupt akzeptiert werden konnte, auch wenn Albrecht sich Mühe gab, mit einigen kleineren Korrekturen den französischen Einwänden Rechnung zu tragen. Schon in dem Pariser »Kriegsrat« vom 19. Mai 1870 war man sich unter Napoleons Vorsitz darüber einig geworden, »daß das österreichische Projekt unannehmbar war und so umgeformt werden mußte, daß Frankreich nicht sechs Wochen allein einem an Zahl stark überlegenen Gegener gegenüberstehe«.[69] Diese Modifikation war Lebrun im Juni 1870 in Wien nicht gelungen. Und es muß sehr fraglich erscheinen, ob bei weiteren Verhandlungen zwischen Paris und Wien sich ein Kompromiß hätte finden lassen.

Was hatten also die Militärverhandlungen zu bedeuten? Wie sind sie in den größeren politischen Kontext einzuordnen und zu beurteilen? Hierfür ist vor allem die Antwort Franz Josephs in Betracht zu ziehen, die er am 14. Juni Lebrun mündlich erteilte. Diese Antwort ist für unseren Zusammenhang von besonderem Interesse, weil sie die Verbindung der politischen Argumentation, wie sie uns von Beust her geläufig ist, mit den militärischen Gesichtspunkten in einer sehr entschiedenen Weise vornimmt. Lebrun hat beansprucht, in seinem Bericht die Ausführungen des Kaisers wörtlich wiederzugeben. Es lohnt sich, diesen Text hier in Übersetzung mitzuteilen. Der Kaiser ließ sich den französischen General von Erzherzog Albrecht im Park von Laxenburg vorstellen und kam sogleich zum Thema:[70]

»Der Erzherzog hat mir über die Fragen berichtet, die zwischen ihm und Ihnen behandelt wurden. Ich kann vom militärischen Standpunkt aus die Mittel, die zur Ausführung des Planes, von dem er mir sprach, vorgeschlagen wurden, nur gutheißen. Aber ich muß Ihnen sagen, daß ich vor allem den Frieden will; wenn ich Krieg führe, muß ich dazu gezwungen sein. Ich möchte gerne hoffen, daß der Kaiser Napoleon meiner persönlichen politischen Position Rechnung trägt, sowohl im Inneren wie nach außen. Wenn ich im gleichen Augenblick wie er den Krieg erkläre, so könnte ohne Zweifel Preußen neuerdings die deutsche Idee ausnützen und die deutschen Bevölkerungen zu seinem Vorteil aufhetzen und in Bewegung bringen, nicht nur bei sich und in Süddeutschland, sondern auch in Österreich-Ungarn, was für meine Regierung sehr störend wäre. Aber wenn der Kaiser Napoleon, gezwungen den Krieg anzunehmen oder zu erklären, mit seinen Armeen in Süddeutschland erscheint, nicht als Feind, sondern als Befreier, dann wäre ich meinerseits gezwungen zu erklären, daß ich mit ihm gemeinsame Sache mache. In den Augen meiner Völker hätte ich dann keine andere Wahl, als meine Armeen mit denen Frankreichs zu vereinigen. Dies bitte ich Sie, von mir aus dem Kaiser Napoleon zu sagen; ich hoffe, daß er meine politische Lage im Inneren und nach außen ebenso sehen wird wie ich.«

Man kann annehmen, daß in dieser Antwort des Monarchen jedes Wort überlegt war. Soviel man sieht, hat Franz Joseph überhaupt vermieden, gegenüber Lebrun die organisatorische und strategische Seite der österreichischen Mobilmachungsfrist zu diskutieren. Er stellte sich von Anfang an auf den Boden, der in doppelter Weise durch die Geheimverhandlungen vorbereitet war: abwartende Neutralität Österreichs bei einem isolierten Krieg zwischen Frankreich und Preußen und äußerste Schonung des deutschen Nationalgefühls als Voraussetzung einer gemeinsamen Aktion. Von dem Problem Rußland war überhaupt nicht die Rede. Und man fragt sich schließlich, ob eine Situation mit Napoleon als »Befreier«, wie sie der Kaiser hypothetisch einsetzte, in Wien damals noch ernsthaft für möglich gehalten wurde.

Rascher als in den politischen Geheimverhandlungen zwischen Paris und Wien, die elastisch und mit immer neuen Variationsmöglichkeiten geführt werden konnten, hatte sich beim Austausch der militärischen Gesichtspunkte die Unvereinbarkeit der beiderseitigen Positionen erwiesen. Man war bei den strategischen Planungen schnell in eine Sackgasse geraten; und die Erläuterung der politischen Gesichtspunkte seitens des Kaisers hatte die festgefahrene Verhandlungsfront nicht aufgelockert, sondern Österreichs Bedingungen für eine gemeinsame militärische Aktion in Deutschland noch wesentlich verschärft und politisch unterbaut. Wollte man in Wien diese

Sackgasse? Wollte man sie nicht? Wollte Albrecht sie nicht (der ja mit seiner Insistenz auf dem Märzbeginn der Mobilisierung Napoleon gewiß eines deutlich machen wollte: Heuer – 1870 – ist es schon zu spät!)? Hier können nur Vermutungen angestellt werden.

Die Reise des Erzherzogs hatte vielleicht – neben einer allgemeinen Demonstration der fortbestehenden Entente und einer speziellen Erkundung der militärischen Leistungsfähigkeit und Pläne Frankreichs – den Zweck verfolgt, von einer neuen Seite her die festgefahrenen Allianzverhandlungen wieder in Gang zu bringen. Vielleicht sollte auch mit den explorativen Aufgaben eine Alibifunktion verbunden werden. Wir wissen auch nicht, wieweit es zwischen Albrecht und Beust Übereinstimmung oder Divergenzen im Blick auf die französische Entente und ihre Probleme gab. Von Franz Joseph her muß man mit der Möglichkeit rechnen, daß er divergierende Initiativen nebeneinander laufen ließ, um sich dann fallweise zu entscheiden. Welche Erwartungen und Absichten man auch immer in Wien gehegt hatte – nun war jedenfalls auf der Ebene der gemeinsamen operativen Planung schon beim ersten Anlauf jener tote Punkt erreicht, den auf der politischen Ebene Beust immer wieder zu vermeiden gesucht hatte.

Überblickt man den Gesamtverlauf der österreichisch-französischen Beziehungen seit Salzburg, so zeigt sich, daß der Höhepunkt der Intimität und des Funktionierens der Zusammenarbeit schon im Laufe des Jahres 1869 überschritten wurde. Keineswegs in einer Geraden der politisch und militärisch eskalierenden Zusammenarbeit bewegten sich die Dinge auf den Juli 1870 zu. Vielmehr waren die beiderseitige Unsicherheit und der Mangel tragfähiger politischer und militärischer Fundamente für eine Allianz bereits sehr deutlich geworden, als Europa plötzlich mit der Hohenzollernkrise konfrontiert wurde.

Österreich, Preußen und Rußland bis zum Sommer 1870: von der Konfrontation zur labilen Entspannung

Für den zurückblickenden Historiker stehen die außenpolitischen Konstellationen und Wandlungen in Europa vom Herbst 1868 bis zum Sommer 1870 schon ganz im Schatten des Kriegsausbruchs und der folgenden Reichsgründung. Dies Mehr- und Besserwissen des Historikers entbindet aber nicht von der methodischen Pflicht, das Nochnichtwissen der Zeitgenossen und die relative Offenheit ihres Entscheidungshorizontes in Rechnung zu setzen. Es war gewiß keine Einbahnstraße, die zur Emser Depesche und zum 18. Januar 1871 führte. Dies gilt für die sehr komplexen Dreiecksbeziehungen zwischen Wien, St. Petersburg und Berlin nicht minder, als für die Wechselfälle der österreichisch-französischen Politik. Anders als im Falle des saturierten (und

entfernten) Second Empire, hatte es Österreich im Osten und Norden mit der
Dynamik von Staaten zu tun, deren Expansion nicht nur die Vorfelder der
Habsburger Monarchie betraf, sondern mit ihrer Ausstrahlungskraft auf die
Deutschen und Slawen die Identität der Mehrheit der Bevölkerung Österreich-Ungarns in Frage stellte. Dieser elementare Zusammenhang von inneren und außenpolitischen Geschehensabläufen bildet den Hintergrund der
folgenden knappen Übersicht.

Die Konstanten im Verhältnis Österreich-Ungarns zum Zarenreich waren
klar vorgegeben: Rußlands Sorge vor der polenfreundlichen Politik Wiens in
Galizien, Wiens Sorge vor der panslawistischen Propaganda und Konspira-
tion in den verschiedenen Teilen der Monarchie, die Balkanfragen in ihren
verwickelten Formen, die aufs engste mit den inneren Entwicklungsproble-
men der Donaumonarchie und Rußlands verbunden waren. Und keine säu-
berliche geographische Trennung von Einflußsphären schien hier möglich,
wenn man den russischen Einspruch gegen eine österreichische Expansion im
Westbalkan (Bosnien, Herzegowina) ebenso ernst in Rechnung setzt wie die
Furcht Wiens, durch ein Anheimfallen der Donaufürstentümer an den russischen Einfluß politisch-militärisch »umfaßt« zu werden und zudem jeden
Einfluß auf die untere Donau und auf die durch Bulgarien geplante Eisen-
bahnlinie nach Konstantinopel zu verlieren. Diese vorgegebene Konstanz der
Konfliktfelder wurde durch die persönlichen Gegensätze zwischen Beust und
Gortschakow und durch die Russophobie der in Wien zunehmend stärker
auftretenden Ungarn in negativer Richtung weiter stabilisiert. Die Gesamtheit dieser Verhältnisse ist jedoch vor dem Hintergrund der preußisch-österreichischen Beziehungen zu sehen. Und hier gab es Bewegungsmomente. Sie
führten 1868/69 zeitweilig zu dramatischen Situationen, man sprach von einer Lage wie unmittelbar vor dem Kriege von 1866. Gewiß behielten die zwischen Rußland und Österreich anhängigen Fragen stets ihr eigenes Gewicht.
Aber die primäre Bedeutung der Vorgänge zwischen Berlin und Wien und
ihre ständige Rückwirkung auf den Stand der Dinge zwischen Rußland und
Österreich liegen auf der Hand. Von einer Analyse dieser Vorgänge ist daher
auszugehen; der Konfrontation folgt seit dem Sommer 1869 eine Etappe der
relativen Entspannung, die bis zur Hohenzollern-Krise im Juli 1870 reicht.
Ein Rundblick auf den Stand der süddeutschen und der orientalischen Frage
am Vorabend der Krise wird im folgenden Kapitel diese labile Entspannung
erläutern und das Panorama der außenpolitischen Lage der Habsburgermonarchie vor Kriegsbeginn vervollständigen.

Die Monate November 1868 bis Januar 1869 brachten die schärfste Konfrontation zwischen Berlin und Wien, die es seit dem Ende des Deutschen
Bundes bis zum Sturz der beiden Kaiserreiche je gab. Es war dem im Sommer
und Frühherbst 1868 eine leichte Verbesserung der deutsch-österreichischen
Beziehungen vorausgegangen. Beust wie Bismarck hatten in gleicher Weise

Konfliktstoffe, an denen es niemals fehlte, in vorsichtiger und ausgleichender Weise behandelt (das deutsche Schützenfest in Wien, die Veröffentlichung der »Stoß-ins-Herz-Depesche« Usedoms, des preußischen Gesandten in Florenz, vom Sommer 1866). Nun aber entschloß sich Bismarck im November 1868, alle Register zu ziehen; es begannen ein Pressekrieg und eine diplomatische Daueroffensive gegen Österreich-Ungarn von solcher Art, daß schließlich selbst in der preußischen Führungsschicht Stimmen der Verwunderung und der Warnung laut wurden. Insbesondere wurde die Absicht deutlich, Beust, dessen Stellung in Östereich nicht mehr als gefestigt galt, persönlich zu diskreditieren und womöglich zu stürzen. Von österreichischer Seite her wehrte man sich auf seine Art.

Die ältere, meist stark an Bismarcks Selbstaussagen orientierte Historiographie ist durch die neueren Forschungen (vor allem von W.H. Giller und Heinrich Potthoff) weitgehend überholt. Es kann heute nicht mehr die Rede davon sein, daß Bismarck damals in einem Abwehrkampf gegen eine offensive Politik Beusts gestanden hätte, der auf dem Umweg über eine antirussische Balkanpolitik Revanche gegen Preußen suchte.[1] Konflikte von solcher Schärfe zwischen großen Staaten, die noch kurz zuvor durch ein auf Ewigkeit geschlossenes Föderativverhältnis verbunden waren, können überhaupt nicht einfach auf die Formel Angriff oder Verteidigung gebracht werden. Es scheint, daß Bismarck Nachrichten über die österreichisch-französisch-italienischen Allianzverhandlungen hatte, die ihn viel mehr beunruhigten, als er selbst seinen engsten Mitarbeitern gegenüber zugab. Er versuchte, Wien in verschiedener Weise unter Druck zu setzen. Zeitweilig versuchte er, wieder die rumänische Karte auszuspielen. Das heißt: Er ermunterte die großrumänischen Bestrebungen gegen die Monarchie. Aber dies Manöver erwies sich gerade im Herbst 1868 als ganz ungeeignet. Die alarmierenden militärischen Vorbereitungen in den Donaufürstentümern und die auf Siebenbürgen gerichtete großrumänische Propaganda bewirkten in der Habsburger Monarchie das Gegenteil dessen, was Preußen nutzen konnte. Zwar war es für Beust gewiß störend, in Rumänien »die Aufstellung eines preußischen Arsenals« zu beobachten.[2] Und in Paris beklagte sich Metternich gegenüber dem preußischen Geschäftsträger, Graf Solms, es sei »unerträglich, wenn in den Donaufürstentümern eine Regierung bestehe, welche, auf ein mot d'ordre von Berlin hörend, jeden Augenblick bereit sei, im Falle eines Konflikts Österreich in den Rücken zu fallen«.[3] Nicht die Warnungen aus Wien, sondern das steigende Mißvergnügen in den an sich preußenfreundlichen Kreisen Ungarns, die sich von Bukarest bedroht fühlten, gab schließlich den Ausschlag. Die Rücksicht auf Ungarn scheint Bismarck vor allem veranlaßt zu haben, die rumänische Karte nun – wenigstens vorübergehend – aus dem Spiel zu ziehen.[4] In einer schroffen Wendung machte er den vollen Einfluß Preußens in Bukarest, dessen Vorhandensein offiziell stets bestritten wurde, gegen die großrumänische Agitation geltend. Es genügte am 22. November 1868 ein Telegramm aus Varzin, wo der Reichskanzler noch immer mit der Wiederherstellung seiner Gesundheit beschäftigt war, um den Sturz des Ministers Bratianu und die Einstellung der Agitationen zu bewirken.

Bei den internen Instruktionen, die Bismarck am 16. November zur Sprachregelung der preußischen Diplomatie wie der Presse ausgab, fällt die polemische Entstellung in der Darstellung der preußisch-österreichischen Beziehungen seit 1866 ebenso auf wie die gegen Beusts Person gerichtete Spitze: »..., daß wir nach zweijährigem Buhlen um die Gunst Österreichs die Hoffnung aufgeben mußten, auf diesem Wege, solange die jetzige Beustsche Politik dauert, etwas zu erreichen«.[5] – Der Sturz Bratianus bedeutete für Bismarck nicht viel, da auch Rußland mit dessen Politik unzufrieden war. Der Fortgang der Pressekampagne und die fortgesetzte Denunzierung Beusts als des einzigen Störenfrieds in der europäischen Politik weisen auf Bismarcks eigentliche Motive hin. Und auch die vordergründige Polemik, die sich nun von Berlin her auf das eben erschienene zweite österreichische Rotbuch konzentrierte, bietet weitere Anhaltspunkte für das, was Bismarck mit dieser Hetze ohnegleichen wollte. Wimpffen äußerte sich in einem Privatbrief aus Berlin am 25. November an Beust in deutlichen Worten:

»Bismarck hofft, daß, wenn andere als Sie kämen, er uns würde gnädig sein, das heißt uns würde gestatten können als Vasallenstaat wie z.B. Bayern ein kümmerliches Dasein zu fristen! Gegen diese Menschen gibt es für uns wahrhaftig nur eine Politik, die auf alles vorbereitet und materiell gerüstet zu sein, nur dann werden sie uns respektieren.«[6]

Einen Höhepunkt der Hetze gegen Beust und ebenso der Entstellung der politischen Fakten findet man in Bismarcks Zirkular an alle preußischen Auslandsmissionen vom 6. Januar 1869.[7] Wieweit diese Entstellung in der Absicht des Kanzlers lag, wieweit sie sich unabsichtlich aus der einmal eingeschlagenen Linie der Polemik ergab, ist schwer zu ergründen und auch nicht von ausschlaggebender Bedeutung. »Die Gefährdung des europäischen Friedens durch die Tätigkeit des Grafen Beust« – das ist das Thema des glänzend formulierten Anklageaktes gegen den Leiter der österreichischen Außenpolitik: Nachdem es der Wiener Politik 1868 nicht gelungen ist, den mit allen Mitteln erstrebten Bruch zwischen Frankreich und Norddeutschland herbeizuführen, sucht Beust nun den Orient in Brand zu setzen. Und Bismarck steht nicht an, Beust und seinem Einfluß auf die Pforte die Hauptschuld an dem gegenwärtigen türkisch-griechischen Konflikt zu geben. Für den Augenblick ist – so das Zirkular – durch die Eröffnung einer Konferenz eine friedliche Lösung dieses speziellen Streitfalles in Aussicht. Und Beusts wohlberechneter politischer Plan, vom Balkan her »die angeblich preußisch-russische Allianz zuerst in Rußland anzugreifen« und somit Deutschland vor die Alternative der politischen Isolierung oder eines aggressiven Kabinettskrieges (zugunsten Rußlands) zu stellen, mußte an der Weigerung der Westmächte scheitern, sich von Wien ins Schlepptau nehmen zu lassen. Soweit Bismarcks Sprachregelung.

Auch außerhalb Österreichs sah man die Absicht Berlins, Beust aus dem Amt zu drängen, als gegeben an. Die preußische Kampagne erwies sich jedoch keineswegs als erfolgreich. In London widersprach Clarendon in feierlichster Weise: Österreich sei keineswegs durch Wühlereien an dem türkisch-griechischen Konflikt beteiligt. Und es entsprach der Haltung der neuen liberalen Regierung Gladstone-Clarendon, die sich schon im Dezember 1868 zugunsten des Status quo von 1866 ausgesprochen hatte, nunmehr schlichtend in den preußisch-österreichischen Konflikt einzugreifen.[8] In Sachsen, wohin Bismarck zuvor eine Reise geführt hatte, versuchte man, der Sache eine noch positivere Wendung zugunsten Österreichs zu geben. Die Sorge, Österreich nicht in die Arme Frankreichs zu treiben, veranlaßte den sächsischen Minister von Friesen zu einer Gegeninitiative im alten, »großdeutschen« Sinne: Preußen möge sich die Zusammenarbeit mit Österreich sichern, indem es ihm im Orient zu Kompensationen verhelfe, zum Beispiel im Falle Bosniens.[9] Bismarck winkte sofort ab. Im übrigen scheinen es vor allem die Haltung Englands sowie das Nichtgelingen einer Erschütterung der Stellung Beusts in Wien gewesen zu sein, was Bismarck Mitte Januar 1869 zu einem raschen Abbruch der Pressekampagne bewog.

Diese Wendung wurde von der deutschliberalen Öffentlichkeit Österreichs sehr beachtet und sogleich im Sinne ihrer antibonapartistischen und antirussischen Orientierung als ein möglicher Schritt zur Kooperation mit Berlin kommentiert. Schon am 16. Januar schrieb die ›Neue Freie Presse‹:

»... Können wir nur hoffen, daß die Umkehr der Norddeutschen Allgemeinen Zeitung auch eine Umkehr der Politik des Grafen Bismarck bedeute, und daß es mit der Gehässigkeit gegen Österreich in Preußen ein Ende habe. Nur möge die Umkehr eine aufrichtige sein und Preußen eine ehrliche Verständigung mit Österreich suchen. Das wäre noch immer ein besseres Mittel für Preußen, vorwärts zu kommen, als die problematische und verhängnisvolle Allianz mit Rußland in einem eventuellen Conflikte mit Frankreich. Nicht auf die Schwächung, sondern auf die Stärkung Österreichs speculire man in Berlin, und Preußen erschließt sich die Möglichkeit, ohne die Gefahr eines Confliktes mit Frankreich mit der durch den Prager Frieden geschaffenen, nach allen Seiten hin unbequemen Situation zu transigiren.«

Diese deutschliberalen Wünsche richteten sich offenbar auf eine Art von Zweibund (mit einer weniger ungleichen Position der Partner als 1879 und ohne die Überlassung Süddeutschlands an Preußen[10]). Die Kabinette in Wien und Berlin waren jedoch damals weit von solchen Absichten entfernt. Bevor von Wien zu sprechen ist, verdient die Politik Gortschakows angesichts der preußisch-österreichischen Spannung Beachtung. Bismarck hatte schon im

Dezember 1868 seine uns bekannten Argumente zur Anschwärzung der österreichischen Politik und Beusts in Petersburg vortragen lassen.[11] Gortschakows Antwort und sein weiteres Verhalten erscheinen zunächst wenig klar. Gewiß verteidigt er Beust nicht, er schlägt sogar ausdrücklich vor, in London und Paris eine »Denunziation der österreichischen Politik« vorzubringen.[12] Doch erst im Februar und März 1869 wird deutlicher, worauf es Gortschakow und Alexander II. ankommt. Bismarcks antiösterreichische Deklamationen sollen eine praktische Anwendung erfahren, und diese Anwendung wünscht sich Rußland in einer preußischen Hilfestellung für ein aktives Vorgehen im Orient, ohne weitere Rücksicht auf Wien.[13] Das aber will Bismarck keineswegs zugestehen, jetzt so wenig wie im Vorjahr.[14] Den Krieg im Orient, durch Rußland provoziert, muß er ebenso fürchten, wie Beust den Krieg am Rhein, den Frankreich provoziert. (Und die spiegelbildliche Ähnlichkeit dieser Berechnungen in Wien und Berlin läßt die Vermutung zu, daß man beiderseits mehr über die beiderseitigen geheimen Allianzverhandlungen wußte, als jemals ausgesprochen wurde.) Lieber gewährt Bismarck den Russen Einblick in seine westeuropäischen Kombinationen, um sie nicht ganz ohne Aussicht auf gemeinsame Taten und Erfolge zu lassen: »Wir würden dann unsere Betheiligung an der Seite Rußlands durch eine Haltung und ein Vorgehn herbeizuführen suchen, welches Frankreich zum Angriffe oder zur Bedrohung Deutschlands nöthigte. Truppenaufstellungen, nationale Manifestationen in Deutschland und Italien, so wie unsre Beziehungen zu Belgien, selbst zu Spanien, würden uns Gelegenheit zu Diversionen bieten, welche unser Eingreifen herbeiführten, ohne demselben grade die Form eines agressiven Cabinetskrieges zu geben.«[15]

In ähnlicher, werbender Weise hatte Beust wiederholt Napoleon III., der am Rhein interessiert war, die besseren Chancen eines Konflikts im Orient dargestellt, um ihn vom Krieg am Rhein abzuhalten. Der Unterschied läßt sich allerdings aus den folgenden Ereignissen ersehen: Bismarck ging – auch ohne aktive Hilfe Rußlands (und das war ihm sichtlich lieber) – im nächsten Jahre den hier gezeichneten Weg. Beusts Hinweise auf die Präferenz des Orientkonflikts vor dem Rheinkonflikt wurden nicht nur nicht auf ihre Realisierbarkeit hin erprobt. Es sprechen darüber hinaus sowohl die sehr gemischten Erfahrungen der österreichisch-französischen Kooperation 1867/70 wie die inneren Entwicklungen der Donaumonarchie und die damaligen Verhältnisse Südosteuropas wie Rußlands *gegen* die objektive Wahrscheinlichkeit einer zum Orientkrieg sich steigernden Konfrontation. Selbst für 1867/68 erscheint es fraglich, ob Beust ernsthaft mit der ultima ratio eines Orientkrieges gerechnet hat.[16] 1869 sah es noch weniger nach Krieg im Orient aus: das lautlose Verschwinden des Projektes einer französischen Orientexpedition aus den Bündnisverhandlungen zwischen Paris und Wien erscheint als ein zu starker Skepsis mahnendes Indiz.

Andererseits zeigt Bismarcks Verhalten zu Rußland in dieser Spannungssituation interessante Aspekte von weiterreichender Bedeutung. Gerade in seiner Auseinandersetzung mit der sächsischen Versöhnungsinitiative – Bosnien für Österreich – wird klar, wie beschränkt der objektive Spielraum der preußischen Politik gegenüber Wien war. In Deutschland kann und will Berlin den Österreichern keinen neuen Einfluß und Raum gewähren. Im Osten und Südosten stehen einer von Preußen eventuell zu stützenden oder auch nur zu tolerierenden Einflußnahme Österreichs die russischen Interessen hart gegenüber, zu deren Preisgabe Bismarck selbst beim Abschluß des Zweibundes 1879 sich nicht bereitfinden wird. Im Falle der polnischen Frage und Rumäniens bestehen darüber hinaus konkrete Gemeinsamkeiten der preußischen und russischen Interessen. – In subjektiver Hinsicht treten in Bismarcks stereotyp wiederholten anklägerischen Analysen der Beustschen Politik bezeichnende Komponenten des eigenen politischen Denkens zutage. Bismarck interpretiert in Beust Eigenes hinein; er zeichnet eine Beustsche Politik, die nicht nur durch die Absicht des Denunzierens entstellt ist, sondern auch durch die unwillkürliche Übertragung Bismarckscher Verhaltensweisen in das andersgeartete Verhaltensmuster des österreichischen Kanzlers und der Wiener Politik. Der Preuße interpretiert die europäische Politik Beusts grundsätzlich offensiv, als eine große »Falle«, in die Preußen hineingelockt werden soll. Die überwiegend defensive Grundstruktur der österreichischen Politik ist ihm nicht nur unverständlich, sondern auch unglaubhaft, ganz zu schweigen von der europäischen Konsens- und Vertragskonzeption Beusts, deren Fehldeutung durch Bismarck anhand von dessen bekannten zynischen Äußerungen zum Thema »Europa« ausführlich erläutert werden könnte.

Beusts Verhalten während und nach dem Höhepunkt der Konfrontation mit Preußen war anscheinend in zunehmendem Maße von innenpolitischen Rücksichten bestimmt. Von seiner damaligen Auseinandersetzung mit Andrássy, dem wachsenden Einfluß der ungarischen Reichshälfte und der beginnenden Krise in Cisleithanien war schon die Rede.[17] Die innenpolitische Basis des Reichskanzlers wird schwankend, immer häufiger wird von seiner bevorstehenden Entlassung und der Nachfolge Andrássys gesprochen. Ganz allgemein beginnt die Politik Beusts noch vorsichtiger zu werden. Die großen Linien der ursprünglichen Konzeption verschwinden nicht ganz, sie treten gelegentlich wieder hervor, aber immer stärker dominiert ein defensives, auf Einzelzüge, Sicherung und Abwarten abgestimmtes Verhalten. Gegenüber Bismarcks Rede vom »zweijährigen Buhlen um die Gunst Österreichs« geht es Beust fortgesetzt um die öffentliche Klarstellung des Gegenteils: Preußen hat die Bereitschaft Österreichs, wegen des Orients Verständigung mit Berlin zu suchen, nicht nur abgewiesen, sondern will – zu Unrecht – auch das Vorhandensein dieser österreichischen Bereitschaft abstreiten. »Legt Preußen nicht Wert auf den öffentlichen Ausdruck jener Bereitwilligkeit, so muß uns doch wenigstens unbenommen sein, die Nichtigkeit des Geredes zu zeigen, als ob es bloß von uns abhänge, im Oriente den vollsten Einklang zwischen den Bestrebungen der norddeutschen Macht und den unserigen zu erhalten.«[18] Gegenüber den süddeutschen Staaten und der deutschen Öffentlichkeit insgesamt wird die konstitutionelle und freiheitliche Entwicklung der Monarchie weiterhin als Mittel der politischen Werbung eingesetzt: »die Regeneration der Monarchie im Sinne der modernen staatlichen Anschauungen und im Sinne der berechtigten Ansprüche moderner Volksfreiheit«.[19] Aber diese gegen das preußische System und seine Parteigänger gerichtete Werbung blieb im allgemeinen. Die im Frühjahr 1869 neuerdings verstärkte Diskussion über die Gründung eines Südbundes und dessen Verbindung mit Österreich wurde von Beust in sehr zurückhaltender Form und ohne jede direkte Unterstützung verfolgt.[20]

Weitere Momente der Enttäuschung und Unsicherheit ergaben sich für Österreich aus der Haltung Englands und Frankreichs zur orientalischen Frage. Beust hatte kurzfristig gehofft, die Pariser Kretakonferenz (Januar/Februar 1869) für eine weiterreichende Initiative im Sinne seines ursprünglichen Orientprogramms zu gewinnen: kollektive Verantwortung der europäischen Großmächte für eine Reformpolitik im Bereich der türkischen Herrschaft. Diese Initiative kam nicht zum Zuge, besonders unbefriedigend scheint für Beust die negative Reaktion Clarendons gewesen zu sein, während auf russischer Seite eher Interesse bestand.[21] Der friedlichere Ton, der in der Folgezeit von preußischer Seite gegenüber Frankreich und Österreich angeschlagen wurde, weckte Beusts Mißtrauen hinsichtlich einer drohenden Verständigung zwischen Berlin und Paris auf Kosten Wiens.[22] In dieser Lage allgemeiner Unsicherheit nach innen und außen hin zeigten sich, bei fortbestehenden Mißhelligkeiten mit Preußen, einige Symptome eines russischen Interesses an einer Entspannung der Beziehungen zu Österreich.

Die anhaltende Enttäuschung über den schwierigen Verlauf der geheimen Allianzverhandlungen mit Frankreich und Italien läßt sich in ihrem politischen Stellenwert kaum genau erfassen. Sie zählt jedenfalls stark in jener Gesamtrechnung, die Beust seit dem Sommer 1869 veranlaßte, der österreichischen Außenpolitik eine neue Wendung zu geben. Denn er will und kann die Dinge nicht auf dem Stand von Unsicherheit und Enttäuschung beruhen lassen, der durch innere und äußere Schwierigkeiten entstanden war. An die Stelle eines klar auf die französische Allianz hin orientierten außenpolitischen Systems (mit Italien und England) tritt seit dem Herbst 1869 ein Sicherheits- und Balancesystem, das zwar die Präferenz der westeuropäischen Orientierung bestehen läßt, aber Rußland wie Preußen positiv in die diplomatische Rechnung einbezieht. Ohne auf die sehr facettenreichen Einzelheiten dieser Entwicklungen eingehen zu können, geht es in der folgenden Übersicht darum, einige Etappen und Ergebnisse der partiellen Neuorientierung der österreichischen Außenpolitik bis zur Julikrise 1870 festzuhalten.

Die Delegationsverhandlungen im Juli/August 1869 hatten Beust und der Öffentlichkeit unmißverständlich gezeigt, daß die starke Mehrheit der deutschen Abgeordneten keine Außenpolitik zu stützen bereit war, die auf einer Allianz mit Frankreich beruhte. In unterschiedlichen Tönungen, aber in einer einheitlich antibonapartistischen Haltung waren die Deutschliberalen für ein enges Zusammengehen mit Preußen-Deutschland eingetreten.[23] Nun machte sich Beust im September 1869 auf die Reise. Er begann auf seine Weise, unauffällig und ganz unverbindlich, Folgerungen aus einer sich wandelnden Konstellation der Innen- und Außenpolitik Österreich-Ungarns zu ziehen. Sein Weg führte ihn zunächst nach Baden-Baden. Dort machte er der preußischen Königin Augusta, mit der ihn von früher her manches verband, seine Aufwartung. Dies war das erste bescheidene Zeichen einer partiellen Neuorientierung der österreichisch-preußischen Beziehungen. Von Politik wurde anscheinend nicht gesprochen. Bald folgte aber mit dem Besuch des preußischen Kronprinzen Friedrich Wilhelm in Wien eine weitere, kräftige Geste von der anderen Seite.

Von Baden-Baden begab sich Beust in die Schweiz, um am Genfer See, in seinem Urlaubsort Ouchy, den russischen Reichskanzler Gortschakow zu besuchen. Sowenig die damaligen preußisch-russischen Beziehungen als völlig problemlos gelten konnten, sowenig fehlte es in den russisch-österreichischen Beziehungen an positiven Anknüpfungspunkten. In der komplizierten und wandlungsreichen Gemengelage konservativer und nationalistisch-liberaler Strömungen, die auf die russische Außenpolitik damals einwirkten, trat immer wieder der Gedanke einer konservativen Solidarität der drei östlichen Mächte im Sinne einer Erneuerung der Heiligen Allianz an die Oberfläche. Zuletzt hatten im Frühjahr 1869 von Gortschakow her und über Prinz Alexander von Hessen Sondierungen stattgefunden.[24] Das tiefe Mißtrauen Beusts, das unter anderem auf der fortgesetzten Beobachtung der panslawistischen Wühlereien beruhte, und das entschiedene Rechnen des Kriegsministeriums mit einem Angriff Rußlands, sobald dessen politische und militärische Vorbereitungen (Eisenbahnbau!) ausreichten[25], blieben unverändert. Doch unterließ es die österreichische Diplomatie nicht, die Anzeichen einer im Gefolge der Kretakonferenz auftretenden russisch-preußischen Verstimmung[26] zu beobachten und durch gezielte Mitteilungen an Gortschakow um Verständnis für die Wiener Sicht der süddeutschen Dinge zu werben.[27] Das klar ausgesprochene Programm, mit Rußland in ein besseres Verhältnis zu treten, als es in den letzten Jahren der Fall war[28], läßt sich erst seit dem Besuch in Ouchy feststellen.

Es scheint, daß Beust mit dieser Initiative mehr beabsichtigte als dann

wirklich zustandekam. Die Quellen lassen den Schluß zu, daß der Reichskanzler in einer umfassenden Tour d'horizon den vorsichtigen, aber konkreten Versuch einer allgemeinen Interessenabgrenzung mit Rußland unternahm.[29] Es mag ihn dazu, neben den schon früher erwähnten Motiven, auch
die Unzufriedenheit mit der neuesten Wendung der türkischen Politik veranlaßt haben, die sich nicht nur im Falle Kretas, sondern auch gegenüber Rumänien und Ägypten schroff und den Wiener Ratschlägen weniger zugänglich zeigte.[30] Man kam in Ouchy zunächst überein, die beiderseits nur durch
Geschäftsträger wahrgenommenen diplomatischen Vertretungen alsbald
wieder regulär zu besetzen. Beust erhielt Gortschakows Zustimmung zur Berufung des Grafen Chotek nach St. Petersburg; er war bisher Gesandter in
Stuttgart und wurde von der Königin Olga, einer Schwester des Zaren, empfohlen. Der künftige russische Gesandte in Wien wurde in Ouchy noch nicht
namentlich genannt. Beust erhielt die Versicherung, daß es sich um eine ›per-
sona grata‹ handeln werde. Dem Fürsten Orloff, der schließlich diesen Posten
erhielt, wurden allerdings nach Ablauf seiner kurzen Wiener Tätigkeit von
Beust »Feindseligkeiten gegen unsere Monarchie« vorgeworfen: persönlicher Vorsitz im Wiener ›panslawischen Comité‹, Unterstützung der Um-
triebe des Erzpriesters Rajewski, persönlicher und schriftlicher Kontakt mit
den tschechischen Führern und anderen Oppositionellen.[31]
    Man sprach in Ouchy auch über Galizien und die polnische Frage. Beust
bestritt jede politische Relevanz und jede antirussische Absicht der Regie-
rungsmaßnahmen in Galizien. Es handle sich um rein administrative Zugeständnisse: Wenn die Polen für Rußland ein Grund von Verlegenheit und
Unruhe seien – so stellte Beust Gramont gegenüber sein Plädoyer später dar –,
so stellten sie für die Wiener Regierung ein Element der Stärke dar, ihre Unterstützung sei in der Innenpolitik so wichtig, daß man ihnen entgegenkommen
müsse.[32] Hinsichtlich Bosniens und der Herzegowina bestritt Beust gegenüber Gortschakow jede Expansionsabsicht; ein Zuwachs an slawischer Bevölkerung könne der Monarchie nicht erwünscht sein, am wenigsten den
Ungarn. Ausführlich scheint man über die inneren Verhältnisse der Türkei,
insbesondere über die Beziehungen der Pforte zu den »Vasallenstaaten« gesprochen zu haben. Gegenüber Gortschakows Betonung des uneingeschränkten Noninterventionsprinzips vertrat Beust seine seit 1867 festgehaltene Konzeption einer kollektiven Verantwortung und Kontrolle seitens der
Großmächte. Gortschakow hat später dem preußischen König vertraulich
berichtet, daß sich die beiden Staatsmänner in Ouchy ausdrücklich zur
Nichtintervention bei Unruhen in Rumänien oder Serbien verpflichteten.[33]
Ob dies so zutrifft, entzieht sich der Nachprüfung. Jedenfalls war man sich
über eine konservative Behandlung der orientalischen Frage einig.
    Die europäische Politik kam insofern zur Sprache, als Gortschakow Beust
versicherte, daß kein Allianzvertrag mit Preußen vorliege. Beust scheint eine

analoge Versicherung hinsichtlich Frankreichs abgegeben zu haben. Und schließlich gab es eine Diskussion über den Pariser Vertrag von 1856, der ja Rußland so empfindliche Einschränkungen auferlegt hatte. Hier scheint es zu einem positiven Angebot von Beusts Seite gekommen zu sein.[34] Schon einmal – Anfang 1867 – hatte er ja vorgeschlagen, durch eine vertragliche Übereinkunft der Mächte Rußland von der Last der einschlägigen Bestimmungen zu befreien.[35] Gortschakow hatte 1867 an einer von Österreich ausgehenden Revisionsinitiative kein Interesse gezeigt; sein Prinzip war damals und später, diesen Vertrag als durch die tatsächlichen Entwicklungen der Zwischenzeit so durchlöchert hinzustellen, daß er überhaupt keine Basis mehr für eine völkerrechtlich und politisch weiterführende Initiative bot.

Hohenlohe, dem Beust auf der Rückreise in München über den Besuch bei der preußischen Königin und über seine Gespräche mit Gortschakow berichtete, gewann den Eindruck, daß der Zweck dieser Reise »vor allem darin bestand, in Anbetracht der bevorstehenden Ereignisse in Frankreich ein besseres Einvernehmen mit den nordischen Mächten herbeizuführen«. Es war damit der baldige Tod oder Sturz Napoleons gemeint, demgegenüber es nötig erscheine, daß – mit Hohenlohes Worten – »die soliden Mächte des europäischen Kontinents sich... dahin verständigten, vorläufig ihre kleinen Mißverständnisse auf sich beruhen zu lassen«.[36] Nun waren die Schwierigkeiten, die Österreich und Rußland trennten, gewiß mehr als nur kleine Mißverständnisse oder »Häkeleien«, wie Beust damals zu Hohenlohe sagte. Und von den innenpolitischen Motiven, die Wien den Abbau der Spannungen zu Berlin und St. Petersburg suchen ließen, hatte der bayerische Minister anscheinend gar keine rechte Vorstellung. Aber der Gesamteindruck des selbstzufrieden aus Ouchy zurückkehrenden Beust mag hier richtig erfaßt sein. Von einer Allianz Österreichs mit Rußland – so berichtete Hohenlohe an König Ludwig – sei nach Beusts Worten nicht die Rede. Man unterlasse das, um Frankreich nicht zu verletzen. »Aber man hat sich verständigt, und im Interesse des europäischen Friedens ist damit viel erreicht.«[37]

Hatte man sich wirklich verständigt? Der Blick auf die folgende Entwicklung der österreichisch-russischen Verhältnisse bis zur Hohenzollernkrise legt eine differenzierte Antwort nahe. Im Unterschied zu der gegenüber Preußen eingeleiteten Détente, die auf beiden Seiten einen starken Widerhall in breiten Schichten der Öffentlichkeit fand, blieb Beusts russische Initiative weithin im Vorfeld diplomatischer Höflichkeiten, ohne positives Echo in der Bevölkerung und ohne konstruktive Lösungen für die bestehenden Differenzen. Doch die Atmosphäre hatte sich seit Ouchy geändert. Das war nicht wenig. Und im Winter 1869/70 zeigten sich freundliche Nuancen. Anläßlich des dalmatinischen Aufstandes konnte Beust auf eine beruhigende und in Montenegro von jeder Unterstützung abratende Haltung Gortschakows rechnen. Bei dem anschließenden Konflikt zwischen der Pforte und Montenegro zeigte sich Rußland eher an einer Vermittlung, als an einer Verschärfung interessiert. Auch in der Frage des süddeutschen Status quo gab es Bekundungen gemeinsamer Interessen.

Doch die trennenden Elemente traten immer wieder stark hervor. Die süddeutsche Frage konnte zwar zwischen Rußland und Österreich übereinstimmend im Sinne des Status quo betrachtet werden. Auch die orientalische Frage im engeren Sinne, die Frage nach der Zukunft der Türkei, konnte offenbar damals auf einige Zeit stillgelegt werden, wenn sich die beiden zunächst interessierten Großmächte darin einig waren. Anders aber sah es mit den Donaufürstentümern aus; die Labilität der rumänischen Verhältnisse und die von dort nach Siebenbürgen und Bulgarien ausstrahlende Bewegung konnten nicht aus der Welt geschafft werden. Gerade im Frühjahr und Frühsommer 1870 mußte man sich in Wien mit der Möglichkeit einer russischen Intervention und mit den Risiken einer eventuellen österreichischen Gegenaktion befassen. Noch akuter und unmittelbarer war jedoch die Belastung der österreichisch-russischen Beziehungen durch die polnische Frage. Ob es nun die Übernahme des bekannten polnischen Schriftstellers Julian Klaczko in das Wiener Außenministerium[38] oder die Bestellung des Grafen Potocki zum cisleithanischen Ministerpräsidenten im April 1870 oder die damit verbundenen Spekulationen über eine Begünstigung polnischer Insurrektionspläne waren – die besondere Brisanz dieses Problemkreises lag unter anderem in der sofort sich aktualisierenden Gemeinsamkeit der russischen und preußischen Interessen. Die Kontakte des österreichischen Gesandten Chotek in St. Petersburg mit der von Graf Schuwalow repräsentierten konservativen Gruppierung trugen dagegen für die Gesamtsituation kaum etwas aus.[39] Die österreichische Politik in Galizien und die sich daran knüpfenden Fragen wurden schließlich zum Gegenstand der Besprechungen zwischen Zar Alexander, König Wilhelm und Bismarck, die Anfang Juni 1870 in Ems stattfanden.[40] Entsprechende Verlautbarungen wurden von preußischer Seite an Beust übermittelt[41]: die Haltung der Wiener Regierung gegenüber Galizien sei in Ems von den beiden Monarchen als »une cause de préoccupation« aufgefaßt worden, und man habe diesbezüglich eine Art von Vereinbarung getroffen.

Beusts diplomatische Gegenaktion fiel sehr scharf aus; er protestierte in aller Form gegen eine Einmischung in die inneren Verhältnisse Österreich-Ungarns.[42] Diese Zuspitzung war das eine, das andere war die bemerkenswerte Geste höfischer und politischer Aufmerksamkeit, die darin lag, zur Begrüßung des Anfang Juli 1870 in Warschau eintreffenden Zaren keinen geringeren als Erzherzog Albrecht mit einer ansehnlichen militärischen Suite zu entsenden. Diese Warschauer Begegnung wurde allgemein als ein Symptom einer österreichisch-russischen Annäherung bewertet. Die vertraulichen Berichte Albrechts aus Warschau an Franz Joseph zeigen indes, daß die politische Tragweite der Demonstration begrenzt war.[43] Der äußere Aufwand zur Begrüßung der österreichischen Delegation war enorm. Der Zar erschien zu Ehren seiner Gäste am ersten Tag in der Uniform eines österreichischen Husarengenerals, am folgenden Tag in österreichischer Ulanenuniform. Erzherzog Albrecht trug die Uniform eines russischen Marschalls und nahm an der Spitze des russischen Regiments, dessen Inhaber er war, an Parade und Manöver teil. Die politischen Gespräche mit dem Zaren galten der polnischen Frage (wo Albrecht beruhigende Versicherungen abgab) und den panslawistischen Bestrebungen (über die Albrecht Beschwerde führte). Der Zar sprach sich für eine Triplealllianz mit Österreich und Preußen aus, betonte sein stets auf Versöhnung gerichtetes Wirken, auch 1866, und wußte dem Erzherzog zu erzählen, daß der König von Preußen ihm erst kürzlich in Ems »seinen sehnlichsten Wunsch ausgedrückt habe, sich wieder mit Österreich in alter Freundschaft zu befinden«. Albrecht kommentierte in seinem Bericht an Franz Joseph die Freundlichkeiten und Eröffnungen des Zaren sehr skeptisch: »Auf die äußere russische Politik wird alles dies wohl keinen Einfluß haben, aber gegenüber den Hetzereien von Ems immerhin uns in des Kaisers Augen von dem Glauben befreien, daß *wir* stänkern könnten und wollen.«[44] Das Dankschreiben des Zaren für die durch Albrecht überbrachten Grüße Franz Josephs trägt das Datum vom 5. Juli, als die »spanische Bombe« bereits geplatzt war. So erhielt die Schlußfloskel des Zarenbriefes durch den Fortgang der Ereignisse rasch einen tieferen Sinn: »Je fais, comme Toi, les vœux plus ardents pour le maintien du calme et de la tranquillité politique, si nécessaires pour le bonheur... de tous.«[45]

Vergleicht man mit dem Stand der russisch-österreichischen Beziehungen 1869/70 den Verlauf und die Ergebnisse der gleichzeitigen Kontakte zwischen Wien und Berlin, so zeigen sich a limine bemerkenswerte Unterschiede. Rußland gegenüber war es zuletzt auf der Ebene einer zuvorkommenden Diplomatie und einer stark vergangenheitsorientierten monarchischen Solidarität gelungen, trotz tiefer Gegensätze der politischen Interessenlage und der öffentlichen Meinung zu einer oberflächlichen Annäherung zu kommen.
    Zwischen Wien und Berlin stand weiterhin die deutsche Frage. Wir kennen Beusts Konzeption: eine langfristige Politik der »moralischen Eroberungen«, um wieder in Deutschland Fuß zu fassen; Österreichs Wiedereintritt in ein »föderativ geeinigtes Deutschland, dem die Defensivnatur von der Stirne abzulesen sein sollte«.[46] Diese Politik war von 1867 bis 1869 nicht ohne Erfolg geblieben. Aber wie sollte es nun ernsthaft weitergehen, nachdem sich täglich deutlicher zeigte, wie schwierig es war, *mit Hilfe Frankreichs deutsche Politik zu machen?* Die immer wieder aufflammenden Auseinandersetzungen um die Auslegung des Prager Friedens waren nicht etwa nur ein Symptom der zwischen Preußen und Österreich schwelenden süddeutschen Frage. Sie wa-

ren jedesmal auch Ausdruck der fundamentalen Schwierigkeiten für Österreich, Preußen in Deutschland mit französischer Hilfe das Wasser abzugraben. Wohl gab es damals im deutschen Sprachraum trotz aller Unterschiede von links und rechts, von großdeutsch und kleindeutsch ein durchgehendes Interesse an einer besseren und engeren Gestaltung der Dinge zwischen der Habsburger Monarchie und den früheren Genossen im Deutschen Bunde. Aber dieser weitreichende Konsens war vor allem antifranzösisch bestimmt. Die seit 1868 sichtbar werdende Krise des napoleonischen Systems verstärkte die Gemeinsamkeit der antifranzösischen Stimmungen im großdeutschen wie im kleindeutschen Umkreis. (Außerhalb dieser Gemeinsamkeit blieben eigentlich nur klerikale Gruppen, die sich an Rom und der römischen Frage orientierten. Diesem Teil des großdeutschen Lagers entfremdete sich jedoch zur gleichen Zeit Österreich durch seine antiklerikale Innenpolitik!) Beust nahm diesen antifranzösischen Konsens wahr. Die Bitterkeit seiner Auseinandersetzungen mit Preußen, die seit dem Winter 1868/69 bis in den August 1869 anhielten und auch danach noch wiederkehrten, hatte nicht zuletzt darin ihren Grund, daß durch Berlins negative Haltung zu Österreichs östlichen Interessen eine Aktivierung dieses deutschnationalen antifranzösischen, über die Grenzen hinweg wirkenden Konsens für Wien unmöglich geworden war. Beust hatte seit 1866/67 die Spätblüte des deutschen Liberalismus in Österreich zu seinem Teil gefördert und ihre Werbewirksamkeit in Süd- und Norddeutschland bewußt eingesetzt. Aber es war die Tragik seiner deutschen, liberalen Politik, daß er von diesem antifranzösischen Konsens, der ihm täglich auch in der deutsch-liberalen Presse Österreichs vor Augen stand, nichts hoffen konnte. Er konnte ihn nur fürchten, und er mußte seit 1867 fürchten, daß bei einer französischen Provokation die ganze Wucht der dann plötzlich aktivierten antibonapartistischen Nationalgesinnung nur Preußen und seiner Lösung der deutschen Frage zugute kommen werde.

Dieser Aspekt ist stets im Auge zu behalten; er hilft zum Verständnis des inneren Zusammenhangs der Beustschen Deutschlandpolitik 1869/70, einer dem Anschein nach wenig entschiedenen, unklaren und widerspruchsvollen Politik. Nur auf einige Punkte soll im folgenden in aller Kürze eingegangen werden.

Die Art und Weise, wie die vorerst letzte Welle Bismarck-Beustscher Polemik Ende August 1869 auslief, war recht sonderbar. Der in der Presse und in einem Notenwechsel geführte Streit, ob Preußen durch die Militärbündnisse mit Süddeutschland gegen Artikel IV des Prager Friedens (»unabhängige internationale Existenz« der Südstaaten) verstoßen habe, ob Wien Preußens Erbietungen in der Vergangenheit abgewiesen habe, oder ob solche gar nicht erfolgt seien, ob Preußen seit 1867 durch diese und jene Aktion Differenzen zu Österreich-Ungarn geschaffen habe oder umgekehrt – all diese Erörterungen wurden in der letzten Augustwoche wie auf stillschweigende Vereinbarung der beiden Parteien eingestellt, ohne daß es in irgendeinem Punkte zu einer Klärung oder Verständigung gekommen wäre. »Die Angriffe auf Beust und den Krieg gegen Österreich einstellen zu lassen«, so hieß in Bismarcks Sprache die entsprechende Weisung, die am 22. August von Varzin nach Berlin erging.[47] Bismarck gab sich noch Mitte Oktober Mühe, die Tragweite der seit August eingeleiteten Wendung zu bagatellisieren: »Wir freuen uns, die Wiener auf den Standpunkt allgemeiner europäischer Höflichkeit gebracht zu haben; sonst ist keine Veränderung in den Beziehungen.«[48] Daß sich im Gegenteil einiges änderte, bemerkten rasch auch die Politiker und Parteigänger Österreichs in den deutschen Mittelstaaten, die eine Verständigung Wien-Berlin über ihre Köpfe hinweg und auf ihre Kosten zu fürchten begannen.

Die erste große und öffentliche Demonstration der Veränderung war der Besuch des preußischen Kronprinzen in Wien am 7. und 8. Oktober 1869. Nach General von Stosch, der den Kronprinzen auf der Reise begleitete, die von Wien nach Ägypten zur Eröffnung des Suezkanals führte, hat Königin Augusta diese Reise und den Wien-Besuch als ihr Werk betrachtet.[49] Dagegen nahm Bismarck das Verdienst für sich in Anspruch.[50] Man gab sich in Wien viel Mühe mit dem Gast aus dem Norden; der Kaiser empfing ihn am Bahnhof in preußischer Uniform, die Kaiserin entfaltete ihren Charme, der Hof sein großes Zeremoniell. Politische Gespräche gab es mit Beust und dem deutsch-liberalen Innenminister Giskra. Letzterer entwarf ein unmißverständliches Zweibund- und Mitteleuropaprogramm: »Eine Einigung Deutschlands mit preußischer Spitze sei notwendig; eine spätere Alliance Deutschlands mit Österreich müsse Europa beherrschen.«[51] Beust verteidigte dagegen in der Unterredung mit dem Kronprinzen die Notwendigkeit, eine »innige Verbindung« Österreichs mit Süddeutschland aufrechtzuerhalten. »Wollte er dies Band lockern, so würde er die Deutschen, den bedeutendsten Teil des Kaiserstaates, zu Gegnern haben.«[52] Der Kronprinz, der mit dem ausdrücklichen Auftrag nach Wien gegangen war, die »Anbahnung freundschaftlicher Beziehungen nach den Ereignissen von 1866« zu bewerkstelligen, konnte zufrieden in die Türkei und an den Nil weiterreisen. Stoschs Tagebuch wird deutlicher, was die Absichten der Reise und der Ergebnisse am Ende des Wien-Besuches angeht: »... und wenn wir auch keinen Pakt geschlossen haben, so ist er doch möglicher geworden.«

Im Januar 1870 wurde der hohe Besuch durch eine Reise des Erzherzogs Karl Ludwig, eines Bruders des Kaisers, nach Berlin erwidert. Von dem einen Besuch zum andern zog sich ein Austausch freundlicher Noten hin, der an Beteuerungen der Sympathie und Aussöhnung nichts zu wünschen übrigließ.[53] Zwischendurch hatte Bismarck den Gesandten der Konfliktzeit gegen einen neuen, grundkonservativen Diplomaten ausgetauscht, General von Schweinitz, der in Wien nach Kräften an einer Umsetzung der dynastischen Höf-

lichkeiten in politische Münze arbeitete.[54] Durch Schweinitz ließ Bismarck in
Wien den »wohltuenden Eindruck« des Besuches Karl Ludwigs in Berlin mitteilen; »... auch die öffentliche Meinung hat darin mit Befriedigung den
Ausdruck der freundlicheren Beziehungen zu Österreich wahrzunehmen geglaubt, deren Herstellung und Befestigung stets in unseren Wünschen gelegen«.[55] Beusts Weisung an Wimpffen nach Karl Ludwigs Rückkehr war auf
den gleichen Ton geflissentlicher Courtoisie gestimmt, er ging jedoch in der
Interpretation der neuen Lage noch einen deutlichen Schritt weiter als Bismarck. Er betonte die lebhafte Befriedigung über die Tatsache, »daß nunmehr zum zweiten Male die beiden Dynastien der Welt einen offenkundigen
Beweis der Aussöhnung und Annäherung vor Augen gestellt und dadurch
zugleich die guten Beziehungen zwischen den beiderseitigen Regierungen als
glücklich wiederhergestellt bezeichnet haben«.[56]

Die Wiener Motive für eine Verbesserung der Beziehungen zu Berlin wurden schon besprochen. Die verschiedenen Faktoren, die Bismarck dazu veranlaßten, dem eben noch verteufelten Beust nun seine herzlichsten Grüße zukommen zu lassen, sind teils deutlich aus den Umständen zu erschließen, teils
nur zu vermuten. Die inneren Schwierigkeiten Bismarcks, die sich im Herbst
1869 zu einer Krise des preußischen Führungssystems steigerten, sind hier
nicht näher zu analysieren. Die überlange Abwesenheit des Kanzlers von Berlin hatte nach dem Urteil Roons zu einer Häufung von Friktionen geführt,
daß »alles aus dem Leim ging«.[57] Bismarck hat damals selbst den konservativen Widerstand im preußischen Herrenhaus als einen Anschluß an Frankreich und Österreich und an die süddeutschen Partikularisten und Klerikalen
kritisiert.[58] Dazu traten außenpolitische Momente. Die neue parlamentarische Regierung Ollivier-Daru ließ bei wechselnder Beurteilung das Entstehen
einer revolutionären Situation in Frankreich möglich erscheinen, mit allen
Folgerungen für eine eventuelle militärische Kollision, während nach der anderen Seite hin jede neue Konfliktsituation im Orient in Berlin die alte Sorge
wachrief, in Abhängigkeit von der russischen Politik zu geraten.[59] Auch
Fleurys Bemühungen in St. Petersburg um eine russisch-französische Allianz
auf Preußens Kosten blieben Bismarck nicht verborgen. Damit war die Sorge
vor der durch Fleury bei Zar Alexander angeregten Aktivierung der Nord-
schleswigfrage verbunden. Alle diese Momente konnten den Abbau der
Spannungen zu Österreich als geraten erscheinen lassen. In den Dokumenten
der Bismarckschen Diplomatie des Winters 1869/70 wird vor allem eines
deutlich: Bis zum Februar 1870 haben sich die Akzente gegenüber dem Vorjahr so verschoben, daß nun Frankreich anstelle von Österreich die Rolle des
»Hauptgegners« und des eigentlichen Störers des europäischen Friedens einnimmt. Diese Schwenkung kam gewiß nicht von ungefähr, wie schon die Parallelität mit dem neuen Engagement in Spanien zeigt. Mit der Deklarierung
Frankreichs zum »Hauptgegner« trug Bismarck nicht nur der Stimmung in

der deutschen und deutsch-österreichischen Öffentlichkeit Rechnung (die er gleichzeitig in derselben Richtung manipulierte). Er traf auch Beusts Gesamtkonzeption an ihrer schwächsten Stelle und bereitete den Sieg Preußens im Ringen um die deutsche Öffentlichkeit in entschiedener Weise vor.

Nur hypothetisch zu fassen ist der Zusammenhang der spanischen Hohenzollernkandidatur mit der Wendung von Bismarcks Österreichpolitik.[60] Die spanische Initiative Bismarcks trat nach dem ungewissen Hin und Her der früheren Monate bekanntlich seit Ende Februar 1870 in die entscheidende Phase ein. Sie zielte darauf, Frankreich Schwierigkeiten zu machen, angesichts der Stagnation der nationalen Frage die preußische Dynastie als solche für eine Bewegungspolitik zu engagieren und die deutsche Frage durch eine Konfliktstrategie voranzutreiben. Die nationale Komponente einer solchen Politik konnte durch ein besseres Verhältnis zu Wien für die Zukunft nur gestützt werden. Wenn man zudem in Rechnung setzt, daß innerhalb der Dynastie Bismarcks antiösterreichischer Kurs schon früher auf Kritik beziehungsweise geringe Sympathie gestoßen war, so liegt die Vermutung umso näher, daß die einlenkende Entspanung nach der österreichischen Seite hin auch unter diesem Aspekt zu sehen ist. Insgesamt konnten damit die Isolierung Frankreichs und die Neutralität Österreichs im bevorstehenden Konflikt vorbereitet werden.

Andererseits bildete das Vatikanische Konzil, dessen Rückwirkungen auf die europäische Mächtekonstellation nicht unterschätzt werden dürfen, in aktenkundiger Weise ein positives Moment preußisch-österreichischer Kontakte.[61] Deutlich wird die veränderte Konstellation auch in Bismarcks Verhalten gegenüber den Symptomen einer neuen Krise im Orient (Montenegro, Rumänien). Ganz im Gegensatz zu früher arbeitet er in der Richtung einer solidarischen Aktion der Mächte; er will kein Mißtrauen zwischen Österreich und Rußland entstehen lassen.[62]

Schließlich hat Bismarck sich seit Anfang 1870 in einer bemerkenswerten Weise an der Entwicklung der inneren Verhältnisse der Monarchie interessiert gezeigt. Der Gedanke beschäftigte ihn, daß die damalige Ministerkrise in Cisleithanien zu einer Verfassungskrise der Gesamtmonarchie führen könne.[63] Die erste umfassende Aussprache, die der Bundeskanzler nach langer Unterbrechung Anfang 1870 mit dem österreichischen Gesandten Wimpffen hatte, wandte sich rasch den Fragen der Verfassung und der Zukunft der Donaumonarchie zu.[64] Umrahmt von überaus freundlichen Wünschen für die Prosperität Österreichs, für die Person Beusts (»herzlichste Grüße«) und für die Gestaltung eines engen Zusammengehens von Preußen und Österreich hielt Bismarck dem Vertreter Wiens ein Privatissimum über die inneren Verhältnisse der Monarchie, zu deren autoritärer und antiliberaler Umgestaltung er ohne viel Umschweife riet. Wimpffen berichtete:

»Er sprach dabei, insoferne es ihm gestattet sei, sich über unsere inneren

Fragen zu äußern, die Ansicht aus, daß Ungarn allerdings, so wie es jetzt konstituiert ist, fortbestehen könne, weil dort insoferne eine Homogenität bestehe, als die magyarische Race, wenn auch nicht numerisch, so doch der Bildung und der Macht nach, maßgebend und entscheidend sei. – Dagegen halte er es aber geradezu für undenkbar, daß das übrige Österreich, von der Bucowina bis zur Adria und bis nach Cattaro, bei der Verschiedenheit der Nationalitäten, der Sprache, besonders aber der Entwicklungs- und Bildungsstufen, wenn es traditionell regiert werden soll, anders als auf einer föderativen Basis bestehen könne. – Dabei zeigte der Minister zwar nicht der Form nach, welche überhaupt verfassungsmäßig möglichst bewahrt werden müßte, aber in dem Wesen ziemlich absolute Tendenzen, deren Möglichkeit er für Österreich nicht ausschließt, welch letzteres, wie er sagte, nebenbei eine gute ›Hausmacht‹ von 200 000 Mann besitzen müßte. – Ein strengeres Urteil fällte er gegen die konstitutionellen Theorien. Nach seiner Ansicht soll der Konstitutionalismus nicht in einem oft künstlichen Stimmenverhältnis, sondern einzig und allein in der ›Gesetzlichkeit‹ und in der ›Öffentlichkeit‹ wurzeln.«

Beruhigende Erklärungen über Süddeutschland – Vereinigung mit dem Norden nur, wenn die Majorität im Süden dies verlange, wovon jetzt aber keine Rede sein könne – und über die deutschen Provinzen Österreichs schlossen sich an: Man möge ihn, Bismarck, doch für keinen so unsinnigen Politiker halten, »daß er den Traum nähren könnte von einem großen deutschen Kaisertum, welches sich mit irgendeinem Zentrum durch ganz Österreich bis an die Ufer der Adria erstrecken und aus Wien, ungeachtet seiner halbtausendjährigen Vergangenheit, eine Provinzialstadt machen würde«.

Auf die Frage, was Bismarck mit diesen Eröffnungen eigentlich beabsichtigte, geben seine weiterführenden Anweisungen an den neuen Gesandten in Wien, General von Schweinitz, aus den Monaten Januar und Februar 1870 nur partielle Antworten. Den Gedanken, die cisleithanische Verfassung zugunsten der monarchischen Prärogative ihrer parlamentarischen Substanz zu entkleiden, sie »gleichsam als eine konstitutionelle Mumie zu konservieren«, hat er gegenüber Schweinitz im Anschluß an das Gespräch mit Wimpffen noch weiter ausgeführt.[65] Dabei stellte sich natürlich die Frage, wie die liberalen Ungarn, mit deren politischer Potenz Bismarck stets im propreußischen Sinn rechnen wollte, einer solchen antiliberalen Verfassungsrevision gegenüberstünden. Andererseits stellte sich bald heraus, daß gerade der betont preußenfreundliche Flügel der österreichischen Deutschliberalen, deren Exponent der Minister Giskra war, unbedingt an der parlamentarischen Verfassungsentwicklung Cisleithaniens festhielt[66] (wogegen die Vertreter einer antiliberalen, föderativen Richtung bekanntlich meist antipreußisch orientiert waren!). Giskra erklärte Schweinitz: »Wenn der Parlamentarismus bei uns zu voller Geltung gekommen sein wird, dann ist an keinen Krieg gegen

Deutschland mehr zu denken; die Delegationen haben schon im vergangenen Jahr auf gute Beziehungen zu Preußen gedrungen und werden es diesmal wieder tun; nie wird ein vollständiges Parlament Geld bewilligen, um depossedierte Fürsten wieder einzusetzen.« So blieb Bismarcks Parteinahme gegenüber der österreichisch-ungarischen Verfassungsfrage infolge der inneren Widersprüche der Situation ohne praktische Wirkung. Und die dann im April erfolgende Bildung des konservativ-föderalistischen Ministeriums unter dem Polen Potocki konnte erst recht nicht den Interessen Preußens entsprechen.

Was aber hatte Bismarck im Januar/Februar 1870 mit Österreich eigentlich im Sinne, sofort nachdem erstmals wieder eine Gesprächsbasis hergestellt war? Mit aller Vorsicht sind zwei Zwecke dieses interventionistischen »Versuchsballons« als möglich und naheliegend zu erschließen. Einmal ordnet sich diese antiliberale Tendenz des Rechnens mit Österreich-Ungarns Fortbestand in die später entfaltete größere Konzeption Bismarcks ein, die gesellschaftspolitischen Rechtskurs mit dem außenpolitischen Programm der Solidarität der drei konservativen östlichen Großmächte verband. So wie sich Bismarck in Rußland die Herrschaft der reaktionären-propreußischen Richtung à la Schuwalow wünschte, so lagen für ihn in puncto Österreich eine »Mumifizierung« und Aushöhlung der liberalen Errungenschaften von 1867 im Bereich des Wünschbaren: ein großangelegtes politisch-gesellschaftliches Wunschbild Bismarcks, innerhalb dessen das dynamisch-autoritäre System Deutschlands sich auf die mumifiziert-autoritären Systeme Rußlands und Österreich-Ungarns stützt und diese dominiert. Unmittelbarer mit der deutschen Frage verknüpft mochte eine andere Absicht Bismarcks sein, wenn er damals Österreich antiliberale Ratschläge erteilte: ein in den Neoabsolutismus zurücksinkendes, nur durch ein militärisches Korsett zusammengehaltenes Habsburgerreich mußte rasch jede Chance »moralischer Eroberungen« in Süd- und Norddeutschland verlieren, die nun doch seit 1867 im Kontrast zum Druck des preußischen Militärsystems eine erhebliche Bedeutung gewonnen hatten.[67]

Die folgenden Monate bis zur Julikrise brachten noch mancherlei Bewegung in die Beziehungen zwischen Österreich und Preußen:[68] die Diskussion um den Eintritt Badens in den Nordbund, um die Annahme des Kaisertitels durch König Wilhelm, um die neuerdings von England betriebene Abrüstungsfrage, Fragen um Galizien, um Süddeutschland, um Gramonts Berufung zum französischen Außenminister (die Bismarck als kriegerisches Symptom wertete). Bei alledem blieb ziemlich gleichbleibend der seit Jahresbeginn erreichte Zustand großer äußerlicher Höflichkeit und betonter Konzilianz erhalten. Dahinter aber verbargen sich eine tiefe Unsicherheit und ein unauslotbares gegenseitiges Mißtrauen. Beide Seiten warteten vorsichtig ab, beide hielten sich mehrere Eisen im Feuer, beide waren aber auch durchaus bereit, greifbare Zeichen für das neue, verbesserte Verhältnis zu setzen. Wie labil der erreichte Zustand im Grunde war, selbst wenn die österreichische Politik Preußen zuliebe sich große Zurückhaltung auferlegte und alte Freunde im antipreußischen Lager enttäuschte, zeigt insbesondere die Situation Süddeutschlands, wie sie sich vor der Hohenzollernkrise darstellte.

Süddeutschland und die orientalische Frage vor dem Kriegsausbruch: Stagnation und Unentschiedenheit

Die Lage in Süddeutschland war 1869/70 weit davon entfernt, den Wiener oder den Berliner Wunschbildern zu entsprechen. Von einer mächtigen, alle Schichten durchdringenden Bewegung zum Anschluß an den Nordbund war nach allem, was man seit 1866 vom Norden her erfahren hatte, ebensowenig die Rede, wie von einem soliden Einverständnis mit einem österreichisch-französischen Schutz der südstaatlichen Selbständigkeit. Zwiespältig waren die Wirkungen, die von dem preußischen wie von dem österreichischen System ausgingen. Die zeitweilig starke Werbewirksamkeit der liberalen Regeneration Österreichs wurde 1869/70 beeinträchtigt durch neuerliche Krisensymptome des Kaiserstaates: die Minister- und Verfassungskrise, das unrühmliche Ende des dalmatinischen Aufstandes, die deutlicher werdende Problematik der Nationalitätenfrage. Der von Frankreich und Österreich zunächst gewünschte, im Prager Frieden vorgesehene Südbund war nicht zustandegekommen. Die Wiener Diplomatie hatte seit dem Frühjahr 1869 keine Bemühungen in dieser Richtung mehr unternommen. Von einer energischen und offenen Förderung der großdeutsch-proösterreichischen Gruppen Süddeutschlands war weiterhin keine Rede mehr; seit der Wiederannäherung an Preußen legte Beust in Süddeutschland eine Abstinenz an den Tag, die nicht nur den Parteigängern Wiens, sondern selbst den österreichischen Diplomaten schwer verständlich zu machen war.[1] Diese Haltung wurde in ihren Ergebnissen noch verstärkt durch zwei weitere Momente. Die proösterreichisch und antipreußisch orientierten Gruppen in Süddeutschland waren in sozialer, kultureller und teilweise auch politischer Hinsicht heterogen. Die Katholiken distanzierten sich zunehmend von der deutschliberalen Politik in Cisleithanien. Insbesondere die bayerische Patriotenpartei setzte sich fast ganz aus konservativ-klerikalen Elementen zusammen. Es kostete Beust im Januar und Februar 1870 erhebliche Mühe, die durch das Vatikanische Konzil noch gesteigerten Divergenzen zwischen den bayerischen »Patrioten« und dem Antiklerikalismus der österreichischen Liberalen in den Augen der Öffentlichkeit einigermaßen zu überbrücken. Die ›Neue Freie Presse‹ kam dahin, den Wahlsieg der bayerischen Klerikalen als eine Niederlage Bismarcks und einen Sieg für die österreichische Deutschlandpolitik po-

sitiv zu würdigen.² Noch problematischer wirkte die französische Komponente der Beustschen Politik. Gewiß gab es auch in Süddeutschland Stimmen,
die in der Sorge vor einer preußischen Expansion die Schutzfunktion Frankreichs prinzipiell anerkannten. Der hessische Minister Dalwigk war ganz von
diesen Vorstellungen erfüllt. Der württembergische König erklärte Anfang
März 1870 dem französischen Gesandten, daß er Frankreich, angesichts der
Schwäche Österreichs, als das Palladium der kleinen Staaten betrachte.³ In
der 1869 gegründeten Zeitung ›Bayerisches Vaterland‹ schrieb der Herausgeber, Dr. Johann Baptist Sigl, noch am 11. Juni 1870: Bayern sei unangreif-
bar, da Frankreich und Österreich als Schutzengel darüber wachten, daß ihm
keine preußischen Räuber ins Land fielen.⁴ Doch war es mehr als fraglich, ob
angesichts der auch im großdeutschen Lager weitverbreiteten antibonapartistischen Stimmungen bei einer Zuspitzung der Lage ein französisch-österreichischer Schutz der Mainlinie auf Zustimmung in weiteren Bevölkerungs-
kreisen stoßen würde. Es scheint, daß man sich über diese prekäre Situation –
großdeutsches Nationalgefühl contra Bonapartismus – in Wien keine Illusionen machte. Süddeutschlands rasche Entscheidung für den Kriegseintritt
im Juli 1870 überraschte Beust schließlich nicht; seine Politik hatte Jahr um
Jahr gegen das Eintreten dieses Falles gekämpft.

Über Hessen 1869/70 zu sprechen, bedeutet, von der großdeutschen Poli-
tik des Ministers Dalwigk zu sprechen, der wie kein anderer mittelstaatlicher
Politiker mit Beust in Freundschaft und Gesinnung verbunden war.⁵ Der
Kontakt von Darmstadt nach Wien wurde durch den hessischen Gesandten
Heinrich von Gagern hergestellt, gleichfalls einen überzeugten Großdeut-
schen, einst Präsident der Frankfurter Nationalversammlung. Der Bruder,
Max von Gagern, war Mitarbeiter im Wiener Ministerium des Äußeren.
Dort saß gleichfalls, als Referent für deutsche Angelegenheiten, der Darm-
städter Ludwig von Biegeleben. Die persönliche und sachliche Übereinstimmung dieser Gruppierung konnte kaum enger sein. Doch die Verhältnisse des
Landes waren ganz andere. Der nördliche Teil Hessens gehörte bereits dem
Norddeutschen Bunde an, auch im südlichen Teil bestand eine starke kleindeutsche Partei. Die Dynastie war gespalten. Prinz Ludwig führte die kleindeutsche Richtung, der Großherzog ging mit Dalwigk. Aber was hieß hier
gehen? Dalwigks Hoffnungen, die seit 1866 auf das Eingreifen Österreichs in
einen französisch-preußischen Krieg gerichtet waren, wodurch Wien seine
alte Stellung in Deutschland zurückgewinnen sollte, fanden in der Realität
von 1869/70 immer weniger Anhalt. Früher hatte er Beust zum offensiven
Handeln gedrängt. Nun begann er, für den Fortbestand der Habsburger
Monarchie zu fürchten.

In Baden stimmte die herrschende liberale Partei mit dem Großherzog und
der Regierung des Ministers Jolly in der kleindeutschen Orientierung überein. Ihre Kampfmaßnahmen gegen katholische Institutionen hatten zur Bil-

dung einer kompakten Opposition geführt. Das vorläufige Scheitern der liberalen Nationalpolitik – die Ablehnung des Antrages Lasker (Aufnahme Badens in den Nordbund) durch Bismarck am 24. Februar 1870 – hatte die Lage nicht entspannt. Die katholische Volkspartei Badens suchte Anlehnung bei der Wiener Regierung. Anfang Juni 1870 rechnete einer ihrer Führer, Reinhold Baumstark, Beust vor, daß seine Fraktion bei den nächsten Wahlen in der Karlsruher Kammer die Mehrheit gewinnen könne, wenn die österreichische Politik die badische Opposition nur ausreichend unterstütze.[6] Aber auch hier gab es, ganz abgesehen vom Ausbleiben der erhofften Unterstützung Wiens, im Zeichen der kirchlichen Konflikte und der Konzilsfragen prinzipielle Schwierigkeiten mit dem österreichischen Liberalismus. Nach dem Wahlsieg der bayerischen »Patrioten« in Bayern richtete man in Baden die Hoffnungen eher auf diese starke Gruppe, die auch in sozialer und kultureller Hinsicht der eigenen Partei nahestand.[7] Eine selbstbewußte, kämpferische Gruppierung, meist aus dem Bauerntum und dem Kleinbürgertum, mit stark kirchlich orientierter Zielsetzung und ohne jeden Einfluß auf die Regierung – das waren Österreichs Freunde in Baden.

In Württemberg dagegen lag der politische Schwerpunkt des großdeutschen Lagers – soweit man überhaupt von einer einheitlichen Formation sprechen kann – viel weiter links. Eine im Frühjahr 1870 nach Wien übersandte Aufzeichnung über die Situation der großdeutschen Kräfte in Süddeutschland[8] betont mit Recht die politische und soziale Heterogenität, die »zentrifugale Natur der großdeutschen Partei«. Von einem konservativen Standpunkt aus wird in dieser Denkschrift die schwierige Lage in Württemberg betont, wo die »Ausschreitungen« der großdeutschen Demokraten »auf dem Gebiete der sozialen Fragen wie des Kriegswesens... in den besitzenden Klassen und den Freunden der gesellschaftlichen Ordnung den Wunsch nach einem diese garantierenden Regimente lebendig werden [lassen], welches sie in der Verzweiflung nur in Preußen zu finden hoffen.« Man sieht hier deutlich die prekäre Verschränkung nationalpolitischer und gesellschaftspolitischer Gesichtspunkte im Verhältnis zu Österreich.

Der Stuttgarter Hof galt in Wien als preußenfeindlich, die von Minister Varnbüler geleitete Regierung als gemäßigt großdeutsch. So wie die Verwandtschaft des hessischen Fürstenhauses mit Zar Alexander von Wien immer wieder zu politischen Querverbindungen im antipreußischen Sinne benutzt wurde, so wurden auch die Beziehungen zur württembergischen Königin Olga, einer russischen Prinzessin, im Sinne einer russischen Stützung für die süddeutsche Selbständigkeit mit besonderer Aufmerksamkeit gepflegt. Was aber für die Interessen Wiens von großer Bedeutung gewesen wäre, gelang weder früher noch jetzt: eine wirkungsvolle Zusammenarbeit zwischen Stuttgart und München, sei es in Richtung Südbund, sei es zumindest in der Abwehr der preußischen Infiltration und »Umarmung«.

Im März 1870 führte eine Regierungskrise in Stuttgart zum Rücktritt des Innenministers und des Kriegsministers. Der neue Kriegsminister Suckow war als preußenfreundlich bekannt. Beust enthielt sich jeder Einflußnahme auf die Regierungsumbildung, um Preußen nicht zu verstimmen[9]; im übrigen wurde österreichischerseits die Berufung Suckows – zurecht oder zu unrecht – als eine bewußte »Perfidie« Varnbülers interpretiert, um den Exponenten der preußischen Richtung durch die Übernahme des Amtes zur Demaskierung und Kompromittierung zu bringen.[10] Ungeachtet der offiziellen Zurückhaltung tat die österreichische Diplomatie einiges, um die antipreußischen Kräfte im Lande, ihre Kohärenz und ihre Verbindung mit dem Hof zu stärken.[11] Doch auch hier gab es im Herrscherhaus selbst – etwa in der Person des Prinzen August – Tendenzen zu einem baldigen Eintritt in den Nordbund. Andererseits suchten auch die norddeutschen Gegner des preußischen Systems Kontakt mit der Stuttgarter Regierung und dem König. Windthorst, der ehemalige hannoversche Minister und künftige Führer der Zentrumspartei, besuchte Anfang März 1870 König Karl. Er schilderte ihm »die unleidlichen Verhältnisse im Nordbunde..., wo die Souveräne zu Regierungspräsidenten herabgesunken seien« und empfahl seiner Majestät die Lektüre der jüngst erschienenen Schrift von Konstantin Frantz ›Die Schattenseiten des Nordbundes‹.

In Bayern lagen die Verhältnisse wieder anders.[12] Der Wahlsieg der konservativ-klerikalen Patriotenpartei im November 1869 hatte die Stellung des Ministers Hohenlohe erschüttert, der eine nationalliberale Linie vertrat. König Ludwig II., seit langem Gegenstand der intensivsten Bemühungen von preußischer Seite, versuchte den Minister zu halten. Er sah in Hohenlohe den Mann seines Vertrauens; dem König entsprach jene harmonisierende Rhetorik Hohenlohes, die nationale Einheit und bayerische Selbständigkeit konfliktlos vereinbaren zu können glaubte. Sein Verhältnis zu der von der Patriotenpartei repräsentierten Mehrheit der Bevölkerung war gespannt. Dem österreichischen Gesandten in München lag natürlich an der Verbesserung dieses Verhältnisses. Aber als er gelegentlich dem König gegenüber darauf hinwies, daß die Ultramontanen doch das monarchische Prinzip hochhielten, war die Antwort Ludwigs ganz abweisend: »Ja, solange man so handelt, wie sie es wollen; will man aber anders vorgehen, so sind sie noch feindlicher als die Kommunisten.«[13] In der Thronrede vom 17. Januar 1870 erklärte Ludwig, er werde »nur in eine solche Gestaltung Deutschlands willigen, welche die Selbständigkeit Bayerns nicht gefährdet«.[14]

Angesichts der Mißtrauensvoten in der ersten und zweiten Kammer mußte Hohenlohe jedoch gehen, sein Nachfolger wurde Graf Bray, der bisherige Gesandte Bayerns in Wien. Bray stand der Politik Beust viel näher als Hohenlohe, er lehnte den Eintritt Bayerns »in den jetzigen Nordbund« ab und teilte die österreichisch-französische Auslegung des umstrittenen Artikels IV des

Prager Friedens: eine nationale Verbindung sei nur zwischen einem Südbund und dem Nordbund möglich, der Anschluß eines Einzelstaates an den Nordbund sei durch den Prager Frieden ausgeschlossen. Dessenungeachtet war und blieb der preußische Einfluß in der Umgebung des jungen und haltsuchenden, vielleicht damals schon von Krankheit gezeichneten Königs sehr stark. Symptomatisch war, daß Bray, als er auf seinem Wiener Posten das Angebot zur Übernahme des Ministeriums erhielt, erst über den preußischen Gesandten Schweinitz bei Bismarck anfragen ließ, ob »seine Ernennung nicht mißfallen würde«. Noch am gleichen Tage kabelte Bismarck nach Wien zurück, er werde sich freuen, wenn Bray annehme.[15] Auch in der Öffentlichkeit und im liberalen Bürgertum, außerhalb des konservativen Altbayern, war die Stärke der kleindeutschen Richtung nicht zu unterschätzen. Für Bismarck war Bayern gerade 1869/70 immer mehr in das Zentrum seiner süddeutschen Politik gerückt. Er zeigte sich von dem Sturz Hohenlohes wenig beeindruckt und hielt sich – bei aller offiziellen Enthaltsamkeit – für künftige Eventualitäten desto enger an den König. Graf Bray galt in Berlin als zu schwach, um den König in einem anderen Sinne als bisher beeinflussen zu können. Von König Ludwig aber war Bismarck – so kolportierte man vertraulich in Berlin – überzeugt, daß er »ganz deutsch sei und ganz seine [sc. Bismarcks] Geschäfte mache«.[16]

Für die Wiener Politik war Bayern nicht minder ein Angelpunkt.[17] Daß man auf österreichischer Seite auch nach Brays Amtsantritt die Dinge in Süddeutschland und München für jetzt und auf weitere Sicht eher skeptisch beurteilte, ganz im Gegensatz zu der nach außen gezeigten Befriedigung, nimmt angesichts der damaligen Gesamtsituation der österreichischen Innen- und Außenpolitik nicht wunder. Es lohnt sich, die eindringende Analyse zur Kenntnis zu nehmen, die Wimpffen am 12. März 1870 aus Berlin an Beust übersandte:[18]

»Ich vermag zwar nicht, wie einige meiner Kollegen, aus den letzten Erklärungen des Grafen Bismarck über die deutsche Frage eine besondere Beruhigung zu schöpfen, räume denselben aber den Vorzug der Klarheit und Offenheit ein, denn man braucht kaum zwischen den Zeilen zu lesen, um darnach die heutige Stellung des Nordbundes zu Süddeutschland zu definieren. – Graf Bismarck wird sich allerdings eines jeden gewalttätigen Vorgehens in Süddeutschland enthalten, wobei ihn auch einige Rücksicht auf die französische Beobachtungspolitik bestimmen mag, dabei ist aber durchaus von keinem Aufgeben, von keinem Abschnitte die Rede, und alle seine Worte weisen auf das Endziel seiner Politik, auf die Vereinigung von ganz Deutschland unter preußischer Herrschaft hin. – Die Erfüllung dieses Zweckes ist für ihn nur mehr eine Frage der Zeit und zwar – wie ich glaube – keiner so fernen Zeit, als er es zu sagen liebt; er erwartet dieselbe von dem Prozesse in Süddeutschland, namentlich aber von den Zuständen in Bayern, wo Preußen schon die

Früchte der dreijährigen Tätigkeit des Fürsten Hohenlohe erntet und wo ein junger König, dem man heute dafür in Berlin das größte Lob spendet, in einer namenlosen Verblendung seinen eigenen Verfall künstlerisch, ich wollte sagen künstlich vorbereitet und gegen die besten Elemente seines Landes gewaltsam durchzuführen sucht.

Hat sich auf diesem Wege in Bayern, wie schon in Baden, eine Partei gebildet, welche den Anschluß an Norddeutschland verlangt, oder ist dort in dieser nationalen Richtung eine Situation geschaffen, worin Motive für die Intervention Preußens liegen, dann wird Graf Bismarck, welcher auf diese Eventualitäten wartet, sicher nicht länger temporisieren, sondern in Süddeutschland bestimmt Stellung nehmen, auch auf die Gefahr hin, darüber mit Frankreich in ernste Konflikte zu geraten. – Ich habe aber Grund die Ansicht festzuhalten, daß Graf Bismarck, ohne die Möglichkeit eines Krieges mit Frankreich außer acht zu lassen, denselben doch zu vermeiden glaubt, wenn er früher oder später bei der politischen Überbrückung des Maines sich auf eine, wenngleich künstlich, aus dem Süden selbst entstandene Situation und auf das Nationalitätenprinzip berufen kann. Auf diesem Wege hofft er die große Etappe seiner Politik zu erreichen, ohne an Frankreich etwas zu bieten und ohne von dieser Macht etwas befürchten zu müssen. Seines absoluten Einflusses auf den alternden König ist er heute sicherer als je und es fiel mir auf zu bemerken, daß er sich in der letzten Zeit auch immer mehr dem Kronprinzen nähert...«

Es könnte lohnend sein, Wimpffens scharfsinnige Lagebeurteilung im einzelnen mit den der heutigen Forschung zugänglichen Einsichten und Fakten zu vergleichen. Mag sein, daß er die Chancen der innerbayerischen Opposition gegen den Norden etwas zu kritisch beurteilte; die politische Empfindlichkeit Frankreichs, die im Juli 1870 zum irrationalen Ausbruch kam, hat er wohl unterschätzt. Aber näher liegt die Frage: Welche Folgerungen ergaben sich nun für die österreichische Führung aus einer solchen Analyse der deutschen Dinge und der Bismarckschen Absichten? Die Antwort ist schwierig. Beust neigte schon lange zu der Ansicht, die süddeutsche Frage als sekundär, als von den großen Peripetien der europäischen Politik abhängig zu betrachten. Je geringer nun durch die oben gezeigten Schwierigkeiten innerer und äußerer Art 1869/70 der europäische Aktionsradius der Wiener Politik wurde, desto mehr mußte die zeitweilige sachliche Zurückstufung des süddeutschen Aktionsfeldes zu einer Lähmung führen, aus der man nicht mehr herauskam. Erst recht konnte von einer koordinierten Politik der Ausnutzung antipreußischer Stimmungen in Sachsen und in Norddeutschland (Hannover!) nicht die Rede sein. Gegensätze zwischen der antiklerikalen Konzils- und Innenpolitik Wiens und den überwiegend katholisch-konservativen Gesinnungen der außerösterreichischen Großdeutschen traten seit 1869 verstärkt auf. Von ihnen war schon früher die Rede, ebenso von dem Mißtrauen, das in den gleichen Kreisen die Annäherung zwischen Österreich und Preußen hervorrief. So war denn der Stand der Dinge zwischen Süddeutschland und Wien im Sommer 1870 weit davon entfernt, den plötzlichen Belastungen durch die französische Provokation des deutschen Nationalgefühls standhalten zu können. Die schlimmsten Befürchtungen Beusts wurden von dem französischen Vorgehen übertroffen. Die Entwicklungen, die Wimpffen auch ohne Krieg unaufhaltsam kommen sah, wurden durch den Krieg in wenigen Monaten vollendet.

Im Unterschied zu Süddeutschland bedeuteten Krieg und Reichsgründung für die orientalische Frage keinen tiefen Einschnitt. Zwar wurden die revolutionären Hoffnungen, im Falle eines preußisch-französischen Krieges die allgemeine Erhebung in der europäischen Türkei durchzusetzen, zeitweise auch von Ignatieff unterstützt. Doch in der Julikrise und danach werden sich Rußland und Preußen mit Österreich darin einig sein, die orientalische Frage stillzustellen. Dennoch ist der Stand der Dinge am Balkan gerade für Österreich-Ungarns Stellung sowohl zu Rußland wie zu Preußen-Deutschland in der Folgezeit so wichtig, daß an dieser Stelle wenigstens eine stichwortartige Übersicht der Situation vor Kriegsausbruch gegeben werden soll.

Die große Reise, die Franz Joseph in Begleitung von Beust und Andrássy im Oktober/Dezember 1869 die Donau hinunter und über Konstantinopel nach Palästina und Ägypten zur feierlichen Eröffnung des Suezkanals führte, war als eine Demonstration der politischen, kulturellen und wirtschaftlichen Rolle Österreich-Ungarns im Orient gedacht.[19] Das weitgespannte Netz von Konsulaten, Handelsbeziehungen, Post- und Schiffahrtsdiensten, das die Monarchie seit dem 18. Jahrhundert in der Levante unterhielt, gewann mit dem Ansteigen der österreichischen Wirtschaftskraft in den sechziger Jahren neue Bedeutung. Die unterentwickelten Gebiete der Türkei wurden zum Ziele einer wirtschaftlichen Expansion, die Hand in Hand mit der Industrialisierung Österreich-Ungarns und dem Ausbau der Verkehrswege ging. So fand die Teilnahme des Kaisers an der Eröffnung des Suezkanals in mehrfacher Hinsicht Beachtung. Die Begegnungen mit den türkischen Ministern an der Pforte und mit dem ägyptischen Khediven wie der unmittelbare Kontakt mit Land und Leuten boten umfassende Gelegenheit, die Probleme des türkischen Reiches und damit die prinzipielle Seite der orientalischen Frage zu bedenken, die ja Beust seit seinem Amtsantritt in Wien unausgesetzt beschäftigten.[20] Das ursprüngliche Orientprogramm Beusts von 1867/68 – gemeinsame Kontrolle der Großmächte zur Durchführung der Reformen im Türkischen Reich – hatte seit Anfang 1869 eine wesentliche Modifikation erfahren.[21] Zuletzt hatte Beust versucht, bei der Pariser Kretakonferenz eine Initiative zu kollektiven Reformschritten der Großmächte zu ergreifen. Dies war nicht gelungen. Beust scheint daraus die Folgerung gezogen zu haben, in anderer Richtung vorgehen zu müssen. Identisch blieb der Gedanke, die kleinen Randstaaten (Griechenland, Serbien, Rumänien) klein zu halten und politisch zu trennen und die territoriale Integrität der Türkei zu schützen. Aber statt der politisch-administrativen Reformen, die der türkischen Regierung zwecks Verbesserung der Lage der christlichen Bevölkerung auferlegt werden sollten, traten nun die Konzeption einer Verbesserung der materiellen Bedingungen, Hebung der Landwirtschaft und des Gewerbes, Ausbau der Verkehrsmittel in den Vordergrund. Beust formulierte dies abgeänderte Orientprogramm folgendermaßen:

»Viele Reformpläne sind entworfen worden, um die alte türkische Verwaltungsorganisation durch Institutionen zu ersetzen, die mehr im Einklang mit den modernen Ideen und mit dem Prinzip der Gleichheit der Rassen und Religionen stehen.Man darf sich fragen, ob man nicht der Entwicklung vorauseilt und an einer unzeitigen Aufgabe arbeitet, wenn versucht wird, Bevölkerungen mit politischen Errungenschaften auszustatten, die zivilisatorisch noch zu weit zurück sind um derartige Wohltaten zu schätzen. Wäre es nicht dringender, zunächst an die materiellen Bedürfnisse dieser Bevölkerungen zu denken...? Die Bewohner der Türkei in einen direkteren Kontakt mit den fortgeschritteneren Nationen zu bringen; ihre materielle Lage durch die Hebung der Landwirtschaft und des lokalen Gewerbes zu verbessern; die Arbeit ertragreich zu machen, indem man ihren Produkten Absatzwege öffnet, die Hilfsmittel dieser Gegenden und den Wohlstand ihrer Bewohner zu heben; wäre dies nicht das beste Mittel, um ihnen nach und nach Vertrauen in die eigenen Kräfte zu geben und sie fähig zu machen, eines Tages eine aktive Rolle in der stufenweisen und friedlichen Umwandlung des Orients zu spielen?«

Zentrale Bedeutung gewann dabei der Bau der Eisenbahnlinien, die Österreich-Ungarn mit der Türkei verbinden sollten.[22] Für dies Programm ökonomischer Erschließung, das den unmittelbaren Interessen der österreichischen und ungarischen Wirtschaft entsprach, wünschte Beust von Anfang an den Einsatz französischen Kapitals. Im Laufe des Jahres 1869 war es zu Verhandlungen und Vereinbarungen zwischen der türkischen Regierung und dem Bankier Baron Hirsch gekommen, an denen Beust sehr aktiven Anteil genommen hatte. Die politische und kommerzielle Bedeutung einer Bahnverbindung von Wien nach Konstantinopel war unter den damaligen Verhältnissen gar nicht hoch genug einzuschätzen. Es gab auch sogleich scharfe Auseinandersetzungen über die Linienführung: Die Ungarn und die serbische Regierung wollten die Linie von Budapest über Belgrad, Beust und die Türken traten für die bosnische Trasse ein (mit entgegengesetzten Hintergedanken: österreichische Erschließung, türkische Bindung der »Immediatprovinzen«!).[23]

Beusts Verhandlungen in Konstantinopel galten aber nicht nur dem Eisenbahnprojekt. Es fand ein vertraulicher Meinungsaustausch zwischen Ali Pascha und dem Reichskanzler über die Zukunft Rumäniens statt. In dessen Verlauf wurde anscheinend unaufgefordert das Einverständnis der Pforte mit einer eventuellen Okkupation der Donaufürstentümer durch Österreich ausgesprochen. Beust lehnte es damals ab, auch in bedingter Form diesen Vorschlag aufzugreifen. Aber er kam später auf diese Verhandlung zurück, um bei Ali Pascha für das Zugeständnis des Namens »Rumänien« an die darum sehr bemühte Bukarester Regierung einzutreten.[24] Diese Aktion Beusts zugunsten einer Befriedigung des Bukarester Titulaturwunsches wurde in der Folgezeit konsequent weitergeführt. Sie ist im Zusammenhang einer intensiven Bemühung um die Beziehungen zu Fürst Karl zu sehen, der im Hinblick auf die stets bedrohliche Haltung Rußlands, auf die ungarische Interessenlage (Siebenbürgen) und auf die latente Gefahr der Revolutionierung Bulgariens zum Anschluß an die konservative Politik der Monarchie geführt werden sollte. Die Jahre 1869/70 waren in dieser Hinsicht für die österreichische Rumänienpolitik nicht ohne Erfolg. Begünstigt wurde die eingeschlagene Entwicklung durch das Verhalten Preußens, das im Unterschied zu früher nun einer proösterreichischen Orientierung Bukarests keine prinzipiellen Hindernisse in den Weg legte. Die großrumänische Bewegung und die bulgarischen Insurrektionspläne traten infolgedessen zeitweilig in den Hintergrund.

Mit dem ägyptisch-türkischen Konflikt war Beust schon Monate vor seinem Besuch in Konstantinopel fortgesetzt konfrontiert. Dieser Konflikt ist für den vorliegenden Zusammenhang nur insofern interessant, als er erhebliche Gegensätze zwischen der Haltung Österreichs und Frankreichs verursachte. Frankreich, das seit 1867 für Beusts protürkische Politik gewonnen schien, unterstützte nun den Khediven und trug so – nach Meinung des österreichischen Botschafters an der Pforte, Prokesch-Osten – zur Auflösung des Osmanischen Reiches bei. In diesem Sinne versuchte Prokesch anläßlich des Kaiserbesuches in Konstantinopel auf Beust und Franz Joseph einzuwirken: Der Kaiser solle den Sultan auffordern, selbst nach Suez zur Eröffnung zu gehen und den Gästen dort die Honneurs zu machen.[25] Beust jedoch hatte das scharfe türkische Vorgehen gegen Ägypten von Anfang an nicht gebilligt, er versuchte auszugleichen. Was blieb, war jedoch ein weiteres Moment der Lockerung der österreichisch-französischen Zusammenarbeit im Orient.

Nach der Rückkehr aus dem Orient hatte Beust einerseits mit der Liquidierung des Aufstandes in Süddalmatien, andererseits mit einem ernsten Konflikt zwischen dem Osmanischen Reich und Montenegro zu tun. Es war zu fürchten, daß im Falle einer Ausdehnung des Aufstandes oder einer militärischen Kollision Rußland und Serbien eingreifen würden und daß die Bewegung sich weiter auf die slawischen Bevölkerungen der Monarchie ausdehnen würde.[26] Aus diesen Gründen war schon Ende November 1869 der Entschluß zustandegekommen, den psychologisch günstigen Moment der

Rückkehr des Kaisers von den Fcierlichkeiten am Suezkanal zum Versuch einer friedlichen Pazifikation des Aufstandsgebietes zu benutzen. In dem Hin und Her dieser Aktionen und Diskussionen treten auch einige Grundzüge des damaligen Verhältnisses der Monarchie zu den südslawischen Bevölkerungen jenseits der Grenze, zu Montenegro, Bosnien und Serbien, deutlich hervor.

Im Falle Montenegros war während des Aufstandes in Süddalmatien das Projekt aufgetaucht, den kleinen Gebirgsstaat als Herd ständiger Unruhe durch einen plötzlichen Handstreich in österreichische Gewalt zu bringen. Beust lehnte kategorisch ab: Das Unternehmen gegen Montenegro sei zu riskant, »si nous ne pouvons l'écraser d'un coup«.[27] So wurde mit Montenegro weiterhin in der bisherigen Weise verfahren, die durch eine Mischung von Schärfe und Entgegenkommen dahin zielte, Cètinje als Zentrum südslawischer Bestrebungen auszuschalten. Wenig später äußerte sich Beust in einer für den Kaiser bestimmten, abschließenden Denkschrift über den dalmatinischen Aufstand, der inzwischen durch den Vertrag von Knezlac beendet war; es liege kein Nachweis für eine Einmischung Montenegros vor. Überhaupt sei die südslawische Bewegung gegen das Osmanische Reich gerichtet und nicht gegen Österreich-Ungarn.[28] Mit dieser philoslawischen Interpretation der Vorgänge, die von deutschliberaler Seite ganz anders – im prinzipiell antislawischen Sinne – dargestellt wurden,[29] nahm Beust auch innenpolitisch Partei. Er nahm Partei in der damaligen Ministerkrise in Cisleithanien, die zum Zerfall des zentralistischen, deutschliberalen Bürgerministeriums und schließlich zu dem gemäßigt föderalistischen und philoslawischen Ministerium Potocki führte.

Nun war aber der Zusammenhang zwischen der beginnenden Umorientierung Österreichs in Richtung auf ein konstruktives Verhältnis zu der slawischen Bevölkerung der Monarchie mit der außenpolitischen Aktion Wiens kein direkter und geradliniger. Dies zeigt sich am Beispiel Serbiens. In Serbien war nach der Ermordung des Fürsten Michael (Juli 1868) ein Regentschaftsrat in Tätigkeit getreten, der sich zunehmend an Österreich-Ungarn anschloß.[30] Vertreter der Monarchie in Belgrad war Generalkonsul Kállay, ein Vertrauensmann Andrássys, dessen programmatische Instruktion schon früher behandelt wurde.[31] Das innenpolitische Reformprogramm der Regentschaft wurde von österreichisch-ungarischer Seite im Sinne einer Konsolidierung und einer Ablenkung von den früheren großserbischen Tendenzen begrüßt, von russischer Seite kritisiert und bekämpft. Das zeigte sich deutlich an der neuen Verfassung, die im Sommer 1869 von der Großen Nationalversammlung beschlossen wurde.[32] Es war eine liberale Verfassung mit allgemeinem Stimmrecht. Die Pforte als souveräne Macht kam im Verfassungstext mit keinem Worte vor. Beust bestritt der Pforte das von Ali Pascha beanspruchte Recht, die neue Verfassung Serbiens zu approbieren.[33] Diese ausgleichende Stellungnahme entsprach der von Beust seit 1866/67 gegenüber Belgrad eingenommenen Haltung, viel weiter in Förderung und Entgegen-kommen ging aber die ungarische Sonderpolitik in Serbien. Sie war weniger an weiterreichenden europäischen Gesichtspunkten orientiert als an dem unmittelbaren Zweck, die beträchtliche serbische Minorität in Ungarn und die südslawischen Einheitstendenzen in Kroatien ihres früheren Rückhalts an Serbien zu berauben und sie stillzuhalten. Denn erst kürzlich war der kro-atische Bischof Stroßmayer nach Belgrad gekommen und vor einer jubelnden Menge, die ihm mit nächtlichem Fackelzug huldigte, hatte er mit dem orthodoxen Metropoliten von Belgrad den südslawischen Bruderkuß ge-tauscht.[34] Für die insgesamt in Richtung der österreichisch-ungarischen Prä-ponderanz verlaufende Entwicklung der Belgrader Verhältnisse war wesent-lich, daß auch hier – wie in Rumänien – Bismarck nun auf jede Ermutigung der Bewegungspartei verzichtete. Er gab sogar in Petersburg Anregungen in diesem Sinne. So wirkten die inneren Verhältnisse Serbiens, wie sie sich nach dem Tode des Fürsten Michael gestalteten, mit der veränderten Konstella-tion zwischen Preußen und Österreich-Ungarn zusammen: Serbiens Bedeu-tung als Zentrum einer südslawischen Einigungsbewegung trat zurück. Die beharrenden Kräfte herrschten in Belgrad vor, so wie man es in Budapest, Wien und Berlin gleicherweise wünschte.

Die slawischen Bevölkerungsgruppen strebten inner- und außerhalb der Grenzen der Monarchie nach nationaler und sozialer Emanzipation. Die Rich-tung dieses Prozesses war weiterhin unentschieden, der Prozeß selbst war unaufhaltsam. Die komplizierten Zusammenhänge dieser Emanzipations-bewegung mit den inneren Verhältnissen und mit der Außenpolitik der Mon-archie zeigen sich auch im Falle Bosniens und der Herzegowina. Schon 1867/68 waren diese von Serben, Kroaten und Türken bewohnten Gebiete nicht nur zum Objekt serbischer Expansionswünsche, sondern auch zum Gegenstand internationaler Reklamationen zwischen Petersburg, Wien, Pa-ris und Berlin geworden.[35] Die Wiener Eisenbahnprojekte zielten auf eine wirtschaftliche Erschließung Bosniens und auf die enge Verknüpfung mit Kroatien und Dalmatien. Im Januar und Februar 1869 kam es neuerdings zu Überlegungen über eine österreichische Okkupation beziehungsweise über eine Teilung Bosniens zwischen Österreich und Serbien, diesmal zunächst unter Ausschluß der Öffentlichkeit im engsten Kreis der österreichisch-unga-rischen Führung. Es scheint, daß Andrássy im Zuge der oben erwähnten pro-serbischen Sonderpolitik Ungarns dafür eintrat, Bosnien und die Herzego-wina bis zur Linie Vrbas-Neretva an Serbien zu geben; die westlichen Gebiete sollten zur Monarchie geschlagen werden.[36] Ein anderer Teilungsvorschlag kam von Oberst Beck, dem Leiter der Militärkanzlei des Kaisers.[37] Franz Jo-seph scheint ja schon länger an diesen Provinzen interessiert gewesen zu sein. Beusts damalige Stellung wird nicht klar. In dem gemeinsamen Ministerrat vom 9. Februar 1869 erwähnte er anläßlich von Bahnbauprojekten in Dalmatien »den immerhin im Bereiche der Möglichkeit liegenden Fall der Erwerbung weiterer Strecken des Hinterlandes«.[38] Er war also jedenfalls kein entschiedener Gegner solcher Absichten. Bismarck erfuhr aus Belgrad von diesen Plänen und berichtete sogleich nach St. Petersburg, auch Frankreich scheint zeitweilig Interesse an dieser Transaktion gezeigt zu haben. Dann hörte man nichts mehr davon. Das Teilungsprojekt mit der Grenze Vrbas-Neretva taucht im Juni 1870 nochmals auf, diesmal im Rahmen eines Bündnisentwurfes, der anscheinend von österreichischer Seite in Belgrad vorgelegt wurde.[39]

Man fragt sich bei alledem nach der konkreten Lage einer Bevölkerung, deren Schicksal jetzt und später in dieser Weise von dem Würfelspiel der Mächtigen abhing und selbst zum weltgeschichtlichen Streitobjekt und Zündstoff wurde. Der sozialgeschichtlichen Untersuchung von Milorad Ekmečić verdanken wir neuerdings eine Analyse der damaligen wirtschaftlichen, politischen und kulturellen Zustände Bosniens:[40] unfreie Zinsbauern, türkische Grundbesitzer, eine schmale Schicht von serbischen Kaufleuten, die sich an der Zehentpacht beteiligen und von dem steigenden fiskalischen Druck aus Konstantinopel profitieren; nur ein Prozent der Bevölkerung kann lesen und schreiben, selbst in der bosnischen Hauptstadt gibt es keinen Bücherladen. – Eine weitere Vertiefung unserer sozial- und kulturgeschichtlichen Kenntnisse über die europäische Türkei um 1870 würde wohl die inneren Widersprüche nicht nur der österreichischen, sondern jeder damaligen europäischen Politik in Sachen der orientalischen Frage nur noch schärfer hervortreten lassen: das generelle Unvermögen, trotz anderslautender Proklamationen die wirklichen Lebensinteressen dieser unterentwickelten Gebiete zu achten, statt sie fortgesetzt dem Vollzug der eigenen Staatsräson unterzuordnen. Beust hätte sich vermutlich gegen eine solche Feststellung entschieden verwahrt; er hätte auf die liberal-humanitären Komponenten seines Orientprogramms verweisen können, sowohl in der ursprünglichen Form einer europäischen Vormundschaft zwecks politisch-administrativer Reformen wie in der zuletzt gezeigten Variante einer wirtschaftlichen Förderung und Erschließung. Aber war die politische Grundmaxime Österreich-Ungarns – die bereits entstandenen christlichen Balkanstaaten klein zu halten, getrennt zu halten, abhängig zu halten – mit einer konstruktiven Entwicklung der Dinge überhaupt vereinbar?

Als Fürst Michael von Serbien sechs Wochen vor seiner Ermordung den preußischen Generalkonsul in Belgrad empfing, trug er ihm in umfassender Weise die Probleme seines Landes vor. Er kam dabei auf seinen Besuch bei dem französischen Außenminister zu sprechen: »Als ich voriges Jahr mit Marinović in Paris war, da hielt uns Marquis Moustier einen langen Vortrag über die Reform in der Türkei... Wir antworteten nichts, und als wir heraus-

traten, mußten wir uns anlachen… Die Reformversuche lösen die Orientalische Frage nicht; unsere Entwicklung fördern, daß ist der sicherste Weg, den
großen Erschütterungen bei endlichem Zusammenfall der Türkei vorzubeugen.«[41]
   Bismarck konnte allerdings für sich in Anspruch nehmen, an den humanitären Proklamationen der anderen keinen Anteil zu haben. Er hat dafür wohl
am konsequentesten und erfolgreichsten das Spiel getrieben, zur Entlastung
seines deutschen Aktionsfeldes vorhandene Spannungen der Großmächte in
die Randgebiete, nach dem Südosten zu verlagern. Hier stellt sich unübersehbar die Frage, ob diese Bismarcksche Verlagerungspolitik zugunsten einer
Lösung der deutschen Frage konstruktive Lösungen der orientalischen Frage
verhindert hat. Auf Österreich-Ungarn und die Situation im Sommer 1870
bezogen, läßt sich diese allgemeine Frage teilweise, abgewandelt und differenziert beantworten. Es entsprach offenbar der von Bismarck seit Februar
1870 eingeschlagenen Generallinie, zugunsten einer Schonung (und künftigen Neutralität) Österreichs und um ein Abhängigwerden von Rußland zu
vermeiden, die orientalische Frage stillzustellen. Die gleiche Konstellation
herrschte während des Krieges 1870/71. Damit war den politischen Emanzipationsbestrebungen der Balkanvölker auf Jahre hinaus ein Riegel vorgeschoben. Das Beustsche Österreich hatte noch versucht, eine »europäische«
Balkanpolitik zu betreiben, das heißt, eine evolutionäre Förderung der dortigen Bevölkerungen im Konsens der Großmächte – gewiß auch im Interesse
der Monarchie – in die Wege zu leiten. Es hatte auf dieser Linie, insbesondere
durch das Zusammengehen mit Frankreich, seit 1867 eine einflußreiche Position auf der Balkanhalbinsel gewonnen.[42] Das von Preußen im Vorfeld des
französischen Krieges geförderte »Einfrieren« der orientalischen Frage wird
diese Tendenzen Österreichs nicht ganz abschneiden. Aber die Balkanpolitik
der Ära Andrássy wird sich zunehmend am Bismarckschen Prinzip der
Selbstsicherung durch bloße Macht- und Blockpolitik orientieren.

Zweiter Teil
Schrittweise Entscheidung für den Sieger:
Statt der Rekonstruktion Europas ein »deutsches«
Mitteleuropa à la Bismarck

Vorbemerkung

Die rasante Bewegung begann am 3. Juli 1870 mit dem Bekanntwerden der spanischen Thronkandidatur des Hohenzollernprinzen Leopold. Diese Bewegung erfaßte die europäischen Kabinette und die europäische Öffentlichkeit, dann die militärischen Apparate der zum Krieg sich vorbereitenden und auch der neutral bleibenden Staaten. Die Kräfte, Konstellationen und Persönlichkeiten, denen diese Bewegung ihre dramatische Schärfe und ihr schließliches Ergebnis – eine tiefgehende Veränderung Europas – verdankte, sind dem Leser dieses Buches schon zum großen Teil bekannt. Neu war weder die krisenhafte Empfindlichkeit des napoleonischen Systems noch die hochfahrende Effekthascherei des französischen Außenministers Gramont, die eine unkriegerische Beilegung der spanischen Affäre so sehr erschwerten. Neu war auch nicht die abwartend aktive, fast möchte man sagen, lauernde Überlegenheit der Bismarckschen Politik, die ihren Grund in der festen monarchisch-militärischen Organisation Norddeutschlands ebenso wie in der latenten Kraft der bürgerlichen deutschen Nationalgesinnung im Norden und Süden hatte. Neu waren weder die Absichten und Sorgen der russischen, der italienischen, der englischen Politik noch die Konzepte und Verhältnisse der in Österreich-Ungarn maßgebenden Gruppen. Neu waren schließlich nur zwei fundamentale Tatsachen, die übrigens nicht gleichzeitig, sondern im Abstand von mindestens drei Wochen in Wirkung traten. Erstens, daß es wirklich zum Krieg zwischen dem Second Empire, Preußen und seinen süddeutschen Verbündeten kam. Zweitens, daß – entgegen der in Europa weitverbreiteten Annahme von der Überlegenheit der französischen Armee – die deutschen Heere ihren Gegner seit dem 3. August unwiderruflich zu schlagen begannen.

Daß dieser Krieg ein begrenztes Duell bleiben sollte, war zu Beginn der Krise keineswegs ausgemacht. Nicht nur in Frankreich dachte man daran, daß sich nun ein allgemeiner europäischer Konflikt entzünden werde, ein »Weltkrieg«, wie man damals schon vereinzelt zu sagen begann. Und daß der Sieg bei Frankreichs Gegnern sein werde – damit rechnete vor den ersten preußischen Erfolgen von Spichern, Wörth und Weißenburg nur eine Min-

derheit der europäischen Politiker. Weiterhin erschien es in den folgenden
Monaten durchaus nicht selbstverständlich, daß es dem siegreichen Preußen
tatsächlich gelingen werde, seine Rechnung mit Frankreich ohne die Intervention Europas, das heißt ohne die vermittelnde Mitwirkung der Neutralen
auf einem internationalen Friedenskongreß, abzumachen. Wir werden sehen, wie diese Kongreßidee erst seit November 1870 ganz zurücktritt – nicht
zufällig, sondern vor allem infolge einer Sonderpolitik Rußlands, die insgeheim von Preußen angeregt war. So waren die Chancen einer solidarischen
Politik der Neutralen entscheidend herabgesetzt; der ungeheure Machtzu-
wachs Preußens und die damit verbundene Machtverschiebung in Europa
wurden letztlich widerspruchslos hingenommen. Und die neuerliche Erschütterung der europäischen Politik durch Rußlands Kündigung der Pontusklau-
seln des Pariser Vertrages von 1856 führt zwar zu einer veränderten Konstellation der Mächte. Ihr Ausdruck ist die Londoner Schwarzmeer-Konferenz
im Januar und Februar 1871. Doch der Weg zum Frankfurter Frieden wird
hierdurch nicht gestört. Wohl aber ergeben sich bereits hier neue Aspekte einer deutsch-österreichischen Interessengemeinschaft im Südosten, während
gleichzeitig die innere Entwicklung der Donaumonarchie mit ihrer föderalistisch-proslawischen Tendenz neue Konflikte mit dem siegreich aufsteigenden deutschen Nationalgedanken im Reich (und in den deutsch-österreichischen Gebieten) bewirkt. Schließlich bringen die Pariser Kommune und die an
sie anschließende Welle von Verfolgung und sozialpolitischen Maßnahmen
eine neue Dimension ins Spiel. Deutlicher als bisher treten gesellschaftspolitische Optionen und die Arbeiterfrage als solche in die Bestimmung zwischen-
staatlicher Verhältnisse ein. So wird für Österreich-Ungarns Verhältnis zu
Deutschland und Rußland nach dem Frankfurter Frieden nicht nur das Nationalitätenproblem, sondern auch die gesellschaftspolitische Orientierung
wichtig.

Im Rahmen dieser stark wechselnden Szenenbilder und Erwartungshori-
zonte ist die Politik Österreich-Ungarns zu verfolgen. In besonderer Weise
gilt hier die methodische Forderung, den Wechsel des internationalen Szenariums und der politischen Vorstellungswelt der Beteiligten Schritt für Schritt
in Rechnung zu setzen. Der Umbruch in den Verhältnissen und in der Wahrnehmung und Bewertung der neuen Verhältnisse vollzieht sich in komplizierten, keineswegs geradlinigen Verläufen. Das schließlich vergleichsweise
rasch erreichte Fait accompli der Reichsgründung und der deutsch-österreichischen Annäherung darf dem Historiker nicht den Blick verstellen für die
ganz anderen Positionen, die noch kurz zuvor gegeben waren. Aus der Fülle
der Einzelzüge der internationalen Politik gilt es, jene Hauptlinien herauszu-
arbeiten, auf die sich unsere Fragestellung bezieht. Nicht die Kriegsereignisse
als solche, auch nicht die Breite des europäischen Geschehens oder der Vorgänge im Inneren der Habsburger Monarchie sollen dargestellt werden. Es

geht um jene Entscheidungsprozesse, die von Wien her Zug um Zug den Verlauf der internationalen Krise mitbestimmten und ihre Ergebnisse mitgestalteten.

Diese abgrenzende Charakterisierung unseres Fragehorizontes bedarf einer Erläuterung. Denn es ist in der Historiographie der Ereignisse von 1870/71 nicht selbstverständlich, von einer Mitbestimmung und Mitgestaltung der Dinge durch Österreich-Ungarn zu sprechen. Dazu sei in thesenhafter Abkürzung voraus folgendes gesagt: Es wäre eine prinzipielle Verkennung des damaligen Geschehens, wollte man die Rolle Österreich-Ungarns 1870/71 nur mit Kategorien wie »das Scheitern der Politik Beusts« oder der bloßen »Anpassung an die neugeschaffene Realität des Deutschen Reiches« interpretieren. Neben Frankreich und seinem Kriegsgegner war Österreich der dritte, unmittelbar betroffene und agierende Partner in dem Ringen um die Neugestaltung Mitteleuropas, das 1870/71 den Höhepunkt und vorläufigen Abschluß erfuhr. Gegenüber den im vollen Licht des Erfolgs (und der Forschung) stehenden Formen militärischer und politischer Entscheidung, die für das siegreiche Preußen-Deutschland damals kennzeichnend waren, sind die Formen und Mittel der Aktion, über die der alternde Kaiserstaat verfügte, subtil und eher hintergründig. Ebenso sind die inneren Voraussetzungen der Politik des Kaiserstaates sehr kompliziert und in ihrer Wirkung auf diese Politik noch wenig erforscht. Österreichs Verhalten (und seinen innenpolitischen Voraussetzungen) deshalb von vornherein Bedeutung und Einfluß auf das Geschehen absprechen zu wollen, wird heute – auch angesichts der Vergänglichkeit der Siegesfrüchte von 1871 – wohl nicht mehr naheliegen. Ein anderes ist die Frage nach dem Ausmaß der österreichischen Einwirkung auf den Verlauf der Dinge 1870/71. Es stellt sich also für den Forscher nicht die einfache abstrakte Frage, ob es auch anders hätte kommen können, sondern die schwierige konkrete Frage, inwiefern das Verhalten Österreich-Ungarns mitteleuropäische Entwicklungen, die auch anders hätten verlaufen können, beabsichtigt oder auch unbeabsichtigt im Sinne der tatsächlichen Ergebnisse bestimmt beziehungsweise mitbestimmt hat.

Diese Frage in toto zu beantworten, dürfte prinzipiell unmöglich sein. Denn es würde zu ihrer Beantwortung nicht nur erforderlich sein, den genauen Anteil jeder europäischen Macht an sämtlichen Peripetien der Zeit festzustellen, sondern es müßte auch die Fülle hypothetischer Möglichkeiten, die in andere Richtung gewiesen hätten, mit ihren immer neuen Möglichkeits-Verästelungen durchgeprüft werden. Etwa so: Wien hätte mit Italien zur Unterstützung Frankreichs sogleich in den Krieg eingegriffen. Wäre dann vielleicht Süddeutschland neutral geblieben? Wäre Rußland dann gegen Österreich ·in den Krieg eingetreten? Wäre dann eine von Frankreich und Österreich gestützte Erhebung Polens erfolgt? Hätte Rußland dann die orientalische Frage zur »Explosion« gebracht? Hätten dann die Türkei und England in den Kampf eingegriffen? Wäre die innere Konsistenz der Habsburger Monarchie solchen Situationen gewachsen gewesen? Hätte Preußen (zusätzlich zu einem direkten militärischen Schlag) nach dem Vorbild von 1866 die Monarchie durch innere Subversion und Angriffe von rumänischer und serbischer Seite gründlich bedroht beziehungsweise zerstört? – Die meisten dieser hier beispielhaft aufgezählten Fragen sind übrigens von Zeitgenossen 1870 gestellt und besprochen worden. Aber für den Historiker liegen die Dinge anders. Er kann bekanntlich in der Erörterung von Möglichkeitsfaktoren nur bis zur nächsten Ecke sehen, das heißt, er kann nur die zunächstliegende, erste Skala von Alternativen in Betracht ziehen, schon nicht mehr die folgende Skala, deren neuerliche Alternativverzweigungen sich seinem Urteil entziehen. So zeigt das Beispiel solcher hypothetischen Erörterungen deutlich, daß dieser Weg zu einer präzisen und umfassenden Antwort nicht gangbar ist. Was bleibt, ist die Möglichkeit und damit die Aufgabe, an diesem und jenem Wendepunkt Beobachtungen zu sammeln: über das Zustandekommen und die Relevanz von Entscheidungsprozessen, über den Realitätsbezug von Konzeptionen und Maßnahmen, über den Kontrast verschiedener Zielvorstellungen, über die gegenseitige Beeinflussung unterschiedlicher Konzeptionen und Strategien, über Rücksichtnahme, Einlenken und Umlenken. Solche Beobachtungen sind dann zu ordnen und zu sichten. Das kann keine vollständige Antwort ergeben. Aber wir werden sehen, daß sich damit einiges zum Thema ausmachen läßt.

Zur besonderen geschichtswissenschaftlichen Methodik im Umgang mit der Kriegszeit 1870/71 wäre vieles zu sagen. Es sollen hier jedoch nur einige Hinweise auf spezielle Probleme folgen, die sich im Umkreis Österreich-Ungarns stellen. Der enge Zusammenhang von Innen- und Außenpolitik, der sich in Wien in ganz besonderen Formen vollzog, wurde schon in der Einleitung betont. Angesichts des französisch-deutschen Krieges und der starken Anteilnahme der öffentlichen Meinung akzentuierte sich von Anfang an die Rücksichtnahme der Regierung auf die innenpolitische Lage. Dabei konnte auf keine einheitliche österreichisch-patriotische Grundstimmung gerechnet werden. Es gab sie nicht, sondern nur die verschiedenen Auffassungen der einzelnen etablierten Gruppen. Die starke Deákpartei in Ungarn trat gegen ein Bündnis mit Frankreich ein und war vor allem antirussisch orientiert (bis zum Gedanken eines Präventivkrieges gegen Rußland). Die Deutschliberalen traten mit unterschiedlichen Vorbehalten gegenüber Bismarck doch ganz gegen Frankreich auf; die deutschnationale Begeisterung stieg mit den Siegesmeldungen. Die Tschechen nahmen zunächst keine Partei, traten dann für Frankreich ein. Die Polen hofften von Anfang an auf Frankreichs Sieg. Die konservativ-föderalistischen Kreise, die sogenannte Hofpartei, deren Einfluß in der Umgebung des Kaisers und beim Militär erheblich war, standen an sich gegen Bismarcks Preußen. Sie konnte sich jedoch, soweit es sich um deutschsprachige Bevölkerungsteile handelte, von dem Sog der deutsch-nationalen Hochstimmung nur teilweise freihalten.[1] Mit diesen divergierenden Elementen hatte die österreichische Führung zu rechnen. Die im Zusammenwirken Beusts mit dem Kaiser noch in neoabsolutistischen Formen geführte Außenpolitik konnte zwar auf kurze Strecken und in Einzelzügen von den innenpolitischen Bedingtheiten absehen, war aber gerade unter den Bedingungen militärischer Rüstung gründlich auf die beiden in der Öffentlichkeit und in den Delegationen am stärksten vertretenen Gruppen angewiesen: auf die Deutschliberalen in Cisleithanien und auf die von Andrássy und Deák geführte Mittelpartei in Ungarn.

Nicht zu unterschätzen ist das Gewicht der militärischen Fragen in den internen Entscheidungsprozessen seit der Julikrise. Österreich-Ungarn war von Anfang an gehemmt durch die Tatsache, daß die erst 1868 begonnene Reorganisation der Armee noch lange nicht abgeschlossen war. Dazu trat die finanzielle Notlage, die selbst die eingeschränkten Rüstungen, zu denen man sich im Juli entschloß, außerordentlich erschwerte. Die Mobilmachungszeit der Armee wurde offiziell mit sechs Wochen angegeben, inoffiziell rechnete man mit längeren Fristen. Dies war ein entscheidendes Handikap gegenüber der rasch und zuverlässig mobilisierbaren preußischen Armee, von allen sonstigen Fragen der Organisation, Bewaffnung und Ausbildung abgesehen. Gegenüber den militärischen Kooperationswünschen Frankreichs hatten Erzherzog Albrecht und Franz Joseph diese Sechswochenfrist noch unmittelbar vor der Julikrise aufs deutlichste betont. Es scheint jedoch, daß die französische Außenpolitik, die im Juli mit einem sofortigen militärischen Eingreifen Österreichs rechnen wollte, diesen wichtigen Vorbehalt überhaupt nicht zur Kenntnis genommen hatte.[2]

Ganz anders Preußen, wo Moltke sehr gut mit den Verhältnissen der österreichischen Armee vertraut war. Seine Kalkulation ging dahin, daß im Ernstfall einer entschiedenen französisch-österreichischen Kriegführung gegen Preußen die österreichischen Vorbereitungen sehr frühzeitig einsetzen müßten, eindeutig *vor* den französischen Rüstungen. Moltke hat sich hierüber mehrmals ganz unmißverständlich geäußert. In der für den preußischen Aufmarsch 1870 maßgebenden Denkschrift heißt es: »Weder Österreich noch Frankreich sind stark genug, um mit Aussicht auf Erfolg den Krieg gegen Norddeutschland ohne Bundesgenossen aufzunehmen. Beginnen die Rüstungen in Österreich, so ist der Augenblick für uns gekommen, um Frankreich den Krieg zu erklären.«[3] Ohne auf die hier vorliegende Problematik des Präventivkrieges einzugehen, ist festzustellen, daß Moltke sich zwar in Frankreich getäuscht hat (Überschätzung der Rationalität der französischen Kriegspolitik), nicht aber in Österreich. In der gleichen Denkschrift erörtert er weiterhin den Fall einer nicht entschieden profranzösischen, sondern zweifelhaften Stellung Österreichs. In diesem Fall sei es zur Vermeidung des

Zweifrontenkrieges erforderlich, »daß schon innerhalb der ersten Wochen ein Zusammenstoß stattfinden muß, der bei glücklichem Ausfall für uns Österreich wohl bestimmen könnte, das halbgezogene Schwert in die Scheide zurückfallen zu lassen«.[4] Jedenfalls war für Moltke in der Julikrise das zunächst feststellbare Ausbleiben österreichischer Rüstungen im Hinblick auf die lange Mobilisierungsfrist ein Zeichen, daß Preußen für jetzt nicht mit einem Zweifrontenkrieg zu rechnen habe.

Innerhalb der militärischen Führung Österreich-Ungarns herrschte im Juli 1870 selbst hinsichtlich grundlegender Organisations- und Aufmarschfragen keine Einigkeit. Zwischen dem Kriegsminister Kuhn, der weitgreifende Pläne für den Kriegseintritt Österreichs vertrat, und dem vom Kaiser zum Armeeoberkommandanten bestimmten Erzherzog Albrecht gab es so tiefe Divergenzen, daß der Minister im Höhepunkt der Julikrise zurücktreten wollte.[5] Seine Kritik betraf nicht nur die Gesamtheit von Albrechts Plan der Heeresorganisation, sondern auch die Ordre de Bataille des Erzherzogs, das heißt den maßgebenden Aufmarschplan der Armee im Kriegsfalle. Vermittlungsversuche des Kaisers setzten ein; in ihren Zusammenhang scheinen auch neue Überlegungen zu gehören, die nach Mitte August für einen eventuellen Aufmarsch der Armee gegen Preußen in Böhmen bzw. an der Donau angestellt wurden.[6] Diese neuen Pläne und Berechnungen machten nun das grundlegende Dilemma einer österreichischen Kriegsführung gegen Preußen nach den jüngsten Erfahrungen in Frankreich ganz deutlich: Da der Aufmarsch auf preußischer Seite nur drei Wochen, auf österreichischer Seite mindestens sechs Wochen braucht, kommt als Aufmarschlinie der österreichischen Armee künftig nicht mehr Böhmen, sondern die Donau (mit Preisgabe aller nördlichen Positionen) in Frage... Es gab also eine Reihe innerer und äußerer Hemmnisse, die den Einsatz der militärischen Macht der Monarchie überhaupt fragwürdig machten und in dieser Weise die politischen Entscheidungen beeinflußten.

In außenpolitischer Hinsicht sind während des Krieges 1870/71 von Anfang an die Beziehungen zwischen Rußland und Österreich von größter Bedeutung gewesen. Dies ist in der einschlägigen Literatur nur zum Teil beachtet worden. Dazu hat gewiß das Fehlen umfassender russischer Aktenpublikationen beigetragen; das Gros der russischen diplomatischen Akten liegt noch ungehoben in den Archiven. Dazu tritt wohl der Einfluß der späteren Zweibundperspektive, die insbesondere in der deutschsprachigen Historiographie zu einer teilweise einseitigen Konzentration auf die deutsch-österreichischen Verhältnisse geführt hat. Den russischen Dingen soll also auch im folgenden eine besondere Aufmerksamkeit zugewandt werden, soweit dies beim gegenwärtigen Stand der Quellenpublikation möglich ist. Denn mit Rußland war nicht nur das Problem der slawischen Bevölkerungen in der Monarchie verbunden (die mehr als die Hälfte der Gesamtbevölkerung ausmachten); auf den Zusammenhang und Antagonismus zwischen der 1870/71 intendierten proslawischen Lösung des österreichischen Verfassungsproblems und dem Aufstieg des deutschen Nationalbewußtseins ist immer wieder hinzuweisen. Rußland wurde von Österreich-Ungarn auch als Angelpunkt der orientalischen Frage gesehen. In seiner lapidaren Weise hat Andrássy diese Auffassung in einer Geheimkonferenz im Februar 1872 formuliert: »Ist die Frage mit Rußland entschieden, dann löst sich auch jene des Orients von selbst.«[7] Dies war, wie der Kontext zeigt, von Andrássy offensiv gemeint, im Sinne einer angestrebten definitiven Ausschaltung Rußlands. 1870 stellte sich die Frage aber — jedenfalls für Franz Joseph und Beust — zeitweilig noch anders: Konnte nicht, wenn Einvernehmen über die Stillegung der polnischen und der orientalischen Frage erzielt wurde, an Rußland ein Halt und ein Bundesgenosse gegen das expandierende Preußen gefunden werden? Anders stellt sich das Problem Rußland dar, seit Gortschakow die Schwarzmeerfrage aufrollte, wieder anders nach der definitiven Annäherung zwischen Berlin und Wien und angesichts der gesellschaftlichen Optionen nach dem Kommune-Aufstand.

Österreichs Verhältnis zu Süddeutschland seit Beginn der Julikrise ist von besonderem Interesse für die Fragen unseres Themas. Zunächst ging es darum, ob die süddeutschen Staaten — vor allem Bayern und Württemberg — ohne Diskussion über den »casus foederis« entsprechend den Verträgen vom August 1866 an der Seite Preußens in den Krieg gegen Frankreich eintreten, oder ob sie sich für eine Prüfung des Bündnisfalles und damit vielleicht sogar für eine abwartende Neutralität entscheiden würden. Selbstverständlich hätte Wien das letztere gewünscht. Es wird zu zeigen sein, wieso es anders kam. Seit August traten dann die Fragen der zukünftigen Gestaltung des staatlichen Verbandes zwischen Süd- und Norddeutschland in den Vordergrund. Hier gab es sehr zähe, wenn auch im Hintergrund geführte Auseinandersetzungen, in deren Mittelpunkt die Bestimmung des Prager Friedens über die »selbständige internationale Stellung« Süddeutschlands stand. Zeitweilig trat, vor allem von bayerischer Seite her, die alte Konzeption eines »weiteren Bundes« mit Norddeutschland in den Vordergrund; sie schien die Möglichkeit zu bieten, ohne Verletzung des Prager Friedens, vielmehr gestützt auf dessen Artikel IV, ein Maximum bayerischer Selbständigkeit in das neue Vertragsverhältnis zum Norden einzubringen. So unmittelbar diese Dinge Österreich angingen, so massiv die österreichische Diplomatie sich auch in diese Auseinandersetzungen einschaltete — im Rahmen der internationalen Gesamtlage scheint Süddeutschland damals für die Wiener Politik eher eine sekundäre Rolle gespielt zu haben: ein Entscheidungsfeld, das letztlich abhängig war von dem Ausgang des Ringens um die Neuverteilung der europäischen Machtpositionen. Dieser in gewisser Hinsicht nachgeordnete Rang der Auseinandersetzungen um Süddeutschland hatte sich schon in den Jahren zwischen 1866 und 1870 abgezeichnet.[8] Österreichs Ringen um Süddeutschlands Zukunft, das sich zwischen Juli und Dezember 1870 entschied, steht vom Gegenstand her im Zentrum unserer Fragestellung. In methodischer Hinsicht ist jedoch zu beachten, daß dieses Ringen vor wie nach der Julikrise 1870 erst im Rahmen einer weiterreichenden Analyse der europäischen Politik richtig gesehen werden kann.

Von höchstem Interesse ist es, die Wandlungen der faktischen und der konzeptionellen Seite österreichischer Deutschlandpolitik vom Juli bis zum Dezember 1870 zu verfolgen: wie auf die Hoffnung, Preußen zu demütigen, angesichts der deutschen Siege die Erwartung folgt, durch eine Konsenspolitik der neutralen Großmächte den isolierten Austrag des kriegerischen Duells zu verhindern; wie dann aus dem Rahmen solcher Interventionspläne und Solidaritätspolitik der Gedanke einer einseitigen Verständigung mit Preußen herausführt; wie schließlich der Prager Friede – zunächst als Angelpunkt einer den Preußen abzuverlangenden Verständigungspflicht gedacht – sich in einen retrospektiv-sentimentalen Bezugspunkt wandelt für den Entwurf einer neuen Freundschaft der beiden »deutschen Mächte«, mit besseren Voraussetzungen als der alte deutsche Bund. Die Zuspitzung der inneren Krise der Monarchie und die besondere Bedeutung der russischen Sonderpolitik (Gortschakownote, Pontuskrise) für die Wandlungen der Wiener Konzepte und Strategien sind dabei stets im Auge zu behalten. Ein großer Exkurs zwischen dem zweiten und dritten Kapitel geht in zeitlich übergreifendem Rahmen und in paradigmatischer Form auf die öffentliche Meinung in der Monarchie ein, mit der die Wiener Führung und ebenso Preußen und Rußland rechnen mußten beziehungsweise rechnen konnten.

Nach der Reichsgründung, nach der Niederlage Frankreichs und dem Frankfurter Frieden, scheinen die Dinge zwischen Österreich-Ungarn und Deutschland im wesentlichen entschieden: im Sinne einer Konsolidierung des von Beust angestrebten Mitteleuropablocks mit Prädominanz des deutschen Elementes, der es Berlin erleichtern soll, sich von Rußland zu lösen und die Südostpolitik der Donaumonarchie zunehmend zu unterstützen. Doch die letzten Abschnitte dieser Arbeit zeigen, daß das Gegenteil der Fall war. Die Berufung des föderalistischen Kabinetts Hohenwart-Schäffle im Februar 1871 verschärfte die inneren Konflikte der Monarchie in dramatischer Form. Nicht nur, daß in Österreich-Ungarn ein frontaler Zusammenstoß zwischen proslawischen Kräften hier und Deutschliberalen und Ungarn dort eine deutschösterreichische »Anschlußbewegung« in Gang brachte und die Existenz von Staat und Verfassung bedrohte. Die Monate der »Doppelregierung« – das Nebeneinander von Beusts prodeutschem System der Außenpolitik und Hohenwarts proslawischem Kurs – stellten auch das eben erst sich zusammenfügende Deutsche Reich rasch vor schwierige Fragen: Zwar gab es bei den Klerikalen und den Linkskräften im neuen Reich damals Sympathien für den Anschluß Deutsch-Österreichs, aber für die Berliner Führung mußte sich die Sache doch ganz anders und viel schwieriger darstellen. Bismarck wollte keinen »Anschluß«. Er wollte aber auch keine Niederlage der bisher staatstragenden Gruppen der Deutschen und Ungarn innerhalb der Monarchie. Er wollte erst recht keine proslawische Außenpolitik Österreich-Ungarns (was als naheliegende Konsequenz eines Erfolges der föderalistischen Verfassungsreform damals nicht nur in Wien und Berlin, sondern auch in Petersburg in Betracht gezogen wurde). Er mußte aber gleichzeitig darauf bedacht sein, jeden Schein einer Einmischung in die Krise Österreichs zu vermeiden.

Dies waren die Bedingungen, unter denen bis zum Oktober 1871 die endgültigen Entscheidungen über das innere System der Monarchie und damit über die künftige Außenpolitik und über den deutsch-österreichischen Mitteleuropablock heranreiften. Erst der Sturz des Ministeriums Hohenwart–Schäffle besiegelte das von Beust mit Bismarck inaugurierte neue außenpolitische System. Damit erweist sich, neun Monate nach Versailles, was das neue Reich als defizienter Nationalstaat nicht nur für die Mitte des Kontinents, sondern unmittelbar auch für den von der alten Habsburgermonarchie repräsentierten Bereich deutschen und europäischen Lebens bedeutete. Auch wenn Beust im November 1871 von Franz Joseph abgesetzt wird, so treten im kontinuierlich anschließenden prodeutschen Kurs der Ära Andrássy die allgemeine Gravitationskraft und die spezifische Wirkweise und -richtung der »halbhegemonialen« Stellung des neuen Reiches deutlich hervor.

Österreichs Ziel: eine Demütigung Preußens (Juli/August 1870)

Dissens von der französischen Kriegspolitik, aber keine Trennung von Frankreich

Die Reaktionen der Wiener Regierung und insbesondere des Reichskanzlers Beust auf die französische Politik, die vom 6. Juli an die politische Demütigung, und schließlich die militärische Niederlage Preußens anstrebte, waren durchaus zwiespältig.[1] Einerseits lag es in der Konsequenz der seit 1867 gegenüber Frankreich und Preußen eingehaltenen Linie, einen »échec« der so bedrohlich expandierenden Berliner Politik zu begrüßen und dabei mitzuwirken, also einen solchen Rückschlag im Sinne der Wiederherstellung der eigenen Großmachtstellung nach Kräften auszunützen. Andererseits widersprach die Art und Weise, wie die französische Regierung und Öffentlichkeit in der Julikrise gegenüber Preußen verfuhren, in mehrfacher Hinsicht den fundamentalen Bedingungen, die Wien im Laufe der mehrjährigen Allianzverhandlungen für ein erfolgreiches Zusammenwirken mit Paris formuliert hatte. Es war der französischen Aktion keine Verständigung beziehungsweise diplomatische Absprache mit Österreich (und Italien) vorausgegangen. Es war die lange Mobilisierungsfrist der österreichischen Armee nicht in Rechnung gestellt worden. Und auch nach dem 6. Juli hatte Gramont nur anmaßende und ganz irreale Hilfs- und Mahnrufe nach Wien gerichtet, die Beust noch mehr in Harnisch brachten. Von einer raschen und konkreten Bündnisinitiative, die wirkungsvoll an die Verhandlungen des Vorjahres angeknüpft hätte, konnte keine Rede sein. Beusts bittere Kritik richtete sich auf das Ganze des französischen Vorgehens. Während er sofort die Verpflichtungen aus dem Briefwechsel der Kaiser vom Herbst 1869 anerkannte und konkretisierte (kein Sonderbündnis Österreichs mit Preußen, Unterstützung der französischen Interessen und Wünsche in Berlin), distanzierte er sich aufs schärfste von der Vorgangsweise in Paris und desavouierte erregt Gramonts Erklärung im kaiserlichen Conseil, daß Österreich im Kriegsfall ein Beobachtungskorps nach Böhmen entsenden werde.[2]

»La manière de procéder du Gouvernement français nous paralyse complètement« – in diesem Sinne versuchte Beust bereits am 9. Juli und nochmals ausführlicher am 11. Juli[3] (als die Entscheidung zum Krieg noch nicht gefallen schien) die zurückhaltende Stellung seiner Regierung in Paris zu erläutern und gleichzeitig dort mit Nachdruck im Sinne einer friedlichen Lösung zu wirken. Im Vordergrund seiner Kritik und Sorge, die er auch sogleich nach Italien mit der Bitte um entsprechendes Eingreifen mitteilte, stand die »falsche« Stellung, die Stellung als Angreifer, in die Frankreich sich durch sein Vorgehen begab.[4] Seit Jahren war es ein zentrales Anliegen der österreichischen Außenpolitik, Frankreich von einer Provokation Preußens abzuhalten, die das deutsche Nationalgefühl ins Spiel gebracht hätte; Beust hatte fortgesetzt vor einer solchen Eventualität gewarnt, die die Stellung Wiens gegenüber Süddeutschland und der eigenen deutschen Bevölkerung kompromittieren und die Möglichkeiten zum gemeinsamen Vorgehen mit Frankreich lähmen würde. Nun schien es zwar ganz zu Anfang der Julikrise, als ob Gramont diesen Gesichtspunkt beachten wollte. Er versicherte dem österreichischen Botschafter Metternich, daß er gerade deshalb die spanische Thronkandidatur zum Ausgangspunkt nehme, um Preußen zu treffen, ohne das deutsche Nationalgefühl zu verletzen.[5] Aber Beust wies schon am 11. Juli gegenüber Metternich energisch darauf hin, daß es sich hier um eine Illusion handele: »Ich sehe mit tiefem Bedauern, daß man in Paris alles, was möglich ist, tut, um dieses gute Terrain in ein sehr schlechtes Terrain zu verwandeln und daß man direkt darauf losgeht, die Öffentlichkeit Deutschlands wie Europas gegen sich aufzubringen.«[6]

Gegenüber der nun von Tag zu Tag höherschlagenden Welle des antifranzösischen deutschen Nationalgefühls versuchte Beust noch am 13. Juli – am Tage der Emser Depesche – Paris telegraphisch dringend zu warnen. Er konnte noch nichts von der letzten Verschärfung der französischen Forderungen an König Wilhelm und von ihrer Zurückweisung wissen. Frankreich möge sich unbedingt mit dem einfachen Verzicht auf die spanische Thronkandidatur begnügen. Dies sei für Frankreich eine wahrhafte Genugtuung, für Preußen ein wahrhafter »échec«. Die moralische Wirkung auf die deutsche Bevölkerung werde – im antipreußischen Sinne – um so wirksamer sein, als der Zwischenfall gezeigt habe, wie falsch die Behauptungen der (kleindeutschen) Liberalen von der sogenannten Indifferenz Frankreichs gegenüber den preußischen Eroberungen seien. Diese überaus nützlichen Wirkungen sollten für jetzt nicht gestört werden, sie brauchen etwas Zeit. Sollte jedoch der Krieg morgen beginnen, so wäre alles umsonst! Metternich hat diese letzte Warnung jedoch in Paris nicht mehr mitgeteilt. Er war der Meinung, sie sei vierundzwanzig Stunden zu spät gekommen.[7]

Nicht nur das Fehlen jeder vorbereitenden Kommunikation, der interne Mißbrauch nicht vorhandener militärischer Zusagen (Observationskorps in Böhmen), die kolossalen Fehler der französischen Politik gegenüber der europäischen Öffentlichkeit, die Irritation des deutschen Nationalgefühls trafen Wien sehr heftig. Dazu kamen noch weitere Reibungspunkte. Der Kongreßgedanke, für den Metternich und der österreichische Sondergesandte in

Paris, Vitzthum, noch in letzter Stunde Napoleon gewinnen wollten, lag auf der Linie der Beustschen Politik. Als Kongreßort war von seiner Seite bereits Wien vorgeschlagen.[8] Die brüske Zurückweisung der Kongreßinitiative durch Gramont hat in Wien offenbar weiter in die Richtung einer vorsichtigen Zurückhaltung gewirkt. Das Vertrauen zur Seriosität der Politik Gramonts und Napoleons erlitt in den gleichen Tagen einen weiteren Stoß durch die Pariser Projekte in Richtung Rumänien. Nur durch sehr ernsthafte Vorstellungen Beusts gelang es, Paris von dem abenteuerlichen Plan abzubringen, mit Hilfe rumänischer Linksgruppen Fürst Karl von Rumänien zu stürzen.[9] Dies war offenbar von französischer Seite als ein unmittelbarer »Racheakt« gegen das Haus Hohenzollern gedacht. Damit konnte Wien natürlich nicht einverstanden sein; Revolution in den Donaufürstentümern und damit das Aufrollen der orientalischen Frage war das Letzte, was die Wiener Regierung sich in dieser prekären Situation wünschen konnte. Das Projekt, das anscheinend auf Napoleon persönlich zurückging, wurde dann nicht weiter verfolgt. Beust hielt, wie er dem Darmstädter Gesandten Gagern gegenüber betonte, sorgfältig die Hand »über den verschließenden Deckel jener Pandora-Büchse der orientalischen Frage, mit dessen Öffnung die allgemeine Conflagration Europas gegeben wäre«.[10] Diese Politik des Stillhaltens der orientalischen Frage war, wie noch zu zeigen sein wird, auch deshalb erfolgreich, weil sie mit den damaligen Absichten Rußlands übereinstimmte.

Nachdem das französische Konzept, Österreich schon im ersten Stadium der Julikrise mit sich fortzureißen, gescheitert war, blieb neben den fortgesetzten sachlichen Divergenzen eine tief ins Persönliche reichende Entfremdung, die vor allem Gramont und Beust betraf.[11] Dennoch entsprach es den österreichischen wie den französischen Interessen, auch nach der Entscheidung für und gegen den Krieg engen politischen Kontakt zu halten und gemeinsam auf eine Schwächung Preußens hinzuarbeiten. Die Wochen des französischen Aufmarsches und schließlich das erste für Frankreich erfolgreiche Gefecht bei Saarbrücken nährten weiterhin die Illusion der militärischen Überlegenheit Napoleons. Bis die erste, für die preußische Offensive entscheidende Serie französischer Niederlagen begann (Weißenburg, dann Spichern und Wörth) mußte und konnte Wien mit dem baldigen Erscheinen einer siegreichen französischen Armee in Süddeutschland rechnen. Bis zu diesem Umschlag der Stimmung (der in Wien am 5. August einsetzte) ging es für die österreichische Politik vor allem darum, mit verschiedenartigen Vermittlungs- und Allianzprojekten unter Beiziehung Italiens sich den Eintritt in eine politisch-militärische Koalition mit dem Sieger offenzuhalten, ohne in Preußen und Rußland einstweilen ein allzu großes Mißtrauen hervorzurufen. Vor diesem Hintergrund sind sowohl die seit Beginn der Julikrise von Beust mit Italien geführten Geheimverhandlungen zu sehen, als auch die Entsendung des Fürsten de la Tour d'Auvergne als französischer Botschafter nach Wien, über dessen Vorschläge dann seit dem 23. Juli verhandelt wurde.

Indessen hatte die konsequente Weigerung Österreichs, sich sogleich oder auch mit langfristigen Zusagen an Frankreichs Kriegspolitik zu binden, bereits in der zweiten Julihälfte unwiderrufliche Wirkungen gezeitigt, deren Ausmaß kaum überschätzt werden kann.

Von Süddeutschland, dessen rasche Kriegsentscheidung durch Österreichs passives Verhalten wesentlich erleichtert wurde, wird noch ausführlicher die Rede sein.[12] Ähnlich liegt, nach der anderen Seite hin, der Fall mit Italien. Die zum sofortigen Eingreifen an Frankreichs Seite drängenden Kräfte, in deren Mittelpunkt zeitweilig König Viktor Emanuel II. stand, wurden durch Beusts Zusammenspiel mit dem vorsichtigen Außenminister Visconti-Venosta gebremst. Daß Rußland seine Neutralität ausdrücklich und wiederholt von Österreichs Neutralität abhängig machte, bildete bekanntlich ein entscheidendes Moment des politischen Ringens im Juli 1870. Vor allem aber war es Preußen, dessen Politik und militärische Machtentfaltung gegen Frankreich unmittelbar von Österreichs Verhalten abhingen.

Dies mag auf den ersten Blick überraschend klingen. Die bis heute vielfach zu beobachtende Konzentration des Forschungsinteresses auf das politische Duell Frankreich–Preußen und insbesondere auf die persönliche Politik Bismarcks in der Julikrise hatte zur Folge, daß der preußisch-österreichische Aspekt der Entscheidungsprozesse zuwenig beachtet wurde.[13] Seine volle Bedeutung erschließt sich erst, wenn man die strategische Gesamtlage und das politisch-militärische Problem des Zweifrontenkrieges, wie es sich für Preußen seit 1866 stellte, miteinbezieht. Bereits der erste Aufmarschplan, den Moltke nach Königgrätz entwarf, ging von der Wahrscheinlichkeit eines Zweifrontenkrieges aus.[14] Der Gedanke, daß Preußen in einem künftigen Waffengang mit einer möglichen Koalition Frankreich–Österreich (bei bleibender Unsicherheit der süddeutschen Verbündeten) rechnen müsse, durchzieht alle folgenden Entwürfe des Generalstabes bis zu dem für den Feldzug 1870 maßgebenden Aufmarschplan. Während Moltke 1867 noch an einen Präventivschlag gegen Österreich mit nachfolgender Offensive gegen Frankreich dachte, sah der seit 1868 im Grundzug gültige Aufmarschplan die sofortige Offensive gegen Frankreich (mit zehn preußischen Armeekorps) und zunächst die Defensive gegen Österreich (mit drei Korps und zwei Landwehrdivisionen) vor.[15] Es ist nun für unsere Frage von großer Bedeutung, wie Moltke im Juli 1870 aufgrund der ihm vorliegenden Informationen über diese gegen Österreich vorgesehenen Kräfte disponierte. Demgegenüber hat die Analyse der diplomatischen Korrespondenz zwischen dem preußischen Gesandten in Wien und dem Auswärtigen Amt ergänzende Bedeutung. (Über den internen Meinungsaustausch zwischen der politischen und militärischen Führung Preußens wissen wir leider überraschend wenig.)

Die Durchsicht der einschlägigen militärischen Unterlagen – soweit sie gedruckt vorliegen – ergibt ein eindeutiges Bild. Moltke zog nach dem 18. Juli
sämtliche drei Armeekorps, die ursprünglich für die Defensive beziehungsweise Deckung gegen Österreich vorgesehen waren, nach dem Westen ab.
Dies war übrigens keine Improvisation, sondern langfristig geplant. »Wenn
es zulässig« – so hieß es schon in der Ausarbeitung von 1868 –, sollten diese
drei Korps nach Westen verlegt werden. Mit Hilfe des Bahntransportes
konnte Moltke das erste und das sechste Armeekorps noch im Verlauf der ersten Augustwoche im Westen einreihen. Diese Verstärkung machte dann wesentlich die numerische Überlegenheit des entscheidenden preußischen Zentrums gegenüber dem französischen Zentrum aus.[16] An der österreichischen
Grenze blieben nur Landwehrtruppen zurück.

Die Frage nach Moltkes direkten Informationsquellen über Wiens friedliche Haltung ist unbeantwortbar. Jedenfalls scheint er sich seiner Sache ganz
sicher gewesen zu sein. Nicht ganz so eindeutig ist die diplomatische Korrespondenz. Die Berichterstattung des preußischen Gesandten von Schweinitz
war zunächst ganz im Sinne der friedlichen Absichten des Wiener Kabinetts
gehalten.[17] Am 13. Juli (also vor der Emser Depesche, als Beusts Nachrichten
aus Paris friedlicher lauteten) konnte er nach Berlin telegraphieren: »Graf
Beust sagt mir: ›Ich habe mit Kaiser und Erzherzog Albrecht gesprochen, sie
wünschen den Krieg nicht, nach Frankreich habe ich geschrieben, es irre,
wenn es auf die süddeutschen Staaten rechne.‹«[18] Bismarck beeilte sich, diese
Meldungen in Süddeutschland zu verwenden, um dort im Sinne des sofortigen Anschlusses an Preußen zu wirken: Die Süddeutschen brauchten keine
Bedrohung von Österreich her zu fürchten. Sicher war diese sehr akzentuierte Friedensposition der österreichischen Führung in der ersten Phase der
Julikrise eine unmittelbare Folge der Enttäuschung über das für Wiens Interesse so schädliche Vorgehen Frankreichs. Es ist wenig wahrscheinlich, daß
Beust sich gegenüber Preußen eine Woche später noch so eindeutig ausgesprochen hätte. Aber für die Berliner Überlegungen um Krieg und Frieden
mußte gerade die sofort bezogene klare Distanz Wiens gegenüber Paris erhebliche Bedeutung haben. Bismarck sorgte übrigens dafür, daß spätere dif-
ferenzierende Meldungen aus Wien den offenbar in Berlin schon bald fixier-
ten Ausgangspunkt, »es droht zunächst kein Zweifrontenkrieg«, nicht wieder in Frage stellten. Als am 15. Juli Schweinitz über profranzösische Äußerungen des offiziösen ungarischen ›Pesti Napló‹ berichtete, erhielt er von
Bismarck einen scharfen Tadel und die Anweisung, künftig keine irritieren-
den Meldungen mehr nach Berlin zu richten; dies könnte König Wilhelm
eventuell zu einem Stopp des Truppenabzugs aus Schlesien nach dem Westen
veranlassen.[19] Wenn man den Memoiren des Gesandten glauben darf, so hat
er sich streng an diese Weisung gehalten, im Fortgang der Krise eine bewußt
schönfärberische Berichterstattung betrieben und dadurch das Risiko ver-

mieden, daß man in Berlin »ein oder gar zwei Armeekorps zurückgehalten...
haben« würde.[20] Ähnliche Fälle von Nachrichtenmanipulation, die Bismarck zwecks Einwirkung auf den König veranlaßte, kamen ja öfter vor. In
der damaligen Situation ist die Sache allerdings erstaunlich.

Man kann annehmen, daß Bismarck andere zuverlässige Informationsquellen über die Wiener Verhältnisse besaß, die ihm den Verzicht auf volle
Berichterstattung des Gesandten ermöglichten. Und gewiß konnte er sich auf
den russischen Rückhalt soweit verlassen, daß er die Entscheidungsprozesse
zwischen König, politischer und militärischer Führung im Sinne des vollen
Westeinsatzes der Armee gegen Verunsicherungen aus Wien abzudecken
wagte. Schließlich ließ es Bismarck, während die Mobilmachung anlief und
die preußischen Korps aus Schlesien in den Westen rollten, nicht an freund-
lich-beruhigender Einwirkung auf Wien fehlen.[21] Er knüpfte an ein Gespräch
Andrássys mit Schweinitz an und gab alle erdenklichen Versicherungen ab:
Preußens Interesse an der Integrität der Monarchie, keine germanischen Er-
oberungstendenzen, keine Absorption Deutsch-Österreichs, keine Pression
auf Süddeutschland, künftig ein »vertrauensvolles Verhältnis« mit Österreich-Ungarn – wenn, ja wenn eben die Neutralität erhalten bleibt. Für den
anderen Fall aber zeichnete Bismarck ein düsteres Bild der österreichischen
Zukunft, selbst im Falle des Sieges an der Seite Frankreichs. In der Sache bot
dieser »Werbetext« kaum etwas Neues gegenüber früheren Avancen, wie sie
Bismarck zum Beispiel Anfang Januar 1870 gemacht hatte.[22] Taktisch war
die Initiative vor allem an die ungarische Seite gerichtet, doch die Schmähun-
gen gegen Beust, die 1868/69 und dann vom August 1870 ab zum Repertoire
der Österreichsprache Bismarcks gehörten, fehlten diesmal.

Zwiespältig waren die Reaktionen Wiens in der Julikrise, widersprüchlich
die unmittelbaren und die weiteren Folgen dieser Reaktionen. Die energische
Distanzierung von der französischen Provokations- und Kriegspolitik war
von den Lebensinteressen der Monarchie bestimmt. Diese Distanzierung
brachte der preußischen Seite sogleich sehr erhebliche Positionsgewinne: in
Süddeutschland, in Italien, in der militärischen Kraftentfaltung gegen Frankreich. Wieweit die akzentuierte Friedenspolitik Wiens in der ersten Phase der
Julikrise den Entschluß Preußens, den französischen Fehdehandschuh aufzunehmen, des näheren unterstützt hat, bleibt dahingestellt. Jedenfalls schienen nun, nachdem der Krieg begonnen hatte, die gleichen Lebensinteressen
der Monarchie, die den Kriegseintritt Österreichs an der Seite Frankreichs
ausgeschlossen hatten, von einem Sieg Preußens über Frankreich bedroht.
Schienen sie nur bedroht, oder waren sie wirklich bedroht? Der Gedanke, die
Sache Österreichs von der Sache Frankreichs so zu trennen, daß Preußens
Sieg erhofft wurde, ist damals im Kreise der Wiener Regierung offenbar nicht
erörtert worden. Die partielle Neuorientierung der österreichischen Außenpolitik seit Herbst 1869 – im Sinne einer stärkeren Rücksichtnahme auf

Preußen und Rußland – und die Enttäuschung über die katastrophale Politik Frankreichs in der Julikrise hatten diese Grundkonstellation anscheinend nicht in Frage gestellt. Der Weg, den die preußische Politik unter Bismarck eingeschlagen hatte, und vielleicht noch mehr die »Infamie« der politischen Mittel Bismarcks, wie man sie in Wien sah, hatten zu diesem Resultat geführt. Es gab gewiß Varianten der Zielvorstellung: ob Österreich im Fortgang des Kampfes schlichtweg als Kampfgenosse Frankreichs, oder als wohlwollender Schiedsrichter, oder als verbündeter Fürsprecher deutscher Interessen (im antipreußischen Sinne) auftreten solle. Aber alle regierungsoffiziellen Überlegungen gingen damals davon aus, daß Frankreichs Stärke und Österreichs Verbindung mit Frankreich Unterpfand einer positiven Zukunft der Monarchie seien. Anders sahen die Dinge in der öffentlichen Meinung Österreich-Ungarns aus.

Die innenpolitische Konstellation im Zeichen der deutschnationalen Stimmung und der ungarischen Interessen

Die eigenartige Verfassungsstruktur der dualistischen Monarchie brachte es mit sich, daß die öffentliche Meinung und die Stellungnahmen der Parteien sich im Juli/August 1870 in unterschiedlicher Form artikulierten. In Ungarn bot der Reichstag ein Forum der Diskussion und Willensbildung, daneben sind die Pressestimmen und Äußerungen einzelner Persönlichkeiten von Bedeutung. Die cisleithanische Reichshälfte war im Juli und weit in den August hinein ohne parlamentarische Bühne. Erst vom 20. August an wurden die Landtage einberufen, die dann ihre Vertreter in den Reichsrat entsandten, der am 15. September in Wien zusammentrat. Wir sind also für Cisleithanien, was die Julikrise und die Anfänge des Krieges angeht, auf außerparlamentarische Stellungnahmen angewiesen. In beiden Reichshälften zeichnete sich – mit kleineren Schwankungen aufgrund der so rasch wechselnden internationalen Lage – seit dem Anfang der Julikrise ein einigermaßen konstantes Panorama der politischen Parteinahme ab. Erst Sedan und die Ausrufung der Republik in Frankreich brachten neue Momente: In Ungarn und Cisleithanien traten bei der Linken nach dem Sturz des »Tyrannen« Napoleon markierte Sympathien für den Kampf der französischen Republik auf.[1]
Innerhalb des deutschliberalen Sektors der Öffentlichkeit traten in der Julikrise die schon traditionelle Feindschaft gegen Frankreich wie die Sympathie für die deutsche Sache in ganz entschiedener Weise hervor. Nicht nur das wichtigste selbständige Organ dieser Richtung, die ›Neue Freie Presse‹, sondern selbst das der Regierung nahestehende ›Fremdenblatt‹ trat gegen ein Kriegsbündnis mit Frankreich ein.[2] Gleichzeitig wurde aber in weiten Teilen

des deutschen liberalen Bürgertums die Sorge empfunden, ein Sieg Preußens würde die Entwicklung der deutschen Frage definitiv im antiliberalen und militärischen Sinne entscheiden. Die ›Neue Freie Presse‹ definierte das Dilemma: Deutschland wird »entweder fremder Invasion oder dem preußischen Kasernenstaat zum Opfer fallen«.[3] Das ›Fremdenblatt‹ äußerte sich in gleicher Richtung, aber weniger resigniert: »Unser Interesse gebietet uns, sowohl die Zerreißung als die Verpreußung Deutschlands zu verhindern.«[4] Aber wie sollte Österreich das verhindern? So tief das Dilemma auch empfunden wurde, es setzte sich bei der Erörterung der politischen Konsequenzen in der gesamten liberalen Öffentlichkeit die Option für die deutsche Sache durch, noch bevor die deutschen Siege neue Argumente lieferten. Am 16. Juli bezeichnete die ›Neue Freie Presse‹ die Option und zugleich ihre für Österreichs Deutsche bitteren Aspekte in der nun kommenden Verwirklichung des kleindeutschen Reiches: »... am allerwenigsten lassen wir uns drängen, dem um die Erhaltung seiner Grenzen ringenden deutschen Volke in den Rücken zu fallen. Vom Deutschen Reiche hat man uns ausgeschlossen, vom deutschen Volke soll man uns niemals ausschließen.«[5] Und die Konsequenz war das deutliche Eintreten für Österreichs Neutralität, die trotz aller Vorbehalte gegen das preußische »Kasernensystem« in einem für Preußen-Deutschland wohlwollenden Sinne verstanden wurde.

Dies war eine klare Schlußfolgerung aus widersprüchlichen Prämissen. Sie wurde seit Mitte Juli in unzähligen Kundgebungen des deutschliberalen Lagers an die Öffentlichkeit gebracht: in Beschlüssen und Petitionen von Gemeinden und Vereinen, von studentischen Korporationen und Volksversammlungen, in Erklärungen und politischen Eingaben einzelner Persönlichkeiten, in Gedichten, Liedern, Sammlungen für die deutschen Verwundeten, freiwilligen Meldungen zu den deutschen Heeren. Als die österreichischen Rüstungen begannen, agitierte man für unbewaffnete Neutralität, als die ersten Meldungen von den deutschen Erfolgen eintrafen, begann man Siegesfeiern zu organisieren. Die Behörden sahen preußische Agenten und preußische Taler am Werk, versuchten schließlich mit Verboten einzugreifen. Gewiß gab es unter den vielen Varianten der sich mit den Siegen steigernden deutschnationalen Sympathien auch extreme Formen, wo die Aufgabe der österreichischen Staatlichkeit zugunsten eines Anschlusses Deutsch-Österreichs an das künftige Reich nicht nur als Möglichkeit erörtert, sondern erhofft und angestrebt wurde. Solche Strömungen zeigten sich am Rande der Jungliberalen und im studentischen Bereich.[6] Aber die ganz überwiegende Mehrheit des deutschliberalen Bürgertums blieb, auch als im Herbst die Siegesfreude zunahm und die antipreußischen Vorbehalte schwächer wurden, loyal auf dem Boden der gegebenen Staatlichkeit. Alle weitergehenden Wünsche, beflügelt durch die deutschen Siege und ein gesteigertes Nationalgefühl, begannen sich auf ein künftiges enges Vertragsverhältnis zwischen Österreich und Deutschland und auf eine starke Stellung der Deutschen im Innern der Monarchie zu richten.

Die konservativ-klerikalen Gruppen innerhalb der deutschen Bevölkerung, die man häufig der »Hofpartei« zurechnet, hatten ihren deutschen Rückhalt in den bäuerlichen Kreisen Westösterreichs, gewannen aber in den Landtagswahlen des Frühsommers 1870 auch in den städtischen Wählerschichten. Die antiklerikale Gesetzgebung seit der Dezemberverfassung 1867, die in der Kündigung des Konkordats am 30. Juli 1870 gipfelte, hatte heftige Gegenkräfte mobilisiert. Während die deutschliberale Richtung fortfuhr, für sich das Monopol der Vertretung der deutschsprechenden Bevölkerung zu beanspruchen, nahm die konservativ-klerikale Strömung an Bedeutung zu. Die Zeitung ›Das Vaterland‹ vertrat am deutlichsten die konservativen Ideen[7]; in der Julikrise richtete sich ihre Kritik ebenso gegen den Chauvinismus und Caesarismus Napoleons wie gegen die preußische Politik. Man schwankt zwar, ob in Frankreich oder in dem »reaktionären und volksfeindlichen Prätorianertum der Hohenzollern«[8] die größere Gefahr für das »wahre« Deutschland zu sehen sei. Aber selbst in dieser katholisch-habsburgischen Form großdeutscher Ideen kann der Gedanke einer aktiven Unterstützung Frankreichs keinen dauernden Platz finden. Noch weniger ist dies der Fall in der katholisch-zentralistischen Gruppe, die sich um Kardinal Rauscher gebildet hatte und deren Sprachrohr der ›Österreichische Volksfreund‹ war.[9] Noch stärker als im ›Vaterland‹ treten hier die Bindungen an einen großdeutschen Patriotismus älterer Art hervor, der angesichts des deutschfranzösischen Krieges nur mühsam mit einem legitimistischen Staatsbewußtsein zur Deckung gebracht wird. Letzten Endes ergibt sich im Widerstreit der Werturteile – antipreußisch, antifranzösisch – auch für die übergroße Mehrzahl der Konservativen die Schlußfolgerung der österreichischen Neutralität, allerdings mit einem noch stärkeren Beisatz von Bitterkeit und Resignation. Die Zeit der christlichen Grundsätze im deutschen Staatsleben ist vorbei, die Freiheit der deutschen Stämme längst nicht mehr zu retten. Schon die Julikrise wird als definitive Wende der deutschen und der europäischen Geschichte erlebt. Am 23. Juli schreibt ›Der österreichische Volksfreund‹: »Als Katholiken und Patrioten hätten wir uns eine andere Entwicklung der deutschen Geschichte gewünscht, hätten gewünscht, daß der katholischen Dynastie Habsburgs, daß es dem Hause Österreich bestimmt wäre, seine im Jahre 1806 unterbrochene Mission wieder aufzunehmen.«[10] Diese in den Schlußfolgerungen weitgehend übereinstimmende Haltung der deutschsprachigen Öffentlichkeit wurde auch von den ausländischen Beobachtern mit Überraschung bemerkt. »La presse Viennoise est entièrement aux mains de nos adversaires« – so berichtete der französische Geschäftsträger damals nach Paris.[11] Eine Ausnahme machte nur die ›Österreichisch-Ungarische Wehrzeitung‹, die im Sinne der antipreußischen Radikalität, wie sie etwa der Reichs-

kriegsminister Kuhn vertrat, zeitweilig die bewaffnete Intervention an der
Seite Frankreichs befürwortete: »Österreich-Ungarn kann nur bestehen,
wenn es die verlorene Position in Deutschland nicht nur wiedergewinnt, sondern in einer Weise befestigt, welche jede Gefahr einer Wiederholung von
1866 ausschließt.«[12]

Unter den slawischen Nationalitäten Cisleithaniens war die Haltung der
Polen ganz profranzösisch. Nuancen bestanden im Ausmaß des unmittelbaren Engagements für eine mit dem Sieg Frankreichs erhoffte Wiedererrin-
gung der staatlichen Existenz (gegen Preußen und Rußland). Julian Klaczko,
den Beust seit dem Frühjahr im Ministerium des Äußeren beschäftigte, ging
im Juli 1870 nach Paris, um gemeinsam mit dem polnischen Emigrantenzen-
trum im Hôtel Lambert Pläne zu schmieden. Als dann am 20. August der galizische Landtag eröffnet wurde, setzte die polnische Mehrheit gegen die
Stimmen der Ruthenen eine entschieden profranzösische Resolution durch:
»daß der Landtag ein aktives Einschreiten Österreichs zu Gunsten Frankreichs begehre«.[13] Klaczko, der als Abgeordneter eine flammende Rede für
Frankreich hielt, mußte daraufhin seine Demission als k.u.k. Hofrat einrei-
chen.[14] An der Haltung der polnischen Bevölkerung änderte dies freilich
nichts.

Wenig profiliert war insgesamt die Reaktion der tschechischen Politiker.
Ihre Neigungen standen – unabhängig von den internen Gruppierungen –
auf der Seite Frankreichs und gegen Preußen. Die Zeiten von 1866 waren
vorbei, da sich ein Teil der Bevölkerung die Befreiung von der österreichischen Herrschaft mit Hilfe des siegreichen Preußens erhoffte. Andererseits
wünschte man aber kein Eingreifen Österreichs gegen Preußen, um nicht Gefahr zu laufen, daß dadurch eine Verstärkung der deutschen Basis der Monarchie erfolge.[15] So war man für die Neutralität, ohne die fortdauernden
Sympathien für Frankreich zu verleugnen. Da die tschechischen Abgeordneten den Reichsrat fortgesetzt boykottierten, kam ihre Stimme in den parlamentarischen Beratungen in Wien weiterhin nicht zur Geltung. Weniger die
Stellungnahme der tschechischen Abgeordneten zu den Fragen des deutsch-
französischen Krieges, sondern der seit 1868 permanente Verfassungskampf
um das »böhmische Staatsrecht« machte einen wesentlichen Faktor der
Schwäche im politischen Gebäude der Monarchie aus. Dieser Konflikt
wurde durch das gesteigerte nationale Selbstbewußtsein der Deutschen in
Böhmen seit dem Juli 1870 nicht erleichtert, sondern verschärft.

Die Ausgleichsverhandlungen, die von der Regierung Potocki seit dem
Mai 1870 mit den tschechischen Parteiführern im Sinne einer föderalistischen Lösung geführt wurden, waren auch schon vor dem Kriegsbeginn auf
große Schwierigkeiten gestoßen. Nun – im August – kamen direkte Verhandlungen zwischen Vertretern der Tschechen und der Deutschen in Böhmen zustande. Sie endeten aber rasch ohne Ergebnis. Es kann nicht behauptet wer-

den, daß der Abbruch dieses Ausgleichsversuches schon wesentlich auf das durch die preußischen Siege akzentuierte Nationalbewußtsein der deutschen Seite zurückzuführen sei. In der Sache selbst und in der Haltung der tschechischen Politiker, die nun auch die böhmischen Feudalen auf ihrer Seite hatten, lagen Schwierigkeiten genug. Bis zum definitiven Scheitern der Projekte zum föderalistischen Umbau des Staates im Herbst 1871 war damals noch ein weiter Weg. Dieser Umbau sollte ja nicht nur den Tschechen, sondern auch den anderen slawischen Nationalitäten Cisleithaniens zugute kommen und wäre für den Fortbestand des Reiches wohl von großer Bedeutung gewesen. Daß an dem schließlichen Mißlingen der föderalistischen Lösung die direkte und indirekte Einwirkung des neuen deutschen Reiches und das gehobene Nationalbewußtsein der Deutschen in Österreich einen erheblichen Anteil hatten, ist nicht zu bezweifeln. Erste Symptome in dieser Richtung zeigten sich immerhin schon im August 1870: Verschärfung der nationalen Gegensätze in Böhmen und auf deutschböhmischer Seite hie und da bereits ein Voranschreiten von der Kritik an der protschechischen Haltung der Wiener Regierung zu vagen irredentistischen Erwägungen über den Anschluß an das künftige große Deutschland. So zeigten sich das Anschlußproblem und die Gefahr einer Auflösung der Habsburger Monarchie im Sog der deutschen Siege von der Seite des böhmischen Verfassungskonfliktes her schon bald nach Kriegsbeginn. Ignaz von Plener, der deutschliberale und österreichische Gesinnung verband, kommentierte am 22. August höchst sorgenvoll die Lage:

»Die Stimmung der Deutschen in Böhmen ist sehr gedrückt und leider mehr deutsch als österreichisch. Sie werden aber durch das ungeschickte, ja verbrecherische Vorgehen der Regierung dahin gedrängt; so erscheinen mir die deutschen Länder Österreichs als Bestandteile des künftigen deutschen Reiches in einer baldigen Zukunft, den Czechen werden dann die Augen über die vortreffliche Germanisierungskunst Preußens aufgehen.«[16]

Der dialektische Zusammenhang zwischen dem Ringen um einen föderativen Umbau der Monarchie und dem Aufstieg des deutschen Nationalgedankens, der inner- und außerhalb Österreichs diesem Umbau widerstrebte, gehört zu den wichtigsten Momenten der Umgestaltung Mitteleuropas 1870/71. Zwar war dieser föderative Umbau von seinen Befürwortern in der »Hofpartei« und von Franz Joseph selbst keineswegs im Sinne einer eindeutigen Parteinahme für die slawischen Bevölkerungsteile und gegen die Deutschen gemeint. Aber er wurde von der Mehrzahl der deutschen Bevölkerung Cisleithaniens (und erst recht von den Deutschen in »Deutschland«) so aufgefaßt. Und in der Tat ist einzuräumen, daß eine Verwirklichung der föderalistischen Konzeption, auch dort, wo sie sich noch als konservativen, antizentralistischen Landespatriotismus verstehen wollte, nicht ohne wesentliche Schwächung der deutschen Positionen zu haben war. Diese Konzeption, die stark von dem Eintreten für das »böhmische Staatsrecht« bestimmt war, sollte von den Absichten ihrer hochgestellten Initiatoren her eigentlich keine nationalitätenpolitische Bedeutung haben. Hier wollte man einen neuen »Ausgleich« im Sinne pränationaler dynastischer Staatsgesinnung. Aber in der Realität mußte sich diese Kozeption zugunsten der slawischen Gruppen und zuungunsten der Deutschen auswirken. Es wäre also verfehlt, in der Bezeichnung der damaligen föderalistischen Verfassungspläne als proslawisch nur ein Echo der damaligen deutschen Antipropaganda zu suchen. Wenn die föderative Konzeption schließlich unterlag, so lag dies gewiß nicht nur an den Deutschen inner- und außerhalb Österreichs mit ihrem gesteigerten Nationalbewußtsein. Aber gegenüber den anderen Faktoren des Konfliktes, die schon vor dem Juli 1870 gegeben waren, haben wir hier die neuen, dynamischen Elemente eines Entscheidungsprozesses zu beobachten.

Die Verhältnisse in der östlichen Reichshälfte unterschieden sich im Juli 1870 von Cisleithanien nicht nur dadurch, daß ein funktionierendes parlamentarisches Organ, der ungarische Reichstag, vorhanden war. Auch auf der Ebene der Regierung und ihres Rückhaltes bei den politischen Kräften und der Öffentlichkeit des Landes sah es anders aus. Die cisleithanische Regierung Potocki war im April 1870 unter der Patenschaft Beusts gebildet worden.[17] Ihr Programm war gemäßigt föderalistisch. Beust hatte vergeblich versucht, diese Regierung durch Beiziehung vermittelnder Persönlichkeiten aus dem deutschliberalen Lager zu stärken. Schließlich war das liberale deutsche Bürgertum in der Regierung des polnischen Magnaten Potocki nur durch den wenig bedeutenden Justizminister Tschabuschnigg vertreten. Die Deutschliberalen waren von Anfang an in Opposition zu dieser Regierung getreten, deren Programm ihnen im vollen Widerspruch zur Dezemberverfassung von 1867 und zur Politik des vorausgegangenen, liberal-zentralistischen »Bürgerministeriums« zu stehen schien. Schon kurz nach der Kabinettsbildung schrieb Potocki an den Kaiser: »Niemals seit dem Beginne des parlamentarischen Lebens in Österreich haben sich die Gegensätze zwischen den Deutschen und den anderen Nationalitäten so zugespitzt wie jetzt.« Diese Opposition der stärksten politischen Gruppe mußte Potocki um so empfindlicher treffen, als er sehr bald auch bei den Adressaten seiner ausgleichenden Verfassungspläne, bei Tschechen und Polen, auf Ablehnung stieß. In diesem Zustand und ohne Landtage (außer Böhmen) und ohne Reichsrat war das Land in die Julikrise geraten.

In Ungarn dagegen bestand ein funktionierendes parlamentarisches Regierungssystem. Die von Andrássy als Ministerpräsident geleitete Regierung beruhte auf der kräftigen Mehrheit der Deákpartei im Reichstag.[18] Diese Partei hatte den Ausgleich von 1867 ausgehandelt. Ihre Sache mußte es sein, in der Julikrise und im Fortgang des deutsch-französischen Krieges die Errungenschaften von 1867 zu sichern und – wenn möglich – auszubauen. In diesem

Sinne ergibt die Analyse der Presse und der Parlamentsdebatten ein relativ
einheitliches Bild: viel Sympathie für Frankreich, wenig Sympathie für Preußen, aber vor allem der unbedingte Wille, einen Kriegseintritt an der Seite
Frankreichs zu verhindern, damit nicht nochmals der Schwerpunkt der
Monarchie nach Deutschland verlagert werde. Ungarn müsse jede militärische Aktion Österreichs verhindern, deren Zweck die Wiedergewinnung der
Stellung in Deutschland wäre, erklärte Baron Orczy, ungarischer Sektionschef im Wiener Außenministerium, dem russischen Geschäftsträger in Wien
zu Beginn der Julikrise.[19] Ähnlich beschrieb Cazaux am 14. Juli in einem Bericht an Gramont die Situation: »Die Ungarn arbeiten für die Erhaltung der
Neutralität... Sie wollen verhindern, daß eine Expansion Cisleithaniens das
Gleichgewicht stört, das heute zwischen den beiden Teilen der Monarchie
besteht.«[20] Am gleichen Tag schrieb das offiziöse Blatt ›Pesti Napló‹: »Bei
uns würde jeder vergeblich Begeisterung oder auch Neigung zur Teilnahme
an einem eventuellen französisch-preußischen Krieg suchen... Neutralität,
und zwar Neutralität auf Grund des Friedens! Dies und allein dies ist die Parole der Monarchie in dieser Frage.«[21]

Diese Betonung der Neutralität vertrug sich durchaus mit einer weitverbreiteten Stellungnahme für die französische Sache. Wie schon aus der Motivation – Gleichgewicht der beiden Reichshälften – hervorgeht, rechnete man
auch in Ungarn allgemein mit dem Sieg der französischen Armee. In der
Frage der Neutralität gab es auch keine Divergenz zu der weiter links stehenden Partei Kálmán Tiszas; auch sie trat für strikte Zurückhaltung ein. Für
Preußen erhoben sich nur vereinzelte Stimmen. Der konservative Graf Anton
Szécsen äußerte sich in diesem Sinne. Etwas komplizierter liegen die Dinge
bei Joseph Eötvös, der seine liberalen Sympathien für Deutschland nun auch
auf den Sieg der preußischen Waffen übertrug und zugleich die antirussische
Komponente der deutschen Erfolge hoch einschätzte.[22]

Der ungarische Reichstag beschäftigte sich im Juli dreimal mit dem
deutsch-französischen Krieg. Obwohl seine Kompetenz formal auf die Innenpolitik beschränkt war, kam den Äußerungen und Beschlüssen des Parlaments eine erhebliche Bedeutung zu: direkt für bestimmte Maßnahmen
hinsichtlich der militärischen Rüstung, indirekt als Beitrag zur Steuerung der
Wiener Politik. Dieser Beitrag war um so gewichtiger, je einheitlicher die parlamentarische Willensbildung Ungarns ausfiel und so von der politischen
Zerfahrenheit Cisleithaniens abstach. – Am 28. Juli beantwortete Andrássy
eine Interpellation Tiszas. Diese Antwort beruhte bereits auf den Beschlüssen
des Ministerrates vom 18. Juli, der – wie im nächsten Abschnitt zu zeigen ist
– die Erklärung der Neutralität mit einer partiellen Mobilmachung verband.
Mit diesem Auftreten im Parlament gelang es Andrássy, gegen die Bedenken
der Linken fast Einstimmigkeit für die modifizierte Haltung einer bewaffneten Neutralität herbeizuführen. Er verwies auf die Neutralitätserklärung der

Regierung: die Regierung habe keine Vorkehrungen getroffen, die eine auswärtige Macht beunruhigen könnten; aber sie sei andererseits verpflichtet,
die Sicherheit des Reiches zu wahren und nicht von dem Wohlwollen einer
fremden Macht abhängig zu machen. Davon, daß das Streben, die frühere
maßgebende Stellung in Deutschland zu erringen unnütz, ja schädlich sei,
herrsche die Überzeugung in allen maßgebenden Kreisen. Der Wille, Ungarns
Neutralität zu wahren, sei entschieden vorhanden. Ob das bei allen Komplikationen möglich sein werde, vermöge niemand im voraus zu bestimmen.[23]

Es ist auffällig, wie in dieser Erklärung Andrássys die Neutralität mit Vorbehalten versehen wurde. Der Kontext zeigt, daß hierbei nicht Preußen, sondern Rußland gemeint war. Nicht nur Andrássy persönlich, sondern die
Mehrheit der ungarischen Öffentlichkeit war antirussisch eingestellt. Nicht
nur die Erinnerungen an Világos, an die Niederwerfung der Freiheitsbewegung 1849 durch die Armee des Zaren, bestimmten diese Einstellung. Eine
realistische Erwägung der Sicherheit und der außenpolitischen Ziele Ungarns
stieß überall auf Rußland: bei den subversiven Bewegungen in den slawischen Bevölkerungen innerhalb der Staatsgrenzen, in der orientalischen Frage, in Polen, in Rumänien, am Schwarzen Meer. Zur Abwehr der russischslawischen Gefahr und zur Lösung der orientalischen Frage im ungarischen
Sinne erwog Andrássy als geeignetstes Mittel den Präventivkrieg gegen Rußland.[24] Wieweit dieses Mittel auch von weiteren Kreisen der Deákpartei als
zielführend angesehen wurde, bleibt dahingestellt. Jedenfalls bildete für
Andrássy die nahegerückte Chance des Krieges gegen Rußland den Mittelpunkt aller Überlegungen, seit die Julikrise begann. Sein Wunsch nach einem
guten Verhältnis zu Preußen resultierte aus der Absicht, den russischen Gegner zu isolieren. »Wenn die Konstellationen günstig sind, werden wir Rußland solange reizen, bis es uns angreift«, sagte er nach Kriegsbeginn zu seinem Vertrauten Kállay.[25] Zunächst scheint Andrássy darauf gehofft zu haben, mit der siegreichen französischen Armee nach der Niederwerfung Preu
ßens gegen Rußland zu ziehen. Es ist bezeichnend, daß er auch noch nach den
ersten französischen Niederlagen den Gedanken des Präventivkriegs gegen
Rußland festhielt. Deshalb mußte Beust, als er seit Mitte August die Entente
mit Rußland gegen Preußen betrieb, sich in Ungarn nach einem anderen
Partner umsehen.[26] Er meinte ihn in Lónyay, dem damaligen Reichsfinanzminister, gefunden zu haben. Es ist aber fraglich, ob die zum Ausgleich mit
Rußland bereite ungarische Minderheitsgruppe, deren Exponent Lónyay
war, sich auf die Dauer hätte durchsetzen können.

Jedenfalls zeigt sich in Andrássys Konzeption des russischen Krieges die
problematische, in gewisser Hinsicht geradezu abenteuerliche Kehrseite der
häufig als realistisch gelobten und gegen Beusts »irreale« Politik ausgespielten ungarischen Haltung. Die in Wien durchaus wirksame Geschlossenheit

der von Andrássy vertretenen ungarischen Politik und die persönliche politische Bravour des Ministerpräsidenten in der Vertretung dieser kompakten Interessen sind das eine. Zu behaupten – wie es lange in der Nachfolge der Wertheimerschen Interpretation und in der Nachwirkung Bismarck-orientierter Wertungen geschah –, daß allein in dieser Politik Vernunft, Realismus und Anerkennung der neuen deutschen Realität gelegen haben – ist ein anderes. Sorgfältig hat die Forschung abzuwägen, wie in Beusts und in Andrássys Politik sich jeweils Realismus und irreale Züge mischten, auf welche Gruppen sie sich stützten und ihre Ziele bezogen und ob die Gesamtinteressen der Monarchie oder nur die Sonderinteressen eines Teiles für die Formulierung dieser Politik maßgebend waren.

Der Ministerrat vom 18. Juli: bewaffnete Neutralität und Warten auf die französischen Siege

Zieht man die gegebene Kräftekonstellation in Österreich-Ungarn und die von Beust seit dem 5. Juli eingeschlagene Politik der Warnung Frankreichs und der Kriegsverhinderung in Betracht, so haben die Beratungen des über Krieg und Frieden entscheidenden Ministerrates vom 18. Juli nichts Überraschendes. Dennoch ist die Analyse dieser Beratungen anhand des ausführlichen Sitzungsprotokolls von außerordentlichem Interesse. Wir verfügen für keine der anderen europäischen Großmächte, die im Juli 1870 ihre Entscheidungen zu treffen hatten, über eine so detaillierte Kenntnis der internen Diskussion und Entscheidungsprozesse. Der gemeinsame Ministerrat war das oberste konstitutionelle Organ der Monarchie. Er war als eine Art Superministerium den beiden Regierungen Cisleithaniens und Ungarns übergeordnet und hatte in allen »gemeinsamen« Angelegenheiten der Monarchie zu beraten und zu beschließen. Ihm gehörten außer dem Reichskanzler Beust der Reichsfinanzminister Lónyay und der Reichskriegsminister Kuhn an. In der Sitzung vom 18. Juli präsidierte – was bei wichtigen Anlässen nicht ungewöhnlich war – der Kaiser selbst. Die beiden Ministerpräsidenten Potocki und Andrássy nahmen gleichfalls teil, sowie der als Armeeoberkommandant für den Kriegsfall vorgesehene Erzherzog Albrecht. Die vorgetragenen Positionen und Argumente gestatten tiefe Einblicke in die inneren, strukturellen und politischen Fragen der Monarchie und bieten ein weitreichendes Panorama der internationalen Politik, wie es sich im Hinblick auf die Lebensfragen Österreich-Ungarns den Verantwortlichen in sehr unterschiedlicher Optik darbot.

Dementsprechend hat dieser Ministerrat seit langem die Historiker beschäftigt; im Umkreis der österreichisch-französisch-deutschen Geschichtsfragen von 1870 kommt ihm geradezu eine Schlüsselstellung zu. Die Interpretationen waren keineswegs einheitlich. Erst die sorgfältige Analyse durch Istvan Diószegi, der auch 1964 erstmals den vollen Text des Ministerratsprotokolls aus dem Wiener Archiv publizierte, brachte die Diskussion auf eine allseits solide Ebene.[1] Auch hat Diószegi in einem historiographischen Überblick die Forschungsgeschichte und ihre politisch-weltanschaulichen Implikationen auf sehr anregende Weise beleuchtet.[2] Die folgenden Erörterungen schließen sich hinsichtlich der ungarischen Seite seinen Ergebnissen an, in der Interpretation Beusts, der sogenannten Hofpartei und der cisleithanisch-deutschen Voraussetzungen sehe ich die Dinge etwas anders.

An dem Ministerrat des 18. Juli war also Ungarn durch zwei Angehörige der Déakpartei stark vertreten. Die slawische Mehrheit der Gesamtbevölkerung konnte vielleicht durch den Polen Potocki repräsentiert erscheinen, der aber mehr als Exponent der übernationalen föderalistisch-konservativen Gruppe zu gelten hat. Die Deutschliberalen, die stärkste politische Gruppe Cisleithaniens, waren überhaupt nicht vertreten. Potocki hat als Ministerpräsident und Beust als Außenminister Rücksicht auf den »furor teutonicus« verlangt, aber niemand hat sich die deutschliberalen Argumente zu eigen gemacht, die ja vor allem gegen das Frankreich Napoleons III. gerichtet waren. Den Kriegsminister Kuhn könnte man als antipreußischen Militaristen großdeutsch-liberaler Prägung bezeichnen. Beust war der aus Sachsen gerufene Vertrauensmann des Kaisers mit großdeutscher Vergangenheit. Die beiden Habsburger, Franz Joseph und Albrecht, gehörten der »ersten Familie Europas« an. Daß sie meist deutsch sprachen und im deutschen Kulturkreis gebildet waren, besagt nicht allzuviel gegenüber einer dynastisch-staatlichen Vorstellungswelt von archaischer Strenge, deren Verankerung in der politischen Gegenwart überwiegend auf der militärischen Ebene lag. Ihre unüberwindliche Abneigung gegen die Hohenzollern dürfte auch von hierher zu verstehen sein: Da gab es also in der gleichen Bezugsgruppe der »deutschen Fürsten« eine andere Familie, der bei vollem Festhalten an den dynastisch-militärischen Prinzipien der alten Monarchie die erfolgreiche Modernisierung ihrer Machtmittel gelungen war.

Ob es zutreffend ist, die beiden Habsburger als Exponenten einer sogenannten Hofpartei zu sehen, wie es zuletzt Istvan Diószegi tat, hängt wohl von der entsprechenden Vorsicht im Gebrauch der Bezeichnung »Partei« ab. Wir werden auf dies schon in der Einleitung erörterte Problem zurückkommen.

Beust gab zu Anfang der Ministerratssitzung einen Überblick über die politische Lage Europas.[3] Die französische Kriegserklärung war auf dem Wege nach Berlin, Vermittlungsversuche hatten keinen Erfolg, morgen können die militärischen Operationen beginnen. Süddeutschland, »wo mit einemmale das deutsche Nationalgefühl zum Durchbruch gelangte«, hat den Casus foederis anerkannt und seine Truppen Preußen zur Verfügung gestellt. Dänemark wird wahrscheinlich mit Frankreich gehen. Rußlands Haltung gibt An-

laß zur Beunruhigung. Man muß mit Vereinbarungen zwischen Rußland und
Preußen rechnen: nach anfänglich neutralem Verhalten »aktives Einschreiten im Falle der Niederlage Preußens«. Italien hält sich zurück, ist geneigt,
mit Österreich Hand in Hand zu gehen. Macht Napoleon Konzessionen hinsichtlich der Besetzung Roms durch Italien, so ist die Chance eines Eingreifens der Italiener für Frankreich gegeben. Die Türkei hält mit Österreich Fühlung.

Von Preußen und den dorthin gelangten beruhigenden Mitteilungen, die er
selbst gegeben hatte, sprach Beust nicht. Preußen kam nur insofern vor, als
Beust die deutschnationale Stimmung der Presse auf »preußische Lockmit-
tel« zurückführen wollte. Eine Erörterung der unter den gegebenen Umständen von Berlin zu erwartenden Politik – Angebote, Drohungen – fehlte in
diesem Exposé ebenso wie eine Analyse der französischen Politik in der Julikrise, die ja Österreichs bisherige Passivität zur Folge gehabt hatte. Von den
Allianzverhandlungen, von der moralischen Bindung Österreichs durch die
Monarchenbriefe vom Herbst 1869 hat Beust auch im weiteren Verlauf der
Diskussion, als er etwas mehr über Frankreich sagte, nicht gesprochen. Er
endete seine Tour d'horizon mit der Feststellung, daß die Monarchie nach
keiner Seite Verpflichtungen eingegangen sei (was, wie wir wissen, nicht ganz
zutraf). Er stellte die Frage, ob nicht, vor allem mit dem Blick auf Rußland,
die bisherige Passivität aufgegeben werden solle, »ob es sich nicht vielmehr
empfehle, uns auf einen solchen Fuß zu setzen, daß uns die Ereignisse, wenn
sie an uns herantreten, nicht unvorbereitet treffen«.[4]

Beusts Taktik, anfangs wenig zu sagen und die anderen »kommen zu lassen«, zeigte sich insofern erfolgreich, als nun Andrássy sogleich deutlich
wurde. Er begann mit einem Nein zur Passivität, schloß eine heftige Invektive
gegen die preußischen Agitationen im Inneren der Monarchie an, verwies auf
die Sorge vor Rußland, lehnte eine Beteiligung am Kriege an der Seite Frankreichs kurzerhand ab und votierte für Neutralität mit begrenzter Rüstung.
Diese Rüstungen sollen gegenüber Preußen durch eine vertrauliche Erklärung abgedeckt werden. So könne man ungefährdet abwarten, ob der –
durchaus unerwünschte – Sieg Preußens erfolge oder der Sieg Frankreichs.
Bei einem französischen Sieg könne Österreich immer noch eingreifen.
Wozu? fragt man sich. »Zugunsten Deutschlands«, stand zunächst im Protokoll; Andrássy hat dann, als er wie die anderen Teilnehmer das Protokoll
zur Unterschrift bekam, eine farblosere Zielangabe hineinkorrigiert: »zugunsten effektiver Garantien des europäischen Gleichgewichtes«. Und Rußland? Das kam in Andrássys Votum ganz am Schluß. Aber wer seine Konzeption angesichts der russisch-slawischen Frage kennt, bemerkt sogleich die
Tragweite seiner Äußerungen: »Nur wenn Rußland sich einmenge, bleibe
uns keine Wahl.«[5]

Potocki plädierte für Neutralität, die aber erst später mit Rüstungen zu

verbinden sei. Er verwies begründend auf die »Sympathien für Deutschland«
in Cisleithanien und auf die Schwierigkeiten der parlamentarischen Prozedur
bei der Geldbeschaffung für Rüstungen. Hier griffen der Kaiser und Erzherzog Albrecht ein, beide bezeichnenderweise nur mit militärisch-organisatori-
schen Hinweisen. Der Kaiser kritisierte scharf die militärische Seite von
Andrássys Projekt der partiellen Rüstung: »Entweder vollständige Armeeaus-
rüstung oder Passivität.«[6] Er wie Albrecht betonten die lange Frist der Mobilmachung: sechs Wochen von der Einberufung der Reservisten an. Dagegen versuchte Lónyay, Andrássys Votum zu unterstützen, unterstrich die defensive Aufgabe des Augenblicks und die Nützlichkeit weiterer diplomatischer Aktionen zugunsten Frankreichs. Denn wenn sich Österreich neutral
erkläre, sei dies bereits ein Gewinn für Preußen.

Bevor nun Beust in überaus interessanter Weise die zweite, entscheidende
Runde der Debatte einleitete, kamen durch Kuhn und Albrecht noch einige
weitere militärische Aspekte zur Sprache. Kuhn war offenbar der einzige, der
– außer vielleicht Beust – ernsthaft mit der Möglichkeit eines preußischen
Sieges rechnete. Er bezeichnete den Kriegseintritt Österreichs als unausweichlich. Eine Lokalisierung des Krieges sei angesichts des in Europa ange-
häuften Zündstoffes unmöglich. Er trat ein »für allsogleiche Rüstung in
großartigem Maßstabe«[7], um die Gefahren eines preußischen Sieges abwenden zu können und im entscheidenden Moment zugunsten Frankreichs einzugreifen. Erzherzog Albrecht ging dagegen in seinen Berechnungen von
wahrscheinlichen Erfolgen Frankreichs aus, jedenfalls bis zur Entscheidungsschlacht Anfang September: »Die Franzosen dürften am 27.–30. Juli
den Rhein überschreiten. Sie könnten Ende August an der sächsischen
Grenze sein, Anfang September könne also die entscheidende Schlacht stattfinden, die uns zur Tat ruft.«[8] Könne und wolle man also die Aktion im September, so rüste man jetzt gleich und energisch. Im anderen Falle lasse man
die Rüstung ganz bleiben.

Nun war für Beusts Eingreifen das Terrain bereit. Er begann mit einem Re-
sumé der österreichischen Politik gegenüber Preußen und Frankreich seit
1867: gutes Einvernehmen mit Frankreich sei hergestellt worden, da Übereinstimmung der Interessen gegeben war und da »es unmöglich war, mit
Preußen ein halbwegs aufrichtiges Verhältnis herzustellen«.[9] Es folgte eine
mäßige Kritik an der französischen Politik seit Beginn der Krise; es mußte
zunächst Österreichs Freundschaftspflicht sein, Frankreich vor einer Provo-
zierung des deutschen Nationalbewußtseins zu warnen. Jetzt aber ist alles zu
vermeiden, was wie eine Unterstützung der Feinde Frankreichs aussieht.
Dann aber entwickelte Beust, nicht in direktem Vorgehen, sondern in umwe-
giger Argumentation, gegen Andrássy seine eigene Konzeption der Neutralität. Eine vertrauliche Neutralitätserklärung an Preußen wäre sinnlos und
schädlich: » ... so wäre es bei der Perfidie Preußens doch nutzlos, unsere Neu-

tralität an Preußen gleichsam zu verkaufen. Wir würden im Siegesfalle Preußens ganz und gar die Geprellten sein...«[10] Dagegen sprach jetzt zum ersten
Mal Beust von einer allgemeinen, öffentlichen, allen Mächten mitzuteilenden
Neutralitätserklärung. Anscheinend wollten Beust und der Kaiser ursprünglich eine solche Erklärung entweder überhaupt oder jedenfalls für jetzt
vermeiden.[11] Wie der Umschwung sich vollzogen hat, geht aus dem Protokolltext und aus Beusts sonstigen Äußerungen nicht klar hervor. Man kann
vermuten, daß sich für ihn erst in der Abwehr Andrássys und angesichts der
militärischen Kritik an Andrássys Vorschlag (den er freilich schon vor der
Sitzung kennen konnte) unter Einrechnung der allgemeinen Kräftekonstellation sein eigenes Konzept deutlich herausarbeitete: allgemeine Neutralitätserklärung und in ihrem Schutze die Rüstung und – was er allerdings hier nur
vage andeutete – die Fortsetzung der Vermittlung als eine »médiation armée«, auf Italien und eventuell die Türkei gestützt.

Demgegenüber versuchte Andrássy einen letzten Vorstoß. Er warnte vor
Frankreichs Unzuverlässigkeit und vor den Risiken einer so eindeutig auf die
künftige Unterstützung Frankreichs abgestellten Politik. Er bestand auf den
Vorteilen einer vertraulichen Verständigung mit Preußen. Aber Beust war
jetzt seiner Sache beim Kaiser wohl schon ganz sicher. Er ließ zuletzt jede Reserve fallen: »Es erübrige nach all dem Gesagten nichts als zu mobilisieren
und dabei die Neutralität zu erklären.«[12] Andrássy kam er insofern entgegen,
als er einen baldigen Termin der Erklärung unterstützte. Blieb die Frage nach
der Einschätzung Rußlands. Und da ist es auffallend, wie stark – stärker als
Andrássy selbst – Beust diesmal die russische Gefahr betonte. Eines war dabei die taktische Absicht hinsichtlich der bevorstehenden parlamentarischen
Verhandlungen: Gegenüber einer russischen Kriegsdrohung war auf die Unterstützung der Ungarn wie der Deutschliberalen bei den Rüstungskrediten
Verlaß. Ein anderes ist die Frage, was Beust damals wirklich von Rußland
hielt: War diese auffallende Betonung der russischen Gefahr ein Zugeständnis an die Ungarn oder ein Schachzug im Hinblick auf die Deutschen, oder
stand mehr dahinter?

Der Kaiser schloß die Konferenz mit einer Erklärung, die in klarer Form
der zuletzt von Beust angegebenen Richtung folgte: »daß vorläufig Neutralität beobachtet, zugleich aber mit der bei der Sachlage nötigen Armierung,
und zwar zunächst mit den zeitraubenden Vorbereitungen, nämlich Befestigungsarbeiten und Pferdeeinkäufen, begonnen werden sollte. Den Mächten
sei die Neutralität Österreich-Ungarns bekanntzugeben und gleichzeitig mit
dieser Deklaration eine, die Rüstungen motivierende Aufklärung zu geben.«[13]

Der Ministerrat vom 18. Juli hatte mit einem formalen Kompromiß geendet,
dessen vorläufiger Charakter auf der Hand lag: Neutralität als Schutz für

Rüstungen; aber was sollte, über eine allgemeine Verbesserung der politischen Positionen hinaus, das wirkliche Ziel der Rüstungen sein? Dahinter stand nicht nur die Frage nach den Mitteln, die Österreichs Interessen in der europäischen Krise angemessen waren. Auch die Frage nach den eigentlichen Interessen der Monarchie, die den Maßstab der gesamten Politik abgeben mußten, war in den Diskussionen des 18. Juli nicht wirklich geklärt worden. Im Rahmen unserer Untersuchung wird die politische Analyse der folgenden Ereignisse bis zum Sommer 1871 Antwort auf manche Fragen bereitstellen, die sich aus der Diskussion vom 18. Juli ergeben. Einige Beobachtungen lassen sich aber schon jetzt festhalten, insbesondere im Hinblick auf die jüngste Interpretation der Ministerratssitzung durch Istvan Diószegi. Der Dualismus und die ungleiche politische Konstellation in den beiden Reichshälften hatten dazu geführt, daß wohl von der ungarischen Seite her, nicht aber von Cisleithanien und noch weniger von der Gesamtmonarchie her eine entschiedene Konzeption dieser Interessen vorgetragen werden konnte. Andrássys Konzeption der Interessen und der Mittel war ziemlich klar: entschiedene Front gegen Rußland, um bei gegebener Gelegenheit zugleich mit der russischen Bedrohung die slawische Frage in der Monarchie und die orientalische Frage zu erledigen. Das war eine dynamische Ostpolitik der Monarchie im großen Stil. Die Mittel waren vor allem die Trennung Preußens von Rußland und der Krieg gegen Rußland, wenn die Konstellationen sich günstig gestalteten. Es erscheint sehr fraglich, ob diese Mittel der gegebenen politischen Realität angemessen waren. Ganz zu schweigen von dem Abenteuer eines russischen Krieges erwies sich die ungarische Erwartung, man könne durch Annäherung an Preußen Rußland isolieren, als durchaus illusionär, solange Bismarck am Steuer blieb. Nach der anderen Seite hin ist zu fragen, ob diese ostpolitische Konzeption über Ungarn hinaus auch den Interessen der Gesamtmonarchie entsprach. Wir sahen, daß am 18. Juli die nichtungarischen Teilnehmer keine ausformulierte Konzeption der Interessen der Monarchie vorlegten. Die Diskussion brachte nur Teilaspekte zum Vorschein: Rücksichtnahme auf die deutschen Sympathien in Cisleithanien (was Andrássy nicht bestritt) und die antipreußische Akzentuierung der Abwartepolitik (was Andrássy heftig aber ohne großen Erfolg bekämpfte).

Diószegi hat nun die These aufgestellt, daß »die Konzeption der Juli-Überlegungen der Hofpartei die Verwirklichung des Planes zur Rückgewinnung der deutschen Hegemonie war«.[14] Er sieht weiterhin in Beust auch 1870 den Vertreter einer Trias-Idee (Loslösung Süddeutschlands von Preußen und Bildung eines selbständigen Südbundes). Da die »Revanchepolitiker der Hofpartei« aber selbst kein positives deutsches Programm besaßen – wie Diószegi richtig bemerkt –, kam es zu einer Art von Koalition zwischen der »Hofpartei« und Beust, als deren Ergebnis Diószegi folgenden politischen Plan sieht: »Zur Tat könnte es nach Frankreichs entscheidendem militärischen

Sieg kommen, abhängig von der Situation könnte sie diplomatischer oder militärischer Natur sein. Diplomatisch, wenn der Krieg mit Preußens Niederlage plötzlich zu Ende wäre. In diesem Falle würde das siegreiche Frankreich die deutschen Ansprüche der ihm gegenüber loyalen Monarchie erfüllen… Sollte Frankreich übertriebene und das ganze Deutschtum bedrohende Forderungen stellen…, so könnte Österreich-Ungarn, gestützt auf seine mobilisierte Armee, gegen Frankreich als Retter Deutschlands auftreten und damit Deutschland auch moralisch zurückerobern… Das militärische Auftreten würde dann unvermeidlich werden, wenn das zaristische Rußland dem geschlagenen Preußen zu Hilfe eilte. Dieser Krieg würde, den früheren Konzeptionen entsprechend, natürlich ebenfalls der Lösung der deutschen Frage dienen…«[15]

Nach dieser Rekonstruktion tritt Diószegi in eine scharfe Kritik des hier rekonstruierten Planes ein und stellt ihm Andrássys Konzeption gegenüber, die er als realistischer bezeichnet. Und schließlich beantwortet er die Frage nach dem Ergebnis des 18. Juli mit einer Kompromißformel: »Im Grunde hatte also kein Standpunkt gesiegt, aber… alle Teilnehmer am Ministerrat waren darin auf ihre Rechnung gekommen.« Er sieht richtig den vorläufigen Charakter des erreichten Consensus, unterstreicht aber ebenso richtig das eindeutige Ergebnis: »daß die Monarchie am 18. Juli 1870 auf den Wunsch aller Persönlichkeiten einen Weg einschlug, dessen Ziel es war, die Vorteile des mit Sicherheit erwarteten französischen Sieges diplomatisch und wenn nötig militärisch weitestgehend auszunutzen.«[16]

Einige dieser Thesen, die insgesamt auf einer ebenso sorgfältigen wie scharfsinnigen Durcharbeitung beruhen, können ohne weiteres akzeptiert werden, andere fordern zu Widerspruch heraus, einige Fragen schließlich stellen sich in der Perspektive unseres Themas auf etwas andere Weise. Das faktische Ergebnis des 18. Juli hat Diószegi sicher richtig formuliert. Was aber den Kompromißcharakter angeht – »kein Standpunkt hatte gesiegt« –, so scheint doch eine andere Akzentuierung nahezuliegen. Es kann nicht übersehen werden, daß es der Wendigkeit Beusts gelungen war, in der entscheidenden Frage des Verhaltens gegenüber Preußen seine Politik gegen Andrássy durchzusetzen: Die aus ungarischer Sicht geforderte »vertrauliche Mitteilung« nach Berlin unterblieb, und damit wurde ganz im Sinne Beusts jeder Ansatz zu einer diskreten Annäherung an Preußen (mit stärker antirussischer als antifranzösischer Richtung) unmöglich gemacht. Und auch die militärischen Einwände gegen Andrássys Plan, die vom Kaiser und von Albrecht kamen, bedeuteten spürbare Minuspunkte für die Ungarn. Es lag wohl auch an dem allgemeinen Kontext der Beratungen, daß der profilierteste Vorschlag, der in diesem Falle der ungarische Vorschlag war, nicht zum Zuge kam.

Die Rekonstruktion des Beustschen Planes, der weitgehend mit den Posi-

tionen der »Hofpartei« übereinstimmte, erscheint in operativer Hinsicht einleuchtend, weniger aber Diószegis Kritik dieses Planes und die Analyse seiner
Voraussetzungen. Und hier treffen wir sogleich auf ein weiteres Problem,
nämlich auf das Problem der sogenannten Hofpartei und ihrer Vorstellungen
von der Neuordnung Deutschlands. Diószegi hält den theoretischen wie den
praktischen Ausgangspunkt des Beustschen Planes für falsch. Er geht dabei
von der eindeutigen Prävalenz der ostpolitischen Problemlage der Monarchie aus: »1870, im Entstehungsjahr der russisch-slawischen Gefahr, einen
Plan zur Neuordnung Deutschlands im Sinne der österreichischen Interessen
aufzustellen, kann nur ein Zeichen der außenpolitischen Blindheit und nicht
staatsmännischer Genialität sein.« Deshalb mußte – so meint Diószegi –
Beust alle seine Berechnungen auf Frankreichs Sieg aufbauen, und als dieser
ausblieb, »kam er völlig aus dem Konzept«. Weiterhin wird an Beust kritisiert, daß er die militärischen Maßnahmen nicht diplomatisch gegen Preußen
abdeckte. So habe er die Monarchie der Gefahr ausgesetzt, ungerüstet Opfer
eines preußischen Angriffs zu werden.
    Letzterer Einwand läßt sich rasch entkräften. Die politischen und militäri-
schen Informationen Wiens über die Haltung Preußens waren damals und in
der Folgezeit so befriedigend, daß mit einer Offensive oder auch nur Bedrohung von dieser Seite wirklich nicht zu rechnen war.[17] Die preußische Führung verließ sich in Sachen Österreich offenbar auf Rußland und dachte nicht
daran, von sich aus den Zweifrontenkrieg zu eröffnen. Etwas komplizierter
steht es mit der These von der eindeutigen Prävalenz des russisch-slawischen
Problems, die für Diószegi der eigentliche Angelpunkt seiner Kritik an Beust
wird. Nun geht es uns freilich hier nicht in erster Linie um ein Qualitätsurteil
über die außenpolitischen Fähigkeiten Beusts, sondern um ein sachliches
Abwägen der damaligen Interessenlage der Monarchie und der daraus resultierenden Folgerungen für die deutsche Frage. Verfolgt man die Gesamtrich-
tung der österreichischen Außenpolitik, wie sie von Beust seit 1867 geführt
wurde, so zeigt sich dabei – wenigstens vordergründig – kein eindeutiger
Vorrang der deutschen Perspektiven, vielmehr – gewiß auch unter dem Einfluß der Ungarn – ein deutliches Hervortreten der Ost- und Südostinteressen.
Hier war es gelungen, Österreichs Balkanpositionen gegenüber Rußland wesentlich zu verbessern.[18] Auch in der Innenpolitik konnte der Reichskanzler,
trotz seiner eindeutig großdeutschen Vergangenheit, nicht umhin, dem slawischen Problem und den daraus resultierenden Plänen der Verfassungsreform im Interesse des Gesamtstaats ein zunehmendes Interesse entgegenzu-
bringen. Die Probleme lagen – objektiv betrachtet – von 1866 bis 1870 auf
beiden Seiten: Die orientalische Frage und die deutsche Frage waren unge-
löst. Beide Fragen griffen tief in die Innenpolitik der Monarchie ein. Beiden
galt Beusts kompliziertes und langfristig angelegtes politisches Spiel.
    Nun aber war der Krieg am Rhein und nicht im Osten entbrannt als ein

Krieg des deutschen Nationalbewußtseins, ganz gegen den Willen Beusts und zum Schaden der Interessen der Monarchie. Dies war es, was ihn schon gleich zu Anfang der Hohenzollernkrise »aus dem Konzept gebracht hatte«, nicht erst die Niederlage Frankreichs, die ihn doch nicht so ganz überrascht zu haben scheint. Nun lag plötzlich die Dynamik im Kampf um Mitteleuropas Neugestaltung, mochte auch weiterhin langfristig die russisch-slawische Problematik von höchster Bedeutung für die außenpolitische und innere Situation Österreich-Ungarns sein. Auf diese gewaltige aktuelle Herausforderung im Bereich der deutschen Frage mußte reagiert werden, nicht nur um der europäischen Stellung, sondern auch um der inneren Konsistenz der Monarchie willen; denn ihre acht Millionen deutscher Bürger wurden im Sog des deutsch-französischen Nationalkrieges rasch von einem gesteigerten Nationalgefühl erfaßt. Diese brennende Aktualität empfanden im Juli 1870 die Ungarn weniger als die Nichtungarn. Und ein wenig scheint dieser Bewertungsunterschied bis heute nachzuwirken. Gerade wenn der Historiker mit Recht die langfristigen strukturellen Probleme hervorhebt, muß der spezifische Erwartungshorizont von 1870, die seit langem bestehende und noch nicht voll entschiedene deutsche Frage in Rechnung gestellt werden. Wieso sollte und konnte für die nichtungarischen Teilnehmer am 18. Juli die mitteleuropäisch-deutsche Frage angesichts all dessen, was vorausgegangen war, auch langfristig weniger bedeuten, als die russisch-slawische? Und dazu kam die unmittelbare Aktualität des nun beginnenden mitteleuropäischen Entscheidungskampfes.

Es mußte reagiert werden auf die Herausforderung im Bereich der deutschen Frage – gewiß. Aber wie sah es mit dem Reaktionsvermögen, mit dem Verhältnis der Regierung zur Bevölkerung, zu den politischen Kräften Cisleithaniens in puncto deutscher Frage damals aus? Es war schon oben die Rede von dem dialektischen Zusammenhang zwischen dem Aufstieg des deutschen Nationalgedankens und dem Ringen um einen föderativen, proslawischen Umbau der Monarchie 1870/71.[19] Dieser Zusammenhang wirkte nicht nur in *einer* Richtung: daß der deutsche Sieg schließlich zum Scheitern der föderativen Verfassungsreform beitrug. Es ist mit Nachdruck auch auf die andere Ebene der Wirkung hinzuweisen. Die Ablösung des deutschliberalen »Bürgerministeriums« durch die konservativ-föderalistische Regierung Potockis im April 1870 hatte nicht nur eine Wendung der österreichischen Innenpolitik nach rechts gebracht, sondern auch eine immer tiefergehende Entfremdung zwischen der Regierung und den Deutschliberalen. Das hatte Beust nicht gewollt. Er war ja ursprünglich der Mann gewesen, mit dem die deutschliberale Verfassungsbewegung rechnen zu können glaubte. Nun wurde seine Stellung durch die deutsche Opposition gegen die Regierung Potocki zusehends geschwächt, um so mehr, als Potockis proslawische Verfassungspolitik alsbald von Polen wie von Tschechen als ungenügend abgelehnt wurde und ohne Erfolg blieb. Und natürlich wirkte diese innerösterreichische Krise auch entmutigend auf die »Freunde Österreichs« in Nord- und Süddeutschland. Genau in diesen außerordentlich prekären Moment der Innenpolitik Cisleithaniens fiel die Julikrise. Beust hatte zuvor – selbst in der schärfsten Konfrontation des Pressekrieges mit Preußen 1868/69 – eine Stütze an dem deutschen Bürgertum Cisleithaniens gehabt, das seine liberale Werbepolitik in Nord- und Süddeutschland gegen den preußischen »Junker- und Militärstaat« verstand und sich weitgehend mit ihr identifizierte. Sich auszumalen, wie anders und kräftiger die Reaktionsfähigkeit Österreichs auf die Julikrise gewesen wäre, wenn Beust entweder noch eine solide Basis am deutschen Bürgertum gehabt hätte, oder wenn Potocki positive Resultate eines föderativen Consensus hätte aufweisen können – das erscheint im einzelnen müßig und auch methodisch nicht angebracht. Es genügt die Feststellung, daß die Pathologie der innenpolitischen Szene Cisleithaniens im allgemeinen und in puncto deutscher Frage im Sommer 1870 einen Höhepunkt erreicht hatte. Ein weiteres Moment verschärfte gerade damals die Orientierungslosigkeit und schwächte die Kohärenz im antipreußischen »Lager« diesseits und jenseits der österreichischen Grenzen: die schon früher erwähnte Spaltung im Hinblick auf das Vatikanische Konzil. Die unterschiedlichen Stellungnahmen führten zu einer Entfremdung zwischen den liberalen und den konservativen Elementen des antipreußisch-großdeutschen Lagers, die angesichts des Infallibilitätsdogmas gerade im Sommer 1870 sehr spürbar wurde. Diese Faktorenkette war zwar mit der innenpolitischen Krise Cisleithaniens verknüpft, reichte aber weit darüber hinaus. Es wäre noch des näheren zu untersuchen, wie die tiefe innere Schwächung des bis dahin noch an Österreich orientierten Flügels des deutschen Nationalbewußtseins durch Konzilskrise und deutsch-slawische Konfrontation in Cisleithanien (seit 1869) den raschen Erfolgen der kleindeutschen Bewegung seit Beginn der Julikrise zugute kam. An der Tatsache selbst ist nicht zu zweifeln.

Doch zurück zur Wiener Szene des 18. Juli. Vor dem Hintergrund der eben skizzierten Gegebenheiten ist nun nochmals die Frage nach der sogenannten Hofpartei, nach ihrer damaligen Konzeption der Deutschlandpolitik und nach den Interessen der Monarchie zu stellen.[20] Zieht man die Äußerungen der von Diószegi zur »Hofpartei« gerechneten Teilnehmer in Betracht, so ergibt sich keineswegs ein kohärenter deutlicher »Plan zur Neuordnung Deutschlands«.[21] Auch wenn man weiter ausholt und nur angedeutete oder unausgesprochene Tendenzen zu ergänzen versucht, kommt in dieser Richtung sehr wenig zutage. Die beiden Habsburger sprachen nur über militärische Fragen; daß Franz Joseph und Erzherzog Albrecht den Preußen eine Niederlage wünschten, ist klar. Aber was dann? In negativer Hinsicht haben wir sehr deutliche Äußerungen des Kaisers nach Königgrätz über den deutschen Bund, von dem er sich endgültig abwandte. In positiver

Hinsicht wissen wir nicht, was er sich 1870 nach einem eventuellen Sieg in Deutschland vorstellte. Ganz unergiebig ist die Analyse von Potockis Position. Bleibt der Kriegsminister Kuhn, der allerdings ausgearbeitete Vorstellungen hatte, die aber ebenso einzelgängerisch wie illusionär waren und für die Rekonstruktion eines gemeinsamen Parteiprogramms eher als Kontraargument in Frage kommen. Nimmt man hinzu, was wir über die konservativ-klerikalen Stimmen an der »Basis«, in der Aristokratie, im Klerus, in der Armee und Beamtenschaft wissen, so treten zwei Schlußfolgerungen nur desto deutlicher hervor: Es gab damals gar keine einheitliche »Hofpartei«, die man auf der gleichen Ebene wie die Partei der Deutschliberalen oder die Déakpartei in Rechnung hätte setzen können. Vielmehr haben wir es mit einer Summe von sozial und ideenmäßig unterschiedlichen Gruppen zu tun, deren gemeinsamer Nenner im Vorwalten eines österreichisch-dynastischen Staatsbewußtseins konservativer und pränationaler Färbung liegt. Die Umsetzung dieser breiten Skala politisch-sozialer Mentalitäten in eine politisch vollziehbare Programmatik zur mitteleuropäisch-deutschen Frage war in den vier Jahren zwischen Königgrätz und der Julikrise nicht erfolgt. Und sie kam auch unter dem unmittelbaren Zugzwang der Julikrise nicht zustande. Was am 18. Juli aus dem Umkreis der »Hofpartei« zutage trat, waren, abgesehen von der isolierten Scharfmacherei des liberalen Militaristen Kuhn, rudimentäre Elemente eines Großmachtanspruchs, der unsicher zwischen Offensive und Defensive schwankt und keinen realen Bezug zur Dynamik der deutschen Frage erkennen läßt. Desto wichtiger war und wurde dann die Position Beusts, der ja schon seit 1866 mit diesen ebenso mächtigen wie atavistischen und politisch ungestalten Kräften im Kern der Monarchie umzugehen lernen mußte.

Das Kräftedreieck Ungarn – »Hofpartei« – Deutschliberale, mit dem Beust weiterhin zu rechnen hatte, war im Ministerrat infolge der politischen Schwenkung seit April 1870 nur mehr unvollständig repräsentiert; es fehlten die Deutschen. So scharf Beust an der Oberfläche gegen die deutschnationalen Neigungen in Cisleithanien wetterte, so war er doch im Grunde wohl der einzige der Anwesenden, der sich auf die deutsche Frage verstand. Und er war nicht nur ein Sachverständiger für diese politische Materie; er brachte aus den vielen Jahren deutsch-mittelstaatlicher Politik und nun aus vier Jahren österreichischer Politik nicht nur Erfahrungen, sondern auch Überzeugungen und Zielvorstellungen mit. Sein Bündnis mit der »Hofpartei«, das ihm für jetzt die Oberhand über die Ungarn und ihre Ostpolitik sicherte, ist deshalb unter einem doppelten Gesichtspunkt zu würdigen. Einmal war Beust allein imstande, den rudimentären Großmachtsanspruch Habsburgs politisch so zu formulieren, daß er als elastische Interessenpolitik im Krisenzustand des europäischen Staatensystems vollstreckbar blieb. Zum anderen aber fungierte er dabei durchaus – nicht nur subjektiv, sondern auch objektiv

– als Platzhalter einer Koinzidenz deutscher und österreichischer Interessen.
Deutsche und österreichische Interessen: zunächst im Hinblick auf die acht
Millionen deutsch sprechender Bürger der Monarchie, die in dem Staat und
für den Staat erhalten werden mußten, wenn er seine Identität nicht verlieren
wollte. Deutsche und österreichische Interessen aber auch in einem weiteren
Sinne: unter den Bedingungen der mitteleuropäischen Situation von damals
war es durchaus unrealistisch, eine Sicherung der Großmachtstellung Österreich-Ungarns und der inneren Konsistenz der Monarchie ohne bleibenden
Einfluß auf die Gestaltung der deutschen Dinge jenseits der Grenzen zu erwarten. Und dieser zu fordernde Einfluß konnte in der damaligen politisch-
gesellschaftlichen Konstellation nicht irgendwie als stumpfe Randschutz-
zone konzipiert werden, sondern nur in der Form einer liberal-föderalisti-
schen Wiederherstellung des durch Preußens Expansion »deformierten«
deutschen Feldes. Soweit kann man Beusts Ideen und Absichten in der deutschen Frage im Kontext der österreichischen Politik nach Kriegsausbruch mit
einiger Sicherheit rekonstruieren. Die Ergebnisse des 18. Juli hielten den Weg
in dieser Richtung zunächst offen. Ob bei dem Eintreten der erhofften Voraussetzungen, nämlich der französischen Siege, der Konsens für eine deutsche Politik dieser Art erhalten geblieben wäre, erscheint allerdings angesichts der gegebenen Kräfteverhältnisse in der Monarchie durchaus fraglich.
Denn die Schwäche der Position Beusts lag ja unter anderem darin, daß er für
diese von langer Hand entwickelte Konzeption deutsch-österreichischer Interessenpolitik nun, da es ernst zu werden schien, bei den Deutschliberalen so
gut wie keine Unterstützung mehr erwarten konnte. Er war Platzhalter einer
Konzeption, die zwar den realen Interessen der Monarchie, soweit wir sie ex
posteriori zu erkennen vermögen, entsprach. Aber die längerfristigen nationalen Konflikte in Cisleithanien und das ganz plötzliche deutschnationale
Echo auf die französische Aggressivität in der Julikrise legten die Kräfte
lahm, die vor allem die Träger einer solchen Politik hätten sein können. Und
dies ist festzustellen, noch bevor das Gewicht der deutschen Siege in die
Waagschale fiel. Die Kräfte der Monarchie nach dem Aufflammen des
deutschnationalen Gefühls in der Hohenzollernkrise nochmals für ein antipreußisches Eingreifen in Deutschland zu sammeln, wäre auch im Falle französischer Siege gewiß auf sehr große Schwierigkeiten gestoßen. Der Verlauf
der Ereignisse ersparte die Probe aufs Exempel.
    Während Beust am 20. Juli in einem diplomatischen Zirkular der Welt die
österreichische Neutralität und den Beginn österreichischer Rüstungen mitteilte, trat gleichzeitig in Berlin der Reichstag des Norddeutschen Bundes zusammen, votierte hundertzwanzig Millionen Taler für den ersten Kriegsbe-
darf und begrüßte einstimmig den Krieg als Vollstrecker der deutschen Einheit; der lang zurückgestaute Einheitsenthusiasmus der Nationalliberalen
brach sich Bahn. Beusts ziselierte Worte in dem Neutralitätszirkular ließen

alles offen, was die Monarchie im Hinblick auf die kommenden Ereignisse in Mitteleuropa zu hoffen und zu wünschen hatte; von der deutschen Frage war wohlweislich nicht die Rede:»... Wenn es uns nicht gegeben war, Europa und uns selbst die beklagenswerten Erschütterungen zu ersparen, die die unvermeidbare Folge des Zusammenstoßes zweier großer Nationen sind, so wünschen wir doch wenigstens ihre Auswirkungen zu verringern.... Die passive und neutrale Haltung ist ein Gebot für die Regierung. Diese Haltung schließt gewiß die Pflicht nicht aus, über die Sicherheit der Monarchie zu wachen und ihre Interessen zu schützen, indem wir uns in den Stand setzen, sie gegen jede mögliche Gefährdung zu sichern.«[22] Die Adresse des Norddeutschen Reichstages schlug einen anderen Ton an, wenn sie von der Gerechtigkeit des aufgezwungenen Krieges sprach und unverhüllt den Krieg als Mittel der kleindeutschen Einigung proklamierte:

»Wir vertrauen... auf den unerschütterlichen Entschluß eines einigen Volkes, alle Güter dieser Erde daran zu setzen, und nicht zu dulden, daß der fremde Eroberer dem deutschen Mann den Nacken beugt...

Von den Ufern des Meeres bis zum Fuße der Alpen hat das Volk sich auf den Ruf seiner einmütig zusammenstehenden Fürsten erhoben...

Das Deutsche Volk aber wird endlich auf der behaupteten Wahlstatt den von allen Völkern geachteten Boden friedlicher und freier Einigung finden...«[23]

Süddeutschland mit Preußen – Rußland gegen die Ausweitung des Krieges

Es war eine Folge des provokanten Vorgehens Frankreichs und der mit Wien nicht abgestimmten Aktion, daß eine ernsthafte Debatte über die Neutralität der süddeutschen Staaten gar nicht erst aufkam. Innerhalb weniger Tage fiel in Darmstadt, Karlsruhe, Stuttgart und München der Entschluß, bedingungslos auf der Seite Norddeutschlands in den Krieg einzutreten. Wieweit im einzelnen Bismarcks Diplomatie, der Druck der öffentlichen Meinung und auch das passive Verhalten Wiens zu dieser raschen Entscheidung beitrugen, braucht hier nicht näher untersucht zu werden. Auf der diplomatischen Ebene war wesentlich, daß Paris in einer höchst unzulänglichen Weise die süddeutschen Verhältnisse in Rechnung setzte,[1] daß man von Wien aus die in Süddeutschland verbreiteten preußischen Zweckmeldungen über eine »wohlwollende Neutralität Österreichs« nicht dementierte und daß in den süddeutschen Hauptstädten sehr bald über Österreichs Passivität Sicherheit bestand.[2]

Es fällt auf, daß Beust trotz seines Dissenses von der französischen Provokationspolitik nicht energisch für eine Neutralität – zumindest in München und Stuttgart – eingetreten ist. Baden stand ja von Anfang an ganz im Bannkreis der preußischen Politik und auch von Hessen war bei seiner exponierten Lage und seiner Abhängigkeit von der preußischen Armeeorganisation trotz Dalwigks proösterreichischer Gesinnung keine ernsthafte Diskussion über den Casus foederis zu erwarten. Der Nachdruck dieser Feststellung liegt auf dem Wort »energisch«. Denn ganz untätig war Wien nicht geblieben. Man hat den Eindruck, daß Beust innerhalb der sehr kurzen Frist, die für eine mögliche Diskussion des Casus foederis zur Verfügung stand, gerade soviel an Hinweisen nach Süddeutschland gelangen ließ, daß er später im einen Falle sagen konnte: Bitte, wir haben Euch gewarnt! und im anderen Falle ebenso behaupten konnte: Bitte, wir haben uns in Süddeutschland nicht eingemischt! Dies zeigt sich deutlich in dem privaten Briefwechsel, der zwischen Beust und dem ihm befreundeten bayerischen Außenminister Bray während der Julikrise stattfand. Bray hatte am 10. Juli darauf hingewiesen, es sei für Frankreich »sicher keine günstige Lage…, wenn es durch einen Angriff auf Deutschland uns alle zwingt, für eine Verteidigung seiner Grenzen mit einzutreten«.[3] Beust antwortete am 14. Juli:

»Ich vernehme schon aus Berlin, Graf Bismarck habe sich sehr anerkennend über die süddeutschen Regierungen namentlich über die Haltung Baierns ausgesprochen, ich höre andererseits man habe in München es bereits erklärt, man werde seine deutschen Pflichten zu tun wissen und Ähnliches.

Notez bien, wir mischen uns nicht ein, aber wenn Du mich als alten Freund um meine Meinung fragst, so soll sie Dir ehrlich gesagt sein.

Diese hohenzollern-spanische Sache war ja für Euch eine bonne fortune. Hier hattet Ihr Gelegenheit, auf den casus foederis sogleich mit aller Schärfe loszugehen auf dem günstigsten Terrain. Hier war von der deutschen Pflicht keine Rede, da von keiner deutschen Sache die Rede sein konnte. Dieses Vorgehen hätte in Berlin sehr zum Frieden und zur Versöhnlichkeit wirken können, in Paris aber hättet Ihr etwas in der Hand, um es in die Waagschale zu werfen, falls man nicht versöhnlich sein wollte.

Und endlich – hättet Ihr Euch wirklich so deutlich in Berlin ausgesprochen – so habt Ihr es Euch selbst zuzuschreiben, wenn der erste französische Schuß auf Euch losgehen sollte.

Wenn Eure Haltung so ist, wie sie mir eben geschildert wurde… so werdet Ihr dem Krieg den größten Vorschub geleistet haben anstatt daß Ihr ihn erschweren konntet, wenn Ihr nach meiner Auffassung handelt.

Hier, lieber Freund, meine Ansichten. Vielleicht ist es noch Zeit, davon Gebrauch zu machen.«[4]

Das schlagendste Gegenstück zu diesem seltsam zwischen Irrealis der Vergangenheit und Potentialis der Gegenwart pendelnden Brief ist die kurze Weisung Bismarcks nach München vom gleichen Datum: »… daß Zögerung oder Zweifel am Casus Föderis von uns dem Bruch des Bündnisses gleich erachtet wird«.[5] Dieser überaus scharfe Druck auf Bayern (und die anderen

Südstaaten) erklärt Brays Nichtachtung der Beustschen Hinweise und auch seine späteren Entschuldigungs- und Erklärungsversuche.[6] Er erklärt aber nur zum Teil die zurückhaltende Politik Beusts. Man mag in seinen Hinweisen an Bray Fragmente einer größeren Konzeption finden (wie auch in gleichzeitigen Äußerungen gegenüber Cazaux in Wien), die durch den rasanten Fortgang der Krise überholt wurde, bevor sie noch voll entwickelt war: Die spanische Affaire sollte in eine nachhaltige diplomatische Niederlage Preußens münden. Man mag die Alibifunktion der Äußerungen Beusts und das Schuldabwälzen auf die Süddeutschen hervorheben. Der bleibende Rest läßt sich vielleicht weiter aufklären, wenn wir den Blick weiter nach Westen, nach Stuttgart richten. Hier machte sich der österreichische Gesandte Walterskirchen gegenüber Beust zum Sprecher der württembergischen Großdeutschen, die sich rascher als die bayerische Patriotenpartei gegen Frankreich entschieden hatten und nun die Neutralität Österreichs befürworteten:

»Dringend ist der Wunsch und die Hoffnung aller Großdeutschen, daß Österreich sich nicht aus seiner neutralen Stellung herausbegebe und nicht möglicherweise dennoch mit Frankreich gemeinsame Sache mache. – Nicht nur wäre eine aktive Rolle unsererseits das Zeichen zu einem europäischen Kriege, sondern wenn wir überhaupt noch je Einfluß im Süden Deutschlands haben wollen – selbst ohne uns wieder als *deutsche* Macht zu geben –, so dürfen wir in dieser Sache, wie selbe grâce à la maladresse française gestaltet, nicht auf Frankreichs Seite stehen.«[7]

Aus Darmstadt kamen Beust womöglich noch entschiedenere Äußerungen zu. Dalwigk, der bisher stets ein unbedingter Befürworter des auf Frankreich gestützten Wiedereintritts Österreichs in Deutschland gewesen war, vollzog im Zeichen der Julikrise mit seinen politischen Freunden eine entschiedene Wendung. Der österreichische Gesandte referierte seine Äußerungen:[8]

»Er [sc. Dalwigk] sagte mir auch, daß, soweit ihm Nachrichten zugehen, alle Parteien einig sind, es müssen die Grenzen und die Integrität Deutschlands gemeinsam gegen Frankreich verteidigt werden. ›Mein ganzes Leben und meine Überzeugung spricht dafür‹, sagte Baron Dalwigk frei, ›daß ich nicht für Preußen eintrete; wie immer die Würfel fallen, wird Österreich, dem ich mich nie entfremden kann, mit den Großmächten eingreifen müssen, um durch Begrenzen der Übermacht des siegenden Teiles die Störung des europäischen Gleichgewichtes zu verhindern‹.... Gegenwärtig kann, seiner Ansicht nach, die Haltung der österreichisch-ungarischen Monarchie nur eine gänzlich neutrale sein.«

München, Stuttgart, Darmstadt – das waren je verschiedene Situationen und Reaktionen, die Beust in den entscheidenden Tagen vielleicht noch nicht zutreffend bewerten konnte, die aber eher zur Zurückhaltung veranlaßten. Je weiter westlich, desto klarer war der Anschluß an Preußen; von einer einheitlichen Bewegung im Sinne der von Beust angeregten Prüfung des Casus foederis konnte weder in der süddeutschen Öffentlichkeit noch bei den Regierungen die Rede sein. Auch sind für die Zurückhaltung Beusts die immer schärferen Stellungnahmen der deutschliberalen Öffentlichkeit Österreichs für den deutschen Nationalkrieg in Betracht zu ziehen. Vermutlich wäre auch gegenüber Süddeutschland der Aktionsradius der österreichischen Politik stärker gewesen, hätte Beust im Inneren eine entsprechende Unterstützung gefunden. – Gegen Ende Juli 1870 hatten sich dann offenbar die Dinge geklärt. Da war nicht nur das für Österreich katastrophale Ausmaß des Umschwungs in Süddeutschland offenbar geworden; da hatten sich auch Beusts etwas vage Hoffnungen, durch eine sofortige französische Offensive am Main und Oberrhein einen österreichischen Aufmarsch an der bayerischen Grenze zu motivieren und dadurch den faktischen Kriegseintritt Süddeutschlands doch noch zu verhindern[9], als unbegründet erwiesen. Es blieben Enttäuschung und die Sorge um die Zukunft. Während es die Wiener Seite zunächst streng vermied, von sich aus gegenüber den süddeutschen Höfen die möglichen Folgen des Krieges für die deutsche Frage zu besprechen, waren die österreichischen Gesandtenberichte aus Süddeutschland voll von Meldungen und Reflexionen zu diesem Thema. Bruck, der die Dinge in München besonders sorgenvoll verfolgte und schon sehr bald ein künftiges Aufgehen Bayerns im Nordbund befürchtete, malte die bedrohlichen Folgen für Österreich aus:[10]

»Was dann eintreten könnte, ist schwer vorauszusehen, aber jedenfalls hätten wir einen Gegner an unseren Grenzen, der das deutsche Vaterlands-Lied Arndts zur Ausführung bringen will und bereits seine gierigen Augen auf die deutschen Provinzen [sc. Österreichs] geworfen haben dürfte. – Wie man auch jetzt in Berlin über uns sprechen und uns schmeicheln mag, so werden alle diese Worte und Versprechungen verschwinden, sobald Preußen siegreich aus dem Kampf hervorgeht.«

Von dieser Prognose her und aus Sorge um den Bestand der Monarchie kommt Bruck, der in Beusts geheime Gedanken gewiß nicht eingeweiht war, zu ähnlichen Empfehlungen: Neutralität nur als Schutz einer starken Rüstung, Aufstellung einer schlagfertigen Armee, eventuell in Böhmen, die dann an den Rhein marschieren kann... Der zur Tat drängende Gesandte in München war sich also mit dem österreichischen Vertreter in Stuttgart (der resigniert strikteste Neutralität empfahl[11]) immerhin in einer Prämisse einig: daß der Hebel für die Zukunft der deutschen Frage nicht in Süddeutschland, sondern in der Intervention der europäischen Großmächte und in der Gestaltung der internationalen Machtverhältnisse lag.

Beust selbst hat nach dem Ende der Julikrise seine Zurückhaltung gegenüber Süddeutschland zweifach und sehr unterschiedlich begründet. Gegenüber den in Österreich und Süddeutschland laut werdenden Vorwürfen, die Wiener Regierung habe es versäumt, »für die Aufrechterhaltung der Neutralität Süddeutschlands in die Schranken zu treten«, gab er eine sehr eindeutige Sprachregelung an[12]: Die Initiative zu einer gemeinsamen Neutralitätspolitik hätte von den süddeutschen Staaten ausgehen müssen.»Wenn aber dort die großdeutsche Partei nicht genug eigene Kraft und selbständigen Einfluß hatte, um die Stimmung der Volkskreise zu beherrschen und die Regierungen zu bestimmen, uns den Wunsch der Anlehnung an unsere Stellung entgegenzutragen, so konnte der Ausgang nur derjenige sein, den wir vor Augen haben, und wir haben jedenfalls wohl daran getan, uns nicht durch erfolglose Gegenbestrebungen bloßzustellen.« Das war sicher nicht die volle Wahrheit, vielmehr eine rechthaberische Entweder-Oder-Konstruktion. Wichtig ist dabei die weiterzielende politische Note: Man will sich für zukünftige Eventualitäten nicht bloßstellen. Hier liegt nämlich die Verbindung zu einer vordergründig ganz anders argumentierenden Deutung. Beust lieferte sie wenige Tage später gegenüber der russischen Regierung, die sich ja, wie gleich zu zeigen ist, in der Julikrise und danach sehr für die süddeutschen Dinge interessierte. Er instruierte Chotek, den österreichischen Gesandten in St. Petersburg, wie er dem Zaren und Gortschakow die Haltung Wiens zu Süddeutschland darzulegen habe[13]:

So wie Österreich seit dem Prager Frieden dessen Bestimmungen mit gewissenhafter Treue eingehalten hat – »zu gewissenhaft in den Augen eines großen Teils der Bevölkerung Süddeutschlands – so bewies die k.u.k. Regierung soeben in einer unmißverständlichen Weise ihre Unparteilichkeit, indem sie darauf verzichtete, durch ihre Haltung jene Partei in Süddeutschland zu unterstützen, die Neutralität im französisch-preußischen Krieg forderte, und indem sie sich jede Manifestation versagte, die diese Partei hätte ermutigen können. Wir haben so gehandelt, um keinen Anlaß für Beschuldigungen seitens der preußischen Regierung zu geben.«

Was nun? Welche Erklärung Beusts trifft zu? Vermutlich enthielten beide post festum abgegebenen Interpretationen einen richtigen Kern. Die Überlegung, sich angesichts der starken Stellung der Nationalliberalen in Süddeutschland nicht durch eine letztlich erfolglose Konfrontation bloßzustellen, konnte sich nahtlos verbinden mit dem weiteren Argument, in Süddeutschland für jetzt keine Händel mit Preußen zu suchen. Daß diese offizielle Erklärung zugleich an die russische Adresse und über St. Petersburg an die preußische Adresse gerichtet war, liegt auf der Hand. Für den Fortgang des Ringens um die deutsche Frage sind nun die Ausgangspositionen Österreichs deutlich geworden: Offenhalten der Dinge, Wohlverhalten, Schweigen über den Prager Frieden, kein Kompromittieren der Beziehungen, weder zu Süddeutschlands Regierungen und Öffentlichkeit, noch zu Preußen noch schließlich zu Rußland, das sich damals zeitweilig zu einer Schutzmacht der süddeutschen Selbständigkeit aufzuwerfen schien.

Rußlands Interessen, soweit sie sich mit Österreich-Ungarn berührten oder überschnitten, lagen in Polen, in Südosteuropa und in der Aufrechterhaltung des allgemeinen Status quo in Mitteleuropa. Der Ausbruch des deutsch-französischen Krieges und die neue Dynamik der deutschen Frage brachten die russische Politik alsbald in eine schwierige Lage.[14] Einerseits hatte Gortschakow nach den erheblichen Erfolgen der österreichischen Balkanpolitik 1867/69 und nach den eigenen Rückschlägen seit Sommer 1869 eine Entspannung gegenüber Wien begrüßt, die mit dem Warschauer Besuch des Erzherzogs Albrecht Anfang Juli 1870 in eine neue Etappe getreten war.[15] Dabei ging die russische Seite offenbar von einer Stillegung der orientalischen Frage aus und war zunehmend an beruhigenden österreichischen Zusicherungen in puncto Galizien–Polen interessiert. Andererseits blieb die enge Bindung an Preußen, die im Abkommen vom März 1868 ihren Ausdruck gefunden hatte, bestehen und führte angesichts der Julikrise zu weitreichenden Konsequenzen. Zar Alexander II. sagte am 16. Juli König Wilhelm zu, bei einer österreichischen Kriegserklärung an Preußen die »Paralysierung« der österreichischen Streitkräfte durch eine russische Armee von dreihunderttausend Mann zu übernehmen.[16] Auch erklärte er sich bereit, zur Besetzung Galiziens zu schreiten, falls die »kriegerischen Verhältnisse es nötig« machten. Das war etwas dunkel ausgedrückt, konnte aber bedeuten, daß Rußland auch ohne österreichische Kriegserklärung an Preußen – etwa im Falle französischer Siege über Preußen – gegen die Donaumonarchie vorgehen würde. Diese sehr weitgehende Hilfserklärung wurde rasch auch in Wien bekannt, vermutlich wußte Beust im Ministerrat vom 18. Juli schon davon.[17] Sie war ein Produkt der persönlichen, propreußischen Politik des Zaren; Gortschakow hatte schon zu Beginn der Julikrise Rußland verlassen, um nach Süddeutschland ins Bad zu fahren. Er kehrte erst einen Monat später nach St. Petersburg zurück. Wieweit diese auffallende Absenz in einer akuten Ministerkrise begründet war – Versuche zum Sturz des zuwenig preußenfreundlichen Kanzlers –, bleibt dahingestellt.[18] Jedenfalls stand Gortschakow jenem mächtigen Flügel der russischen Öffentlichkeit nahe, der einer weiteren Machtsteigerung Preußens und dem Entstehen einer großen Militärmacht in der Mitte Europas mit Mißtrauen begegnete. Doch auch der Zar und die propreußisch-konservativen Kreise wünschten keine Ausweitung des Krieges; die inneren Verhältnisse forderten Ruhe, die militärische Rüstung war noch ganz unfertig. Auch erschien die Expansion in Zentralasien lohnender und weniger riskant als ein Krieg im Westen. Man zeigte sich dringend daran interessiert, daß die orientalische und polnische Frage nicht in Bewegung kamen und vor allem, daß Österreich-Ungarn nicht in den Krieg eintrat. Auch für die Erhaltung der Selbständigkeit Süddeutschlands traten Alexander II. und Gortschakow nach Kriegsbeginn gleicherweise ein; dynastische Beziehungen und das traditionelle Gleichgewichtsdenken, das die Überschreitung der Mainlinie verhindern wollte, wirkten in die gleiche Richtung. Dieses eindeutige Interesse Rußlands am Frieden und am Status quo läßt sich seit Beginn der Julikrise vielfach verfolgen. Aber es wurde nicht nur durch die eilige Hilfserklärung an Preußen »durchlöchert«, sondern auch durch ein Ziel spezieller russischer Interessenpolitik, das seit langem formuliert war, nun aber in Ausnützung des europäischen Konfliktes durchgesetzt werden sollte: die Befreiung Rußlands von dem Joch der Schwarzmeerklauseln des Pariser Vertrages 1856.[19]

Zeitweilig konnte es scheinen, als werde es Gortschakow gelingen, diese inneren Widersprüche durch eine großangelegte Friedens- und Kongreßpolitik zu überspielen: Ein europäischer Kongreß, den Rußland anstrebte, sollte die Kriegsgegner zu einem billigen Frieden bringen, dadurch das europäische Gleichgewicht sichern und zugleich die eigenen Revisionswünsche in Sachen Schwarzes Meer in einer prestigeträchtigen Weise erfüllen. Von dieser Konzeption und Bismarcks erfolgreicher Gegenaktion wird noch im folgenden zu sprechen sein. Zunächst mußte es nach dem 16. Juli das Hauptziel der russischen Politik sein, durch das Hilfsversprechen an Preußen nicht wider Willen in den Krieg gezogen zu werden. So war die Position Rußlands in gewisser Hinsicht schwieriger und abhängiger als die Österreichs geworden. Rußland war in die Hinterhand geraten: wenn Österreich rüstete, mußte es rüsten; wenn Österreich den Krieg wollte, war Rußland zum Krieg gezwungen. Dies erklärt die anhaltenden Bemühungen Petersburgs, Österreich nicht nur faktisch neutral zu halten, sondern darüber hinaus zu friedenssichernden Absprachen mit Wien zu gelangen.

Die einzelnen Etappen der russischen Werbung um Österreich-Ungarn und der Reaktionen Wiens sind von hohem Interesse. Dies gilt nicht nur für das wechselvolle Spiel der diplomatischen Beziehungen im Juli und August 1870, sondern fast noch mehr für eine Reihe von Sachfragen Ost- und Mitteleuropas, die hier in intensiver Beleuchtung und im Abwägen neuartiger Weichenstellungen erscheinen: Süddeutschland, der Panslawismus, die polnische Frage, die Möglichkeit langfristiger russisch-österreichischer Zusammenarbeit im Orient, einschließlich der kommerziellen und verkehrstechnischen Erschließung (Orientbahnen) etc. Im vorliegenden Zusammenhang kann es sich nur um einen knappen, pointierten Überblick handeln, der zunächst bis zu der Wende in Wien in der zweiten Augustwoche reicht.

Während die Dinge in Wien am 18. Juli in einer diametral entgegengesetzten Richtung festgelegt worden waren — antirussischer Konsens auch im Hinblick auf Öffentlichkeit und Parlamente —, fand in Petersburg eine ebenso massive wie unüberlegte Aktion Gramonts zugunsten der Duldung österreichischer Rüstungen und eines Aufmarsches gegen Preußen in Böhmen statt.[20] Rußland sollte Frankreich zuliebe keinen Einspruch gegen die Bedrohung Preußens durch Österreich erheben. Dies alarmierte den Zaren und gab bereits seiner ersten »Werbeoffensive« in Richtung Wien einen sehr dringenden, entgegenkommenden und weitreichenden Charakter.[21] Er bot Österreich eine im Namen des preußischen Königs ausgesprochene Garantie seiner Grenzen, ein förmliches Protektorat über Süddeutschland und die Bereitschaft, sich über andere Fragen zu verständigen – wenn die k.u.k. Regierung sich auf eine strikte Neutralität festlegen wolle. Der österreichische Gesandte in St. Petersburg, Graf Chotek, befürwortete mit Nachdruck ein Eingehen auf die russischen Avancen, jedenfalls für die Dauer des Krieges. Beust wies nicht nur diese ersten, in sehr ungewöhnlicher Form vom Zaren persönlich ausgehenden Angebote eindeutig ab. Er verhielt sich auch gegenüber den von Gortschakow aus Süddeutschland über den Stuttgarter Hof kommenden Lockrufen kühl. Zwar wurden in den Ministerratssitzungen, die auf den 18. Juli folgten, die Befestigungsarbeiten in Galizien mit Rücksicht auf Rußland teilweise sistiert.[22] Aber die Rüstungen gingen weiter. Und noch am 4. August, als der Ministerrat – wohl unter dem Eindruck des französischen Erfolges bei Saarbrücken – weitere militärische Maßnahmen beschlossen hatte, gab Beust Weisungen nach Petersburg, die in sehr höflicher Form einen eher drohenden Inhalt hatten.[23] Chotek wurde mitgeteilt, daß sich das Mißtrauen Österreich-Ungarns gegen Rußland steigere, daß die Opposition der Tschechen auf auswärtige Agitationen zurückzuführen sei, daß man deshalb eine Truppenkonzentration in Böhmen in Betracht ziehen müsse...

Russischerseits waren die Sorge und Bedrängnis inzwischen weiter gestiegen. Die französische Flottenaktion in den dänischen Gewässern, die den Zweck hatte, Dänemark zum Eintritt in den Krieg gegen Preußen zu drängen, beunruhigte in St. Petersburg außerordentlich.[24] Nun trat dort der Gedanke einer kollektiven Friedensinitiative gemeinsam mit Österreich und England in den Vordergrund, »a general understanding«, wie Sir Andrew Buchanan nach London meldete.[25] Gortschakow kehrte aus Deutschland ins Amt zurück und nahm die Dinge im Sinne einer großen diplomatischen Aktion in die Hand. Er hatte aber schon von Deutschland aus in bemerkenswerter Weise den Kontakt mit Wien gesucht. Ende Juli ließ er von Stuttgart aus durch den österreichischen Gesandten an Beust bestellen, er wolle nicht über Wien zurückreisen, um »uns nicht das Verdienst unseres ruhigen Verhaltens [zu] nehmen«.[26] In München führte Gortschakow Anfang August Gespräche mit Graf Bray und mit Baron Bruck, dem Vertreter Österreichs; über den Wunsch nach der Neutralität Wiens hinaus wurde hier bereits mit Deutlichkeit der Gedanke einer »Entente« zwischen den beiden östlichen Großmächten vorgetragen. Bray übermittelte Gortschakows Erklärungen in einer vom russischen Reichskanzler autorisierten Form nach Wien:

»Der gegenwärtige Krieg, der sich als ein Ringen um Macht zwischen zwei großen politischen Körpern darstellt, habe kein bestimmtes Ziel, keine enge vorgezeichneten Grenzen, und es lasse sich deshalb in Bezug auf seine Dauer ein sicheres Prognostikon nicht stellen. Es sei vielmehr zu befürchten, daß, wenn nicht äußere Einflüsse sich geltend machen, ein rascher Verlauf des Krieges und ein baldiges Ende nicht angenommen werden könne.

Bei dieser Sachlage betrachte er, der Fürst, es als einen besonders günstigen Umstand, daß in neuerer Zeit eine fortschreitende Annäherung zwischen Österreich und Rußland stattgefunden habe, weil gerade von Seiten dieser beiden Großmächte, im Anschluß an England, eine dem allgemeinen europäischen Staatensystem entsprechende, günstige Einwirkung auf die Lokalisierung und Abkürzung des Krieges sich als möglich darstelle.

Der Fürst erinnerte sich dabei mit besonderer Befriedigung seiner Zusammenkunft mit Euerer Excellenz in Ouchy, welche er als den Ausgangspunkt der Besserung der gegenseitigen Beziehungen beider Mächte bezeichnete.

Einen weiteren bedeutenden Fortschritt hierin erkennt der Fürst in den Ergebnissen der Sendung Seiner Kaiserlichen Hoheit des Herrn Erzherzogs Albrecht an Seine Majestät den Kaiser Alexander nach Warschau. Durch die dort erneuerte Intimität zwischen den Gliedern der beiden Kaiserhäuser sei die bis dahin noch schwache Pflanze nachbarlichen Wohlwollens zur weiteren Entwicklung gebracht worden.

Fürst Gortschakow knüpfte hieran den Ausdruck seines lebhaften Wunsches, daß diese günstige Stimmung zu einem Verständnis – entente – zwischen Rußland und Österreich über die Maßnahmen zur Wiederherstellung des Friedens, vor allem zur Beschränkung und Lokalisierung des Krieges, führen möge. Als erste Bedingung eines günstigen Erfolges betrachtet der Fürst eine feste, gewissenhafte und dauernde Neutralität, zu welcher Rußland entschlossen ist, und welche um so leichter zu erhalten scheint, als von keiner Seite irgendwelche Nebenabsichten oder Hintergedanken anzunehmen sind.

Eine solche, von beiden Regierungen beschlossene, in notwendigem inneren Zusammenhange stehende Neutralität würde als sichere Grundlage zu einer Verständigung dienen können, welcher von Seiten Rußlands der feste Wille entgegengetragen werde, *sowohl im Westen als im Osten* die friedlichsten Tendenzen zu verfolgen.«[27]

Aber erst am 7. August ist in Wien der Beginn einer Wendung festzustellen.[28] Chotek, der weiterhin von russischer Seite mit Anfragen und Offerten bearbeitet wurde, der nun sogar bei dem Kriegsminister Miljutin positive Anknüpfungen für ein russisch-österreichisches Zusammengehen gegen die preußische Expansion fand[29], erhielt endlich die Erlaubnis, nach Wien zu kommen und die Petersburger Angebote zu einer »Entente« mündlich zu erläutern. Nun schien sich ein großer Umschwung vorzubereiten: Zusammenarbeit der beiden großen Ostmächte, um eine Umgestaltung Mitteleuropas und eine Lösung der deutschen Frage im preußischen Sinne durch politische – vielleicht auch militärische – Intervention zu hindern. Der Zeitpunkt der

Wendung in Wien ist bezeichnend. Am gleichen 7. August, als Beust erstmals positiv auf die seit zwei Wochen vorgebrachten russischen Avancen antwortete, traf in Wien ein Telegramm Metternichs aus Paris ein, das den Eindruck der ersten französischen Niederlagen lapidar zusammenfaßte: »Le sort de la guerre me semble décidé.«[30]

Das Ringen um eine österreichisch-italienische Allianz zwecks bewaffneter Intervention

Mit dem Rücken zu Rußland, mit bemüht konfliktfreiem Abwarten gegenüber Preußen und Süddeutschland, mit engem Kontakt zum Osmanischen Reich wandte sich die österreichische Diplomatie seit Mitte Juli intensiv Italien zu.[1] Beust scheint anfangs etwas gezögert zu haben, auf die Idee einer österreichisch-italienischen Allianz einzugehen. Dann aber machte er sich die Konzeption im Sinne der Interessen der Monarchie ganz zu eigen. Gegenüber der unberechenbaren und plumpen Politik Gramonts versuchte der Reichskanzler, auf dem Wege eines geheimen Bündnisses mit Italien den Übergang von der unbewaffneten zur bewaffneten Neutralität und schließlich zur bewaffneten Vermittlung beider Staaten zugunsten Frankreichs. Dieser Weg sollte mit Billigung Napoleons beschritten werden; er sollte Österreichs Rechtfertigung gegenüber den fortgesetzten direkten Hilfsersuchen Frankreichs bedeuten und zugleich Wien eine selbständige politische Kontrolle der künftigen europäischen Vermittlungs- und Friedensverhandlungen sichern. An den Fragen der Umgestaltung Mitteleuropas war Italien wohl weniger direkt interessiert als Frankreich und auch Rußland. Gewisse Präferenzen für eine kleindeutsche Form der nationalen Einigung waren in Italien weiterhin gegeben, auch unabhängig von dem starken Einfluß, den Preußen fortgesetzt im Sinne seiner Ziele in Florenz und in der italienischen Öffentlichkeit ausübte. Bei allen Divergenzen innerhalb des politischen Kräftefeldes Italiens war man sich in zwei fundamentalen Zielen des eigenen Interesses einig. In erster Linie sollte die römische Frage rasch und gründlich gelöst werden: »Roma capitale!« In zweiter Linie sollten von Österreich – wie schon in den Dreieralliazverhandlungen von 1868/69 – als Preis des Bündnisses italienischsprachige Gebiete (Trient, Isonzo) gewonnen werden.

Zu ernsthaften Diskussionen über die von Österreich gewünschte Lösung der deutschen Frage kam es in diesen Bündnisverhandlungen überhaupt nicht, kaum zur Erörterung der Abtretungsfragen. Sehr rasch ergaben sich zwei fundamentale Schwierigkeiten, an denen man hängenblieb. Napoleon hatte im Höhepunkt der Julikrise – am 14. Juli – die sofortige Reaktivierung der Dreieralliazprojekte vom Vorjahre gewollt und ließ sich dann nur mühsam zu einer Billigung der Zweierallianz bewegen. Er bestand schließlich auf der Forderung nach einer sofortigen kriegsmäßigen Mobilisierung der österreichischen und der italienischen Armee und nach einer engeren Bindung der Zweierallianz an Frankreich. Beust mußte das ablehnen.[2] Vor allem aber war es die römische Frage, in der es Beust trotz fortgesetzten Vermittlungsbemühungen nicht gelang, den Konflikt zwischen dem französischen Beharren auf der Garantie des Kirchenstaates (mit Rücksicht auf die klerikale Partei in Frankreich) und den italienischen Absichten auf Rom zu überbrücken.[3] Dabei hatte das direkte Wiener Engagement für eine nationalitalienische Lösung der römischen Frage nicht nur diplomatische Motive, es zielte auch unmittelbar auf die Sympathien der Liberalen in Österreich wie in der europäischen Öffentlichkeit.[4] Offensichtlich wollte die k.u.k. Regierung, die zur gleichen Zeit (30. Juli) das Konkordat kündigte, auch ihre Politik in der römischen Frage in einen umfassenden Werbefeldzug einbringen, der ihr inner- und außerhalb der österreichischen Grenzen neuerdings liberale Unterstützung im Hinblick auf die mitteleuropäische Krise verschaffen sollte.

Das Ringen um die österreichisch-italienische Allianz vollzog sich bis zu seinem Scheitern in der zweiten Augustwoche in einer intensiven Reisediplomatie. Vitzthum, der in Paris mit Metternich, dem italienischen Gesandten Nigra und dem italienischen Militärattaché Vimercati am 15. Juli die erste Besprechung über eine gemeinsame »Médiation« geführt hatte[5], reiste zunächst nach Wien, dann mit dem in Wien verfaßten Vertragsprojekt nach Florenz. Im Auftrage des italienischen Außenministers Visconti-Venosta, der viel zurückhaltender war als Vimercati, der persönliche Vertrauensmann des Königs, ging Isaac Artom (italienischer Gesandter in Karlsruhe) als Sonderbeauftragter nach Wien.[6] Ihm folgte als zweiter Sondergesandter Vimercati selbst, der vom 24. Juli ab in Wien in direktem Kontakt mit dem italienischen König den Allianzvertrag zum Abschluß zu bringen versuchte.

Die Dinge spitzten sich in dramatischer Form zu. In Wien lehnte man es ab, auf Napoleons Wunsch nach einem sofortigen Abschluß einer Dreierallianz auf der Basis der Verhandlungen von 1869 einzugehen. Als Ersatz verwies man als Mittel zum gleichen Zweck auf das Projekt der Zweierallianz mit Italien. Dies teilte Beust am 27. Juli Metternich mit. Gleichzeitig wurde von Beust in Wien mit Vimercati und dem französischen Botschafter ein Vertragstext vereinbart, der als Artikel VII das Angebot der guten Dienste Österreichs für die Lösung der römischen Frage im italienischen Sinne enthielt.[7] In Paris tagte am 27. Juli der kaiserliche Conseil und beschloß: »... que mieux valait renoncer à l'alliance avec l'Autriche et l'Italie que de commettre une pareille trahison envers le Saint-Père au moment ou on avait besoin du concours de la grande nation catholique qui s'appelle la France«.[8] Das war nur die Bekräftigung einer schon zuvor nach Wien mitgeteilten Entscheidung. Beust erwirkte sogleich die Autorisation Franz Josephs, um den Artikel VII streichen zu lassen und legte nun in Florenz den Vertrag in dieser reduzierten

Form zur Annahme vor. Gegenüber Paris betonte er in sehr scharfer Weise die Gefahren, die »für alle Teile, ausgenommen Preußen und Garibaldi«, bestehen, wenn man die Dinge hinsichtlich Roms sich selbst überlasse, statt Mittel zu suchen, die sowohl für den Papst wie für die italienische Regierung reale Sicherheit schüfen.[9]

In diese gespannte Verhandlungssituation platzte ein eigenhändiger Brief Napoleons an Franz Joseph, der als Antwort auf ein Höflichkeits- und Beruhigungsschreiben aus Wien mit allem Nachdruck um möglichst rasche und kräftige Hilfe bat. Der Kaiser der Franzosen wandte sich »an das große Herz und die hohe Weisheit« des österreichischen Monarchen: »Man muß die augenblickliche Lage Europas mit Entschlossenheit ansehen. Triumphiert Preußen, so wird die ganze Mitte, der ganze Norden, der ganze Osten Europas unter das Joch der Nordmächte geraten. Das Interesse des Reiches Eurer Majestät, selbst das Interesse Italiens verpflichten die Oberhäupter dieser zwei Länder, mit allen ihren Kräften in dem äußersten Kampf, den ich unternommen habe, mir beizustehen.«[10] Folgerichtig verlangte man von Paris aus nun weitere Abänderungen des österreichisch-italienischen Vertragsprojektes, die Österreich und Italien enger an die unmittelbaren Kriegszwecke Frankreichs binden sollten.[11] In Artikel VI hieß es zunächst: »Nach ausreichender Rüstung werden Ihre Majestäten ihre gemeinsame Aktion verabreden, sei es im Hinblick auf eine ›médiation combinée‹, oder auf einen Kriegseintritt.« Paris forderte nach »médiation combinée« den Einschub »avec la France«. Dies hatte man in Wien noch zugestanden. Kritisch wurde die Lage angesichts zweier weiterer Forderungen, die etwas später nach Wien telegraphiert wurden. Artikel V lautete in der Wiener Fassung: »Um nötigenfalls diese Neutralität zu verteidigen, werden Ihre Majestäten ihre Armeen *sobald wie möglich* auf Kriegsfuß bringen.« Die von Frankreich geforderte Änderung lautete: »... ihre Armeen *sogleich* (immédiatement) auf Kriegsfuß bringen«. Die zweite Änderung betraf Artikel III und war nach Beusts Ansicht noch beunruhigender. Der Artikel besagte in der Wiener Fassung: »Ihre Majestäten werden keine neue Allianz abschließen und keinen Vertrag unterzeichnen, die sich auf den gegenwärtigen Krieg beziehen, ohne sich gegenseitig benachrichtigt und vorher verständigt zu haben.« Gramont forderte schlicht, daß man die Einvernehmensklausel auf eine Informationspflicht beschränke; es solle der Satz enden mit: »... ohne sich benachrichtigt zu haben«. Mit diesen beiden zusätzlichen Änderungen hätte der Allianzvertrag seinen speziellen Wert für Österreich weitgehend verloren. Österreich hätte, wie Italien, jede Flexibilität des »Timing« zugunsten einer sofortigen Verpflichtung zur Vollmobilmachung aufgegeben müssen; es wäre aber vor allem die Selbständigkeit der gemeinsamen Aktion mit Italien zugunsten einer von Frankreich her manipulierbaren Einzelhilfe aufgegeben worden. Beust brachte diese überraschende Wendung sofort in Verbindung mit der zuletzt –

schon angesichts der ersten preußischen Siege – aus Paris gemeldeten Absicht, von Italien die unmittelbare, nicht mit Österreich verabredete Entsendung von Truppen auf den französischen Kriegsschauplatz zu fordern. Er bezeichnete die beiden letzten Änderungen des Vertrags als nicht akzeptabel.

Doch diese Schwierigkeiten von französischer Seite waren nur das eine, ein anderes waren die Enttäuschungen, die Vitzthum als Sondergesandter in Florenz erlebte. Die Hemmungen und Einwände, die nun innerhalb der italienischen Regierung hervortraten, resultierten nicht nur aus der formal ungelösten Problematik der römischen Frage, sondern waren tief in den Gegensätzen begründet, die das Land beherrschten. Links- und Rechtstendenzen bildeten wechselnde Konstellationen. Dazu traten kräftige preußische Gegenaktionen und ein lavierendes Verfahren der italienischen Diplomatie, das in Wien als Unzuverlässigkeit qualifiziert wurde. Beust schlug bereits am 7. August Franz Joseph vor, die Verhandlungen über eine Zweierallianz mit Italien abzubrechen, »um freie Hand zu der nunmehr notwendigen Fühlung mit England und Rußland zu gewinnen...«[12] Der Kaiser, der stets besonderen Wert auf die Beiziehung Italiens gelegt hatte (und dabei anscheinend vor allem von militärischen Überlegungen ausging), zögerte noch etwas. Doch als klar wurde, daß auch der italienischen Seite angesichts der preußischen Siege die Lust verging, erhielt Vitzthum am 9. August die Anweisung, nicht mehr weiter zu verhandeln. Es war ein Abbruch mit freundlichen Phrasen: »Die gemeinsamen Interessen, die ein engeres Verhältnis zwischen dem österreichisch-ungarischen Reich und dem Königreich Italien herbeigeführt haben, bestehen weiter und werden ohne Zweifel fortgesetzt das gute Einverständnis zwischen beiden Regierungen kräftigen.«[13] In der zweiten Augusthälfte begann mit der Entsendung des früheren Außenministers Minghetti nach Wien eine neue Etappe politischer Fühlungnahme, aber diese Verhandlungen gehören bereits einer wesentlich veränderten Konstellation der europäischen Politik an.

So endete der Versuch einer gemeinsamen politisch-militärischen Aktion Österreichs und Italiens zugunsten Frankreichs und einer antipreußischen Lösung der deutschen Frage; er blieb stecken im Gestrüpp der römischen Frage und der inneritalienischen Divergenzen. Er wurde still zu Grabe getragen, während in Deutschland die Glocken die Siege von Weißenburg, Wörth und Spichern verkündeten. Mit ihm endet auch die 1868 begonnene Geschichte der großangelegten Versuche, in einem Zusammenwirken à trois den Geschicken Europas eine Wendung im Sinne der gemeinsamen Interessen Frankreichs, Italiens und Österreichs zu geben. Wenn in diesen Jahren aus der teilweise verwirklichten Zusammenarbeit Bleibendes erwuchs, so war es im Südosten Europas, wo Österreich gegen Rußland eine erhebliche Verbesserung seiner Positionen gelang. Was aber in der Mitte Europas, in der deutschen Frage, intendiert wurde, war bald durch mächtigere Entwicklungen überholt. War es deshalb in den Sand geschrieben? Vielleicht für die deutschen Zeitgenossen und für jene Nachfahren, die bis heute im Banne der 1870 gestifteten nationalen Identität stehen. Nicht aber für den Historiker, der unvoreingenommen den Konflikten zwischen verschiedenartigen Realitäten nachzugehen versucht: zwischen dem Werden des preußisch-kleindeutschen Reiches und den Interessen anderer Staaten und Völker Europas. –

Alles in allem war wohl im Dreieck Frankreich-Österreich-Italien 1868/70 die Übereinstimmung der Interessen zu oberflächlich, zu sehr im Sinne der alten Kabinettspolitik gesucht worden. Und so war es gewiß kein Zufall, daß das Haupthindernis, an dem 1869 die Dreierallianz gescheitert war[14] – die römische Frage –, auch 1870 zu Kriegsbeginn einer sinngemäßen Fortführung der früheren Absichten vor allem im Wege stand.

Die Ereignisse eines Monats hatten das Gesicht Europas verändert. Die Hoffnungen auf einen baldigen Sieg Frankreichs und auf einen dauerhaften »échec« Preußens waren dahin. Der Eindruck, den in der öffentlichen Meinung Europas schon die erste Serie der französischen Niederlagen machte, war ungeheuer; denn nicht nur in Österreich-Ungarn, auch in Rußland und Italien hatte man mit der Überlegenheit der französischen Waffen um so mehr gerechnet, als die Sprache der französischen Politik so herausfordernd gewesen war. In der zweiten Augustwoche wurde das Scheitern der Bemühungen Frankreichs um eine Kriegskoalition offenbar, nicht nur im Bereich Italien-Österreich, sondern auch im Norden. Am 10. August wurde die Flottenexpedition nach Dänemark, die ursprünglich den Kriegseintritt Dänemarks und großangelegte Landemanöver an der deutschen Nord- und Ostseeküste einleiten sollte, ergebnislos abgebrochen.[15] Am 9. August wurde in Paris die Regierung Ollivier-Gramont gestürzt. Neuer Außenminister wurde der Botschafter in Wien, Fürst La Tour d'Auvergne. Ihm gelang es in den folgenden Wochen, das durch Gramonts Verhalten tief gestörte Verhältnis zu Österreich-Ungarn wieder zu bessern. Statt einer Kriegskoalition galt nun die Zusammenarbeit einer Kollektivaktion der Neutralen zum Schutze Frankreichs.

Für die außenpolitische Lage der Habsburgermonarchie bedeutete das Ende des Rechnens mit der großen französischen Offensive nicht nur einen Rückschlag, sondern auch eine gewisse Entspannung. Einerseits wandte man sich nun den zwei anderen »großen Neutralen« zu – Rußland und England. Andererseits blieben die mit Italien und dem Osmanischen Reich im Höhepunkt und Fortgang der Krise angeknüpften Kontakte weiterhin wirksam. Dies hatte erhebliche Bedeutung für die Süd- und Südostgrenzen der Monarchie. Die Türkei hatte Mitte Juli Reservisten einberufen, Beust suchte Ende Juli den politischen Austausch durch militärische Kontakte zu ergänzen.[16] Weit ausgreifende Konzepte für einen Kriegseintritt der Türkei an Österreichs Seite, wie sie vor allem Andrássy schon 1869 in Konstantinopel mit Ali Pascha erörtert hatte (Entschädigungen für die Türkei in Asien) waren nun nicht mehr am Platze.[17] Aber die Stillhaltepolitik in Richtung Rumänien und Serbien – hier durch Avancen in Richtung Bosnien-Herzegowina unterstützt – trug nun weiter ihre Früchte, umso mehr, als auch Rußland auf Ruhe hielt. Angesichts dieser russischen Haltung erwiesen sich Befürchtungen wegen Montenegros schließlich als unbegründet. Die orientalische Frage war stillgelegt, darin waren sich Österreich, Rußland und Preußen einig, wenn auch aus verschiedenen Motiven; die deutsche Frage stand auf der Tagesordnung.

Während am 11. August das preußische Hauptquartier, dem sich auch Bismarck mit einer Abteilung des Auswärtigen Amtes angeschlossen hatte, die französische Grenze bei Saarbrücken überschritt, gewann die Diskussion über die Zukunft Deutschlands an Umfang und Lebhaftigkeit. Zugleich begann die Erörterung um den Anschluß von Elsaß und Lothringen an einen neu zu stiftenden Bund der nord- und süddeutschen Staaten. Bezeichnenderweise war es der großdeutsch gesinnte Dalwigk, der schon am 6. August den preußischen Gesandten in Darmstadt in diesem Sinne ansprach: Wiedereroberung der alten deutschen Provinzen als »Indemnität für 1866«, dann die Kaiserkrone für Preußen.[18] Am 8. August berichtete der österreichische Gesandte aus Stuttgart über die dort begonnene Elsaß-Lothringen-Diskussion, auch in der Wiener Presse wurde die Frage bereits behandelt.[19] Unmittelbarer ging Österreich die Diskussion um die Zukunft Süddeutschlands an, die ja schon gleich im Juli eingesetzt hatte, noch unmittelbarer die immer häufiger gestellte Frage nach einem künftigen Anschluß der deutschen Provinzen der Monarchie an das neue, große Reich der Deutschen. Von Straßburg bis Wien und Triest wurden die Grenzen des neuen Reiches erörtert, und jede neue Siegesnachricht gab den Gefühlen und Phantasien in Hoffnung und Sorge neuen Antrieb. Es mußte für Wien besonders bedenklich klingen, daß nun gerade im Kreise der süddeutschen »Großdeutschen« der Gedanke der Zusammengehörigkeit Deutschlands und Österreichs eine propreußische und auf die Zerreißung der Monarchie gerichtete Wendung zu nehmen begann.[20] Und diese Befürchtungen verbanden sich mit der Frage nach dem Ausmaß des kommenden preußischen Sieges: wenn es Preußen gelingt, »Frankreich bis zur Ohnmacht niederzuwerfen«, dann müsse für den Bestand der Monarchie das Schlimmste gefürchtet werden. »Frankreich wird nie geteilt oder zertrümmert werden können, Österreich dagegen wird man teilen, wenn nicht vierteilen.« Die öffentliche Meinung in Deutschland und in Österreich bot viele Varianten dieser Zukunftsprognosen. Im deutschsprachigen Österreich waren es die Liberalen, deren Hauptorgan die Furcht vor dem von Preußen drohenden Finis Austriae bekämpfte und stattdessen die künftige Bundesgenossenschaft beider Staaten gegen die slawische Welt prophezeite.[21] Dagegen formulierte die dem österreichischen Ministerpräsi-

denten Potocki nahestehende ›Tagespresse‹ unverhohlen die Sorge vor Annexion und Vergewaltigung durch Preußen: »... und aus unserm herrlichen
Wien, das im Sonnenlicht der Freiheit neu erblühte, eine dem Verkommen
geweihte preußische Provinzstadt zu machen?«

Indessen gingen die militärischen Rüstungen der Monarchie weiter, nicht
sehr rasch und nicht sehr umfassend, aber doch in spürbarer Weise. Der Kaiser rechnete damit, daß Frankreich den Krieg länger aushalten könne als
Preußen, »das jetzt schon seine letzten Resourcen angespannt hat«.[22] Dies
war freilich am 3. August gesagt, als die preußische Offensive noch nicht begonnen hatte. Immerhin blieb das Rechnen mit dem längeren Atem Frankreichs ein bestimmendes Moment für die Haltung des Monarchen, der
schließlich noch Ende Dezember nur zögernd auf die propreußische Demonstration, die Beust forderte, einging, weil er Österreichs Chancen bei einem
nochmaligen Umschlagen des Kriegsglücks nicht abschneiden wollte.[23]
Doch dies war eine Haltung, und keine Politik. Die Politik mußte handeln
und neue Konstellationen ergreifen, auch und gerade, was die deutsche Frage
und die damit verbundene Existenzbedrohung der Monarchie anging.

Nach dem raschen Zusammenbruch der Hoffnung auf Frankreichs Überlegenheit und auf Preußens Demütigung mußte ein neuer Kurs eingeschlagen
und ein neuer Konsens für diesen Kurs gefunden werden. Ein Ansatz zu einem neuen Programm war in den Überlegungen enthalten, die der österreichische Gesandte in Berlin am 13. August am Ende eines längeren Berichtes
entwickelte.[24] Wimpffen schilderte eingangs voll Bitterkeit das Trumphge-
fühl in der preußischen Hauptstadt nach den ersten Siegen:

»Die preußischen Siege und deren Wirkungen übertrafen bisher alle, auch
die kühnsten Erwartungen und machten eine jede Logik und Politik zunichte,
indem sie eine Situation schufen, welche ich nur mit dem Drucke des übermü-
thigsten Siegesbewußtseins bezeichnen kann. – Auf einem Terrain, wo
Selbstgefühl sich von jeher bemerkbarer und fühlbarer machten als irgend-
wo, begegnet man heute dieser nationalen Eigenschaft in so erhöhtem Maße,
daß für den Beobachter der Gedanke an eine noch mögliche Steigerung
schwer zu erfassen und noch schwerer zu ertragen ist.«

Wimpffen kam dann auf das Elsaß zu sprechen. Der Gedanke breite sich
aus, das Elsaß zu behalten, es vielleicht als Lohn unter Bayern, Württemberg
und Baden aufzuteilen. Dann schließt er mit Friedensgedanken:

»Aus der vorhandenen Situation schlösse ich nur die eine Überzeugung,
daß die Intervention zum Frieden, welche von einer oder der anderen Großmacht ausgehen könnte, heute von Preußen nur die entschiedenste Zurückweisung erfahren würde, und daß ein ähnlicher Schritt nur dann einige Aussicht hätte, wenigstens gehört und mit Rücksicht aufgenommen zu werden,
wenn er von allen Mächten zugleich käme und aus der constatirten Einigung
aller Mächte hervorginge.«

Österreichs Ziel durch Frankreichs Niederlagen gewandelt: Europa soll über Frieden und deutsche Frage bestimmen (August/Oktober 1870)

Österreich und Rußland gegen die preußische Machterweiterung – eine neue Konstellation und ihr rasches Ende

Der Übergang von den weitgehenden Anfangsabsichten einer direkten Demütigung Preußens zu Zielen, die in der Richtung verändert und reduziert waren, vollzieht sich in Wien angesichts der deutschen Siege und der Haltung Frankreichs und Italiens im Laufe des August. England und Rußland treten in den Vordergrund; eine Solidarität der vier neutralen Großmächte erscheint möglich, in die Österreich seine Interessen einbringen kann. Die öffentliche Meinung in Österreich und Ungarn, die weiter unten in einem großen Exkurs behandelt wird, hat für diese Neuorientierung ebenso Bedeutung, wie die parlamentarische Situation und die Verfassungskrise, von denen im letzten Abschnitt dieses Kapitels die Rede sein wird. Die Innenpolitik der Monarchie, die europäische Politik, die deutsche Frage und die Rücksichten auf Südosteuropa greifen ineinander. Der weitere Übergang von einer europäischen Konsens- und Interventionspolitik zu einer unmittelbaren Verständigung der Donaumonarchie mit Preußen-Deutschland, die im dritten Kapitel zu analysieren ist, geht keineswegs geradlinig vor sich. Ansätze sind vom Ballhausplatz her schon in der ersten Oktoberwoche zu bemerken, wenn auch die eigentlichen Entscheidungen wohl erst im November gefallen sind.

Zunächst erscheint Englands Haltung wichtig. Schon vor dem Ende der österreichisch-italienischen Allianzverhandlungen war der italienische Außenminister mit dem englischen Kabinett in Verbindung getreten, und bereits am 12. August einigte man sich in London über eine gemeinsame Linie der Neutralitätspolitik. Dies war der Anfang der sogenannten »Liga der Neutralen«, der nach und nach fast alle größeren und kleineren Staaten Europas beitraten.[1] Österreich hatte schon früher in London ein Zusammenwirken der Neutralen angeregt. Die schließlich vom Kabinett von St. James am 17. August den europäischen neutralen Mächten zum Beitritt vorgeschlagene Verpflichtungsklausel fand man in Wien jedoch unbefriedigend, Österreich wollte mehr. Die englische Formel lautete: »... that neither party to such arrangement should depart from its neutrality without a previous communication of ideas and an announcement to one another of any change of policy as regards their neutrality.«² Beust schlug dagegen vor, die Verpflichtung der Neutralen weitergehend zu formulieren (und natürlich hatte er dabei Frankreich und eine Intervention zu dessen Gunsten im Sinne): »...daß keine der teilnehmenden Mächte, ohne gegenseitige Verständigung, einen Vermittlungsversuch bei den kriegführenden Staaten unternehmen wird«.³ Dies wurde vom englischen Außenminister Granville abgelehnt. Schließlich trat Österreich am 10. September auch ohne die Erweiterungsklausel der Liga der Neutralen bei.

Große Taten sind von dieser Liga nicht zu berichten. Immerhin muß für ein abgewogenes Urteil zweierlei in Betracht gezogen werden: Die rasch aufeinanderfolgenden preußischen Siege verringerten – jedenfalls bei England, Rußland und Italien – seit Mitte August und mehr noch seit Anfang September (Sedan!) die Neigung, sich im Sinne einer aktiven Neutralitätspolitik mit dem Ziele einer Friedensvermittlung zu engagieren. Die englische Öffentlichkeit war überhaupt weit stärker, als dies bei den anderen neutralen Mächten zu beobachten ist, auf der Seite der deutschen Waffen. Die Regierung Gladstone verhielt sich gegenüber den kontinentalen Ereignissen überaus vorsichtig. Der bedeutende liberale Außenminister Clarendon, der am 27. Juni 1870 gestorben war, hatte in Granville einen wenig erfahrenen und desto zurückhaltenderen Nachfolger gefunden. Aber es ist sehr ungewiß, ob Clarendon selbst, hätte er länger gelebt, eine entschiedenere und wirkungsvollere Politik im Sinne eines Ausgleichsfriedens, einer Erhaltung der französischen Integrität und einer anderen Lösung der deutschen Frage geführt hätte. Der Gedanke der Wiederherstellung des durch Preußen bedrohten europäischen Gleichgewichts, der in Frankreich, Österreich und Rußland starke Resonanz fand, hat in England – zumindest in der ersten Phase des Krieges – keine große Rolle gespielt. Man sah im Gegenteil die Niederlage des wenig beliebten bonapartistischen Systems vielfach als einen Beitrag zur Befriedung Europas. Ganz abgesehen von den verschiedenen Faktoren, die der »Splendid isolation« zugrunde lagen, und von der prodeutschen Öffentlichkeit Englands war auch das Königshaus entschieden für die preußisch-deutsche Sache eingenommen. Anders als in Rußland, wo Alexander II. mit seiner sentimentalen Bindung an den preußischen Onkel und mit den Velleitäten einer russisch-preußischen Waffenbrüderschaft von 1813/15 ziemlich isoliert war, entsprach in England die dynastische Neigung zu den Hohenzollern einer weitverbreiteten Sympathie für die norddeutsch-protestantische Kultur und ihre politischen Ziele. Königin Viktoria identifizierte sich Ende August 1870 geradezu mit dem Sieges- und Einheitswollen der Deutschen:

»It is this which has united those millions of Germans (whose conduct is admirable) as One Man, who look on it as a holy war to obtain once and for all the means of living at peace. They take it in the most serious light and they suffer fearfully – but it is the cause of civilization, of liberty, of order and of unity, which triumphs over despotism, corruption, immorality and aggression!«[4]

Sir Robert Morier, Englands Gesandter in Darmstadt, gab damals in ähnlicher Weise seine Begeisterung für die deutschen Siege und die kommende deutsche Einheit kund, doch differenzierte er und äußerte vorsichtige Zukunftssorgen:

»You will know without my telling you, how heart and soul I am with Germany at this great turning-point, not of her history only but of that of mankind. What untold heights of civilisation may not the world attain with a German Empire preponderant over the destinies of Europe – if only there is as much wisdom in the upper stories of the building as there has been valour and self-sacrifice in the lower. I confess, however, that I have all along feared rather the possible consequences of victory than the probability of defeat... What I meant by saying that I have feared the possible result of victory, is that I have all along feared the demand for Alsace and Lorraine... a hostile occupation of this kind means more or less the continuance of armed peace and the impossibility of disarmament.«[5]

In der Sorge um die Bedrohung des künftigen europäischen Friedens durch die Annexion Elsaß-Lothringens traf sich der Liberale Morier mit konservativen österreichischen Diplomaten wie Wimpffen, Metternich und Vitzthum. Aber von entschieden antipreußischen Konsequenzen dieser Sorge war Morier ebenso weit entfernt wie die große Mehrheit seiner englischen Gesinnungsgenossen. Vor diesem allgemeinen Hintergrund ist die Politik des englischen Kabinetts 1870/71 zu sehen, eine Politik, die der k.u.k. Regierung eine Enttäuschung nach der anderen brachte. Beust hat in seiner großen Denkschrift vom Mai 1871, die den neuen prodeutschen Kurs der Monarchie reflektierte, über Englands Haltung in der eben beendeten Krise geradezu verachtungsvoll gesprochen: »Von England zu sprechen kann ich mich füglich enthalten, unter dem gegenwärtigen Ministerium wiegt diese Macht nicht schwer genug in der Waagschale des europäischen Gleichgewichtes, um als ein mitbestimmender Faktor in Berechnung gezogen werden zu können.«[6]

Dies Urteil des Politikers ist verständlich, nach allen Erfahrungen, die Beust mit dem Ministerium Gladstone 1870/71 gemacht hatte, zunächst in der Frage von Krieg und Frieden, schließlich auch in der durch Rußland provozierten Pontuskrise. Aber der Historiker hat andere Maßstäbe zu beachten. Angesichts der Tatsache, daß die Geschichte der englisch-österreichischen Beziehungen 1870/71 noch nicht geschrieben ist, hat er einstweilen mit großer Vorsicht die einzelnen Etappen dieser Beziehungen in ihrer Wirkung auf die europäische Politik und auf die Entscheidungen in der deutschen Frage in Rechnung zu stellen.

Mitte August 1870 war es für eingeweihte diplomatische Beobachter klar, daß Österreich bei Rußland mehr Unterstützung seiner Vermittlungspolitik finden werde als bei England. Die Initiative zu einer engen österreichisch-russischen Zusammenarbeit war seit der zweiten Julihälfte von Petersburg ausgegangen.[7] Die Eröffnungen, die der Zar und Gortschakow dem österreichischen Gesandten in St. Petersburg machten, bevor dieser am 15. August zur Berichterstattung nach Wien fuhr, waren mehr als ein einfaches Angebot verbesserter nachbarschaftlicher Beziehungen und koordinierter Neutralitätspolitik in Kriegszeiten. Dürfen wir Choteks Berichten glauben – und nichts veranlaßt uns, die genauen Aufzeichnungen des früher gegenüber der russischen Politik eher skeptischen Diplomaten zu bezweifeln –, so ging es Alexander II. zu diesem Zeitpunkt um eine aktive europäische Friedenspolitik, um »Eindämmung« Preußens und Friedensregelung durch einen Kongreß – und diese Politik sollte im Rahmen einer allgemeinen Solidarität der neutralen Mächte vor allem durch ein Bündnis Rußlands mit Österreich durchgesetzt werden.[8] Die Konstellation, die sich nun, als Wien Mitte August auf die russischen Angebote einging, zu ergeben schien, war neuartig und geradezu aufregend. Daß Alexander II. und Gortschakow sich schon wenig später von der Konzeption einer solchen, objektiv gegen Preußen gerichteten »Containment«- und Vermittlungspolitik wieder zurückzogen, war keineswegs abzusehen, als am 22. August in Wien der gemeinsame Ministerrat unter dem Vorsitz des Kaisers tagte und die neue Perspektive einer Allianz mit Rußland gegen Preußen und für Frankreich guthieß.[9] Andrássy, dessen ganz andere Konzeption wir bei der Analyse der Beratungen vom 18. Juli kennengelernt hatten, äußerte weiterhin Skepsis gegen Rußland, konnte aber die prinzipielle Entscheidung, auf die Avancen des Zaren einzugehen, nicht verhindern. Dagegen scheint der ungarische Reichsfinanzminister Lónyay, der gleichfalls der Deákpartei angehörte, für die prorussische Wendung gewonnen worden zu sein.[10] Auch Potocki stimmte dafür. Beust setzte sich nicht nur in der Sitzung selbst, sondern auch in den Kulissenkämpfen, die diese weitreichende Entscheidung begleiteten, nachhaltig für eine positive Antwort, das heißt, für die sofortige Erprobung der Ernsthaftigkeit des Angebots ein. Ja, er gab dem Allianzprojekt, wie wir auch aus den gleichzeitigen Kontakten mit Frankreich und Italien deutlich sehen, eine über die russischen Angebote hinausreichende Wendung: Wien formulierte seine Antwort auf das russische Angebot so, daß sich rasch herausstellen mußte, ob es Alexander II. ernst war, oder ob nur eine momentane Anwandlung oder überhaupt nur eine letztlich Preußen zugute kommende Absicht der Bindung Österreichs dahinterstand. Wenn es Rußland wirklich ernst war, dann lag nach Beusts Meinung nicht im Abbau der österreichischen Rüstungen (wie es der Zar wünschte), sondern in einer gemeinsamen militärischen Anstrengung der beiden Kaiserreiche das Mittel, um wirkungsvoll hemmend in den preußischen Siegeslauf einzugreifen; so konnte versucht werden, sowohl die deutsche Frage (wo ohnehin Süddeutschlands Selbständigkeit ebenso ein Anliegen Rußlands wie der Habsburger Monarchie war) als vielleicht auch die orientalische Frage einer langfristigen Lösung im österreichischen Sinne entgegenzuführen.[11]

Doch schon während Choteks Anwesenheit in Wien entschieden sich in St. Petersburg die Dinge in anderer Richtung. Rußland begann sich enger an Preußen anzuschließen und ließ das Projekt einer vorrangigen Verständigung mit Österreich zur »Eindämmung« Preußens fallen. Schon die ersten Kontakte nach Choteks Rückkehr (am 29. August) waren überaus enttäuschend. In den weiteren Verhandlungen, die Chotek zwischen dem 2. und 6. September mit Gortschakow führte, stellten sich weitgehende Divergenzen heraus.[12] Sie wurden von russischer Seite mühsam als »Mißverständnisse« kaschiert. In Wirklichkeit war die Situation grotesk: Der österreichische Gesandte überbrachte positive Antworten seiner Regierung auf Allianzangebote, die man nun russischerseits nicht mehr wahrhaben wollte. Bald wurde klar, daß der russischen Seite zwar weiterhin sehr an einer Verbesserung des Verhältnisses zu Österreich und an einem Ende der dortigen Rüstungen gelegen war, vor allem, um selbst nicht rüsten zu müssen; aber die weitgehenden Angebote vom Juli/August waren plötzlich in der Versenkung verschwunden. Eine gemeinsame Politik Österreichs und Rußlands zwecks dominierendem Eingreifen in die Gestaltung Mitteleuropas fand nicht statt.

Eine recht kurze Episode also – doch die Analyse der russischen Initiative und der österreichischen Antworten zeigt, daß dieser Episode eine Schlüsselfunktion für das Verständnis wichtiger Aspekte der deutschen und europäischen Politik zukommt. Sehen wir näher zu. Es handelt sich um die europäischen Perspektiven dieser Vorgänge, um die deutsche Frage, um Panslawismus und orientalische Frage und schließlich um die Gründe der raschen russischen Abwendung von der Bündnisinitiative gegenüber Österreich-Ungarn. Ohne Zweifel war sowohl der Zar wie Gortschakow zeitweilig bereit, die Entente mit Österreich ernsthaft zu suchen und dafür einen Preis zu zahlen. Sie wollten diese Entente als Kernstück einer Allianz der Neutralen; die gemeinsame Aktion sollte ausdrücklich Preußen daran hindern, Frankreich den Frieden zu diktieren. Laut Chotek erklärte der Zar ihm am 14. August » ... car du train que va la Prusse il faudra nous en mêler tous pour empêcher qu'elle ne règle les affaires à elle seule et exclusivement à son gré«. Diese Erklärungen gingen Hand in Hand mit der Weitergabe preußischer Garantieerklärungen für Österreich, auch für den Fall eines vollständigen Sieges: In Berlin wie in St. Petersburg herrsche die gleiche Überzeugung, daß die Existenz Österreichs eine europäische Notwendigkeit sei. Gortschakow äußerte sich noch um einiges deutlicher zu den Fragen von Preußens Verhalten in Krieg und Frieden. Preußen müsse durch das Dazwischentreten der Neutralen gezwungen werden, den Krieg abzubrechen, bevor es selbst dazu die Initiative ergreifen könne.[13] Die Abtretung von Elsaß-Lothringen dürfte keinesfalls in Betracht gezogen werden; im äußersten Falle, wenn Preußen »absoluter« Sieger sei, könne an eine Neutralisierung des Elsaß zusammen mit Luxemburg unter der Garantie der Mächte gedacht werden. Weiterhin erklärte sich Gortschakow – nach Choteks Bericht – bereit, gegenüber Preußen für Österreichs Interessen einzutreten. Im Sinne einer konservativen Solidarität würde man auf Preußen Druck ausüben, wenn Bismarck gegenüber Österreich künftig »les mauvaises voies« fortsetzen wollte. Gortschakow versicherte dem österreichischen Gesandten, das Ziel, eine zu große Machtentwicklung Preußens zu verhindern, entspreche der Stimmung in der russischen Öffentlichkeit, die seit acht Tagen für Frankreich Partei ergreife und gegenüber Preußen beunruhigt sei. – So verband sich Mitte August 1870 für die russische Regierung die Perspektive der allgemeinen neutralen »Interposition« und die Idee des Friedenskongresses sehr eng mit einer speziellen Sicherheits- und Nachbarschaftspolitik gegenüber Österreich. Chotek berichtete Gortschakows Angebot an die Wiener Adresse in wörtlicher Wiedergabe: »Nous voulons contenir la Prusse vis-à-vis de Vous. Vous gagner pour nous d'abord et puis pour le concert strictement neutre du reste d'Europe.«

Abgesehen von den Konkretisierungen dieses Angebots in der deutschen, der slawischen und der orientalischen Frage (von denen gleich die Rede sein wird) stand im Zentrum des russischen Interesses die Frage der österreichischen Rüstungen. Die österreichische Neutralität sollte auch tatsächlich »non armée« sein, so wie die Neutralität Rußlands. Und hinter dem von Zar Alexander wiederholt ausgesprochenen Wunsch, Wien möge seine bisherigen Rüstungen nicht verstärken, stand – vielleicht in Choteks Berichten zuwenig deutlich aufgefaßt – doch noch die weitergehende Absicht, Österreich möge ganz demobilisieren. Dies entsprach ja ebenso dem eigenen Interesse Rußlands wie dem Sinne der an Preußen abgegebenen verpflichtenden Zusage des Zaren vom 16. Juli.

In Wien aber waren die Interessenlage und der Kontext der diplomatischen Arbeit ein anderer, sowohl hinsichtlich der europäischen Perspektiven als vor allem in Sachen der Rüstung. Auch Österreich wollte keinen Alleingang mit Rußland. Beusts gleichzeitige Verhandlungen mit England und Italien zeigen, daß auch er das neue Nahverhältnis zu Rußland als Kern einer breit verankerten Aktion der neutralen Großmächte sah. Doch die Voraussetzungen und Ziele Wiens waren von denen der russischen Politik verschieden – wohl verschiedener als Beust und die anderen Wiener Befürworter der neuen Entente es damals im Drang des Augenblicks wahrhaben wollten. Im Grunde sah man hier in der veränderten Haltung und in den Angeboten Rußlands die Chance, jene eben an der römischen Frage gescheiterten Ansätze zu einer bewaffneten »Médiation« (an Italiens Seite) nun mit einem potenteren Hauptpartner und einer dadurch verbesserten politisch-strategischen Position

Österreichs verwirklichen zu können. Von einer Zurücknahme der Rüstungen konnte keine Rede sein; dies wurde auch bei der Ministerratssitzung vom 22. August von allen Teilnehmern so verstanden. Im Gegenteil, die Entente mit Rußland sollte den Ausbau der Rüstungen decken. Beusts persönliche Stellung zur Frage einer Forcierung der Rüstungen scheint in der Konferenz selbst noch nicht ganz klar gewesen zu sein. In seinem einleitenden Referat über die internationale Lage sagte er zunächst:

»Wenn nun aber... Österreich nichts tun konnte, um den eingetretenen Erfolg der preußischen Waffen zu verhindern, so trete doch die Frage heran, ob und was man tun könne, um diesen Erfolg von uns abzuwenden.

Von einer militärischen Aktion könne für den Augenblick keine Rede sein, höchstens von einer diplomatischen Mediation mit der Frage, ob dieselbe durch Entwicklung einer angemessenen Wehrkraft zu unterstützen wäre.«

Dann gab er zu Ende der Tour d'horizon drei Empfehlungen ab: Neutralitätsvereinbarung mit England (das heißt Beitritt zur »Liga der Neutralen«), Eingehen auf das russische Entgegenkommen und Beitritt zu einer gemeinsamen Vermittlung zur Wahrung der Integrität Frankreichs, schließlich »vorläufiges Bewendenlassen bei den bisherigen militärischen Vorkehrungen«. Möglicherweise war dieser Vorschlag Beusts nur taktisch gemeint. Jedenfalls traten abschließend alle Teilnehmer des Ministerrates für eine verstärkte Rüstung ein. Und drei Tage später schlug Beust selbst dem Kaiser nachdrücklich vor, die militärische Bereitschaft zu steigern.[14] In diesem Sinne genehmigte der Ministerrat vom 30. August einen Sonderkredit von fünfzig Millionen Gulden, und Andrássy gab bei dieser Gelegenheit die Begründung, daß »der Fall einer Mediation uns offensiv oder defensiv in eine Aktion verwickeln könne«.[15]

Sogleich zeigte sich auch Frankreich überaus interessiert an der neuen Konstellation. La Tour d'Auvergne, der als Außenminister dem kompromittierten Gramont nachgefolgt war, drängte auf eine von Österreich und Rußland angeführte »Médiation armée« der Neutralen[16]; Beust äußerte sich gegenüber Frankreich in Erwartung der weiteren russischen Reaktionen vorsichtiger, aber doch prinzipiell in der gleichen Richtung: »Indem wir uns Rußland nähern, bereiten wir den Boden für eine kollektive Vermittlung und gleichzeitig suchen wir das russische Mißtrauen zu beruhigen, um in voller Freiheit die militärischen Vorbereitungen fortsetzen zu können, die uns erlauben werden, unsere Stimme mit mehr Autorität zu erheben.«[17]

Und die Antwort in St. Petersburg? Um das volle Ausmaß der Divergenz zwischen Beusts Aufträgen an den zurückkehrenden Chotek und der inzwischen umgeschlagenen Stimmung in Rußland zu verstehen, ist noch ein weiterer bezeichnender Faktor hervorzuheben. Von österreichischer Seite wurde nicht nur der Gedanke einer Demobilisierung oder eines »Einfrierens« der Rüstungen beiseitegelassen. Man unterrichtete auch vertraulich die russische

Regierung über den gar nicht unerheblichen Stand der österreichischen Vorbereitungen und deutete darüber hinaus den Wunsch an, Rußland möge
gleichfalls rüsten, um der gemeinsamen Médiation mehr Nachdruck zu verleihen.[18] Gewiß war in der Frage der Rüstungen Wien entschieden über die russischen Vorschläge hinausgegangen oder, besser gesagt, in dieser Frage
wurde der veränderte und gegen Preußen verschärfte Charakter, den Wien
der gemeinsamen Aktion geben wollte, besonders deutlich. Und so war hier
die Ablehnung in Petersburg verständlich. Aber auch dort, wo Beust eindeutig auf dem Boden der ursprünglichen russischen Initiative geblieben war –
kollektive Friedensvermittlung und europäischer Kongreß –, rückte nun
Gortschakow plötzlich von dieser Konzeption ab, die doch seit dem Juli für
Rußland von zentraler Bedeutung gewesen war. Er erklärte nunmehr gegenüber Chotek »die Möglichkeit einer ›Interposition‹ neutraler Mächte, ›wie
eben die Sachen sich leider in den letzten acht Tagen gestaltet haben‹, … für
kaum mehr wahrscheinlich und ausführbar, weil er fürchte, daß die Preußen
gar nichts mehr und von gar niemandem würden etwas anhören wollen«.[19]
Die Erhaltung der Integrität Frankreichs werde vermutlich ein frommer
Wunsch bleiben. Demgemäß faßte Chotek am 4./6. September den neuen
russischen Standpunkt, der das im August geplante gemeinsame Eingreifen
in die Umgestaltung Mitteleuropas definitiv unmöglich machte, in folgender
Weise zusammen:
»Da man hier entschlossen sei, eine materielle militairische Pression auf
einen Kriegführenden unter gar keinen Umständen eintreten zu lassen, man
sich aber dem bereits mit Sicherheit vorauszusehenden Refus nicht aussetzen
will, so müssen eben nur solche Propositionen überhaupt vorgebracht werden, deren Annehmbarkeit evident vorauszusetzen wäre.
Es ist eben kürzlich ein Brief des Königs Wilhelm auf ein ziemlich ernst
mahnendes Schreiben des Kaisers Alexander, die Neutralen mitreden zu lassen, hier eingetroffen, in dem sich auf die Stimmung Deutschlands als un-
überwindliches Hindernis ausgeredet wird. Und diese Ausrede nimmt man
eben hier geduldig hin.«[20]
Schließlich zog am 18. September auf höchster Ebene ein Brief des Zaren
an Franz Joseph mit hintergründig warnender Höflichkeit den Schlußstrich
unter Rußlands Rückzug: »Ich sehe mit Befriedigung, daß Du Dich mit mir
auf den Boden einer strikten und absoluten Neutralität stellst. Diese Haltung
scheint mir die weiseste in der gegenwärtigen Lage. Sie wird den nichtkrieg-
führenden Mächten eine moralische Autorität verleihen, welche sie desto besser im Sinne eines gerechten und dauerhaften Friedens geltend machen können, als sie darauf verzichtet haben, neue Elemente der Verwicklung in die
gegenwärtige Krise zu bringen.«[21]
Weder war die Weisheit des Zaren so moralisch und selbstlos, wie es hier
scheinen mochte, noch dachte Franz Joseph daran, sich durch Rußland von

einer Politik abhalten zu lassen, die keineswegs neutral war und durchaus neue Elemente der Verwicklung bereithielt.

Die deutsche Frage war von dieser Wendung ganz unmittelbar betroffen, mehr als alle anderen politischen Probleme, die in dem kurzen Mai der österreichisch-russischen Annäherung intensiv behandelt wurden. So ist das Panorama der polnischen, der tschechischen, der panslawistischen, der orientalischen Frage nur in aller Kürze zu überblicken, um dann abschließend die Konsequenzen für die mitteleuropäisch-deutschen Entscheidungsprozesse zu verfolgen. In der polnischen Frage, die für Alexander II. von besonderer Wichtigkeit war, kam es zu weitgehenden, befriedigenden Erklärungen der österreichischen Seite. Man gestand Rußland zwar keine Einsprache in die innere Ausgestaltung der Autonomie Galiziens zu, gab aber die bündige Zusicherung, keine revolutionären Bewegungen gegen Rußland zu unterstützen. Was die Tschechen anging, so hatte Beust ursprünglich vorgeschlagen, von Rußland eine deutliche Abmahnung an die »regierungsfeindlichen« Tendenzen im Wege einer offiziösen Presseäußerung (etwa im ›Journal de St. Petersburg‹) zu verlangen.[22] Dies war aber im Ministerrat auf entschiedenen Widerspruch gestoßen; man war dagegen, Rußland auch nur den Schein eines Anlasses zur Intervention in die inneren Angelegenheiten der Monarchie zuzugestehen. Es blieb, als Bitte um einen Gegendienst für die Polen-Erklärung, nur eine allgemeine, vorsichtige Formel, die sich nicht nur auf die Tschechen, sondern auf die Gesamtheit der in Wien so bedrohlich empfundenen panslawistischen Agitationen bezog: »Wir hoffen, die russische kaiserliche Regierung wird es ihrerseits nicht zurückweisen, auch uns eine ähnliche Erklärung abzugeben, wonach man in Petersburg keine slawische Bewegung, die unsere Interessen gefährden könnte, unterstützt oder duldet.«[23]

Besonders aufschlußreich, weil die prinzipielle Diskussion über Möglichkeit oder Unmöglichkeit einer langfristigen österreichisch-russischen Balkanregelung berührend, erscheint der damalige Meinungsaustausch über die orientalische Frage. Infolge des raschen Auslaufens der Allianzpläne kam es auch hier – wie in Sachen Polen und Panslawismus – nicht zu einer wirklichen Verständigung. Doch schon die Art und der Inhalt der Sondierungsgespräche sind von Bedeutung. Der Zar und Gortschakow griffen einerseits auf Beusts groß angelegtes Orientprogramm von 1867 zurück: solidarische Haftung der Großmächte für eine umfassende Entwicklungspolitik zugunsten der europäischen Türkei. Der Zar erwähnte gegenüber Chotek ausdrücklich Beusts Vorschläge von Anfang 1867 zur Lösung der orientalischen Frage, die ihm damals – wie er jetzt behauptete – so lebhafte Befriedigung verschafft hätten[24]: »Ich habe bedauert, daß man ihnen nicht mehr gefolgt ist und daß man es unterlassen hat, ihre Prinzipien zu entwickeln. Dies wäre das beste Mittel für eine Annäherung auch auf diesem Gebiet.« Zwar erwähnten weder der Zar noch Gortschakow ausdrücklich den Pariser Vertrag von 1856 und die Schwarzmeerklauseln dieses Vertrages. Doch mußte es für Beust klar sein, daß der russische Rückgriff auf das österreichische Orientprogramm von 1867 auch den Rückgriff auf das damalige Angebot an Rußland bedeutete: einvernehmliche Aufhebung der belastenden Schwarzmeerklauseln von 1856 zwecks Sicherung der Zusammenarbeit mit Rußland im Orient. Es ist im Hinblick auf die folgende Entwicklung – einseitige Aufkündigung dieser Klauseln durch Rußland mit preußischer Rückendeckung – von hohem Interesse, daß in den russisch-österreichischen August-Verhandlungen also wohl auch ein Ansatz zu einer europäisch-vertragsmäßigen Lösung der Schwarzmeerfragen enthalten war. Dies überrascht um so weniger, als in der zweiten Augusthälfte sich auch die russische Öffentlichkeit mit einer europäischen Lösung dieser Frage beschäftigte. Es wurde die Forderung erhoben, der künftige europäische Friedenskongreß, den man zu Ende des gegenwärtigen Krieges erwartete, solle auch die Aufhebung der Schwarzmeerklauseln bringen.[25] Andererseits warben Alexander und Gortschakow um die Zustimmung Österreichs für ihr Alternativprogramm, falls das Osmanische Reich zerfalle: Konstantinopel als freie Stadt, als Zentrum einer Föderation freier Balkanstaaten.

Die österreichische Antwort war konkreter und vorsichtiger. Es zeigte sich, daß Beust hier besondere Rücksicht auf die bleibende Skepsis Andrássys und seiner politischen Gefolgschaft zu nehmen hatte. Einerseits ließ er der russischen Regierung danken für ihren beruhigenden Einfluß im Orient, andererseits bezeichnete er zwei Probleme, wo Rußland gewissermaßen Proben seines guten Willens geben könne: durch eine Intervention in Cetinje, um einen bewaffneten Konflikt zwischen Montenegro und der Türkei zu verhüten, und durch ein positives, förderndes Interesse an den Eisenbahnprojekten zwischen Österreich-Ungarn und Konstantinopel. Diese Projekte seien geeignet, die wirtschaftliche Lage der christlichen Bevölkerungen wesentlich zu heben und entsprächen zugleich den Interessen der türkischen Regierung.

Es bietet sich dem Blick des Historikers, der diesen ephemeren Ansatz zu einem Interessenausgleich der beiden östlichen Kaisermächte mit Spannung verfolgt, beim Auslaufen der Verhandlungen im September 1870 eine unausgereifte Situation, die kaum weiterreichende Schlüsse für oder wider die Möglichkeit eines solchen Ausgleichs erlaubt. In zwei Punkten, dem Eisenbahnbau nach Konstantinopel und der antipanslawistischen Erklärung, wies Gortschakow die Wiener Vorschläge sogleich entschieden zurück: Die Interessen Odessas und Südrußlands würden durch die Bahnbauten direkt verletzt;[26] eine antipanslawistische Erklärung, wie sie Wien wünschte, würde die russische Regierung in ein schiefes Licht bringen. Aber diese Ablehnung ist im Rahmen der allgemeinen Schwenkung der russischen Österreichpolitik zu sehen, die inzwischen eingetreten war. Es wäre voreilig, davon die Vermu-

tung abzuleiten, daß hier wie bei den anderen Ausgleichsfragen eben doch die
»natürlichen« Gegensätze der Interessen unüberbrückbar gewesen seien. –
Die deutsche Frage und Österreichs Einflußnahme in Mitteleuropa standen von Anfang an im Mittelpunkt der geplanten Entente mit Rußland. Denn
bei dem Widerstreben gegen Preußens Vergrößerung und gegen die Zerstörung des europäischen Gleichgewichts, das den Zaren zeitweilig an die Seite
Österreichs führte, ging es ja vor allem um die bleibenden Ergebnisse des
Krieges, also – territorial und staatsrechtlich gesprochen – um Süddeutschlands Zukunft und um Elsaß-Lothringen. Dabei war die enge Verknüpfung
des Problems Elsaß-Lothringen mit dem staatsrechtlichen Neubau Süd-
deutschland-Norddeutschland objektiv stets gegeben. In den annexionisti-
schen Diskussionen wurde von preußischer wie von süddeutscher Seite häufig das Junktim betont: keine Annexion ohne engere Verbindung des Südens
mit dem Norden. Im Bewußtsein der annexionsfeindlichen Politiker in
Österreich, Rußland und anderswo verband sich die Frage nach Elsaß-Lothringen freilich noch unmittelbarer mit Frankreich. Hier ging es um das
Postulat der territorialen Integrität Frankreichs, die gegen Preußens Übermacht gerettet werden sollte. So war auf mehrfache Weise die deutsche Frage
mit der Frage nach der Zukunft der europäischen Machtverhältnisse ver-
schränkt.

Auf russischer Seite waren die Vorstellungen von der erwünschten Zukunft der deutschen Dinge wenig klar. Gortschakows Ideen scheinen irgendwie zwischen dem alten Deutschen Bund und einem neuen Föderativsystem
gleichfalls völkerrechtlicher Natur geschwankt zu haben.[27] Als der Zar in der
zweiten Julihälfte davon sprach, Österreich ein förmliches Protektorat über
Süddeutschland zuzusichern,[28] stand dahinter wohl die Absicht, im konservativen Sinne den selbständigen Status quo gegen Preußen zu sichern. In diesem Sinne waren auch im Juli und Anfang August von Süddeutschland aus
Versuche erfolgt, auf dem Wege über Rußland Garantien der künftigen Selbständigkeit zu erhalten. Auch die russische Öffentlichkeit hatte im allgemeinen wenig Sympathien für eine kleindeutsche Einigung unter preußischer
Führung.[29] Im Rahmen der russischen Angebote an Österreich gaben Alexander II. und Gortschakow dann die bündigsten Erklärungen hinsichtlich
der Zukunft Süddeutschlands ab. Der russische Kanzler sah die Selbständigkeit des Südens, der seit 1866 allerdings von einer »Absorption« durch Preußen bedroht gewesen sei, nun gesicherter als zuvor. Dafür berief er sich nicht
nur auf die Zusicherungen aus Berlin, mit denen ja Bismarck damals besonders freigebig war. Er steuerte aus eigenem das Argument bei, Norddeutschland werde nach diesem Kriege vor sehr großen innenpolitischen Schwierigkeiten stehen, die es zu einer Einschränkung des übertriebenen militärischen
Aufwandes zwingen werden. Ein Argument, das an Jakob Burckhardts Dic-
tum von der »abgeschnittenen Krise Preußens« erinnert. Nur war Gortscha-

kow der festen Meinung, daß die innere Krise durch den Krieg nicht ausgeräumt, sondern verschärft würde. So werde – nach Meinung Gortschakows – Preußen von Süddeutschland nach dem Kriege gewiß nicht mehr fordern, als die Einheit der militärischen Organisation mit einer gegenüber dem bisherigen Stand herabgesetzten Leistungsquote.[30]

Man mochte diese russischen Prognosen in Wien für zutreffend halten oder nicht – entscheidend war für die dortigen Überlegungen die Frage der machtmäßigen Konstellation zur Verhinderung der preußischen Absichten. Denn den Preußen traute man hohen Ortes ganz und gar nicht. Beust hat im Ministerrat vom 22. August noch einmal die Chronik der österreichisch-preußischen Beziehungen seit 1866 in dunkler Farbe zusammengefaßt. Er hat, als es nach dem Ministerrat darum ging, den Kaiser weiter in Richtung einer aktiven Interventionspolitik gemeinsam mit Rußland zu beeinflussen, vor allem die von Preußens Erfolgen drohenden Gefahren der inneren »Zersetzung« der Monarchie betont:

»Die uns drohende Gefahr ist die Übermacht des unter Preußens Oberherrlichkeit geeinigten Deutschlands, wodurch nicht allein die anderen Großmächte und Österreich insbesondere herabgedrückt werden, sondern auch die Zersetzung der Monarchie vermöge der Einwirkung auf die deutsche Bevölkerung vorbereitet wird, welche ein Schmerzenskind zu werden sich anschickt...«[31]

Das war eine aus der Defensive entwickelte Überlegung. Sollte sie praktische Bedeutung erhalten – und das war je eben der Sinn des Programms einer kraftvollen, mit Rußland verbündeten Intervention –, dann war die offensive Umformung des Gedankens unschwer zu vollziehen. So gab es im August 1870 zwischen Österreich und Rußland keine Gegensätze hinsichtlich der Wünschbarkeit einer »preußenfreien« Zukunft Süddeutschlands. Alles weitere lag an der Verständigung über die Mittel einer dergestalt orientierten Politik. Ähnlich stand es damals zwischen Österreich und Rußland mit der Frage Elsaß-Lothringen. Anregungen aus Süddeutschland, die Abtrennung dieser Gebiete von Frankreich für Europa und für Österreich annehmbar zu machen, indem man einen Erzherzog an die Spitze eines neutralen Pufferstaates stellte, wies Beust kategorisch ab.[32] Man war sich also im August 1870 in St. Petersburg und in Wien im Eintreten für die territoriale Integrität Frankreichs und für die Selbständigkeit Süddeutschlands prinzipiell einig. Es fragte sich nur, welchen Einsatz man hier und dort für diese Ziele zu zahlen bereit war. Hier schieden sich die Wege. Österreich scheint damals bereit gewesen zu sein, seine Rüstung erheblich zu verstärken und die neue Verbindung mit Rußland im Sinne einer »bewaffneten Vermittlung« (mit dem Risiko des Kriegseintritts) in Mitteleuropa zu benützen. Rußland hatte vorrangige Ziele in Richtung schwarzes Meer, Donau und Konstantinopel. Wenn es denn nicht anders ging, traten mitteleuropäische Interessen zurück, und die östli-

chen Interessen gaben in St. Petersburg den Ausschlag. Der Gedanke, an
Österreichs Seite, im Sinne des europäischen Gleichgewichts, in die Gestaltung Mitteleuropas einzugreifen, blieb Episode. Die deutschen Heere siegten
weiter, und kein »europäisches Konzert« stellte sich Bismarck entgegen.

Oder hätte es etwa für Österreich damals noch einen anderen Weg gegeben, die durch seine mitteleuropäische Stellung gegebenen Interessen zur
Geltung zu bringen, einen Weg, der nur durch die antipreußische Borniert-
heit der Männer an der Spitze der Monarchie versperrt wurde? Als Beust von
dem nach St. Petersburg zurückgekehrten Chotek die ersten negativen Nachrichten über einen Sinneswandel der russischen Regierung erhielt, schickte er
ihm am 1. September ein dringend anfeuerndes Telegramm: »... Ich wünsche aufrichtig die Entente, man möge mir die Sache nicht zu schwer machen.
Vorherrschende Meinung bei Ungarn und Deutschen tendiert zu engerem
Bündnis mit Deutschland, mit Spitze gegen Rußland. Man möge das wohl
bedenken.«[33]

Sicher lag hier eine taktische Akzentuierung vor. Aber wie stand es damals
wirklich mit der Möglichkeit einer »Alliance intime avec l'Allemagne« zum
Schutze der Interessen der Monarchie? Der nächste Abschnitt wird zeigen,
wie Bismarck durch die Furcht vor einer österreichisch-russischen Annäherung außerordentlich alarmiert war und mit dem Versuch, Beust zu stürzen,
konterte. – Zunächst ist aber noch auf jene Faktoren einzugehen, die den
überwiegend negativen Ausgang des österreichisch-russischen »Rapprochements« bewirkten. Und bereits hier geraten wir unmittelbar in den Bannkreis der Bismarckschen Diplomatie. Denn gewiß haben die gewaltigen Fortschritte der deutschen Armeen seit Mitte August, gipfelnd in der Kapitulation von Sedan und in der Gefangennahme Napoleons am 2. September, in
Rußland (und nicht nur dort) die Neigung zu einer entschiedenen Intervention der Neutralen erheblich verringert. Es kam aber im Falle Rußlands ein
weiterer, überaus folgenreicher Faktor dazu, dessen Wirkung von Bismarck
geschickt eingesetzt wurde und der dann weit über den September hinaus die
Politik des Zarenreiches von einer solidarischen Aktion in Mitteleuropa ab-
lenkte. Die Rußland beengenden Schwarzmeerklauseln des Pariser Vertrages
von 1856 wollte man in Petersburg schon lange abschütteln. Ein entsprechendes Vorgehen hatte Gortschakow bereits 1866 erwogen, Beust hatte der
russischen Regierung 1867 seine Unterstützung für die Revision des Vertrags angeboten, um dafür eine gemeinsame Linie der Orientpolitik einzuhandeln.

Der gleiche Gedanke war implicite in den österreichisch-russischen Augustverhandlungen wieder aufgetaucht. Nun war es aber Bismarck, der hier
erfolgreich den Hebel ansetzte.[34] Seit der zweiten Augustwoche, als der
Bundeskanzler die Schwierigkeiten abzuschätzen begann, die einer Durchsetzung der preußischen Kriegsziele von Rußland und erst recht von einem
russisch-österreichischen Einverständnis mit anderen Neutralen drohten,

begann er systematisch zu arbeiten. Auf verschiedenen Wegen, besonders wirkungsvoll über die geradezu verschwörerhaft preußenfreundliche Groß-fürstin Helene, wurde dem Zaren fortgesetzt die preußische Hilfe für seine Revisionswünsche im Osten angeboten, wenn er dafür die Berliner Kriegsziele toleriere. Dies Junktim wurde nicht jederzeit so offen ausgesprochen, in der Sache war es klar. Dabei ging es schon bald weniger um den Inhalt, als um die Form der Erfüllung des russischen Wunsches. Um Alexander II. und Gort-schakow von ihrer für Preußen so störenden Kongreßidee abzubringen, sug-gerierte man den Russen den Weg eines isolierten Vorgehens unter Ausnüt-zung der Kriegsumstände, so wie ihn eben Italien in der römischen Frage ein-schlug. Nicht von heute auf morgen gaben die Russen ihre Kongreßpläne und die in ihrer politischen Vorstellungswelt verankerte Absicht einer »einver-nehmlichen«, einer europäischen Lösung der Schwarzmeerfrage auf. Aber im Zusammenwirken mit den deutschen Siegen war die Suggestivkraft der Bismarckschen Ratschläge überaus stark. Rußland ging Schritt um Schritt den Weg von einer völkerrechtlich konzipierten Konsenspolitik zu einer Poli-tik isolierter Durchsetzung nationaler Ziele, in deren Folge eine wirkungs-volle Form solidarischer europäischer Aktion für den Frieden unmöglich wurde. Diese Entwicklung erreichte erst Ende Oktober 1870 mit Gortscha-kows spektakulärer Kündigung der Schwarzmeerklauseln ihren Höhepunkt. Aber schon Ende August konnte Bismarck die ersten erfreulichen Wirkungen in Petersburg feststellen.[35] Die überraschende Wendung der russischen Öster-reichpolitik Anfang September und das rasche Ende des »Rapprochements« zwischen Petersburg und Wien waren nicht nur die Folge der deutschen Sie-ge, sondern auch der gezielten und wirkungsvollen Gegendiplomatie Bis-marcks.

Freilich konnte der definitive Charakter dieser Wendung Rußlands den beobachtenden Zeitgenossen wie den handelnden Politikern der anderen Mächte (vielleicht mit Ausnahme Preußens, das ja mit allem Nachdruck diese Wendung betrieb) damals noch nicht klar sein. Der folgende Abschnitt zeigt, daß die Hoffnungen auf eine führende Rolle Rußlands im Rahmen der »action commune de l'Europe« zur Eindämmung Preußens und zur Herbei-führung eines Friedenskongresses im Herbst 1870 erst Schritt um Schritt de-mentiert wurden. Für Österreich war mit der Frage nach den internationalen Wirkungen der russischen Politik von Anfang an die Frage nach einer Inter-essengemeinschaft mit Rußland in den deutschen Dingen aufs engste ver-knüpft. Hier liegt also auch ein Schlüssel zum besseren Verständnis der öster-reichischen Deutschlandpolitik, von der im folgenden zu handeln ist. Es darf nicht verwundern, wenn die eindeutigen russischen Garantieerklärungen ge-gen eine kleindeutsche Einigung, auf die sich Österreich seit Juli/August stüt-zen konnte, in Wien nicht so rasch ad acta gelegt wurden, sondern den dorti-gen Erwartungshorizont bis in den November beeinflußten.

Die Fortsetzung der profranzösischen Vermittlungspolitik – Schwierigkeiten der »Action commune de l'Europe«

Im Aufwind der russischen Angebote hatte Beust am 25. August dem Kaiser ein eindeutig offensives Programm österreichischer Vermittlungs- und Interventionspolitik vorgetragen:

»Wir können heute nicht mit Frankreich eine Allianz schließen und wir können auch nicht ohne weiteres einen Einfall in das von Truppen entblößte Deutschland machen. Das erste verbietet sich durch das Nichtvorhandensein eines befähigten Paciscenten, das zweite teils durch die zu einer gefährlichen Waffe des Gegners werdende Moral [sc. der deutschen Bevölkerung], teils durch die Stellung Rußlands.

Was ich unter Auftreten und Aktion verstehe, ist ein entschiedenes Vorgehen mit der Absicht und zu dem Zwecke, die schwer gefährdete Stellung Österreichs als Großmacht zu retten und dies kann geschehen, wenn wir etwas kühner auftreten als die anderen neutralen Mächte und diesen gewissermaßen vorzeichnen, wie zu verfahren sei, wenn eine Einwirkung Europas auf den endlichen Friedensschluß mit Erfolg eintreten soll.«[1]

Für eine solche Politik war das nun folgende Ausweichen Rußlands auf eine mit Preußen konzertierte Haltung des Abwartens ein schwerer Rückschlag. ›Il gran rifiuto‹ – so charakterisierte wenig später der polnische Publizist Julian Klaczko mit Dantes Verdikt die russische Politik, die, wie er meinte, in einer entscheidenden Situation die Interessen Europas im Stich gelassen habe.[2] Österreich bekam Anfang September 1870 gleichzeitig mit Sedan und dem Sturz des französischen Kaiserreiches die ersten Wirkungen dieser veränderten Haltung Rußlands zu spüren.

Hat man nach diesem Rückschlag in Wien irgendwie gezögert, überlegt, Alternativen erörtert – etwa ein Eingehen auf die preußischen Avancen, an denen es nicht fehlte? Nichts davon ist festzustellen. Wir sehen, wie in einer veränderten und ungünstigen Konstellation das gleiche Ziel unverrückbar verfolgt wird: Eindämmung der preußischen Erfolge mit allen Mitteln der diplomatischen Finesse, Intervention der Neutralen mit dem ausgesprochenen Motiv der Hilfe für das »blutende Frankreich«, mit der latenten Absicht, bei der Neuregelung der mitteleuropäischen Frage Österreichs Interessen zur Geltung zu bringen.

Mit Italien hatte Beust während der russischen Verhandlungen stets engen Kontakt gehalten. Den neuen italienischen Botschafter in Wien, Marco Minghetti, hatte er in die Allianzverhandlungen mit Rußland eingeweiht und ihm klar gemacht, daß von Italien die Beteiligung an einer »action collective et non isolée des puissances neutres« erwartet werde.[3] Inzwischen hoffte nicht nur Beust, sondern auch der italienische Außenminister Visconti Venosta auf die antipreußische Entscheidung Rußlands: Österreichs Bereitschaft einzugreifen sei bekannt. »Ma la sua attitudine dipenderà dalla libertà d'azione che la Russia le lascerà.«[4] Als die schlechten Nachrichten aus St. Petersburg – und zugleich vom französischen Kriegsschauplatz – eintrafen, schlug Minghetti eine Konferenz der Gesandten Rußlands, Italiens und Englands in Wien unter Beusts Vorsitz vor, um doch noch zu energischen Schritten zugunsten Frankreichs zu kommen.[5] Doch diese italienische Initiative von Anfang September wurde anscheinend nicht weiter verfolgt. Das italienische Interesse begann sich in den folgenden Tagen sehr rasch auf die römische Frage zu konzentrieren. Gegenüber der Chance, nun in einer einseitigen Aktion Rom und den Rest des Kirchenstaates dem Königreich Italien einzuverleiben, traten für jetzt alle anderen Absichten und Rücksichten zurück. Für diese Politik Italiens hatten auch die gleichzeitigen Vorgänge in der deutschen Öffentlichkeit eine positive, anspornende Bedeutung. Dort wurde jetzt die Annexion Elsaß-Lothringens in leidenschaftlichen Kundgebungen gefordert und gegen jede Einmischung der Neutralen wurde von vornherein scharf protestiert.

Von italienischer Seite her versuchte man Anfang September, Bismarcks ausdrückliche Zustimmung zur Besetzung Roms zu gewinnen. Nicht der Außenminister Visconti Venosta, sondern der Finanzminister Sella, Exponent der preußenfreundlichen Gruppe in der Regierung, trat an den preußischen Gesandten in Florenz heran.[6] Er bot ein geheimes Abkommen an: Italien verpflichtet sich »in keinem Falle aus strenger Neutralität zu treten, auch nicht sich einer Pression anderer für [ein] Friedensprogramm« gegen Preußen anzuschließen. Dagegen sollte Berlin für jetzt und für später (gegen französische Einsprüche) sein Einverständnis mit der Okkupation Roms erklären. Bismarck lehnte aus verschiedenen Gründen ab.[7] Nicht nur, daß er der italienischen Seite prinzipiell mißtraute. Er wollte sich die Gunst der deutschen Katholiken nicht verscherzen; und es zeigte sich im Folgenden, wie gezielt er die proitalienische Haltung Wiens in der römischen Frage in einer Pressekampagne gegen Österreich ausspielen ließ.[8] Außerdem liegt die Annahme nahe, daß ihm ein Eingehen auf das italienische Angebot nun gar nicht mehr notwendig erschien. Denn, auch wenn Bismarck auf eine ausdrückliche Festlegung Italiens im nichtinterventionistischen Sinne verzichtete, so war doch bei diesem Stand der Dinge wohl nicht mehr zu fürchten, daß Italien sich statt zur Besetzung Roms zu einem energischen Auftreten gegen Preußens Kriegsziele entschließen werde! Die indirekte Unterstützung Preußens, deren sich Italien im Falle Roms sicher war[9], hatte hier einen ganz ähnlichen Effekt wie die gezielte Gegenkampagne Bismarcks im Falle Rußlands: in beiden Fällen war eine Macht aus dem Kreis der Neutralen, auf deren antipreußische Aktivität Österreich und Frankreich bisher rechnen wollten, in dieser Hinsicht nun lahmgelegt und statt dessen in Richtung nationaler Sonderinteressen beschäftigt. Am 6. September beschloß der Ministerrat in Florenz den Einmarsch in den Kirchenstaat, am 11. September überschritten die königlich italienischen Truppen die Grenze, am 20. September wurde nach kurzem Widerstand der päpstlichen Truppen auf der Kuppel von Sankt Peter die weiße Fahne gehißt. Der Kampf um Rom als Hauptstadt des italienischen Nationalstaates war gewonnen. Und Österreich hatte einen potentiellen Bundesgenossen seiner profranzösischen Interventionspolitik verloren.

Österreich hat sich gegenüber diesen Vorgängen die volle Passivität zur Pflicht gemacht, kein Wunder angesichts der innen- und außenpolitischen Situation, mit der man in Wien rechnen mußte. Erwünscht war Beust dieser Verlauf der Ereignisse nicht. Die österreichische Konnivenz gegenüber der italienischen Rompolitik, die er schon 1869 und noch zuletzt Ende Juli/Anfang August 1870 zum Kitt einer politisch-militärischen Zusammenarbeit gegen Preußen machen wollte, blieb nun unbedankt. Dafür bekam Wien heftige Kritik aus dem Kreis der deutschen und österreichischen Katholiken zu hören, während Preußen seine süddeutsche Amalgamierungspolitik mit der Aura einer propäpstlichen Haltung stützen konnte. Diese katholikenfreundliche und für den Papst eintretende Haltung hat Bismarck in den folgenden Monaten in polemischer Abgrenzung gegen die »papstfeindliche« Politik Wiens noch weiter akzentuiert. –

Doch zurück zum Lager der Neutralen. Nach Rußland und Italien blieb England. Albert Sorel, der 1875 den ersten Band seiner bedeutenden ›Histoire diplomatique de la guerre franco-allemande‹ publizierte, zeichnete damals in einem emphatischen Schwarz-Weiß-Bild das diplomatische Ringen um eine Intervention der Neutralen zugunsten Frankreichs. Er stellt die positive profranzösische, europäische Politik Beusts der Schwäche und Verblendung Englands gegenüber. Er will in Beusts Versuch zur aktiven Ausgestaltung der Neutralen-Liga, der von England abgelehnt wurde, den eigentlichen Angelpunkt des diplomatischen Ringens sehen: »Die Kombination, die Beust damals vorschlug, erneuerte er fortgesetzt während der ganzen Dauer des Krieges; wenn sie angenommen worden wäre, hätte sie den Lauf der Dinge ändern können. Man kann sagen, daß Europa sie deshalb nicht angenommen hat. Sie stellt in diesem Zeitabschnitt die einzige Anstrengung dar, die unternommen wurde, um Frankreich zu stützen. Infolge einer wirklich unglaublichen Uneinsichtigkeit seiner Staatsmänner hat England, weit entfernt von einer Unterstützung der Absichten Beusts, ihnen stets entgegengearbeitet.«[10] Zieht man das leidenschaftliche Werturteil ab, so kann man in der Sache auch heute, bei weit ausgedehnterer Quellenkenntnis, Sorel recht geben, jedenfalls was Österreichs Verhalten bis zum November 1870 betraf. Nicht daß Gladstone und Granville nichts getan hätten, um Verhandlungen, Waffenstillstand und Friedensschluß zwischen den Kriegführenden zu befördern. Schon das Zusammentreffen von Jules Favre, dem Ministerpräsidenten und Außenminister der neuen republikanischen »Regierung der nationalen Verteidigung«, mit Bismarck in Ferrières (19./20. September) und später die Verhandlungen Adolphe Thiers' in Versailles Anfang November wären ohne das englische Eingreifen in dieser Form kaum zustandegekommen. Aber von Frankreich und von Österreich her gesehen ging es um anderes: Beusts mit flexibler Zähigkeit durchgehaltenes Programm einer kollektiven Verantwortung und Aktion der neutralen Großmächte stieß nicht nur bei Rußland, sondern auch bei England auf geringe Bereitschaft. Es wäre verfehlt, Gladstone oder Granville oder die Königin Viktoria oder sonst jemand persönlich für diese Zurückhaltung haftbar zu machen. Es lag am fest eingefahrenen System der englischen Politik, wenn Gladstone betonte, daß eine Vermittlung nutzlos sei, bevor Frankreich und Preußen »a fundamental approximation of views« erreicht hätten.[11] Auch wenn Disraeli, in der Opposition, schon Anfang August eine bewaffnete Neutralität Englands empfohlen hatte, auch wenn nach dem Sturz Napoleons die Sympathien für Frankreich stiegen und die Queen bei König Wilhelm für mildere Friedensbedingungen intervenierte, so blieben doch die grundlegenden Motive unverrückt: Englands Sorge, Preußen ganz in die Arme Rußlands zu drängen, und Englands Widerstreben gegen eine Kongreßpolitik, bei der man eine Durchsetzung der russischen Schwarzmeer-Ziele fürchtete.

Die einzelnen Züge des österreichischen Werbens um Englands Kooperation im September und Oktober können hier sowenig verfolgt werden wie die sehr detailreichen Etappen seiner Verhandlungen mit Frankreich, Rußland und Italien im gleichen Zeitabschnitt. Es geht im folgenden nur darum, einige Hauptlinien zu zeigen, die für Österreichs europäische Politik nach der Proklamation der französischen Republik bezeichnend sind. So soll nach der europäischen Seite hin der Rahmen des verdeckten Ringens zwischen Österreich und Bismarck, dem die folgenden Abschnitte gelten, skizziert werden.

Vom August bis Anfang November 1870 stand die Quadrupelallianz der Neutralen – Österreich, England, Rußland, Italien – unverrückt im Mittelpunkt der diplomatischen Bestrebungen des Ballhausplatzes. Hand in Hand mit der österreichischen Englandpolitik sind die unermüdlichen Bemühungen Beusts zu sehen, auch Italien und vor allem Rußland wieder und weiterhin zu einem gemeinsamen Vorgehen anzuregen. Denn trotz der wenig erfolgreichen Mission Choteks rechnete man in Wien doch noch länger auf eine mit Petersburg abzustimmende Initiative. Im September war es eine feststehende Sprachregelung der Wiener Politik (die auch von Italien übernommen wurde), daß nun die Entscheidung bei Rußland liege; Österreich werde sich für jede russische Friedensinitiative zur Verfügung stellen. Was bei alledem herauskam, war von Wien her gesehen enttäuschend, aber es war doch nicht ganz wenig. Man darf sich nicht von der Disparität der Mittel und der sichtbaren Wirkungen beeindrucken lassen: hier Bismarcks »Blut und Eisen« und das siegreiche Vorrücken zur Einschließung von Paris, dort das subtile

Webmuster und die kleinen Schritte der Diplomatie. Nicht als friedensstiftendes Instrument des europäischen Gemeinwillens, wie die österreichische Diplomatie es wollte, trat die Quadrupelallianz der neutralen Großmächte in Erscheinung. Aber sie war, auch in ihrer sehr abgeschwächten Erscheinungsform, bis Anfang November eine nicht zu unterschätzende Realität. Davon zeugen unter anderem Bismarcks schlaflose Nächte und die ganz außerordentlichen Leistungen der preußischen Diplomatie und Kriegführung, deren es bedurfte, um die Hauptziele des Siegers gegen die Intervention der Neutralen zu sichern. Beust hat an einem Höhepunkt des diplomatischen Ringens den emphatischen Ausruf getan: »Je ne vois plus d'Europe!«[12] Und er hat durch diese und ähnliche Äußerungen wohl ungewollt der Interpretation Vorschub geleistet, als habe schließlich dieses »Europa« für den Verlauf des deutsch-französischen Duells gar keine Bedeutung gehabt. Ein ausgezeichnetes Korrektiv für diese, vor allem in der deutschsprachigen Historiographie anzutreffende Auffassung ist u.a. die genaue Analyse des Verhaltens auf preußischer Seite. Denn natürlich konnte Bismarck in keinem Fall eine total isolierte Entscheidung des Duells mit Frankreich gelingen. Daß die Ergebnisse schließlich so viel näher bei Bismarcks Zielen als bei den von Beust formulierten »Interessen Europas« lagen, war im September und Oktober 1870 wohl noch nicht ganz entschieden. Elsaß-Lothringen wurde zum Angelpunkt. Im Widerstand gegen eine drohende Gewaltlösung konnten sich europäische Liberale und Konservative auf eine übereinstimmende Evidenz längerfristiger Einsichten stützen: Bei einer gewaltsamen Abtrennung wird es keinen dauerhaften Frieden in Europa geben.

Am 20. September, während Jules Favre in Ferrières mit Bismarck zusammentraf, zeichnete Vitzthum von Brüssel aus für Beust ein Tableau der Lage[13]: In England verhält man sich, wie immer, gemäß dem Urteil der Götter: »victrix causa Diis placuit, sed victa Catoni...« Brunnow, der russische Botschafter in London, dessen Korrespondenz Vitzthum aufgrund der Freundlichkeit seines russischen Kollegen Orloff überwachen kann, wird als ein »endormeur par excellence« scharf kritisiert:
»Sich vorzustellen, daß die Zerstückelung Frankreichs uns einen dauerhaften Frieden geben könnte – wäre das nicht ebenso kindisch wie mit Herrn von Brunnow zu glauben, daß diese Zerstückelung vermieden werden könnte, wenn die Signatarmächte von 1815 gegen jede Territorialveränderung, die ohne ihre Mitwirkung geschieht, protestieren? Kann man vergessen, daß nach der Lieblingsdoktrin von Herrn Bismarck Gewalt über Recht geht? Und wie wollen Rußland und England 1870 die Verträge von 1815 anrufen, wo sie doch 1859 und 1866 mitgeholfen haben, sie zu zerreißen? Nein! Nicht mit den verstaubten Waffen einer veralteten Diplomatie wird man die Fehler verhindern, welche Preußen jetzt in der Trunkenheit seiner Siege begehen zu wollen scheint. Wird die Gewalt sie verhindern?...«

Gegenüber den neuen republikanischen Machthabern in Paris wurde in Wien sofort eine De-facto-Anerkennung praktiziert. Beust ermahnte Metternich, dessen Beziehungen zur gestürzten Dynastie ja sehr eng gewesen waren, sich mit Jules Favre und den anderen Männern an der Spitze der neuen Republik so intim wie möglich zu stellen. Zugleich versuchte er, die starre französische Haltung gegenüber den preußischen Annexionsforderungen im Sinne baldiger und elastisch zu führenden Verhandlungen zu beeinflussen. Jules Favre hatte eben erst in dem berühmten Zirkular vom 6. September die heilige Unverletzlichkeit des französischen Territoriums verkündet. Beust meinte nun, Favre solle doch einfach die preußischen Friedensbedingungen erfragen. Im Falle von Annexionsforderungen solle man die Sache von der Zustimmung der Bevölkerung abhängig machen.[14] Gleichzeitig zog Beust, um England und Rußland zufriedenzustellen, die im August vorgeschlagene Erweiterungsklausel der Neutralitätsverpflichtung zurück und trat ohne diese Bedingung der Liga der Neutralen bei.[15]

Der Meinungsaustausch zwischen den Neutralen, Bismarck und Paris, der dem Zusammentreffen zwischen Jules Favre und Bismarck die Wege bahnte, war von Wien her mit einer Sonderaktion verbunden. Als Schwierigkeiten für die Reise Favres ins preußische Hauptquartier auftauchten, wurde Metternich autorisiert, notfalls anstelle des französischen Staatsmannes zu Bismarck zu gehen und ihm den französischen Standpunkt darzulegen.[16] Die Überlegungen, die Metternich im Hinblick auf seine eventuellen Gespräche mit Bismarck und König Wilhelm anstellte, weisen in Richtung der harten Linie, wie sie dann ja tatsächlich von Favre in Ferrières vertreten wurde: keine Zustimmung Frankreichs zu den von Preußen geforderten Annexionen. Ob Beust im Ernstfall einer Vermittlungsreise Metternichs ihn im Sinne einer flexibleren Haltung instruiert hätte, bleibt dahingestellt.

Eine neue Epoche begann mit der Rundreise, die Adolphe Thiers quer durch Europa unternahm, um die Unterstützung der Neutralen für Frankreich zu aktivieren. Bismarck tat nun etwas im diplomatischen Verkehr sehr Ungewöhnliches. Er proklamierte in einem überaus scharf gehaltenen Rundschreiben an die neutralen Mächte die preußisch-deutschen Kriegsziele: Elsaß und Lothringen werden als materielle Sicherung gegen künftige französische Angriffe gefordert;[17] diese Friedensbedingungen seien »durch die Natur der Dinge und das Gesetz der Notwehr gegen ein gewalttätiges und friedloses Nachbarvolk vorgeschrieben«. Für diese Annexionen wird auch das europäische Interesse geltend gemacht: »Indem wir Frankreich, von dessen Initiative allein jede bisherige Beunruhigung Europas ausgegangen ist, das Ergreifen der Offensive erschweren, handeln wir zugleich im europäischen Interesse, welches das des Friedens ist.« Denn – und davon scheint Bismarck persönlich überzeugt gewesen zu sein – Frankreich werde jeden jetzt zu schließenden Frieden nur als Waffenstillstand ansehen und es werde, sobald es sich wieder stark genug fühlt, Deutschland »ebenso händelsüchtig und ruchlos wie in diesem Jahre« wieder angreifen. Mit dieser Proklamation und Begründung verband Bismarck eine in ähnlichem Ton gehaltene Warnung an die Neutralen: Thiers wolle bei seiner Reise die Intervention der Neutralen zugunsten eines Friedens erbitten, welcher Deutschland der Früchte seines Sieges berauben würde. Durch die »von den jetzigen Machthabern genährte Hoffnung auf eine diplomatische oder materielle Intervention der neutralen Mächte zu Gunsten Frankreichs« werden die Franzosen gehindert, auf die deutschen Bedingungen einzugehen:

»Kommt die französische Nation zur Überzeugung, daß, wie sie allein den Krieg willkürlich heraufbeschworen hat, und wie Deutschland ihn allein hat auskämpfen müssen, so sie auch mit Deutschland allein ihre Rechnung abschließen muß: so wird sie dem jetzt sicher nutzlosen Widerstande bald ein Ende machen. Es ist eine Grausamkeit der Neutralen gegen die französische Nation, wenn sie zulassen, daß die Pariser Regierung im Volke unerfüllbare Hoffnungen auf Intervention nähre und dadurch den Kampf verlängere.«

Das war sozusagen der offizielle Fehdehandschuh, den Preußen in die europäische Arena warf. Jeder künftige Versuch, von neutraler Seite Einfluß auf die territorialen Ergebnisse des Krieges zu nehmen, sollte damit als moralisch verwerflich, als kriegsverlängernd, als gegen die allgemeinen Interessen Europas und die speziellen Interessen der französischen Bevölkerung verstoßend gebrandmarkt werden. Die Ergebnisse der sechswöchigen Mission Thiers' nach England, Österreich, Rußland und Italien zeigten denn auch, daß die mit der Macht der Bajonette und mit der Kraft eines kolossalen deutschen Nationalgefühls verbündeten Worte Bismarcks nicht ohne Wirkung geblieben waren.

Thiers traf am 23. September in Wien ein. Er kam von London, wo er wenig Ermutigung gefunden hatte. Beust empfing ihn freundlich, was Thiers nicht hinderte, in seinen Reisebericht eine recht sarkastische Charakteristik des Reichskanzlers aufzunehmen: »M. de Beust, de haute taille, avec quelques prétentions pour sa personne, toujours souriant, fin, spirituel, l'homme parmi tous ceux que j'ai connus qui a le moins l'air de croire à ce qu'il dit.« [18] Die Gespräche, die Thiers mit Beust und Andrássy führte, ergaben wenig neue Gesichtspunkte. Beust wiederholte seine De-facto-Anerkennung der republikanischen Regierung. Er gab einen Rückblick auf die Fehler der französischen Seite bei Kriegsbeginn – »la guerre était une folie« – und rechtfertigte sich gegen den Vorwurf, durch nicht eingehaltene Zusagen den französischen Entschluß zum Kriege mitverschuldet zu haben. Zur Gegenwart und Zukunft gewandt, analysierte Thiers den Unterschied zwischen England und Österreich. Die Engländer wollen im Schutz ihrer Insel vom Kriege verschont bleiben. Die Österreicher dagegen sehen klar die Gefahr, die Europa von den preußischen Siegen droht. Aber sie fürchten, diese Gefahr unmittelbar auf sich zu ziehen, wenn sie gegen diese Gefahr eingreifen. Nun müsse man sehen – das war die Quintessenz von Thiers' Frage –, was die neutralen Mächte für Frankreich tun. Ob sie das ungeheure Interesse Europas wahrnehmen, Preußen nicht tun zu lassen, was es will; und ob sie nicht, jede in ihrem Bereich, den gleichen Fehler begehen werden, wie Napoleon III. nach Königgrätz.

Beust war mit Thiers einer Meinung, was das kollektive Eingreifen der Neutralen betraf. Über Elsaß-Lothringen scheint man nicht gesprochen zu haben. Drei Punkte hob der österreichische Reichskanzler hervor: die schwierige innenpolitische Lage, die ihn dauernden Angriffen aussetze; die Bedeutung einer Zusammenarbeit mit Italien, um Preußen weiter zu verunsichern; und schließlich die Hauptsache: daß jetzt alles auf Rußland ankomme. Die Haltung Österreichs hängt von der künftigen Haltung Rußlands ab: »Tout est dans les mains des Russes.«[19] In diesem Sinne wurde verabredet, daß Thiers nach seinen Verhandlungen in Petersburg den Rückweg über Wien nehmen werde.

Am 8. Oktober war Thiers wieder in Wien, um einige Enttäuschungen mit Alexander II. und Gortschakow reicher. Er wurde von Franz Joseph empfangen, konferierte mit Beust, Andrássy und Potocki. Man wurde sich einig, nach der russischen Absage an eine gemeinsame Aktion zunächst Italien zu einem aktiven Vorgehen zugunsten Frankreichs zu ermuntern. Laut Thiers sagte Beust: »Die Intervention der Italiener ist das einzige Mittel, um den Krieg auszuweiten. Wenn er sich ausweitet, seid Ihr gerettet.«[20] Weiterhin besprach man die Aussichten einer Initiative des englischen Parlaments, um die Londoner Regierung zu Schritten in Richtung der »action commune« zu veranlassen. Vielleicht werde sich dann Rußland anschließen. Beust betonte wieder stark die Bedeutung einer russischen Aktion, auch wenn sie zunächst nur isoliert unternommen würde. Und ein Erfolg der französischen Waffen unter den Mauern von Paris würde dem sehr zugute kommen.

Während der Reise des französischen Staatsmanns war man in Wien nicht müßig gewesen. Nicht nur, daß Österreich in London, Petersburg und Florenz unausgesetzt für ein koordiniertes Vorgehen der Mächte eintrat. Beust versuchte auch, König Leopold von Belgien für eine entsprechende Einflußnahme in London zu gewinnen.[21] Gegenüber der englischen Regierung, wie schon zuvor gegenüber Gortschakow, betonte er die Notwendigkeit des gemeinsamen Eingreifens und zugleich den Vorrang der Initiative, der nunmehr London und Petersburg zukomme. Unter den jetzigen Umständen würde die Initiative der k.u.k. Regierung von beiden Seiten falsch verstanden werden: »agissant comme encouragement fatal sur l'une, elle serait interprétée comme intervention hostile par l'autre«.[22] Mit Italien bestanden nach wie vor ein gutes Einvernehmen und ein prinzipielles Einverständnis in Sachen Preußen – Frankreich. Aber was sollte Beust den Franzosen antworten, als sie

nun von Italien eine direkte militärische Intervention – hunderttausend
Mann nach Belfort – wünschten und Österreich aufforderten, auch selbst
unmittelbar zugunsten Frankreichs dies Verlangen in Florenz zu unterstüt-
zen?[23] Beust benützte die Gelegenheit, um auch Frankreich gegenüber die
Haltung und die Möglichkeiten Österreichs zu erklären. Inzwischen hatte ja
die Belagerung der Hauptstadt Paris begonnen. Metternich war mit den an-
deren Diplomaten nach Tours übersiedelt, wo die Beauftragten der Pariser
Zentrale als geschäftsführende Regierung amtierten. Dort führte Graf
Chaudordy die Geschäfte des Außenministeriums. Nach Tours richtete also
Beust seine Erklärungen:[24] Österreich kann im Hinblick auf Rußland keine
aktive Hilfe leisten, gebieterische Gründe verbieten es ihm, allein aus der
Neutralität herauszutreten. Es ist Pflicht der Loyalität, in diesem Punkt in
Frankreich keine Illusionen aufkommen zu lassen. England und Rußland
sind in einer besseren Lage als Österreich, ihre Initiative hat mehr Aussicht
auf Erfolg. Mit ihnen würde Österreich gerne seine Anstrengungen verbinden, aber es kann sich nicht in die erste Linie stellen. Bemerkenswert ist hier
und bei weiteren Schritten Beusts das seit Anfang September bemerkbare Bestreben, Frankreich von einer zu starren Haltung in der Frage der möglichen
Friedensbedingungen abzubringen. Auch in St. Petersburg hatte Chotek mit
Thiers in diesem Sinne gesprochen; und Thiers widersprach ihm nicht, als
er darauf hinwies, daß Straßburg für immer für Frankreich verloren sein
könne.[25]
    Doch in der Hauptsache, in Österreichs Bemühen um eine »action com-
mune«, war man im Oktober an einem toten Punkt angelangt. In Frankreich
wurde zum Volkskrieg aufgerufen und angesichts der überraschenden
Widerstandskraft der neuen republikanischen Armeen konnte von keiner
raschen Entscheidung die Rede sein. Währenddessen breitete sich in den europäischen Kanzleien Resignation aus: »torpeur de l'Europe« – wie es in
Beusts Sprache hieß. Aber eben aus dieser Situation des Zuschauens, die als
immer unerträglicher empfunden wurde, ergaben sich in der zweiten Oktoberhälfte neue Initiativen im Lager der Neutralen. Anscheinend war es auch
Bismarck selbst, der – gewiß ohne es zu wollen – den Anlaß gab. Er überraschte am 10. Oktober die europäische Öffentlichkeit neuerlich mit einem
fulminanten Rundschreiben, das den Zweck hatte, alle Verantwortung für
die Gefahr einer Hungersnot in Paris und für den Tod von Hunderttausenden
auch nach einer Kapitulation (infolge der Zerstörung der Verkehrswege) auf
die französische Regierung abzuwälzen. Dies waren Perspektiven eines »totalen Krieges«, mit denen die liberale Kulturwelt Europas erstmals konfrontiert wurde. Der Erfolg blieb nicht aus, aber in einer etwas anderen Weise, als
Bismarck wohl gerechnet hatte.
    In Wien erfaßte man sogleich die Gelegenheit, mit einer Art von Gegenma-
nifest zugleich an Preußen und an die Neutralen zu appellieren. Darüber hin-

aus sah Beust sich veranlaßt, nun auch die weiterreichenden Behauptungen Bismarcks von der »Grausamkeit der Neutralen«, die schon dem vorausgegangenen Zirkular vom 16. September seinen drohenden Charakter gegeben hatten, zurückzuweisen. Der Gesandte von Schweinitz hatte Beust das Bismarcksche Memorandum amtlich übergeben und Beust antwortete nun in Form einer an den österreichischen Gesandten in Berlin gerichtete Depesche:[26]

Beust sieht sich aufgefordert, von dieser Denkschrift Notiz zu nehmen, umso mehr, »als ihr Zweck dahin geht, vor Europa alle Verantwortlichkeit für die darin vorgesehene Eventualität von der k. preußischen Regierung abzulehnen. – Dies vorausgeschickt, kann ich den Ausdruck meiner Besorgnis nicht unterdrücken, daß dereinst vor dem Urteile der Geschichte ein Teil dieser Verantwortlichkeit auf die Neutralen fallen würde, wenn sie sich die Gefahr unerhörten Unheils in stummer Gleichgültigkeit vor Augen stellen ließen. Ich muß daher Euer Excellenz auffordern, wenn der Gegenstand gegen Sie berührt wird, offen unser Bedauern auszusprechen, daß in einer Lage, in welcher die k. preußische Regierung Katastrophen, wie die in jenem Memorandum angedeutete, vorhersieht, dennoch das entschiedenste Bestreben sich kundgibt, jede versöhnliche Einwirkung dritter Mächte fernzuhalten, gleich als ob in vorhinein besorgt werden müßte, man werde Preußen zumuten, Deutschlands edles Blut umsonst vergossen zu haben, und man werde sich der vielleicht wenig dankbaren, aber darum nicht minder lohnenden Aufgabe entziehen, dem Besiegten die Annahme harter Bedingungen durch Schonung seiner Gefühle zu erleichtern. Jenes Bestreben kann nicht das Mittel sein, das Übermaß von Gräueln abzuwenden, welches Preußen aus Gründen der Menschlichkeit dem Feinde ersparen zu können wünschte. Um nicht die Strafe der Fehler der gestürzten Regierung tragen zu müssen, sind die republikanischen Machthaber in Frankreich zu den äußersten Entschlüssen geneigt – es kann nicht das Mittel sein, sie hievon zurückzubringen, daß man außer dem Machtgebote des Siegers keine andere Stimme zu ihnen sprechen läßt.

Rücksichten auf eigene Interessen sind es nicht, welche die Regierung Österreich-Ungarns beklagen lassen, daß auf dem Punkte, zu welchem die Dinge gediehen sind, jede friedliche Einflußnahme der neutralen Mächte fehlt.

Aber es ist ihr unmöglich, in der Weise, wie es neuerlich von Seite des Petersburger Kabinetts geschieht, die absolute Enthaltung des unbeteiligten Europa zu billigen und zu empfehlen. Sie hält es vielmehr für ihre Pflicht, auszusprechen, daß sie noch an allgemein europäische Interessen glaubt, und daß sie einen durch unparteiische Einwirkungen der Neutralen herbeigeführten Frieden der Vernichtung weiterer Hunderttausende vorziehen würde...«

Die Selbstlosigkeit Österreichs war freilich nicht so eindeutig, wie Beust es hinstellte. Das wußte niemand besser als Bismarck, der in der Folgezeit diese Depesche zum Anlaß einer grimmigen Polemik gegen Beust nahm. Doch diese Auseinandersetzungen gehören bereits in einen anderen Zusammenhang. Sie sind im Kontext des Ringens um Süddeutschland und um den Prager Frieden zu verstehen.[27] In Sachen Frankreich–Preußen ergaben sich nun rasche Folgerungen. Die englische Regierung, der Beust seine Stellungnahme sofort mitgeteilt hatte, ergriff die Initiative zur Herbeiführung eines Waffenstillstandes und erbat sich hierfür die Unterstützung Österreichs, Rußlands und Italiens.[28] Granville sah von der Frage der Friedensbedingungen zunächst ganz ab. Er zielte auf die Schaffung der praktischen Möglichkeiten von Friedensverhandlungen durch Wahlen zu einer französischen Nationalversammlung. In Wien war man mit der Art des englischen Vorgehens nicht zufrieden. Vor allem hätte man dort von Anfang an eine ausdrückliche Betonung der gemeinsamen Aktion der vier neutralen Großmächte gewünscht. Doch Beust und der Kaiser schlossen sich trotz dieses Vorbehaltes sogleich der Initiative an.[29] In der Tat ergab sich eine Art kollektiver Einwirkung in Berlin und Tours, der beide Seiten Rechnung trugen. Die dramatischen Verhandlungen zwischen Bismarck und Thiers in Versailles vom 1. bis 6. November waren die unmittelbare Folge dieser Démarche der vier Mächte. Und nach dem Scheitern der Verhandlungen richtete Thiers seinen Rechenschaftsbericht ausdrücklich an die vier vermittelnden Mächte:

»... Das ist der getreue Bericht über diese Verhandlung, den ich an die vier Mächte richte, welche die gute Idee hatten, einen Waffenstillstand zu wünschen, zu wollen, vorzuschlagen, welcher den Augenblick näher gerückt hätte, wo ganz Europa aufatmen und die Werke der Kultur wieder aufnehmen kann... Nun ist es an den neutralen Mächten zu urteilen, ob man ihre Ratschläge ausreichend beachtet hat...«[30]

Bismarck verkündete gleichzeitig der europäischen Öffentlichkeit seine Version der Versailler Verhandlungen und warnte nochmals die Neutralen. Die Frage der Verproviantierung von Paris, an welcher zuletzt die Verhandlungen mit Thiers gescheitert waren, bezeichnete er als ein unaufrichtiges Manöver der französischen Seite, um die Unterstützung der Neutralen nicht zu verlieren: »Der Verlauf der Verhandlungen hat mir nur die Überzeugung hinterlassen,... daß sie [sc. die gegenwärtigen Machthaber in Frankreich] eine Bedingung, von deren Unannehmbarkeit sie überzeugt sein mußten, nur darum gestellt haben, um den neutralen Mächten, auf deren Unterstützung sie hoffen, nicht eine abweisende Antwort zu geben.«[31]

Indessen war die französische Regierung an die neutralen Mächte herangetreten, um sie zu einer förmlichen Erklärung gegen die Abtretung von Elsaß-Lothringen zu veranlassen. Die Mächte sollten sich öffentlich in folgendem Sinn erklären: Territoriale Abtretungen sind weder durch die Bedürfnisse der Verteidigung Deutschlands noch im Hinblick auf die Wünsche der betroffenen Bevölkerung zu rechtfertigen; deshalb widersprechen das Interesse und die Sicherheit Europas gleicherweise solchen Abtretungen.[32]

In Wien wurde diese Aufforderung ebenso abgelehnt wie in London und Florenz.[33] Beust verwies darauf, daß es jetzt Sache Englands sei, auf dem Wege der von ihm erfolgreich eingeschlagenen Vermittlung weiterzuschreiten. Österreich könne derzeit, wie er schon des öfteren erklärt habe, keine Initiative ergreifen. In letzter Zeit verfolge die preußische Regierung die Haltung der k.u.k. Regierung mit wachsendem Mißtrauen. Jede Erklärung der Mächte, zu der Österreich das Signal gäbe oder die von hierher angeregt erscheine, wäre einer ungünstigen Aufnahme in Preußen sicher. Sie könnte nur eine Irritation hervorrufen, die dem Ziel, um das es sich handele, schädlich wäre.

Auf der anderen Seite gab Vitzthum von seinem Brüsseler Beobachtungsposten her nach dem Scheitern der Verhandlungen in Versailles vor allem England die Schuld; es habe zu spät und zu ängstlich gehandelt und sei isoliert vorgegangen, statt zu einer ›action collective‹ beizutragen, wie sie Kaiser Franz Joseph empfohlen hatte.[34] ›La timide Angleterre‹ – das war wohl ein zu weit gehender Vorwurf, wenn man die Haltung Wiens vergleichend in Rechnung setzt. In dem Suchen nach dem Schuldigen kommt vor allem das Gefühl zum Ausdruck, nun wieder an einem Punkt angelangt zu sein, wo es schwer sein würde, neuerdings von neutraler Seite her den Sieger an den Verhandlungstisch zu bringen.

Es war angebracht, in dieser abgekürzten Weise vorauszugreifen, um die Konstellation zu zeigen, in welcher die österreichische Vermittlungs- und Interventionspolitik sich Ende Oktober/Anfang November befand. Österreichs energische Mitwirkung an den Bestrebungen, die Thiers nach Versailles führten, ist das eine. Beusts Sorge, daß die von England eingeschlagene Vermittlungslinie von Anfang an mehr dem Sieger als dem Besiegten zugute kommen werde, war das andere. Und noch stärker wurde das österreichische Mißtrauen gegenüber Rußland. Alles, was man in Wien über das russische Einverständnis mit Preußen, über russische Aufrüstungen und russische Verhandlungen mit der Türkei erfuhr, ließ das alte prinzipielle Mißtrauen wieder ansteigen, das von ungarischer Seite erst recht genährt wurde: Hatte es überhaupt noch Sinn, mit einer Macht, die nun immer klarer für Preußen Partei ergriff – »unsere Siege«, sagte Zar Alexander, wenn Nachrichten aus Frankreich kamen –, eine gemeinsame diplomatische Intervention zu wollen[35]? Ein drittes war die weitere Schwächung der militärischen Widerstandskraft Frankreichs durch die Kapitulation von Metz Ende Oktober. Ihre Tragweite auch in politischer Hinsicht ist kaum zu überschätzen. Das republikanische Frankreich hatte sich zur allgemeinen Überraschung nach Sedan doch noch als ernst zu nehmender Partner erwiesen. Nun war es wieder anders gekommen. Sollte man jetzt, da die endgültige Niederlage unaufhaltsam schien, sich für den Besiegten engagieren und Zorn und Rache des Siegers riskieren? So war die Quadrupelallianz der Neutralen, die Österreich seit dem August betrieben hatte, im Spätherbst (als sie schüchtern wirksam wurde) von innen her schon ausgehöhlt und von außen erschüttert. Sie entsprach nicht mehr dem, was Wien angestrebt hatte.[36] Und man sieht, wie schon vor dem spektakulären »Platzen der russischen Bombe« (Gortschakows Schwarzmeernote) die Voraussetzungen für eine Solidarität der Neutralen im österreichischen Sinne prekär geworden waren. Damit war aber auch der stützende Rahmen brüchig geworden, den Beust in der europäischen Politik für die Wahrnehmung der österreichischen Interessen gegenüber Preußen und Süddeutschland gesucht hatte.

Bismarck und Österreich: Werbungen und Drohungen

»M. de Bismarck, quel géant«, so wurde bald nach Beginn der Julikrise in Paris Ludwig Bamberger von seinem Friseur angeredet.[1] In der Tat ist es auch nach hundert Jahren, auch für die Geschichtswissenschaft schwierig, zu einer richtigen Einschätzung des persönlichen Wirkens Bismarcks zu kommen und eine falsche Personalisierung der in seinem Wirken gegebenen Sachprobleme zu vermeiden. Dies gilt besonders für die Periode des Krieges und der Reichsgründung 1870/71. Am 31. Juli verließ Bismarck Berlin; er zog mit dem Hauptquartier König Wilhelms und der preußischen Armee zunächst über den Rhein, dann etappenweise durch Frankreich bis Versailles. Dort quartierte er sich Anfang Oktober für die folgenden Monate mit seinen Mitarbeitern im Hause der Madame Jessé, Rue de Provence Nr. 14, ein. Wir haben sehr anschauliche Schilderungen des Wohn- und Dienstbetriebes in Versailles bis in die Details der Möbel und des Speisezettels.[2]

Im Hauptquartier wurden jedoch keine fremden Diplomaten zugelassen, sie hatten in Berlin zu bleiben. Dort stand an der Spitze des Auswärtigen Amtes (beziehungsweise dessen, was davon übrigblieb, nachdem die besten Kräfte mit Bismarck dem Hauptquartier gefolgt waren) Staatssekretär Hermann von Thile. Mit diesem farblosen, vorsichtigen Beamten, der alle Mitteilungen und Anfragen nur ad referendum nehmen konnte, hatte es die europäische Diplomatie nun für lange Monate zu tun. Währenddessen blieb Bismarck unsichtbar und unerreichbar und fällte im Schutze dieser isolierten Situation letztlich allein mit dem König, ohne Kabinettssitzungen, ohne reguläre parlamentarische und diplomatische Kontakte Entscheidungen von unerhörter Tragweite. Alles, was Europa mit Preußen und dem Norddeutschen Bund, schließlich mit dem frisch gegründeten Deutschen Reich auszumachen hatte, mußte im Regelfalle über Berlin laufen, mit einer entsprechenden Filterung durch die dortige Beamtenschaft und mit großen postalischen Verzögerungen. Andererseits bot diese Situation für Bismarck große Vorteile. Er konnte im Hauptquartier bequemer und formloser als in Berlin beziehungsweise Potsdam mit dem König verkehren. Und vor allem hatte er bei sich einen ausgewählten und überaus leistungsfähigen Stab von Mitarbeitern des Auswärtigen Amtes. Dieser Arbeitsstab machte es ihm möglich, den Geschäftsverkehr mit den preußischen Gesandten im Ausland – wenn er wollte – direkt und ohne Verzögerung abzuwickeln, während die fremden Diplomaten ihn nicht erreichten. Es gab Ausnahmen, wie etwa die Zulassung des englischen Sondergesandten Odo Russell nach Versailles im Dezember 1870. Aber im allgemeinen handhabte Bismarck diese in der Geschichte der europäischen Diplomatie sehr ungewöhnliche Situation mit großer Strenge; er hätte dies nicht getan, wäre sie ihm nicht überwiegend vorteilhaft erschienen.

Für Österreich ergaben sich daraus zum Teil groteske Folgen, im Gegensatz zu Rußland, das durch den direkten Kontakt zwischen Zar und König Wilhelm beziehungsweise zwischen den beiderseitigen Flügeladjutanten die Schwierigkeiten des normalen diplomatischen Verkehrs weitgehend ausgleichen konnte. Der österreichische Gesandte, Graf Felix Wimpffen, hatte sich also in Berlin an Bismarcks Stellvertreter von Thile oder an dessen Stellvertreter von Savigny zu halten. Die Beamten waren höflich, aber gaben meist – zu Recht oder zu Unrecht – an, von diesem und jenem und von der Meinung der preußischen Regierung hierzu noch nichts zu wissen. Unangenehme Verhandlungsgegenstände konnten in diesem Instanzenweg Berlin–Versailles–Berlin monatelang stillgelegt werden. So ergab sich für alles, was Wien in Richtung Preußen im Rahmen der eigenen Diplomatie, also über Wimpffen, wollte oder tat, in Berlin eine stumpfe Zone des Wartens und der mangelnden Information. Bismarck jedoch konnte über seinen Wiener Gesandten, den General von Schweinitz, rasch und direkt agieren.[3] Dabei erwies sich der konservative und ehrliche Offizier, der ein besseres Verhältnis zum Kaiserstaat von Herzen wünschte, für die wechselnden und gewundenen Züge der Bismarckschen Österreichpolitik seit Juli 1870 nicht immer als ein bequemes Werkzeug. Wir werden davon hören.

Die besonderen Bedingungen der preußischen Außenpolitik 1870/71 verschärfen also das methodische Problem der »Personalisierung«, das im Falle Bismarcks ohnehin schon sehr erheblich ist, noch weiter. Man kann kaum vermeiden, fortgesetzt zu sagen: Bismarck tat, Bismarck wollte, Bismarck entschied sich. Die objektive Rückbindung der weltgeschichtlichen Entscheidungsprozesse, um die es hier ging, an die transpersonalen Kräfte und Tendenzen der preußischen bzw. deutschen Gesellschaft konnte natürlich auch in dieser extrem herausgehobenen Situation Bismarcks niemals außer Kraft gesetzt werden. Aber ihre Analyse und Beschreibung erfordert ganz besondere Vorsicht – das ist im folgenden stets in Rechnung zu setzen.

Die beruhigende Wirkung der Wiener Friedensversicherungen aus dem Anfang der Julikrise hielt nicht lange vor. Die österreichischen Rüstungen wurden seit Anfang August von preußischer Seite mit steigender Aufmerksamkeit verfolgt. Österreichs Haltung sei unsicherer geworden, stellte Bismarck schon am 4. August fest.[4] Zunächst in Verbindung mit der englischen Neutralitätspolitik, die man in Berlin als antipreußisch auffaßte, dann im Rahmen der mißtrauisch überwachten Geheimverhandlungen Wiens mit Florenz, schließlich im Hinblick auf die österreichisch-russische Sonderpolitik ergab sich für Bismarck zunehmend die Notwendigkeit, Österreich nunmehr unter die unsicheren Faktoren der preußischen Kriegspolitik rechnen zu müssen. Ab jetzt erschien die Monarchie als möglicher Partner in einer für Preußen gefährlichen Kombination neutraler Mächte. Mit der Tatsache der Rüstungen verband sich sogleich die Frage nach der Haltung von Beust und Andrássy. Beust als den bösen Geist Österreichs zu bezeichnen, war nicht neu, hier brauchte Bismarck nur die Stereotypen der Hetzkampagnen früherer Jahre wieder aus der Versenkung holen. Neu und beunruhigend wirkten im preußischen Hauptquartier die Nachrichten über Andrássy und die führenden Kreise Ungarns. Im Gegensatz zu früher, als Berlin stets auf Ungarn als Gegengewicht gegen antipreußische Tendenzen in Wien rechnen zu können glaubte, war man jetzt durch die frankophilen Tendenzen in Budapest alarmiert. Andrássy, der bisher als preußischer Kandidat für die Nachfolge Beusts gegolten hatte, erschien nun nicht mehr erwünscht. Vor allem aber beunruhigten auf preußischer Seite die russisch-österreichischen Geheimverhandlungen. Hatte Thile noch am 19. August in positiver Weise über die österreichisch-russische Annäherung gesprochen[5], so ging es drei Tage später Bismarck schon darum, mit offenbar übertriebenen Angaben über die österreichischen Rüstungen und ihre Folgen für Preußen – »Reservearmee bei Berlin zu bilden« – Rußland zu warnen.[6]

Zwar konnte die Gefahr einer aktiven russisch-österreichischen Verständigung und Interventionspolitik auf Kosten Preußens – wie oben gezeigt wurde – schon Anfang September als gebannt betrachtet werden. Was jedoch Bismarcks Beurteilung der österreichischen Außenpolitik und der Wirksamkeit Beusts angeht, so erscheint sie seitdem von einer sehr tiefgehenden Irritation bestimmt, die an die schlimmsten Konfliktzeiten von 1868/69 erinnert. Im Unterschied zu damals kann es sich die preußische Politik unter den Bedingungen des Krieges mit Frankreich jetzt nicht leisten, eine eindeutige Konfrontationspolitik zu betreiben. Sie versucht ein zweispuriges und wechselndes Vorgehen, um den bedrohlichen Einflüssen Wiens entgegenzuarbeiten, die auf der europäischen Ebene und – was die Sache für Bismarck so besonders störend machte – gleichzeitig in Süddeutschland auftraten. Zweispurig insofern, als Bismarck nun mit allen Mitteln gegen den Reichskanzler Beust arbeitet und seinen Sturz anstrebt. Die Beseitigung

Beusts erschien angesichts der damaligen innenpolitischen Krise der Monarchie – davon wird noch zu berichten sein – möglich. Beusts Sturz sollte den Weg frei machen zu einer weitgehenden propreußischen Neuorientierung Österreich-Ungarns: außenpolitisch als »Anschluß« an das siegreiche und mächtige neue Staatsgebilde in der Mitte Europas, das – gestützt auf Österreichs Freundschaft – die Fesseln des Prager Friedens abstreifen und sich Süddeutschland einverleiben wird; innenpolitisch im Sinne des schon früher von Bismarck gewünschten konservativ-autoritären Abblockens der liberalen Errungenschaften und der nationalitätenpolitischen Zugeständnisse in Cisleithanien. Deshalb ging Hand in Hand mit der Kampagne gegen Beust das preußische Werben um den Kaiser (und um jene Kräfte Österreich-Ungarns, die Bismarck – irrtümlich, wie sich bald herausstellte – als mögliche Partner einer solchen politischen und gesellschaftlichen Wendung ansah).

Dies kohärente Programm der preußischen Österreichpolitik im Herbst 1870, das die Reichsgründung wie den ungehemmten Sieg über Frankreich und dessen bleibende Ergebnisse flankierend sichern sollte, ist aus den Einzelzügen Bismarcks klar erschließbar. Es bildet die konstante Voraussetzung für eine Reihe von unterschiedlichen und teilweise widersprüchlich erscheinenden Maßnahmen und Vorgangsweisen Bismarcks. Es wird erst in der zweiten Novemberhälfte durch ein neues Programm abgelöst, als sich herausgestellt hat, daß Bismarcks Kalkulation mit dem Sturz Beusts und einer preußenfreundlichen klerikalen Nachfolgeregierung nicht realistisch war. Gewiß wird auch zu zeigen sein, daß die russische Kündigung der Schwarzmeerklauseln von 1856 das Ihrige tat, im November 1870 eine veränderte internationale Lage zu schaffen. Jedenfalls werden Beusts Konsolidierung und die Erneuerung einer liberalen Solidarität der Deutschösterreicher und Ungarn Bismarck dazu bringen, nun doch diesen, eben noch in den politischen Orkus verdammten Gegner und das ihn stützende liberale System der Monarchie als Partner einer definitiven Annäherung der beiden mitteleuropäischen Großmächte anzuerkennen.

Im Sinne dieser zweispurigen Politik gibt Bismarck seit Anfang September der Presse Weisung, Beust als die einzige Persönlichkeit zu bezeichnen, die der Herstellung besserer Beziehungen zwischen Preußen und Österreich im Wege steht.[7] Schweinitz, der in Wien die Dinge anders und richtiger sah, erhielt eine schroffe Zurechtweisung:

»Warum widersprechen Sie der Ansicht, daß Graf Beust ein Hindernis für unsere Annäherung sei? Sie können allerdings diese zweifellose Wahrheit, solange er Minister ist, nicht amtlich betonen, aber ohne die Überzeugung vom verräterischen Mißbrauch aller unserer Schritte durch Graf Beust würden wir uns längst zu nähern versucht haben.«[8]

In der zweiten Septemberhälfte ging dann Bismarck so weit, Schweinitz in unmißverständlicher Form aufzufordern, auf einen baldigen Sturz Beusts hinzuarbeiten. Denn eine offene Feindseligkeit Österreichs oder selbst »eine durch Österreich hervorgerufene Notwendigkeit eines Krieges mit dieser Macht« wäre – laut Bismarck – für Preußen jetzt weniger gefährlich als die unberechenbare, intrigenhafte Politik, die Beust gegen Preußen eingeschlagen habe.[9] Bedrohlich sei für Preußen gerade die »Versatilität« der österreichischen Politik unter Beust. Für dieses Urteil beruft sich Bismarck gegen Schweinitz' Einwände auf eine zwanzigjährige Erfahrung mit Beust. Sein Sturz ist die einzige Möglichkeit, zu dem für Preußen erwünschten, ja erforderlichen Freundschaftsverhältnis mit Österreich zu kommen: »... die Beseitigung dieses Hindernisses ist für unsere Politik bezüglich Österreichs ein zwingendes Bedürfnis geworden, weil wir dauernde Freundschaft mit Österreich wollen und dazu nicht gelangen können, solange Graf Beust es zu hindern vermag«.[10]

Den Auftrag zur Beseitigung Beusts verband Bismarck mit weiterreichenden Darlegungen der außen- und innenpolitischen Positionen Österreichs, die den Interessen Preußens entsprächen. Dies Programm ist nicht neu, es wiederholt in den Grundzügen jenes Bild eines »Österreich à la Bismarck«, das der Kanzler Anfang 1870 Wimpffen gegenüber entworfen hatte – damals allerdings noch unter positiver Einbeziehung Beusts.[11] Die konservative Solidarität der drei großen Ostmächte hatte Bismarck schon damals gepredigt. Jetzt kam ein neuer Akzent dazu: nach der Ausrufung der Republik Frankreich sei gegen die Solidarität der revolutionären und republikanischen Interessen das Zusammenhalten Preußens, Rußlands und Österreichs von besonderer Aktualität.[12] Schon früher hatte Bismarck betont, daß von Österreich allerdings ein Wandel zu fordern sei: »Mumifizierung« des liberalen Verfassungslebens, Zurücknahme der »nationalen Experimente«, wie etwa im Falle Galiziens. Nun aber konkretisierte Bismarck diese verfassungspolitischen und gesellschaftspolitischen Bedingungen für eine Aufnahme Österreichs in die konservative Allianz. Als Nachfolger Beusts sei nicht etwa Andrássy erwünscht (der nun als unsicher galt), sondern ein Exponent der Klerikalen: »In einem klerikalen Ministerium aber sehe ich gar keine Gefahr für uns. Es würde schwach im Innern sein; im ganzen aber würde es eine konservative Politik befolgen müssen und eine Stütze und Anlehnung an uns suchen, wie ja selbst der Papst eine solche an Preußen jetzt sucht.«[13]

Das war Wunschdenken par excellence. Schweinitz hatte Bismarck seit Beginn der neuerlichen Anti-Beust-Kampagne gewarnt, die preußische Polemik werde die Stellung Beusts beim Kaiser nur stärken. Schweinitz behielt recht damit. Er sah – in seiner Weise – die inneren Konstellationen der Monarchie viel richtiger als Bismarck. Er traute Beust »den bösesten Willen« zu, hielt ihn jedoch für so klug, die immer noch in unberechenbarer Weise zum Bruch mit Preußen treibenden Kräfte im Schach zu halten. Ein jetzt wahrscheinlicher Nachfolger Beusts würde nach seiner Meinung gewiß noch schädlicher (für Preußen) sein; es könnte nur ein Ultramontaner sein, ein franzosenfreundlicher Ungar oder ein einseitiger Anhänger Rußlands.[14] Die kapitale Fehleinschätzung und Irrealität der Bismarckschen Ziele hinsichtlich der inneren Entwicklung Österreich-Ungarns war schon anläßlich seiner Eröffnungen an Wimpffen zu Beginn des Jahres 1870 anzumerken gewesen: Im allgemeinen waren nur die Liberalen für Preußen; die konservativen und klerikalen Gruppen waren föderalistisch-proslawisch eingestellt. Unter den politischen und gesellschaftlichen Bedingungen, die im Herbst 1870 herrschten, von einem Exponenten dieser Gruppen als Nachfolger Beusts für die Interessen Preußens Gewinn zu erwarten, war eine mehr als dilettantische Rechnung.

Warum lag Bismarck zu diesem Zeitpunkt so sehr an einer Wendung Österreichs, daß er sich zu so radikalen Mitteln und zu so irrealem Wunschdenken verstieg? Das aktuelle Motiv, das er Schweinitz am 18. September nannte, war klar; es sollte eine russisch-österreichische Allianz mit antideutscher Spitze (wie sie Wien mit der Mission Choteks beabsichtigt hatte) verhindert werden: »Unser wesentlichstes Bedürfniß für den Augenblick ist aber, daß Oestreich und Rußland sich nicht auf antideutscher Basis gegen uns einigen...« Man sieht hier – und die Analyse der gleichzeitigen preußisch-russischen Beziehungen bestätigt es[15] –, wie nachhaltig Bismarcks Sorgen in dieser Richtung waren. Ein anderes Motiv spricht Bismarck nicht direkt aus, es lag aber für alle Eingeweihten auf der Hand: die große Bedeutung, welche einer preußenfreundlichen Haltung Wiens für die nun begonnenen Verhandlungen über den Anschluß der süddeutschen Staaten zukam. Für ihren Erfolg war Österreichs Haltung keineswegs eine quantité negligeable. Eine positive Haltung Wiens würde jedenfalls die Überwindung der inneren Widerstände in Süddeutschland erleichtern und auch auf europäischer Ebene der Durchsetzung und Absicherung dienen. Umgekehrt konnte es für Berlin überaus störend wirken, wenn ein eventueller Einspruch aus Wien sich mit einer weiterreichenden Intervention der neutralen Mächte verbinden würde. Der Prager Friede als eine Karte im europäischen Spiel Österreichs, die Beust in der Vergangenheit zwar gelegentlich erwähnt, aber nie gezogen hatte – das mußte Bismarck nun um so mehr beschäftigen, als gerade in puncto der süddeutschen Selbständigkeit ein vorgegebener Konsens zwischen Wien und Petersburg bestand. Die Überschreitung der Mainlinie lag nicht im Interesse Rußlands. Im August war es ganz deutlich geworden, daß Bayern und Württemberg über die Berliner Zusicherungen hinaus bei Rußland einen internationalen Rückhalt für die Erhaltung ihrer Souveränität suchten.[16]

Dies vorausgesetzt, bleibt immer noch die Frage, warum sich Bismarck nun so entschieden auf den Sturz Beusts festlegte. Seine Stärke lag doch sonst meist im Abwägen alternativer Vorgangsweisen. Es sind darauf verschiedene

Antworten möglich. Einmal ist das starke Element persönlicher Gegnerschaft zu Beust unübersehbar. Bismarck appelliert Schweinitz gegenüber an
zwanzig Jahre Erfahrung mit Beust und an die Geschichte seiner eigenen Illusionen gegenüber diesem Politiker. Dann ist zu verweisen auf die generelle
Neigung Bismarcks, Widerstände, auf die er traf, zu personalisieren und ihre
Überwindung nicht auf der Sachebene, sondern vom Wechsel der Personen
zu erwarten. Schließlich – und das ist vielleicht das Wichtigste – stellt sich
angesichts der preußisch-österreichischen Beziehungen seit der Tauffkirchenschen Mission 1867 die Kardinalfrage: Was hatte Preußen Österreich zu
bieten, um es zu einer freundschaftlich-stützenden Politik zu veranlassen?
Sucht man hierfür die Antwort, so stößt man auf eine Formulierung des Gesandten von Schweinitz, der mit jener schönen Schlichtheit der Sprache, die
ihm eigen war, den Kern der Sache traf: Preußen hatte zu bieten »die sehr gewichtige Zusicherung, daß Österreich als unser Freund fortbestehen dürfe«.[17] Diese Zusicherung, natürlich entfaltet im Sinne der territorialen Integrität und der Abweisung irredentistischer Bestrebungen, war der Inhalt der
großen Werbedepesche Bismarcks nach Wien vom 23. Juli gewesen.[18] Und
mehr kam auch in den folgenden Avancen, von denen nun zu sprechen ist,
nicht vor. Was hätte Preußen auch mehr bieten können?

Die Anfrage an Berlin nach einer Unterstützung der österreichischen Südostinteressen war seit dem Frühjahr 1867, seit Tauffkirchen, in deutlicher
Form gestellt. Bismarck war über sie in der Vergangenheit hinweggegangen,
eine positive Antwort wäre ohne Revision des Freundschaftsverhältnisses zu
Rußland kaum denkbar gewesen. Nun, wo es unter den verschärften Bedingungen des Krieges unter anderem um die Verhinderung eines russisch-österreichischen Zusammenspiels gegen Preußen ging, kam Bismarck offenbar
gar nicht auf den Gedanken, mehr anzubieten, als das Desinteresse am »finis
Austriae« und eine freundschaftliche »Anlehnung« an das demnächst siegreich in Europa dominierende Preußen-Deutschland. Dies mochte für Preußen viel erscheinen, für Österreich war es damals noch wenig. Je länger die
Anzeichen für ein positives Echo auf dieses Angebot in Wien ausblieben und
je selbständiger und für Preußen bedrohlicher die österreichische Neutrali-
täts- und Interventionspolitik auftrat, desto mehr scheint Bismarck – summa
summarum – den Sturz Beusts angestrebt zu haben.

Zweispurig war diese Politik insofern, als von preußischer Seite gleichzeitig Zug um Zug versucht wurde, an Beust vorbei direkten Zugang zum Kaiser zu gewinnen und auf ihn Einfluß zu nehmen. Der erste derartige Versuch
knüpfte sich im August an die Person und Sendung Choteks. In St. Petersburg
stand nämlich der österreichische Gesandte in Verbindung zu dem preußenfreundlichen Kreis um die Großfürstin Helene. Gespräche, die er mit der
Großfürstin vor seiner Abreise nach Wien geführt hatte, veranlaßten Bismarck zu dem Versuch, über Chotek anläßlich von dessen Wienreise Anre-

gungen direkt an Kaiser Franz Joseph gelangen zu lassen:»... daß wir keine oppositionellen Elemente unterstützen; und Wunsch, daß nach dem Kriege ein besseres Verhältnis zwischen uns und Österreich, eventuell zwischen beiden und Rußland hergestellt werde zu gegenseitiger Unterstützung behufs Erhaltung der bestehenden Verhältnisse und der staatlichen Ordnung«.[19]

Als sich dann herausstellte, daß die Mission Choteks in ganz andere Richtung zielte, nahm Bismarck Chotek in Schutz und schob alle Schuld auf Beust.[20] Zugleich suchte er nach einem erfolgreicheren Weg, in Wien an Beust vorbei und gegen Beust zu arbeiten. Er fand einen Mittelsmann in dem Wittelsbacher Prinzen Luitpold, dem späteren Prinzregenten des Königreiches Bayern. Luitpold war mit einer Habsburgerin, einer Schwester des Erzherzogs Albrecht verheiratet. Der Prinz nahm am Feldzug in Frankreich teil; am 12. September war er bei Bismarck in Versailles, der ihm »historische und politische Vorträge« hielt und ihn zu einem hochpolitischen Brief an seinen Schwager, den Erzherzog Albrecht, veranlaßte. Die Gedankengänge dieses Briefes, der natürlich zur Mitteilung an den Kaiser bestimmt war, entsprachen durchaus den uns schon bekannten Argumenten Bismarcks, verschärft durch neue Akzente angesichts des Sturzes des französischen Kaisertums: republikanische Gefahren für die Monarchien in Europa, monarchischer Zusammenhalt als Bürgschaft für die Sache der Ordnung und Zivilisation, deutsches Interesse an einer konservativen Wendung der Innenpolitik Österreichs und an guten Beziehungen zwischen Österreich und Rußland; »Österreich werde nur durch ein offenes und vertrauensvolles Verhältnis zu Rußland und zu dem geeinigten Deutschland den Halt wieder finden können, dessen es gegen revolutionäre und centrifugale Elemente bedürfe, und dessen es durch die Politik des Grafen Beust vollständig verloren gegangen sei«.[21]

Das Ergebnis auch dieser Aktion war für Bismarck durchaus unbefriedigend, hätte ihn aber eigentlich nicht überraschen dürfen. Die Antwort Albrechts an Luitpold wurde durch Beust dem preußischen Gesandten in Wien mit der Bitte um Weiterleitung ins Hauptquartier übergeben. Dieser offiziellen Form entsprach der Inhalt, der genau auf der Linie jener österreichischen Anfrage an Preußen lag, wie sie Beust seit 1867 formuliert hatte: Wenn Preußen das Bedürfnis der Annäherung an Österreich habe, so vermisse man bisher jede Äußerung darüber, was Preußen denn dafür an Österreich, welches vielseitige Interessen habe, bieten wolle. Der Kaiser werde gerne alles in Erwägung ziehen, was auf direktem Wege an ihn gelange.[22]

Der nächste Schritt wurde von Schweinitz angeregt. Der Gesandte, schon stets ein persönlicher Befürworter einer konservativen, deutschgestimmten Allianz zwischen Berlin und Wien, sah nach Sedan die Zeit gekommen, durch einen direkten Kontakt zwischen den beiden Monarchen die Dinge voranzubringen. Zumindest sollte die Anerkennung Preußens für Österreichs »korrekte« Haltung ausgesprochen werden; Franz Joseph sollte in dieser Haltung

bestärkt werden und mit Hinweisen auf die Waffenbrüderschaft von
1813/14 sollte der Wunsch nach besseren Beziehungen in der Zukunft verbunden werden.[23] Schweinitz unterbreitete Bismarck den Vorschlag, König
Wilhelm möge ihn zu einer Botschaft an Franz Joseph ermächtigen. Die Audienz in Wien kam am 1. Oktober zustande. Der Gesandte hat später ihren
für ihn enttäuschenden Verlauf mit dem zu späten Zeitpunkt erklären wollen: Drei Wochen früher würde man die dargebotene Hand freudig ergriffen
haben. Nun, als die militärische Lage Preußens weniger günstig schien, habe
man diese Botschaft in Wien irrtümlich nur als eine captatio benevolentiae
aufgefaßt. Er dürfte sich darin wohl getäuscht haben und das komplizierte
Zusammenspiel der Faktoren, das der Antwort des Kaisers zugrunde lag, unterschätzt haben. Beust benutzte die Gelegenheit, um das Ergebnis der Audienz – so wie die österreichische Seite es sehen wollte – in offizieller Weise zu
fixieren und König Wilhelm zur Kenntnis zu bringen. Dies geschah in Form
eines Erlasses des Reichskanzlers an Wimpffen, der das Aktenstück in Berlin
zur Weitergabe an König Wilhelm überreichte. Auch wenn das preußische
Hauptquartier Österreichs Stellung damals gewiß anders auffaßte und sich
durch Beusts Feder wohl wenig positiv beeindrucken ließ, kommt diesem
Text als Dokumentation der damaligen Haltung und Absichten Wiens zu
Preußen hohe Bedeutung zu. Beust war ja selbst bei der Audienz des Herrn
von Schweinitz nicht dabeigewesen. Er beschrieb den Verlauf der Audienz
aufgrund der Mitteilungen des Kaisers, und er interpretierte sie im gleichen
Atemzuge:
»Kaiser Franz Joseph hat dem General v. Schweinitz in warmen Worten
bezeugt, wie sehr die von dem Könige von Preußen in solchem Geiste an ihn
gerichtete Begrüßung ihn freue. Se. M. hat den General beauftragt, den Ausdruck des gefühltesten Dankes dafür an den König gelangen zu lassen. Der
Kaiser sagte, er wisse es zu würdigen, ja es habe ihn ergreifen müssen, daß
inmitten der glänzendsten Siege, die jemals erfochten wurden, und für welche
er als Soldat nur die höchste Bewunderung empfinden könne, das Andenken
an die Allianz von 1813 in der Brust des Königs Wilhelm verwahrt
sei. Es müsse aber auch dem Könige unverborgen sein, wie sehr der Kaiser seinerseits von jeher die Gefühle geteilt und sie festhalten zu können gewünscht
habe, die er in dieser Botschaft des Königs wiederfinde.
Gegenüber einer so freundschaftlichen Mitteilung hat der Kaiser unterlassen auf die Wandlungen hinzuweisen, welche seit jener denkwürdigen Epoche der deutschen Befreiungskriege sich vollzogen haben und welche Ursache
waren, daß bei dem heutigen Waffengange beide Heere nicht wie damals ne-
ben- und miteinander ins Feld ziehen konnten.[24] Wohl aber hat der Kaiser
den General von Schweinitz darauf aufmerksam gemacht, daß er fortan es als
Gebot seiner Regentenpflicht betrachte, auch die besten Gefühlsregungen
nicht als Motive für politische Entschlüsse gelten zu lassen. Handle es sich

also um praktische Kombinationen, komme es darauf an, ob der Kaiser den in früherer Zeit so gern von ihm bevorzugten Richtungen unter andern Verhältnissen und Bedingungen sich wieder zuwenden könne, so müsse er den König bitten, davon ausgehen zu wollen, daß der Kaiser nur die reine Interessensfrage, wie sie sich von österreichisch-ungarischem Standpunkte darstelle, als ausschlaggebend betrachten könne.

General v. Schweinitz wird seinem königlichen Herrn ohne Zweifel von den Äußerungen des Kaisers getreuen Bericht erstattet haben. Er hat mir gegenüber hervorgehoben, und ich habe ihm gerne darin zugestimmt, daß dem Auftrage aus Ferrières unter allen Umständen die Bedeutung eines weiteren Schrittes auf dem Wege der Wiederannäherung der beiden Mächte zukomme, womit schon durch den Besuch Sr. K.H. des Kronprinzen in Wien ein so glücklicher Anfang gemacht wurde...«

Das war ein harter Kern in einer weichen Schale. Da der Auftrag aus dem preußischen Hauptquartier vor allem auf Gefühl und Erinnerung abgestimmt war, kostete es den Kaiser und Beust wenig Mühe, einerseits die Fortsetzung einer Annäherung zu konstatieren – wobei man sich alles weitere offenhielt – und andererseits unmißverständlich zur Sache zu kommen: Was gibts, was wollt ihr eigentlich in die Verhandlung einbringen? Es war damit, wie schon bei und nach der Tauffkirchenschen Mission, *eines* klargemacht: die »sehr gewichtige Zusicherung, daß Österreich als unser Freund fortbestehen dürfe«, war man in der Hofburg zu diesem Zeitpunkt nicht zu honorieren bereit. Wenn, dann wollte man mehr zu hören bekommen. Dies darf nicht Wunder nehmen, wenn man den damaligen Stand der europäischen Politik, der deutschen Dinge, der Anschauungen des Kaisers und der Verhältnisse in der Monarchie in Betracht zieht. Die ungarische Unterstützung für Beusts Neutralitäts- und Interventionspolitik scheint damals ziemlich sicher; Andrássy stritt sich mit Schweinitz kräftig über die Frage, ob Österreichs Nichteintritt in den Krieg der Kraft der inneren Elemente oder dem Druck Rußlands zu verdanken wäre.[25] (Es ist bezeichnend, wie Andrássy seine Meinung in dieser Frage, als eine Sache des Point d'honneur für Ungarn, noch 1879 bei den Zweibundverhandlungen Bismarck präsentiert, und daß Bismarck ihm zugesteht, daß in den Akten nichts Gegenteiliges zu finden sei![26]) Der Kaiser war fortgesetzt gegen die »Infamie« des preußischen Vorgehens eingenommen – ein nicht sehr genauer Sammelbegriff, dessen konkreter Inhalt sich zuletzt im September durch die Nachrichten von der neuerlichen Absicht auf ein preußisch-deutsches Kaisertum vermehrt hatte.[27] Gerüchte, Anregungen, Glückwünsche zu einer Annäherung zwischen Österreich und Preußen gab es im August, September und Oktober in Menge. So wie in der Presse und unter dem politischen Publikum die Forderung nach Elsaß-Lothringen als ein »Vehikel« zur Lösung der deutschen Frage im Berliner Sinne wirkte, so mußte auch das Reden von der nun glücklich kommenden deutsch-österreichischen Annäherung in die gleiche Richtung wirken. Dabei war um diese Zeit mit Süddeutschland noch wenig entschieden; wir werden sehen, wie sehr es hier der Wiener Politik um ganz bestimmte Ziele gegen Bismarck ging. Erst recht konnte die europäische Situation im Oktober – vor dem Fall von Metz – die k.u.k. Regierung im Durchhalten ihrer selbständigen, auf die gemeinsame Aktion der Neutralen zielenden Linie bestärken.

Immerhin hat Beust noch in der ersten Oktoberwoche einen sehr beachtlichen Versuchsballon steigen lassen, der ergänzend zu der offiziellen Antwort auf die Botschaft König Wilhelms erstmals in offiziöser Form Perspektiven und Bedingungen eines österreichisch-preußischen Zusammengehens darlegte. Der Kanzler ließ durch einen Beamten seines Pressebüros zwischen dem 8. und 18. Oktober im ›Pester Lloyd‹ eine anonyme Artikelserie veröffentlichen, die von Anfang an als von Beust inspiriert galt und auch bald darauf mit Förderung der Regierung als Broschüre erschien: ›Randglossen zum Preußisch-Französischen Kriege‹.[28]

Der Zweck dieser höchst interessanten Aktion, die von der Forschung bisher nicht beachtet wurde, war ein mehrfacher: Rechtfertigung der österreichischen Politik seit der Julikrise und vorsichtig-sondierende Neuorientierung im Hinblick auf die deutsche Einigung – sowohl gegenüber der Öffentlichkeit Österreich-Ungarns wie gegenüber Deutschland und Bismarck. Die Vorgeschichte des Krieges wird in einer für Bismarck geradezu schmeichelhaften, ganz auf das deutsche Nationalgefühl abgestellten Weise rekapituliert: »Ein gelehriger Jünger Napoleon's III., hatte der preussische Staatsmann seinem Meister das Geheimnis seiner Staatskunst längst abgeguckt. Nicht das spontane Aufkeimen eines großen fruchtbaren Gedankens, nein, lediglich das geniale Ausnützen einer jeden sich ergebenden Phase im Interesse der eigenen Politik – darin bestand dieses Arcanum. Und daß Graf Bismarck es seinem Vorbilde darin vorzuthun wußte, das hat er in Ems bewiesen.« Nach der Emser Depesche waren die Rollen getauscht, die Chancen gewechselt, das deutsche Volk zur Abwehr Frankreichs geeinigt. »Daß der norddeutsche Bundeskanzler sich bei diesem eminenten Schachzug ganz und gar von den Interessen des seiner Obhut anvertrauten Staatswesens leiten ließ, diese Erwägung allein genügt, ihn gegen jeden Vorwurf der Mit- und Nachwelt zu feien, zumal auch der Erfolg, ein mächtiger Fürsprecher, auf seiner Seite ist.« Mit ähnlich feiner Feder rechtfertigt Beusts Beauftragter den Neutralitätsentschluß Österreichs in Bezug auf Frankreich: »Will mein Freund zum Fenster hinabspringen, dann erfülle ich meine Pflicht, wenn ich ihn mit allem Aufgebote meiner Kraft daran zu hindern suche.« Dies gelang Österreich nicht, Frankreich stürzte sich ohne Aussicht auf Erfolg und verantwortungslos in den Krieg.

Das Tableau der Weltgeschichte der letzten Monate wird weiterhin im Sinne der österreichischen Verdienste um den Weltfrieden beschrieben:

Fernhaltung Rußlands vom Kriege, Bemühungen um die Solidarität der Neutralen. Deutlich wird die Enttäuschung über den Mißerfolg der Vermittlungsversuche ausgesprochen. Heute kann eine weitere Initiative nur von England oder Rußland ausgehen, nicht aber von Österreich-Ungarn. Die Mitwirkung Wiens bei einem künftigen Friedensschluß wird aber als selbstverständlich angesehen. Österreichs Staatsmänner sollen, »sobald sich die Möglichkeit bietet,… ihre Stimme im Rathe der Mächte erheben zu Gunsten der Mäßigung und der Billigkeit« im Sinne der Aufrichtung eines dauerhaften Friedens.

Eminente Bedeutung muß – auch ex posteriori gesehen – dem folgenden Abschnitt über die deutsche Frage beigemessen werden. Hier holt die von Beust inspirierte Schrift weit aus; sie erinnert an »die beiden großen Strömungen…, welche die Frage der Organisation des deutschen Gemeinwesens in zwei verschiedenen Richtungen betrieben«. Und nun erfolgt eine klassisch zu nennende Gegenüberstellung der deutschen Konzeptionen Beusts und Bismarcks, des Verlierers und des Siegers:

»Die Eine suchte die Lösung des Problems auf dem friedlichen Wege freithätiger Vereinbarung, ohne Verkürzung der Rechtsbefugnisse der einzelnen Theile zu Gunsten eines anderen, es wäre denn der Gesammtheit; die Andere behandelte die Frage als ein coincidirendes Moment der eigenen Macht, für deren Zuwachs die Theile aufzukommen hätten. Die erstere Tendenz hatte ein föderativ geeinigtes Deutschland, dem die Defensivnatur von der Stirne abzulesen sein sollte, im Auge; die andere Richtung klammerte sich fest an dem Hintergedanken, die Macht Gesammtdeutschlands der eigenen Hausmacht nutzbar zu machen und die Summe der so gewonnenen Kraft nöthigenfalls auch offensiv zu verwerthen. Grundverschieden in ihren Absichten, waren die beiden Systeme es auch in der Wahl der anzuwendenden Mittel. War das Erstere dort, wo es um die Rechte Dritter und um eigene Pflichten handelte, rücksichtsvoll und gewissenhaft bis zur Ängstlichkeit, so huldigte die zweite Richtung einer viel minder scrupulösen Denkart…

Diese beiden… Richtungen fanden im letzten Decennium zumal ihre Verkörperung in zwei Staatsmännern, deren Jeder heute an der Spitze eines großen Staatswesens steht, der Eine als Triumphator, der andere bemüßigt, die Erfolge seines Gegners anzuerkennen. Wenn sie auch heute wieder Beide berufen sein sollten, bestimmend einzugreifen in die Gestaltung Deutschlands, so wäre es doch nur purer Verblendung möglich zu verkennen, daß die Entscheidung eigentlich in der Hand des Vertreters der Blut- und Eisen-Theorie ruht.… Diesem Principe gemäß wird dann auch freilich das neugestaltete Staatsgebäude seinen Ursprung nicht verleugnen können; wenigstens erscheint es nach den Gesetzen der Natur sehr fraglich, ob der blutige Kitt wirklich nur die Bausteine zu einem ›Hort der Gottesfurcht und der guten Sitte‹ zusammengefügt habe, ob nicht das im Blutbann gezeugte Kind die Male der Gewalt tragen wird...«

Diesem bewegenden Bild deutscher Entscheidungen, wie es Anfang Oktober 1870 aus Beusts Pressebüro hervorging, schließt sich sogleich die Frage nach der Rolle Österreichs in der Vergangenheit, Gegenwart und Zukunft Deutschlands an. Der Verfasser spart nicht mit Kritik an der deutschen Politik Wiens vor 1866: »Dieselben Suprematiegelüste, dasselbe selbstsüchtige Ringen um Hegemonie, wie es oben charakterisiert wurde, waren in Wien nicht weniger maßgebend als in Berlin. Auf Radowitz folgte Schwarzenberg, auf Olmütz – Königgrätz.« Wenn Wien noch 1864/65 Beusts Ratschläge beherzigt hätte, stünde man heute einer Lösung der deutschen Frage gegenüber, die dem Weltfrieden, Europa und den Interessen aller Teile der deutschen Stammesgemeinschaft besser entspräche. Beust – so setzt der Artikel fort – habe anscheinend auch nach 1866 als österreichischer Staatsmann die Hoffnung auf eine Konstituierung Deutschlands in seinem Sinne nicht ganz fallen gelassen. Nun aber ist dies alles vorbei: »Es muß schmerzlich sein, in einem Principienkampfe die Entscheidung nach jener Seite fallen zu sehen, der man sich in Bezug auf die Lauterkeit der Intention nicht unterzuordnen vermag.« Aber dem Geschehenen Rechnung zu tragen und die Wahrnehmung des eigenen Vorteils nicht zu verpassen – das ist Staatskunst.

Nun folgen die praktischen Hinweise dieser Staatskunst. Unter Verzicht auf alle Gefühlspolitik ist heute lediglich von den Interessen Österreich-Ungarns auszugehen. Zurückhaltung und Wohlwollen entsprechen jetzt dem Gebot der Stunde und den Intentionen Ungarns wie der Deutschen in Cisleithanien. Der Prager Friede wird dann, wenn die völkerrechtlichen Dinge weit genug gediehen sind, die Handhabe für die völkerrechtlich gebotene Mitwirkung der Monarchie bieten: »Wir erachten es lediglich für geboten, vor Allem nicht störend und zersetzend auf den chemischen Prozeß einzuwirken, der und solange er in dem ersten Gährungsstadium sich befindet. An uns ist es jedoch, den Zeitpunkt nicht zu versäumen, in welchem der Embryo erkennbare Umrisse angenommen haben wird, um alsdann in korrekter Verwerthung und auf Grund unseres völkerrechtlich verbrieften Rechtes die uns gebührende Theilnahme an den Stipulationen über die Neugestaltung Deutschlands auszuüben und zwar in solcher Weise auszuüben, daß dadurch weder die in dem nationalen Bewußtsein eines einflußreichen Elementes der österreichischen Bevölkerung und in geheiligten Überlieferungen der regierenden Dynastie wurzelnde Sympathie für eine gedeihliche Entwicklung der deutschen Nationalsache verleugnet, noch aber die uns vertragsmäßig und politisch vorgezeichneten Schranken irgendwie überschritten werden.«

So wird auf diesem publizistischen Umweg Bismarck die Frage des Prager Friedens unüberhörbar vorgelegt. Einerseits scheint dies die selbstverständliche, logische Folge aus der gegebenen Vortragssituation von 1866 zu sein. Andererseits bedeutete ein solcher Verhandlungsvorschlag, gemessen an der bisher von Österreich verfolgten Politik europäischer Solidarität und Intervention, eine neue Pointe oder sogar eine neue Alternative: Denn ein vertragliches Zusammenwirken Österreichs mit Preußen bei der Konstituierung des neuen deutschen Staates mußte nicht, aber konnte doch rasch auf eine *einseitige Verständigung Wiens mit dem Sieger* hinauslaufen. Und dies erscheint im Zusammenhang mit den vorausgehenden Konzeptionen und den nachfolgenden Ereignissen als der bedeutungsvollste neue Gedanke dieser Sondierungsaktion der ersten Oktoberhälfte. Noch war in den »Randglossen« der bisherige europäische Bezugsrahmen festgehalten: Zusammenwirken der europäischen Mächte bei einem künftigen Friedensschluß. Aber der Angelpunkt des Prager Friedens wurde stark betont, und der neue Ansatz zur direkten Verständigung mit Preußen konnte sich unter veränderten Umständen rasch verselbständigen.

Für Bismarck sahen die Dinge ganz anders aus. Er schwankte zunächst noch zwischen einer verschärften Kampagne gegen Beust und einer rhetorischen Resignation in puncto Österreich. Anfang Oktober ließ er Schweinitz wissen: Wenn es nicht gelinge, andere Anknüpfungspunkte »als die in den Beziehungen zu Graf Beust liegenden zu gewinnen, so müssen wir unsre Versuche, zu bessern Beziehungen mit Oestreich zu gelangen, spätern Zeiten vorbehalten«.[29] Dann, als auch der Mißerfolg der durch Prinz Luitpold vermittelten Sondierung zutage trat, brach er die Sache ab. Wenn Österreich nicht an einer Verständigung auf dem Boden der Interessen monarchischer und staatlicher Ordnung interessiert sei, könne man für jetzt eben nichts machen. Das war Bismarcks offizielle Sprachregelung. In der Tat wäre es Preußen damals vor allem auf eine von Berlin vermittelte und kontrollierte Verbesserung der Beziehungen zwischen Wien und Petersburg angekommen, um die unbequeme Lage zu vermeiden, demnächst zwischen beiden optieren zu müssen oder doch noch beide gegen sich zu haben.

Beust bekommt noch einen letzten Hieb. Wiener Blätter deuten kritisch auf eine mögliche Restauration der Heiligen Allianz hin; dies wird Beust von preußischer Seite sogleich angekreidet – das alte Motiv der Bismarckschen Polemik gegen die liberale Ära in Österreich! Der Kanzler erklärt: Daß Beust »nichts besseres zu tun weiß, als uns der Reaktion zu denunzieren, befestigt mich in dem Unglauben an die Möglichkeit, mit ihm ernsthafte politische Geschäfte zu machen«.[30] Zur Verwendung in Petersburg fügt Bismarck diesem Urteil noch einen starken Satz bei, der übrigens zeigt, daß für ihn die Frage nach den eventuellen Gegenleistungen an Österreich keineswegs so gegenstandslos war, wie er es sonst hinzustellen beliebte: Der Wunsch, mit Österreich in friedlichem Einverständnis zu leben, ist in den nachbarlichen Beziehungen begründet; »aber wir sind nicht in der Lage, denselben auf Ko-

sten unserer deutschen Interessen oder auf Kosten unserer freundschaftlichen Beziehungen zu Rußland zu pflegen«.[31]

Das war ein buntes Durcheinander von staatsmännischen Weisheiten, tö-
richter Polemik und taktischer Finesse. Die Argumente, mit denen Bismarck
seine zweigleisigen Bemühungen um Beusts Sturz und Österreichs Überfüh-
rung ins preußisch-russische Lager Anfang Oktober einstellte, sind jedenfalls
mit größter Vorsicht aufzunehmen. Vor drei Wochen (am 18. September)
war Beusts Beseitigung noch eine »zwingende Notwendigkeit« gewesen;
jetzt, wo die Verhandlungen mit den süddeutschen Staaten in das entscheidende Stadium eintraten, wo überall zwischen Wien und Versailles über Vereinbarkeit oder Unvereinbarkeit des neu zu stiftenden staatlichen Zusammenhangs mit dem Prager Frieden diskutiert wurde[32] – jetzt sollte das Verhältnis Preußens zu Österreich plötzlich gleichgültig geworden sein? – Die
Gleichgültigkeit und Resignation Bismarcks gegenüber Österreich waren
vorgebliche. Diese seltsame Fiktion dauerte keine drei Wochen. Sie bezeichnete nicht einen abwartenden Übergang zur definitiven Aussöhnung, sondern die Vorstufe zu einer letzten Krise, die alles Bisherige an Schärfe über-
stieg.

Es sind zunächst äußere Umstände, die offenbar bei dieser Verschärfung
mitgewirkt haben, von den eigentlichen Entscheidungsprozessen abzuson-
dern. Dies um so mehr, als es ja nicht um Stimmungen und um die psycholo-
gische Einfühlung in Stimmungsausbrüche und -umbrüche geht, sondern um
die Analyse folgenreichster Vorgänge zwischen zwei Großmächten. Daß freilich eine bis ins letzte reinliche Scheidung von Sachmotiven und Stimmungs-
momenten bei keinem politischen Akt möglich ist, bleibt vorausgesetzt und
gilt gewiß auch für Bismarck. – Die Note Beusts vom 13. Oktober – jenes Ge-
genmanifest zu Bismarcks »Aushungerungsmemorandum«, das die prinzipielle Verantwortung der Neutralen gegenüber den unmenschlichen Folgen
des Belagerungskampfes um Paris betonte – kam unter erschwerenden Umständen zu Bismarcks Kenntnis. Wimpffen, der ihren Inhalt in Berlin Herrn
von Thile bei gebotener Gelegenheit mitteilen (nicht den Text überreichen)
sollte, fand diese Gelegenheit zunächst nicht.[33] Er hat dann offenbar erst im
Zusammenhang mit der Beteiligung Österreichs an der englischen Démarche
für Waffenstillstandsverhandlungen (22. Oktober) mit Thile ausführlicher
im Sinne dieser Depesche gesprochen und ließ ihn, auf Beusts Anweisung,
Einsicht in den Text nehmen.[34] Inzwischen war aber durch einen Bericht des
Wiener Korrespondenten der ›Times‹, der dann von Wiener Blättern am 24.
Oktober kolportiert wurde, die Sache an die Öffentlichkeit gekommen. Man
machte in Versailles und in Berlin der k.u.k. Regierung den Vorwurf, in diesem Falle wie auch bei der Unterstützung des englischen Schrittes zuerst die
Presse informiert und dann erst mit Preußen gesprochen zu haben.

Die steigende Verstimmung, die man in Versailles und Berlin zeigte, beruhte natürlich nicht nur auf der formalen Seite, sondern war vor allem durch die politische Relevanz des Wiener Vorgehens bedingt. Auch wenn Beust und Wimpffen in anschließenden Erklärungen den Nicht-Zusammenhang der Depesche vom 13. Oktober mit der Démarche vom 22. Oktober betonten, so hat doch Bismarck mit Recht den Zusammenhang gesehen. Und er mußte weiterhin den Refus, den – in seinen Augen – Beusts Antwort auf die Schweinitz-Audienz bedeutete, in gleicher Weise in Anschlag bringen. Aber es kam noch ein weiterer Faktor dazu. Am 22. Oktober, gleichzeitig mit der Waffenstillstandsdémarche in Berlin, war Beust an Schweinitz herangetreten und hatte ihn im Hinblick auf die jetzt in Versailles beginnenden Verhandlungen mit den süddeutschen Staaten erstmals auf den Prager Vertrag angesprochen.[35]

Selbstverständlich stand die Wiener Auffassung von Artikel IV des Vertrages einem Eintritt der süddeutschen Staaten in den Norddeutschen Bund, wie Bismarck ihn wollte, eindeutig entgegen. Es traf sich also hier zum ersten Mal der Verhandlungsstrang »deutsche Frage«, der bis dahin von Wien aus nur zu den süddeutschen Höfen geführt hatte, mit der preußisch-österreichischen Verhandlungslinie, die bisher ausdrücklich auf allgemeine Fragen der zwischenstaatlichen Beziehungen, der Neutralität und der europäischen Vermittlung im Kriege beschränkt geblieben war. Dies Zusammentreffen war kein Zufall, es entsprach dem tiefen sachlichen Zusammenhang zwischen der deutschen Frage und der europäischen Politik. Im folgenden Abschnitt wird zu zeigen sein, daß Bismarck stets daran interessiert war, beide Fragenkomplexe isoliert zu halten und wieso ihm dies solange gelungen war. Nun aber, in der letzten Oktoberhälfte, sah er sich erstmals unmittelbar einem kombinierten Manöver Österreichs gegenüber: europäische Neutralitäts- und Interventionspolitik plus bremsendes Eingreifen in die Verhandlungen Preußens mit Süddeutschland.

Es sind vielleicht noch weitere Elemente der Irritation auf preußischer Seite in Rechnung zu setzen. Die militärische Situation der deutschen Heere war damals nicht die beste. Je länger sich der französische Widerstand behauptete, desto bedrohlicher schien die Intervention der Neutralen, desto zögernder das Entgegenkommen von württembergischer und bayerischer Seite auf dem Wege »rin ins Haus«, wie man damals preußischerseits sagte. Erst die Kapitulation von Metz brachte hier einen starken Schritt voran.[36] Man hat den Eindruck, daß von da an Bismarcks Verhalten Österreich gegenüber weniger gereizt war.

Ein anderes Moment ist fraglich und unsicher, es führt in das Dunkel von politischen Geheimnissen, Enthüllungen und Verdacht der Erpressung. Dennoch ist kurz davon zu sprechen: Es geht um die sogenannten Papiere von Cerçay.[37] In dem südlich von Paris gelegenen Schloß Cerçay, das Napoleons langjährigem Minister und Vertrauten Rouher gehörte, fanden im Oktober mecklenburgische Soldaten eine Menge Papier. Offenbar handelte es sich dabei nicht nur um Rouhers Privatarchiv, sondern um wesentliche Teile des kaiserlichen Kabinettsarchivs, die anscheinend nach Kriegsausbruch aus den Tuilerien dorthin gebracht worden waren. Bismarck ließ den Aktenfund in Kisten packen und in sein Quartier in Versailles bringen. Später kam der Bestand nach Berlin. Beust hat, als er den August 1871 in ausgesöhnter Stimmung mit Bismarck in Gastein verbrachte, selbst die Sprache auf die Papiere von Cerçay und die dort seines Wissens gefundene Korrespondenz zwischen ihm und Rouher gebracht.[38] Bismarck antwortete, laut Beust, mit einer versöhnlich-zudeckenden Floskel: An Beusts Stelle hätte er seinerzeit das Gleiche getan. Man kann also wohl davon ausgehen, daß Bismarck seit Mitte Oktober 1870 Material in Händen hatte, das Einblick in die österreichisch-französischen Geheimverhandlungen und die französisch-süddeutschen Beziehungen der vorausgegangenen Jahre bot und dessen Verwendung für Beust und andere unangenehm sein konnte. Aber der Nachweis, daß dieser Fund Einfluß auf Bismarcks Verhandlungsführung gegenüber Beust oder den süddeutschen Staatsmännern gehabt hat – im Sinne von »Entdeckungen« mit folgender Verschärfung oder von Erpressungsversuchen –, ist bisher nicht erbracht worden. Es ist auch nicht gerade wahrscheinlich, daß Bismarck hier wirklich etwas grundlegend Neues über die »bösen« Absichten seiner Gegner in Österreich und Süddeutschland erfahren hat.

Die in der letzten Oktoberwoche plötzlich einsetzende Drohaktion Bismarcks gegenüber Österreich war so massiv, daß es schwerfällt, hier noch von einer zweispurigen Vorgangsweise zu sprechen. Natürlich stand auch jetzt Beust im Mittelpunkt der Polemik. Aber der Angriff richtete sich nun doch auf den Kaiserstaat als solchen, dem Bismarck als Strafe für eine erfolgreiche Fortsetzung der profranzösischen Interventionspolitik einen alsbaldigen Vergeltungskrieg bei einstweiliger Zurückstellung der vollen deutschen Kriegsziele gegenüber Frankreich androhte. Eine solche Drohung erscheint angesichts der damaligen Gesamtlage wie angesichts all dessen, was vorher und nachher zwischen Preußen und Österreich vorging, ex posteriori höchst überraschend und irreal. Es empfiehlt sich, der Argumentation Bismarcks näher zu folgen.

Der Beginn der Aktion ist am 26. Oktober festzustellen. Bezeichnenderweise ging es Bismarck zunächst darum, in der Presse die neue Wendung zu proklamieren. Sein publizistischer Adlatus Moritz Busch verfaßte nach Anweisung des Kanzlers einen Artikel, der Österreich deutlich und mit Grobheit drohte: »Deutschland müßte und würde vorher diesen zukünftigen Bundesgenossen Frankreichs vornehmen und unschädlich zu machen suchen, und er würde, isoliert dastehend, die Schuld bezahlen müssen, die er dadurch, daß er uns unsern Zweck jetzt nicht erreichen läßt auf sich geladen hätte. Mit anderen Worten, es könnte sich dann begeben, daß Österreich uns den Verlust von Lothringen, das es schon einmal dem Deutschen Reiche entfremdet hat, mit Böhmen bezahlen müßte.«[39]

Am 27. Oktober richtete Bismarck ein Telegramm nach Wien, das ganz im gleichen Sinne nichts weniger als eine Kriegsdrohung gegen Österreich enthielt: »... Ich weiß nicht, ob es nach der jetzigen Lage Frankreichs dem Wiener Cabinete noch gelingen kann, der deutschen Nation die Früchte ihrer Siege zu verkürzen; aber wenn es gelänge, so würde Deutschland dafür mit Oestreich abzurechnen haben, bevor Frankreich sich wieder so weit kräftigt, daß es uns daran hindern könnte.«[40] Schweinitz wird aufgefordert, in Wien verständlich zu machen, »daß die Schuld Frankreichs, so weit deren Beitreibung durch Österreich gehindert würde, mit voller Zustimmung Deutschlands zu Österreichs Lasten gebracht werden würde«. In entsprechender Weise wurde am 28. Oktober auch St. Petersburg informiert, »... daß wir... uns mit Frankreich abfinden würden, wie wir könnten, um dann unsere Rechnung mit Oestreich zu regeln«.[41]

Bismarck ließ seinem fulminanten Telegramm am 1. November eine breiter ausgeführte Weisung an Schweinitz folgen. Er zog auch hier die Depesche Beusts vom 13. Oktober mit der österreichischen Waffenstillstandsdémarche vom 22. Oktober in eins zusammen und verglich diese Haltung kritisch mit dem »Wohlverhalten« Englands, Italiens und Rußlands. Dann wiederholte er, wenn auch in etwas weniger drohender Form, den grundlegenden Gedankengang des Telegramms: Wenn es Österreich allein oder mit den anderen Neutralen gelänge, Deutschland zu einem Friedensschluß ohne volle Durchsetzung seiner Ziele zu nötigen, »... sollte dann nicht die deutsche Nation sich darauf angewiesen fühlen, zunächst den Gefahren vorzubeugen, mit welchen die Freunde Frankreichs Deutschland bedrohen würden, sobald Frankreich wieder hinreichend gekräftigt wäre, um mit ihnen gemeinsam auf dem Kampfplatz zu erscheinen«?[42] Und weiterhin wendet sich Bismarck der Wirksamkeit Beusts zu. Der Gesandte von Schweinitz wisse, »wie lebhaft und erfolglos ich wünsche, Deutschland mit Oestreich in vertrauensvolleren Beziehungen zu sehen, als die der letzten 4 Jahre waren. Ich habe es aufrichtig bedauert, daß Graf Beust zur Verwirklichung dieser Wünsche so wenig Neigung zeigte; aber ich habe bisher nicht geglaubt, daß sein Streben geradezu auf Erzeugung nationaler Verstimmung der Deutschen gegen Oestreich-Ungarn gerichtet sein könnte.«

Der Schluß der Weisung an Schweinitz scheint dann schon wieder deutlich einzulenken. Der Gesandte soll die angegebenen »Erwägungen« Beust so vortragen, daß sie nicht »als Drohung unsererseits erscheinen könnten«. Er soll auch künftig »mehr das Bedauern über den Mangel an Aussicht auf bessere Beziehungen als die Drohung schlechterer« zum Ausdruck bringen. Was sollte das nun heißen? War diese Weisung vom 1. November überhaupt nur noch als ein Rückzieher gegenüber der resoluten Drohaktion

vom 26./27. Oktober gemeint? Und was hatte dann die ganze Aktion für
einen Sinn?

Bismarcks Drohung gegenüber Österreich vom 27. Oktober war ultimativ
gewesen. Aber schon die Weisung vom 1. November (nach der Kapitulation
von Metz) entschärfte die Lage. Am 31. Oktober, am 3. und 4. November
fanden in Wien Gespräche zwischen Schweinitz und Beust statt, die ersichtlich dem Abbau der Spannungen dienten.[43] Beust seinerseits war schon durch
ein Telegramm des bayerischen Ministers Bray aus Versailles auf die dort
herrschende Animosität hingewiesen worden.[44] Er setzte sich gegenüber
Schweinitz mit den preußischen Vorwürfen ausführlich auseinander, betonte
die Beweise seiner fortgesetzten Sorge, »jeden Anlaß zu einer möglichen Verstimmung der preußischen Regierung zu vermeiden«, bestand aber auf dem
prinzipiellen Recht Österreichs, im Interesse des Friedens und der Menschlichkeit mit Vermittlungsaktionen hervorzutreten. Wimpffen wurde angewiesen, mit Thile in gleicher Weise zu sprechen, »ebensowohl in konziliatori-
scher Form und mit dem sichtbaren Bestreben gütlicher Verständigung als
mit jener Festigkeit..., welche so ungegründeten und unverdienten Ausstellungen gegenüber am Platze ist«.[45] Was Beust Schweinitz nicht sagte, wohl
aber sogleich Wimpffen und auch Bray mitteilte, war für ihn der eigentliche
Schlüssel für diesen verschärfenden Zwischenfall: Man sucht offenbar preußischerseits einen Vorwand, um über den Prager Frieden hinwegzukommen![46] Dieser Ansicht pflichtete Wimpffen bei, der am 2. November mit
Herrn von Thile verhandelte. Er gewann den Eindruck, daß Thile persönlich
die österreichischen Erklärungen in einem versöhnlichen Sinne aufzufassen
bemüht war; der Staatssekretär mußte aber einschränkend auf das »heute im
Hauptquartiere vorhandene äußerste und systematische Übelwollen« hinweisen.[47]

In Wien legte Beust am 3. November Schweinitz eine Broschüre vor: ›Gedanken über die österreichische Politik der Zukunft‹, die er zur Lektüre empfahl. Am folgenden Tag – so Schweinitz – teilte ihm der Reichskanzler amtlich das Gleiche mit, was den Inhalt der Broschüre ausmachte, »nämlich das
Eingeständnis, daß die Neugestaltung Deutschlands nicht zu hindern, ja sogar recht wünschenswert schien«.[48] Schweinitz, der diesen Inhalt in seiner
soldatischen Sprache kurzweg als Beusts »Unterwerfung« bezeichnete, war
zufrieden. Auch in Berlin äußerte sich Thile zu Wimpffen und einigen seiner
deutschen Kollegen lobend über diese Broschüre.[49] Sie galt in Berlin als ganz
von Beust inspiriert. Ein Exemplar schickte Thile sogleich an Bismarck. Und
Bismarck? Er war im November mit Süddeutschland, mit den Bonapartisten,
mit der römischen Frage stark beschäftigt. Er meldete sich erst nach drei Wochen wieder zu Wort. Sein nächster Schritt gegenüber Österreich war die berühmte Eröffnung vom 24. November, die nun den entscheidenden Vorgang
zwischen den beiden Mächten einleitete: neue Freundschaft auf der Basis des

einverständlichen schweigenden Hinweggehens über den Prager Vertrag.[50]

Ein weiteres Symptom der damals in Wien unbeirrbar praktizierten Politik des freundlichen Auskundschaftens ist Beusts Versuch, gegenüber Preußen ein älteres, leidiges Problem nun zur wohlwollenden Behandlung zu bringen. Es handelte sich um die Frage der Aufteilung des immobilen Vermögens des ehemaligen Deutschen Bundes; darüber hatte es nach 1866 Kommissionsverhandlungen gegeben, die aber zu keinem abschließenden Ergebnis geführt hatten.[51] Nicht genug damit – Beust brachte gleichzeitig noch entlegenere Forderungen ins Gespräch: Österreichs Kostenersatz für die Teilnahme an den Bundesexekutionen in Holstein und in Kurhessen! Die Begründung für den jetzigen Zeitpunkt dieser Forderungen war nicht ohne Finesse: »weil in politischer Hinsicht der Zeitpunkt neuer Verhandlungen über die Konstituierung Deutschlands ihr [sc. der preußischen Regierung] geeignet erscheinen könnte, das Verhältnis zu Österreich vollständig und ausnahmslos zu jurifizieren«.

Was ist von all dem zu halten? Eine zusammenfassende Betrachtung und Bewertung der komplizierten Vorgänge, die von Oktober bis Anfang Dezember die Voraussetzungen für eine definitive Annäherung zwischen Österreich und dem neuen Deutschland schufen, wird erst weiter unten ihren Platz haben. Schon jetzt aber kann ein Wort über diese letzte dramatische Zuspitzung der Dinge gesagt werden, die der Détente vorausging. War es bloßer Theaterdonner, ein Schreckschuß zur Einschüchterung des in Süddeutschland und in Tours störend auftretenden Nachbarn? Gewiß ist das rasche Abklingen ebenso auffällig wie die plötzliche Zuspitzung nach der erklärten Gleichgültigkeit gegenüber Österreichs Verhalten. Gewiß lag es in Bismarcks Absichten, einzuschüchtern. Aber es scheint doch mehr als nur Theaterdonner oder eine allgemeine Einschüchterungstherapie im Spiel gewesen zu sein. Der Bezug zum Prager Frieden und damit zu den gleichzeitigen Verhandlungen Bismarcks mit den Süddeutschen in Versailles, den Beust sogleich als eigentliches Motiv der Bismarckschen Scharfmacherei bezeichnete, erscheint einleuchtend. Denn Bismarck hat nachweislich in Versailles im Gespräch mit Graf Bray, dem Chef der bayerischen Delegation, Ende Oktober die gleichen Argumente der Anschwärzung und der Kriegsdrohung gegenüber Österreich verwendet. Man kann diesen Bezug zur süddeutschen Frage wohl in einem weiteren Sinne sehen: Es ging Bismarck nicht nur um einen punktuellen Vorwand, nicht nur darum, einem in die Rolle des Nationalfeindes gedrängten Österreich jede Verständigung über den Prager Frieden abzuschlagen. Bismarck scheint auch ganz allgemein beabsichtigt zu haben, die Versailler Verhandlungen mit den Süddeutschen dadurch zu erleichtern, daß er ihr Verhältnis zu Österreich störte und ihren möglichen Rückhalt an Wien beeinträchtigte.

Manches spricht außerdem dafür, daß es sich Ende Oktober auch um einen letzten Versuch Bismarcks handelte, Beust nun doch noch zu stürzen. Denn so unbequem die österreichische Politik in Süddeutschland und in Europa damals Preußen entgegentrat, so schwankend und zur Intervention einladend war inzwischen der Boden der Innenpolitik Österreich-Ungarns geworden. In Wien war seit Oktober die Krise des cisleithanischen Ministeriums offenkundig. Auch die Gerüchte über eine Ablösung des Reichskanzlers und Außenministers Beust verstummten nicht.

Ein Ende der Ära Beust im Sinne der von Bismarck so oft geäußerten Absichten konnte Ende Oktober 1870 wahrscheinlicher erscheinen als je zuvor seit 1867. Ohne Zweifel erwartete sich Preußen damals von einem Nachfolger Beusts – wer auch immer er gewesen wäre – eine gefügigere Politik bei der nun fälligen Neuordnung der Verhältnisse zwischen dem neuen Reich und der Habsburger Monarchie. Aber Beust blieb oben, der Kaiser hielt ihn fest, so unsicher auch die innenpolitische Basis wurde. Preußen-Deutschland hatte weiterhin seine Rechnung mit Beust zu machen. Doch Beust seinerseits hatte seine Rechnung mit der tiefen inneren Krise der Monarchie zu machen. Die folgenden Etappen der Annäherung zwischen Wien und Berlin sind österreichischerseits noch von der Handschrift des Reichskanzlers gezeichnet. Es ist noch die gleiche Hand wie früher, unendlich wach, beweglich, finassierend. Aber ihr Duktus ist sichtlich von dem verschlechterten Gesamtzustand der Monarchie bestimmt. Es ist nicht mehr die selbstsichere Handschrift der vergangenen Jahre, als der dualistische und liberale Konsens der Deutschen und Ungarn die dauerhafte Basis einer neuen Machtentfaltung der Monarchie zu bieten schien. Beusts Hand wird immer vorsichtiger. Sie vermag die inneren Konflikte nicht mehr zu bändigen. Der Reichskanzler muß angesichts des übermächtig gewordenen Partners Deutschland und der inneren Krise der Monarchie lavierend um jeden noch so kleinen Positionsgewinn zugunsten der gegenwärtigen und zukünftigen Interessen der Monarchie ringen. Und wenn die Hoffnung auf eine Regelung der deutschen Frage im Rahmen eines europäischen Konsenses schwindet, tritt die Alternative einer direkten Verständigung mit Preußen in den Vordergrund, die offenbar schon seit Anfang Oktober erwogen wurde. In dem Rahmen dieser sich wandelnden Bedingungen ist auch Österreichs Süddeutschland-Politik zu sehen.

Österreich im Ringen um Süddeutschland: »weiterer Bund« oder »Draußenbleiben« Bayerns

Die Frage nach der Zukunft Süddeutschlands war für Österreich seit 1866 von höchster Bedeutung. Sie stellte sich seit Kriegsbeginn unter neuen, komplizierten Bedingungen. Vor allem darf man sich durch die scheinbar geradlinige »Logik der Ereignisse« – gemeinsamer Sieg führt zur Vereinigung des Südens mit dem Norden – nicht täuschen lassen. Der Weg, der im Kräftefeld zwischen Preußen und Österreich schließlich zum vollen Anschluß aller süddeutschen Staaten an den Nordbund führte, verlief keineswegs geradlinig. Sehr unterschiedliche Kräfte wirkten in wechselnden Konstellationen, bis schließlich das nachträglich so selbstverständlich erscheinende Ergebnis zustande kam. Die Versuchung für den Historiker, im Sinne einer vorgegebenen Entelechie der kleindeutschen Lösung dies vielgestaltige Ringen der Kräfte und Konzeptionen zu vereinfachen, ist bis heute noch nicht völlig überwunden.

Von den Quellen her fällt auf, daß damals auf österreichischer Seite die deutsche Frage und das Ringen um Süddeutschland wohl in den diplomatischen Korrespondenzen und in der Öffentlichkeit, nicht aber in dem Entscheidungsgremium des gemeinsamen Ministerrates zur Sprache kamen. Beust hat anscheinend diese Dinge absichtlich aus dem hier drohenden Streit der Meinungen herausgehalten. Er konnte das offenbar, da der Kaiser nicht auf einer Diskussion im Ministerrat bestand. Wir werden sehen, daß die wesentlichen Entscheidungen in dieser Materie nur zwischen Beust und dem Kaiser abgesprochen, also im Stile des »persönlichen Regimes« entschieden wurden. Diese bemerkenswerte Einzelheit steht wohl mit einem anderen, weit umfassenderen Komplex in Verbindung, den man stets im Auge behalten sollte: In den Zügen der österreichischen Süddeutschlandpolitik zwischen August und November 1870 haben wir letzte Versuche vor uns, die endgültige politische Zerreißung eines tausendjährigen politischen und soziokulturellen Zusammenhanges wenn nicht ganz zu verhindern, so doch einzuschränken oder hinauszuschieben. Für den Kaiser standen ohne Zweifel der militärisch-politische Aspekt – Verhinderung einer einheitlichen deutschen Grenze vom Bodensee bis Galizien – und die irredentistische Gefahr im Vordergrund. Aber es würde eine Fehleinschätzung der prägenden Kraft dynastischer und kultureller Überlieferungen bedeuten, wollte man nicht auch hier den weiteren Horizont in Rechnung setzen. Mit der süddeutschen Frage war ja auch die Frage eines neuen, protestantischen Kaisertums aufs engste verbunden. Dies konnte einen Habsburger nicht gleichgültig lassen.

Einige besondere Faktoren sind von Anfang an in Rechnung zu stellen, die Österreichs Aktionen den Schein der Widersprüchlichkeit geben, bei näherem Hinsehen aber als Bedingungen oder Bestandteile einer kohärenten Politik erkennbar werden können. Schon früher war zu zeigen, daß die süddeutschen Dinge zwar von Wien eminent wichtig genommen wurden, aber doch seit 1866 insofern als sekundär galten, als der Schlüssel zu ihrer weiteren Gestaltung in der europäischen Politik und nicht im unmittelbaren Bezugsfeld Österreich–Süddeutschland zu suchen war. Das hatte sich in den Vorkriegsjahren ebenso deutlich gezeigt wie zuletzt in der Julikrise; die österreichische Diplomatie hatte sich in der Frage des Casus foederis und einer eventuellen Neutralität Süddeutschlands nur eben so weit engagiert, daß Beust später – im gegebenen Falle – sagen konnte: Ich habe Euch ja gewarnt![1] In der Fortführung dieser Linie ergab sich (bis zum Ende der österreichischen Interventionen im November 1870) eine erstaunliche *Ambivalenz* in Form und Wort des Wiener Vorgehens in Süddeutschland. Da man seit dem August mit einem Sieg Preußens rechnen mußte, bis mindestens November aber auf eine Mitwirkung der neutralen Großmächte beim Friedensschluß (und selbstverständlich auch bei der Neugestaltung der deutschen Dinge) hinarbeitete, richtete man die eigene Sprache sehr vorsichtig ein: In jedem Falle sollte das Gesicht bewahrt sein und doch nichts versäumt werden, was den Interessen der Monarchie entsprach.

Die Wiener Süddeutschlandpolitik war bei alledem nicht nur durch die jeweilige, rasch wechselnde militärisch-politische »Großwetterlage« Europas, sondern auch durch viele spezielle Rücksichten auf die einzelnen Höfe, Parteigruppen und Stimmungen in München, Stuttgart, Karlsruhe und Darmstadt bedingt. Dabei bildet von Preußen wie von Österreich her Bayern den Angelpunkt. Baden war ohnehin schon für die preußische Lösung gewonnen, Hessen schon halb im Nordbund und mit der anderen Hälfte nicht mehr frei. Württemberg versuchte streckenweise, sich an Bayern zu orientieren. (Bismarcks Diplomatie und mannigfache innere und äußere Hindernisse haben eine Solidarität der beiden süddeutschen Königreiche verhindert.)

Den Interessen der Monarchie hätten eine Demütigung und Machtminderung Preußens und ein neues Föderativsystem anstelle der preußischen Dominanz in Deutschland entsprochen. Als, spätestens seit Sedan, davon nicht mehr die Rede sein konnte, mußten diese Interessen sich auf eine möglichst weitgehende Erhaltung der Selbständigkeit Süddeutschlands richten. (Von der Sonderfrage Elsaß-Lothringen wird noch zu sprechen sein.) Hier ist nun wieder zu unterscheiden. Der formale Angelpunkt einer solchen Politik lag im Prager Frieden, dessen Artikel IV folgendermaßen lautete:

»Seine Majestät der Kaiser von Österreich erkennt die Auflösung des bisherigen Deutschen Bundes an und gibt Seine Zustimmung zu einer neuen Gestaltung Deutschlands ohne Beteiligung des Österreichischen Kaiserstaates. Ebenso verspricht Seine Majestät, das engere Bundesverhältniß anzuerkennen, welches Seine Majestät der König von Preußen nördlich von der Linie des Mains begründen wird, und erklärt sich damit einverstanden, daß die südlich von dieser Linie gelegenen Deutschen Staaten in einen Verein zusammentreten, dessen nationale Verbindung mit dem Norddeutschen Bunde der nähern Verständigung zwischen beiden vorbehalten bleibt und der eine internationale unabhängige Existenz haben wird.«

Inhaltlich konnte dieser Artikel für Süddeutschland Verschiedenes bedeuten. Preußen legte ihn von Anfang an restriktiv aus, was ja schon im Abschluß der Schutz- und Trutzbündnisse im August 1866 zum Ausdruck gekommen war. Wo die Grenze lag, jenseits der die beiderseits anerkannte Substanz des Prager Friedens angegriffen wurde, ist zwischen Preußen und Österreich niemals, auch 1870 nicht, geklärt worden. Daß Wien im Jahre 1870 die Novemberverträge der Süddeutschen, durch welche das neue Deutsche Reich gebildet wurde, als unvereinbar mit dem Prager Frieden ansah, war selbstverständlich und wird uns noch beschäftigen. Nicht hier lag das eigentliche Problem. Es lag einerseits in der Tatsache, daß die süddeutschen Staaten nicht Partner des Prager Friedens waren, also nicht durch Artikel IV zu einer »internationalen unabhängigen Existenz« verpflichtet waren. Österreich konnte sie nicht beim Wort nehmen. Andererseits hat Bismarck – verständlicherweise – im Sommer und Herbst 1870 überhaupt vermieden, mit Wien über den Prager Frieden zu sprechen. Beust seinerseits hat erst sehr spät, am 22. Oktober, von sich aus den preußischen Gesandten auf den Prager Frieden angesprochen; er hat sich aber, wie wir sehen werden, schon wenig später bereit erklärt, als Gegenleistung für die »moralische Unterstützung« Österreich-Ungarns durch Deutschland von einem auf den Prager Frieden gestützten Einspruch gegen die Reichsgründung abzusehen.

Doch damit ist das Problem noch immer nicht ausgelotet. Denn es zeigt sich, daß die k.u.k. Regierung auch nach diesem formalen Verzicht und gleichzeitig mit einer ostentativen Freundlichkeit gegen Preußen die Politik des Widerstandes gegen den Eintritt Bayerns in das neue Staatsgebilde fortsetzt. Es ist also zu beachten, daß das Ringen Österreichs um eine seinen Interessen entsprechende Gestaltung der süddeutschen Dinge sich keineswegs in der formalen Behauptung des Prager Friedens erschöpft. Und keineswegs gibt es klare Junktimierungen: etwa zwischen Abweisung der preußischen Avancen und Bestehen auf dem Prager Frieden, oder zwischen Fallenlassen des Prager Friedens, Annahme der preußischen Avancen und Einstellen des Drucks auf Bayern gegen den Anschluß. Im Wechselspiel von europäischer und deutscher Politik, von Kriegführung, Diplomatie und öffentlicher Meinung ergeben sich von Wien her sehr nuancierte politische Schritte. Nicht nur ihr Verständnis, sondern auch ihr dokumentarischer Niederschlag ist durch das breite historiographische Echo der siegreichen Ergebnisse von 1870/71 weithin verdeckt worden. Der Versuch ihrer Rekonstruktion will den Tatbestand der nationalen Identität, die aus diesen siegreichen Ergebnissen erwachsen ist, keineswegs kritisieren. Es soll nur en passant eine selbstverständliche Wahrheit ausgesprochen werden: Ein echtes nationales Selbstbewußtsein bedarf wohl keiner Stützung durch ein Bagatellisieren jener Konflikte, mit denen seine Entstehung verbunden war.

Im August und September 1870 erhielt die Frage nach der Zukunft Süddeutschlands starke Impulse von der Diskussion um die Angliederung des

Elsaß und bestimmter Teile Lothringens an das künftige »Gesamtdeutschland«. Bismarck – dies darf heute als gesichert gelten – hat die Annexionsforderung nicht in die Welt gesetzt, er hat sie aufgegriffen und in seinem Sinne benützt und verbreiten lassen.[2] Ähnlich steht es wohl mit der Annexionsfrage als »Vehikel« der Einigung Süddeutschlands mit dem Nordbund; auch hier griff Bismarck aus den publizistischen Erörterungen heraus, was ihm paßte, gab ihm die gewünschte Richtung und Form und ließ dann entsprechende Direktiven in die Presse und Öffentlichkeit zurückwirken.[3] Auf diese Bewegungen hatte Wien seit Mitte August zu reagieren. Zunächst wurde die Frage nach Elsaß-Lothringen von der Seite der großdeutschen Publizistik Süddeutschlands an Österreich herangetragen. Baron Reischach, der Besitzer des Cotta-Verlages und der einflußreichen ›Augsburger Allgemeinen Zeitung‹, wandte sich an den österreichischen Gesandten in Stuttgart. Er schlug vor, Elsaß und den deutschsprechenden Teil von Lothringen abzutrennen, daraus einen Föderativstaat im »Verbande Deutschlands« zu bilden und an dessen Spitze einen Erzherzog zu stellen.[4]

Ernsthafter und einer eingehenden Zurückweisung bedürfend kam ein ganz ähnlicher Vorschlag Anfang September von bayerischer Seite. Die persönliche Haltung des Grafen Bray, der damals an der Spitze der bayerischen Regierung stand, war durchaus antiannexionistisch. Er hatte diese Haltung Mitte August amtlich vertreten und auch in Wien mitteilen lassen.[5] Beust hatte die antiannexionistischen Erklärungen Brays gelobt und den Minister, dem damals Rücktrittsabsichten nachgesagt wurden, in dieser Haltung bestärkt. Inzwischen hatte Bray aber von König Ludwig eine Rüge erhalten, er durfte fortan den Widerspruch gegen die Annexionen nur mehr als seine persönliche Meinung, nicht mehr als die offizielle Position Bayerns vertreten.[6] Bray hielt auch nach der Maßregelung durch den König an seiner Auffassung fest, die er in bemerkenswerter Weise nicht nur mit dem Blick auf das künftige deutsch-französische Verhältnis, sondern auch mit der Sorge vor einer künftigen Abhängigkeit Bayerns von Preußen begründete. Gegenüber Ludwig II., der schon damals an eine Annexion französischer Gebiete durch Bayern dachte, argumentierte Bray: »Eine Vereinigung französischer Gebietsteile mit Bayern würde den Anschauungen des ehrerbietig Unterzeichneten noch weniger entsprechen, weil dies den Haß des auch nach Niederlagen noch immer mächtigen Frankreich gegen Bayern reizen und diesem letzteren die schwere Last der Beherrschung widerstrebender Bevölkerungen auferlegen müßte, während die Perpetuierung des Nationalhasses und der Kriegsgefahr zwischen Deutschland und Frankreich Bayern in eine notwendige und dauernde Abhängigkeit von Preußen versetzen würde.«[7]

Diese Auseinandersetzungen bilden den Hintergrund der Initiative Brays vom 4. September.[8] Auch hier wird die Verknüpfung des Problems Elsaß-Lothringen mit der Frage der Zukunft Süddeutschlands und der österreichisch-deutschen Beziehungen selbstverständlich vorausgesetzt. Bray wandte sich an seinen Duzfreund Beust in einem offiziellen Schreiben – »Höchstzuverehrender Herr Reichskanzler« –, knüpfte an seine früheren antiannexionistischen Erklärungen an und fuhr dann fort: »Wären nun Territorialabtretungen nicht zu umgehen, so erschiene es wohl als rationeller und auch für Frankreich weniger verletzend, wenn aus solchen Gebietsteilen ein eigener, neutraler Staat gebildet würde, als wenn dieselben zur Vergrößerung der Nachbarstaaten dienen sollten. Für diesen Fall möchte ich an Euere Excellenz die ganz vertrauliche Anfrage richten, ob nicht hier für das großherzogliche Haus Toscana ein Ersatz für das verlorene Großherzogtum, welches selbst nur den Ersatz für Lothringen bildete, zu finden wäre?«

Da es sich um eine Anfrage in Sachen des allerhöchsten Kaiserhauses handelte, hatte Beust die Sache mit dem Kaiser zu besprechen und die Antwort im Namen des Kaisers zu erteilen. Es kann hier weder auf die Familiengeschichte des 1859 aus Florenz vertriebenen Zweiges Habsburg-Toscana, noch auf die weitere Diskussion über die Schaffung eines neutralen Pufferstaates zwischen Frankreich und Deutschland, noch auf alle Nuancen der österreichischen Haltung zum Problem Elsaß-Lothringen eingegangen werden. Letztere Haltung war bei allem prinzipiellen Festhalten an der territorialen Integrität Frankreichs (was ja ein Angelpunkt der Vermittlungs- und Interventionspolitik war) bemerkenswert flexibel. Dabei dachte man sowohl an die eigenen Interessen wie an die Erleichterung einer Friedensvermittlung durch die Neutralen. In der Ministerratssitzung vom 22. August hatte sich der Kaiser selbst deutlich geäußert: »Eine weitere Frage sei nun die Integrität Frankreichs. Es sei klar, daß wir dieselbe bei den Friedensverhandlungen befürworten müßten, aber fraglich, ob dies mit besonderer Wärme geschehen solle und ob es nicht vielmehr in unserem Interesse liege, wenn Preußen seinem Staatskörper einen Bestandteil einfüge, dessen Besitz kein ruhiger und unverbitterter sein würde.«[9] Überlegungen dieser Art blieben in Wien weiterhin lebendig. Nach der Reise Thiers' antwortete Albert Schäffle dem Kaiser auf eine diesbezügliche Frage, daß die Annexionen im höchsten Interesse Österreichs lägen, »da der für lange Dauer verschärfte Gegensatz Preußens gegen Frankreich auf dauernde Freundschaft mit Österreich hindrängen werde«.[10]

Auch der Gedanke der neutralen Pufferzone – natürlich mit der Erhaltung der Selbständigkeit Süddeutschlands gekoppelt – war in Wien nicht fremd.[11] Alles in allem war jedoch die Idee der Errichtung einer neuen habsburgischen Sekundogenitur in Elsaß-Lothringen, so hübsch auch die historische Ableitung sich darstellte, unter den damaligen Umständen ganz irreal. Beusts Antwort an Bray war eine Ablehnung in freundlichster Form.[12] Die ruhebedürftige Monarchie stehe der Schaffung neuer Sekundogenituren ablehnend gegenüber. Auch sei ein solches Vorgehen Frankreich gegenüber unmöglich.

»Man ist in Frankreich zwar nicht zu dem Glauben berechtigt gewesen, daß man uns durch faktisches Vorgehen zur Teilnahme an einem Kriege werde fortreißen können, von welchem wir mit aller Bestimmtheit abgeraten haben. Aber unsere Beziehungen zu Frankreich haben immerhin einen so freundschaftlichen Charakter an sich getragen, daß es dort nicht den Eindruck eines edelmütigen Verfahrens hervorbringen könnte, wenn jetzt wir, die neutrale Macht, den französischen Niederlagen Vorteile abzugewinnen suchen wollten.« Auch der Schein eines solchen Verhaltens müsse vermieden werden. Zugleich benutzte Beust die Gelegenheit, die bayerische Regierung mit Dank für diese vertrauliche Eröffnung in ihrer Absicht zu bestärken, »auch in den neuen Zuständen, welche aus den Katastrophen der Gegenwart hervorgehen werden«, die Freundschaftsbande zwischen den beiden Dynastien und Staaten nicht nur zu erhalten, sondern auch zu verstärken.

Während im September aus allen Teilen Süddeutschlands Manifestationen für und Vermutungen über den baldigen Anschluß an den Norden nach Wien gemeldet wurden, brachten die Reise des bayerischen Diplomaten Tauffkirchen zu Bismarck und die Sendung des preußischen Staatsministers Delbrück nach München reale Elemente zum Vorschein, die ein konkretes Eingreifen Österreichs zur Folge hatten.[13] Der bayerische Gesandte in Stuttgart, Baron Gasser, war ein Parteigänger Österreichs. Er versorgte den österreichischen Gesandten in Stuttgart, Walterskirchen, mit Nachrichten über das, was Bismarck in Rheims mit Tauffkirchen über Bayerns und Deutschlands Zukunft besprach.[14] Für Walterskirchen war es nach diesem Bericht klar, daß auf preußischer Seite an ein Aufgeben des Norddeutschen Bundes zugunsten einer neuen, umfassenden Föderation so wenig gedacht wurde wie an eine wirkliche Abänderung seiner Verfassung. Bismarck rechne mit dem sicheren Eintritt Hessens und Badens, wahrscheinlich werde auch Württemberg eintreten. Im Falle Bayerns wolle sich Bismarck mit einem Beitritt auf weiterer Basis zufriedengeben. Damit war das Stichwort »weiterer Bund« gegeben. Und Gasser berichtete, daß sowohl König Ludwig wie Graf Bray in diesen Ideen lebten und von einem Großpreußen, dem jetzigen Norddeutschen Bund, nichts wissen wollten. Graf Bray beabsichtigt – so der weitere Bericht –, Gasser zusammen mit dem bayerischen Kriegsminister von Pranckh nach Versailles zu Verhandlungen zu entsenden, die sowohl dem Friedensschluß wie der Neugestaltung der deutschen Verhältnisse gelten sollen. Gasser ist bereit, diesen Auftrag zu übernehmen, mit der Alternative: entweder ein deutscher Bundesstaat (»weiterer Bund«) oder eine bloße Erweiterung der Allianzverträge mit Preußen zwecks Herstellung der militärischen Einheit, verbunden mit der Zusicherung der Unkündbarkeit des Zollvereins. Weiter liegt der bayerischen Seite sehr daran, mit Stuttgart zusammenzugehen und dessen Eingehen auf zu weitgehende preußische Forderungen zu verhindern,

»um Württemberg an dem Abhange aufzuhalten, über welchen es hinabzu-kollern sich anläßt«.

In der Tat hatten schon vor der Rückkehr Tauffkirchens aus Frankreich in München Beratungen der Regierung stattgefunden, aus denen der wichtige Antrag vom 12. September an König Ludwig hervorgegangen war, »die Be-dingungen zu präzisieren, unter welchen Bayern geneigt wäre, der nationalen Einigung beizutreten«.[15] Die Zustimmung des Königs hatte sich dann nicht nur auf die Ausarbeitung bayerischer Entwürfe bezogen, sondern auch auf die Entsendung eines Bevollmächtigten zu Bismarck, was der durch Tauff-kirchen überbrachten Anregung des Kanzlers entsprach. Gleichzeitig war von München aus Delbrück, der Präsident des Norddeutschen Bundeskanz-leramtes, zu Besprechungen in die bayerische Hauptstadt eingeladen wor-den. So wurde zunächst kein bayerischer Bevollmächtigter ins Hauptquartier entsandt. Es wurde der Kontakt mit Württemberg hergestellt; mit Beteili-gung des Stuttgarter Justizministers von Mittnacht fanden in München vom 22. bis 26. September eingehende Beratungen mit Delbrück über die Modali-täten eines neuen staatlichen Verhältnisses zwischen Süd und Nord statt. Diesen – formal gesehen unverbindlichen – Besprechungen, die nur zu einem Protokoll, nicht zu Beschlüssen führten, folgte dann erst vier Wochen später die Entsendung der bayerischen Delegation nach Versailles. Dort waren schon zuvor die Vertreter Hessens, Badens und Württembergs eingetroffen. Und dort fielen im Laufe des November jene Entscheidungen, die man unter dem ungenauen Sammelnamen »Reichsgründung« zusammengefaßt hat. Welche Rolle spielte bei diesem Ablauf die österreichische Seite, wie und un-ter welchen Bedingungen hat die Wiener Diplomatie eingegriffen und ihre In-teressen geltend gemacht? Und wie haben Bismarck und die preußische Seite auf die österreichischen Interventionen geantwortet?

In strenger Beschränkung auf diese Fragen, die sich von Wien her stellen und von der bisherigen Forschung kaum beachtet wurden, soll das weite Feld der in Württemberg, in Bayern und im preußischen Hauptquartier verlau-fenden Entscheidungsprozesse durchmessen werden. Als erstes stellt sich die Frage nach den näheren Umständen jener zwei beziehungsweise drei Alterna-tiven, die im September zwischen Stuttgart, München, Wien und dem preu-ßischen Hauptquartier erörtert wurden und nach der Bedeutung, die dabei dem Prager Frieden zugemessen wurde. Was wir von Bismarck wissen, ist im Prinzip ziemlich eindeutig. Er wollte den Eintritt aller süddeutschen Staaten in die Nordbundverfassung, mit einigen kleineren Konzessionen, die aber für die Sache selbst keine Änderung bringen sollten. Den weiteren Bund lehnte er ab. Eine dritte Variante, die Fortdauer und Erweiterung der bisherigen völ-kerrechtlichen Beziehungen, hat er, allerdings nur für Bayern, bis Anfang November als eine Ultima ratio im Gespräch erwähnt.[16] Aber er wollte diese Alternative gewiß nicht, und es war sehr die Frage, ob er sie gegenüber König

Wilhelm, dem unitarisch gesinnten Kronprinzen und dem liberal dominierten Bundestag in Berlin durchgesetzt hätte. Von einer Bedachtnahme auf die Vereinbarkeit mit dem Prager Frieden war, soweit die Initiative bei Bismarck lag, überhaupt nicht die Rede. In Stuttgart schloß man den einfachen Beitritt zum Nordbund (mit Konzessionen) nicht aus, hätte jedoch gern einen »neuen Bund« für ganz Deutschland gehabt, rechnete aber auch mit der Möglichkeit des weiteren Bundes (möglichst gemeinsam mit Bayern).[17] Die bayerische Regierung hat, wie Walterskirchen zutreffend nach Wien berichtete, von Anfang an den Eintritt in den Nordbund abgelehnt und zwei Alternativen aufgestellt: die Konstituierung eines neuen Bundes der deutschen Staaten, bei Verzicht Preußens auf den Norddeutschen Bund, oder, falls Preußen am Norddeutschen Bund festhielte, ein »organischer Anschluß an den Nordbund« durch Ausbau der Sonderverträge. In beiden Fällen sollten die »Selbständigkeit und Souveränität« Bayerns erhalten bleiben. An Preußen liege es – so meinte man in München –, welche Alternative zum Zuge komme.

Soweit scheint die Sache klar, doch gibt es einige Probleme zu bedenken. Der Prager Frieden wurde in Stuttgart eher leicht genommen. In München, wo man in viel engerem Kontakt mit Österreich stand, hat Bray von Anfang an die bayerische Interpretation des Prager Friedens in seine Entwürfe mit eingebaut. Er erläuterte dies Problem gegenüber Ludwig II. in dem Antrag vom 12. September: »Aber da das früher in der französischen Auffassung des Prager Vertrages liegende Hindernis nicht mehr besteht, könnte und müßte an die Stelle des bisherigen völkerrechtlichen Bundes, das ist an die Stelle der Schutz- und Trutzbündnisse, eine staatsrechtliche und organische Verbindung Süddeutschlands mit dem Norddeutschen Bunde gesetzt werden.«[18] Diese bayerische Interpretation des Prager Friedens und diese prinzipielle Absicht, die für beide Alternativen galten, sind von hoher Bedeutung. Sie zeigen, daß Bayern bei allem Festhalten an den formalen Attributen der Souveränität und an einem Maximum föderativer Selbständigkeit doch grundsätzlich den *völkerrechtlichen* Charakter der bisherigen Beziehungen zu Norddeutschland aufgeben wollte. Wie sich dies mit der Behauptung der Souveränität vereinbaren ließ, ist eine Frage für sich. Es gab aber noch andere, konkretere Fragen. Was war, wenn Bismarck auf keine der beiden Alternativen eingehen wollte? Es waren allerdings einige Faktoren wirksam, die den Aktionsradius Bayerns von Anfang an weit mehr einengten, als in dem obigen Programm zum Ausdruck kam. Die Kaiserfrage machte sich seit September immer stärker bemerkbar. Es geht hier nicht um eine Darlegung der seltsam schwankenden Haltung König Ludwigs, sondern um die Feststellung, daß Bayern, als Bray nach Versailles reiste, sich schon so tief in die Kaiserfrage eingelassen hatte, daß ein Zurück kaum mehr möglich erschien. Mit der Begründung, dadurch die für Bayern erwünschten politischen Konzessionen zu erleichtern, war Ludwig II. dafür gewonnen worden, persönlich oder schriftlich eine Initiative in der Kaiserfrage zu ergreifen, das heißt namens der anderen deutschen Fürsten den preußischen König als Haupt des künftigen Bundes zur Annahme des Kaisertitels aufzufordern. Weitere Engpässe der bayerischen Verhandlungsposition lagen in der Frage der Rheinpfalz und des Zollvertrags. Würde Preußen, wenn Bayern mit seinen Wünschen nicht zum Ziele kommt und wenn als Ultima ratio das »Draußenbleiben«, der bisherige Status quo, bleibt, die Unkündbarkeit des Zollvertrags zugestehen (die für Bayern von eminenter Wichtigkeit war)? Würde der neue Bund die groteske Sonderstellung der Rheinpfalz als Enklave im Bundesgebiet dulden können? Beide Friktionspunkte waren in bedenklicher Weise schon in Tauffkirchens Gespräch mit Bismarck behandelt worden.[19] Zusätzliche Nachteile für die bayerische Verhandlungsposition waren die unsichere Haltung des Königs und der Mangel an Übereinstimmung im Ministerium, der sich dann in der dreiköpfigen Delegation, die nach Versailles ging, akzentuierte. Während Bray und der Kriegsminister von Pranckh einen entschieden föderalistischen Kurs vertraten, stand der Justizminister von Lutz den nationalen und liberalen Ideen näher. Das Netz Bismarcks jedenfalls war schon im September/Oktober 1870 enger um Bayern gelegt, als es Bray Österreich gegenüber eingestehen wollte und konnte.

Nach dem Ende der Delbrückschen Konferenzen in München hatte Bray den österreichischen Reichskanzler ausführlich über die Ergebnisse informieren lassen.[20] Auch Bayern wird den großen Ereignissen des gemeinsamen Feldzuges und den allgemeinen Stimmungen im Hinblick auf die Gestaltung der deutschen Verhältnisse Rechnung tragen müssen. »Dabei besteht aber die feste Absicht, die Selbständigkeit des Landes, die Souveränität der Krone aufrecht zu erhalten und der neu zu begründenden Gemeinschaft nur jene Zugeständnisse zu machen, welche ein föderatives Verhältniß unbedingt erfordern.« Man hat in München die Gelegenheit benutzt, um von Delbrück Aufschluß über die preußischen Absichten zu erhalten. Man denkt von seiten Preußens leider nicht an ein Aufgeben des Norddeutschen Bundes. Da Baden wahrscheinlich eintritt, will Bayern mit Württemberg die Gründung eines weiteren Bundes außerhalb des Nordbundes erreichen. Darüber hat man sich mit Delbrück besprochen, der die bayerischen Vorschläge nur entgegenzunehmen bevollmächtigt war. Und schließlich unterstrich Bray gegenüber Beust das bayerische Programm durch seine Interpretation des Prager Friedens: »Wenn ich den Art. 4 des Prager Friedensvertrages betrachte, so scheint mir derselbe mit dem beabsichtigten weiteren Deutschen Bunde nicht im Widerspruche zu stehen, da durch den letzteren die dort vorgesehene nationale Verbindung der süddeutschen Staaten mit dem Norddeutschen Bunde erstrebt wird, die Herstellung eines Vereins der Südstaaten unter sich aber, wie in Wien wohl bekannt ist, sich ungeachtet wiederholter Versuche als unerreichbar erwiesen hat.«

Nun war Wien am Zuge. Hier hatte man freilich andere Sorgen, als nur die formale Kompatibilität des Prager Friedens mit diesem oder jenem Verfassungsprojekt zu prüfen. Für Österreich ging es auch jetzt noch allen Ernstes darum, zwischen dem norddeutsch-badisch-hessischen Kern des neuen Deutschen Bundes und den eigenen Grenzen eine möglichst selbständige »Pufferzone« zu stabilisieren, die nicht ohne weiteres von Berlin abhängig war und nach Kriegsende dem langfristigen Einwirken des Wiener Einflusses offen stand. In diese Richtung gingen zunächst Beusts mündliche Instruktionen, die er Ende September den Gesandten in München und Stuttgart erteilte. Dreimal innerhalb der nächsten Wochen, am 3., 17. und 20. Oktober griff er mit Anweisungen von ständig sich steigernder Schärfe in Stuttgart und München ein. Und am 11./12. November reiste er schließlich selbst nach München. In die gleiche Richtung zielte gleichzeitig die europäische Politik der Monarchie: Die Kollektivaktion der Neutralen und der gewünschte Friedenskongreß sollten ja nicht nur dem französisch-deutschen Kriege gelten, sondern die gesamten Verhältnisse Mitteleuropas auf eine neue Vertragsgrundlage stellen. Und wenn die k.u.k. Regierung vom europäischen Gleichgewicht sprach, so schloß dies selbstverständlich das Ziel ein, mit europäischer Schützenhilfe die weitere Expansion Norddeutschlands nach dem Süden durch die Einrichtung einer solchen Pufferzone zu bremsen. Eindrucksvoll ist dabei die von Wien her in Diplomatie und publizistischer Werbearbeit eingeschlagene Taktik, gleichzeitig die freundschaftliche Annäherung an Preußen unentwegt zu betonen. Nicht ein Österreich, das feindselig zu Preußen und zum nationalen Aufschwung stand und sich störend einmischte, sondern ein Österreich, das Hand in Hand mit Preußen den Aufschwung der deutschen Dinge begrüßte und für die kommende Gestaltung der Dinge im Süden Hilfe und Rückhalt anbot – aber bitte, nur wenn es gewünscht wurde –, so war das Image, das Beust seit Ende September zu verbreiten suchte. Es war eine elastische Strategie, die nuancierte Schritte nach vorne und – vor allem – nach rückwärts ermöglichte, je nach dem Stand der politischen Großwetterlage und der militärischen Ereignisse. Für Preußen und seine Pläne war diese Art des österreichischen Vorgehens höchst störend. Dies war die Zeit, wo Bismarck erstmals wieder seit 1868/69 auf Beusts Sturz hinarbeitete. Und wenn er schon am 18. September die »Versatilität« Österreichs gefährlicher nannte als eine offene Feindschaft, so brachte ihm der Oktober mit Beusts freundschaftlich parfümierter Aktion in Süddeutschland neue Überraschungen. In gewisser Weise war Beusts Vorgehen eine »Umkehrung« der preußischen Politik, die seit Kriegsbeginn offiziell die guten Beziehungen zu Österreich immer stärker betonte und gerade im Hinblick auf die Verhandlungen mit Süddeutschland von einer Annäherung zwischen Berlin und Wien sprach. Diese Gedanken und Stimmungen wurden aus München und Stuttgart, aus Karlsruhe und

Darmstadt, auch aus Berlin nach Wien berichtet[21], die Presse war voll davon.

In der letzten Septemberwoche war Bruck, Österreichs Münchner Gesandter, in Wien und erhielt dort neue Instruktionen für Bayern. Beust wies gleichzeitig Walterskirchen an, sich aus Stuttgart nach München zu begeben, um von Bruck die neuen, auch für Württemberg maßgebenden Direktiven entgegenzunehmen. Hierbei ereignete sich ein aufschlußreicher Zwischenfall. Bruck, der anscheinend nach der Rückkehr aus Wien im weitergebenden Gespräch mit Walterskirchen auf Einwände beziehungsweise Unklarheiten hinsichtlich der mündlichen Instruktionen Beusts stieß, wollte sich nunmehr absichern. Er übersandte Beust eine Zusammenfassung der in Wien mündlich erteilten Anweisungen, wie er sie verstanden hatte, und bat um ihre Bestätigung. Dies gab Beust erwünschten Anlaß, postwendend seine Aufträge für München und Stuttgart zu präzisieren und Brucks »Mißverständnisse« zurückzuweisen.[22] Nun war Bruck wohl nicht der Mann, dem so leicht aus Dummheit oder Zerstreuung Mißverständnisse unterliefen. Was den Vorgang so interessant macht, ist nicht die einfache Folge von Mißverständnis und Berichtigung. Vielmehr gewinnt man den Eindruck, daß Beust selbst seine Ansichten und Anweisungen bezüglich des Vorgehens in Süddeutschland innerhalb einiger Tage anders akzentuiert hat. Zwischen den mündlichen Anweisungen an Bruck und den schriftlichen Instruktionen vom 3. Oktober hatte Beust sich über die Delbrück-Konferenzen in München informieren können. Die neuen Akzente in Beusts Anweisungen vom 3. Oktober bezogen sich anscheinend weniger auf den Inhalt als auf die Form; die Vermeidung jeder Oppositionsstellung und die deutliche Betonung des freundschaftlichen Verhältnisses zu Preußen werden den Gesandten in München und Stuttgart bei ihrem Wirken für Süddeutschlands Selbständigkeit eingeschärft:

»...Zu vermeiden ist nicht nur der Schein einer unberufenen Einmischung, sondern diese Einmischung selbst, der Regierung sowohl als den Parteien gegenüber ist hervorzuheben, daß die k.u.k. Regierung keineswegs gegen Preußen eine opponierende Stellung einzunehmen, sondern ein gutes und vertrauensvolles Vernehmen mit ihm zu pflegen bemüht ist und schon jetzt dieses Verhältnis sich freundlich gestaltet.

Angesichts dessen kann für die süddeutschen Regierungen kein Grund bestehen, sich uns gegenüber zurückhaltend zu zeigen, es muß ihnen daran gelegen sein, jenes angebahnte Verhältnis zwischen uns und Preußen zu befestigen und dann muß es ihre Aufgabe sein, dahin zu wirken und darüber zu wachen, daß etwa beabsichtigte Umgestaltungen nicht hinter unserm Rücken sondern nicht anders als in Einvernehmen mit uns erfolgen und daß die Bestimmungen des Prager Friedens nicht außer Achtung gelassen werden...

Sollte aber die Lage der Dinge so beschaffen sein, daß Preußen den Nord-

bund aufrechterhält, daß es Baiern und Württemberg freigestellt bleibt, in
denselben einzutreten oder nicht, und dieselben geneigt sind, in ihrer bisherigen Stellung zu verbleiben, dann ist ihnen sowohl als den Mitgliedern der dieser Entschließung zuneigenden Parteien nahe zu legen, daß jene Länder an
Österreich einen wohlmeinenden, uneigennützigen Nachbar haben, an dem
sie umsoweniger Anstand nehmen dürfen einen Rückhalt zu suchen, als dessen Beziehungen zu Preußen keine solchen sein werden, welche ihnen die Gefahr eines Konfliktes mit Preußen bereiten können, falls sie mit Österreich in
freundlichen Beziehungen stehen...«[23]
Weiterhin betonte Beust die Bedeutung jener Punkte aus Brucks Aufzeichnungen, die der Arbeit für ein enges Zusammengehen von Bayern und Württemberg und der Bekämpfung pessimistischer Anschauungen über die Monarchie galten. Alles in allem war dies ein Aktionsprogramm, das trotz der
behaupteten Nichteinmischung eine ganz klare und keineswegs harmlose
Einmischung bedeutete.[24] Man sieht, wie Beust auf die in München und
Stuttgart mit Vorzug erörterte Alternative des weiteren Bundes nur kurz,
aber in einer höchst bezeichnenden Weise eingeht. Er macht Bayern und
Württemberg gewissermaßen dafür haftbar, daß durch ihr Vorgehen das
gute Verhältnis zwischen Österreich und Preußen nicht gestört wird. Er
macht es ihnen zur Pflicht, Preußen bei den kommenden Verhandlungen zum
Einvernehmen mit Österreich und zur Beachtung des Prager Friedens zu veranlassen. Mit unverkennbarem Nachdruck aber betont er die in München
und Stuttgart bisher kaum erörterte extreme Alternative eines Verbleibens
der süddeutschen Königreiche beim völkerrechtlichen Status quo. Beim damaligen Stand der Dinge bedeutete dies nicht etwa einen nostalgischen
Nachklang der alten Trias-Idee, sondern eine realitätsbezogene Taktik: Angesichts der mit Sicherheit zu erwartenden preußischen Widerstände gegen
die Auflösung des Nordbundes wie gegen den weiteren Bund sollte die erhoffte Eskalation der antipreußischen Haltung bei den Regierungen und bei
»den Parteien« des Südens in Richtung einer Status-quo-Politik gelenkt werden. Der weitere Verlauf der Dinge in Bayern und Württemberg zeigte, daß
diese Berechnungen nicht grundlos waren. Nur war ihr Erfolg wesentlich abhängig von der europäischen Situation, von der Qualität der gegnerischen
preußischen Politik und von der Kraft oder Unkraft der Position Österreichs.
So sehr Bismarck mit dem europäischen Faktor unzufrieden war – aus den
entgegengesetzten Gründen wie Beust –, um so nachdrücklicher drängte er
mit einer politischen Kampagne ohnegleichen auf seine Ziele hin. Daß es sich
dabei um die Realisierung »welthistorischer Ideen« handelte und daß die
»Einigung des deutschen Elements« durch keine Kabinettspolitik aufgehalten werden könne – dies war übrigens auch Beust bereit, anzuerkennen.[25]
Aber es war ihm aufgegeben, die Interessen der Monarchie wahrzunehmen.
Und diese Interessen verbaten es, mindestens solange nicht Bismarck seiner-

seits ein ernsthaftes Angebot machte, die Positionen in Süddeutschland aufzugeben. Denn Österreichs Positionen in Süddeutschland waren als Gewicht
in der Waagschale des künftigen Ausgleichshandels mit Preußen um so unentbehrlicher, als gleichzeitig die Sympathien der Deutsch-Österreicher sich
schon stark der anderen Seite zuneigten.

Zwischen Beust und Bismarck kam jetzt noch kein direkter Kontakt wegen
Süddeutschlands zustande. Es gilt zunächst, die weiteren Entwicklungen
zwischen Wien, Stuttgart und München zu verfolgen. In Stuttgart beobachtete Walterskirchen ein Hervortreten der Regierung gegen die Pressionen der
Nationalliberalen.[26] Er wies auf die eben erschienene Broschüre des Abgeordneten Moriz Mohl hin: »Für die Erhaltung der Süddeutschen Staaten«,
wo es zum Schluß warnend heißt: »Mit dem Ausscheiden Österreichs, dessen
Theilnahme ein Gleichgewicht der Machtverhältnisse in Deutschland bedingte, aus Deutschland ist die Möglichkeit einer mit Preußen zu vereinba-
renden Bundesverfassung weggefallen, in welcher sich die süddeutschen
Staaten befriedigt fühlen können…« Vor allem aber hoffte Walterskirchen
neuerdings auf ein engeres Zusammenhalten der bayerischen und württembergischen Regierung; weniger die nationalliberale Gegenwirkung, als die
alte Eifersucht sei zu fürchten. Im positiven Fall könne auch noch Baden beeinflußt werden. Während der Gesandte in den folgenden Tagen mit Zufriedenheit über den Stand der Dinge berichtete, erschien am 9. Oktober im offiziellen ›Staatsanzeiger für Württemberg‹ eine Erklärung zur Frage des künftigen deutschen Bundes, die in der antipreußischen Öffentlichkeit Stuttgarts
und in Wien alarmierend wirkte. Die Erklärung selbst war wenig deutlich,
widersprach aber durchaus den Wiener Vorstellungen und wurde vor allem
als eine gefährliche Präjudizierung der bayerisch-preußischen Verhandlungen beurteilt.[27] Walterskirchen forderte von Staatsrat von Taube Erklärungen, die aber unbefriedigend ausfielen. Der Gesandte erklärte dem Leiter der
württembergischen Außenpolitik: »Übrigens… werde er wissen, daß die
k.u.k. Regierung sich nicht in die Entwicklung der deutschen Verhältnisse
einmische, daß sie darauf rechnet, daß dieselbe auf Grund des Prager Friedens nicht ohne ihr Einvernehmen vollzogen wird, und somit das Weiterbe-
stehen der freundschaftlichen Beziehungen zu Preußen und Süddeutschland
befestigt.« Taubes Antwort war unklar: »Er wisse von Wien aus bereits, welche die Ansichten des k.u.k. Kabinetts seien, fügte aber nicht ohne einige Verlegenheit bei, daß es ihm unbekannt sei, wie Preußen über den Prager Frieden
urteile!«

Nun griff Beust ein. Er hielt sich zunächst an Baron Thumb, den württembergischen Gesandten in Wien, und machte ihm scharfe Vorhaltungen.
Württemberg habe sich durch die erwähnte Erklärung des Staatsanzeigers,
die in das deutsche Problem und besonders in die Verhandlungen mit Bayern
präjudizierend eingreife, auf eine überaus abschüssige Bahn begeben.[28] Den

Gesandten in Stuttgart wies er an, der Regierung gegenüber nun in aller Deutlichkeit den Standpunkt Österreichs zu vertreten. Auch der Gesandte in
München wurde im gleichen Sinne instruiert. Die Schärfe und Eindringlichkeit der Beustschen Anweisungen waren auch dadurch bedingt, daß er eben erst
erfahren hatte, daß Delegationen der württembergischen wie der bayerischen Regierung demnächst nach Versailles abreisen sollten. Diese Verlage-
rung der entscheidenden Verhandlungen aus den süddeutschen Hauptstädten in die ganz andere Atmosphäre des preußischen Hauptquartiers wurde in
Wien als eine schwere Beeinträchtigung der eigenen Wirkmöglichkeiten
empfunden – sehr zu recht! Es war also nicht nur der Artikel im Stuttgarter
›Staatsanzeiger‹, sondern vielmehr die für Wien bedrohliche Perspektive der
Versailler Verhandlungen, die Beust vor Augen hatte. Bei dieser Gelegenheit
entwickelte der Reichskanzler nicht nur sein prinzipielles Festhalten an dem
völkerrechtlichen Charakter der künftigen Nord-Südbeziehungen, der allein
mit dem Prager Vertrag vereinbar sei; er warnte Württemberg und Bayern
ganz offen, durch ein einseitiges Vorprellen den Prager Vertrag und damit
das Vertragsverhältnis zwischen Österreich und Preußen zu zerstören, noch
bevor Preußen überhaupt wegen einer eventuellen Modifikation mit Wien zu
verhandeln begonnen habe:
»... Die uns nicht unmittelbar berührende Frage, welches Maß innerer
administrativer Unabhängigkeit Württemberg sich bewahren zu können
glaube, konnte ich dabei [sc. gegenüber Thumb] weniger im Auge haben.
Dagegen mußte ich hervorheben, daß von einer *internationalen* Selbständigkeit, ja überhaupt von einer internationalen *Stellung* Württembergs kaum
mehr die Rede sein könne, wenn dieser Staat ausdrücklich die Umwandlung
des seitherigen völkerrechtlichen Verhältnisses Süddeutschlands zum Nordbunde in ein staatsrechtliches mit Zentralgewalt und gemeinsamer Verfassung und Volksvertretung als Ziel der Verhandlungen anerkennt...
Für die süddeutschen Staaten ist der Prager Friedensvertrag ein Akt zwischen dritten Mächten, der kein formelles Hindernis für sie bildet, Rechte
hinzugeben, die zu behaupten der Trieb der Selbsterhaltung für sie nicht hin-
reicht. Ihre Selbständigkeit war ein nicht ihnen selbst, sondern ein Österreich
gemachtes Zugeständnis. Zwischen Österreich und Preußen aber gewährt
der Prager Vertrag die Basis für die bestehenden freundschaftlichen Beziehungen, daher auch den rechtlichen Ausgangspunkt für etwaige Verhandlungen über mögliche Modifikationen. Im politischen Sinne sollte daher, wie
wir glauben, der Friedensvertrag von Prag auch für die Regierungen Süddeutschlands Wert und Bedeutung haben, nicht aber von ihnen ohne weiteres
vorgreifend als nicht vorhanden behandelt werden. Ohne völkerrechtliche
Unabhängigkeit Süddeutschlands, daran müssen wir festhalten, besteht er
faktisch nicht mehr, ist unser Vertragsverhältnis zu Preußen zerstört. Wiederholt und bei vielfachen Anlässen hat die kön. württembergische Regie-

rung uns gesagt, daß sie das engste Einverständnis zwischen Österreich-Ungarn und Preußen innig wünsche. Uns scheint, sie könnte dann auch den offenen Widerspruch zwischen diesem Wunsche und einem Verhalten nicht verkennen, durch welches unser Vertrag mit Preußen invalidiert wird, noch ehe die norddeutsche Macht das erste Wort von seiner Änderung zu uns gesprochen hat...«

In Stuttgart kam diese Stellungnahme schon halb zu spät.[29] Walterskirchen erhielt Beusts Weisung am 19. Oktober. Am Morgen dieses Tages waren die Minister Mittnacht und Suckow schon nach Versailles abgereist. Immerhin war vor der Abreise noch der Bericht des württembergischen Gesandten aus Wien eingetroffen, so daß Graf Taube versichern konnte, Mittnacht habe Anweisung erhalten, in Versailles »die Frage des Prager Friedens nach vorläufigem Einvernehmen mit dem Grafen Bray in Anregung zu bringen«. Im übrigen bestritt Taube durchaus, daß Württemberg durch das Anstreben eines bundesstaatlichen Verhältnisses zu dem Nordbund seine internationale Stellung aufgebe. Mit der Zentralgewalt sei jetzt etwas Ähnliches gemeint wie zur Zeit des Deutschen Bundes. Ähnlich stehe es mit dem gemeinsamen Parlament, das ja auch 1863 angestrebt worden sei, ohne daß damit ein Aufgeben der einzelstaatlichen Selbständigkeit gemeint war, wie ja Beust als gründlicher Kenner des Bundesrechtes sich gewiß erinnern werde! Im übrigen sei die Initiative seit Delbrücks Einladung nach München ganz von Bayern ausgegangen. In Württemberg wünsche man dringend nicht nur das Fortbestehen guter Beziehungen Österreichs zu Süddeutschland und Preußen, sondern ein enges Verhältnis der Monarchie zu *Deutschland*. Schließlich äußerte Taube die Vermutung, »daß Preußen in seinem eigenen Interesse, sobald die eigentlichen Verhandlungen begonnen, der k.u.k. Regierung Eröffnungen zu machen nicht unterlassen werde. Der Artikel IV. des Prager Friedens sei übrigens so gefaßt, meinte der Graf vertraulich, daß, sobald die Südstaaten nicht *rundweg* und *bedingungslos* in den Nordbund eintreten, eine anders geartete, weitere oder engere Vereinigung als dem Wortlaute nicht widersprechend gedeutet werden könne.«

Im übrigen gab Taube die Zusicherung, dem Herrn von Mittnacht nochmals die Frage des Prager Friedens nach einer Besprechung mit Graf Bray ans Herz zu legen. Der Gesandte schloß seinen Bericht aus Stuttgart mit der für Beust wenig beruhigenden Feststellung, daß Taube von Suckow und Mittnacht gewiß nicht weiter in deren Absichten eingeweiht werde, als es unbedingt notwendig sei. Und eine Einwirkung auf die Umgebung des Königs Karl im Sinne des österreichischen Standpunktes wäre gegenwärtig mehr als verlorene Mühe.

Zur gleichen Zeit lauteten die Nachrichten, die in Wien über Volksstimmung, Presse und Parteigesinnungen in Süddeutschland einliefen, weniger antipreußisch, als man es sich gewünscht hätte. Die preußen- und bundesfreundliche Neuorientierung in der katholischen Volkspartei Badens wurde durch die eben erschienene Broschüre des bekannten Abgeordneten Reinhold Baumstark dokumentiert: ›Die katholische Volkspartei und ihr Verhältnis zum Krieg gegen Frankreich‹. Der österreichische Gesandte in Karlsruhe interpretierte ihren Inhalt als einen Kompromiß mit den Dingen die kommen, und mit den Personen, von denen sie gemacht werden.[30] In Württemberg hatte am 9. Oktober eine Sitzung der Volkspartei unter Zuziehung der Führer der Großdeutschen stattgefunden, deren Beschlüsse in ähnliche Richtung wiesen:[31] »... Auch diejenigen, welche die deutsche Volksfreiheit eifersüchtig zu wahren bestrebt waren und welche ohne die deutschen Stämme Österreichs das Vaterland nimmer als ein Ganzes und Abgeschlossenes betrachten und empfinden können, sind heute entschlossen, in die Einigung des Nordens und des Südens zu einem Bundesstaat zu willigen.« Auch die geheime militärische Berichterstattung kam zu Ergebnissen, die den Erwartungen der Wiener Auftraggeber nur teilweise entsprachen.[32] Zwar mache sich die wirtschaftliche Schädigung durch den Krieg bereits bemerkbar, und besonders in Bayern und Württemberg gebe es ernste Besorgnisse in der Bevölkerung. Doch dem stehe entgegen die Stimmung in den süddeutschen Heeresverbänden. Hier kann es nur *ein* Urteil geben: »daß die gesamte Truppe... sich in der mit steten Erfolgen gekrönten Waffenbrüderschaft mit dem preußischen Heere glücklich fühlt, das seit 1866 gesunkene Vertrauen wieder erlangt hat und bereits mehr preußisch als süddeutsch fühlt. Ein ernster Schritt von Seiten Preußens zur gänzlichen Einverleibung der süddeutschen Heeresmacht wird bei diesen Truppen selbst auf keinen Widerstand stoßen und eher mit Jubel begrüßt werden.«

Und Bayern? Die Mitteilungen Beusts vom 3. Oktober mit ihrer stark preußenfreundlichen Tönung wurden von Bray mit Beifall aufgenommen.[33] Der Minister betonte einerseits, daß Bismarck gewiß nichts anderes wünsche als ein andauerndes gutes Einvernehmen zwischen Österreich-Ungarn, Rußland und Deutschland, als Sicherung des europäischen Friedens und Schutzwehr gegen den Sozialismus. Auch hoffte Bray, daß Bismarck ebenso wie Bayern den Wunsch habe, die beabsichtigten Umgestaltungen in Deutschland nicht ohne Einvernehmen mit der Wiener Regierung durchzuführen. Zugleich stellte er aber die Frage, ob denn nicht der langjährige Antagonismus zwischen Bismarck und Beust das gewünschte Einvernehmen beeinträchtigen könne. Bruck beschwichtigte sogleich: Zwei so befähigte Staatsmänner werden sich doch gewiß nur von den Interessen des Staates, nicht von persönlichen Sympathien oder Abneigungen leiten lassen.

Zwar hatte Bray wiederholt versichert, daß er in Sachen der deutschen Frage im Einvernehmen mit Österreich verfahren wolle. Die Tatsache seiner bevorstehenden Abreise nach Versailles hat Beust aber von anderer Seite erfahren. Es war ihm diese Nachricht auch deshalb unangenehm, weil dadurch

seine Absicht durchkreuzt wurde, Ende Oktober mit Bray in München zu-
sammenzutreffen. Der Plan einer Münchenreise des Reichskanzlers, offiziell
begründet mit der Begleitung seiner Familie, die sich zum Winteraufenthalt
an den Genfer See begebe, zeigt die Bedeutung, die Beust zu diesem Zeitpunkt
der Haltung Bayerns und einer persönlichen Einwirkung auf Bray zumaß. In
einer eingehenden Auseinandersetzung mit dem bayerischen Gesandten in
Wien[34] und in sehr detaillierten, wiederholten Anweisungen an Bruck haben
wir deutlich vor uns, um was es Beust ging.[35] Der sachliche Tenor seiner Stellungnahmen stimmte mit dem überein, was er der württembergischen Regierung gesagt hat. Der Ton der Verhandlung mit Bayern war noch drängender,
die Motivation holte weiter aus und ging auf die inneren Verhältnisse der
Habsburger Monarchie ein: »... Man möge sich ja über die hiesige Lage keinen irrigen Vorstellungen hingeben. In den Regierungskreisen sowohl als in
dem weitaus größten Teil der Bevölkerung ist der Wunsch einer dauernden
Verständigung mit Deutschland ein lebendiger, allein der Gedanke tritt
überall nicht minder bestimmt hervor, daß gegenseitiges Einverständnis über
die Stipulationen des Prager Friedens – sofern und soweit diese Stipulationen
neuen Feststellungen weichen sollen – die erste Vorbedingung jener Verständigung sein müsse...« Beust wies schließlich auf die bevorstehende Session
der Delegationen hin (der für die Außenpolitik zuständigen höchsten parlamentarischen Gremien der Monarchie); der k.u.k. Regierung ist es auch im
Hinblick auf die parlamentarische Rechenschaftspflicht verwehrt, ein anderes Vorgehen Preußens stillschweigend hinzunehmen. Abmachungen, die
mit dem Prager Frieden in Widerspruch stehen, bedürfen der Zustimmung
Wiens und dürfen nicht etwa erst nachträglich zur Kenntnis gebracht werden.
    Aber was steht mit dem Prager Frieden in Widerspruch? Und wie ist die
Stellung Preußens? Um diese Fragen kreisten die Besprechungen, die Bruck
mit Bray an den beiden letzten Tagen vor dessen Abreise nach Versailles führte.[36] Auf diese Erörterungen antwortete Beust dann nochmals mit einer zusammenfassenden, fast ultimativen Depesche, die dem bereits nach Frankreich abgereisten Minister ins Hauptquartier nachgesandt wurde. Bray legte
größten Wert auf die Feststellung, daß das von Bayern angestrebte Verhältnis
zum Nordbund nicht gegen den Prager Frieden verstoßen würde. Er stimmte
Bruck bei, der auf den Prager Frieden als Stütze der bayerischen und württembergischen Regierung bei den bevorstehenden Verhandlungen hinwies,
und er sicherte ihm zu, dies in Versailles zur Sprache bringen zu wollen.
Überhaupt wolle Bayern dort nicht viel bieten. »Etwas werden wir wohl her-
geben müssen, doch bezieht sich dies lediglich auf einige Gesetze, auf das In-
digenat, literarisches Eigentum und dergleichen mehr; – doch soll der König
von Bayern so wie früher selbständiger Kriegsherr bleiben, an der diplomatischen Vertretung nichts geändert, an dem Wirkungskreise der bayerischen

Kammern auch nichts geschmälert werden.« Es seien eben alle Bemühungen um einen Südbund, um eine freiere Stellung Sachsens und Oberhessens seit 1866 ohne Erfolg geblieben, jetzt müsse man retten, was noch zu retten ist.

Das andere war die naheliegende Frage, die Bray gleich zu Anfang dieser letzten Besprechung vor der Abreise nach Frankreich dem österreichischen Gesandten stellte: Ob denn die Wiener Regierung nicht in Berlin Schritte unternommen habe, um zu betonen, daß Abmachungen, welche mit den Prager Bestimmungen in Widerspruch stünden, der Zustimmung Österreich-Ungarns bedürften? Da kam nun Bruck freilich in Verlegenheit, denn gerade diese zentrale Frage hatte Beust bisher – nicht nur gegenüber dem Münchner Gesandten – umgangen. Mag sein, daß der Kanzler (wie Bruck in München nun ausweichend antwortete) bis dahin auf eine Initiative Bismarcks gewartet hatte. Auch müsse man, so Bruck, in Betracht ziehen, daß ja die Reise Delbrücks von Bayern und Württemberg angeregt worden sei, Preußen also von sich aus bisher noch keinen Schritt zu irgend einer Änderung des Prager Friedens getan habe. Bray seinerseits betonte ausdrücklich, daß jetzt, nachdem Preußen die süddeutschen Bevollmächtigten zu einschlägigen Verhandlungen ins Hauptquartier eingeladen habe, der Zeitpunkt gekommen sei, von Wien aus an Bismarck heranzutreten. Bray wolle seinerseits gleich mit Bismarck darüber sprechen. Das sei um so notwendiger, da ja Bayern das beste Verhältnis zwischen Österreich-Ungarn und Deutschland wünsche und wisse, welchen Halt ihm der Prager Friede biete. Soweit so gut.

Zwischen dem 18. und 19. Oktober war es zweifelhaft geworden, ob Bray nach Versailles mitfahren werde. Er wäre offenbar lieber dageblieben, dann wäre auch das Zusammentreffen mit dem reiselustigen Beust möglich geworden. Aber schließlich fuhren doch alle drei Bayern ab – Bray, Pranckh und Lutz –, nachdem die beiden Württemberger schon am Tage zuvor aufgebrochen waren und auch die Vertreter Badens und Hessens in Versailles erwartet wurden. Walterskirchen berichtete aus Stuttgart, daß Graf Taube die durchreisenden Bayern am Bahnhof mit einem Frühstück begrüßt habe.[37] Er wollte daraus positive Schlüsse auf den Willen zur Zusammenarbeit ziehen. Der bayerische Gesandte in Stuttgart, Baron Gasser, fuhr bis Pforzheim mit. Er lobte nach der Rückkehr gegenüber seinem österreichischen Kollegen vor allem die feste Entschlossenheit des Herrn von Pranckh, im Hauptquartier auch den direkten Pressionen Bismarcks nicht nachzugeben: »Wolle Württemberg gleichen Schritt gehen, desto besser; wo nicht, so seien die bayerischen Herren entschlossen, sich von dem kompromittanten Nachbar loszusagen und die Stellung ihres eigenen Landes wenigstens hoch und fest zu halten.«

Die zwölf Seiten umfassende Depesche, die Beust am 20. Oktober nach München richtete und die von dort in Abschrift mit Kurierpost an Bray nach Versailles weitergeleitet wurde[38], enthielt die Summe dessen, was Österreich zu diesem Zeitpunkt noch zum Werdeprozeß eines neuen Deutschlands zu sagen hatte. Es war zugleich der letzte, voll artikulierte Versuch, diesen Werdeprozeß in eine für die Monarchie wünschenswerte Richtung zu lenken, gewissermaßen das deutsche Testament Österreich-Ungarns. Beust hat noch später, bei seinem Aufenthalt in München am 11./12. November, während im Hauptquartier schon die Würfel gefallen waren, die Interessen Österreichs geltend gemacht. Aber diese Münchner Intervention kam entschieden zu spät. Im Oktober 1870 jedoch war die Form, in die Bismarck das neue Deutschland bringen wollte, noch nicht fest. Nicht nur diese Konstellation – letzte Stufe des Ringens um die neue Form deutscher Staatlichkeit – macht den dokumentarischen Wert der denkschriftartigen großen Stellungnahme aus. Auch inhaltlich haben wir in mehrfacher Hinsicht ein fortentwickeltes Programm Österreichs vor uns. Man kann im übrigen von der Vermutung ausgehen, daß Beust damit rechnete, daß dies Dokument in Versailles nicht nur überhaupt eine Rolle spielen, sondern auch in Bismarcks Hände kommen werde. Er hat in den folgenden Tagen Kopien an Metternich nach Tours und an Wimpffen nach Berlin übersandt.

Beust begann mit einer Bestandsaufnahme der bisherigen Schritte und Erklärungen Bayerns seit Anfang September. Die Delbrück-Konferenzen haben ergeben, daß Preußen den Norddeutschen Bund nicht aufzugeben bereit ist. »Es bleibt sonach für Bayern und für das gemeinschaftlich mit ihm handelnde Württemberg nur übrig, die Gründung eines den norddeutschen Bund in seinem bisherigen Bestande und die süddeutschen Staaten umfassenden *weiteren Bundes* zu versuchen.«[39] Und auf diese Konzeption des weiteren Bundes konzentriert sich nun die gesamte weitere Darlegung. Das war in dieser Form neu. Noch zwei Wochen zuvor hatte der Kanzler mehr Nachdruck auf die radikale Alternative des »Draußenbleibens« Bayerns und Württembergs gelegt. Dieses Ziel mochte nun, angesichts der Reise nach Versailles, nicht mehr erreichbar erscheinen. Beust knüpft weiterhin an die Versicherung der bayerischen Regierung an, daß der beabsichtigte weitere Bund mit Artikel IV des Prager Friedens nicht in Widerspruch stehe. Er erläutert nochmals die österreichische Auffassung dieser Vertragsbestimmung. Er geht schließlich noch einen Schritt weiter und fordert von Preußen und den deutschen Regierungen eine Konsultation Österreichs, auch wenn sie von der Vereinbarkeit des neuen Bundes mit dem Prager Frieden überzeugt sind:

»Über den Prager Vertrag habe ich mich folgendermaßen geäußert. Die k. u. k. Regierung hat seither nicht unnötigerweise von ihren aus demselben erworbenen Rechten gesprochen, weil der bisherige Zustand in Deutschland in praktischer Hinsicht für sie annehmbar und von dem Grundgedanken jenes Vertrages nicht in zu nachteiliger Weise abweichend war. Handelt es sich aber jetzt um eine Neugestaltung Deutschlands, so ist es allerdings sowohl formell für unser Ansehen, als materiell für unsere politischen Interessen von hoher Wichtigkeit, daß dabei unser vertragsmäßiges Recht nicht übergangen, sondern mit jener strengen Achtung behandelt werde, die einem feierlichen Vertrage gebührt, auf die wir vielleicht doppelten Anspruch erheben dürfen, da wir jeden Gedanken einer Politik der Vergeltung von uns abgewiesen haben. Nun ist es wohl wahr, daß der Artikel IV des Prager Vertrages eine nationale Verbindung des Südens mit dem Norden Deutschlands in Aussicht stellt und sie den Verhandlungen zwischen den beteiligten Staaten überläßt. Aber der an sich unbestimmte Begriff einer nationalen Verbindung erleidet durch den Zusatz, daß der süddeutsche Staatenverein eine unabhängige internationale Existenz haben werde, eine vollkommen determinierte Einschränkung. Vereinbarungen, durch welche die völkerrechtliche Unabhängigkeit Süddeutschlands aufgehoben würde, könnten ohne unsere Zustimmung zu rechtlicher Geltung nicht gelangen. Und da über die Frage, ob dieser Fall vorliege, nicht einseitig zu entscheiden ist, sondern beiden Teilen ein Urteil zusteht, so sollten, wie wir glauben, Preußen und die deutschen Regierungen, selbst dann, wenn sie die Prager Friedensbestimmungen für gewahrt hielten, uns nicht mit einem fertigen Werk überraschen, sondern uns die Rücksicht erweisen, vor dem Abschlusse unsere Meinung darüber zu hören.«

Dann geht Beust zur Haltung Bayerns über und zu der bayerischen Ansicht, daß der beabsichtigte weitere Bund mit dem Prager Frieden vereinbar sei. Er wiederholt die von Bray zwei Tage zuvor gegenüber Bruck gemachten Erklärungen und stilisiert sie gewissermaßen zu einem österreichisch-bayerischen Memento hoch:

»Wenn, wie Graf Bray Ihnen [sc. dem Gesandten Bruck] gesagt hat, der König von Bayern selbständiger Kriegsherr bleibt, in der diplomatischen Vertretung Bayerns nichts geändert, auch der Wirkungskreis der bayerischen Kammern nicht geschmälert wird, so dürfte der Begriff internationaler Unabhängigkeit für Bayern, und, falls Württemberg gleichen Schritt mit ihm hält, für Süddeutschland in seinen zwei Hauptvertretern gewahrt sein, und wir können nur hoffen, daß Bayern in der Stärke seiner wohlbegründeten und durch seinen höchst wirksamen Anteil am Kriege noch gehobenen Stellung die in diesem Sinne gefaßten Entschlüsse festzuhalten und hierdurch auch den Nachbarstaat Württemberg in der gleichen Richtung zu bestärken wissen werde...«[40]

Aufgrund der Anregung Brays wandte sich nun Beust auch direkt an die preußische Adresse, während Bismarck in Versailles von Bayern auf den Prager Frieden angesprochen wurde. Es ist auffallend, wie vorsichtig die österreichische Démarche in Form und Inhalt ausfiel. Beust, dem bei anderen Gelegenheiten rhetorische Schärfe nicht mangelte, verzichtete auf einen förmlichen Schritt in Berlin und wandte sich statt dessen an den Gesandten von Schweinitz.[41] In der Information, die der Reichskanzler an Wimpffen nach

Berlin gehen ließ, nahm sich dieser Schritt sehr zurückhaltend aus (und Wimpffen wurde gleichzeitig angewiesen, von sich aus das Thema des Prager Friedens gegenüber Herrn von Thile nicht zu berühren). Beust berichtete über sein Gespräch mit Schweinitz: »Ich habe ihm bemerkt, daß ich zwar zu einer Diskussion über den Prager Frieden nach keiner Seite hin den Anstoß zu geben wünsche, in meinen Beziehungen zu dem Grafen Bray jedoch Veranlassung zur Berührung des Gegenstandes gefunden, und daß ich gegenüber dem bayerischen Minister vor seiner Abreise ins Hauptquartier den entscheidenden Wert hervorgehoben habe, den wir darauf legen müssen, daß man sorgfältig die Schwierigkeiten und falschen Stellungen vermeide, die sich aus einer Alteration des durch den Prager Frieden begründeten Zustandes ergeben müßten.« Weniger ging kaum. Man sieht, daß es Beusts Absicht war, die Sache selbst in Versailles zur Diskussion kommen zu lassen und Österreich möglichst von dem Odium frei zu halten, interveniert zu haben.

Allein schon diese überaus vorsichtige Interpellation Wiens traf auf kräftigen Unwillen. Am 24. Oktober telegraphierte Wimpffen, daß die Berliner Kreuzzeitung in ganz abweisender Form die Frage des Prager Friedens kommentiert habe:[42] Es liege keineswegs in den Intentionen Preußens, wegen des Prager Friedens zur Konstituierung Deutschlands eine österreichische Mitwirkung zu beanspruchen und es scheine außer Zweifel, daß das Wiener Kabinett von sich aus hierzu keine Meinung äußern und keine Einflußnahme versuchen werde. Schon zuvor hatte Wimpffen erfahren, daß Thile auf Fragen eines norddeutschen Gesandten, wie es denn zwischen Berlin und Wien stehe und ob die preußische Regierung Österreich nicht wegen des Prager Friedens begrüßen und so die erwünschte Annäherung anbahnen werde, eine ganz negative Antwort gegeben habe.[43] Thile wollte von einer Annäherung noch nichts bemerkt haben, verwies vielmehr – laut Mitteilung dieses Gewährsmannes – auf die kalte und abweisende Aufnahme, die ein persönlicher Schritt des Königs in Wien gefunden habe. Das war also das Echo auf die Audienz des Herrn von Schweinitz bei Franz Joseph am 1. Oktober und auf die Antwort in Beusts Depesche vom 9. Oktober.[44]

Damit nähern wir uns bereits jener Gewitterzone der preußisch-österreichischen Beziehungen, die in Bismarcks Kriegsdrohungstelegramm vom 27. Oktober sich ebenso fulminant wie unerwartet manifestierte.[45] Von einer ruhigen Würdigung der Wiener Initiative und von einem diskreten Meinungsaustausch in Sachen Süddeutschland und Prager Friede konnte unter diesen Umständen zunächst keine Rede sein. Man fragt sich vor allem, was in Versailles zwischen Bismarck und Bayern geschehen war, und was hier über Österreich und den Prager Artikel IV besprochen wurde. Unsere Kenntnis dieser Vorgänge ist dürftig; von Bismarck her wissen wir gar nichts, er hat in allen bekanntgewordenen Dokumenten nur über Österreichs internationale Politik gewettert und Brays Halsstarrigkeit und undeutsche Gesinnung beklagt, aber auffallenderweise kein Wort über das Sachproblem des Prager Friedens geäußert. Von bayerischer Seite wissen wir, daß Bray gegenüber Bismarck die österreichische Stellung zum Fragenkomplex Prager Friede – Süddeutschland zur Sprache brachte.[46] Er löste damit die an Österreich gegebene Zusage ein. Bismarcks Antwort war – laut Bray – eine dreifache. Einerseits bestritt der Kanzler des Norddeutschen Bundes grundsätzlich die österreichische Auffassung des Prager Friedens; eine nationale Verbindung der süddeutschen Staaten mit dem Norden stehe nicht in Widerspruch zu dessen Artikel IV. Andererseits erklärte er sich voll bereit, über diese Frage das Benehmen mit Österreich herzustellen und bezeichnete, wie schon früher, die Schaffung vertragsmäßiger Beziehungen zwischen Deutschland und Österreich-Ungarn als wünschenswert. Schließlich aber – und das war nun wieder die »Gewitterstrategie« – ging er auch Bray gegenüber zu offenen Drohungen im Sinne der uns schon bekannten Vorwürfe gegen Österreichs europäische Interventions- und Vermittlungspolitik über. Bray berichtete, daß Bismarck ihm gesagt habe, bei einer feindlichen Haltung Österreichs könne er »mit Frankreich unter anderen Bedingungen als den zur vollständigen Sicherung Deutschlands gegen einen neuen fremden Angriff gewünschten« rasch Frieden schließen. Der Tenor dieser Drohung ist auch aus anderen Mitteilungen Bismarcks bekannt: Mit den freigewordenen Kräften könne sich dann Deutschland gegen Österreich wenden, um sich dort schadlos zu halten für all das, was infolge von Österreichs Intervention in Frankreich nicht gewonnen wurde.

Der unverhüllte Einsatz dieser deutschnationalen Kriegsdrohung gegen Österreich im Gespräch Bismarcks mit Bray über den Prager Frieden ist aufschlußreich. Es werden dadurch die Vermutungen über Bismarcks Absichten mit dieser auffallend forcierten Konfliktstimmung weiter konkretisiert: nicht nur ein allgemeines Einschüchterungsmanöver gegen Österreich, nicht nur ein nochmaliger Versuch, Beusts Stellung zu erschüttern, sondern auch eine auf Süddeutschland zielende Aktion, um die süddeutsche Strategie Österreichs mit ihrer Koppelung von deutsch-österreichischer Freundschaftsbeteuerung und Beharren auf Verhandlungen über den Prager Vertrag zu durchkreuzen. Den Süddeutschen sollte durch eine Kampfansage an Österreich das Vertrauen in die von Beust behauptete Gutwilligkeit der Wiener Deutschlandpolitik genommen und dadurch ihr Rückhalt an Österreich erschüttert werden. Anfang Oktober hatte Beust den Süddeutschen erklärt, sie könnten umso beruhigter an dem österreichischen Nachbarn einen Rückhalt suchen, »als dessen Beziehungen zu Preußen keine solchen sein werden, welche ihnen die Gefahr eines Konflikts mit Preußen bereiten können, falls sie mit Österreich in freundlichen Beziehungen stehen«.[47] Darauf ist nun Bismarcks Gegenschlag gefolgt.

Welchen Erfolg hatte dies Vorgehen? Bray war offenbar nicht der Mann, sich durch derartige Manöver einschüchtern und von seiner klaren Verhandlungslinie, die den österreichischen Interessen und Wünschen wenigstens teilweise entsprach, abdrängen zu lassen. Der Text der Mitteilungen, die er sogleich telegrafisch und brieflich aus Versailles an Beust gelangen ließ, zeigt vorsichtige Zurückhaltung gegenüber dem Anlaß und den Motiven des preußischen Donnerwetters: »Ich wollte... gleich anfangs den Konsequenzen eines Mißverständnisses entgegentreten, von welchen für die österreichdeutschen Beziehungen eine ernste Gefahr zu befürchten ist.«[48] Die Chronik der folgenden preußisch-bayerischen Verhandlungen zeigt, daß es Bismarck zwar gelungen war, durch diese Drohtaktik das Thema einer Verständigung mit Österreich über den Prager Frieden vorübergehend von der Tagesordnung zu streichen. Mehr hat er damit offenbar nicht erreicht. Denn die entscheidende Wendung, die den bayerischen Delegierten den Verzicht auf die mit Österreich abgesprochenen Verhandlungspositionen auferlegte und sie zum Eintritt in den Nordbund zwang, kam schließlich von König Ludwig II. Er machte, wie wir erst seit kurzem wissen, die Befriedigung seiner privaten Geldwünsche zur Conditio sine qua non der Verhandlungen mit Bismarck; er veranlaßte damit die bayerische Delegation im entscheidenden Augenblick (und mit weitreichenden Folgen auch für das Verhalten Württembergs), die ursprünglichen Instruktionen beiseite zu lassen und statt der von Bismarck bis dahin – wenn auch ungern – offengelassenen Alternative einer nur völkerrechtlichen Verbindung den vollen Eintritt Bayerns in den staatsrechtlichen Verband des neuen Deutschlands zu vollziehen.[49] Dies ist vorausgreifend zu erwähnen. Kehren wir zur Situation von Ende Oktober zurück. Im vorausgegangenen Abschnitt war zu sehen, wie sich Bismarcks Konfliktstrategie gegen Österreich aus verschiedenen Faktoren erklärt. Es ist nun auch verständlich, wie man auf österreichischer Seite diesen unerwarteten Donner auffaßte. Beust und Wimpffen waren sich Ende Oktober einig, daß Preußens drohendes Verhalten sachlich unbegründet sei, es gehe Bismarck dabei vor allem um eines: Er suche einen Vorwand, um über den Prager Frieden hinwegzukommen.[50] Das war eine vordergründige und gewiß nicht erschöpfende Interpretation. Aber sie zeigt, wie eng auch im Bewußtsein der Zeitgenossen der Zusammenhang zwischen der internationalen Konfrontation und dem Ringen um die deutsche Frage gesehen wurde.

So waren Anfang November die Dinge im Dreieck Österreich-Preußen-Bayern in ein kritisches Stadium gelangt. Mit Baden und Hessen war man in Versailles unschwer übereingekommen. Auch Württemberg schien damals geneigt, ohne Bayern und ohne den weiteren Bund in die neue staatliche Gemeinschaft einzutreten. Die Vollendung des großen Werkes hing an Bayern. In einem Notenaustausch zwischen Bray und Bismarck waren zuletzt am 2./4. November die Positionen geklärt worden.[51] Bismarck wollte den von Bayern (mit Österreichs Zustimmung) angestrebten weiteren Bund nicht. Er stellte Bayern vor die Alternative: Beitritt zum Nordbund mit Sonderrechten (was mit dem Konsens Bray–Beust und mit den Instruktionen der bayerischen Delegation unvereinbar schien) oder Status quo mit verstärkten völkerrechtlichen Beziehungen (was den Wiener Intentionen eher entsprach). Daß im übrigen das bayerische Konzept des weiteren Bundes mit seiner Betonung des staatsrechtlichen statt des völkerrechtlichen Charakters keineswegs voll mit den Wiener Vorstellungen übereinstimmte, war ein Problem, das bei diesem Stand der Dinge keine Rolle mehr spielte. Es kam nun darauf an, wie König Ludwig auf diese Krise der Verhandlungen reagierte[52] und ob angesichts der Bismarckschen Gewitterstrategie der bayerisch-österreichische Meinungsaustausch fortgeführt wurde und Wiens Interessen in Versailles geltend gemacht werden konnten. Es wird sich rasch zeigen, daß die unberechenbar-egoistische Sonderpolitik des Königs und das überlegene, harte Verhandlungsgeschick Bismarcks auf dem Hintergrund einer nationalen Einheitsstimmung in der zweiten Novemberwoche Bayerns Geschicke in eine andere Richtung lenkten, als man in Wien wollte. Von diesen Wiener Erwartungen zeugt, neben vielem anderen, die Behandlung des bayerischen Problems in jener aufsehenerregenden Broschüre »Gedanken über die österreichische Politik der Zukunft«, die Beust damals dem preußischen Gesandten zur Lektüre empfahl.[53] Hier wird zwar im übrigen die deutsche Einheit als Fait accompli aufgefaßt und die freundschaftlicheAnnäherung zwischen dem neuen Deutschland und Österreich-Ungarn befürwortet. Bayern jedoch erscheint in einer Sonderstellung zwischen Deutschland und Österreich: »Mit der neuen Stellung aber, die Bayern zum Nordbund einnehmen wird, tritt für dasselbe die Möglichkeit ein, die wechselseitigen Interessen Österreichs und Deutschlands zu fördern und ein Ministerium, dessen Leitung dem langjährigen bayerischen Gesandten in Wien, dem Grafen Bray, anvertraut ist, dürfte seine schönste Wirksamkeit auf diesem Gebiete finden.«

In Wien hält man noch bis tief in den November hinein an der Hoffnung auf eine Sonderstellung Bayerns als »Pufferzone« fest. Aber nun kommt der gesamteKomplex der Beziehungen zwischen Österreich und Preußen-Deutschland in Bewegung. Es zeichnen sich neue Entscheidungen ab. Ihr Zustandekommen ist im Zusammenhang mit der Verfassungskrise Österreich-Ungarns und mit der neuen Dynamik des europäischen Staatensystems zu sehen, die durch die russische Kündigung der Schwarzmeerklauseln von 1856 ausgelöst wird, während der Krieg in Frankreich andauert.

Die innere Krise der Monarchie im Herbst 1870 (August bis November)

Erst zu Ende des vorliegenden Kapitels, das von Österreichs Außenpolitik während des Fortgangs des Krieges in Frankreich handelt, ist zusammenfassend von dem Verlauf der inneren Krise der Monarchie zu berichten. Zwar waren seit Juli ernste Symptome zu verfolgen; schon die Julikrise zeigte die Divergenz der Meinungen. Doch erst im Oktober und November wurde das ganze Ausmaß des Verfassungskonfliktes sichtbar. Der Widerstreit zwischen den am Dualismus und damit am cisleithanischen Zentralismus festhaltenden Deutschliberalen, deren deutsches Bewußtsein durch die Siege in Frankreich gesteigert wurde, und den auf die föderalistische Umgestaltung der Monarchie drängenden Gruppen begann die Grundlagen des Staates zu erschüttern. Der Leser sei im übrigen für den vorliegenden Abschnitt wie für die vorausgehenden und folgenden Darlegungen auf den großen Exkurs vor Kapitel III (Österreichs prodeutscher Weg und seine Biegungen:...) verwiesen, der einen Überblick über die öffentliche Meinung bis zum Dezember 1870 bietet. Der Blick auf die öffentliche Meinung wie die Analyse der Verfassungskrise zeigen für 1870 und erst recht für 1871 die Bedeutung des zentralen Problems, das in der älteren Literatur nicht angemessen herausgearbeitet wurde: der Zusammenstoß der vorandrängenden föderalistischen Kräfte, die eine Revision der Verfassung im Interesse der slawischen Majorität der Donaumonarchie fordern, mit den deutschliberalen »Verfassungstreuen«, die den Kampf für die bestehende, ihnen günstige Verfassung mit einer Verve führen, die aus der Siegesstimmung des deutsch-französischen Krieges und aus dem Miterleben der Reichsgründung kommt. Die Entscheidung in diesem versöhnungslosen Konflikt wird erst nach dem Ende des Krieges, erst im Herbst 1871 fallen. Der Föderalismus wird unterliegen, mit sehr weitgehenden Folgen für die inneren und äußeren Geschicke der Monarchie bis 1918.

Nicht nur die amtliche Stellung Beusts als Leiter der österreichischen Außenpolitik, sondern die Gesamtheit der innenpolitischen Voraussetzungen dieser Außenpolitik wurden im Herbst 1870 durch die Verschärfung der Verfassungskrise Cisleithaniens in Frage gestellt. Während der Krieg in Frankreich trotz der gewaltigen deutschen Siege ohne definitive Entscheidung weiterging, gelang es in Wien nur mit größten Schwierigkeiten und mit einer ständigen Verschärfung der inneren Gegensätze, das erforderliche Minimum verfassungsmäßiger Legalität durchzuführen. Der Kriegsausbruch hatte Cisleithanien ohne parlamentarische Vertretungskörperschaften überrascht.[1] Man brauchte aber den Reichsrat, um zumindest die budgetäre Dekkung der erhöhten Rüstungsausgaben zu sichern. So war am 30. Juli der Reichsrat für Anfang September einberufen worden. Der Kaiser hatte erklärt: »Die ernste Lage, in der sich Europa befindet und die folgenschweren Kämpfe, welche nahe unserer Grenze entfesselt wurden, machen es zu unserer Regentenpflicht, alle Vertretungskörper der unserer Fürsorge anvertrauten Monarchie um uns zu versammeln.«[2] Gleichzeitig wurden die Landtage einberufen, aus deren Mitte ja die Abgeordneten für den Reichsrat zu wählen

waren. Nur für den böhmischen Landtag wurden im August Neuwahlen ver-
anstaltet. Sie ergaben durch den Sieg des förderalistisch eingestellten Feudal-
adels in der Kurie des Großgrundbesitzes eine tschechische Landtagsmehr-
heit im Sinne der staatsrechtlichen »Deklaration« von 1868. Dies bedeutete
eine neuerliche Bekräftigung des schon früher wirksamen parlamentarischen
Bündnisses zwischen dem bohemistisch-staatsrechtlich orientierten Adel und
dem tschechischen Bürgertum. Für die grundsätzliche Kompromißbereitschaft des Kaisers war die konservative und landesföderalistische Einfärbung
der tschechischen Forderungen von außerordentlicher Bedeutung. Andererseits lag gerade in der protschechischen Haltung des mächtigen böhmischen
Adels ein weiteres Konfliktmoment; die Deutschliberalen sahen sich auch als
Vorkämpfer der Freiheit gegen den Feudalismus. Eine liberale Basis einer
deutsch-tschechischen Verständigung erschien nicht möglich. Gerade weil
das föderalistisch-proslawische Programm, das ja auch die anderen Nationalitäten Cisleithaniens betraf, durch die böhmisch-feudale Gruppe (und durch
andere konservative, aristokratische Verästelungen) mit Kaiser und Hof eng
verbunden war, stand es so schlecht um die Chancen einer »bürgerlichen«
Kooperation zwischen Deutschen und Slawen.

Die Mehrheit des böhmischen Landtags weigerte sich, den Reichsrat zu
beschicken. Im Gegensatz zu den Hoffnungen des Ministerpräsidenten Potocki, der für sein Programm einer konservativen, föderalistisch-proslawischen Verfassungsreform die Mitarbeit der tschechischen »Deklaranten«
und Feudalen wünschen mußte, war damit eine weitreichende Obstruktion
eingetreten. Denn auch in anderen Landtagen machte sich jetzt der verschärfte Gegensatz zwischen den zentralistisch eingestellten Deutschliberalen, die sich als »Verfassungstreue« bezeichneten, und den föderalistischen
Gegenkräften in fundamentaler Weise geltend. Die jeweiligen Minoritäten
blieben in einer Reihe von Landtagen dauernd oder vorübergehend fern: In
Linz fehlten die Kerikalen, in Czernowitz die »Verfassungstreuen«, in Brünn
die tschechischen »Deklaranten«, in Zara die Italiener, in Innsbruck ebenso
die Italiener. In Prag übte die deutsche Minorität, die sich gegen das tschechische Verfassungsprogramm wandte, zeitweilig Abstinenz.

In Wien trat am 15. September der Reichsrat zusammen, nachdem alle
Landtage, außer dem Prager, ihre Abgeordneten dorthin entsandt hatten.
Die Thronrede Franz Josephs bedauerte das Fehlen der böhmischen Abgeordneten, deutete aber gleichzeitig im Sinne des Potocki-Programms eine föderalistische Verfassungsreform an. Die internationale Situation wurde nur
rhetorisch gestreift: »Während ein blutiger Kampf über weite Gebiete des
Weltheiles seine verheerenden Wirkungen breitet, erfreut sich dieses Reich
der Segnungen des Friedens, und die äußere Ruhe, welche uns bewahrt geblieben, soll vor allem dazu dienen, den verfassungsmäßigen Einrichtungen
des Staates feste Grundlagen zu sichern.«[3] Die Außenpolitik wie die Fragen

des erhöhten Rüstungsbudgets gehörten ja nicht in die Kompetenz des cisleithanischen Reichsrates beziehungsweise des ungarischen Reichstages, sondern waren dem obersten parlamentarischen Organismus der Monarchie, den Delegationen, vorbehalten. Die Delegationen konnten aber erst zusammentreten, wenn ihre Mitglieder aus den Reihen des Wiener und des Budapester Parlaments gewählt waren. In Wien wartete man noch einige Tage, ob der böhmische Landtag nicht doch noch seine Reichsratsabgeordneten entsenden wolle. Dann aber vertagte sich der Reichsrat, ohne die Wahl zur Delegation vorgenommen zu haben. Die Vertagung, mit sehr knapper Mehrheit von den Deutschliberalen am 27. September durchgesetzt, stand auch schon ganz im Zeichen des Verfassungs- und Nationalitätenkonflikts. Die Deutschliberalen wollten dadurch die Regierung zur Vornahme der verfassungsgemäß vorgesehenen Notwahlen (direkte Wahlen zum Reichsrat) in Böhmen zwingen. Diese Notwahlen sollten dann – bei fortdauernder Abstinenz der Tschechen – die deutschböhmischen Abgeordneten in den Reichsrat bringen und dort dem deutschliberalen Element die starke Majorität sichern.

So lag das Zentrum des Konflikts im September 1870 in Prag. Die Majorität des Landtages, die für Föderalismus, böhmisches Staatsrecht und eine sofortige weitgehende Umgestaltung der Gesamtverfassung der Monarchie plädierte (gleiches Maß an Unabhängigkeit für die Länder der böhmischen Krone wie für Ungarn!), glaubte, in der Verweigerung der Beschickung des Reichsrates ein wirkungsvolles Kampfmittel zu besitzen. Die deutschböhmische Minderheit des Landtages protestierte; zuletzt wurde am 5. Oktober ein Antrag der Deutschen auf Beschickung des Reichsrates von der tschechischen Majorität mit hundertzweiundvierzig gegen dreiundsiebzig Stimmen abgewiesen. In den Prager Landtagsdebatten kam der durch die deutschen Siege und die deutsche Einheitsbewegung noch verschärfte nationale Gegensatz zwischen Deutschen und Tschechen unverhüllt zur Sprache. Der tschechische Parteiführer Ladislaus Rieger wies am 14. September den Protest der Landtagsminorität gegen die tschechisch-föderalistischen Verfassungsforderungen zurück:

»Wir wollen keine Octroyierung..., wir wollen unser Recht... Die Deutschen wollen unsern König [sc. Franz Joseph] zum Vasallen König Wilhelms von Preußen machen, sie glauben an ein Blaublut der Nationen, an ein Vorrecht der Deutschen vor den Slaven. Seien Sie nachgiebig, geben Sie uns unser Selbstbestimmungsrecht zur Ehre, Macht und Freiheit Österreichs.«[4]

In ähnlicher Weise steigerten sich auch die Erregung und der Ton auf deutscher Seite, nicht nur in Böhmen, sondern im ganzen Lande und schließlich auch im Wiener Reichsrat. Dort äußerte in der Vertagungsdebatte Ende September der Wiener Abgeordnete Mayerhofer, keineswegs ein deutschnationaler Heißsporn, unter dem stürmischen Beifall der Galerien: »Will man

wirklich in dem Augenblick, wo Deutschland zu Größe, Macht und Einigkeit
gelangt, uns Deutschen in Österreich als Lohn für unsere Treue Verfassungs-
bruch und Reaktion zu bieten wagen?«[5]
Die Verlegenheit der Krone und der Regierung Potocki wurde noch größer, als auch ein sehr weitgehendes Entgegenkommen an die Forderungen
der Prager Majorität in Form des kaiserlichen Reskriptes vom 29. September
keinen Erfolg hatte.[6] In Prag antwortete man mit verschärften Landtagsbe-
schlüssen und verweigerte nochmals die Beschickung des Reichsrates. Jetzt
wurden durch ein kaiserliches Patent die Notwahlen in Böhmen ausgeschrie-
ben. Der Wahlkampf war entsprechend heftig. Es wurden vierundzwanzig
Deutschböhmen gewählt und dreißig »Deklaranten«, (die selbstverständlich
nicht nach Wien zu gehen bereit waren). Als am 8. November die erste, zwölf-
köpfige Gruppe der deutschböhmischen Direktmandatare im Reichsrat
erschien, konnten dort die Verhandlungen wieder aufgenommen werden.
Zunächst ging es in der Adreßdebatte um die Beantwortung der kaiserlichen
Eröffnungsansprache vom 15. September. Hier kam es alsbald zu heftigen
Grundsatzdiskussionen, die Außenpolitik und Verfassungskrise betrafen.
Die Kritik der deutschliberalen Mehrheit an der Regierung war so scharf
und das Scheitern des Ministeriums Potocki mit seinem Programm
von Ausgleich und Verfassungsreform so offenbar, daß Potocki noch im
November seine Demission einreichte. Die Wahlen zur cisleithanischen
Delegation aus der Mitte des Reichsrates erfolgten im gleichen Sinne; die
Delegation war von den Deutschliberalen beherrscht, stärker, als es
den parlamentarischen Mehrheitsverhältnissen von den Landtagen her entsprach. Die Arbeiten der Delegationen begannen dann am 24. November
in Budapest.
Schon die Adreßdebatten der beiden Häuser des Reichsrates wie erst recht
die politischen Auseinandersetzungen in den Delegationen standen im Zeichen der durch die Gortschakow-Note plötzlich veränderten internationalen
Situation. Davon wird im nächsten Abschnitt zu berichten sein. Was aber die
innenpolitische Gesamtsituation und damit die Voraussetzungen der Außenpolitik der Monarchie betrifft, so sind noch einige bedeutsame Vorgänge
aus den Krisenmonaten September und Oktober nachzutragen.
Die regierungsfeindliche Stimmung in den deutschliberalen Kreisen Cisleithaniens wurde im September weiter verschärft, als die Statthalter von
Schlesien, Mähren und Tirol, die wegen der Vorgänge in Böhmen mit Potocki in Konflikt geraten waren, ihre Entlassung erhielten. Alle drei Beamten
waren Reichsratabgeordnete und wurden der Verfassungspartei zugerech-
net. Ähnlichen Eindruck machte der Rücktritt des liberalen Statthalters von
Salzburg, Fürst Adolf Auersperg, und der Konflikt in der Bukowina, wo Minister Petrino namens der Rumänen Forderungen erhob, denen sich der Lan-
despräsident Myrbach entgegenstellte.[7] Überall schien die Regierung Po-

tocki eine antideutsche, antiliberale Politik zu verfolgen. Dies alles ereignete
sich auf dem Hintergrund der deutschen Siege. Und während – bei unterschiedlicher Bewertung der Bismarckschen Politik – die deutschnationale
Stimmung stieg, versteifte sich die Entschlossenheit des Kaisers, trotz der
bisherigen Mißerfolge das Programm des föderalistischen Ausgleichs mit
oder ohne Potocki energisch weiter zu verfolgen. Die Vorbereitungen zu einer Umgestaltung oder Ablösung des cisleithanischen Ministeriums im Sinne
einer Verschärfung des föderalistischen Kurses und der offenen Konfrontation mit der deutschliberalen Mehrheit des Reichsrates setzten im Oktober
ein.

Die Öffentlichkeit wußte von nichts, aber auch der Reichskanzler Beust
erfuhr nicht das geringste, als seit dem 24. Oktober in einer Reihe von Besprechungen zwischen dem Kaiser und den führenden Köpfen der künftigen
Regierung – dem konservativen Graf Hohenwart und dem Sozialreformer
Professor Albert Schäffle – das Programm eines neuen, ganz außerhalb der
parlamentarischen Mehrheit stehenden Ministeriums festgelegt wurde.[8]
Schließlich wurde die Regierung Hohenwart–Schäffle vom Kaiser erst nach
dem Ende der Delegationssession (und nach der entscheidenden Etappe der
deutsch-österreichischen Annäherung) im Februar 1871 installiert. Aber für
die Bewertung des innenpolitischen Kontextes der außenpolitischen Entscheidungsprozesse der Monarchie ist von folgender grundlegenden Tatsache auszugehen: Während der deutsche Sieg und die deutsche Reichsgründung bereits irreversibel erschienen, zog Franz Joseph aus dem Scheitern des
föderalistisch-proslawischen Kurses des Ministeriums Potocki nicht die
Konsequenz, nun eine deutsch-liberale Mehrheitsregierung zu berufen – das
hat allerdings Beust damals gewünscht! Der Kaiser verfolgte stattdessen hinter dem Rücken seines Reichskanzlers unbeirrbar das entgegengesetzte Ziel.
Er und die zahlenmäßig schwer faßbare, aber einflußreiche »Hofpartei«
wollten einen Umbau der Reichsverfassung im föderalistischen Sinne herbei-
führen, der die aktive Mitarbeit und Integration der slawischen Bevölkerungsmehrheit Cisleithaniens sichern sollte, dafür freilich mit dem erbitter-
ten Widerstand des bisher politisch privilegierten deutschen Bürgertums
rechnen mußte. Die stimmungsmäßige Seite dieser Konfliktsituation vom
Herbst 1870 hat wenige Jahre später, als der proslawisch-föderalistische
Umbau der Monarchie definitiv gescheitert war, der deutsch-liberale Publizist Walter Rogge einprägsam beschrieben: »Und je deutlicher... der
Deutsch-Oesterreicher zu verstehen gab, daß es der Hinblick auf die glorrei-
che Wiedergeburt seines Volkes draußen sei, was ihn unwillig mache, sich
noch länger von interessanten Nationalitäten und struppigen Karyatiden-
häuptern am Barte zausen zu lassen, um so größer wurde der Argwohn, mit
dem man bei Hofe das deutsche Element ansah, weil es hier als Axiom gilt,
daß Kleindeutschland, sobald es fertig ist, doch mit allen Kräften danach

streben muß, durch Erwerbung der ehemaligen Bundesländer wieder Groß-
deutschland zu werden...«[9]

Und Ungarn? Die starke politische Stellung, die Andrássy als Ministerpräsident und Vertrauensmann der herrschenden Déakpartei einnahm, machte
sich – wie schon früher zu sehen war – in Wien desto nachdrücklicher geltend, je zerfahrener die inneren Verhältnisse Cisleithaniens wurden. Immer
wieder wurde Andrássy in diesen Monaten als Nachfolger Beusts genannt,
der zeitweilig weder bei den Deutschliberalen noch bei den konservativ-föderalistischen Gruppen Rückhalt zu finden schien. In Budapest war am 22.
Oktober der ungarische Reichstag zusammengetreten. Hier äußerten sich
auf der Linken Stimmen, die einerseits für eine energische Intervention der
Monarchie zugunsten des republikanischen Frankreich eintraten, andererseits den Ausgleich von 1867 in Frage stellten und das Programm der bloßen
Personalunion und der Bildung einer selbständigen ungarischen Armee vor-
brachten.[10] Andrássy hatte zwar heftige Diskussionen zu bestehen, aber letztlich verlief das Interpellationsgewitter wie ein Sturm im Wasserglas. Vor allem scheint die Eventualität, durch die föderalistischen Bewegungen in Cisleithanien die für Ungarn vorteilhaften Ergebnisse des Ausgleichs bedroht zu
sehen, den Reichstag von einer weiteren Diskussion der Verfassungsfrage
abgeschreckt zu haben. Denn ein Nachgeben gegenüber den »Nationalitäten« westlich der Leitha mußte auch östlich davon die Stellung der Magyaren
gegenüber den Slawen schwächen.

Was aber die von ungarischer Seite in die außenpolitischen Entscheidungen einzubringenden Gesichtspunkte und Interessen anging, so hat sich Andrássy damals im vertrauten Kreise sehr deutlich geäußert.[11] Preußen-
Deutschland – das gilt für ihn als ausgemacht – hat keine Annexionsabsichten
auf die deutschen Provinzen Österreichs. Preußen wird ein gutes Verhältnis
zu Österreich finden, wenn dieses nicht mehr auf eine Rückgewinnung seiner
Stellung in Deutschland hofft. Österreichs Verhalten während des gegenwärtigen Krieges kann Preußen beruhigen. Daraus aber folgt, mit der Richtung
auf Rußland und den Orient, die wichtigste Folgerung des ungarischen Politikers. Das noch nicht saturierte Preußen war in der Vergangenheit auf Rußlands Hilfe angewiesen. Jetzt ist Preußen eine beherrschende Macht, es ist
nicht mehr an Rußland gebunden. Es kann nicht dulden, daß die Donau-
mündungen und die adriatische Küste in die Hände Rußlands oder anderer
slawischer Staaten fallen. »Der Friede ist noch nicht geschlossen und schon
ist es eine unbezweifelbare Tatsache, daß Preußen den Russen im Orient unter keinen Umständen wird Hilfe leisten. Preußen würde jeden, gegen den
russischen Einfluß gerichteten Schritt Österreich-Ungarns im Orient mit voller Ruhe ansehen.« Diese massive Überzeugung der ungarischen Seite, Preußen sei nun ohne weiteres von Rußland zu trennen und für eine antirussische
Balkanpolitik Österreichs zu gewinnen, wird sich später als große Illusion

erweisen. Bis dahin wird Beust jedoch Schwierigkeiten haben, diese ungarische Komponente in den von ihm so mühsam wie noch nie zu steuernden Integrationsprozeß der österreichischen Interessen einzuordnen. Denn Beust scheint diese Illusion der Ungarn, die freilich auch bei den Deutschliberalen weit verbreitet war, nicht im gleichen Maße geteilt zu haben wie Andrássy: Eines ist der ungarische Druck in Richtung einer österreichisch-deutschen Aussöhnung (den der Reichskanzler nun nicht ungern aufnimmt), ein anderes die ungarische Illusion einer raschen antirussischen Wendung Preußen-Deutschlands (die den vorsichtigen diplomatischen Umorientierungsvorgang mit nicht einlösbaren Gewinnberechnungen belasten muß).

Blicken wir zu Ende dieses Kapitels auf den Weg der österreichischen Politik seit dem August 1870 zurück, so wird der Übergangscharakter dieser entscheidungsreichen Monate deutlich. An die Stelle der Hoffnung auf eine Demütigung Preußens (mit erheblichen Gewinnchancen für die Monarchie) war seit dem August das Rechnen mit einer europäischen Konsens- und Interventionspolitik getreten, deren einzelne Komponenten und Etappen (Italien, Rußland, England) verfolgt wurden. Die deutschen Siege in Frankreich gaben den Hintergrund ab sowohl für diese europäische Politik wie für die Entwicklung der Dinge zwischen Österreich und Preußen und zwischen Österreich und Süddeutschland. Parallel dazu und damit zusammenhängend werden die innere Konsistenz der Monarchie und ihre internationale Geltung durch die Verfassungskrise schwer in Mitleidenschaft gezogen. Es beginnt fraglich zu werden, ob Österreich noch damit rechnen kann, daß die Regelung der deutschen Frage im Rahmen eines europäischen Konsenses stattfindet. Aber Ende Oktober/Anfang November scheint es für Wien noch nicht entschieden, daß man angesichts der fundamentalen Veränderung der europäischen Machtverhältnisse (und der inneren Krise) dem Partner Preußen-Deutschland in einer einseitigen Weise entgegenkommen wird, die von den früheren, europäischen Konzeptionen weit wegführt. Immerhin lag das Programm einer einseitigen Verständigung mit Preußen über Süddeutschland und den Prager Frieden – das Programm der »Randglossen zum preußisch-französischen Kriege« – schon seit Anfang Oktober als Alternative vor. Im November und Dezember 1870 entscheidet es sich, wie die Kompromisse aussehen, die Österreich-Ungarn mit dem Sieger schließt, und welche weiteren Perspektiven und Fragen sich daraus ergeben.

Exkurs: Die öffentliche Meinung in Österreich-Ungarn angesichts der Verfassungskämpfe und der Gründung des Deutschen Reiches (September bis Dezember 1870)

Die publizistischen Auseinandersetzungen, die – vor allem seit Sedan – die innenpolitische Krise und die außenpolitische Neuorientierung der Monarchie begleiten, artikulieren und beeinflussen, sind ebenso bemerkenswert wie insgesamt unerforscht.[1] Dem Historiker, der von der Analyse der staatlichen Akten herkommend, in die Lektüre der Zeitungen und der politischen Broschüren eintritt, wird stets von neuem der enge wechselseitige Bezug überraschend deutlich: nicht nur daß die Politiker dieser Zeit in stärkster Weise auf die Presse Einfluß nehmen und ihre Sprachregelungen in der Öffentlichkeit erproben oder sie ihr aufdrängen; auch die Presse selbst antizipiert Meinungen und Formulierungen, die dann, in dieser oder jener Konstellation, positiv oder negativ, den Vorstellungskreis und die Programme der Politiker, bis tief hinein in die Finessen diplomatischer Stilkunst, zu formen und zu wandeln fähig sind. Die enorme Vielfalt der im damaligen Österreich artikulierten Pressemeinungen ist bekannt.[2] Einiges soll aus diesem vielstimmigen Chor herausgegriffen werden, um die Zusammenhänge von innerer Krise und auswärtiger Neuorientierung im Gewoge der öffentlichen Meinung von September bis Dezember 1870 zu verdeutlichen.

Nach Sedan begannen in der österreichischen Presse, zum Teil anknüpfend an die Kommentare deutscher Blätter, ausgedehnte Erörterungen über die Möglichkeiten und Modalitäten eines künftigen Bündnisses zwischen dem neuen Deutschen Bund und Österreich-Ungarn. Ohne die prinzipielle Kritik an den antiliberalen Formen der preußischen Politik und der deutschen Einigung aufzugeben, wurden auch von den Blättern der Linken die Chancen eines solchen Zusammengehens positiv abgewogen. ›Warrens Wochenschrift‹, die noch kurz zuvor entschieden antipreußisch geschrieben hatte, würdigte nun die neuen Perspektiven[3]: »Man darf ohne Übertreibung sagen, daß eine ehrliche und genügende Übereinkunft, welche zwischen Preußen und Österreich getroffen würde, hinreichen kann, um den europäischen Frieden während fünfzig, ja während hundert Jahren zu garantieren... Wir gehören zu Denen, welche oft die preußische Politik wegen ihrer Gewaltsamkeit ange-

klagt haben und welche nicht gewillt sind, Abbitte zu leisten, weil dieselbe zu
großen Erfolgen geführt hat.« Aber wenn eine Allianz mit dem Hause Hohenzollern Österreichs Interessen dient, soll sie nicht abgewiesen werden. Allerdings, im Falle der Tauffkirchenschen Mission 1867 habe Preußen nur ein
»unbilliges« Bündnis, ohne Gegenleistung, angeboten. Heute sei es klar, daß
Preußen ebenso wie Österreich an der Fernhaltung Rußlands von Konstantinopel interessiert sein müsse...

Die ›Neue Freie Presse‹, die in ihrer Berichterstattung über die Versammlung des Deutschen Vereins in Wien am 8. September die programmatische
Verbindung von Innen- und Außenpolitik betont hatte (»nach Innen freiheitliche Entwicklung der Verfassung... nach Außen Anschluß an Deutschland«)[4], setzte sich wenige Tage später mit einem Artikel der ›Spenerschen
Zeitung‹ auseinander, die gemäß Bismarcks zweigleisiger Politik die deutschen Sympathien Österreichs lobte, aber Beust angriff.[5] In einer sehr pointierten und über die Tatsachen hinausgehenden Weise werden Beusts deutsche Gesinnung und sein Verdienst gerühmt, in der Julikrise den »österreichischen Chauvinisten, die eine französische Allianz wider Preußen zum
Feldgeschrei erhoben«, erfolgreich widerstanden zu haben. Weiterhin greift
die ›Neue Freie Presse‹ die preußische Kampagne gegen Beust auf.[6] Sie sieht
in ihr ein bedenkliches Symptom der antiliberalen Politik, die von Preußen
nach dem Siege in Deutschland und Europa zu erwarten ist und apostro-
phiert ironisch die Sprache der preußischen Regierungsblätter: »Preußen
denke nicht daran, Oesterreich irgend Nachtheil zufügen zu wollen, vorausgesetzt, daß letzteres nicht nur die preußische Oberherrschaft über das gesammte übrige Deutschland freudig begrüße, sondern auch – hauptsächlich
– seine Bemühungen mit denen des Berliner Hofes vereinige, um den Fortschritten des liberalen und demokratischen Elementes in Europa entgegenzutreten... So klingen bereits in der Ferne die ersten Accorde der politischen
Ouvertüre.« Das linksliberale Blatt bleibt Preußen gegenüber reserviert. Es
betont zwar entschieden die deutsche Nationalität der Deutschösterreicher,
die durch den Prager Frieden nicht verändert, vielmehr »in dem vierjährigen
Kampf gegen das Slaventhum und die föderalistischen Experimente... in ihrem Bewußtsein erstarkt« seien.[7] Doch angesichts der nunmehr als abweisend bezeichneten Haltung Preußens soll Österreich gelassen warten: »Die
Stunde, in welcher Deutschland Österreichs Mithilfe brauchen und darum
gerne annehmen wird, liegt noch im Schoß einer vielleicht nicht fernen Zukunft... Bis zu dem Tage, da die orientalische Frage Oesterreich und
Deutschland zusammenführt, verlangen wir Deutsch-Oesterreicher keine
andere Verbindung mit Deutschland als jene, die in unserer Abkunft, in unserer Sprache und Sitte liegt.«

Die Reserve der ›Neuen Freien Presse‹ gegenüber Preußen-Deutschland
blieb bestehen, obwohl die erbitterte Gegnerschaft der Zeitung gegen die

proslawisch-föderalistischen Verfassungspläne zunehmend auf die Verbindung mit Deutschland hinwies[8]: »Die Czechen bedrohen jede Verbindung mit Deutschland und suchen uns dadurch von der Quelle aller unserer Kraft abzuschließen. Ist es nicht die natürliche Konsequenz der Selbstvertheidigung, daß wir uns in Freundschaft Deutschland, unserer Nährmutter in der Cultur, nähern?« Das anhaltende Mißtrauen gegen Preußen wurde ebenso mit dem Blick auf die Bindung Berlins an Rußland wie auf die antiliberale Form der deutschen Einigung begründet. Die russische Bindung wird allerdings als eine auflösbare und aufzulösende bezeichnet; die kommende Abwendung Preußens von Rußland und seine Zuwendung zu Österreich erscheinen der Zeitung als zwangsläufig; im Interesse Deutschlands muß Preußen als Sicherung gegen Frankreich Elsaß-Lothringen annektieren.[9] Angesichts des guten Verhältnisses von Rußland zu Frankreich ist damit »für Jeden, der politisch zu denken versteht, das künftige Zerwürfniß mit Rußland gegeben«. Daraus wird die neue Konstellation der europäischen Politik folgen, die den österreichischen Interessen im Osten entspricht: »Es ist klar, daß Deutschland das Ziel einer wahrhaften Consolidirung des europäischen Friedens und der Beruhigung der Welt erst an dem Tage erreichen wird, an welchem es sich jeder Rücksicht gegen Rußland entschlagen haben wird, was unserer Ansicht nur möglich ist, wenn die Politik des neuen deutschen Bundes Hand in Hand mit Österreich geht... Wenn Deutschland will und hierin sich mit einer die Verhältnisse vorurtheilsfrei ins Auge fassenden österreichischen Politik ins Einvernehmen setzt, so gibt es keine orientalische Frage mehr.« Die gleiche Perspektive wird noch gegen Ende des Jahres nach den ersten deutlichen Symptomen der Annäherung zwischen Berlin und Wien verschärft und auch innerpolitisch warnend vorgetragen:[10] »So lange die preußisch-deutsche Politik russische Zwecke im Orient fördert und durch ihre Intimität mit Petersburg indirect die österreichischen Slaven zur Auflehnung ermuthigt, so lange bleibt sie eine Gefahr für uns, die durch keine wohlwollende Phrase hinweggeredet werden kann. Gute Beziehungen zwischen Österreich-Ungarn und dem neuen deutschen Reiche haben also zu ihrer nothwendigen Voraussetzung eine Umkehr der preußisch-deutschen Politik.«
Die antirussische »Umkehr« Deutschlands erschien möglich, ja voraussehbar. Wie aber stand es mit dem antiliberalen Charakter der Reichsgründung, den die ›Neue Freie Presse‹, an den schwarzrotgoldenen Ideen von 1848 unverbrüchlich festhaltend, so scharf kritisierte? Bei gleichbleibender Einstellung gegen Bismarck und das preußische System schwanken der Ton und die Argumentation zwischen fast verzweifelter Warnung, bitterer Anklage und Resignation. Aus Anlaß der Einberufung des Norddeutschen Reichstages zieht die Zeitung Mitte Oktober eine Zwischenbilanz[11]: »Wenn wir das alles überdenken, was man uns meldet, von den Geschäftsreisen Del-

brück's, von den gewundenen Erklärungen des würtemberg'schen Staatsanzeiger, von den Ambitionen der Berliner Junker, von der Gefangenhaltung Jacoby's[12], von den Maßregelungen in Hannover und Ostpreußen... und wir halten das zusammen mit dem Hoffen und der Begeisterung des Volkes, welches sich einen freien Staat zu erkämpfen glaubte: dann stoßen wir auf ein unentwirrbares chaotisches Durcheinander von erhabenen Principien und philiströser Kleinlichkeit, von Errungenschaften ohne alle Garantien, von stolzen Hoffnungen und junkerhafter Ironie, von freiestem Bewußtsein und brutalen Thatsachen, von großen Worten und ohnmächtiger Politik. Und aus allem heraus sehen wir nur zahllose Leichen, niedergebrannte Städte und hören nur Eine Stimme: die des absoluten königlichen Willens... Es scheint, daß die Errichtung des freien Staates nicht oder noch nicht Sorge der deutschen Staatsmänner ist... Wenn je der Moment da war, um die Freiheit grundsätzlich für ganz Deutschland sicher zu stellen, so ist es der einzige, damit Deutschland nicht *eine* Kaserne werde.« Dann wird die deutsche Reichsverfassung vom Dezember 1848, die »im Gesetz zur Ruhe gelangte Revolution, wie alle vom Volke gegebene Verfassung in allen freien Staaten«, als Vorbild der jetzigen Einigung charakterisiert. Sie, und nicht die reaktionäre Nordbundverfassung enthält die wertvollsten Errungenschaften deutscher Freiheit. Sie »ist gemacht von der Blüthe der Nation, in langer, gründlicher Denkarbeit. Ein Titan, hat sich das deutsche Volk erhoben und schritt als Sieger bis vor die Mauern von Paris. Soll es über das ›innere Düppel‹ stolpern, im Kampfe mit dem einheimischen Absolutismus fallen?«

Anders, halb auf Resignation und halb auf gedämpfte Anerkennung und Zukunftshoffnung, ist der Kommentar gestimmt, den die Zeitung im Dezember, nach dem Beitritt des Südens, dem Kaiserbrief des bayerischen Königs widmet[13]: »Die Art, wie sich die Einigung Deutschlands jetzt vollzieht, ist freilich nicht jene, die wir gewünscht und herbeigesehnt haben. Wir dachten uns das große Werk anders, wir hofften eine freie Föderation aller deutschen Stämme, nicht eine bloße Wiederbelebung des alten deutschen Reiches mit strafferer Centralgewalt... Es ist begreiflich, daß das deutsche Volk nach dem Erreichbaren hascht und sich mit diesem vorläufig zufriedengibt. Der Zustand, den ihm die neue Bundesverfassung bietet, ist keine Verwirklichung seiner Ideale, aber er ist eine Etappe auf dem Wege zu dieser.« Die Reichsgründung und das neue Kaisertum sind nicht die Ergebnisse dynastischer Absichten und der Bismarckschen Politik: »Der gewaltige Aufschwung der Nation, die ihre Kraft wiedergefunden, reißt den Hof und das Cabinet von Berlin mit sich fort.« Dem neuen Kaisertum wird eine friedliche Zukunft vorausgesagt: »Das neue deutsche Kaiserthum wird nur furchtbar für diejenigen sein, die verwegen genug sein sollten, es anzugreifen, im Übrigen wird es eine friedliche Politik befolgen, welche dem deutschen Charakter entspricht.« Im historischen Rückblick wird die Wanderung der alten Kaiser-

krone von Karl dem Großen über die Habsburger zu Wilhelm verfolgt: »An
dieser Krone haftet ein Zauber. Sie bleibt nur dem Geschlechte, das sie zum
Heile des deutschen Volkes trägt.«

Doch schon eine Woche später, nachdem der norddeutsche Reichstag die
Verträge mit den Südstaaten ratifiziert hat, bricht wieder die bitterste Kritik
an der neuen Reichsverfassung und dem politischen Werk Bismarcks
durch.[14] In einschneidender und – wie der heutige Betrachter sagen muß –
hellsichtiger Weise wirft die Wiener Zeitung dem letzten norddeutschen
Reichstag das Verderben der deutschen Zukunft vor:

»Dieser norddeutsche Reichstag… hat jetzt schon die Reaction zur Seele
der deutschen Einheit gemacht; er hat das Preß- und Vereinswesen auch in
den Staaten, in welchen es in liberalerem Sinne organisirt war, unter die bekannte stramme preußische Zucht gestellt und durch das den im Bundesrathe
ausschließlich vertretenen dynastischen Interessen zugestandene absolute
Veto jede diesen Interessen nicht entsprechende Verfassungsreform entweder unmöglich oder nur durch einen Bürgerkrieg möglich gemacht. Für dieses Vermächtniß, das dem geeinigten Deutschland zunächst eine Ära der un-
fruchtbarsten und undankbarsten parlamentarischen Kämpfe eröffnet und
fernerhin auch jede sociale und politische Verbesserung der inneren Zustände nur von dem guten Willen und der Gnade seiner regierenden Häuser
abhängig macht, mag sich das Volk, wenn es wieder Zeit hat, an seine innern
Angelegenheiten zu denken, bei der unter Bismarcks Hammer zusammenge-
schweißten Coalition der Conservativen und Nationalliberalen bedan-
ken.«

Der Krieg hat die Einheit geschaffen; weiterhin geht es nur darum, »ob,
wie es die Fürsten wollen, die Einheit ohne Freiheit, oder, wie es die Mehrzahl
des deutschen Volkes will, die Einheit mit Freiheit geschaffen werden soll«.
Wie dieser Umschwung doch noch zustandekommen soll, weiß der Artikel
freilich nicht zu sagen. Emphatisch erschallt die Warnung, daß »die Nation
nicht aus dem Kriegslager unmittelbar in das für den beschränkten Unter-
thanenverstand erbaute Zellengefängniß wieder einrücken soll«. Vielleicht
kann ein baldiger Friedensschluß einen besseren Weg weisen, auch für die internationale Stellung des neuen Reiches. Und so steht am Schluß die Frage,
»ob es noch nicht genug sei des grausamen Waffenspiels, ob es das höchste
nationale Ziel, die höchste nationale Ehre sei, daß das deutsche Kaiserreich
hinaustrete in eine unberechenbare Zukunft mit dem finsteren Tyrannen-
spruch auf seinem Wappenschild: ›Oderint dum metuant‹… Es kommt die
Weihnachtszeit heran, wo Friede sein soll allen Menschen, die da guten Willens sind. Was wird der Christbaum, der in einem Leichenfelde wurzelt und
einen Reichsapfel auf dem Wipfel trägt, bringen dieses Jahr? Bis jetzt sieht
man nur Verlustlisten und Steuerzettel für das Volk und Kronen und Orden
für seine Herren.«

Die Sensibilität der österreichischen Linksliberalen gegenüber den politischen und sozialen Entscheidungsprozessen des neuen Reiches ist das eine. Das andere ist ihre sterile Abwehrstellung gegenüber den eigenen Nationalitätsproblemen, wobei freilich zu bedenken ist, wie ihr Immobilismus in der Verfassungsfrage in doppelter Weise mit dieser Form der Reichsgründung zusammenhängt: gesteigertes deutsches Nationalgefühl *und* Furcht vor der von Deutschland auf Österreich übergreifenden Reaktion! Das Problem der deutsch-österreichischen Annäherung erscheint dagegen sekundär; im Prinzip gilt es als durch die à la longue erwartete Option Deutschlands für die Donaumonarchie gegen Rußland entschieden.

Wendiger und gelehriger den Zeitereignissen gegenüber zeigten sich die liberalen Blätter, die, ähnlich wie ›Warrens Wochenschrift‹, mit der Regierung in engem Kontakt standen: die ›Presse‹ und das ›Fremdenblatt‹, das in besonderer Weise als Beusts Sprachrohr galt. In beiden Fällen können wir mit Deutlichkeit die Etappen des »Stimmungswandels« zwischen Österreich und Preußen verfolgen. Einige Zitate müssen genügen, um diesen Weg vom September bis zum Dezember zu skizzieren. Im September wird in freundlicher Weise das beiderseitige Interesse an einer Annäherung kommentiert und bestätigt. Von Anfang an stellt sich dabei das Problem eines österreichischen Verzichtes auf den Prager Frieden (Selbständigkeit Süddeutschlands) und, damit aufs engste verbunden, die Frage der preußischen »Gegenleistung«. Die Antwort fällt nicht schwer. Der Verzicht auf den Prager Frieden ist selbstverständlich, dafür soll Deutschland Österreichs Orientinteressen unterstützen, die von Rußland bedroht sind.[15] »Rußland finden wir auf unserm Wege nach Osten... Hier begegnen und kreuzen sich Interessen, hier... kann Preußen zeigen, ob es ihm Ernst ist mit einer Annäherung an Österreich, hier liegt der Keim sogar eines engeren Bündnisses. Für Österreich-Ungarn hat die orientalische Frage allerdings die größere Bedeutung; aber nicht minder wichtig ist sie für Deutschland, das die Herrschaft Rußlands am Bosporus nicht zugeben kann. Für das Zugeständniß der Anerkennung des neuen Deutschlands, dafür, daß wir die alten Verträge umstoßen lassen und neue anerkennen, biete man uns ein Äquivalent: Sicherheit im Osten.«
Weiterhin wird im Verlauf des Septembers die »gemeinsame Mission gegen den Panslawismus« betont und insgesamt die Identität der Interessen eines geeinigten Deutschlands und Österreichs gegenüber Rußland behauptet: »Dies ist der Punkt, wo die deutschen und die österreichischen Interessen sich decken. Das geeinigte Deutschland und das gekräftigte Österreich in innigem Bunde sind stark genug, dem Weltheile den Frieden dauernd zu erhalten und jede Gefahr, die der Ruhe Europas droht, zu beschwören.«[16] Mit dieser Argumentation verbindet sich, gleichfalls im Fremdenblatt, aufs engste die innenpolitische Perspektive. Die Auseinandersetzung mit den Tschechen wird

optimistisch im deutschliberalen Sinne kommentiert:[17] »Die Besorgnisse vor
dem Hereinbrechen einer heillosen Reaktion teilen wir nicht... kein Staatsmann ist verblendet genug, das deutsche Element in Österreich zu schädigen,
während die deutschen Stammesgenossen außerhalb Österreichs durch ihre
Thaten der ganzen Welt Bewunderung einflößen. Schon die Nothwendigkeit, ein freundschaftliches Verhältniß zu dem geeinigten Deutschland anzu-
bahnen, schon die Rücksicht auf die nationalen Gefühle des befreundeten
Volkes machen es unmöglich, das Recht der Deutsch-Österreicher zu ver-
kümmern, und nur ein Todfeind der Monarchie könnte den Rath erteilen, die
Deutsch-Österreicher zu Schmerzenskindern zu machen, deren Nothschrei
nur zu bald Erhörung fände.«

Im Laufe des Oktober wird die Bereitschaft zum Verzicht auf den Prager
Frieden und zu einem Eingehen auf die in der deutschen Öffentlichkeit erörterten Avancen Bismarcks fortgesetzt wiederholt. Angesichts der sich verschärfenden Verfassungskrise plädiert die ›Presse‹ nachdrücklich für das
Verbleiben von Beust, der nunmehr als Exponent der Deutschliberalen be-
lobt wird. Das übereinstimmende Interesse der Deutsch-Österreicher, Polen
und Ungarn an einer gemeinsamen Politik des Zusammengehens mit
Deutschland wird betont (wobei über die tschechische Opposition kein Wort
fällt):[18] »Den Gefahren vorzubeugen, die aus der Gestaltung der Dinge im
Orient Österreich erwachsen könnten, das ist die vorzüglichste Aufgabe der
österreichischen Staatsmänner. Sie erfordert die vollständige Aktionsfreiheit
der Monarchie, die ihrerseits freundschaftliche Beziehungen zu Deutschland
voraussetzt, weil ein von Deutschland in Schach gehaltenes Österreich lahmgelegt, zu jeder kräftigen Aktion unfähig wäre. Da nun die nationale Existenz
der Polen und Ungarn von der ersprießlichen Lösung der orientalischen
Frage abhängt, so ist es ihr Interesse, auf die Herstellung guter Beziehungen
zu Deutschland hinzuwirken.«

Allerdings, die Beobachtung der Bismarckschen Verfahrensweisen mit den
Süddeutschen, das Ausbleiben der erwarteten preußischen Sondierungen
und die in der letzten Oktoberwoche einsetzende rüde Pressekampagne der
norddeutschen Regierungsblätter[19] verschlechterten nun das Klima. In der
innerösterreichischen Berichterstattung über prodeutsche Veranstaltungen
und Resolutionen wurde die freundliche Linie zwar weitergeführt, aber in
der Auseinandersetzung mit der preußischen Politik machten sich nun Unsicherheit, Mißtrauen und Zurückhaltung geltend. Am 1. November kommentiert das ›Fremdenblatt‹ die neue Situation, die mit der Kapitulation von
Metz in Verbindung gebracht wird:

»War das ein Kosen und Schmeicheln in den preußischen Blättern aller
Farben und Schattirungen während der letzten Monate, weil wir Oestrei-
cher Gewehr bei Fuß, oder eigentlich ohne Gewehr, dem Riesenkampfe im
Westen zusahen. Die Herren jenseits der schwarz-weißen Grenzpfähle hatten

uns zum Fressen lieb und versicherten uns, wenn nur erst wieder der Frieden in's Land käme und Deutschland unter Einen Hut gebracht sei, daß dann nichts mehr die ›gute Nachbarschaft‹ zwischen Deutschland und Oesterreich stören könne. Und heute droht uns ein großes einflußreiches Blatt, welches nördlich des Main erscheint und vor nicht langer Zeit ein ›Hoch Oester- reich!‹ ausgebracht hat, daß, wenn wir uns vielleicht beikommen ließen, aus dem Prager Frieden uns das Recht anzumaßen, in die Einigung Nord- und Süddeutschlands einzugreifen, die siegreichen Preußen den Weg vor die Thore Wiens wohl zum zweitenmal zu finden wissen würden. – Ist das ein Umschlag der Stimmung und des Tones? Offenbar hat das Bazaine mit seiner Übergabe gethan. Jetzt, nach der Katastrophe von Metz, glaubt man unsere strikte Neutralität gering schätzen zu dürfen. Was wird erst geschehen, wenn das schwarz-weiße Königsbanner auf den Tuilerien weht?«

Zwar werden weiter die Möglichkeiten und Vorteile eines Zusammenge- hens mit Deutschland im antirussischen Sinne besprochen; der Verzicht auf den Prager Frieden zugunsten des neuen Deutschlands erscheint nach wie vor ausgemacht. Aber man fragt sich, wieso Preußen denn nicht endlich an Österreich herantrete[20]: »Man verlangt etwas von uns; es begreift sich, daß man uns etwas bieten muß. Dienst um Gegendienst, und dann ›Treue um Treue‹. Man pactire mit uns, wie eine Großmacht mit einer andern. Nun ist bis jetzt noch nirgends eine Andeutung darüber gewesen, was Preußen uns gewähren will. Und doch sollte es ihm so sehr wie irgend Jemand klar sein, daß ein enger geschürztes Verhältnis zwischen Österreich und Deutschland die einzige Bürgschaft des Friedens, daß ein solches Verhältnis allein den neuerworbenen Besitzstand und die Constituirung Deutschlands zu garanti- ren im Stande ist. Nie lag eine Sache einfacher als diese, und wir wollen nicht annehmen, daß menschliche Leidenschaft sie künstlich verwirren und ver- schieben werde.«

Der November brachte mit der Gortschakownote und der Frage nach ei- nem durch Rußlands Vorgehen für England und Österreich gegebenen Casus belli neue Unruhe und Verwirrung in die publizistischen Auseinandersetzun- gen der regierungsnahen Blätter. Das ›Fremdenblatt‹ nahm die Thronrede König Wilhelms im norddeutschen Reichstag als ein Alarmzeichen für die Zukunft Europas: »Es ist eine wahrhaft trostlose Zukunft, welcher Europa entgegengeht, wenn die in der norddeutschen Thronrede ausgesprochene Ansicht, daß ein dauernder Friede zwischen Deutschland und Frankreich nach den Ereignissen dieses Jahres nicht zu erwarten sei, thatsächlich be- gründet ist.« Permanente Kriegsbereitschaft würde die Folge sein, Frank- reich wird neue Allianzen suchen. Deutliche Warnungen richten sich nun an die deutsche Adresse:[21] »Wenn das siegreiche Deutschland es unterläßt, un- zweideutige Beweise seiner Friedensliebe zu geben, und diejenigen Mächte, die sich nach der Natur der Sache zunächst bedroht fühlen müssen, zu beruhigen, so wird es eine Situation schaffen, welche die Bemühungen Frankreichs, sich durch Allianzen für einen neuen Angriff gegen Deutschland zu stärken, wesentlich fördern wird.« Vor allem hat Österreich einen Anspruch darauf, von Preußen-Deutschland ein friedliches Entgegenkommen zu erwarten. Das jüngste Vorgehen Rußlands macht Deutschland der Komplizenschaft mit dessen aggressiven Absichten verdächtig.»Es liegt geradezu im Interesse Deutschlands, durch eine entschiedene Kundgebung die Solidarität mit Rußland abzulehnen… Es ist somit die günstige Gelegenheit geboten, zu den durch Rußland bedrohten europäischen Staaten jene freundschaftlichen Beziehungen herzustellen, welche Preußen sich so wenig angelegen sein ließ, deren Mangel aber die Quelle permanenter Unsicherheit und Beunruhigung ist.« Das war nun schon eine sehr deutliche Sprache, gestützt auf jene neue Solidarität mit England, Frankreich, Italien und der Türkei, die man österreichischerseits als Folge der »russischen Bombe« entstehen sah.

Der Kaiserbrief Ludwigs II. wird am 7. und 10. Dezember von der ›Presse‹ und dem ›Fremdenblatt‹ in ähnlicher Weise besprochen.[22] Die Presse kommentiert mit beherrschter Resignation: »Die Überlieferung ist abgebrochen, das heilige römische Reich deutscher Nation ist längst begraben; die neue deutsche Kaiserkrone sucht sich ihr eigenes historisches Reich zu schaffen. Neidlos, ohne Haß sehen wir dem merkwürdigen Schauspiele zu und hegen den aufrichtigen Wunsch, daß die Deutschen unter jenem Zeichen einer glücklichen Zukunft entgegengehen mögen.« Das ›Fremdenblatt‹ äußert immerhin einige Kritik an der Konstruktion des neuen Kaiserreiches und stellt ihm die »vielverheißende Blüte des Fürstentages von 1863« gegenüber, die vom rauhen Nordwind abgeschüttelt wurde. »Dieses Deutschland, welches sich aus den Berathungen des Frankfurter Fürstentages aufgebaut hätte, wäre nicht die Fleischwerdung des Militarismus, nicht die despotische Oberherrlichkeit eines glücklichen Kriegers, nicht der anwachsende Steuerdruck zum Besten eines zahllosen Heeres gewesen, sondern der freie und gleichberechtigte Bund der Freien und Gleichen zum Schutz und Trutz gegen äußere Gefahren.« Für Österreich gehe es für jetzt nur um die Frage, ob dieses Deutschland eine Gefahr für die Existenz oder Machtstellung der Monarchie sei. Diese Frage könne nur durch die künftige Politik Deutschlands beantwortet werden. »Es hängt nur von der Gestaltung der deutschen Bundespolitik ab, zu Österreich jene günstigen Beziehungen herzustellen, welche diesseits gewünscht werden und welche so wesentlich dazu beitragen würden, den europäischen Frieden zu sichern.«

Dies war nun doch unüberhörbar die Fortsetzung der im September, allerdings noch unter anderen Umständen und mit höheren Erwartungen, eingeschlagenen Linie. Und über weitere Verschärfungen der folgenden Tage hinweg – »Preußen wird die Welt beherrschen wollen und endlich, wie der erste Napoleon, die Welt in Waffen sich gegenübersehen, und ebenso rasch fallen, als es gestiegen ist«[23] – kam seit dem 22./23. Dezember jene entscheidende publizistische Wendung, die trotz allem weitergrollenden Mißtrauen dem tatsächlichen Vorgang der diplomatischen Annäherung beider Staaten Rechnung zu tragen begann. Der Umschwung kam gewissermaßen über Nacht, anscheinend nicht in erster Linie durch Hinweise aus Beusts Presseleitung, sondern durch einen programmatischen Artikel der preußischen ›Provinzial-Correspondenz‹, die überall als Sprachrohr Bismarcks galt. Dieser Berliner Artikel vom 21. Dezember, der sofort allseits nachgedruckt und kommentiert wurde, gab in Übereinstimmung mit der schon Mitte Dezember vollzogenen Wendung der preußischen Diplomatie das neue »mot d'ordre«: Freundschaft, Interessengemeinschaft, Handreichung, Vertrauen zwischen Deutschland und Österreich.[24] Sowohl die ›Presse‹ wie das ›Fremdenblatt‹ registrierten diese Kundgebung mit größter Aufmerksamkeit, freundlichem Entgegenkommen, aber nicht ohne Vorbehalte. Sofort trat wieder das als gemeinsam erklärte Interesse an der orientalischen Frage hervor.[25] Das ›Fremdenblatt‹ schreibt: »Dem oft Getäuschten muß man es verzeihen, wenn er vorsichtig, ja selbst mißtrauisch wird... So würde Rußland, das sich in jüngster Zeit in den Vordergrund der Schaubühne gedrängt hat, angesichts dieser Thatsache sofort wieder zurücktreten und darauf verzichten müssen, die orientalische Frage gegen die Interessen Österreichs, die mit jenen Deutschlands fast zusammenfallen, einseitig zu lösen.«

Zwar wird der milde Frühlingshauch betont, der das Eis nun schmelzen lasse. Aber die Vorsicht bleibt, und die Bedingungen einer kommenden Allianz werden mit Schärfe formuliert[26]: In der orientalischen Frage »kann aber Deutschland nur *entweder* mit Rußland *oder* mit Österreich, keineswegs mit Beiden zugleich gehen. Die Erneuerung der heiligen Allianz ist weder zeitgemäß, noch entspricht sie den Interessen Österreichs... Einen lauwarmen Bundesgenossen, der unsere Aktionsfreiheit beeinträchtigt, ohne unbedingt verläßlich zu sein, kann die Monarchie nicht brauchen.« Die Monarchie hat keine Ursache, »die dargebotene Hand zurückzustoßen, wenn nur eine entsprechende Frontveränderung der deutschen Politik ihr die Gewißheit bietet, daß für Österreich aus der Freundschaft mit Deutschland nicht blos Pflichten, sondern auch Rechte, nicht blos Nachtheile, sondern auch Vortheile entspringen werden«.

Die ›Presse‹ geht einen Schritt weiter. Sie bezieht sich gleichzeitig auf die eben bekanntgewordene Bismarcksche Note vom 14. Dezember und sieht daher in der preußischen Kundgebung bereits einen Erfolg Österreichs, der nicht mehr in Frage zu stellen ist:[27] »Daß es keinen österreichischen Staatsmann gibt, der diese Hand, nachdem sie einmal dargeboten ist, zurückweist, davon sind wir überzeugt.« Und vor allem wird nun die positive innenpolitische Komponente der deutsch-österreichischen Annäherung hervorgehoben; die Annäherung wird »auch auf die Consolidirung im Innern eine mäch-

tige und heilsame Rückwirkung ausüben. Ohne Übertreibung kann man
sagen, daß diese Wendung bei den Deutsch-Österreichern, deren Stellung in
Cisleithanien sie beträchtlich heben und erleichtern muß, nur Genugthuung
hervorrufen kann. Aber selbst der gemäßigtere Theil der slavischen Bevölkerung wird aus dem jüngsten Act der russischen Politik genug gelernt haben,
um zu begreifen, daß die Errichtung einer festen Mauer gegen weitere Expan-
sionsgelüste des nordischen Colosses auch allen jenen kleinen Stämmen
zugute kommt, die nicht Lust haben, sich zu einem panslavistischen Brei zer-
stampfen zu lassen. In Ungarn endlich wird Niemand bereitwilliger sein, diesem Erfolge unserer Politik Beifall zu spenden, als Graf Andrássy. ... Kann
das widererstandene [deutsche] Kaiserreich keine Neigung haben, die Donau
wieder in einen russischen Strom zu verwandeln, so muß Ungarn begreifen,
daß es die Mission, die es sich im Orient vindicirt, nur im Anschlusse an das
deutsche Element zu lösen vermag.« So blicken die der Reichskanzlei nahestehenden deutschliberalen Blätter zu Ende des Jahres 1870 wieder zuver-
sichtlicher in eine Zukunft, von der die Bekräftigung und Erprobung des
deutsch-österreichischen Zusammengehens erhofft werden, mit einer entsprechenden Sicherung der privilegierten Stellung des deutschen Elements in
Cisleithanien und in der Gesamtmonarchie.

Wesentlich anders verhalten sich zu den Entwicklungen dieser Monate die
Blätter der föderalistischen Gruppen, die über die Regierung Potocki hinaus
nun die entscheidende Etappe im Ringen um die landesföderalistische, proslawische Umgestaltung der Reichsverfassung gekommen sehen und von da
aus die Fragen der europäischen Stellung der Monarchie beurteilen. Die Stellungnahmen dieser Gruppen sind in sich stark differenziert (deutsche Klerikale, liberale »Autonomisten«, Polen, Slowenen, Rumänen, Italiener, Serben
in Ungarn und Kroatien, Kroaten, Tschechen mit Einschluß des bohemi-
stisch-feudalen Adels). Wir verfolgen sie an zwei Beispielen. Das Wiener
Blatt der Klerikalen ›Das Vaterland‹ und dann die deutschsprachige Tages-
zeitung der tschechischen staatsrechtlichen Opposition ›Politik‹ sollen zu
Wort kommen. Beide Zeitungen waren sich durchgehend einig in der Opposition gegen Beust und im Kampf gegen den deutschliberalen Zentralismus.
Aber die Unterschiede ihrer Positionen sind doch so erheblich, daß eine syn-
chrone Behandlung, wie bei der ›Presse‹ und dem ›Fremdenblatt‹, nicht
zweckmäßig wäre.

Im September werden die »zudringlichen Lockrufe« der Spenerschen Zeitung und anderer deutscher Zeitungen im ›Vaterland‹ skeptisch besprochen:
»Wenn die Stimmung in den maßgebenden preußischen Regierungskreisen
diesen officiösen Äußerungen entspricht, dann mag man sich hier nur so
schnell als möglich die Einbildung einer von Preußen gesuchten und durch
Vortheile zu bezahlenden Verständigung aus dem Kopfe schlagen.«[28] Im

gleichen Atemzug wird die Stellung Bismarcks zu Österreichs Innenpolitik und zu Beust besprochen. Die deutschliberalen Hoffnungen, Bismarck werde, »wenn es ihm schon nicht gelinge, in Österreich ein Reactionsministerium zu etabliren«, doch geneigt sein, die Annäherung auch mit Beust als Reichskanzler zu suchen, weist das ›Vaterland‹ als Illusion zurück. Im übrigen ist die Tendenz auf einen Sturz Beusts hin ganz unverhüllt. Von Beusts Nachfolger – man wünscht sich den altkonservativen Graf Anton Szécsen und nicht Andrássy – wird eine verbesserte Stellung zu Preußen erwartet: »Und es liegt wenigstens Grund genug vor, unserer auswärtigen Politik eine andere Leitung zu wünschen als die jetzige, die alte Gegner nicht versöhnt, sondern uns nur noch mehr entfremdet und dafür höchstens so zweifelhafte Freunde erworben hat, wie das revolutionirte Italien und das napoleonische Kaiserthum.«[29] Beust wird Mitschuld am Ausbruch des deutsch-französischen Krieges vorgeworfen (Napoleon hoffte auf Österreich, Beust unterließ die Intervention in Süddeutschland: Erst dadurch wurde der Krieg zu einem »deutschen«).[30] Alle echten Österreicher hassen Beust und betrachten ihn als Unheil des Staates. Die Deutschliberalen, die in jüngster Zeit, wie das ›Vaterland‹ zugestehen muß, wieder mehr zu Beust halten, werden als schlechte Patrioten und quantité negligeable eingestuft: »Unter seinen [Beusts] Schleppträgern... finden wir weder die angesehensten Mitglieder der loyalen Aristokratie, noch die Bischöfe, noch diejenigen slavischen Nationalitäten, denen an der Erhaltung Österreichs am meisten gelegen ist, noch auch das deutsche Volk in Österreich, mit Ausnahme jenes Bruchtheiles, dessen patriotische Gefühle in der letzten Zeit namentlich durch obligaten Bismarck-Schwindel stark getrübt erscheinen.« So mündet im Oktober die Betrachtung der inneren und äußeren Politik der Monarchie in ein fulminantes Ceterum censeo: Die innere Befriedigung – natürlich im Sinne des Föderalismus – und die ihr entsprechende äußere Politik wird erst nach der Beseitigung des Herrn von Beust möglich sein!

Mit Beust soll das dualistische System von 1867 gestürzt werden. Dann erst ist die Existenz der Monarchie gesichert. Bis dahin läuft die Nationalitätenfrage der orientalischen Frage parallel; bis dahin bedroht jeder Schlag außerhalb Österreichs die Monarchie mit zerstörerischer Wirkung. Und so greift das ›Vaterland‹, offenbar fest auf föderalistische Erfolge im Verfassungsstreit rechnend, mit ungehemmter Heftigkeit die liberalen Verteidiger des Dualismus an:[31] »Sie verhöhnen die positive Religion, sie verhöhnen jeden aufrichtigen Patrioten in Österreich; sie verhöhnen die staatsrechtliche und nationale Opposition in Böhmen, Polen, Slovenien und Dalmatien; sie machen die Oppositionsmänner der Slovaken, Rumänen, Serben und Croaten lächerlich. Kurzum, sie verhöhnen die Vernunft, die aus den obwaltenden Umständen in ›Österreich-Ungarn‹ den folgereichen Schluß zieht, daß das dualistische System den Staat, der zur Lebensfähigkeit sonst Nichts bedarf,

als Recht, an den Rand des Abgrundes drängt… Der Beruf der Opposition ist
hochwichtig, ihr Sieg rettet den Staat des Kaisers Franz Joseph I.«

Die im Laufe des November fortgesetzte Polemik gegen Beust und gegen
die preußische Politik wird in verschiedener Weise bereichert: durch Bezugnahme auf Hannoversche Legitimisten, die Österreich zum eindeutigen Widerstand gegen Preußens Bruch des Prager Friedens aufrufen, zu »einem Ver-
zweiflungskampf um seine Existenz«,[32] dann wieder durch Darlegungen,
daß nur ein antiliberales, föderalistisches Österreich die Voraussetzungen zu
einem Auskommen mit Preußen – Deutschland böte.[33] Schließlich steigert
sich angesichts der deutschliberalen Machtpositionen im wieder versammelten Reichsrat, angesichts der deutschnationalen Kundgebungen im Lande,
die bis zu der Forderung des oberösterreichischen Abgeordneten von Weichs
nach *staatsrechtlichem* Anschluß Österreichs an Deutschland reichten, und
angesichts der Schwäche der Regierung Potocki die Tonart des ›Vaterlandes‹
in extremer Weise: Potocki hat abgewirtschaftet, aber eine neuerliche Regierungsbildung durch die Deutschliberalen, auch durch ihren gemäßigten Flügel (Schmerling, Auersperg und so weiter) hieße nichts anderes, »als dem Ra-
senden ein blankes Schwert in die Hand drücken«.[34]

Nach der Gortschakownote werden Fragen eines engeren, wirkungsvolle-
ren Zusammenschlusses der österreichischen Slawen »gegenüber der deutschen Macht« in den Spalten des ›Vaterlandes‹ erörtert. Ausführlich, wenn
auch mit einem ausdrücklichen Vorbehalt der Redaktion, wird ein Artikel
des kroatischen ›Zatocnik‹ wiedergegeben, der das Programm eines südslawischen staatlichen Verbandes entwickelt, ausgehend von dem Vorbild der
tschechischen Forderung nach einem »Staat Böhmen«. Nur so kann der gegenwärtige Kampf der österreichischen Slawen um staatliche Gleichberechtigung mit den Deutschen und Ungarn gewonnen werden, ein Kampf, der
jetzt durch Deutschlands Einigung und seine Ausstrahlung nach Österreich
umso dringender geworden ist.[35]

Bei aller programmatischen Sympathie für die slawischen Bestrebungen
tritt aber sogleich das innere Dilemma der konservativ-föderalistischen Politik zutage, für die ›Das Vaterland‹ spricht. Die Welle von russophilem Selbstbewußtsein, die durch die russische Kündigung der Schwarzmeerklauseln bei
den slawischen Nationalitäten der Monarchie ausgelöst wird, muß den Vertretern eines föderalistischen Reichspatriotismus mißfallen. Eine Presseüber-
sicht kommt zu folgendem Ergebnis: »Aus allen diesen Stimmen ergibt sich
zweierlei: 1. Die überschwängliche Sympathie der böhmischen, slowenischen
und croatischen Presse für Rußland; 2. ihre übereinstimmende Überzeugung
von der Rechtmäßigkeit der neuesten diplomatischen That dieses Staates…
Wir müssen diese Art von Rassensympathie entschieden mißbilligen und im
Interesse Österreichs tief beklagen, allein wir finden darin die natürliche Reaktion gegen das schamlose und hochverräterische Treiben der deutsch-li-

beralen Clique. Graf Beust hat die Böhmen erst nach Moskau geschickt, als er sie in ihrem alten Österreich ›an die Wand drückte‹.«[36] Ganz abgesehen von der diskutablen Tatsachenbehauptung ist bei dieser Argumentation zweierlei auffallend: Eines ist die tiefe – man könnte fast sagen tragische – Diskrepanz zwischen dem konservativen, übernationalen Staatsideal des ›Vaterland‹ und dem von ihm selbst so protegierten, nun aber zentrifugal wirkenden Selbstbewußtsein der Austroslawen. Das andere ist die larmoyante Weitergabe der Schuldfrage an die Deutschliberalen und an Beust. Das war Polemik, aber keine praktikable Politik.

Ähnlich ist das Dilemma, das im Dezember anläßlich der deutschen Kaiserfrage zur Sprache kommt. Zunächst und vordergründig geht es wieder gegen Beust.[37] Die deutsche Einigung und das hohenzollernsche Kaisertum – so sieht es ›Das Vaterland‹ – sind Folgen der grundlegenden Fehler der Beustschen Politik von Anbeginn. Hätten die Südstaaten an Österreich den politischen Rückhalt gefunden (den Beust ihnen nicht bot) und hätte die antipreußische, katholische Partei Süddeutschlands in ihrem Kampf für die Kirche in Österreich Hilfe gefunden (sie glaubt heute schon, bei Preußen sich in dieser Frage besser zu befinden) – so wäre alles anders gekommen. Für die Zukunft rät man Beust zu einer würdevollen, abwartenden Haltung gegenüber dem neuen Reich und hofft auf den »patriotischen Geist der österreichischen Völker«. Er wird »trotz hohenzollernschen Kaiserthums, trotz ›nationalliberalen‹ Schwindels und trotz – der Diplomatie des Grafen Beust die Ehre und das Vaterland bewahren«.

Doch diese retrospektiven Vereinfachungen waren zu grob, um gegenüber den in Deutschland zu beobachtenden Vorgängen aufrechterhalten werden zu können. Die komplizierten Umorientierungsprozesse der ehemals großdeutschen Katholiken in Nord- und Süddeutschland konnten in Wien nicht unbemerkt bleiben. Gerade die Haltung der süddeutschen Katholiken, die ihren Eintritt in das Bismarcksche Reich nun vielfach mit dem Wunsch verbanden, eine neue, enge Verbindung mit Österreich herzustellen, mußte für die Position des ›Vaterland‹ verwirrend, ja geradezu bedrohlich erscheinen. Wie sollte man es diesen ehemals großdeutschen, katholischen, konservativen Gesinnungsgenossen verständlich machen, daß für jetzt die politische Räson der österreichischen Katholiken nur in der Abgrenzung, in der Selbständigkeit der Vielvölkermonarchie gegenüber Deutschland liegen könne? Dies war das Dilemma nach der deutschen Seite hin; ebenso wie nach der slawischen Seite hin stammte es aus der Spannung zwischen einem traditionalistischen, übernationalen Österreichkonzept, als dessen berufenste Hüter sich der Kreis um ›Das Vaterland‹ fühlte, und einem nationalen Ideal, dessen Wirkungen auch vor den konservativsten Katholiken nicht Halt machten. Entsprechend gewunden war die Argumentation des ›Vaterland‹ gegenüber den deutschen Katholiken. Sie mußte nun doch der komplexen historischen

Entwicklung Rechnung tragen, die man zunächst in der Polemik gegen Beust
nicht hatte wahrhaben wollen:[38]

»Inzwischen haben auch die Dinge in Österreich sich ganz naturgemäß in
einer Weise entwickelt, welche nicht rückgängig gemacht werden darf, noch
kann, ohne es zu Grunde zu richten, welche vielmehr zu einer selbständigen,
festen Gestaltung des Reiches führen muß, wenn es nicht zerfallen soll. Daß
es aber nicht zerfalle, sondern sich zu neuer Macht verjünge, das ist eine der
Bedingungen, unter welchen allein bei den dermaligen Umständen die Möglichkeit einer freiheitlich-föderativen Gestaltung des außerösterreichischen
Deutschland zu denken ist. Die Bestrebungen der süddeutschen Katholiken,
welche darauf gerichtet sind, das Verlangen nach Wiedereinbeziehung
Österreichs in Deutschland – ›Österreichs‹, wie sie sagen, was aber doch nur
›der deutschen Volksstämme in Österreich‹ bedeuten kann – rege zu halten,
haben aber praktisch keine andere Wirkung, als den verderblichen und ge-
fahrdrohenden Einfluß jener Deutschen in Österreich zu stärken, die ganz
und gar nicht für die katholischen und föderativen Bestrebungen eingenommen, sondern lediglich Bundesgenossen der nationalliberalen, kirchenfeind-
lichen, republikanischen Parteien in Deutschland sind. Das mögen die süddeutschen Patrioten uns glauben, die wir darüber genauer unterrichtet sind,
und das empfehlen wir ihrer ernsthaften Erwägung.«

Unklar mußte bleiben, wie sich ›Das Vaterland‹ den künftigen Einfluß einer proslawisch-föderalistisch ausgebauten Donaumonarchie zugunsten einer freiheitlichen und antipreußisch-föderalistischen Modifikation der deutschen Reichsverfassung vorstellte. Klar war dagegen der unmittelbare Effekt: ein Trennstrich gegenüber den katholischen Annäherungsfreunden,
womit diese Annäherung nun freilich um so mehr zur Sache der Deutschliberalen gemacht wurde!

Dementsprechend fielen die Reaktionen auf die preußische Annäherungs-
kampagne seit dem 21. Dezember aus. Die volle Schärfe der Kritik an Form
und Zustandekommen des deutschen Reiches bleibt aufrecht: »Nicht der
Liebe des Volkes, sondern der Schärfe des Schwertes verdankt das in Versailles geborene Kaiserthum sein Dasein. Möge nie der Tag kommen, wo man
mit gleichen Argumenten den Gegenbeweis für dessen Berechtigung versuchen wird.«[39] Dem »modernen« Kaisertum der Hohenzollern wird das von
der Vorsehung bewahrte, übernationale Österreich entgegengestellt, mit Betonung des existenzsichernden föderalistischen Neubaues. Mit rücksichtslo-
ser Strenge ist gegen jene vorzugehen, »welche uns Deutschösterreichern begreiflich machen wollen, unsere Zukunft liege in Deutschland... Ist einmal
jedem der Stämme des vielsprachigen Österreichs seine Autonomie in inneren Angelegenheiten gewährt, dann wird es keine Czechen und keine Deutschen, keine Slovenen und keine Italiener mehr geben, wenn fremde Gewal-
ten die Reichsgrenze bedrohen, und keine schwarz-rot-goldene noch

schwarz-weiße Fahne wird mehr im Stande sein, Österreicher an sich zu ziehen. «– Immerhin bleibt man doch soweit auf dem Boden der gegebenen Realitäten, daß für einen kommenden Bund mit Deutschland zwei grundlegende Bedingungen formuliert werden: antirussische Partnerschaft Deutschlands im Orient und antiirredentistische Zusagen Berlins:[40] »Soviel aber ist zweifellos, daß das Freundschaftsband zwischen Österreich und Deutschland, an dem jetzt gewoben wird, keinen Bestand haben kann, wenn nicht der leitende Staatsmann des deutschen Bundes gegen die eroberungssüchtigen Bestrebungen Rußlands im Orient und gegen jene Partei in unserem Innern Front macht, die auf die Zerstückelung Österreichs und auf die Annexion seiner deutschen Gebiethsteile speculirt.«[41]

Welten trennen, bei gleicher Zugehörigkeit zum föderalistischen Lager, die tschechische Zeitung ›Politik‹ vom ›Vaterland‹. Ton und Berichterstattung sind selbstsicher, beherrscht, vielseitig. Die Zugehörigkeit zu Österreich ist Sache einer kalkulierten Loyalität, nicht eines föderalistisch-altösterreichischen Credo. Gegenüber der deutschen Einigungsbewegung zeigt sich eine korrekte Anerkennung, begründet auf dem Prinzip der nationalen Selbständigkeit. Doch darf die Bildung des deutschen Reiches den Belangen des tschechischen Nationalismus keinen Abbruch tun. Unter den anderen slawischen Gruppen der Monarchie stellen die Polen für die ›Politik‹ ein Sonderproblem dar; ihnen wird Opportunismus vorgeworfen. Die Sympathien für das republikanische Frankreich sind stark und unverhohlen. Die Wiener Zentrale wird teils mit Schweigen, teils mit Ironie, teils mit blankem Hohn bedacht. Die slawische Solidarität gilt viel; der gegenwärtige Verfassungskampf wird nicht nur als nationaler Kampf für die eigene staatliche Existenz gesehen (mit Vernachlässigung des deutschböhmischen, deutschmährischen, deutschschlesischen Problems), sondern auch als Prinzipienkampf zugunsten der anderen Austroslawen.

Für den Aufbau der föderalistischen Fronde gegen den Dualismus war im Herbst 1870 die Haltung der Polen von großer Bedeutung. Die ›Politik‹ analysiert die Furcht vor Preußen als Hauptmotiv des polnischen Opportunismus. Sie polemisiert damit offensichtlich auch gegen nachgiebige Tendenzen in den eigenen Reihen. Die gleiche Nachgiebigkeit in dem beginnenden Verfassungskonflikt wirft sie auch anderen nationalen Gruppen Cisleithaniens vor. Die Sorge vor Preußen oder auch Rußland als Motiv einer falschen Loyalitätspolitik gegenüber der Wiener Regierung beruht – laut ›Politik‹ – auf einer Fehleinschätzung der internationalen wie der innerösterreichischen Situation:[42]

»Die in Wien lieben uns gerade so sehr wie wir sie... Sie preisen ihr Glück, wenn sie sehen, daß auch wir uns fürchten. Wie kommen wir dazu, ihnen diese ganz ungeahnte Genugtuung zu verschaffen? Wie sah der Schutz aus, den uns Österreich im siebenjährigen Krieg gewährte, wie war der österrei-

chische Schutz von 1866 beschaffen? Trotz aller Garantien sind schon zwei
Länder der böhmischen Krone, Schlesien und die Lausitz, abgerissen worden, und hätten wir 1866 uns mit unserer angestammten Loyalität nicht
selbst für Österreich gerettet, so würde Böhmen wohl kaum in die Lage gekommen sein, die Freuden des österreichischen Dualismus... mit durchzu-
machen...
    Wie heute die Dinge liegen, sind Preußen wie Rußland Mächte so eminen-
ten Ranges, daß es ihnen sehr wenig imponiren wird, ob wir mit Österreich
ausgeglichen sind, oder nicht. Sollten Graf Bismarck oder Fürst Gorčakov
wirklich Appetit auf österreichische Länder bekommen, so werden Beide bei
Gott wenig danach fragen, ob sie diese Länder mit Erlaubniß der österreichischen Regierung speisen. Sie werden aber ganz gewiß vor einem Böhmen und
vor einem Galizien, das aus purer nackter Furcht unter die Fittige des Wiener
Österreicherthums eilt, die allermindeste Furcht haben... Die einzige Politik,
die uns frommen kann, ist die, uns ebenso in Wien, wie in Petersburg und beziehungsweise in Berlin die gehörige Achtung zu erzwingen. Daß man uns jedoch in Petersburg und in Berlin nur dann achten wird, wenn wir uns erst in
Wien den nöthigen Respekt verschafft haben, ist einleuchtend.«
    Das ist nun ein klares Programm: Verfassungskampf als nationaler Kampf
à outrance, unter bewußter Ausnutzung der gespannten internationalen
Lage, mit dem einzigen Ziel, »die Unabhängigkeit und das nationale wie historische Recht« des eigenen Volkes zu retten. Man versteht angesichts solcher Erklärungen wohl besser die ungemein scharfen Reaktionen der
Deutschböhmen, die in dem Kampf für das böhmische Staatsrecht sich selbst
nicht eigentlich erwähnt fanden.[43] – Die Nachrichten über Preußens Vorgehen in Sachen der deutschen Einigung werden eher beiläufig, aber mit sehr
scharfer Kritik und unter Bezugnahme auf Preußens Interesse an der inneren
Gestaltung Österreichs kommentiert. Zu einem Artikel der Berliner ›Kreuzzeitung‹ über die geplante föderative Verfassung Deutschlands schreibt die
›Politik‹[44]: »Und dennoch ist dieses preußische Hofblatt für die Centralisation in Österreich und perhorrescirt selbst die mäßigsten Forderungen der
Föderalisten in Österreich. In Deutschland die Föderation, in Österreich die
Centralisation, damit ja Cisleithanien an Preußen falle; es liegt Methode in
dieser preußischen Taktik.«
    Während die Frage der künftigen Beziehungen zwischen Preußen-
Deutschland und der Monarchie als solche einstweilen kaum behandelt
wird, geben Elsaß-Lothringen und die deutsche Kriegführung in Frankreich
Anlaß zu zunehmend bitteren Kommentaren. Eine Annexion von Elsaß und
Lothringen – so meint die ›Politik‹ – würde eine enorme Machtsteigerung
Deutschlands bedeuten.[45] Galt bisher als moralisches Ziel des Krieges »die
Gewinnung des Selbstbestimmungsrechtes der deutschen Nation«, so würde
dann vielmehr das Selbstbestimmungsrecht aller an Deutschland grenzenden

Länder und Völker ernsthaft gefährdet. Hier wird auch Rußland gewarnt vor dem deutschen Appetit auf die Ostseeprovinzen. Und gleichzeitig erfolgt ein Seitenhieb auf Österreich: Rußland möge bedenken, was für Folgen ihm eventuell aus einem deutsch-österreichischen Bündnis erwachsen könnten. Ganz direkt wird aber Preußen-Deutschland gewarnt: »Was Preußen, was Deutschland selbst betrifft, so wäre ihm im Interesse einer besseren Zukunft zu wünschen, daß es, nachdem es Frankreich überwunden, sich auch selbst, das heißt den bösen unsittlichen Annexionsappetit überwinden möge, der ihm schwerlich Segen, wohl aber wahrscheinlich bald wieder einen neuen furchtbaren Krieg bringen würde... Wollen Elsaß und Lothringen deutsch werden, so nehme man sie, wollen sie es aber nicht, so behänge man sich nicht mit ihnen, denn schon das alte deutsche Sprichwort sagt: ›Unrecht Gut gedeihet nicht!‹«[46]

Die direkten Reichsratswahlen in Böhmen, die nun im November die deutschböhmischen Abgeordneten nach Wien brachten, werden natürlich aufs schärfste verurteilt: als eine Kapitulation der Regierung Potocki vor den Deutschliberalen. Die ›Politik‹ übernimmt dazu einen Kommentar aus Budapest, der die deutsch-slawische Frontstellung betont[47]: »Allerdings haben die Erfolge der deutschen Waffen merkwürdigerweise die ›Verfassungstreu-en‹ Österreichs zu solch schwindliger Höhe hinangetragen, daß sie die Lage Cisleithaniens aus der Vogelschau betrachten, wo ihnen die berghohen Schwierigkeiten der inneren Konsolidirung als Sandkörner erscheinen, die der bloße Hauch einer starken ›verfassungstreuen‹ Regierung wegzufegen vermöchte; aber das ist doch nur optische Täuschung und in Wahrheit würden die Herren sich bald überzeugen, daß die Siege der Preußen das slawische Element in Cisleithanien eben so wenig mürbe gemacht, als sie den Deutschen größere Kraft eingeflößt...«

Der Abschluß der Beitrittsverträge mit Süddeutschland wird in der ›Politik‹ zurückhaltend, aber nicht ohne Anerkennung für den nationalen Einigungsprozeß auf freiwilliger föderativer Grundlage kommentiert: »Die deutsche Einheit mag daher immerhin den österreichischen Staatsmännern ein Gräuel sein, deshalb darf sie doch als der Lieblingswunsch eines großen Volkes und als eine Haupt- und Staatsaktion, die auf freiem Einverständniß beruht, die sittliche und völkerrechtliche Gutheißung vollkommen für sich in Anspruch nehmen.« Von einem künftigen Freundschafts- oder Allianzverhältnis ist nicht die Rede; die angemessene Antwort Österreichs auf die Reichsgründung wird allein in der Richtung einer proslawischen, föderalistischen Neuorientierung gesehen. Für den Fall eines Nichtzustandekommens dieses staatlichen Umbaues droht die ›Politik‹ in kaum verhüllter Form mit einer slawischen Einheitsbewegung auf Kosten Österreichs:[48] »Ein Österreich, das mit seinen Völkern auf Grundlage ruhiger, freiwilliger Vereinbarung aufrichtig Frieden schlöße, seine widersinnigen deutschen Traditionen,

welche es zum ewigen Feinde der Häuser Romanow und Hohenzollern machen, aufgäbe und endlich daran dächte, sein Heil in sich selbst zu suchen,
brauchte keinen seiner Nachbarn zu fürchten... Denkt man aber auch jetzt in
Wien noch nicht an eine solche so nothwendige Einkehr und Besserung, so
wird allerdings das gänzlich veränderte europäische Gleichgewicht sich daselbst wahrscheinlich schon in sehr kurzer Zeit unangenehm fühlbar machen. Die italienische und die deutsche Einheit werden dann vielleicht nicht
lange mehr vereinzelt bleiben.« Das »neue« Kaisertum in Berlin möge in
Wien den Erfolg haben, »gewisse Leute aus dem blutig unfruchtbaren ›alten‹
Kaisertraume zu wecken und endlich dahin zu führen, auf eigenem Grund
und Boden lieber ein neues gesundes Gebäude aufzuführen«.[49] Dadurch
werde es ausgeschlossen, »daß etwa der ›neue deutsche Kaiser‹ eines schönen
Tages auch ›für Deutschland‹ gegen Österreich-Ungarn als ›allezeit Mehrer
des Reiches‹ aufzutreten beliebe«.
    Die Außenpolitik der Monarchie, durch die Gortschakow-Note einer
neuen Bewährungsprobe ausgesetzt, wird von der ›Politik‹ mit höhnischer
Kritik verfolgt. Sie nimmt Gortschakows Argumentation auf und fragt,
warum denn Wien nicht gegen die Verletzung des Züricher und des Prager
Vertrages protestiert habe, wenn es jetzt der Kündigung der Schwarzmeerklauseln des Pariser Vertrages von 1856 so abweisend entgegentrete.[50] Die
Antwort erfolgt in einem prorussischen und panslawistischen Sinne: »Da
sich aber der Edelmuth der Wiener Politik für die Türkei opfern möchte, so
bleibt für Rußland nur der Trost der österreichischen Schwäche, und der ist
allerdings nicht gering zu veranschlagen... Die Beseitigung des Vertrages von
1856 könnte den *Slaven* zu Gute kommen, und das darf nicht sein, denn die
Slaven sinnen Österreichs Verderben, samt und sonders; bereits 1848 haben
sie sich gegen die loyalen Magyaren empört, haben gegen die allezeit getreue
Reichshauptstadt gekämpft... Und wäre auch dies nicht, so ist die Slavenfeindschaft in Wien heilige Tradition.« Die bittere Ironie wechselt mit aggressivem Ernst, wenn – nach Beusts Erwiderung auf das außenpolitische
Memorandum Dr. Riegers[51] – die Gesamtheit der österreichischen Außenpolitik und insbesondere die Orientpolitik Beusts als völlig gescheitert bezeichnet wird:[52] »Daß der Orient dem österreichischen Staate so arg entfremdet wurde, wie nie zuvor, das ist ein markantes Verdienst des Grafen Beust,
dessen Ausschließlichkeit anzufechten höchstens noch der groß madgyarischen Politik des Grafen Andrássy zusteht.« Auch hier wird das föderalistische Programm dagegen gehalten; hätte man die österreichischen Rumänen
und Südslawen zu freien Staatsbürgern gemacht, so würden deren Interessen
allgemein zu der Monarchie gravitieren, »da die Aussicht einer gleichberechtigten Theilnahme an der Machtfülle einer *wirklichen* Großmacht möglicherweise ein verlockender Gedanke gegenüber den Fährlichkeiten eines
kleineren Staatswesens gewesen wäre.«

Dementsprechend gibt die Wende in den deutsch-österreichischen Beziehungen, die in der letzten Dezemberwoche anhand des oft genannten Artikels der Berliner ›Provinzial-Correspondenz‹ überall besprochen wurde, der ›Politik‹ nur Anlaß zur Fortsetzung des Spottes über die Mißerfolge der Beustschen Außenpolitik. Der Inhalt der Berliner Kundgebung wird einschränkend und ironisch kommentiert:[53] »In dem Artikel der Berliner ›Prov.-Corr.‹ steht übrigens, bei Lichte betrachtet, des Tröstlichen durchaus nicht zu viel für Österreich. Es steht dort eigentlich nichts Anderes, als: ›wenn Österreich den von uns so gründlich vollzogenen Bruch des mit ihm abgeschlossenen Prager Friedens ruhig geschehen läßt, so verspüren wir, nachdem es so uns den Grund zu Weiterungen entziehen würde, allerdings für den Augenblick keine Lust, aufs Gerathewohl mit ihm anzubinden.‹« Wie kann sich aber Beust so darüber freuen, wenn ihm das Ende seiner auf Neugewinn von Einfluß in Deutschland gerichteten Bestrebungen von Preußen bestätigt wird? Die Freude der Wiener Reichskanzlei ist nur erklärlich, wenn man annimmt, daß man dort aufgrund des früheren österreichischen Verhaltens jetzt ganz andere Dinge erwartet habe, »gegen welche allerdings das bittersüße Aktenstück wie eitel Trost klingen mag«. So bespricht die tschechische Zeitung mit überlegenem Ton und gleichsam aus exterritorialer Position den Beginn einer politischen Wende, von der noch vor Ende des Jahres 1871 die eigensten nationalen Bestrebungen aufs tiefste betroffen werden sollten.

Zu Ende des publizistischen Rundblicks wenden wir uns dem ›Pester Lloyd‹ zu, dem deutschsprachigen Organ der Deákpartei, die, im festen Besitz der politischen Macht in Ungarn, zunehmenden Einfluß auf die Außenpolitik der Monarchie und schließlich auch auf die inneren Verhältnisse Cisleithaniens nehmen konnte. Die entschieden liberale, politisch ausgewogene, im allgemeinen vorsichtige, aber von Fall zu Fall genau akzentuierte Linie des Blattes ist von hohem Interesse. Die Verbindung zur Wiener Reichskanzlei war stets gegeben. So weiß man zum Beispiel, daß es Ludwig von Przibram, einer der Mitarbeiter in Beusts Preßbüro, war, der im ›Pester Lloyd‹ die wichtigen »Randglossen zum preußisch-französischen Kriege« veröffentlichte.[54] In den Monaten September und Oktober bestand eine erhebliche Ähnlichkeit der Linie des ›Pester Lloyd‹ mit der Beust nahestehenden deutschliberalen Presse Wiens. Unter dem Eindruck der offensiven russischen Politik machte sich jedoch seit November eine abweichende, gegenüber Deutschland wesentlich reserviertere Haltung geltend.

Die Einberufung des norddeutschen Reichstages gibt Mitte September dem ›Pester Lloyd‹ Anlaß zu einer eingehenden Erörterung der bevorstehenden Neugestaltung in Deutschland.[55] Bezeichnenderweise zitiert der Artikel zu Beginn eine kürzliche Äußerung des »freisinnigen deutschen Patrioten Venedey, ... [ob] nach dem äußeren Wörth nicht ein inneres für Deutschland

bevorsteht, welches dem deutschen Volke eine unheilvollere politische Niederlage bereiten könnte, als Ersteres den Franzosen bereitete«. Der Weg zur
Einheit der Deutschen durch den Beitritt Süddeutschlands zum Nordbund
scheint bereits jetzt gesichert. Bismarck handelt rasch; mitten im Schlachten-
donner wird der Süden am nachgiebigsten, der Liberalismus am schüchtern-
sten sein. Dagegen appelliert der ›Pester Lloyd‹ eindringlich an die deutschen
Liberalen:
»Die nationalliberale Partei Norddeutschlands muß sich nunmehr mit den
süddeutschen Liberalen und Demokraten gegen die pietistisch-junkerliche
Reaktion verbinden und unabänderlich darnach trachten, daß das neue
Deutschland nicht allein ›Hort der Gottesfurcht und der edlen Sitte‹, sondern
auch ein Hort der *Freiheit* und des *Friedens* werde. Dieser kasernenhafte, militärische Geist, der das Volk im Grunde doch nur vom Gesichtspunkte des
Kanonenfutters betrachtet, hat, nachdem er seine Schuldigkeit gethan, keine
Berechtigung mehr. Wenn die neuen Siege nur dazu dienen sollten, auf der
bisherigen Bahn weiter fortzuschreiten und unaufhörlich nur an der Weiterentwicklung der militärischen Organisation zu arbeiten, dann müßte dies
schließlich doch zur empfindlichsten Schädigung des Edelsten im deutschen
Volke führen. Und in dem Maße, als Deutschland eine Bedrohung für die übrigen Staaten in Europa würde, müßten die Antipathien aller anderen Völker
sich gegen dasselbe wenden und ihm zur Behauptung seiner Stellung unauf-
hörliche Opfer auferlegen.
Wenn die Nationalliberalen dies begreifen und sich mit allen freisinnigen
Fraktionen Nord- und Süddeutschlands zur Herbeiführung eines Regimes
des Friedens vereinigen wollten, dann würde ihnen gewiß ganz Europa seine
Bewunderung zollen, denn dann würde das deutsche Volk beweisen, daß es,
am Höhepunkt seiner Macht angelangt, sich Mäßigung aufzuerlegen vermag
und nicht die Fähigkeit verloren hat, sich für die höchsten Interessen der zivi-
lisirten Menschheit zu erwärmen. Werden sie sich aber auf dem gefährlichen
Pfade des nationalen Chauvinismus und der einseitigen nationalen Überhebung zu einer immer großartigeren Entwickelung der ohnehin schon so
schweren Rüstung Deutschlands hinreißen lassen, so ist es am Besten, wenn
sie das Wort ›liberal‹ aus ihrer Parteibenennung sofort streichen.«
Allerdings hat das Budapester Blatt wenig Hoffnungen auf eine liberale
und friedliche Entwicklung des neuen Deutschland. Bismarck hat schon für
Gegenwirkungen gesorgt. Elsaß und Lothringen, einmal annektiert, müssen
gegen den auf Rache sinnenden Nachbarn behauptet werden: »Durch Blut
und Eisen ist die deutsche Einheit erreicht worden; es wird dafür gesorgt, daß
dieselbe nur durch Blut und Eisen erhalten werden könne.« – Und die Stellung der Monarchie zu diesen Umgestaltungen? Sicher verlangt der Eintritt
des Südens in den Nordbund eine Modifikation des Prager Friedens. Kann
Österreich dafür Gegenleistungen von Preußen verlangen? Einer Bespre-

chung dieser Frage entzieht sich die Zeitung zunächst mit dem allerdings na-
heliegenden Argument, daß der jetzige Krieg die praktische Bedeutungslo-
sigkeit der Mainlinie und des Artikels IV des Prager Friedens bereits erwiesen
habe.

Vierzehn Tage später, mit dem Blick auf Delbrücks Münchner Verhandlungen, wird der Prager Friede ungleich stärker betont und Preußen gegenüber in Erinnerung gebracht. In München scheine man diesen Vertrag nicht
vergessen zu haben.[56] »Aber diese Rücksicht des Münchener Kabinets auf
einen mit der Unterschrift Sr. Maj. des Kaisers von Österreich und apostol.
Königs von Ungarn versehenen Friedenstraktat könnte uns für eine eventuelle Ignorirung desselben in Berlin nicht entschädigen, da bekanntlich der
Prager Friede mit *Preußen* und nicht mit Baiern abgeschlossen wurde.«

Während weiterhin die Meldungen über eine eventuelle Ablösung Beusts
durch den Konservativen Szécsen oder durch Andrássy ebenso zurückhaltend behandelt werden wie russische und austroslawische Stimmen zur Frage
einer deutsch-österreichischen Allianz, weist die Artikelserie ›Randglossen
zum preußisch-französischen Kriege‹ nunmehr auf die positiven Aspekte der
deutschen Siege und der deutschen Einigung hin:[57] Österreichs unzulängli-
che deutsche Politik vor 1866 ist nicht unschuldig daran, daß sich nun statt
einer friedlich-föderativen Lösung der deutschen Frage die preußische Lösung abzeichnet. Die eminente Bedeutung dieser aus Beusts Pressebüro
stammenden Serie wurde schon oben im Zusammenhang der österreichisch-preußischen Beziehungen im Oktober 1870 gewürdigt. Wien bediente sich hier mit voller Absicht des ungarischen Presseorgans, um in
sondierender Weise sowohl die Öffentlichkeit Österreich-Ungarns wie Preußen-Deutschlands auf neue Perspektiven hinzuweisen: Bereitschaft zu einer
direkten Verständigung mit Bismarck über die Neugestaltung der deutschen
Dinge, ausgehend von dem Recht des Prager Friedens.

Anfang November werden die Stellungnahmen im ›Pester Lloyd‹ drängender; der innenpolitische Kampf in Cisleithanien und das Ausbleiben der als
fällig erwarteten preußischen Handreichung beunruhigen offenbar die ungarische Regierung. Die Gefahr einer großdeutschen Expansion scheint nahe
gerückt, wenn einerseits die Deutschösterreicher in Cisleithanien unbefrie-
digt bleiben und andererseits keine Verständigung zwischen Wien und Berlin
zustandekommt:[58] »In Wien begreift man, daß ohne die Lösung dieser Frage
[sc. Stellung Österreichs zu Deutschland] die Verwirklichung des kleindeutschen Programmes nur eine Pause und ein Rüstzeug sein kann, um durch
Einverleibung der Erblande mit Ausschluß Galiziens Klein- in Großdeutsch-
land zu verwandeln. Die Entwirrung des gordischen Knotens muß in einer
Weise stattfinden, welche die Deutsch-Österreicher befriedigt, sonst geht die
Monarchie unrettbar einem internationalen Zersetzungsprozesse entgegen,
der, von der Möglichkeit eines unglücklichen Ausganges ganz abgesehen,

selbst im günstigsten Falle unsere Kräfte in staatsrechtlichen Kämpfen brachlegen und das Reich in neue Verwickelungen mit dem Auslande stürzen müßte. Aber auch im Hauptquartier zu Versailles begreift man, daß die deutsche Frage fort und fort in der Luft schweben würde und daher neuen Schicksalswendungen ausgesetzt bliebe, wenn man nach dem Friedensschlusse gleich wieder die Frage Deutsch-Österreichs im Lichte einer neuen Mainlinie betrachten wollte, die man um jeden Preis zu überschreiten suchen muß, soll nicht das bereits Errungene neuerdings gefährdet werden.«

Als »Gegenleistung« Deutschlands bei einer solchen Verständigung nennt der ›Pester Lloyd‹ diesmal, bedrängt von der Verfassungskrise, in erster Linie die Sicherung der inneren Lage der Monarchie: »Gewiß wird es uns zu Gute kommen, wenn wir das Werk der inneren Konsolidirung hinfort verfolgen können, ohne daß jede malkontente Nationalität oder politische Fraktion von Berlin aus aufgehetzt wird und dort einen Rückhalt findet… Einstweilen kann Preußen die Arbeit, die Czechen zu germanisiren, sicherlich nicht übernehmen: es muß also froh sein, daß Österreich in Prag herrscht, damit Rußland nicht an die Moldau vordringt.«

Mit dem Stichwort Rußland wendet sich der Artikel der schon wiederholt erwähnten, damals von Beust an den preußischen Gesandten von Schweinitz überreichten offiziösen Broschüre »Gedanken über die österreichische Politik der Zukunft« zu. Er greift den Gedanken auf, daß das neue deutsche Reich nur im Bunde mit Österreich-Ungarn defensive Politik betreiben und das Mißtrauen Europas beschwichtigen kann. Die künftige Entscheidung Deutschlands zwischen Österreich und Rußland erscheint von Budapest her in der Dimension einer weltgeschichtlichen Wende: »Mit einem Worte: Deutschland hat die Wahl, im Bunde mit Ungarn und Österreich eine Periode des Friedens, der Gesittung und der Wohlfahrt zu inauguriren, oder als Satrap des Czaren durch den Pangermanismus dem Gespenste des Panslavismus' Fleisch und Blut zu geben, sich selber… zum odium generis humani zu stempeln. Kann die Wahl nicht zweifelhaft sein, so versteht es sich nicht minder von selbst, daß für das Freundschaftsbündniß eine Formel gefunden werden muß, die weder die Deutschösterreicher nach Außen hin gravitiren läßt, noch in den Ungarn oder österreichischen Slaven die Besorgniß aufkommen läßt, ihre Interessen könnten neuerdings der deutschen Politik geopfert werden.«

Die großzügige Zuversicht hinsichtlich der kommenden Entscheidung Deutschlands für die Monarchie, die hier geradezu provokativ vorgetragen wurde, kam durch die Gortschakownote rasch ins Wanken. Im Augenblick der totalen inneren Verwirrung in Cisleithanien nun ein massiver russischer Akt, der vielfach nur durch einen sicheren Rückhalt des Zarismus an Preußen erklärbar erschien! Während bekanntlich Andrássy auch jetzt noch an der illusionären Ansicht von der unschweren »Trennbarkeit« Preußens von Rußland festhielt[59], äußerte sich der ›Pester Lloyd‹ nun skeptisch. An dem deutschfreundlichen Adreßentwurf des österreichischen Abgeordnetenhauses[60] tadelt er die mangelnde Berücksichtigung der russischen Drohung und ihres möglichen Zusammenhangs mit Preußen:[61] »Wie würde es sich ausnehmen, wenn am Tage nach der Überreichung der Adresse... es sich herausstellen würde, daß Preußen nicht nur unsere Freundschaft nicht annimmt, sondern daß gerade dieser Staat der Haupturheber des uns drohenden Unglückes ist?... Die Herren verschließen ihre Augen allen Ereignissen, welche sich im Orient vorbereiten und scheinen der Ansicht zu sein, daß wir an Patriotismus und Heroismus das Höchste geleistet haben, wenn wir uns beeilen, unter den Fittigen des preußischen Adlers Schutz zu suchen.«

Die neuerliche Skepsis gegenüber Preußen, vor allem durch den russischen Schock und die zeitweilig diskutierte Kriegsgefahr bedingt, blieb auch maßgebend für die Aufnahme der »Tauwetteraktion«, die mit dem Artikel der Berliner ›Provinzial-Correspondenz‹ vom 21. Dezember einsetzte. Am 24. Dezember blickt der Pester Lloyd zurück auf jenen berühmt gewordenen »Weihnachtsartikel« von 1868, der damals die ungarische Haltung zu Österreichs Deutschlandpolitik allein von den fundamentalen Interessen der Monarchie her formuliert hatte.[62] Er betont die Kontinuität dieser politischen Linie auch gegenüber der heutigen Situation in Deutschland. Trotz aller Sympathien für die französische Nation, trotz aller Vorbehalte gegenüber der Art und Weise der deutschen Einigung kann man den Deutschen das Recht der nationalen Selbstbestimmung gewiß nicht bestreiten. Daher kann gegen diesen Sieg des Rechtes billigerweise nichts einzuwenden sein, auch wenn man wünscht, daß die Entwicklung schließlich noch zu einem Sieg der Freiheit in Deutschland führe. Ein anderes aber ist der von Preußen-Deutschland geäußerte Wunsch, Beziehungen neuer und besserer Art mit Österreich-Ungarn herzustellen. Hier fehlt bisher jede Angabe der konkreten Fragen internationaler Natur, die zwischen beiden Staaten die Basis solcher aktiver freundschaftlicher »Beziehungen« bilden sollten: »Wir haben keinen Grund, die Aussicht auf Gewinnung eines starken Bundesgenossen für genau bestimmte Fälle zurückzuweisen; nur müssen wir zuvor wissen, was uns diese Bundesgenossenschaft kosten soll und was sie für uns in Wirklichkeit werth ist.« Angesichts der außerordentlich warmen Aufnahme, welche die »Tauwetteraktion« alsbald bei den Deutschliberalen in Cisleithanien und auch darüber hinaus fand, begann der ›Pester Lloyd‹ den Ton etwas zu ändern, bestand aber weiter auf einer nüchternen Analyse und Abwägung der gegebenen Möglichkeiten. Dabei traten sogleich die Frage des militärischen Charakters des neuen Reiches und das damit aufs engste verbundene Problem der Ebenbürtigkeit Österreich-Ungarns in einer Zweibundkonstellation in den Mittelpunkt. Damit wurden die Grundprobleme des künftigen Zusammengehens der Mittelmächte angesprochen. Es lohnt sich, diesen ungarischen Erörterungen zu Ende des Jahres 1870 Raum zu geben. Ausgangspunkt ist die Zurückweisung der in Cisleithanien herrschenden Illusion, ein Zusammengehen mit der großen deutschen Militärmacht könnte die Monarchie künftig von der Notwendigkeit eigener Rüstungsanstrengungen entbinden:

»Wenn zwei Mächte im europäischen Konzerte ein Doppelgestirn darstellen sollen, wenn die eine Macht nicht einfach zum Planeten der anderen herabgewürdigt werden soll: so darf der Unterschied zwischen ihrer militärischen Macht eine gewisse, nicht allzuweit gezogene Grenze nicht überschreiten.« Entweder müßte also in Zukunft Deutschland abrüsten oder Österreich-Ungarn aufrüsten. »Die erstere Eventualität liegt gegenwärtig nicht im Bereiche der Möglichkeit. Hätte das deutsche Volk seine Einheit in einer anderen, dem Geiste des Konstitutionalismus und der Zivilisation mehr entsprechenden Form gefunden, so wäre die Folge wahrscheinlich eine Politik der Abrüstung gewesen, sowohl in Deutschland selbst, als in Österreich-Ungarn. Diese beiden, einander stützenden Staatenkomplexe hätten in der Mitte des Weltheils einen friedlichen Gravitationspunkt geschaffen... mit einer unüberwindlichen Defensivkraft und zugleich jeder Eroberungspolitik abhold.

Dieser schöne Traum, den – wir gestehen es – einst auch wir gehegt haben, ist nun dahin! Die dunkeln Schicksalsmächte, welche der Weltgeschichte die Richtung geben, wollten es nicht, daß für die Menschheit eine glücklichere Epoche der friedlichen Arbeit heranbreche. Die deutsche Frage fand ihre Lösung in einer Form und unter Umständen, welche die zwingende Notwendigkeit involviren, daß das deutsche Volk seine Kraft noch für lange Zeit nicht ausschließlich den Arbeiten des Friedens widme, sondern durch die eiserne Faust eines Militärkaiserthums zu einer furchtbar drohenden Gefahr für alle seine Nachbarn zusammengefaßt werde. In Folge dessen ist bei einer beabsichtigten Annäherung zwischen Österreich-Ungarn und diesem Deutschland nicht blos die Frage zu beantworten: ob diese zwei Mächte stark genug sein werden *gegenüber den übrigen Mächten,* sondern es ist auch die Frage, namentlich von unserer Seite wohl zu berücksichtigen: ob wir nicht Gefahr laufen, willenlose Werkzeuge *in der Hand eines sogenannten Alliirten* zu werden, der uns, nachdem er uns ausgenützt, seinen Interessen schonungslos aufopfern und der ersten besten Macht ausliefern würde, welche ihm mehr bietet, als wir im fraglichen Momente zu bieten in der Lage wären.«

Als mögliches Objekt einer internationalen Zusammenarbeit mit Deutschland kommt nur der Orient in Frage. Ob diese reelle Basis für ein freundschaftliches Zusammengehen gefunden wird, kann sich wohl erst auf der bevorstehenden Londoner Konferenz herausstellen, die der Lösung der durch Rußland aufgeworfenen Pontus-Frage dienen soll.

Die hier abzuschließende Auswahl von Pressestimmen aus Wien, Prag und Budapest spiegelt gewiß nur in unvollkommener Weise die vielfältigen Formen und Wandlungen des politischen Bewußtseins der Donaumonarchie. Aber es ist hiermit immerhin die Skizze einer Bilanz der öffentlichen Meinung für die entscheidungsreichen Monate September bis Dezember 1870 gegeben. Die innere Krise und der Verfassungskampf haben die öffentliche Meinung Österreich-Ungarns tief und unversöhnlich gespalten. Bei aller Verschiedenheit der innen- und außenpolitischen Orientierung auf Seiten der Ungarn, der Tschechen, der Polen, der Slowenen, der Deutschliberalen, der deutschen Klerikalen konvergieren die Meinungen zum Werden des deutschen Reiches zeitweilig in *einer* Richtung: Nein, *dieses* Bismarcksche Deutschland, *diese* Form der nationalen Einigung auf militärischer Basis haben wir nicht gewollt. Doch angesichts der unaufhaltsamen Entwicklung der deutschen Dinge sehen sich alle politischen Richtungen über kurz oder lang veranlaßt, dem neuen Stand der Dinge, der gewaltigsten Veränderung des Jahrhunderts, so oder so Rechnung zu tragen. Hier treten die Ziele und Meinungen wieder weit auseinander. Innerhalb dieses komplizierten und wechselnden Parallelogramms der Kräfte und Programme hatte die Führung der Monarchie ihre Entscheidungen zu treffen. Die Bedeutung dieser publizistisch artikulierten Kräfte und ihres Wandels für die politischen Entscheidungsprozesse in der Monarchie kann kaum hoch genug angeschlagen werden. Und auch ihr Echo und die Rückwirkung auf den im Werdezustand befindlichen neuen deutschen Staat sind nicht zu übersehen.

Wir verfolgten zu Ende des zweiten Kapitels (Österreichs Ziel durch Frankreichs Niederlagen gewandelt: ...) den Weg der Verfassungsfrage und der innenpolitischen Krise Cisleithaniens bis in die zweite Novemberhälfte. Der Überblick über einige Hauptströmungen der öffentlichen Meinung Österreich-Ungarns wurde aus Gründen der Übersichtlichkeit und des Zusammenhangs bis zum Ende des Jahres fortgesetzt. Im nächsten Kapitel gilt es, die politischen Geschehnisse, in ihrem Mittelpunkt die Auseinandersetzung zwischen Österreich-Ungarn und Preußen-Deutschland, vom Anfang November an zu verfolgen. Es wird sich zeigen, daß gerade im November 1870 das Ende der österreichischen Interventionspolitik und der Beginn der schließlich irreversiblen Annäherung zwischen Deutschland und Österreich sich in komplizierter Weise verschränken; der Dezember führt dann – bei fortwirkender, ungelöster Verfassungskrise in Cisleithanien und bei Fortdauer der durch Rußland ausgelösten Pontuskrise – ganz in den neuen Zusammenhang eines deutsch-österreichischen Zusammengehens.

Österreichs prodeutscher Weg und seine Biegungen: vom antirussisch-liberalen Mitteleuropaprojekt zur Bismarckschen Dreikaiserpolitik (November 1870 bis 1872)

Die Wende im November 1870: innere Krise, deutsche Einigung und die »russische Bombe«

Die im Oktober sondierend vorbereitete Wendung der österreichischen Politik zu Preußen und Deutschland geschieht im November in komplizierten Zügen und im Rahmen überraschender neuer Konstellationen. Angesichts der Kapitulation von Metz, der plötzlich hervortretenden russischen Sonderpolitik und der Reichsgründung sieht sich Wien vor die Wahl gestellt, seine europäische Konsenspolitik in dieser oder jener Richtung umzustellen: abwartende isolierte Haltung gegenüber dem neuen Deutschland oder entschiedenes Aufgreifen der von Bismarck werbend-zögernd gemachten Avancen. Und diese Option war inmitten einer höchst krisenhaften innenpolitischen Entwicklung zu treffen. Die folgenden Abschnitte zeigen, wie und warum und gegen welche Widerstände der letztere Weg am Ballhausplatz verfolgt wird, ein Weg, der bis zum Ende der Monarchie maßgebend bleibt. Der vorliegende Abschnitt läßt die Einschnitte erkennen, die das Bekanntwerden der russischen Schwarzmeernote (9./10. November) und die Fixierung der Londoner Konferenz zur Beilegung der Pontuskrise (22. November) im hektischen Getriebe dieser Wochen bedeuteten.

Politik der Kabinette, Politik der Nationen, Politik der Vollstreckung sozioökonomischer oder gesamtgesellschaftlicher Interessen – wie immer man die Dinge sieht und anfaßt: Unter den Wiener Bedingungen des Jahres 1870 lassen sich die Momente und Faktoren einer politischen Wendung am ehesten auf der einzig vorhandenen Ebene gesamtstaatlicher Koordination verfolgen. Damit sind wir wieder bei Beust. Anfang November hatte es die Reichskanzlei mit Unsicherheiten und Unklarheiten nach vielen Seiten hin zu tun: Unklarheit hinsichtlich der Verhandlungen über den Beitritt Süddeutschlands zum Nordbund, über Bismarcks weiteres Vorgehen gegenüber Österreich in Sachen des Prager Friedens, über die Chancen weiterer neutraler Vermittlungsaktionen zugunsten Frankreichs, über Fortdauer oder baldigen Zusammenbruch des französischen militärischen Widerstandes, über Fortsetzung oder Abbruch der föderalistischen Verfassungsreform in Cisleithanien (dahinter die Frage nach der Stärke der sogenannten Hofpartei und nach dem Willen des Kaisers), über die Möglichkeit,

Tschechen und Deutschliberale doch noch zu einem Ausgleich zu bringen...

Inmitten dieser innen- und außenpolitischen Fragezeichen ließ Beust neuerdings einen sehr ernsthaften Versuchsballon steigen. Es handelte sich um die schon oben erwähnte anonyme Broschüre ›Gedanken über die österreichische Politik der Zukunft‹, als deren Verfasser der aus Deutschland stammende, seit 1866 in Böhmen ansässige Baron Ludwig von Oppenheimer gilt. Die Broschüre wurde in Wien wie in Berlin als ganz von Beust inspiriert aufgefaßt und der Kanzler hat sich ganz mit ihrem Inhalt identifiziert.[1] Sie enthält in der Verknüpfung von einseitig interpretierter Zeitgeschichte, unstreitigen Tatsachenaussagen und politischen Zukunftswünschen ein einfaches und schlagkräftiges Programm der Innen- und Außenpolitik. Sie bietet gewiß nicht die Summe von Beusts damaligen Überlegungen und Absichten. Ihr Interesse liegt gerade in der propagandistischen Vereinfachung und Herausarbeitung nur *einer* Konzeption, mit der reihum an die Deutschliberalen und die Ungarn, an den Kaiser und seine »österreichische«, föderalistische Umgebung, an die Süddeutschen und vor allem an Preußen appelliert wird. Daß diese Programmschrift und das starke, positive Echo in Berlin, Wien und Budapest alsbald durch den Lärm um die Gortschakownote übertönt wurden, ändert nichts an ihrer Bedeutung für die hier zu verfolgenden Entscheidungsprozesse. Beust wählte das Mittel einer anonymen Broschüre, um eine außenpolitische Neuorientierung der Monarchie mit weitreichenden Folgen sondierend einzuleiten. Anknüpfend an Gedanken und Wünsche, die in der deutschliberalen Presse Österreichs seit Sedan erörtert wurden, gibt die Broschüre eine schlagende Zusammenfassung gerade jener Tendenzen und Vorschläge, die für die Reichskanzlei im Laufe des Oktobers 1870 wichtig geworden waren, ohne daß man sie Bismarck direkt hätte darlegen können. Diese Vorschläge bezeichnen eine weitere Etappe im Übergang Österreichs von einer europäischen Konsens- und Interventionspolitik zu einer einseitigen Verständigung mit Preußen-Deutschland. Gegenüber dem vorausgegangenen Versuchsballon von Anfang Oktober – den ›Randglossen zum preußisch-französischen Kriege‹, die Beust zwischen dem 8. und 18. Oktober im ›Pester Lloyd‹ hatte erscheinen lassen[2] – war nun das Programm radikalisiert und erweitert: durch die Konzeption eines österreichisch-deutschen Mitteleuropablocks (dessen Abgrenzung von dem »aggressiven« Rußland den europäischen Frieden und die Sicherheit des neuen Reiches garantiert) und durch die innenpolitische Konsequenz (Sicherung der deutsch-ungarischen Prädominanz in der Monarchie, mit Konzessionen an eine ausgleichende Nationalitätenpolitik).

Zu Anfang des Krieges – so beginnt die Broschüre – steckte die Monarchie noch mitten in der staatlichen Reorganisation. Die Deutschen wünschten deutsche Siege, die Magyaren fürchteten sie, Tschechen und Polen hofften auf deutsche Niederlagen. Im Widerstreit der Meinungen entschied sich die Regierung für eine abwartende Politik der Interessen. Dies war auch Beusts Standpunkt[3]; das Reich brauchte Frieden und Konsolidierung, umso mehr als das Wirken jener »slavisch-feudalen Opposition«, die zunächst das Bürgerministerium zu Fall gebracht hatte, nun auch die Ausgleichsversuche der Regierung Potocki unmöglich machte. Dieser sichtlich im deutsch-liberalen Sinne vereinfachten Analyse der Verfassungskrise folgt eine tiefe, uneingeschränkte Reverenz vor der kleindeutschen Einheitsbewegung und vor Bismarck:[4]

»Das große geeinigte Reich von vierzig Millionen Deutschen tritt gebietend in die Geschichte ein... Die Diplomatie der Höfe hat aufgehört und es beginnt die Diplomatie der Ideen und der Nationen. Trotz jener eisernen Consequenz, welche die Staatskunst des Grafen Bismarck auszeichnet, trotz jener rücksichtslosen Energie, welche die Kräfte der Staaten widerspruchslos dieser Staatskunst unterordnet, die Erfolge, welche die deutschen Waffen errungen, wären nie und nimmer erreicht worden, wäre es nicht eine unbezwingbare welthistorische Idee, welche die Politik des Grafen Bismarck vertritt. Die Einigung des deutschen Elements, sie kann und wird durch keine Cabinetspolitik, durch keine Machtentfaltung eines anderen Staates gehindert oder aufgehalten werden... Wenige Wochen vielleicht nur trennen uns von der Constituirung des deutschen Reiches, welches fortan bestimmt ist einen ersten Rang unter den Staaten Europas einzunehmen... Das gemeinsam vergossene Blut, die gemeinsam errungenen Siege, bilden den festen Kitt, welcher die Fürsten und Völker Deutschlands verbinden wird...«

Sofort schließt sich nun der außenpolitische Gedankengang Oppenheimer-Beusts an:[5] »Kann der Charakter dieses neu geschaffenen Reiches ein aggressiver sein, kann seine Politik eine Gefahr für den Bestand der österreichisch-ungarischen Monarchie bilden? Die Beantwortung beider Fragen dürfte vielleicht mehr von der Haltung des österreichischen Kaiserstaates, welche auf die Richtung der deutschen Politik einen zwingenden und bestimmenden Einfluß ausüben kann, als von Berlin abhängen.« Da ist es nun schon, das »Leitseil«, das Österreich dem deutschen Reich umwerfen will, noch bevor es ganz gegründet ist! Die weitere Argumentation ist schlicht und einfach. Gegen Frankreich wird Deutschland künftig durch Elsaß und Lothringen so geschützt, daß es keine aggressive Haltung einzunehmen braucht. Rußland hat 1866 und 1870 die Rolle des »stillschweigenden Bundesgenossen« gespielt. »Die zukünftige Haltung des Berliner Cabinets in seinen Beziehungen zu St. Petersburg aber wird bei der nothwendig gewordenen neuen Gruppierung der Mächte endgültig nur durch die Stellung, welche die österreichisch-ungarische Monarchie einzunehmen beabsichtigt, bestimmt werden.« Deutschland bedarf »bei der Eifersucht der Mächte gegen den plötzlich entstandenen Riesen«, angesichts der Kriegsfolgen, der Probleme mit Elsaß-Lothringen, des mühsamen Einigungsprozesses im Inneren einer langen Friedensepoche und eines Bundesgenossen, der mit ihm gemeinsam diesen Frieden erhalten kann. Dafür kommt weder England, noch Italien, noch Frankreich in Frage. Es bleibt Deutschland die Wahl, »zwischen der österreichisch-ungarischen Monarchie und Rußland zu entscheiden, diese Entscheidung dürfte aber in erster Linie durch die Haltung, welche das Wiener Cabinet einzunehmen für gut findet, herbeigeführt und bestimmt werden«.[6]

Rußland aber ist die einzige aggressive Macht Europas. Spätestens unter dem Großfürsten-Thronfolger wird die Aktion gegen den Orient und damit gegen Österreich einsetzen. Sollte Deutschland dann auf Rußlands Seite stehen, so würde diesem Krieg mit Sicherheit ein nächster folgen: »Über den Trümmern des zertretenen Österreichs würden Germanismus und Slaventhum den furchtbarsten Kampf ausfechten, den Kampf um die Herrschaft Europas, welche der eine Theil erst nach der endgültigen... Niederwerfung des Gegners antreten könnte.«[7] Österreichs Interessen sind auf Frieden und Ausgleich, auf die Entwicklung der Kultur und der Wirtschaft seiner Länder und Völker gerichtet. Es empfiehlt sich dadurch als der geeignete Bundesgenosse Deutschlands. Wenn Österreich durch eine feste und dauernde Allianz mit Deutschland im Rücken gedeckt ist, kann es seine Kraft im Orient einsetzen, ohne jede aggressive Tendenz und mit den freundlichsten Beziehungen zu Rußland, solange dieses die Lage im Orient nicht zu verändern sucht. Keine Intervention Englands, nur die Haltung Deutschlands wird Rußland daran hindern, sich mit ganzer Macht auf den Orient und infolgedessen auf Österreich zu werfen.

Dann wird von Oppenheimer-Beust die deutsche Öffentlichkeit angesprochen. Die große Majorität der deutschen Bevölkerung hat nie vergessen, daß zwar das Ausscheiden Österreichs aus Deutschland eine historische Notwendigkeit war, daß aber die Art des Vorgehens ein großes Unrecht bedeutete. Diese Majorität, »welche die Gefahren der russischen Aktion fühlt und erkennt, welche den Neid der Mächte entstehen und wachsen sieht, will mit aller Kraft die Wiederherstellung eines guten und dauernden Einvernehmens mit Österreich«.[8] Auch die Höfe und die Diplomatie lassen hoffen: Österreichische Sympathien herrschen bei dem preußischen Kronprinzen, bei dem sächsischen Königshaus und bei den befreundeten Bayern. Sollte die Person Beusts wirklich ein Hindernis für das Zusammengehen mit Deutschland sein, so würde der Reichskanzler ohne Zögern sein Amt zur Verfügung stellen.[9] Und der Kaiser Franz Joseph? Was wird der »erlauchte Enkel der germanischen Imperatoren« fühlen und sagen, wenn sich der Hohenzoller die deutsche Kaiserkrone aufsetzt? Auch da kann die Broschüre genaue Auskunft geben: Es wird eine »wehmütig ernste Stunde« sein für Franz Joseph, aber er wird dem Glück und der Zukunft seiner Völker jedes Opfer bringen. Er hat schon lange der Rachsucht abgesagt und wird den Erfolg anerkennen, den das Geschick König Wilhelm beschieden hat.

Weiterhin geht es um den Prager Frieden. Hier ist die Haltung der österreichischen Regierung – so weiß die Broschüre – ganz eindeutig: sie verzichtet auf die Rechte, die ihr aus diesem Vertrag zustehen; sie anerkennt die Resultate des jetzigen Krieges. Dadurch »enthebt [sie] Deutschland der Notwendigkeit, diesen Frieden mit Gewalt zu brechen und sich die Allianz fremder Mächte zu sichern«.[10] Damit sichert Österreich die innere Konsolidierung Deutschlands gegen die Intervention der Mächte, erwirbt die Sympathien aller deutschen Stämme und ruft die mächtigen gemeinsamen Erinnerungen beider Reiche wach. Und Österreichs Gegenforderungen an Deutschland? Für Österreich genügt die »moralische Unterstützung« Deutschlands. Sie sichert den Frieden, sichert die innere Konsolidierung der Habsburger Monarchie und den Stand der Dinge im Orient. Sie zeigt auch den Weg zu einer zweckentsprechenden Form des künftigen Bündnisses der beiden Staaten: keine »nationale Einigung«, sondern eine »internationale Allianz«, die allein den Bedürfnissen des Vielvölkerstaates Österreich entspricht.

Dem außenpolitischen Programm schließt sich konsequent der innenpolitische Entwurf an. Einerseits trägt die Broschüre dem deutschliberalen Standpunkt Rechnung: »Seit der Weltstellung, welche Deutschland mit dem Jahre 1870 errungen, [ist es] zur Unmöglichkeit geworden, die Deutschen Österreichs slavischen oder feudalen Interessen dienstbar zu machen und den Slaven der Monarchie mehr zu concediren, als mit der Selbsterhaltung der Deutschen vereinbar ist.« Doch die Unbestimmtheit dieser Formel fällt auf. Sie wird noch auffallender, wenn man sie mit den folgenden Zugeständnissen an die Ausgleichspolitik Potockis und an das Programm einer Ausdehnung der nationalen Autonomie zusammen nimmt. (Und bezeichnenderweise wird für Beust die Patenschaft der Potockischen Ausgleichspolitik in Anspruch genommen!) Jede Germanisierungstendenz würde heute zum Zerfall der Monarchie führen. Es ist notwendig, »sich auf alle Nationalitäten des weiten Reiches zu stützen und sie alle gleich zu interessieren an dem Bestand und der Machtstellung der österreichisch-ungarischen Monarchie.«[11] Warnend wird den Deutschen Österreichs gesagt, daß ein deutsch-österreichisches Zusammengehen in der Form eines »nationalen Zusammenhanges« die Existenz der Monarchie zerstören müsse. Wie die Dezemberverfassung, so wird der Dualismus und die Stellung der Ungarn ausdrücklich bekräftigt. Unüberhörbar ist die Warnung vor einer Aufhebung oder Sistierung der Verfassung – sie dürfte an die Adresse des Kaisers und der sogenannten Hofpartei gerichtet sein: das Ende der Verfassung wäre heute gleichbedeutend mit dem Beginn der Revolution in Ungarn und des Irredentismus, des »Schmerzensschreis« bei den Deutschen. Noch warnender und voll Vorwurf wird aber den »feudalen und klerikalen Elementen« Cisleithaniens die Schuld an dem so unversöhnlich gewordenen Nationalitätenkampf gegeben. Am schärfsten geht die Broschüre gegen die tschechische Opposition vor. Ein Zerfall Österreichs, eine eventuelle Aufteilung unter Rußland und Deutschland, hätte für sie die schlimmsten Folgen: machtlos wären die Tschechen dem deutschen Sieger ausgeliefert. Insgesamt neigt die Beurteilung der Verfassungskrise deutlich dem deutschliberalen Standpunkt zu, wobei jedoch die Bedeutung des nationalen Ausgleichs festgehalten wird.

Die Prinzipien des innenpolitischen Programms von Oppenheimer-Beust sind also klar. Doch wo soll der praktische Ansatzpunkt der Lösung gefunden werden? Es wird angedeutet, daß die »Basis«, auf welcher die slawisch-föderalistische Opposition steht, verändert werden müsse, um Ausgleich und Versöhnung herbeizuführen.[12] Das konnte eine Veränderung des Wahlrechtes oder der Stellung der Landtage bedeuten. Jedenfalls lag es durchaus in der Richtung dieses Programms, die erfolglose Regierung Potocki nun durch eine gemäßigt deutschliberale Regierung zu ersetzen. Bekanntlich hat Beust damals und in den folgenden Monaten dem Kaiser Vorschläge dieser Art gemacht.[13] Eine solche innenpolitische Entscheidung hätte gewiß dem außenpolitischen Wunschziel der Broschüre entsprochen.

Wenn sich damals preußischerseits Schweinitz in Wien und der Staatssekretär von Thile in Berlin so zufrieden über dies Programm äußerten, so hatten sie offenbar nur sympathische Teilaspekte im Auge: Verzicht auf den Prager Frieden, volle freundschaftliche Anerkennung der Reichsgründung. Der eigentlich intrikate Punkt der Programmschrift – daß Österreich aufgrund der veränderten europäischen Situation nun einen »zwingenden und bestimmenden Einfluß« auf die Richtung der deutschen Politik ausüben könne und wolle und daß nur durch Preußen-Deutschlands künftige Trennung von dem »aggressiven« Rußland und durch seine feste Bindung an die friedliche Donaumonarchie der Reichsgründung ihr für Europa bedrohlicher Charakter genommen werden könne –, der scheint damals den Herren Schweinitz und Thile nicht aufgefallen zu sein; für Bismarck jedoch mußten diese Behauptung und diese Umarmung a limine alarmierend wirken. Die folgenden zwanzig Jahre seiner europäischen Politik sind erfüllt von der Anstrengung, Deutschland durch das hier erstmals von Österreich her geworfene »Leitseil« nicht fesseln zu lassen.

Die Broschüre war von Beust am 3. November dem preußischen Gesandten überreicht worden. Sie spiegelte noch die im Oktober gegebene internationale Lage wider, als Metz noch nicht kapituliert hatte. Nach dem Fall von Metz und nach der neuerlichen Verhärtung des preußischen Verhaltens gegenüber Wien[14] unternahm man in der Reichskanzlei nochmals eine interne Standortbestimmung. In einer für den Kanzler und den Kaiser bestimmten Denkschrift vom 4. November versuchte Beusts engster Mitarbeiter, Sektionschef Leopold von Hofmann, Konsequenzen aus der außenpolitischen und innenpolitischen Krise zu ziehen.[15]

Hofmann geht von der Annahme aus, daß nach der Kapitulation von Metz das Entstehen eines deutschen Bundesstaates (mit einigen Konzessionen für Bayern und Württemberg) nicht mehr zu verhindern ist. Welche Rückwirkungen, welche Gefahren bringt das Entstehen einer derartigen Militärmacht, die den größeren Teil der Grenzen der Monarchie umfaßt, für Österreich-Ungarn? Innenpolitisch gesehen gibt es eine kleine, aber – so meint Hofmann – nicht ganz ungefährliche deutschnationale Partei. Ihr Programm ist ein staatsrechtliches oder doch ein möglichst enges internationales Verhältnis der Monarchie zu Deutschland. Ein staatsrechtliches Verhältnis würde jedoch die Unterordnung und fast schon die Zertrümmerung Österreichs bedeuten: »Der Sache nach würde, so lange die militärische Spitze Preußens das wesentlichste und hervorragendste Moment des Bundesstaates bildet, das vorgeschlagene Rechtsverhältnis einer willenlosen Aufopferung der sämtlichen Volksstämme des Reiches für die militärischen Zwecke Preußens, ihrer Unterjochung unter das politische System dieses Staates gleichkommen.« Das wäre unvereinbar mit dem Willen der »unendlichen Mehrheit« der Bevölkerung Österreich-Ungarns. Daher können diese Bestrebungen auch keine eigentliche Gefahr für den Bestand des Staates bilden.

Die Forderung des »innigen Anschlusses« wird von Hofmann als unklar und inhaltlos kritisiert. Die Pflege freundnachbarlicher Beziehungen sei ja selbstverständlich. Ein Schutz- und Trutzbündnis mit gegenseitiger Grenzgarantie könnte für die Monarchie nur nachteilig sein: Österreich müßte Verpflichtungen für Elsaß-Lothringen gegen Frankreich übernehmen, könnte aber nicht auf eine aktive Unterstützung seiner Interessen im Orient durch Preußen hoffen. Der Bruch des unauflöslichen Bundesvertrages durch Preußen 1866 zeigt den Wert eventueller Bürgschaften von dieser Seite: »Einen bestimmten formellen Ausdruck für die Forderungen des innigen Anschlusses zu gewinnen, wird sicher in so lange wenigstens schwer möglich sein, als der Kern der neuentstandenen Organisation überwiegend den Tendenzen der preußischen Militärpartei überantwortet ist.«

Wenn also die Wirkungen der Reichsgründung auf die Monarchie nicht durch einen Vertrag eingedämmt werden können, muß – nach Hofmanns Meinung – die Monarchie in sich selbst die Mittel zur Abwehr dieser fortgesetzten Gefährdung finden: Stärkung der Wehrkraft und innere Reform. Österreich-Ungarn muß für eine den preußischen Leistungen entsprechende Operationsfähigkeit seiner Armee sorgen.[16] Das ist Aufgabe der militärischen Stellen und die bevorstehenden Beratungen der Delegationen werden die erforderlichen Mittel desto eher bereitstellen, wenn die innere Reform ins Werk gesetzt wird. Die Dezemberverfassung von 1867 hat ihren Hauptzweck, die Einigung der Nationalitäten, nicht erreicht. Die Gegensätze haben

sich so zugespitzt, daß Gefahr besteht, den größten Teil der politisch denkenden deutschen Bevölkerung in eine systematische Opposition gedrängt zu
sehen. Eine Gewaltpolitik gegen diese mächtige Gruppe kann vermutlich zu
keinem Erfolg führen. Die jetzigen Führer der »deutschen Partei« kommen
für eine Lösung des Konflikts zwar nicht in Frage. Aber die Masse ist loyal
und österreichisch gesinnt. Sie muß durch die innere Reform gewonnen werden: Erweiterung des Wahlrechtes, Einführung der direkten Wahl zum
Reichsrat, verbunden mit größerer Autonomie für die Länder. Hofmann
sieht das Programm hierfür in jenem Zirkular Beusts vorgezeichnet, das im
April 1870 die Ausgleichspolitik der Regierung Potocki unterstützte.[17] Diese
Reformen lassen den Ausgleich mit Ungarn unberührt. »Wenn S. Majestät in
dem Augenblicke, in welchem die sieggekrönten preußischen Truppen ihren
Heimzug nach Berlin feiern und einen deutschen Kaiser als Mehrer des Reiches proclamieren werden, auf den Beistand und die echt österreichische An-
hänglichkeit eines aus unmittelbaren Wahlen hervorgegangenen Parlamen-
tes sich zu berufen vermögen, wird es nicht schwer sein, feindseligen Mächten zu begegnen und dem Glanze kriegerischer Triumphe den echteren
und unvergänglicheren Werth wahrer Volksbefriedigung entgegenzustellen.«

Ein liberales Reformprogramm mit föderalistischen Konzessionen – und
nach außen ein vorsichtiges Abwarten gegenüber dem neuen Deutschland:
So sah Hofmann die Dinge. Man weiß, daß es dann andersherum gekommen
ist: Erst nach der deutsch-österreichischen Annäherung und im Zuge ihrer
innenpolitischen Wirkungen zugunsten der Deutschliberalen wurde in Cisleithanien 1873 die liberale Wahlreform durchgeführt, die neuerdings das
deutsche Element stark begünstigte. Mit diesem Ausblick soll nicht die mögliche Zweckmäßigkeit des Hofmann-Beustschen Reformkonzeptes von
1870 – im Sinne einer Überwindung der tiefen Krise – in Frage gestellt werden. Wohl aber die Realisierbarkeit, denn wir wissen ja, wie sehr Franz Joseph (und die hinter ihm stehenden Kreise) damals auf eine verstärkte Fortführung der föderalistischen Lösungsversuche festgelegt war.[18]

Und Beust selbst? Auch wenn Beust diese innenpolitische Gegenströmung
in ihrer vollen Stärke erkannt haben sollte, so war er doch von Hause aus viel
mehr als Hofmann mit der außenpolitischen Manövrierfähigkeit der Monarchie beschäftigt. Und was wir über seinen politischen Stil und über sein
Verhalten vor und nach dem November 1870 wissen, läßt vermuten, daß
ihm die aktive Sondierungspolitik gegenüber Preußen, wie sie in Oppenhei-
mers Broschüre propagandistisch vertreten wurde, jedenfalls mehr entsprach, als das von Hofmann empfohlene skeptische Abwarten. Mochte die
Skepsis Hofmanns auch durch das neuerliche Verhalten Preußens unterstützt
werden – die Folgezeit erwies, daß Beust den einmal gefaßten Gedanken,
Preußen durch massives freundliches Entgegenkommen »das Leitseil umzu-

werfen«, selbst gegen das Zögern des Kaisers zu konkretisieren imstande war.

Daß dieser fundamentale politische Entwurf nicht zuerst in Beratungen der Reichskanzlei oder des gemeinsamen Ministerrates auftaucht, sondern in einer anonymen Broschüre, braucht niemand zu wundern, der Beusts überaus enges Verhältnis zur Publizistik kennt. So stellt die Oppenheimer-Broschüre gewissermaßen ein Bindeglied zwischen schon vorausgegangenen publizistischen Erörterungen und einer Regierungspolitik dar, die erst tastend, dann entschiedener den Weg von einer europäischen Konsenspolitik zur einseitigen Aussöhnung und Allianz mit Deutschland einschlug. Dabei war es freilich im Zusammenspiel vieler Faktoren von besonderer Bedeutung, daß die Unterstützung Andrássys und der ungarischen Mittelpartei Beust beziehungsweise gerade dieser Alternative Beustscher Politik seit der Gortschakownote erst recht zugute kam.

Versucht man die innenpolitischen Gesichtspunkte Beusts in der ersten Novemberwoche festzustellen, so ist gewiß eine zunehmende Nähe zu den gemäßigten Deutschliberalen und zu den ungarischen Verfechtern des Dualismus zu beobachten. Die Verfügung der Notwahlen in Böhmen und das Eintreffen der deutschböhmischen Abgeordneten in Wien – damit die Wiederaufnahme der Verhandlungen in einem von den Deutschliberalen beherrschten Reichsrat –, das mußte mit seinen Intentionen für die Nachfolge Potockis, mit dem Eintreten gegen eine neuerliche Sistierung der Verfassung und mit der zunehmend prodeutschen Linie seiner Außenpolitik gut zusammenstimmen.

Die einzelnen Schritte der österreichischen Außenpolitik in den Tagen vor dem Platzen der »russischen Bombe« illustrieren diesen Stand der Dinge. Gegenüber Preußen war Beust weiterhin um Entschärfung der durch Bismarcks Drohungen belasteten Situation bemüht. Am 9. November glaubte er dem österreichischen Gesandten in Dresden mitteilen zu können, daß die preußische Verstimmung über die Art und Weise der Teilnahme Wiens an dem englischen Versuch einer Friedensvermittlung »als vollkommen behoben zu betrachten ist«.[19] Gegenüber dem italienischen Gesandten Minghetti, der in Wien besonders geschätzt wurde, äußerte sich der Kanzler deutlich über die Frage des Prager Friedens und über seine Haltung zu Preußen.[20] Die fällige Neuordnung in Deutschland, die Beust akzeptiert, kann nicht im Einklang mit dem Prager Frieden sein. Österreich will nur, daß sich dieser Vorgang in einer legalen, ehrenvollen Weise auf diplomatischem Wege vollziehe. »Wir wünschen keine Überraschungen.« Bisher hat Preußen jedoch auf das Bekanntwerden entsprechender österreichischer Hinweise an die nach Versailles reisenden bayerischen und württembergischen Minister nur mit einem Gegenmanöver geantwortet; es warf Österreich die Teilnahme an dem englischen Vermittlungsschritt vor. Doch Minghetti sah nach dem Gespräch mit

Beust die weitere Entwicklung in positivem Licht: Wenn Preußen und seine Verbündeten gegenüber Österreich nur jene Rücksichten nehmen, die in solchen Fällen geboten und gebräuchlich sind, können sie gewiß in Deutschland alle staatlichen Veränderungen vornehmen, die sie wünschen.

Überhaupt legte Beust auf die guten, ja herzlichen Beziehungen zu Italien besonderen Wert, nachdem die Haltung Rußlands in der Frage einer neutralen Aktion zugunsten Frankreichs immer unbefriedigender erschien. Übereinstimmend mit Italien wurde die französische Bitte um eine Erklärung der neutralen Mächte gegen die preußischen Annexionsforderungen abgewiesen.[21] Dies Vorgehen erschien erforderlich, um eine künftige gemeinsame Friedenspolitik mit England zu sichern. Gewiß kam aber darin auch das Sinken der Rücksichtnahme auf Frankreich nach dem Fall von Metz zum Ausdruck. Dagegen konnte die Kritik, die Vitzthum aus Brüssel gegen »la timide Angleterre« vorbrachte, so wenig ausrichten wie seine leidenschaftlichen Anklagen gegen die preußische Kriegführung.[22] Beunruhigend wirkte in Wien das Verhalten Rußlands. In einem gemeinsamen Ministerrat am 2. November hatte Beust die Frage nach der politischen Opportunität einer weiteren Zurücknahme der Rüstungen eindeutig bejaht, ebenso am 5. November die Frage der Aufhebung des Pferdeausfuhrverbotes.[23] Doch schon am folgenden Tag fand in Anwesenheit des Kaisers eine weitere Sitzung des gemeinsamen Ministerrates statt, in welcher Beust Meldungen der Konsuln in Jassy und Odessa über russische Rüstungen vorlegte. Die politische Diskussion wurde von Kriegsminister Kuhn und Beust bestritten. Kuhn wies auf die Frage des Pariser Vertrages und des Schwarzen Meeres hin: Aufgrund von Abmachungen zwischen Preußen und Rußland werde nach dem endgültigen Sieg über Frankreich von russischer Seite gewiß eine Revision des Vertrages von 1856 und insbesondere der Schwarzmeerklauseln angestrebt werden. Beust war anderer Meinung. Er sah das unmittelbare Problem weniger in dem Pariser Vertrag und seiner Revision beziehungsweise in einem russischen Vorgehen, das die Neutralisation des Schwarzen Meeres nicht mehr anerkannte. Zu einem zweiten Krimkrieg – so meinte Beust – werde es nicht kommen.[24] Dagegen zeigte sich der Kanzler besorgt über die Lage in Rumänien: »Tatsache sei es, daß Fürst Karls Thron auch heute noch auf schwachen Füßen stehe und daß Preußens Wunsch dahin gehe, für ihn mit Hilfe Rußlands Ordnung zu machen. Daraus ergebe sich aber die Frage der Einrückung Rußlands in die Fürstentümer und in weiterer Folge die Frage, wie wir uns gegenüber einem solchen Auftreten Rußlands verhalten sollen, da wir dann unmöglich passiv verbleiben können.« Es gebe dann zwei Alternativen: Entweder man rückt gleichzeitig mit Rußland in die Donaufürstentümer ein oder man erklärt Rußlands Einmarsch zum Casus belli.

Die Konferenz beschloß, die zuvor entschiedenen Truppenreduktionen nicht durchzuführen. Beust und die übrigen Konferenzteilnehmer zeigten sich ebenso wie Kuhn von der preußisch-russischen Komplicenschaft und von ihrer für Österreich bedrohlichen Wirkung im Orient überzeugt. Drei Tage später wußte man mehr. Der russische Gesandte Nowikow übergab am 9. November Beust die berühmte Zirkulardepesche Gortschakows, welche die einseitige Kündigung der Schwarzmeerklauseln des Pariser Vertrages enthielt. Nun war eine Orientkrise da, noch bevor der Krieg in Frankreich ein Ende gefunden hatte. Wie auch immer es um den preußisch-russischen Zusammenhalt stehen mochte, Österreichs Gesamtlage, seine innenpolitischen Fragen und die tastende Neuorientierung seiner deutschen Politik wurden durch die Pontuskrise unmittelbar betroffen. Ein überaus kompliziertes diplomatisches Spiel setzte ein, das Bewegung und Verwirrung in das europäische Staatensystem brachte. Das Selbstbewußtsein nicht nur Rußlands, sondern auch der slawischen Nationalitäten in Österreich-Ungarn erfuhr eine spürbare Steigerung. Der latent stets vorhandene Zusammenhang zwischen deutscher und orientalischer Frage wurde zum letzten Mal akut.

Die politische Geschichte der Pontuskrise vom November 1870 bis zu ihrer Beilegung auf der Londoner Siebenmächtekonferenz (17. Januar bis 13. März 1871) ist von verschiedenen Seiten her ausführlich erforscht worden.[25] Sie ist eine schier unerschöpfliche Fundgrube diplomatischer Finessen und interessiert uns nur in bezug auf den Weg der österreichisch-deutschen Beziehungen. Angesichts des umfassenden und komplexen Charakters dieser internationalen Krise wird es sich jedoch nicht vermeiden lassen, hie und da die weiteren Aspekte in knapper Form einzubeziehen.

Am Ballhausplatz war man sowohl durch Choteks Berichte aus St. Petersburg wie durch Prokeschs Nachrichten aus Konstantinopel davon informiert, daß russische Absichten und Vorbereitungen in Richtung einer Vertragsrevision bestanden. Doch scheint man eher eine Kongreßinitiative, eventuell im Zusammenhang mit einem europäischen Friedenskongreß zu Ende des deutsch-französischen Krieges, erwartet zu haben als ein einseitiges Vorgehen Rußlands. Mit einer entsprechenden Unterstützung Rußlands durch Preußen wurde gerechnet. Von einer österreichischen Initiative zur Aufhebung der Schwarzmeerklauseln im Sinne der Verbesserung der Beziehungen zu Rußland riet Chotek im Oktober 1870 dringend ab, mit dem Hinweis auf die negative Aufnahme des Wiener Vorschlags von 1867[26]; damals hatte Rußland Beusts Angebot einer einverständlichen Revision des Pariser Vertrages zwecks Herstellung einer Solidarität der Großmächte gegenüber der orientalischen Frage brüsk abgewiesen.[27] Und eine entsprechende Sondierung Beusts bei seinem Zusammentreffen mit Gortschakow im Sommer 1869 in Ouchy hatte anscheinend ein ähnliches Echo gefunden. Auch die andeutungsweise Behandlung der Frage in den Augustverhandlungen zwischen Wien und St. Petersburg hatte zu nichts geführt. Beust war in hohem

Grade besorgt, seitdem Frankreich als Partner einer antirussischen Balkan-
politik ausgefallen war, und verfolgte die russisch-türkischen Gespräche mit
Aufmerksamkeit.[28] Zugleich war Beust mit der Frage der internationalen
Donaukommission befaßt, die seit 1856 bestand und an deren Verlängerung
Wien sehr interessiert war. Ein Zirkular Beusts vom 22. Oktober, das die
Frage einer Verlängerung der Donaukommission behandelte, hatte bei Gort-
schakow eine überaus negative Reaktion hervorgerufen.[29]

Nun war also im Kronrat zu Zarskoje Selo am 27. Oktober die einseitige
Kündigung jener Bestimmungen des Pariser Friedens von 1856 beschlossen
worden, die das Schwarze Meer neutralisiert hatten. Bismarck hatte, wie
schon oben gezeigt wurde, diesen Schritt im preußischen Interesse angeregt
und als Mittel zur Lähmung einer solidarischen Friedens- und Interventionspolitik der neutralen Großmächte gewünscht. Er war nur mit dem Termin
des russischen Vorgehens nicht einverstanden. Ein preußischer Versuch, Zurücknahme und Verschiebung der Gortschakownote zu erreichen, mußte erfolglos bleiben. Seit dem 9. November hatten die europäischen Mächte auf
diesen Vertragsbruch zu reagieren, der zufolge des Separatvertrages der
Westmächte mit Österreich vom 15. April 1856 als Casus belli zu betrachten
war.

In welcher Weise sich die Pontuskrise auf die offenen Fragen des deutsch-
österreichischen Verhältnisses auswirken werde, war zunächst gar nicht abzusehen. Würde es zu einem Krieg kommen, zu einem Krieg Österreichs,
Englands, vielleicht auch Italiens mit dem osmanischen Reich gegen Rußland? Würde dann Preußen-Deutschland zugunsten Rußlands eingreifen,
politisch oder sogar militärisch? In Ungarn machte sich nach dem Bekanntwerden der »russischen Bombe« eine kriegerische Stimmung bemerkbar und
unentwegte Vertreter eines scharfen antipreußischen Kurses wie Graf Vitzthum, Österreichs Gesandter in Brüssel, hofften zeitweilig auf eine große
Konflagration, die Preußens Siege doch noch zunichte machen sollte.[30] In
Wien reagierte man scharf auf den russischen Vertragsbruch (auch weil man
die Reaktion der Austroslawen und die Bewegung in der europäischen
Türkei fürchtete), wartete aber vorsichtig das Verhalten Englands und Preußens ab. Viel kam nun auf die von Andrássy zu formulierende Form der ungarischen Interessen an. So wurde denn auch der wichtigste Gegenstand des
gemeinsamen Ministerrates am 14. November die Auseinandersetzung zwischen Beust und Andrássy über das künftige Verhalten gegenüber Preußen-
Deutschland. Daß es ein Leichtes sein werde, in Zukunft Preußen von Rußland zu trennen, das hatte selbst die schwungvolle Propagandabroschüre, die
Beust Schweinitz übergab, nicht behauptet. Anders Andrássy. Obwohl
Schweinitz seit Kriegsausbruch gegenüber Andrássy betont hatte, daß Österreich-Ungarn Preußen niemals in eine Position manövrieren dürfe, in der es
zwischen der Habsburger Monarchie und dem Zarenreiche zu wählen

habe,[31] hielt der ungarische Ministerpräsident auch nach der Gortschakow-note an seiner früheren Meinung[32] fest, die Trennung der beiden Mächte sei in dieser Frage leicht und rasch zu erreichen.

Alle Konferenzteilnehmer, einschließlich der beiden Ministerpräsidenten Potocki und Andrássy, waren sich darin einig, daß der russische Vertragsbruch zurückzuweisen sei und daß man sich vor allem an Englands Verhalten zu orientieren habe.[33] Andrássy wollte mehr, er schlug einen Kollektivprotest der Mächte, einschließlich Preußens, vor: »Rußland sei Preußens in dieser Frage nicht sicher und gerade gegenüber den Slaven sei es von Wert, wenn durch Preußens Beitritt zu einem Collectiv-Proteste gegen Rußlands Vertragsbruch der Nichtbestand eines Einverständnisses zwischen beiden Staaten constatiert werde... Eine bloße Trennung Preußens von Rußland in dieser Frage sei schon ein sehr großes Resultat, welches in der nahen Zukunft die weittragendsten Folgen haben könne und dieses sei entschieden zu erreichen.« Das war nun die ungarische Variante eines österreichisch-deutschen Zukunftsprogramms. Wie in den Überlegungen der Oppenheimer-Beust-Broschüre wurde selbstverständlich von einem Konsens der Ungarn und der Deutschliberalen in antislawischer und antirussischer Richtung ausgegangen. Doch da Andrássy die Schwierigkeiten dieser »Wendung« Preußens grundsätzlich unterschätzte, kam er zu einer anderen Einschätzung der taktischen Möglichkeiten der Pontuskrise als Beust. Er meinte, es sei nun schon die Gelegenheit zu einem Auseinandermanövrieren Preußens und Rußlands gegeben.

Beust hat diese ungarische Preußen-Illusion und die Schwierigkeiten, die *seiner* Deutschlandpolitik daraus erwuchsen, nach dem Frankfurter Frieden gegenüber dem Kaiser scharf kritisiert: »Es ist ein namentlich in Ungarn weit verbreiteter Irrtum, daß es genüge, Preußen von unserer Seite freundlich entgegenzukommen, um es sofort von Rußland zu trennen. Die Leidenschaft, mit der diese Auffassung im Laufe des verflossenen Winters bedauerlicherweise selbst in Regierungskreisen zutage trat, hat meine Aufgabe auf der Londoner Konferenz im hohen Grade erschwert...«[34] Ob Beust selbst von Anfang an tatsächlich von jeder Illusion im Andrássyschen Sinne frei war, mag dahingestellt bleiben. Jedenfalls wurde die Pontuskrise zum Anlaß einer sichtbaren Differenzierung.

Beust und, ihm folgend, alle anderen Teilnehmer der Konferenz vom 14. November hielten Andrássys Vorschlag des Kollektivprotestes und des Auseinandermanövrierens für verfehlt, wobei der Reichskriegsminister Kuhn ausdrücklich vor einer kriegerischen Attitüde gegenüber Rußland warnte. Beust betonte gegen Andrássy auch die antiösterreichische Absicht der russisch-preußischen Komplicenschaft, von der er überzeugt war: Er halte »Rußlands Note keineswegs für eine Übereilung, vielmehr glaube er, daß dabei auch Preußen, welchem es nur erwünscht sein könne, wenn Öster-

reich durch Rußland beschäftigt werde, mit im Spiele sei... Auf keinen Fall
könne man in einem Schritte, der gegen Rußland gerichtet ist, auf Unterstützung Preußens rechnen.« So verblieb man denn abwartend: kein Kollektivprotest, kein Kongreß (davor hatte Franz Joseph ausdrücklich gewarnt), weitere Fühlungnahme mit England und dem Osmanischen Reich. Doch wie
sollte es nun weitergehen zwischen Österreich und Deutschland? Die Solidarität der neutralen Großmächte, die seit dem August den Bezugsrahmen
der österreichischen Außenpolitik gebildet hatte, war schon vor der Gortschakownote zweifelhaft geworden. Die Sonderpolitik Rußlands hatte ihr
nun den Todesstoß gegeben. Eine neue Alternative, die »Leitseil«-Politik gegenüber Deutschland, war kaum erst sondierend vorgetragen, und schon
hatte die plötzliche Erfahrung anhaltender russisch-preußischer Komplicenschaft wieder zur Skepsis gemahnt. In dem Lavieren und Tasten, das überall
in den europäischen Kanzleien der Gortschakownote folgte, sind immerhin
einige Ereignisse und Faktoren auszumachen, die auf die festeren Umrisse der
österreichischen und europäischen Politik seit dem 22. November (preu-
ßisch-englischer Konferenzvorschlag zur Beilegung der Pontuskrise) vor-
ausweisen. Beusts persönliche Stellung, die offenbar noch im Oktober trotz
einer Annäherung an deutschliberale Positionen (oder vielleicht gerade deshalb) fraglich erschien, wurde durch die internationale Krise offenbar gefestigt.[35] Zwar verstummten auch weiterhin die Gerüchte von einer Ablösung
Beusts durch Andrássy nicht. Doch angesichts der an den Rand der Kriegsgefahr führenden Krise nahm der Kaiser jetzt keinen Wechsel in der Führung
der Außenpolitik vor.

Ein wichtiges Feld der österreichischen Außenpolitik war nach wie vor
Süddeutschland. Hier hatte sich der Knoten dergestalt geschürzt, daß durch
die Verhandlungen der süddeutschen Staatsmänner mit Bismarck in Versailles die Frage des Prager Friedens und der österreichisch-deutschen Zukunft spruchreif geworden war. Der spektakuläre Schritt, den Beust am
10./13. November in Form einer Reise nach München unternahm, ist nicht
leicht zu analysieren. Daß Beust im Oktober eine solche Reise plante, um
womöglich Bray in München zu treffen, wurde schon erwähnt.[36] Nach außen wurde die Reise mit der Begleitung seiner an den Genfer See reisenden
Familie begründet. In München nahm Beust, da sich die Rückkehr Brays aus
Versailles verzögert hatte, die Gelegenheit wahr, mit Brays Vertreter, Staatsrat von Daxenberger, ausführlich zu konferieren. Die Absichten und Ergebnisse dieser Münchenreise sind im Kontext der gleichzeitigen Vorgänge in
Versailles zu sehen. Dort waren am 2./4. November die bayerisch-preußischen Verhandlungen mit einer von Bismarck formulierten Alternative vorläufig zum Stillstand gekommen: Beitritt Bayerns zum Nordbund (mit Sonderrechten) oder Status quo mit verstärkten völkerrechtlichen Beziehungen
(nur letzteres entsprach den Instruktionen der bayerischen Unterhändler und

den von Bray an Beust gegebenen Zusicherungen). Erst seit dem 7. November kamen die Dinge in Versailles ohne offizielle Neuinstruktion und erst recht ohne neuerlichen Kontakt zwischen Bayern und Österreich wieder in Gang. Sie wurden im Verlauf der folgenden zwei Wochen im Sinne des Nordbundeintritts und somit entgegen den bayerischen Zusicherungen an Österreich entschieden.[37] Es war nicht nur der Druck der nationalliberalen Sektoren der Öffentlichkeit in Bayern und ganz Deutschland. Es war vor allem die persönliche Initiative des bayerischen Königs, der sich für ein Nachgeben in der Frage des Eintritts in den Nordbund persönliche Geldleistungen von preußischer Seite einhandelte. Dieser unwürdige Schacher des Monarchen um die Zukunft des ihm anvertrauten Landes braucht uns hier nicht weiter zu beschäftigen. Es ist ja weniger die Sache des Nordbundbeitritts selbst, als dieser Begleitumstand – nicht von Bismarck, sondern vom bayerischen Hof ausgehend –, der bis heute so beschämend wirkt und dessen freundliche Verharmlosung durch bayerische Historiker auch heute noch zu bemerken ist.[38]

Von dieser Initiative des Königs konnte Beust, als er nach München fuhr, nichts wissen. Es ist auch höchst fraglich, ob bei der sehr strengen Geheimhaltung des Manövers in Bayern außer Ludwigs Kabinettssekretär Eisenhart irgend jemand informiert war. Und wenn, dann war man offensichtlich am 11./12. November in der bayerischen Residenz über den Effekt, d.h. über das von Graf Bray nun doch in vornehm-langsamen Formen vollzogene Einschwenken auf die Nordbundlösung nicht im Bilde.[39] Beust scheint also von der Tatsache des Verhandlungsstillstandes in Versailles ausgegangen zu sein, die für Österreich günstig erschien. Dazu hatte sich ganz zuletzt noch eine unerwartete Verhärtung des württembergischen Standpunktes gegenüber Bismarck ergeben. Auch dies war natürlich für Wien ein Positivum: Die Pufferzone zwischen Österreich und dem neuen deutschen Reich, die man sich durch ein »Draußenbleiben« Bayerns erhoffte, wäre durch ein analoges Verhalten Württembergs vergrößert und konsolidiert worden. Diese Faktoren kombinierte Beust bei seiner Münchenreise mit der eben begonnenen Pontus-Krise und ihren möglichen Auswirkungen auf die deutsche Frage und die europäische Politik.

Beust betonte Daxenberger gegenüber nachdrücklich die Bedeutung einer selbständigen Stellung Bayerns »im deutschen Verfassungsgebiete«. Diese Selbständigkeit – so Daxenberger in seinem Bericht an König Ludwig II. – sei nach Auffassung des Reichskanzlers sowohl für Bayern wie für Österreich notwendig, »damit die Staaten von Preußen und Österreich nicht unmittelbar aufeinanderstoßen, sondern noch ein Vermittlungsglied bleibt«.[40] Dies entsprach genau dem im Oktober definierten Programm Wiens. Die Frage des Prager Friedens erläuterte Beust in München in einer Weise, die fast wörtlich mit der Oppenheimer-Broschüre und mit seinen Äußerungen gegenüber

Minghetti Anfang November übereinstimmte: Wahrung der Form und achtungsvolles Vorgehen durch Preußen gegenüber Österreich bei der Neugestaltung der Dinge, damit es Österreich möglich gemacht werde, zu Preußens Hinweggehen über den Prager Frieden schweigen zu können. Das Ganze wurde, wie auch schon im Oktober, mit einer für Preußen durchwegs freundlichen Gesinnung vorgebracht, die auf Daxenberger, zusammen mit gleichlautenden Berichten aus Berlin, offenbar überzeugend wirkte. Im übrigen erklärte es Beust für so gut wie ausgeschlossen, daß – »bei seiner Beurteilung der in Versailles verweilenden Staatsmänner« – eine Einigung über die bei einem Eintritt in den Nordbund für Bayern erforderlichen »Äquivalente« mit Bismarck möglich sei. Er zeigte sich also überzeugt, daß dieser Weg nicht gangbar sei. Neu war demgegenüber die Argumentation mit der Gortschakownote.[41] Der österreichische Reichskanzler wies seinen bayerischen Gesprächspartner auf die Bedeutung der nun beginnenden internationalen Krise auch für Bayern hin. Er betonte Bayerns Stellung als Donaumacht und entwickelte aus der Gortschakownote – wohl im Hinblick auf Preußens Haltung zu Rußland – ein zusätzliches Argument für Bayerns Festhalten an dem selbständigen Entscheidungsrecht über Krieg und Frieden. Daxenberger telegraphierte noch am 13. November ganz in diesem Sinne an Bray nach Versailles. Beust konnte nach Wien mit dem Bewußtsein zurückkehren, alles getan zu haben, was sich von Österreich her in dem Moment der neuen Krise zur Erhaltung Bayerns als »Vermittlungsglied« bei sonstiger Anerkennung der deutschen Einigung tun ließ.

Daß inzwischen die mächtigen Faktoren, die dem entgegenwirkten, das Übergewicht erhielten, hat Österreich späterhin ohne scharfe Vorwürfe an die Adresse des Grafen Bray und der Münchner Regierung registriert. Als alles vorbei war, in einem Rückblick zu Beginn des Jahres 1871, erteilte Beust dem Verhalten der süddeutschen Staaten gegenüber Wien im Prozeß der Reichsgründung detaillierte Zensuren.[42] Von Baden abgesehen – »dessen Regierung in diesen Kreis von Combinationen zu ziehen wir uns allerdings bereits seit längerer Zeit entwöhnt haben« –, erhielt Württemberg wegen mangelnden Kontaktes mit Wien eine sehr schlechte Note. Hessen wurde für die fortgesetzt intensive politische Fühlungnahme stark gelobt, Bayern mit Einschränkungen freundlich beurteilt: »Von Seite Baierns sind wir in anerkennenswerter Weise in Kenntnis der politischen Ereignisse und der herrschenden Strömungen erhalten worden. Wenn Graf Bray auch nicht immer in der Lage war, den Versprechungen und Zugeständnissen völlig gerecht zu werden, die er uns machen zu können glaubte, so gab seine Haltung doch von den loyalen Wünschen Zeugnis, in politischer Fühlung mit uns zu bleiben und die Anschauungen und Interessen der k.u.k. Regierung mit in Rechnung zu ziehen.«

Während Beust, nach Wien zurückgekehrt, die weitere Entwicklung der Pontuskrise verfolgte, brachten die Verhandlungen des Reichsrates neue Elemente in das Kräftespiel der innerösterreichischen Krise. Es war eine kurze Tagungsperiode. Man begann am 8. November, als die erste Gruppe der deutschböhmischen Direktmandatare eintraf, mit der Beratung des Adreßentwurfes, welcher die kaiserliche Thronrede vom September beantworten sollte. Die Hauptdebatten im Herrenhaus und in der Abgeordnetenkammer begannen am 16. und 17. November. Sie standen ganz im Zeichen heftigster Angriffe der deutschliberalen Verfassungspartei auf den föderalistischen Kurs der Regierung Potocki. Am 19. November wurde die Adresse im Sinne der deutschliberalen Majorität mit neunzig gegen sechzig Stimmen angenommen. Am 21. wählte man die Vertreter des Reichsrats in die Delegation, am 22. wurde der Reichsrat vertagt, damit am 24. in Budapest die Delegationen zusammentreten konnten. Dorthin reiste auch der Ministerpräsident Potocki, um dem Kaiser die Demission seines Kabinetts anzubieten, das mit seinem föderalistischen Ausgleichsprogramm erfolglos geblieben war.[43]

Es war das erste Mal seit Beginn des deutsch-französischen Krieges, daß das Parlament Cisleithaniens Gelegenheit hatte, zu den weltverändernden Vorgängen an Österreichs Grenzen die Stimme zu erheben. Was dabei zur Sprache kam, und was diese Sprache für Österreichs Politik gegenüber der Reichsgründung bedeutete, war wenig und viel zugleich. Der von deutschliberaler Seite formulierte und von Dr. Sturm referierte Adreßentwurf enthielt neben und vor einer überaus scharfen Kritik der föderalistischen Verfassungspläne Potockis eine unzweideutige Erklärung für die Freundschaft mit dem deutschen Nachbarn. Dabei war der staatsrechtliche Prozeß der kleindeutschen Einigung noch nicht vorgegriffen. Der Entwurf kritisierte zunächst die seit Kriegsbeginn verfügten Rüstungsausgaben der Regierung und fuhr dann fort: »Damit diese schweren Opfer nicht ganz vergeblich gebracht und dem Reiche nach außen friedliche Zustände auch für die Zukunft gesichert werden, erscheint dem Abgeordnetenhause ein aufrichtig freundschaftliches Verhältniß zu den deutschen Nachbarstaaten im unverkennbaren Interesse des österreichischen Kaiserstaates gelegen.«[44] Weiterhin berief sich der Entwurf für seine prinzipielle Kritik der föderalistischen Verfassungspolitik Potockis nicht nur auf Beusts Zirkulardepesche vom April 1870 (»Untrennbarkeit einer etwaigen Erweiterung der Landesautonomie von der Durchführung einer liberalen Reform der Wahlen für den Reichsrath«); vielmehr wurde die im Gang befindliche Einigung Süddeutschlands mit dem Nordbund als Argument gegen eine föderalistische Lösung angeführt: Gegenwärtig erfordert »nicht nur die einheitliche Gestaltung der östlichen Reichsländer, sondern auch die bevorstehende bundesstaatliche Einigung der benachbarten Gebiete für Österreich eine kräftige und zusammenfassende Centralvertretung aller Königreiche und Länder dringender denn je.« In dieser Form war das keine sehr schlagende Argumentation. Die Sache wird klarer, wenn man in Rechnung setzt, daß für die Verfassungspartei jederzeit Zentralisierung gleichbedeutend mit weiterer Vorherrschaft des deutschen Elementes in Cisleithanien war.

Sowohl im Herrenhaus wie in der Abgeordnetenkammer betonten die Sprecher der Verfassungspartei die zentrale Rolle der Deutschen als staatstragendes und loyales Element der Monarchie. Den Vorwurf, die Deutschösterreicher sähen dem Zerfall des Staates mit Freude oder doch mit Ruhe entgegen und sie erstrebten sehnlichst ein staatsrechtliches Aufgehen in Deutschland, wies im Herrenhaus Unger mit Entschiedenheit zurück.[45] Graf Wickenburg plädierte ausdrücklich für ein freundlicheres und näheres Verhältnis zu Preußen als Ergebnis der Haltung Österreichs in diesem Kriege.[46] Graf Anton Auersperg stellte noch einmal den staatlichen Konzentrationsprozeß in Deutschland der – wie er meinte – antiquierten Zerlegung Österreichs in seine »Nationalitäten-Partikel« gegenüber.[47] Am schärfsten wurde Unger in der abschließenden Debatte. Er griff die Regierung frontal an und formulierte für die Stellung der Deutschen und der Slawen in Österreich ein ausweigloses Entweder–Oder:[48] »Sie wollen freilich die Czechen zufriedenstellen, Sie wollen freilich die Slovenen und alle Föderalisten zufriedenstellen; aber es gibt noch eine andere Partei in Österreich und Sie haben nur eine Wahl: Wollen Sie jene Partei zufriedenstellen oder diese Partei, die bis jetzt zufrieden gewesen ist und fest an Österreich gehalten hat, unzufrieden machen? Das ist die ganze Frage. Wollen Sie den einen Eimer leeren, um dafür den anderen zu füllen? So stehen nun einmal leider die Dinge in Österreich!«

Ähnlich, nur noch lebhafter und drohender, traten die Deutschliberalen im Abgeordnetenhaus auf. Die Polen und die klerikal-föderalistischen Gruppen lehnten überhaupt die Beteiligung an der Adreßdebatte ab, da sie in dem Adreßentwurf nur einen einseitigen Parteistandpunkt sahen, der jede Verständigung ausschließe. So gehörte das Forum allein den Rednern der Verfassungspartei. Deutlich trat ihr durch die Siege in Frankreich gehobenes deutsches Bewußtsein zu Tage. Es ließ einer versöhnlichen Würdigung der Gegenseite und der Regierungspolitik keinen Raum und verstieg sich bis zu Drohungen einer Sezession.

Der mährische Abgeordnete Fux erklärte im Zusammenhang einer Kritik des böhmischen Staatsrechtes:[49]

»Nun, meine Herren, eine Zeit, wo die Fahnen des deutschen Heeres weit jenseits des Rheines flattern, wo die glorreichen Siege der deutschen Waffen die Brust eines jeden Deutsch-Österreichers mächtig, stolz und freudig schwellen (Bravo! links), eine solche Zeit ist nicht darnach angethan, *uns* Concessionen anzubieten und damit eine Art von Demüthigung zu verbinden, eine solche Periode ist vielmehr dazu da, daß *wir* den Preis bestimmen! (Bravo! Bravo! links.) Und es ist gut, dieser Fraction gegenüber es ausdrücklich zu sagen: Ja, wir sind treue und gute und brave Österreicher! Wir werden es — so Gott will — immer bleiben, aber beileibe nicht um jeden beliebigen Preis (Bravo! links), nicht um den Preis der moralischen und politischen Wegwerfung, nicht um den Preis, der uns auf den Opfertisch interessanter Nationalitäten legt (Bravo! links), nicht um den Preis, daß man die Führung, die uns nicht im Wege der Gewalt, sondern naturgemäß (Bravo! links) auf dem Wege der Cultur, Gesittung und socialen Stellung gebührt, durch künstliche Gewalt zurückschraubt und unterdrückt.«

Der niederösterreichische Abgeordnete Dinstl warf der Regierung vor, ihre Politik ziele auf eine Zerreißung Österreichs in Föderativstaaten, und sie helfe den Slawen, die Herrschaft über die Deutschen zu erlangen:[50]

»Und in welchem Momente machte man den Anspruch, um diese Zerreißung der Völker, um die Herrschaft in Ländern mit gemischter Bevölkerung über die Deutschen zu erlangen?

Ein welterschütternder Krieg zwischen Deutschland und Frankreich findet statt. Mag man über die Quellen und Ursachen dieses Krieges wie immer denken, so muß man anerkennen, daß Deutschland in diesem Kampfe eine Kraft und Ausdauer, eine Intelligenz und Tapferkeit entwickelt hat, welche die Brust jedes deutschen Mannes mit Stolz erfüllte. In Folge dieses Kampfes wird sich nun eine Einigung der Deutschen außer Österreich vollziehen...

Und nun, wo die Stämme Deutschlands außer Österreichs sich vereinigen, nun macht man den Deutschen Österreichs die Zumuthung, daß sie sich zerteilen lassen sollen in einzelne Länder, ... daß wir das Band der Verfassung, welches wir als Vereinigung aller Deutschen in Österreich anerkennen, zerreißen lassen sollen.

... Wir wissen auch, daß dieses Österreich nur durch die Verbindung von Deutschland groß geworden, nur durch diese Verbindung so entstehen konnte, wie es geworden ist.

Wir erklären aber auch, daß, wie es im Adreßentwurfe seinen Ausdruck findet, eine freundschaftliche innige Verbindung mit Deutschland eine sichere Garantie bietet für den Frieden und Bestand Österreichs. Ich sage dieß ohne Hinterhalt, denn die Deutschen in Österreich stehen stets treu zu Österreich, aber ein patriotisches Gefühl derselben für die Föderativstaaten von Czechien, Slovenien und wie sie sonst heißen mögen, dies dürfen Sie (zur rechten Seite) von uns nicht verlangen.«

Die Verfassungsfrage war nun zur politischen Machtfrage geworden, der Nationalitätenkampf auf voller Breite entbrannt. Potocki war erledigt. Gegen sein Programm bezogen sich die Deutschliberalen auf Beust, gegen den proslawischen Föderalismus auf das Vorbild der neuen deutschen Einheit und auf die Notwendigkeit einer engen Verbindung Österreichs mit Deutschland. Was bedeuteten diese parlamentarischen Bekräftigungen wirklich? Zwar konnte der Reichskanzler sich für eine schrittweise Realisierung einer »Leitseil«-Politik gegenüber Deutschland nun (mit gewissen Kautelen) auf eine Unterstützung der Ungarn und der Verfassungspartei stützen. Aber innenpolitisch waren die Gegensätze jetzt so gefährlich geworden, daß so oder so mit einem Anwachsen des nach Berlin blickenden zentrifugalen Nationalismus und darüber hinaus mit einer fortschreitenden Lähmung der politischen Kraft und Manövrierfähigkeit der Monarchie zu rechnen war. In Cisleithanien war keine Nachfolgeregelung für Potocki und kein Versöhnungskonzept in Sicht, das aus dem innenpolitischen Dilemma herausgeführt hätte.

Ähnlich unsichere Eindrücke bot weiterhin der außenpolitische Horizont. Englands Reaktion auf die Gortschakownote wurde in Wien als enttäuschend und nachgiebig empfunden. Beust hat 1872 England als die entscheidenden Fehler während des Krieges 1870/71 vorgeworfen, es habe zunächst »die famose Ligue des Neutres zu einer Karikatur gemacht«; dann »hat es den Moment versäumt, wo es nach der Gortschakowschen Depesche... an Preußen, das damals den kritischen Moment zu bestehen hatte, herantreten und ihm über seine Haltung für oder wider Rußland eine categorische Frage stellen konnte«.[51] Italien, das nach Beusts Absicht nun mit Österreich und England in der Abwehr der russischen Offensive fest zusammenhalten sollte, wurde nur mit Mühe und unter geradezu erpresserischen Hinweisen auf die römische Frage bei der Stange gehalten.[52] Auch die Türkei enttäuschte; hier begannen die von Ignatieff schon zuvor geführten Sonderverhandlungen Früchte zu tragen. Der Notenaustausch mit St. Petersburg und die Gespräche des österreichischen Gesandten Chotek mit Gortschakow ergaben wenig: Weder war ein Einlenken Rußlands noch irgendeine Alternative in der Art einer für Österreich günstigen Sondereinigung mit dem Zarenreich abzusehen.[53] Preußen hüllte sich in Sachen der Gortschakownote gegenüber Österreich in dunkles Schweigen.[54] Gegenüber Frankreich – und darin kann man erste Konsequenzen der veränderten Lage sehen – schlug Beust nun in der Frage Elsaß-Lothringen einen deutlichen Ton an.[55] Im Gespräch mit dem Privatsekretär Jules Favres, Reitlinger, der ihn in Wien aufsuchte, und in den Weisungen an Metternich erklärte er sich klipp und klar für die Abtretung der Provinzen als Mittel zur raschen Beendigung des Krieges und zur Senkung der Kriegsentschädigung, die Deutschland verlangen wird: »En un mot, la cession de ces territoires me paraît être maintenant la condition indispensable de la paix.« So sehr dieser Schritt Beusts auch durch frühere Hinweise und Ratschläge an die französische Adresse vorbereitet sein mochte, in prinzipieller Hinsicht bedeutete eine solche Stellungnahme die definitive Absage an frühere Absichten, Frankreichs territoriale Integrität mit Hilfe der gemeinsamen Intervention der Neutralen zu sichern. Sollte Frankreich sich solche Hilfe noch weiterhin von Rußland erwarten, so war das seine Sache; Österreich hatte anscheinend angesichts der Pontuskrise – und vielleicht auch im Sinne der Annäherung an Deutschland – keine Neigung mehr, sich hier zu engagieren. Insofern bezeugt schon dieser Schritt Österreichs, daß Bismarcks seit Ende August angelegte Rechnung aufgegangen war: Rußlands von Preußen angeregte und unterstützte Sonderpolitik in der Schwarzmeerfrage sollte die Solidarität der neutralen Mächte dauerhaft außer Kraft setzen.[56]

Der Angelpunkt der Krise lag in Preußen, umso mehr, als sich England bekanntlich entschloß, durch die Entsendung des Unterstaatssekretärs Odo Russell zu Bismarck nach Versailles diesem eine Art von Schiedsrichterrolle zu ermöglichen. Damit stellt sich nun die Frage, wie Bismarck unter dem Eindruck des russischen Vorgehens und der neuen Spannungsverhältnisse in Europa sein Verhalten zu Österreich-Ungarn einrichtete. Die Gortschakownote und die von Bismarck alsbald mit Englands Hilfe eingeleitete Konferenzpolitik veränderten das europäische Kräftefeld, sie veränderten auch die Konstellation zwischen Preußen und Österreich.

Zu beachten ist, daß Bismarck ja schon vor dem russischen Zwischenfall Anlaß hatte, auf Österreich in positivem Sinne Rücksicht zu nehmen. Es ging um die Beitrittsverhandlungen der süddeutschen Staaten. Das schwierige Endstadium der Beitrittsverhandlungen mit Bayern (seit dem 7. November) fiel zeitlich genau mit dem Bekanntwerden der russischen Note in Versailles zusammen. Diese Verhandlungen wurden preußischerseits unausgesetzt mit dem Blick auf Österreich geführt. Einerseits war für Bray nach dem Verzicht auf eine selbständige Stellung Bayerns die Bismarcksche Zusicherung künftiger guter Beziehungen zu Österreich erst recht von wesentlicher Bedeutung. Andererseits befürchtete Bismarck nach wie vor eine starke österreichische Gegenwirkung in München: zunächst, daß der Beitrittsvertrag in Versailles doch nicht zustande käme, dann, daß die parlamentarische Behandlung des Vertrags in München (und eventuell in Berlin) auf Schwierigkeiten stoße.[57] Deutlich, aber zunächst nicht eindeutig in der Richtung des praktischen Handelns ist Bismarcks gesteigerte Aufmerksamkeit gegenüber Österreich, seit General Annenkow in Versailles die Gortschakownote übergeben hatte. Er wies Thile in Berlin an, Beusts alte Depeschen vom 1. Januar und 3. Februar 1867, die eine einvernehmliche Aufhebung der Schwarzmeerklauseln zugunsten Rußlands vorgeschlagen hatten, auszugraben und an die Presse weiterzuleiten. In den entsprechenden Presseverlautbarungen solle zum Ausdruck kommen, »daß Rußland bei seinem jüngsten Schritte im Vertrauen auf Österreichs Zustimmung vorgegangen ist«.[58] Das Gleiche wurde übrigens von Bismarck selbst berichtet: »Er glaubte hierüber auf das Einverständnis des Grafen Beust rechnen zu können.«[59] Einverständnis oder Nichteinverständnis Österreichs war ein beachtenswerter Faktor in dem komplizierten

Spiel, das Bismarck in diesen Tagen und Wochen höchster diplomatischer Anstrengung zu verfolgen hatte. Eine Pressekampagne in dem von Bismarck angeordneten Sinne konnte wohl nur den Zweck verfolgen, das russische Vorgehen zu verharmlosen und den Widerspruch in der öffentlichen Meinung Europas herunterzustimmen. Meldungen über »kriegerische Stimmungen« in Wien und England veranlaßten die preußische Führung wenig später zu neuen Erwägungen und Sondierungen. Bismarck telegrafierte nach Petersburg, es solle dort vertraulich festgestellt werden, wieweit Rußland gerüstet ist und im Stande sein wird, etwaige feindliche Absichten Österreich-Ungarns gegen Preußen unschädlich zu machen.[60] Doch auch mit Gortschakow hatte Bismarck Schwierigkeiten. Der russische Kanzler beklagte sich, daß in Wien der Ausdruck der preußischen Überraschung (über den Zeitpunkt des russischen Vorgehens) Illusionen über die Haltung Preußens wekken und weiter zum Widerstand reizen könne.[61] Von Krieg, und zwar in einer für Preußen beunruhigenden Weise, wurde auch in London gesprochen. Tissot, der französische Geschäftsträger in England, meinte, daß eine Verabredung zwischen Rußland und Frankreich zugunsten des letzteren vorliege; Österreich werde infolgedessen vermutlich demnächst Bayern besetzen.

Die Eventualität der Teilnahme Österreichs an einer mit Rußland gegen Preußen gerichteten Koalition scheint Bismarck nachhaltig beschäftigt zu haben. Am 28. November erklärte er dem preußischen Botschafter in London, Graf Bernstorff: »Ich glaube nicht an Krieg im Osten, aber um Ew. pp. meine Ansicht vollständig zu entwickeln, füge ich hinzu, daß eine Kriegserklärung Englands und Östreichs gegen Rußland, mit der Gefahr, daß wir in diesen Krieg hineingezogen würden, mir für unsre Interessen augenblicklich weniger gefährlich scheinen würde als der Beginn einer Coalition der Neutralen, Rußland eingeschlossen, gegen uns.«[62] Gewiß muß man solche Auslassungen Bismarcks stets cum grano salis aufnehmen; im vorliegenden Zusammenhang ging es ihm vor allem darum, daß den Engländern die notwendige Rücksichtnahme Preußens auf Rußland verständlich gemacht werde: »Solange unsere Beziehungen zu Österreich nicht auf einen bessern und sicheren Fuß gestellt sind; solange in England die Erkenntnis nicht durchgedrungen ist, daß sein einziger wertvoller und sicherer Alliierter auf dem Kontinent in Deutschland zu finden ist, sind uns die guten Beziehungen zu Rußland von dem größten Wert.« Auch dies war eine relative Wahrheit aus Bismarcks Mund: So als ob Preußen-Deutschland nur warte, von Rußland weg zu kommen. Eine solche Sprachregelung hat Bismarck Odo Russell gegenüber noch nachdrücklicher gebraucht: daß Österreich und England die natürlichsten Bundesgenossen Deutschlands seien.[63] Sein erfolgreiches Zusammenspiel mit England in der Pontus-Krise war gewiß ein weiterer Faktor, Österreich nun mit anderen Augen als bisher anzusehen.

Nun denn – wie immer unvollständig und taktisch bedingt die damaligen Aussagen und Argumente Bismarcks waren: Die objektiven Umstände der Pontuskrise steigerten jedenfalls die Bedeutung, die Österreich für Preußen-Deutschland schon bisher hatte. Wenn irgendwann, dann war es jetzt für Bismarck an der Zeit, in diesem schiebenden Durcheinander von Alarm, Mißtrauen und positiver Berechnung, wo erstmals eine Vorahnung der neuen europäischen Spannungsfelder um das neue Deutsche Reich auftauchte, etwas in Richtung Österreich zu tun. Etwas, was für Süddeutschland half, was einen störenden Konflikt Österreichs mit Rußland ebenso in die Ferne rückte wie eine gefährliche Komplizenschaft beider Mächte gegen Deutschland. Etwas, was die Vorbereitung und den Verlauf der geplanten Pontuskonferenz günstig beeinflußte und überhaupt die Lage Preußen-Deutschlands entspannte. Dieses Etwas, so meint man, konnte Bismarck nicht schwer fallen. Österreich wartete darauf und hatte diese Erwartung oft und deutlich genug zum Ausdruck gebracht. Doch gerade diese oft bezeichnete Erwartung und die dahinterstehenden Absichten machten die Sache für Preußen schwierig. Denn Österreich wollte damit mehr in die Hand bekommen, als Preußen aus der Hand zu geben beabsichtigte.

Seit den großen deutschen Siegen und den ersten Schritten zur Einigung Süddeutschlands mit dem Norden hatte Österreich sich mit einer ununterbrochenen Reihe von Anfragen und Sondierungen an Preußen gewandt. Zunächst, als es sich um Antworten auf preußische Gutwetter-Aktionen handelte, war der Ton der österreichischen Gegenfragen eher zurückhaltend und allgemein gewesen: in der Erwiderung auf den Schritt des Prinzen Luitpold bei Erzherzog Albrecht und in der Audienz, die Schweinitz Anfang Oktober bei Franz Joseph hatte. Als aber diese Fragen nach einer von Preußen kommenden Berücksichtigung der österreichischen Interessen ohne Antwort blieben und als das süddeutsche Problem in den Vordergrund trat, war man in Wien deutlicher geworden: Anfragen wegen des Prager Friedens auf dem Wege über Bayern in Versailles und über Thile in Berlin, Sondierungen in Berlin wegen des ehemaligen Bundesvermögens, Übergabe der Oppenheimer-Broschüre an Schweinitz (die das Angebot des Verzichts auf den Prager Frieden bei entsprechender Verständigung enthielt) und amtliche Bestätigung dieses Vorschlags durch Beust gegenüber Schweinitz. Danach hat sich Wien anscheinend auch noch einer neutralen Vermittlung bedient, um Bismarck zu sagen, wie sehr es »wünschenswert sei, in bezug der Neugestaltung in Deutschland und auf Grund der Stellung Österreichs zu dem Prager Frieden in angemessener Form begrüßt zu werden«.[64] Zuletzt hatte Beust am 17. November eine dringende Anfrage nach der Stellung der preußischen Regierung zur Gortschakownote vorgebracht. Preußen schwieg im Oktober und im November. Bismarck fand sich erst dann zu einer einlenkenden Antwort bereit, als zu den Einwirkungen der Pontuskrise ein weiteres Moment trat: die gelungene Absicherung gegenüber Österreich durch den effektiven Abschluß der Beitrittsverhandlungen mit Bayern und Württemberg. Auf dieses Fait accompli gestützt, tat er nun den ersten Schritt. Der Schritt Bismarcks war in der Form und in der Sache vorsichtig kalkuliert. Er rechnete genau mit der Situation Österreich-Ungarns, die auf eine positive Antwort hinwies. Von einem Sturz des Reichskanzlers war fernerhin preußischerseits nicht mehr die Rede. Mit diesem, nach langem Warten erfolgten Schritt auf Österreich zu akzeptierte Bismarck zugleich Beust als Partner der Annäherung.

Beust hielt sich schon zur Eröffnung der Delegationssitzungen in Budapest auf, als er am 25. November folgendes Telegramm seines Mitarbeiters Baron Aldenburg aus Wien erhielt:[65]

»General Schweinitz ist von Gf. Bismarck beauftragt Euer Excellenz folgendes *vertraulich* mitzuteilen:

›Die vier süddeutschen Staaten haben Verträge abgeschlossen über ihre nationale Verbindung mit Norddeutschland.

Die preußische Regierung, indem sie die amtliche Nachricht nächstens zur Kenntnis bringen wird, begleitet diese vorläufige Mitteilung mit dem Ausdruck ihrer Wünsche und Hoffnung in betreff der Zukunft der geschichtlich begründeten freundschaftlichen Beziehungen zwischen Österreich und Deutschland...‹«

Keineswegs entsprach diese Mitteilung dem von Beust wiederholt und unmißverständlich angemeldeten Verfahrensvorschlag. Österreich hatte gegenüber Preußen beansprucht, *vor* den Vertragsabschlüssen konsultiert zu werden. Damit sollten seine Zustimmung zum Außerkraftsetzen von Artikel IV des Prager Friedens und zur Reichsgründung in einer korrekten Form gesichert und der österreichische Anspruch auf deutsche »Gegenleistungen« bekräftigt werden. Bismarck hatte nun durch seine Politik der vollendeten Tatsachen Österreich überspielt. Hatte es Sinn, mit Protest und Verschärfung auf die gutgezielte Eröffnung Bismarcks zu reagieren? Wir kennen aus den Tagen nach dem 25. November keine Alternativkonzeptionen auf österreichischer Seite, die – eventuell unter Einbeziehung des Kaisers und der gegen Preußen weiterhin mißtrauischen Kreise – in diese Richtung gewiesen hätten. Im Gegenteil. Die preußische Offerte, so wenig sie den österreichischen Forderungen nach vorheriger Verständigung über den Prager Frieden entsprach, traf im Zeichen der Pontuskrise, der deutschen Einigung und der innenpolitischen Krise der Monarchie auf einen fruchtbaren Boden. Die Chronik der österreichischen Außen- und Innenpolitik dieser Tage erläutert diese Konstellation. Am 22. November war durch den preußisch-englischen Konferenzvorschlag eine politische Lösung der Pontuskrise (statt der Unberechenbarkeiten militärischer Drohungen und Fronten) in den Vordergrund gerückt. Die süddeutschen Ziele Österreich-Ungarns im Sinne einer relativ selbständigen »Pufferzone« waren – das mußte Beust in den gleichen Tagen erfahren – von der Entwicklung überholt: am 24. November trat in Berlin der Reichstag des Norddeutschen Bundes zusammen, um die am Tag zuvor in Versailles von Bayern unterzeichneten Verträge zu ratifizieren. Wenn es nach dem Anschluß des Südens an den Nordbund noch eine Chance der politisch-militärischen Absicherung für die nun von Deutschlands Militärmacht drohend umfaßte Monarchie gab, so führte der Weg von jetzt ab nach Berlin und nicht mehr nach München oder Stuttgart.

Der Beginn der Delegationsverhandlungen am 24. November stellte die österreichische Führung nach innen hin vor die Aufgabe, ihre außenpolitische Linie so zu formulieren, daß man mit den beiden dominierenden parlamentarischen Gruppen – hier die Deutschliberalen, dort die Déakpartei – zurechtkam. Beust hatte alsbald auf antirussische und prodeutsche Interpellationen in der ungarischen und cisleithanischen Delegation zu antworten.[66] Im gleichen Zusammenhang ist zu beachten, daß am 23. November, also unmittelbar vor Bismarcks Offerte und vor der Delegationssitzung, die Wiener Reichskanzlei ihrerseits die Initiative zu einer gemeinsamen Aktion mit Preußen in den Fragen der Südostpolitik ergriffen hatte. Dies Vorgehen lag ganz auf der Linie der deutschliberalen und der ungarischen Interessen. Das Ineinandergreifen und Sichkreuzen beiderseitiger Angebote war bezeichnend für diese wichtige Etappe der österreichisch-deutschen Beziehungen. In der letzten Novemberwoche 1870 wurden beiderseits die Weichen gestellt. Die Entscheidungen dieser Etappe wurden später auf beiden Seiten nicht mehr unterboten, obwohl von einer vollen Deckung der beiderseitigen Interessen nicht die Rede sein konnte. Preußen war noch keineswegs geneigt, zugunsten Österreichs seine Beziehungen zu Rußland zu lockern. Das zeigte sich schon bald. Für Österreich waren jedoch die Annahme der preußischen Offerte und die Fortführung einer Annäherungspolitik (inclusive des nun geforderten Verzichts auf eine Verhandlung über den Prager Frieden) unter den damaligen Umständen zu wertvolle Elemente gegenwärtiger Stabilisierung und zukünftiger Möglichkeiten, als daß man hätte Nein sagen wollen.

Zunächst ging es in der letzten Novemberwoche um die wichtigen Modalitäten der von Preußen vorgeschlagenen Pontuskonferenz. Dort, und schon in der Vorbereitungsphase, mußte sich das neue Gleichgewicht der europäischen Kräfte einspielen. Seit dem 22. November verhandelte man über Bismarcks Konferenzvorschlag. Zunächst war Petersburg genannt, hauptsächlich auf Österreichs Einspruch hin entschied man sich dann für London.[67] Anfang Dezember stand das Zustandekommen der Konferenz nicht mehr in Frage, wobei allerdings die von Österreich gewünschten Vorbehalte und Vorklärungen nur zum Teil die Unterstützung Englands gefunden hatten. Nach den Enttäuschungen mit Englands nachgiebiger Haltung war es vor allem das Osmanische Reich, das zur großen Überraschung Beusts ganz von

einem gemeinsamen Widerstand gegen Rußland abrückte. In Wien erklärte
Halil-Pascha Beust gegenüber ohne Umschweife: wenn Österreich sich nicht
sofort bereit erkläre, gegen Rußland auch ohne England Krieg zu führen,
werde sich die Türkei mit Rußland arrangieren.[68] Darauf konnte Österreich
unter keinen Umständen eingehen. Und so war gerade von der türkischen
Seite her, wo man es am wenigsten erwartet hätte, Wiens Position durchaus
unsicher geworden.

Auf der Gegenseite der politischen Rechnung Österreichs in der Pontuskrise erschien nun Preußen. Preußen-Deutschland, der künftighin mächtigste
Staat in der Mitte Europas, als Verbündeter der Orientinteressen der Monarchie – das war in den vergangenen Monaten überall in Österreich und Ungarn diskutiert worden. Diese Gesichtspunkte waren zu fundamental, zu
sehr in der Sache begründet, um durch den vordergründigen Eindruck einer
preußisch-russischen Zusammenarbeit in der Pontuskrise verdeckt zu werden. Überlegungen über das »Timing« der Gortschakownote führten
Wimpffen, Österreichs Gesandten in Berlin, zu der Annahme, daß Rußland
sich wohl nur auf ein für Kriegsdauer mit Preußen geschlossenes Arrangement stützen könne; es werde vermutlich die Verpflichtung Preußens mit
Kriegsende erlöschen, daher die Eile Gortschakows...[69] Obwohl Wimpffen,
nach all seinen negativen Berliner Erfahrungen, die Möglichkeit eines fortdauernden Bündnisses zwischen Preußen und Rußland zur gänzlichen Vernichtung von Österreichs Macht nicht ganz ausschließen wollte, neigte doch
selbst dieser skeptische Diplomat zu positiven Perspektiven im Osten: Man
sollte annehmen, daß Preußen nach dem Kriege »die für die ungestörte Vormacht von ganz Deutschland unnatürlich gewordenen Bande lösen und sich
in der orientalischen Frage der Politik zuwenden werde, welche für uns heute
alle übrigen Rücksichten primiert, wobei wir aber auch mit den vitalsten Interessen der österreichisch-ungarischen Monarchie zugleich die eigensten
von ganz Deutschland vertreten und verteidigen. In diesem Falle müßte man
eigentlich auf Preußen zählen können, in keinem Falle aber etwas von Preußen zu befürchten haben.«

Ganz in diesem Sinne hat Beust bereits am 23. November, also zwei Tage
vor dem Eintreffen von Bismarcks Eröffnung, von sich aus die orientalische
Frage zum Anlaß einer neuen Anregung gegenüber Preußen genommen; es
trafen in diesen Tagen eine preußische und eine österreichische Initiative zu-
sammen. Der Kanzler knüpfte an die Oktober-Audienz Schweinitz' bei Franz
Joseph und an die damalige Botschaft König Wilhelms an. Er beauftragte
Wimpffen, in Berlin eine Note zu überreichen, die an den Sinn der damaligen
Äußerungen des Kaisers anschloß: daß eine Verständigung mit Preußen den
Interessen der Monarchie gerecht werden müsse:[70]

»In der Tat hat kaum in prägnanterer Weise, als es durch die Erklärungen
des Fürsten Gortschacow vom 31. v. M. geschehen ist, die Frage, was Öster-

reich-Ungarn für seine vitalsten Interessen von der Freundschaft Preußens zu erwarten habe, auf die Tagesordnung gesetzt werden können... Wir meinen nicht, daß es für Preußen und Deutschland gleichgültig sein könnte, von wem das schwarze Meer beherrscht wird, und die unverkennbaren Gefahren des Übergewichts Rußlands im Orient durch ein einseitiges und schrankenloses Vorgehen dieser Macht erhöht und nähergerückt zu sehen, kann Deutschland ebensowenig als uns selber unberührt lassen. Uns scheint im Gegenteile, daß der Bund, den Preußen führt, daß die deutschen Donaulande mit uns das Interesse teilen, die Ausgänge des Donauhandels gegen die Eventualitäten gesichert zu wissen, welche die russische Vorherrschaft im Pontus in naher oder fernerer Zukunft zur Folge haben könnte. Im Osten Europas divergieren die Interessen Preußens und Deutschlands nicht von den unsrigen, beide decken sich vielmehr vollkommen, und um sie in Opposition zu bringen, müßte man den Gegensatz, der in den natürlichen Verhältnissen nicht liegt, erst künstlich schaffen. Andererseits aber eröffnet sich unsern Blicken kein Feld, auf welchem Preußens Übereinstimmung mit uns von größerem und heilsamerem Erfolge für die civilisatorischen Aufgaben der Zeit und speciell für die Zukunft des neuen Deutschlands begleitet sein würde, als das Feld der Fragen, an deren Lösung das Schicksal des Orients abhängt...

Es war vielleicht ein Prüfstein nötig, um über den Gehalt der Annäherungsversuche zwischen beiden Mächten Klarheit zu gewinnen. Unser Eindruck ist es – und es würde uns wundern, wenn es nicht auch das Gefühl der Staatslenker Preußens wäre –, daß ein solcher Prüfstein vor uns liegt, seit der russische Reichskanzler die Cirkulardepesche vom 31. v. M. geschrieben hat... Wie lebhaft die Befriedigung sein würde, wenn Preußen für sich und im Namen Deutschlands unsere Sprache billigte und mit seinem ganzen Gewichte unterstützte – wie groß dagegen unsere Enttäuschung im entgegengesetzten Falle –, darüber werde ich nach dem oben Gesagten mich nicht weiter zu verbreiten haben.«

Von Rußland war in dieser offiziellen Note nur in vorsichtiger Weise die Rede, erst recht nicht von den Möglichkeiten oder Schwierigkeiten, Preußen jetzt schon von Rußland zu trennen, die zwischen Andrássy und Beust im Ministerrat erörtert worden waren. Gewiß hat der Reichskanzler mit der »Prüfstein«-Initiative vom 23. November auch der ungarischen Konzeption eines raschen Trennmanövers Preußen-Rußland Rechnung getragen.[71] Ebenso gewiß blieb er dabei auf der Linie, die in einer Fülle von deutschliberalen Pressestimmen im September/Oktober erörtert worden war und schließlich in die offiziöse Oppenheimer-Broschüre Eingang gefunden hatte. Als drittes ist jedoch die typisch Beustsche Taktik des »Prüfsteins« zu bemerken: Preußens wahre und eigentliche Absichten sollen geprüft werden, bevor man voreilige Schlüsse zieht und unbegründete Entscheidungen trifft. Daß die österreichischen Ziele auf der Pontuskonferenz dann sehr, sehr hoch gesteckt wurden und deshalb trotz einer gewissen Unterstützung Preußens nur zum geringeren Teil erreicht werden konnten, hat den Ausgang des Prüfverfahrens eher verunklärt. Von diesem Intermezzo wird noch zu sprechen sein. Der Grundgedanke der hier erstmals offiziell deklarierten ostpolitischen Solidarität Österreichs und Deutschlands gewann jedoch auf weitere Sicht ungeheure Bedeutung, bis zum Ende von 1918.

So begegneten sich zwischen Österreich und Deutschland in der letzten Novemberwoche zwei weltgeschichtliche Initiativen: Bismarcks Initiative schloß die deutsche Geschichte der Habsburger Monarchie ab, und Beusts Initiative wies voraus auf die Balkanpolitik der künftigen »Mittelmächte«. Die Gleichzeitigkeit der Initiativen war – das konnte oben gezeigt werden – kein Zufall. Beide hatten übereinstimmende Voraussetzungen: das Ende des Ringens um Süddeutschland, die veränderte europäische Lage, die zuletzt in der Pontuskrise deutlich geworden war, und den überaus labilen inneren Zustand Österreich-Ungarns, der eine Politik der Vorsicht gebot und ein Zusammengehen mit dem überlegenen neuen Nachbarn nahelegte.

Die Antwort Österreich-Ungarns auf Bismarcks Avancen entsprach dieser Gesamtsituation. Beust versäumte nicht, für seine entgegenkommende und weiterführende Antwort an Preußen die ausdrückliche Zustimmung des Kaisers einzuholen. Er vermied es nicht, die Frage des Prager Friedens direkt zu erwähnen. Der Form nach handelte es sich nur um eine mündliche Erwiderung an den preußischen Gesandten auf die ebenfalls mündliche Sondierungsfrage. Doch legte Beust ersichtlichen Wert darauf, durch eine überaus feste und weitgehende Antwort über den Sondierungsakt hinaus zu einer vorwegnehmenden Fixierung der Standpunkte vorzustoßen: gegenüber Bismarck und – das ist weiterhin von Bedeutung – wohl auch gegenüber dem Kaiser, der gedrängt und festgehalten werden mußte.

Die österreichische Antwort an Preußen, wenig später in einer Note Beusts schriftlich festgehalten, lautete:[72]

»Mit Allerhöchster Ermächtigung und in Übereinstimmung mit der Auffassung des Ministerconseils habe ich mich hierauf gegen Herrn von Schweinitz dahin ausgesprochen, daß die Regierung Österreich-Ungarns die angekündigte Mittheilung so günstig aufnehmen werde, wie es von Seite Preußens nur gewünscht werden könne. Man beabsichtige unsererseits nicht, der Logik der mächtigen Ereignisse, durch welche die Führung des neuen deutschen Bundes der Krone Preußens zugefallen sei, das Recht des Prager Friedensvertrages entgegenzustellen, vielmehr werde unsere Erklärung bekunden, daß wir die Freundschaftsanerbietungen Preußens und des unter seiner Leitung geeinten Deutschlands gerne und rückhaltlos annehmen, und unseres geschichtlichen Verbandes mit ihm nur gedenken werden, um es auch in seiner neuen Gestalt mit unseren besten Wünschen zu begleiten und jede Gelegenheit zur Verständigung mit ihm in herzlicher Bereitwilligkeit zu ergreifen.«

Schweinitz konnte also zwei Tage später melden, Beust habe die preußische Eröffnung positiv aufgenommen; die angekündigte amtliche Mitteilung werde »durch kordiales Entgegenkommen und die besten Wünsche erwidert werden«.[73] Im gleichen Sinne läßt sich auch das definitive Ende der österreichischen Interventionspolitik in München und Stuttgart feststellen – angesichts der Haltung der Landtage in Württemberg und Bayern und sonstiger Schwierigkeiten des Nordbundbeitritts eine keineswegs überflüssige und für Bismarck gewiß nicht wertlose Entscheidung. Beust telegraphierte am 29. November gleichlautend an die Gesandten in München und Stuttgart: »Ich bitte sich nunmehr vollständig passiv zu verhalten und jeden Schein einer Einsprache zu vermeiden.«[74] Damit war die vielhundertjährige Geschichte des politischen Zusammenhanges zwischen Österreich und Süddeutschland zu Ende.

Die Hoffnung auf einen plötzlichen Umschwung der europäischen Konstellation, wie sie Ende November/Anfang Dezember infolge der überraschenden französischen Siege an der Loire aufflackerte, war auch in Österreich spürbar.[75] Aber sie dauerte nur kurz und konnte die von Beust eingeschlagene Linie nicht mehr modifizieren. Nur in militärischen Kreisen erwartete man sich da und dort noch etwas von dem außerordentlich zähen Widerstand Frankreichs. Man wird diese Vorbehalte selbst noch Ende Dezember bei Franz Joseph finden. Aber, was auch immer den Kaiser so lange zögern ließ, den letzten Schritt zur freundschaftlichen Anerkennung des deutschen Reiches zu tun, in der österreichischen Reichskanzlei scheint man schon Anfang Dezember entschlossen, die Toten ihre Toten begraben zu lassen.

Österreich akzeptiert Bismarcks Angebot der »freundschaftlichen Beziehungen« (Dezember 1870)

Im letzten Monat des ereignisreichen Jahres 1870, während der Krieg in Frankreich verlustreich anhält, gewinnt die direkte Annäherung und Verbindung zwischen Österreich und Deutschland eine erste, definitive und öffentliche Form. Dieser Ereigniskomplex bildet das Hauptthema des vorliegenden Abschnitts. Er steht im engsten Zusammenhang mit einer Festigung der innenpolitischen Basis Beusts (im Sinne einer Annäherung an die Deutschliberalen und die Déakpartei) und mit einer internationalen Situation, wo im Vorfeld der Londoner Pontuskonferenz außer der neuen Macht Preußen-Deutschlands wenig feste Punkte auszumachen sind. Diese beiden Aspekte sind vorweg ins Auge zu fassen.

Der offene Ausbruch der innenpolitischen Krise Österreichs blieb im Dezember 1870 und im Januar vertagt. Die Krise schwelte vor sich hin, nur hin und wieder wurde das Feuer durch einen vereinzelten Windstoß angefacht.

Potocki wiederholte zwar sein Demissionsangebot, aber die Entscheidung des Kaisers, mit dem Ministerium Hohenwart-Schäffle den föderalistischen Kurs verschärft fortzusetzen, wurde erst Anfang Februar, nach dem Ende der Budapester Delegationssitzungen, wirksam. Für die von Beust seit November eingeschlagene Linie der Annäherung an Deutschland kam es in der unsicheren Zwischenzeit wesentlich darauf an, die innenpolitische Basis zu stärken und außenpolitisch vollendete Tatsachen zu schaffen. Diese Motive Beusts sind eines, die objektiven politischen Gegebenheiten der Politik, auf die Österreichs Führung zu reagieren hatte, ein anderes. Die Delegationsverhandlungen brachten vor der Weihnachtspause wenig Erhebliches, erst im Neuen Jahr kam es zu heftigen Debatten, die Beust schließlich erfolgreich hinter sich bringen konnte. Doch schon im Dezember gab es Schwierigkeiten in der Heeresfrage mit der deutschliberalen Mehrheit in der österreichischen Delegation. In einer Ministerratssitzung am 11. Dezember wies der Kaiser den Antrag der Delegation, eine Enquête zur Aufstellung eines Friedensnormalbudgets durchzuführen, scharf zurück: dies schaffe nur Unruhe und würde eine Art »Constituante für die Armee« bedeuten.[1] Hier zeigte sich der Gegensatz zwischen der auf Rüstungsbeschränkung zielenden Politik der Verfassungspartei und dem vom Kaiser und den Militärs betriebenen Ausbau der Armee, der nach den Erfahrungen von 1866 und 1870 als eine notwendige Voraussetzung jeder österreichischen Außenpolitik erschien.

Die Unterstützung der Deutschliberalen war in der Rüstungsfrage unsicher, doch für die Neuorientierung der österreichischen Außenpolitik im Sinne der Annäherung an Deutschland traten sie selbstverständlich ein. Aber nicht nur in der Rüstungsfrage gab es Schwierigkeiten. Die innere Konsistenz der Verfassungspartei, die schon früher nicht groß war, wurde durch auseinandergehende Reaktionen auf die Reichsgründung geschwächt. Schon 1869 hatte Adolph Fischhof in seiner bedeutenden politischen Schrift ›Österreich und die Bürgschaften seines Bestandes‹ auf die sehr unterschiedlichen Einstellungen der Deutschösterreicher zur deutschen Frage hingewiesen.[2] Nun machten sich, innerhalb einer durchgehend und prinzipiell prodeutschen Stimmung, angesichts der neuen Realität des Bismarckschen Reiches sehr differenzierte Strömungen bemerkbar. Es begann in der österreichischen Öffentlichkeit eine deutsch-deutsche Auseinandersetzung. Dies war schon oben im publizistischen Bereich gezeigt worden.[3] Da ein näheres Eingehen auf diese Differenzierungsprozesse, die von großer Bedeutung für die weitere politische Entwicklung im deutsch-österreichischen Milieu waren, hier nicht möglich ist, sei wenigstens auf einen paradigmatischen Vorfall hingewiesen. Anfang Dezember kam es in Wien zu einem großen Eclat. Schwarzweißrot – die Fahne der unbedingten, deutschnationalen Bejahung des neuen Reiches – stand gegen Schwarzrotgold – die Fahne der liberalen Tradition von 1848, die stets Einheit *und* Freiheit bedeutet hatte.

Der akademische Leseverein der Universität hatte zu einem Festcommers am 1. Dezember eingeladen, um die deutsche Einigung zu feiern.[4] Der Dianasaal, mit etwa dreitausend Menschen gefüllt, war mit schwarzweißroten und schwarzrotgoldenen Fahnen geschmückt. Die studentischen Reden zeigten helle Begeisterung für die deutsche Sache. Mit dem Selbstbewußtsein, einer Siegernation anzugehören, wurde die Haltung der österreichischen Behörden ungehemmt kritisiert:

»Wir Deutsche in Österreich waren gebannt in eiserne Schranken, man hatte sich nicht begnügt, den Arm zu fesseln, der so gerne für Deutschland gestritten, selbst die Schläge unserer Herzen wollte man controliren, als die Jubelbotschaft deutscher Siege uns erreichte. Als das gesammte Deutschland sich erhob..., als die Kinder Germania's allenthalben sich todesmuthig den Fahnen stellten, da ward unser nationales Bewußtsein zum Hochverrath gestempelt... Mit unwiderstehlicher Gewalt drang aber durch die wirren Stimmen der Gegner siegreich der Zauberruf: *Wir wollen Deutsche sein und Deutsche bleiben.* (Begeisterter Beifall.) Und der Traum, um den man uns verlacht und verspottet, er ist der Erfüllung nahe; durch Blut und Eisen ist Deutschland gerächt an seinem Erbfeind, Elsaß und Lothringen sind unser. (Bravo, Bravo!) Das deutsche Volk, es steht fest und einig da, die deutsche Kaiserkrone, sie schwebt im leuchtenden Glanze nieder auf unser vielgeprüftes Vaterland, ein Wahrzeichen des einigen, starken stolzen Deutschland.«

So weit ging es noch, so weit war man sich anscheinend einig. Der Tumult begann, als Dr. Höslinger die Zustimmung zum neuen Reich mit einer rüden Absage an Österreich verband: »Das ›Cultur nach Osten tragen‹ hat ausgedient, kehren wir lieber zur Heimat zurück. Die Resignation verstehe ich nicht, in dem Momente, wo das Reich der Ottonen wieder ersteht, sich mit schablonenhaften Träumen abzugeben und die Cultur unter Crivoscianer zu tragen. Jetzt wollen wir uns selber genug sein.« Ein Hoch auf die schwarz-weißrote Fahne mit dem Zusatz »Unter diesem Banner werden wir uns alle wiederfinden« rief stürmischen Widerspruch hervor. Die Veranstaltungsleiter versuchten vergeblich auszugleichen, indem sie Lueger das Wort zu einer Antwort an Höslinger erteilten. Lueger kam nicht weit: »Ich habe feiern gehört die schwarz-weiß-rote Fahne. Eine Fahne, die nichts anderes ist als das Symbol despotischer Willkür.« Damit war es aus. Nun wurde nur mehr geschrieen: Hoch Deutschland und Österreich! Nieder mit Preußen! Hoch schwarzweißrot! Dann schritt man zu Tätlichkeiten. Die Fahnen wurden von der Galerie geschwenkt, hier die schwarzrotgoldenen, dort die schwarzweißroten. Man schlägt sich, man zerreißt gegenseitig die Fahnen. Der Saal muß geräumt werden. Der akademische Leseverein wird von der Behörde aufgelöst.

Ohne vorschnelle Verallgemeinerung kann doch festgehalten werden, daß es kein Leichtes war, unter solchen Bedingungen Politik mit der deutschen

»Partei« zu machen. Beust hatte ja auch Schwierigkeiten mit der anderen Stütze der begonnenen außenpolitischen Neuorientierung, mit Ungarn. Die heftige Welle antirussischer Gefühle und Hetze, die in der zweiten Novemberhälfte Ungarn erfüllte, ließ auch Beust nicht ungeschoren. Die aufgeputschte nationalistische Stimmung suchte in ihm einen Sündenbock.[5] Schwieriger war, daß selbst Andrássy sich nun weit in Sonderbestrebungen einließ; hinter dem Rücken Beusts betrieb er Verhandlungen mit Serbien für den Kriegsfall gegen Rußland.[6] Jedenfalls mußte dem Reichskanzler daran gelegen sein, nicht nur in den Delegationen glatt über die Runden zu kommen (wofür auch im Falle der ungarischen Delegation in der ersten Dezemberwoche die Dinge gut standen).[7] Er mußte auch die Gelegenheit begrüßen, den neuen Zusammenhang Österreich-Deutschland/Deutschliberale-Ungarn, der seit November die tentative Basis einer neuen Politik bildete, in aller Öffentlichkeit zu bekräftigen. Diese Gelegenheit bot ein ungewöhnlicher Schritt der tschechischen Opposition. Unterzeichnet von Palacky, Rieger und zahlreichen anderen tschechischen Landtagsabgeordneten wurde am 11. Dezember ein politisches Memorandum veröffentlicht.[8] Es war an den Reichskanzler adressiert und forderte die Vorlage an den Kaiser und an die Delegationen. Mit diesem außerparlamentarischen Verfahren meldete sich die im Reichsrat und in den Delegationen infolge ihrer Protesthaltung nicht vertretene Gruppe der tschechischen bürgerlichen Nationalisten zu Wort. Die böhmischen Feudalen hatten nicht unterschrieben. Trotz dieser Einschränkung ist es richtig, dies bedeutungsvolle Dokument als »das innen- und außenpolitische Programm der an die Macht strebenden tschechischen föderalistischen Partei«[9] zu betrachten.

Auch diese Stellungnahme, wie die gesamte Politik dieser Partei, ging von der Existenz einer »politischen Nation von Böhmen« aus und sprach in deren Namen. Darin lag eben jene fundamentale Behauptung seiner Verfasser, die jede Verständigung mit den Deutschböhmen, die zwei Fünftel der Bevölkerung ausmachten, ausschloß. Fiktion, Irrtum, Tragik – wie immer man diese hier nicht weiter zu diskutierende Grundlage der damaligen tschechischen Politik und des Memorandums vom 8. Dezember beurteilen will: abgesehen von dieser höchst problematischen Ausgangsposition (die auch die Frage der parlamentarischen Obstruktion so ausweglos werden ließ) muß man der Sache Gerechtigkeit widerfahren lassen. Es handelte sich um eine in Form und Inhalt wohldurchdachte, würdige und konsequente Stellungnahme, nicht um ein leichtfertiges polemisches Pamphlet. Die Innenpolitik wurde nur kurz behandelt. Der Dualismus führt – so stellt die Denkschrift nicht zu Unrecht fest – zur Herrschaft der Deutschen und der Magyaren über die Slawen. Gleichberechtigung und Selbstbestimmung der Völker müssen maßgebend sein für die Umgestaltung Österreichs. Die welthistorische Mission Österreichs besteht darin, »alle die verschiedenen Nationen und Volksstämme seines Gebietes in einem freien Völkerbund zusammenzufassen zu wechselseitigem Waffenschutz gegen eine mögliche Aggression übermächtiger Nachbarn, zu gegenseitiger Gewährleistung ihrer selbständigen nationalen Entwicklung in wahrhaft freisinniger Selbstregierung...«

Die außenpolitische Tour d'horizon beginnt damit, der deutschen Nation das Recht der freien Selbstbestimmung zu bestätigen; eventuelle Eingriffe in die Regierungsform oder den Territorialbestand Frankreichs sind jedoch abzulehnen. Das für seine Freiheit kämpfende Frankreich wird der Sympathien der böhmischen Nation versichert. Erzwungene Abtretungen müßten eine Quelle neuer Kriege und neuer Schläge für die Interessen der Menschheit werden. Kurz, aber sehr nachdrücklich wird für Rußland in der Schwarzmeerfrage Partei ergriffen: Österreich würde seine eigene Existenz unverantwortlich aufs Spiel setzen, wollte es feindlich gegen Rußland auftreten, um den Pariser Vertrag von 1856, »jene im europäischen Völkerrecht ungewöhnliche Demüthigung einer Großmacht«, aufrechtzuerhalten. Ausführlicher kommt die orientalische Frage zur Sprache. Die Sache der christlichen Balkanvölker wird in einer doppelten Weise begrüßt und der tschechischen Unterstützung versichert: offensiv, indem nach dem Vorbild Griechenlands, Serbiens und Rumäniens allgemein das Prinzip des Selbstbestimmungsrechtes und der nationalen Vereinigung bekräftigt wird; negativ, indem jeder Einsatz österreichischer Kräfte für die Aufrechterhaltung der osmanischen Herrschaft und für die Niederhaltung der christlichen Balkanvölker verurteilt wird. Die böhmische Nation – so begründet das Memorandum selbstbewußt die außerparlamentarische Initiative – fühlt sich zu diesem Votum aufgerufen durch ihre hohe Bedeutung innerhalb der österreichischen Monarchie, durch ihre ruhmvolle Vergangenheit, durch ihre gegenwärtige Leistung und Lage, durch das Vertrauen, das zahlreiche stammverwandte Stämme in sie setzen. Alles in allem war dies Programm einer rußlandfreundlichen, panslawistischen Außenpolitik wie einer radikal föderalistischen Innenpolitik, die den Dualismus der Verfassung von 1867 grundsätzlich bekämpfte, den Anschauungen der Déakpartei, der Verfassungspartei und erst recht der neuen Außenpolitik Beusts diametral entgegengesetzt.[10]

Beust legte das Memorandum dem Kaiser vor; Widerstände gegen eine demonstrative Zurückweisung des tschechischen Programms durch den Reichskanzler waren ja am ehesten vom Kaiser selbst zu erwarten. Er stand während dieser Wochen und Monate im Spannungsfeld zweier Alternativen: Beust (mit den ihn stützenden Strömungen) empfahl fortgesetzt die Einsetzung einer gemäßigt liberalen Regierung und damit einen Kurswechsel in Cisleithanien; die konservativ-föderalistischen Vertrauensleute Franz Josephs glaubten sich währenddessen der Entscheidung des Herrschers für die Fortsetzung des föderalistischen Kurses schon sicher.[11] In dieser Situation war es ein erheblicher Erfolg Beusts, die Zustimmung des Kaisers für eine öffentliche Antwort zu erlangen, die vor allem das außenpolitische Programm der Tschechen zum Gegenstand einer außerordentlich scharfen Kritik machte. Darüber hinaus wurde das außerparlamentarische Verfahren der böhmischen Abgeordneten in sehr geschickter Weise zum Angelpunkt einer summarischen Abweisung von Form und Inhalt eines derartigen politischen Votums gemacht. Daß die böhmischen Feudalen nicht mit unterschrieben hatten, erleichterte vermutlich das Vorgehen Beusts. Immerhin scheint ihm der Kaiser – im Hinblick auf die gleichzeitigen Geheimverhandlungen mit der föderalistischen Camarilla – die ausdrückliche Schonung der Loyalität Ladislaus Riegers auferlegt zu haben, der als eigentlicher Verfasser des Manifestes galt.[12]

Wieviel oder wie wenig Beust damals und später von den föderalistischen Gegenbestrebungen rings um Franz Joseph wußte, die ja für die Gesamtheit seines neuen Kurses recht bedenklich waren, bleibt dahingestellt. Vermutlich wußte er ziemlich viel. Jedenfalls veröffentlichte er eine fulminante Antwort an die Tschechen, die geradezu die Form eines politischen Pronunciamento hatte.[13] Am Anfang steht die Schelte des außerparlamentarischen Vorgehens der Opposition, das die verfassungsmäßigen Organe außer acht lasse und die Staatsverfassung gefährde. Der Reichskanzler lehnt es deshalb ab, »irgendeine Verfügung mit dem Schriftstück zu treffen« und sendet es an Rieger als Wortführer der Abgeordneten zurück. Es folgt ein kurzer, aber entschiedener Hinweis auf die Verfassungskrise: Nach Ansicht des Kanzlers ist ein »auf willkürlicher Gruppierung historischer Momente beruhendes« böhmisches Staatsrecht mit der geltenden Verfassung unvereinbar. Dann kommt die Außenpolitik. In puncto Frankreich und Balkan verweist Beust auf die Dokumente des eben veröffentlichten Rotbuches: Sie zeigen, was Österreich für eine neutrale Friedensvermittlung hier, für die Besserung der Lage der christlichen Balkanvölker dort getan hat. Allerdings, die guten Beziehungen zur Pforte können nur »die Einseitigkeit und die Leidenschaft nationaler Parteipolitik getrübt zu sehen wünschen«. Damit wird das antiosmanische Befreiungsprogramm der Tschechen zurückgewiesen. Noch viel schärfer und in einer geradezu demagogischen Form der Polemik greift Beust die prorussische Parteinahme der Denkschrift an. Er behauptet – wohl nicht ganz mit Unrecht –, daß in der Stellungnahme für Rußlands Schwarzmeerpolitik das politische Schwergewicht der Denkschrift liege. Alle Stämme Österreichs haben ein Interesse daran, daß Recht Recht, Vertrag Vertrag bleibe. Die Denkschrift – so sagt Beust – betone das Gegenteil. Eine solche politische Manifestation zugunsten Rußlands, mit dem Österreich gerade in dieser Frage in ernster Erörterung steht, muß schärfstem Tadel begegnen.

Demagogisch wird Beust, indem er nun auf 1867 zurückgreift, auf die damalige Reise tschechischer Politiker zu der ethnographischen Ausstellung nach Moskau. Damit verläßt er den konkreten Gegenstand, prangert das

Verhalten der tschechischen Führer als prinzipiell staatsgefährdend an und prägt für diesen Vorwurf das neue, dann hundertfach wiederholte Wort »Landespreisgebung«. Eine derartige Sonderpolitik einzelner Parteien kann nicht geduldet werden, auch in Österreich »muß solchem Beginnen energisch begegnet werden«. Da dem Reichskanzler keine unmittelbare Konsequenz in dieser Richtung zusteht – so schließt die offizielle Antwort –, begnügt er sich mit der öffentlichen Darlegung seiner Auffassung, die gewiß von der unendlichen Mehrheit der Bevölkerung Österreich-Ungarns geteilt wird. Eine letzte Warnung richtet sich unmittelbar an die Tschechen und drohend an ihre politischen Führer: Nicht das tschechische Volk würde die Schuld treffen für künftige bittere Erfahrungen und Niederlagen, vielmehr jene, »welche, immer mehr in einseitige Partei-Auffassung sich vertiefend, ihren Pflichten gegen das Vaterland dadurch zu genügen meinen, daß sie unablässig im Innern gegen das Ansehen des Gesetzes, nach außen gegen die Machtstellung und die Interessen der Monarchie einen Kampf unterhalten, der in seinem letzten Ende, kraft der moralischen und physischen Gewalt des herausgeforderten staatlichen Widerstandes, nur zu einer schmerzlichen Enttäuschung führen kann«.

Woher Beust damals die Sicherheit dieses vorausschauenden Urteils nahm, ist schwer zu sagen. Wer konnte im Dezember 1870 so sicher wissen, daß der Kaiser im Oktober 1871 die föderalistischen Bestrebungen enttäuscht und unter dem gemeinsamen Druck Beusts, Andrássys und des befreundeten Deutschland fallen lassen wird? Von einer unmittelbaren Wirkung der Beustschen Antwort im Sinne eines Einlenkens der Tschechen ist denn auch nichts festzustellen; über die Reaktion des Kaisers, der ja in einem indirekten Sinne gleichfalls Adressat der Verdikte und Warnungen Beusts war, besitzen wir keine primären Auskünfte. Man sieht nur weiterhin, daß Franz Joseph gewissermaßen zweispurig lenkt und entscheidet. Außenpolitisch sanktioniert er, wenn auch mit zeitweiligem Widerstreben, Beusts prodeutschen und antirussischen Kurs, den im Prinzip auch Andrássy stützt. Eine Alternative ist nicht diskutiert worden. Das, was im Tschechen-Memorandum für eine prorussische Außenpolitik gesagt worden war, hatte ja in den damaligen objektiven Gegebenheiten des europäischen Kräftefeldes manchen Anhalt. Ob es als eine wirkliche Alternative zu Beusts neuem Kurs gelten konnte, ist damals und später nicht erprobt worden. Von Beust und von den ungarischen Politikern ist jedenfalls das Verhalten der russischen Regierung seit der Enttäuschung von August/September so interpretiert worden, daß man darin alles andere als eine Einladung zu einer Neuorientierung der Monarchie in dieser Richtung sah.

Innenpolitisch hat Beusts antitschechisches Menetekel den Monarchen offenbar nicht zu einer Wendung in der hier so deutlich empfohlenen, ja als zwingend bezeichneten Richtung bewogen. Das Steuer blieb weiterhin auf eine neue föderalistische Regierungspolitik gerichtet. Gewaltig war das positive Echo auf Beusts Vorgehen im Lager der Deutschliberalen und der Déakpartei. Die Klärung der innenpolitischen Fronten, die anscheinend ein Hauptziel des damaligen scharfen Vorgehens Beusts war, setzte sich in bemerkenswerter Weise auf der internationalen Ebene fort: allgemeiner und laut ausgesprochener Beifall für den Reichskanzler in Deutschland[14], in Rußland bittere Vorwürfe am Hofe und heftige Polemiken in der Presse. Chotek wußte aus St. Petersburg mitzuteilen, daß »mehr als jeder andere von Österreich-Ungarn in den letzten Wochen gegen Rußland gerichtete offizielle oder unoffizielle Ausspruch der fragliche Brief den kaiserlichen Hof tief berührt und die amtlichen Kreise empfindlich verletzt hat«.[15] Der Gesandte übermittelte gleichzeitig einige Übersetzungen russischer Artikel zum tschechischen Memorandum und zu Beusts Antwort. Er empfahl der Aufmerksamkeit des Reichskanzlers besonders einen Aufsatz aus dem Organ Katkows, der ›Moskauer Zeitung‹, »welcher Haß gegen Preußen-Deutschland atmet, Angst vor demselben bekundet und trotz der maßlosesten Ausfälle bei allem Geifer einen Lockruf an Österreich enthält«.

Das Interesse dieses Artikels aus Katkows Zeitschrift liegt weniger in den gewaltigen perspektivischen Verzerrungen der österreichisch-deutschen Szene (der Dualismus ist eine Berliner Erfindung, Beust der Agent und Erfüllungsgehilfe Bismarcks, um Cisleithanien demnächst an Deutschland zu bringen...). Vielmehr verdient es Beachtung, wie mit der Reichsgründung zugleich die Fragen der innen- und außenpolitischen Neuorientierung Österreichs als das zentrale Problem der russischen Europapolitik und der Zukunft des »slawischen Stammes« gesehen werden.

Für die ›Moskauer Zeitung‹ ist die Auseinandersetzung Beusts mit den Tschechen symptomatisch für das höchst bedrohliche Einschwenken Österreichs auf die Linie einer deutschen, und damit unzweifelhaft antirussischen, weil hegemonialen Politik. Nachdem Österreich 1866 aus Deutschland hinausgeworfen wurde – so Katkows Blatt –, bestand keine Veranlassung mehr, daß die slawischen Völkerschaften der Monarchie sich den Deutschen unterordneten, »einer Nationalität, die ihren Schwerpunkt außerhalb Österreichs hat«. Wie die Tschechen befinden sich die anderen Slawen heute in einem Reich, das jeder Grundlage beraubt ist, sich als deutsche Macht zu bezeichnen. Doch heute dient der führende Staatsmann Österreichs auf Unkosten seines zweiten Vaterlandes der Sache Deutschlands. Bismarck will jetzt mit Beusts Hilfe Österreich – wie er selbst sagte – in ein »Ostreich« verwandeln. Nach dem Sieg über Frankreich ist ein dritter großer Krieg zu erwarten, der Deutschland endgültig zur europäischen Hegemonie führt, »der Krieg im Orient, welchen Österreich auf ein gegebenes Signal als Vorposten Deutschlands beginnen wird«. Ein solcher Krieg würde freilich den Interessen Österreichs durchaus zuwider sein. Aber Beust ist – so schreibt die ›Moskauer Zeitung‹ – anderer Meinung. Wenn er heute von den Tschechen Treue zur Verfassung verlangt, dann will er, daß sie schweigend zusehen, wie alles vorbereitet wird, damit »ihr Volk einem fremden Stamme als Opfer geschlachtet, ... ihr Land einem anderen Reiche einverleibt werde«. – Das tschechische Memorandum wird in hohen Tönen gelobt und in seiner nationalen und internationalen Bedeutung gewürdigt: »Diese Worte werden die Geister in der slavischen Welt sammeln, sie werden ermutigend wirken, sie... erscheinen als Bürgschaft dafür, daß die Ereignisse unsere Stammesgenossen nicht unvorbereitet überraschen werden.« Für Beust sind – so wird seine Antwort interpretiert – die Tschechen Verräter, weil sie nicht »die Nationalität eines fremden Reiches über sich anerkennen wollen«. Jene Österreicher aber, die für die deutsche Sache eintreten, sollen keine Verräter sein? Wenn Beust freien Bürgern eines Staates, der sich konstitutionell nennt, die friedliche Reise zur Moskauer Ausstellung als Verrat vorhält, warum rechnet er nicht Reisen nach Deutschland auch als Verbrechen an? Beust will, daß die Österreicher Haß gegen Rußland atmen, daß die österreichischen Slawen Feinde des slavischen Stammes sind. Aber – und nun erklingt der Lockruf des Moskauer Blattes – »nicht Feindschaft gegen den slavischen Stamm noch Haß gegen Rußland ist die gesunde Politik, welche Österreich befolgen muß, falls ihm eine Zukunft beschieden ist; eine solche Politik wäre namentlich jetzt, wo es sich außerhalb Deutschlands befindet, reiner Selbstmord«.

Vor dem Hintergrund so weiter Perspektiven ist das politische Getriebe der europäischen Mächte im Dezember 1870 zu sehen. Es begleitet den Weg der offiziellen Handreichung zwischen dem neuen Deutschland und der alten Habsburger Monarchie. Bismarck hielt – trotz seines einlenkenden und die Handreichung ankündigenden Schrittes vom 24. November, trotz Beusts positiver Antwort, trotz seiner Reden und Versprechungen gegenüber den süddeutschen Ministern – Anfang Dezember nochmals eine böse Pressekampagne gegen Österreich für zweckdienlich. Aus der journalistischen Giftküche seines Adlatus Moritz Busch gingen am 5. Dezember gleich zwei antiösterreichische Artikel für die ›Spenersche Zeitung‹ hervor.[16] Der eine Artikel betraf die Verwandtschaft des Hauses Orléans mit Habsburg und widersprach heftig der Ansicht, daß den Orléans deshalb von Preußen Aussichten auf den französischen Thron gemacht werden könnten. Mochte diese Sache, gedruckt im Leib- und Frühstücksblatt König Wilhelms, noch einen ersichtlichen Zweck haben, so fragt man sich bei dem anderen Artikel, für den Moritz Busch »nahezu wörtlich die Ausführungen des Chefs« übernommen haben will, nach dem Sinn solcher Auslassungen, die einen neuen Rekord an Unfreundlichkeit darstellten. Österreich wird mit einer dem Bankrott entgegentreibenden Magnatenfamilie verglichen. »Der Staat ist ein schöner Besitz, vortreffliche natürliche Grundlagen, reicher Boden, allerlei wertvolle Hilfsquellen. Aber die Politik des Besitzers...« Stets lebt man über die Verhältnisse, schickt sich an, Weltmacht zu spielen. So kommt das Haus herunter, landet bei Donquichotterie und Unsolidität.»Statt daß man durch verständige Wirtschaft und bei bescheidnen Ansprüchen auf Geltung dahin gelangte, endlich einmal seine Gläubiger konstant befriedigen zu können, rückt man jahraus jahrein dem Bankrott näher, der seit langem schon nur eine Frage der Zeit ist.«

Der Schlüssel zu dieser minderwertigen Polemik läßt sich wohl in der einleitenden Bemerkung finden, mit diesem Vergleich sei nur das Österreich-Ungarn jener Partei gemeint, die jetzt – nur aus Kavaliershochmut, aus politischem Luxus – den Krieg wolle. Daß diese Feinheit in Österreich nicht gewürdigt wurde, zeigt das empörte Echo auf den von Bismarck inspirierten Angriff in den Blättern aller Richtungen der Monarchie. Vielleicht wollte Bismarck außer der Warnung vor einem Kriege Österreichs gegen Rußland – wegen der Pontusfrage – noch ein zweites bezwecken: einen beruhigenden Wink nach Petersburg, wo schon die allerersten Anfänge einer deutsch-österreichischen Verständigung Gortschakows nie ruhendes Mißtrauen alarmiert hatten. Wir wissen es nicht. Wir wissen nur, daß Beust in der Tat seit Ende Oktober alles vermied, was seiner Meinung nach Preußen Anlaß zu Beunruhigung hätte geben können. Keine Anzeichen deuten darauf hin, daß der Reichskanzler irgendwelche Sympathien für die Reichsgründung, ihre Form oder ihren Inhalt besessen hätte. Sicher traf das Gegenteil zu. Beust hatte gerade damals ausreichend Gelegenheit, die zunehmenden Wirkungen der preußischen Vorherrschaft auf die inneren Verhältnisse der anderen deutschen Staaten zu beobachten. Gegenüber John Jay, dem amerikanischen Gesandten in Wien, wies er auf den großen Unterschied zwischen dem neuen Reich und Österreich-Ungarn im Hinblick auf Presse- und Redefreiheit und andere liberale Errungenschaften hin: »My poor Saxony is in trouble. She is compelled to prosecute two editors, for objecting to the annexation of Alsace and Lorraine against the consent of their people.«[17] Diese klagende Feststellung Beusts – ein Beispiel unter vielen – hatte aber keinen Einfluß mehr auf die offizielle politische Linie. Nachdem der Reichskanzler nun einmal die Interessen Österreich-Ungarns in der Richtung einer prodeutschen Außen- und Innenpolitik zu definieren begonnen hatte, ging er diesen Weg, gestärkt durch die neue innenpolitische Konstellation, Schritt für Schritt weiter. Die Berücksichtigung der preußischen Interessen und Empfindlichkeiten zeigte sich besonders deutlich in der österreichischen Politik gegenüber Frankreich. Die Regierung der nationalen Verteidigung wandte sich auch im Dezember mit immer neuen Initiativen und Vorschlägen an die neutralen Mächte. Beust speiste Metternich in Bordeaux und den Botschafter Graf Mosbourg in Wien mit den freundlichsten Redensarten ab. Tatsächlich fiel das, was Österreich für Frankreich tat, nunmehr weit hinter die Bemühungen Englands und auch

Rußlands zurück. Die Aktivierung der österreichischen Frankreich-Politik im Zusammenhang mit der Londoner Konferenz hatte einen wesentlich rhetorischen Charakter. Beust dementierte offiziell jede Absicht, die Konferenz auch mit der französischen Friedensfrage zu befassen. Was er insgeheim in Richtung der dementierten Absicht tat beziehungsweise zu tun angab, mochte gerade ausreichen, Metternich in Bordeaux Gesprächsstoff für die um Hilfe bittenden Franzosen zu liefern.[18] Auch die neuerdings durch Preußen aufgeworfene Luxemburgfrage, die für Beust unter anderen Umständen wohl Anlaß zu gewürzten Depeschen über internationales Vertragsrecht und seine Mißachtung durch Bismarck gegeben hätte, wurde nun in bemerkenswert vorsichtigem Ton abgehandelt.[19]

Andererseits mußte die österreichische Außenpolitik mit unverminderter Sorgfalt darauf achten, ihre bisherigen Bundesgenossen – England, Italien, das Osmanische Reich – weiter festzuhalten und auch einer französisch-russischen Annäherung (als Folge der Abkühlung der eigenen Beziehungen zu Frankreich) entgegenzuarbeiten. Sowohl Italien wie der Türkei gegenüber bediente sich Beust drängender, ja geradezu ins Erpresserische einschlagender Argumente. In Florenz drohte er mit einer Zurücknahme der österreichischen Hilfestellung in der römischen Frage, falls Italien nicht besser als bisher die Wiener Interessen unterstütze.[20] In Konstantinopel ließ Beust nachdrücklich vor einer eventuellen türkisch-russischen Verständigung warnen.[21] Sein Gedankengang war gewunden, seine Intervention erwies sich aber in Konstantinopel, zusammen mit dem englischen Druck, als einigermaßen erfolgreich. Beust malte den türkischen Staatsmännern nämlich aus, was geschehen würde, wenn jene Partei in Österreich, die ein Nachgeben gegen Rußland befürwortet, zur Herrschaft käme: denn das Zustandekommen einer türkisch-russischen Separateinigung könne eben dies zur Folge haben, daß in Österreich Beust gestürzt würde und jene russenfreundliche Partei die Außenpolitik in die Hand bekäme. Deren Einverständnis mit Rußland »würde gewiß nicht dazu dienen, die europäische türkische Herrschaft zu erhalten, im Gegenteil, ihr Ziel würde sein, sie zu stürzen«.

In den verwickelten Vorverhandlungen zur Londoner Konferenz zeigten sich weitere Momente einer veränderten europäischen Kräftekonstellation, die Österreich, auch im Hinblick auf ein verbessertes Verhältnis zu Preußen, auszunutzen versuchte. Nachdem Beusts Absicht, eine Vorkonferenz unter Ausschluß Preußens in Konstantinopel abzuhalten, an Englands Rücksicht auf Berlin gescheitert war, schwenkte er zeitweilig auf eine elastischere Linie ein; sie erweckte – zumindestens für Außenstehende – den Eindruck, daß eine Annäherung des österreichischen und des preußischen Standpunktes stattgefunden habe.[22] Schließlich ist das anspruchsvolle Forderungsprogramm zu erwähnen, das von österreichischer Seite in der Ministerratssitzung vom 17. Dezember im Beisein des Kaisers für die Londoner Konferenz festgelegt wurde. Österreich schickte sich an, für die Aufhebung der Pontus-klauseln des Pariser Vertrags eine Gegenrechnung aufzumachen, die den russischen Schritt vom 31. Oktober in seiner politischen und militärischen Bedeutung aufgehoben hätte – wenn England und Preußen diesen Bedingungen zugestimmt hätten.[23] Hier kamen auch die österreichischen Interessen an der unteren Donau zur Sprache. Die Fortdauer der internationalen Donaukommission und die Ausführung der Bauarbeiten am Eisernen Tor durch Österreich wurden zum Bestandteil des Konferenzprogramms erklärt. Damit hatte man jenes Terrain betreten, das Beust gegenüber Bismarck schon im November als Gegenstand der solidarischen Interessen Deutschlands und Österreichs bezeichnet hatte. In dem Protokoll dieser Sitzung und in Apponyis Konferenzinstruktion ist zwar von Preußens spezieller Unterstützung nicht die Rede. Die offizielle Instruktion begnügt sich damit, Preußens Kongreßinitiative (»louable désir de conciliation«) und seine erhoffte Haltung auf der Londoner Botschafterkonferenz in überaus freundlicher Weise zu begrüßen. Aber der dokumentierte Zusammenhang von Beusts Vorgehen und insbesondere die intensiven Verhandlungen über die Donaufrage mit Preußen im Januar 1871[24] lassen vermuten, daß schon Österreichs Dezemberprogramm für die Pontuskonferenz damit rechnete, auch Preußens Unterstützung zu finden. Insgesamt ergibt sich der Eindruck, daß das Nichtzustandekommen einer tragfähigen Vorverständigung zwischen Österreich, Italien und der Türkei am Ballhausplatz die Neigung verstärkte, Preußen positiv in die orientalischen Kombinationen einzubeziehen.

Vielfältig waren die Stimmen, die gleichzeitig aus Süddeutschland nach Wien drangen. In den Münchner Regierungskreisen äußerte man sich hochbefriedigt über den Abschluß der Verhandlungen mit dem Norddeutschen Bund. Bray erkundigte sich sehr, was Beust über den Abschluß der Dinge denke.[25] Er maß dem bayerischen Vorsitz im künftigen Berliner Bundesratsausschuß für Auswärtige Angelegenheiten große Bedeutung zu und versprach sich überhaupt viel von Bayerns künftiger Mittlerrolle zwischen Deutschland und Österreich. Die Kommentare des Gesandten Bruck spiegeln dagegen die Bitterkeit eines enttäuschten Großdeutschen wider, der dem neuen Reich kein Glück und keine Dauer prophezeit.[26] Ähnlich bitter urteilte Wimpffen anläßlich der Schlußverhandlungen über die süddeutschen Verträge im Norddeutschen Reichstag: »Die Verträge mit Baden und Hessen, welche diese Staaten Mecklenburg und Oldenburg gleichstellen, der Vertrag mit Württemberg, welches Sachsen assimiliert wird, und der Vertrag mit Bayern, welchem Graf Bray ein nur um ein Geringes bequemeres Grab gebettet hat – all diese Verträge werden heute dem Reichstag vorgelegt.«[27] Wimpffen zweifelt nicht an dem Ausgang der Sache: die Verträge werden auf keine Schwierigkeiten treffen, auch nicht der bayerische Vertrag, sobald man erkennt, daß die Konzessionen an Bayern keine politische Tragweite haben.

Auch die Kaiserfrage ist schon entschieden. Zu all dem geben sich die süddeutschen Könige und Minister her... Und Wimpffen schließt mit einem unnachsichtigen Rückblick auf den bisherigen Verlauf der preußischen Kriegspolitik: »Hätten König Wilhelm und Graf Bismarck es nur einmal verstanden, mäßig zu sein und nach Sedan den Frieden zu schließen, ohne den Territorialbestand Frankreichs zu berühren, so wäre Deutschland mit einem nie dagewesenen Ruhme und vielleicht mit einem versöhnten Feind aus dem Krieg hervorgegangen. Diese schönen und günstigen Tage sind aber jetzt vorüber. ... Der Krieg, den Preußen heute in Frankreich führt, ist nur mehr ein übermütiger Eroberungs- und Beutekrieg der blutigsten und grausamsten Art.«

Auch in Stuttgart, wo Walterskirchen sich ebenso peinlich wie Bruck in München an Beusts Gebot der vollen Passivität hielt, war die Regierung erfreut über den Abschluß in Berlin. Man betonte besonders die Genugtuung über die positive Wendung der Dinge zwischen Deutschland und Österreich. Der österreichische Gesandte aber konnte sich noch nicht fassen über das, was unter seinen Augen geschah: »Daß Preußen sub titulo ›deutsche Einheit‹ alles nimmt, was es nehmen kann, wundert mich nicht; es bleibt hiemit seiner Vergangenheit treu. Daß man aber in Bayern und nun schon hier mit gefälliger Hand und lächelnder Miene sich des schützenden Mantels zu entkleiden mithilft, welcher ihnen unter dem Vorwande abgestreift wird, es sei bei der Kälte zuträglicher, leicht bekleidet zu sein – dies, wie gesagt, übersteigt das Verfassungsvermögen gewöhnlicher Sterblicher.«[28]

Aus Karlsruhe hatte der Gesandte Pfusterschmidt über die Landtagsverhandlungen zu berichten, die der Annahme der Verträge vorausgingen. Wörtlich zitierte er aus der Rede, die Reinhold Baumstark als Sprecher der katholischen Volkspartei hielt: »Wir haben Österreich größere Treue gehalten, als Österreich uns. Jetzt, aber auch erst jetzt, ist unser politisches Prinzip in der deutschen Frage besiegt. Wir sind besiegt, aber nicht weil Frankreich besiegt ist, sondern deshalb, weil Österreich nicht mit uns gegen Frankreich gesiegt hat.«[29] Diese Stimme des Vorwurfs und des Abschieds fand in der österreichischen Presse ein erhebliches und recht unterschiedliches Echo. In der ersten Kammer des badischen Landtages kam auch die ablehnende Haltung mancher Standesherren zur Sprache; Pfusterschmidt berichtete ausführlich über die Opposition des Grafen Leiningen und des Freiherrn von Gemmingen-Guttenberg, eine Woche später auch von dem demonstrativen Austritt Baumstarks und Leiningens aus dem Landtag.

Andere Wortmeldungen, die im Laufe der parlamentarischen Besprechung der Anschlußverträge in Berlin und Süddeutschland sich mit Österreich auseinandersetzten, waren mehr auf die deutsch-österreichische Zukunft gerichtet. In der württembergischen Kammer wies Minister Mittnacht ein Contravotum des Herrn von Neurath zurück (»daß das deutsche Kaiserreich Eroberungskriegen sich zuwenden, und daß insbesondere die Beziehungen zu dem österreichischen Kaiserstaat bleibend gestört sein möchten«).[30] Er betonte den friedlichen Charakter des neuen Kaiserreiches; seine Gründung wird es erleichtern, jene freundschaftlichen Beziehungen zu Österreich herzustellen, welche die württembergische Staatsregierung herzlich wünscht. Im übrigen bestand in Stuttgart seit den Stimmenverlusten der Großdeutschen und der Demokraten in den Wahlen Anfang Dezember kein Zweifel am Abstimmungsergebnis.

In Berlin verfolgte Wimpffen weiter die Reichstagsdebatten über die Verträge. Er wies Beust insbesondere auf Windthorsts Rede am 5. Dezember hin:[31] »... Ob die neuen Verträge mit den Bestimmungen des Prager Friedens in Einklang stehen, will ich nicht untersuchen; ich vertraue darauf, daß der Bundeskanzler die Zustimmung der kaiserlich österreichischen Regierung eingeholt hat oder doch einholen wird (Oho! und Gelächter); ich verlasse mich auf die Vertragstreue des Bundeskanzlers...« In den Augen der österreichischen Öffentlichkeit, die das Gelächter der nationalliberalen Reichstagsmehrheit entsprechend kommentierte, wurde die Sache nicht besser durch die anschließende Wortmeldung Laskers. Der Abgeordnete warf unter dem Beifall seiner Genossen dem Hannoveraner Katholiken Windthorst vor, mit seinem Hinweis auf den Prager Frieden dem Werk der Einigung die größten Schwierigkeiten zu schaffen, im ganzen norddeutschen Bunde, in den Südstaaten, ja sogar im Ausland, in Österreich.

In Bayern hatten die Landtagsverhandlungen über die Verträge noch nicht begonnen. Desto mehr mußte Graf Bray an einer baldigen freundschaftlichen Demonstration Bismarcks gegenüber Österreich gelegen sein, wie sie ihm der norddeutsche Kanzler in Versailles versprochen hatte. Als in der zweiten Dezemberwoche noch nichts geschehen war, deutete Bray, der sonst ganz »von dem Punsch des Grafen Bismarck« entzückt schien, gegenüber dem österreichischen Gesandten seine Verwunderung an:[32] »Was die Annäherung Preußens zu Österreich-Ungarn betrifft, so ist Graf Bray überrascht, daß trotz der ihm vom Grafen Bismarck gemachten ausdrücklichen Versprechungen noch nichts bekannt geworden sei.« Weiterhin betonte Bray, dem bayerischen Gesandten in Wien sei aufgefallen, wie Beust die Nachrichten über die deutsche Einigung »mit großer Apathie« aufgenommen habe. Das war nun eine Beobachtung, die weder ganz richtig noch ganz falsch war. Allerdings hatte die österreichische Außenpolitik seit Ende November resolut darauf verzichtet, in die weiteren Etappen des Einigungsprozesses irgendwie einzugreifen. Aber dies Verhalten ist nur im Zusammenhang mit jenem größeren Konzept zu verstehen, das Beust nunmehr verfolgte: Preußens Avancen abzuwarten. Nicht nur Bray, viel mehr noch Beust wartete auf die Einlösung von Bismarcks Wort. Als der klaren Ankündigung Bismarcks vom 24. November in der ersten Dezemberwoche noch immer nichts gefolgt war, als auch kein

Echo auf die große Orientdepesche Beusts vom 23. November zu bemerken war, beschloß man in Wien, der preußischen Seite etwas nachzuhelfen.

Am 4. Dezember hatte der österreichische Reichskanzler eine Unterredung mit dem preußischen Gesandten, die zeigte, wie die weitere Form und Richtung der Annäherung von österreichischer Seite gewünscht wurde.[33] Bismarck hat sich später weitgehend an die von Beust gegebenen Hinweise gehalten. Er hatte ja zunächst mit der genau gezielten Form seiner Initiative vom 24. November Österreichs ausdrücklichen Wunsch nach *vorheriger* *Verständigung* über den Prager Frieden erfolgreich überspielt. Eine *nachträgliche Zustimmung* Österreichs zu Preußens Hinweggehen über Artikel IV des Prager Friedens scheint hierauf von keiner Seite gewünscht worden zu sein. Für Beust konnte es jetzt nur mehr darum gehen, gegenüber den vollendeten Tatsachen eine einigermaßen passende und würdige Form zu finden und so den Weg für die weitere Verständigung mit Deutschland freizumachen. Die Verzögerung der von Bismarck angekündigten Eröffnung bot ihm dazu eine Möglichkeit. In der Unterredung vom 4. Dezember fragte Beust Schweinitz nach dem Verbleib von Bismarcks Mitteilung über die Südstaatenverträge, welche der Gesandte ja schon vor zehn Tagen in Aussicht gestellt hatte. Schweinitz verwies darauf, daß »das neue Verfassungswerk wohl noch verschiedene Stadien in den Berathungen der berechtigten Factoren zu durchlaufen habe, ehe es sich als ein endgiltig abgeschlossenes Werk werde darstellen können«. Hier hakte nun Beust ein. Er entnahm – so berichtete er am folgenden Tag die Sache an Wimpffen – der Äußerung Schweinitz' die Absicht, die Vertragsurkunden selbst, die den neuen deutschen Bund begründeten, zum Gegenstand der bevorstehenden Mitteilung zu machen. Das wollte Beust aber nicht: Österreich erhebt keinen Anspruch auf die Prüfung der Verträge. Nimmt es jetzt die Texte entgegen, so würde er – Beust – sich mit der Aufgabe einer Diskussion oder mit der Verantwortung für deren Versäumnis belasten. Deshalb informierte Beust den preußischen Gesandten in folgender Weise:

»Es wird für uns leichter und für den Zweck förderlicher sein, wenn uns diese Alternativen erspart werden, und Preußen, indem es uns im Allgemeinen von der Thatsache des Abschlusses der Verfassungsverträge und von der dadurch begründeten Prärogative Kenntniß gibt, dabei mehr die Gesichtspunkte hervorhebt, die sich ihm in seiner neuen Stellung in Bezug auf das Verhältniß zu Österreich-Ungarn auf dem Felde der allgemeinen europäischen Politik darbieten mögen. Ungestört durch innere deutsche Fragen, können wir dann mit um so mehr Freiheit uns über unsere künftigen Beziehungen zur leitenden deutschen Macht in dem oben bezeichneten freundschaftlichen Sinne aussprechen.«

Wenn Bismarck in der Zwischenzeit gezögert oder geschwankt haben sollte, sein zunächst an Bayern in Versailles, dann an Beust durch Schweinitz gegebenes Wort voll einzulösen, so war ihm jetzt durch diesen Schritt Wiens ein Weg vorgezeichnet, von dem er kaum mehr abweichen konnte. Und was die von Beust angesprochenen Gesichtspunkte auf dem Felde der allgemeinen europäischen Politik anging, so wußte damals jedermann, was damit gemeint war. Die orientalische Frage und das Vorgehen Rußlands standen auf der Tagesordnung. Fort von den Velleitäten des Prager Friedens und hin zu einer europäischen Verständigung der beiden Mächte – das war der Sinn von Beusts Initiative.

Am 8./9. Dezember war die Behandlung der süddeutschen Verträge durch den Berliner Reichstag beendet. Unklar war noch alles, was mit der verfassungsrechtlichen Erledigung der Kaiserfrage zusammenhing, und auch die Ratifikation durch die süddeutschen Landtage stand noch aus. Bismarck hat sich weder über seine Österreich-Politik in dieser Etappe der Umstellung noch über die Wahl des Zeitpunktes seiner offiziellen Handreichung erläuternd ausgesprochen. Es ist freilich zu vermuten, daß nach dem Eintreffen der letzten Mitteilungen Beusts noch ein weiteres Motiv ins Spiel kam: Bismarcks Absicht, einer eventuellen neuerlichen, ihm bedrohlich erscheinenden Vermittlungsaktion der Neutralen unter maßgeblicher Beteiligung Österreichs entgegenzuwirken. Am 14. Dezember sprach er sich in einem Immediatbericht an König Wilhelm über diese Sorge aus:[34] Er erwähnte römische Nachrichten über Vermittlungsgedanken des Vatikans, sogar die Eventualität einer russischen Beteiligung (wenn es in der Schwarzmeerfrage sich sicherer weiß), die Wahrscheinlichkeit einer englischen Mitwirkung und vor allem französische Absichten in Richtung Österreich: »Die aus Wien gemeldete Reise des dortigen französischen Gesandten nach Pest [wo sich Beust und der Kaiser aufhielten] läßt auf neue Versuche zur Anknüpfung von Intrigen schließen.« Am gleichen Tage, dem 14. Dezember, ließ Bismarck den in zweimaligem Korrekturgang erarbeiteten Erlaß an Schweinitz expedieren, der dazu bestimmt war, nach Preußens Hinwegschreiten über den Prager Frieden das Verhältnis zwischen dem neuen Deutschland und dem alten Habsburgerreich auf eine freundschaftliche Basis zu gründen.

Vor der inhaltlichen Würdigung der Bismarckschen Note und der österreichischen Antwort sind die begleitenden Umstände dieses schwerwiegenden Notenwechsels zu erwähnen. Der Feldjäger aus Versailles traf am 18. Dezember in Wien ein.[35] Am folgenden Tag war Schweinitz bei Beust, verlas und übergab den Erlaß Bismarcks. Der Gesandte war gleichzeitig beauftragt, in bündiger Form deutsche Sicherheitserklärungen für die Monarchie abzugeben: »daß wir alle antidynastischen Bestrebungen in der österreichisch-ungarischen Monarchie als antimonarchische und in letzter Spitze auch gegen uns gerichtete ansehen«. Bismarck ließ weiterhin an Beust mitteilen, er betrachte jede germanische Eroberungstendenz gegenüber Österreich »als eine Torheit, die außerhalb aller vernünftigen Politik liegt.« Man war an einem entscheidenden Punkt angelangt. Die österreichische Antwort bedurfte der Zustimmung des Kaisers, der bereits nach Tirol abgereist war, wo er die Weihnachtstage mit seiner Familie verbrachte. Beust übersandte am 25. Dezember an Franz Joseph ein inhaltsreiches Portefeuille: die Bismarcknote, den Entwurf der österreichischen Antwort, ein erläuterndes Begleitschreiben und eine ausführliche Denkschrift, um den Kaiser für die Genehmigung dieser Antwort im Sinne eines uneingeschränkten Eingehens auf die Avancen Preußens zu gewinnen.[36]

Der Kaiser machte jedoch telegraphisch erhebliche Einwendungen geltend. Er war offenbar von der gewaltigen Pressekampagne, die Bismarck nun plötzlich im Sinne der Freundschaft mit Österreich entfesselte, und von ihrem positiven Echo bei den Deutschliberalen und den Ungarn[37] wenig beeindruckt. Seine Weihnachtsreise nach Tirol, der konservativ-klerikalen Hochburg, war sogleich als eine politische Demonstration für die föderalistischen Pläne und gegen die Deutschliberalen aufgefaßt worden. In der Tat war in Tirol mit entsprechenden Einflüssen auf den Herrscher zu rechnen. Ihre antizipierende Abweisung und Widerlegung zumindest im Bereich der Außenpolitik war das Ziel von Beusts politischer Denkschrift. Im übrigen war die ausgefertigte Antwortdepesche schon an Wimpffen nach Berlin übersandt worden, bevor Beust noch das erbetene Zustimmungstelegramm des Kaisers aus Meran in Händen hatte.[38] Wimpffen wurde freilich angewiesen, vor der Übergabe an den Staatssekretär von Thile noch Beusts besondere telegraphische Anweisung abzuwarten. Aus Meran kam aber statt der Zustimmung des Kaisers eine bedenkliche Rückfrage: »Ich habe Promemoria und Entwurf der Depesche nach Berlin gelesen. Benimmt uns zu viel Entgegenkommen nicht die Möglichkeit, bei Gelegenheit des Friedensschlusses oder einer noch ungünstigeren Lage Preußens Garantien und etwaige Compensation zu fordern? Bitte um telegrafische Antwort.« Beust gelang es schließlich doch noch, am späten Abend des 27. Dezember die Autorisation des Kaisers für die schon nach Berlin abgesandte Depesche zu erhalten.[39] Am 29. Dezember konnte Wimpffen sie an Thile überreichen, spätestens am 1. Januar hatte Bismarck in Versailles sie in Händen. Die preußischen Vertretungen in Dresden, Karlsruhe, Stuttgart und München hatten sogleich von Berlin aus Kopien der österreichischen Note erhalten, entsprechend dem Wunsche des preußischen Gesandten in München, daß das Bekanntwerden dieses Schrittes »alle falsche Hoffnung auf Unterstützung Österreichs gegen den Vertrag vernichte«.[40] Dem fügte Bismarck ergänzende Mitteilungen an die deutschen Mittelstaaten bei. Bald folgten entsprechende Presseveröffentlichungen. Auch in Österreich wurde der Notenwechsel alsbald der Öffentlichkeit vorgelegt. Beide Seiten waren sich einig in dem Bestreben, die Ernte dieser Aussöhnung rasch und demonstrativ in die jeweilige Scheuer einzubringen. Im

Januar 1871 herrschten bei allen Befürwortern eines engen Zusammengehens Deutschlands mit Österreich Freude und Befriedigung.

Im Gegensatz zu Preußen, wo wir nur vorsichtig einzelne Faktoren und Momente des Entscheidungsprozesses erschließen können, bietet die österreichische Situation zwischen Beust und Franz Joseph wertvolle Einblicke in die divergierenden Absichten und Kräfte, die hinter der plakativen Schauseite dieser großen Wende wirksam waren. Dabei ist stets der enge Zusammenhang zwischen außenpolitischen Weichenstellungen und innenpolitischen Problemen Österreich-Ungarns zu beachten. Nur eine solche Betrachtungsweise schützt davor, den hier zu analysierenden Entscheidungsvorgang zu abstrakt im Sinne einer zwischenstaatlichen Beliebigkeit oder zu eng im Sinne einer bloßen außenpolitischen Anpassung bzw. einer schlichten Berichtigung eines früheren Fehlkurses zu interpretieren.

Bismarck war von Österreich gebeten worden, in dem fälligen Notenwechsel möglichst gar nicht auf das Inhaltliche der neuen Verträge einzugehen, um so die Erörterung der für Wien feststehenden Tatsache ihrer Unvereinbarkeit mit dem Prager Frieden zu vermeiden. Diesem Hinweis ist der preußische Staatsmann zunächst nur halb gefolgt. Er wollte offensichtlich nicht auf einen historischen Rückblick und die Erwähnung des Prager Friedens verzichten. Als Beust in seiner Antwort vom 26. Dezember nochmals eine Diskussion dieses Fragenkomplexes abwies, hat sich Bismarck Anfang Januar in sehr freundlicher und einlenkender Form entschuldigt[41]: Er habe gerade aus Rücksicht auf Österreich und im Interesse der internationalen Höflichkeit den Prager Frieden nicht verschweigen wollen. Über die Untunlichkeit einer Diskussion der beiderseitigen Auffassungen des Prager Friedens – Preußens sah bekanntlich keinen Widerspruch zu den süddeutschen Anschlußverträgen – war man sich also ganz einig. Wenn es Bismarck dennoch vorgezogen hatte, in der offiziellen Note vom 14. Dezember auf die Situation von 1866 zurückzugreifen, so hat dieser Rückblick vermutlich eine ganz andere Absicht verfolgt; er gab Gelegenheit, offiziell und öffentlich die preußische Lesart der jetzigen deutschen Einigungsvorgänge vorzutragen: im Sinne einer Theorie von höherer nationaler Gewalt oder, wie Beust es dem Kaiser gegenüber in seiner Weise treffend bezeichnete, im Sinne einer »demokratischen Theorie«. So gab Bismarck der berühmten, an Schweinitz gerichteten Note vom 14. Dezember eine ebenso gewinnende wie mythisch überhöhte Einleitung:

»Nicht allein die Rücksicht auf den Prager Frieden, in welchem Preußen und Österreich-Ungarn sich über ihre Auffassung von der damals erwarteten Gestaltung der deutschen Verhältnisse verständigt haben, sondern auch der Wunsch, mit dem mächtigen und befreundeten Nachbarreiche Beziehungen zu pflegen, welche der gemeinsamen Vergangenheit ebenso wie den Gesinnungen und Bedürfnissen der beiderseitigen Bevölkerung entsprechen, veranlaßt mich, der k.u.k. österreichisch-ungarischen Regierung den Standpunkt darzulegen, welchen die Regierung Sr. Majestät des Königs in Bezug auf diese Neugestaltung der deutschen Verhältnisse einnimmt.

In dem Frieden vom 23. August 1866 ist der Voraussetzung Ausdruck gegeben, daß die deutschen Regierungen südlich vom Main zu einem Bunde zusammentreten würden, welcher neben einer eigenen unabhängigen Stellung zugleich zu dem Bunde der norddeutschen Staaten in engere nationale Beziehungen treten würde. Die Verwirklichung dieser Voraussetzung blieb jenen Regierungen überlassen, da keiner der beiden contrahirenden Theile durch den Friedensschluß berechtigt oder verpflichtet werden konnte, den souveränen süddeutschen Staaten über die Gestaltung ihrer Beziehungen zu einander Vorschriften zu machen. Die süddeutschen Staaten haben es ihrerseits unterlassen, den Gedanken des Prager Friedens zu verwirklichen. Sie haben die Herstellung der in Aussicht genommenen nationalen Beziehungen zunächst in Gestalt des Zollvereins und gegenseitiger Garantie-Verträge angestrebt.

Es lag außerhalb menschlicher Berechnung, daß diese Einrichtungen unter dem Drange der mächtigen Entwicklung, zu welcher ein unerwarteter französischer Angriff das deutsche Nationalgefühl aufrief, ihren Abschluß in den jetzt vorliegenden Verfassungs-Bündnissen und in der Errichtung eines neuen Deutschen Bundes finden sollten. Es konnte nicht der Beruf Norddeutschlands sein, diese nicht von ihm herbeigeführte, sondern aus der Geschichte und dem Geiste des deutschen Volkes hervorgegangene Entwicklung zu hemmen oder abzuweisen...«

Nicht die sublimen Retuschen und offensichtlichen Unterschlagungen, die dies Bismarcksche Geschichtsbild kennzeichnen, sollen hier interessieren (daß etwa gerade der Zollverein, die Schutz- und Trutzbündnisse vom August 1866 und Preußens Verhalten 1867 dem Zustandekommen des Südbundes entgegengewirkt hatten, daß Preußen die durch Frankreichs Intervention gestützte Regelung von 1866 stets nur als Etappe zum vollen Zusammenschluß betrachtet hatte...). Man fragt vielmehr, was nun eigentlich auf diese pompöse Einleitung im weiteren Text der Bismarcknote folgen wird. In der Tat folgte nicht mehr viel. Den Kern der preußischen Note machte nämlich eine wiederholende Inhaltsangabe der zuvor von dem Gesandten Schweinitz an Bismarck gemeldeten Erklärungen Beusts aus:

»Auch die k.u.k. Regierung von Österreich-Ungarn, davon sind wir durch Euer Hochwohlgeboren Berichterstattung versichert, erwartet und verlangt nicht, daß die Bestimmungen des Prager Friedens die gedeihliche Entwicklung der deutschen Nachbarländer erschweren sollen. Die kaiserliche Regierung sieht der Neugestaltung, in welcher die deutschen Verhältnisse begriffen sind, mit dem berechtigten Vertrauen entgegen, daß alle Genossen des neuen Deutschen Bundes und insbesondere der König, unser allergnädigster

Herr, von dem Verlangen beseelt sind, die freundschaftlichen Beziehungen
Deutschlands zu dem österreichisch-ungarischen Nachbarreiche zu erhalten
und zu fördern, auf welche beide durch die ihnen gemeinsamen Interessen
und die Wechselwirkung ihres geistigen wie ihres materiellen Verkehrslebens
angewiesen sind.«
Das war also nur eine Art von Zitat, und noch dazu nur in abgeschwächter
Form. Denn Beust hatte im entscheidenden Punkt der mit Schweinitz geführten Sondierungsgespräche doch offenbar mehr erwartet und jedenfalls mehr
zugesagt, nämlich:[42] »daß wir [sc. Österreich in der Antwort auf die angekündigte Mitteilung Preußens] die Freundschaftsanerbietungen Preußens
und des unter seiner Leitung geeinten Deutschlands gerne und rückhaltlos
annehmen, und unseres geschichtlichen Verbandes mit ihm nur gedenken
werden, um es auch in seiner neuen Gestalt mit unseren besten Wünschen zu
begleiten und jede Gelegenheit zur Verständigung mit ihm in herzlicher Bereitwilligkeit zu ergreifen.« Wo sind in Bismarcks Schreiben die »Freundschaftsanerbietungen« Preußen-Deutschlands zu finden? Höchstens in jenem Passus, wo Bismarck Beusts Erklärungen mit den Worten »*berechtigtes*
Vertrauen« (der österreichichen Regierung) wiedergibt. Denn es folgen nun
nur mehr allgemein gehaltene Wendungen. Die deutschen Regierungen – so
Bismarck im unmittelbaren Anschluß an das obige Zitat über Wiens Zuversicht, daß Deutschland freundschaftliche Beziehungen zu Österreich wünsche – die deutschen Regierungen »hegen ihrerseits die Zuversicht, daß derselbe Wunsch auch von der österreichisch-ungarischen Monarchie geteilt
wird«. Auch dieser Hinweis erfüllt wohl nicht den Tatbestand einer Freund-
schaftsanerbietung. Weiterhin betont Bismarck die stabilisierende Wirkung
der Reichsgründung auf die europäischen Verhältnisse; auch die freie Entfal-
tung der wirtschaftlichen Interessen wird »unsere politischen Beziehungen«
fördern. Außer dem Hinweis auf die bevorstehende Überreichung der neuen
Verträge, sobald sie allseits ratifiziert sind, schließt sich dann nur noch ein
munterer Schlußsatz Bismarcks an: »Deutschland und Österreich-Ungarn,
wir dürfen es zuversichtlich hoffen, werden mit den Gefühlen des gegenseitigen Wohlwollens aufeinander blicken und sich zur Förderung der Wohlfahrt
und des Gedeihens beider Länder die Hand reichen.« Das war alles freundlich gesagt – und insofern war es tatsächlich ein sehr wesentlicher Schritt.
Aber in der Sache hat Bismarck außerordentlich vorsichtig manövriert. Gewiß, wenn Preußen schon im August 1866 die Schutz- und Trutzverträge mit
dem Süden *vor* der Unterzeichnung des Prager Friedens abgeschlossen hatte,
dann konnte es sich auch jetzt kaum veranlaßt sehen, der österreichischen Interpretation des Vertrags durch irgendeine nachträgliche Kompromißformel
entgegenzukommen. Das wollte Österreich ja auch gar nicht. Aber nach
Sondierungsgesprächen, wo von »Freundschaftserbietungen« die Rede war,
eine so sonderbar umwegige und unverbindliche Art der Handreichung zu

wählen, war auffallend. Noch auffallender wird Bismarcks Zurückhaltung, wenn man sie nun mit der Entschiedenheit der österreichischen Antwort und zuvor noch mit Beusts interner Argumentation gegenüber dem Kaiser zusammenhält.

Vor der Gortschakownote und der Zuspitzung der inneren Krise (mit Potockis parlamentarischer Niederlage und Demission) hatte man in der Reichskanzlei eine freundlich abwartende Stellung zum neuen deutschen Einheitsstaat für möglich und sinnvoll gehalten.[43] Nun – im Dezember – erscheint Beusts Bestreben ganz auf eine möglichst entschiedene prodeutsche Orientierung der Monarchie gerichtet. Darauf läuft die österreichische Antwort an Bismarck hinaus, und das ist der Sinn der Denkschrift, die den Kaiser für ein »rückhaltloses« Eingehen auf die künftige Freundschaft Deutschlands gewinnen will. Genau hier setzte aber der Widerspruch Franz Josephs ein. Dieser Widerspruch ist, wie es einem Kaiser zukommt, in wenige, anscheinend banale Worte gefaßt: »Benimmt uns nicht zuviel Entgegenkommen die Möglichkeit...?« Man soll also Deutschland zwar entgegenkommen, aber nicht zuviel. Das ist freilich kein Gegenvorschlag, nicht einmal ein Ansatz dazu. Und dies Fehlen einer ausgearbeiteten außenpolitischen Gegenkonzeption beim Kaiser und bei den ihm nahestehenden konservativ-föderalistischen Kreisen hat Beust offenbar erfolgreich auszunützen verstanden. Denn die Außenpolitik des tschechischen Memorandums konnte nicht in Betracht kommen. Der Kaiser hatte ja selbst zugestimmt, als der Reichskanzler das tschechische Programm einer entschieden prorussischen Politik Österreichs als »Landespreisgebung« zurückwies. Ein differenziertes, gemäßigtes außenpolitisches Programm, das konservative Nähe zu Rußland und ein abwartendes Verhältnis zu Deutschland als Entsprechung eines proslawisch-föderalistischen Kurses im Innern gesucht hätte, existierte aber nicht, weder in sachlicher noch in personaler Hinsicht. Andrássy, der immer wieder als Nachfolger Beusts genannt wurde, hätte als Exponent der ungarischen Russophobie wohl das Gegenteil bedeutet. Beust selbst hat dementsprechend in der Denkschrift vom 25. Dezember einen erheblichen Scharfsinn aufgewandt, um den Kaiser davon zu überzeugen, daß es einen mittleren Weg gegenüber Deutschland nicht geben könne.

Die Denkschrift zeigt zwei Alternativen. Entweder geht Österreich jetzt entschieden auf die von Deutschland angebotene Freundschaft ein, oder es muß sich auf ein baldiges »Anbinden« mit Preußen, auf eine kriegerische Aktion einstellen. Tertium non datur. »Denn reserviertes Zuwarten wäre nur geeignet, die Vorteile der Gegnerschaft wie jene der Freundschaft preiszugeben.« Auf die Mentalität des Kaisers eingehend spricht Beust davon, daß »die ernsten patriotischen Gemüter« jetzt den Eindruck haben, Preußen sei in der Vergangenheit kein aufrichtiger Freund gewesen und werde es also auch in Zukunft nicht sein; das jetzige Entgegenkommen sei nur die Folge der augenblicklich schwierigen Lage der Preußen. Statt ihnen entgegenzukommen, könne man ihnen jetzt noch mit günstigen Aussichten militärisch entgegentreten. Nach Frankreichs Niederwerfung werde das nicht mehr möglich sein und auch eine eventuelle Verteidigung gegen einen preußischen Angriff habe dann keine Chancen mehr. Beust kann angesichts solcher Überlegungen, in denen wir wohl damalige Gedanken des Kaisers und der gegen Preußen skeptischen »Hofpartei« zu sehen haben, die Eventualität eines Krieges gegen Preußen zum Angelpunkt seiner kritischen Argumente machen. Schon das Bekanntwerden einer gegen Preußen-Deutschland unfreundlichen Antwort Österreichs – so belehrt er den Kaiser – würde die gesamte öffentliche Meinung der Monarchie zu einer Haltung der »Deutschtümelei und Preußenfurcht« veranlassen. Schwerer noch wiegt die Rücksicht auf die jetzt tagende parlamentarische Vertretung. In den Delegationen der beiden Reichshälften wird sich, abgesehen von den Polen und – vielleicht – den Tirolern, nach Beusts Meinung keine Stimme für einen Angriffskrieg gegen Deutschland erheben. Die Kriegsbereitschaft der Armee ist mit einem Fragezeichen zu versehen. Rußland wird sogleich an der Seite Deutschlands in den Krieg eintreten, es stellt eine starke Bedrohung dar. Und wie stehen die Dinge zwischen Deutschland und Frankreich? Denn alles Rechnen mit Kriegserfolg gegen Preußen geht doch von der Annahme aus, daß Preußen in Frankreich engagiert und nach Österreich hin wehrlos sei. Beust rechnet dem Kaiser zwei Alternativen vor, die beide das Grundlose solcher Hoffnungen erweisen sollen. Entweder der französische Widerstand bricht bald zusammen – dann würde ein rascher Einsatz der ganzen deutschen Macht gegen Österreich möglich sein. Oder der französische Widerstand hält an – dann wäre der österreichische Angriff ein willkommener Anlaß für Deutschland, den Krieg gegen Frankreich einzustellen und gegen Österreich vorzugehen[44], wo die Erfolge viel sicherer zu berechnen sind: Die deutsch-österreichischen Provinzen der Monarchie »mit einer sympathisirenden Bevölkerung« sind für Deutschland ein besserer Gewinn als Elsaß-Lothringen mit einer renitenten Bevölkerung.

Daher – so schließt Beust schlagend dies negative Beweisverfahren – »würden selbst mit einem absoluten Regime und mit einer schlagfertigen Armee ernste Bedenken gegen derartige Velleitäten bestehen«. Weniger klar ist dagegen sein Plädoyer für die »rückhaltlose« Annahme der deutschen Freundschaft: Er vermeidet es für jetzt auffallenderweise, gegenüber dem Kaiser auf das positive Interesse an einer dauerhaften Allianz mit Deutschland, mit wirtschaftlichen, innen- und außenpolitischen Vorteilen zu verweisen. Das Irredentismusproblem kommt – wie wir eben sahen – nur in sekundärer Weise zur Sprache, von einer verbesserten Stellung gegenüber Rußland und einer deutschen Unterstützung im Orient ist überhaupt nicht die Rede. Nicht die positiven Aspekte des vorgeschlagenen Weges, sondern nur das Offenbleiben bzw. die Förderung auch antipreußischer Zukunftschancen Österreichs durch die jetzige Annäherung werden ausgemalt – eine sehr bemerkenswerte Spiegelung auch jetzt noch anhaltender Tendenzen des Kaisers und seiner Umgebung.

»Es genügt auf die Erschöpfung hinzuweisen, welche Preußen und Deutschland auf längere Zeit selbst im Fall eines sieg- und erwerbreichen Ausgang des Krieges erwartet. In diesem Fall wird uns Zeit gegönnt sein, unsere Verteidigung für kommende Eventualitäten zu vollenden. Welche günstige Chancen aber bieten sich für ein erfolg- und ruhmreiches Eingreifen Österreichs, falls militärische Niederlagen Preußen ereilen sollten? Dann liegt das Schicksal Deutschlands in Österreichs Hand und wird ihm um so mehr zufallen, wenn es jetzt freundschaftlich und wohlwollend gesprochen hat.«

Das war der alte Gedanke, den der Kaiser schon vor dem deutsch-französischen Krieg gegenüber den französischen Operationsplänen ausgesprochen hatte[45], und der auch Beust vom Juli/August her nicht fremd war:[46] Österreich als Retter Deutschlands nach Preußens Niederlage. Ob Beust Ende Dezember solches noch ernsthaft zu denken wagte, ist allerdings zu bezweifeln. Eher beschäftigte ihn, wie seinen Freund Dalwigk in Darmstadt, die längerfristige Überlegung, daß bei einer späteren Krise, bei Zerfallserscheinungen des neuen deutschen Staatsverbandes, Österreich wieder hervortreten könne. Der Kaiser aber hielt damals, wenn auch in reduzierter Form, offenbar noch an kurzfristigen Hoffnungen fest. Dies beweisen sein Einwand gegen das zu weitgehende Entgegenkommen Beusts und sein ausdrücklicher Hinweis: »... bei Gelegenheit des Friedensschlusses oder einer noch ungünstigeren Lage Preußens Garantien und etwaige Compensation zu fordern.« Irreales Wunschdenken? Gewiß kann man angesichts der bald folgenden Kapitulation Frankreichs und späterer Entwicklungen diese kaiserlichen Vorbehalte kaum anders bezeichnen. Doch damit ist dem Einwand gegen »zu viel Entgegenkommen« an Preußen noch nicht alle Bedeutung genommen. Der Einwand traf insofern ins Schwarze, als er Beusts These: Krieg oder Freundschaft in Frage stellte. Was aber Beust eigentlich im Sinne hatte, wird sich aus der Art seiner Antwort noch deutlicher ergeben als aus der Art, wie er den Kaiser zu behandeln wußte und sich seinen Kategorien anpaßte. Eines ist die Argumentationsreihe, die den Kaiser zum »rückhaltlosen« Einschwenken auf die prodeutsche Linie veranlassen soll, ein anderes die Frage, was eigentlich Beust selbst zu einem so entschiedenen Vorgehen veranlaßte, das nun angesichts der Zurückhaltung Preußens den Charakter riskanter Vorleistungspolitik anzunehmen drohte.

Die österreichische Anerkennung der Reichsgründung, wie sie Beust formulierte und der Kaiser schließlich sanktionierte, war keineswegs eine einfache Antwort auf Bismarcks Eröffnung vom 14. Dezember, keineswegs ein glattes Stück eines zeremoniellen Notenwechsels, dessen freundschaftlicher Rahmen durch die vorausgegangenen Sondierungen abgesteckt war. Den komplexen Inhalt der österreichischen Antwortdepesche hat Beust selbst – zusätzlich zur Denkschrift vom 25. Dezember – auch noch durch einen ungewöhnlich interessanten Kommentar zu Händen des Kaisers erläutert.[47] Es ist in der Geschichte diplomatischer Aktenstücke nicht häufig, daß bei einem entscheidenden außenpolitischen Vorgang die internen Überlegungen so faßbar dokumentiert sind. Beust kommentiert die Aufgabe, die er sich gestellt hat: Die Anerkennungsnote soll unzweideutig entgegenkommend, zugleich aber würdig und vorsichtig sein. Deshalb wird die Diskussion über den Prager Frieden abgelehnt und Bismarcks »demokratische Theorie« (das deutsche Nationalgefühl als Motor der Reichsgründung) nicht ausdrücklich zurückgewiesen, sondern übergangen. Dies sieht im Text der Note folgendermaßen aus:

»... Wiewohl wir die freundschaftliche Gesinnung bereitwillig anerkennen, in welcher die Erwähnung des Prager Friedens geschehen ist, so halten wir es doch für besser, auf die dadurch gebotenen Anknüpfungspunkte zu einer weiteren Auseinandersetzung hier nicht einzugehen und auf unserer Ansicht zu verharren, daß die Vermeidung einer Discussion in dieser Richtung in beiderseitigem Interesse liegt.

In der That sind es nicht formelle Interpretationen, nicht materielle Rechtsansprüche, die wir zum Gegenstande der Discussion gemacht zu sehen im gegenwärtigen Augenblicke für wünschenswerth erachten können. Unsere Auffassung neigt vielmehr dahin, in der Einigung Deutschlands unter Preußens Führung einen Act von historischer Bedeutung, eine Thatsache ersten Ranges in der modernen Entwicklung Europa's zu erblicken, und darnach das Verhältnis zu beurtheilen, welches zwischen der österreichisch-ungarischen Monarchie und der neuen staatlichen Schöpfung an unseren Grenzen angebahnt und befestigt werden soll.«

Das Nichteingehen auf den Prager Frieden hat, wenn man genauer liest, hier nicht nur den Sinn von freundlichem, Streit vermeidendem Entgegenkommen. Vielmehr hält Österreich seine Rechtsauffassung aufrecht, es vermeidet jede rechtliche Sanktion des preußischen Hinweggehens über den Vertrag. Es anerkennt lediglich »im gegenwärtigen Augenblicke« die Faktizität des preußischen Vorgehens und seiner Folgen. Dies war es wohl, was Franz Joseph und Beust unter »vorsichtig« verstanden: eine Tür für spätere Eventualitäten bleibt offen. – Beust erläutert dann gegenüber Franz Joseph weiter den Text der nach Berlin bestimmten Antwortnote: eine Begrüßung des neuen Kaisers wird vermieden. Was er dem Kaiser nicht ausdrücklich erklärt, geht aus der entsprechenden Stelle des Textes hervor; im Unterschied zu Bismarck betont Beust entschieden Wunsch und Hoffnung auf eine künftige Zweier-Allianz mit Deutschland:

»Von diesem Standpunkt aus kann es mir, indem ich den weitern von der königlich-preußischen Regierung angekündigten Mittheilungen entgegensehe, nur zu hoher Befriedigung gereichen, jetzt schon bestätigen zu dürfen, daß in allen maßgebenden Kreisen Österreich–Ungarns der aufrichtigste Wunsch vorherrscht, mit dem mächtigen Staatswesen, dessen Gründung sich nunmehr vollziehen wird, die besten und freundschaftlichsten Beziehungen zu pflegen. Dieser Wunsch wurzelt in der festen Überzeugung, daß eine unbefangene Erwägung und Würdigung der gegenseitigen Bedürfnisse nur die ersprießlichste und wohlthätigste Wirkung auf beide Reiche äußern, sie in Frieden und in reger Mitarbeiterschaft an den Aufgaben der Gegenwart und Zukunft einigen wird...«

Und – wieder im Unterschied zu Bismarck – geht Beust noch gleich einen Schritt weiter in die Richtung aktueller politischer Bekräftigung dieser erwünschten Einigkeit. Er macht den Kaiser darauf aufmerksam, daß er eine »verständliche Mahnung« in der Pontusfrage hinzugefügt habe. Das liest sich dann so:

»Nicht ohne berechtigtes Vertrauen dürfen wir hiernach gerade in diesem Augenblicke der Verwirklichung so verheißender Aussichten ein ergiebiges Feld eröffnet sehen, ein Feld, auf welchem Gemeinsamkeit des Wollens und Handelns für beide Reiche ein Unterpfand bleibender Eintracht, für Europa eine Bürgschaft dauernden Friedens werden kann.«

In der Denkschrift für den Kaiser hatte Beust weder von Rußland, noch von der Pontuskrise, noch von einer deutsch-österreichischen Gemeinsamkeit in den Fragen des Orients gesprochen. Hier aber kam dies Programm in einer kaum verschlüsselten Weise zum Ausdruck. Jeder interessierte Zeitgenosse würde diesen Hinweis verstehen, der hier erstmals offiziell und öffentlich gegeben wurde: in Ungarn und bei den Deutschliberalen Cisleithaniens, in Berlin und in Petersburg. Die eher harmlose Art der an den Kaiser gerichteten Erklärung darf die Tragweite einer solchen Eröffnung nicht verdecken. An der deutlichen Absicht einer österreichischen »Leitseil«-Politik fehlte es gewiß nicht, wie auch immer Preußen darauf reagieren würde.

Schließlich lag Beust ganz besonders an der Schlußpassage. Er habe – so sagte er dem Kaiser – eine Begrüßung des neuen deutschen Kaisers unterlassen, aber dafür einen »herzlichen, aber würdevollen Gruß« des österreichischen Kaisers an das deutsche Volk eingesetzt. Diese Stelle empfahl er nachdrücklich der Aufmerksamkeit Franz Josephs: »Sie bietet für die Gegenwart eine feste und würdige Stellung und möglicherweise einen wichtigen Anknüpfungspunkt für die Zukunft.« Die Gegenwart leuchtet ein, aber man fragt sich: welcher Anknüpfungspunkt für welche Zukunft? Von Zukunft, deutschem Volk und Österreich war in Beusts Denkschrift in einer unzweideutigen Weise die Rede: nach preußischen Niederlagen werde das Schicksal Deutschlands wieder in Österreichs Hand liegen. Geht es an, das freundschaftliche, offene Pathos dieses Kaisergrußes nach Deutschland im Lichte solcher Hintergedanken zu sehen? Auf diese Frage werden wir später zurückkommen. Am Rande ist noch ein anderes zu bemerken. Im Unterschied zu Bismarck, der das deutsche Volk nur als Akteur im Rahmen einer geschichtsklitternden Einigungslegende auftreten läßt, dann aber nur von Monarch zu Monarch, von Regierung zu Regierung spricht, richtet Beust den Kaisergruß nicht an die Regenten, sondern an das Volk Deutschlands. Der Kaiser spricht nicht als absoluter Herrscher, sondern als Sprecher, gewissermaßen als konstitutioneller Vollstrecker der deutschfreundlichen Gesinnungen Österreich-Ungarns. Und wenn Beust den Kaiser von den »wahren Bürgschaften einer segensreichen Zukunft« sprechen läßt, die den Deutschen im neuen Staat zu wünschen sind, so war damals wohl jeder liberale Kritiker des preußischen Obrigkeitsstaates bereit, diese Anspielung zu begrüßen. So lautet der Schlußabschnitt der österreichischen Note:

»Mit hoher Genugthuung aber muß uns die Thatsache erfüllen, daß jene Gesinnungen der Bevölkerung Österreich-Ungarns auch in der Person Sr. Majestät des Kaisers und Königs, unseres Allergnädigsten Herrn, einen erlauchten Schützer und Förderer finden. Allerhöchstderselbe wird, freien und hohen Sinnes, die erhebenden Erinnerungen, die Seine Dynastie in der glanzvollen Geschichte von Jahrhunderten mit den Geschicken des deutschen Volkes verbanden, nicht anders auffassen, als mit den wärmsten Sympathien für die fernere Entwicklung dieses Volkes und mit dem rückhaltlosen Wunsche, daß es in den neuen Formen seines staatlichen Daseins die wahren Bürgschaften einer glücklichen, für seine eigene, wie für die Wohlfahrt des ihm in geschichtlicher Tradition, in Sprache, Sitte und Recht so vielfach verwandten Kaiserstaates gleich segensreichen Zukunft finden möge.«

Einiges an der Entscheidungssituation dieser Dezembertage zwischen Wien, Meran und Versailles kann nunmehr als geklärt gelten: Bismarck will Annäherung an Österreich, Entspannung und vielleicht mehr. Er hütet sich aber, Wien gegenüber mehr zu tun und zu sagen, als für den unmittelbaren Zweck erforderlich ist. Beust will entschieden mehr. Er verfolgt das Konzept eines »rückhaltlosen« Eingehens auf die preußischen Avancen. Er verspricht sich davon eine wesentliche Förderung der Interessen Österreichs, zunächst schon im Hinblick auf die Pontuskrise, darüber hinaus wohl in einer Absicherung gegen irredentistische Auflösungsgefahren. (Letzterer Gesichtspunkt kommt nur am Rande zur Sprache, Beust hat ihn später – vielleicht etwas übertreibend – als Hauptgrund des neuen Kurses bezeichnet.[48]) Der Kaiser zögert, diesem entschiedenen Kurs zu folgen; er kann sich nur schwer von der Vorstellung trennen, daß durch eine reservierte Haltung gegenüber Berlin bei einer künftigen Verschlechterung der militärischen Situation Preußens Österreich doch noch Vorteile gewinnen könne. Beust gelingt es, die Bedenken des Kaisers zu überwinden. Er weist darauf hin, daß zwischen Krieg und rückhaltloser Annäherung zu entscheiden sei und daß durch letzteres Vorgehen keine für Österreich positive Entwicklung ausgeschlossen werde. Demgemäß werden in der österreichischen Stellungnahme zur Reichsgründung die Rechtsfrage des Prager Friedens vorbehalten, der Weg zu einer Zweieralianz gewiesen und das sofortige Einschwenken Preußens auf die österreichische Linie in der Pontuskrise vorgeschlagen.

Offen blieb bisher die Frage, warum Beust persönlich so sehr auf die Entschiedenheit der Schwenkung drängte und einen mittleren Weg ausschließen wollte. Für diese Absicht waren wohl mehrere Faktoren bestimmend. Einmal lag es überhaupt im Sinne eines kohärenten politischen Vorgehens, nach all den Schwankungen und Unsicherheiten der letzten Jahre einen entschiedenen Kurs einzuschlagen und aus dem Lavieren herauszukommen. Entschiedenheit als solche konnte sich dem Kaiser und den divergierenden inneren Einflüssen gegenüber am besten durchsetzen. Die für eine weitere Zukunft erhoffte Zuwendung Preußen-Deutschlands zu Österreichs Interessen, weg von Rußland, war wohl nur auf diesem Wege einzuleiten, ebenso die von Berlin zu leistende Neutralisierung der immer bedenklicher werdenden irredentistischen Bestrebungen in den deutschen Gebieten Österreichs. Ungarns Unterstützung konnte ebenfalls für diese neue Politik eingerechnet werden. Ein weiterer Gesichtspunkt, der für Beusts »rückhaltlose« Linie sprechen konnte, ja mußte, ist damals und später weder vom Reichskanzler noch von anderer Seite beim Namen genannt worden. Er kann nur vermutet bzw. aus den damaligen Umständen und den folgenden Ereignissen erschlossen werden: Wenn es Beust gelang, die außenpolitische Neuorientierung auf Deutschland hin durchzuführen, so konnte, ja mußte diese Wendung auch die innenpolitische Situation Österreichs beeinflussen. Außenpolitik und Innenpolitik der Monarchie waren unter den damaligen krisenhaften Umständen nicht nur irgendwie und letzten Endes, sondern recht direkt und vordergründig verkoppelt. Prodeutsche Außenpolitik war auf die Dauer kaum mit einer Durchsetzung des föderalistischen, proslawischen Programms im Innern vereinbar. Entweder präjudizierte das Zusammengehen mit Deutschland eine Niederlage der Föderalisten (was ja dann auch eintrat), oder ein starker innenpolitischer Erfolg der Föderalisten zog den Sturz des von Beust inaugurierten außenpolitischen Systems nach sich (dem suchte Beust offenbar durch rasche Fixierung des Nahverhältnisses zu Deutschland vorzubeugen).

Auch war Beust mit seinen Entschlüssen nicht allein. Ganz abgesehen von den engeren und weiteren Kreisen der Sympathisanten einer prodeutschen Politik in Cisleithanien und Ungarn hatte er es in erster Linie mit den Mitarbeitern in der Reichskanzlei zu tun: mit Hofmann und Aldenburg, mit Teschenburg, Falke, Gagern, Biegeleben und wie sie alle hießen. Fast alle diese hohen Beamten lebten aus der deutschen Kultur, kamen aus der Tradition des deutschen Bundes und konnten sich Österreich – trotz des Dualismus – eigentlich nicht anders vorstellen als eine von Deutschen dominierte Macht. Sie liebten Bismarck nicht und die neue Realität des von Preußen geeinten Deutschland bedeutete für sie Enttäuschung und Bitterkeit. Aber die Alternative einer neuen prorussischen-proslawischen Politik, wie sie das tschechische Memorandum entworfen hatte, war für diese Gruppe führender Beamter noch viel weniger anziehend. Angesichts der inneren Konfliktlage und der neuen europäischen Konstellation konnte Beust damit rechnen, daß auch der »Apparat« der Reichskanzlei in die gleiche Richtung trieb, die er selbst, im Sinne seiner deutschen politischen Tradition, als Konsequenz der preußischen Siege einschlug. Und offenbar wirkten diese verschiedenen Faktoren und Motive so stark zusammen, daß auch das sichtlich reservierte Verhalten Bismarcks den einmal eingeschlagenen Kurs nicht mehr in Frage stellte. Was nicht ist, kann noch werden.

Noch eine andere Frage, die sich angesichts der österreichischen Erklärung und der Beustschen Denkschrift für Franz Joseph stellte, blieb bisher unbeantwortet. Für welche österreichisch-deutsche Zukunft sah Beust einen »wichtigen Anknüpfungspunkt« in dem Kaisergruß an das deutsche Volk? War hier harmlos-zuversichtlich eine herzliche Zweibundfreundschaft gemeint, oder war weniger harmlos ein Ähnliches gemeint, wie es Beust dem Kaiser zu Ende der Denkschrift erklärt hatte: erfolgreiches Eingreifen Österreichs in Deutschland, wenn Preußen doch noch Niederlagen erleidet? Was den Kaiser angeht, so läßt der Zusammenhang die zweite Antwort recht wahrscheinlich erscheinen. Beust hatte ja in der Denkschrift deutlich genug gesprochen: Im Falle von Preußens Niederlagen »liegt das Schicksal Deutschlands in Österreichs Hand und wird ihm um so mehr zufallen, wenn es jetzt freundschaftlich und wohlwollend gesprochen hat«. Die Annahme erscheint also durchaus begründet: Beust hat den Kaiser für die »rückhaltlose« Erklärung im allgemeinen und für das pointiert kräftige Grußwort an das deutsche Volk im besonderen auch dadurch gewonnen, daß er ihm zu verstehen gab, hierdurch würden Auffangpositionen für eine mögliche antipreußische Wendung der deutschen Dinge geschaffen. Und wenn man heute das kaiserliche Grußwort an das deutsche Volk aufmerksam liest (und Beusts Kommentar dazu), so sollte man wohl nicht ausschließen, daß diese antipreußische Alternative der deutschen Dinge auch weiter in die Zukunft gedacht war und sich nicht auf den gegenwärtigen Kriegsverlauf beschränkte: wer weiß, wie lange die neue Gründung und die preußische Vorherrschaft in Deutschland halten? Doch hier ist wieder zu unterscheiden. Wenn solche Alternativ-Überlegungen Ende 1870 bei Franz Joseph offenbar vorausgesetzt werden können, gilt dann das gleiche auch für Beust? War auch Beust selbst noch in solchen geheimen Hoffnungen befangen? Oder haben wir uns die Sache so vorzustellen, daß der Kanzler den Kaiser für den prodeutschen Kurs gewann, indem er ihm mögliche antipreußische Alternativen vorgaukelte, von denen er selbst nichts mehr hielt?

So einleuchtend die Dokumente im Falle des Kaisers sprechen, so unsicher ist unser Wissen um Beusts damalige Hintergedanken. Wohl gibt es im näheren Umkreis des Reichskanzlers aus dem Januar 1871 und von Anfang Februar noch Hinweise, daß ihm Überlegungen nicht fremd waren, die auf ein mehr oder weniger rasches Scheitern der preußischen Reichsgründung spekulierten. So berichtete etwa Bruck am 23. Januar aus München, man wünsche dort zwar aufrichtig die Freundschaft mit Österreich-Ungarn, viel mehr aber hege man die geheime Hoffnung, »wir würden einstens der ganzen Kaisergeschichte ein Ende machen«.[49] Doch einen Monat später war Frankreich endgültig geschlagen, danach ist bei Beust nichts mehr von solchen Gedanken zu bemerken. Bis dahin war auch sonst in Europa in preußenfeindlichen Kreisen die Hoffnung verbreitet, daß die preußische Reichsgründung nicht von Dauer sein werde. Man denke etwa an Sir Robert Peels große Rede vor dem britischen Unterhaus am 17. Februar 1871! Wir sind also nicht zu der Annahme gezwungen, Beust habe dem Kaiser wider besseres Wissen mit der Vorspiegelung von antipreußischen Zukunftschancen die Zustimmung zu der prodeutschen Note vom 26. Dezember 1870 entlockt. Es bleibt freilich ein etwas zwielichtiger Eindruck, was die Art angeht, wie Beust damals die Entscheidung des Kaisers herbeizuführen wußte. Überblickt man den Weg von der österreichischen Antwort auf Bismarcks Sondierung vom 24. November über Beusts Mahn-Depesche nach Berlin vom 4. Dezember bis zu dem entscheidenden Antwortdokument an Preußen-Deutschland vom 26. Dezember, so gewinnt man jenseits aller Argumente und Hintergedanken auf beiden Seiten einfach den Eindruck, daß Beust den Kaiser systematisch in die Enge getrieben hat. Zug um Zug brachte er ihn dahin, wohin er ihn haben wollte: eine »rückhaltlose« Annäherung an den Sieger in Deutschland.

Eine letzte Frage ist noch zu formulieren, auch wenn sie hier nicht beantwortet werden kann. Beust läßt in der Antwort an Bismarck Franz Joseph den Wunsch aussprechen, daß die neue Ära einer Freundschaft zwischen Deutschland und Österreich beiden Staaten eine gleich segensreiche Zukunft verbürgen möge. Unabhängig von den inneren Vorbehalten oder Hintergedanken der österreichischen Führung stellt sich denn doch die Frage: War die Weichenstellung, die hier vorgenommen wurde, wirklich eine solche, daß sie nach der einen wie nach der anderen Seite hin das Optimum künftigen Segens wenn nicht verbürgte, so doch immerhin ermöglichte oder zumindest nicht ausschloß?

Fortsetzung der Annäherungspolitik im Zeichen der Pontuskonferenz und der definitiven Niederlage Frankreichs (Januar bis März 1871)

Bismarck und viel mehr noch Beust hatten die Sache in Bewegung gebracht. Das Jahr 1870 schloß mit einer Manifestation des österreichisch-deutschen Zusammengehens, stärker, als sie Bismarck wohl erwartet hatte, und vorbehaltloser, als sie Franz Joseph eigentlich gewünscht hatte. Im neuen Jahr kam der Stein weiter ins Rollen. Es gab Hemmnisse und es ging keineswegs genau in die von Beust gewünschte Richtung: Die Verbindung Berlins mit Rußland blieb weiterhin unerschütterlich, während in Wien seit dem Februar mit der vom Kaiser berufenen Regierung Hohenwart-Schäffle ganz entgegen Beusts Richtung die proslawisch-föderalistische Politik sich durchzusetzen schien. Trotz alledem kamen Wien und Berlin sich ständig näher. Von dem föderalistisch-proslawischen Programm des neuen Ministeriums, das im Februar seine Tätigkeit begann, wird im nächsten Abschnitt zu berichten sein. Zunächst gilt es zu zeigen, wie im Januar und Februar die Annäherungspolitik unaufhaltsam fortgesetzt wurde. Dabei kam der Londoner Pontuskonferenz Bedeutung zu, während gleichzeitig die definitive militärische Entscheidung zugunsten Preußen-Deutschlands in Österreich die letzten Hoffnungen auf eine antipreußische Alternative zerstörte. Der Blick auf die damaligen Reaktionen und Positionen in Wien, Süddeutschland und Europa wird den Eindruck bestätigen: Es war keine außenpolitische Konstellation sichtbar, die als Alternative zu der seit November von Beust und Bismarck betriebenen deutsch-österreichischen Annäherung in Frage gekommen wäre. Man ist angesichts dieser Entwicklung versucht, von einem natürlichen und unaufhaltsamen Gefälle der Dinge zu sprechen, nachdem einmal die »künstlichen« Barrieren zwischen Österreich und Deutschland gefallen waren. Aber physikalische Metaphern sind im politisch-sozialen Bereich stets gefährlich. Und es zeigte sich denn auch, daß in der wichtigsten Richtungsfrage – gegenüber Rußland – die Dinge keineswegs einen »natürlichen« Verlauf auf der Linie der ungarischen und deutsch-österreichischen Erwartungen nahmen. Vielmehr gelang es Bismarcks kunstvollen Manövern, die Schwerkraft des sich bildenden österreichisch-deutschen Mitteleuropablocks einstweilen weitgehend zu bremsen und in die Richtung konservativer monarchischer Solidarität mit Rußland zu lenken. Dabei half ihm der tiefe Eindruck, den der Pariser Kommune-Aufstand machte. Im Mai 1871 beantwortete Beust die englische Frage nach der Möglichkeit einer wirklichen Trennung Preußens von Rußland zurückhaltend: »It would be a work of time and much time too!«[1] Und er grenzte sich deutlich gegenüber der Politik Andrássys ab. Dieser habe einige Monate zuvor – so erklärte Beust damals Bloomfield – gemeint, man solle sich einfach in die Arme Preußens stürzen, um dessen Sympathien zu Rußland durch die Sympathien für Österreich zu verdrängen.

Nur in *einem* Bereich des staatlichen Lebens kann man gelegentlich so etwas wie physikalische Wirkungen beobachten: im Bereich der militärischen Planung und Berechnung. Und da ist es freilich auffallend, daß Franz Joseph schon Ende Januar 1871, als sich die Kapitulation Frankreichs abzeichnete, den geheimen Auftrag zur Ausarbeitung eines österreichischen Aufmarschplans gegen Rußland erteilte.[2] Und im April 1871, noch vor dem Frankfurter Frieden, ließ Moltke durch den Berliner Generalstab erstmals den Fall eines kombinierten deutsch-österreichischen Aufmarsches gegen Rußland durchrechnen und ausarbeiten – natürlich ohne jeden Kontakt mit Wien![3] Das waren politisch-strategische Vorwegnahmen einer erst viel später sich verfestigenden Blocksituation. Aber gerade dies geradlinige Vorauslaufen militärischer Planungsrationalität vor der vorsichtigen und abwinkelnden politischen Praxis der Kabinette in Berlin, Wien und St. Petersburg weist auf neue Elemente in den europäischen Entscheidungsprozessen hin.

Dabei war das Szenarium der nächsten Monate auf deutscher und auf österreichischer Seite denkbar verschieden. Bis zum Ende der Delegationssitzungen im Februar hatte sich Beust – mit dem Kaiser – in Budapest aufzuhalten. In mühsamen Verhandlungen mit den cisleithanischen und den ungarischen Delegierten gelang es dem Reichskanzler, das Budget durchzusetzen und die Politik des Vorjahres gegenüber Angriffen von prodeutscher und profranzösischer Seite rechtzufertigen.[4] Der Notenwechsel Bismarck–Beust wurde in der ungarischen Delegation ausgiebig besprochen. Trotz fortbestehender liberaler Vorbehalte gegen die Bismarcksche Reichsgründung wurde die Annäherung zwischen Deutschland und Österreich ohne Ausnahme zustimmend kommentiert. Die zeitweilig auch in der Déakpartei anzutreffende Preußenfeindschaft trat zurück gegenüber einem positiven Interesse an der Neugestaltung der deutsch-österreichischen Beziehungen. »Überlieferte, aber immer kühler werdende Franzosenfreundschaft, erneut glühende Russenfeindschaft und Streben nach einem gegen Rußland gerichteten Bündnis mit Deutschland – so könnte das außenpolitische Programm der Déakpartei im Januar 1871 zusammengefaßt werden.«[5] Beust konnte mit dem Ergebnis der ungarischen Delegationsberatungen zufrieden sein.

In der österreichischen Delegation setzte sich die im November (im Reichsrat) und im Dezember eingeschlagene Richtung fort. So gaben zwar Plener und der einflußreiche Publizist Kuranda die deutschliberalen Kritiken an Bismarcks Politik und an dem reaktionären Charakter des neuen Reiches zu Protokoll.[6] Kuranda warnte ausdrücklich davor, sich künftig von Deutschland in die reaktionäre Solidarität einer erneuerten Heiligen Allianz hineinziehen zu lassen. Aber nicht nur Herbst und Sturm als Sprecher einer Mittelgruppe, auch Rechbauer, einer der Führer der steierischen Autonomisten, ließ die frühere Bismarck- und Preußenfeindschaft zurücktreten zugunsten einer Anerkennung des neuen Reiches und des Wunsches nach dem österreichisch-deutschen Bündnis. Schwarzweißrot begann sich gegen Schwarzrot-gold auch in der Delegation durchzusetzen. Selbst Männer wie Kuranda standen in außenpolitischer Hinsicht für ein enges Zusammengehen mit Deutschland ein. Wenn Kuranda und Rechbauer die Gefahr aus dem Osten in starken Farben ausmalten, so ergaben sich daraus eindeutige Konsequen-zen: »Das, was uns noch drohen kann, droht uns von Osten, und diesen dro-henden Ereignissen entgegenzutreten und sie vereit, wenn sie kommen, zu bekämpfen, das ist gleiches Bedürfnis Deutschlands und ein gleiches Bedürf-nis Österreichs.«[7] Angesichts dieser Haltung fiel es Beust letztlich nicht schwer, gestützt auf die Zurückweisung des Tschechenmemorandums vom Dezember 1870 und auf den Notenwechsel mit Bismarck, sich auch in der österreichischen Delegation erfolgreich zu behaupten. Er betonte die preußi-sche Initiative: »Denn wir haben unsere Freundschaft nicht angetragen, die Freundschaft ist uns angetragen worden.« So endeten die Delegationssitzun-gen mit einer klaren Ratifikation der neuen, prodeutschen Außenpolitik der Monarchie.

Schwieriger war die Frage der Regierungs- und Verfassungskrise in Cis-leithanien. Potocki hatte seine Demission seit dem November mehrmals wie-derholt. Alle Versuche des Kanzlers, dem Kaiser eine gemäßigt liberale Re-gierungsmannschaft zu empfehlen, scheiterten. Im Gegenteil. Als schließlich Franz Joseph nach dem Ende der Delegationssitzungen das ohne Beusts Wis-sen gebildete Ministerium Hohenwart-Schäffle berief, stellte sich für den Reichskanzler die Frage des Rücktritts. Die neue Regierung galt innen- und außenpolitisch als deutschfeindlich. Aber auch wenn Beust die Konsequen-zen des Rücktritts nicht zog – es wird unten von den Umständen dieser Ent-scheidung zu sprechen sein –, war doch seit dem Februar durch das Existie-ren einer Art von »Doppelregierung« mit divergierenden politischen Kon-zepten in Österreich ein paradoxer Zustand eingetreten. Das Nebeneinander des prodeutsch orientierten gemeinsamen Ministeriums unter Beust und der als deutschfeindlich geltenden cisleithanischen Regierung unter Ministerprä-sident Hohenwart schadete dem Ansehen und dem politischen Gewicht der Monarchie.

Ganz anders die Szene auf der deutschen Seite. Zuerst noch mühsam, dann aber immer eindrucksvoller durchmaßen Kaiser und Reich die Via triumpha-lis unerhörter Erfolge. Am 18. Januar wurde im Spiegelsaal zu Versailles mit militärischem Prunk von einer Versammlung deutscher Fürsten König Wil-helm zum Deutschen Kaiser proklamiert. Am 21. Januar nahm als letzte der Länderkammern auch die bayerische Abgeordnetenkammer mit knapper Mehrheit die Anschlußverträge an, nachdem sich die Patriotenpartei gespal-ten hatte. Im Laufe des Januar brach der militärische Widerstand Frank-reichs zusammen. Kapitulation von Paris und Waffenstillstand in Nord- und Mittelfrankreich folgten am 28. Januar. Nach dem Ende der letzten Kämpfe

im Südosten konnte Bismarck am 26. Februar in Versailles den Präliminar-
frieden abschließen, der – ähnlich wie im Falle Österreichs 1866 in Nikolsburg – schon alle wesentlichen Errungenschaften des Sieges enthielt: Abtretung von Elsaß-Lothringen, fünf Milliarden Kriegsentschädigung, Räumung
Frankreichs nur nach Maßgabe der Zahlungen. Am 1. März marschierten
deutsche Paradeeinheiten in Paris ein. Sie zogen durch den Arc de Triomphe
und schlugen auf den Champs-Elysées ihr Lager auf. Am 11. März verließen
die Deutschen Versailles. König-Kaiser Wilhelm, und schon vor ihm Fürst
Bismarck, kehrten inmitten des Siegesjubels nach Berlin zurück. Und während sich Frankreich im Bürgerkrieg des Kommune-Aufstandes zerfleischte,
konnte der erstmals gewählte deutsche Reichstag schon am 14. April die
neue Reichsverfassung in dritter Lesung mit starker Mehrheit verabschieden.
Die Einsprüche des Zentrums, die föderalistischen Wünsche Bayerns, die
rechtsstaatlichen Vorschläge einer Gruppe demokratischer Abgeordneter,
die die Frage nach den fehlenden Grundrechten stellten, die Proteste der Polen hatten keine Wirkung mehr und ließen höchstens künftige Konflikte ah-
nen. Am 10. Mai konnte in Frankfurt der Friede mit Frankreich geschlossen
werden. Kaiser und Reich standen gebietend in der Mitte Europas.

Inmitten dieses Szenariums wurde von Versailles, Berlin und Wien aus
kräftig weitergearbeitet an dem Band, das künftig die beiden Mittelmächte
vereinen sollte. Der immer intensiver und freundlicher werdende Austausch
stand im Januar und Februar vor allem im Zeichen der Pontuskonferenz. Die
österreichischen Donauwünsche stießen bei Bismarck auf Verständnis und
Förderung. Darüber hinaus wurde die Lage in Rumänien zum Gegenstand
gemeinsamer Überlegungen und Maßnahmen. Im Hintergrund stand die
Frage, wieweit Preußen-Deutschland Österreich entgegengehen konnte,
ohne ernsthafte Schwierigkeiten mit Rußland zu bekommen. Dagegen trat
die Fortführung der freundlichen und engagierten Beziehungen Österreichs
zu Frankreich ganz in den Schatten der Annäherung an Deutschland.[8] Ein-
drucksvolle literarische Leistungen Beusts in den Depeschen an Metternich
können nicht verdecken, daß de facto nun für Frankreich nichts Nennens-
wertes mehr geschah, während England und auch Rußland sich weiter bemühten. Von preußischer Seite wurde diese Abstinenz Österreichs ausdrücklich lobend anerkannt, während man mit England offen böse war und Rußlands Verhalten verärgert hinnahm.[9]

Natürlich ergab das neue Verhältnis zu Preußen-Deutschland so oder so
Konsequenzen in Richtung Rußland. Als Beust Schweinitz die berühmte
Note vom 26. Dezember 1870 übergab, knüpfte er daran Erläuterungen in
Sachen Rußland. Der preußische Gesandte sah sich veranlaßt, Beust zu be-
lehren: Man dürfe nicht versuchen, Preußen und Rußland auseinanderzu-
bringen.[10] Es folgten unmittelbar darauf sehr freundliche Anweisungen aus
Wien nach Petersburg, die gewissermaßen den Abbruch des ägrierten No-

tenwechsels vom Vorjahr über die Gortschakowdepesche bedeuteten.[11] Beust sprach von Österreichs aufrichtigem Bestreben, mit Rußland zu einer ernsthaften »Entente« zu gelangen. In einer weitergehenden Weise plädierte Vitzthum damals für eine Annäherung Österreichs an Rußland, wie sie ihm Fürst Orloff immer wieder vorschlug.[12] Und gleichzeitig kamen von den österreichischen Vertretern in München und Stuttgart Nachrichten, die aus der offenkundigen Festigkeit der preußisch-russischen Beziehungen Schlüsse auf eine künftige Dreierallianz Österreich-Deutschland-Rußland zogen.[13] Die Frage, ob und wann Preußen zugunsten Österreichs die russische Allianz fallen lassen werde, wurde in diesen Berichten von den süddeutschen Höfen unterschiedlich behandelt. Eine derartige Entwicklung, die für Österreich zu erhoffen war, wurde eher als langfristig angesehen. Als weitere Alternative erörterte Vitzthum bald darauf einen Zusammenschluß von Österreich, Deutschland und England.[14] So ergaben sich, wenn einmal das Zusammengehen von Östereich und Deutschland ausgemachte Sache erschien, sogleich jene zwei weiteren Kombinationen mit dieser oder jener der europäischen Flügelmächte, deren Abwägen in den folgenden Jahrzehnten so große Bedeutung hatte.

Indessen ging es mit den direkten Beziehungen zwischen Bismarck und Beust überraschend gut voran. Schon das Echo des sonst so zurückhaltenden Herrn von Thile auf die Überreichung der Note vom 26. Dezember war ungewöhnlich positiv gewesen.[15] Die durchgehend günstige Aufnahme des Notenwechsels in der Öffentlichkeit und vor allem in Süddeutschland mochte das eine sein, ein anderes das Interesse Bismarcks an einer Abschirmung des damals noch keineswegs geklärten Schlußabschnitts der Auseinandersetzung mit Frankreich gegen neutrale Kollektivschritte. Wie sehr Bismarck vor einer störenden Intervention Österreichs nun gesichert war, zeigt die Analyse der einschlägigen Verhandlungen auf Schritt und Tritt. Wie es Wien weiterhin nur darum ging, gegenüber Frankreich das Gesicht zu wahren, wird vor allem in London deutlich. Dort sondierte zwar der neu entsandte österreichische Zweitdelegierte Graf Szécsen am Rande der Konferenz auftragsgemäß wegen einer eventuellen Befassung der Konferenz mit der französischen Friedensfrage. Der preußische Vertreter, Graf Bernstorff, erklärte dem Österreicher klipp und klar, daß dies nicht in Frage komme.[16] Damit war die Sache erledigt. Und auch mit einem zweiten Versuch in ähnlicher Richtung – eventuelle Suspendierung der Konferenz bis zum Eintreffen eines französischen Delegierten – wandte sich Szécsen zunächst an Bernstorff. Nach dessen ablehnender Antwort wurde der Versuch von Österreich nicht weiter verfolgt.[17]

Bismarck ließ Beust durch Schweinitz seine Befriedigung über die Depesche vom 26. Dezember ausdrücken; er habe darin »das Echo der eigenen Ansichten und Anschauungen gefunden«.[18] Zugleich teilte Bismarck mit, er teile »die Fürsorge der österreichischen Regierung für die Interessen, welche sich an die Donaufrage knüpfen«. Er habe Bernstorff in London angewiesen, »sich in dieser Beziehung der Haltung des österreichisch-ungarischen Bevollmächtigten anzuschließen«.[19] Auch die rumänische Frage wurde nun an Österreich herangetragen. Thile in Berlin und gleichzeitig Schweinitz in Wien brachten die Besorgnisse Preußens wegen der kritischen Lage des Fürsten Karl von Hohenzollern zur Sprache. Wimpffen, skeptisch nach so langen negativen Erfahrungen in Berlin, kommentierte beide Themen sehr zurückhaltend.[20] In Rumänien möchte Bismarck Ruhe; solange Preußens bindendes Verhältnis zu Rußland dauert, will er überhaupt einen Konflikt im Orient vermeiden, um nicht Schwierigkeiten wegen der Verpflichtungen gegenüber Rußland zu bekommen. An die Zusage in der Donaufrage, die Bismarck Beust gegeben hatte, knüpfte Wimpffen die Vermutung, daß Preußen wohl durch indirekte Mittel (Vorschieben der Türkei) diesen Fragenkomplex im Sinne Rußlands von der Konferenz fernhalten möchte.

Inzwischen war Schweinitz in Sachen des Fürsten Karl zu Beust nach Budapest gereist. Man verständigte sich in der rumänischen Frage anscheinend ohne Schwierigkeiten: Fürst Karl soll das Land nicht verlassen.[21] Beust benutzte den eher ungewöhnlichen Schritt des Gesandten, um im Sinne des neuen Kurses der preußischen Seite eine allgemeine Intensivierung des Gedankenaustausches nahezulegen. Er lobte Schweinitz' persönliches Verhalten, fand aber, sein reserviertes Verhalten passe nicht mehr »zu der neuen Lage der Dinge und zu der Entwicklung..., in welcher unser Verhältnis zu Preußen und Deutschland begriffen ist«. Diese Reserve – so schrieb Beust nach Berlin – dürfte im Hinblick auf Ton und Inhalt des jüngsten Schriftwechsels mit Preußen nicht mehr ganz am Platze, »sondern im Gegenteile durch ein sucessives Einlenken in die früher durch lange Jahre gepflegten Bahnen offenen Vertrauens und rückhaltloser Erörterung zu ersetzen sein«. Österreich jedenfalls sei zu solchem Vorgehen loyal und in Würdigung der positiven Folgen gern bereit.

Nachdem die Ministerratskonferenz vom 17. Januar ergänzende Instruktionen für die Behandlung der Donaufrage in London beschlossen hatte[22], wandte sich Beust im Sinne »der neuen Lage der Dinge« sogleich an Bismarck, um über die allgemeine Unterstützungszusage hinaus Deutschlands Hilfe für dies sehr weitgespannte Programm zu erbitten. Beust hatte in der Konferenz gesagt: »Der Grundgedanke der Spezialinstruktion sei, daß die Beseitigung der Neutralität des Schwarzen Meeres, welche auf Rußlands Anregung hin in Aussicht stehe, uns berechtigte, gleichen Anspruch zu machen und auch in der Donaufrage gewissermaßen reinen Tisch zu machen.« An Wimpffen erging nun die Weisung, ganz auf der Linie der schon im November betonten Interessenidentität die preußische Unterstützung des österreichischen Programms zu erbitten:[23] Fortbestand der europäischen Donaukommission bis 1883, Begrenzung ihrer Kompetenz auf die untere Donau, Durchführung der Regulierungsarbeiten am Eisernen Tor und an den Stromschwellen bei Orsova unter österreichischer Regie, Erhebung eines Flußzolles zur Finanzierung der Arbeiten, und einiges mehr. Auf die zum Teil recht komplizierten Details dieses Programms ist hier nicht einzugehen. Man sieht, daß es sich vor allem um ungarische Anliegen handelte und daß Beust offenbar zu dieser Zeit und an diesem Ort (Budapest) zu einer Übernahme auch sehr hochgeschraubter ungarischer Wünsche bereit war. Andererseits gehörte die kommerzielle Erschließung des Balkans durchaus zu dem großen, liberalen Orientprogramm, das Beust erstmals 1867 entwickelt hatte. Wie der Bau der Eisenbahnen nach Saloniki und ans Goldene Horn, so war auch der Ausbau der Donauschiffahrt Bestandteil dieser Entwicklungshilfe-Konzeption, die sich als Alternative zu einer politischen Aufteilung bzw. Verselbständigung der europäischen Türkei verstand.[24] Zugleich wollte sich Österreich der seit dem Pariser Vertrag 1856 bestehenden Einschränkung der Souveränität über seinen Anteil am Donaulauf (durch die sogenannte Uferstaatenkommission) möglichst entziehen.[25] Für all dies wurde nun Preußen-Deutschlands Konferenzhilfe angerufen.

Während die Londoner Konferenz ihre Tagungen fortsetzte, erhielt Beust über Berlin die Nachricht, daß Bismarck das von Wien vorgetragene Donauprogramm »auf das vollste und wärmste anerkenne«;[26] Bernstorff in London sei bereits in diesem Sinne angewiesen. Nicht ohne berechnete Förmlichkeit – und freilich noch weitab von der durch Beust empfohlenen Kordialität alter Bundeszeiten – wurde dann weiterprozediert. Aus Berlin kam ein Erlaß des Staatssekretärs Thile, der Beusts Donaudepesche vom 22. Januar positiv beantwortete. Darauf ging ein entsprechendes Dank- und Bestätigungsschreiben von Wien nach Berlin. Beust sprach der deutschen Regierung seine lebhafte Anerkennung aus. Er betrachtete diese Haltung als einen weiteren Beweis, »daß die freie und vorurtheilslose Würdigung unserer beiderseitigen Interessen nur zur günstigsten Entwicklung der Beziehungen beider Reiche und zur Befestigung des freundschaftlichen Verhältnisses beitragen kann, das sie in so erfreulicher und verheißungsvoller Weise jetzt schon vereinigt«.[27]

Man schrieb den 18. Februar, Frankreich lag endgültig am Boden und Beust bereitete für die kommende Delegationssitzung sein nächstes Rotbuch vor, in welches solche Aktenstücke gerne aufgenommen wurden als Dokumentation des neuen Kurses. Kritiker Beusts, und nicht nur diese, behaupteten, daß manche diplomatische Noten nur zum Zwecke der späteren Veröffentlichung in der Reichskanzlei hergestellt worden seien. Aber mußte damals nicht auch ein Skeptiker den neuen und für Österreich so erfreulichen Wind verspüren, der aus Versailles wehte? Wimpffen hatte Anfang Februar ein vertrauliches Gespräch mit Thile. Der Staatssekretär berichtete ihm mit wärmster Anerkennung für das neue Verhältnis zwischen den beiden Regierungen ein Diktum Bismarcks. Der Kanzler des Deutschen Reiches habe geäußert, »daß er jede Schädigung Österreichs auch als eine Schädigung Deutschlands« ansähe.[28] Es ist hier nicht der Ort, die Verhandlungen der Londoner Konferenz, die vom 17. Januar bis zum 13. März tagte, zu verfolgen. Das Wiener Forderungsprogramm war von vornherein überhöht, sowohl was das Schwarze Meer wie auch die Donau anging. Insgesamt mußte Österreich große Rückzieher machen, und in dem Vertrag, der die Konferenz schloß, war von der ursprünglichen »Gegenrechnung« nicht mehr viel übrig.[29] Immerhin gewinnt man den Eindruck, daß die von Bismarck unterstützten Teile des österreichischen Programms sich am besten durchgesetzt haben. Bernstorff betonte nach Konferenzende gegenüber Bismarck, daß er sich vor allem an die Weisung gehalten habe, es dürfe zu keiner Verstimmung oder Entzweiung mit Rußland kommen. Er meinte dieses Ziel erreicht zu haben. Von Österreich sprach er auch: daß Graf Szécsen ihm für die freundliche Berücksichtigung der österreichisch-ungarischen Wünsche in der Donaufrage ganz besonders gedankt habe. Aufschlußreich ist, wie Bernstorff dann noch den Dank des türkischen Vertreters berichtet und selbstzufrieden schließt: Es sei ihm also gelungen, mit seinem Auftreten auch den »gegnerischen Bevollmächtigten« nicht unfreundlich zu erscheinen. Österreich gehörte also für Bernstorff noch in die Kategorie der Gegner. (Dies zögernde Zurückbleiben der Diplomaten auf Außenposten hinter der raschen Neuorientierung der Zentrale ist übrigens ein Phänomen, das wir damals auch bei Wimpffen in Berlin beobachten können.)

Die beiden österreichischen Delegierten, Apponyi und Szécsen, betonten in ihrem Schlußbericht, daß es vor allem der Widerstand der Türkei gewesen sei, der zu diesem schwachen Ergebnis geführt habe. Das könnte vielleicht als eine Bestätigung von Wimpffens Skepsis gelten: Bismarck werde die Türkei vorschieben, um auf indirekte Weise mögliche Kontroverspunkte mit Rußland fernzuhalten. Andererseits wiesen die beiden Delegierten auf einen positiven Aspekt der Konferenzergebnisse hin, der ihnen gerade für Österreich-Ungarns Außenpolitik wichtig erschien: Die Konferenz hat die Gefahr eines internationalen Konfliktes beseitigt. »Ein solcher Konflikt hätte in unseren Augen nur dazu beigetragen, die Intimität Rußlands mit Preußen zu zementieren und sie in einer für die Interessen des übrigen Europa gefährlichen Weise weiterzuentwickeln. Es gibt dagegen Grund zu der Annahme, daß diese Intimität bei einem normalen Gang der Dinge notwendigerweise dem Einfluß des natürlichen Gegensatzes der Interessen und der nationalen Leidenschaften unterliegen wird.«

Der Einfluß dieser Kräfte, dem die enttäuschten Delegierten Österreichs nun nach Konferenzende hoffnungsvoll entgegensahen, hatte sich freilich schon seit Januar bemerkbar gemacht, seitdem die deutsch-österreichische Annäherung und gewisse Auswirkungen in Petersburg bekannt wurden. Gortschakow kritisierte schon Mitte Januar Bismarcks Eintreten für die österreichischen Donauinteressen; er hätte am liebsten die gesamte Donaufrage von der Konferenz ausgeschlossen.[30] Er warf weiterhin Bismarck Hinneigung zu Österreich vor und zeigte sich besorgt vor unerwünschten Folgen dieser preußischen Haltung: Österreich würde dadurch zu weiteren Forderungen gegen Rußland ermutigt. Russische Pressemeldungen und Erörterungen im Stile von Katkows Perspektiven taten ein übriges. Anfang Februar wußte Reuß aus St. Petersburg zu melden, daß in der russischen Presse der Verdacht laut werde, ein deutsch-österreichisches Bündnis richte sich gegen das Zarenreich und seine Interessen im Orient. Bismarck hat daraufhin gegenüber Gortschakow sein Verhalten nicht ohne Schärfe gerechtfertigt. In der Donaufrage handele es sich nicht um Politik, sondern nur um deutsche Handelsinteressen. Im übrigen habe Preußen in Wien niemals Anlaß zu der Annahme gegeben, daß Österreich auf eine Unterstützung gegen Rußland rechnen könne. Er, Bismarck, habe im Gegenteil in Wien immer wieder darauf hingewiesen, »daß unser Verhältnis zu Österreich-Ungarn wesentlich bedingt werde durch unser Verhältnis zu Rußland und daß man sich hüten möge, uns in die Lage zu bringen, zwischen Österreich und Rußland wählen zu müssen. In solchem Falle könne unsere Wahl nur durch unser Interesse und die Erfahrung geleitet werden, daß sich die Beziehungen zu Rußland sicherer und zuverlässiger erwiesen hätten als die zu Österreich. Man möge dies in Wien nicht vergessen.«[31]

Bismarck sprach anläßlich der Pontuskonferenz nach Petersburg und nach Wien hin mit zwei verschiedenen Zungen. Das war ein in der Diplomatie übliches Verfahren, in Wien gewiß nicht weniger im Gebrauch als in Berlin und anderswo. Es handelte sich nur darum, ob die kolossale Sachfrage, die hinter dieser Frage der Sprachregelung stand, auf die Dauer eine ausgleichende Lösung finden konnte. Immerhin tat ja Bismarck gegenüber Rußland so, als ob sich zwischen Berlin und Wien gar nichts geändert habe. Dies konnte er Gortschakow nicht glauben machen. Er wollte es wohl auch gar nicht; er wollte wohl der russischen Seite mit dem Hinweis auf »Interesse und Erfahrung« eine dosierte Warnung zukommen lassen: es ginge auch anders. So mußte also schon jetzt, mit den ersten Schritten der deutsch-österreichischen Annäherung, Bismarcks ausgleichendes Taktieren zwischen Rußland und Österreich einsetzen. Ob dies ein Weg zu einer Lösung von Sachfragen des europäischen Zusammenlebens sein konnte? Beust hatte, solange er noch über Spielraum verfügte, und zuletzt sehr deutlich im August 1870, die mit Rußland anstehenden Sachfragen auf den Verhandlungstisch gelegt. Nun war ein anderer politischer Stil im Aufstieg begriffen.

Es ist nicht unsere Aufgabe, die Gefühle zu beschreiben, die damals in den führenden Kreisen Wiens angesichts der Wendung der deutschen Dinge herrschten. Die Reaktionen gingen offenbar tief; trotz der offiziellen Resignation von 1866 war bis jetzt doch noch manches offen und scheinbar beim Alten geblieben. Jetzt ging es in mehr als einer Hinsicht um die brüske Umgestaltung von Lebensverhältnissen, die seit Jahrhunderten gegolten hatten. Jetzt erst war Franz Joseph nicht mehr *der* Kaiser im Kreise der deutschsprachigen Fürstenhäuser. Jetzt erst befand sich Wien definitiv außerhalb Deutschlands. München lag, von Österreich her gesehen, plötzlich nicht mehr im Königreich Bayern, Dresden nicht mehr in Sachsen, sondern im Deutschen Reich. »My poor Saxony« hatte Beust in einer vorübergehenden Aufwallung gegenüber dem amerikanischen Gesandten geklagt. Nicht die Gefühle, sondern die Vorgänge stehen für uns im Vordergrund. Allenthalben ging seit dem Januar 1871 die Umgestaltung zügig und unaufhaltsam weiter. Frühere Verträge Österreichs mit den souveränen süddeutschen Staaten wurden nun gekündigt und mußten in Berlin neu geschlossen werden.[32] Die diplomatische Vertretung Österreichs an den Höfen der deutschen Mittelstaaten, seit vielen Jahrhunderten geübt, wurde von Berlin nicht formal bestritten, verlor aber angesichts der Konzentration der Kompetenzen in der neuen Reichshauptstadt ihre bisherige politische Bedeutung. Theoretisch behielten die deutschen Höfe das aktive und passive Gesandtschaftsrecht. Wien entschloß sich rasch, auf die Gesandtschaften in Darmstadt und Karlsruhe zu verzichten. Dresden, München und Stuttgart wurden einstweilen beibehalten.[33] Beust hielt sich bei dieser Entscheidung an Auskünfte, die er in Berlin einholte: »Nach den Äußerungen des Herrn von Thile kann es kein Bedenken haben, wenn die fremden Regierungen, namentlich jene von Österreich-Ungarn, ihre Missionen an den deutschen Höfen nicht nur nicht spontan aufheben, sondern vielmehr dieselben überhaupt und besonders dort in unveränderter Form bestehen lassen, wo, wie in München und Dresden, sie durch verwandtschaftliche Verhältnisse des Allerhöchsten Kaiserhauses bedingt sind.« In der Praxis – so weiter die Auskünfte aus Berlin – werde aber der ganze politische Verkehr in Berlin konzentriert sein. Die diplomatischen Beziehungen zwischen den deutschen Einzelstaaten und dem Ausland werden auf »Courtoisie-Pflichten« und laufende Konsulargeschäfte beschränkt sein.

Ganz entsprechend, aber nach außen kaum sichtbar, verlief der Abbau des österreichischen Systems publizistischer Einflußnahme in Deutschland.[34] Dieses System, auf das in der Ära Beusts großer Wert gelegt worden war, hatte mit verschiedenen Mitteln gearbeitet: Subventionen und Kautionszahlungen für einheimische Presseorgane, Lieferung von Artikeln und Material (wobei besonders die in Wien erscheinende ›Korrespondenz Warrens‹ eine Rolle spielte), Tätigkeit einzelner Preßagenten. Seit Ende 1870 baute Beust das System radikal ab und ließ die Zahlungen fast überall einstellen. Auch dies Vorgehen ist ein Symptom, das nicht übersehen werden kann. Ihm entsprach von der anderen Seite her die völlige Einstellung der preußischen antiösterreichischen Pressebeeinflussung, die bis in den Dezember 1870 eine so große Rolle gespielt hatte. So trat in weiten Bereichen des deutschsprachigen Pressewesens Friede zwischen Deutschland und Österreich ein: der Friede des Siegers und des Besiegten.

Angesichts der neuen Berliner Kaiserwürde gab es in Wien Sorgen und Aufregung um das Schicksal der alten römisch-deutschen Kroninsignien. Sie hatten seit der Flucht vor den französischen Truppen aus Nürnberg ihren Platz in der Wiener Schatzkammer gefunden. Journalistische Erörterungen in deutschen Blättern hatten den Oberstkämmerer Graf Crenneville schon im Dezember 1870 in Alarmstimmung versetzt.[35] Er wandte sich an Beust und wies ihn auf die »journalistischen Fühler« hin, »welche die Gelüste nach den Krönungsinsignien des ehemaligen heiligen römisch-deutschen Reiches bereits vielfältig besprechen«. Insbesondere war, wie wir heute wissen, der deutsche Kronprinz damals an einer eventuellen Rückgabe der Insignien interessiert. Für ihn war die alte Krone »recht eigentlich das Attribut der deutschen Kaiserwürde«. Er hat auch später noch ressentiert von den »in Wien diebisch zurückgehaltenen Reichskleinodien als den allein echten und dem deutschen Volke gehörigen« gesprochen. Kaiser Wilhelm selbst ist in dieser Frage anscheinend nicht aktiv geworden, während der Kronprinz im Januar 1871 eine Sondierung in Wien durch Schweinitz veranlaßte. Das Ergebnis konnte nicht anders als negativ sein. Hatte doch schon im Dezember Graf Crenneville den Kabinettschef Franz Josephs von seinen Sorgen informiert und zur Kenntnisnahme des Kaisers beigefügt: »Ich hoffe eher den Befehl zu erhalten, die Kroninsignien einzuschmelzen, als daß Österreich die Schmach erleide, dieselben ausliefern zu müssen.« Von Berlin her erfolgte dann zunächst nichts weiter. Es mag dies auch an der Tendenz Kaiser Wilhelms gelegen haben, der auch in der neuen Staatssymbolik des Deutschen Reiches eine Anknüpfung an das alte Reich vermeiden wollte. Franz Joseph hat schließlich im Frühjahr 1872 aus Berlin das Werk des dortigen Oberzeremonienmeisters Graf Stillfried über ›Die Attribute des Neuen Deutschen Reiches‹ erhalten. Es hatte offiziösen Charakter und gestand ein »unangreifbares Besitzrecht« des österreichischen Kaisers an den Reichskleinodien zu. Diese Schrift nahm Franz Joseph »huldreichst und mit lebhaftem Interesse« entgegen.[36] Damit war eine Episode abgeschlossen, die, für sich genommen, wenig unmittelbare politische Bedeutung hat. Sie illustriert jedoch das Ausmaß metapolitischer Kontraste, die vom Gang der deutschen und europäischen Geschichte her zwischen dem alten und dem neuen Kaisertum gegeben waren. In Berlin gab man sich freilich Mühe, in der Stunde des Sieges und der Aufrichtung des Kaisertums die Gefühle Franz Josephs und seiner Umgebung zu schonen. Das persönliche Notifikationsschreiben Wilhelms an Franz Joseph über die Annahme des deutschen Kaisertitels wurde von Schweinitz am 20. Februar in einer Audienz überreicht. Der Kaiser empfing den Gesandten – wie dieser berichtete – überaus gnädig.[37]

Wohin auch immer die Staatsmänner Österreich-Ungarns in diesen Wochen und Monaten der deutschen Via Triumphalis ihre Blicke richteten – nirgendwo in Deutschland oder in Europa fand sich ein Anlaß oder ein Anhalt, eine andere als die von Beust eingeschlagene Politik des deutschen Kurses zu wählen. In Süddeutschland änderte das Bekanntwerden des deutsch-österreichischen Notenwechsels seit Anfang Januar 1871 nicht viel an den schon zuvor entschiedenen Positionen und Stimmungen. Aus München hatte Bruck vom Zerfall der Patriotenpartei und dem dadurch ermöglichten Abstimmungserfolg in der Abgeordnetenkammer für die Anschlußverträge am 21. Januar zu berichten. Er erwähnte die Ministerreden in der Kammer, die das verbesserte Verhältnis Deutschlands zu Österreich als Motiv für die Annahme der Verträge anführten.[38] Besonders nachdrücklich hatte Bray zu den Abgeordneten gesprochen: »Die Allianz mit Österreich ist die einzige jetzt mögliche Verwirklichung der großdeutschen Idee, welche viele von uns auf ihr Banner geschrieben hatten.« Ob diese auf Österreich bezogenen Erklärungen der bayerischen Minister das Abstimmungsergebnis beeinflußt haben, läßt Bruck vorsichtig in der Schwebe. Doch wird seine Enttäuschung über diesen Verlauf der Dinge in Bayern deutlich.[39] Er möchte den entscheidenden Einschnitt in der bayerischen Geschichte, den nach seiner Meinung das Landtagsvotum darstellt, fast mit »Finis Bavariae« bezeichnen. Wir werden – so fährt Bruck fort – in Mitteleuropa einen Militärstaat entstehen sehen, der für den Frieden die größte Kalamität, für den Volkswohlstand der größte Feind ist.

Als Antizipation der kommenden Verpreußung Bayerns und des neuen deutschen Wesens erschien Bruck Graf Holnstein, jener Zehnprozentkommissionär und Oberststallmeister König Ludwigs, der bei Bismarck das Geschäft mit Bayerns Eintritt in den Nordbund, mit dem Kaiserbrief und mit den Berliner Zahlungen in die königliche Privatschatulle eingefädelt hatte. Bruck hatte mit Holnstein Anfang Februar ein Gespräch über den Krieg und die deutsche Zukunft.[40] Es ging um Elsaß-Lothringen und um das künftige Verhältnis zwischen Frankreich und Deutschland. Bruck bestritt, daß die bevorstehende Annexion die Stellung Deutschlands verstärke. Die Franzosen könnten doch wieder einmal nach Deutschland kommen, da die europäische Geschichte sich nicht in wenigen Jahren definitiv abwickeln lasse. Wenn Frankreich einmal ähnliche Friedensbedingungen diktieren könne, so werde Deutschland sich lange nicht so rasch erholen können wie Frankreich jetzt... Holnstein wollte von all dem nichts hören; Frankreich sei endgültig ruiniert und demoralisiert. Bruck faßte Holnsteins Rede ironisch zusammen: »Wir

sind jetzt allmächtig und werden machen, was uns beliebt. Weder Österreich-Ungarn noch Rußland noch England haben ein Wort mit zu sprechen.
Wir pfeifen, die anderen tanzen. Seht uns nur an; jeder von uns ein Adonis,
ein Held und noch dazu ein Brunnen voll Weisheit.« Und er schloß den Bericht: »So stand denn der bayerische Oberststallmeister auch vor mir.«

Unmittelbarer auf die Sache gerichtet waren die Informationen, die Bruck
sich von den bayerischen Ministern geben ließ, die in Versailles mit Bismarck
verhandelt hatten. Der Kriegsminister Pranckh, den der österreichische Diplomat als ehrlichen Charakter anerkannte, versicherte ihm nachdrücklich,
daß Bismarck aufrichtig die Annäherung an Österreich suche.[41] Bismarck
habe darüber mit ihm – Pranckh – in Versailles eine ganz vertrauliche und ihn
überzeugende Aussprache gehabt: Bismarck sieht die Zukunft mit klaren
Augen und fürchtet die Ausbreitung des slawischen Elements, daher erscheinen dem deutschen Kanzler eine Verständigung mit Beust und »vollständiges
Zusammengehen« mit Österreich als durch Deutschlands Interessen geboten. Auch der preußische Gesandte Werthern, jener eifrige Herr, den Bismarck nicht lange zuvor wegen seines Wunsches nach einer »Euthanasie
Bayerns« gebremst hatte, äußerte sich jetzt in auffallender Weise für das Zusammengehen mit Österreich. Daß Beust die Leitung der österreichischen
Außenpolitik innehat – so Werthern –, sei ein großes Glück, da dies die Verständigung erleichtere, die für Deutschland von größtem Interesse sei. Bruck
bewertete die Äußerungen des Kriegsministers und des preußischen Gesandten vorsichtig. In Pranckhs Bericht sah er vor allem den Ausdruck von dessen
persönlichen Anschauungen. Werthern kannte er als unaufrichtig; aber da
dieser jetzt so auffallend anders sprach, als früher, hielt er die Sache doch für
bedenkenswert und zog die Schlußfolgerung: »So kann denn ein besseres
Verständnis im Wunsche des preußischen Cabinetts liegen.«

In Karlsruhe gab es keine Probleme. Über die österreichische Note vom
26. Dezember herrschte in den Regierungskreisen helle Freude.[42] Der großherzogliche Kriegsminister von Beyer erklärte begeistert Beusts Depesche für
»ein unauslöschliches Denkmal in der Geschichte, eine der größten Taten,
die ihre segensreichen Folgen haben wird«.

In Stuttgart hatten Wiens Unzufriedenheit mit der Haltung der Regierung
und insbesondere Beusts Kritik an der mangelhaften Zusammenarbeit mit
Bayern bei den Versailler Verhandlungen offenbar Eindruck gemacht. Bei einem Hofdiner am 31. Januar nahm sich das Königspaar den österreichischen
Gesandten, Graf Walterskirchen, vor.[43] Beide sprachen in freundschaftlich-
ster Weise über die Donaumonarchie und die württembergisch-österreichi-
schen Beziehungen. Königin Olga, eine Schwester Alexanders II., deren politisches Urteil der Gesandte schätzte, erkundigte sich nach dem Fortbestand
der österreichischen Vertretung in Stuttgart. Sie sprach die Hoffnung aus,
daß ein Gesandter hier bleiben werde und fügte hinzu: »Croyez-moi, l'Au-

triche ne fait pas bien d'abandonner toute son influence en Allemagne.« Von dem Gespräch mit dem König hatte Walterskirchen den Eindruck, daß er »die ganze Tragweite der gebrachten Opfer der ihm gemachten Stellung noch nicht einsieht, sich aber eines dauernden Einverständnisses zwischen uns und dem deutschen Reiche aufrichtig freuen würde«. Als der König von einer kurzen Reise nach Versailles wieder zurück war, gab er Walterskirchen den Auftrag, dem Kaiser über seine dortigen Eindrücke zu berichten: Bismarck habe ihm seine besondere Befriedigung über die sich anbahnenden guten Beziehungen zwischen Preußen-Deutschland und Österreich ausgesprochen.[44]

Ernster sah es in Darmstadt aus. Hier galt es für Österreich und für Beust persönlich, Abschied zu nehmen von einem der treuesten Freunde Wiens und von der politischen Gruppierung, die ihn getragen hatte. Im Zuge des generellen Abbaus der österreichischen Pressepolitik in Deutschland hatte der österreichische Gesandte in Darmstadt Ende Dezember die Weisung aus Wien erhalten, den bisher subventionierten hessischen Zeitungen ›Mainzer Journal‹ und ›Hessische Volksblätter‹ die Unterstützung zu streichen. Hier schaltete sich der Minister Dalwigk ein, um bei Beust wenigstens das Belassen der 1867 gestellten Kaution für die ›Volksblätter‹ zu erreichen.[45] Beust seinerseits hatte schon zuvor den Gesandten Graf Vetsera beauftragt, sich bei Dalwigk zu melden und dem hessischen Ministerpräsidenten gewissermaßen Österreichs Abschiedsdank auszusprechen.[46] Er bat zugleich seinen hessischen Freund und Gesinnungsgenossen um Verständnis für Österreichs neuen Kurs und sprach damit weit über Dalwigk hinaus den Kreis jener »Freunde Österreichs« in Süddeutschland an, die sich nun auf die rasche Annäherung zwischen Wien und Berlin einzustellen hatten. Beust ließ in Darmstadt sagen, er hoffe auf die Zustimmung des Ministers zu der Haltung, die Österreich gegenüber der Neugestaltung Deutschlands eingenommen habe. Er habe versucht, dabei »der Harmonie der österreichisch-ungarischen und der gesamtdeutschen Interessen gerecht zu werden«. Für die Erhaltung und Pflege dieser Harmonie rechne er − Beust − »auf die kräftige Unterstützung jener Elemente in Deutschland selbst, welche alte und vielbewährte Gesinnungen der Freundschaft und des Verständnisses gemeinsamer politischer Aufgaben mit Österreich-Ungarn verbinden«.

Dalwigk antwortete freundlich, aber reserviert. Die Veränderung in Deutschland könne die Gefühle nicht alterieren, die er und die Regierung Hessens allezeit gegen Österreich betätigt haben. Seine Regierung hätte die Verträge niemals angenommen, wenn nicht durch das Verhalten der anderen süddeutschen Staaten, die über mehr Bewegungsfreiheit verfügten, eine Zwangslage entstanden wäre. Statt der erbetenen Zustimmung zu Österreichs politischer Wendung bekam Beust von Dalwigk Skepsis und eine Anklage gegen Bayerns König zu hören: »Der Zukunft ist es vorbehalten zu zeigen, ... ob die heutige innere Gestaltung Deutschlands dessen Frieden und dessen Wohl dauernd begründe… Die Geschichte wird Baierns jungen König als denjenigen bezeichnen müssen, der zur Ermöglichung der neuen Sachlage am wesentlichsten beigetragen hat.« Eine offene Kritik an Österreichs Verhalten, die Dalwigk sich hier versagt hatte, kam bei einer späteren Gelegenheit gegenüber dem österreichischen Vertreter, Graf Lippe, in bemerkenswerter Weise zur Sprache.[47] Sie bezog sich nicht auf Beusts Einschwenken nach den Siegen, sondern galt rückblickend der Haltung der Monarchie in der Julikrise 1870. Dalwigk kritisierte vor allem die mangelnde Schlagfertigkeit der österreichischen Armee. Er beklagte, daß ihre Reorganisation sich so verzögert habe und nun gerade in die Zeit gefallen sei, wo dadurch der Monarchie im Sommer 1870 die Möglichkeit genommen war, ihr Schwert in die Waagschale zu werfen. Hunderttausend Mann hätten genügt, um entweder den Kampf zu verhüten oder durch ein Eingreifen zugunsten Deutschlands den bleibenden Anschluß Süddeutschlands an die Monarchie herbeizuführen.

Dieser kritische Rückblick war Dalwigks letzte ministerielle Tätigkeit in Richtung Wien. Einen Tag nach Lippes Bericht mußte der Großherzog Bismarck nachgeben und seinen Minister entlassen.

Dem deutschen Panorama schließt sich das europäische Panorama an; auch hier fehlte neben manchem Anlaß zu rückblickender Überlegung doch jeder positive Anhalt für eine zukünftige Orientierung österreichischer Politik, die weggeführt hätte von dem durch Preußen-Deutschlands Avancen eröffneten und von Beust eingeschlagenen Weg. In Frankreich kam zu den Symptomen des militärischen Zusammenbruchs die volle Unsicherheit hinsichtlich der kommenden staatlichen und sozialen Gestaltung der Dinge. Die Radikalität im Lager Gambettas und die Verhältnisse in Paris wie in der Provinz ließen schon im Februar die Erschütterungen des bald folgenden Bürgerkrieges vorausahnen. Der Sozialismus – so schrieb Vitzthum Anfang Februar aus Brüssel – werde von Frankreich aus in ganz Europa ansteckend wirken. Die Herstellung einer stabilen monarchischen Ordnung werde schwierig sein »sur ce sol volcanique«. Beusts letzte Rettungsidee für Frankreich war eine Aktion zugunsten einer Senkung der Kriegsentschädigung, begründet mit der Rücksicht auf die Stabilität des europäischen Finanzsystems und Kapitalmarktes.[48] Das Argument war ganz nach Beusts Geschmack, der Hinweis scheint aus einem Brüsseler Gespräch Vitzthums zu stammen. Aber über das Stadium interner Erörterungen ist diese Initiative, anders als im Falle ähnlicher Bestrebungen Englands, anscheinend nicht hinausgelangt.

In Rußland war, auch nach dem Ende des Krieges, eine nur immer noch engere Intimität mit Preußen festzustellen. Als Prinz Reuß Ende Februar dem Zaren seine neuen Beglaubigungsschreiben als Vertreter des Deutschen Kaisers überreichte, empfing ihn Alexander II. in preußischer Uniform. Der Zar gab dem formalen Akt eine demonstrative Form; er sprach die Hoffnung aus,

daß der neue Kaiser ihm ein ebenso treuer Freund sein werde, wie es der König von Preußen war.[49] Andererseits setzte die panslawistische Publizistik
ihre Warnungen vor einer vermuteten Bedrohung durch das nun mit
Deutschland verbündete Österreich heftiger fort. Chotek schickte in Fortset-
zungen den ins Deutsche übertragenen Text einer neuen Broschüre Fadejews,
wo es unter anderem hieß: »Bei der gegenwärtigen Lage der Dinge nun, wo
Preußen kraft seiner neuen Stellung als Reserve hinter Österreich steht und
zugleich die uns feindselige, in der orientalischen Frage einmütige Denkweise
der Westmächte noch keineswegs abgeschwächt ist – kann uns im allerent-
scheidendsten Momente das Veto Europas entgegentreten.«[50] Die offizielle
Politik war auf Selbstsicherheit und Erfolgsnachweis eingestellt. Zar und Regierung bemühten sich, das Ende der Londoner Konferenz als einen nationalen Triumph Rußlands hinzustellen. Man wählte den 30. März, den 15. Jahrestag der Unterzeichnung des Pariser Friedens, sieben Monate nach dem
Sturz Napoleons III., der die Krimkoalition geführt hatte. An diesem Tag
wurde in St. Petersburg mit Kanonendonner und einer großen Parade die Ratifikation des Londoner Abkommens verkündet, das die russische Souveränität im Schwarzen Meer wiederherstellte. Der russische Botschafter in London, Brunnow, wurde in den Grafenstand erhoben, Gortschakow, da schon
Fürst, wurde mit dem Titel ›Durchlaucht‹ ausgezeichnet.[51]
   In London wurde am 9. Februar durch Königin Viktoria das Parlament eröffnet. In der Thronrede äußerte sich Ihre Majestät wohlwollend zu dem
Waffenstillstand in Frankreich und wünschte in freundlicher Weise, daß
hieraus ein Friede entstehe, »compatible, for the two great and brave nations
involved, with security and with honour, and likely therefore to command
the approval of Europe, and to give reasonable hopes of a long duration«.
Auch die Reichsgründung wurde in ähnlich wohlwollend-parfümierter
Weise erwähnt und begrüßt wie der deutsche Sieg über Frankreich, wobei die
elegante Wendung beachtenswert ist, mit welcher das liberale England die
autoritäre Genese des neuen Reiches bezeichnete: »The King of Prussia has
accepted the title of Emperor of Germany at the instance of the chief authori-
ties of the nation... I have offered my congratulations on an event, which
bears testimony to the solidity and independence of Germany, and which,
I trust, may be found conducive to the stability of the European system.«
Schon bei der Adreßdebatte begann der Sturm gegen die Haltung der Regierung. »Jede Redewendung zugunsten Frankreichs wurde mit lauten ›cheers‹
begrüßt.« Am schärfsten griff Robert Peel die Regierung Gladstone an, warf
ihr Mangel an mutiger Vermittlungspolitik im deutsch-französischen Krieg
vor und kritisierte nicht minder scharf die deutsche Reichsgründung: Sie bedeute militärischen Despotismus und Gefahr für Europa und verspreche
keine Dauerhaftigkeit![52]
   Es mochte für Österreich ehrenvoll und für Beust schmeichelhaft sein, daß

bei den Angriffen auf die englische Regierung ausgiebig aus den publizierten diplomatischen Korrespondenzen vorgelesen wurde; die fortgesetzten Aufforderungen Österreichs zu gemeinsamem Handeln der Neutralen sollten das Versagen der englischen Außenpolitik illustrieren.[53] Auch mit der Haltung Englands in der orientalischen Frage, wie sie in der Thronrede Viktorias zum Ausdruck kam, konnte man in Wien zufrieden sein. Aber Beust wurde dieser Parlamentsreden gar nicht froh. Denn Gladstone ging in seiner Erwiderung vor dem Unterhaus bei der Rechtfertigung der englischen Neutralitätspolitik sehr weit – zum Teil auf Kosten Österreichs. Nach seiner Rede konnte man den Eindruck gewinnen, daß Österreich nur infolge der Einwirkungen Englands nicht in den Krieg an Frankreichs Seite eingetreten sei. Die Sache wirbelte überall Staub auf, Beust verlangte eine Entschuldigung und Berichtigung Gladstones: Es könne doch nicht in der Absicht der englischen Regierung liegen, die guten Beziehungen, die jetzt zwischen Deutschland und Österreich hergestellt sind, zu stören...[54] Das alles waren Nachwehen der großen Entscheidungen des Vorjahres. Insgesamt zeigten die Londoner Vorgänge mit Deutlichkeit das Festhalten der Regierung Gladstones an der vorsichtigen Politik der »Splendid isolation«, was auch immer der Kontinent an neuen Konstellationen und Fragen hervorbrachte.

Am Goldenen Horn betrachteten die türkischen Staatsmänner, nachdem die Meerengenfrage in ruhiges Fahrwasser gelangt war, mit Gelassenheit die Katastrophe Frankreichs und den Aufstieg Preußen-Deutschlands. Der Großwesir Ali-Pascha, ein hochgebildeter Mann der Reformrichtung, erging sich gegenüber seinem österreichischen Freund Prokesch-Osten in weit ausholenden Erörterungen über die Vorteile der neuen Lage für das Osmanische Reich und die Habsburger Monarchie.[55] Preußen, der Gefahr im Westen ledig, müsse nunmehr sein Augenmerk nach Osten richten. Angesichts von Rußland und Österreich, beide im Besitz deutscher und polnischer Provinzen, werde Preußen zunächst in Rußland den gefährlichen Gegner sehen, denn Rußland müsse nun seinerseits auf die neue Großmacht Deutschland mit Besorgnis blicken. In den nächsten Jahren der inneren Konsolidierung werde Deutschland sich ruhig verhalten, es werde sich Österreich weiter nähern und versuchen, hier einen Verbündeten zu gewinnen. Die entschiedene und kluge Aufnahme, die der Berliner Schritt in Wien gefunden hat, werde Deutschland in der antirussischen Richtung bestärken. »Hieraus ergebe sich für die Türkei der Vorteil, daß Preußen auf ihre Haltung Wert lege und bestrebt sein werde, vom baltischen bis zum schwarzen Meere Rußland einen Damm zu stellen, den es nirgends durchbrechen könne.« Rußland werde also künftighin weniger Anreiz finden, die Türkei zu unterwühlen, da es dabei Schwierigkeiten auch mit Deutschland bekäme. Und zuversichtlich schloß der Großwesir – wir meinen, schon nahe am Ersten Weltkrieg zu sein! – »Er hoffe nun durch das gute Verhältnis, das sich zwischen Österreich und

Deutschland herausstellen werde, für die Türkei den wirklichen und unbehinderten Schutz, den es seit so lange entbehrt habe.«

Diese von Prokesch ohne einschränkende Bemerkung übermittelten Kommentare Ali-Paschas zum Falle von Paris gaben freilich nur die eine Seite der Medaille wieder. Wir kennen andererseits die russisch-türkischen Intimitäten vor, während und nach der Londoner Konferenz; und auch Prokeschs noch ganz im Metternichschen Sinne auf unbedingte Erhaltung des Osmanischen Reiches gerichtete Konzeption war in Wien nicht mehr unbestritten. Der Kaiser äußerte sich damals mit ganz ungewohnter Schärfe: »Wäre doch notwendig dem Baron Prokesch den Kopf zurechtzusetzen, damit er endlich aufhöre bloß als Türke zu denken und zu sprechen.«[56] Diese kaiserliche Glosse zu einem Bericht Prokeschs stammt von Ende Februar; vielleicht ist das Datum nicht zufällig, denn damals war ja schon durch einen persönlichen Willensakt Franz Josephs das neue föderalistische Ministerium in Wien eingesetzt. Wenn der Föderalismus ein politisches Programm in Richtung Orient zu vertreten hatte, dann gewiß keine starre Erhaltung des Status quo im Sinne Prokeschs.

So stellt sich nach dem politischen Rundblick über Deutschland und Europa wieder die Frage nach den inneren Kräften und Entscheidungsprozessen der Monarchie. Das Panorama zeigte: Nichts, aber auch gar nichts gab es im außerösterreichischen Kräftefeld dieser Monate, was die Monarchie zu einer anderen Außenpolitik hätte führen oder drängen können, als Beust sie in Richtung auf das siegreiche Deutschland verfolgte. Dieser neue Kurs war im Januar und Februar 1871 durch den endgültigen Zusammenbruch Frankreichs bekräftigt worden. Wenn der außenpolitische Kurs in Frage gestellt werden konnte, dann nicht von außen, sondern nur von innen her, durch einen Sieg der proslawisch-föderalistischen Kräfte über die von Beust mit Zustimmung der Ungarn und der Deutschliberalen verfolgte dualistische und prodeutsche Richtung. Die Regierung Hohenwart-Schäffle, am 7. Februar durch kaiserliches Handschreiben berufen, bedeutete in diesem Sinne eine Wendung von zunächst nicht absehbarer Tragweite.

Das Ministerium Hohenwart-Schäffle: föderalistisch-proslawische Innenpolitik als Gefährdung der deutschen Freundschaft?

Die verspätete nationale Einigung der Deutschen und der steile Aufstieg der Macht Deutschlands treffen mit den Emanzipationsbestrebungen der west- und südslawischen Nationalitäten zusammen. Dieser dialektische Vorgang erreicht 1870/71 einen dramatischen Höhepunkt. Österreich-Ungarn ist davon nicht nur irgendwie betroffen; es ist der Schauplatz des Aufeinandertreffens zweier Aufstiegsbewegungen, die beide tief in der europäischen Ge-

schichte begründet sind. Das Ministerium Hohenwart-Schäffle, sein Zustandekommen, sein Wirken und sein Sturz bedeuten eine entscheidende
Etappe dieses Ringens auf dem Boden der österreichisch-ungarischen Monarchie. Wohl niemand will heute bestreiten, daß es ein Segen für die Monarchie, für den Frieden Europas und also auch für Deutschland gewesen wäre,
wenn der Ausgleich der nationalen Spannungen durch eine gebührende Berücksichtigung der slawischen Nationalitäten gelungen wäre. »Die Mission
Österreichs... muß getragen werden: von den Deutschen, den Magyaren
und den Rußland gegenüber sich unter Österreichs Schutz selbständig indi-
vidualisierenden West- und Südslaven.«[1] Das waren die Überzeugung und
das Programm des Ministers Schäffle. Gut so, aber hier muß nun der Historiker genau unterscheiden. Eines ist die generelle Wünschbarkeit des nationalen Ausgleichs in einem historisch gewordenen Vielvölkerstaat; ein anderes
sind die konkreten Programme und Aktionen, die politische Kraft und Kunst
der Verwirklichung, die inneren und äußeren Umstände des Gelingens oder
Mißlingens.

Beim gegenwärtigen Stand der Forschung erscheint ein überzeugendes Urteil über die Erfolgschancen des föderalistischen Experiments von 1871 noch
kaum möglich. Für unseren Zusammenhang verdient besondere Beachtung,
daß die außenpolitische Konstellation – deutsche Einigung, Triumph
Deutschlands über Frankreich, erfolgreiches Hervortreten Rußlands – damals dem Gelingen des inneren Ausgleichs nicht günstig war. Und über diese
objektiven außenpolitischen Gegebenheiten hinaus ist das System in Rechnung zu setzen, das Beust aus diesen Vorgegebenheiten angesichts der inneren und äußeren Krise entwickelt hatte, bzw. weiter zu bauen sich anschickte: die Interessen der Monarchie im festen Zusammengehen mit der siegreichen neuen deutschen Macht zu wahren und im Inneren eine Regelung anzustreben, die der privilegierten Stellung der Deutschen und Ungarn als Stützen
dieses Systems keinen Abbruch tat. War die föderalistische Aktion der Regierung Hohenwart-Schäffle mit diesem System vereinbar, das Beust seit November 1870 ausbaute? Waren – wenn beide Systeme in Konflikt standen –
die neue Regierung und die sie stützende politische Gruppierung stark genug,
das System Beust (mit seiner prodeutschen Außenpolitik und seinen innerösterreichischen Verbündeten) zu stürzen und durch eine andere Außenpolitik
zu ersetzen? Oder war es von vornherein ausgemacht, daß jeder Neuansatz,
den das Beustsche System als Bedrohung ansah, zu gegebener Zeit von diesem System bekämpft und beseitigt werden würde?

Für die Zukunft des österreichisch-deutschen Verhältnisses hing jedenfalls
viel, sehr viel von den neuen Entwicklungen in Cisleithanien ab. Nach außen
hin wurde das zunächst wenig sichtbar, da Kaiser Franz Joseph offenbar einige Zeit glaubte, daß sich beide Systeme koordinieren oder wenigstens ba-
lancieren ließen. Denn beiden Konzeptionen und ihrer politischen Praxis la-

gen objektive, erkennbare Realitäten und Wünschbarkeiten zugrunde. Wenn sich eines Tages die Unvereinbarkeit herausstellte, beziehungsweise wenn sich das Verhältnis beider Systeme endgültig in der Richtung der Unvereinbarkeit entwickelte, so stand es schlimm um Österreich-Ungarn. Das war der Tag, an dem Franz Joseph in Ebensee die Hofjagd absagte, der 13. Oktober 1871. Vierzehn Tage später war der Fall des Ministeriums Hohenwart-Schäffle entschieden. Sein proslawisch-föderalistisches Programm wurde durch eine entschlossene Rückkehr zu dem alten, zentralistischen Kurs im Sinne der Deutschliberalen geradezu ausgelöscht. Beust schien wieder völlig freie Hand zu bekommen, das System des Zusammengehens mit dem neuen Reich konnte neuerdings als befestigt gelten. Doch gerade dann wurde der Reichskanzler vom Kaiser fallengelassen.

Das alles war jedoch im Februar 1871 noch nicht vorauszusehen. Insbesondere war anfangs keineswegs klar, ob und wieweit diese gewaltige Kräfteverschiebung nach der klerikal-föderalistischen und slawischen Seite hin vor dem Reichskanzler und der von ihm inaugurierten neuen Außenpolitik Halt machen würde. Und auch wenn der Kaiser – an ihm lag es letzten Endes – bis zum November 1871 Beust hielt und damit den Weg des Zusammengehens mit Deutschland nicht abschnitt, so war doch durch den Kontrast zwischen Beust und der neuen cisleithanischen Regierung eine recht fragwürdige Situation nach außen hin entstanden. Denn nicht einmal formal gesehen gab es klare Kompetenzabgrenzungen: hier die innere Politik Cisleithaniens, dort die Außenpolitik der Gesamtmonarchie. Paragraph 8 des ungarischen Ausgleichsgesetzes bestimmte nämlich, daß der Außenminister sein Amt »in Einvernehmen mit den Ministerien beider Beteiligten und mit deren Einwilligung« ausübt.[2] Bis jetzt hatte Beust sich wohl mit Ungarn, personifiziert durch Andrássy, auseinandersetzen müssen. Die cisleithanischen Regierungen, die bisher unter seiner Patronanz entstanden und gestanden waren, hatten ihm keine ersichtlichen Schwierigkeiten bereitet. Das konnte jetzt problematischer werden. Soweit die verfassungsmäßige Überschneidung. Noch ganz anders mußte aber nun die Praxis aussehen. Sie war objektiv gekennzeichnet durch die allgegenwärtige Brisanz des Nationalitätenproblems, durch den sachlichen Zusammenhang der slawisch-deutschen Konfrontation über die Grenzen hinweg und durch das unaufhebbare Interesse des deutschen Nachbarn sowohl an dem polnischen und tschechischen Problem wie an der Lage der Deutschösterreicher. Der enge funktionale Zusammenhang innerer und äußerer Politik konnte ja auch sonst durch keine noch so bemühte Korrektheit der Institutionen und der Beteiligten aus der Welt geschafft werden. Diesmal aber entwickelte sich die Lage dramatisch. Das fortgesetzte sichtbare Übergreifen der internen Gruppenkonflikte in die zwischenstaatlichen Beziehungen (und umgekehrt) war das besondere Kennzeichen des achtmonatigen föderalistischen Experiments. Diese Aspekte haben uns zu beschäftigen. Auf die inneren Voraussetzungen und die Etappen der föderalistischen Politik kann nicht eingegangen werden. Hier ist, angesichts der teilweise recht einseitigen Darstellungsweise in der deutschsprachigen Literatur, trotz wertvoller jüngerer Arbeiten noch einiges zu tun.[3]

Am Anfang stand die Frage: Wird Beust die Bildung eines gegen seinen Willen und hinter seinem Rücken gebildeten föderalistischen Ministeriums überleben? Schon Ende Januar berichtete Schweinitz an Bismarck, daß Beust jetzt in hohen Adelskreisen wegen seiner übergroßen Nachgiebigkeit gegen Preußen angegriffen werde. Er nannte den Oberthofmeister Fürst Hohenlohe als Wortführer dieser Tendenz; Hohenlohe versuche, Beusts Stellung mit derartigen Hinweisen zu erschüttern.[4] Am 2. Februar telegrafierte Beusts Pressereferent, Hofrat Falke, aus Wien an seinen Chef in Budapest: »Tagespresse Pester Telegramm meldet: Beusts Rücktritt nach Schluß Delegation und Reichskanzlerschaft Andrássy's gewiß. Bitte entschiedenes Dementi...«[5] Das Ringen um die Bildung der neuen cisleithanischen Regierung war zu diesem Zeitpunkt offenbar mit der Frage von Beusts Rücktritt sehr eng verbunden. Beust selbst hat anscheinend im Winter 1870/71 seinen Rücktritt nur für den Fall erwogen, daß die Delegationen ihm das Mißtrauen aussprechen würden. Dieser Fall war aber nicht eingetroffen; er hatte sich mit den Deutschliberalen und den Ungarn erfolgreich verständigt.[6] Der Vertraute des Reichskanzlers, Sektionschef Hofmann, äußerte sich in den kritischen Tagen dezidiert: Falls ein Ministerium ohne Anhörung Beusts zustande komme, würde dieser sofort um seine Enthebung einkommen.[7] Andererseits war Beust bis zuletzt – als die föderalistische Entscheidung des Kaisers vermutlich schon länger feststand – noch um ein Ministerium mit gemäßigten deutschliberalen Politikern intensiv bemüht. Auch Schweinitz hatte noch am 20. Januar nach Versailles über die Möglichkeiten eines Ministeriums Schmerling berichtet.[8] Das Prekäre der fälligen Entscheidung mußte Beust klar sein. Es wird sein Ausspruch berichtet: »Ich traue mich nicht, den Kaiser ohne mich vierundzwanzig Stunden in Wien zu lassen.«[9]

Doch Franz Joseph und die zum Föderalismus drängenden Kräfte ließen sich nicht aufhalten. Am 7. Februar erschienen in der ›Wiener Zeitung‹ die kaiserlichen Handschreiben vom 4. Februar, welche die Demission Potockis und die Namen der neuen Kabinettsmitglieder mitteilten: Graf Hohenwart als Innenminister führte den Vorsitz, das Handels- und Ackerbauministerium übernahm Albert Eberhard Schäffle, der seit 1868 als Nationalökonom an der Universität Wien gewirkt hatte. Zwei Tschechen traten ein: Habietinek als Justizminister, Jireček als Unterrichtsminister. Im April kam der Pole von Grocholski als Minister für Galizien dazu. Finanzminister blieb Holzgethan, Verteidigungsminister wurde Freiherr von Scholl. Das war ein Ministerium außerhalb der parlamentarischen Mehrheit mit bisher wenig bekannten oder ganz unbekannten Männern. Hohenwart hatte Erfahrung in der Verwaltung, nicht in der Regierung. Der Mann mit Ideen war Schäffle, einst Theologiestudent im Tübinger Stift, das er 1849 verlassen hatte, um mit den badischen Freischaren gegen die preußischen Truppen zu kämpfen. Nach journalistischen und wissenschaftlichen Lehrjahren war er schon vor 1866 in Kontakt mit der österreichischen Regierung gekommen. Er hatte mit Max von Gagern und Hock an den Projekten einer deutsch-österreichischen Zollunion gearbeitet. Einflüsse von Lasalle, Kontakte mit Bebel und Schweitzer sind zu verzeichnen. Schäffle war wohl der erste österreichische Minister, der Marx gelesen hat. Seine sozialreformerischen Gedanken, zuletzt ausgearbeitet in dem 1870 erschienenen Werk »Kapitalismus und Sozialismus«, fanden in den konservativ-föderalistischen Kreisen Anklang. Er sah unter anderem im allgemeinen Wahlrecht einen Weg zur politischen und sozialen Konsolidierung der von Klassenkonflikten zerrissenen Gesellschaft. Durch seinen Fakultätskollegen Habietinek war Schäffle in Wien seit 1868 in Berührung mit dem tschechischen Problem und mit der Nationalitätenfrage Österreichs gekommen. Was seine Konzeption heute wieder interessant macht, ist unter anderem die soziologische Betrachtungsweise der politischen Konflikte und Verfahrensfragen. So war für ihn die deutschliberale Verfassungspartei, die auf der zentralistischen Dezemberverfassung und dem Schmerlingschen Zensus-Wahlrecht fußte, nur eine »national aufgeputzte, kapitalistisch bureaukratische Minorität«, die zur Lösung der Krise weder willens noch fähig war.[10] »Es lag der Partei – bewußt und unbewußt – nun an einer solchen Verfassung, welche die künstliche Herrschaft des Kapitals und des dem Mobilkapital nächststehenden Teiles des Großgrundbesitzes in allen Industrieländern Cisleithaniens zustande brachte.« Schäffle erhoffte von der politischen Einbeziehung des Kleinbürgertums und der Arbeiterschaft auch den Weg zu einer Überwindung der nationalen Gegensätze durch soziale, übernationale Parteibildungen. Wie diese Ideen und Bestrebungen sich dann in der Realität des Regierungsbündnisses, gegenüber dem ablehnenden »Indianergeheul« der Deutschliberalen und angesichts der erstarrten Fronten in Böhmen bewährten, ist eine Frage für sich. Zunächst wollten Hohenwart und Schäffle eher eine mittlere Linie zwischen Verfassungspartei und »böhmischem Staatsrecht« steuern, aber das Mißtrauen der Reichsratsmajorität drängte sie bald zu Verhandlungen mit den Tschechen, um doch irgendwie eine föderalistische Mehrheit im Abgeordnetenhaus zu gewinnen.[11]

Zwischen Schäffle und Beust stand es schon vor 1871 sehr schlecht. Der Sachse und der Schwabe, die unter so verschiedenen Vorzeichen in den Dienst Österreichs eingetreten waren, konnten und wollten nicht zueinander finden, obwohl auf der Ebene des reinen Gedankens vielleicht manche Verständigung möglich gewesen wäre. Beust hatte Schäffle wegen seiner Mitarbeit an einer Wiener Wochenzeitung, die Börsenmanöver im Zusammenhang mit den von Baron Hirsch und dem Reichskanzler projektierten

Orientbahnen kritisierte, mit einem Disziplinarverfahren bedrohen lassen.[12] Da war er bei dem erst eben nach Österreich berufenen Schwaben an den Unrechten gekommen. Schäffle gab nicht nach und Beust führte das angedrohte Verfahren nicht durch; er konnte es gar nicht, denn das wäre Sache des Unterrichtsministers gewesen. Seitdem stand Feindschaft zwischen beiden. Der Professor wertete den Vorfall symptomatisch; jedenfalls gewinnt man aus Schäffles Memoiren den Eindruck, daß er weiterhin in Beust vor allem den Exponenten einer parasitären kapitalistischen Minderheit sah, die unter dem Deckmantel von Deutschtum, Liberalismus und Allgemeinwohl nur ihre Privilegien verteidigte. Und die Umstände der Regierungsbildung wie die Gruppeninteressen, die auf beiden Seiten nun wirksam waren, verschärften die Sache. Persönliche Gegensätze – Schäffle spricht von Beusts »Haß« – und sachliche Divergenzen waren nicht mehr zu trennen. An sich hatte ja auch Beust in den vergangenen Jahren eingesehen, daß sein innenpolitischer Ausgangspunkt vom Januar 1867 – »Zusammengehen des deutschen und ungarischen Elementes gegen den Panslawismus«[13] – unzulänglich war. Das hatte ihn zu Verhandlungen mit den Tschechen 1868 und zu einer ausgleichenden Haltung in der Krise des Bürgerministeriums und gegenüber Potocki geführt. Schäffles trialistisches Reformprogramm, das der Kaiser akzeptiert hatte – Gleichberechtigung von Deutschen, Ungarn und Slawen –, mußte im Prinzip nicht auf Beusts Ablehnung stoßen. Auch die außenpolitischen Dimensionen der Reform, die Schäffle dem Kaiser entwickelte, brauchten nicht als absurd abgetan zu werden: gutes Verhältnis zu Deutschland wie zu Rußland und freier Rücken für den Orient durch den Ausgleich der Nationalitäten. Jetzt aber sahen die Dinge anders und wenig versöhnlich aus. In dem neuen Ministerium, das hinter seinem Rücken gebildet worden war, sah der Reichskanzler eine Bedrohung des so mühsam eingefädelten Systems außenpolitischer Neuorientierung und seiner innenpolitischen Basis. Er sah sich außerdem durch das Verhalten des Kaisers brüskiert und vor die Frage des Rücktritts gestellt. Im Kreise Hohenwarts und Schäffles hat man anscheinend von Anfang an mit dem Rücktritt des so brüskierten Reichskanzlers gerechnet.[14] Die monatelange Geheimhaltung der Aktion hatte Schäffle dem Kaiser gegenüber mit der sonst unausbleiblichen und gewiß erfolgreichen Gegenaktion Beusts begründet.[15] Ob es klar beabsichtigt war, auf diese Weise durch Vorbereitung eines kaiserlichen »Mißtrauensvotums« Beust zu stürzen, muß dahingestellt bleiben. Von den tatsächlichen Vorgängen rund um den 7. Februar wissen wir wenig. Und es wäre auch wenig sinnvoll, diesen anscheinend so irrationalen Personal- und Feindschaftsfragen nachzugehen, wenn damit nicht in diesem Augenblick und für Monate hinaus Weichenstellungen von enormer Bedeutung verbunden gewesen wären.

Beust hat in seinen Memoiren die Frage eines damaligen Rücktritts ausgiebig, aber nicht sehr klar behandelt.[16] Aufschlußreich ist, wie er zur Rechtfertigung seines Verbleibens im Amt die Hypothese eines Rücktritts und der Folgen durchspielt: Als Nachfolger wäre damals nur Andrássy in Frage gekommen. Er hätte sich mit Hohenwart verständigt, ihm nicht zu verachtende Hilfstruppen zugeführt, ihm als parlamentarischer Ratgeber gedient und so das föderalistische Ministerium konsolidiert. Beusts hypothetische Rechnung ist in dieser Hinsicht klar; sie läuft auf eine Apologie gegenüber dem deutschsprachigen Lesepublikum der achtziger Jahre (nach dem Zweibund) hinaus: ohne Beusts Verbleiben als Reichskanzler kein Sturz des Ministeriums Hohenwart im Oktober 1871, keine Rückkehr zum deutschfreundlichen Dualismus von 1867 und keine Sicherung der Freundschaft zu Deutschland. Über die Motive, die ihn damals zum Bleiben veranlaßten, äußert sich Beust an dieser Stelle nicht direkt. Er erwähnt wohl, daß der Kaiser ihn damals seines vollen Vertrauens als Außenminister versicherte. War das eine Billigung des neuen, prodeutschen Kurses? Beust spricht dann aber über die Situation der nun folgenden »Doppelregierung« in einer Weise, die – zusammen mit sonstigen Anhaltspunkten – Rückschlüsse erlaubt. Er schildert, daß einige Zeit seine Haltung zu Hohenwarts Ministerium nur eine streng gesonderte, beobachtende, nicht feindselige gewesen sei, bis schließlich eingegriffen werden mußte (damit dürfte der September 1871 gemeint sein, mit den sehr weitgehenden Zugeständnissen des Kaisers an die Tschechen). Doch – so fährt Beust fort – schon zuvor »wollte es die allgemeine Lage der Dinge, daß ich als Minister des Äußern ein Programm konstant aufrecht erhalten und durchführen mußte, welches mit dem seinigen geringe Wahlverwandtschaft hatte, ja eher das gerade Gegenteil darstellte. Die Politik war nach außen rückhaltlos deutsch, nach innen rückhaltlos undeutsch, und es war nur eine natürliche Folge gegebener Faktoren, daß der deutsche Widerstand gegen die undeutsche innere Politik in der deutschen äußeren Politik eine Anlehnung fand.« Das Gegenstück zu dieser Interpretation findet sich in Schäffles Memoiren, wo er von dem Rückhalt sprach, den die Verfassungspartei 1871 in Ungarn und Berlin hatte: »So gingen wir dem Kampfe entgegen, mit der Absicht, wo immer möglich, mit dem nicht korrupten Teil der Verfassungspartei, nötigenfalls auch gegen letztere und trotz ungarischer und auswärtiger Einflüsse, die Beust anrufen werde, eine große Sache unter dem Drange einer ernsten europäischen Lage des Reiches durchzuführen.«[17]

Was ergibt sich aus alledem? Bei aller gebotenen Vorsicht im Umgang mit autobiographischen Zeugnissen kann man, mit dem Blick auf Beusts Politik seit November 1870, auf seine siegessichere Kampfansage an das tschechische Programm im Dezember 1870, auf seine folgenden Schritte (um trotz Hohenwart-Schäffle den Kaiser auf der Linie der deutschen Freundschaft festzuhalten) wohl das eine festhalten: Beust blieb im Februar 1871 im Amt – soweit es von ihm abhing – nicht nur weil er überhaupt gern im Amt blieb, sondern weil er begründete Aussicht hegte, seine Sache so oder so auf die

Dauer durchsetzen zu können. Die persönlichen Motive und Absichten des Staatsmannes sind das eine; die gewaltigen kollektiven Kräfte, die durch sein Verhalten nicht geschaffen, nicht in Bewegung versetzt, wohl aber in neue Aggregatzustände übergeleitet werden können, sind das andere. Noch kurz zuvor hatte *ein* Mann aufgrund seiner politischen Vorstellungs- und Wertwelt und seiner praktischen Einschätzung der Staatsinteressen dem Steuer Österreichs die Wendung gegen Preußen und gegen dessen Aktion in der deutschen Frage gegeben. Der gleiche Mann hält nun das Steuer energisch auf einen neuen Kurs, auf Zusammenarbeit mit dem durch Preußen geeinigten Deutschland. Das erste Manöver hätte vielleicht auch ein anderer ähnlich ausgeführt. Dann aber den Übergang zum zweiten Manöver zu finden und das Steuer nun festzumachen: Wer in Österreich hätte das sonst vermocht? Denn der Übergang und das Gelingen des zweiten Manövers hatten die Erfahrung des ersten Manövers zur Voraussetzung – die Erfahrung auch auf seiten des Kaisers, der einem Manne des bloßen Opportunismus wohl nie diese Wendung gestattet hätte. Wäre es besser für Österreich–Ungarn gewesen, damals einen Mann am Steuer zu haben, der weniger tief in Deutschland wurzelte als Beust? Doch wo lagen denn die Wurzeln des Hauses Habsburg?

Bismarck hat sich für die Vorgänge in Wien im Januar/Februar 1871 durchaus interessiert, er hat jedoch auf die Berichte und Anfragen des preußischen, nun deutschen Gesandten Schweinitz zur Frage der Regierungsbildung zurückhaltend reagiert. Vor der Bekanntgabe der Ministerliste erklärte er sich deutlich gegen die radikale deutschnationale Richtung innerhalb der Verfassungspartei: »Die Bestrebungen der Fraktion, welche nach dem Anschluß der deutschen Erblande Österreichs an Deutschland strebt, entsprechen nicht den Zielen unserer Politik.«[18] Er wünschte einen Erfolg der gemäßigten Richtung mit Schmerling an der Spitze. Dann kam das neue Ministerium heraus und Schweinitz gab Bismarck eine eindeutig negative Bewertung: ohne Vorwissen Beusts gebildet, sei das neue Kabinett im wesentlichen als preußenfeindlich anzusehen.[19] Besonders in Schäffles Berufung wollte Schweinitz eine feindliche Absicht gegen Preußen sehen. Er charakterisiert ihn als einen »konfusen Sozialdemokraten«. Das war für einen preußischen General wie Schweinitz so ziemlich das Äußerste. Bismarck ging aber sehr vorsichtig auf die Wiener Meldungen ein. Er schärfte Schweinitz ein, das neue Ministerium »nicht von vornherein als ein gegen uns gerichtetes aufzufassen oder zu behandeln«.[20] Die Tendenz des Zurückdrängens des deutschen Elements und der Begünstigung der Slawen bestritt er nicht und auch er sah speziell in Schäffle eine Persönlichkeit, »welche jede Annäherung an uns und jedes intimere Verhältnis unmöglich machen soll, so daß gerade der deutsche Minister ein Präservativ gegen eine Annäherung von Deutschland zu bilden bestimmt scheint«. Insgesamt erwartete Bismarck von der neuen

Regierung zunächst keine aggressive, eher eine defensive Stellung gegen Deutschland. Wichtig erscheint dabei sein Hinweis auf Ungarn, dessen Reaktion auf die proslawische Richtung noch abzuwarten sei. Im übrigen billigt er dem Kaiserhof zu, daß er ein Gegengewicht gegen das »zu starke Hinüberneigen der einen Reichshälfte nach Deutschland« sucht und deshalb von Männern wie Giskra und Herbst jetzt absieht. Prinzipiell hält Bismarck jedoch gerade vom Standpunkt der österreichischen Interessen her die Wendung zu Hohenwart-Schäffle für unzweckmäßig. Wenn von Deutschland aus wirklich Gefahren drohten – Absichten auf die deutschsprachigen Provinzen –, so wäre es erst recht falsch, den Schutz auf dem Wege der jetzigen Regierungsbildung zu suchen; der Schutz gegen die eingebildete Gefahr würde richtiger in einem vertrauensvollen und ehrlichen Freundschaftsverhältnis zu Deutschland gesucht werden.

Beust war inzwischen schon wieder tätig geworden. Gegenüber dem sächsischen Gesandten in Wien erklärte er ausdrücklich seine Unschuld an dem Zustandekommen der neuen Regierung. Er müsse aber damit rechnen, daß ihm durch dies Ministerium seine Aufgabe im Ausland, insbesondere in Deutschland erschwert werde.[21] Beust sorgte einerseits dafür, daß diese »Unschuld« bekannt wurde[22]; er mußte ja verhindern, daß seine Stellung im Inland gegenüber den Deutschen und den Ungarn kompromittiert wurde. Andererseits bemühte er sich, gegenüber Deutschland die Kontinuität des neuen, freundschaftlichen Kurses zu versichern. In dieser Richtung wirkte auch der Kaiser. Er benutzte die Gelegenheit, um Schweinitz anläßlich der Notifikation der deutschen Kaiserwürde ausdrücklich zu versichern, der Ministerwechsel werde die freundschaftlichen Beziehungen zwischen beiden Mächten in nichts verändern.[23] Der Kanzler lud die Mitglieder der neuen Regierung zu einem Diner ein und machte bei dieser Gelegenheit Schäffle mit Schweinitz bekannt. Die Erklärungen, die Schäffle dem Gesandten über seine eigene Stellung zu Preußen-Deutschland abgab, waren zuvor mit Hohenwart abgesprochen und bedeuteten eine Stellungnahme der neuen Regierung.[24] Schweinitz wußte zu berichten, daß Schäffle sich ihm gegenüber nicht nur gegen den ungerechten Vorwurf preußenfeindlicher Gesinnungen verwahrt habe. Er habe ihm auch erklärt, »wie sehr auch er von der Erkenntnis der hohen Bedeutung und der großen Interessen erfüllt sei, welche sich daran knüpfen, daß zwischen den beiden Nachbarreichen die freundschaftlichsten Beziehungen bestehen«.[25] Das offizielle Echo in Berlin war sehr befriedigt und klang sogleich wieder nach Wien zurück. Intern blieben die preußischen Vorbehalte gegen Schäffle und gegen die gesamte Regierung sehr groß. Kaiser Wilhelm bemerkte zu dem Wiener Gesandtschaftsbericht über Schäffles freundliche Worte überaus bissig: geradeso habe sich in Paris der Herzog von Gramont, als er Außenminister wurde, zu dem preußischen Vertreter geäußert.[26] Das traf nun freilich daneben. Schäffle konnte man manches nachsa-

gen, aber ein neuer Gramont, der alsbald sein Land zum Kriege gegen Preußen führen würde, war er gewiß nicht.

Auch die Presse wurde eingesetzt, um in der österreichischen und deutschen Öffentlichkeit zu beruhigen und die Kontinuität der durch Beust vertretenen Annäherungspolitik zu betonen. Das der Reichskanzlei nahestehende ›Fremdenblatt‹ schrieb am 17. Februar[27]: »Übrigens wird in gut unter-
richteten Provinzblättern versichert, daß das Ministerium Hohenwart die
auswärtige Politik des Reichskanzlers vollkommen akzeptiert habe und
fortan bemüht sein werde, jenes freundliche Verhältnis zum Reichskanzler
fortzusetzen, welches die Vorgänger des Kabinetts zu demselben unterhalten
haben. Vollkommen grundlos ist daher alle jene Besorgnis, daß infolge des
Ministerwechsels eine Wendung in der auswärtigen Politik gegen Preußen
eintreten könnte.« – Um zu erfahren, wie problematisch in Wirklichkeit die
Stellung der Hohenwart-Regierung von Anfang an im eigenen Lande war,
brauchte die deutsche Seite nur die parlamentarischen Verhandlungen zu
verfolgen, die in Wien seit dem 20. Februar zwischen Ministerium und
Reichsrat geführt wurden. Der Kampf der deutschliberalen Majorität gegen
die Regierung brach sogleich bei der Beratung des Budgetprovisoriums los.
Im November 1870 hatte der Reichsrat Potocki nur eine provisorische Bewilligung für Januar/Februar 1871 zugestanden. Jetzt bediente sich die parlamentarische Mehrheit eines Kampfverfahrens, das der Steuerverweigerung
nahe kam. Unter fortgesetzten Mißtrauenserklärungen wurde der Regierung
nur Monat für Monat eine Budgetermächtigung erteilt. Man kann sich die
Stimmung im Reichsrat und in der Öffentlichkeit vorstellen. Die Regierung,
die sich als über den Parteien stehend deklariert hatte, wurde am 24. Februar
von Dr. Sturm in öffentlicher Parlamentsrede als »unter den Parteien stehend« bezeichnet, weil sie sich auf das Vertrauen keiner Partei stützen könne.[28] Im Zentrum stand die Nationalitätenfrage. Ohne daß noch irgendeine
konkrete Maßnahme im föderalistischen Sinne angekündigt oder vorbereitet
war, schlug der Regierung eine Welle von Mißtrauen seitens der Deutschliberalen entgegen. Am 23. März erklärte der Abgeordnete Dr. Knoll im Reichsrat:[29] »Ein Punkt steht uns vielleicht noch höher als die Verfassung. Es ist
dies unsere Nationalität. Wir haben Grund zur Befürchtung, daß die Regierung sich unserer Nationalität gegenüber nicht freundlich zu verhalten ge-
sonnen ist. Was sie den kleinsten Nationalitäten gestattet, sich als Slovenen,
Czechen, Polen, Ruthenen zu fühlen, das sollte uns Deutschen versagt sein;
wir müßten uns mit dem abstracten Österreicherthum begnügen. Wir sollen
uns aus den Positionen, die wir in Österreich seit Jahrhunderten innehaben,
herausdrängen lassen; alle unsere Universitäten, unsere Schulen ausliefern,
alle unsere Freude an den Erfolgen unserer Stammesgenossen nur im stillen
Kämmerlein feiern?«

In dieser Stimmung war es verständlich, daß im Februar und März an vielen Orten Österreichs Siegesfeiern aus Anlaß der französischen Kapitulation stattfanden. Ebenso verständlich war die Reaktion der Regierung, die zu Verboten schritt.[30] Mit der stumpfen Waffe administrativer Verfügungen gegen das Selbstbewußtsein siegfeiernder Massen vorzugehen, brachte den Behörden freilich wenig Sympathie ein. Der Kaiser selbst fühlte sich durch den mangelhaften Erfolg der Verbotsmaßnahmen tief getroffen. Er telegraphierte an Hohenwart:[31] »Aus den Zeitungen ersehe ich, daß trotz des Verbotes doch öffentliche Siegesfeiern stattfinden. Ist es wahr und kann eine solche Mißachtung der Autorität geduldet werden?« In weiten Teilen der deutschen Bevölkerung artikulierte sich eine Kampfstimmung. Sie wurde durch die Verbotsmaßnahmen der Behörden wie durch die föderalistischen Programmerklärungen des Ministeriums nur noch gesteigert. Offen erklärte am 26. Februar die »Versammlung deutscher Parteimänner« den Zusammenhang ihres antiföderalistischen Kampfes mit einer Anlehnung an Deutschland:[32]

»Als deutsche Männer begrüßen wir die durch die glänzenden Siege in Frankreich errungene Einheit Deutschlands mit warmer Sympathie, wenngleich diese Einheit nur durch das Opfer unseres Ausschlusses aus dem deutschen Staatenbunde ermöglicht worden ist.

Wir erblicken in dieser Einheit keine Gefährdung unserer Interessen, sondern die Beziehung zu Deutschland scheint uns sogar das einzige Mittel, um die durch antideutsche Bestrebungen stark gesunkene Kraft Österreichs wieder zu beleben, dessen Grundlage mit Rücksicht auf Cultur, Geschichte und Politik eine entschieden deutsche ist.

Diese Grundlage wollen wir durch ein inniges Bündniß mit dem deutschen Reiche auf politischem und wirtschaftlichem Gebiete erhalten und festigen...«

Es ist bezeichnend, daß auf dieser repräsentativen Versammlung erstmals die »Jungen« mit einem stark deutschnationalen Programm dominierten, während die liberalen »Alten« mit ihren Vorbehalten gegen Preußen zurücktraten. Der Kampf gegen das Ministerium Hohenwart radikalisierte weithin die prodeutsche Parteinahme.[33] Waren diese Gruppierungen Verbündete Beusts in seiner Annäherungspolitik?

Nicht alle, die das Ministerium Hohenwart-Schäffle bekämpften, paßten dem Reichskanzler ins Konzept. Es gab Grenzen, jenseits deren die von ihm vertretene Sache kompromittiert wurde. Der oberösterreichische Reichsratsabgeordnete Baron Weichs war schon im Oktober 1870 in öffentlicher Rede für den »staatsrechtlichen« Anschluß der Monarchie an Deutschland eingetreten. Im März hielt er sich in Berlin auf und nahm Kontakte zu deutschen Stellen auf. Diese Meldung gab Beust an Hohenwart weiter.[34] Das Schreiben, das Weichs im Berlin an Graf Herbert Bismarck richtete, zeigt das damalige Bestreben deutschnationaler Kreise, unter Umgehung der offiziellen Kanäle in Berlin Rückhalt für den Kampf gegen Hohenwarts Regierung zu finden.[35] Hohenwart – so erklärte es der Oberösterreicher dem Sohn des deutschen Kanzlers – beabsichtigt die definitive Verdrängung der Deutschen von der Führung in Österreich. Um die deutsche Opposition zu brechen, soll in den Ländern gemischtsprachiger Nationalität – Böhmen, Mähren, Schlesien, Krain – das Deutschtum isoliert und auf diese Weise der rücksichtslosen Slawisierung preisgegeben werden. Dagegen liege es doch im deutschen Interesse, ein Österreich zu erhalten, das mit einer deutsch-magyarischen Führung unter dem Einfluß deutscher Politik steht. – Mit einer Denunzierung des Barons Weichs war nun allerdings wenig getan, so wenig wie mit den Feierverboten der Regierung. Was konnte unter diesen Umständen Beust effektiv tun, um den neuen Kurs in Berlin und in der Öffentlichkeit glaubwürdig weiterzuführen?

Es fällt auf, wie Beust nun mit noch gesteigerter Aufmerksamkeit die verschiedensten Gelegenheiten wahrnimmt, um den Beziehungen zu Berlin Intensität und Vertraulichkeit zu geben. Seine eigene Stellung als Reichskanzler wurde in der Presse seit dem Amtsantritt des neuen Ministeriums immer wieder skeptisch beurteilt. Um dem abzuhelfen, griff Beust zu einem ungewöhnlichen und eher groben Mittel. Er ließ sich vom Kaiser selbst ein Pressedementi bestätigen und teilte dies in einem Zirkular allen österreichischen Auslandsmissionen mit.[36] Das Echo zeigte, daß dieser demonstrative Schritt ganz richtig als eine Bestätigung der prodeutschen Außenpolitik Österreichs aufgefaßt wurde. Aus Darmstadt berichtete Graf Lippe, daß dies Dementi auch deshalb sehr begrüßt wurde, weil »man allgemein an den Rücktritt E. E., des Trägers der deutschfreundlichen Politik Österreich-Ungarns, die Befürchtung verhängnisvoller Complicationen knüpft...«.[37]

Weiterhin reihte sich Höflichkeit an Höflichkeit. Am 1. März konnte Beust nach Berlin mitteilen, daß zwei österreichische Regimenter durch kaiserliches Handschreiben neubenannt worden waren[38]: Das Infanterieregiment 34 führt künftig die Bezeichnung ›Wilhelm I. Deutscher Kaiser und König von Preußen‹, das Infanterieregiment 20 trägt den Namen ›Friedrich Wilhelm, Kronprinz des Deutschen Reiches und Kronprinz von Preußen‹. Die Ratifikation des Vorfriedens durch die französische Nationalversammlung in Bordeaux erfuhr Beust sehr rasch, er teilte sie in freundlicher Weise Schweinitz mit, der dafür eigenhändig dankte.[39] Überhaupt scheint sich das Verhältnis zwischen Beust und Schweinitz jetzt wesentlich freundlicher gestaltet zu haben. In Schweinitz, der es als seine Hauptaufgabe betrachtete, die Annäherung zwischen Wien und Berlin zu betreiben, hatte Beust jetzt gewissermaßen einen Komplicen. Es gab in diesem Frühjahr eine Verstimmung zwischen Bismarck und Schweinitz. Von österreichischer Seite wurde in Erfahrung gebracht, daß es sich um Unterschiede der politischen Auffassung handelte. Man vermutete, Bismarck habe Schweinitz »zu österreichisch« gefunden.[40]

Als es ein wenig später darum ging, den nach Berlin zurückgekehrten Kaiser Wilhelm zu seinem Geburtstag zu beglückwünschen, wurde das Handschreiben Franz Josephs durch einen persönlichen Abgesandten des Kaisers, den Generaladjutanten Graf Bellegarde, nach Berlin überbracht. Beust teilte Schweinitz vertraulich mit, er hätte am liebsten einen Erzherzog geschickt, aber das sei nicht zu erreichen gewesen.[41]

Das Wiener Glückwunschschreiben war in sehr verbindlicher Form gehalten, es galt nicht nur dem Geburtstag, sondern auch dem heimkehrenden Sieger.[42] Aber auch hier, ähnlich wie in der Frage des Überbringers, läßt sich ein Widerstreben des Kaisers gegen Beusts forcierte Bemühungen feststellen. Es ging um eine kleine Textnuance, aber sie ist bezeichnend. Der betreffende Abschnitt des eigenhändigen Briefes lautete in der definitiven Fassung immer noch freundlich genug, wenn man Franz Josephs Stellung im Vorjahr bedenkt; diesen, von stilkundiger Amtshand konzipierten Text auch nur abzuschreiben muß ihn einige Überwindung gekostet haben:

»Mein theurer Freund!

… Mit nicht minder lebhafter Teilnahme indes, mit der Anerkennung, die der Tapferkeit und Kriegstüchtigkeit gebührt, habe Ich die hervorragenden Waffentaten des von Dir geführten Heeres während des Krieges gewürdigt. Die Bewunderung der Zeitgenossen wiegt wenig neben dem Urteil der Geschichte, welches die Erinnerung an die Erfolge des Krieges immerdar mit Deinem Namen verknüpfen wird. Aber es drängt Mich nichtsdestoweniger, Dir mit diesen schlichten Worten auch ein äußeres Zeichen jener gerechten Würdigung zu geben. Mögen sie Dir als vollgiltiger Beweis Meiner freundschaftlichsten Gesinnung gelten und mit gleichem Gefühl von Dir aufgenommen werden…«

Der letzte Satz dieses Abschnittes war von Franz Joseph eigenhändig in das Kanzleikonzept hineinkorrigiert. Der Text hatte ursprünglich noch mehr Weihrauch enthalten im Stile jenes spätbiedermeierlichen Pathos, das sich damals in deutschen Fürstenbriefen fand: »Mögen sie Dir als vollgültiger Beweis Meiner Gesinnung, als ein von Freundeshand bescheiden gespendetes Lorbeerreis erscheinen, das sich dem reichen Kranze Deines Ruhmes einflicht.«

In Berlin wußte man Bellegardes Sendung post tot discrimina rerum anscheinend wohl zu würdigen. Kaiser Wilhelms eigenhändiges Dankschreiben ließ nichts zu wünschen übrig[43] und der Generaladjutant wurde in Berlin ausgiebig hofiert. Bellegarde, dessen Sendung Beust ausdrücklich eine »allgemeinere politische Bedeutung« beimaß, wurde von Bismarck zu einem eingehenden Gespräch empfangen: freundschaftliche Gefühle, rückhaltloser und wärmster Ausdruck der Befriedigung über das intime Verhältnis der beiden Reiche und der Regierungen von Berlin und Wien… In die gleiche Kampagne der Artigkeiten fügte sich das Großkreuz des Leopoldsordens für

Schweinitz, Beusts Glückwunsch an Bismarck zur Erhebung in den Fürsten-
stand, Bismarcks Dank an Beust in Form eines eigenhändigen Briefes[44],
nochmals ein Dankbrief an Kaiser Wilhelm (für die Notifikation der Kaiserwürde) und dabei und dazwischen die anerkennendsten Worte für die gegenseitige Freundschaft, den Frieden und die gewaltigen Leistungen der preußischen Armee.

Nicht daß in diesen Dingen unter den damaligen Umständen kein Ernst gelegen wäre, ganz im Gegenteil. Aber dort, wo es um politische Schritte und
Gewichtungen im unmittelbaren Sinn ging, sah es doch etwas anders aus. Da
mußte sich zeigen, wie man eigentlich stand und was eigentlich galt: das neu
erwachte Mißtrauen gegen Wien angesichts der Regierung Hohenwart-
Schäffle, das Kaiser Wilhelm veranlaßt hatte, den biederen Schäffle mit dem
Herzog von Gramont zu vergleichen? Oder die von Beust und Schweinitz eifrig genährten »freundschaftlichen Beziehungen«? Wie es mit Rußland stand,
wurde den Freunden und Befürwortern des deutsch-österreichischen Zusammengehens demonstriert, als das ›Journal de St. Petersbourg‹ die Telegramme abdruckte, die zwischen dem Zaren und Kaiser Wilhelm anläßlich
des Vorfriedens in Frankreich gewechselt worden waren. In dem Berliner Telegramm an den Zaren stand zu lesen: »Nie wird Preußen vergessen, daß es
Ihnen verdankt, daß der Krieg nicht äußerste Dimensionen angenommen
hat. Gott segne Sie dafür. Ihr fürs Leben dankbarer Wilhelm.« Dagegen hatte
das Telegramm Alexanders II. eher harmlos geklungen: »... und teile Ihre
Freude, Gott gebe, daß ein dauerhafter Friede daraus entstehen möge«.[45]
Das Telegramm Wilhelms und mehr noch seine offizielle Publikation war ein
Politicum ersten Ranges. Schweinitz und Beust waren sich einig in der Be-
stürzung über diese Demonstration, Schweinitz wohl noch mehr als der
Kanzler.[46] Er sah in der Veröffentlichung einen schweren, kaum mehr gut-
zumachenden Rückschlag; denn die freundliche Sprachregelung über Österreichs Wohlverhalten während des Krieges, die der jüngsten Annäherung zu-
grundegelegen hatte, war in den Augen von Schweinitz durch Wilhelms einseitige Schuldverschreibung nun zerstört. Empört notierte er sich: »Also nur
der russischen Drohung, nicht dem Wiener Bürgersinn, nicht der deutschen
Gesinnung und der Weisheit des Grafen Beust, nicht dem magyarischen Einfluß verdanken wir die Neutralität Österreich-Ungarns! Nicht als wohlge-
sinnte Nachbarn, sondern als eingeschüchterte Übeltäter stehen die Staatsmänner da, welche, alten Groll vergessend unsere ihnen dargebotene Hand
eben freundschaftlich ergriffen haben!... Mein ganzes kunstvolles Gebäude,
die Fiktion, daß Österreich aus freiem Antriebe dem Kampfe fernblieb und
sich, unserer Siege froh, zum Friedensbunde an uns anschließt, lag in Trümmern.« Ähnlich negativ war der Eindruck in anderen Hauptstädten. Chotek
kommentierte aus Petersburg ganz resigniert: Die Veröffentlichung hat den

Eindruck, daß gute Beziehungen zwischen Rußland und Österreich möglich würden, nicht gefördert. Mehr wie sonst spucken beunruhigende Anschauungen über das Verhältnis der beiden Reiche.[47]

In Berlin versuchte man angesichts der Wiener Betroffenheit zu bagatellisieren und die Schuld den Russen zuzuschieben. Staatssekretär Thile versicherte, daß die freundschaftlichen Beziehungen zwischen Berlin und Wien dadurch nicht berührt sein könnten. Er deutete an, daß die Publikation ohne preußisches Zutun, also nur aus russischer Initiative erfolgt sei.[48] Der österreichische Gesandte glaubte Thile nicht recht. Er war überzeugt, daß der Telegrammwechsel und die Publikation mit Wissen Bismarcks und Gortschakows erfolgt sei, die damit ein ganz bestimmtes Ziel verfolgten: »... die beabsichtigte Manifestierung der Fortdauer des in der preußisch-russischen Allianz gelegenen Machtverhältnisses auch nach Abschluß des Krieges und nach Lösung der speziellen Engagements, welche für den Krieg eingegangen wurden und in den geleisteten Gegendiensten – Neutralitätsfrage und Pontusfrage – ihre Ausführung erhielt.« Das war nun für Österreichs Außenpolitik eine kapitale Frage: In welchem Ausmaß wird dieses »Machtverhältnis« weiter dauern, und was bedeutet demgegenüber die vielberufene Annäherung der zwei mitteleuropäischen Mächte? Sollte also Berlins Absicht zu einer Dreierallianz führen, im konservativen Stile der Heiligen Allianz? Nachrichten, die neuerdings Bray von Bismarck nach Wien übermittelte, wiesen ganz in diese Richtung: Bismarck will im Interesse des europäischen Friedens das freundschaftliche Verhältnis zu Österreich. Natürlich soll die russische Allianz nicht fallen gelassen, »aber Österreich in den Bund aufgenommen werden«.[49]

Was Beust wollte, und wie er die Dinge voranzutreiben versuchte, wird illustriert durch eine gleichzeitige Initiative, die von Wien über München nach Berlin ging. Als Mittelsmann erbot sich Fürst Hohenlohe, der ja stets ein Fürsprecher der engen deutsch-österreichischen Verbindung gewesen war. Beust kannte Hohenlohe. Unter anderen Umständen wäre er vielleicht nicht bereit gewesen, sich einer solchen Vermittlung anzuvertrauen. In der Tat hat dann Hohenlohe in Berlin viele Wochen verstreichen lassen, bis es zu der Unterredung mit Bismarck kam, zu der ihn Beust ausdrücklich autorisiert hatte. Im Juni war diese Initiative schon überholt. Und Bismarck, der ja Hohenlohe gleichfalls kannte, teilte ihm schließlich keine weiterführenden Vertraulichkeiten mit, sondern nur das Gleiche, was er schon im März Bellegarde nach Wien mitgegeben hatte (was damals freilich im Hinblick auf das »deutschfeindliche« neue Ministerium und auf den Telegrammwechsel mit dem Zaren etwas bedeutete).[50] Nicht also durch die Ergebnisse, sondern im Hinblick auf die Wiener Intentionen und Pläne ist diese Hohenlohe-Initiative beachtenswert. Angesichts der ernsten Rückschläge, als die Beust das neue Ministerium und die eben bekanntgewordene prorussische Demonstration Berlins empfand, ging er sehr nachdrücklich auf diesen Sondierungsvorschlag ein. Er entwickelte dabei – erstmals für uns faßbar – die Elemente einer neuen Stufe der Allianzkonzeption; trotz andauernder russischer Bindung Berlins, trotz permanenter innerösterreichischer Gegenwirkungen zeichnet sich der kommende Mitteleuropablock ab.

Man hatte sich in München am Vorabend der Reichstagswahlen im Hause des englischen Gesandten Howard getroffen.[51] Hohenlohe plauderte mit dem österreichischen Gesandten Bruck an Sir Henrys Kamin über sein Lieblingsthema: die kommende intime Verständigung der beiden mitteleuropäischen Reiche. Bismarck habe die russische Allianz, die sicher war und nichts kostete, festgehalten, weil er in Beust einen »Rachegeist für 1866« sah oder noch sieht. Jetzt aber sei das geeinigte Deutschland so stark, daß es bei Abschluß einer Allianz mit Österreich den europäischen Frieden lange halten könne. Hohenlohe zeigte sich überzeugt, daß Bismarck »das Kosakenthum fürchtet, das einmal über die germanische Rasse herfallen wird«. (Hohenlohes antirussischer Optimismus beruhte offenbar auch darauf, daß der deutsch-russische Telegrammwechsel an diesem Tag noch nicht bekannt war!) Daher hat Bismarck keine Lust, den russischen Koloß zu stärken. Er will sich aufs engste mit Österreich zusammenschließen, dessen deutsche wie ungarische Bevölkerung gleicherweise die Verbreitung des Slawentums zu fürchten hat. Bruck stimmte dem zu, was die Interessen Österreichs betraf. Er versuchte nun, dem Fürsten klarzumachen, warum Österreich sich nicht einfach in Deutschlands Arme werfen könne, ohne Garantien zu haben. Österreich kann keine Schritte tun, die so ausgelegt werden könnten: »wir kämen, weil wir kommen müßten. Will Deutschland mit uns gehen, so kann es gerade, weil es in der Fülle der Macht steht, uns entgegenkommen.« Bismarck hat – so erläuterte Bruck weiter – von Versailles aus, wenn auch sehr spät, einen solchen Schritt getan. Man sieht, wie gut er in Wien aufgenommen wurde. Warum fährt man auf dieser Bahn nicht fort? Hier begann die Sache nun ernsthaft zu werden. Denn Fürst Hohenlohe hatte für den Reichstag kandidiert. Die Wahl galt als sicher. Er würde also demnächst als Abgeordneter nach Berlin gehen. Unter dem Eindruck von Brucks Darlegungen erbot er sich, mit Bismarck in diesem Sinne zu sprechen. Die Idee eines staatsrechtlichen Verhältnisses beider Reiche, an der Hohenlohe gern festhielt, versuchte Bruck ihm nachdrücklich auszureden. Wenn eine Annäherung erzielt ist, so kann man sich leicht über alle europäischen Fragen verständigen und zugleich die wirtschaftlichen Interessen beider Seiten fördern und koordinieren.

Eilig griff Beust die Münchner Anregung auf.[52] Er billigte Brucks Linie in nachhaltiger Weise, bevollmächtigte ihn, alles Gesagte gegenüber Hohenlohe nachträglich als amtliche Meinung Wiens zu autorisieren und fügte weitere programmatische Erläuterungen bei. Vor allem ging Beust von dem inzwischen bekanntgewordenen Telegrammwechsel mit dem Zaren aus. Er

drückte sich über das deutsch-russische Verhältnis höchst vorsichtig aus (»nicht ganz leicht zu beurteilende Tatsache«, die »vollste Beachtung in Anspruch nehmen muß«), behielt aber offensichtlich bei allen weiteren programmatischen Anweisungen diese »Tatsache« scharf im Auge. Hohenlohe gab er für seine Besprechung mit Bismarck folgendes auf den Weg:
»Ich muß auf das lebhafteste wünschen, daß man in Berlin unserer Politik, insbesondere was das Verhältnis zu Deutschland-Preußen betrifft, das richtige Verständnis entgegenbringe. Diese Politik erhebt höheren Anspruch, als den, eine flüchtige und vorübergehende Episode in unserer Entwicklung zu sein, sie ist das Ergebnis freiester und reiflichster Erwägung unserer Interessen und der Bedürfnisse der österreichisch-ungarischen Monarchie. In diesem Sinne möge man in Berlin davon überzeugt sein, daß jedes Wort zur Begründung und Befestigung unseres wechselseitigen Einverständnisses in Österreich sympathischen Widerhall finden wird, nicht bloß weil sie einer augenblicklichen politischen Richtung entsprechen, sondern weil eine derartige Annäherung Preußens hier festen und geschlossenen Überzeugungen von den Interessen und Aufgaben beider Staaten begegnen würde, die auf jenes Einverständnis angewiesen sind.«
Damit will Beust offensichtlich Österreichs Außenpolitik gegen den Vorwurf des Opportunismus und des labilen Schwankens verteidigen, also gegen die weitverbreiteten Kommentare zu Kaiser Wilhelms Dank an Rußland. Er bittet – anders kann man es wohl nicht verstehen –, er bittet Bismarck dringend um weitere Schritte der Annäherung. Und er begründet die Dringlichkeit der Bitte mit einem kaum verschlüsselten Wink: Jene Kräfte, die Österreichs Interessen nur im Einklang mit Deutschland gewahrt sehen und auf Berlins weitere Schritte warten, sind auf diese Freundschaft »angewiesen«. Ein Wink also, daß die gegenwärtige, für Berlins Avancen aufgeschlossene Haltung der österreichischen Außenpolitik im Falle einer Ablehnung vielleicht einer anderen Konstellation Platz machen müßte...
Wie aber wünschte sich Österreich die Form des Zusammengehens beider Staaten? Ein staatsrechtliches Verhältnis will Beust zwar nicht völlig ausschließen; die Verfassung der Monarchie, die Berliner Wünsche und Österreichs Interesse weisen aber viel mehr in eine andere Richtung:
»... daß durch eine Verständigung von Fall zu Fall die beiderseitigen Interessen geschützter und gesicherter ihre Stellung behaupten, als durch eine Verallgemeinerung unserer Beziehungen, die notwendig dem einen oder anderen Teile Gewalt antun müßte; das, was wir wünschen bezüglich unseres Verhältnisses zu Deutschland, ist aber die Regelmäßigkeit und Stetigkeit einer derartigen Verständigung, zu welcher wir unsererseits gern jederzeit die Hand bieten werden.«
In embryonaler Form erscheint hier jene Art von vertraglosem Agreement, das dann in der Tat durch Beusts weitere Deutschlandpolitik und Bismarcks

Zustimmung erreicht wurde. Es hat bekanntlich bis zum Abschluß des Zweibundes 1879 die bilateralen Beziehungen der beiden Mittelmächte geregelt. Das Problem Rußland blieb bewußt ausgeklammert, die Eventualität einer von innen kommenden Gefährdung der österreichischen Annäherungspolitik wurde vorsichtig angedeutet. Von einer Erneuerung der Heiligen Allianz, wie sie damals zunehmend erörtert wurde, hat Beust zu keinem Zeitpunkt seines politischen Handelns und Wollens etwas gehalten. – Ein zweites Gespräch Brucks mit Hohenlohe vor dessen Abreise nach Berlin ging über die Mitteilung und Erläuterung der Beustschen Richtlinien nur in einem wichtigen Punkt hinaus. Der Fürst fragte, »ob das neue Ministerium in Wien nicht antideutschen Gesinnungen huldige«? Bruck war bemüht, die Dinge so darzustellen, daß kein Zweifel an der Festigkeit der Stellung Beusts und an dem außenpolitischen Konsens bleiben sollte: »Es ist übrigens so wie so über jeden Zweifel gestellt, daß die politische Führung des Grafen Beust vom ganzen Ministerium gebilligt und dasselbe zu jeder Annäherung an Deutschland seine Zustimmung erteilen wird.«[53] Mag sein, daß bei Hohenlohe Zweifel an dieser schönfärberischen Charakteristik der Lage in Wien dazu beigetragen haben, ihn zu einer so dilatorischen und beiläufigen Ausführung des angebotenen und zugesagten Auftrags in Berlin zu veranlassen.

Man kann sich gar nicht deutlich genug vorstellen, wie sehr der fulminante, öffentliche Kampf zwischen den Deutschliberalen und dem proslawischen, föderalistischen Regierungslager damals das »Image« der österreichischen Politik beeinflußte. Es war ja auch der Entschluß Kaiser Wilhelms zu der prorussischen (und indirekt antiösterreichischen) Demonstration des Danktelegramms nicht im luftleeren Raum geschehen. Der alte Kaiser hatte offenbar viel gegen diese neuen Leute in der cisleithanischen Regierung. Die Reaktion Wilhelms auf Schäffles Berufung war ganz unverhältnismäßig scharf gewesen, und auch im Sommer 1871 wird er es sein, und nicht Bismarck, der gegenüber Franz Joseph offen gegen das als »deutschfeindlich« empfundene Vorgehen der Regierung Hohenwart-Schäffle Einspruch erhebt. Ob allerdings die Betonung der russischen Bindung die richtige deutsche Politik angesichts der österreichischen »Doppelregierung« war, ist zu bezweifeln. In Rußland selbst war ja von Männern wie Katkow das Ministerium Hohenwart mit Sympathie begrüßt worden.[54] Man äußerte die Hoffnung, daß ein auf slawisch-föderativer Grundlage reorganisiertes Cisleithanien auch zu einer Änderung der Außenpolitik der Monarchie führen könnte – weg von Beusts deutscher Linie. Ähnlich wie Miljutin war der an Katkow orientierte Teil der russischen Öffentlichkeit bereit, ein solches Österreich als Bündnispartner Rußlands zum Schutz gegen den Pangermanismus zu akzeptieren. Es scheint, daß damals auch von tschechischer Seite eine Unterstützung des föderalistischen Kurses durch Intervention der russischen Regierung angestrebt wurde.[55] Das war gewissermaßen das Gegenstück zu den Versuchen deutschnationaler Kreise Österreichs, die Berliner Regierung in ihrem Sinne zu einem Eingreifen zu veranlassen.

Dies alles kann hier nicht weiter verfolgt werden. Deutlich und eindrucksvoll bleibt das Kontrastbild österreichischer Innen- und Außenpolitik seit dem 7. Februar, ebenso deutlich sind Beusts forcierte Anstrengungen, trotz – oder, besser gesagt, gerade wegen – dieser Kontraste in Berlin voranzukommen. Dort, in Berlin, war nun seit der Rückkehr Bismarcks und des Kaisers wieder ein normaler diplomatischer Verkehr möglich. Es ist abschließend zu fragen, wie sich jenseits der höfischen Artigkeiten, der inoffiziellen Sondierungen und der öffentlichen Stimmungsmache die politischen Geschäfte zwischen Österreich und Deutschland am Vorabend des Frankfurter Friedens darstellten.

Nach vielen Monaten traf der österreichische Gesandte erstmals wieder am 26. März mit Bismarck zusammen. Bismarck hatte Wimpffen eingeladen, seine Sprache war überaus freundlich. Es war unter den damaligen Umständen wohl ehrlich gemeint, wenn er Befriedigung über die nunmehr gesicherte Stellung Beusts äußerte: Bismarck erblickt – so Wimpffens Bericht – darin die beste Garantie der guten Beziehungen zwischen Österreich und Deutschland, welche im gegenseitigen Interesse liegen und welche er seit Österreichs korrekter Haltung während des Krieges nicht mehr gefährdet sieht. Es kostete Bismarck freilich wenig, im Sinne von Schweinitz gutes Wetter zu machen. Viel mehr zählten konkrete Fragen, die zwischen beiden Staaten zu behandeln waren. Die römische Frage, wo sich ja durch eine beträchtliche Schwenkung Berlins im antipäpstlichen Sinne eine neue Verständigungsmöglichkeit mit Wien anbahnte, war noch nicht eigentlich in das Stadium bilateraler Verhandlungen eingetreten.[56] Die Pariser Kommune begann erst im April und Mai zum Gesprächsstoff der europäischen Kabinette zu werden. (Besonders aufschlußreich sind die Berichte Vitzthums aus Brüssel seit Mitte März. Anfang Mai sprach Gortschakow bereits mit Chotek über die Kommune und die Wünschbarkeit einer »gemeinsamen Aktion« gegen die Revolution.[57]) Anders stand es mit Rumänien. Das Vorgehen Deutschlands und Österreichs im Falle der rumänischen Krise, wo es um Sturz oder Stabilisierung der Herrschaft des Fürsten Karl ging, erscheint symptomatisch für den damaligen Stand der Dinge.

Rumänien hatte schon in den Jahren zuvor im Schnittpunkt österreichischer, russischer, französischer und preußischer Interessen gelegen. An diesem neuralgischen Punkt hatte Preußen sich 1868 mit der großrumänischen Agitation gegen die Donaumonarchie eingelassen, bis die Rücksicht auf Ungarn zum plötzlichen Abbruch der Störmanöver veranlaßte.[58] Der starke französische Einfluß war von früher her gegeben. Ein von Paris inspirierter Coup im Juli 1870 – Sturz Karls von Hohenzollern als Gegenschlag gegen die spanische Thronkandidatur – war von Wien seinerzeit nur durch dringende Warnungen verhindert worden. Nun war Frankreich ausgeschaltet; die »Roten« arbeiteten am Sturz des Fürsten. Österreich war unbedingt an seinem Verbleiben interessiert, Rußland wartete offenbar darauf, im Trüben fischen zu können. Die Eventualität einer russischen Okkupation und die Frage des dadurch für Österreich gegebenen Casus belli hatte schon im November 1870 den gemeinsamen Ministerrat beschäftigt.[59] Die Lage in Bukarest war neuerdings alarmierend geworden. Bei der deutschen Siegesfeier hatte es schwere Zwischenfälle gegeben, der deutsche Generalkonsul war von einer demonstrierenden Menge tätlich angegriffen worden. Es war an Berlin, zu reagieren. Bei der Pontuskonferenz hatte Österreich mit Absicht hohe Forderungen gestellt und die Konferenz vorweg zum »Prüfstein« des Verhaltens Bismarck zwischen Rußland und Österreich erklärt. Der Erfolg war nicht groß gewesen. Nun hatte sich, ohne daß man es beabsichtigte, in Rumänien rasch ein neuer »Prüfstein« für das Verhalten Deutschlands im Spannungsfelde zwischen Österreich und Rußland gefunden.

Beust setzte sich sofort nach Bekanntwerden der Bukarester Vorfälle mit Bismarck in Verbindung. Zwischen dem 26. März und dem 2. April fanden mehrere Besprechungen Wimpffens mit dem deutschen Kanzler statt. Es ging Österreich nicht nur darum, die deutsche Unterstützung für ein Verbleiben des Fürsten zu sichern; das Einverständnis mit Berlin in dieser Frage konnte Beust bereits am 31. März in einer Sitzung des gemeinsamen Ministerrates berichten.[60] Es handelte sich weiterhin um die Frage, ob für den Fall des Sturzes oder einer Abdankung des Fürsten ein gemeinsames Vorgehen mit Preußen verabredet werden könne. Die Absicht Beusts scheint es gewesen zu sein, Bismarck in dieser Hinsicht zu einer Sicherstellung der österreichischen Interessen in Rumänien notfalls auch gegen Rußland zu veranlassen. Die Probe aufs Exempel unterblieb schließlich, da der Katastrophenfall nicht eintrat und Fürst Karl im Lande blieb. Wir brauchen auf die weiteren Details nicht einzugehen; es genügt, das Fazit der österreichischen Erfahrungen bei diesen Verhandlungen zu ziehen, die ja erstmals seit fast einem Jahr in direktem, intensivem Kontakt mit Bismarck selbst geführt worden waren. Wimpffen gewann den Eindruck, daß der deutsche Kanzler zwar vordergründig Österreichs Standpunkt unterstützte, für den Katastrophenfall in Rumänien aber bereits Absprachen mit Rußland getroffen habe.[61] Er charakterisiert das Verhalten Bismarcks als ein vermittelndes zwischen Österreich und Rußland; es erinnert den Gesandten »an die vermittelnde Rolle, welche er [Bismarck] mit einem für uns doch nur relativen Vorteile soeben in der Pontusfrage gespielt hat«. Noch allgemeiner prüft Wimpffen bei diesem Anlaß die künftigen Chancen der österreichisch-deutschen Beziehungen im Hinblick auf Rußland. Er warnt Beust vor zu raschen Hoffnungen und Belastungsproben: »Nach meiner innersten Überzeugung ist die Zeit noch ferne, wo wir unsere so wünschenswerten guten Beziehungen zu Deutschland auf Kosten des preußisch-russischen Verhältnisses pflegen und verwerten können, und im Interesse einer dauerhaften Annäherung dürfte es vielleicht empfehlenswert sein, den Fürsten Bismarck noch nicht so bald dieser Feuerprobe auszusetzen.« Am folgenden Tag fügte Wimpffen die vertrauliche Notiz bei: »Bismarck est plus Russe que jamais. Darüber dürfen wir uns keine Illusionen machen.«[62]

Das war nun der Stand dieser Dinge im April 1871. Österreich hatte in der Politik der Annäherung an Deutschland eine Reihe kleiner Schritte gemacht. Liebenswürdigkeit und Freundschaft waren in die höfischen und in die diplomatischen Beziehungen eingekehrt wie seit langem nicht mehr. Ein vertraulicher Austausch von Informationen und Überlegungen hatte begonnen. In der Donaufrage hatte Deutschlands Unterstützung Österreich einen »relativen Erfolg« gebracht, in der rumänischen Krise war es zu einer effektiven Zusammenarbeit gekommen, die vermutlich viel dazu beitrug, daß Karl der Thron erhalten blieb und so eine Balkankrise von nicht absehbarer Brisanz vermieden wurde. In beiden Fällen war Bismarck jedoch über eine vermittelnde Stellung zwischen Österreich und Rußland nicht hinausgegangen. Während das Kaisertelegramm nach St. Petersburg eine Bekräftigung des russisch-deutschen Zusammenhangs und einen Affront für Österreich gebracht hatte, war in der Frage eines definierten Ausbaus der bilateralen Beziehungen zwischen Deutschland und Österreich seit dem Dezember kein weiterer Schritt erfolgt. Er hätte, nach Beusts nicht unrichtiger Überlegung, von Berlin kommen sollen. Zögerte Bismarck, weil er alles von Österreich hatte, was er brauchte? Oder zögerte er, weil man in Berlin seit dem Beginn der »Doppelregierung« im Hinblick auf das als antideutsch eingestufte Ministerium Hohenwart-Schäffle kein weiteres Zutrauen zu der versatilen Politik des einschlägig bekannten Herrn von Beust hatte? Zweifellos waren der 7. Februar und die folgenden Ereignisse in Cisleithanien schwere Rückschläge für die Glaubwürdigkeit von Beusts Annäherungspolitik in den Augen Berlins, zusätzlich zu der objektiven Schwächung seiner Position in Österreich selbst. Er mußte neue Mittel und Wege finden, in Deutschland diese Politik glaubhaft zu machen; er mußte erreichen, daß Berlin nicht nur an den außenpolitischen Wirkungen, sondern auch an der inneren Stützung und Dauerhaftigkeit des »Systems Beust« unmittelbares Interesse gewann. Ob ein Gelingen dieser Absichten dann gleichbedeutend sein mußte mit dem Sturz des Systems Hohenwart-Schäffle, war wohl zunächst noch nicht entschieden. Auf jeden Fall zeichnet sich hier schon jener tiefgehende Konflikt ab zwischen einer Definition der Interessen Österreichs im Sinne der Aufrechterhaltung der deutschen Vorherrschaft und einer anderen Definition, die den Slawen Rechte einräumen will, die ihrer Zahl und Bedeutung entsprechen.

Noch ein anderes ist aber zu bedenken, wenn von diesem Konflikt die Rede ist. Gegenüber dem preußischen Militärstaat hatte Österreich-Ungarn seit 1867 in Nord- und Süddeutschland nicht ohne Erfolg die werbende Kraft entwickelter liberaler Verhältnisse zur Geltung gebracht. Und noch im Herbst 1870 waren aus Wien wie aus Budapest liberale Mahnungen an die zur Einheit drängenden deutschen Nachbarn erklungen. Nun hatten aber bereits seit Ende 1869 die Verfassungskrise und der Nationalitätenkonflikt Cisleithaniens diese werbende, möglicherweise als Ansporn und freiheitliches Vorbild wirkende Kraft sehr herabgestimmt. Der Werdeprozeß des neuen Deutschland seit Juli/August 1870 fiel mit dem Ansteigen des Krisenfiebers in Österreich zusammen. Die seit dem Frühjahr 1870 in immer schärfere Opposition gedrängten Deutschliberalen waren zunehmend in den Sog antiliberaler, nationaler Begeisterung für das von Preußen geschmiedete Reich geraten, statt ihrerseits von einem geglückten österreichischen Verfassungsleben her auf die deutschen Werdeprozesse einwirken zu können. In dieser Entwicklung bedeutete der offene Nationalitätenkampf, wie er in Stufen seit dem Herbst 1870, mit großer Schärfe aber seit dem 7. Februar 1871 entbrannte, erst recht den Eintritt in einen antiliberalen Circulus vitiosus. Man stelle sich nur für einen Augenblick statt der Konfliktregierung Hohenwart-Schäffle eine wie auch immer geartete versöhnende Politik vor. Und es wird verständlich, warum diese Entwicklung nicht nur in einem pragmatischen Sinn ein Rückschlag für den deutschfreundlichen Kurs Beusts war, über dessen Bewertung man ja verschiedener Meinung sein kann. Auch in einem tieferen, politisch-ethischen Bezug erscheint es angebracht, von Rückschlag zu sprechen, wenn, gleichzeitig mit der nationalen Einigung der Deutschen, im Vielvölkerstaat Österreich die Ziele der politischen und moralischen Selbstverwirklichung seiner Völker so in Widerspruch geraten.

Nach dem Frankfurter Frieden: die beginnende Konsolidierung des deutsch-österreichischen Mitteleuropablocks und das Ende der proslawischen Innenpolitik

Nach dem Frankfurter Frieden, angesichts des gesicherten Triumphes der neuen deutschen Macht, wurde das neue außenpolitische System Österreich-Ungarns nochmals in einer großangelegten programmatischen Verständigung zwischen Beust und dem Kaiser formuliert. Der zentrale Satz, der Ziel und Methode bezeichnet, lautete:
»Faktisches Prädominieren Mitteleuropas in der Waagschale der europäischen Geschicke durch vorläufige Verständigung Österreich-Ungarns und Deutschlands in allen brennenden Tagesfragen mit dem ausgesprochenen Zwecke der Erhaltung des Weltfriedens.«

Im Laufe des Sommers gelang Beust ein Dreifaches. Trotz der innenpolitischen Gegenkräfte und der Schwierigkeiten der »Doppelregierung« konnte er für dies System eine sichere parlamentarische Zustimmung gewinnen. Er bewerkstelligte es, sowohl den vorsichtigen deutschen Partner als auch den immer wieder zögernden Kaiser Franz Joseph in verbindlicher Weise auf dies Programm festzulegen. Im Herbst stand dann Österreich-Ungarns Führung vor einer überaus gefährlichen inneren Konfliktsituation, in die Hohenwarts föderalistisch-proslawisches Vorgehen geführt hatte. Man mußte sich zwischen zwei Wegen entscheiden: Der zuletzt eingeschlagene föderalistische Weg hätte zu außenpolitischen Konsequenzen in proslawischer Richtung geführt, die noch gar nicht abschätzbar waren. Das prodeutsche Mitteleuropaprogramm aber verlangte nun innenpolitische Konsequenzen, die – jedenfalls in dieser extremen Alternativsituation – klar die Sicherung der privilegierten Stellung der Deutschen als Minorität in Cisleithanien und der Ungarn bedeuteten. Es ist nicht die Aufgabe unserer Untersuchung, den prozentualen Anteil außenpolitischer und innenpolitischer Faktoren an diesem Entscheidungsprozeß abzuschätzen. Beides griff unmittelbar ineinander. Man wird sehen, daß der Entscheidungsrahmen und die konkrete Form der Alternativen, die sich im Oktober 1871 stellten, durch die Existenz des neuen deutschen Reiches bedingt waren und nur von hier aus zu verstehen sind. Die Entscheidung fiel bekanntlich rasch und irreversibel gegen das föderalistische, proslawische Programm. Nicht nur über die außenpolitische Neuorientierung, sondern auch über wesentliche Grundzüge der inneren Struktur der Monarchie ist also im Zeichen der Entstehung des deutschen Reiches entschieden worden. Und so blieb es ohne große Änderungen bis zum Untergang.

Die überaus komplexen Abläufe vom Mai bis zum Oktober 1871 sind für den Historiker auch in methodischer Hinsicht von höchstem Interesse. Sie reichen ersichtlich über den Abschluß der deutschen Reichsgründung hinaus, bringen aber im mitteleuropäischen Umkreis erst ihre weiteren Folgen und Ergebnisse zum Vorschein. Eine angemessene Behandlung dieser Handlungskonnexe in Österreich-Ungarn würde ein eigenes Buch darstellen; es müßte dafür detailliert auf die politischen und sozialen Bedingungen der einzelnen slawischen Nationalitäten und auch der politischen Gruppierungen im deutschsprachigen Raum, auf ihre Hoffnungen, Kämpfe und Enttäuschungen eingegangen werden. Um den Rahmen unserer Darstellung nicht zu sprengen, wird für diesen und den folgenden Abschnitt eine thesenhaft abgekürzte Darstellungsweise gewählt. Nur an einigen Stellen, die für das Gesamtthema von besonderer Bedeutung sind, muß weiter ausgeholt werden.

Das große außenpolitische Programm, das Beust dem Kaiser vorlegte, trägt das Datum des 18. Mai 1871.[1] Zehn Tage zuvor war im Frankfurter

Gasthof Zum Schwan der Friedensvertrag Deutschlands mit Frankreich unterzeichnet worden, der erste internationale Akt des neugegründeten Bundesstaates und bereits die Bekräftigung seiner »halbhegemonialen« Stellung in der Mitte Europas. Und am gleichen 18. Mai wurde in Versailles von der französischen Nationalversammlung der Friedensvertrag ratifiziert. Der österreichische Reichskanzler zog das Fazit aus der neuen Kräftekonstellation. Er faßte zusammen, was seine Politik, das entgegenkommende Interesse Preußen-Deutschlands und der allgemeine Gang der Ereignisse seit November 1870 vorbereitet hatten. In einer Serie von Einzelentscheidungen, von Weisungen und Stellungnahmen Beusts, von Absprachen mit dem Kaiser und im gemeinsamen Ministerrat, von parlamentarischen Reden und publizistischen Äußerungen, waren Teilaspekte vorweggenommen, bestätigt und auch wieder modifiziert worden. Nun lag ein Ganzes vor, das am 25. Mai die Sanktion Franz Josephs erhielt: »Ich nehme den Inhalt dieses Vortrags genehmigend zur Kenntnis.«[2] Termin und Absicht der Aktion waren auch durch den Zusammentritt der Delegationen (seit 22. Mai) und durch die prekäre innenpolitische Lage bedingt. Um den Kaiser gegen mögliche Gegenwirkungen der klerikal-konservativen »Hofpartei« weiterhin auf der Linie des 18. Mai festzuhalten, um die Gegenkräfte des föderalistischen, wenig deutschfreundlichen Ministeriums Hohenwart-Schäffle zu neutralisieren, um der Öffentlichkeit und vor allem dem deutschen Partner die Festigkeit des prodeutschen Mitteleuropaprogramms zu zeigen, zielte Beust von vornherein auf eine außenpolitische Demonstration vor dem zuständigen parlamentarischen Forum. Die Vorlage für den Kaiser und die große außenpolitische Rede Beusts vor der österreichischen Delegation am 1. Juli[3] sind daher in engstem Zusammenhang zu sehen.

Eine breit angelegte Einleitung gilt dem bisherigen und zukünftigen Verhalten der Delegationen, der Abgrenzung gegenüber der Politik des Ministeriums Hohenwart-Schäffle und den Erfordernissen der äußeren Politik im Hinblick auf die inneren Verhältnisse der Monarchie. Beust grenzt sich sehr scharf von Hohenwarts Regierung ab: er selbst als Reichskanzler hindere das Ministerium nicht und vermeide nach außen jeden Schein einer Differenz, bleibe aber jeder Solidarität mit dessen innerer Politik fern. Verantwortung könnte er hier nur übernehmen, wenn er in der Lage wäre, einen leitenden Einfluß auf die Prinzipien dieses Ministeriums auszuüben. Einer direkten Kritik der gegenwärtigen Prinzipien der cisleithanischen Regierung enthält sich Beust zwar. Aufs schärfste prangert er jedoch die für die Außenpolitik schädlichen Folgen der inneren Lage an: Durch die gegenwärtige Unsicherheit und die Unzufriedenheit aller Nationalitäten und Parteien wird es für den Minister des Äußeren fast zur Unmöglichkeit, »jenes Vertrauen und jene Achtung bei den fremden Regierungen wachzuhalten, deren er bedarf, um nützliche Verbindungen zu sichern und gefährliche Anschläge zu verhin-

dern«. Das bedeutete, daß dem Ministerium Hohenwart die Schuld gegeben
wurde, daß man in Berlin mit der Annäherung nicht besser vorankomme!
Deshalb muß – so redet Beust dem Kaiser zu – durch ein festes System der
auswärtigen Politik der Verwirrung der Geister Einhalt geboten werden.
Dies wird auch nach innen klärend und beruhigend wirken. Kein ephemeres,
opportunistisches Programm, sondern ein »förmliches politisches System
muß geschaffen werden, das, mit der Weihe ausdrücklicher Gutheißung Eurer Majestät versehen, als unverrückbare Grundlage unserer auswärtigen Politik den Delegationen hingestellt wird.«[4] Damit ist natürlich das prodeutsche Mitteleuropa-Programm gemeint; von einer Alternative ist überhaupt
nicht die Rede. Die Formulierung des Mitteleuropa-Programms bereitet Beust
in doppelter Weise vor; er gibt einen Rückblick auf die Außenpolitik der
Jahre 1866 bis 1870, und er charakterisiert die Gefahren und Möglichkeiten
der gegenwärtigen Lage als Nachbar der neuen deutschen Macht.

Für den heutigen Leser ist die Einsicht selbstverständlich, daß es sich hier
nicht um eine abgewogene historische Analyse, sondern um das Glied eines
politischen Plädoyers für eine Zukunftsentscheidung handelt. Dies nimmt
dem Rückblick nichts von seinem eminenten Interesse. Wir dringen hier gewissermaßen in den Innenraum der Vorstellungen, Werte und Entschei-
dungskriterien ein, wie ihn ein analytisch höchst gewandter Politiker im
Laufe der Jahre auf den Geschmack des Kaisers hin eingerichtet hatte. In diesem Vorstellungsrahmen muß Beust nun versuchen, dem Kaiser die Kontinuität und Identität österreichischer Interessenpolitik über den Umbruch
von 1870 hinweg nachzuweisen. Das Einst kann nicht gegen das Jetzt ausgespielt werden; der Vorwurf des raschen Opportunismus hat keinen Platz,
wenn Beust der Nachweis gelingt, daß die profranzösische Politik seit 1867
gewissenhaft und zutreffend kalkuliert war: An ihrem Scheitern trugen nur
Frankreichs Fehler und Versagen Schuld. Weiterhin bietet diese retrospektive Rechtfertigung einen überaus interessanten Einblick in die bis 1870 zwischen Kaiser und Kanzler erörterten Ziele in der deutschen Frage.

Solange Preußen und Frankreich sich ebenbürtig gegenüberstanden – so
argumentiert Beust – war die damalige Politik der sogenannten »freien
Hand« das einzig Angebrachte, um die Vorteile der österreichischen Stellung
festzuhalten. Das mutwillige, Deutschlands Nationalgefühl zutiefst treffende
Verhalten Frankreichs im Juli 1870 und die militärische Niederlage waren
nicht vorauszusehen. Jedes Hinausschieben des Krieges war für die österreichische Rüstung von Vorteil. Dem entsprach das Eintreten für die Aufrechterhaltung des Status quo, wie ihn der Prager Friede geschaffen hatte. Mit
Preußen konnte man sich nicht verständigen. Abgesehen von den Rücksichten des Gefühls fehlte absolut die Möglichkeit einer preußischen Gegenleistung: »Jeden Wiedereintritt in Deutschland war man in Berlin entschlossen
zu verweigern, was aber den Orient betrifft, so war – ganz abgesehen von den

Beziehungen zwischen Berlin und Petersburg – nichts anderes in Aussicht als die Zusage einer Unterstützung für *künftige ungewisse* Eventualitäten – während unsere Unterstützung eine *sofortige* gewesen wäre, welche uns Frankreich entfremden und uns *seiner* Unterstützung im Oriente berauben mußte.« Es blieb also nur Frankreich. Und da fällt auf, wie Beust die gesamte Geschichte der Allianzverhandlungen mit Napoleon III. beiseite läßt und unter dem Schlagwort »Politik der freien Hand« die Salzburger Gespräche von 1867 zum Angelpunkt der rückblickenden Erörterung macht.

Damals und seither hatte ja Beust größten Wert darauf gelegt, Frankreich von einer gegen den Rhein und damit gegen das deutsche Nationalgefühl gerichteten Aktion abzuhalten.[5] An diesem Punkt wird die rechtfertigende Retrospektive von 1871 brennend interessant. Immer wieder war ja bei unseren Analysen der österreichischen Politik gegenüber Frankreich und Deutschland 1867 bis 1870 die Frage aufgetaucht: Was wollte Wien denn wirklich und letztenendes? Hier gibt nun Beust eine Antwort. Er gibt sie in Form eines Berichtes über eine inzwischen von der Geschichte nicht eingelöste Berechnung und Hoffnung. Frankreich – so erinnert er den Kaiser – hätte diesen Gedanken des Abwartens auf dem Status quo festhalten müssen. In diesem Falle »wäre der bewaffnete Friede zuerst für Deutschland unerträglich geworden und hätte entweder dort zu einer diplomatischen Verständigung genötigt, bei welcher für uns günstige Chancen in Aussicht standen, oder er hätte zu einem Offensivkrieg gegen Frankreich geführt, wobei wieder für uns eine vorteilhafte Stellung gegeben war«. – Selbst in dem etwas lichtschwachen Spiegel nachträglicher Apologie wird hier ein zentraler Gedanke sichtbar, der mit sehr vielen Details der tatsächlich stattgefundenen Politik Österreichs 1867/70 übereinstimmt: Frankreich freundschaftlich soweit gebunden zu halten, daß Österreich im Falle des von Preußen provozierten Konfliktes als lachender Dritter in Deutschland eingreifen und sich mit dem deutschen Nationalgefühl verbünden könne. Das ist jene Linie, die wir in Residuen noch bis zu Beusts Memorandum vom 25. Dezember 1870 verfolgen können.[6] Eine Konzeption mit ungleicher Basis in der Realität, die gewissermaßen im Zick-Zack-Lauf schwer vereinbaren Bedingungen und Zielen gleichzeitig Rechnung tragen will – so kann man post festum urteilen: Frankreichs Freundschaft *und* Klugheit, Preußens Isolierung *und* unkluge Selbstschädigung, antipreußische Wendung der deutschen Nationalbewegung *und* ihre Bereitschaft, sich Österreich als Retter zuzuwenden!

Beust fährt fort: Jetzt ist alles anders, nachdem Frankreich entgegen unserem dringenden Abraten den Krieg begonnen und eine in der Weltgeschichte einmalige Niederlage erlitten hat. Österreich wurde davon doppelt getroffen. Es wurde durch Frankreichs sinn- und kopfloses Vorgehen um berechtigte Erwartungen (in der deutschen Frage) gebracht. Viel gefährlicher für die Zukunft ist »das riesenmächtige Anschwellen Preußens zu einem tonangebenden Nationalstaat..., welcher noch dazu innerhalb unserer Grenzen mannigfache Anknüpfungspunkte zu finden und auszubeuten leider stets erwarten kann«. Stark wird von Beust die irredentistische Gefahr ausgemalt, die von Deutschland her der Monarchie droht. Im Rückblick auf die von ihm seit November/Dezember 1870 geforderte und schließlich vom Kaiser sanktionierte Wendung zur »rückhaltlosen« Anerkennung der neuen Stellung Preußens in Deutschland macht er nun – im Unterschied zum Dezember[7] – die Beseitigung dieser Gefahr zum Hauptmotiv des Versuchs, sich mit Berlin auf einen möglichst guten Fuß zu stellen. Er stellt dem Kaiser diese Gefahr als für den Augenblick gebannt hin, unterstreicht aber ihre latente Fortdauer und betont damit die Notwendigkeit, die Annäherung an Preußen dauerhaft weiterzuführen. Preußen würde im Fall schlechter Beziehungen zu Österreich nicht unterlassen, »den in Deutsch-Österreich ohnedies vielfach vorhandenen deutschnationalen Zündstoff zur hellen Flamme anzublasen«. Das einzige Gegenmittel besteht darin, Preußen jedes Interesse daran zu nehmen, und dies kann nur durch eine langfristige Annäherung erreicht werden. Beust hätte dies Argument nicht so in den Vordergrund gerückt, wenn er sich davon, angesichts der Wiener Erfahrungen mit subversiven Bestrebungen Berlins und angesichts der tatsächlichen Stimmung im Lande, nicht die entsprechende Wirkung auf den Kaiser versprochen hätte.[8]

Ein zweites Argument ging in ganz andere Richtung. Die Analyse der außenpolitischen Lage Preußen-Deutschlands nach dem Kriege führt Beust zu der Behauptung, daß Berlin daran interessiert ist, die Bindung an Rußland zu lockern. Bismarck – so erklärt es Beust dem Kaiser – will sich jetzt gegen das Risiko schützen, durch russische Forderungen in Komplikationen verstrickt zu werden, die Preußens Interessen fern liegen. Der einzige Weg aus diesem Risiko ist für ihn die Annäherung an Wien. Daraus deduziert Beust als ein Prinzip, das sich »mit Naturnotwendigkeit« ergibt, das eingangs zitierte Mitteleuropaprogramm. Er betont die selbstverständliche Gleichberechtigung beider Mächte in diesem neuen europäischen Sicherheitssystem, das er dem Kaiser als eine sinngemäße Fortsetzung des Kondominates von Preußen und Österreich im gewesenen Deutschen Bund empfiehlt.

Ähnlich wie schon im März gegenüber Hohenlohe spricht Beust nicht von einem formellen Vertrag zwischen beiden Staaten. Er beschreibt – in allerdings vager Weise – die erwünschte Zukunft der beiden mitteleuropäischen Mächte in der Perspektive eines vertragslosen, aber doch gegenüber dem übrigen Europa (Rußland!) deutlich markierten Zusammenhangs. Es geht um die Fortführung der Zwecke, die dem Deutschen Bunde zugrundelagen. Bezeichnenderweise ist in dieser vordergründig interessenpolitisch gezeichneten, hintergründig aber tiefer angesetzten Bundesperspektive von der inzwischen erfolgten Lösung der deutschen Frage gar nicht mehr die Rede und auch nicht von Österreich-Ungarns nichtdeutschen Nationalitäten.

Preußen und Österreich erscheinen wie zwei Bruderstaaten aus gleicher Wurzel:

»Nun ist zwar der *Vertrag* als solcher von Preußen im Jahre 1866 in unverantwortlichster Weise gewaltsam zerrissen worden, aber die *Interessen*, welche auf gemeinsamer Abstammung, historischen Traditionen, materiellen Beziehungen tausendfacher Art beruhen, fahren fort zu bestehen, machen sich geltend und werden von dem gesamten gebildeten Europa als besondere, nur den beiden Staatsgebieten eigene anerkannt. Nicht mehr *organisiert* verknüpft, sondern *neben* einander stehen Österreich und Preußen, aber bei *beiderseitigem* guten Willen können sie auch in dieser Gestaltung manches Wohltätige leisten, was früher durch die Bundeszwecke erstrebt wurde, und hiezu aufrichtig die Hand zu bieten scheint mir der Moment gekommen.«[9]

Diesem Plädoyer schließt sich eine Tour d'horizon der europäischen Staatenwelt an, die Österreichs Option in Richtung Deutschland als den einzig sinnvollen Weg erscheinen läßt. Gegenüber Frankreich ist eine deutliche Abgrenzung zu empfehlen. Wenn Österreich in Frankreich Illusionen entstehen läßt, wird das nur zu einer definitiven Allianz Preußens mit Rußland führen. Beust geht hier, angesichts der Pariser Kommune, auf die Frage der weiterhin von Frankreich ausstrahlenden sozialistischen Bewegung ein. Er schlägt ein gemeinsames Vorgehen mit Deutschland vor, nicht aber mit anderen europäischen Mächten. Dieser Vorbehalt ist eindeutig gegen Rußland gerichtet und unterstreicht Beusts auch sonst sichtbares Bestreben, einer Erneuerung der Heiligen Allianz und einer konservativen Dreikaiserpolitik aus dem Wege zu gehen.[10] Ein weiteres ist ihm wichtig. Er erklärt dem Kaiser – und er wird das später auch gegenüber Bismarck betonen und auch in dieser Richtung initiativ werden: Nicht allein repressive Maßnahmen, sondern auch »reformatorische Arbeiten« im Bereich der Gesellschaftspolitik sollen die Aufgabe der deutsch-österreichischen Zusammenarbeit gegen die sozialistische Internationale sein. England und Italien kommen kurz weg. Im Falle Italiens erwähnt Beust die guten Beziehungen sowohl zum Vatikan wie zur königlichen Regierung. Das England Gladstones zählt nicht im europäischen Konzert. Eine Wendung zu einer aktiven Politik wäre zu begrüßen, sie würde Österreich einen wertvollen Alliierten bringen.

Von hohem Interesse sind Beusts Empfehlungen zur Rußlandpolitik und zur orientalischen Frage. Es ist daran zu erinnern, wie sehr im Herbst 1870 im Mittelpunkt der publizistischen Erörterungen über ein deutsches Bündnis (in Ungarn und in Wien) der Gedanke einer Interessengemeinschaft im Orient und gegen Rußland stand.[11] Auch Beust hatte diesen Gedanken aufgenommen, gewiß in Übereinstimmung mit Andrássy, aber ebenso in Übereinstimmung mit einer breiten Strömung der deutschliberalen Öffentlichkeit. Seither hatte sich herausgestellt, daß Preußen nicht ohne weiteres von Rußland zu trennen war. Und auch der Kaiser selbst und die konservativen Kreise

der sogenannten Hofpartei standen offenbar dem dezidiert rußlandfeind-
lichen Kurs Ungarns reserviert gegenüber. Wie immer auch Beust ursprünglich und dann unter dem Eindruck der Gortschakownote zu der Frage der
preußisch-russischen Entente und ihrer möglichen Auflösbarkeit gestanden
hatte – jetzt, im Mai 1871, zeigte sein prodeutsches Mitteleuropaprogramm
dem Kaiser gegenüber in diesem wichtigen Punkt eine bemerkenswerte neue
Note. Es ist keine Rede davon, Preußen durch Österreichs Entgegenkommen
von Rußland abzuziehen und in Gegensatz zu Rußland zu bringen. Im Sinne
einer Verbesserung der Beziehungen zu Rußland, wie sie übrigens tendenziell
schon Anfang Januar zu beobachten war, empfiehlt Beust, »den Weg nach
Petersburg über Berlin zu suchen«. Andrássy bekommt bei dieser Gelegenheit einen herben Tadel, was die Bedeutung dieser neuen Note nur unterstreicht: Beust spricht von dem »in Ungarn weitverbreiteten Irrtum, daß es
genüge, Preußen von unserer Seite freundlich entgegenzukommen, um es sofort von Rußland zu trennen, ja selbst zu einem feindlichen Auftreten gegen
dasselbe zu bewegen«.[12]

Für den Orient will Beust an der bisherigen Politik festhalten: kein Interesse am Untergang des Osmanischen Reiches, aber auch kein Grund, sich zu
seinem Schutz stärker zu engagieren. Auch hier ist hinter der behaupteten
Kontinuität eine neue Nuance festzustellen, und Beust weist sogar ausdrücklich auf das jüngste Verhalten der Türkei hin, um diese reservierte Haltung zu
begründen. Noch deutlicher wird er in der Akzentuierung einer expansiven
Politik – und ohne Zweifel kam er damit Gedanken des Kaisers und auch der
föderalistisch-proslawischen Richtung entgegen: Eine Vergrößerung Österreichs wird künftig wohl nur im Orient stattfinden, die Gewinnung des Hinterlandes von Dalmatien wäre wünschenswert (Bosnien-Herzegowina); es
empfiehlt sich also eine Politik, die zwar von sich aus den staatlichen Bestand
der Türkei nicht angreift, aber doch nie »aus den Augen verliert, daß an unseren dortigen Grenzen stammverwandte Nationen leben, die in dem Kampfe
um Verbesserung ihrer Existenz Hoffnungen auf uns setzen, welche wir nicht
enttäuschen könnten, ohne diese Völker, die sich im Laufe der letzten Jahre
mehr und mehr von Rußland abgewendet haben, gleichsam mit Gewalt wieder in die Arme des letzteren zu treiben«.

Dieses Gesamtprogramm entspricht – so scheint uns – in wesentlichen Zügen jenem ersten Entwurf des neuen Kurses, den Anfang November Beust in
Form der Oppenheimer-Broschüre an Preußen bekanntgab. Die neue Nuance in der Orientfrage betraf nicht die Substanz der Sache. Wenn Beust eine
österreichische Aktion im Orient ohne Erwähnung Deutschlands (und der
langfristig von ihm zu erwartenden Stützung) und mit proslawischem Vorzeichen erwägt, so verläßt er damit den Rahmen der Oppenheimer-Broschüre
nicht. Etwas anders liegt die Sache mit Rußland. Die Trennung Rußlands von
Deutschland, die Aufgabe Österreichs, Deutschland durch die neue Allianz

zu einer friedlichen Politik zu führen und vor der Gefahr zu bewahren, »zum Satrapen der russischen Aggressivpolitik«[13] zu werden – das war Anfang November öffentlich als Beusts Meinung verbreitet worden. Seit der Gortschakownote und der Pontuskonferenz war Beust vorsichtiger geworden. So beruht diese Modifikation des ursprünglichen Programms wohl auf den seither mit Berlin gemachten Erfahrungen. Diese Erfahrungen treffen sich mit der Rücksichtnahme auf den Kaiser und die sogenannte Hofpartei, die keine antirussische Festlegung wünschten. Daß Beust bei alledem scharf gegen eine Drei-Kaiser-Allianz mit konservativen gesellschaftspolitischen Konsequenzen eingestellt blieb, zeigt sein Programm für ein deutsch-österreichisches, aber nicht mit Rußland zu vereinbarendes Vorgehen angesichts der sozialistischen Internationale. – Die Sanktion des Kaisers für dies Programm eines Mitteleuropablocks mit vorsichtiger Absicherung nach Rußland hin war für den Fortgang der österreichischen Außenpolitik von höchster Bedeutung. Beust hatte dem Kaiser ja immer wieder vorgerechnet, daß es sich nun um ein festes, bleibendes System handeln müsse: Bis jetzt sind im Verhältnis zu Deutschland nur »Keime niedergelegt…, die sorgfältiger Pflege und Fortbildung bedürfen, wenn sie dauerhaft gute Früchte tragen sollen«.[14]

In Berlin herrschte weiterhin Unsicherheit über den künftigen Weg Österreichs. Würde Beust sich gegen Hohenwart halten, würde er Konzessionen an dessen »undeutsche« Politik machen müssen?[15] Die innenpolitische Konstellation des neuen Reiches, wie sie von den österreichischen Diplomaten anhand der ersten Reichstagssession mit größter Aufmerksamkeit verfolgt wurde, bot keine eindeutigen Anhaltspunkte für das künftige Verhalten Bismarcks und Deutschlands zu Österreich. Einerseits war der autoritäre, antiliberale Zug des Ganzen unverkennbar.[16] Dies lag auf der Linie der schon früher von Bismarck geäußerten Kritik an den liberalen Aspekten des Beustschen Systems. Andererseits ging Bismarck nun immer schärfer gegen die katholische Zentrumsfraktion vor. Dies mußte einen Gegensatz zu den klerikal-konservativen Kräften in Österreich bedeuten, denn von Anfang an hatte Bismarck beim Ministerium Hohenwart-Schäffle die Wirkungen der »konfessionellen Internationale«, der »Beichtvaterpolitik« gefürchtet. Darüber hinaus konnte die österreichische Seite feststellen, daß in Berlin weder von der Regierung noch von den Nationalliberalen eine nationale Agitation in Österreich betrieben wurde.[17] (Dagegen erschien das anhaltende Interesse katholischer Süddeutscher für ein staatsrechtliches Verhältnis des Reiches mit Österreich eher störend.) Festzuhalten bleibt weiterhin die überaus freundliche Linie der preußischen Presseanweisungen, die auch jedes Eingehen auf die inneren Konflikte der Monarchie verboten. Aber gewiß hat auch der österreichische Militärattaché Graf Welsersheimb richtig beobachtet, wenn er wiederholt betonte, daß man in Berlin – gegenüber Österreich und

Rußland – vor allem die festen Faktoren, die berechenbare politische Festigkeit abzuschätzen bereit sei. In diesem Sinne berichtete Welsersheimb, wie er bei dem Bankett aus Anlaß der Siegesfeier am 17. Juni in einer Fensternische das Gespräch Bismarcks mit der russischen Deputation belauschte. Der Fürst trat an die Russen heran, »überall begrüßt wie Gott Aeolus von den sich beugenden Ähren«. Er erklärte ihnen: »Wir haben uns sehr glücklich geschätzt zu sehen, daß Ihr Kaiser wie immer der beste Freund unseres allergnädigsten Herren geblieben… Nun, bei Ihnen und bei uns, da ist alles niet- und nagelfest, und da mag man ruhig sein, möge geschehen was da wolle.« [18]

Dagegen aufzukommen war für das von Verfassungs- und Nationalitätenkämpfen zerrissene Österreich allerdings schwer. Beust tat, was er konnte. Die Berliner Siegesfeiern stellten für Wien ein delikates Problem dar. Die Russen kamen natürlich mit einer starken Vertretung. Der englische Militärattaché hatte vorsichtshalber Urlaub genommen. Sollte Österreich den Russen allein das Feld überlassen? Beust gewann den Kaiser für eine elegante Lösung. Man wählte den besten Mann, den Österreich im Sinne der alten Bundes- und Waffenbrüderschaft zu bieten hatte. Das war General von der Gablenz, der mit den Preußen 1864 in Dänemark gesiegt hatte. Er wurde von Franz Joseph mit einem höchst schmeichelhaften Handschreiben an Kaiser Wilhelm entsandt. Sein offizieller Auftrag lautete nur: Teilnahme an der Enthüllung des Denkmals für Friedrich Wilhelm III. Freilich wurde dann Gablenz in Berlin als Vertreter Österreichs zu allen Siegesfeiern beigezogen. Neben Generalfeldmarschall Wrangel und Meyendorff ritt er beim feierlichen Einzug der Sieger durch die Straßen Berlins; Österreich war in gleicher Weise wie Rußland bei der Feier eines Sieges vertreten, dessen verhängnisvolle Folgen es eben durch diese Teilnahme zu mildern versuchte. (Franz Joseph hatte diesmal aus dem Text des Briefes an Wilhelm einen Passus herausgestrichen, der ihm denn doch im glatten Bezug von den gemeinsamen Siegen 1864 zu der neuen Freundschaft von 1871 zu dick aufgetragen erschien.) [19]

Ein persönliches Zusammentreffen mit Beust hatte Bismarck schon im März bei der Sendung Bellegardes vorgeschlagen, ebenso war schon damals angeregt und nun weiter besprochen worden, die beiderseitigen Gesandtschaften in den Rang von Botschaften zu erheben. Auch hier wurde von Berlin in genauer Symmetrie das gleiche mit Rußland vereinbart. Nur wurde von Bismarck im Falle Österreichs ein Wechsel gefordert: Graf Wimpffen, der Österreich in den Konfliktjahren in Berlin vertreten hatte, sollte nach Bismarcks Wunsch durch Graf Károlyi ersetzt werden, der vor Königgrätz Gesandter am preußischen Hof gewesen war. Kaiser Wilhelm gab Gablenz die Absicht zu erkennen, die seit 1865 unterbrochene Kur in Bad Gastein wieder aufzunehmen; er wolle dabei Franz Joseph in Ischl besuchen. Ein persönlicher Briefwechsel zwischen Bismarck und Beust im Juni/Juli bekräftigte diese Perspektiven, nicht ohne kunstvolle Wendungen, die das Ausmaß dieses Umschwungs auch im persönlichen Bereich bezeichneten.[20] Wenn Bismarck schrieb: »Ich habe in schwierigen Zeiten in Ihnen den liebenswürdigsten und objectivsten meiner Gegner verehrt«, so wurde dieser Satz, nach dem Gasteiner Tête-à-tête der beiden Kanzler in die Öffentlichkeit gelangt, vom Berliner ›Kladderadatsch‹ launig kommentiert:

»So nennt er jetzt den Grafen Beust,
Seit in Gastein er sich mit ihm versöhnt,
Man sieht, der Fürst war eben nicht verwöhnt.«

In Berlin hatte man das Nebeneinanderreiten des Österreichers mit dem preußischen Feldmarschall und dem Vertreter der russischen Armee als die »leibhaftige Heilige Allianz zu Pferde« kommentiert.[21] Und Kaiser Wilhelm hatte in seinem Dankbrief an Franz Joseph nicht nur einen kräftigen Wink hinsichtlich der österreichischen Heeresreorganisation untergebracht. Er hatte auch die Pariser Commune erwähnt und gegen die »finsteren Mächte« ein vertrauensvolles Zusammenarbeiten aller großen Mächte vorgeschlagen.[22] Damit war unmißverständlich Rußland gemeint. Es war die Frage, wie weit es Österreich gelingen könne, gegenüber diesen Tendenzen zur konservativen Ostallianz sein Mitteleuropaprogramm durchzuhalten. Bevor in den Sommertagen zu Ischl, Gastein und Salzburg diese Frage zur Sprache kam, nahm Beust die Gelegenheit war, am 1. Juli in der Plenarsitzung der cisleithanischen Delegation der Öffentlichkeit das von Franz Joseph sanktionierte außenpolitische Programm vorzulegen.

Beust hat diese Rede in seinen Memoiren als sein politisches Testament bezeichnet.[23] Aus der Perspektive von 1883 (Dreikaiserbündnis!) und insbesondere im Hinblick auf Andrássys Politik 1871 bis 1879 hat er dabei als die beiden Hauptpunkte – maßgebend für die Folgezeit – sowohl die feste Verbindung mit Deutschland als die Annäherung an Rußland hervorgehoben. Die wirkliche Bedeutung der Rede unter den politischen Bedingungen des Sommers 1871 lag aber keineswegs in einer gleichmäßigen Betonung dieser beiden Aspekte, sondern in einer eindeutigen Option für das von Österreich und Deutschland zu schaffende »mitteleuropäische Bollwerk des Friedens«. Diese Option wurde von der Delegation gutgeheißen und von der Öffentlichkeit in Österreich und Deutschland ganz in dieser Weise verstanden. Die Verbesserung der Beziehungen zu Rußland bezeichnete Beust als eine Folge und Funktion des zu schaffenden Mitteleuropablocks. Wie gegenüber dem Kaiser betonte der Kanzler auch vor der Öffentlichkeit die Kontinuität des angestrebten mitteleuropäischen Friedenssystems mit dem friedenssichernden Zusammengehen Preußens und Österreichs vor 1866. Nicht die alte Bundesverfassung, sondern vielmehr das einverständliche Zusammengehen der beiden Mächte hat Europa solange den Frieden gesichert. Jetzt, nachdem der Streit um die Vorherrschaft in Deutschland beendet ist, können und sollen die Vorteile dieses Zusammengehens wieder in Kraft treten. Wenn Öster-

reich seine Kräfte zusammenfaßt, kann es auch heute noch ebenbürtig
Deutschland zur Seite stehen.

Noch ein weiterer Aspekt von Beusts Programmrede fand in der Öffentlichkeit, vor allem in der liberalen Öffentlichkeit Österreichs und Deutschlands, starkes Echo. Über Italien und Österreichs Stellung zur römischen
Frage äußerte sich der Kanzler in einer Weise, die von den deutschen Nationalliberalen als entschiedene Absage an eine klerikale Politik und damit als
eine für den deutschen Liberalismus wertvolle Abwehr russisch-französi-
scher Intrigen aufgefaßt wurde.[24] Die Minister Friesen in Dresden und Bray
in München waren voll des Lobes, die offiziöse Berliner »Provinzialkorre-
spondenz« applaudierte eifrig und die Norddeutsche Allgemeine Zeitung
konnte sich nicht genug tun, Beusts Rückblick auf den europäischen Frieden
in der Epoche des Deutschen Bundes zu loben und die Übereinstimmung mit
den neuen Zielen zu betonen. Ein Sonderlob kam von der Kaiserin Augusta
(die ja seit langem mit Beust in Verbindung stand): »Was Graf Beust gesprochen hat, ist so wahr, so weise, so sehr im Geiste der Zeit.«[25] Zum erstenmal
hatte Beust in öffentlicher Rede für den Friedensblock Österreichs und
Deutschlands gesprochen und ihn aus der gemeinsamen Vergangenheit begründet. Und sogleich zeigte sich, wie rasch und tief diese Töne in das politische Bewußtsein Deutschlands Eingang fanden, das dem österreichischen
Kanzler über fünf Jahre hinweg vertraut geblieben war.

Die neue Stufe, die in der Annäherung zwischen Deutschland und Öster-
reich noch vor den August-Begegnungen erreicht war, hatte unterschiedliche
Voraussetzungen; manches wurde ausgesprochen, anderes ist zu erschließen.
Die Beschäftigung mit der Pariser Kommune und mit der sozialistischen Internationale schuf ein neues Klima »konspirativer« Vertraulichkeit zwischen
den großen mitteleuropäischen Höfen – allerdings war hier von Berlin her
Rußland stets mit eingeschlossen. Die scharfe antiklerikale Tendenz von
Bismarcks Innenpolitik und die beginnende Furcht vor einer »schwarzen Internationale« hoben die Bedeutung des von Beust vertretenen Systems. Doch
auch die relative Konsolidierung des Hohenwartschen Ministeriums, das im
Juli eine Reichsratsmehrheit und die Votierung des Jahres-Budgets erreicht
hatte, konnte in Berlin positiven Eindruck machen. Bismarcks eindeutig negative Urteile über die Kräfte um Hohenwart-Schäffle stammen erst aus der
zweiten Augusthälfte; am Vorabend seiner Reise zu Beust nach Gastein
brauchte die österreichische Situation einer nun anscheinend konsolidierten
Doppelregierung Beust–Hohenwart ihm nicht zu mißfallen. Auch die beiderseitigen Beziehungen zu Rußland waren so, daß Deutschland einen Schritt
weiter auf Österreich zugehen konnte, ohne mit großen Risiken in Petersburg
rechnen zu müssen. Bismarck hatte im Juni dem Grafen Gablenz nochmals
die nun schon sattsam bekannte Auskunft gegeben: Deutschland sei zu allem
von Österreich-Ungarn Gewünschten bereit, ausgenommen zu Feindselig-

keiten gegen Rußland; ebenso würde Deutschland aber jede Feindseligkeit
Rußlands gegen Österreich verhüten wollen.[26] Und aus Petersburg wurde
Beust gemeldet, daß Alexander II. dem neuen französischen Botschafter ausdrücklich erklärt habe: Österreich sei keineswegs von einer russisch-preußischen Allianz bedroht. »Nous la [Österreich] considérons comme une excel-
lente alliée.«[27]

Schließlich gab es neben dem weiten, positiven Echo auf Beusts Friedens-
block-Rede in der deutschen Öffentlichkeit neuartige interne Überlegungen
des Berliner Kabinetts, die gleichfalls ein gutes Verhältnis zu Österreich emp-
fahlen. Man stand seit der zweiten Julihälfte stark unter dem Eindruck der
Vorgänge in Frankreich. Die wirtschaftliche Erholung des besiegten Landes
ging viel schneller vor sich, als man in Berlin erwartet hatte. Ein politisches
Klima in Paris, das man in Deutschland rasch als Chauvinismus einstufte,
schien die Möglichkeit des französischen »Rachekrieges« beziehungsweise
eines deutschen Präventivschlages schon für die nächsten Jahre nahezurük-
ken. Der österreichische Geschäftsträger in Berlin erläuterte die für Österreich vorteilhaften Folgen der neuen Situation. Deutschland müsse jedenfalls
sein politisches und militärisches Schwergewicht nach dem Westen verlegen.
»Für uns scheint dieses jahrelange Gebundensein Deutschlands den Vorteil
zu haben, daß wir durch seine Friedensliebe die Gewähr bekommen, nicht
zur ungelegenen Zeit Fragen vitalsten Interesses erhoben zu sehen und daß
wir dereinst im gegebenen kritischen Moment unsere gesuchte Bundesgenossenschaft, wie unser Interesse es erheischt, ordentlich verwerten können.«[28]
Staatssekretär von Thile, der sich jetzt als ein überzeugter Anhänger der
österreichischen Freundschaft präsentierte, teilte nach Wien Interna der
deutsch-französischen Spannungen mit. Bismarck habe vor seiner Abreise
nach Gastein dem französischen Gesandten offen erklärt, wenn der Chauvinismus in Frankreich nicht aufhöre, sehe er höchstens einen Frieden von zwei
oder drei Jahren voraus...[29]

Der Friedenssommer 1871 stand im Zeichen deutsch-österreichischer Bäder-
reisen. Kaiser Wilhelm besuchte Franz Joseph in Ischl und ging dann nach
Bad Gastein. Auch Beust reiste nach Bad Gastein, suchte dort den deutschen
Kaiser auf und verbrachte mit Bismarck, der inzwischen nachgekommen
war, die Tage der Kur in anregendem Austausch. Dann traf man sich ein letztes Mal in Salzburg. Dorthin kamen außer den beiden Monarchen, Bismarck
und Beust auch die beiden Ministerpräsidenten aus Wien und Budapest, Hohenwart und Andrássy. Dieser wochenlange Reigen von Besuchen und Artigkeiten zwischen den höchsten Repräsentanten der beiden Staaten war,
schon für sich genommen, eine politische Demonstration allererersten Ranges.
Und beide Seiten hatten zu tun, die Empfindlichkeiten hier Frankreichs, dort
Rußlands, einigermaßen zu beschwichtigen.

Nicht die Hofchronik interessiert uns, sondern die Fragen: Was kam dabei heraus? Und: Wie griffen hier wieder Innenpolitik und Außenpolitik ineinander? Auch bei einer ganz knapp gerafften Untersuchung ist doch von der Vorfrage auszugehen: Was war denn von Berlin und von Wien her beabsichtigt und erwartet? Von der österreichischen Seite her wissen wir, daß Beust der Treibende war, Hohenwart dagegen von dem Zusammentreffen Franz Josephs mit Wilhelm abriet. Schon hier sind die internen Gegensätze zu sehen. Auf deutscher Seite hat Schweinitz sehr auf das Monarchentreffen hingearbeitet. Gegenkräfte sind in Berlin nicht sichtbar geworden; mindestens seit Juni zeigten sich der Kaiser und Bismarck stark interessiert. Doch was sollte der Zweck der Sache sein? Wir wissen von Beust einiges.[30] Er hat offenbar von Anfang an positiv mit der Möglichkeit gerechnet, daß es zu einem deutsch-österreichischen Vertrag oder jedenfalls zur Unterzeichnung von Dokumenten kommen werde. Er hat den Zeit- und Ortsplan mit Franz Joseph ausdrücklich unter diesem Gesichtspunkt eingerichtet: erst die Monarchen in Ischl, dann er mit Bismarck in Gastein (mit Zeit für die Verhandlungen), dann die Monarchen und die Kanzler in Salzburg (zum Unterzeichnen, falls es etwas zu unterzeichnen geben werde). Es wirkt glaubhaft, daß Beust für diese zweite Begegnung der Monarchen Salzburg statt Gastein empfahl, um für den Fall, daß etwas unterzeichnet werde, das Odium einer zweiten »Gasteiner Konvention« (wie 1865) zu vermeiden. Ob von österreichischer Seite ernsthafte Vertragsabsichten bestanden und Vertragsunterlagen vorbereitet wurden, ist unsicher. Jedenfalls trat Beust, nachdem Bismarck keine Vorschläge für vertragliche Abmachungen machte, auch seinerseits nicht mit Angeboten für ein schriftliches Übereinkommen der beiden Staaten hervor. Man braucht darin nicht bloße Vorsicht und einen Rückzug auf die von Bismarck eingeschlagene Linie nichtschriftlicher Vereinbarungen zu sehen. Sowohl gegenüber Hohenlohe im März 1871 wie in der Vorlage für Franz Joseph vom 18. Mai hat Beust eine »fallweise« Verständigung der beiden Mächte als ausreichend bezeichnet und keinen Vertrag gefordert.

Um das Fazit dessen zu ziehen, was am Ende der Besuchsrunde erreicht war, als Beust Bismarck mit vierspänniger Extrapost von Salzburg nach Bayern begleitete, ist zunächst ein Blick auf die innenpolitische Krise der Monarchie erforderlich. Hohenwart hatte sehr bald nach der Verabschiedung des Budgets, am 11. Juli, den Reichsrat nach Hause geschickt. Während die Geheimverhandlungen der Regierung mit den Führern der tschechischen Opposition zur Herbeiführung eines staatsrechtlichen Ausgleichs mit Nachdruck geführt wurden, erschien am 10. August ein kaiserliches Patent, das den Reichsrat auflöste und Neuwahlen festsetzte. Gleichzeitig wurden acht Landtage, von denen die meisten eine liberale, antiföderalistische Mehrheit hatten, aufgelöst. Für die Neuwahlen der Landtage wurde von Hohenwart eine Wahlreform verfügt, die eine Erweiterung des Wahlrechts zugunsten der

Kleingewerbetreibenden bedeutete. All diese Maßnahmen hatten das Ziel, der Regierung im künftigen Reichsrat die erforderliche Zweidrittel-Mehrheit zu sichern, um den böhmischen Ausgleich, ein Nationalitätengesetz und eine weiterreichende Wahlreform sicher durchzubringen. Die Landtagswahlen brachten für die klerikal-föderalistischen Gruppen erhebliche Erfolge; in mehreren Landtagen, die bisher liberale Mehrheiten hatten, gewannen nun die klerikalen, föderalistischen Gruppen das Übergewicht. Nach allem, was vorausgegangen war, kann man sich die politischen Emotionen vorstellen, die mit diesen Vorgängen verbunden waren. Unter den Deutschliberalen griff eine Erregung um sich, die selbst sonst besonnene Männer zu nationalistischen Äußerungen hinriß. Am 31. August hielt in der Steiermark Kaiserfeld eine Wahlrede, die als politisches Programm der Verfassungspartei gelten konnte. Er erklärte:»Die Deutschen Österreichs werden eine Politik verdammen, welche die Deutschen zwänge, auch ihrerseits über die Geschichte ihres Volks, über ihr historisches und unveräußerliches Recht nachzudenken – damit sie keine gefährliche Sehnsucht ergreife und damit nicht in gerechter Nothwehr sich das vollziehe, woran im Ernste heute noch niemand denkt... sich vollziehe weil unsere Warnungsrufe nicht gehört wurden.«[31] Die Wahlergebnisse trafen erst nach und nach ein. Der Sieg der Hohenwart-Anhänger im bisher mehrheitlich deutschliberalen Landtag von Mähren wurde dem Ministerpräsidenten telegraphisch mitgeteilt, während er im Rahmen des Salzburger Monarchentreffens an einem Hoffest in Hellbrunn teilnahm. Der Kaiser – so erzählt Schäffle in seinen Memoiren – war hocherfreut und ließ das Telegramm auch Beust lesen, der mit saurer Miene bemerkte, daß er dies für unmöglich gehalten habe. Auf minder hoher Ebene gab es heftigste Vorwürfe und Streit wegen Wahlfälschungen und Übergriffen aller Art.

Diese Vorgänge bildeten den Hintergrund des deutschen Staatsbesuches in Österreich. Kaiser Wilhelm kam gleich nach seiner Ankunft, auf der Wagenfahrt von Wels nach Ischl, mit Franz Joseph über Österreichs innere Krise ins Gespräch.[32] Der österreichische Kaiser sprach über seine Hoffnung, bald mit den Tschechen zu einem Ausgleich zu kommen. Er beklagte sich über die zu weitgehenden Ansprüche der Deutschen in Österreich, worauf ihm Wilhelm seinen Standpunkt mit wünschenswerter Deutlichkeit erklärte: Wenn es Franz Joseph gelänge, »die deutschen Unterthanen in Bezug auf ihre wirklichen Bedürfnisse zufrieden zu stellen«, würden sie gewiß nicht ihre Augen aus Österreich nach Deutschland richten. Ähnlich und noch deutlicher nahm Kaiser Wilhelm gegenüber Beust Stellung. Er sprach hier nicht nur von dem »Köpfewenden« der Deutschösterreicher nach Deutschland, das er nicht wünsche, weil es ihm nur Verlegenheiten bereite. Er nahm auch auf die eben durch Hohenwart veranlaßte Auflösung der Landtage mit bisher deutscher Mehrheit Bezug und kommentierte – laut Beusts Bericht an den Kaiser – diese

Auflösung sehr eindeutig mit der Bemerkung, daß dabei »*wir* Deutsche schlecht wegkamen«.[33]

Auch Bismarck hat sich natürlich bald nach dem Eintreffen in Österreich ein Bild der Dinge zu machen versucht. Abgesehen von dem, was er Beust erzählte, hat er sich in einer aus Gastein nach Berlin an Thile gerichteten Pressedirektive ausführlich zur Krise in Cisleithanien geäußert.[34] Er wollte in dem gegenwärtigen Kampf weniger den Gegensatz zwischen Slawen und Deutschen sehen, als eine Auseinandersetzung zwischen liberalem Mittelstand und konservativen Kräften. Soweit betonte er den gewissermaßen »wertfreien« Charakter des Konflikts. Dann aber kam eine deutliche Parteinahme: die konservativ-föderalistische Partei Österreichs hat sich zwei verderbliche Bundesgenossen gewählt, Ultramontanismus und Sozialismus, die ihrerseits diese Partei für ihre zerstörerischen und antideutschen Zwecke zu benutzen versuchen. Schäffle wird von Bismarck als derjenige genannt, welcher dem Sozialismus sogar Eingang in das jetzige Kabinett ermöglicht hat. »Beide Elemente, das ultramontane und das sozialistische, sind... geborene Gegner Deutschlands.« Ohne näher auf Bismarcks grobschlächtige Klassifikation und seine konkreten pressepolitischen Absichten einzugehen, kann doch festgehalten werden, daß dies eine unmißverständliche Stellungnahme gegen das Ministerium Hohenwart und seine Bestrebungen war. Bismarck will einerseits für das deutsche Publikum die österreichische Szene »entschärfen«, indem er den sozialen Charakter der Gegensätze betont und die konservative wie die liberale Position als selbstverständliche Gegebenheiten annimmt. Andererseits wirft er der föderalistisch-konservativen »Partei« Österreichs das Bündnis mit den antideutschen und zugleich staatsfeindlichen Kräften vor. Ein so scharfes Urteil hatte es bei Bismarck in den früheren Stadien seiner Beschäftigung mit Österreichs Innenpolitik nicht gegeben. Auch noch im Februar 1871 hatte er ja ausdrücklich eine abwartende Stellung gegenüber den föderalistischen Kräften für geboten erklärt.[35] Offenbar haben Bismarcks aktuelle Weichenstellungen in der deutschen Innenpolitik (gegen die »Reichsfeinde« in der Zentrumspartei) und die Eindrücke der Pariser Kommune (als Anlaß oder als Ursache?) wesentlich zu dieser neuen und scharfen Stellungnahme zur österreichischen Innenpolitik beigetragen.

In Summa: zum ersten Freundschaftsbesuch nach sechs Jahren des Konflikts und der Entfremdung kommen die Staatsmänner Deutschlands in ein Land, das von einer heftigen Krise geschüttelt wird; es geht um die Zukunft des Verhältnisses zwischen der bisher privilegierten Minorität der Bevölkerung und der zu neuer politischer Berechtigung strebenden Majorität. Die beiden führenden Staatsmänner machen dabei aus ihrer Sympathie für die ihnen stammverwandte Minorität kein Hehl. Sie erklären, daß sie Anschlußbestrebungen der Minorität an Deutschland nicht wünschen, sie empfehlen vielmehr im Interesse der Wohlfahrt des Gastlandes die Befriedigung der

Wünsche der Minorität. Als sie das Gastland verlassen, ist der Ausgang des Konfliktes noch unentschieden. Der österreichische Kaiser und seine föderalistischen Vertrauensleute haben sich anscheinend in dem eingeschlagenen Weg durch die deutschen Besucher nicht irre machen lassen. Der Reichskanzler Beust aber sieht in der Stellungnahme der deutschen Staatsmänner Wasser auf der Mühle seines Systems. Er nimmt die Kritiken und Empfehlungen Bismarcks und Kaiser Wilhelms sogleich zum Anlaß, Franz Joseph vor den Risiken des föderalistischen Weges zu warnen. Und er wird einen Monat später, im Höhepunkt der inneren Krise, mit ähnlichen Argumenten und mit der Bezugnahme auf Deutschland so starke Verbündete finden, daß der föderalistisch-proslawische Weg ganz und gar abgebrochen wird.

Den hier angesprochenen Sachverhalt hat 1919, in einer emotionell sehr belasteten Situation, Heinrich Lammasch folgendermaßen interpretiert: »Die deutsche Regierung war es, die jederzeit darauf bestand, daß die politische Macht in Österreich den Deutschen und in Ungarn den Magyaren zukomme. Sie hat das Ministerium Hohenwart–Schäffle gestürzt und damit den letzten grundsätzlichen Versuch vereitelt, in Österreich eine auch die anderen Nationalitäten befriedigende Regelung der Dinge zu schaffen.«[36] Es liegt auf der Hand, daß eine so vereinfachende Auffassung dem komplexen Sachverhalt von 1871 nicht gerecht wird. Aber die von Lammasch gezeichnete Perspektive ist von außerordentlicher Bedeutung für das vorliegende Thema. Sie erschließt auch für den näheren Umkreis des August/September 1871 die weitreichende Problematik der österreichisch-deutschen Annäherung, die in einer nur zwischenstaatlichen Betrachtungsweise so naheliegend und eigentlich problemlos erscheinen könnte.

Andererseits läßt diese Perspektive auch die Haltung der deutschen Verhandlungspartner besser verstehen. Denn Wilhelm und Bismarck betraten und verließen das neu befreundete Nachbarland in einem Zustand vor der Entscheidung. Sie taten zwar einiges, was einer Entscheidung im antiföderalistischen Sinne zugute kam. Aber sie konnten bei der Abreise noch nicht wissen, wie die Sache ausging. Selbst die entschiedensten Gegner Hohenwarts rechneten damals mit der Möglichkeit, daß er im Reichsrat eine Zweidrittelmehrheit für die Umgestaltung der österreichischen Verfassung erhielt.[37] Es scheint, daß Bismarck dieses Schwanken des Bodens sehr wohl gesehen hat[38]; sein Partner Beust, und vieles – oder fast alles –, was Beusts System außen- und innenpolitisch Deutschland zu bieten hatte, war ja von der bevorstehenden Entscheidung betroffen. Kein Wunder, wenn in einer so ungeklärten Situation die deutsche Seite – ganz abgesehen von anderen Erwägungen – wenig Interesse an festen, vertragsmäßigen Abmachungen hatte; man konnte ja nicht wissen, wie es einen Monat später um die sachlichen und personalen Voraussetzungen stand. (Ein Vergleich mit der Konstellation zwischen Bismarck, Andrássy, deutscher Innenpolitik und Regierungswechsel in Cisleithanien 1879 könnte unschwer zeigen, wieso damals die Entscheidungsprozesse andersherum liefen: Damals drängte Bismarck zum Abschluß des Zweibundes.)

Dies alles vorausgeschickt, sind nun in ebenso konzentrierter Weise die Ergebnisse von Ischl-Gastein-Salzburg zu nennen. Im Mittelpunkt steht die Frage: Wenn kein Vertrag, was dann? Beust hat Franz Joseph gegenüber nach Gastein (und nach dem Ausbleiben eines deutschen Vertragsangebotes) die Vorteile eines »vertragslosen Agreements« für Österreich in einer luciden Weise erläutert. Natürlich rechtfertigte er damit das Erreichte, aber trotz dieser Tendenz – oder gerade deshalb – werden hier Probleme des deutschösterreichischen Bündnisses mit einer bis 1914/18 reichenden Bedeutsamkeit angefaßt. Beust sagt:[39]

»Eben so würden wir heute bei einer vertragsmäßigen Abmachung in die Lage gerathen, für den in kürzerer oder längerer Frist gegebenen Fall einer französischen Schilderhebung für Deutschland einzustehen, und dabei überdies von Manipulationen, die sich unserem Einfluß entziehen würden, abzuhängen, während die Eventualität eines Krieges mit Rußland sich keineswegs auf den Fall eines russischen Angriffskrieges gegen uns beschränkt, daher es sehr schwer fallen würde, solche Stipulationen zu erreichen, welche uns den Vorteil vollständiger Reciprocität bieten könnten. In diesem Umstande, der in Berlin vom Standpunkt der augenblicklichen freundschaftlichen Beziehungen zu Petersburg eine andere Gestalt gewinnt, aber eine gleiche Konsequenz zur Folge hat, mag auch die hauptsächliche Ursache der von Fürst Bismarck insoweit gezeigten Zurückhaltung gefunden werden...«

Der Kern der Sache, in dem man sich einig wurde, wird in Beusts Schlußbericht für Franz Joseph mit Bismarcks Worten wiedergegeben. Dies läßt darauf schließen, daß man es in Gastein auch nicht darauf anlegte, gemeinsame mündliche Formulierungen von der Art zu finden, daß sie anschließend durch eine irgendwie geartete Zustimmung der Monarchen bekräftigt hätten werden sollen. Das scheint nun, formal gesehen, ziemlich wenig. Zieht man aber den sehr großen Demonstrationswert des ganzen Arrangements von Ischl-Gastein-Salzburg in Betracht und nimmt man dazu den Konsens in wichtigen Einzelpunkten, der gleich zu erwähnen ist, so liest sich Bismarcks Erklärung doch als eine erhebliche Festlegung in bezug auf Beusts Mitteleuropaprogramm. Vor allem enthält diese Erklärung ein dynamisches Prinzip der Weiterentwicklung (das im Hinblick auf die Beust-Bismarcksche Rußland-Formel wichtig war):[40]

»Fürst Bismarck erachtet es den Interessen und der Konsolidierung des Deutschen Reiches weit zuträglicher, daß mit uns ein Verhältnis entschieden und dauernd hergestellt werde, beruhend auf gegenseitigem guten Willen, gegenseitigem Vertrauen und gegenseitiger Erkenntnis, daß die staatlichen Interessen beider Theile nicht weiter kollidiren, und daß der eine Theil in der berechtigten Erwartung der Reciprozität dem anderen auch dann beistehen muß, wenn seine eigenen Interessen nicht im Spiele sind, so weit als die eigenen Interessen ihm diese Unterstützung erlauben.«

Was hier vielleicht noch wie eine Art Absichtserklärung aussieht, bekommt einen stärkeren Akzent durch die Art, wie sich Beust und Bismarck über die Haltung zu Rußland und zur orientalischen Frage verständigten. In puncto Rußland geht Beusts Bericht einen Schritt weiter, als es die von Bismarck bisher gegenüber Österreich eingehaltene Linie zum Ausdruck gebracht hatte. Er zitiert hier nicht Bismarck, sondern faßt seinen Eindruck selbst zusammen: »In Berlin will man nicht durch uns in eine feindliche Haltung gegen Rußland gezogen werden, aber man hofft durch das gute Verhältnis zu uns Rußland gegenüber in eine freiere Stellung zu gelangen.« In der orientalischen Frage fand Beust die direkte Zustimmung Bismarcks zu seinem, schon im Mai formulierten Programm von Erwerbungen, falls die von Österreich nicht herbeizuführende Auflösung des türkischen Reiches eintrete. Von Rußland war hier nicht die Rede, dafür hielt Beust Bismarcks Bemerkung fest, »daß der Begriff einer Großmacht ihre Expansions-Fähigkeit zu einer Lebensbedingung mache«.[41]

Weitere Gegenstände der Aussprache und Absprache waren die römische Frage, Rumänien, die Internationale und die Stellung der Deutschen in Österreich. In der rumänischen Eisenbahnfrage, wo es um große deutsche Finanzinteressen ging, einigte man sich auf ein abgestimmtes Vorgehen. Von Bismarcks Erklärungen zur römischen Frage, zur katholischen Kirche und zu Deutschlands Stellung gegenüber Italien zeigte sich Beust sehr befriedigt. Er sah in der deutschen Unterstützung Italiens und in Bismarcks scharfer Betonung des staatlichen Prinzips gegenüber der Kirche in Deutschland eine wertvolle Stütze des eigenen, österreichischen Kurses und eine Warnung vor einem Wandel dieser Politik.

Was die Stellung der Deutschen in Österreich anging, so konnte man davon ausgehen, daß Kaiser Wilhelm Franz Joseph schon gleich zu Beginn in Ischl eine Garantieerklärung abgegeben hatte: niemand denke in Berlin daran, die deutsch-österreichischen Provinzen zu erwerben. Das war in der Sache nichts Neues, schon bei dem bahnbrechenden Notenaustausch im Dezember 1870 hatte Bismarck diese Erklärung abgeben lassen.[42] Allerdings hatte das Wort von Kaiser zu Kaiser sein eigenes Gewicht. Und bei Franz Joseph scheinen die damaligen Gespräche erstmals Vertrauen in dieser Richtung begründet zu haben.[43] Neu und sehr wichtig war jedoch das Hereinschlagen der Hohenwart-Krise und der damit verbundenen deutschnationalen Sorgen und Leidenschaften in das deutsch-österreichische Gespräch. Bismarck hat gegenüber Beust die Äußerung Wilhelms über die Schädigung der Deutschen durch die Landtagsauflösungen bedauert. Er unterließ aber nicht, auch selbst Beust seine Meinung zur Sache zu sagen: »Er seinerseits sprach sich dahin aus, daß er... es nicht begreife, warum man mit der Verstimmung der Deutschen sich viel größere Schwierigkeiten bereite, als man von seiten der Czechen zu bestehen gehabt habe; daß er eine solche Wendung deshalb beklage, weil er eine Erstarkung der österreichisch-ungarischen Monarchie wünsche und brauche, aber eine Unterstützung der deutschen Opposition habe man nicht von ihm zu erwarten.«[44] Die Bedeutung dieses Arguments wird übrigens auch dadurch unterstrichen, daß Beust es einige Wochen später in der entscheidenden Auseinandersetzung mit dem Kaiser und mit Hohenwart fast wörtlich wiederholte. Beust hatte schon gegenüber Kaiser Wilhelm darauf hingewiesen, daß deutscherseits viel geschehen könne, um die Haltung der deutschen Bevölkerung Österreichs zu beruhigen: Von der offiziösen Presse in Deutschland sollte den Deutsch-Österreichern begreiflich gemacht werden, daß sie in einem vielsprachigen Reiche wohnen und sich mit den anderen Nationalitäten vertragen müssen, wenn das von deutscher Seite als Nothwendigkeit bezeichnete Österreich weiter bestehen solle.[45] Das war eine klare und naheliegende Folgerung aus den von Wilhelm und Bismarck abgegebenen Erklärungen. Es ist aber nicht zu sehen, daß der deutsche Kanzler sich gegenüber Beust zu Initiativen in dieser Richtung bereitgefunden hat. (Vielleicht war Beust Ende August auch gar nicht mehr an einer unmittelbaren Entschärfung der Gegensätze in Österreich interessiert!)

Über die Internationale und das staatliche Vorgehen in der Arbeiterfrage wurde in Gastein zwischen Wilhelm, Bismarck und Beust ausführlich verhandelt. Man wurde sich einig, eine effektive Zusammenarbeit der beiden mitteleuropäischen Mächte auch auf diesem Gebiet sicherzustellen. In Wien wurden die Vorarbeiten sofort aufgenommen. Als Resultat einer interministeriellen Besprechung, die Beust unmittelbar nach den Gasteiner Gesprächen veranlaßt hatte, konnte er bereits in Salzburg Kaiser Wilhelm eine substanzielle Denkschrift mit einem umfangreichen Katalog von Vorschlägen und Gesichtspunkten überreichen.[46] Hatte der österreichische Kanzler schon im Mai die Notwendigkeit betont, repressives Vorgehen gegen die Internationale mit »reformatorischen« Maßnahmen hinsichtlich der Arbeiterfrage zu verbinden, so kam dieser Gedanke jetzt noch deutlicher und umfassender zur Geltung. Die Denkschrift zeigt, wie sehr die österreichische Seite bemüht war, die gewünschte Zusammenarbeit mit Berlin von dem Odium neuer Karlsbader Beschlüsse freizuhalten. Die Arbeiterfrage als ein neues Feld staatlicher Leistungen und das Prinzip der »intellektuellen und materiellen Hebung des Arbeiterstandes« stehen im Vordergrund des Interesses. Die von Beust redigierte Denkschrift betont die Aufgabe, »der gemeinsamen Gefahr nicht nur mit gemeinsamem Widerstand, sondern auch mit tiefergreifenden und erfolgreicheren Mitteln zu begegnen, die prüfende Sonde an die Wurzel des Übels anzulegen, die Bewegung aus ihrer inneren Natur selbst zu beurteilen, um sie in gemessene Schranken zu bannen und der Revolution der Ideen

ihre friedliche Evolution auf staatlichem wie auf wirtschaftlichem Gebiete
entgegenzusetzen.« In der Tat ist es dann 1872 auf der Basis der Gasteiner
Vereinbarungen zu preußisch-österreichischen Verhandlungen und Kom-
missionsarbeiten über Sozialismus und Arbeiterfrage gekommen.[47] Bismarcks Neigung, vor allem repressiv vorzugehen, war schon in Gastein und
in den vorausgegangenen Kontakten mit Österreich hervorgetreten. Sie
wurde später noch stärker, als bei den zwischenstaatlichen Verhandlungen
1872/73 das Gegengewicht Beusts fehlte. Welche weiteren Möglichkeiten li-
beralkonservativer Sozialpolitik sich ergeben hätten, wenn weiterhin eine
positive und energische Zusammenarbeit einerseits zwischen Beust und Hohenwart-Schäffle, andererseits mit den Berliner Stellen zustandegekommen
wäre, bleibt dahingestellt. Doch sicherlich gehört dieser Aspekt wesentlich
zu Beusts Mitteleuropaprogramm. So wie er seit 1867 die liberale Entwicklung Österreichs als ein Werbemittel in Deutschland einsetzte und gegenüber
den unterentwickelten Gebieten Südosteuropas eine soziökonomische
Entwicklungspolitik zu fördern suchte, so war auch das politische Zusammengehen mit Deutschland in dieser Konzeption kein Akt konservativer
Selbstbehauptung. Einer einseitig konservativen Gesellschaftspolitik sich
anzuschließen war unter Beusts Führung Österreich auch nach der Pariser
Kommune nicht bereit.

Fragezeichen blieben nach Gastein und Salzburg auf deutscher Seite: Abwarten, wie die politischen Kämpfe um Österreich-Ungarns künftige Orientierung ausgingen. Aber auch auf österreichischer Seite griff schon während
des deutschen Staatsbesuches die innenpolitische Krise verunsichernd in
Beusts Konzept ein. Offenbar war die Zustimmung des Kaisers zu dem im
Dezember 1870 und dann wieder im Mai 1871 sanktionierten prodeutschen
außenpolitischen Programm noch immer nicht sicher oder schon wieder unsicher. Waren es Ende August die überraschenden Wahlerfolge Hohenwarts
oder andere Gründe und Einwirkungen – jedenfalls sieht man, daß Beust am
Ende seiner Gasteiner Besprechungen mit Bismarck und vor der Salzburger
Entrevue mit geradezu beschwörender Eindringlichkeit vor einem Zögern
oder Verlassen des Weges warnte.[48] Er belehrt den Kaiser, es dürfe kein
Zweifel aufkommen, daß es Österreich mit der prodeutschen Politik unabänderlich ernst ist, die mit dem Notenwechsel im Dezember begonnen, mit
Beusts Rede vor der Delegation öffentlich verkündet und durch die Gasteiner
Besprechungen befestigt wurde. »Jede gegentheilige Regung würde die ge-
fahrvollsten Wirkungen hervorbringen. Wir würden die täglich wachsenden
Sympathien in Deutschland verscherzen, die deutsche Regierung in gefährliche Bahnen drängen, die jetzt paralysirten russischen Velleitäten wachrufen,
dagegen die kriegerischen Gelüste Frankreichs ermuthigen, zugleich aber die
italienisch-preussische Allianz wieder herstellen.« Das war eine geradezu
apokalyptische Prognose für den Fall einer außenpolitischen Wende in der

proslawisch-klerikalen Richtung. Es scheint, daß Franz Joseph – zumindest für die Salzburger Tage – positiv beeindruckt war.[49] Danach aber setzte eine andere, dramatische Entwicklung ein.

Die äußere Chronik der Ereignisse bis zum Sturz der Regierung Hohenwart-Schäffle am 30. Oktober 1871 ist rasch erzählt. Nicht so leicht ist es, in der hier gebotenen Kürze jene Entscheidungsmomente hervorzuheben und in die richtige Proportion zu rücken, die die Beziehungen zwischen Deutschland und Österreich betreffen. Es bleibt bis heute unklar, in welchem Ausmaß Bismarck nach Salzburg auf Hohenwarts Sturz hingearbeitet hat und es ist erst recht unklar, wieweit diese deutschen Einflüsse tatsächlich unmittelbar Anteil an den Ereignissen in Wien hatten. Hohenwart und Schäffle waren von der Tatsache solcher Einwirkungen überzeugt. Insbesondere schien sich Berlin der Beeinflussung der österreichischen Presse zu bedienen: »Beust gegen Hohenwart stützen«[50] – so lautete eine in die Hand der cisleithanischen Regierung gelangte Berliner Presseweisung. Viel stärker als direkte Eingriffe mußten unter den gegebenen Umständen die indirekten Einwirkungen zu spüren sein, die von der bloßen Existenz Deutschlands ebenso wie von den an diesem neuen Deutschland orientierten Gruppenhoffnungen und politischen Konzeptionen ausgingen. Unter den gegebenen Umständen: Am 12. September erschien (ohne Wissen Beusts) das berühmt-berüchtigte kaiserliche Reskript an den böhmischen Landtag, das eine Verfassungsreform im Sinne des böhmischen Staatsrechtes in Aussicht stellte. Die Prager Zeitung ›Narodni Listy‹ kommentierte: »Die Errichtung des böhmischen Staates an Preußens Grenze ist die Antwort auf die Restauration des Deutschen Reiches.« Der böhmische Landtag antwortete mit den sogenannten Fundamentalartikeln: einem vor allem in formaler Hinsicht recht weitgehenden Forderungsprogramm, das den Dualismus in Frage stellte und auf eine trialistische Verfassungsreform mit sehr starker Stellung der Austroslawen hinzielte. Die Regierung Hohenwart-Schäffle war durch ihre Verhandlungen mit den tschechischen Oppositionsführern soweit festgelegt, daß sie gewissermaßen ins Schlepptau dieser Forderungen geriet. Die Fundamentalartikel erschienen auch ruhig denkenden Zeitgenossen als ein sehr radikales Programm; ein ungeheurer Sturm der Empörung erfaßte die deutschliberalen Kreise nicht nur in Böhmen, sondern in allen Teilen der Monarchie. Der alte Grillparzer, gewiß kein deutschnationaler Heißsporn, sah durch das kaiserliche Entgegenkommen an den Prager Landtag die vielhundertjährige Geschichte Österreichs und des Hauses Habsburg auf den Kopf gestellt. Fünfzig Jahre zuvor hatte er in seinem Ottokar-Drama den friedenstiftenden Sieg Rudolphs von Habsburg auf dem Marchfeld gefeiert. Nun schrieb er ein verzweifeltes Epigramm:

»Marchfeld! So ist dein Sieg nicht wahr

Aus unsrer Urväter frühsten Tagen.
König Przemisl Ottokar
Hat den Rudolf von Habsburg geschlagen.«
Es kam zu Zwischenfällen noch und noch. In der Wiener Universitätsaula wird bei der Inauguration des Rektors dem anwesenden Kultusminister Jireček mit »Pereat«-Rufen derart zugesetzt, daß er den Saal verläßt. Beust bleibt da und wird Gegenstand lärmender deutschnationaler Ovationen. Am folgenden Tag, dem 10. Oktober, beschließen die Minister Hohenwart, Jireček und Schäffle gegen Beust vorzugehen; sie verlangen beim Kaiser Satisfaktion, Sicherung eines »anderen Verhältnisses in den amtlichen Beziehungen zwischen dem Ministerpräsidenten und dem Reichskanzler«[51] und drohen andernfalls ihren Rücktritt an. Zwar entschuldigt sich Beust bei Hohenwart. Aber angesichts der nun nochmals festgestellten Tatsache, daß Beust sich weigert, »seine Zustimmung zur inneren Politik in irgendwelcher Weise auszusprechen«, besteht Hohenwart auf dem Appell an den Kaiser: Der Monarch soll unverzüglich die »zwischen den Ministern schwebende Differenz« entscheiden.

Der Kaiser ist in Ischl. Er sagt die Hofjagd ab; er steht jetzt vor der Situation des Entweder-Oder: Entweder geht Beust (mit unabsehbaren Folgen für die Außenpolitik der Monarchie), oder es fällt die Regierung Hohenwart-Schäffle (mit dem Risiko eines Abbruchs der gesamten föderalistisch-proslawischen Reichsreform). Der Kaiser versucht nochmals auszugleichen. Doch inzwischen hat Beust, der auffallend lange sich zurückhielt, kräftig eingegriffen. Nicht nur, daß er dem Kaiser ein fulminantes Memorandum einreicht, das die staatsrechtliche Aktion Hohenwarts als staatsgefährdend nach innen und außen bezeichnet. Vor allem sucht und findet Beust potente Bundesgenossen gegen das föderalistische Ministerium und die tschechischen Forderungen: beim hohen Militär, in der zentralen Bürokratie und – last not least – bei den Ungarn. Andrássy kommt nach Wien, der Kaiser hält am 20. Oktober eine Ministerkonferenz, in der in Anwesenheit des Ministeriums Hohenwart Beust und Andrássy ihre Gegengründe vorbringen. Das cisleithanische Ministerium tritt schwach und uneinig auf; der Finanzminister Holzgethan plädiert jetzt schneidend gegen das Vorgehen seiner Kollegen: »Fundamentalartikel und Staatsbancrott seien für ihn gleichbedeutend.«[52] Es gibt noch einige Kompromißversuche, doch am 25. Oktober ist die Sache durch den Kaiser entschieden, und zwar im radikalen Sinne: nicht nur Rücktritt des föderalistischen Ministeriums, sondern Abbruch, unwiderruflicher Abbruch der Ausgleichsverhandlungen mit den Tschechen. Triumph auf der einen Seite, tiefe Enttäuschung und Verbitterung auf der anderen Seite machen sich ungehemmt geltend. In Prag wurde alsbald in den tschechischen Zeitungen mit großem Erfolg annonciert: »Das Rescript vom 12. September in Octavformat auf weichem Papier in Packeten zu hundert

Stück à 5 Neukreuzer«. Und im nächsten Jahr erschien des alten Palacky letzte Schrift: ›Politisches Vermächtnis‹, in welcher er Abschied von Österreich nahm.

Ob Beust schon mit dem Memorandum vom 13. Oktober auf diese Radikallösung hinsteuerte oder doch noch einen Kompromiß mit Hohenwart für sinnvoll und möglich hielt, kann offen bleiben. Die Art seiner Argumentation läßt eher das erstere vermuten. Er legte dem Kaiser zunächst seine verfassungsrechtlichen Bedenken vor und kam dann rasch auf die praktischen Konsequenzen zu sprechen, die sich aus den geplanten Änderungen für die künftige Zusammensetzung der cisleithanischen Delegation ergeben: »daß in dieser Delegation ausschließlich jene Elemente ihre Stätte finden und daher ihr Übergewicht behaupten werden, welche in schroffem und unversöhnlichem Gegensatze zu dem auf dem Gebiete der auswärtigen Politik festgehaltenen System stehen und diesem Gegensatze den vollsten und nachdrücklichsten Ausdruck zu geben entschlossen sind«.[53] Die Ausführung des föderalistischen Verfassungsentwurfes mit Hofkanzlern und Landesministern wird – so sagt Beust dem Kaiser – das Ende des Einheitsprinzips der auswärtigen Politik bedeuten. Mit noch größerem Nachdruck geht der Kanzler auf die Gefahren des deutschen Irredentismus ein, die – trotz aller wohlgemeinten Versicherungen von seiten der deutschen Regierung – in letzter Zeit alarmierend angestiegen seien. Der gegenwärtige Konfliktzustand kann ohne wachsende Gefahr für die Monarchie nicht länger anhalten: »Mit einer wahrhaft erschreckenden Schnelligkeit hat sich die Umwandlung der Verfassungspartei in eine deutsch-nationale vollzogen, täglich fester schlingen sich die Fäden, die diese Partei durch das Gefühl nationaler, sprachlicher und geschäftlicher Gemeinsamkeit mit Preußen-Deutschland verbinden.«[54] Dem entspricht – laut Beust – ein jetzt schon zu beobachtender Umschwung in Deutschland. Nach Gastein-Salzburg hatte dort eine hervorragende, für Österreichs Interessen höchst günstige Stimmung geherrscht. Der nationalliberalen Anschlußpropaganda war der Boden entzogen; die ehemals großdeutschen Kreise begrüßten die Anlehnung an ein mit Preußen befreundetes Österreich. Doch diese Strömung beginnt infolge der jüngsten Vorgänge in Österreich in ganz andere Bahnen einzulenken; denn mit ihrer Voraussetzung, der Konsolidierung Österreichs aufgrund ungetrübter Beziehungen zu Deutschland, kann nun nicht mehr fest gerechnet werden. Wenn das so weitergeht, werden gerade jene österreichfreundlichen Elemente Deutschlands ihr Augenmerk »wohl auf die österreichischen deutschen *Länder,* aber nicht mehr auf die österreichisch-ungarische *Monarchie* richten«.[55] Und Beust prognostiziert weiter. Diese nicht mehr auf Freundschaft, sondern auf Anschluß gerichteten Sympathien von Deutschland her werden natürlich auch in Österreich entsprechendes Echo finden. Dagegen wird letztlich auch die Berliner Regierung machtlos sein. Die Gegenseitigkeit der Anschlußdemonstrationen wird mit der Kraft einer zersetzenden Säure auf die Begriffe patriotischer Gesinnung und dynastischer Treue in Österreich einwirken.

Weiter verfolgt Beust die voraussichtlichen Auswirkungen der Fundamentalartikel auf Galizien. Das Gleiche, was jetzt Böhmen fordert, wird Galizien fordern. Es läßt sich bei einem Eintreten dieser Entwicklung eine unberechenbare Kette von Konflikten mit der russischen Regierung voraussagen. Und Preußen – dessen kann Rußland sicher sein – wird in der galizischen Frage immer mit Rußland gegen Österreich stehen. Vor dieser Gefahr warnt Beust aufs eindringlichste:[56]

»Einer der wesentlichsten Erfolge der Gasteiner Salzburger Besprechung dürfte in deren Rückwirkung auf die preußisch-russischen Beziehungen erkannt werden, welche sich sofort in einer größeren Freiheit der preußischen Regierung gegenüber von Rußland, in einer gewissen Reserve und Mäßigung der russischen Regierung uns gegenüber fühlbar machten. Die Gruppierung Deutschland, Österreich, Italien gewährleistet uns Ruhe und Sicherheit; wird diese Kombination gestört, führen wir Preußen und Rußland wieder enger zusammen, dann haben wir die Gruppe Rußland, Deutschland, Italien zu gewärtigen, und wo soll die Monarchie dann ihre Anlehnung finden?«

Es dürfte schwer halten, heute ein sicheres Urteil über die von Beust angeführten Tatbestände und über die daran geknüpften Zukunftssorgen abzugeben. Allzu deutlich ist die Absicht des Plädoyers; zu rasch haben sich nach dem 13. Oktober die im Memorandum so eindrucksvoll ausgemalten Anschlußtendenzen hüben und drüben beruhigt, als daß man den damaligen Grad unmittelbarer Gefährdung der Monarchie nachrechnen könnte.[57] Ganz unabhängig von dieser Frage haben wir in Beusts Plädoyer ein instruktives Stück entscheidungsträchtiger Analyse zur Verschränkung von Innen- und Außenpolitik vor uns. Der Kanzler sucht die Entscheidung, er akzentuiert die Gegensätze des von ihm vertretenen prodeutschen Systems zu dem System Hohenwarts. Er drängt den Kaiser in eine Situation, wo es keine »Doppelregierung« mehr geben kann und keine Kompromißmöglichkeit zwischen den in Beusts System definierten außenpolitischen und den von Hohenwart definierten innenpolitischen Interessen der Monarchie.

Beust legte sein Memorandum am 16. Oktober einer Sitzung des gemeinsamen Ministerrats vor.[58] Dort wurden die Richtlinien für die vom Kaiser angekündigte große Ministerbesprechung am 20. Oktober festgelegt. Man wurde sich in der Kritik und im Vorgehen ziemlich rasch einig. Beust hob immer wieder die Notwendigkeit der Herbeiziehung des deutschen Elements zu den Ausgleichsverhandlungen mit den Tschechen hervor; er legte auch den Finger auf die zentrale Schwäche des böhmischen staatsrechtlichen Programms, die in der Opposition der Deutschen in Böhmen und Mähren lag: »Es sei nicht zu übersehen, daß in Böhmen, das für die fernere Constituierung Cisleithaniens maßgebend zu werden sich anschickte, neben drei Millionen

der für die Propositionen des böhmischen Landtages Eingenommenen zwei
Millionen vorhanden seien, die sich diesen Vorschlägen gegenüber in entschiedener Ablehnung verhielten.« Sektionschef von Hofmann sekundierte
seinem Chef; er wies im Zusammenhang mit der Gefahr des deutschen Irredentismus auf die Wirkungen der Reichsgründung hin. Er warf den Befürwortern der föderalistischen Reform ein Verkennen des heutigen Selbstbewußt-
seins der Deutsch-Österreicher vor: »Die principielle Gefahr liege darin, daß
man sich des moralischen Übergewichts, das die Deutschen heute nach den
Ereignissen von 1870 und nach der Bildung des deutschen Reiches beanspruchen, zu jener Stellung, welche sie 1869 noch einnahmen, nicht völlig bewußt
sei. Heute glaubten die Deutschen Anspruch darauf und die Cautelen eines
großen Rückhaltes an dem nun gebildeten Deutschen Reiche zu haben, wenn
sie fordern und mit aller Kraft des passiven und immer weitergehenden Wi-
derspruches zu behaupten sich anschicken, daß über ihre bisherige Lage
nicht hinausgegangen, ihre Rechtstellung in der Monarchie mindestens nicht
verschlimmert werde.«

Das war richtig gesehen, aber wie sollte es nun weiter gehen? Man einigte
sich im gemeinsamen Ministerrat auf einen positiven Vorschlag an den Kaiser; es sollte im weiteren Verlauf der Ausgleichsverhandlungen und der Verfassungsrevision den Deutschen die Möglichkeit der Teilnahme gegeben
werden. Gewiß klang dies einleuchtend; aber man muß bedenken, daß unter
den gegebenen Umständen damit nichts weniger gefordert wurde, als ein Beiseitesetzen aller seit dem Frühjahr 1871 zwischen Hohenwart und den
Tschechen erarbeiteten Positionen und ein Zurückgehen hinter die kaiserlichen Zusagen vom 12. September.

In der entscheidenden Konferenz vom 20. Oktober kamen allerseits die vor-
bereiteten Argumente zum Vortrag.[59] Andrássy griff an Beusts Seite in die
Debatte ein; er hatte ja schon zuvor Franz Joseph ganz in Beusts Sinn auf die
außenpolitischen Gefahren der föderalistischen Aktion hingewiesen (und
auch nicht versäumt, für die Weitermeldung dieser Parteinahme nach Berlin
zu sorgen).[60] Beust legte – in Anwesenheit des Kaisers – besonderen Nachdruck auf die Sicherung der Einheit der außenpolitischen Führung und verwies auf das feste System der auswärtigen Politik, das eben erst in Gastein
und Salzburg einen neuen, präzisen Ausdruck gefunden habe. Er sagte für
Böhmen voraus, daß es dort, trotz aller Garantien (durch ein geplantes Nationalitätengesetz) gewiß zu »Schmerzensschreien« der Deutschen kommen
werde. Dann kam er auf das zentrale Problem der außenpolitischen Ingerenz
und ihrer Abwägung zu sprechen, für Böhmen und für Galizien, von
Deutschland und von Rußland her. In der abgeblaßten und umständlichen
Sprache des Ministerratsprotokolles sieht das folgendermaßen aus:

»Wenn auf die Eventualität eines fortdauernden Widerstandes des czechischen Elementes und auf die Eventualität einer gleichen Resistenz der Deut-

schen hingeblickt wird, so schiene es in dem letzteren Falle wohl fraglich, ob, wenn es sehr weit käme, die deutsche Regierung ruhig würde zusehen können, während der czechische Widerstand auf materielle Hilfe von außen nicht rechnen könnte.

Denn die hierbei in Frage kommende Macht würde wohl an der Befriedigung des czechischen Elementes Gefallen finden. An ein Dazwischentreten derselben wäre aber nicht zu denken; sie habe auf ein anderes Land ihre Blicke gerichtet und werde es nicht ungern sehen, wenn diesem Lande aus dem böhmischen Ausgleich nicht allzugroße Hoffnungen erwachsen.«

Gewissermaßen hatte Beust damit den vorschnell zuversichtlichen Satz der ›Narodni Listy‹ umgedreht: »Die Errichtung des böhmischen Staates an Preußens Grenze ist die Antwort auf die Restauration des Deutschen Reiches.« Als am 30. Oktober nach den letzten Kompromißversuchen die tschechischen Unterhändler nach Prag zurückfuhren, war entschieden, daß es keinen böhmischen Staat an Preußens Grenze geben werde. So blieb es, solange ein deutsches Kaiserreich bestand. Gut für Österreich? Gut für Deutschland?

Mit welchen Absichten und in welcher Weise Berlin die letzte Zuspitzung des Konfliktes verfolgte, wird besonders deutlich an einem in der Form kuriosen, im Inhalt sehr aufschlußreichen Dokument Bismarckscher Österreichpolitik. In den ›Preußischen Jahrbüchern‹ erschien unmittelbar nach dem Sturz Hohenwarts eine Korrespondenz ›Aus Deutsch-Österreich‹, die bereits Beusts Memorandum vom 13. Oktober erwähnte, aber noch nichts von der Entscheidung des Ministerrates (am 20. Oktober) wußte.[61] Die Redaktion – also wohl Heinrich von Treitschke – erläuterte den Abdruck des ja eigentlich durch den Sturz Hohenwarts überholten Beitrags in auffallender Weise. Der von »sehr wohl unterrichteter Seite« stammende Brief behalte auch nach dem Umschwung in Wien seine Bedeutung; »wir sind, wie unsere Leser wissen, mit dem Verfasser der Meinung, daß die Fortdauer der österreichischen Monarchie eine Nothwendigkeit ist für Deutschland und Europa; ja, wir stehen nicht an auszusprechen, daß, wer heute in unklarer Gefühlschwärmerei den Zerfall Österreichs zu befördern sucht, bewußt oder unbewußt an dem Untergang des neuen deutschen Reichs arbeitet«. Wer war nun der Verfasser? Dem mitteilungsfreudigen Moritz Busch verdanken wir den überraschenden Hinweis, daß dieser Brief nicht etwa – wie der Text vorgibt – von einem treusorgenden Österreicher nach Berlin geschickt wurde, sondern in der journalistischen Werkstatt Bismarcks fabriziert worden war. Ludwig Karl Aegidi, vormals Professor der Rechte, dann Begründer des ›Staatsarchivs‹, einst Mitgründer des Nationalvereins und damals einer der tüchtigsten publizistischen Helfer des Reichskanzlers, nahm gegenüber Moritz Busch in Anspruch, diesen Artikel verfaßt zu haben und zwar »fast ganz nach Diktat von ›Dem oben‹«.[62]

Bismarck selbst nahm also die Maske des treusorgenden Österreichers vor (der nach Deutschland hin Ratschläge zum richtigen Verhalten gegenüber der Wiener Krise erteilt), um desto unbefangener seine Ratschläge den streitenden Parteien in Österreich zu erteilen – ein Kabinettstück gezielter Öffentlichkeitsarbeit, das auch inhaltlich überaus wichtig ist, gerade weil im Augenblick der Publikation der aktuelle Anlaß schon vergangen war. Die Maximen aber blieben.

Was waren die Gesichtspunkte des Bismarck-Österreichers, der sich scheinbar an das deutsche Publikum, in Wirklichkeit an die Parteien in Wien wandte? »Ein ruhiges Wort über Österreich möge drüben im Reich Gehör finden! drüben bei unsern lieben Freunden, von deren warmen Sympathien überzeugt zu sein wahrhaft wohlthut!« Eine Einmischung Deutschlands in die gegenwärtige Krise – das weiß der Verfasser – kann in jedem Fall nur Schaden stiften. Wesentlich für die Lösung der Krise ist das *dynastische* Element. In der Autorität des Kaisers sieht der Bismarck-Österreicher den Angelpunkt, sie ist von den Deutschliberalen schon lange verkannt worden. Dagegen ist die feudalistisch-ultramontane Bewegung mehr klerikal als royalistisch. Die Tschechen wurden zu Werkzeugen der feudalen und klerikalen Reaktion. Es geht nicht um Slawen oder Deutsche, sondern der Streit wird »mit einer Niederlage der politischen und religiösen Freiheit oder mit einer Befestigung verfassungsmäßiger und modern staatlicher Zustände endigen«. Dies war nun freilich eine massive Parteinahme. Sie entsprach einerseits der gegenüber früher veränderten, antiklerikalen innerdeutschen Politik Bismarcks. Andererseits bedeutete sie eine Option für das antiföderalistische System Beust-Ungarn-Deutschliberale (ohne dies aussprechen zu wollen). Die Pointe lag weiterhin in der Betonung des dynastischen Gedankens und der kaiserlichen Autorität. So erweckt die Argumentation den Eindruck der Unparteilichkeit, rechtfertigt gleichzeitig die bisherige (offizielle, scheinbare) Passivität der deutschen Regierung und suggeriert letztlich Franz Joseph in überaus geschickter Weise eine »Verständigung« zwischen Beust-Andrássy und Hohenwart (wobei von dessen Programm wenig bis nichts mehr übrig blieb, wenn im oben zitierten Sinne an die Verfassungstreue des Monarchen appelliert wurde):

»Es ist ein Glück für Österreich, daß das Hohenwart'sche Experiment unbehindert vor sich gehen konnte... Die Haltung des Grafen Beust bei dieser Gelegenheit hat denselben vielleicht sicherer gestellt, als die Annäherung an Deutschland, die er vermitteln half. *Der Kaiser fühlte sich Herr in seinem Hause.* Unter seiner Autorität verhandelte der Reichskanzler mit Deutschland; unter seiner Autorität regierte Andrássy das transleithanische Königreich; mit seinem Willen experimentierte Graf Hohenwart... Die Seite, von der er bekämpft wurde, konnte ihm in den Augen seines Herrn nur größeres Ansehen verleihen... Vollends Fürst Bismarck hätte es in der Hand gehabt, den Czechen, wenn es ihm paßte, das entschiedenste Übergewicht zu schaffen: Er brauchte nur etwas energisch gegen sie Partei zu ergreifen.

Weder dies geschah, noch irgendetwas, das den Gang der Politik unterbrach, welcher in Cisleithanien eingeschlagen worden war. Eben dadurch wurde *verhindert*, daß die Majestät sich mit der Politik des cisleithanischen Cabinets völlig *identificirte*.

Und hierin lag die Möglichkeit einer Rettung. Hierin liegt sie eben heute. Die Czechen gingen mit ihren Ansprüchen soweit, daß die dadurch in Frage gestellten Interessen des Reichs und daß der ebenfalls in Frage gestellte Ausgleich mit Ungarn die Grafen Beust und Andrássy auf die Bühne riefen...«

Nun wird – so schließt der Bismarck-Österreicher – der Kaiser entscheiden. Auf der wiedergewonnenen Basis kaiserlicher Autorität könnten sich Beust und Andrássy mit Hohenwart verständigen. Noch ist die Verfassung (des Dualismus!) nicht verloren. Es geht eigentlich um sie, nicht um das, was man ungenau »die Sache der Deutschen in Österreich« nennt. Wenn die Verfassung fortbesteht, »wird das Reich mit seiner eigenen Fortdauer sie dem souverainen Willen und der Verfassungstreue des Monarchen zu verdanken haben«.

Ein letzter Wink gilt dem Irredentismus unter den Deutschen Österreichs und den entsprechenden Strömungen in Deutschland. Von einer Vereinigung Deutsch-Österreichs mit Deutschland hätten nur die Ultramontanen Gewinn. Wer aber für die nationale Sache ein Herz hat, möge sich von solchen Spekulationen abwenden. Die Aufgabe der Deutschen in Österreich liegt darin, daß sie von ihren »colonialen Aufgaben« nicht zu trennen sind: »Wer hüben und drüben das Jahr 1866 verstehen gelernt hat, der kann nicht anders, als die Freundschaft Österreichs und Deutschlands wünschen, aber nimmer mehr den Eintritt Deutschösterreichs in das deutsche Reich noch den Untergang der habsburgischen Monarchie.«

Durch alle Maskerade hindurch war das eine klar vernehmliche Sprache der Reichskanzlei. Auch wenn es sich um eine Werbeschrift handelt, die keineswegs alle Aspekte der Bismarckschen Österreichpolitik offenlegt, so treten doch wesentliche Positionen hervor, auf die es Bismarck hier ankam: Festhalten an Beust als Exponenten der deutschfreundlichen Außenpolitik, Vertrauen auf Andrássys Ungarn im gleichen Sinne, Interesse am Dualismus, Ablehnung der feudal-klerikalen Politik, gedämpftes Eintreten für die Deutschliberalen bei gleichzeitigem Abstreiten eines »Rassenkampfes« und Abraten von Anschlußhoffnungen – vor allem aber das durchgehende Betonen der monarchischen Autorität, die als Retter und Garant eines »modernen« Österreich-Ungarn neugekräftigt aus der Krise hervorgehen möge. – Ein anderes ist die Frage nach dem damaligen Stellenwert der »Anschlußbewegung« in Deutschland und Österreich. Vieles spricht dafür, daß sie als Element der Sorge, als Bedrohung des Konsolidierungsprozesses und der internationalen Stellung des neugegründeten Reiches damals in Berlin sehr beachtet wurde. Auch dies hat ersichtlich in die gleiche Richtung weitergewirkt, die schon durch Bismarck und Kaiser Wilhelm im Sommer bezeichnet worden war: unmittelbares Interesse der Reichsleitung an einer raschen Lösung der Krise, die nicht in Widerspruch zu den bisherigen Positionen der Deutschen in Österreich stand.

Von Beust zu Andrássy: wankende Selbständigkeit des Kurses Österreichs

»Habe Dank vom Hause Österreich« – mit diesem Schillerzitat begann der Dank- und Kondolationsbrief, den Anton von Schmerling am 7. November 1871 an Beust richtete, dessen Entlassung als Reichskanzler eben bekannt wurde.[1] Schmerling sprach von einer »kaum glaubwürdigen« Geschichte und setzte dem Undank des Hauses Habsburg den Dank der guten Österreicher entgegen. Die Hintergründe von Beusts plötzlichem Sturz sind bis heute nicht ganz klar. In das Dickicht der höfischen Intrigen, die ja schon 1870 kräftig eingesetzt hatten, wurde verschiedentlich hineinzuleuchten versucht. Wo es um die Sache geht – um den Fortgang der österreichisch-deutschen Beziehungen –, genügt es, sich an die Fakten zu halten: Als das von Beust eingeleitete *System* prodeutscher Orientierung nach innen und außen durch Hohenwarts Sturz endgültig als befestigt gelten konnte, ließ der Kaiser den *Mann* fallen; den Mann, der seit einem Jahr dies System mit zunehmendem Erfolg und wachsender Bundesgenossenschaft im Inneren dem Kaiser aufgedrängt hatte, mit der fortgesetzten Begründung, es sei das einzige Programm, das den Interessen der Monarchie diene. Zieht man die auch sonst zu beobachtenden Verhaltensweisen Franz Josephs und die durchgehenden Spielregeln der Wiener Regierungsstruktur in Betracht, so nimmt der Vorgang nicht wunder. Der Kaiser akzeptierte das außenpolitische System Beusts, aber er wollte nicht, daß es weiter von einem Mann getragen wurde, der mit den Deutschliberalen liiert war. Er wollte keinesfalls dem antiroyalistischen Verhalten der Deutschliberalen (die nun innenpolitisch über die »Hofpartei« gesiegt hatten) eine Prämie geben, auch nicht dem Anschein nach. Loyalität zum Herrscher *und* starke Stützung der prodeutschen Außenpolitik gab es nur bei den Ungarn. So war die Stunde Andrássys gekommen. Was nach außen hin gleichzubleiben schien, war nach der Entlassung Beusts innenpolitisch nicht mehr dasselbe.

Das Echo dieses unerwarteten Sturzes nach dem eben errungenen Sieg war enorm. Weder die Öffentlichkeit in Österreich-Ungarn und Deutschland noch das Berliner Kabinett konnten ja zunächst wissen, daß dieser Personenwechsel das mit dem Namen Beust so eng verknüpfte System nicht in Frage stellte. In der Neuen Freien Presse alarmierte Max Friedländer das deutschliberale Publikum mit einem fulminanten Leitartikel: »Löscht die Lichter aus, gute Leute!«[2] Eine Welle der anteilnehmenden Zustimmung schlug Beust entgegen, seine Entlassung erschien dem deutschliberalen Milieu als das Werk dunkler, deutschfeindlicher Mächte, als eine »Bluttat« an jenem Manne, der nach außen die Versöhnung mit Deutschland, nach innen den Sieg über die slawisch-klerikalen Machenschaften bewerkstelligt hatte. Einer seiner Mitarbeiter berichtet von den wohl fünfhundert Ehrenbürgerdiplomen aus allen deutschsprachigen Teilen Österreichs, die dem entlassenen Beust überreicht wurden. Öffentliche Demonstrationen waren geplant; ein Fackelzug und eine Serenade sämtlicher Männergesangvereine der Stadt Wien fielen dem Einspruch der Polizei zum Opfer.[3] Der Kaiser ehrte Beust, wie es einer Apostolischen Majestät entsprach: durch einen unangesagten Besuch im Amtszimmer des scheidenden Kanzlers, wobei über alles andere, nur nicht über die politischen Sachfragen des Landes gesprochen wurde. Im übrigen blieb Beust im Dienste der Monarchie. Er wurde mit dem Posten des Botschafters in London betraut (Apponyi mußte nach Paris gehen, wo Metternich seinen Abschied eingereicht hatte). Zugleich wurde Beust zum Mitglied des Herrenhauses auf Lebenszeit berufen. Der Titel eines »Reichskanzlers« ging nun unter. Sein Nachfolger Andrássy behielt zwar weiter den Vorsitz im gemeinsamen Ministerrat, hieß aber nur mehr Minister des Äußeren.

In Berlin, wo man Beust nur allzu gut kannte, entstand Überraschung, Unsicherheit und neuerliches Mißtrauen. Der sächsische Gesandte meldete aus der Reichshauptstadt nach Dresden: »Es bestand hier der Wunsch, daß der geniale Staatsmann, der die Geschicke Österreichs zu leiten fünf Jahre berufen war, im Amt bleiben möge.«[4] Bismarck sprach seine Mißbilligung aus. Er hatte nach den Salzburger Eindrücken derartiges nicht erwartet und war geneigt, Beusts Sturz der »Beichtväterpolitik« zuzuschreiben, die in Österreich seit jeher mächtig sei: Nicht sachliche Erwägungen, sondern Einwirkungen des Beichtstuhls auf das katholische Gewissen des Monarchen hätten diesen wohl veranlaßt, die Person seines protestantischen Ministers der klerikalen Partei zu opfern, als eine Kompensation für die Niederlage, die sie durch Hohenwarts Entlassung erlitten hatte.[5] Mit dem Begriff der Kompensation mochte Bismarck der Wahrheit nahe kommen; die konfessionelle Unterstellung war wenig sinnvoll, wenn man nur an Schäffle denkt, den schwäbischen Protestanten und Hohenwarts einflußreichsten Ministerkollegen.

Bei der Berufung Andrássys und bei der offiziellen Geschäftsübergabe von Beust an Andrássy kam der Frage des künftigen Verhältnisses der Monarchie zu Deutschland eine hervorragende Bedeutung zu. Am 8. November war Andrássy in Wien beim Kaiser. Die Wahl Franz Josephs war damals schon gefallen; Andrássy machte dennoch weitere Einwände: Der Rücktritt Beusts könnte das bestehende gute Einvernehmen mit Deutschland stören! Der

Monarch wies den Einwand ab: Gerade dies – das Einvernehmen mit
Deutschland – könne jetzt und durch die Person Andrássys zur Wahrheit
werden.[6] Beust ging in dem Entlassungsgesuch, das er am 6. November, in
Wahrung der üblichen Formen, an den Kaiser richtete, auf die wichtigsten
innen- und außenpolitischen Ereignisse seiner fünfjährigen Wiener Dienstzeit ein.[7] Was die Verfassungskrise anging, so gab er der »widerstrebenden
nationalen Opposition« die Schuld, daß eine Versöhnung auf dem Boden des
Dualismus nicht gelungen sei. Doch äußerte er die Hoffnung, daß die Erfahrungen der jüngsten Krise auf beiden Seiten endlich der Einsicht und Vernunft den Sieg über Leidenschaft und Selbstsucht verschaffen würden. Deutlicher und begründeter sprach das Abschiedsgesuch von der Außenpolitik,
von jenem festen System des auf Deutschlands Freundschaft gegründeten
mitteleuropäischen Friedensblocks, um dessen Konsolidierung es seit einem
Jahr gegangen war:
»Eine bei weitem vollkommenere Beruhigung bietet das Bild unserer auswärtigen Beziehungen. Ohne näher auf die verschiedenen Phasen zurückzu-
gehen, welche im Verlauf der letzten Jahre unsere auswärtige Politik und –
wie leicht nachgewiesen werden kann – ohne Schädigung unserer Interessen
durchlaufen hat, darf mit voller Zuversicht das Eine constatiert werden, daß
das Vertrauen fast aller Cabinete sich der friedlichen und verlässigen Politik
der kaiserlichen Regierung zugewendet hat und daß mit dem zuletzt unter E.
M. Allerh. Gutheißung aufgestellten, allerwärts mit Gunst und Dank aufge-
nommenen, endlich aber von Seiten der Vertretungskörper beider Reichshälften mit fast einstimmigem Vertrauensvotum begrüßten Programm ein
Boden gewonnen ist, der nur festgehalten zu werden braucht, um dem Reiche
die vollste Sicherheit nach außen zu gewährleisten und damit zugleich der im
Jahr 1866 schwer darniedergedrückten, seitdem aber zu ungewohntem Aufschwung gelangten industriellen und comerziellen Bewegung die freieste
Bahn zu eröffnen.«
So ließ Beust noch einmal vor dem geistigen Auge des Kaisers die wechselvolle Wegstrecke abrollen, die beide gemeinsam seit dem Katastrophenjahr
1866 durchmessen hatten. Nicht mehr, wie noch im Mai 1871, mußte Beust
mit ausholenden Deduktionen jene Wendung zu Deutschland hin begründen
und als einzige Möglichkeit dartun. Jetzt, nach Salzburg und nach dem Sturz
Hohenwarts, sollte an diesem System als an dem unverrückbaren Eckstein
der europäischen Existenz Österreich-Ungarns niemand mehr zweifeln. So
klang der Ton dieses politischen Testaments in Kurzform. Und auf den gleichen Ton stolzer Sicherheit war auch das an sämtliche ausländische Missionen der Monarchie gerichtete Rundschreiben gestimmt, in dem Beust seinen
Rücktritt mitteilte.[8] Die Gründe seiner Demission sind rein persönliche, sie
betreffen in keiner Weise die Innen- und Außenpolitik des Reiches. Der
scheidende Kanzler erinnert an das Programm seines ersten Zirkulars vom

1. November 1866. Dessen Durchführung hat zum Triumph über alle inneren und äußeren Schwierigkeiten geführt, die damals als unüberwindlich galten:

»Diese Fahne des Friedens, die ich... am Tag nach der furchtbaren Schlacht von Sadowa entfaltet hatte, wir haben sie ohne Furcht und Tadel hochgehalten. Sie hat uns beschützt während der Wechselfälle des Gigantenkampfes, welcher den Kontinent erschüttert und sodann die Grundlagen des europäischen Gleichgewichts verschoben hat. Die Ehre der Monarchie, meiner Sorge und Wache anvertraut, hat – das gestehen mir auch meine Gegner gerechterweise zu – in meinen Händen nicht gewankt. Versöhnt mit unseren nächsten Nachbarn, den Feinden von ehedem, nun unseren Freunden, befinden wir uns mit aller Welt im Frieden und unsere Stimme wird mit Achtung in den Räten Europas vernommen. Wir haben uns mit Vertrauen der Entwicklung jener überreichen Hilfsmittel zuwenden können, mit denen die Vorsehung dieses Reich beschenkt hat, und eine Prosperität ohnegleichen belohnt unsere Anstrengungen...

Die Aufgabe meines Nachfolgers wird leichter sein, als meine war. Er findet einen Weg, der nicht nur vorgezeichnet, sondern auch schon beschritten ist, dem er nur zu folgen braucht, im Gehorsam zu den Anweisungen unseres Allerhöchsten Herrn, um eines Tages das Steuer mit der gleichen Befriedigung zu verlassen, die ich jetzt empfinde, da die Gnade Ihrer Majestät mir gestattet, mich von meinen Mühen zu erholen...«

Auch diese Abschiedsdokumente tragen, wie es beobachtende Zeitgenossen an den Produkten der Beustschen Feder festgestellt haben, eine »etwas weitfaltige Toga«.[9] Der rhetorische Faltenwurf sollte aber den Blick nicht davon ablenken, was hier in sachlicher und in persönlicher Hinsicht bemerkenswert ist. Wer von den großen Staatsmännern der Monarchie – Kaunitz, Metternich, Schwarzenberg – hinterließ nach soviel Wechselfällen ein so die Person überdauerndes System? Bei einer solchen Betrachtungsweise von System und Person besteht jedoch andererseits die Gefahr, das von Beust 1870/71 intendierte und schließlich durchgesetzte System nach außen und innen als eine bare Selbstverständlichkeit zu nehmen, als eine einfache Anpassung an Realitäten, die keinen bedeutenden politischen Spielraum mehr zuließen. Dieser verengten Auffassung entgegenzuarbeiten und die Abfolge alternativer Entscheidungsmöglichkeiten zu betonen, war eine der Aufgaben, die sich die vorliegende Untersuchung gestellt hat. Die Analyse dieser Entscheidungsprozesse zeigt, bei aller »Versatilität« Beusts, durchgehende Kennzeichen seines politischen Wirkens. Das grundsätzliche Bekenntnis zum liberalen Konstitutionalismus und die Ablehnung jeder Staatsstreichpolitik verband Beust mit einem sehr »modernen« Ernstnehmen der öffentlichen Meinung. Seine Orientierung auf eine europäische Rechtsordnung und auf den internationalen Konsens war geprägt von den Erfahrungen mitteleuropäischer Staatlichkeit und der Tradition des Föderativgedankens, der das Beste des Deutschen Bundes dargestellt hatte. Hand in Hand damit ging bei Beust eine liberal und humanitär geprägte Konzeption politisch-sozialer und wirtschaftlicher Entwicklung, die im Rahmen der »Monarchie censitaire« wesentliche Schritte bürgerlichen Fortschritts wahrzunehmen gewillt war. Von zwei Seiten her gab es also für Beust Schranken des Machtstaatsgedankens – überstaatliche Prinzipien hier und gesellschaftliche Wertvorstellungen dort. Und mit diesen Voraussetzungen und Zielen hatte er in der Donaumonarchie den Versuch einer Politik großen Stils unternommen. Ein von solchen Traditionen und Normen bestimmtes politisches Werk von vornherein einer älteren Stufe europäischen Lebens zuzuweisen, wäre zumindest vorschnell. Erst jene allgemeine Tendenzwende in Europa, deren sichtbarster Ausdruck 1870/71 die Bismarcksche Reichsgründung »von oben« war, hat darüber entschieden, daß Männer wie Beust, und die sachlichen Voraussetzungen, von denen sie ausgingen, zur Vergangenheit wurden. Insofern ist es richtig und wichtig zu sehen, daß die Spätform des Beustschen Systems, die er 1870/71 in der Anpassung an die antiliberale, ohne europäischen Konsens entstandene preußisch-deutsche Zentralmacht entwickelte, schon einen späten Kompromißversuch darstellte. Wieweit es künftighin gerade durch das entschiedene Mittun eines liberalen, konstitutionell versöhnten Vielvölkerstaats (mit den Traditionen europäischer Friedens- und Konsenspolitik) gelingen würde, dem deutsch-österreichischen Mitteleuropablock eine andere Ausgestaltung und Richtung zu geben, als sie nun vom preußischen Militärstaat (plus nationalistisch orientiertem Industriewachstum) gewiesen wurde, konnte bei Beusts Sturz immerhin noch als offene Frage gelten.

Für Andrássy war das System, das er von Beust übernahm, im Grunde keine Frage eines Kompromisses zwischen Idee und Wirklichkeit, kein Gegenstand der Spannung und des Ringens zwischen den universalen Prinzipien eines politisch und sozial fortschreitenden Rechtsgedankens und den neuen Realitäten der »Machtpolitik«. Er hatte gewiß in fünf Jahren kontrollierender Beobachtung die Schwächen des Beustschen Ansatzes und seiner Realisierung auf seine Weise genau bemerkt. Hatte Beust nicht immer wieder, und zuletzt angesichts der Ereignisse von 1870/71, zur Wahrung der Interessen der Monarchie an ein europäisches Rechts- und Vertragssystem appelliert, das Zug um Zug an Wirklichkeit verlor? Hatte er diesen Realitätsverlust nicht selbst pathetisch bezeichnet – »Je ne vois plus d'Europe!« –, ohne daß die Wiederherstellung des Verlorenen seither greifbare Formen angenommen hätte? Hatte sich nicht in der Innenpolitik 1870/71 das Scheitern jedes konstitutionellen Versöhnungsgedankens im Kampf der Nationalitäten erwiesen, und war nicht Beust selbst gegenüber Hohenwart-Schäffle schließlich nur durch blanken Machtkampf Sieger geblieben? Andrássy, nur acht Jahre

jünger als Beust, war von anderen politischen Traditionen geformt und aus
anderem Holz geschnitzt. Sein Wirken war frei von der Erinnerung an den
Deutschen Bund, an das Föderativsystem deutscher Staaten und an die europäischen Vertragsgarantien einer Friedensordnung in der Mitte des Kontinents. Andrássy war ungarischer Patriot und er war Liberaler im eingeschränkten Sinne der »Monarchie censitaire«. Der Revolutionär von
1848/49, der 1851 vom österreichischen Henker in effigie aufgeknüpft worden war, verband in seiner Weise das nationale Bekenntnis der Revolution
und der westeuropäischen Emigrationsjahre mit der Anerkennung dessen,
was man nun die politischen Realitäten zu nennen begonnen hatte. Er war
von Bismarcks Politik, von ihren Ergebnissen und ihrem Stil, tief beeindruckt. Er war auch ohne Zögern bereit, dem steigenden Stellenwert des militärischen Faktors in der Politik Rechnung zu tragen. Dagegen scheinen ihn
Fortschritt und Ausgleich in Gesellschaftspolitik und Nationalitätenfrage
wenig bekümmert zu haben. Er trat als »erster Minister« der Monarchie von
Anfang an für den radikalen Abbruch der böhmischen Ausgleichsverhandlungen und gegen jeden Ausbau der liberalen Verfassungserrungenschaften
ein. Nur eine begrenzte Autonomie für Galizien – damit sollte dann Schluß
sein. Weiterhin sollte vor allem die Autorität des Staates gestärkt werden.[10]
Was die europäische Politik anging, so drängte Andrássy darauf, die Lehren
der letzten Kriege – was er eben darunter verstand – auch für Österreich zu
ziehen. Das Reich, dessen Außenpolitik ihm nun anvertraut war, sollte auf
der Höhe der neuen Einsichten stehen, um sich die Chancen des Erfolges zu
sichern. So erklärte er in Anwesenheit des Kaisers und der militärischen Spitzen des Staates zu Beginn einer Geheimkonferenz im Februar 1872 (die uns
noch näher beschäftigen wird):[11]
»Die Folge der letzten Kriege ist, ›daß Macht über Recht geht‹; heute ist
also kein Staat sicher, sein Recht auch behaupten zu können, außer die
Grundlage aller seiner Kombinationen ist, dasjenige, was er friedlich anstrebt, auch mit den Waffen in der Hand erfolgreich durchführen zu können.
Keine Politik soll sich von Traditionen leiten lassen, sondern durch richtige
Kombinationen die Chancen des Erfolges sichern; nur jene äußere Politik ist
richtig, die auch strategisch richtig ist.«
Das waren ein anderer Stil und eine andere Politik als bei Beust. Und darauf ist nun sehr zu achten. Wohl blieben die sichtbaren Grundprinzipien des
zuletzt von Beust bekräftigten Systems durchgehend erhalten: Zusammengehen mit Deutschland nach außen, dualistische Ordnung nach innen mit der
Privilegierung von Deutschen und Ungarn. (Der Dualismus war ja, wie immer wieder klärend betont werden muß, nicht eine persönliche »Schöpfung«
Beusts, wohl aber ein bestimmter Aggregatzustand der in Österreich vorhandenen politisch-gesellschaftlichen Kräfte, die nun einmal mit Absicht in
Formen gebannt waren, welche sie ohne große Umwälzungen nicht mehr

sprengen konnten. Und aufs engste damit verbunden war die außenpolitische
Orientierung auf Deutschland hin: Auch hier war unter Beusts Ägide aus einem beweglichen Zustand mit Absicht und Mühe ein fester Zustand geworden. Außenseite und Innenseite des Systems entsprachen sich.) Aber nicht
nur der Stil der außenpolitischen Aktion änderte sich unter Andrássy. Auch
die qualitativen Aspekte änderten sich – im Ineinandergreifen der Position
und Vorstellungswelt des Ungarn Andrássy mit den veränderten objektiven
Bedingungen der europäischen Politik nach 1871.

Zunächst ging Beusts Nachfolger vorsichtig ans Werk. Er war fremd in
Wien und hatte enormes Mißtrauen bei dem mit Beust verbundenen, fast
ausschließlich deutschen Personal im Außenministerium zu überwinden.[12]
Das übliche Antrittszirkular, das der neue Minister an die Auslandsmissionen verschickte, betonte Kontinuität und Friedensliebe der österreichischen
Politik.[13] Andrássy sprach von seiner Zuversicht in die Stärke und Lebens-
kraft der Monarchie, deren Existenz heute mehr denn je eine Notwendigkeit
des europäischen Gleichgewichtes und eine Garantie des allgemeinen Friedens sei. Er bekannte sich in eindrucksvoller Form zur Fortsetzung der Politik Beusts: »Nach meiner tiefsten Überzeugung ist die zu verfolgende Politik
unwiderruflich vorgezeichnet, wie sie es auch für meinen Vorgänger war,
durch die Lebensinteressen des Reiches. Diese Politik ist eine Friedenspolitik,
klar, offen und fest...« Österreich-Ungarn bedarf nicht der Erweiterung seiner Grenzen, sondern der Entwicklung seiner Kräfte und seines Wohlstan-
des. Die inneren Schwierigkeiten werden zurückgehen; jetzt noch bestehende
Bitterkeiten werden einer zutreffenden Würdigung der allgemeinen Interessen der Monarchie Platz machen. Die Friedenspolitik der Monarchie befindet sich in voller Übereinstimmung – daran zweifelt Andrássy nicht – mit den
Wünschen der anderen Mächte, die nach den furchtbaren Erschütterungen
der letzten Jahre das Bedürfnis empfinden, den jetzigen Generationen ein
Zeitalter der Ruhe und Sicherheit zu garantieren. »Das sind die hauptsächli-
chen Gründe, die mich verpflichten, mich nicht von jenem Weg zu entfernen,
den der bedeutende Staatsmann beschritt, dessen Nachfolger zu sein ich die
Ehre habe.«

Dies war viel und wenig zugleich. Was zur Innenpolitik gesagt wurde, war
gleich Null: eher eine Drohung zum Wohlverhalten als ein Hinweis auf neue
Ausgleichsversuche. In der Außenpolitik war vermieden, von der deutschen
Freundschaft zu sprechen, die Beusts Abschiedszirkular so nachdrücklich
genannt hatte. Nur indirekt, durch das zweimalige Hervorheben der unwi-
derruflichen Kontinuität, konnte sich Berlin angesprochen fühlen. Die Aufnahme der ersten Nachrichten von Andrássys Amtsübernahme in Deutschland fiel gleichwohl günstig aus. Die »anfängliche Panique«, von der Graf
Lippe aus Darmstadt als Folge von Beusts Sturz berichtete, wich allgemein
einer ruhigen Beurteilung der österreichischen Dinge.[14] Aus Stuttgart wußte

Walterskirchen von dem freundlichen Kommentar zu berichten, mit dem der ›Schwäbische Merkur‹ Andrássy begrüßte.[15] Er vermutete in dieser Wendung des ganz von Preußen abhängigen Blattes die Folge einer Anweisung von oben. Der ›Merkur‹ schrieb unter anderem: »Die Hofgedanken in Wien gehen uns nichts an, und Graf Andrássy ist ein Mann von einer ungetrübteren politischen Vergangenheit als sein Vorgänger, jedenfalls in keiner Weise Besorgnis erregend für Deutschland. Das Interesse Ungarns, dessen Sohn er ist, muß seine Richtung auch künftig so bestimmen, daß er weder in den Beziehungen zu Deutschland noch in der innerösterreichischen Nationalitätenfrage von den Wegen abweichen wird, die Beust gegangen.« Aus Petersburg gab Franckenstein einen Überblick über die Stellungnahmen der russischen Presse zum Rücktritt Beusts und zur Nachfolge Andrássys.[16] Beide Ereignisse wurden negativ beurteilt, die Ära Beust erscheint insgesamt in finsterer Beleuchtung. Die Kommentare gipfeln in dem Schlußsatz, »daß die fünfjährige politische Amtswirksamkeit des Grafen Beust eine für Österreich-Ungarn nicht nur resultatlose, sondern sogar geradezu verderbliche gewesen sei.« Auch in Paris beschäftigte sich die Presse ausgiebig mit dem Übergang von Beust – der sehr positiv gewürdigt wurde – zu Andrássy. Allgemein wurde festgestellt, »daß die vom Grafen Beust festgehaltenen Gesichtspunkte von dem neuen Kabinette zu den seinigen gemacht wurden«.[17]

Aus Berlin gab es nach anfänglicher Unsicherheit zustimmende Stellungnahmen zu berichten. Münch, der nach der Abberufung Wimpffens für den noch nicht eingetroffenen Károlyi die Geschäfte der österreichischen Botschaft führte, konnte anhand der Berliner Reaktionen auf den Ministerwechsel weiterreichende Beobachtungen formulieren:[18] »Wäre es noch nötig gewesen, so hätte ich in dieser Zeit den richtigen Maßstab bekommen für den immensen Wert, den man hier dem Zusammengehen mit uns beilegt, und dafür, daß diese Politik für hier gewissermaßen als untangierbar von Zufälligkeiten und Zwischenfällen angesehen wird.« In Wien stand Schweinitz ja von früher her in viel engeren Beziehungen zu Andrássy, als er sie zu Beust je gekannt hatte. Bezeichnend ist seine Tagebuchnotiz über den Abschiedsbesuch bei Beust, die in hochmütiger Manier die nun abgeschlossene Vergangenheit mehr karikiert als würdigt: »Ich ging zum Grafen Beust und nahm Abschied von ihm; wir haben gute Arbeit zusammen gemacht, freilich wider seinen Willen.«[19] Andrássy war am 21. November bei Schweinitz und entwickelte ihm sein politisches Programm.[20] Mit diesem Kommentar war das Zirkular vom 23. November in Berlin einer guten Aufnahme sicher. Bismarck hielt darauf, seine Zufriedenheit nun auch durch Schweinitz in Wien nochmals bestätigen zu lassen:[21] Man habe in Berlin nicht nur im allgemeinen den von Andrássy vorgetragenen Richtlinien zugestimmt, »sie wären auch ganz wesentlich im Sinne einer neuen Bürgschaft für die Dauer und Tätigkeit unserer gegenwärtigen, so erfreulichen Beziehungen aufgefaßt und gewürdigt worden«. Diese explizite Erklärung aus Berlin war wohl stark durch Andrássys private Erläuterungen bedingt. Auf die recht allgemeinen Wendungen der Zirkulardepesche war ein solches Echo kaum zu erwarten gewesen. Mitte Dezember sprach sich Bismarck bereits in einer Weise über Andrássy aus, die ihm eindeutig den Vorzug vor Beust gab. Im Zusammenhang mit Beusts Durchreise in Paris (wo ihm Thiers ein großes Diner gab und allerhand politische Gespräche geführt wurden) kritisierte Bismarck die Eitelkeit des entlassenen Kanzlers; die bei Beust vermißte Berechenbarkeit und Zuverlässigkeit des Partners fand er nun bei Andrássy gesichert: »Graf Beust hat von neuem bewiesen, wie sehr wir Ursache haben, zufrieden zu sein mit dem Tausch, den die politische Leitung der Geschäfte in Wien gemacht hat, und der uns eine mehr sachliche und weniger von persönlichen Interessen und Bedürfnissen bedingte, daher stetigere und ernstere Politik in Aussicht stellt.«[22] Bismarck hat auch sonst nie gezögert, starke Persönlichkeiten, die eine ihm unbequeme oder von ihm nicht kontrollierbare Politik betrieben, moralischer Defekte zu beschuldigen. Gewiß war bei Beust die Eitelkeit zuzeiten allzu sichtbar aufgetragen; aber der Vorzug, den Bismarck nun Andrássy gab, hatte weit komplexere Gründe.

Während dieser ersten Runde neuer außenpolitischer Kontakte war endlich auch eine Lösung der cisleithanischen Regierungskrise, ein Nachfolgekabinett für Hohenwart-Schäffle gefunden worden. Die seit 25. November amtierende Regierung Auersperg-Lasser ist mit Recht als »streng verfassungstreu, aber völlig außerparlamentarisch« bezeichnet worden.[23] Sie betrachtete es als ihre Aufgabe, Ruhe und Ordnung im Sinne des deutschen Zentralismus zu schaffen, nicht aber, die Wunden des Nationalitätenkampfes zu heilen oder gar ein neues Ausgleichsprogramm in Angriff zu nehmen. Ob man unter Beust so einfach auf eine deutsch-bürokratische Linie zurückgefallen wäre, so als ob es die Sachfragen der Regierungen Potocki und Hohenwart nie gegeben hätte, ist fraglich.[24] Aber Andrássy war's zufrieden, und wenn einer, dann wäre wohl der Kaiser an der Reihe gewesen, den brutalen Umschlag von einer slawenfreundlichen Politik zu einer die Deutschen wieder und weiter privilegierenden Linie zu hindern oder wenigstens zu mildern. Nach bewährtem Rezept verschaffte sich die neue Regierung durch Landtagsauflösungen und Neuwahlen eine Mehrheit im Reichsrat, der Ende Dezember 1871 zusammentrat. In Böhmen gab es Notwahlen; die Obstruktion der tschechischen Landtagsabgeordneten versteifte sich. Der neue Statthalter und Kommandant in Prag, Feldmarschalleutnant Baron Koller, erfüllte die in ihn gesetzten Erwartungen, indem er durch ein »Säbelregiment« (Richard Charmatz) für Ruhe in Böhmen sorgte. Der neue Reichsrat steuerte auf die schon früher von den Deutschliberalen und auch von Beust geforderte Wahlreform zu (direkte Wahlen zum Reichsrat, dadurch Entmachtung der Landtage). Die von Innenminister Lasser ausgearbeiteten und dann 1873 angenommenen Vorlagen brachten aber keine Ausdehnung des Wahlrechtes. Das von Schmerling übernommene Privilegienwahlrecht wurde weiter im Sinne einer Bevorzugung des deutschen Elementes ausgebaut. So entfielen nach der Wahlreform von 1873 etwa in Mähren auf die – hauptsächlich deutschen – Städte mit vierhundertdreißigtausend Einwohnern dreizehn Mandate, auf die hauptsächlich tschechischen Landbezirke mit einer Million sechshunderttausend Einwohnern nur elf Mandate.[25]

Es zeigte sich, daß die Hohenwartkrise nicht eine Krise in einem reinigenden, belebenden Sinn gewesen war. Sie hinterließ allerseits politische Scherben und moralische Schädigung. »Die Ära Hohenwart hat die Zerrüttung des Staates zur Folge gehabt. Die Deutschliberalen waren in ihrem Vertrauen erschüttert, die Klerikalen hatten eine schmerzliche Enttäuschung erlebt, die Tschechen aber wüteten, weil sie fühlten, daß sie die Zeche bezahlen mußten.«[26] Auch die äußerlich erfolgreichen Deutschliberalen wurden ihres Sieges nicht froh. Innere Spaltungen traten auf, der liberale Gedanke erlitt unter dem Eindruck der Bismarckschen Erfolge und in der anhaltenden Atmosphäre des »Rassenkampfes« gegen die anderen Nationalitäten fortgesetzt schwere Rückschläge. Auch in der herrschenden Déakpartei gab es bald nach Andrássys Weggang aus Budapest nach Wien schwere Krisen. Und auch in Ungarn führte der Weg nun zunehmend in eine harte Madjarisierungspolitik. Die inneren Verhältnisse Österreich-Ungarns entfernten sich zusehends von dem liberalen, fortschrittlichen, versöhnten Idealzustand, den Beust seit 1867 als werbendes Vorbild im Wettbewerb mit dem militärisch-obrigkeitlichen System Preußens angestrebt hatte. Statt dessen wirkten die deutschen Verhältnisse immer stärker auf die Monarchie ein. Nicht nur daß die nationalitätenpolitische Entscheidung 1871 im Sinne Berlins gefallen war und daß sich das politische Leben Cisleithaniens in mancher Hinsicht Bismarcks autoritären Wünschen an Österreich näherte (»konstitutionelle Mumie« hatte er Anfang 1870 zu Schweinitz gesagt!)[27]; auch der zunehmende Druck einer sich am deutschen Vorbild orientierenden Rüstung und Wehrorganisation machte sich bemerkbar. Und diese Entwicklung wurde von Andrássy gefördert.

Sehr rasch wurden in Berlin die Auswirkungen des innenpolitischen Umschwungs in Cisleithanien auch als Hilfe für Bismarcks innenpolitische Situation erkannt. Die Befürchtung, die deutsche Zentrumspartei könnte in Österreich einen Rückhalt gewinnen (damit verbunden Bismarcks ständige Sorge vor einer konfessionellen Front Österreich-Frankreich-deutsche Katholiken-Polen und so weiter), konnte zunächst gebannt erscheinen. Schon Mitte November wurde Andrássy über diese Zusammenhänge informiert:[28] »Die katholische Fraktion des deutschen Reichstags hat den Beschluß, in der gegenwärtigen Session die deutsche Reichsregierung unangegriffen zu lassen, mit Rücksicht auf den Verlauf der Dinge bei uns [sc. in Österreich] und unsere auswärtige Politik gefaßt. Sie sieht sich der moralischen Stütze beraubt, die sie jenseits der Grenzen Deutschlands sucht... Da unsere Hand den Riegel führt, der ihrer Aktion vorgeschoben ist, so sind die Gefühle der Partei für das Wiener Kabinett auch nicht milderer Art, wie für die eigene Regierung...«

Die weiteren Schritte in Richtung einer Aktivierung der deutschen Allianz, die Andrássy für das Jahr 1872 plante, konnten also in mehrfacher Hinsicht mit günstigen Umständen rechnen. Etwas schwierig war nur die galizisch-polnische Frage; eine große Unbekannte stellte das künftige Verhältnis Österreichs zu Rußland und zur orientalischen Frage dar. Hier kamen ja Ungarns Sonderinteressen nun erstmals zum Zug, und es fragte sich, wieweit ein Ungar als Außenminister diese spezifischen Interessen und Einflüsse in eine Gesamtpolitik der Monarchie zu integrieren wußte. Das polnische Problem stand im Mittelpunkt der ersten Gespräche, die Andrássy als Außenminister mit dem preußischen Botschafter führte.[29] Die Frage des Ausmaßes an Autonomie, die den Polen Galiziens gewährt wurde, hatte schon früher wiederholt in den Beziehungen Österreichs zu Deutschland eine Rolle gespielt. Sie hatte seit der Ernennung eines eigenen polnischen Ministers im Hohenwart-Kabinett im April 1871 neue Brisanz erhalten und sie mußte bei jedem künftigen Versuch, im Reichsrat eine Regierungsmehrheit zu sichern, infolge der Schlüsselfunktion der polnischen Abgeordneten von neuem aktuell werden. Dieser Fragenkomplex war besonders delikat, da eine Politik der Konzessionen an die galizischen Polen Deutschland und Rußland zu gemeinsamer Abwehr gemeinsamer Risiken (hinsichtlich ihrer unterprivilegierten polnischen Bevölkerung) zusammenführen konnte.

Es scheint Andrássy gelungen zu sein, Berlin in der polnischen Frage zunächst zu beruhigen. Auch im Orient gab es Probleme. In der rumänischen Eisenbahnfrage waren Differenzen zwischen den österreichischen und deutschen Interessen vorhanden, mit denen schon Beust Mühe gehabt hatte. Weit über Beusts Absichten reichten aber Andrássys Pläne zu einer aktiven, expansiven Balkanpolitik hinaus. Sie sind für damals nur in Umrissen faßbar (Vorgehen gegen Serbien, nicht nur in Richtung Bosnien und Herzegowina). Es scheint, daß der Minister, ganz im Gegensatz zu seinen friedfertigen Erklärungen, damals eine grundsätzliche Revision der seit Metternich konservativen Balkanpolitik erwog. Natürlich zog er nicht den alten, ganz für die Türkei eingenommenen Prokesch-Osten ins Vertrauen. Er besprach die Dinge mit Baron Üxküll, dem eben neu nach Konstantinopel beorderten Militärattaché.[30] Der Angelpunkt der Dinge lag jedoch in Rußland. Andrássy hat das selbst wenig später in lakonischer Kürze ausgedrückt: »Ist die Frage mit Rußland entschieden, dann löst sich auch jene des Orients von selbst.«[31]

In St. Petersburg hatten die Berichte über Gastein und Salzburg trotz aller offiziellen Versicherungen des Gegenteils einen nachhaltig sorgenvollen Eindruck gemacht. Gleichzeitig hatte Gortschakow seine Sympathien für die tschechisch-föderalistischen Verfassungspläne zum Ausdruck gebracht. Dieser Konstellation entsprach noch im Oktober eine sehr freundliche Begrüßung der deutsch-österreichischen Annäherung durch Gortschakow, der nach Wien melden ließ, »daß er stets darauf bedacht sein werde, die stattgefundene Annäherung zwischen Österreich-Ungarn und Preußen zu fördern und zu erhalten«.[32] Im Zeichen der Sympathie für die slawischen Bestrebungen ging damals Stremouchow, als Leiter des asiatischen Departements einer der einflußreichsten Mitarbeiter Gortschakows, noch einen deutlichen Schritt weiter. Er machte dem österreichischen Geschäftsträger in Petersburg unverhüllte Avancen in Richtung einer direkten, nicht durch Berlin vermittelten Annäherung.[33] Ende November war der neu ernannte österreichische Gesandte, Baron Langenau, in St. Petersburg eingetroffen. Der Honigmond einer slawisch orientierten Politik Österreichs war nun schon vorbei. Was Langenau anläßlich des großen Festes des St.-Georg-Ordens (an dem deutsche Prinzen und Generäle, auch Moltke teilnahmen) zu berichten hatte, unterstrich nur den Eindruck einer ganz engen Verbundenheit mit Preußen.[34] Immerhin war bei Hofe Andrássys Antrittszirkular nicht unfreundlich aufgenommen worden. Im Laufe des Dezember scheint Berlin in St. Petersburg im Sinne einer Annäherung zwischen Rußland und Österreich interveniert zu haben. Aus Berlin bekam Andrássy ein deutliches, positives Echo zu hören: »… Indem man so den Boden für eine Annäherung zwischen Wien und St. Petersburg augenblicklich besonders günstig findet, ist eine starke Nuanzierung in der offiziellen und offiziösen Sprache gegen bisher zugunsten besserer Beziehungen zwischen uns und Rußland, unter hiesigem Einfluß, hervorgetreten.«[35] Ganz anders sahen die Dinge aus, die der englische Botschafter aus Wien über Andrássys Stellung zu Rußland zu berichten wußte. Gegenüber Sir Andrew Buchanan betonte der Außenminister die Wahrscheinlichkeit eines Krieges zwischen Rußland und Österreich in nicht zu ferner Zukunft. Der Botschafter faßte zusammen: »Though satisfied with the amicable relations which he [Andrássy] has accentedly established with Russia, he has no confidence in their duration, and believes that many years may not elapse before aggressive and ambitious aims on the part of Russia will render war inevitable between the two Empires.«[36]

Bismarcks Interesse, Österreich nach der Hohenwart-Krise und nach Beusts Sturz bald und dauerhaft in die Dreikaiserkombination mit Rußland hineinzumanövrieren, ist das eine. Österreichs Interesse an der Zweierallianz mit Deutschland, wie sie von Beust vorgezeichnet war, ist das andere. Ein drittes war Andrássys scharf antirussische Orientierung und sein entsprechendes Vorgehen. Was wird er unternehmen, was wird Bismarck tun? Gibt es Spielraum für weitere Alternativen? In kürzestem Überblick sind diese

Fragen in das Jahr 1872 hinein zu verfolgen, um den Maßstab dafür zu gewinnen, was nach Beust die Realität des neugegründeten Deutschen Reiches für die österreichische Politik bedeutet und wie Österreich sich an dieser Realität orientiert.

Andrássy zögerte nicht, bei der ersten Gelegenheit in Berlin die Möglichkeit einer deutschen Hilfestellung im Falle eines russisch-österreichischen Konflikts zu erforschen.[37] Bismarck dachte nicht daran, sich das »Leitseil um den Hals werfen zu lassen«, diesmal so wenig wie später. Graf Károlyi, Österreichs neu ernannter Botschafter in Berlin, kam gar nicht soweit, das ihm von Andrássy aufgetragene Thema überhaupt berühren zu können. Bismarck empfing ihn mit großer Zuvorkommenheit. Károlyi äußerte seine Zufriedenheit mit den friedlichen Beziehungen zu Rußland, unterstrich jedoch deutlich die Freundschaft mit Deutschland: »... Für uns stünde aber in erster Linie die Allianz mit Deutschland, und ich betonte ausdrücklich, daß das k.u.k. Kabinett auf diese Allianz, unter allen anderen, den entschiedensten Wert lege. Fürst Bismarck erwiderte unumwunden, daß er uns die volle Reciprocität zusichern könne.« Dann kam von Bismarcks Seite das Eigentliche, und zwar so massiv und eindeutig, daß Károlyi nicht weiter zu drängen wagte. Der deutsche Kanzler schilderte ihm die preußisch-russischen Beziehungen mit beredten Worten: Dankesschuld von preußischer Seite, Freundschaft zwischen beiden Monarchen, bei Alexander II. ein immer tieferes Sich-Hineinleben »in das Gefühl der gewesenen heiligen Allianz«; von russischer Seite sei zu Lebzeiten des Zaren ein Abweichen von der Politik der preußischen Freundschaft nicht zu erwarten. Für Österreich kam die nun schon stereotype Versicherung: »Unsere Dankbarkeit geht aber nicht so weit, daß, wenn Rußland ein Attentat auf Österreich begehen wollte, wir hiezu irgendwie die Hand bieten würden.« Wenn etwas neu war an dieser ersten Erklärung Bismarcks gegenüber Andrássys Vertrauensmann, so war es die angedeutete zeitliche Limitierung: Sollte nach dem Tode des jetzigen Zaren Rußland eine andere Politik einschlagen – so der Reichskanzler –, dann »würde auch Deutschland bei einer veränderten politischen Richtung Rußland gegenüber eine veränderte Stellung einnehmen können«. Vorderhand aber – dies versuchte Karolyi seinem Chef nachdrücklich klarzumachen – geht Berlin davon aus, daß Preußen als »Bindemittel zwischen Österreich und Rußland« und nach beiden Seiten hin gleich befreundet, wesentlich zur Vermeidung eines Konfliktes beitragen kann, »daß sonach die diesseitige Pflege und Aufrechterhaltung der Freundschaft nach den beiden Seiten hin das meistversprechendste Mittel für Erhaltung des Friedens wäre«.

Aber wollte Andrássy denn unbedingt die Erhaltung des Friedens? Mußten nicht die weitreichenden Balkanpläne, die er nun auch dem deutschen Botschafter vertraulich mitteilte, bei aller defensiven Einkleidung zum frontalen Zusammenstoß mit Rußland führen oder sogar den Sieg über Rußland –

möglichst mit deutscher Hilfe – zur Voraussetzung haben? Andrássy erläuterte Österreichs neues, expansives Balkankonzept folgendermaßen[38]: Die
christlichen Bevölkerungen der Türkei sollen sich heranbilden mit Anlehnung an die Macht, welche ihnen am nächsten ist, also an die Habsburger
Monarchie. Umfassen können wir uns nicht lassen. (Das bedeutete nichts
weniger als ein direktes habsburgisches Protektorat über den gesamten Balkan, einschließlich Rumäniens!) Der Vorteil dieser Lösung der orientalischen
Frage für Europa liegt nach Andrássy darin, daß Österreich, fern allen panslawistischen Tendenzen, die slawischen Staaten in der Türkei schützt und
heranbildet, »um seinerzeit die zivilisatorische Aufgabe, welche die Türkei
vielleicht nicht lösen kann, zu erfüllen«.

Ein weiterer, wichtiger Schritt Andrássys ist faßbar in den Protokollen der
politisch-militärischen Geheimkonferenzen, die unter dem Vorsitz des Kaisers in Wien vom 17. bis 19. Februar 1872 stattfanden.[39] Außer dem Minister des Auswärtigen nahmen nur Erzherzog Albrecht, Generalinspektor
der Armee, und Reichskriegsminister Kuhn teil. Das Protokoll führte Oberst
Beck, der Chef der Militärkanzlei des Kaisers. Sowohl die Ergebnisse der
Konferenz wie die in der Aussprache zutage tretenden Gesichtspunkte sind
von höchstem Interesse für unsere Frage. Außerhalb aller konstitutionellen
Formen werden hier Entscheidungsprozesse primärer Art faßbar. Der Kaiser
eröffnete mit der Feststellung, daß Andrássy es sich bei der Übernahme des
Portefeuilles zum Prinzip gemacht habe, den Gang der auswärtigen Politik
im Einklang mit den militärischen Interessen zu leiten. Der Minister gab
dann die schon zitierte Grundsatzerklärung ab[40]; er deduzierte aus der Lehre
der letzten Kriege (»daß Macht über Recht geht«) in kühner Verallgemeinerung bzw. Verengung des Gedankens, daß nur jene auswärtige Politik richtig
sein könne, die auch strategisch richtig ist. Offenbar verfolgte Andrássy,
ohne es deutlich auszusprechen, auf dieser Konferenz ein doppeltes Ziel: es
gelang ihm, entgegen den ursprünglich divergierenden Meinungen von Albrecht und Kuhn, den offensiven Aufmarschplan gegen Rußland als maßgebende militärische Aufgabe der Monarchie festzulegen. (Kuhn wollte weiterhin in Preußen die größte Bedrohung Österreichs sehen; der Erzherzog
äußerte sich skeptisch zur Möglichkeit entscheidender militärischer Schläge
gegen Rußland; sein im Sommer 1871 vorgelegter Aufmarschplan gegen
Rußland hatte überwiegend defensiven Charakter[41].) Auch der Kaiser trat
schließlich Andrássys Meinung bei und formulierte das Ergebnis der Beratungen: »daß ein Krieg mit Rußland wahrscheinlich für Österreich als der
nächst bevorstehende anzunehmen sei; es werde daher notwendig, daß die
Vorbereitungen hiefür binnen zwei Jahren beendet seien, obwohl es wünschenswert bleibe, daß man noch lange über diesen Zeitpunkt hinaus sich
nur mit der Konsolidierung befassen könne«.[42]
Die einschränkende Formel »obwohl...« war ein Zugeständnis des Kai-

sers an Erzherzog Albrecht, der in der politischen Auseinandersetzung als der eigentliche Gegner Andrássys auftrat. Hier ging es um das zweite politische Ziel des Ministers, und hier konnte er sich gegen Albrecht und das Zögern des Kaisers nicht voll durchsetzen. Andrássy wollte offensichtlich die strategische Erörterung zu einer weitergehenden Festlegung des Kaisers auf eine aktive Allianzpolitik in Berlin benutzen. Sein politisch-strategisches Tableau zeigte Rußland als einzige ernsthafte Gefahr, die ungeteilte Herrschaft Österreichs über den Balkan als Ziel und Deutschlands Verhalten als entscheidenden Faktor des Entscheidungskampfes, mit dessen baldigem Beginn er rechnete. Schon jetzt – so erklärte Andrássy – könne bei einem Krieg mit Rußland eine »entschiedene Neutralität Preußens« angenommen werden.[43] Was Andrássy zu dieser Annahme berechtigte, ist nicht bekannt. Wußte er mehr und Besseres aus Berlin, als was ihm eben Karolyi berichtet hatte? Aber er wollte jedenfalls mehr als Neutralität. Als der Erzherzog am ersten Tag der Konferenz unter strategischen Gesichtspunkten sehr stark den Wert einer militärischen Kooperation Preußens mit Österreich gegen Rußland betonte, hielt Andrássy den Moment für günstig, mit seinem Vorschlag hervorzutreten. Das Protokoll besagt:[44]

»Graf Andrássy spricht seine Überzeugung aus, daß bei einer zugesicherten Kooperation Österreichs mit Preußen behufs einer Erhaltung des jetzigen Status quo in Deutschland die Mitaktion Preußens in einem österreichisch-russischen Kriege schon jetzt in Berlin sicher zu erlangen wäre und erbittet sich die allerhöchsten Befehle, in dieser Richtung in Berlin Schritte tun zu dürfen.«

Doch der Kaiser gibt Andrássy die Ermächtigung nicht, auf der Basis einer Garantie für Elsaß-Lothringen sogleich das Bündnis mit Deutschland auszuhandeln. Das Protokoll vermerkt lakonisch: »Seine Majestät halten den Moment hiezu für verfrüht.« Und nun folgt Andrássys Einlenken. Er verbessert nachträglich im Protokolltext seine Wortmeldung[45]; er will, nach der Ablehnung durch den Kaiser, den Bündnisantrag in dieser für Österreich riskanten Form gar nicht mehr gestellt haben! Dort, wo es im Protokoll zunächst hieß: »... und erbittet sich...«, korrigiert nun Andrássy etwas diametral Entgegengesetztes hinein: »... glaubt jedoch [sc. Andrássy], daß eine Garantie von Elsaß-Lothringen uns Verpflichtungen auferlegen würde, deren Einhaltung unter gewissen Verhältnissen sehr schwer fallen dürfte, daher er für jetzt nicht dazu raten könnte«.

Dieser Refus des Kaisers erfolgte zu Ende des ersten Konferenztages. Am zweiten Konferenztag trat dann Erzherzog Albrechts Position gegenüber Andrássy in der politischen Bewertung der Lage sehr deutlich hervor. Der Aufmarsch gegen Rußland blieb beschlossene Sache; die Gegenkonzeption Albrechts stellte dies nicht in Frage, sie illustriert uns aber, welche Gegenkräfte im Umkreis des Kaisers und des Hofes damals einer antirussischen Akzentuierung der deutschen Allianz und damit dieser Allianz überhaupt entgegenwirkten. Und sie liefert damit auch einen Schlüssel zu der über Jahrzehnte hinweg wichtigen Alternative einer österreichisch-russischen Verständigung (auch ohne Deutschland, mit entsprechenden Zugeständnissen an die Slawen Österreichs und mit konservativen gesellschaftspolitischen Implikationen). Albrecht sah, wie Kuhn, den »natürlichen Weg« Rußlands nach Asien gehen, wenn in Europa Widerstände auftreten. Für ihn gibt es jetzt keine Interessenkollision mit Rußland im Südosten, nur in Konstantinopel selbst. Als gefährlicher gilt dem Erzherzog Preußen. Es wünscht jetzt Ruhe und eine verhältnismäßige Stärke Österreichs, um die inneren Verhältnisse zu konsolidieren. Sobald aber Österreich wieder stärker würde, ist Preußen Österreichs gefährlichster Feind.[*]»Nach einem glücklichen Kriege gegen Rußland müßten wir uns sofort gegen Preußen vorsehen, wie Preußen nach dem Kriege gegen uns sich gegen Frankreich wenden mußte. Wir stimmen daher dahin überein, daß wir uns nicht *jetzt* schon mit Preußen in eine Allianz einlassen sollen und uns ihm in die Hand geben, im Gegenteile, wir müssen freie Hand behalten.«[46] Wie Bismarck, so rechnet auch Albrecht zu Lebzeiten Alexanders II. nicht mit einer militärischen Initiative Rußlands gegen Österreich. Vielleicht werden die Ostseeprovinzen einmal zu einem Streitobjekt zwischen Preußen und Rußland, dann könnte Österreich als dritte Macht in den Kampf eintreten. Schließlich betonte der Erzherzog gegenüber Andrássys forschen Plänen – Zweijahresfrist der Kriegsvorbereitung, diplomatische »Gestaltung« des Krieges als Defensivkampf, aber sofortige militärische Offensive, Notwendigkeit der Trennung Preußens von Rußland – eine abwartende Sicherung und vor allem die Konsolidierung der inneren Zustände: die »slavischen Stämme« müßten einigermaßen beruhigt werden, denn Österreich könne leider keinen nationalen Krieg führen.

So endete die Geheimkonferenz keineswegs mit einem vollen Erfolg Andrássys. Mochte auch der Realitätsbezug dessen, was Erzherzog Albrecht als Exponent einer konservativen und mit Deutschland-Preußen noch nicht ausgesöhnten Stimmung vorbrachte, im einzelnen und in der Gesamtlinie recht fraglich sein – es war doch offenbar geworden, mit welchen Widerständen Andrássys Konzeption zu rechnen hatte. Zu einer solchen Konfrontation war es unter Beust nie gekommen.

Andrássy war nicht verlegen, neue Wege einzuschlagen, wenn der direkte Weg nach Berlin aus inneren Gründen und infolge der Haltung Bismarcks zeitweilig nicht weiter führte. Verlauf und Ergebnisse des österreichischen Bündnisangebots an England im Frühjahr 1872 sind bekannt genug; sie brauchen hier nicht nochmals näher besprochen zu werden.[47] Interessant ist die Einordnung der geplanten österreichisch-englischen »Entente cordiale« in das weiterhin von Andrássy gewünschte System des Mitteleuropablocks: Die dauerhafte Verständigung der Monarchie mit dem Inselreich soll nicht nur Rußlands Rivalität auf der Balkanhalbinsel zurückdrängen und ein russisch-französisches Diktat in der orientalischen Frage unmöglich machen; die Entente soll als Vorstufe zu einem kontinentalen Friedensblock dienen, dem außer Deutschland auch Italien angehören wird. Dieser Viererblock kann Europa vor allen Gefahren sichern, die von Rußland und Frankreich künftighin drohen werden. Andrássy spricht in den Anweisungen nach London ausdrücklich von dem »chauvinistischen und militärischen Geist Deutschlands«.[48] Um zu vermeiden, daß diesem Deutschland die Verteidigung des europäischen Status quo gegen eine Koalition Frankreich-Rußland allein zufällt, muß das Zusammengehen Englands mit Österreich gesichert werden. Vermutlich war dieser qualitative Aspekt der europäischen Bündnisfrage für Andrássy nicht nur ein taktisches Moment, um das liberale England zu gewinnen: Deutschland sollte in der damaligen Absicht Andrássys anscheinend liberal eingepackt, von den beiden liberalen Partnern England und Österreich in die Mitte genommen werden; dies sollte den Lauf der europäischen Geschicke in Richtung jener Prinzipien beeinflussen, die Andrássy mit Granville und Gladstone gemeinsam waren...

Als das Bündnisprojekt nicht vorankam und als sich bald die grundsätzliche Schwierigkeit erwies, Englands liberales Ministerium zu einem Verlassen des Standpunktes der Non-Intervention zu veranlassen, machte Andrássy neuerlich eine Schwenkung. Er wandte sich wieder Berlin zu und betrieb mit erneuertem Nachdruck die deutsche Allianz. Als geeignetes Mittel, um sowohl in Berlin wie in Wien die Dinge voranzubringen, wurde die persönliche Begegnung der Monarchen, das heißt ein Gegenbesuch Franz Josephs in Berlin, in die Wege geleitet. Bekanntlich führte diese Initiative dann zu einem anderen Ergebnis: Zar Alexander II. traf gleichfalls in Berlin ein. Statt der Zweikaiserbegegnung und dem von Andrássy und Schweinitz betriebenen deutsch-österreichischen Allianzvertrag kam es also zu einem Dreikaisertreffen und dementsprechend zu dem Dreikaiserbündnis von 1872/73: ein politisches Ereignis ersten Ranges, das ganz auf der Linie von Bismarcks Politik lag: »Der Dreibund, den ich ursprünglich nach dem Frankfurter Frieden zu erreichen suchte und über den ich schon im September 1870 von Meaux aus in Wien und Petersburg sondiert hatte, war ein Bund der drei Kaiser mit dem Hintergedanken des Beitritts des monarchischen Italiens.«[49] Die Vorgeschichte der Reise Franz Josephs nach Berlin zeigt, wie intensiv Andrássy noch im Frühsommer 1872 auf die antirussische Akzentuierung der deutsch-österreichischen Zusammenarbeit hoffte. Károlyi teilte die Absichten seines Chefs, war aber skeptischer hinsichtlich des kurzfristig Erreichbaren. Wenn überhaupt, so berichtete der Botschafter am 18. Mai aus Berlin, dann könne »die Frage der Garantierung von Elsaß-Lothringen... allerdings ein wirksames Negociationsmittel gewähren zur Erzielung bindender, deutscherseits zu unseren Gunsten zu übernehmender Verpflichtungen...«.[50]

In einem 1894 verfaßten Memoire über die russisch-österreichischen Beziehungen hat der spätere Außenminister Ährenthal die Absichten von 1872 klar formuliert: »Andrássy war nach Berlin gegangen, um ein Schutzbündnis *gegen Rußland* abzuschließen und womöglich sich auch freie Hand im Orient zu sichern.«[51] Wie es dann Bismarck gelang, nicht nur den Minister, sondern Österreich-Ungarn mit seinen vierzig Millionen Einwohnern auf den Weg des Dreikaiserbündnisses zu führen, gehört nicht mehr hierher. Gewiß war diese neuerliche Schwenkung, so ganz im Gegensatz zu Andrássys ursprünglichem Ziel, nicht nur ein Ergebnis der überlegenen, ruhig wirkenden Kraft Bismarcks. Es lag auch an den inneren Verhältnissen der Monarchie, auch an der Stellung, die Andrássy selbst zu den divergierenden Tendenzen innerhalb des Staates einnahm, daß in wesentlichen Fragen der politischen Zukunft so stark und so rasch von außen her die Steuerrichtung verändert werden konnte. Noch war kein Jahr vergangen, seit Beust das Steuer aus der Hand genommen worden war. Ungeheuer kräftig erwies sich gegenüber den abwechslungsreichen Navigationskünsten Andrássys der Wind, der aus Berlin zu wehen begann. Wenn Bismarck ein solches Manöver wie die Einbeziehung Wiens in das Dreikaiserbündnis einmal gelungen war, wie sollte es dann weiterhin mit der Selbständigkeit und »Parität« Österreich-Ungarns aussehen?

Rückblick und Ausblick

Zu Ende des Durchgangs durch fünf entscheidende Jahre österreichisch-ungarischer, deutscher und europäischer Geschichte erscheint es angebracht, zunächst noch einmal die innenpolitischen Voraussetzungen der Außenpolitik des Habsburger Vielvölkerstaates ins Auge zu fassen. István Diószegi hat die sehr unterschiedlichen nationalen Standpunkte zur Außenpolitik der Monarchie nach 1867 folgendermaßen beschrieben:[1]

»Für den deutsch-österreichischen Nationalismus war und blieb die deutsche Frage das wichtigste Problem der Außenpolitik, obzwar das Programm, das einstige großdeutsche Programm, in zwei Jahrzehnten radikale Änderungen erfuhr. Die Österreicher [die Deutsch-Österreicher] waren sonstigen Fragen, so auch der Orientalischen Frage gegenüber ziemlich gleichgültig; Rußland hielten sie zwar nach den liberalen Doktrinen für ihren Feind, hielten aber jede Aktivität für überflüssig. Der ungarische Nationalismus hat darüber hinaus, daß er eine auf den Westen orientierte Außenpolitik von vornherein ablehnte, die Deutschfreundschaft der Österreicher nur mit Vorbehalten geteilt; das Verhältnis zu Deutschland wurde von der Gestaltung der russisch-deutschen Verbindungen abhängig gemacht. Die Ungarn hielten den Osten für das Hauptbetätigungsfeld der Monarchie und drängten auf aktives Auftreten gegen das zaristische Rußland. Die nationale Umgestaltung auf dem Balkan verfolgten sie mit lebhaftem Interesse; für den Fall einer Verdrängung des russischen Einflusses verschloß man sich nicht einer Unterstützung. Die tschechische Außenpolitik war sowohl der österreichischen wie der ungarischen diametral entgegengesetzt. Die Tschechen waren deutschfeindlich und russenfreundlich eingestellt und wünschten die nationale Umgestaltung auf dem Balkan in russisch-österreichischer Zusammenarbeit zu fördern. Die serbische und rumänische Außenpolitik war in bezug auf Rußland und den Balkan der tschechischen ähnlich, teilte jedoch deren Deutschfeindlichkeit nicht, die polnische hingegen war gleichzeitig deutsch- und russenfeindlich. Es ist leicht einzusehen, daß die Außenpolitik des Reiches so viele einander kreuzende heterogene Bestrebungen nicht vertreten konnte«.

Wir müssen mit dem Blick auf die Jahre 1867 bis 1872 die Problematik der Innen- und Außenpolitik Österreich-Ungarns noch weiter fassen. Einerseits war die deutsche Frage, vor und nach 1870/71, nicht eine Frage außerhalb der Grenzen der Monarchie, sondern eine Frage *in* Österreich, mit allen daraus sich ergebenden Komplikationen. Und dabei spielten die Deutschösterreicher, damals und später, in den Augen der Austroslawen eine doppelt irritierende Rolle, da sie ja weithin in Opposition zu der am übernationalen Ausgleich interessierten Staatsführung und Bürokratie standen. Diese eigenartige, konfliktverschärfende Dauersituation hat jüngst Imre Gonda folgendermaßen formuliert:[2] »Die Bestrebungen der österreichischen Deutschen wurden von den slawischen Nationen des Reichs trotz des oppositionellen Charakters nur als spezielle Äußerungen der herrschenden Staatsmacht betrachtet, denn sie [sc. die Slawen] nahmen die Integrierungsabsichten der Regierung weniger wahr als die unmittelbare Auswirkung der feindlichen Ziele der immer radikaler werdenden deutschen Nation«. Andererseits sind die aufgezählten nationalen Standpunkte auch im Rahmen der sozioökonomischen Strukturen und der gesellschaftspolitischen Tendenzen zu sehen. Die Deutschliberalen gehörten im allgemeinen dem Mittel- und Kleinbürgertum an, sie verfochten ihre Sache als die Sache des politischen und sozialen Fortschritts und warfen den Austroslawen (die meist mit den Klerikalen gingen) grundsätzlich reaktionäre Bestrebungen vor: Auf deutscher Seite der Fortschritt in Staat und Gesellschaft, auf Seite der Slawen die pure Reaktion – so sah das Freund-Feind-Schema aus. Diese Frontstellung war aber 1867/72 keine bloße Erfindung der politischen Propaganda. Unter den gegebenen Umständen – siehe das feste Bündnis des tschechischen nationalen Bürgertums mit den böhmischen Feudalen und den konservativ-klerikalen Hofkreisen – hätte eine Niederlage der Deutschliberalen und des ungarischen Liberalismus gegenüber den föderalistischen und proslawischen Bestrebungen (die vom Hof sosehr unterstützt wurden) in der Tat einen Rückschritt nicht nur in verfassungspolitischer, sondern auch in gesellschaftspolitischer Hinsicht bedeutet. Auf einem anderen Blatt steht dann freilich die unter dem Eindruck der Ereignisse von 1870/71 einsetzende Umorientierung der Mehrheit der Deutschliberalen: Anstieg der deutschnationalen, schwarz-weiß-roten Scharfmacherei und Rückgang der altliberalen, humanitären Überzeugungen, die an den schwarz-rot-goldenen Farben von 1848 festhielten.

Die Führung der österreichisch-ungarischen Monarchie hatte angesichts dieser sehr widersprüchlichen Voraussetzungen die Gesamtinteressen des Staates zu formulieren und sie nach innen und außen zu vollstrecken. Diese Politik der Monarchie stellte eine komplizierte und keineswegs gleichbleibende Resultante aus den jeweiligen Kräfteverhältnissen im Inneren, den äußeren Herausforderungen und den Konzeptionen der maßgebenden Gruppen und Persönlichkeiten dar, wobei besonders auf das politische System des

Reichskanzlers Beust zu achten war, das von der Tradition des Deutschen Bundes und den Ideen einer europäischen Rechtsordnung geprägt war. Die beiden Hauptteile der vorliegenden Darstellung galten der Analyse dieser Politik inmitten der Entwicklungen, die schließlich zur Gründung des Deutschen Reiches und zum Einschwenken der Monarchie in einen »Mitteleuropablock« mit deutschem Vorzeichen führten. Der Aufbau des Werkes entspricht dem besonderen methodischen Anliegen und der Auffassung, von der hier ausgegangen wird: daß die deutsche und europäische Situation nach Königgrätz noch weitgehend offen war und daß in einer eingehenden Analyse der sich langsam wandelnden Konstellationen in den »Vorkriegsjahren« 1867 bis 1870 die europäischen und innerösterreichischen Voraussetzungen gezeigt werden können, aus denen dann im rasanten Einwirken des Kriegsverlaufes und der den Krieg begleitenden Politik in keineswegs geradlinigen Entscheidungsprozessen die neuen Realitäten Mitteleuropas entstehen.

Der *erste Hauptteil* geht von der neuen Dynamik aus, die nach dem Ende des Deutschen Bundes in Europa festzustellen ist. Nach vielen Jahrhunderten einer lockeren, föderativen Ordnung der Mitte Europas hat sich 1866 erstmals ein starkes Gravitationszentrum in dem preußisch organisierten Norddeutschland gebildet, das mit Österreich durch keine Rechtsbindungen mehr verknüpft ist und für die weitere Durchsetzung seiner national begründeten Expansion günstige Umstände in Europa sucht. Gleichzeitig mit der politischen Neuorganisation Norddeutschlands geht der Neubau Österreich-Ungarns vor sich; die dualistische Verfassung kommt den liberalen Kräften in der Monarchie auf der deutschen wie auf der ungarischen Seite zugute und geht auf Kosten der Austroslawen, deren nationale und soziale Emanzipation bald auf einen föderalistischen Umbau des Dualismus und auf die Beseitigung der durch ihn abgesicherten deutsch-ungarischen Doppelherrschaft drängt. Eines ist der auch von den Ungarn akzeptierte, vorherrschend deutsche Charakter Cisleithaniens, ein anderes die von den Ungarn bekämpfte Tendenz, auch den gemeinsamen »Oberstaat« deutsch zu akzentuieren. Ein drittes sind die Bemühungen der Ära Beust, im außerösterreichischen Deutschland mit Hilfe der liberalen Errungenschaften Österreichs »moralische Eroberungen« zu machen und durch europäische Kombinationen diesen »Wiedereintritt in Deutschland« Zug um Zug zu unterstützen. Die neue Aktivität Wiens in der orientalischen Frage, die auf eine Schutzherrschaft über die bestehenden Balkanstaaten und auf eine internationale Kontrolle über die europäische Türkei zielt und damit Rußland ohne offene Konfrontation eindämmen will, entspricht großenteils den ungarischen Interessen, findet aber in Berlin sowenig Unterstützung wie die Tendenzen zu einem neuen Kondominat Österreich-Preußen im deutschen Mitteleuropa.

Nachdem Bismarck Österreich-Ungarns Interessen weder im Orient noch in Süddeutschland zu unterstützen bereit ist, ergibt sich die *Wende zu einer*

Allianz mit Frankreich, verstärkt durch Italien (S. 121 ff.). Die geheimdiplomatischen Bemühungen um eine Tripleallianz werden mit großem Einsatz geführt; es geht für Österreich nicht nur um die Partnerschaft Frankreichs (und damit Englands) gegen Rußland im Orient, sondern – vielleicht noch mehr – um die Absicherung sowohl gegen eine das deutsche Nationalgefühl provozierende antipreußische Aktion Napoleons wie gegen eine plötzliche Verständigung zwischen Paris und Berlin auf Kosten der Habsburger Monarchie. Diese Geheimdiplomatie führt nicht zu einer wirksamen Allianz, sondern nur zu lockeren Absprachen der drei Monarchen, während die Mehrheit der politischen Kräfte Österreich-Ungarns – vor allem die Deutschliberalen – ein Zusammengehen mit dem bonapartistischen Frankreich überhaupt ablehnt. 1869/70 entspricht der Systemkrise in Frankreich die Krise des dualistischen Systems der Habsburger Monarchie durch Nationalitätenkonflikt und Verfassungskonflikt. Die Schwächung der innenpolitischen Plattform der österreichischen Außenpolitik und das Nichtgelingen der Tripleallianz veranlaßt die Regierung seit dem Herbst 1869 zu einer Entspannungsdiplomatie gegenüber Preußen und Rußland. Gleichzeitig zerfällt infolge der antiklerikalen Gesetzgebung im deutschliberal dominierten Cisleithanien und angesichts des Vatikanischen Konzils der Zusammenhalt der proösterreichisch-antipreußischen Gruppierungen in Süd- und Norddeutschland. Die katholisch-konservative Publizistik Bayerns polemisiert schärfstens gegen das liberale System Beusts, während Bismarck eine prokatholische und propäpstliche Phase einschiebt. So sind im Sommer 1870 Labilität und Unsicherheit kennzeichnend für Österreichs Position nach innen und außen. Zwar herrscht weiterhin wirtschaftliche Prosperität, aber der starke Elan der liberalen »neuen Ära« seit 1867 und die Hoffnungen, den Wiederaufstieg der Monarchie als eines konstitutionellen und übernational versöhnten Modellstaates auch in die deutsche Frage nochmals – im Sinne neuer föderativer Lösungen – einzubringen, sind inzwischen erheblich abgekühlt und ohne breite Basis bei den verschiedenen Nationalitäten.

Der *zweite Hauptteil* verfolgt in drei Abschnitten die seit der Hohenzollernkrise rasch wechselnden Voraussetzungen und Aktionen der österreichischen Politik. Im *Juli und bis Mitte August 1870* (S.196–237) orientiert sich das Vorgehen Wiens trotz aller Mißbilligung der verfehlten Kriegseröffnungspolitik Frankreichs an der Erwartung französischer Siege; man rechnet mit einer künftigen Beteiligung Österreichs an einer Demütigung Preußens. *Vom August bis zum Oktober 1870* (S.238–308) arbeitet der Ballhausplatz nach dem raschen Ende dieser Erwartungen auf eine europäische Intervention hin; das Zusammenwirken der neutralen Mächte soll dem deutsch-französischen Duell ein Ende setzen, und eine europäische Friedensregelung soll die Interessen der Monarchie sichern – vor allem gegen ein übermächtiges Preußen: gegen sein Ausgreifen nach Süddeutschland und gegen die Anziehungskraft, die von den deutschen Siegen und von einer erfolgreichen kleindeutschen Nationalbewegung auch auf die deutschsprachigen Teile der Monarchie ausgeht. Besondere Bedeutung kommt in diesem Stadium den verschiedenen Strömungen in der öffentlichen Meinung der Monarchie zu, denen ein ausführlicher Exkurs gewidmet ist. Die zentrifugalen Kräfte sind sehr stark; die Eskalation des Nationalitätenkonfliktes angesichts des gesteigerten Nationalgefühls der Deutschen und der Entschlossenheit des Kaisers, den föderalistischen Bestrebungen und den Austroslawen entgegenzukommen, führt zu einer Zerreißprobe für das mit dem Namen Beusts nach innen und außen verbundene System.

Der dritte Abschnitt reicht vom *November 1870 bis in die ersten Monate des Jahres 1872* (S. 342–483). Er zeigt die Entscheidung Wiens für ein »rückhaltloses« Eingehen auf die Avancen Preußens; Beust setzt – nunmehr im Einverständnis mit den Deutschliberalen und der Deákpartei in Ungarn – gegen den zögernden Kaiser noch im Dezember 1870 den entschieden produtschen Kurs der Monarchie durch (wobei nicht nur die weiteren Niederlagen Frankreichs, sondern auch die propreußische Entscheidung Süddeutschlands, die russische Schwarzmeerpolitik und die Sorge vor dem Anschwellen der Anschlußbewegung in Deutsch-Österreich maßgebend waren). Das neue, vom Kaiser sanktionierte System eines Zusammengehens mit dem Deutschen Reich im Sinne eines Mitteleuropablocks mit liberalen Vorzeichen und Distanz zu Rußland wird zeitweilig durch die innenpolitische Wendung zu einer föderalistisch-proslawischen Verfassungsreform in Frage gestellt. Der Sturz der föderalistisch-konservativen Regierung Hohenwart-Schäffle im Oktober 1871 macht den Weg frei für die Konsolidierung der prodeutschen Mitteleuropapolitik nach innen und außen. Doch nun läßt der Kaiser auch Beust fallen. Sein Nachfolger Andrássy folgt zwar der von Beust vorgezeichneten Linie der Existenzsicherung durch Zusammengehen mit Berlin; aber der sofortige, radikale Verzicht auf eine evolutionäre Lösung des Nationalitätenproblems und die von Berlin erfolgreich inszenierte Umpolung vom liberalen, antirussischen Mitteleuropablock à la Beust zu der konservativen Dreikaiserpolitik à la Bismarck zeigt den inneren Kontrast des neuen Systems zu dem, was ursprünglich mit der prodeutschen Wendung beabsichtigt war. Das nun gesicherte Nebeneinander des deutschen Nationalstaats mit dem Vielvölkerstaat der Habsburger, dessen Schwäche unverkennbar wurde, ist das eine. Das andere ist die Frage, ob die Weichenstellungen nach innen und außen, die mit dem Konsolidierungsvorgang 1871/72 verbunden waren, in dieser Form in den Sternen geschrieben standen. Sie trugen die Handschrift des Ungarn Andrássy, der sich als wendiger Politiker rasch zum Sprecher einer neuen, an Bismarcks Methoden und Erfolgen orientierten Auffassung und Epoche machte: »Die Folge der letzten Kriege ist, daß ›Macht über Recht geht‹, ... Keine Politik soll sich von Traditionen leiten lassen, sondern durch richtige Kombinationen die Chancen des Erfolges sichern; jene äußere Politik ist richtig, die auch strategisch richtig ist.«[3] Aber wo lagen für einen Staat wie Österreich-Ungarn, dessen Existenz ganz auf Ausgleich und Recht gestellt war, auf einem solchen Wege noch Chancen des Erfolges?

Mit diesem Ausklang des zusammenfassenden Rückblicks wurde bereits, dem Leser deutlich sichtbar, die Perspektive der weiteren Entwicklungen bis ins 20. Jahrhundert und ihrer historischen Wertung eröffnet. Es werden damit Probleme angesprochen, die in den fünf Ausgangsfragen der Einleitung[4] bereits angelegt sind, nun aber mit jenem Grad der Verallgemeinerung formuliert werden können, die der entfalteten Analyse der Jahre 1867/71 und dem Wissen um die weiteren Abläufe über den ersten Weltkrieg bis heute entspricht. Wer als Historiker von Wertung spricht, muß genau wissen und auch sagen, was er tut. Was sind die Maßstäbe, von denen hier ausgegangen wird und an denen sich sowohl der Fragehorizont wie die Antworten orientieren?

Friedrich Engel-Janosi, dessen Gedächtnis dies Werk gewidmet ist, war noch so unmittelbar mit der alten Monarchie verbunden, daß er ihre übernationale Staatsidee – als ein Stück alter europäischer Lebenswirklichkeit und auch Lebensweisheit – bei aller Kritik und Skepsis doch als festen Bezugspunkt wertete.[5] Dies kommt für uns Nachgeborene nicht mehr in Frage. Wovon sollen wir ausgehen? Etwa von dem jeweiligen Lebensrecht der Nachfolgestaaten, die 1918 gebildet und 1945 unter anderen Verhältnissen rekonstruiert wurden? An diesem Lebensrecht zu zweifeln wird niemand beikommen, der die Lehren der Geschichte versteht. Ein anderer Gesichtspunkt wäre die deutsche Nationalidee, freilich in einem gereinigten und ethisch wie gesellschaftlich erneuerten Sinn. Dazu wäre viel zu sagen. Aber auch dieser Blickwinkel dürfte das vorliegende Problemfeld nicht zureichend erfassen. Als eine aufschlußreichere Perspektive erscheint mir die Frage nach *der Begegnung der deutschsprachigen Kultur mit ihren Nachbarn im Osten und Südosten* – und diese Frage führt nun allerdings mitten in die kapitalen Probleme der Habsburger Monarchie und ihrer Erbschaft. Die historische und politisch-ethische Ausarbeitung dieser Frage bedarf heute noch weitreichender Anstrengungen, die hier weder geleistet noch übersprungen werden können. Im Gegenteil, die folgenden Bemerkungen, die eine Zusammenfassung der Ergebnisse dieses Buches und einiger Überlegungen über den Weg von Königgrätz zum Zweibund, zu 1914/18 und zur Gegenwart versuchen, verstehen sich nur als Bausteine zu jener größeren Aufgabe.

Eine erste Feststellung ergibt sich, wenn man die preußisch-deutschen Erfolge 1870/71 mit der Konstellation in Österreich-Ungarn und zwischen Österreich-Ungarn und Frankreich 1867/71 vergleicht. Der außerordentlich wirkungsvollen Kombination der preußischen militärisch-bürokratischen

Oberschicht mit dem kapitalistischen Bürgertum in Nord- und Süddeutschland, auf die sich die Berliner Politik schließlich 1870 stützte, konnte unter den gegebenen Umständen weder in Österreich-Ungarn noch in dem national homogenen Frankreich ein vergleichbares Klassenbündnis entgegengesetzt werden, erst recht nicht ein zwischenstaatliches Bündnis mit annähernd übereinstimmenden Interessen. Ähnliches gilt für den Bereich der konzeptionellen Ziele. Hier trafen die seit 1848 bereitliegenden, unmittelbar stechenden Trümpfe der kleindeutschen Idee auf die sich mühsam artikulierenden Ideen einer liberalkonservativen, zivilisatorischen Konsens- und Ausgleichspolitik mit deutsch-föderalistischen Hoffnungen (die durch die innerstaatlichen Krisen in Frankreich wie in Österreich noch an Glaubwürdigkeit einbüßten). Weder in der Monarchie selbst noch in Richtung Frankreich zeichnete sich eine Massenbasis deutsch-nichtdeutscher Solidarität ab, die den Wettbewerb mit der von Berlin lancierten nationalen Leidenschaft hätte bestehen können, nachdem einmal die Dinge auf den Weg der kurzfristigen kriegerischen Lösung geraten waren (wo auch Preußens Heer sich seiner Überlegenheit sicher war).

Hier stoßen wir zweitens auf die Frage der Werbekraft und Ausgestaltung des nationalstaatlichen Gedankens, der nun von Preußen so erfolgreich auf die Fahne des Krieges geschrieben wurde. Diese Frage führt selbstverständlich weit über die staatliche Ebene hinaus. Nationalstaat ist nicht gleich Nationalstaat. Die Unterschiede in Gesellschaft, Mentalität und Verfassung liegen auf der Hand. Zunächst ist festzuhalten, daß gegenüber Österreich die preußische Führung selbst den nationalstaatlichen Gedanken absichtsvoll außer Kraft setzte. Man wollte damals und später keinen Anschluß Deutsch-Österreichs an das Kaiserreich, vielmehr den Fortbestand der Habsburger Monarchie (auch weil man nicht noch mehr Katholiken wollte) als Satellitenstaat im Sinne eines Systems abgestufter Herrschaftssicherung: in Preußen war die Präponderanz der Oberschichten durch das Dreiklassenwahlrecht abgesichert, im Deutschen Reich die Präponderanz Preußens über die anderen Staaten durch die Reichsverfassung, in Europa die Präponderanz des preußisch dominierten Reiches mit Hilfe des deutsch dominierten, von Berlin aus (mit Hilfe des Anschlußverbotes) konsolidierten Österreich-Ungarn. Der Aufbau dieses abgestuften Herrschaftssystems hatte verschiedene Aspekte. Gewiß war die Erhaltung der Donaumonarchie bei dauerhafter Bindung an Berlin ein sehr wertvolles Element der »halbhegemonialen« Stellung Deutschlands in Europa. Max Weber hat das später auf seine Weise ausgedrückt: »Das dynastische Österreich [war], von Bismarcks Standpunkt aus gesehen, eine Veranstaltung, welche die Zugehörigkeit von zehn Millionen Deutschen zum Reich opferte, um 30 Millionen Nichtdeutsche politisch zu isolieren«.[6] Andererseits beleuchtet diese Suspension des nationalstaatlichen Prinzips im Falle Österreichs die Kehrseite der Medaille: Nicht der nationale Gedanke im vollen Sinn, mit der Fülle seiner demokratischen Möglichkeiten und seiner übernationalen Perspektiven – »fratellanza dei popoli« – siegte 1870 über Frankreich und in Deutschland, sondern ein durch die Interessen der preußischen Führungsschicht instrumentalisierter und borniterter Nationalismus, der Entwicklung und Ausgleich nach innen und außen erschwerte oder geradezu blockierte.

In diesem Sinne ist die so oft vorgebrachte Argumentation von der leichteren »Verträglichkeit« Kleindeutschlands für Europa sogleich zu hinterfragen hinsichtlich der qualitativen Seite: Wie entwickelte sich die Belastung des europäischen Systems durch den militärisch-obrigkeitlichen Charakter des neuen Staates? Weiter wie bis zu einer solchen abwägenden Erörterung kann freilich der Historiker kaum gehen. Ein hypothetisches Weiterfragen nach den realen Formen und Folgen eines eventuellen größeren und nicht mit den antiliberal-militaristischen Hypotheken belasteten deutschen Föderativverbandes – auch für die nichtdeutschen Nationalitäten Österreichs – ist methodisch weder möglich noch erforderlich. Denn die eben angedeutete Überlegung genügt durchaus, um Aspekte aufzuzeigen, die neu und gründlich zu untersuchen sind: inwiefern besteht ein Zusammenhang zwischen der Blokkierung jeder demokratischen Reform innerhalb des neuen Reiches und der Blockierung jeder wirkungsvollen Reform in Österreich-Ungarn und – last not least – dem fatalen Immobilismus des Zweibundverhältnisses seit 1879 bei stets wachsender Überlegenheit des deutschen Partners?

Der Blick auf den Zweibund[7] führt als drittes zur Frage nach den Wandlungen des europäischen Staatensystems. Es ist darüberhinaus nach der Bedeutung der Vorgänge von 1867/71 im Rahmen einer weltgeschichtlichen Perspektive zu fragen. Eines kann als gewiß festgehalten werden: Die politisch-militärischen Verfahrensweisen der preußischen Führung, die 1870/71 gegen Frankreich und – in gewisser Weise – gegen Österreich-Ungarn siegten, waren ganz auf rasche Erfolge und auf bleibend hohe Risiken eingestellt. Sie haben Deutschland, Österreich-Ungarn und die Welt nicht gelehrt, wie man starke Kräfte und schwer versöhnbare Interessen in eine kooperative, dauerhafte Form bringen kann. Im März 1871 brachte in Wien ›Warrens Wochenschrift‹ folgenden Kommentar zu den preußischen Friedensbedingungen: »Preußen hat den dauernden Frieden, die Entwaffnung, die Beruhigung des Weltteiles nicht gewollt. Der zum Militarismus aufgestachelte Weltteil wird früher oder später dagegen reagieren, und man kann versichert sein, daß, wenn die große Mehrzahl in Europa der unleidlichen Zustände von jetzt einmal überdrüssig wird, die Palme des Erfolges nicht wieder dem nordischen Militärstaate par excellence zufallen dürfte«. Man befand sich noch durchaus im präimperialistischen Zeitalter, als dieser liberale Kassandraruf erscholl.[8] Seither hat sich in zwei Weltkriegen das Schicksal der damals errichteten Militärmacht in Mitteleuropa vollzogen, wobei Österreich-Ungarn

schon in der ersten Katastrophe seine Kampfgenossenschaft mit dem Ende
seiner Existenz bezahlte.

Damit ergibt sich ein vierter Fragenkomplex, der oben schon angedeutet
war. Wie wirkte sich die Bindung an Deutschland, 1870/71 von Beust initi-
iert, 1879 im Zweibund besiegelt, auf die inneren Verhältnisse der Monarchie aus? Am Anfang dieser Kette von Fragen steht der Sturz der föderalistischen Regierung Hohenwart-Schäffle im Oktober 1871. Robert A. Kann hat
hierzu eine eindeutige Stellung bezogen: »Nicht die Magyaren und die Deutschen [sc. in Österreich], sondern die magyarischen Herrenklassen und das
zweite Deutsche Reich waren die eigentlichen Sieger in diesem Kampf, und
zwar Deutschland in viel weitgehenderem Maße als das magyarische Ungarn… Von da an wollte Deutschland der Beschützer eines durch das ständige nationale Ringen im Inneren geschwächten Österreich… sein. …Man
kann hinzufügen, daß die österreichische Reformpolitik nicht einmal durch
das vereinte Veto der Magyaren und der österreichischen Deutschliberalen
gefallen ist. Im letzten wurde ihre Niederlage schon durch jene Österreichs
im Kampf um die Vorherrschaft in Deutschland bestimmt.«[9]

Dazu ist zweierlei zu sagen. Zum ersten hat Berlin nicht erst seit 1871,
sondern nachweislich schon seit 1866 eine solche Beschützerrolle gegenüber
Österreich angestrebt. Weit wichtiger ist aber Kanns Schlußbemerkung von
der Wirkung der österreichischen Niederlage im Kampf um die Vorherrschaft in Deutschland. Hier ist die Gegenfrage zu stellen: Woher wissen wir,
daß ein im Kampf um die Vorherrschaft in Deutschland siegreiches Österreich seinen nichtdeutschen Nationalitäten ein besseres Haus geboten hätte,
als dies nach der Gründung des Bismarckreiches der Fall war? Gewiß hat das
Ensemble der Einflüsse aus Deutschland seit 1871 die Lösung der nationalen
und sozialen Probleme der Donaumonarchie nicht erleichtert, sondern erschwert. Aber ein im Kampf um Deutschland siegreiches Österreich hätte
doch wohl nur dann ein besseres Haus gebaut, wenn sich mit diesem Sieg eine
völkerversöhnende und ausgleichsbereite Mentalität mit neuen sozialen Perspektiven ausgebreitet hätte, ganz verschieden von der durch die Siege und
die Reichsgründung 1870/71 angeheizten nationalen und sozialen Borniert-
heit. Weiterhin ist zu bedenken, daß auch die Realität des Deutschen Bundes
vor 1866 und die Stellung Österreichs und der Deutsch-Österreicher im
Bunde keine feste Basis für zukunftsweisende Lösungen geboten hatten.
Hierfür ist auf die jüngst von Helmut Rumpler getroffene Feststellung zu
verweisen: »… Die … Aufgabe, im Rahmen der staatlich-politischen Über-
gangsform des Deutschen Bundes den alteuropäischen Universalismus mit
den neuen Kräften des Industriezeitalters zu verbinden, blieb unerfüllt.«[10] So
stoßen wir auch in dieser Frage wieder auf Imponderabilien, auf weitreichende Gesinnungs- und Entwicklungsfragen der Politik.

Ein so altertümliches und empfindliches Gebilde wie die Habsburger Monarchie war in seiner Existenz nach innen und außen auf ein Klima von Vertragstreue, Liberalität und Ausgleich angewiesen. Diese Voraussetzungen aktiv herbeizuführen, war die eigentliche Räson der Ära Beust gewesen. Dabei hatte Beust als Binnendeutscher offenbar am Anfang das Ausmaß der deutsch-slawischen Probleme unterschätzt; als die Eskalation der Gegensätze 1867/68 einsetzte, war weder er noch ein anderer der österreichischen Staatsmänner in der Lage, die streitenden Parteien für jene Formen des politischen Zusammenlebens zu gewinnen, die Österreich auch nach außen eine kräftigere und sicherere Politik ermöglicht hätten. Und der Kaiser selbst setzte sein höchstes Schiedsrichteramt bekanntlich sehr spät und in zweifelhafter Weise – hinter dem Rücken der Reichsregierung – ein. Es waren in der Nationalitätenfrage wesentliche Weichenstellungen schon vor der Verschärfungswelle von 1870/71 geschehen. Und ob in den Jahrzehnten nach 1871 – angesichts des deutschen Einflusses – noch großzügige Reformen möglich waren, wird von der Forschung überwiegend bezweifelt. Immerhin ist dieser vierte Fragenkomplex nicht mit einem einfachen Schuldspruch für die Deutschen in Österreich und für das neue Reich zu klären. Tief in der Vergangenheit wurzelnde Verhältnisse schufen eine höchst komplizierte Nationalitätenfrage, die wohl nur durch eine entschiedene Zuwendung zu neuen politischen und sozialen Konzeptionen zu lösen gewesen wäre. Ob hierzu das Kaiserreich mit seinen teils feudalen, teils bürokratischen Strukturen noch den Rahmen abgeben konnte, ist umstritten.

Den Trägern der deutschsprachigen Kultur im Habsburger Reich – verstanden in dem weiteren Sinn, der auch die ›political culture‹ einschließt – waren schon lange vor 1870 besonders schwierige Aufgaben gestellt, wenn sie den humanitären Idealen der deutschen Aufklärung und Klassik folgen wollten. Gerade in einem ethnisch gemischten Staatsverband brachten die raschen Wandlungen der Formen des Zusammenlebens im Zeitalter des Nationalismus und der Industrialisierung hohe Anforderungen für alle Beteiligten. Eines war das enorme kulturelle Selbstbewußtsein auf deutscher Seite außerhalb wie innerhalb der Monarchie – ein anderes die Konflikte und das unterentwickelte beziehungsweise einseitig entwickelte Bewußtsein der Aufgaben im Bereich politischer und sozialer Gestaltung. Wir stoßen hier von der Geschichte Österreich-Ungarns und der Reichsgründung her auf Grundfragen von Kultur, Gesellschaft, Nation und politischem System. Je ausgewogener wir diese Erörterungen im Sinne geschichtlicher »Rechenschaft« (Huizinga) zu führen imstande sind, desto wertvoller können die Beiträge ausfallen, welche die Historie zu einem verantwortlichen Bewußtsein angesichts der gegenwärtigen Wandlungen der Welt leistet.

Anhang

Anmerkungen

Einleitung

1 Diskussionsbeitrag in: A. VANTUCH und L. HOLOTÍK (Hrsg.), Der österreichisch-ungarische Ausgleich 1867 (Preßburg 1971) 1020 f. (mit Verbesserung einiger Druckfehler).

2 Für die damalige Berliner Situation vgl. u. a. den Programmaufsatz TREITSCHKES ›Österreich und das deutsche Reich‹, in: Preußische Jahrbücher 28 (1871) 667 ff., wo die Lage nach dem Sturz der Regierung Hohenwart-Schäffle und nach dem Höhepunkt der irredentistischen Krise behandelt wird: »Das Ministerium Hohenwart ist gefallen; die Anschläge der Slaven wider Recht und Gesittung der Deutschen sind vorderhand gescheitert ... Nirgendwo sind während der jüngsten Wochen so viele und ehrliche Wünsche für Österreichs Fortbestand ausgetauscht worden, wie in den Sprechzimmern des deutschen Reichstags ... Wir würden uns versündigen an der Zukunft deutscher Geistesfreiheit, wenn wir darauf ausgingen, noch 14 Millionen Katholiken in das Reich aufzunehmen. ... Der Zerfall Österreichs aber wäre eine in der gesammten Geschichte beispiellose Revolution, die uns in unabsehbare Kriege zu verwickeln, das Gedeihen friedlicher Gesittung auf lange hinaus zu zerstören droht.« Siehe weiterhin unten S. 463 ff.

3 Für diese Richtung vgl. A. J. P. TAYLOR, The Struggle for Mastery in Europe 1848–1918 (Oxford 1954) XXII f.: »The Great Powers who launched the First World War in 1914 were the Great Powers who had made up the congress of Vienna in 1814. Prussia had changed her name to Germany. Apart from this, Metternich and Castlereagh, Talleyrand and Alexander I. would have recognized the European landmarks.«

4 Vgl. für diese Interpretation u. a. B. CROCE, Storia d'Italia dal 1871 al 1915 (Neuausg. Bari 1967) 108 f.; F. CHABOD, Storia della politica estera italiana dal 1870 al 1896, Bd. 1 (Bari 1965) 142 ff.

5 F. SCHNABEL, Das Problem Bismarck, in: Hochland 42 (1949/50) 1 ff.; Neudrucke in: F. SCHNABEL, Abhandlungen und Vorträge 1914–1965, hrsg. von H. LUTZ (Freiburg i. Br. 1970) 196 ff.; L. GALL (Hrsg.), Das Bismarck-Problem in der Geschichtsschreibung nach 1945 (Köln/Berlin 1971) 97 ff. Zum Stand der Diskussion in der DDR siehe E. ENGELBERG, Über die Revolution von oben, in: Zeitschrift für Geschichtswissenschaft 22 (1974) 1183 ff. und die Beiträge zum Thema ›Bonapartismus‹, in: Jahrbuch für Geschichte 16 (1977).

6 Nach der Analyse von L. EISENMANN, Le compromis Austro-Hongrois de 1867 (Paris 1904), die den ungarischen Standpunkt besonders berücksichtigt, und dem einschlägigen Teil des unvollendeten, bis heute wichtigen Werkes von J. REDLICH, Das österreichische Staats- und Reichsproblem, 2 Bde. (Leipzig 1920/26) ist der jüngste Diskussionsstand vor allem in mehreren Sammelbänden niedergelegt, die aus Anlaß des Centenars 1867/1967 publiziert wurden: Der österreichisch-ungarische Ausgleich von 1867. Vorgeschichte und Wirkungen, hrsg. von P. BERGER (Wien/München 1967); Der österreichisch-ungarische Ausgleich von 1867. Seine Grundlagen und Auswirkungen (Buchreihe der Südostdeut-

schen Historischen Kommission 20, München 1968); Historisches Geschehen im Spiegel der Gegenwart. Österreich-Ungarn 1867–1967, hrsg. vom Institut für Österreichkunde (Wien 1970); A. VANTUCH und L. HOLOTÍK (Hrsg.), Der österreichisch-ungarische Ausgleich 1867 (Preßburg 1971). Weiterhin ist besonders auf die tiefschürfende Analyse des Ausgleichs, seiner Entstehung und seiner verfassungsrechtlichen und politischen Problematik hinzuweisen, die M. KOMJÁTHY dem von ihm herausgegebenen Band: Protokolle des Gemeinsamen Ministerrates der Österreichisch-Ungarischen Monarchie 1914–1918, (Budapest 1966) vorausgeschickt hat: Die Entstehung des gemeinsamen Ministerrates und seine Tätigkeit während des Weltkrieges. Wichtig seither in der von Friedrich ENGEL-JANOSI inaugurierten Edition der Protokolle des Österreichischen Ministerrates 1848–1867 der Band VI, 2: Das Ministerium Belcredi, 8. April 1866 – 6. Februar 1867, hrsg. von H. BRETTNER-MESSLER, mit einer Einleitung von F. ENGEL-JANOSI (Wien 1973).

 7 Zum folgenden siehe: A. TOTH, Parteien und Reichstagswahlen in Ungarn 1848–1892 (München 1973); F. GOTTAS, Ungarn im Zeitalter des Hochliberalismus. Studien zur Tisza-Ära (1875–1890) (Wien 1976).

 8 Umfassende Orientierung bei R. A. KANN, Das Nationalitätenproblem der Habsburgermonarchie. Geschichte und Ideengehalt der nationalen Bestrebungen vom Vormärz bis zur Auflösung des Reiches im Jahre 1918, 2 Bde. (2. Aufl. Graz/Köln 1964). Als Testfall aufschlußreich die Analyse der Auswirkungen in der Slowakei bei L. v. GOGOLÁK, Beiträge zur Geschichte des slowakischen Volkes, Bd. 3 (München 1972) 63 ff. – Vgl. auch H. HASELSTEINER, Die Serben und der Ausgleich. Zur politischen und staatsrechtlichen Stellung der Serben Südungarns in den Jahren 1860–1867 (Wien/Köln/Graz 1976). Haselsteiner zitiert S. 98 die Zeitung ›Zastava‹, die im Oktober 1866 die Berufung Beusts äußerst skeptisch kommentiert: Befürchtung eines starren Dualismus zuungunsten aller Nationalitäten außer Deutschen und Ungarn. »Die Beustsche Politik wird uns [sc. den Slawen in der Monarchie] ein innenpolitisches Königgrätz bescheren.«

 9 Das Verhältnis des Kaisers zum Konstitutionalismus ist vielfach behandelt, von REDLICH passim, bis zu den jüngsten, in Anm. 6 zitierten Beiträgen. Illustrativ ist die von Tschabuschnigg, Justizminister in der Regierung Potocki, berichtete Episode: »In einer vorausgegangenen Sitzung hatte der Kaiser sein Festhalten an der Verfassung hervorgehoben. In einer späteren Sitzung unter dem Vorsitze Potockis begründete Stremayr seine Ansicht mit dem Satze, ›Seine Majestät wolle konstitutioneller Kaiser sein‹. Die Reinschrift jedes Konferenzprotokolls liest der Kaiser, noch bevor sie die Minister vidieren. Obiger Satz erschien auch im Protokolle, der Kaiser machte mit dem Bleistift einen Strich daneben und schrieb die Worte dazu: ›Das nicht, aber ein Kaiser, der die Verfassung einhalten will, die er gegeben hat‹« (Erinnerungen Adolfs von TSCHABUSCHNIGG 91, siehe unten Anm. 79).

10 Das Abgeordnetenhaus des Reichsrates zählte 1867 bis 1873 nominell 203 Mitglieder. Infolge des dauernden Boykotts der tschechischen Landtagsabgeordneten wurde diese Zahl nie erreicht. Im Dezember 1867, als die neue Verfassung votiert wurde, gab es im Reichsrat 118 deutschliberale Abgeordnete, 57 Föderalisten (meist nichtdeutsche Konservative) und 8 Klerikale (R. A. KANN 1, 91).

11 J. REDLICH 2, 557: Memoire Beusts vom 26. Januar 1867. Auf die Ähnlichkeit der Argumentation in Beusts entscheidender Auseinandersetzung mit dem föderalistischen Reformversuch der Regierung Hohenwart-Schäffle im Oktober 1871 ist mit Nachdruck hinzuweisen; siehe unten S. 462 f.

12 Die Protokolle des österreichischen Ministerrates (1848–1867), Bd. VI, 2, 398 ff.

13 Eine zusammenfassende Würdigung der verfassungspolitischen wie der rechtsstaatlichen Gesichtspunkte bietet G. STOURZH, Die österreichische Dezemberverfassung von 1867, in: Österreich in Geschichte und Literatur 12 (1968) 1 ff.

14 Siehe vor allem A. FISCHHOF, Österreich und die Bürgschaften seines Bestandes (Wien

1869). Bibliographie und Literatur bei R. A. KANN 2, 339. Wie stark Fischhof noch im älteren deutschen Liberalismus – national und kulturell – verwurzelt war, tritt an vielen Stellen hervor, u. a. in seiner ersten Programmschrift nach Königgrätz: Ein Blick auf Österreichs Lage (Wien 1866), wo er in kritischer Rückschau dem »kleinen Geschlecht« der Metternich-Ära die großen Ideen des Freiherrn von Stein über die österreichisch-deutsche Frage gegenüberstellt: »So kam es, daß Österreichs Machtstellung in Deutschland schon vor dem Jahre 1848, wenn auch bei äußerlich ungeschwächtem Glanze, innerlich morsch und unterhöhlt war« (17).

15 Das Zitat von A. GÖLLERICH (Frühjahr 1871) bei D. HARRINGTON-MÜLLER, Der Fortschrittsklub im Abgeordnetenhaus des österreichischen Reichsrates 1873–1910 (Wien/Köln/Graz 1972) 15 Anm. 4. Dort passim auch die ältere Literatur.

16 Siehe die Protokolle der Ministerratssitzungen vom 26., 30. und 31. Januar 1868, in HHStA, PA XL 283 f. 272 ff. Zur Persönlichkeit Orczys und seiner Stellung im Ministerium vgl. L. v. PRZIBRAM, Erinnerungen eines alten Österreichers (Stuttgart/Leipzig 1910) 255 f. E. v. WERTHEIMER, Graf Julius Andrássy. Sein Leben und seine Zeit, 3 Bde. (Stuttgart 1910–1913) stützt sich vielfach auf ein Tagebuch Orczys, das auch für die Ära Beust von hohem Interesse scheint; laut Auskunft ungarischer Kollegen ist dies Tagebuch heute verschollen.

17 Die politische Wirkung dieser Institution ist noch nicht untersucht, man müßte wohl von den Akten des Ministeriums (in Budapest) ausgehen. Für die Kommunikation Andrássy-Beust vgl. etwa die Kopie eines Chiffre-Tel. Andrássys an Festetics (damals Minister am Hoflager) vom 21. 12. 1868, wo wesentliche Mitteilungen über die Haltung der Deákpartei zum Prager Frieden und zur Mainlinie mit folgendem Passus schließen: »Bitte dies Beust mitzuteilen und ihn darüber zu beruhigen, daß die ungarische Regierung ihn in der gemeinschaftlich befolgten Politik nicht im Stich lassen wird und daß kein Grund vorhanden, an der Loyalität der Deák-Partei zu zweifeln.« HHStA PL 438/1869, f. 136 f. – Herrn Dr. M. Csáky verdanke ich die Mitteilung, daß das Konzept des Telegramms sich im Országos Levéltár (Staatsarchiv) Budapest, K.-467, Fasz. I/A Nr. 311 befindet.

18 Der betreffende Abschnitt von Paragraph 8 des ungarischen Ausgleichsgesetzes (Gesetzartikel XII vom 17. Juni 1867) lautet: »Infolgedessen gehören die diplomatische und kommerzielle Vertretung des Reiches gegenüber dem Ausland und die Verfügungen, die rücksichtlich der internationalen Verträge auftauchen können, im Einverständnisse mit den Ministerien beider Teile und unter deren Zustimmung, unter die Agenden des gemeinsamen Ministers des Auswärtigen.« Im cisleithanischen Gesetzestext (vom 21. Dezember 1867) findet sich lediglich in Paragraph 1 bei der Aufzählung der »gemeinsamen Angelegenheiten« folgender Passus: »Die auswärtigen Angelegenheiten mit Einschluß der diplomatischen und kommerziellen Vertretung dem Auslande gegenüber, sowie die in betreff der internationalen Verträge etwa notwendigen Verfügungen...«. Siehe die Konkordanz der beiden Gesetzestexte in: Der österreichisch-ungarische Ausgleich von 1867 (Südostdeutsche Historische Kommission, 1968) 159 ff., hier S. 163.

19 Andrássy an Kállay am 27. 12. 1868, zitiert bei N. PETROVIČ, Der österreichisch-ungarische Ausgleich und die Orientalische Frage, in: VANTUCH und HOLOTÍK 210. Vgl. insgesamt die scharfsinnige Problemskizze von P. HANÁK, Hungary in the Austro-Hungarian Monarchy. Preponderancy or Dependency? in: Austrian History Yearbook 3 (1967) 285 ff.

20 M. KOMJÁTHY, Die Entstehung 15.

21 Paragraph 8 des cisleithanischen Ausgleichsgesetzes vom 21. 12. 1867.

22 M. KOMJÁTHY, Die Entstehung 14.

23 Siehe K. SCHLINTNER, Die Reichsratsdelegation Österreichs und die Außenpolitik von 1867 bis 1878/79 (Phil. Diss. Wien 1950) 60.

24 Siehe H. MOMMSEN, Die Rückwirkungen des Ausgleichs mit Ungarn auf die cisleithani-

sche Verfassungsfrage, in: VANTUCH und HOLOTÍK 353 ff., insbes. 360 f. Informativ auch F. FELLNER, Kaiser Franz Joseph und das Parlament. Materialien zur Geschichte der Innenpolitik Österreichs in den Jahren 1867–1873, in: MÖStA 9 (1956) 287 ff.

25 Mitgeteilt von dem ehemaligen amerikanischen Gesandten in Wien, John Jay, an Henry de Worms, den Herausgeber der englischen Fassung von Beusts Memoiren: Memoirs of Friedrich Ferdinand Count von BEUST, with an Introduction by H. DE WORMS, Bd. 2 (London 1887) Postscript nach S. 327.

26 H. LUTZ, Zur Wende der österreichisch-ungarischen Außenpolitik 1871. Die Denkschrift des Grafen Beust für Kaiser Franz Joseph vom 18. Mai, in: MÖStA 25 (1972) 175.

27 Siehe unten S. 114 f.

28 Eine detaillierte Untersuchung dieser Konstellationen und Entwicklungen fehlt. Siehe die einleitenden Hinweise bei G. LEWIS, Kirche und Partei im Politischen Katholizismus. Klerus und Christlichsoziale in Niederösterreich 1885–1907 (Wien/Salzburg 1977).

29 Siehe F. ENGEL-JANOSI, Der »Ballhausplatz« 1848–1918, in: ders., Geschichte auf dem Ballhausplatz. Essays zur österreichischen Außenpolitik 1830–1945 (Graz/Wien/Köln 1963) 9 ff.; W. GOLDINGER, Die Zentralverwaltung in Cisleithanien. Die zivile gemeinsame Zentralverwaltung, in: Die Habsburger Monarchie 1848–1918, hrsg. von A. WANDRUSZKA und P. URBANITSCH, Bd. 2: Verwaltung und Rechtswesen (Wien 1975) 100 ff., hier 168 ff. (mit Literatur).

30 R. Frhr. v. BIEGELEBEN, Ludwig Frhr. v. Biegeleben (Wien 1930) 348 ff.: Sonette auf 1866.

31 F. F. Graf von BEUST, Aus drei Viertel-Jahrhunderten 2 (Stuttgart 1887) 39.

32 Siehe unten S. 122.

33 H. SALOMON, L'Ambassade de Richard de Metternich à Paris (Paris 1931); H. FORGÓ, Fürst Richard Metternich (Diss. phil. Wien 1966). Das Liechtenstein-Zitat bei E. WEINZIERL-FISCHER, Aus dem Reisetagebuch des Prinzen Aloys Liechtenstein von 1871, in: AÖG 125 (1966) 251. Siehe auch BEUST 2, 35 f.

34 W. HAUSCHKA-HIRSCH, Felix Graf Wimpffen (1827–1882). Ein österreichischer Diplomat der franzisko-josephinischen Epoche, in: MIÖG 80 (1972) 356 ff.

35 Siehe F. ENGEL-JANOSIS Studien, insbesondere den Aufsatz: Der Briefwechsel Gobineaus mit Prokesch-Osten, in: MIÖG 48 (1934) 456 ff. Vgl. die Charakteristik bei BEUST 2, 38 f.

36 T. FRANK, The British Image of Hungary 1865/1870 (Budapest 1976); ders., Die österreichische Propaganda des Dualismus in England 1866–1870, in: Zeitgeschichte 3 (1976) 337 ff.; ders., Der preußisch-österreichische Krieg und die englische öffentliche Meinung, in: Annales Universitatis Scientiarum Budapestensis de Rolando Eötvös nominatae, Sectio Historica Tom. 17 (1976) 151 ff. Vgl. BEUST 2, 36.

37 Aufschlußreich insbesondere die betr. Abschnitte bei L. v. PRZIBRAM. Vgl. auch H. Frhr. LANGWERTH VON SIMMERN, Aus meinem Leben, Bd. 1 (Berlin 1898) 17 ff.

38 Siehe die entsprechenden Abschnitte bei A. SCHMIDT-BRENTANO, Die Armee in Österreich. Militär, Staat und Gesellschaft 1848–1867 (Boppard 1975); W. WAGNER, Geschichte des k.k. Kriegsministeriums, Bd. 2 (Wien 1971) passim; J. Ch. ALLMAYER-BECK, Der Ausgleich von 1867 und die k. u. k. bewaffnete Macht, in: Der österreichisch-ungarische Ausgleich von 1867, hrsg. von P. BERGER 113 ff.; J. HOLZER, Erzherzog Albrecht 1867–1895. Politisch-militärische Konzeptionen und Tätigkeit als Generalinspektor des Heeres (Phil. Diss. Wien 1974); E. HELLER, Erzherzog Albrecht: unvollständiges Manuskript einer Biographie, in: KA, Nachlaß Eduard Heller – B/679-1.

39 Siehe H. v. SRBIK, Erinnerungen des Generals Freiherrn von John 1866 und 1870, und ders., Reichskriegsminister Freiherr von Kuhn 1868–1874, beide Aufsätze in: ders., Aus Österreichs Vergangenheit. Von Prinz Eugen zu Franz Joseph (Salzburg 1949) 43 ff. und 141 ff.

40 Dies kommt insbesondere in den von E. HELLER benutzten und zitierten Jahresberichten

Albrechts zum Ausdruck. Siehe zum folgenden auch die Erörterungen über den Zweifrontenkrieg in der Vorbemerkung, unten S. 58 ff.

41 Siehe unten S. 149 ff.

42 Siehe unten S. 213.

43 Nach P. BAIROCH, Europe's Gross National Product: 1800–1975, in: The Journal of European Economic History 5 (1976) 286. Die Werte sind in U.S. Dollars von 1960 nach dem Dreijahresmittel berechnet; die in Klammern gesetzten Zahlen haben laut Kommentar des Autors einen höheren Unsicherheitsfaktor als andere gleichzeitige Angaben. Ob bei Österreich die territorialen Veränderungen (Italien) berücksichtigt sind oder in den Grenzen von 1866 zurückgerechnet wird, sagt der Autor nicht. Vgl. im übrigen das umfangreiche Zahlenmaterial und die Interpretationen bei H. MATIS, Österreichs Wirtschaft 1848–1913. Konjunkturelle Dynamik und gesellschaftlicher Wandel im Zeitalter Franz Josephs I. (Berlin 1972) und die verschiedenen Beiträge des Sammelwerkes: Die Habsburgermonarchie 1848–1918, hrsg. von A. WANDRUSZKA und P. URBANITSCH, Bd. 1: Die wirtschaftliche Entwicklung, hrsg. von A. BRUSATTI (Wien 1973). Für den vorausgehenden Zeitabschnitt grundlegend: H.-H. BRANDT, Die Finanzen des österreichischen Neoabsolutismus (Göttingen 1978).

44 Hierzu und zum folgenden vgl. R. SCHÜLLER, Die Entstehung des österreichisch-ungarischen Wirtschaftsgebietes, in: G. GRATZ und R. SCHÜLLER, Der wirtschaftliche Zusammenbruch Österreich-Ungarns. Die Tragödie der Erschöpfung (Wien 1930) 1 ff., hier S. 28 ff.; H. MATIS, Sozioökonomische Aspekte des Liberalismus in Österreich 1848–1918, in: Sozialgeschichte Heute. Festschrift für Hans Rosenberg zum 70. Geburtstag, hrsg. von H.-U. WEHLER (Göttingen 1974) 243 ff.

45 Siehe S. ADLER-RUDEL, Baron Moritz von Hirsch. Ein großer jüdischer Philanthrop und sein Werk, in: Bulletin des Leo Baeck Instituts 7 (1964) 189 ff.; W. RECHBERGER, Zur Geschichte der Orientbahnen. Ein Beitrag zur österreichisch-ungarischen Eisenbahnpolitik auf dem Balkan in den Jahren von 1852–1888 (Phil. Diss. Wien 1958). Eine knappe Zusammenfassung bei H. LUTZ, Le problème de la politique extérieure Austro-hongroise en 1871, in: Revue d'Histoire Moderne et Contemporaine 19 (1972) 304 f.

46 Siehe A. BEER, Der Staatshaushalt Österreich-Ungarns seit 1868 (Prag 1881) 286. Das Defizit bei 1870 geht auf die erhöhten Rüstungsaufwendungen zurück; das Defizit ab 1874 spiegelt den Konjunkturverfall seit dem Börsenkrach von 1873 wider. Auf die sehr unterschiedlichen Wirtschafts- und Finanzverhältnisse der beiden Reichshälften, die für eine sozioökonomische Analyse von größtem Interesse sind, kann hier nicht eingegangen werden. Vgl. hierzu die instruktiven Überblick von P. HANÁK, Hungary in the Austro-Hungarian Monarchy: Preponderancy or Dependency?, in: Austrian History Yearbook 3 (1967) 260 ff. und die Abhandlungen von I. T. BEREND/G. RÁNKI, L. KATUS und P. HANÁK in dem Sammelband: Sozial-ökonomische Forschungen zur Geschichte von Ost- und Mitteleuropa, hrsg. von E. PAMLÉNYI (Budapest 1970).

47 Siehe unten S. 469.

48 Im größeren Zusammenhang behandelt von H. BÖHME, Deutschlands Weg zur Großmacht. Studien zum Verhältnis von Wirtschaft und Staat während der Reichsgründungszeit 1848–1881 (2. Aufl. Köln 1972) 236 ff., 267 ff. Siehe auch unten S. 85.

49 Außer dem in Anm. 48 genannten Werk von H. BÖHME siehe W. ZORN, Die wirtschaftliche Integration Kleindeutschlands in den 1860er Jahren und die Reichsgründung, in: HZ 216 (1973) 304 ff. (mit guter Übersicht über die Literatur). Zorns Fragen gelten insbesondere der »starken Problematik eines selbständigen, ganz binnenländisch Süddeutschen… Bundes als Wirtschaftskörper zwischen Norddeutschem Bund und Österreich-Ungarn« (S. 333 f.). Von Wien her verlor das Südbundproblem auf politischer Ebene stark an Interesse, sobald Beusts Versuch, 1867 den Südbund im *Einvernehmen mit Preußen* zu Wege zu bringen, an Bismarcks Widerstand gescheitert war (siehe unten S. 91).

50 Zum folgenden: J. WINCKLER, Die periodische Presse Österreichs (Wien 1875) – mit in-
    struktiver Übersicht über den enormen Aufschwung des österreichischen Pressewesens
    1867 bis 1871; K. PAUPIÉ, Handbuch der österreichischen Pressegeschichte 1848–1959, 2
    Bde. (Wien/Stuttgart 1960/1966); M. LUNZER, Der Versuch einer Presselenkung in Öster-
    reich 1848 bis 1870 (Wien 1954); B. KREBS, Die westeuropäische Pressepolitik der Ära
    Beust (Göppingen 1970); E. NAUJOKS, Bismarcks auswärtige Pressepolitik und die
    Reichsgründung (1865–1871) (Wiesbaden 1968) – enthält genaue Untersuchungen auch
    über Beusts Pressepolitik anhand der Akten der Presseleitung (in der Präsidialsek-
    tion/Reichskanzlei) der österreichisch-ungarischen Regierung, insbesondere auch über
    Metternichs Presse-Aktivitäten in Paris, was ein wichtiges Seitenstück zu der oben Anm.
    36 genannten Untersuchung von T. FRANK, Die österreichische Propaganda des Dualis-
    mus in England, darstellt.
51 Ein wertvolles Hilfsmittel, das ausgiebig die österreichischen Publikationen berücksich-
    tigt, ist K. G. FABER, Die nationalpolitische Publizistik Deutschlands von 1866 bis 1871.
    Eine kritische Bibliographie, Bd. 2 (Düsseldorf 1963).
52 Ein interessantes Beispiel bietet: The Austro-Hungarian Empire and the Policy of Count
    Beust. A Political Sketch of Men and Events from 1866 to 1870, by an Englishman [=
    Henry DE WORMS] (London 1870). Worms betont die westeuropäische Orientierung der
    Wiener Politik (»... to establish an *entente cordiale* with those great powers whose inter-
    ests in all important questions must of necessity run parallel with those of Austria – viz.,
    England and France« S. 79 f.) und lobt Beust als »genial promotor of all free institutions«
    (S. XVI). Zur Tätigkeit von H. de Worms, Schwiegersohn des Wiener Bankiers Todesco
    und später Chef des englischen Handelsamtes, siehe PRZIBRAM 262 f. und die wichtigen
    Nachweise bei T. FRANK, Die österreichische Propaganda.
53 Siehe NAUJOKS 161, 236 f.
54 HHStA, PL 576/1869; Beilage zu Beusts Vortrag vom 20. August 1869 über die Verkaufs-
    verhandlung.
55 Siehe unten S. 143 und 161 ff.
56 Ergänzend zu der unten iom Abschnitt ›Österreich und Preußen nach Salzburg: ...‹ (S. 82 ff.)
    angegebenen Literatur zur orientalischen Frage sei hier verwiesen auf A. WANDRUSZKA –
    R. PLASCHKA – A. DRABEK (Hrsg.), Die Donaumonarchie und die Südslawische Frage von
    1848 bis 1918. Texte des ersten österreichisch-jugoslawischen Historikertreffens Gösing
    (Wien 1978).
57 Eine zusammenhängende Darstellung der österreichisch-ungarischen Balkanpolitik dieser
    Jahre gibt es nicht. Wichtige Hinweise und Erörterungen bei N. PETROVIČ, Der österrei-
    chisch-ungarische Ausgleich und die Orientalische Frage, in: VANTUCH und HOLOTÍK
    195 ff. und die anschließenden Beiträge und Diskussionen. Vgl. A. RADENIĆ, Die Balkan-
    länder in der Strategie Österreich-Ungarns 1867–1878, in: Balcanica 1 (1970) 147 ff. –
    Bemerkenswert und für unsere Thematik erheblich ist die Untersuchung von D. BEYRAU,
    Russische Orientpolitik und die Entstehung des deutschen Kaiserreiches 1866–1871
    (Wiesbaden 1974).
58 Vgl. zum folgenden unten S. 99 ff. – Daß der Dualismus eine neue Etappe nicht nur für die
    orientalische Frage, sondern auch für die Beziehungen zwischen Wien und Petersburg be-
    deutete, steht außer Zweifel. Nicht ganz so eindeutig ist das Urteil über die effektive Stär-
    kung der österreichischen Balkanpositionen seit 1866, entsprechend dem Scheitern der
    russischen Balkanpläne 1866/69. Diese Positionsgewinne konnten 1870/71 wohl im all-
    gemeinen behauptet und später in die Zweibundkonstellation eingebracht werden. Wie-
    weit dazu die konservative Wendung der französischen Orientpolitik (definitiv seit 1868,
    siehe etwa die Weisung Moustiers an Benedetti, OD 21, 28 ff.) beigetragen hat, wäre im
    einzelnen zu untersuchen. Diese Entwicklung ging Hand in Hand mit der französischen
    Parteinahme für das dualistische System, was einer Option Napoleons III. für die Deut-

schen und Ungarn und gegen die Slawen gleichkam. Siehe E. Birke, Frankreich und Ost-
mitteleuropa im 19. Jahrhundert (Köln/Graz 1960) 291 ff.

59 B. Jelavich, The Habsburg Empire in European Affairs 1814–1918 (Chicago 1969) 100.
Anders Taylor, The Struggle passim, der, von Frankreich ausgehend, die österreichische
Orient- und Frankreichpolitik eingehend würdigt, aber die deutschen Bezüge nach 1866 a
limine gering einschätzt: »Habsburg policy was turning away from Germany« (196).

60 Beust 1, 120; der Ausdruck fällt im Zusammenhang einer für Beusts Preußenbild sehr
aufschlußreichen Erörterung über Olmütz 1850.

61 Siehe H. Lutz, Zur Wende 177; Beust resümiert in der Denkschrift vom 18. Mai 1871 für
Franz Joseph die Haltung Preußens zu Österreich nach 1866: »Jeden Wiedereintritt in
Deutschland war man in Berlin entschlossen zu verweigern...«

62 Bray an Hohenlohe, 2. März 1868 (Or.); Bayer. Hauptstaatsarchiv MA 633 f. 18–21. Vgl.
den Bericht des württembergischen Gesandten Thumb vom 2. Mai 1867 über Darlegungen Beusts zur deutsch-österreichischen Frage: Ein Bundesverhältnis Österreichs zu
Deutschland denke er – Beust – sich analog dem Bundesvertrag von 1815; jedes andere sei
ein völkerrechtliches, vorübergehendes Bundesverhältnis; zit. bei W. Schüssler, Bismarcks Kampf um Süddeutschland 1867 (Berlin 1929) 228. – Vgl. im übrigen zur Rekonstruktion der deutschen Idee Beusts (und zu ihrer faktischen Schwäche, die sich u. a. aus
dem Mangel einer überzeugten Trägergruppe in Österreich ergab) neben den im ersten
und zweiten Teil des Buches enthaltenen Einzelbelegen vor allem die überaus interessanten Rückblick in der von Beust Anfang Oktober 1870 veranlaßten offiziösen Artikelserie
(und Broschüre). ›Randglossen zum Preussisch-Französischen Kriege‹: »Zwei große
Strömungen betrieben die Organisation des deutschen Gemeinwesens in zwei verschiedenen Richtungen...« (unten S. 275).

63 Beust 1, 420. Der folgende Satz stellt den eindeutigen Bezug zur Stellung der Deutschen in
der Monarchie her. An anderer Stelle wird bei einer scharfen Kritik der deutschen Politik
des Fürsten Schwarzenberg 1849/50 zur Erklärung beigefügt, er habe eben »die Frage des
Verbleibens Österreichs im deutschen Staatsverbande« nicht in ihrer vollen Bedeutung erkannt (S. 124 f.). Beust schließt einen weiterführenden Kommentar an: »Bei der Frage des
Ausscheidens Österreichs aus Deutschland, wofür kein Bündnis vollen Ersatz bieten kann,
stand auf dem Spiel nicht allein ein Ehrenplatz, der dem Kaiser als Erben einer langen
Reihe deutscher Kaiser von Gottes und Rechts wegen gebührte, nicht allein eine staatliche
Verbindung, welche Österreichs Stellung als Großmacht eine wesentliche Stärke verlieh
und von seinen weit ausgedehnten Grenzen die wichtigsten gegen die Möglichkeit eines
Angriffs schützte, sondern auch die naturgemäße, zweifellose und friedliche Lösung einer
Aufgabe, die heute schwere Sorgen bereitet: die Erhaltung einer bevorzugten Stellung der
deutschen Bevölkerung gegenüber den nichtdeutschen Bewohnern der Monarchie... Alles, was die Deutschen zur Behauptung ihrer Stellung in bezug auf kulturelle Mission,
Gründung des Reichs durch deutsche That und Ähnliches sagen können, findet bei den
Slaven taube Ohren. Gegen die bevorzugte Stellung, welche die Deutschen seit jeher einnehmen *mußten, weil Österreich in Deutschland seinen Platz und einen angesehenen Platz
hatte,* dagegen konnten die Slaven Augen und Ohren nicht verschließen.«

64 Vergleichbare »Umkehrargumentationen« finden sich auch sonst im Bereich von Beusts
prodeutscher Innen-Außenpolitik, so wenn er zum Beispiel Ende Januar 1867 für die dualistische, prodeutsche Verfassungsform gegen Belcredis Föderalismus u. a. die Rücksicht
auf Bayern ins Feld führt, das von einem Abschwenken in propreußische Richtung zurückgehalten werden müsse: »Wenn noch etwas von dieser Bahn abzuhalten vermag, so
ist es das eben von mir empfohlene Vorgehen in der inneren Frage Österreichs, zumal
wenn gleichzeitig geschickt auf den jungen König eingewirkt wird, um ihm begreiflich zu
machen, daß die deutsche Sache ebenso gut und besser hier vertreten ist, als in Preußen...«
(Redlich 2, 554).

65 H. Lutz, Zur Wende 177.

66 Die Edition der Protokolle des österreichischen Ministerrates ist zur Zeit bis Anfang Februar 1867 vorangeschritten (siehe oben Anm. 6). Die Edition der Protokolle des gemeinsamen Ministerrates der österreichisch-ungarischen Monarchie ab 1867 wird vom »ungarischen Komitee für die Veröffentlichung der Ministerratsprotokolle« unter dem Vorsitz von Gyözö Ember vorbereitet.

67 Diplomatische Aktenstücke des Ministeriums des Äußern für die Jahre 1867–1871 sind in einigen größeren außerösterreichischen Editionsreihen publiziert worden; insbesondere in APP (siehe unten Anm. 68), in OD (siehe unten Anm. 69), bei Oncken (siehe unten Anm. 73) und in den Sammlungen zur nordschleswigschen Frage (siehe unten Anm. 74). Nicht zu unterschätzen sind die zeitgenössischen amtlichen Publikationen des Ballhausplatzes, die ›Rotbücher‹, auch wenn hier manche Stücke nur verkürzt geboten werden und die Auswahl unter aktuellen politischen Gesichtspunkten erfolgte (s. oben S. 29 u. unten S. 114 f.): Correspondenzen des kaiserlich-königlichen Ministeriums des Äußern, 5 Bde. (Wien 1868/71). – F. Engel-Janosi, Zur Geschichte des österreichischen Aktenwerkes über den Ursprung des Ersten Weltkriegs, in: Zeitgeschichte 5 (1977) 45, hat jüngst gezeigt, daß nach dem Ersten Weltkrieg zeitweilig geplant war, anstelle der auf die Jahre 1908 bis 1914 beschränkten österreichischen Aktenpublikation zur Vorgeschichte des Weltkrieges eine größere, mit 1866 einsetzende Editionsreihe zu veranstalten, die in etwa der ab 1922 in Berlin erscheinenden ›Großen Politik der Europäischen Kabinette‹ entsprochen hätte.

68 Die auswärtige Politik Preußens 1858–1871, hrsg. von der Historischen Reichskommission (Oldenburg 1933 ff.) – zit. APP.

69 Les Origines diplomatiques de la guerre de 1870–1871. Recueil de documents publié par le Ministère des Affaires Etrangères, Bd. 11 bis 29 (Paris 1920–1931) – zit. OD. Für 1871 schließt an der erste Band der: Documents Diplomatiques Français 1871–1914, Ier Série 1871–1900 (Paris 1929) – zit. DDF.

70 I Documenti Diplomatici Italiani, Prima serie 1861–1870, Bd. 13 (5. Juli bis 20. Sept. 1870) (Rom 1963); Seconda serie 1870–1896, Bd. 1 und 2 (21. Sept. 1870 bis 30. Juni 1871) (Rom 1960/66) – zit. DDI.

71 Nur in die dänischen Sammlungen zur Nordschleswigschen Frage (siehe unten Anm. 74) sind systematisch einschlägige Stücke der russischen diplomatischen Korrespondenz aufgenommen worden.

72 Otto Fürst v. Bismarck, Die gesammelten Werke, 15 Bde. (Berlin 1924/35) – zit. GW. Bei der Benutzung sind die Vorbehalte zu beachten, die sich aus dem zeitgebundenen Rechtfertigungs- und Denkmalscharakter der Edition ergeben (siehe H. Baumgart, Quellenkunde zur deutschen Geschichte der Neuzeit, Bd. 5, 2 [Darmstadt 1977] 14 f.).

73 H. Oncken (Hrsg.), Die Rheinpolitik Kaiser Napoleons III. von 1863 bis 1870 und die Ursprünge des Krieges von 1870/71, 3 Bde. (Stuttgart/Berlin/Leipzig 1926) – zit. Oncken. Onckens lesenswerte Einleitung und die Kommentierung spiegeln die antifranzösische Stimmung der deutschen Nachkriegszeit in ungebrochener Weise wider, was sich natürlich auch auf die Bewertung der österreichischen Außenpolitik unter Beust auswirkt. – Zu erwähnen ist hier auch R. Lord (Hrsg.), The Origins of the War of 1870. New Documents from the German Archives (Cambridge 1924), und die wichtige Quellenpublikation: V. J. Vučković (Hrsg.), Politička akcija Srbije u južnoslovenskim pokrajinama Habsburške monarhije 1859–1874 (Die politische Aktion Serbiens in den südslawischen Provinzen der Habsburger Monarchie) (Belgrad 1964) – zit. Politička.

74 W. Platzhoff, K. Rheindorf, J. Tiedje (Hrsg.), Bismarck und die nordschleswigsche Frage (Berlin 1925) – zit. Nordschleswigsche Frage; F. Hähnsen (Hrsg.), Ursprung und Geschichte des Artikels V des Prager Friedens. Die deutschen Akten zur Frage der Teilung Schleswigs (1863–1879), 2 Bde. (Breslau 1929) – zit. Hähnsen; A. Friis (Hrsg.), Det nordslesvigske Spørgsmaal 1864–1879, 4 Bde. (Kopenhagen 1921/38); A. Friis, P.

BAGGE (Hrsg.), Europa, Danmark og Nordslesvig 1864–1879, 4 Bde. (Kopenhagen 1939/59) – zit. FRIIS-BAGGE.

75 Zur kennzeichnenden Gegenüberstellung seien hier einige der im folgenden benützten Memoirenwerke genannt. Preußen: Kaiser Friedrich III. Das Kriegstagebuch von 1870/71, hrsg. von H.O. MEISNER (Berlin/Leipzig 1926); Tagebuch meiner Reise nach dem Morgenlande 1869. Bericht des preußischen Kronprinzen Friedrich Wilhelm über seine Reise zur Einweihung des Suezkanals, hrsg. von H. ROTHFELS (Berlin 1970); M. BUSCH, Tagebuchblätter, 2 Bde. (Leipzig 1899) – zit. M. BUSCH; H. ABEKEN, Ein schlichtes Leben in bewegter Zeit. Aus Briefen zusammengestellt (3. Aufl. Berlin 1904); Bismarcks großes Spiel. Die geheimen Tagebücher Ludwig BAMBERGERS, hrsg. von E. FEDER (Frankfurt/M. 1932); Denkwürdigkeiten des Generals und Admirals Albrecht v. STOSCH, erstem Chef der Admiralität. Briefe und Tagebücher, hrsg. von U. v. STOSCH (Stuttgart/Leipzig 1904); Denkwürdigkeiten des Botschafters General Hans Lothar v. SCHWEINITZ, hrsg. von W. v. SCHWEINITZ, Bd. 1 (Berlin 1927); Aufzeichnungen und Erinnerungen aus dem Leben des Botschafters J. M. v. RADOWITZ, hrsg. von H. HOLBORN (Berlin 1925). – Zu erwähnen sind hier auch die Schriften Helmut von Moltkes, die z. T. eine Zwischenstellung zwischen militärischer und biographischer Dokumentation einnehmen: H. v. MOLTKE, Militärische Werke, Abt. I, Bd. 3 (Berlin 1896); Moltke in der Vorbereitung und Durchführung der Operationen, hrsg. vom Großen Generalstab (Berlin 1905); F. v. SCHMERFELD, Graf Moltke. Die deutschen Aufmarschpläne (Berlin 1929). Mittelstaaten: Denkwürdigkeiten des Fürsten Chlodwig zu HOHENLOHE-SCHILLINGS-FÜRST, hrsg. von F. CURTIUS, 2 Bde. (Stuttgart/Leipzig 1907) – zit. HOHENLOHE; Graf OTTO v. BRAY-STEINBURG, Denkwürdigkeiten aus seinem Leben, hrsg. von C. Th. v. HEI-GEL (Leipzig 1901) – zit. BRAY; Die Tagebücher des Frhr. R. v. DALWIGK zu Lichtenfels aus den Jahren 1860–71, hrsg. von W. SCHÜSSLER (Stuttgart/Berlin 1920) – zit. DAL-WIGK; R. Frhr. v. FRIESEN, Erinnerungen aus meinem Leben, hrsg. von H. v. FRIESEN, Bd. 3 (Dresden 1910); J. FRÖBEL, Ein Lebenslauf, 2 Bde. (Stuttgart 1890/91) – zit. FRÖBEL.

76 K. F. VITZTHUM V. ECKSTÄDT, Denkwürdigkeiten 1866–1873 (als Manuskript gedruckt Dresden 1894, nicht in die Öffentlichkeit gelangt). Die drei vorausgehenden Bände erschienen Stuttgart 1886 und 1889.

77 A. E. F. SCHÄFFLE, Aus meinem Leben, 2 Bde. (Berlin 1905). Die gradlinige Perspektive dieser Memoiren ist nicht nur aus der Persönlichkeit des Schwaben zu erklären, sondern auch aus der Tatsache, daß Schäffle nach seiner neunmonatigen Ministertätigkeit 1871 (als Gegner Beusts) kein öffentliches Amt mehr übernahm.

78 Siehe oben Anm. 16. Vgl. auch H. POLLAK, Dreißig Jahre aus dem Leben eines Journalisten. Erinnerungen und Aufzeichnungen, Bd. 1 und 2 (Wien 1894/95) – reich an Episoden aus dem Alltag der Beustschen Pressepolitik.

79 F. Graf REVERTERA, Erinnerungen eines Diplomaten in St. Petersburg 1864 bis 1868, in: Deutsche Revue 2 (1904) 29 ff., 129 ff., 262 ff.; Erinnerungen Adolfs von TSCHA-BUSCHNIGG, hrsg. von S. FRANKFURTER, in: Archivalien zur neueren Geschichte Österreichs, Bd. 2, 1 (Wien 1932) 55 ff.; L. v. HASNER, Denkwürdigkeiten. Autobiographisches und Aphorismen (Stuttgart 1892); K. v. STREMAYR, Erinnerungen aus dem Leben (Wien 1899).

80 Bei BAUMGART, Quellenkunde 5, 2, 79 ein Überblick über die publizierten Briefwerke.

81 Außer der oben Anm. 25 zitierten englischen Ausgabe (mit einem bemerkenswerten Vorwort von Henry de Worms) erschien auch eine französische Übersetzung: Trois quarts de Siècle. Avec des notes inédites et une préface par F. KOHN (Paris 1888).

82 H. RUMPLER, Die deutsche Politik des Freiherrn von Beust 1848–1850. Zur Problematik mittelstaatlicher Reformpolitik im Zeitalter der Paulskirche (Wien/Köln/Graz 1972) 15 ff.: Das Problem einer Beust-Biographie; hier S. 34 ff. Vgl. jetzt auch vom gleichen Autor: Beust im Schatten Bismarcks. Grenzen und Bedingungen einer Persönlichkeitsbeurtei-

lung, in: Objektivität und Parteilichkeit in der Geschichtswissenschaft, hrsg. von R. Ko-
SELLECK, W. J. MOMMSEN, J. RÜSEN (München 1977) 212 ff.

83 BEUST 2, 34. Aus dem Zusammenhang dieser Stelle und vieler anderer Äußerungen geht
hervor, daß die Formulierung Beusts nicht nur auf seine deutsche Politik von 1849 bis
1866, sondern darüberhinaus auf seine Ziele bis zu der Wende von 1870 zu beziehen ist.

84 Gute Übersicht über Gliederung, Umfang und Signaturen des Aktenbestandes bei R.
STROPP, Die Akten des k. u. k. Ministeriums des Äußern 1848 – 1918, in: MÖStA 20
(1967) 389 ff.

85 M. BUSCH 2, 171.

86 Siehe unten S. 227. – Vgl. jetzt die instruktive Übersicht von H. HUBATSCHKE, Die amtliche
Organisation der geheimen Briefüberwachung und des diplomatischen Chiffrendienstes
in Österreich (Von den Anfängen bis etwa 1870), in: MIÖG 83 (1975) 352 ff..

87 Siehe unten S. 279 f.

88 Memoirs of BEUST 1, LI: »The Count had a very high opinion of the young Saxon, whom
he sent during the Franco-German war with confidential despatches to Prince Bismarck at
Versailles.«

89 Reichsgründung 1870/71. Tatsachen, Kontroversen, Interpretationen, hrsg. von Th.
SCHIEDER und E. DEUERLEIN (Stuttgart 1970); Entscheidung 1870. Der deutsch-französische Krieg, hrsg. von W. v. GROOTE und U. v. GERSDORFF (Stuttgart 1970); Europa und
die Einheit Deutschlands. Eine Bilanz nach 100 Jahren, hrsg. von W. HOFER (Köln 1970);
Das kaiserliche Deutschland. Politik und Gesellschaft 1870–1918, hrsg. von M. STÜR-
MER (Düsseldorf 1970); Die großpreußisch-militaristische Reichsgründung 1871, hrsg.
von H. BARTEL und E. ENGELBERG, 2 Bde. (Berlin 1971). Zu nennen auch die Ausstel-
lungskataloge mit Texten und Dokumenten: Fragen an die Deutsche Geschichte. Historische Ausstellungen im Reichstagsgebäude in Berlin und in der Paulskirche in Frankfurt a.
Main aus Anlaß der hundertsten Wiederkehr des Jahres der Reichsgründung 1871 (Berlin
1971); Bayern und die deutsche Einigung 1870/71. Ausstellung des Bayerischen Hauptstaatsarchivs München zum 100. Jahrestag der Reichsgründung am 18. Januar 1871,
hrsg. von H.-J. BUSLEY (Kallmünz 1971). In den gleichen Zusammenhang gehört auch E.
KOLB, Der Kriegsausbruch 1870 (Göttingen 1970) – ein Teil der bisher leider ungedruckten großen Arbeit Kolbs über die diplomatische Geschichte des Krieges 1870/71; F.
L'HUILLIER hat im April/Juni-Heft der Revue d'Histoire Moderne et Contemporaine 19
(1972) die Referate eines 1971 in Straßburg abgehaltenen Colloquiums publiziert: Dimensions et Résonances de l'année 1871.

90 Entfaltet bei Th. SCHIEDER, Das deutsche Kaiserreich von 1871 als Nationalstaat (Köln
1961). – Von den zahlreichen einschlägigen Untersuchungen J. BECKERS seien hier genannt: Bismarck und die Frage der Aufnahme Badens in den Norddeutschen Bund im
Frühjahr 1870. Dokumente zur Interpellation Laskers vom 24. Februar 1870, in: Zeitschrift für die Geschichte des Oberrheins 119 (1971) 427 ff; Zum Problem der Bismarckschen Politik in der Spanischen Thronfrage 1870, in: HZ 212 (1971) 529 ff.; Bismarck et
l'empire libéral, in: Francia. Forschungen zur westeuropäischen Geschichte 2 (1974)
327 ff.

91 A. J. P. TAYLOR, The Habsburg Monarchy 1809–1918. A History of the Austrian Empire
and Austria-Hungary (London 1955); A. J. MAY, The Habspurg Monarchy 1867–1914
(Cambridge, Mass., 1951); C. A. MACARTNEY, The Habsburg Empire 1790–1918 (London 1968); B. JELAVICH, The Habsburg Empire in European Affairs 1814–1918 (Chicago 1969); F. R. BRIDGE, From Sadowa to Sarajevo. The Foreign Policy of Austria-Hungary 1866–1914 (London/Boston 1972). – In gewissem Sinn gehört hierher auch das
großangelegte Werk von R. A. KANN, A History of the Habsburg Empire 1526–1918
(Berkeley 1974), jetzt in deutscher Übersetzung: Geschichte des Habsburgerreiches 1526
bis 1918 (Wien/Köln/Graz 1977).

92 Siehe oben Anm. 81.
93 Für die Kontroverse Delbrück-Sybel siehe unten S. 150.
94 Siehe oben Anm. 73. Erstaunlich ist auch die starke, bis heute reichende Nachwirkung der
   ungemein parteiischen Andrássy-Biographie des Bismarck-Bewunderers E. v. WERT-
   HEIMER (siehe oben Anm. 16), der ein streckenweise geradezu groteskes Zerrbild der
   Jahre ab 1866 gezeichnet hat. Desto wichtiger verspricht die neue Andrássy-Studie von
   I. DIÓSZEGI (Budapest) zu werden, deren deutsche Ausgabe laut freundlicher Auskunft
   des Verfassers vorbereitet wird.
95 Hervorzuheben die überaus abgewogene Skizze der österreichischen Außenpolitik nach
   1866 bei H. v. SRBIK, Erinnerungen des Generals Freiherrn von John 1866 und 1870, zuerst in MIÖG 50 (1936) 133 ff., Neudruck in H. v. SRBIK, Aus Österreichs Vergangenheit
   (Salzburg 1949) 43 ff., hier S. 60 ff.
96 F. SCHNABEL, Das Problem Bismarck (siehe oben Anm. 5), hier 212, mit der nachdenkli-
   chen Fortführung: »Aber es ist doch sehr fraglich, ob die in der alten österreichischen Monarchie führende Schicht irgendeinem Staatsmann den Umbau gestattet hätte. ... Wer will
   bestreiten, daß es doch viele Möglichkeiten gab, die auch von der Hofburg nicht dauernd
   zurückgewiesen werden konnten? – durch Bismarck sind sie aussichtslos geworden. Ob
   dieser Föderativstaat auf lange hinaus eine Sicherheit gegen das übermächtig heranwach-
   sende Rußland geboten hätte, kann man füglich bezweifeln. Aber das nationalstaatliche
   System hat doch durch die Rivalität und das Wettrüsten zu einem ungeheuerlichen Ver-
   brauch von Kräften geführt, die im mitteleuropäischen Gebilde hätten gespart und zusammengefügt werden können. Bismarck, der nach Herkunft und Art diesen Weg niemals
   zu beschreiten vermochte, hat in der Tat der Geschichte Deutschlands und Europas eine
   höchst persönliche Wendung gegeben. Daß die Völker Europas das Werk des Berliner
   Kongresses anfochten und wieder auflösen wollten, war die Situation, die er antraf. Aber
   er hat darüber entschieden, daß dies nur durch Annexionismus und Militarismus geschah ...«
97 Für H. v. SRBIK siehe oben Anm. 95; H. A. SCHMITT, Count Beust and Germany, 1866 bis
   1870: Reconquest, Realignment or Resignation? in: Central European History 1 (1968)
   20 ff. Beide Autoren verfolgen die Dinge nur bis zum Sommer 1870; zu Schmitts Bemerkung (S. 29 f.), Beust habe die Risiken übersehen oder unterschätzt, die in dem Fehlen einer
   österreichischen Einflußmöglichkeit auf die Entscheidungen Frankreichs lagen, siehe unten S. 140 ff. (Argumentation gegen diese These). Auf der Linie einer treffenden Revision arbeitete schon zuvor der Schweizer Historiker E. GROB, Beusts Kampf gegen Bismarck (Zürich
   1930), während die sehr quellennahe Arbeit von H. POTTHOFF, Die deutsche Politik Beusts
   von seiner Berufung zum österreichischen Außenminister Oktober 1866 bis zum Ausbruch des deutsch-französischen Krieges 1870/71 (Bonn 1968), zwar im Einzelnen viel
   Klärendes beibringt, aber in der Gesamtinterpretation die Abhängigkeit von älteren, beschränkten Positionen nicht voll überwindet. Für diese älteren, ganz einseitigen Interpretationen vgl. die Dissertation von E. ERICHSEN, Die deutsche Politik des Grafen Beust im
   Jahre 1870. Ein Beitrag zur Geschichte der Reichsgründung (Kiel 1927). Dagegen ist die
   sorgfältige, breitangelegte Darstellung von O. BECKER, Bismarcks Ringen um Deutschlands Gestaltung (Heidelberg 1958, posthum von A. SCHARFF ergänzt) trotz des Fortle-
   bens mancher alter Vorurteile durchaus informativ und brauchbar.
98 In diesem Zusammenhang ist besonders auf zwei neuere Untersuchungen mit weitem Horizont zu verweisen, denen der Autor wertvolle Hinweise und Anregungen auch über das
   engere Thema hinaus verdankt: I. DIÓSZEGI, Österreich-Ungarn und der französisch-preußische Krieg 1870 – 1871 (Budapest 1974) und V.-L. TAPIÉ, Autour d'une tentative d'Alliance entre la France et l'Autriche 1867–70 (Österreichische Akademie der Wissenschaften, Phil.-histor. Klasse, Sitzungsberichte, 274. Bd., 5. Abhandlung – Wien 1971). Ferner
   ist nachdrücklich hinzuweisen auf die leider ungedruckte Dissertation von D. W. HOUS-

TON, The Negotiations for an Triple Alliance between France, Austria and Italy, 1869–
70 (University of Pennsylvania 1958), die mir erst nach Abschluß der vorliegenden Arbeit
zugänglich wurde. Ihre Bedeutung scheint mir vor allem in der genauen Aktenanalyse und
in der eingehenden Behandlung der politischen Szene Frankreichs und Italiens zu liegen.

99   Siehe oben Anm. 74.
100 Bis heute unentbehrlich L. BRÜGEL, Geschichte der österreichischen Sozialdemokratie, Bd.
     2 (Wien 1922); weiterführend die ersten Abschnitte von H. MOMMSEN, Die Sozialdemo-
     kratie und die Nationalfrage im habsburgischen Vielvölkerstaat (Wien 1963) sowie H.
     STEINER, Die Arbeiterbewegung Österreichs 1867–1889 (Wien 1964). Überblick und Li-
     teraturangaben für die Jahre 1867 bis 1871 jetzt bei H. HAUTMANN/R. KROPF, Die öster-
     reichische Arbeiterbewegung vom Vormärz bis 1945. Sozialökonomische Ursprünge ihrer
     Ideologie und Politik (2. Aufl. Wien 1976) 47 ff.
101 Vgl. für den Diskussionsstand zuletzt K. VOCELKA, Verfassung oder Konkordat? Der pu-
     blizistische und politische Kampf der österreichischen Liberalen um die Religionsgesetze
     des Jahres 1868 (Wien 1978).

Erster Teil
Peripetien nach dem Ende des Deutschen Bundes: Europa auf der Suche nach einer neuen Orientierung (1867 bis 1870)

Vorbemerkung

1 Hier drängt sich die Frage nach der Idee der Abrüstung als Element der europäischen Politik
   auf. Sie wurde in den Jahren vor dem deutsch-französischen Krieg von verschiedenen Seiten
   mit unterschiedlichen Motiven und Absichten ins Spiel gebracht: nie von preußischer Seite,
   wohl aber von Frankreich, England und auch von Österreich. Im Sommer 1868 hat Vitzthum
   ein großes Abrüstungsprogramm entworfen, das alsbald von Beust in Erwiderung auf Napoleons damaliges Bündnisangebot vorgebracht wurde (siehe unten S. 127). Im Unterschied zu
   England, wo Clarendons wiederholte Initiativen sowohl im Hinblick auf die innerenglische
   wie auf die außenpolitische Situation Resonanz hatten, ist nicht zu sehen, daß der Ballhausplatz sich längerfristig ernsthaft um eine Einbeziehung der Abrüstungsidee in sein politisches
   System bemüht hat.

Das Nichtzustandekommen einer neuen preußisch-österreichischen Zusammenarbeit

Die Tauffkirchensche Mission im Frühjahr 1867: ein neuer Bund Österreichs mit Deutschland?

1 Ausführliche Darstellungen: K.A. v. MÜLLER, Die Tauffkirchensche Mission nach Berlin und Wien, in: Riezler-Festschrift (Gotha 1913), 352 ff.; POTTHOFF 109 ff. – W. SCHÜSSLER, Bismarcks Kampf um Süddeutschland 1867 (Berlin 1929) ist materialreich, aber in interpretativer Hinsicht einseitig und durch Potthoff überholt.
2 Siehe unten S. 75 f.
3 APP 8, 559.
4 Vgl. das gleichzeitige Telegramm an Prinz Reuß in St. Petersburg, das mit deutlicher Absicht die russischen Meldungen über ein geheimes Einverständnis zwischen Frankreich und Österreich zurückweist und die »Bereitwilligkeit Österreichs zum Bündnis mit uns« betont (APP 8, 558).
5 Vgl. u. a. APP 8, 481 f., 505 f.
6 Siehe ebd. 142, 481 und passim; BÖHME 267 f.
7 HOHENLOHE 1, 201 f. Vgl. POTTHOFF 91 ff., 109 ff.
8 HOHENLOHE 1, 220.
9 Beust an Wimpffen, 28. März 1867; BEUST 2, 117 ff.
10 Am 3. April läßt Bismarck Hohenlohe telegraphisch mitteilen: »...Jedenfalls sollten wir beide den günstigen Erfolg des Inzidenzfalls auf Konsolidierung der nationalen Sache nach Kräften ausbeuten...« (HOHENLOHE 1, 224).
11 APP 8, 819.
12 HOHENLOHE 1, 225; FRÖBEL 2, 477. Vgl. auch APP 8, 611 ff., 620 ff. und zuletzt die Darstellung bei POTTHOFF 109 ff.
13 APP 8, 660.
14 In der Weisung Bismarcks an den preußischen Gesandten in Wien, Werther, vom 14. April (APP 8. 661).
15 Vgl. Bismarcks Äußerungen gegenüber Tauffkirchen; ebd. 655. Noch deutlicher die Weisung an Werther, 8. Mai 1867 (NORDSCHLESWIGSCHE FRAGE 161 f.).
16 APP 8, 556.
17 Ebd. 611.
18 Gortschakow hatte schon 1866 beabsichtigt, die Schwarzmeerklauseln des Vertrags von 1856 einseitig aufzukündigen. Siehe C. W. CLARK, Prince Gorchakov and the Black Sea Question 1866, in: American Historical Review 48 (1942/43) 52 ff.
19 Siehe unten S. 250 f.
20 Siehe unten S. 69 f.
21 APP 8, 670 f. – GW 6, 356; ONCKEN 2, 331 f.
22 Reuß an Bismarck, 17. April; APP 8, 691 f.
23 Siehe unten S. 94 ff.
24 APP 8, 692.
25 Ebd. 694 ff.
26 Ebd. 696 Anm. 3.
27 In mancher Hinsicht bis heute beachtenswert ist die Studie von W. PLATZHOFF, Die Anfänge des Dreikaiserbundes (1867 – 1871), in: Preußische Jahrbücher 188 (1922) 283 ff. Doch konnte Platzhoff anhand der damaligen Quellenlage weder die Position Bismarcks gegen-

über Österreich (»er war bereit, den von Beust geforderten Preis, Garantien im Osten, zu zahlen«) noch die russische Reaktion zutreffend behandeln.

28 Nebenbei ist darauf zu verweisen, daß Bismarck Ende März 1867 eine Wiener Anfrage wegen der Ausführung von Art. V. des Prager Friedens (Abstimmung in Nordschleswig, ev. Rückgabe an Dänemark) mit Luxemburg in Verbindung brachte: »...er [Bismarck] meinte, im Falle der Abtretung Luxemburgs an Frankreich könne vielleicht in Nordschleswig eine Compensation zur Befriedigung des deutschen Nationalgefühls gefunden werden und eine Deutschland freundliche Macht wie Österreich würde sich wohl einer solchen Combination nicht entgegenstellen« (Wimpffen an Beust, 31. März 1867; gedr. Friis-Bagge 1, 142).

29 Siehe OD 15, 96. Gramont berichtet am 17. März aus Wien über Beusts Äußerungen: »Le cabinet de Vienne, m'a-t-il dit, attache le plus grand prix à donner au Gouvernement de l'Empereur des témoignages marquants de ses relations amicales et de la volonté qu'il a de les resserrer sous tous les rapports; d'un autre côté, il serait très fâcheux pour l'Autriche que l'Allemagne pût lui imputer comme premier acte de politique extérieure après sa réorganisation un conseil ou une pression dans un sens anti-allemand.«

30 Bei Potthoff 117 ff. sind die einschlägigen Quellen aufgeführt, die im großen und ganzen ein übereinstimmendes Bild der Wiener Verhandlungen ergeben. Eine interessante Unstimmigkeit besteht nur hinsichtlich eines positiven Vorschlages, den Beust im Sinne einer von Österreich zu fordernden Parität in einem künftigen weiteren Bund laut Tauffkirchen gemacht haben soll (APP 8, 704). Beust hat ein Jahr später, anläßlich einer Auseinandersetzung, die durch die Publikation einschlägiger Akten vom Anfang April 1867 in dem ersten ›Rotbuch‹ entstanden war, bestritten, sich so – im Sinne eines positiven paritätischen Projektes – geäußert zu haben (Potthoff 122 f.). Es habe sich nur um eine hypothetische Erwiderung auf Tauffkirchens Vorschläge gehandelt.

31 Beust an Wimpffen, 19. April: Correspondenzen 1, 51 ff., hier S. 52.

32 APP 8, 702.

33 Ebd. 703.

34 Ebd. 704.

35 Beust an Wimpffen, 17. April; Correspondenzen 1, 29 f., hier S. 30. In dieser Weisung bezieht sich Beust nicht auf Tauffkirchens Anträge, sondern auf die Avancen, die Bismarck Wimpffen in gleicher Richtung gemacht hatte (siehe Wimpffen an Beust, 12. April; APP 8, 643 ff.).

36 Bray an Hohenlohe, 4. Juni; APP 9, 44 Anm. 3. Brays Berichte zeichnen sich im allgemeinen durch einen hohen Grad von Genauigkeit aus. – Vgl. auch die Äußerung Beusts in der Weisung an den österreichischen Gesandten in München, Graf Trauttmansdorff, vom 15. Mai (Correspondenzen 1, 54 ff., hier S. 55): »Ich zweifle, ob man in München in den Stand gesetzt sei, uns eine gleichberechtigte Stellung mit Preußen in einem neuen gesamtdeutschen Bunde darzubieten, – ist diess aber nicht der Fall, so sind die Staatslenker Österreichs genöthigt, sich auf die volle Freiheit zurückzuziehen, die sie für die früheren Rechte im Bunde eingetauscht haben.«

37 Siehe APP 8, 685 u. 701 f.

38 Bismarck an Werthern (preußischer Gesandter in München), 28. April 1867; APP 8, 758 – GW 6, 368 f. Vgl. APP 8, 784 – GW 6, 376 f.

39 APP 8, 818 f. Vgl. ebd. 784.

40 Siehe Potthoff 128 ff. und die dort gesammelten Nachweise.

41 APP 8, 797.

42 Ebd. 9, 111.

43 Vgl. Tauffkirchens Bericht an Ludwig II. vom 18. April (APP 8, 705): »Jedenfalls ist Beust von allen österreichischen Staatsmännern derjenige, der einem Zusammengehen mit Deutschland am günstigsten gestimmt ist...« Ganz ähnlich auch der Bericht Wertherns an

Bismarck über Nachrichten des Grafen Bray aus Wien an Hohenlohe vom 9. April (ebd. 633).

44 Siehe O. BECKER 722 ff. und BÖHME 236 ff. Beide Werke bieten für das Ringen um Süddeutschland 1867/70 detailreiche Informationen.

Franz Joseph und Napoleon III. in Salzburg (August 1867): Was kann eine österreichisch-französische Allianz bedeuten?

1 Jüngste Darstellungen bei POTTHOFF 142 ff. und bei A. LORANT, 69 ff., wo ein reiches, teilweise ungedrucktes Quellenmaterial verarbeitet und auch die Reaktion der französischen Öffentlichkeit berücksichtigt wird. Insgesamt schenkt Lorant der Orientfrage zu wenig Beachtung; dies und die Unterschätzung der preußisch-österreichischen Probleme 1867/69 führen ihn auch zu einer Unterbewertung der mit dem Salzburger Treffen einsetzenden Neuorientierung zwischen Österreich und Frankreich (LORANT 96 f.). Die These, daß Salzburg und die folgende Allianzsituation nur einen *Aufschub* für die deutsch-österreichische Annäherung bedeute, ist insofern einseitig, als sie die Tragweite der folgenden Peripetien (nicht nur 1870/71, sondern auch 1878/79) nicht voll in Rechnung setzt. Die ältere Darstellung von ONCKEN 1, 62 ff. bietet eine für damalige Verhältnisse erstaunlich abgewogene Analyse der Person und Politik Beusts. In sachlicher Hinsicht ist jedoch im Sinne der Rheinpolitik-These Onckens die Proportion zwischen der süddeutschen und der orientalischen Frage stark verzeichnet. – Zum heutigen Stand der Diskussion über die Politik Napoleons III. und des zweiten Kaiserreichs vgl. das 1. Heft von Band 21 (1974) der Revue d'Histoire Moderne et Contemporaine, das dem Thema »L'Historiographie du Second Empire« gewidmet ist, und: Der Bonapartismus. Historisches Phänomen und politischer Mythos, hrsg. von K. HAMMER und P. C. HARTMANN (Beihefte der Francia 6, München 1977).

2 Vgl. hierzu und auch zum Folgenden BEUST 2, 133 ff.

3 Vielleicht auf Gramont geht der Entwurf eines französisch-österreichischen Offensivbündnisses zurück, das ONCKEN 2, 454 ff. als zum Salzburger Treffen gehörend einordnet. Daß Gramont in Salzburg ein sehr weitgehendes Projekt vorlegte, das aber keine Rolle spielte, scheint aus BEUST 2, 133 f. hervorzugehen. Im übrigen ist auch das Bündnisangebot Gramonts vom April 1867 zu beachten, über das wir durch eine Weisung Beusts an Metternich vom 27. April unterrichtet sind (ONCKEN 2, 361 ff.). LORANT 83 f. analysiert den Kontext dieses durch seinen unverhüllt offensiven Charakter überraschenden Entwurfs.

4 Das Aktenstück ist mit der Überschrift ›Die Übereinkunft von Salzburg‹ bei ONCKEN 3, 457 f. gedruckt. Beusts Bezugnahme auf Salzburg im Mai 1871 bei LUTZ, Zur Wende 177.

5 LORANT 88 ff.; für die Quellengrundlage der Behandlung der Salzburger Zusammenkunft gilt demnach implizit, was LORANT 83 explizit feststellt.

6 ONCKEN 3, 447 ff.

7 HHStA, K. A. G. A. Kart. 17, f. 107^r–109^v (Or).

8 ONCKEN 2, 449.

9 Siehe W. E. MOSSE, The European Powers and the German Question 1848–1871 with special reference to England and Russia (Cambridge 1958) 259 ff. und unten S. 100 f.

10 Diese komplizierten Verhandlungen, für welche ein reiches gedrucktes Quellenmaterial in ONCKEN 2, APP 8 und OD 18 ff. vorliegt, bedürften einer gründlichen Analyse. MOSSE, The European Powers 270 ff. hat vor allem die Bedeutung der russisch-französischen Beziehungen herausgearbeitet. Die »neue Orientpolitik« Österreichs und ihre Implikationen werden zwar beachtet, aber im Hinblick auf ihre mit dem Dualismus verbundene Bedeutung wäre eine eingehendere Behandlung erwünscht. Die ausführlichste Darstellung der damaligen russisch-französischen Beziehungen findet man bei F. CHARLES-ROUX, Alexandre II, Gort-

chakoff et Napoléon III (Paris 1913) 398 ff., doch fehlt hier die Berücksichtigung der französisch-österreichischen Verhandlungen fast ganz. M.S. ANDERSON, The Eastern Question
1774–1923 (London 1966) 160 geht zwar nicht auf die für uns wichtigen Aspekte ein, re-
sumiert aber die Hauptsache zutreffend. »The Turkish position was strengthened above all
by the fact that the summer of 1867 saw the end of the Franco-Russian co-operation which
for nearly a decade had been important in the Near East.« Für die Kritik Beusts an dem ursprünglichen französischen Vorschlag für eine teilweise Aufteilung der Türkei vgl. auch
seine Weisungen an Revertera (Österr. Vertreter in St. Petersburg) vom 10. und 13. Februar
1867 (HHStA, PA X 57, f. 17 ff. u. 23 ff., Nr. 1 u. 2 – Konz.): Ein vergrößertes Griechenland (mit Kreta, Thessalien und Epirus) wäre, mit Italien, eine Gefährdung der Stellung
Österreichs in der Adria und würde den Beginn einer allgemeinen Aufteilung der Türkei bedeuten: »Le chef du Cabinet français me semble se livrer à des illusions, s'il croit sérieuse-
ment qu'en détachant de l'Empire Ottoman trois provinces importantes, on aura barré à la
Russie le chemin de l'Orient.« Für den Stand der französisch-russischen Verhandlungen
über die Orientfrage vgl. Talleyrand (St. Petersburg) an Moustier, 2. August 1867 (OD 18,
121 ff.).
11 ONCKEN 2, 448.
12 Siehe oben Anm. 3.
13 Tagebücher des Freiherrn v. DALWIGK 343.
14 ONCKEN 3, 457.
15 Siehe unten S. 88.
16 ONCKEN 2, 458.
17 Siehe den in Anm. 7 erwähnten Bericht Beusts vom 19. August.
18 Siehe oben S. 78.
19 Aus dem Vortrag Beusts für Franz Joseph über den Stand der Verfassungsfrage vom 25. Januar 1867 – gemeint als Argument für die dualistische Lösung (mit Vorherrschaft – und
Werbekraft – des deutschen Elements in Cisleithanien) gegen die föderalistische Verfas-
sungskonzeption Belcredis; gedr. bei REDLICH 2, 550 ff.

Österreich und Preußen nach Salzburg: Bismarck weist Beust im Orient und in Süddeutschland ab (1867/68)

 1 Wimpffen an Beust, Berlin 13. Aug. 1867 (APP 9, 175 ff. hier 179).
 2 Ebd. 180.
 3 OD 18, 193 ff.
 4 LOFTUS 1, 193.
 5 Einen informativen Überblick über die österreichische Presse bietet der Bericht Ladenbergs
    an Bismarck aus Wien vom 2. September (APP 9, 203 ff.). Zur französischen Presse vgl.
    LORANT 141 ff., der sich auch hier von der These einer »conception fondamentalement er-
    ronée de la ›politique de Salzbourg‹« leiten läßt, die einer weitgehenden Differenzierung be-
    dürfte.
 6 OD 18, 205; APP 9, 187 f.
 7 7. September: ONCKEN 2, 459 ff.; GW 6a, 40 ff.; APP 9, 216 f. 2. September: siehe APP 9,
    216 Anm. 2.
 8 ONCKEN 2, 461 f.; GW6a, 42 f.; APP 9, 220 f.
 9 Siehe oben S. 68.
10 Der zitierte Satz aus dem Zirkular vom 8. September ist ein eigenhändiger Zusatz Bismarcks
    zu dem Konzept Abekens; siehe oben Anm. 8.

11 Bismarck an Ladenberg, 15. Sept. 1867 (APP 9, 232 f.); Ladenberg an Bismarck 25. Sept (ebd. 254 ff.).

12 Siehe GW6a, 26 ff.

13 Bericht Ladenbergs, APP 9, 255.

14 Siehe unten S. 88.

15 APP 9, 264 f. Am 7. Okt. meldete Werther, der inzwischen nach Wien zurückgekehrte preußische Gesandte, daß diese Mitteilungen dem Gewährsmann von Beust persönlich gemacht worden seien (ebd. 265 Anm. 1).

16 Ebd. 265 Anm. 2. Vgl. ebd. 176 Anm. 3 die interessante Korrespondenz zwischen Königin Augusta (die unter dem Eindruck englischer Informationen die für Österreichs Orientinteressen bedrohliche Konsequenz der Bindung Preußens an Rußland zu beachten bereit war) und König Wilhelm vom 19./21. August.

17 Wimpffen an Beust, 12. Okt. 1867 (APP 9, 280 ff.).

18 Ebd. 282.

19 Siehe unten S. 191 f.

20 E. v. PLENER, Erinnerungen 1 (Stuttgart/Leipzig 1911) 142; LORANT 91 f.

21 Vgl. die einschlägigen Stücke der diplomatischen Korrespondenz in OD 18, 252 ff. und in OD 19; ONCKEN 2, 469; dazu den Briefwechsel zwischen Beust und Revertera (St. Petersburg) in HHStA, PA X 57 und 58 passim. Der offizielle Kommentar, den man am Ballhausplatz zu diesem Verlauf der Dinge gab, findet sich in CORRESPONDENZEN 1, 7 ff.; ebd. 94 ff. eine Auswahl von Aktenstücken zur Kretafrage.

22 Siehe OD 19, 127 ff.

23 Vgl. OD 19, 128 und 143 ff.

24 APP 9, 343.

25 Vgl. den Bericht von Brassier de St. Simon an Bismarck vom 18. November 1867 (APP 9, 412): »La France, l'Angleterre et l'Autriche forment aujourd'hui ici un groupe compact, en face se trouve la Russie… Votre Excellence trouvera peut-être utile de m'indiquer en son temps le camp à choisir lorsqu'un choix sera devenu indispensable.« Bismarck hatte zu letzterem Satz am Rande notiert: »Abstenez-Vous!«

26 Siehe das Schreiben Fuad Paschas an Hayder Effendi, 3. Januar 1868 (CORRESPONDENZEN 1, 106 ff.).

27 OD 19, 135 Anm. 3.

28 Die Darstellung bei POTTHOFF 157 ff. ist sorgfältig aus den Quellen gearbeitet, unterschätzt aber die europäischen Aspekte der Frage.

29 Vgl. O. Graf STOLBERG-WERNIGERODE, Robert Heinrich Graf von der Goltz. Botschafter in Paris 1863 – 1869 (Berlin 1941). Stolbergs materialreiche Darstellung arbeitet den politischen und persönlichen Gegensatz des Botschafters zu Bismarck deutlich heraus, orientiert sich aber in seinen Urteilen an der Bismarckschen »Norm«. Eine Interpretation der Goltzschen Konzeption preußischer Politik und seiner Bismarckkritik entsprechend dem heutigen Diskussionsstand liegt nicht vor. Vgl. für die Radikalität dieser Kritik die Bemerkung in einem Brief des Botschafters an seinen Bruder Karl vom 21. Dezember 1867: »Ich sehe mit einiger Besorgnis in die Zukunft. Bismarck löst alles auf, ohne Dauerhaftes zu bauen« (ebd. 489). Wieweit Beust die Tiefe der Gegensätze zwischen Goltz und Bismarck kannte und sie bei dieser Anknüpfung in Rechnung stellte, muß dahingestellt bleiben. Daß Beust mit den schon weiter zurückreichenden Projekten einer antibismarckschen Gruppe, Goltz anstelle Bismarck zum preußischen Ministerpräsidenten zu machen, vertraut war, ist nicht auszuschließen.

30 APP 9, 335.

31 Hohenlohes Notiz in APP 9, 361 ff.; etwas anders in HOHENLOHE 1, 277 ff.

32 APP 9, 362. – Vgl. den Bericht Varnbülers an den württembergischen König vom 7. November, ebd. 368 f.

33 Siehe APP 9, 371: Tauffkirchen an Hohenlohe, 10. November.
34 APP 9, 386 ff.
35 Ebd. 540; vgl. 415, 459, 472 f., 494, 573.
36 Ebd. 583, 597.
37 Ebd. 642.
38 HOHENLOHE 1, 276.
39 Vgl. u.a. den Meinungsaustausch zwischen Bismarck und König Wilhelm vor dem Zu-
    sammentreffen des Königs mit Kaiser Franz Joseph in Baden-Oos am 22. Oktober 1867
    (APP 9, 316 Anm. 1; GW 6a, 80).
40 Vgl. u.a. die Weisung Bismarcks an Flemming (Karlsruhe) vom 13. Nov. 1867 (APP 9, 381
    ff.).
41 Für das Weiterwirken des Südbundgedankens in den folgenden Monaten vgl. HOHENLOHE
    1, 279 ff. Bismarcks Sorge vor einem bayerisch-österreichischen Bündnis war schon früher
    bemerkbar; vgl. APP 9, 285 f. u. 292.
42 Ein weiterer Anlaß zu Verdächtigungen Bismarcks gegen Beust war die Haltung der süd-
    deutschen Staaten in der Konferenzfrage. Ihre selbständige Vertretung – statt einer Vertre-
    tung durch den Norddeutschen Bund – war von Frankreich vorgeschlagen, in Süddeutsch-
    land begrüßt worden. Bismarck sah in diesen Vorgängen ein absichtliches Störmanöver von
    französisch-österreichischer Seite, das gegen die Konsolidierung des Norddeutschen Bun-
    des gerichtet war.

Die Bedeutung Rußlands und der orientalischen Frage für Österreich-Ungarns Außenpolitik nach dem Ausgleich.

1 Stosch an v. Holtzendorff; STOSCH, Denkwürdigkeiten 136. Zum folgenden vgl. die einfüh-
   rende Übersicht bei W. E. MOSSE, The European Powers 253 ff. Mosse hat die Korrelation
   zwischen der deutschen Frage und der orientalischen Frage deutlich bezeichnet. Er charakterisiert die europäische Gesamtlage seit dem Herbst 1866: »The Turkish and German ques-
   tions became the cristallizing points for new diplomatic groupings« (ebd. 253). Eine zusammenfassende Darstellung bietet K. P. SCHOENHALS, The Russian Policy of count Friedrich Ferdinand Beust 1866 – 1871 (ungedr. phil. Diss. Rochester [New York 1964]).
   Schoenhals' These, Beust »regarded Russia, not Prussia, as Austria's chief antagonist«, ist
   eine wertvolle Korrektur früherer Auffassungen, bedarf aber ihrerseits einer differenzierten
   Einordnung in den wechselnden Kontext der europäischen Politik der Monarchie; insbesondere bedarf das Problem der »nationalen« Orientierung der Deutsch-Österreicher einer
   stärkeren Beachtung. Ergänzend und weiterführend jetzt D. BEYRAU, Russische Orientpolitik und die Entstehung des Deutschen Kaiserreiches (Wiesbaden 1974).
2 Benedetti an Moustier, 5. Jan. 1868; OD 20, 131 ff. Für die Persönlichkeit und Tätigkeit
   Benedettis siehe W. A. FLETCHER, The Mission of Vincent Benedetti to Berlin. A Study of
   Franco-Prussian Diplomatic Relations (Den Haag 1965).
3 Siehe das Programm Beusts in dem verschiedentlich gedruckten Schreiben an Metternich
   vom 1. Januar 1867; BEUST 2, 56 f. Wichtig zur Erläuterung LORANT 79 f. und die Korrespondenz Beust-Revertera (österreichischer Gesandter in Petersburg) ab Herbst 1866 in
   HHStA, PA X 57 und 58. – Als Kommentar eines Zeitgenossen und zeitweiligen Mitarbeiters im Wiener Außenministerium (siehe unten S. 164) verdient Interesse die Darstellung bei
   J. KLACZKO, Deux Chanceliers. Le prince Gortchakof et le prince de Bismarck (Paris 1876)
   309 ff. Klaczko unterstreicht die Bedeutung des Beustschen Projektes, das einer ›mise sous
   tutelle‹ der europäischen Türkei gleichgekommen wäre.
4 Siehe Beust an Revertera, 13. Febr. 1867; HHStA, PA X 57, Nr. 7 (Konz.): »...Le langage

que tient, de son côté, M. de Bismarck, semble indiquer que ce ministre, absorbé comme il est aujourd' hui par ses préoccupations en Allemagne, serait assez disposé à nous laisser les mains libres en Orient.«

5 Siehe oben S. 94.

6 Für Ignatieffs Bedenken gegen die Konzession Semlin-Konstantinopel vgl. Brassier an Bismarck, 10. Dez. 1867; APP 9, 511. Siehe auch unten S. 247. – In einer Analyse der damaligen russischen Politik gegenüber Österreich-Ungarn (die bis heute ein Desiderat ist), müßte dem Wirken Ignatieffs, des russischen Botschafters in Konstantinopel, besondere Beachtung gewidmet werden. Die Arbeit von G. HÜNIGEN, Nikolaj Pavlovič Ignat'ev und die russische Balkanpolitik 1875 – 1878 (Göttingen 1968) enthält wertvolle Hinweise auch für die vorausgehenden Jahre.

7 OD 20, 80 f.: Beust an Metternich, 23. Dez. 1867. Vgl. weiterhin F. CHARLES-ROUX, Alexandre II., Gortchakoff et Napoléon III (Paris 1913) 456 ff.

8 Bismarck an Reuß, 11. Dez. 1867; GW 6a, 173; APP 9, 523. Ebd. 550 ff. die Antwort von Reuß: zurückhaltende, abwartende Äußerungen Gortschakows; er will Vorschläge von Bismarck hören.

9 Revertera an Beust, 20. Nov. 1867; HHStA, PA X 58, f. 567 ff. Nr. 40 D (Or.). – Vgl. auch die Memoiren REVERTERAS: Erinnerungen eines Diplomaten in St. Petersburg 1864 bis 1868, in: Deutsche Revue 2 (1904) 29 ff., 129 ff., 262 ff. – Vergleichsweise sei auf den ›diplomatischen Hauptbericht pro 1867/68‹ verwiesen, den der bayerische Gesandte in St. Petersburg, Baron Truchseß, im Mai 1868 verfaßte; gedr. bei B. JELAVICH (Hrsg.), Rußland 1852 – 1871. Aus den Berichten der bayerischen Gesandtschaft in St. Petersburg (Wiesbaden 1963) 129 ff.

10 Ein vom Ausw. Amt hergestellter Auszug dieses Berichtes vom 21. Dez. 1867 in APP 9, 561 ff. Aus Bismarcks Schreiben an Schweinitz vom 15. Jan. 1868 (ebd. 611 ff.; GW 6a 210 ff.) geht hervor, daß dieser Auszug sich auf die von ihm gelobten positiven Teile des Berichtes beschränkt. Die aus Bismarcks Schreiben zu erschließende Kritik Schweinitz' an militärischen und politischen Verhältnissen Rußlands fehlt. In dieser »verbesserten« Form wurde der Schweinitz-Bericht von Berlin an die Vertretungen in Wien, Paris, Florenz und London mitgeteilt (APP 9, 561, Anm. 1).

11 Für die strategischen Überlegungen und Pläne Preußens vgl. unten S. 191 f.

12 Die ungedr. Innsbrucker Dissertation von W. H. GILLER, Die Orientkrise 1868/69 mit besonderer Berücksichtigung der österreichischen Haltung (phil. Diss. Innsbruck 1957), die POTTHOFF in den einschlägigen Abschnitten ausgiebig benutzt hat, ist die bisher gründlichste Einzelstudie. Für die weiteren Zusammenhänge vgl. M. S. ANDERSON, The Eastern Question 149 ff.

13 BEUST 2, 172.

14 Gedruckt als Teil der Einleitung zu dem ersten Rotbuch des österreichisch-ungarischen Außenministeriums, das Beust im Januar 1868 den Delegationen vorlegte. Dies Rotbuch enthielt, wie die folgenden Bände, eine Auswahl der diplomatischen Korrespondenz der vorausgehenden Monate. Die jeweiligen Einleitungen konnten als offizielle Kommentare zur Außenpolitik gelten (= CORRESPONDENZEN 1, 4 ff.; Wiederabdruck bei BEUST 2, 62 ff.).

15 Siehe oben Anm. 3.

16 BEUST 2, 53 f.

17 Siehe u. a. die Darlegungen des serbischen Ministers Garašanin in einem Bericht des französischen Generalkonsuls Botmillian aus Belgrad vom 30. Juli 1866; POLITIČKA 178 f. Zur allgemeinen Orientierung grundlegend F. ZWITTER, Les Problèmes nationaux dans la monarchie des Habsbourg (Belgrad 1960); vgl. zuletzt die wertvolle Skizze von F. HAUPTMANN, Österreich-Ungarn und die Emanzipationsbewegungen der Südslawen, in: Festschrift Hermann Wiesflecker, hrsg. von A. NOVOTNY u. O. PICKL (Graz 1973) 259 ff.

18 Bericht Zichys an Beust, Belgrad, 16. März 1867; POLITIČKA 255 ff. Ebd. 252 ff. das von
    Zichy nach Wien übermittelte Aide-Mémoire des Fürsten Michael vom 15. März.
19 Aus Zichys Bericht, ebd. 257.
20 Aus dem Aide-Mémoire des Fürsten Michael; ebd. 254.
21 Siehe Beust an Prokesch-Osten, 14. März 1867; ebd. 252 f. Vgl. dazu Beust an Revertera,
    13. März 1867; HHStA, PA X 57, f. 56 ff., Nr. 2 (Konz.) und den Vortrag Beusts für Franz
    Joseph, 15. März 1867; ebd. PA XL 53, f. 201 f. (Konz. eigh.).
22 Revertera an Beust, 28. Febr. 1867; HHStA, PA X 58, f. 119 ff., Nr. 8 (Or.).
23 Siehe Moustier an Gramont, 6. März 1867; OD 15, 26.
24 Revertera an Beust, 8. Mai 1867; HHStA, PA X 58, f. 306 ff. Nr. 22 A (Kop.).
25 APP 9, 485 ff. Vgl. dazu A. v. REISWITZ, Belgrad-Berlin. Berlin-Belgrad 1866 – 1871 (Mün-
    chen 1936) 106 ff.
26 APP 9, 525 f.; 526 Anm. 4, 568 f.
27 POLITIČKA 349 ff.
28 Ebd. S. 353.
29 OD 21, 77 ff. Die neueste zusammenfassende Darstellung der damaligen innenpolitischen
    Situation Rumäniens und der Beziehungen zu Österreich-Ungarn in den Einleitungsab-
    schnitten von U. BINDREITER, Die diplomatischen und wirtschaftlichen Beziehungen zwi-
    schen Österreich-Ungarn und Rumänien 1875 – 1888 (Wien/Köln/Graz 1976).
30 »Les principautés sont donc une création à laquelle nous devons tenir comme étant princi-
    palement notre œuvre« – schrieb Moustier an Benedetti (6. März 1868); OD 21, 28 ff.
31 Vgl. APP 9, 726, 728 f., 730, 754 und passim.
32 Siehe ebd. 730. – Wichtig ebd. 765 ff., wo der Gegensatz der Konzeptionen zwischen Goltz
    und Bismarck sehr deutlich wird.
33 GW 6a, 393 f.
34 APP 9, 768 Anm. a.
35 Siehe u. a. die ausführliche Dokumentation in CORRESPONDENZEN 2, 47 ff.
36 Für Wiens Beziehungen zu dem Fürstentum Montenegro waren ähnliche Gesichtspunkte
    wie bei Serbien in kleinerem Maßstabe bestimmend. Eine zusammenfassende Behandlung
    findet man in dem Bericht Beusts an Prokesch über den Wiener Besuch des Fürsten Nikolaus
    und die dort geführten Verhandlungen, 25. Febr. 1869; HHStA, PA XII 96, f. 63 ff. (Konz.);
    vgl. dazu das Schreiben Prokeschs an Beust vom 19. März 1869; ebd. PA XII 94, f. 276 ff.,
    Nr. 16 A (Or.). – Für die österreichisch-griechischen Beziehungen und insbesondere für die
    Haltung Wiens in dem griechisch-türkischen Konflikt 1868/69 siehe jetzt M. L. BROWN,
    Heinrich v. Haymerle (Columbia 1973) 32 ff.
37 Für die Persönlichkeit und Bildung des Diplomaten vgl. F. ENGEL-JANOSI, Die Jugendzeit
    des Grafen Prokesch von Osten (Innsbruck 1938). Prokeschs Tätigkeit als Internuntius,
    dann Botschafter in Konstantinopel (1856 – 1872) ist noch nicht zusammenhängend unter-
    sucht worden. Auf die wertvollen autobiographischen Aufzeichnungen ›Sechzehn Jahre in
    Constantinopel, Anfang 1856 bis Anfang 1872‹ (mit umfassender Benutzung des amtlichen
    Schriftwechsels) im HHStA hat F. ENGEL-JANOSI, »Geschichte auf dem Ballhausplatz« 288
    nachdrücklich hingewiesen. Das Manuskript läßt vermuten, daß es ursprünglich für die
    Publikation bestimmt war.
38 Prokesch an Beust, 9. Apr. 1869; HHStA, PA XII 94 f. 326 ff., Nr. 19 (Or.).
39 Siehe zuletzt M. S. ANDERSON, The Eastern Question 167 f.
40 Siehe Bourée (französischer Gesandter in Konstantinopel) an Moustier, 24. März 1868;
    OD 21, 102 ff. Moustiers Antwort vom 3. April ebd. 137 f.

Die neue Konstellation: Preußen und Rußland – Österreich und Frankreich

Preußens Option für Rußland gegen Österreich – Schwankungen und neue Impulse der französisch-österreichischen Entente (1868)

1   Mosse, The European Powers 291.
2   OD 20, 131 – 145; eine höchst interessante, denkschriftartige Analyse der europäischen Politik.
3   Siehe oben S. 89 ff.
4   Siehe oben S. 91.
5   Siehe die Darstellung bei Potthoff 175 ff.
6   M. Kossina, Die Rotbücher der österreichisch-ungarischen Monarchie (ungedr. phil. Diss. Wien 1946); Pottloff 181 ff.; Beust 2, 171 ff. Die Analyse der Auswahl und auch der Kürzungen bzw. Weglassungen bei publizierten Stücken kann aufschlußreich für Beusts jeweilige Intentionen sein. Vergleiche, die ich bei zahlreichen Stücken zwischen Rotbuchtext und archivalischer Überlieferung durchführte, ergaben größere Weglassungen nur bei Stücken, die im ›Rotbuch‹ selbst als »Auszug« bezeichnet wurden. Die Frage der Zitierfähigkeit der ›Rotbücher‹ kann also im allgemeinen bejaht werden. Das eigentliche methodische Problem liegt darin, daß ab jetzt mit einem ständigen *Nebeneinander* ostensibler und nicht ostensibler Korrespondenz zu rechnen ist. Vgl. dazu das Rundschreiben Beusts an alle diplomatischen Missionen vom 4. Jan. 1868 (HHStA, PA L X 202, Konz. und lithogr. Kopien): »Die k. k. Regierung beabsichtigt nach dem Vorbilde anderer konstitutioneller Staaten den Reichsdelegationen bei deren jeweiligem Zusammentritte die bedeutenderen politischen Korrespondenzen in Auszügen mitzuteilen. – Ich ersuche Sie daher künftighin darauf Bedacht zu nehmen und namentlich die wichtigeren politischen Berichte derart abzufassen, daß die für die Öffentlichkeit bestimmten Verhandlungen und Wahrnehmungen von demjenigen, was lediglich zur Kenntnisnahme der Regierung dienen soll, mit Leichtigkeit gesondert werden können. Zugleich habe ich den kaiserlichen Missionen über dieses Vorhaben der kaiserlichen Regierung das strengste Stillschweigen zu empfehlen.«
7   Der die Orientpolitik betreffende Abschnitt ist oben S. 101 ff. besprochen.
8   APP 9, 699.
9   Diese Wirkungen in Süddeutschland in einer zusammenfassenden Analyse der österreichischen Diplomatie, der Pressetätigkeit, der Parteigruppierungen, der sehr unterschiedlichen »Untergrund«-Aktivitäten auch im Hinblick auf die entsprechenden Einflüsse von französischer Seite zu untersuchen, wäre eine ebenso lohnende wie – wegen der sehr differenzierten Verhältnisse in Bayern, Württemberg, Baden und Hessen – schwierige Aufgabe. Zum heutigen Stand der Forschung vgl. neben Potthoff passim J. Becker, Der Krieg mit Frankreich als Problem der kleindeutschen Einigungspolitik Bismarcks 1866 – 1870, in: Das kaiserliche Deutschland. Politik und Gesellschaft 1870 – 1918, hrsg. von M. Stürmer (Düsseldorf 1970) 75 ff.
10 Erlaß (ganz vertraulich) an Bernstorff, Botschafter in London, 13. Febr. 1868; GW 6a, 253 f. – Ein wichtiges Vorstadium der Argumentation Bismarcks stellt das vertrauliche Zirkular vom 29. Januar an die Missionen in Paris, London, Wien, Petersburg, Florenz, Dresden und Brüssel dar (APP 9, 641 ff. – GW 6a, 221 ff.). Hier wird erstmals die von nun an maßgebliche antiösterreichische Sprachregelung ausgegeben; siehe oben S. 92.
11 Beust an Kálnoky, 21. Jan. 1868; Correspondenzen 2, 11 f.
12 Beust an Wimpffen, 5. Febr. 1868; Correspondenzen 2, 65 f.; APP 9, 641 Anm. 2.

13 APP 9, 714; zum Folgenden ebd. Anm. 6. Die neue Sprachregelung gegenüber Österreich, die Bismarck betrieb, machte auch vor einer retrospektiven Umdeutung von Vorgängen nicht Halt, die er seinerzeit eindeutig anders aufgefaßt und behandelt hatte. Ein frappantes Beispiel bietet etwa die vertrauliche Weisung an Goltz vom 26. Februar 1868, wo Bismarck nicht nur behauptete, sich an die Depesche Beusts an Wimpffen vom 19. April 1867 (Ablehnung Tauffkirchens) nicht zu erinnern (tatsächlich war sie ihm von Wimpffen im vollen Wortlaut vorgelesen worden; siehe APP 8, Nr. 537). Gravierender ist die Entstellung der Gesamtsituation vom April 1867: »… da ich den Eindruck behielt, daß auf ehrliches Entgegenkommen [sc. Österreichs] nicht zu rechnen sei«. Diese Behauptung steht auch im Widerspruch zu der von Bismarck in den folgenden Monaten bis zum Herbst 1867 eingenommenen Haltung.

14 Wimpffen an Beust, 19. Febr. 1868; HHStA, PA III 99 (Or.).

15 Eine informative Darstellung der Vorgeschichte bietet E. KOLB, Rußland und die Gründung des Norddeutschen Bundes. In: R. DIETRICH (Hrsg.), Europa und der Norddeutsche Bund (Berlin 1968) 183 ff. Zur März-Vereinbarung vgl. W. E. MOSSE, The European Powers 279 ff.

16 Vgl. OD 20, 208 ff.; APP 9, 616 f. und 631 ff.

17 Reuß an Bismarck, 27. Jan. 1868; APP 9, 638 ff., hier 640.

18 Bismarck an Reuß, 31. Jan. 1868; APP 9, 643 ff., hier 645 – GW 6a, 224.

19 Zum Problem Bosnien-Herzegowina 1867/68 siehe oben S. 105 ff.

20 Schweinitz, der preußische Militärbevollmächtigte bei Alexander II., berichtete am 18. (?) März an König Wilhelm über ein Gespräch mit dem Zaren, wobei letzterer wörtlich sagte: »Er rechne für den Fall, daß Österreich in Bosnien einrücke, auf eine preußische Truppenaufstellung«; APP 9, 760 Anm. 6. Vgl. ebd. 793. Auf englischer Seite rechnete man damals durchaus mit einer Möglichkeit einer österreichischen Okkupation, wenn in Bosnien und in der Herzegowina Unruhen ausbrächen, und stand dieser Eventualität zustimmend gegenüber (ebd. 813 Anm. 4).

21 Siehe APP 9, 799 ff.; GW 6a, 319 ff. – Am 27. März berichtete Reuß, daß Gortschakow nochmals in puncto Bosnien sondierte und sich dabei ausdrücklich auf die Absichten Wiens bezog, »gegebenenfalls durch die türkische Regierung gerufen, dort einrücken zu können. Rußland könne dies nicht zugeben« (APP 9, 817 f.). Bismarck ging in seiner Antwort aber nicht darauf ein, sondern betonte, daß eine österreichische Aktion im Orient nur »unter der Voraussetzung einer im voraus festgestellten Teilnahme Frankreichs am Kriege« zu erwarten sei; dieser Fall sei aber durch die preußische Beistandserklärung gedeckt (ebd. 836).

22 Vitzthums Memoiren für die Jahre 1845 bis 1866 sind in drei Bänden erschienen und geben Auskunft über die Laufbahn und die politischen Überzeugungen des Diplomaten. Der vierte Band, der die Jahre 1866 bis 1873 umfaßt, wurde 1894 als Manuskript gedruckt (Dresden, Druck von Wilhelm Baensch), gelangte aber nicht in die Öffentlichkeit; vgl. ONCKEN 2, 497 Anm. 2 und POTTHOFF 172, Anm. 140. Dieser Band, der zahlreiche Aktenstücke enthält, wird im Folgenden häufig zitiert. – Die Rolle Vitzthums in zutreffender Weise betont von TAPIĚ, 17 ff.

23 VITZTHUM, Denkwürdigkeiten 73.

24 Siehe Vitzthums Promemoria ›Sur les moyens d'établir une triple alliance entre l'Autriche, la France et la Grande-Bretagne en Orient‹; ONCKEN 2, 497 ff. (o. D., von Oncken wohl richtig auf die erste Hälfte Januar 1868 datiert). Vgl. ergänzend Vitzthums Denkschrift vom 30. Dez. 1867, die sich auch mit der Eventualität einer englisch-russischen Verständigung und ihrer Folgen für Österreich beschäftigt (VITZTHUM, Denkwürdigkeiten 20 f.). Die Korrespondenz zu Vitzthums Mission gedr. bei ONCKEN 2, 504 ff.; VITZTHUM, Denkwürdigkeiten 23 ff., mit Ergänzungen in OD 20 passim. POTTHOFF 173 ff. differenziert zu wenig.

25 Kursive durch den Verfasser, nicht in der Vorlage.

26 VITZTHUM, Denkwürdigkeiten 20.

27 Privatbrief Metternichs an Beust, 25. Jan. 1868; ONCKEN 2, 512.
28 Vgl. u. a. Moustier an Gramont, 18. Jan. 1868; ONCKEN 2, 504 f.; Gramont an Moustier, 26. Jan. (OD 20, 266): »L'idée d'isoler la Russie sans la blesser, mais à force de douceur et de prévenance envers la Prusse« finde Beusts Zustimmung.
29 Siehe oben S. 117.
30 Übersetzt aus dem Schreiben Vitzthums an Metternich, 29. Febr. 1868; OD 20, 457 f. Vgl. Vitzthums Bericht über die Gespräche mit Disraeli an Napoleon und Moustier in einem Privatschreiben an Beust, Paris 21. März 1868; ONCKEN 2, 533 ff.
31 Siehe den Privatbrief Metternichs an Beust, 1. April 1868; ONCKEN 2, 546.
32 Beust an Metternich, 4. April 1868; ONCKEN 2, 549 ff.
33 Metternich an Beust, 9. April 1868; ONCKEN 2, 553 f. – Beust an Metternich, 15. April, ebd. 554 ff. Vgl. Gramont an Moustier, 12. April; OD 21, 165 ff. Es gab offenbar auch zwischen Gramont und Beust Auseinandersetzungen, deren Echo in dem Bericht Quadts an Ludwig II. (ONCKEN 2, 558 ff.) allerdings mit Vorsicht aufzunehmen ist.
34 Gedr. APP 9, 869 f.
35 Siehe oben S. 89 ff.
36 Siehe Wimpffens Berichte vom 18. und 20. April 1868 (ONCKEN 2, 561, APP 9, 887 Anm. 4 und 885 ff.). In APP 9, 887 Anm. 4, 896 f. und passim die weitere Korrespondenz Beust-Wimpffen sowie Bismarck-Werther in dieser Angelegenheit. POTTHOFF 191 ff. gibt eine materialreiche Darstellung. Er spricht von einem nachträglichen »Zurückweichen« Beusts (195), was dem Sachverhalt jedoch nicht entspricht.
37 ONCKEN 2, 563 Anm. 1 (564). Anders ebd. 1, 67 f., wo ONCKEN das Verdienst der »maßvollen Haltung des Zollparlaments« und der »friedlichen Politik Bismarcks« zuschreibt. – Aufschlußreich ist der Bericht Rothans an Moustier vom 1. Juli 1868 über ein Gespräch mit Anselm Rothschild über die Österreichische Haltung zu Frankreich und Preußen. Laut Rothschild sei die Rückkehr zu Frieden und Mäßigung vor allem ein Verdienst des österreichischen Kabinetts, »qui nous aurait enlevé toute illusion au sujet de son assistance éventuelle«. Wenn Beust gewollt hätte, wäre im Frühjahr sicher Krieg ausgebrochen. Aber Beust brauche Zeit für die Regeneration Österreichs, vielleicht zehn Jahre (OD 21, 386 ff.).
38 Moustier an Gramont, 11. Mai 1868; OD 21, 271 ff.
39 Ebd.
40 Beust an Metternich, 12. Mai 1868; OD 21, 276 f. – ONCKEN 2, 580.
41 ONCKEN 3, 12. Ebd. bis S. 63 die Akten zu den anschließenden Verhandlungen. In OD 22 findet man, abgesehen von dem Nachdruck der Onckenschen Akten im Anhang, keine Stücke, die direkten Bezug auf die Geheimverhandlungen zwischen Wien und Paris haben. Gramont wurde bekanntlich gar nicht eingeweiht. Vgl. im übrigen BEUST 2, 340 f.; VITZTHUM, Denkwürdigkeiten 91 ff. Die Darstellung von ONCKEN 1, 69 ff. ist einseitig. POTTHOFF 201 ff. gibt eine zuverlässige Chronik der Ereignisse.
42 Der Text der Denkschrift Beusts für Franz Joseph vom 2. August 1868 ist bei ONCKEN 3, 14 f. unvollständig gedruckt. Der vollständige Text findet sich in HHStA, K. A. G. A., Kart. 17 Fasz. III f. 56 ff., mit dem eigenh. Begleitschreiben Beusts, Ischl, 2. August: »Euer Majestät beehre ich mich, im Anschluß die Aufzeichnung vorzulegen, welche ich heute morgen in Salzburg nach der Unterredung mit Fürst Metternich entworfen und wovon ich ihm Abschrift gegeben habe.« Der in Onckens Vorlage fehlende Teil lautet (anschließend an den Satz »als dann kann Kaiser Napoleon sagen«:) »Ich habe den Krieg von 1866 weder geführt noch verursacht; ich habe sogar den Frieden vermittelt und einen Status quo akzeptiert, mit dessen Innehaltung das französische Interesse und das allgemeine Gleichgewicht sich zur Not vertragen. Nachdem jedoch fortwährend Tendenzen hervortreten, die über die Grenzen dieses Abkommens hinausgehen, so bin ich zu weitgehenden Rüstungen genötigt worden. Diese Rüstungen beunruhigen, sie sind eine Last für mein Land und indirekt eine Last für andere Länder. Ich verlange nicht besser, als diesem Zustande ein Ende zu machen,

wozu dann freilich selbstverständlich gehört, daß die Ursache, die mich zur Abwehr nötigt, beseitigt, und mir eine festere Garantie für die Dauer der bestehenden Verhältnisse gegeben werde. – Die Erhaltung dieser Verhältnisse, namentlich die relative Selbständigkeit des Südens von Deutschland ist es aber, was Österreich braucht, um mit der Zeit wieder in Deutschland Stellung zu gewinnen, daher Österreich sich diesem Vorgehen ohne Zögern anschließen würde. – Fragt man aber, was geschehen soll, wenn Preußen sich beharrlich weigert, so ist zunächst zu entgegnen, daß der obenerwähnte Druck der materiellen Interessen, welche nicht allein von Seite der gesamten Handelswelt, sondern auch von der steuerzahlenden Bevölkerung und ganz besonders in Norddeutschland kommen wird, jenen beharrlichen Widerstand bedeutend erschweren müßte. Sollte er dennoch sich behaupten, so wäre von einer eventuellen entente im Sinne von No. 1 aus denselben Gründen entschieden abzuraten, welche ein sofortiges Eingehen derselben unstatthaft erscheinen ließen. Was dann zu geschehen habe, wird sich aus der Situation ergeben, die aber jedenfalls alsdann für die Stellung Frankreichs und die Beurteilung seiner Politik viel günstiger ausfallen und jeden Anschluß an dasselbe bedeutend erleichtern würde. – Es würde daher zunächst darauf ankommen im Sinne obiger Betrachtungen vorzugehen, sich den Kabinetten von London und Petersburg zu nähern und in der Presse vorbereitend zu wirken.«

43 Beust an Metternich, 6. Nov. 1868; Oncken 3, 59 ff.
44 Vitzthum an Beust, 27. Okt. 1868; ebd. 49 ff.

Österreich und Frankreich bis zum Sommer 1870: innere Krisen, Scheitern der Allianz, bleibende Affinität und zunehmende Unsicherheit

1 Für diese Aspekte vgl. Tapié passim und die dort angegebene Literatur.
2 Vgl. u. a. das sehr pessimistisch gehaltene Exposé über die politischen Verhältnisse in Frankreich vom 24. Dez. 1869 (gezeichnet von E. de Simon), das Metternich mit dem Vermerk, »Vortreffliche Schilderung der hiesigen Zustände« nach Wien übersandte; HHStA, PA IX 94, f. 20^r ff. (Or.).
3 Siehe Vitzthum an Metternich, Paris, 7. Okt. 1868 (Vitzthum, Denkwürdigkeiten 126): »Ist doch die französische Armee die einzige in Europa, welche uns vielleicht von dem Alpdruck der preußischen Militärherrschaft befreien könnte.«
4 Einige Berichte Welsersheimbs aus Paris sind bei Oncken 2 und 3 publiziert. Vgl. die von mir in HZ 217 (1973) 358 f. veröffentlichten politischen Karikaturen Welsersheimbs, ergänzend zum Teildruck seines Berichtes vom 23. März 1869 bei Oncken 3, 141 f.
5 Vgl. zuletzt die einschlägigen Abschnitte in dem von A. Brusatti herausgegebenen Bd. 1: Die wirtschaftliche Entwicklung (Wien 1973) des Sammelwerkes Die Habsburger Monarchie 1848 – 1918.
6 R. Charmatz, Österreichs innere Geschichte von 1848 bis 1907, Bd. 1 (2. Aufl. Leipzig 1911) 95.
7 Vgl. Rechbauers Äußerungen in der Sitzung vom 9. August: »[Österreich] soll vorangehen auf der Bahn der Freiheit und damit wird es die Sympathien von ganz Deutschland erringen und das Junkerthum und den Militarismus bekämpfen, der sich jetzt dort breit macht, nicht aber dadurch, daß man bei den deutschen Höfen kleine Intrigen spielt und an unsere Gesandten in Deutschland pikante Noten sendet ... Ein in Freiheit geeinigtes Deutschland ist keine Gefahr für Österreich, es ist der sicherste Bundesgenosse für Österreich und der sicherste Schutz gegen französische Gelüste. Ein geeinigtes freies Deutschland anzustreben ist eine echte deutsche, aber auch eine echt österreichische Politik« (Stenographische Sitzungsprotokolle der Delegation des Reichsrathes, Zweite Session. Wien 1869, 18).
8 Ebd. 35. Auch bei Beust 2, 248, wo aber andere Teile der Rede in gekürzter Fassung abgedruckt sind.

9   Siehe R. F. WIERER, Die böhmischen Fundamentalartikel vom Jahre 1871. In: Der österrei-
     chisch-ungarische Ausgleich von 1867. Vorgeschichte und Wirkung, hrsg. von P. BERGER
     (Wien/München 1967) 154 ff.
10   Zur Übersicht: H. HANTSCH, Die Nationalitätenfrage im alten Österreich (Wien 1953); R.
     A. KANN, Das Nationalitätenproblem der Habsburgermonarchie (2. Aufl. Graz/Köln
     1964); dazu die oben S. 515, Anm. 17 angegebene Literatur.
11   Siehe F. HAUPTMANN, General Rodić i Politika Austrijske vlade u krivošijskom ustanku
     1869/70 in: Godišnjaka, Društva istoričara Bosne i Herzegovine 13 (1962) 53 ff. (mit deut-
     schem Dokumentenanhang).
12   Siehe die Dokumentation und die Literaturangaben in: Der politische Nachlaß des Grafen
     Eduard TAAFFE, hrsg. von A. SKEDL (Wien/Berlin/Leipzig/München 1922) 133 ff. Ebd.
     175 ff. der undatierte »Bericht über eine Besprechung zweier Minister mit Dr. Rieger«, aus
     dem im folgenden zitiert wird. Der Herausgeber sagt zur Datierung (S. 175 Anm.): »Aus
     dem Jahre 1869. Inhaltlich im wesentlichen übereinstimmend mit dem Briefe Riegers an
     Grafen Taaffe ddo. 1. März 1869.« Das folgende Zitat – aus dem Bericht Sedlaczeks vom
     29. Nov. – ebd. 140 f. Das Zitat zum Programm der Minoritätsminister bei CHARMATZ,
     Österreichs innere Geschichte 1, 98. Zu beachten ist auch die Beteiligung Ludwigs v. Op-
     penheimer an den Beust-Taaffeschen Ausgleichsversuchen 1869. Die in Riegers Schreiben
     (an Oppenheimer) vom 16. Sept. 1869 erwähnte Broschüre ›Zur Lage in Böhmen‹, die Rie-
     ger in Beziehung zu Beust bringt (TAAFFE 166), konnte ich nicht nachweisen.
13   Die Darstellung bei WERTHEIMER 1, 468 ff. ist mit großer Vorsicht aufzunehmen. Wesentli-
     che Korrekturen dazu bei POTTHOFF 247 ff. BEUST 2, 226 ff. äußert sich nur indirekt. Neben
     den Berichten Werthers (APP 10, 451) und Gramonts (OD 23, 118 ff., 149 ff.) wichtig der in
     der Literatur anscheinend noch nicht beachtete Brief Beusts an den ihm befreundeten fran-
     zösischen Gesandten in Dresden, Forth-Rouen, den dieser am 22. Januar auszugsweise in
     einem Chiffre-Bericht an La Valette übermittelte (OD 23, 177 ff.); vgl. unten Anm. 16.
14   Vgl. u. a. das Telegramm Wimpffens an Beust, 27. Nov. 1868; APP 10, 299. Siehe im übri-
     gen POTTHOFF 250 Anm. 295 und OD 23, 149 f.
15   »Österreich kann keinen Krieg führen, wenn ihm nicht die reichen Mittel Ungarns zur Ver-
     fügung stehen, und Graf Andrássy kann ihm diese Mittel nicht zur Verfügung stellen, wenn
     es sich um die Mainlinie, um den Süddeutschen Bund oder überhaupt um irgend ein anderes
     Interesse handelt, als um den Bestand und die Integrität der österreichisch-ungarischen
     Monarchie. Graf Beust ist ein kluger Staatsmann; er will gewiß nur, was er kann; er kann
     nur das, was Ungarn will. Es besteht somit schlechterdings kein Gegensatz, der uns zur Los-
     sagung von der Politik Beusts veranlassen könnte« (zit. nach WERTHEIMER 1, 474).
16   Aus dem Brief Beusts an Forth-Rouen, mitgeteilt in dessen Bericht an La Valette vom 22.
     Jan. 1869; OD 23, 177 ff., hier 178 (Übersetzung).
17   Für jene Aspekte der deutschen Politik Beusts, die im unmittelbaren Interesse Österreich-
     Ungarn lagen, aber von Budapest her offenbar kaum gewürdigt wurden, vgl. dessen dama-
     lige Äußerungen in der Wiedergabe durch den württembergischen Gesandten in Wien,
     Thumb: »...indem eben jetzt eine präzipierte Einigung Deutschlands für Österreich hin-
     sichtlich seiner deutschen Bevölkerung viel bedenklicher sei, als wenn die Konsolidierung
     Österreichs erreicht und damit die Attraktionsgefahr für seine deutschen Provinzen gemin-
     dert resp. aufgehoben sei«. Thumb an Varnbüler, 30. Dez. 1868; APP 10, 389 Anm. 3.
18   Die Berichte der österreichischen Vertreter in St. Petersburg sind voll von Nachrichten und
     Übersetzungen aus der russischen Presse, insbesondere aus ›Golos‹ und den ›Mos-
     kowski Wiedomoski‹.
19   ONCKEN 3, 185 ff.
20   Diese Forderung Beusts zieht sich als roter Faden durch die Vertragsverhandlungen. Vgl. im
     unmittelbaren Umkreis des Mai-Textes ONCKEN 3, 177, 181 ff., 184 f.; 192 f. Gerade im
     Hinblick auf die Vorgänge im Juli 1870 verdienen die fortgesetzten scharfen Direktiven

Beusts an seine Unterhändler in Paris – Metternich und Vitzthum – besondere Beachtung. Am 13. Mai 1869 gab er den beiden nochmals eine korrigierende Belehrung (ONCKEN 3, 184 f.): »… Rendez-vous bien compte de la différence notable qui existe entre les trois puissances par rapport à la question de guerre. Le Gouvernement français se trouve en présence d'une situation intérieure et même d'une constellation extérieure qui toutes les deux peuvent lui faire envisager d'un jour à l'autre une guerre vomme un bienfait, comme une nécessité. Il y a plus. Une guerre engagée par l'Autriche contre la Prusse serait pur la France une bonne fortune parce qu'elle lui offrirait un terrain populaire d'intervention. L'Italie a besoin de la paix tout autant que l'Autriche. Mais la situation intérieure est telle qu'une guerre peut y faire une diversion très dèsirable. Il en est bien autrement pour l'Autriche. Si une guerre ne saurait être un objet de spéculation, c'est une calamité peut-être inévitable, excepté la partie polonaise il n'y a pas une nationalité qui n'y soit opposée, le Gouvernement, c'est-à-dire l'Empereur et son premier Ministre seuls sont appelés à juger la question et à la traiter d'un point de vue plus élevé à reconnaître la nécessité d'aviser en temps opportun à faire prendre à l'empire, en présence d'une conflagration imminente, la position qui convient le mieux à ses intérêts. C'est ce que nous avons fait, mais nous avons dû le faire de manière à ne pas être à la merci des velléités indépendantes de notre influence et à ne pas nous exposer à devoir essuyer le premier choc tout en nous mettant dans notre tort vis-à-vis de nos populations tout aussi bien que de l'Europe. Il a telles considérations qui doivent être consciencieusement pesées et toute réflexion qui nous serait adressée sur la morale des occasions manquées, nous la trouverions parfaitement oiseuse.« Vgl. hierzu auf preußischer Seite die Äußerungen Moltkes zu Hohenlohe (8. Juni 1869; HOHENLOHE 1, 372): »Frankreich werde keinen Krieg beginnen, wenn Österreich nicht mitgeht, so dumm seien die Franzosen nicht. Sie wüßten zu gut. daß sie Preußen nicht gewachsen seien, wenn sie allein angriffen. Österreich aber sei jetzt nicht gerüstet.«

21 Man lese die Konklusion ONCKENS, dessen über Frankreich gesprochenes Urteil sich mutatis mutandis auch auf die damalige Politik Österreich-Ungarns erstreckt: »Die Politik Napoleons und der Franzosen, die sich dem nationalen Selbstbestimmungsrecht der Deutschen entgegenwarf, führte zum Kriege von 1870 – durfte sie sich für ihren verhängnisvollen Gang auf die »Sicherheit« ihres Staates als auf eine höhere Rechtfertigung vor der Geschichte berufen? Wir haben gesehen, wie das Motiv der Sicherheit ganz allmählich seit 1866 das vordem ganz eindeutige Motiv der Vergrößerung, der veränderten Situation sich anpassend, ablöst, nur ein neuer Name für eine alte Sache: für die natürlichen Grenzen … Alle diese Antriebe bemächtigen sich fortan des Sicherheitsmotivs, in dem die große historische Tradition gleichsam mit defensiven Vorzeichen wieder auflebt, aber doch nur dem offensiven Zweck dient, die nationale Einigung des Nachbarstaates zu stören oder zu verkürzen. Man glaubt die eigene Sicherheit, Einheit und Ruhe allein in der Unsicherheit, Uneinigkeit, Unruhe des anderen zu finden und überschreitet die Grenzen, die dem Egoismus des Staatsinteresses durch das ungeschriebene Sittengesetz des Völkerlebens gesetzt sind« (ONCKEN 1, 118 f.).

22 F. ENGEL-JANOSI, Die römische Frage in den diplomatischen Verhandlungen 1869/70, in: ders., Geschichte auf dem Ballhausplatz (Graz 1963) 143 ff.; POTTHOFF a.a.O.; V.-L. TAPIÉ, Autour d'une tentative d'Alliance entre la France et l'Autriche 1867–70 (Österreichische Akademie der Wissenschaften, Philosophisch-historische Klasse, Sitzungsberichte, 274. Band, 5. Abhandlung, Wien 1971). – Auf die in mehrfacher Hinsicht besonders interessanten österreichisch-italienischen Verhandlungen und Beziehungen kann im vorliegenden Zusammenhang nicht näher eingegangen werden. Siehe G. DI NOLA, La situazione europea e la politica italiana dal 1867 al 1870 (Rom/Neapel 1956); R. LILL, Aus den italienisch-deutschen Beziehungen 1869–1876, in: Quellen und Forschungen aus italienischen Archiven und Bibliotheken 46 (1966) 399 ff.

23 BEUST 2, 341.

24 Ähnlich hat sich später Vitzthum geäußert: »Denn wären Österreich und Italien seine [sc. Napoleons] Bundesgenossen gewesen, so hätten sie ihm nicht gestattet, sich wegen einer aufgegebenen Thron-Candidatur unvorbereitet in den Krieg zu stürzen« (VITZTHUM, Denkwürdigkeiten 156).

25 Metternich an Beust, 1. März 1868; ONCKEN 3, 117 ff., hier 119.

26 Ebd. 112. Vgl. ONCKENs Bemerkungen ebd. Anm. 1 und 1, 80 ff.

27 ONCKEN 3, 126 und 128.

28 Artikel 4 der Konvention A zwischen Frankreich und Österreich (undatiert); nicht bei ONCKEN, nach einer Vorlage des HHStA gedr. in OD 24, 371. Der Herausgeber hat sich hinsichtlich der zeitlichen Einordnung vorsichtig geäußert (ebd. Anm. 1); POTTHOFF 268 Anm. 49 hat diesen Text – sicher zu Unrecht – dem österreichischen Gegenprojekt vom 18. März 1869 zugeordnet. Zu Unrecht, weil die französische Antwortnote, die diese österreichischen Entwürfe kritisiert (ONCKEN 3, 149 ff.), von einer Konvention A spricht, die nur *vier* Artikel zählt. Bei der Besprechung dieser vier Artikel wird ein inhaltlich entsprechender Artikel nicht erwähnt, vielmehr war der in dieser Note besprochene Artikel 4 dem Inhalt nach identisch mit Artikel 5 des in OD 24, 371 gedruckten Entwurfes (österreichische Anleihe in Frankreich). Es bleibt also eine Unklarheit hinsichtlich der zeitlichen wie der herkunftsmäßigen Einordnung des oben erwähnten Textes. Die Analyse des damaligen Standes der Verhandlungen legt die Vermutung nahe, daß es sich dabei eher um eine Vorstufe als um eine spätere Variante des österreichischen Textes vom 18. März handelt.

29 ONCKEN 3, 186.

30 Siehe ONCKEN 3, 148.

31 Siehe oben S. 73 ff.

32 Siehe unten S. 441.

33 Beust an Franz Joseph, 25. April 1869; ONCKEN 3, 171 f.

34 Beust an Metternich, 13. Mai 1869; ONCKEN 3, 181 ff., hier 182.

35 Wenn oben Beust von der Unwahrscheinlichkeit eines »lokalisierten« Krieges zwischen Österreich und Rußland spricht, so ist im Kontext der damaligen Berechnungen diese abgekürzte Redeweise wohl folgendermaßen zu verstehen: zwar bietet die Triplealliance Österreich keinen spezifischen Schutz gegen einen Angriff Rußlands, der ohne preußische Unterstützung geführt würde. Doch ergibt sich aus der französisch-italienischen Hilfsverpflichtung gegen Preußen eine so fundamentale Veränderung der politisch-militärischen Gesamtsituation zugunsten der Triplealliance, daß auch mit einem ernsthaften Risiko von seiten Rußlands nicht mehr gerechnet werden muß.

36 Metternich an Beust, 1. März 1868; ONCKEN 3, 117 ff. hier 119.

37 Für Metternichs Maxime »Anéantir la Prusse« vgl. F. ENGEL-JANOSI, Graf Rechberg (München 1927) 88.

38 Siehe oben S. 138.

39 ONCKEN 3, 119. VITZTHUM, Denkwürdigkeiten 135, berichtet in seiner munteren, bilderreichen Sprache von ähnlichen Überlegungen aus Anlaß der Kritik an dem ersten französischen Vertragsentwurf (Februar 1869, siehe ONCKEN 3, 111 f.), der die offensive Absichtserklärung enthielt »pour rendre à l'Autriche sa position en Allemagne«. Dagegen will Vitzthum damals folgende Überlegung im Sinne eines defensiven Gegenprojektes angestellt haben: »War doch Italien ebenso friedebedürftig als Österreich. Durfte es sonach nicht angezeigt erscheinen, den immer kriegslustigen, wilden französischen Elefanten zwischen zwei zahme zu nehmen.« In der erhaltenen zeitgenössischen Korrespondenz Vitzthums findet sich dieser Gedanke allerdings nicht, dafür aber die mit Metternich bis ins Wörtliche übereinstimmende Argumentation: »Kommt es zum Kriege ohne festes Engagement, so ist leicht vorauszusehen, qui payera les pots cassés« (ONCKEN 3, 112; vgl. ebd. 119).

40 Beust an Metternich, 13. Juli 1868; ONCKEN 3, 214 f.
41 F. ENGEL-JANOSI, Die römische Frage.
42 Ebd. 155.
43 ONCKEN 3, 215.
44 Der Brief Viktor Emanuels an Napoleon III., s. d. – circa 25. Sept. 1869, bei ONCKEN 3, 240 f. Die Unklarheiten hinsichtlich der Bedingung »volle Ausführung der Konvention vom 15. September 1864« sind von ENGEL-JANOSI 167 besprochen.
45 Siehe die am 7. Okt. 1869 von Vitzthum an Beust übermittelte Äußerung: »Je considère nos conventions comme moralement signées« (ONCKEN 3, 251); vgl. ENGEL-JANOSI 199 Anm. 106.
46 V.-L. TAPIÉ 35 f.: »Aussi bien, un malentendu fondamental avait-il persisté tout au long de ces négociations qui, depuis près d'un an, demeuraient suspendues, dans l'attente d'un traité formel. La France, le gouvernement et l'opinion publique souhaitaient l'alliance de l'Autriche en prévision d'une guerre contre la Prusse. En Autriche, seulement des cercles restreints acceptaient cette perspective; le chancelier Beust croyait l'alliance utile, si elle fournissait des garanties pour la politique en Orient et à l'extrême, dans le cas d'une guerre avec la Russie. Une partie de l'opinion autrichienne et la Hongrie tout entière répugnaient à un nouveau conflit avec la Prusse, encore plus avec toute l'Allemagne. – Le principe de l'alliance se trouvait donc accepté des deux côtés, mais pour une autre fin dans chaque pays et cette divergence, autant que la question romaine, vouait le résultat à l'échec.«
47 Beust an Franz Joseph, 12. März 1869; ONCKEN 3, 136 Anm. 2.
48 »Cependant si par impossible l'Empire de Votre Majesté se trouvait menacé par quelque agression difficile à prévoir, je n'hésiterai pas un instant à mettre toutes les forces de la France de son côté. Elle peut être sûre aussi que je n'entamerai jamais aucune négociation avec une puissance étrangère sans m'être au préalable entendu avec elle« (ONCKEN 3, 235).
49 Franz Joseph hat im September und Oktober zwei Briefe an Napoleon geschrieben. Keiner von beiden ist bisher bekannt geworden. ONCKEN 3, 232 Anm. 2 hält den ersten dieser Briefe, den Metternich am 20. September an Napoleon übergab, für den wichtigeren (»ein Aktenstück von entscheidender geschichtlicher Bedeutung«), kann aber über seinen Inhalt keine Aussage machen. Der zweite Brief, der vermutlich das Datum vom 7. Oktober trug und jedenfalls durch den österreichischen Geschäftsträger in Paris, Graf Hoyos, an den Minister de la Tour d'Auvergne und von diesem – nicht nach dem 11. Oktober – an Napoleon übergeben wurde (siehe ebd. 253 f. und 254 Anm. 3), war die Antwort auf Napoleons eigenhändiges Schreiben vom 24. Sept., das die oben Anm. 48 zitierten Zusicherungen enthielt. Über den Inhalt dieses zweiten Briefes wissen wir einiges, aus der Begleitkorrespondenz und aus wichtigen Bezugnahmen in der Julikrise 1870 und später. Am 7. Oktober teilte Beust Vitzthum mit, daß Napoleons Brief einen ausgezeichneten Eindruck auf Franz Joseph gemacht habe und daß der heute nach Paris expedierte Antwortbrief des österreichischen Kaisers Napoleons danken wolle »et l'assurer de la réciprocité de ses sentiments« (ebd. 250). Am 19. Oktober schrieb Beust an Vitzthum (ebd. 261), nachdem er den Briefwechsel der beiden Kaiser als gegenwärtig ausreichenden Abschluß der Allianzverhandlungen bezeichnet hatte: »Notre August Maître a écrit qu'il ne consulterait, pour aller plus loin, que les convenances de l'Empereur Napoléon.« Das betrifft mehr die verfahrensmäßige Seite der durch Franz Josephs Brief geschaffenen Situation; in inhaltlicher Hinsicht ergeben sich wesentliche Hinweise aus den Äußerungen der Julikrise. Am 11. Juli 1870 schrieb Beust an Metternich (ebd. 422): »Le seul engagement positif que nous ayons contracté est celui qui se trouve précisé dans les lettres des deux Empereurs. C'est de ne pas nous entendre avec une puissance tierce à l'insu l'un de l'autre.« (BEUST 2, 347 gibt den Text, unter Bezugnahme auf sein Bekanntwerden 1873 »gelegentlich meiner Korrespondenz mit dem Herzog von Gramont« in etwas anderer Form: »Le seul engagement que

nous avons contracté réciproquement consiste à ne pas...«.) BEUST 2, 341 f. teilt einen Brief vom 28. April 1874 an Andrássy mit, der das gleiche sagt: »Fest steht aber, ... daß irgend ein Übereinkommen außer dem in den kaiserlichen Briefen enthaltenen Verzicht auf eine Unterhandlung mit dritten Mächten nicht zu Stande kam.« Auch der Brief Franz Josephs an Napoleon vom 25. Juli 1870 (ONCKEN 3, 475), der sich ausdrücklich bezieht auf »ma lettre qui a clos nous pourparlers de l'année dernière«, fügt sich in diesen Rahmen ein. Zusammenfassend: 1) abweichend von ONCKEN 3, 232 Anm. 2 halte ich nicht den ersten, sondern den zweiten Brief Franz Josephs (vom 7. [?] Oktober) für den eigentlich wichtigen, der den Verzicht auf die Verhandlung mit dritten Mächten enthielt; 2) im Sinne des oben im Text Gesagten ist die Möglichkeit geradezu auszuschließen, daß Franz Joseph damals irgendeine Zusicherung gab, die reziprok zu der von Napoleon am 24. September ausgesprochenen Hilfsverpflichtung für ein angegriffenes Österreich war.

50 Siehe oben S. 144. Der Text des Briefes (undat., circa 25. September) bei ONCKEN 3, 240 f.

51 Das Aktenmaterial dazu bei ONCKEN 3, 206 ff., 259 ff. und passim; in OD 26 und 27. Zu Darus Programm vgl. das Schreiben an La Valette, 1. Febr. 1870 (OD 26, 249): »Mettre M. de Bismarck dans une situation plus difficile vis-à-vis de l'Allemagne s'il refuse les ouvertures qui lui sont faites, assurer la paix, au moins pour quelques années, s'il se prête à ces ouvertures, voilà le but de la politique que je poursuis.«

52 Siehe OD 27, 325 ff. – Zur Sendung Fleurys vgl. F. CHARLES-ROUX 465 ff.

53 Vgl. Daru an Fleury, 29. März 1870 (OD 27, 112): »La Russie, comme la France, doit craindre la formation au cœur de l'Europe d'une Puissance prépondérante, pesant sur tous ses voisins, paralysant leur initiative, interceptant leurs communications, confisquant leur part de légitime influence au dehors, les menaçant même dans l'intégrité de leurs possessions territoriales.«

54 Vgl. OD 26, 42 und 58 f.

55 Vgl. u. a. das Memorandum Prokeschs vom 28. Okt. 1869 (HHStA, PA XII 95, Varia f. 128 ff. – Or.) und den Bericht (Hofmanns?) an Beust über eine Unterredung mit Gramont vom 16. Nov. 1869 (ebd. f. 42ᵛ f. – Kop.).

56 Siehe im folgenden Kapitel S. 247.

57 ONCKEN 3, 350.

58 Ebd. 357 ff.

59 Siehe Beust an Metternich, 24. Mai; ONCKEN 3, 367 ff.

60 Ebd. 369, Übersetzung.

61 Siehe auch für das Folgende das Schreiben Beusts an Metternich, 31. Mai 1870; ONCKEN 3, 370 f.

62 Ebd. 382.

63 Ebd. 273 f., 386 ff. Dazu die bei ONCKEN nicht gedr. Weisung Beusts an Kübeck, 19. Juni 1870; HHStA, PA XI 79 f., 125 f. – Konz.

64 Zuletzt von POTTHOFF 333 ff. behandelt, wo allerdings die Quellenproblematik unterschätzt wird (siehe etwa Anm. 219) und die interpretative Seite Wünsche in mehrfacher Hinsicht offenläßt. Maßgebend bis heute B. LEBRUN, Souvenirs Militaires 1866–1870 (Paris 1895); daraus bei ONCKEN 3, 360 ff., 376 ff. und 379 Abdruck einzelner Passagen, die aber kein ausreichendes Bild vermitteln. Es ist stets auf Lebrun selbst zurückzugreifen, der S. 89 ff. den Text seines am 30. Juni an Napoleon erstatteten Berichtes über die Wiener Mission abdruckt, S. 151 ff. den Text der ihm von Erzherzog Albrecht am 20. Juni aus Wien nachgesandten Aufzeichnungen (vgl. den bei ONCKEN 3, 379 nach dem Facsimile bei LEBRUN 325 f. gedr. Brief Albrechts an Lebrun vom 20. Juni 1870). Ergänzend: Souvenirs du Général JARRAS, chef d'État-Major général de l'Armée du Rhin 1870 (Paris 1892) 40 ff. Im übrigen gehen die Angaben von Lebrun und Jarras hinsichtlich des sogenannten Kriegsrates vom 19. Mai auseinander. – Die Berichte der französischen Militärattachés fehlen in OD und bei ONCKEN. Einiges daraus ist von LORANT passim benutzt und zitiert,

zuletzt S. 180 f. ein Bericht Vassarts vom 1. März 1869. Vielleicht sind hier noch weitere
Aufschlüsse zu erwarten.

65 H. DELBRÜCK, Das Geheimnis der Napoleonischen Politik im Jahre 1870, in: ders., Erinnerungen, Aufsätze und Reden (3. Aufl. Berlin 1905) 301 ff., erweiterte Fassung des erstmals in den Preußischen Jahrbüchern 1895 publizierten Aufsatzes. Auf Delbrücks damalige Hauptthese, mit der er den Nichtabschluß der Allianz, die »Kriegsentfesselung« im
Juli 1870 durch Napoleon und seine Interpretation der konsequenten Allianzlinie zwischen Österreich und Frankreich in Einklang zu bringen suchte, braucht hier nicht näher
eingegangen zu werden. Delbrück unterschob Napoleon die Absicht, unmittelbar nach
Kriegsbeginn Preußen einen Ausgleich auf der Basis der Benedettischen Kompensations-
vorschläge anzubieten (S. 321 f.): Napoleon »hoffte, daß er imstande sein werde, diesem
Krieg sofort wieder ein Ende zu machen, und die Verhandlungen mit Österreich und Italien waren ihm nur die zweite Sehne am Bogen, die ihn sichern sollte für den Fall, daß die
erste versagte. Aus diesem Grunde hat er das Kriegsbündnis nicht im voraus geschlossen,
sondern mit höchst feiner Berechnung nur bis zu dem Punkte geführt, wo er die völlige moralische Gewißheit zu haben glaubte, es in jedem Augenblick zum Abschluß bringen zu
können.« Die Unhaltbarkeit dieser Konstruktion war schon durch das von Oncken publizierte Material erwiesen.

66 DELBRÜCK 316.

67 Auch das von mir in der HZ 217 (1973) 361 Anm. 17 erwähnte nachgelassene Manuskript Eduard HELLERS über Erzherzog Albrecht (Kriegsarchiv Wien, Nachl. Ed. Heller –
B/679-1) enthält keine einschlägigen Hinweise. Zu erwähnen bleibt das von DALWIGK
425 f. aufgezeichnete Gespräch mit dem Erzherzog, der sich am 13./14. auf der Rückreise
aus Paris in Darmstadt aufhielt. Zwei Pointen treten hier klar hervor: Albrechts Urteil
über die Persönlichkeit Napoleons und seine gegenwärtige Stellung war alles andere als
enthousiastisch. Und gegenüber Dalwigks Vorstößen – »ich betonte die Notwendigkeit
eines glücklichen Krieges für Österreich« – verhielt sich der Erzherzog sehr reserviert. Erst
müsse die Armee vollständig reorganisiert werden. »Auf unsichere Chancen dürfe man es
nicht ankommen lassen. Österreich könne eine abermalige Niederlage nicht ertragen.«
Die Äußerungen über den unfertigen Stand der österreichischen Rüstungen stimmen mit
den amtlichen Stellungnahmen überein, die Albrecht damals als Inspektor der Armee abgab (zusammengestellt in Hellers Manuskript).

68 Für die Konsistenz der strategischen Vorstellungen Albrechts und für seine Überzeugung
von der alternativlosen Gültigkeit seines Napoleon unterbreiteten Plans für die französische Offensive sind seine Äußerungen in der Ministerratssitzung vom 18. Juli von Bedeutung. Er ging damals noch von der Wahrscheinlichkeit einer französischen Offensive (und
ihres Erfolges!) gemäß seinem Feldzugsplan aus: »Die Franzosen dürften am 27.–30. Juli
den Rhein überschreiten. Sie könnten Ende August an der sächsischen Grenze sein, Anfang
September könne also die entscheidende Schlacht stattfinden, die uns zur Tat ruft.«
(DIÓSZEGI 292). Vgl. unten S. 213.

69 JARRAS 48.

70 LEBRUN 146 ff.; ONCKEN 3, 376 ff. Die Teilübersetzung bei POTTHOFF 336 scheint der
deutschen Ausgabe der Memoiren Lebruns (Leipzig 1896) zu folgen.

Österreich, Preußen und Rußland bis zum Sommer 1870: von der Konfron-
tation zur labilen Entspannung

1 Vgl. etwa E. MARCKS, Der Aufstieg des Reiches. Deutsche Geschichte von 1807 bis
1871/78, Bd. 2 (Stuttgart/Berlin 1936) 392. – Th. SCHIEDER, Vom Deutschen Bund zum

Deutschen Reich, in: GEBHARDT-GRUNDMANN, Handbuch der Deutschen Geschichte, Bd. 3 (9. Aufl. Stuttgart 1970) 209 und 212 Anm. 8, nimmt eine vermittelnde Stellung ein. Insgesamt ist auf die detaillierte und quellennahe Darstellung bei POTTHOFF 217 ff. zu verweisen.

2 OD 22, 209; vgl. POTTHOFF 258.

3 APP 10, 243.

4 Siehe GW 6 a, 430 f. und 445 (Vorbem.). Anfang Januar 1869 kam es zu einer unmittelbaren Intervention Andrássys bei Werther (APP 10, 433 f.).

5 APP 10, 441. Vgl. ebd. 442 f., wo Bismarck im gleichen Sinne gegenüber Thile Werthers beschwichtigende Berichterstattung kritisiert. Werthers Wiener Bericht vom 11. November (ebd. 269 f.), der Beusts entgegenkommende Äußerungen enthielt, trägt von Buchers Hand den – offenbar auf König Wilhelm zu beziehenden – Vermerk: »Soll nicht mitgeteilt werden« (ebd. 269 Anm. 1).

6 HHStA, PA III 99 (Or. eigh.). Vgl. auch APP 10, 447 Anm. 1. Auf dem Höhepunkt der Krise suchte am 14. Januar 1869 ein Leitartikel der Neuen Freien Presse die Frage nach den Gründen für die preußische Polemik zu beantworten: »Preußen muß vorwärts oder es verdirbt. Es gibt aber für Preußen kein Vorwärts neben dem Prager Friedensvertrage; es muß denselben entweder zerreißen oder auf das, was es seinen Beruf nennt, verzichten.« Bismarck wolle im Hinblick auf die naheliegende Möglichkeit eines preußisch-französischen Konfliktes »mit Bezug auf Österreich Klarheit haben... Österreich soll Preußen für alle Fälle die absoluteste Sicherheit gewähren oder es soll in ein Chaos verwandelt, in Ohnmacht und Verwirrung gestürzt werden!«

7 GW 6 a, 501 ff. Ausführliche Darstellung, auch der vorausgehenden und folgenden Etappen, bei POTTHOFF 240 ff.

8 Siehe APP 10, 311 ff. und GW 6 a, 450 ff. – APP 10, 463 ff. In den gleichen zeitlichen und zum Teil sachlichen Zusammenhang gehört der negative Eindruck, den in London Bismarcks Vorgehen gegen das Privatvermögen des deposedierten hannoverschen Königshauses machte (vgl. APP 10, 539: Clarendon spricht von dem »fürchterlichen Eindruck«).

9 Ebd. 441. Die sächsische Initiative wäre – wozu hier der Platz fehlt – in eine Analyse der mittelstaatlichen Politik angesichts der Verschärfung der preußisch-österreichischen Beziehungen einzuordnen. Aufschlußreich ist z. B. die von Hohenlohe Anfang November 1868 vertretene Auffassung: Festhalten an der Idee einer staatsrechtlichen Verbindung zwischen Österreich, Preußen und Süddeutschland, preußische Unterstützung für Österreich im Orient (HOHENLOHE 1, 337).

10 Am 8. Januar 1869 hatte die Neue Freie Presse geschrieben: »Denn wenn Preußen die süddeutschen Staaten absorbirt, dann übt es ein solches Schwergewicht auf Österreich, daß es dieses zerdrückt.«

11 GW 6 a, 456 f.

12 APP 10, 343.

13 Siehe GW 6 b, 10 f. – Bismarck an Reuß, 9. März 1869. Zu beachten sind die gleichzeitigen, seit 1868 anhaltenden Klagen Berlins über antipreußische Stellungnahmen in der russischen Presse. Bismarcks Versuche, über Gortschakow oder auch in direkten Verhandlungen mit einflußreichen Exponenten der öffentlichen Meinung (Feoktistow – Katkow) etwas zu erreichen, blieben ohne nachhaltigen Erfolg (siehe APP 10, 377 f., 411 ff., 470 ff. und passim). Vgl. dazu die ausführliche Darstellung mit neuem Quellenmaterial bei NAUJOKS 339 ff.

14 Siehe oben S. 120 f.

15 GW 6 b, 11. Vgl. dazu die ganz entsprechende Mitteilung Oubrils über ein Gespräch mit Bismarck an Gortschakow, 24. Februar 1869; gedr. bei Ch. W. CLARK, Bismarck, Russia and the War of 1870, in: The Journal of Modern History 14 (1942/43) 197 ff.

16 Siehe oben S. 99 ff. – Zum folgenden vgl. POTTHOFF 260 f.

17 Siehe oben S. 134 f.

18 Beust an Wimpffen, 2. Dez. 1868; Teildruck in: CORRESPONDENZEN 3, 8 ff., hier S. 9.

19 Aus dem Zirkular Beusts an alle österreichisch-ungarischen Missionen, 22. Oktober 1868; gedr. in CORRESPONDENZEN 2, 19.

20 Vgl. die Weisungen Beusts an Ingelheim (München) und Chotek (Stuttgart) vom 4. April 1869, in: CORRESPONDENZEN 3, 32 f., sowie den überaus vorsichtigen offiziellen Kommentar in der Einleitung zu diesem Aktenband, S. 3.

21 Siehe Beust an Metternich, 6. Januar 1869; HHStA, PA IX 94, f. 24 ff. (Konz. eigh.) – APP 10, 469 Anm. 3 nur der Anfang gedruckt. Vgl. APP 10, 431, 461 Anm. 5, 495 und passim. Dazu Metternich an Beust, 18. Januar 1869; HHStA, PA IX 93, f. 163 ff., Nr. 4 H (Or. vertr.).

22 Vgl. Beust an Metternich, 2. März 1869; ebd. PA IX 94, f. 122 f. (Konz.).

23 Stenographische SITZUNGSPROTOKOLLE der Delegation des Reichsrathes, Zweite Session (Wien 1869) 13 ff. Vgl. oben S. 130 f.

24 Beust an Fürst Aremberg (Militärattaché in Petersburg), 31. März 1869; HHStA, PA X 60, f. 13 f. (Konz. Priv.); POTTHOFF 307 Anm. 1. Vgl. Gagern an Dalwigk, 16./18. Okt. 1868, APP 10, 227 f.

25 Siehe die aufschlußreiche Denkschrift des Kriegsministers v. Kuhn vom 6. Januar 1869, HHStA, A. R. F 34, S. R. 69 (Or.).

26 Vgl. APP 10, 506; GW 6 a, 524 ff., 534 f., 573.

27 Vgl. Vetsera an Beust, 1. Mai 1869; HHStA, PA X 60, f. 195 – Nr. 14 B (Or.): Gortschakow quittiert die Lektüre der Südbunddepesche Beusts vom 4. April (siehe oben Anm. 20) mit der wiederholten Bemerkung: »C'est très sage«.

28 »La tâche que je me suis sincèrement imposé de retablir de meilleurs rapports avec la Russie...« – Rückblick in Beusts Telegramm an Vetsera, 13. Dezember 1869, ebd. f. 77 (eigh. Konz.).

29 Aus den bei POTTHOFF 306 ff. zitierten Quellen ist hervorzuheben: das Schreiben Gramonts an De La Tour über Beusts Mitteilungen (OD 25, 276 ff.), König Wilhelms Aufzeichnung über Gortschakows Mitteilungen (ONCKEN 3, 258 ff.), Hohenlohes Bericht an König Ludwig über Beusts Mitteilungen (HOHENLOHE 1, 396).

30 Vgl. Beusts Gespräch mit Dalwigk am 16. September, vor der Fahrt nach Ouchy; DALWIGK 412.

31 Beust an Chotek, 28. Juni 1870; HHStA, PA X 63, f. 218 f. (Konz. vertr.).

32 OD 25, 278.

33 ONCKEN 3, 260.

34 Diese zusätzliche Information ist zu entnehmen einem Schreiben Choteks an Beust vom 18. Mai 1870; HHStA, PA X 61, f. 318 ff. – Nr. 26 C (Or. vertr.). Chotek berichtet Äußerungen Gortschakows anläßlich der Mitteilung von Beusts Zirkular vom 11. Mai 1870 (Nichtintervention in Rumänien, gedr. CORRESPONDENZEN 4, 79 f.): »Je [sc. Gortschakow] dois Vous avouer de plus que les sentiments bienveillants que le Comte Beust nous a manifestés lors de ma dernière entrevue avec lui, précisément par rapport au traité de 1856, se trouvent, en quelque sorte atténuées par l'impression...« Trotz der allgemeinen Ausdrucksweise ergibt sich die oben gezogene Schlußfolgerung, daß hier ein Revisionsvorschlag gemeint ist. – Vgl. auch die in bezug auf Ouchy unklare, aber in die gleiche Richtung weisende Darstellung bei BEUST 2, 262.

35 Siehe oben S. 100.

36 HOHENLOHE 1, 396.

37 In diesem Zusammenhang ist auch die interessante Aufzeichnung Hohenlohes über ein in Wien am 25. August 1869 mit Beust geführtes Gespräch über Österreichs deutsche und europäische Politik zu beachten: »Im allgemeinen von dem Verhältnis zwischen Preußen und Österreich sprechend, meinte er [sc. Beust], und das habe er auch Werthern oft gesagt, daß eine Verständigung nur dann möglich sei, wenn Österreich sich entschlösse, Preußen in

Deutschland freie Hand zu lassen, dann werde Preußen sofort davon profitieren, damit verliere Österreich aber die freundliche Stimmung Frankreichs und die russisch-französische Allianz sei die Folge davon. Damit würden die Interessen Österreichs im Orient aufs schwerste bedroht, und Österreich sei schließlich doch nicht sicher, ob ihm die Allianz Preußens gegenüber von Rußland den Ersatz für die freundschaftlichen Gesinnungen Frankreichs biete. So folge aus einem Schritt ein zweiter, und man müsse die ganze Reihenfolge im Auge behalten« (HOHENLOHE 1, 392). Es handelt sich hier (in einer keineswegs vollständigen Weise und mit bewußter Ausklammerung der inneren Verhältnisse) um eine erhellende Skizze einiger Bedingtheiten der Wiener Politik, um deren schrittweise Modifikation es bei Beusts damaligen Bemühungen ging. – Für diese Modifikation ist besonders aufschlußreich der Vergleich der von Beusts Presseleitung erarbeiteten Presseweisungen von Anfang August und Ende September 1869 (HHStA, PL 1869, Nr. 629 und 536 [28. September]). Auch die Aufzeichnung vom 20. August (Programmskizze für die ›Presse‹; ebd. Nr. 576) entspricht noch ganz der vorausgehenden Etappe, mit einer scharf frankophilen Tendenz. Die Wendung erfolgte also erst im September. Die September-Anweisung, die im Grunde die bis Juli 1870 geltende offizielle außenpolitische Sprachregelung bietet, betont u. a. das verbesserte Verhältnis zu Preußen: »Dieses gegenseitige Zuvorkommen zu fernerer freundschaftlicher Verständigung, zu gutem, aufrichtigem Vernehmen, darf aber durchaus nicht die Deutung erhalten, als erleide dadurch ein Hauptpunkt in der Interessenpolitik Österreich-Ungarns Abtrag, als könne die Stellung, welche der Prager Frieden den Paciszenten eingeräumt, alterirt oder gar preisgegeben werden, oder als sei irgend ein Motiv vorhanden, die Sympathien, welche sich in Süddeutschland überall für Österreich zeigen, nicht nach gebührendem Werthe zu würdigen. Ebenso wenig werden die freundschaftlichen und herzlichen Beziehungen des österreichisch-ungarischen Reiches mit den Westmächten durch ein freundliches Verhältnis mit Preußen oder Rußland geschwächt werden, sondern vielmehr dazu dienen, gute und aufrichtig friedliche Relationen zwischen allen Mächten zu unterhalten, herzustellen oder zu festigen.«

38 Beginnend mit Beusts Weisung an Chotek vom 11. Februar 1870 (HHStA, PA X 63, f. 54 ff. – Konz. vertr.) zieht sich die Auseinandersetzung um Klaczko monatelang durch die diplomatische Korrespondenz mit St. Petersburg und Berlin. Auch Bismarck griff den Fall alsbald in seiner Art auf und benützte ihn zu neuen Polemiken gegen Beust; vgl. GW 6 b, 252 f. und passim. Siehe jetzt H. WERESZYCKI, Julian Klaczko – Österreichischer Hofrat, in: Studia Austro-Polonica 1 (Warschau/Krakau 1978) 279 ff.

39 Vgl. etwa das Privatschreiben Choteks an Beust vom 28. Februar 1870 (HHStA, PA X 62 – Or.), das über den Gedankenaustausch mit Schuwalow berichtet. Schuwalow betonte, daß die Errichtung eines autoritären Regimes in Österreich-Ungarn der weiteren Annäherung an Rußland am förderlichsten wäre.

40 Vgl. GW 6 b, 326 (Vorbemerkung) und das reiche Material in OD 27, 341 ff.

41 Auf dem Umwege über den preußischen Vertreter in London, Graf Bernstorff; siehe die folgende Anmerkung.

42 Siehe das Schreiben Beusts an Apponyi (London) 27. Juni 1870, gedr. in CORRESPONDENZEN 4, 12 ff. Eine entsprechende Mitteilung erfolgte auch nach Paris, Berlin, Florenz, Petersburg und Konstantinopel (siehe HHStA, PA XI 79 f. 129 ff. – Konz. u. Kop.).

43 2./5. Juli 1870, KA – MK, Sep. – Fasz. 71 Nr. 64 (Or. eigh.). Diese zwei tagebuchartigen und sehr aufschlußreichen Briefe sind erwähnt bei E. v. WERTHEIMER, Ungedruckte Briefe des Erzherzogs Albrecht an Kaiser Franz Joseph I., in: Deutsche Revue 46, 1 (1921) 208.

44 Wie tief damals sowohl in militärischen Kreisen Österreichs wie in der diplomatischen Berichterstattung das Mißtrauen gegen Rußland saß, läßt sich vielfach belegen. Vgl. das Résumé des an sich russophilen Chotek in einem Privatbrief an Beust, 29. Januar 1870 (HHStA, PA X 62, f. 77 f.): »Parallel mit der größten Zuvorkommenheit in unseren geschäftlichen diplomatischen Beziehungen, die wir schon wegen der Loslösung des Peters-

burger Kabinetts vom Berliner Hofe wünschen sollten, müßten aber, meiner Ansicht nach, die energischsten Anstrengungen unsererseits gehen um einerseits unsere Wehrfähigkeit und unser strategisch wichtiges Eisenbahnwesen zu vervollständigen, andererseits um in den südslawischen Ländern durch gewinnende Behandlung den russischen Einfluß zu bekämpfen.« Ganz ähnlich Kriegsminister Kuhn an Beust, 3. Juni 1870, ebd. A. R. F 34 S. R. 69 (Or.): »Mir von sehr glaubwürdigen Personen zugekommene Berichte schildern in maßvoller, aber freimütiger, eindringlicher Weise die erregte öffentliche Stimmung gegen Österreich und sprechen rückhaltlos die Überzeugung aus, daß der Krieg gegen Österreich nicht nur in Rußland höchst populär ist, sondern daß dessen Ausbruch nur als Frage der Zeit betrachtet und zuversichtlich erwartet wird...« Es folgen detaillierte Ausführungen. – Vgl. weiterhin Choteks Kommentar zu dem Warschauer Treffen, 10. Juli 1870, ebd. PA X 62 f., 76 ff. (Priv. Or.) »... In bezug auf das markanteste Moment, die Verleihung des Großkreuzes des St. Georgsordens [sc. an Erzherzog Albrecht] und den demonstrativen Schluß des Manövers, so möchte ich die Ansicht aussprechen, daß der Kaiser Alexander angesichts der so starken hierländigen Gegensätze gegen Österreich, sowie der bestehenden so feindseligen Strömungen gegen uns, wenn ich so sagen darf, unbewußt einen Akt moralischen Muts an den Tag gelegt, von dessen Tragweite er sich im Augenblicke des gefaßten Entschlusses keine rechte Rechenschaft gegeben. Er hat gehandelt einzig und allein geleitet von den Gebilden der ihn persönlich umgebenden Gemütswelt, beeinflußt von Erinnerungen der Vergangenheit.« – Der preußische Gesandte Fürst Reuß telegraphierte über das Ergebnis von Warschau nach Berlin: »... Il [sc. Gortschakow] me dit que l'Archiduc a invoqué bons offices de l'Empereur pour un rapprochement entre l'Autriche et la Prusse« (LORD 141).

45 HHStA PA X 62, Varia (Or. eigh.).

46 Aus der von Beust im Oktober 1870 veranlaßten Artikelserie »Randglossen zum Preußisch-Französischen Kriege«; siehe unten S. 275

47 GW 6 b, 131 (Vorbemerkung). Auf österreichischer Seite vgl. die Weisung Beusts an Münch (Geschäftsträger in Berlin), 30. August 1869; HHStA, PA VII 70 (Kop.). Vgl. die Darstellung bei POTTHOFF 297 ff.

48 Anweisung für Telegramm an den preußischen Konsul in Pest; GW 6 b, 131 Anm. 1 (S. 132 unten).

49 STOSCH 157. Zum folgenden POTTHOFF 311 ff.

50 GW 6 b, 143 f. (Vorbemerkung). Vgl. jetzt H. ROTHFELS (Hrsg.), Tagebuch meiner Reise nach dem Morgenlande 1869. Bericht des preußischen Kronprinzen Friedrich Wilhelm über seine Reise zur Einweihung des Suez-Kanals (Berlin 1970). Bismarck wird auch in den österreichischen Berichten aus Berlin als Initiator der Reise bezeichnet; siehe POTTHOFF 312 ff.

51 STOSCH 159; ganz übereinstimmend ROTHFELS, Tagebuch 5.

52 STOSCH 158, ROTHFELS, Tagebuch 6.

53 Siehe CORRESPONDENZEN 4, 9 ff. und die entsprechenden Weisungen Bismarcks in GW 6 b passim.

54 Vgl. SCHWEINITZ, Denkwürdigkeiten 247 ff.

55 GW 6 b, 224.

56 CORRESPONDENZEN 4, 11 f.

57 GW 6 b, 148 (Vorbemerkung zu Nr. 1440).

58 H. v. POSCHINGER, Fürst Bismarck und die Parlamentarier 2 (Breslau 1895) 69.

59 Siehe Benedettis Bericht vom 27. Januar 1870, OD 26, 223 f.

60 Die österreichische Diplomatie beobachtete 1869 die spanische Thronfolge mit Aufmerksamkeit. Beust übermittelte am 7. Oktober 1869 an Hoyos (Geschäftsträger in Paris) einen Bericht Dubskys aus Madrid über dortige Verhandlungen preußischer Agenten und beauftragte ihn, den französischen Außenminister vertraulich zu informieren; HHStA, PA IX 94, f. 323 f. (Konz.).

61 Die Etappen der Wiener und der Berliner Konzilspolitik können in ihrer Bedeutung für das allgemeine Verhältnis der beiden Staaten hier nicht verfolgt werden. Es scheint, daß in den wechselnden Kalkulationen Bismarcks zeitweilig die Haltung der österreichischen Bischöfe und des Kaisers eine nicht unerhebliche Bedeutung hatte. Vgl. etwa den Bericht Wimpffens an Beust vom 12. März 1870 (HHStA, PA III 101, Nr. 27 B – Or.): »Wie mir Herr von Thile sagte, erwartet Graf Bismarck nicht viel von der Mäßigung Roms, baut aber seine größten Hoffnungen noch immer auf die beinahe unanime Haltung des österreichisch-ungarischen Episkopates und auf die gewichtige Stimme des Apostolischen Monarchen.« Wimpffen an Beust, 23. März 1870, ebd. Nr. 31 A (Or.): »Der Bundeskanzler war, wie er mir sagte, auch damit ganz einverstanden zu dreien, nämlich mit Bayern und Österreich, vorzugehen...«

62 Vgl. GW 6 b, 227 f.; Correspondenzen 4, 80 f.

63 Siehe oben S. 159 f.

64 Siehe das res. Privatschreiben Wimpffens an Beust, 3. Januar 1870; HHStA, PA III 102, Varia f. 6 ff. (Or.); vgl. Potthoff 3 14 f. Das in Correspondenzen 4, 10 publizierte Schreiben Beusts an Wimpffen vom 20. Januar antwortet nur auf die friedlichen zwischenstaatlichen Versicherungen Bismarcks: »Es ist von hohem Werth für uns, den Leiter der preußischen Politik sagen zu hören, daß Preußen mit der errungenen neuen Machtstellung zufrieden sei, daß es sich für jetzt mit der inneren Ausbildung und Vollendung des Nordbundes hinlänglich beschäftigt finde und nicht daran denke, durch eine weitere Ausdehnung seiner Aktion neue Verwicklungen hervorzurufen. Wenn Graf Bismarck... Sie vielmehr seines aufrichtigen Interesses an dem ungeschmälerten Bestande und der Prosperität unserer Monarchie versichert hat, so brauche ich nicht erst auszusprechen, daß ich mich solcher Worte lebhaft gefreut habe, und daß man denselben hier die günstigste Bedeutung für die Zukunft der Beziehungen zwischen den beiden Mächten zuschreibt.«

65 Bismarck an Schweinitz, 12. Januar 1870; GW 6 b, 205 ff., hier S. 209.

66 Siehe Bismarck an Schweinitz, 20. Februar 1870; ebd. 253 (Vorbemerkung). Vgl. auch ebd. 241 f. die vorausgehende Weisung vom 12. Februar 1870.

67 Vgl. den Bericht Gagerns (hessischer Gesandter in Wien) an Dalwigk, 6. Januar 1870 (Potthoff 320 Anm. 110); Beust sagte zu Gagern: »Was Bismarck am meisten scheue, das sei die Befestigung in Österreich des radikal-liberalen zentralistischen Regiments, welches in Deutschland, und namentlich auch in Preußen, so große propagandistische Sympathien finde.«

68 Siehe Potthoff 328 ff.

Süddeutschland und die orientalische Frage vor dem Kriegsausbruch: Stagnation und Unentschiedenheit

1 Ein Beispiel bietet Beusts Verhalten anläßlich der württembergischen Ministerkrise im März 1870, die zu einer Verstärkung des preußischen Einflusses in der Regierung führte. Beust berichtete nach Stuttgart über sein Gespräch mit dem württembergischen Gesandten in Wien über die Gründe seiner Nichtintervention: »Endlich machte ich dem Herrn Gesandten [sc. dem württembergischen Gesandten in Wien] bemerklich, daß in der jetzigen Konjunktur eine Niederlage der preußischen Partei in Stuttgart mir keineswegs willkommen gewesen wäre, da man sie in Berlin uns würde zur Last gelegt haben, uns aber sehr daran liegt, daß nichts vorkomme, was die Stimmung des Berliner Kabinetts, mit dem wir in guten Beziehungen stehen wollen und über so manche Frage uns zu verständigen Anlaß haben, zu unserem Nachteil influenzieren könnte« (Beust an Walterskirchen [Gesandter in

Stuttgart], 29. März 1870; HHStA, PA VI 32, f. 5 f. – Konz.; Teildruck POTTHOFF 327 f.).
2 Siehe POTTHOFF 321 f.
3 OD 26, 405; POTTHOFF 326.
4 H. RALL, Die Politische Entwicklung von 1848 bis zur Reichsgründung 1871, in: M. SPINDLER, Handbuch der Bayerischen Geschichte 4,1 (München 1974) 268.
5 Siehe die gut informierende Einführung von W. SCHÜSSLER zu Dalwigks Tagebüchern 1860–71 (Stuttgart/Berlin 1920) und die betreffenden Abschnitte der Tagebücher (S. 410 ff.). Vgl. N. M. HOPE, The Alternative to German Unification. The Antiprussian Party, Frankfurt, Nassau and the two Hessen 1859–1867 (Wiesbaden 1973).
6 Siehe J. BECKER, Liberaler Staat und Kirche in der Ära von Reichsgründung und Kulturkampf. Geschichte und Strukturen ihres Verhältnisses in Baden 1860–1876 (Mainz 1973) 293. – Vgl. zur Situation in Baden vom gleichen Autor: Bismarck und die Frage der Aufnahme Badens in den Norddeutschen Bund im Frühjahr 1870. Dokumente zur Interpellation Laskers vom 24. Februar 1870, in: Zeitschrift für die Geschichte des Oberrheins 119 (1971) 427 ff.
7 J. BECKER, Liberaler Staat 294.
8 Verfasser war der Sulzbacher Gutsbesitzer und Bürgermeister Otto Dahmen, Mitglied der badischen zweiten Kammer und des Zollparlaments; siehe J. BECKER 262, 294.
9 Siehe oben Anm. 1. Vgl. insgesamt R. GRUPP, Die diplomatischen Beziehungen Württembergs zu Österreich in der Zeit der Reichsgründung (Phil. Diss. München 1957).
10 Siehe Chotek an Beust, 6. April 1870; HHStA, PA X 61, f. 188 ff. – Nr. 20 D (Or. vertr.). Vgl. POTTHOFF 327.
11 Vgl. zum folgenden das Privatschreiben Walterskirchens an Beust, 5. März 1870; ebd. PA VI 34, f. 11 f. (Or. vertr.).
12 Außer dem Handbuchbeitrag von H. RALL (siehe Anm. 4) vgl. O. POPPINGER, Die bayrisch-österreichischen Beziehungen von Königgrätz bis Versailles (Phil. Diss. Wien 1958); E. WEIS, Vom Kriegsausbruch zur Reichsgründung. Zur Politik des bayerischen Außenministers Graf Bray-Steinburg im Jahr 1870, in: Zeitschrift f. bayer. Landesgeschichte 33 (1970) 787 ff.; H. RALL, König Ludwig II. und Bismarcks Ringen um Bayern 1870/71 (München 1973). Rall hat in seiner gehaltvollen Darstellung die Berichte des preußischen Gesandten in München, v. Werthern, ausgiebig verwendet, nicht dagegen die Korrespondenzen der österreichischen Diplomaten in München, die in vielfacher Hinsicht ein anderes Bild der bayerischen Verhältnisse und auch des Königs zeichnen.
13 Siehe Bruck an Beust, 19. Juli 1870; HHStA, PA IV 41, f. 727 ff. – Nr. 621 (Or.).
14 RALL 10.
15 SCHWEINITZ, Denkwürdigkeiten 254; GW 6 b, 259.
16 Wimpffen an Beust, 9. März 1870; HHStA, PA III 101, Nr. 26 (Dech.).
17 Das geht auch aus der Tatsache hervor, daß Beust im Februar 1870 beabsichtigte, den Münchener Gesandtenposten neu zu besetzen und zwar mit keinem Geringeren als mit dem Grafen Taaffe (siehe POTTHOFF 323 f.). Taaffe trat aber bald wieder ins cisleithanische Ministerium ein.
18 HHStA, PA III 101, Nr. 27 A (Or. res.). – Vgl. aber die entgegengesetzte Auffassung in den Memoiren des damals als preußischer Gesandtschaftssekretär in München tätigen Radowitz (Aufzeichnungen und Erinnerungen aus dem Leben des Botschafters J. M. v. RADOWITZ, ed. H. HOLBORN [Berlin 1925] 145 f.): »Uns, die wir mitten in der Münchner Arbeit standen, schien es, als ob man an leitender Stelle in Berlin zu sehr auf die ›allmähliche Entwicklung‹ und ›Assimilierung‹ rechne. Wir fanden (das sehe ich aus meinen damaligen Briefen) bis 1869 und 1870, daß stärkere Impulse gegeben werden müßten, daß das Sichselbst-Überlassen die Bayern mehr von der nationalen Bahn ableiten und im Partikularismus verhärten werde.«
19 Vgl. den Vortrag Beusts vom 5. Oktober 1869; HHStA, PA XL 53, (Konz. u. Or.). Zur

Reise selbst siehe BEUST 2, 286 ff. und PLENER 1, 215 ff. Vgl. die Anweisung für die Presse
bei B. KREBS, Die westeuropäische Pressepolitik der Ära Beust (Göppingen 1970) 172 f.:
»Österreich-Ungarn, am Littorale der Adria gelegen, deren Schiffahrt sie fast beherrscht,
durch große Eisenbahnlinien mit den rückwärts liegenden Binnenländern verbunden, [ist]
durch eigenen volkswirtschaftlichen und industriellen Aufschwung auf Teilnahme an dem
Welthandel angewiesen.«
20 Siehe oben S. 40 ff. und 99 ff.
21 Grundlegend die Ausführungen Beusts in der ›Note annexée‹ für Napoleon III. vom 3. Februar 1869, ONCKEN 3, 100 ff. Vgl. ergänzend die Weisung Beusts an Haymerle (Konstantinopel) vom 14. Februar 1869 mit einer grundsätzlichen Erörterung des Verhältnisses der
Monarchie zur Türkei und ihrer Ziele am Balkan; HHStA, PA XII 96, f. 49 ff. (Konz.). Das
oben folgende Zitat ist eine Übersetzung aus dem Text der ›Note annexée‹. – Über die damaligen Handelsbeziehungen mit der Türkei und die dortigen österreichischen Investitio-
nen liegt keine brauchbare Untersuchung vor; vgl. die Bemerkung in einem Schreiben Prokeschs aus Konstantinopel an Sektionschef Hofmann: »Ich habe unzählige Industrielle aus
Österreich und Ungarn hier – die einen wollen Pferdeverkäufe mit der Pforte abschließen,
die anderen Wälder ausbeuten, die dritten die Kohlengruben bei Heraklea pachten, wieder
andere geognostische Reisen machen usw.« (ebd. PA XII 95, Varia f. 7 – Or. Priv.).
22 Siehe W. RECHBERGER, Zur Geschichte der Orientbahnen. Ein Beitrag zur österreichisch-
ungarischen Eisenbahnpolitik auf dem Balkan in den Jahren 1852–1888 (Phil. Diss. Wien
1958). Vgl. auch das hochfliegende Memorandum des Kriegsministers Kuhn über die türkischen Bahnen vom 1. Februar 1870, HHStA, A. R. F. 34 S. R. 72, f. 826 ff. (Or.), das von
dem Begriff der »Weltbahnen« ausgeht und die Fortsetzung von Konstantinopel zum Persi-
schen Meerbusen projektiert.
23 Vgl. APP X 560 f.
24 Beust an Ali Pascha, 27. Januar 1870; HHStA, PA XII 96, Varia f. 14 ff. (Konz.). Vgl.
CORRESPONDENZEN 4, 84 ff., und die oben S. 516, Anm. 29 angegebene Arbeit von U.
BINDREITER.
25 Memorandum Prokesch-Ostens, 28. Oktober 1869; HHStA, PA XII 95, Varia f. 128 ff.
(Or.?).
26 Siehe Beust an Prokesch, 16. Januar 1870; ebd. PA XII 96, f. 1 ff. (Konz.). Zur Beilegung des
Aufstandes vgl. die in Anm. 28 zitierte Arbeit F. HAUPTMANNS.
27 Siehe Beust an Orczy, Athen 4. November 1869; HHStA, PA XII 96, f. 374 (Konz. f. Chiffre-Tel.).
28 Vortrag Beusts vom 26. Januar 1870; ebd. PA XL 53, F. 1 ff. (Or. u. Konz.). Für den Aufstand in Süddalmatien vgl. zuletzt F. HAUPTMANN, General Rodić i Politika Austrijske
vlade u Krivošijskom ustanku 1869–70. godine, in: Godišnjaka, Društva istoričara Bosne i
Herzegovine 13 (1962) 53 ff. (mit deutschsprachiger Zusammenfassung und dem Text des
Protokolls von Knezlac vom 11. Januar 1870).
29 Vgl. Th. v. SOSNOSKY, Die Balkanpolitik Österreich-Ungarns seit 1866, Bd. 1 (Stutt-
gart/Berlin 1913) 72 ff.
30 Vgl. u. a. den Bericht des preußischen Generalkonsuls Rosen vom 5. Januar 1869, APP 10,
427 ff.
31 Siehe oben S. 106 f.
32 Siehe J. A. v. REISWITZ, Belgrad-Berlin 140, 159 ff.
33 Siehe Beust an Prokesch, 29. Juli 1869; HHStA, PA XII 96, f. 229 ff. (Konz.). Vgl. Prokesch
an Kállay, 6. August 1869; ebd. PA XII 95, f. 144 ff. (Kop.). Etwas anders die Akzente bei
REISWITZ 166.
34 REISWITZ 146.
35 Siehe oben S. 105 ff.
36 Siehe WERTHEIMER 1, 460 ff. – mit manchen Unklarheiten. Vgl. REISWITZ 150 f.

37 ›Studien über eine eventuelle Teilung Bosniens‹, 29. Januar 1869; HHStA, PA XII 95, Varia
     f. 7 ff. (Or., mit Beilage).
38 Ebd. PA XL 284, f. 288 ff.
39 Der Text gedr. in Politička 428 f., erwähnt bei M. Ekmečić, Der Aufstand in Bosnien
     1875, Bd. 1 (Graz 1974) 78. Wertheimer 1, 462 Anm. 4 bestritt die Existenz eines solchen
     Projektes.
40 Ekmečić 1, 1 ff.
41 Aus dem Bericht Rosens an Bismarck; Reiswitz 127 f.
42 Siehe die Zusammenfassung bei Beyrau 277 f.

Zweiter Teil
Schrittweise Entscheidung für den Sieger: statt der Rekonstruktion Europas ein »deutsches« Mitteleuropa à la Bismarck

Vorbemerkung

1 Für das Problem der Definition einer sogenannten Hofpartei als Sammelbezeichnung für
     die konservativ-klerikal-föderalistischen Kräfte siehe die Einleitung S. 31.
2 Siehe oben S. 149 ff.
3 Moltke, Mil. Werke I, 3, 1, 115. Ganz entsprechend der Hinweis, den am 10. Juli 1870 im
     Auftrage des preußischen Generalstabes Oberst v. Stiehle an den Gesandten v. Schweinitz in
     Wien gab: »Ew. Exc. erlaube ich mir in Abwesenheit des Generals v. Moltke, die diesseits
     obwaltende Ansicht darzulegen, daß der Eintritt *effectiver* Rüstungen in Österreich uns als
     das Hauptsymptom gilt, ob Frankreich blos Staub aufwirbele oder ernstmachen will...«
     (Lord 179).
4 Moltke a.a.O.
5 Siehe H. v. Srbik, Reichskriegsminister Freiherr von Kuhn 1868–1874 in: ders., Aus Österreichs Vergangenheit (Salzburg 1949) 141 ff., hier S. 180.
6 KA-MK, Sep. – Fasz. 75, Nr. 7; eigh. Ausarbeitung Becks (25. 8. 1870): »Verfügungen und
     Vorkehrungen, welche gegen einen Angriff des vereinigten Deutschlands unter Annahme
     einer uns wohlwollenden Haltung Rußlands zu treffen wären.« Vgl. ebd. Nr. 12 Becks
     Denkschrift vom 10./12. September und in KA, Nachlaß Beck B/2 VI, das undat. Konzept
     Becks (wohl vor 25.8.) »Vorstudien für einen Verteidigungskrieg«.
7 H. Lutz, Politik und militärische Planung in Österreich-Ungarn zu Beginn der Ära András-
     sy, in: Geschichte und Gesellschaft. Festschrift für K. R. Stadler (Wien 1974) 32.
8 Siehe oben S. 172 ff.

Österreichs Ziel: eine Demütigung Preußens (Juli/August 1870)

Dissens von der französischen Kriegspolitik, aber keine Trennung von Frankreich

1 Abgewogene Urteile bei F. Engel-Janosi, Österreich-Ungarn im Sommer 1870, in: ders., Geschichte auf dem Ballhausplatz (Graz 1963) 207 ff. und bei Diószegi 27 ff. Material-reich, aber in der Interpretation nicht immer sicher Potthoff 339 ff. Vgl. auch J.-B. Duro-selle, Die europäischen Staaten und die Gründung des Deutschen Reiches, in: Schieder-Deuerlein 386 ff.
2 Beust an Metternich, 9. Juli 1870 (Oncken 3, 412 f.). Vgl. Metternichs Bericht an Beust, 8. Juli (ebd. 404).
3 Ebd. 418 ff.; dazu das bei Beust 2, 354 f. abgedruckte Schreiben an Metternich vom glei-chen Tag. Vgl. Cazaux (französ. Geschäftsträger in Wien) an Gramont, 10. Juli (OD 28, 212 ff.) mit der Wiedergabe der heftigen Vorwürfe Beusts.
4 Siehe Beust an Kübeck, 10. Juli; HHStA, PA XI 79, f. 146 (Chiffre-Tel., Konz. eigh.) »...Nous avons plaidé le point de vue français à Berlin et à Madrid, nous serons du côté de la France, mais nous combattons à Paris les démarches précipitées et conseillons une attitude moins propre à faire paraître la France comme agresseur.«
5 Oncken 3, 405 und 417. Vgl. die gleichzeitigen Bemerkungen im gleichen Sinn bei Solms (9. Juli; ebd. 409) und Bismarck (GW 6 b, 347).
6 Beust 2, 354. Die Verbesserung von »Espagne« in »Europe« bei Wertheimer, Zur Vorge-schichte des Krieges von 1870/71, in: Deutsche Rundschau 186 (1921) 54. Bismarck schrieb am 9. Juli: »Vielleicht erklärt sich Frankreichs Haltung aus der falschen Vorstel-lung, einen nicht nationalen Grund gegen Preußen gefunden zu haben« (siehe oben Anm. 5). Allerdings beobachtete Bismarck nicht nur, er tat auch, soviel er konnte, um diese Vor-stellung zu einer falschen zu machen!
7 Oncken 3, 433 f.; dazu ebd. 491.
8 Siehe Oncken 3, 440 und ebd. 441 ff. die Aufzeichnungen Vitzthums über die Verhandlun-gen mit Napoleon und Gramont am 15. Juli.
9 Siehe Metternich an Beust, 5. Juli; HHStA, PA IX 95, f. 3 – Nr. 65 (Tel.-Dech.). Weiter Oncken 3, 420 f.; Lord 183. Vgl. die Information Beusts an Prokesch, 25. Juli; HHStA, PA XII 96, f. 254 f. (Konz.) und die Darstellung bei Beyrau 180 ff.
10 Potthoff 372.
11 Vgl. neben der laufenden Berichterstattung des französischen Geschäftsträgers in Wien, Cazaux, in OD 28 und 29 vor allem das Schreiben Gramonts an de La Tour d'Auvergne vom 31. Juli (OD 29, 320 ff.).
12 Siehe unten S. 222 ff.
13 Bemerkenswert ist die Studie von E. Kolb, Der Kriegsausbruch 1870. Politische Entschei-dungsprozesse und Verantwortlichkeiten in der Julikrise (1970). Vgl. allgemein zum For-schungsstand J. Becker, Zum Problem der Bismarckschen Politik in der Spanischen Thron-frage 1870, in: HZ 212 (1971) 529 ff.; ders., Bismarck et l'empire libéral, in: Francia 2 (1974) 327 ff.; S. W. Halperin, The Origins of the Franco-Prussian War Revisited: Bis-marck and the Hohenzollern Candidature for the Spanish Throne, in: The Journal of Mo-dern History 45 (1973) 83 ff.
14 Siehe Moltkes Denkschrift vom Januar 1867, gedr. in: Moltke in der Vorbereitung und Durchführung der Operationen, Hrsg. Großer Generalstab (Berlin 1905) 89 ff. Vgl. die gut informierende Studie von H. Helmert, Der preußische Generalstab in der Vorbereitung

des Krieges gegen Frankreich 1866–1870, in: Die großpreußisch-militaristische Reichsgründung 1, 157 ff.

15 Siehe MOLTKE, Mil. Werke I, 3, 1, 89 ff. und ebd. 114 ff. Auch in der letzten Ausarbeitung
vor Kriegsbeginn, vom Mai 1870, sind die drei für die Defensive gegen Österreich bestimmten Korps im Osten belassen, obwohl hier nur vom Kriegsfall gegen Frankreich die Rede ist,
also eventuell mit Österreichs Neutralität gerechnet wurde.

16 Siehe MOLTKE, Mil. Werke 1, 3, 1, 99, 139, 157, 162, 164, 172, 175, 177, 184. – Die jüngste
militärgeschichtliche Studie von M. HOWARD, The Franco-Prussian War (London 1968)
geht auf diese Fragen nicht ein.

17 Siehe LORD 199 ff.

18 Ebd. 221.

19 GW 6 b, 389, 17. Juli. Vgl. dazu und zum Folgenden Schweinitz' Brief an den preußischen
Kronprinzen vom 1. Februar 1871, gedr. in: Kaiser Friedrich III. Das Kriegstagebuch von
1870/71, hrsg. von H. O. MEISNER (Berlin/Leipzig 1926) 485 f.

20 SCHWEINITZ, Denkwürdigkeiten 263 ff. Für Rußlands Verhalten siehe unten S. 227 ff.

21 Bismarck an Schweinitz, 23. Juli (GW 6 b, 416 f.). Man beachte die zeitliche Übereinstimmung mit den Anweisungen des Generalstabs für den Abtransport der drei Korps nach Westen; MOLTKE, Mil. Werke I, 3, 1, 157 (22. Juli), 162 (23. Juli). Vgl. dazu auf österreichischer
Seite den Bericht des Oblt. v. Kirchner über preußische Truppenbewegungen etc. vom
16. Juli bis 6. August, in: KA, MK Präs. 39–1/3 (Or.), mitgeteilt auch an das Außenministerium.

22 Siehe oben S. 169 f.

Die innenpolitische Konstellation im Zeichen der deutschnationalen Stim-
mung und der ungarischen Interessen

1 Die systematische Erforschung der öffentlichen Meinung in Österreich-Ungarn während
des deutsch-französischen Krieges ist ein Desiderat. Für die deutschsprachigen Teile trotz
der weltanschaulich-politischen Voreingenommenheit als Materialsammlung ergiebig der
Sammelband: Gesamtdeutsches Denken in Österreich und die Reichsgründung. Reichssiegerarbeit der Sparte »Kampf um die Weltanschauung« im Reichsberufswettkampf der
deutschen Studenten 1936/37, Mannschaft der Fachgruppe Kulturwissenschaft der Studentenführung Universität Berlin, Mannschaftsführer: Walter LOTT und Werner REESE
(München/Berlin 1938). Wertvoll sind bis heute die einschlägigen Abschnitte von Th.
SCHIEDER, Die Bismarckische Reichsgründung von 1870/71 als gesamtdeutsches Ereignis,
in: Stufen und Wandlungen der deutschen Einheit (Festschrift f. K. A. v. Müller), hrsg.
von K. v. RAUMER u. Th. SCHIEDER (Stuttgart/Berlin 1943) 342 ff. Wichtig vor allem für die
ungarische Seite: DIÓSZEGI 27 ff. u. passim. Vgl. im übrigen die schon in der Einleitung genannten pressegeschichtlichen Arbeiten von WINCKLER, NAUJOKS, PAUPIÉ und KREBS.

2 Fremdenblatt 21. 7. 1870 (nach LOTT-REESE 72 Anm. 76): »Zudem wäre das National-
fühl der deutschen Bevölkerung Westösterreichs tief verletzt, sähe man die österr. Fahnen
neben den französischen wehen, um dem Erbfeinde Deutschlands die Beraubung und Vergewaltigung Deutschlands zu erleichtern. ... Die Wiedervereinigung mit dem gemeinsamen
Vaterlande, wir wünschen sie sehnlich, aber aus Frankreichs Händen als Preis der zur Er-
niedrigung Deutschlands geleisteten Weghilfe würde sie uns zum Fluche und nicht zum Segen gereichen...«

3 10. 7. 1870 (ebd. 67).

4 24. 7. 1870 (ebd.).

5 Zit. ebd. 68.

6 Ebd. 95 ff.
7 Siehe M. Berger, Österreichs auswärtige Politik (Die Ministertätigkeit des Grafen Beust) 1866–1870/71 und das »Vaterland« (Phil. Diss. Wien 1947).
8 ›Tiroler Stimmen‹ 28.7.1870, zit. bei Lott-Reese 50.
9 Vgl. ebd. 45.
10 Lott-Reese 47.
11 OD 28, 31.
12 15.7.1870 (Lott-Reese 30).
13 W. Rogge, Oesterreich von Világos bis zur Gegenwart. Dritter Band: Der Kampf mit dem Föderalismus (Leipzig/Wien 1873) 350.
14 Siehe Beust 2, 432f.
15 Siehe Lott-Reese 33 f.
16 P. Molisch (Hrsg.), Briefe zur deutschen Politik in Österreich, 1848–1918 (Wien 1934) 62.
17 Siehe Beust 2, 239 ff. Eine verständnisvolle Charakteristik der Absichten Potockis bei Engel-Janosi, Österreich-Ungarn im Sommer 1870, dort 208 f. das folgende Zitat Potockis.
18 Zum Folgenden vgl. Diószegi 28 ff.
19 Schweinitz an Bismarck, 12. Juli (Lord 211).
20 OD 28, 353.
21 Diószegi 28.
22 Diószegi 30, 123. Vgl. dazu die Briefe Eötvös' an Andrássy vom 14. und 28. August bei E. Kónyi, Beust und Andrássy 1870/71, in: Deutsche Revue 15, 2 (1890) 17 f. Laut E. Steinacker, Lebenserinnerungen (München 1937) 61 äußerte Eötvös nach dem deutschen Sieg: »Gott sei Dank. Nun weiß ich wenigstens, daß meine Enkel nicht Russen, sondern Deutsche sein werden.«
23 Rogge 3, 337; Diószegi 76.
24 Diese wichtige Feststellung ist erstmals von Diószegi 42 f. überzeugend vorgetragen worden.
25 Diószegi 43.
26 Siehe unten S. 241.

Der Ministerrat vom 18. Juli: bewaffnete Neutralität und Warten auf die französischen Siege

1 Diószegi 46 ff. Der (deutsche) Text des Protokolls zuerst als Anhang der ungarischen Ausgabe seines Buches 1964, jetzt in der deutschen Ausgabe 286 ff.
2 Ebd. 54 ff. Von Diószegi noch nicht berücksichtigt sind die Ausführungen über den Ministerrat vom 18. Juli bei Potthoff 352 ff. und Beyrau 192 ff.
3 Diószegi, Anhang 286 ff.
4 Diószegi, Anhang 288.
5 Diószegi, Anhang 289. Diószegi 52 f. hat eine zweite, sehr wichtige Korrektur Andrássys hervorgehoben (vgl. Potthoff 362 Anm. 160). Der ursprüngliche Wortlaut des Protokolls lautete an dieser Stelle des Andrássy-Votums: »Man solle überhaupt, ohne sich die Hände nach irgendeiner Seite zu binden, *und ohne eine förmliche Neutralitätserklärung* das pure Interesse als Losungswort ausgeben...« Andrássy korrigierte nachträglich: »Man solle überhaupt, ohne sich die Hände zu binden, *und nach Abgabe einer Neutralitätserklärung* das pure Interesse...« Diószegi macht klar, daß es sich bei dieser Korrektur kaum um die Verbesserung eines Irrtums des Protokollführers handelt. Andrássy hat offenbar, nachdem sein Vorschlag in der Diskussion unterlag, die Spuren dieser Niederlage im Protokoll abschwächen wollen. Ein ähnliches Vorgehen, wo Andrássy nachträglich das Gegenteil des ursprünglich Gewollten in den Protokolltext hineinkorrigierte, um sich der Meinung des

Kaisers anzuschließen, konnte ich im Falle der geheimen Militärkonferenzen vom Februar 1872 nachweisen: H. Lutz, Politik und militärische Planung in Österreich-Ungarn zu Beginn der Ära Andrássy, in: Geschichte und Gesellschaft. Festschrift für Karl R. Stadler (Wien 1974) 23 ff., hier 37 und 42. – Mit dem Vorschlag, im Falle eines preußisch-französischen Krieges Österreichs Neutralität mit einer vertraulichen Erklärung an Preußen zu verbinden (und sich damit Preußen zu nähern) scheint Andrássy schon im Frühjahr 1869 auf Beusts Widerstand gestoßen zu sein (siehe Wertheimer 1, 482 f.).

6 Diószegi, Anhang 290.

7 Ebd. 291. Für Kuhns politisch-militärische Konzeption, die damals in Richtung einer Kriegsausweitung à outrance ging, um Preußen endgültig zu schlagen, vgl. die dem Kaiser übergebene Denkschrift vom 14. Juli 1870, gedr. bei E. v. Glaise-Horstenau, Franz Josephs Weggefährte. Das Leben des Generalstabschefs Grafen Beck (Wien 1930) 457 ff. Die Datierung nach H. v. Srbik, Erinnerungen des Generals Freiherrn von John 1866 und 1870, in: ders., Aus Österreichs Vergangenheit (Salzburg 1949) 43 ff., hier 71. Das Original in KA-MK, Sep.-Fasz. 71, Nr. 70 ist undatiert. Die Konzeption dieser Denkschrift setzte noch voraus, daß Süddeutschland nicht mit Preußen gehen werde. Daß Kuhn durch die am 18. Juli schon bekannte Haltung Süddeutschlands nicht von seinem »Weltkriegsprogramm« abkam, geht aus dem Obigen hervor. Sein Ausgangspunkt war und blieb die Überzeugung, daß ein Sieg Preußens das Ende der Monarchie bringen würde. In der Denkschrift sagte er: »Ein entschiedener Sieg Preußens über Frankreich ist somit auch ein solcher über Österreich, ja die Vernichtung des letzteren, daher besteht nach meiner innersten Überzeugung die Notwendigkeit, sich unbedingt an dem Kampf zu beteiligen, selbst auf die Gefahr hin, ganz Europa in Feuer und Flammen zu setzen.« Auf der Rückseite der Denkschrift findet sich ein Bleistiftvermerk des Kaisers: »Politik Kuhns. Zur Durchsicht mit der Bitte um Rückstellung«. Die Kompetenzüberschreitung des Kriegsministers ist also von Franz Joseph in seiner Art deutlich bezeichnet worden.

8 Diószegi, Anhang 292.

9 Ebd. 292.

10 Ebd. 293.

11 Siehe Cazaux an Gramont, 17. Juli (OD 29, 71): »M. de Bellegarde m'a certifié que, la déclaration de neutralité étant contraire à nos intérêts, l'Empereur et le Comte de Beust étaient resolus à ne pas la faire.« Man muß diese Nachricht allerdings mit Vorsicht behandeln. Einerseits neigte Cazaux nachweislich zu einer optimistischen Berichterstattung, andererseits war der Flügeladjutant des Kaisers, Graf Bellegarde, an den sich Cazaux mit einer Démarche gewandt hatte, keineswegs ein kompetenter Sprecher für die außenpolitischen Absichten der Monarchie.

12 Diószegi, Anhang 295.

13 Ebd. 296.

14 Diószegi 60.

15 Ebd. 62.

16 Ebd. 66 f.

17 Siehe oben S. 199 f.

18 Siehe oben S. 184.

19 Siehe oben S. 206 f.

20 Siehe auch die Bemerkungen zum Problem der »Hofpartei« in der Einleitung.

21 Das hat übrigens auch Diószegi 60 selbst bemerkt: »Was die Realität des Planes anbetrifft, müssen wir zuerst darauf hinweisen, daß er nicht vollkommen ist, es fehlt der Schlußteil: was soll mit Deutschland nach dem siegreichen Revanchekrieg werden? Die Partei hatte kein positives deutsches Programm...«

22 Correspondenzen 4, 20.

23 Das Staatsarchiv 19 (1870) 110.

Süddeutschland mit Preußen – Rußland gegen die Ausweitung des Krieges

1 Für Gramonts späte und wenig beruhigende Zusicherungen vgl. u. a. den Bericht des bayerischen Gesandten Quadt aus Paris an Bray, 17. Juli (ONCKEN 3, 449 f.) sowie die Serie der Korrespondenz Gramont – Duc de Cadore in OD 28 und 29. Zusammenfassend POTTHOFF 344 ff.

2 Für die Bedeutung der österreichischen Haltung vgl. u. a. den Bericht des preußischen Militärbevollmächtigten Loos in Stuttgart vom 11. Juli (LORD 194). Die Haltung Süddeutschlands im Juli ist zusammenfassend behandelt von O. BECKER 691 ff.

3 Zit. nach POTTHOFF 345 ff. Außer den oben S. 532 Anm. 12 zitierten Arbeiten von H. RALL, E. WEIS und O. POPPINGER siehe die materialreiche, aber einseitig im Bismarckschen Sinne auswählende und interpretierende Darstellung von M. DOEBERL, Bayern und die Bismarcksche Reichsgründung (München/Berlin 1925).

4 Beust an Bray; München, Geh. Staatsarchiv MA I 644 f. 8 f. (Or. Priv.). Vgl. OD 28, 331 f. und 355. Ergänzend siehe auch den Bericht Fuggers aus Wien an Bray, 17. Juli (DOEBERL 238 f.).

5 LORD 245. Gleichzeitig fütterte Bismarck den bayerischen Vertreter in Berlin mit schönfärberischen Nachrichten über die »unbedingte, eher wohlwollende Neutralität« Österreichs Preußen gegenüber (Tautphoeus an Ludwig II., 15. Juli, bei DOEBERL 228 f.).

6 Siehe Bray an Beust, 25. Juli; HHStA, PA IV 40, Varia f. 50 f. (Or. Priv. eigh.). Dazu die Schreiben Brucks an Beust vom 16., 17., 19., 28. Juli, ebd. IV 41 (Or.). Am 17. Juli (Nr. 59F) schrieb Bruck: »Der preußische Militarismus hat seine Arme über Bayern ausgebreitet und da hilft kein Mittel mehr. – Jede Argumentation, jedes noch so triftige Motiv wird totgeschlagen und nur blinde Disziplin, genaue Befolgung der preußischen Vorschriften tritt an die Tagesordnung.« – Für die Opposition der antipreußischen Majorität in der zweiten Kammer und ihre Umstimmung siehe RALL 131 f. Am 19. Juli berichtete Bruck über seine Audienz bei Ludwig II.: »Seine Majestät protestierten gegen die Auffassung, als geschähe der jetzige Kriegsschritt aus Sympathien für Preußen, und betonte wiederholt, wie sehr er Seine Majestät unseren Allergnädigsten Herrn und Kaiser verehre und wie lieb er Österreich habe. – Ganz anders sprach er über Preußen und bemerkte nur, er liebe es nicht besser als der Großherzog von Hessen, dessen Gefühle ich kennen müsse, da ich aus Darmstadt komme. ... Der König ist überzeugt, daß nach dem Kriege Bayern stärker sein würde als jetzt und aus höchstseiner Konversation zu urteilen, tat er diesen Schritt hauptsächlich darum, um nicht etwa nach einem preußischen Siege wie Hannover in Norddeutschland aufzugehen.«

7 18. Juli; HHStA, PA VI 33, f. 276 ff. (Or.).

8 Vetsera an Beust, Juli 21; HHStA, PA VII 71, Nr. 24 c (Konz. vertr.). Die gleichzeitigen Tagebuchnotizen Dalwigks sind für diese Wendung nicht sehr ergiebig, siehe DALWIGK 431 ff. Aufschlußreich ist jedoch der ebd. 498 f. abgedruckte Brief des hessischen Ministers an Beust vom 1. Februar 1871, der den obigen Gesandtenbericht kommentiert: »...Ich hatte bei dem Beginn des dermaligen Krieges die Hoffnung, daß wechselnde Chancen Preußen nötigen sollten, österreichischen Beistand zu erbitten, und daß dem alten Kaiserhause und Deutschland dadurch Gelegenheit gegeben würde, die in den Herzen fortlebende Verbindung auch äußerlich wieder herzustellen.«

9 Nach einem Gespräch Beusts mit Dalwigk im November 1871; DALWIGK 494. Vgl. die entsprechende Überlegung – aber schon retrospektiv – bei Bray in dem Bericht Brucks an Beust vom 17. Juli (POTTHOFF 352.)

10 Bruck an Beust, 28. Juli; HHStA, PA IV 41, f. 772 ff. (Or. Priv.).

11 Walterskirchen war übrigens nur für den gegenwärtigen Zeitpunkt ein Befürworter der strikten Neutralität. Daß seine weiterreichenden Überlegungen in die gleiche Richtung wie

Bruck wiesen – Sicherung der Selbständigkeit Süddeutschlands und damit der Existenz der
Habsburger Monarchie durch eine europäische Intervention –, zeigt sehr deutlich das
Schreiben an Beust vom 19. Juli; ebd. PA VI 33, f. 285 ff. Nr. 33 (Or.).

12 Beust an Walterskirchen, 31. Juli; HHStA, PA VI 32, f. 19 ff. (Konz.). Der gleichfalls wichtige erste Teil des Schreibens lautet: »Die Neutralitätspartei in Bayern und Württemberg ist
nicht nur unterlegen, sondern sie hat auch kapituliert, und es würde vergeblich sein, jetzt
noch zu fragen, ob sie der stärkeren Strömung, die aus dem Kriege Preußens einen Nationalkrieg wollte, hätte widerstehen können und sollen. – Wenn man aber Stimmen hört, die
darüber klagen, daß jene Partei keine Stütze bei uns gefunden habe, und daß wir in irgendeiner Weise für die Aufrechterhaltung der Neutralität Süddeutschlands in die Schranken getreten seien, so muß ich bemerken, daß ich unsere völlige Enthaltung in dieser Beziehung für
nur zu sehr gerechtfertigt halte. – Hinreichend belehrende Erfahrungen mußten uns ziemlich deutlich vorhersehen lassen, wie die Dinge ihren Verlauf genommen haben würden,
wenn wir die Regierungen Süddeutschlands ungebeten hätten auffordern wollen, sich unserer neutralen Stellung anzuschließen. Von seiten der Gegenpartei wären wir der leidenschaft-
lichsten Angriffe, der heftigsten Reklamationen über undeutsche Gesinnung usw. sicher
gewesen, keineswegs aber eines vollkommen unbefangenen und aufgeschlossenen Entge-
genkommens der sog. großdeutschen Partei. Man würde jeden unserer Schritte diskutiert,
zu jedem etwas auszusetzen gefunden haben, und dann würde man nicht anders, als es jetzt
geschehen ist, der nationalliberalen Pression gewichen sein, und am Ende würde man sich
noch aus der Abweisung unserer unberufenen Einmischung ein Verdienst gemacht haben.
Wir würden den Zweck nicht erreicht und nichts anders geerntet haben, als den Spott über
das Mißlingen unserer *ohnmächtigen Intrige*, denn so würden die Gegner unsere Schritte zu
bezeichnen nicht verfehlt haben. – Die Wahrheit ist, daß eine gemeinsame und sich gegenseitig stützende Neutralität Österreichs und Süddeutschlands unter den gegebenen Verhältnissen nur dann zu Stande kommen könnte, wenn die Initiative zu einem Einverständnis
hierüber von den süddeutschen Staaten ausgegangen wäre. Nur in diesem Falle konnten wir
mit Würde und Sicherheit in den Gang der Dinge in Süddeutschland eingreifen.« Walterskirchen wagte in seiner Antwort (3. August, ebd. PA IV 33, f. 336 ff. Nr. 42 A-Or.) eine direkte Kritik an Beusts Darlegungen: »Warum dieselbe [sc. Initiative für eine gemeinsame
Neutralitätspolitik] nicht von hier oder richtiger gesprochen von Bayern ausging, liegt vielleicht, abgesehen von der zu raschen Entwicklung der Ereignisse, aber in dem Umstand der
Zurückhaltung, die wir uns zu beobachten als Richtschnur nahmen.«

13 Beust an Chotek, 4. August; ebd. PA X 63, f. 243 ff. (Konz.); oben aus dem Französischen
übersetzt.

14 Für die russisch-österreichischen Beziehungen im Juli/August 1870 vgl. insbesondere
MOSSE, The European Powers 304 ff.; SCHOENHALS 143 ff.; BEYRAU 192 ff.

15 Siehe oben S. 164 f. Für die Vorgeschichte des Warschauer Besuches ist aufschlußreich die Mitteilung Beusts an Metternich vom 5. Juli (OD 28, 56 f.); vgl. Fleurys Stellungnahme (ebd.
111) und GW 6 b, 353 (Vorbemerkung).

16 Das Telegr. des preußischen Geschäftsträgers v. Pfuel aus St. Petersburg vom 16. Juli gedr.
in GW 6 b, 389 (Vorbem. zu Nr. 1652).

17 Die nicht unwichtigen Details dieser Informationsfrage sind umstritten. Beust machte am
20. Juli Chotek eine ausführliche Mitteilung (OD 29, 444 ff., hier 445), die zwei Quellen der
Information unterscheidet; 1) der interimistische Geschäftsträger Münch meldete aus Berlin, daß »Rußland nicht nur die Verpflichtung übernommen hat in dem Falle in die kriegerische Action einzutreten, wenn wir [sc. Österreich] uns am dem Kriege betheiligen würden,
sondern auch dann, wenn das Waffenglück Preußen ungünstig wäre, so wie auch, wenn auf
irgend einem Punkte des preußischen oder deutschen Gebietes revolutionäre Bewegungen
ausbrechen sollten.« 2) »Wie wir ferner aus einer geheimen, aber vollkommen sicheren
Quelle wissen, hat der Kaiser von Rußland in Berlin erklären lassen, er werde mit einem

Heere von 300 000 Mann in's Feld rücken, sobald Österreich-Ungarn aus seiner Neutralität austritt. Unabhängig hievon könnte wohl auch an eine Besetzung Galiziens gedacht werden…« Die zweite Information dürfte aus einer Geheimdienstquelle stammen, es könnte sich ev. um ein Interzept des am 17. Juli von Bismarck nach Wien an Schweinitz weiter telegraphierten Pfuel-Telegramms vom 16. Juli handeln (siehe Anm. 16 und GW 6 b, 389 Anm. 1 zu Nr. 1652). Diese Vermutung ergibt sich aus dem Vergleich des Pfuel-Textes mit Beusts Text. Meine oben geäußerte Vermutung, daß Beust bereits im Ministerrat vom 18. Juli über diese Information verfügte, stützt sich auf die Passage über Galizien in Beusts dortigen Ausführungen über Rußland: »…die allerneusten Indizien ließen sogar auf die Lust nach einer Diversion Rußlands nach Galizien für den Fall des Eintretens in die Aktion schließen« (DIÓSZEGI 287). Die Angaben bei A. STERN, Geschichte Europas seit den Verträgen von 1815 bis zum Frankfurter Frieden von 1871, Bd. 10 (Stuttgart/Berlin 1924) 359, die THIMME in GW und DIÓSZEGI 52 aufnehmen, sind nur teilweise richtig. Einen Brief Wimpffens an Beust vom 16. Juli gibt es nicht, Wimpffen war damals nicht in Berlin. Sein dortiger Vertreter Münch schrieb am 16. Juli an Beust, siehe DIÓSZEGI 52 Anm. 51. Dort ist aber von der Zusage der 300 000 Mann und der Galiziendrohung ebensowenig die Rede wie von einer »gut berechneten Indiskretion« des russischen Gesandten in Berlin gegenüber Münch. (Die 300 000 Mann weiß STERN offenbar nur aus dem schon oben zit. Schreiben Beusts an Chotek, nicht aus dem – irrtümlich Wimpffen zugeschriebenen – Berliner Bericht vom 16. Juli). Des weiteren ist der schwindelhafte Charakter der Bismarckschen Mitteilungen nach München (GW 6 b, 389 Nr. 1652) zu beachten: Österreich hat damals Rußland eine derartige Neutralitätszusage nicht gemacht. Anscheinend deduzierte Bismarck diese Behauptung aus russischen Berichten über das Warschauer Treffen Erzherzog Albrechts mit dem Zaren (vgl. dazu den Bericht des bayer. Geschäftsträgers Tautphoeus aus Berlin vom 15. Juli; DOEBERL 228 f.), die aber über die erst danach aktuell gewordene Haltung im Kriegsfalle nichts besagten (siehe oben S. 165). Zusammen mit den bei CLARK 200 ff. und HÄHNSEN 2, 304 f. gedr. Dokumenten über Rußlands damalige Haltung ergibt sich ein Gesamtbild, das für die Korrektur der oben genannten Darstellungen wichtig ist (vgl. auch WERTHEIMER, Zur Vorgeschichte des Krieges von 1870/71. In: Deutsche Rundschau 186 [1921] 72, MOSSE The European Powers 306 Anm. 5, O. BECKER 686 und BEYRAU 195). Man vergleiche schließlich die mit Vorsicht aufzunehmende, aber doch bezeichnende Äußerung Bismarcks gegenüber Kaiser Wilhelm I. am 24. August 1879, in den Vorverhandlungen zum Zweibundvertrag: »Ob der Kaiser Alexander 1870 dasselbe getan hat, ob er in der Tat Österreich mit 300 000 Mann für den Fall einer Intervention bedroht hat, darüber haben wir in den Akten keine Beweise. Graf Andrássy bestreitet die Tatsache, er sieht die Haltung der Ungarn und die deutschen Erinnerungen der Deutsch-Österreicher als Ursachen der damaligen Neutralität Österreichs an« (GP 3, 19).

18   Vgl. BEYRAU 208 Anm. 194. Einen ausführlichen Bericht über die damaligen Spannungen um Gortschakow, an denen auch der preußische Gesandte in Petersburg beteiligt gewesen sein soll, findet man in dem Schreiben Vitzthums an Beust, Brüssel 12. Nov.; HHStA, PA XXII 37, f. 97 ff. (Or. Priv. geh.). Hier gibt Vitzthum anhand von Mitteilungen des Fürsten Orloff, des derzeitigen russischen Gesandten in Brüssel, eine weitausholende Hintergrunderzählung der russischen Politik seit der Julikrise.

19   BEYRAU, 225 ff.

20   Siehe das Telegramm Gramonts an Fleury vom 20. Juli: »…Il nous faut absolument la neutralité armée de l'Autriche pour commencer, c'est-à-dire cent mille hommes en Bohème, et plus tard son concours…« (OD 29, 124). Ebd. die weitere Korrespondenz zwischen Gramont und Fleury.

21   Siehe die drei Schreiben Choteks an Beust vom 23. Juli aus Petersburg; HHStA, PA X 62, f. 53 ff. – Nr. 35 A (Or. vertr.), f. 58 ff. – Nr. 35 B (Or. vertr.) und f. 82 ff. (Or. Priv.). Letzteres Privatschreiben ist gedr. in OD 29, 187 ff; ebd. 451 ff. das gleichfalls wichtige und einschlä-

gige Schreiben des österreichischen Militärattachés Bechtolsheim an Bellegarde, den Generaladjutanten Franz Josephs, vom 22. Juli aus Krasnoje Selo. – Ein aufschlußreiches Tableau der russischen Politik angesichts des beginnenden deutsch-französischen Krieges bietet die Petersburger Instruktion vom 19. Juli, die als Beilage zu einem Bericht Brunnows (russischer Botschafter in London) an Westermann (Russisches Außenministerium) bei FRIIS-BAGGE 2, 158 ff. gedruckt ist: größtes Interesse an Österreichs Neutralität, Bitte um Englands Intervention in diesem Sinne.

22 HHStA, PA XL 285, f. 462 ff.

23 Ministerrat vom 4. August, ebd. f. 551 ff. – Am 4. August richtete Beust zwei Schreiben an Chotek, eine ostensible (ebd., PA X 63, f. 243 ff. – Konz.) und eine vertrauliche Weisung (gedr. OD 29, 477 f.). Vorausgegangen waren weitere Korrespondenzen zwischen Chotek und Beust, Bellegarde und Bechtolsheim (teilw. gedr. in OD 29, 269 u. 470). Zur Erläuterung sind die russischen und englischen Aktenstücke bei FRIIS-BAGGE 2, 181 ff. heranzuziehen.

24 Siehe BEYRAU 188 ff.

25 Buchanan an Granville, 8. August; FRIIS-BAGGE 2, 247.

26 Walterskirchen an Beust, 30. Juli; HHStA, PA VI 33, f. 332 (Tel. Dech.).

27 Bray an Beust, 3. August; ebd. PA IV 40, Varia f. 46 ff. (Or.). Vgl. Brays Kommentar in dem eigh. Privatschreiben an Beust vom 4. August (ebd. Varia f. 45 f.): »... Die Äußerungen des Fürsten Gortchacov habe ich auf dessen ausdrücklichen Wunsch zu Deiner Kenntnis gebracht und zwar mit Umgehung aller Mittelspersonen auf direktem Wege. Ich habe es um so lieber getan, als sich darin der Wunsch Rußlands deutlich ausspricht, sich mit Österreich gut und besser zu stellen, und die Zusage enthalten ist, auch im Orient Frieden zu halten und ehrlich neutral zu sein ... Schließlich habe ich noch zu bemerken, daß ich dem Füsten nach unserm Gespräch meine Aufzeichnungen vorgelesen habe – und er sie als seinen Ideen und Absichten entsprechend anerkannt hat.«

28 Siehe das Tel. Beusts an Chotek, 7. August; ebd. PA X 63, f. 251 (Konz.) – vgl. CORRESPONDENZEN 4, 22.

29 Siehe Chotek an Beust, 9. August (ebd. PA X 62, Nr. 42 B – Or.): »... Die die Ostseeprovinzen durchströmende national-deutsche Richtung, das furchtbare Übergewicht, welches von der Ostsee her und von Memel bis zum Königreiche Polen dem russischen Patrioten wie ein Gespenst erscheint, läßt selbst den ultraslawisch gesinnten Milutin ängstlich nach der zunächst liegenden Staatsexistenz hinüberblicken, selbst wenn es das verhaßte Österreich ist.«

30 ONCKEN 3, 517.

Das Ringen um eine österreichisch-italienische Allianz zwecks bewaffneter Intervention

1 Für die österreichisch-italienischen Allianzverhandlungen im Juli/August 1870 hat der betreffende Band der DDI (erschienen 1963) eine erhebliche Erweiterung der Quellenbasis gebracht. An Darstellungen verdienen Beachtung: F. CHABOD, Storia della politica estera italiana dal 1870 al 1896, Bd. 1 (Bari 1965); S. W. HALPERIN, Diplomat under Stress. Visconti-Venosta and the Crisis of July, 1870 (Chicago 1963); dazu die in Anm. 3 zitierte Untersuchung von E. DI NOLFO.

2 Siehe Vimercati an Viktor Emanuel, 14. Juli: »Empereur est décidé à donner immédiatement suite au traité triple alliance ...« (DDI 1, 13, 77). Für die französischen Forderungen siehe unten S. 233, 257 ff.

3 Die Literatur zur römischen Frage und zu den italienisch-europäischen Etappen, die der Besetzung Roms am 20. September unmittelbar vorausgingen, ist sehr umfangreich. Grundle-

gend die einschlägigen Passagen von F. ENGEL-JANOSI, Österreich und der Vatikan 1846 bis 1918, Bd. 1 (Graz/Wien/Köln 1958) und das große Quellenwerk von N. MIKO, Das Ende des Kirchenstaates, 4 Bde. (Wien/München 1962 – 1970). Eine sorgfältige Spezialuntersuchung der diplomatischen Aspekte, mit Benutzung des ungedr. Tagebuches des Freiherrn von Hübner bietet E. DI NOLFO, Austria e Roma nel 1870; in: Rassegna Storica del Risorgimento 58 (1971) 409 ff. Ergänzende Betrachtungen zur innenpolitischen Situation bei A. WANDRUSZKA, I Cattolici Austriaci e la presa die Roma, in: Il venti Settembre nella storia d'Italia, hrsg. von G. SPADOLINI, Sonderband der ›Nuova Antologia‹ (Okt. 1970) 109 ff. Zur grundsätzlichen Seite F. ENGEL-JA-NOSI, Il problema di Roma nella politica dell' Austria, in: Atti del XLV Congresso di Storia del Risorgimento Italiano (Rom 1972); vgl. auch R. LILL, Aus den italienisch-deutschen Beziehungen 1869–1876; in: Quellen und Forschungen aus italienischen Archiven und Bibliotheken 46 (1966) 399 ff.

4 Wichtig für Beusts Ausgangsposition das Telegramm an Metternich vom 18. Juli (nach dem Ministerrat): »Je télégraphie à Florence que nous acceptons bases d'une médiation commune. Il est très important que l'évacuation de Rome se fasse sur-le-champ et de manière à nous permettre de nous en servir pour travailler l'opinion en faveur du libéralisme de la France...« (ONCKEN 3, 459).

5 DDI 85: Vimercati an Viktor Emanuel, 15. Juli.

6 Für die Ausgangsposition der Wiener Verhandlungen vgl. Artom an Visconti-Venosta, 20./21. Juli (DDI 145 ff.).

7 ONCKEN 3, 488: »Dès aujourd'hui l'Empereur d'Autriche, Roi de Hongrie S'engage à interposer Ses bons offices auprès de Sa Majesté L'Empereur des Français pour obtenir non seulement l'évacuation immédiate des Etats pontificaux par les troupes françaises, mais aussi pour que cette évacuation se fasse dans des conditions conformes aux vœux et aux intérêts de l'Italie et de manière à assurer la paix intérieure de ce Royaume.«

8 Metternich an Beust, 27. Juli (ONCKEN 3, 481).

9 Beust an Metternich, 30. Juli (ONCKEN 3, 489).

10 Franz. Text bei ONCKEN 3, 492 f.; Übersetzungen nach STERN 10, 372 f., der ebd. 549 erstmals das Original publizierte.

11 Der Vertragsentwurf bei ONCKEN 3, 488. Zusammenfassend behandelt Beust die sukzessive aufgetretenen Abänderungsforderungen in dem Vortrag für Franz Joseph vom 7. August (ONCKEN 3, 517 f.).

12 ONCKEN 3, 518.

13 Die beiden Schreiben Beusts an Vitzthum vom 9. August bei ONCKEN 3, 520 f. und 521 f.

14 Siehe oben S. 143 f.

15 Siehe FRIIS-BAGGE 2, 264.

16 Siehe Beust an Prokesch, 30. Juli (Chiffre-Tel., Konz. eigh.) und die Weisung vom 1. August (Konz.); HHStA, PA XII 96, f. 258, 259 ff. – Für die Gesamtsituation der Türkei im Juli 1870 vgl. den auf Prokeschs Aufzeichnungen fußenden Überblick bei F. ENGEL-JANOSI, Österreich-Ungarn im Sommer 1870, in: ders., Geschichte am Ballhausplatz (Wien 1963) 213 ff.

17 Siehe Prokesch an Beust, 1. August; HHStA, PA XII 96, Varia 70, f. 8 ff. (Or. Priv.).

18 DALWIGK 440 f. Die Diskussion der 60er Jahre über das Aufkommen der Annexionsforderung (und Bismarcks Anteil) resümiert L. GALL, Das Problem Elsaß-Lothringen, in: SCHIEDER-DEUERLEIN 366 ff.

19 E. KOLB, Bismarck und das Aufkommen der Annexionsforderung 1870, in: HZ 209 (1969) 345. – Neue Freie Presse, 9.8.1870; Abendblatt: längeres Zitat aus einem Artikel der Schlesischen Zeitung: »Fest und sicher muß die natürliche Grenze zwischen der germanischen und romanischen Welt wieder aufgerichtet, der frevelhafte Hochmuth gebrochen und dadurch der französischen Nation selbst der Weg zu eigener sittlicher Erhebung erschlossen werden.«

20 Siehe für die folgenden Zitate das Schreiben des Presseagenten Dr. Haas (München) vom 7. August an Sektionschef v. Hofmann; HHStA, PA IV 40, f. 10 f. (Or.). – Die umfangreichen Diskussionen in Presse und Broschüren können hier nur in paradigmatischer Weise berührt werden.

21 Siehe Diószegi 127, dort auch das folgende Zitat aus der ›Tagespresse‹ vom 21. August 1870.

22 Franz Joseph an seine Mutter, Schönbrunn, 3. August 1870. Gedr. bei F. Schnürer (Hrsg.), Briefe Kaiser Franz Josephs I. an seine Mutter 1838 – 1872 (München 1930) 374 f. – In den Schlußfolgerungen ähnlich die Denkschrift von Hermann Orges »Der Krieg zwischen Preußen und seinen Bundesgenossen und Frankreich« vom [16.] August; HHStA, PA IX 96, Varia f. 29 ff. (Or. eigh.).

23 Siehe unten S. 390.

24 Wimpffen an Beust, 13. August; gedr. in H. Böhme (Hrsg.), Die Reichsgründung (München 1967) 23 f.

Österreichs Ziel durch Frankreichs Niederlagen gewandelt: Europa soll über Frieden und deutsche Frage bestimmen (August bis Oktober 1870)

Österreich und Rußland gegen die preußische Machterweiterung – eine neue Konstellation und ihr rasches Ende

1 S. W. Halperin 170 ff. behandelt in dem Kapitel »The League of Neutrals« auch die Vorgeschichte seit Mitte Juli. Siehe auch R. Millman, British Foreign Policy and the Coming of the Franco-Prussian War (Oxford 1965), wo S. 199 ff. die englischen Verhandlungen zur Sicherung der belgischen Neutralität ausführlich dargestellt werden. Österreich trat am 27. September den betreffenden Vereinbarungen Englands mit Frankreich und Preußen bei (Correspondenzen 4, 39).

2 Note Granvilles an Apponyi, 17. August (Correspondenzen 4, 23); dem Inhalt nach identisch die gleichzeitige Note an Italien (Halperin 187, ital. Übersetzung in DDI, 13, 375).

3 Beust an Apponyi, 23. August (Correspondenzen 4, 23 f.).

4 Viktoria an Mr. A. Helps, 29. August; zit. bei Mosse, European Powers 331.

5 Morier an Christian v. Stockmar, 21. August; R. Wemyss, Memoirs and Letters of Sir Robert Morier, 1826 – 1876, Vol. 2 (London 1911) 165.

6 Lutz, Zur Wende 183.

7 Siehe oben S. 227 ff. Vgl. für das Folgende die ausführlichen Analysen bei Mosse, European Powers 317 ff. und Diószegi 131 ff., dazu Beyrau 208 ff.

8 Für die frühere Haltung Choteks zu Rußland siehe oben S. 164. – Choteks Berichte vom 13. August Nr. 44 A – C (HHStA, PA X 62, f. 107 ff.; Or. geheim) wurden ergänzt durch zwei Aufzeichnungen vom 14. August, die er anscheinend persönlich Beust überbrachte: »Conversation du Comte de Chotek avec S. M. l'Empereur de toutes les Russies à Peterhof, le 14 août 1870« (ebd. f. 168 ff.) und »Conversation du Comte de Chotek avec le chancelier de l'Empire russe, Prince Gortchacow, à Peterhof le 14 août 1870« (ebd. f. 176 ff.).

9 Das Protokoll in HHStA, PA XL 285, f. 670 ff. Siehe Mosse, European Powers 325 f. und Diószegi 138 ff.

10 Das geht nicht nur aus dem Protokolltext hervor, sondern auch aus Beusts Denkschrift vom
25. August (siehe unten S. 252) und vor allem aus einem beachtenswerten Brief Lónyays an Andrássy vom 19. August, den E. Kónyi, Beust und Andrássy 1870/71, in: Deutsche Revue 15, 2
(1890) 14 teilweise publiziert hat. Lónyay versuchte vor dem Ministerrat, Andrássy für die
russische Allianz zu gewinnen: »Ich meine, wir sollten den von Rußland her gesponnenen Faden ergreifen und uns bestreben, auch England herbeizuziehen, um sodann im Interesse des
Friedens und des europäischen Gleichgewichts eine russisch-englisch-österreichisch-ungari-
sche Mediation, wenn nötig, auch mittelst Beschleunigung militärischer Vorbereitungsmaßre-
geln ins Werk zu setzen. Schade um jeden Tag, der in dieser Hinsicht versäumt wird. – Du be-
darfst, ich weiß es gut, keiner Ratschläge, und Du weißt selbst gut, was zu thun ist; unsere Auffassungen unterscheiden sich vielleicht nur darin, daß ich eine sofortige energische Aktion auf
diplomatischem Gebiete rathe und, falls die Entente mit Rußland gelingt, aber auch vollständig gelingt, auch die militärische Aufstellung für zweckdienlich halte.«
11 Beusts Weisungen an Chotek vom 25. August bestanden aus vier Teilen (HHStA, PA X 63, f.
293 ff. – Konz.): 1. betr. allgemeine Aspekte; 2. betr. Rüstungen, mit einer Beilage über den
Stand der österreichischen Rüstungen; 3. betr. Panslawismus und polnische (galizische) Frage
und 4. betr. die Orientalische Frage.
12 Siehe die umfangreiche Expedition Choteks an Beust vom 4./6. September in HHStA, PA X
62, f. 198 ff., die aus folgenden Teilen bestand: 1. der Bericht an Beust Nr. 46 vom 4. September mit einem Postscriptum vom 6. September (Or.); 2. die Kopie eines vertraulichen
Schreibens Choteks an Gortschakow, St. Petersburg 4. September (so das Schlußdatum, auf
f. 213 am Kopf: 3. September); dies Stück ist besonders wichtig wegen der Auseinandersetzung mit der modifizierten Haltung Gortschakows nach Choteks Rückkehr; 3. der Entwurf
eines unsignierten und undatierten Berichts Choteks an Beust; dieser Text enthält die
»Rücktrittsdrohung« Choteks, war lt. Choteks Bericht Nr. 46 Gortschakow vorgelegen
und von ihm teilweise – im Sinne der jetzigen russischen Sprachregelung – korrigiert worden; 4. die Kopie eines eigh. Billets Gortschakows an Chotek vom 2. September; 5. der Auszug aus einer Depesche Gortschakows an Nowikow (russ. Gesandter in Wien) vom 2. September.
13 »Il ne faudrait pas laisser à la Prusse la possibilité d'une initiative même pour l'interruption
de la guerre, il faudrait la lui imposer les premiers.«
14 Vortrag Beusts für Franz Joseph, 25. August; HHStA, K. A. G. A., Kart. 17 Fasz. 1, f. 275 ff.
(Or.).
15 Zitat bei Diószegi 152.
16 Siehe Metternich an Beust, 23. August; HHStA, PA IX 95, f. 247 – Nr. 134 (Tel.-Dech.):
»Voici ce que Latour d'Auvergne verrait avec plaisir mais sans paraître le provoquer: Médiation diplomatique essayée par la Russie avec les neutres. Si refusée de la Prusse, arme-
ment des neutres en vue de médiation armée. Cette proposition devrait être faite par nous.
Veuillez me dire ce que vous en pensez.« Dazu ein Vermerk Franz Josephs: »Was ist darauf
geantwortet worden?« Möglicherweise geht die sehr vorsichtige Art der Antwort Beusts
vom 24. August (siehe oben Anm. 15) auch auf diese Bemerkung des Kaisers zurück. Vgl.
das Tel. Vitzthums, der am Vortag Latour gesehen hatte, an Beust aus Brüssel vom 23. August ebd. PA IX 177, f. 60 (Dech.): »…Médiation Austro-Russe armée pourrait seule, selon
Latour, arrêter Prussiens…«
17 Beust an Metternich, 24. August; HHStA, PA IX 97 f. 366 ff. (Konz.). Das Zitat steht am
Ende eines ausführlichen, aber eher zurückhaltenden Berichtes über Choteks Mission.
18 Die Mitteilungen über den Rüstungsstand sind bei Diószegi 73, Anm. 25 nach der Beilage
zu Beusts 2. Weisung an Chotek (siehe oben Anm. 11) wiedergegeben. Zur Frage der russischen Aufrüstung vgl. Beusts rechtfertigendes und beschwichtigendes Schreiben an Chotek
vom 15. September; HHStA, PA X 63, f. 326 ff. (Konz.): »…Ebensowenig haben wir in Betreff der Rüstungen irgendwelche ›Bedingungen‹ gestellt. Allerdings wurde die Idee hinge-

worfen, daß eine Verstärkung der beiderseitigen militärischen Stellung bei analogem diplomatischen Vorgehen dazu angetan sein könnte, der gemeinsamen Sprache größeres Gewicht zu verleihen.«

19 Chotek an Beust, 4./6. September (siehe oben Anm. 12). Für den raschen Umschlag der Stimmung auf offizieller russischer Seite vgl. auch den Bericht Wimpffens vom 10. September über das Verhalten des russischen Gesandten in Berlin (ebd. PA III 102 f. 176 ff. – Or. Priv. eigh.): »Ich hörte sagen, daß Gortschakow Kongreß-Ideen hatte, dieselben aber wieder aufgegeben habe. Soviel weiß ich, daß Oubril vor 10 – 14 Tagen in Kreisen der offiziellen und Hofwelt für den Nutzen und die Notwendigkeit eines Kongresses, natürlich als seine Privatansicht, lebhaft plädierte, damit aber in der schroffsten, übermütigsten Weise zurückgewiesen wurde. Seitdem soll er wieder ganz still sein…«

20 Chotek an Beust, 4./6. September (siehe oben Anm. 12). – Für den Briefwechsel zwischen Alexander II. und König Wilhelm vom 21./31. August siehe GW 6 b, 459 Anm. 3 und BEYRAU 217, 219. Die resignierte Aufnahme des die Annexionen fordernden Schreibens des preußischen Königs bildet einen Kommentar zu der oben behandelten Wendung der russischen Politik. Der preußische Gesandte konnte am 8. September aus Petersburg berichten: Alexander räumte ein, »…daß es Seiner Majestät dem König und Seinen Bundesgenossen unmöglich sein werde, einen Frieden zu schließen, der nicht mit den so energisch ausgesprochenen Wünschen der deutschen Nation im Einklang sein würde« (BEYRAU 219).

21 Zit. bei MOSSE, European Powers 328.

22 Die ursprüngliche Absicht wird besonders deutlich in dem (zunächst auf den 23. August datierten) Konzept der betreffenden Weisung Beusts an Chotek vom 25. August. Zugunsten einer eigenhändigen Korrektur Beusts, die offenbar nach dem Ministerrat vom 22. August eingefügt wurde und den unten (Anm. 23) zitierten Passus enthält, wurde folgender Text gestrichen: »[…der Wunsch des Wiener Cabinets, daß] in Bezug auf die Wiederstandsstellung, welche die czechische Nationalität sowohl in panslawistischer als in subversiver Tendenz der Regierung gegenüber beobachtet, einmal eine offizielle eklatante Kundgebung vom russischen Cabinete durch einen förmlichen ämtlichen Artikel des Journal de St. Petersburg oder einer anderen Regierungszeitung gegeben, entgegentrete« (HHStA, PA X 63, f. 294ᵛ). Der Text des Ministerratsprotokolls vom 22. August ebd, PA XL 285, f. 670 ff.

23 Orig.-Zitat und Übersetzung bei DIÓSZEGI 148. Das Folgende nach den in Anm. 11 angegebenen Weisungen Beusts an Chotek vom 25. August.

24 Siehe oben S. 100. Es geht aus der Antwort auf diesen Teil der Stellungnahme des Zaren hervor (Beust an Chotek, 25. August, Nr. 4; siehe oben Anm. 11), daß hier das Zirkular Beusts vom 3. Februar 1867 gemeint war (gedr. in CORRESPONDENZEN 1, 92 ff.). Der Passus über die Aufhebung der Schwarzmeerklauseln von 1856 lautet: »…Ces concessions, à mon sens, devraient porter sur les restrictions imposées à cette Puissance [Rußland] par l'acte de 1856. Quelle que soit la valeur matérielle que l'on doive attacher à ces restrictions… il est incontestable que… cet Etat se trouve sous les coups d'une stipulation blessante; il est donc naturel qu'il aspire à se dégager de ces entraves, et leur suppression doit, dès lors, constituer pour lui une concession importante en retour de laquelle on aurait droit de s'attendre à le voir entrer franchement et loyalement dans le concert européen…« In der Antwort vom 25. August ging Beust nicht auf den Vertrag von 1856 ein, betonte aber, daß die Schwierigkeiten für die Ausführung seines Orientprogramms nicht von österreichischer Seite kamen. Vgl. dazu die Hinweise bei WERTHEIMER, Andrássy 1, 525 Anm. 5. BEYRAU, MOSSE, European Powers und DIÓSZEGI gehen nicht auf diesen Aspekt ein. Gegenüber DIÓSZEGI 135 ist aus der Antwort Beusts die Bezugnahme auf das Zirkular vom 3. Februar 1867 klar feststellbar; ein Randvermerk zu dem betreffenden Abschnitt des Chotek-Berichtes (Conversation…, f. 171ᵛ, siehe oben Anm. 8) nennt außer diesem Zirkular ein Schreiben Beusts vom 22. Januar (wohl an Revertera in Petersburg, siehe MOSSE 260 Anm. 6).

25 Artikel im Golos, 27. August; zitiert bei J. KLACZKO, Deux Chanceliers 372.

26 »Fürst Gortchacoff meinte, man würde durch eine solche Erklärung stillschweigend zugeben, dies früher getan zu haben [sc. Förderung antiösterreichischer slawischer Agitationen]. Was die rumelischen Eisenbahnen betreffe, so würden durch dieselben die Interessen Odessas und Südrußlands so direkt verletzt, daß ein russisches Selbsterhaltungsgebot das St. Petersburger Kabinett von einer Begünstigung dieser Bahnen entschieden zurückhalte« (Chotek an Beust, 4./6. September, siehe oben Anm. 12). – Für die politischen und wirtschaftlichen Aspekte der Orientbahnprojekte siehe oben S. 179.

27 Siehe MOSSE, European Powers passim.

28 Siehe Choteks Bericht vom 23. Juli, oben S. 229. Vgl. MOSSE, European Powers 310.

29 Siehe BEYRAU 195 ff. Chotek sandte am 30. Juli die Übersetzung eines Artikels aus dem Golos: »Wir wollen nicht Preußens Ruin, nicht eine weitere Vergrößerung nicht in unserem Interesse…« (MOSSE 324, Anm. 1). Der österreichische Militärattaché Bechtolsheim berichtete am 7. September dem Kriegsministerium: »Schreibt ja vor 10 Tagen Katkow in der Moskauer Zeitung, daß in Betracht des unter Preußens Fahnen übergreifenden Germanentums von nun an Österreich nicht mehr zu bekriegen, sondern zu stärken sei«; K. A., KM, Präs. 47 $\frac{2}{11}$, Nr. 12 (Or.).

30 Siehe den ganz der deutschen Frage gewidmeten Sonderbericht Choteks an Beust vom 13. August; HHStA, PA X 62, f. 117 ff. – Nr. 44 b (Or.).

31 Vortrag Beusts für Franz Joseph, 25. August 1870; siehe oben Anm. 14.

32 Am 18. August berichtete Walterskirchen aus Stuttgart über eine diesbezügliche Anregung des Barons Reischach (Besitzer der Augsburger Allgemeinen Zeitung); HHStA, PA VI 34, f. 106 ff. (Or.). In offizieller Form machte am 4. September der bayerische Minister Bray diesen Vorschlag in einem Schreiben an Beust; Beust lehnte in seiner Antwort vom 8. September sofort ab; ebd. PA IV 40, f. 29 ff. (Or.). und ebd. ›Weisungen‹ f. 28 ff. (Konz.). – Vgl. unten S. 288 f.

33 HHStA, PA X 63, f. 310 (Konz. eigh.). Auch aus Süddeutschland kamen ähnliche Anregungen. Walterskirchen, der österreichische Gesandte in Stuttgart, plädierte in einem Schreiben an Beust vom 24. August nachdrücklich für eine Allianz mit Preußen-Deutschland statt mit Rußland, wobei er die Problematik einer aktiven Interventionspolitik und die Auseinandersetzung mit der russisch-slawischen Frage hervorhob (ebd. PA VI 34, f. 113 ff. – Or. Priv.): »…Gesetzt den Fall, daß alle heute neutralen Mächte wirklich fest entschlossen sind, den Kampf aufzunehmen und sich zu demselben zu rüsten, so haben Preußen und dessen Alliierte noch immer einen großen Vorsprung und wir sind der erste und nächste Feind, an den er (!) sich wirft. …Sehen wir aber auf die Vorteile einer Verständigung in der erwähnter Richtung, so muß dieselbe den Deutschen und Ungarn (mit Bezug auf diese letzteren ist England als Dritter im Bunde besonders von entscheidendem Gewichte) gleich einleuchtend sein. – Vor allem ist dadurch das Überfluten des slawischen Elementes nicht mehr zu besorgen, so wie der – bei Fortdauer der gegenwärtigen unsicheren europäischen Verhältnisse – fast unvermeidliche Konflikt mit Rußland ganz oder gar auf lange Zeiten vermieden…« Beust antwortete am 30. August auf diese »Herzensergießung« mit einer allgemein gehaltenen Zurechtweisung: »…Trachten Sie also nicht, lieber Baron, meiner Sorge um die künftigen Kombinationen unserer Politik abzuhelfen, sondern halten Sie sich nur stets bereit, diejenigen Richtungen, für welche Ihre Regierung sich wirklich entscheiden wird, mit allem Aufwand Ihres Talents und aller Wärme Ihrer Vaterlandsliebe, soviel an Ihnen sein wird, zu unterstützen« (ebd. PA VI 32, f. 27 ff. – Konz.).

34 Das gedruckte und ungedruckte Quellenmaterial (vor allem von preußischer Seite) zuletzt verarbeitet bei BEYRAU 215 ff. Dort auch der Nachweis, daß die Initiative der Großfürstin Helene bereits am 10. August einsetzte.

35 Wichtig ist die Feststellung, daß die neue abweisende Haltung Rußlands Chotek schon vor Sedan begegnete (seit seiner Rückkehr am 29. August). Dies ist vor allem gegenüber BEY-

RAU 218 zu betonen, der die Akzente etwas anders setzt: »Es dürften weniger die preußischen Anregungen als vielmehr die für Frankreich immer hoffnungsloser werdende Lage
gewesen sein, die Rußland dazu bewogen, den Gedanken an eine Friedensvermittlung fallen
zu lassen.« Dies mag vielleicht für die Vermittlungspolitik im allgemeinen gelten. Im Falle
der Sonderverhandlungen mit Österreich dürfte angesichts des chronologischen Befundes
die preußische Gegenwirkung hoch einzuschätzen sein. Siehe auch den ganz geheimen Bericht Reuß' an Bismarck vom 31. August über die Besprechungen der Großfürstin Helene
mit dem Kaiserpaar, Gortschakow und Reuß (HÄNSEN 2, 333): »Frage der Gebietsabtre-
tungen Frankreichs an Deutschland. Darauf ist die Frage des europäischen Kongresses verhandelt worden. Die Großfürstin hat hierbei die Ansicht verteidigt, daß Rußland viel besser
dabei fortkommen werde, wenn es keinen Kongreß verlangt, sondern sich allein mit
Deutschland ausspräche. Die Teilnahme der anderen Mächte würde die Wünsche Rußlands
nur contrecarrieren...« Die weitere Korrespondenz Bismarck-Reuß ist bei BEYRAU 218 ff.
ausgewertet.

Die Fortsetzung der profranzösischen Vermittlungspolitik – Schwierigkeiten der »Action commune de l'Europe«

1 Vortrag Beusts für Franz Joseph vom 25. August (siehe oben Anm. 14).
2 KLACZKO, Deux Chanceliers (Paris 1876) 386.
3 DDI 1, 13, 436, Nr. 595; vgl. 448.
4 Visconti Venosta an Cadorna (ital. Gesandter in London), 1. September; ebd. 438, Nr. 599.
5 Ebd. 449f., Nr. 613.
6 Telegramm Brassiers de St. Simon an Bismarck, 2. September (MIKO 2, 151, Nr. 1685).
7 GW 6b, 470.
8 Siehe MIKO 2, 523 Nr. 2347.
9 Siehe das Tel. Kübecks an Beust, 5. September (MIKO 2, 166, Nr. 1718): »Le Roi ne doute
pas que la Prusse laissera faire.« Am 17. September spricht Kübeck zusammenfassend von
dem »encouragement indirect mais assez prononcé dont la diplomatie Prusse a fait précéder
et accompagner l'action envahissante de l'Italie vers Rome« (ebd. 426, Nr. 2169 B).
10 SOREL, Histoire diplomatique de la guerre franco-allemande 1 (Paris 1875) 254.
11 Gladstone an Chevalier, 6. September; zit. bei MILLMAN 208, Anm. 4.
12 Beust an Chotek, 12. Oktober (CORRESPONDENZEN 4, 31f.).
13 HHStA, PA XXII 37, f. 53ff. (Or. Priv.); das Zitat aus dem Französischen übersetzt.
14 Beust an Metternich; ebd. PA IX 97, f. 380 (Konz. eigh.).
15 Am 10. September, siehe CORRESPONDENZEN 4, 25.
16 Telegramme Beusts an Metternich, 14. und 16. September; HHStA, PA IX 97, f. 392 und
394 (Konz. eigh.); dazu Metternich an Beust, 16. September; ebd. PA IX 96, f. 332ff., Nr.
50 (Or.).
17 Das STAATSARCHIV 19 (1870) 219ff.
18 A. THIERS, Notes et souvenirs 1870–1873 (Paris 1903) 5.
19 Beust hatte die Sendung Thiers' von Anfang an in dieser Richtung aufgefaßt. Siehe sein Tel.
an Metternich, 13. September (HHStA, PA IX 97, f. 387 – Konz. eigh.): »Le gouvernement
français ayant confiance en Russie je crois devoir lui laisser le pas et je l'emboîte. M. Thiers
abrégerait en allant par Vienne à Pétersbourg...« – Für die Haltung Rußlands vgl. F.
CHARLES-ROUX, Alexandre II., Gortschakoff et Napoléon III. 490ff. – Visconti Venosta instruierte am 20. September Minghetti für dessen Wiener Gespräche mit Thiers: »L'Autriche
ne fera rien sans la Russie, nous ne pouvons rien faire d'utile isolément. C'est donc à Saint-
Petersbourg qu'est maintenant le nœud de la situation« (DDI 1, 13, 577). – In einem Tele-

gramm an Metternich vom 23. September präzisierte Beust die beiden Forderungen Thiers':
»Avec ses deux demandes de prendre le Gouvernement actuel au sérieux et de nous unir à la
Russie lorsque celle-ci ferait une démarche décidée il en fonça une porte ouverte« (HHStA,
PA IX 97, f. 400 – Konz. eigh.).

20 THIERS 41: »L'intervention des Italiens est le seul moyen de généraliser la guerre. Si celle se
    généralise, vous êtes sauvés.«
21 Siehe Vitzthum an Beust, 23. September; HHStA, PA XXII 36, f. 247 ff. (Or. res.).
22 Beust an Apponyi, 29. September (CORRESPONDENZEN 4, 28 f.).
23 Siehe Minghetti an Visconti-Venosta, 6. Oktober (DDI 2, 1, 153).
24 Siehe Beust an Metternich, 3. Oktober (CORRESPONDENZEN 4, 29 f.).
25 Tel. Choteks an Beust. 8. Oktober; HHStA, PA X 62 (Dech.).
26 Beust an Wimpffen, 13. Oktober (CORRESPONDENZEN 4, 32 f.).
27 Siehe unten S. 284 ff. und 355 ff.
28 Siehe MOSSE, European Powers 340 ff. über die vorausgegangene innerenglische Diskus-
    sion und über den gescheiterten Versuch einer Vorverständigung zwischen London und Pe-
    tersburg. Materialreich, aber mit schiefer Perspektive K. RHEINDORF, England und der
    deutsch-französische Krieg 1870/71 (Bonn/Leipzig 1923) 96 ff.; ähnlich ERICHSEN 67 ff. –
    Für die russische Haltung gegenüber der englischen Initiative vgl. die Berichterstattung
    Choteks, u. a. den Bericht vom 24. Oktober (HHStA, PA X 62, Nr. 62 A – Or.): Gortscha-
    kow sagt: »... avant tout pas de démarche collective et surtout pas de pression sur la
    Prusse«. – Für den Zusammenhang zwischen Bismarcks »Aushungerungsmemorandum«
    vom 10. Oktober und der englischen Initiative siehe E. v. PLENER 1, 252 f.
29 Siehe die Telegramme Beusts an Metternich, Wimpffen, Apponyi, Chotek und Kübeck vom
    22. Oktober (CORRESPONDENZEN 4, 34 f.). Die Konzepte Beusts zeigen zum Teil eine
    Umarbeitung, die die Reserve noch etwas einschränkt. Beust an Wimpffen (HHStA, PA III
    102, f. 104): »Vous apprendrez par Loftus la démarche que l'Angleterre vient de faire au-
    prés des belligérants. Es kommt dieselbe unserer Ansicht indirekt (Korr. aus: entspricht die-
    selbe nicht ganz unserer Ansicht über die Europäische Intervention, kommt ihr jedoch) ent-
    gegen.« Beust legte die Konzepte dem Kaiser mit folgendem Kommentar vor (ebd. f. 105):
    »Bei Vorlage der angeschlossenen Telegramme glaube ich die Ansicht aussprechen zu sol-
    len, daß es wohl nicht möglich sei, dem englischen Antrage die gewünschte Unterstützung
    zu versagen, zumal damit die von hier empfohlene Europäische Intervention ins Leben
    tritt.« Auf dem gleichen Blatt seitlich: »Einverstanden FJ«.
30 Das STAATSARCHIV 19 (1870) 273; Zitat aus dem Französischen übersetzt.
31 Das STAATSARCHIV 19 (1870) 268.
32 Siehe die Aufzeichnung (mit Vermerk: remis par M. Minghetti) zum 1. November, in
    HHStA, PA IX 97, f. 461.
33 Beust an Metternich, 6. November (ebd. f. 459 f.). Vgl. DDI 2, 1, 360, 368, 375, 384 f.
34 Vitzthum an Beust, 7. November; HHStA, PA XXII 36, f. 342 ff. (Or.).
35 Vgl. für diesen Akzent die ausführliche Weisung Beusts an Chotek vom 30. Oktober
    (HHStA, PA III 102, f. 145 ff. – Kop.). Dort heißt es u. a. »Nous ne voyons pas non plus à
    quel préjudice nous nous exposerions en nous tenant à l'écart d'un concert que, s'il s'établis-
    sait, n'aurait pour le moment d'autre objet que de donner par avance la sanction des gran-
    des Cours aux arrangements imposés par le vainqueur.« Vorausgegangen war ein Bericht
    Choteks vom 22. Oktober, der betonte, daß Rußland jedes gemeinsame Vorgehen katego-
    risch ablehne und die Anregung Beusts vom 13. Oktober (s. oben Anm. 26) abwies. Chotek
    gab am 1. November eine skeptische Analyse der russischen Haltung (ebd. PA X 62, f.
    88 ff. – Or. Priv.): »Quand on dit à St. Petersbourg qu'on ne voit plus ›d'Europe‹, on répond
    invariablement: ›elle est morte l'année 1854‹... Applaudir à la Prusse, de ce qu'elle écrase la
    France par la force des armes, voici l'idée qui domine de plus en plus dans les régions gou-
    vernementales à St. Petersbourg...«

36 Einen lesenswerten offiziellen Kommentar zu Verlauf und Ergebnis der österreichischen Neutralitätspolitik bis Anfang November bildet die Einleitung zum 4. Rotbuch (auch gedr. in Das STAATSARCHIV 19, 285 ff.).

Bismarck und Österreich: Werbungen und Drohungen

1 Bismarcks großes Spiel. Die geheimen Tagebücher Ludwig BAMBERGERS, hrsg. von E. FEDER (Frankfurt/M. 1932) 108.
2 Außer den besonders detaillierten Aufzeichnungen von M. BUSCH, Tagebuchblätter 1 (Leipzig 1899) 262 ff. vgl. die Memoiren von Abeken u. a.
3 SCHWEINITZ, Denkwürdigkeiten Bd. 1 sind für die Persönlichkeit und die politische Mentalität des Gesandten in Wien aufschlußreich. Es ist aber zu beachten (siehe Vorwort VII f.), daß es sich keineswegs um ein echtes Tagebuch handelt, sondern um Aufzeichnungen, die seit Mitte der 70er Jahre, also vom Standpunkt der feststehenden Annäherung zwischen Deutschland und Österreich aus, abgefaßt wurden.
4 GW 6 b, 434. – Man kann aus dieser Darlegung und den folgenden Reaktionen auf preußischer Seite Rückschlüsse ziehen auf das ziemlich hohe Maß von »Sicherheit« hinsichtlich der Haltung Österreichs, das man im Juli in Berlin in Anschlag gebracht hatte. Siehe auch oben S. 199 ff.
5 Tel. Wimpffens an Beust, 19. August; HHStA, PA III 102, f. 44 (Dech.).
6 GW 6 b, 455 ff. Vgl. die tatsächliche Lage nach den Angaben bei MOLTKE Mil. Werke I, 3, 1, 224, 237, 241; nachdem sechs Landwehrregimenter aus Neiße und Glogau nach Hannover verlegt worden waren, wurde in Glogau seit dem 22. August ein neues Reservekorps aufgestellt.
7 GW 6 b, 471 Anm. 1.
8 Ebd. 470 f.
9 Bismarck an Schweinitz, 18. September (ebd. 504 ff.).
10 Bismarck an Schweinitz, 24. September (ebd. 506 Anm. 4).
11 Siehe oben S. 169 f.
12 Siehe auch Bismarck an Reuß, 12. September (GW 6 b, 485 f.).
13 Bismarck an Schweinitz, 18. September (ebd. 504).
14 Siehe SCHWEINITZ, Denkwürdigkeiten 275, 279; vgl. ebd. 265 und passim.
15 Siehe BEYRAU 213 ff. Auch die Berichterstattung Choteks registrierte das große Mißtrauen der ohnehin überwiegend antipreußisch eingestellten russischen Öffentlichkeit gegenüber den Anzeichen einer Annäherung zwischen Österreich und Preußen. Siehe u. a. Chotek an Beust, 24. Oktober (HHStA, PA X 62, Nr. 62 B – Or.): »Die Mosk. Wied. [= Moskovskie Vedomosti/Moskauer Nachrichten] machen ihre Leser auf die bekannten Artikel der Spenerschen Zeitung und des Hamburger Correspondenten aufmerksam, welche für eine Annäherung zwischen Preußen und Österreich plädieren und weisen auf die Gefahren hin, welche daraus für die slavische Nationalität erwachsen.«
16 Siehe u. a. Wimpffen an Beust, 13. August; ebd., PA III 102, f. 164 ff. (Or. Priv.).
17 SCHWEINITZ, Denkwürdigkeiten 278.
18 GW 6 b, 416 f.; siehe oben S. 201.
19 Tel. Bismarcks an Schweinitz, 24. August (GW 6 b, 457).
20 Ebd. 485.
21 Inhaltsangabe des Briefes in der Weisung Bismarcks an Reuß, 12. September (GW 6 b, 485 f.); vgl. die fast gleichlautenden Angaben bei M. BUSCH 1, 190 f. Zu Bismarcks Gesprächen mit Luitpold siehe auch GW 6 b, 536 und HOHENLOHE 2, 24.
22 Inhaltsangabe des Tel. Bismarcks an Reuß, 8. Oktober (GW 6 b, 535 f.) und bei M.

BUSCH 1, 191. Vgl. SCHWEINITZ, Denkwürdigkeiten 276 f., mit Kritik an dieser Initiative Bismarcks: »Graf Bismarck versuchte auf diesem, meiner Ansicht nach verfehlten Wege den Grafen Beust zu umgehen, womöglich zu stürzen.« Eine rückblickende Bewertung dieses Briefwechsels findet sich in dem Bericht Brucks an Beust, 28. Dezember (HHStA, PA IV 41, f. 1320 ff. – Or. Priv.).

23 SCHWEINITZ, Denkwürdigkeiten 274. – Von dieser knappen Erwähnung unterscheidet sich der im folgenden oben zitierte Bericht über die Audienz, den Beust am 9. Oktober in einem Schreiben an Wimpffen gab, das ausdrücklich zur Weitergabe an König Wilhelm bestimmt war; HHStA, PA III 101, f. 80 ff. (Konz. Res.), dazu Bleistiftvermerk: »Genehmigt FJ«. Schon der erste Teil des Schreibens, das den Inhalt der von Bismarck an Schweinitz am 20. September gerichteten Weisung (GW 6 b, 511) wiedergibt, hat einen spezifischen Akzent: »... Diese Depesche, deren Inhalt ich übrigens nicht wörtlich, sondern nur dem Sinne nach wiederzugeben im Stande bin, enthält einen höchst wertvollen Beweis der entgegenkommendsten Gesinnungen. Der König läßt darin dem Kaiser sagen, daß er schon seit dem Beginn des Feldzugs gegen Frankreich sich im Geiste in die Zeiten zurückversetzt gefühlt habe, in welchen er zuerst die französischen Provinzen an der Seite des Kaiser Franz als Sieger durchzogen und an den Gedanken der Waffenbrüderschaft mit Österreich sich gewöhnt habe. Mit diesen Erinnerungen seien die Wünsche und Absichten Sr. M. für die Zukunft im vollsten Einklange, und der König habe es sich nicht versagen können, den Kaiser wissen zu lassen, daß er im Lager vor Paris von solchen Gefühlen durchdrungen sei.« – In den publizierten preußischen Akten findet sich kein näherer Hinweis auf das Echo der österreichischen Mitteilung bei König Wilhelm oder Bismarck. Es war nur allgemein von »kalter« und wenig entsprechender Aufnahme die Rede (siehe Wimpffen an Beust, 22. Oktober; ebd. PA III 102, f. 200 f. – Or. Priv.); SCHWEINITZ, Denkwürdigkeiten 279 erwähnt »eine recht häßliche Zirkulardepesche« Beusts über die Audienz. Dies ist jedenfalls insofern unrichtig, als das Schreiben an Wimpffen vom 9. Oktober laut Vermerk nur nach London an Apponyi mitgeteilt wurde. Die Korrektheit dieser Vermerke ist im allgemeinen als gesichert zu betrachten.

24 Ab »unterlassen« im Konzept korrigiert aus: »begreiflicher Weise der Enttäuschungen, die er erfahren, mit keinem Worte gedenken wollen. Der Kaiser hat ebensowenig daran erinnern wollen, daß es zur Zeit des Kaiser Franz zwei deutsche Mächte waren, die für die als gemeinsam betrachtete Sache kämpften.«

25 Schweinitz an Bismarck, 26. September, bei WERTHEIMER 1, 529; vgl. GW 6 b, 529 f.

26 Siehe GP 3, 19.

27 Siehe WERTHEIMER 1, 527.

28 Die ›Randglossen zum Preussisch-Französischen Kriege‹ erschienen zunächst als Artikelserie im ›Pester Lloyd‹ am 8., 9., 10., 12., 13., 14., 18. 10. Ihr offiziöser Charakter wurde doppelt unterstrichen. Am 7. Oktober brachte der ›Pester Lloyd‹ eine Vorankündigung: »... Uns selbst kommt eben heute eine Reihe hochinteressanter Artikel zu, mit deren Veröffentlichung wir morgen beginnen und die wenigstens dem Geiste nach mit den Anschauungen des Grafen Beust ziemlich nahe verwandt sein dürften.« Am 8. Oktober wurde der Abdruck des ersten Artikels mit einer redaktionellen Fußnote kommentiert: »Wir beginnen hiemit die Reihe jener, aus nicht journalistischer Feder stammenden Artikel, deren wir im jüngsten Abendblatt gedachten, und die wir der besonderen Beachtung unserer Leser empfehlen.« Als Verfasser der anonymen Serie bezeichnete sich später Ludwig v. Przibram, ein Mitarbeiter Beusts im Pressebüro der Reichskanzlei, der sich auch auf den Auftrag Beusts bezog; siehe ders., Erinnerungen eines alten Österreichers (Stuttgart/Leipzig 1910/12) 273: »Eine Serie von Artikeln, die ich im Einvernehmen mit Baron Falk [Leiter der Preßleitung/Abteilung III der Präsidialsektion in der Reichskanzlei] unter dem Titel ›Glossen zum Deutsch-Französischen Kriege‹ im ›Pester Lloyd‹ veröffentlichte und zu denen der Impuls vom Grafen Beust ausging« ... Für die engen Beziehungen der Reichskanzlei zum ›Pester Lloyd‹ siehe

unten S. 335. Anfang November erschien dann die Artikelserie unter dem gleichen Titel unverändert im Verlag der Pester Buchdruckerei-Actien-Gesellschaft (siehe FABER 573) als Broschüre. Nur zu Beginn des sechsten Teiles (S. 52 der Broschüre) weicht der Text der Broschüre unwesentlich ab. Hier hieß es in der Zeitung: »Die Betrachtungen, denen die Redaktion des ›Pester Lloyd‹ die Spalten ihres geschätzten Blattes so nachsichtig geöffnet hat, zu schließen...« Die Broschüre hat: »Unsere Betrachtungen zu schließen...« – In den Akten der Preßleitung der Reichskanzlei ist zum 7. November der amtliche Ankauf von 200 Exemplaren der Broschüre erwähnt (HHStA, PL 1870, 463).

29 3. Oktober; GW 6 b, 530.
30 Bismarck an Schweinitz, 8. Oktober; ebd. 534 f.
31 Tel. Bismarcks an Reuß, 8. Oktober; ebd. 535 f.
32 Siehe unten S. 294 ff.
33 Siehe Wimpffen an Beust, 22. Oktober; HHStA, PA III 102, f. 171 f. – Nr. 121 A (Or.). – Vgl. für diese Begleitumstände auch PLENER 1, 253 f.
34 Siehe Wimpffen an Beust, 5. November; HHStA, PA III 102, f. 235 f. – Nr. 124 B (Or. res.). Dazu Tel. vom 24. Oktober; ebd. f. 202 (Dech.).
35 Siehe unten S. 304 f. – Wie in Versailles die verschiedenen Faktoren zusammenwirken, zeigt sich auch in der Art, wie sich Bismarck am 27. Oktober zu Kronprinz Friedrich äußerte: es sei aus Wien eine impertinente Depesche eingetroffen, welche in ironischer Weise zugunsten eines Waffenstillstandes rede, infolgedessen beginne Bayern »bereits zu fackeln« (MEISNER 185 f.).
36 Siehe hiezu die instruktiven Darlegungen bei HOWARD 257 ff. – Laut Beusts Memoiren hat ihm Bismarck im August 1871 erzählt, daß, wenn sich Metz noch vier Wochen länger gehalten hätte, die Belagerung von Paris hätte aufgegeben werden müssen (BEUST 2, 479).
37 Zum folgenden siehe A. v. RUVILLE, Bayern und die Wiederaufrichtung des Deutschen Reiches (Berlin 1909) 260 ff.: Die Papiere von Cerçay. Die Schlußfolgerungen des Autors, der Bismarck Drohung mit Enthüllungen aus diesen Akten zuschreibt und darin ein wesentliches Moment des im November 1870 gelungenen Abschlusses mit Bayern und Württemberg sieht, sind unbewiesen. Beachtung verdient dagegen seine Zusammenstellung von Notizen über den Aktenfund selbst.
38 BEUST 2, 479; hier steht »Cerny« statt »Cerçay«, vermutlich handelt es sich um einen Druckfehler in den posthum erschienenen Memoiren. – Vgl. das Schreiben Beusts an Vitzthum vom 4. Okt. 1871 (HHStA, PA IX 177, f. 37 f. – Priv. Konz.), wo der Kanzler zu der über Brüssel übermittelten Drohung Gramonts, Wien belastende Korrespondenz zu publizieren, Stellung nimmt: »... Weder hier noch in Berlin machen dergleichen Enthüllungen den geringsten Effekt, der länger als vierundzwanzig Stunden dauerte. Mit meinem neuen Freund [sc. Bismarck], welcher in Folge einer entdeckten pan de boiserie im Schloß C. alles kennt, habe ich mich ganz offen expliziert und so ziemlich das Eingeständnis erreicht, qu'à ma place il en aurait fait autant et qu'il en a fait autant. Wir durften Avancen nicht zurückweisen, au risque de les voir accueillies ailleurs. Genug daß wir der vollsten Wahrheit gemäß erklären konnten und erklärt haben, daß die von uns eingehaltene Neutralität mit keinerlei eingegangenen Verpflichtungen im Widerspruch war. C'est une arme complètement émoussée...«
39 M. BUSCH 1, 327 f. Es wäre festzustellen, wo dieser Aufsatz tatsächlich gedruckt wurde. Bei einem weiteren Artikel im gleichen Sinne, den Moritz Busch am 31. Oktober »nach Gedanken des Chefs« verfaßte (siehe ebd. 339 ff.), ist ausdrücklich vermerkt, daß er keine Verwendung mehr fand, »da die Verhältnisse sich inzwischen geändert hatten«.
40 GW 6 b, 564 f.
41 GW 6 b, 568.
42 Ebd. 573 f.
43 Siehe SCHWEINITZ, Denkwürdigkeiten 281. – Zu der Besprechung vom 31. Oktober vgl.

den ausführlichen Bericht von Beust an Wimpffen, 31. Oktober; HHStA, PA III 102, f. 126 ff. – Nr. A (Konz. Beusts u. Reinkonzept – vertr.).

44 Ebd. f. 113 u. 123 (Kop. Tel. Bray an Schrenck): »Die Fassung einer in Berlin mitgeteilten österreichischen Depesche, im Vergleiche mit der von England, hat hier einen peinlichen Eindruck hervorgebracht, und den Glauben an die bedrohlichen Gesinnungen Österreichs in dem Maße begründet, daß es auf die Verhandlungen mit Frankreich wesentlichen Einfluß übt, dann aber auch für die Beziehungen zu Österreich gefährliche Rückwirkung hervorrufen könnte. Machen Sie den Grafen Beust hierauf in freundlicher Vorsorge aufmerksam und adressez-moi réponse télégraphique par Munich.« – Ein im Detail etwas abweichender Text dieses Telegramms (mit Datierung auf den 27. Oktober) findet sich als Insert in dem Schreiben Brays an Schrenck aus Versailles, 27. Oktober; GStA München, MA I 644 f. f. 67 ff.

45 Siehe das in Anm. 42 genannte Schreiben Beusts an Wimpffen, 31. Oktober.

46 Beust an Wimpffen, 31. Oktober; HHStA, PA III 102, f. 115 ff. – Nr. B (Konz. Beusts u. Reinkonzept). Dazu die von Beust konzipierte Antwort Schrencks an Bray (ebd. f. 121 f., 118 – Konzept Beusts und Kopie): »Graf Beust ist sehr dankbar für die Mitteilung, ist aber der Meinung, daß die Empfindlichkeit keine aufrichtige, sondern ein Vorwand sei, um über den Prager Frieden hinwegzukommen...«

47 Wimpffen an Beust, 3. und 5. November; ebd. f. 227 ff. – Nr. 123 A (Or.), f. 235 f. – Nr. 124 B (Or. res.).

48 Siehe SCHWEINITZ, Denkwürdigkeiten 281.

49 Wimpffen an Beust, 9. November; HHStA, PA III 102, f. 249 – Nr. 125 B (Dech.).

50 Siehe unten S. 365 ff.

51 Beust an Wimpffen, 2. November; HHStA, PA III 102, f. 140 ff. (Konz.). Wimpffen berichtete am 3. Dezember, daß er von Thile noch keine Antwort habe. Vertraulich erfuhr er, daß die Absicht bestehe, die Angelegenheit möglichst hinauszuschieben (ebd. f. 338 f. – Nr. 134 C; Or. res.).

Österreich im Ringen um Süddeutschland: »weiterer Bund« oder »Draußenbleiben« Bayerns

1 Siehe oben S. 222 ff.

2 Die 1964 durch den Aufsatz von W. LIPGENS, Bismarck, die öffentliche Meinung und die Annexion von Elsaß-Lothringen 1870 (HZ 199, 31 ff.) begonnene Diskussion hat insgesamt wertvolle Ergebnisse erbracht. Siehe zuletzt L. GALL, Das Problem Elsaß-Lothringen, in: SCHIEDER-DEUERLEIN 366 ff.; E. KOLB, Der Kriegsrat zu Herny am 14. August 1870. Zur Entstehung des Annexionsentschlusses der preußischen Führungsspitze im Krieg von 1870, in: Militärgesch. Mitteilungen 1 (1971) 5 ff.; ders., Ökonomische Interessen und politischer Entscheidungsprozeß. Zur Aktivität deutscher Wirtschaftskreise und zur Rolle wirtschaftlicher Erwägungen in der Frage von Annexion und Grenzziehung 1870/71, in: Vierteljahresschrift f. Sozial- und Wirtschaftsgeschichte 60 (1973) 343 ff. Von französischer Seite bietet eine Zusammenfassung A. WAHL, La question des courants annexionistes en Allemagne et l'»Alsace-Lorraine«, in: F. L'HUILLIER (Hrsg.), L'Alsace en 1870–1871 (Paris 1971) 185 ff.

3 Siehe u. a. das Schreiben Bismarcks an den preußischen Innenminister Graf Eulenburg aus Ferrières, 23. September, das E. KOLB, Bismarck und das Aufkommen... in HZ 209 (1969) 355 f. publizierte: »... Die Verwaltung [sc. von Elsaß und Lothringen] wäre zu kontrollieren von der Vertretung Gesamtdeutschlands, welches mit diesem gemeinschaftlichen Besitz die Nötigung zum Verhandeln über gemeinsame Angelegenheiten und das Bedürfnis gemeinsamer Einrichtungen überkommt.«

4 Walterskirchen an Beust, 18. August; HHStA, PA VI 34, f. 106 ff. (Or. Priv. vertr.). – Siehe oben S. 249.

5 Siehe Bruck an Beust, 23. August (ebd. PA IV 41, f. 891 ff. – Or. vertr.); Beust an Bruck, 25. August (ebd. PA IV 40, f. 54 ff. – Konz.); Beust an Bruck, 1. September (ebd. f. 58 f. – Konz.). Dazu E. Weis, Vom Kriegsausbruch zur Reichsgründung. Zur Politik des bayerischen Außenministers Graf Bray-Steinburg im Jahr 1870, in: Zeitschr. f. bayer. Landesgeschichte 33 (1970) 787 ff., hier 797 ff.

6 Vgl. die Mitteilungen an Bruck über eine Vorsprache des bayer. Gesandten Graf Fugger bei Beust am 31. August in dem in Anm. 5 genannten Schreiben Beusts an Bruck vom 1. September.

7 Aus dem Bericht Brays an Ludwig II. vom 22. August, zit. bei Weis 799 Anm. 33.

8 Bray an Beust, 4. September; HHStA, PA IV 40, f. 29 ff. (Or.).

9 Ebd. PA XL 285, f. 670 ff. Beust wies damals auch schon auf Bayern hin: »Wohl hätte die Lostrennung des Elsaß und Lothringens von Frankreich für uns neben dem von Seiner Majestät angedeuteten noch den weiteren Vorteil, daß diese Provinzen ein geeignetes Vergütungsobjekt für die Heeresfolge Baierns bieten und seine Blicke von andern Landesteilen, die uns näher stehen, ablenken würden, aber dennoch müßte Österreich im Hinblick auf spätere Verhältnisse, unter welchen uns Frankreichs Freundschaft wertvoll werden könnte, für Frankreichs Integrität eintreten.« – In einem Schreiben an Beust vom 10. September berichtete Wimpffen aus Berlin, daß Teilungsabsichten zu vermuten seien: das Elsaß an Bayern, Teile Lothringens an Preußen; ebd. PA III 102, f. 94 ff. Nr. 103 A (Or.).

10 A. E. F. Schäffle, Aus meinem Leben 1 (Berlin 1905) 256. Vgl. Schweinitz, Denkwürdigkeiten 276.

11 Siehe u. a. die Anweisungen an den österreichischen Presseagenten Eugen Oswald in London bei Krebs 203.

12 Beust an Bray, 8. September; HHStA, PA IV 40, f. 28 ff. (Konz.).

13 Nach der sorgfältigen Zusammenfassung des Forschungsstandes bei O. Becker, Bismarcks Ringen um Deutschlands Gestaltung (Heidelberg 1958) 687 ff. (vom Herausgeber A. Scharff verfaßtes Schlußkapitel) siehe K. Bosl, Der Eintritt der süddeutschen Staaten, in: Schieder-Deuerlein, Reichsgründung 148 ff. (ohne Einzelnachweise). Beachtenswert die neuen interpretativen Aspekte bei J. Becker, Baden, Bismarck und die Annexion von Elsaß-Lothringen, in: Zeitschr. f. d. Geschichte des Oberrheins 115 (1967) 167 ff. Vgl. weiterhin außer den oben S. 532 Anm. 12 und S. 539 Anm. 3 genannten Arbeiten auch den von H. J. Busley bearbeiteten Ausstellungskatalog ›Bayern und die deutsche Einigung 1870/71‹ (Kallmünz 1971).

14 Walterskirchen an Beust, 18. September; ebd. PA VI 33 f. 416 ff. Nr. 60 (Or. geh.).

15 Siehe den Text des Antrags bei Bray 136 ff.

16 Siehe das Schreiben Bismarcks an Bray, 4. November (Bray 181 f.).

17 Am 27. September, also noch vor der Rückkehr Mittnachts von den Münchner Konferenzen mit Delbrück, berichtete Walterskirchen aus Stuttgart über ein Gespräch mit Graf Taube, der nach dem Rücktritt Varnbülers die Geschäfte des Außenministeriums führte (HHStA, PA VI 33 f. 428 ff. – Nr. 63, Or.): »Es wären drei Wege, entwickelte Graf Taube, um die Verhältnisse Deutschlands zu regeln: entweder ein Föderativbund, welcher mit einer andern als der jetzigen Verfassung des norddeutschen Bundes alle Staaten Deutschlands umschlösse, oder eine nationale Verbindung zwischen dem in seinem jetzigen Bestande verbleibenden Nordbunde und Süddeutschland, endlich der dritte Weg, jener des einfachen Eintrittes in den Nordbund, welchen aber seiner Meinung zufolge weder Bayern noch Württemberg zu betreten gewillt scheinen. – Einen eigentlichen Entschluß, fuhr Graf Taube fort, habe die hiesige Regierung noch nicht gefaßt; man wünsche, wenn irgend tunlich, mit Bayern gemeinschaftlich vorzugehen...«

18 Bray 137. – Eine ganz ähnliche Haltung wurde nach dem Ende der Delbrückkonferenzen

auch in einer Besprechung von Abgeordneten der Patriotenpartei festgelegt. Siehe den Bericht des »Bayerischen Kurier« vom 29. September über die am Vortag stattgefundene Besprechung (Beilage zu Bruck an Beust, 29. September; HHStA, PA IV 41, f. 988 ff. – Nr. 95 C, Or.): «... Als den richtigsten und zweckmäßigsten Weg, eine solche Einigung herbeizuführen, erkannte man die Auflösung des Nordbundes und Ersetzung desselben durch einen deutschen Bundesstaat... Man nahm jedoch an, daß dies nicht zu erreichen sei und entschied sich deshalb für die Gründung eines weiteren Bundes zwischen dem Nordbunde und den süddeutschen Staaten. Als Hauptaufgabe dieses weiteren Bundes betrachtete man die Umwandlung des durch den Zollvereins- und den Allianzvertrag geschaffenen *völkerrechtlichen* Verhältnisses in ein *staatsrechtliches*...«

19 Siehe Tauffkirchens Aufzeichnungen bei K. A. v. MÜLLER, Bismarck und Ludwig II. im September 1870, in: Forschungen zur Brandenburg. und Preuß. Geschichte 27 (1914) 580 ff.

20 Bray an Schrenck (neuer bayerischer Gesandter in Wien), 28. September; DOEBERL 276 f. Vgl. Bruck an Beust, 26. September; HHStA, PA IV 41, f. 970 ff. (Or. Priv.): »Graf Bray wird Euer Excellenz durch Freiherrn von Schrenck alsogleich nach Abreise des Herrn von Delbrück vertraulich von den stattgefundenen Besprechungen Kenntnis geben lassen. Derselbe klagt darüber, daß er gerade jetzt das Ministerium des Äußeren zu leiten habe, indem trotz des besten Willens man zu Konzessionen gedrängt würde, die man nicht gerne machen will. Da übrigens das Ganze, wenn auch, wie ich erfuhr, zu Papier gefaßt, nichts als Propositionen und Meinungsaustausch enthalten soll, so ließe sich im Privatwege noch manches redressieren. Euer Excellenz werden demnächst darüber entscheiden können...«

21 Schon am 27. August berichtete Wimpffen über ein diesbezügliches Gespräch mit Savigny, dem Vertreter Thiles. Savigny versicherte, »daß er sich bei seinen Anschauungen und Hoffnungen auch vorzüglich von dem großen Interesse bestimmen lasse, welches Preußen und ganz Deutschland an unserer Mission im Oriente habe und nehmen müsse« (ebd. PA III 102, f. 66 ff. Nr. 100 B – Or.).

22 Siehe Tel. Beusts an Walterskirchen vom 26. September (PA VI 32, f. 33 – Konz.); Walterskirchen an Beust, 1. Oktober (ebd. PA VI 33, f. 432 ff., Nr. 64 – Or.); Bruck an Beust, 1. Oktober (ebd. PA IV 41, f. 995 ff., Nr. 96 A – Or.); Beust an Bruck, 3. Oktober (ebd. PA IV 40, f. 75 f. – Konz.); Walterskirchen an Beust, 5. Oktober (ebd. PA VI 33, f. 450 ff., Nr. 66 A – Or.): bestätigt den Empfang der Kopie der Weisung an Bruck vom 3. Oktober. »Ich werde nicht ermangeln, mich genau nach dem zu halten was E. E. in jenem Schriftstücke als den von der k.u.k. Regierung gegenüber der Neugestaltung der deutschen Verhältnisse einzuhaltenden Vorgang bezeichnen...«

23 Beust an Bruck, 3. Oktober (siehe oben Anm. 22). – Zum Vergleich der Text der Aufzeichnung Brucks vom 1. Oktober (siehe ebd.): »1. Jeden Schein vermeiden als wollte sich Österreich-Ungarn unberufen in die jetzigen Verhandlungen Süddeutschlands mit Preußen einmengen. – 2. Vor Entschlüssen warnen, die im Taumel des Erfolgs gefaßt werden könnten, und das große Interesse hervorheben, welches für die süddeutschen Staaten in ihrer Selbständigkeit liegt. – 3. Jene Partei in unauffälliger Weise zu stärken versuchen, welche für die Selbständigkeit Süddeutschlands einsteht, derselben mehr agitierende Kraft, ausdauernde Energie und rastlosere Tätigkeit anempfehlen und ihr die schlimmen Folgen vor Augen halten, welche für sie und die süddeutschen Staaten daraus entstehen würden, wenn sie aus fauler Passivität den Agitationen der Fortschrittspartei das Feld räumt. – 4. Ebenfalls in unauffälliger Weise dahin wirken, damit die Regierungen der süddeutschen Staaten ihre Stütze in der patriotischen Partei suchen und damit sich die Kabinette wo möglich nur aus Männern dieser Partei bilden. – 5. Müßte gerade deshalb jetzt in Stuttgart, später in München daran gearbeitet werden, damit die für das Portefeuille des Äußeren ausersehene Person nicht etwa aus der Fortschrittspartei stamme oder zu großen preußischen Sympathien huldige, und damit zu preußenfreundliche Minister aus den Kabinetten eliminiert werden. – 6. Von dem Prager Frieden wenig sprechen, aber einleiten, daß desto mehr von demselben gespro-

chen und dessen Bestehen ja nicht vergessen werde. – 7. Sobald aber die Regierungen und Parteien entschieden für die Aufrechterhaltung ihrer Selbständigkeit eintreten, sollte ihnen gerade der Prager Frieden als beste Stütze anempfohlen werden. – 8. Immer zu Gunsten der intimsten Verständigung Bayerns mit Württemberg das Wort reden, damit das eine das andere halte. Württemberg mehr Ruhe anempfehlen und Acht haben, daß es sich nicht durch die Vorgänge in Baden und Hessen einschüchtern oder influenzieren lasse. – 9. Den pessimistischen Anschauungen, die derzeit mehr denn je geflissentlich über Österreich-Ungarn ausgestreut werden, entgegentreten, damit die Partei, welche in uns die Stütze sucht, diese nicht ohnmächtig glaubt. Besonders wäre ohne Ostentation der Militärorganismus der kaiserlichen und königlichen Monarchie hervorzuheben. Man kann desfalls wohl bemerken, daß man in Österreich-Ungarn sich durchaus nicht mehr überschätzt, desfalls aber auch nicht unterschätzt zu werden braucht.«

24 Man fühlt sich hier mutatis mutandis an eine naiv-erstaunte Bemerkung von K. A. v. MÜLLER (HZ 111, 127) erinnert, die dieser angesichts der Bismarckschen Mischung von »Druck« und betonter »Freiwilligkeit« gegenüber Bayern im Falle der Tauffkirchenschen Verhandlung über den Beitritt zum Nordbund formulierte: »Es hat zunächst fast etwas Komisches, wenn er [sc. Bismarck] jeden Gedanken eines Druckes zu diesem Beitritt mit demselben Atemzug bestreitet, mit dem er ihn tatsächlich ausübt.«

25 Siehe die von Beust Anfang November an Schweinitz überreichte Broschüre ›Gedanken über die österreichische Politik der Zukunft‹ (Leipzig, W. Baensch 1870) 9. Vgl. unten S. 343 ff.

26 Walterskirchen an Beust, 4. Oktober; HHStA, PA VI 33, f. 436 f., Nr. 65 (Or.), Broschüre Mohls liegt bei.

27 Siehe Walterskirchen an Beust, 8., 9., 11. Oktober; ebd. f. 454 ff., Nr. 67, f. 458 ff. Nr. 68, f. 463 ff. Nr. 69 A u. B (Or.).

28 Beust an Walterskirchen, 17. Oktober; ebd. PA VI 32, f. 37 ff. (Konz.); gleichzeitig wurde eine Kopie an Bruck nach München übersandt.

29 Siehe Walterskirchen an Beust, 19. Oktober; ebd. PA VI 33, f. 482 ff., Nr. 74 (Or.).

30 Pfusterschmidt an Ministerium des Auswärtigen, 22. Oktober; ebd. PA VII 51, f. 559 f. Nr. 10 (Or.), Broschüre liegt bei.

31 Siehe Walterskirchen an Beust, 18. Oktober, mit beigelegter Zeitung ›Der Beobachter‹ vom 16. Oktober; ebd. PA VI 33, f. 477 ff., Nr. 72 (Or.).

32 Bericht v. Kirchners über eine Rekognoszierungsreise vom 5. September bis 7. Oktober; K. A., KM Präs. 39-¾ (Or.); mitgeteilt an Militärkanzlei und Min. des Äußeren.

33 Bruck an Beust, 7. Oktober; HHStA, PA IV 41, f. 1018 ff. (Or. Priv.).

34 Siehe den Bericht Schrencks an König Ludwig II., 17. Oktober; gedr. bei DOEBERL 280 f. Zum folgenden siehe auch E. v. WERTHEIMER, Bismarck im politischen Kampf (Berlin 1930) 415 ff., wo das Wiener Archivmaterial z. T. verwendet ist. DIÓSZEGI 170 ff. benutzt außerdem die Korrespondenz des sächsischen Ministers Friesen mit den Gesandten in Wien und Berlin.

35 Weisungen Beusts an Bruck, 17. und 20. Oktober; HHStA, PA IV 40, f. 80 f. und 84 ff. (Konz.).

36 Siehe die Berichte Brucks an Beust vom 18. und 19. Oktober; ebd. PA IV 41, f. 1061 ff. – Nr. 102 A u. B, f. 1079 – Nr. 103 (Or. vertr.). Beusts Weisung vom 20. Oktober (siehe oben Anm. 35) antwortete auf Brucks Bericht vom 18. Oktober; der Bericht vom 19. Oktober enthielt nur einige Ergänzungen. Vgl. dazu Brucks Privatschreiben an Beust vom 18. Oktober (ebd. f. 1073 ff.) mit einem interessanten Kommentar: »Bei der Scheu, die man gegen den mächtigen Alliierten hegt, sucht man einstweilen alles zurückzuhalten und nur schüchtern mag hie und da von Österreich-Ungarn gesprochen worden sein. Graf Bray hat aber aufrichtig gesagt den Prager Frieden nicht vergessen, doch fehlt ihm die Energie, entschieden damit aufzutreten...«

37 Walterskirchen an Beust, 20. Oktober; ebd. PA VI 33, f. 488 ff. – Nr. 75 (Or.).
38 Beust an Bruck, 20. Oktober; ebd. PA IV 40, f. 84 ff. (Konz.). WEIS 804 Anm. 41 gibt nach
    der Münchner Kopie in MA I 644 f. 67 ff. das (dort offenbar verschriebene) Datum des
    30. Oktobers. Brays ebd. erwähnter Erlaß an Schrenck ist also nicht die Voraussetzung,
    sondern die Folge der Warnung Beusts. Für die Übersendung nach Versailles siehe das Tel.
    Beusts an Bruck vom 20. Oktober (HHStA, PA IV 40, f. 79 – Konz. eigh.): »Da jedenfalls
    dem Grafen Bray eine Courierexpedition nachgeschickt wird, so senden Sie ihm mit solcher
    Abschrift meiner letzten Depesche … Zugleich schreiben Sie ihm, daß ich meine Abreise um
    wenige Tage gern verzögern würde, um ihn in München zu sehen, daher um Telegramm bit-
    te.« Beust antwortete hiemit auf die am Schluß des Berichts Brucks vom 19. Oktober enthal-
    tene Mitteilung Brays, daß er sich auf den Besuch Beusts bei der Rückkehr aus Versailles
    freue; er rechne mit der Rückkehr zu Ende des Monats, wenn es nicht zu Friedensverhand-
    lungen komme.
39 Dies spricht klar gegen die Auffassung, daß es sich um die Bedingungen für einen Beitritt
    Bayerns zum Norddeutschen Bund handelte (WEIS 803 f.).
40 Für die Aufnahme der Depesche in München siehe Bruck an Beust, 22. Oktober; HHStA,
    PA IV 41, f. 1085 ff. Nr. 104 A (Or.). Staatsrat von Daxenberger, der Stellvertreter Brays,
    äußerte sich positiv zu Beusts Ausführungen und zu den Verhandlungschancen in Versail-
    les; »… er glaubt, daß es Graf Bray gelingen dürfte das durchzusetzen, was derselbe sich zur
    Aufgabe gestellt hat und hofft, daß alle die Zusicherungen, die man bis jetzt, sei es vom Kö-
    nige von Preußen selbst, sei es vom Grafen Bismarck, sei es vom Herrn v. Thile erhalten hat,
    keine leeren Worte waren.«
41 Siehe Beust an Wimpffen, 22. Oktober; ebd. PA III 102, f. 94 ff. (Konz.), Beiliegend Kopien
    folgender Schreiben: Bray an Schrenck vom 28. September, Beust an Bruck vom 17. und
    20. Oktober, Beust an Walterskirchen vom 17. Oktober.
42 Tel. Wimpffens an Beust, 24. Oktober; ebd. f. 196 Nr. 89 (Dech.).
43 Siehe Wimpffen an Beust, 22. Oktober, ebd. f. 200 f. (Or. Priv. vertr.).
44 Siehe oben S. 272 f.
45 Siehe oben S. 281.
46 Siehe das Schreiben Brays an Schrenck aus Versailles, 27. Oktober; GStA, MA I 644, f. 63 ff.
    (Konz. u. korr. Reinschrift), Inhaltsangabe bei WEIS 804 Anm. 41. Vgl. auch das Tel. Brays
    an Schrenck vom 27. Oktober, das Beust Ende Oktober (spätestens am 31.) beantwortete
    (oben S. 282).
47 Siehe oben S. 296.
48 Aus dem Schreiben Brays an Schrenck, 27. Oktober; siehe oben Anm. 46.
49 Siehe unten S. 356.
50 Beust an Wimpffen, 31. Oktober; HHStA, PA III 102, f. 115 ff. (Konz.). Dazu Wimpffen an
    Beust, 3. November; ebd. f. 231 f., Nr. 123 B (Or. res.).
51 Briefwechsel vom 2./4. November, gedruckt bei BRAY 180 ff.
52 Für die Überlegungen und Pläne, die damals im Sinne der deutschnationalen Einigung an
    den König herangetragen wurden, ist bezeichnend die Denkschrift des katholischen Philo-
    sophieprofessors Johannes Huber vom 30. Oktober 1870. Huber rechnete mit dem baldi-
    gen Zerfall Österreichs und gab dem König den Rat, durch Eingehen auf die preußische
    Politik sich den Erwerb deutsch-österreichischer Provinzen der zerfallenden Monarchie zu
    sichern: »Der Anschluß deutsch-österreichischer Provinzen an Bayern, welcher in dem Wun-
    sche derselben liegt, ist wahrscheinlich, wenn Preußen kein Interesse dagegen hat. Es wird
    aber sicherlich ein Interesse dagegen haben, wenn Bayern für den Abschluß des großen Ei-
    nigungswerkes Schwierigkeiten erhebt …« (RALL, König Ludwig II. und Bismarcks Ringen
    um Bayern 155).
53 Siehe oben S. 282 und unten S. 343 ff. Auch der bayerische Gesandte in Berlin berichtete nach
    München über den offiziösen Charakter der Broschüre. Beust habe sie Schweinitz in die

Hand gegeben mit den Worten, »daß sie die richtige Darlegung der Lage in Österreich darstelle« (DOEBERL 142).

Die innere Krise der Monarchie im Herbst 1870 (August bis November)

1 Siehe oben S. 202.
2 G. KOLMER, Parlament und Verfassung in Österreich 2 (Wien/Leipzig 1903) 66. Eine ausgewogene Analyse der innenpolitischen Auseinandersetzungen in Cisleithanien 1870/71
   (um Verfassungsreform und Nationalitätenpolitik) ist bis heute ein Desiderat. Die materialreiche Darstellung von W. ROGGE, Oesterreich von Világos bis zur Gegenwart. Band 3: Der
   Kampf mit dem Föderalismus (Leipzig/Wien 1873) ist eine deutschliberale Parteischrift.
   Auch die gut orientierende Übersicht bei Kolmer a.a.O. ist von Einseitigkeiten nicht frei. R.
   CHARMATZ, Österreichs innere Geschichte von 1848 bis 1907. I. Teil: Die Vorherrschaft
   der Deutschen (Leipzig ²1911) ist kritisch gegenüber der deutschliberalen Politik, geht aber
   auf die anderen Richtungen wenig ein. Die neuere tschechische Literatur ist verwertet bei R.
   F. WIERER, Die böhmischen Fundamentalartikel vom Jahre 1871, in: Der österreichisch-
   ungarische Ausgleich von 1867. Vorgeschichte und Wirkungen (Wien/München 1967)
   154 ff. und bei F. PRINZ, Die böhmischen Länder von 1848 bis 1914, in: Handbuch der Geschichte der böhmischen Länder, hrsg. von K. BOSL, 3 (1968) 135 ff. – Für die über Österreich hinausreichenden Aspekte der deutsch-tschechischen Auseinandersetzungen in Cisleithanien siehe BIRKE, 291 ff.; O. ODLOŽILIK, Russia and Czech National Aspirations, in:
   Journal of Central European Affaires 22 (1962/63) 407 ff.; I. PFAFF, Tschechische Politik
   und die Reichsgründung, in: Jahrbücher für Geschichte Osteuropas 20 (1972) 492 ff. (mit
   Kritik an Prinz und starker – wohl zu starker – Betonung der direkten preußisch-deutschen
   Ingerenz); J. KOŘALKA, Die preußisch-deutsche Politik, der Ausgleich von 1867 und die nationalen Fragen in Mitteleuropa, in: VANTUCH und HOLOTÍK 83 ff.
3 KOLMER 2, 69.
4 Ebd. 73.
5 ROGGE 2, 362.
6 Text bei KOLMER 2, 74 ff.
7 Siehe KOLMER 2, 88.
8 Die langwierigen Verhandlungen, die der Bildung des Ministeriums Hohenwart-Schäffle
   vorausgingen, sind nicht voll geklärt. Am aufschlußreichsten noch heute A. E. F. SCHÄFFLE,
   Aus meinem Leben 1, 192 ff., wo vor allem die beiden Audienzen bei Franz Joseph am 24.
   und 29. Oktober 1870 und die folgenden Programmerörterungen zu beachten sind. Die
   Nichtaufnahme Potockis in die neue Regierung scheint erst Anfang Dezember vom Kaiser
   her entschieden worden zu sein (ebd. 216). Der Gedanke, Rückendeckung für die neue Regierung in Berlin zu suchen, wurde anscheinend vor allem von Graf Dürckheim vertreten
   (ebd. 210 f., 215). Persönlichkeit und Wirken des aus Württemberg stammenden Protestanten Schäffle, der als Nationalökonom gleichzeitig mit Lorenz v. Stein an der Wiener Universität lehrte, finden neuerdings wieder Beachtung. Siehe die Literaturangaben bei R. F. WIE-
   RER 166 Anm. 18 und unten S. 420 f.
9 ROGGE 2, 371.
10 Siehe ROGGE 2, 367 ff.
11 Siehe Andrássys Schreiben an seinen Freund Kállay (damals österreichischer Generalkonsul
   in Belgrad), Terebes, 24. Oktober 1870; zitiert und besprochen von DIÓSZEGI 186 f.

Exkurs: Die öffentliche Meinung in Österreich-Ungarn angesichts der Verfassungskämpfe und der Gründung des Deutschen Reiches (September bis Dezember 1870)

1 Zu den allgemeinen Fragen von Presse und Politik in Österreich-Ungarn 1867 bis 1871 vgl. die Einleitung S. 37 ff. Die Dissertation von R. SCHMALISCH, Die Stellung liberaler und konservativer Zeitungen Wiens zu Preußen und Frankreich zwischen den Kriegen von 1866 und 1870/71 (Phil. Diss. Wien 1964) reicht nur bis Ende Juli 1870. Weiterhin zu beachten: S. GOLDSCHLAG, Die Wiener führende Presse und der Deutsch-Französische Krieg 1870/71 (Phil. Diss. Wien 1930), O. SCHNEIDER, Die Wiener Pressepolitik während des Deutsch-Französischen Krieges (Phil. Diss. Wien 1944), M. BERGER, Österreichs auswärtige Politik (Die Ministertätigkeit des Grafen Beust) 1866–1870/71 und das Vaterland (Phil. Diss. Wien 1947) sowie die einschlägigen Arbeiten von Th. SCHIEDER und LOTT-REESE (siehe oben S. 536, Anm. 1). Vgl. auch den Überblick bei A. WANDRUSZKA, Geschichte einer Zeitung. Das Schicksal der »PRESSE« und der »NEUEN FREIEN PRESSE« von 1848 zur Zweiten Republik (Wien 1958).
2 Siehe die Hinweise in der Einleitung, S. 38.
3 ›Preußen und Österreich‹; Warrens Wochenschrift für Politik und Volkswirthschaft, 18. 9. 1870, Nr. 38. Vgl. dagegen die antipreußisch gehaltenen Leitartikel vom 28. 8. und 11. 9.
4 Neue Freie Presse, 9. 9., Nr. 2167.
5 Ebd. 13. 9., Nr. 2171. – Für Bismarcks Presseanweisungen siehe GW 6 b, 479 f., 480 Anm. 1.
6 Neue Freie Presse, 18. 9., Nr. 2176.
7 Ebd. 30. 9., Nr. 2189.
8 ›Die Czechen und das deutsche Bündniß‹, ebd. 29. 10., Nr. 2217. Der Artikel polemisiert – was für die Haltung des Blattes im Verfassungsstreit typisch ist – in überaus scharfer und hochmütiger Weise gegen die nichtdeutschen Nationalitäten: »In Galizien und in Böhmen werden Vereinsversammlungen abgehalten und Resolutionen gefaßt, welche gegen die Deutschen, unsere Stammesgenossen, wüthenden Haß und Schimpf schleudern und dieselben als Nationalfeinde mit ihrem feierlichen Zwergracen-Banne belegen. Die Bettler an den Pforten deutscher Cultur wagen es, hiebei von ›Barbarenhorden‹ zu sprechen, sie, die ohne die Brosamen der deutschen Geisteserrungenschaften noch in asiatischer Nacht befangen wären!... Sie stören damit nicht nur den Frieden im Innern, indem sie den Deutschen den Fehdehandschuh hinwerfen, sondern sie bedrohen geradezu das Reich [sc. Österreich-Ungarn], indem sie eine Politik des Stänkerns, der Aufreizung gegen einen mächtigen, den Deutschen Österreichs blutsverwandten Nachbarn an die Stelle des friedlichen Einvernehmens mit demselben stellen wollen.«
9 Dies und das Folgende ebd., 16. 10., Nr. 2204.
10 Ebd. 23. 12., Nr. 2272. Es wird hier der bekannte, von Bismarck inspirierte Artikel der ›Provinzial-Correspondenz‹ vom 22. 12. besprochen: »Was uns betrifft, so ist es uns völlig unmöglich, die loyalen Versicherungen der ›Provincial-Correspondenz‹ für bare Münze zu nehmen, solange die antiösisch-deutsche Politik sich in den Geleisen der russischen bewegt. Die panslavistische Richtung der russischen Politik zielt in directester Weise auf die Zerstörung des österreichisch-ungarischen Staatskomplexes ab...«
11 Ebd. 16. 10., Nr. 2203.
12 Das Schicksal Johann Jacobys, des Vorkämpfers der preußischen Demokraten, wurde im liberalen Lager Österreichs mit Aufmerksamkeit verfolgt. Die Frage, ob er im November

1870 in den preußischen Landtag gewählt werde, erschien der ›Neuen Freien Presse‹ geradezu als ein Testfall für die Zukunft Preußens und Deutschlands. »Die Wahl Jacoby's
würde uns des unlogischen Schlusses, daß, wo Einheit, keine Freiheit sein könne, spotten
lernen, und der Anfang zur Fortsetzung des Werkes wäre gemacht... Ihm war die Freiheit
nie ein Instrument, nie die Gesinnung eine Flöte, was man so beiseitelegt, wenn man sich hat
hören lassen. Gehet hin und wählet ihn, um den wir euch beneiden, noch mehr als um euren
Moltke; ehret ihn, damit ihr euch selbst ehrt!« (›Die Wahlen in Preußen‹, ebd. 12. 11., Nr.
2231).

13 Ebd. 7. 12., Nr. 2256.
14 Ebd. 15. 12., Nr. 2264.
15 Die Presse, 13. 9., Nr. 253. Ganz ähnlich, nur etwas vorsichtiger, am gleichen Tage das
    Fremdenblatt, Nr. 254: »Auf ein solches Deutschland braucht Österreich nicht mit Miß-
    trauen zu blicken, es findet vielmehr in demselben seinen natürlichsten und kräftigsten
    Bundesgenossen gegen die großen Gefahren, die es vom Osten bedrohen... Wohl aber wird
    Österreich auf die scheinbar zu seinen Gunsten in den Prager Friedensvertrag aufgenom-
    menen Bestimmungen über das Verhältniß der süddeutschen Staaten zum Nordbund ver-
    zichten müssen, die eben nach den jüngsten Ereignissen unhaltbar geworden sind.«
16 Fremdenblatt, 24. 9., Nr. 264.
17 Ebd. 25. 9., Nr. 265.
18 Ebd. 16. 10., Nr. 286.
19 Siehe oben S. 280.
20 Die Presse, 6. 11., Nr. 307. Vgl. ebd. den Leitartikel am 4. 11., Nr. 305, wo anhand der eben
    erschienenen, von Beust inspirierten Broschüre ›Gedanken über die österreichische Politik
    der Zukunft‹ die möglichen Bedingungen einer »internationalen Allianz« der beiden Staa-
    ten besprochen wurden (siehe oben S. 282 und unten S. 343 ff.).
21 Fremdenblatt, 27. 11., Nr. 328.
22 Die Presse, 7. 12., Nr. 338; Fremdenblatt, 7. und 10. 12., Nr. 338 und 341.
23 Fremdenblatt, 12. 12., Nr. 343.
24 Der volle Text des Artikels ›Deutschland und Österreich‹ als Beilage zu dem Bericht Wimpf-
    fens an Beust, 22. 12., HHStA, PA III 102, f. 389 f. (Or.); siehe unten S. 335.
25 Fremdenblatt, 23. 12., Nr. 354.
26 Ebd. 29. 12., Nr. 359.
27 Die Presse, 23. 12., Nr. 354.
28 Das Vaterland, 23. 9.
29 Das Vaterland, 5. 10.
30 Ebd. 8. und 14. 10. Der Zusammenhang dieser Kampagne und dieses politischen Pro-
    gramms mit dem von Edmund Jörg und anderen in den Münchner ›Historisch-politischen
    Blättern‹ vertretenen katholisch-konservativen Standpunkt wäre näher zu untersuchen;
    vgl. ebd. 5. 11., Nr. 305 den ausdrücklichen Bezug auf die Formulierungen Jörgs: »Beust als
    Todtengräber Österreichs«, »der noch immer zu wenig verleumdete Graf Beust«.
31 Ebd. 21. 10.
32 Ebd. 4. 11.
33 Ebd. 6. 11. »Wenn die liberale Partei noch einmal an das Ruder des Staates gelangt, dann
    wird sie allerdings die österreichischen Völker, das deutsche nicht ausgenommen, zur Ver-
    zweiflung treiben und, um Preußen liberale Concurrenz zu machen, seinen gefährlichen
    Zorn herausfordern.«
34 Ebd. 11. 11.
35 Ebd. 18. 11.
36 Ebd. 19. 11. ›Die Drachensaat der zehnjährigen Centralisation‹.
37 Ebd. 7. 12. ›Das hohenzollernsche Kaiserthum‹.
38 Ebd. 21. 12. ›Österreich und Deutschland‹.

39 Ebd. 29. 10.
40 Ebd. 30. 12.
41 Der ›Österreichische Volksfreund‹, gleichfalls katholisch-konservativ, aber durch seine
    deutsch-zentralistischen Tendenzen eine Mittelstellung einnehmend, wünschte am
    1. 1. 1871 dem neuen Reich eine christlich-konservative Richtung jenseits protestantischer
    Interessen: »Es wird sich in Deutschland voraussichtlich nicht nur ein starkes, sondern auch
    ein konservatives Regiment etablieren, was der konservativen Richtung auch im übrigen
    Europa zugute kommen dürfte. An dem deutschen Katholizismus wird es sein, ruhig und
    energisch dafür zu sorgen, daß Preußen in seiner neuen Stellung aufhört, der Hort des Prote-
    stantismus zu sein und das deutsche Kaisertum, weil es schon das Römische Reich deutscher
    Nation nicht sein kann, doch auch kein protestantisches werde ... Je christlich-konservati-
    ver die neue Macht in Deutschland auftritt, je sorgfältiger sie das Recht und das Gewissen
    ihrer katholischen Bürger wahrt, um so besser werden die ›freundschaftlichen Beziehungen
    zu dem österreichisch-ungarischen Nachbarstaate‹, von denen Graf Bismarck spricht, sich
    gestalten« (Zit. bei LOTT-REESE 49.).
42 Politik, 1. 10. ›Die Politik der Furcht‹.
43 Vgl. etwa die gleichfalls am 1. 10. in der ›Neuen Freien Presse‹ erschienenen Ausführungen
    zum Verfassungsstreit: »Ist es denn aber schon ganz gleichgiltig ob auch die Deutschen in
    Österreich zufrieden sind? Fast scheint es dahin gekommen zu sein. Wenigstens sehen wir,
    daß um Böhmens willen ein großer staatsrechtlicher Prozeß geführt wird, und daß man da-
    bei von Böhmen immer nur redet, als ob dieses Land die Deutschen gar nichts anginge, son-
    dern eine Domäne unter ausschließlich czechischer Oberhoheit wäre. Wohnen wirklich
    keine Deutschen mehr in Böhmen? Ist das Alles Fälschung, daß zwei Fünftheile der böhmi-
    schen Bevölkerung rein deutsch sind, daß die imposante Großindustrie Böhmens sich in
    deutschen Händen befindet, daß die Deutschen Böhmens über zwei Drittheile der gesamm-
    ten Steuerleistung Böhmens entrichten? Es muß am Ende doch wol nicht so sein, sonst wäre
    es undenkbar, daß die kaiserliche Regierung mit den Czechen allein über Böhmen verhan-
    delt ... Daß diese Czechen nicht allein in Böhmen wohnen, ... davon spricht Niemand; die
    Deutschen in Böhmen ignorirt man, als ob die Czechen schon die Alleinherrscher des Lan-
    des wären ...«
44 Politik, 14. 10.
45 Ebd. 22. 10.
46 Gleichzeitig wird in der ›Politik‹ in leidenschaftlicher Weise für den Kampf Frankreichs und
    gegen die Art der deutschen Kriegführung Partei ergriffen, u. a. in einer Serie fiktiver Kor-
    respondenzen »Portofreie Briefe«, so z. B. am 16. 10.: »Wohl, Madame! es scheint unzwei-
    felhaft, wohin sich die Sympathien der Menschen hinneigen müssen. Man mag früher dem
    herausgeforderten Preußen zugestimmt haben, so lange ein egoistischer Tyrann auf dem
    Throne von Frankreich gesessen ist, aber in demselben Momente, wo dieser gekrönte Ko-
    mödiant auf so lächerliche Weise seine Rolle ausgespielt hat, hörte auch die Berechtigung
    des Krieges auf; ihn auf die Art weiter zu führen, wie er thatsächlich geführt wird, heißt ei-
    nen Ausrottungskrieg führen, und von diesem muß sich selbst jeder edel denkende Deutsche
    mit Abscheu abwenden. Unwillkürlich fühlt man den Schmerz des armen gepeinigten Vol-
    kes mit, ... man möchte mit den verzweifelnden Patrioten weinen und ihnen – da man ja
    selbst den Schmerz der Unterdrückung fühlt – zurufen:
    Nun, armes Herz, sei nicht bang,
    Nun muß sich Alles, Alles wenden –«
47 Politik, 10. 11. – In kritischer Weise setzte sich am 26. 10. die Prager tschechische Tageszei-
    tung ›Pokrok‹ mit der Bündnisfrage auseinander (hier zitiert nach der Übersetzung im ›Va-
    terland‹ am 27. 10., Nr. 296): »Wenn die preußisch-österreichische oder eigentlich preu-
    ßisch-cisleithanische Allianz zu Stande kommen sollte, so wird sie in den Kreisen der öster-
    reichischen Slaven als eine direkte Kriegserklärung betrachtet werden ... Diese Allianz wäre

vor allem und gegen alle Slaven gerichtet, gegen diejenigen vor und hinter der Leitha, vor
und hinter dem Dnjepr.«

48 Politik, 24.11. ›Die Einheit Deutschlands‹.
49 Ebd. 8.12. ›Die deutsche Kaiserkrone‹.
50 Ebd. 7.12. ›Österreich schützt die Verträge‹.
51 Siehe unten S. 373 f.
52 Politik, 22.12. ›Die auswärtige Politik Österreich-Ungarns‹.
53 Ebd. 24.12. ›Das Ende des Prager Friedens‹.
54 Siehe oben S. 274 ff. Für die regelmäßige Mitteilung amtlichen Materials des Außenmi-
    nisteriums an Max Falk, Redakteur des ›Pester Lloyd‹, siehe PRZIBRAM 256.
55 ›Pester Lloyd‹, 15.9.
56 Ebd. 1.10.
57 Siehe ebd. 8., 9., 12., 13., 14., 18.10.
58 Ebd. 6.11.
59 Siehe unten S. 353 f.
60 Siehe unten S. 358 f.
61 ›Pester Lloyd‹, 19.11. Übrigens hatte sich schon vor dem Bekanntwerden der russischen
    Note eine zurückhaltendere Beurteilung des preußischen Verhaltens bemerkbar gemacht;
    vgl. ebd. 11.11., Leitartikel.
62 Vgl. oben S. 134. – ›Pester Lloyd‹, 24.12.

Österreichs prodeutscher Weg und seine Biegungen: vom anti-russisch-liberalen Mitteleuropaprojekt zur Bismarckschen Dreikaiserpolitik (November 1870 bis 1872)

Die Wende im November 1870: innere Krise, deutsche Einigung und die »russische Bombe«

1 Siehe oben S. 282 und S. 338. Inhaltsangabe bei FABER 637 f. Für L. v. Oppenheimer siehe G.
   KOLMER, Das Herrenhaus des österreichischen Reichsraths (Wien/Leipzig 1907) 260 f. Besprechungen u. a. im ›Pester Lloyd‹ (6.11.), in der ›Augsburger Allgemeinen Zeitung‹
   (13.11.), in der ›Neuen Freien Presse‹ (9.11.). Siehe auch den Bericht Wimpffens an Beust
   vom 9.11. (HHStA, PA III 102, f. 249, Nr. 125 B – Dech.): »Herr von Thile macht mich auf
   die Broschüre ... aufmerksam, welche Euer Excellenz selbst dem Herrn von Schweinitz bezeichnet hätten. Gegen einige meiner deutschen Collegen sprach sich Herr von Thile eingehend und lobend darüber aus, citirte Stellen und sagte ihnen, daß Euer Excellenz die Broschüre dem Herrn von Schweinitz als wichtigste Ansichten enthaltend besonders empfohlen
   hätten. Dieselbe gilt hier als ganz und gar von Euer Excellenz inspirirt. Ein Exemplar hat
   Herr von Thile sofort dem Grafen Bismarck geschickt.« Siehe auch SCHWEINITZ, Denkwürdigkeiten 281.
2 Siehe oben S. 274 ff.
3 Bezeichnend für die Affinität der Broschüre zu Beust und für die nachträgliche Umformung
   und deutschnationale Verharmlosung gewisser Überlegungen des Reichskanzlers vom Juli
   1870 ist hier folgender Passus (S. 6 f.): »Es mag eine wenig bekannte, eine noch weniger ge-
   glaubte Thatsache sein, daß in den Tagen des beginnenden Kampfes der Leiter der österrei-

chischen auswärtigen Politik nur für den Falle des Eintritts einer Eventualität seine Entschlüsse fest und sicher dahingehend gefaßt waren (!), daß, hätte Deutschland den Rhein verloren, hätten die Heere des französischen Imperators den Grenzstrom überschritten, dieselbe Monarchie, welche das Blut ihrer Söhne für eine deutsche Sache an den Gestaden der Nordsee freudig geopfert, welche ein Jahr später niedergeworfen und aus einem Jahrhunderte alten Verband hinausgestoßen worden, eingestanden wäre für die Integrität der deutschen Lande und die Freiheit des deutschen Grenzgebiets. Ob der Reichskanzler Graf Beust seine Absicht durchgeführt, ob er dem vereinten Andrängen der Hof- und Kriegspartei, der Feudalen und Ultramontanen, der Magyaren und Slaven widerstanden, ist eine zweite nicht bestimmt zu beantwortende Frage.« – Man sieht hier gleich zu Beginn der Broschüre die Absicht, Beusts deutsche Gesinnung zu betonen und in besonderer Weise das deutsche Publikum anzusprechen. Für den eindeutig antipreußischen und gegenüber Frankreich ambivalenten Charakter der Überlegungen vom Juli 1870 siehe oben S. 210 ff.

4   GEDANKEN 9 f.
5   Ebd. 10.
6   Ebd. 11.
7   Ebd. 13.
8   Ebd. 19.
9   Sowohl von der ›Neuen Freien Presse‹ (siehe oben Anm. 1) wie von der ›Augsburger Allgemeinen Zeitung‹ (ebd.) wurde diese Stelle als besonders deutliches Indiz für Beusts Affinität zu der Broschüre vermerkt: »Dergleichen sagt man nicht, wenn man dazu keine Vollmacht hat.« Der betreffende Abschnitt lautet (GEDANKEN 20): »Man hört oft die Meinung aussprechen, daß, so lange Graf Beust Reichskanzler von Österreich, Graf Bismarck nie und nimmer in eine Allianz mit diesem einwilligen werde. Wenige wohl dürften darüber unterrichtet sein, ob die Feindschaft des Grafen Bismarck … wirklich von jener Intensität beseelt sei, welche man ihr so gerne beilegen will… Man darf sich der Hoffnung hingeben, daß große Ziele kleine Differenzen verschwinden lassen, daß die Riesenerfolge des Bundeskanzlers ihn gerecht werden lassen gegenüber der Thätigkeit von Staatsmännern, welche an der Spitze schwer zu regierender Staaten nicht so glücklich sind, durch großartige äußere Erfolge welthistorische Ideen zu verwirklichen… Sollte aber der Name des Grafen Beust ein Hinderniß sein für ein nothwendig gewordenes Einverständnis zwischen Österreich und Deutschland, sollte der österreichische Reichskanzler diese Nothwendigkeit gekommen und sich, als derselben im Wege stehend, fühlen, so dürfen jene, welche den Charakter, die Sympathie und Aufopferungsfähigkeit des Grafen Beust für Österreich kennen, es mit vollster Überzeugung aussprechen, daß der Reichskanzler nicht einen Augenblick anstehen wird, das zu thun, was ihm seine Pflicht gebieterisch vorschreibt, die Würde seines Amtes in die Hände seines kaiserlichen Gebieters zurückzulegen.«
10   Ebd. 22.
11   Ebd. 25.
12   GEDANKEN 26: »Die slavische Bewegung in Cisleithanien hat eine Form angenommen, welche eine Versöhnung, so lange nicht die Basis, auf welcher die Opposition steht, verändert wird, kaum mehr hoffen und erwarten läßt.« Dann folgt eine bedauernd-verständnisvolle Charakteristik der anderen Seite: »Die versöhnlichen Anhänger der Verfassungspartei, welche einen Ausgleich freudig begrüßt hätten, fangen an, den Glauben an die Möglichkeit desselben zu verlieren und die Kluft, welche beide Parteien trennt, beginnt täglich schroffer und schroffer zu werden.« Im Zusammenhang besehen, werden also die »klerikalen und feudalen Elemente« zusammen mit der slavischen Bewegung für die Eskalation des Kampfes verantwortlich gemacht!
13   Siehe u. a. PRZIBRAM, Erinnerungen 282.
14   Siehe oben S. 280 ff.
15   ›Denkschrift, am 4. November 1870 S. E. dem Herrn R. Kanzler übereicht‹; HHStA, PA

102, Varia de Prusse, f. 54ʳ ff. – eigh., halbseitig beschrieben. Die Angabe bei ERICHSEN 16 Anm. 4 und 78 Anm. 2, daß es sich um eine Denkschrift Beusts handelt, ist zu berichtigen, ebenso DIÓSZEGI 174, der Erichsen folgte. Daß das Aktenstück zur Vorlage an den Kaiser bestimmt war, geht aus dem Schlußsatz hervor: »Mündliche Ausführungen, welche S. Majestät eventuell in Anspruch zu nehmen geruhen wollten, würden natürlich geeignet sein, das Lückenhafte der vorstehenden Auseinandersetzung zu ergänzen.« Geht man von der Überlieferungsform aus (nur eine Art von Reinkonzept liegt vor) und von dem Fehlen weiterer Bezugnahme, so erscheint es sehr fraglich, ob Beust die Denkschrift dem Kaiser vorgelegt hat. Man weiß aus der Genese anderer Denkschriften, daß sich der Kanzler umfangreicher Vorarbeiten Hofmanns zu bedienen pflegte. Vielleicht handelte es sich auch in diesem Fall um ein solches »Halbfertigprodukt«, daß dann, infolge veränderter Umstände, in diesem Zustand verblieb. Ob man die Differenzen zwischen der Oppenheimer-Broschüre und der Denkschrift Hofmanns im Sinne von damaligen Differenzen zwischen Beust und Hofmann in der Einschätzung des Verhältnisses zu Preußen bewerten darf, ist schwer zu entscheiden. Demgegenüber wäre vor allem das Zeitmoment zu beachten (Fall von Metz, Bismarcks Kriegsdrohung), sowie die innenpolitische Zielrichtung der Hofmann-Denkschrift (siehe unten S. 349).

16 Für die Analyse der Entscheidungsprozesse im Juli 1870 ist Hofmanns selbstkritische Bemerkung interessant: »Als die gegenwärtige Krisis über Europa hereinbrach, war es zunächst die Erkenntnis, die jeden activen Schwung der österreichischen Armee lähmte, daß mindestens ein Zeitraum von 6–8 Wochen erforderlich gewesen wäre, um eine nennenswerte Heeresmacht an der Grenze gegen Preußen aufzustellen. In diesem Zeitraume mußten wichtige Entscheidungen sich vollzogen haben, während derselben waren unsere Grenzen der Gefahr eines feindlichen Überfalls preisgegeben.« – Die Herstellung einer militärischen Ebenbürtigkeit zu Preußen war auch das Programm der eben damals (mit Vorwort vom Oktober) erscheinenden anonymen Broschüre »Das Jahr 1870 und die Wehrkraft der Monarchie«, die Erzherzog Albrecht, der Generalinspektor der österreichischen Armee, zum Verfasser hatte (siehe FABER 637).

17 Der Text von Beusts Zirkulardepesche vom 28. April 1870, die bezeichnenderweise nicht in das Rotbuch (das Ende November erschien) aufgenommen wurde, war bereits im Mai in der Presse mitgeteilt und besprochen worden. (Vollständiger Abdruck in der ›Augsburger Allgemeinen Zeitung‹, 23.5.). Schon hier wurden die Direktwahlen auch den Slawen in ihrem eigenen Interesse empfohlen: »Zielpunkt dieses Strebens kann nur die vom allgemeinen Consense getragene Herstellung eines aus unmittelbaren Wahlen hervorgegangenen, somit von den Landtagen losgetrennten Reichsraths sein. Es ist dieses nicht nur eine wohlbegründete Forderung der liberalen deutschen Partei, sondern kann nicht minder auch von den freisinnigen Patrioten slavischer Nationalität als das wirksamste… Mittel angesehen werden, … so den Ländern als der Gesamtheit ihre autonome Tätigkeit und Selbständigkeit zu sichern und zu sondern.«

18 Siehe oben S. 313 und unten S. 416 f.
19 Beust an Paar, 9.11.; HHStA, PA V 38, f. 67 f. (Konz.).
20 Minghetti an Visconti Venosta, 3.11. (DDI 2, 1, 379).
21 Siehe DDI 2, 1, 375, 379 f. u. passim. Dazu Beust an Metternich, 6.11.; HHStA, PA IX 97, f. 459 ff. (Konz.).
22 Vitzthum an Beust, 7.11.; HHStA, PA XXII 36, f. 342 ff., Nr. 135 (Or.) »… Cependant, grâce à cette lueur pacifique si promptement éteinte, tout le monde a pu constater de nouveau combien était général le besoin de mettre fin à une lutte qui menace de dégénérer en duel japonais et de plonger la société Européenne dans les horreurs d'un autre âge. – On aura beau convoquer le Parlement Allemand à Versailles et préparer à Aix-la-Chapelle le trône de Charle-Magne, la question Européenne: que deviendra la France? ne manquera pas de se dresser au milieu de ces délibérations et le spectre de cette nation saignante de tous

ses pores viendra, invité ou non, troubler le banquet du couronnement de Guillaume le Victorieux!«

23 Ebd. PA XL 285, f. 1004 ff. und 1022 ff.

24 »Die Revision des Pariser Vertrages sei von Rußland schon öfters schüchtern und auch hier in Wien zur Sprache gebracht worden, aber eine große praktische Bedeutung sei ihr nicht beizumessen, denn eine Zustimmung sämtlicher Mächte zur Aufhebung eines Vertrags sei nicht zu erwarten. Wolle Rußland, soweit es sich um die Neutralisation des schwarzen Meeres handle, sich tatsächlich darüber hinaussetzen, so würde es – was schon vor dem preußisch-französischen Kriege ausgemachte Sache war – zu einem zweiten Krimkriege wohl nicht mehr kommen.«

25 Nach den älteren Darstellungen von K. Rheindorf, Die Schwarze-Meer-(Pontus-)Frage vom Pariser Frieden von 1856 bis zum Abschluß der Londoner Konferenz von 1871 (Berlin 1925) und S. Goriainow, Le Bosphore et les Dardanelles (Paris 1910) sind die entsprechenden Abschnitte bei Mosse, The European Powers 358 ff. und bei Mosse, The Rise and Fall of the Crimean System 1855–71 (London 1963) 158 ff. zu beachten. Weiterführend die Untersuchungen von K. P. Schoenhals, The Russian Policy of count Friedrich Ferdinand von Beust 1866–1871 (Diss. University of Rochester 1964) 223 ff.; Diószegi 178 ff.; Beyrau 225 ff.

26 Chotek an Beust, 9. Oktober; HHStA, PA III 102, f. 151 ff., Nr. 53 B – lithogr. Kop. (nach Berlin am 9. November): »Soviel ich mir zu prognostizieren erlauben darf, wird das Maximum der Unternehmung Rußlands dem Oriente gegenüber in dem Versuch bestehen, für den Fall eines Kongresses innerhalb desselben die Aufhebung der Fesseln des 1856er Vertrags und vielleicht der Zurückerstattung des damals geopferten Gebietes anzustreben, eine spezielle Unterstützung zur Erreichung dieser Wünsche jedoch nur von Preußen annehmen, eine aber von uns ergriffene Initiative, ein von uns *allein* erfolgtes diesfälliges Anerbieten würde wohl kaum freundlicher aufgenommen werden wie im Jahre 1867. Dies würde allerdings nicht verhindern, daß man den Nichtwidersprechenden russischerseits sehr dankbar wäre… Keinesfalls aber wird Rußland eine gewaltsame, offensivaktive Politik dem Oriente gegenüber für die nächsten Monate, ja vielleicht Jahre einschlagen.« Das von Kaiser Alexander gegenüber Chotek im August in Peterhof entwickelte Programm (siehe oben S. 242 f.) wird maßgebend bleiben.

27 Siehe oben S. 100 f.

28 Auf Ouchy bezieht sich die Begleitnote Gortschakows an Nowikow vom 2. November (siehe Augsb. Allg. Zeitung, 10.12., Nr. 5473). Vgl. u. a. Beust an Metternich, 3.10.; HHStA, PA IX 97, f. 412 f., Nr. 6 (Konz.) »Les affaires d'Orient sont aujourd'hui un motif pressant qui nous oblige à rester sur la réserve, afin d'être en mesure, le cas échéant, de porter toutes nos forces de ce côté. En effet, nous ne pouvons plus compter sur l'appui efficace que la France nous prêtait… Ne pouvant plus compter que sur l'appui peu énergique de l'Angleterre, nous devons concentrer sur ce point toute notre attention.« Für die österreichische Auffassung der Rolle Rußlands gegenüber der Türkei vgl. Beusts Weisung an Prokesch, 24.10.; ebd. PA XII 96, f. 325 ff. (Konz.). Dazu auch Beyrau 227 ff.

29 Siehe Chotek an Beust, 1. Nov.; HHStA, A. R. F. 34, S. R. 56, Fasz. ›Donau 1870‹ f. 128 ff. (Or.). Dort auch weiteres Aktenmaterial zur Donaukommission.

30 Vitzthum an Beust, 16.11.; ebd. PA XXII 36, f. 383 ff., Nr. 138 B (Or.): »Qui sait si le défi que la Russie vient de jeter à l'Europe ne deviendra pas le moyen de la sauver de ce despotisme dont l'alliance Russo-Prussienne la menacerait? Qui sait si l'Autriche, l'Angleterre, la Turquie et l'Italie ne seraient pas de taille à démontrer à M. de Bismarck, par le seul argument qui lui en impose, qu'il s'est trop hâté de proclamer la déchéance de l'Europe en s'écriant, il y a quelques jours, ›l'Europe? Bah, elle n'existe plus! Il n'y a plus que la Prusse!‹«

31 Siehe Beyrau 239.

32 Siehe oben S. 215.

33 Das Protokoll vom 14. November in HHStA, PA XL 285, f. 1103 ff. (Teil II: ›Rußlands neueste Circularnote‹).

34 Denkschrift für Kaiser Franz Joseph vom 18. Mai 1871; bei LUTZ, Zur Wende 182.

35 Siehe Schweinitz an Bismarck, 14. 11. (BEYRAU 238, Anm. 105): »Der Graf [Andrássy] meint, die Stellung des Reichskanzlers, welche nur noch für kürzeste Frist haltbar war, sei durch den russischen Act befestigt worden... daß Preußen sich von der ihm zugeschriebenen Solidarität mit dem russischen Auftreten lossage; dann wäre es ein Leichtes, den Grafen Beust durch den Grafen Seczen zu ersetzen.« Schweinitz kommentierte dies: Andrássy meine sich selbst. Bismarck vermerkte am Rande zu Andrássys Wort »Solidarität«: »durch Österreich unentbehrlich gemacht«.

36 Oben S. 301. Dort auch der Stand der Verhandlungen in Versailles und des österreichischen Vorgehens gegenüber Württemberg und Bayern.

37 Die hier berührten Zusammenhänge sollen in einer eigenen Untersuchung näher behandelt werden. Für den Nachweis der Verkoppelung der königlichen Geldwünsche (an Bismarck) mit dem Nachgeben in der politischen Frage (Verzicht Bayerns auf den »weiteren Bund«) ist der erst seit 1959 vollständig publizierte Brief des Kabinettsekretärs v. Eisenhart an Bray vom 1. Nov. von besonderer Bedeutung. Dieser Brief wurde nach Versailles von Graf Holnstein überbracht (Empfangsvermerk Brays vom 5. Nov.), der mit Bismarck über Ludwigs II. Geldwünsche zu verhandeln hatte. Eisenharts Schreiben veranlaßte anscheinend – möglicherweise zusammen mit mündlichen Informationen Holnsteins – die Wiederaufnahme der bayerisch-preußischen Verhandlungen, nun mit der Wendung zum Eintritt in den Nordbund. Der für diese Interpretation maßgebende Passus des Schreibens lautet: »Seine Majestät kommen täglich auf die für Allerhöchstdenselben zu erwirkende Summe von 2 Millionen fr oder fl zurück und mußte ich bereits hierüber an Euer Excellenz auf Königlichen Befehl schreiben! ... Sollte auch dieser Punct glücklich zur Sprache gebracht werden können, so wäre wohl immerhin zu befürchten, daß wir in politischen Puncten weniger erreichen« (H. RALL, Bismarcks Reichsgründung und die Geldwünsche aus Bayern, in: Zeitschrift für bayerische Landesgeschichte 22 [1959] 402). Über Holnsteins Verhandlungen in Versailles liegen keine Quellen vor (siehe O. BECKER, Bismarcks Ringen 793 f.). Nachdem noch am 6. Nov. König Wilhelm geschrieben hatte: »Die Bayern gehen morgen nach München zurück, um neue Instruktionen zu holen« (Kaiser Wilhelms Briefe aus den Kriegsjahren 1870/71 [Leipzig o. J.] 61), blieb die bayerische Delegation doch in Versailles; vom 8. und 9. Nov. liegen die ersten Nachrichten über die Wiederaufnahme der Verhandlungen vor, ohne »eine neue spezielle Instruktion«, wie Bray dem sächsischen Minister Friesen gesprächsweise mitteilte (R. Frhr. v. FRIESEN, Erinnerungen 3, 180 f.; E. BRANDENBURG, Der Eintritt der süddeutschen Staaten in den Norddeutschen Bund [Berlin 1910] 115). Damit war der Verzicht auf den weiteren Bund wie erst recht auf ein »Draußenbleiben« Bayerns eingeleitet, wenn nicht schon entschieden.

38 Siehe die einschlägigen Passagen bei H. RALL, König Ludwig II. und Bismarcks Ringen um Bayern 1870/71 (München 1973); K. BOSL, Die Verhandlungen über den Eintritt der süddeutschen Staaten in den Norddeutschen Bund und die Entstehung der Reichsverfassung, in: DEUERLEIN-SCHIEDER 148 ff.

39 Dafür spricht auch die Art der Berichterstattung Daxenbergers an Ludwig II. am 12. Nov. Der Bericht Brays an den König vom 11. November (BRAY 188 ff.), der erstmals die Wendung zum Eintritt in den Nordbund berichtet, konnte in München bzw. Schloß Hohenschwangau nicht vor dem 14./15. Nov. eingetroffen sein. Chronologisch gesehen, könnte über Stuttgart etwas durchgesickert sein; vgl. das in den Zusammenhang der württembergischen Sonderaktion (siehe Gassers Tel. an Bray, 9. Nov., DOEBERL 291) gehörende Telegramm Brays an den bayerischen Gesandten Gasser in Stuttgart vom 10. 11. (München GStA, MA I 651, f. 168 – Konz.): »Verhandlungen soweit gediehen, daß daran nichts zu ändern. Tun sie deshalb keine Schritte.« Doch zeigt der Bericht des württembergischen Ge-

sandten in München über ein Gespräch mit Daxenberger am 12. Nov., daß diesem zumindest bis dahin noch nichts von der neuen Wendung bekannt war. Vielmehr äußerte sich Daxenberger, wie der Bericht ausdrücklich feststellt, ganz im Sinne Beusts, der den württembergischen Gesandten in München besucht hatte: »Vielleicht könne aber Bayern, wenn das von ihm eventuell erstrebte weitere Bundesverhältniß nicht möglich sei, doch den status quo erhalten.« Siehe E. SCHNEIDER, Württembergs Beitritt zum Deutschen Reich 1870, in: Württembergische Vierteljahreshefte N. F. 29 (1920) 119 ff., hier S. 177 f.

40 Bericht Daxenbergers vom 12. Nov., bei DOEBERL 291 f.

41 In dem bei DOEBERL 291 f. gedruckten Bericht Daxenbergers ist davon nicht die Rede, auch die Gortschakownote selbst ist noch nicht als bekannt erwähnt. Vermutlich fand noch eine zweite Unterredung mit Beust statt, auf die sich dann wohl der zweite Bericht Daxenbergers vom 13. November bezogen hat (erwähnt in dem Reskript Ludwigs II. vom 16. November, DOEBERL 292; aber weder dort noch in der sonstigen Literatur ist dies Aktenstück herangezogen). Die folgenden Angaben stützen sich auf zwei bisher nicht benutzte Stücke: ein Privatschreiben Brucks an Beust vom 16. November (HHStA, PA IV 41 f. 1125 ff. – Or.): »Was E. E. Herrn von Daxenberger betreffs der Stellung Bayerns als Donau-Macht eröffneten, hat Wurzel geschlagen und ist ein chiffriertes Telegramm in dieser Beziehung an Grafen Bray abgegangen.« Das Telegramm Daxenbergers an Bray vom 13. Nov. (München GStA, MA I 651, f. 174 – Dech.): Gortschakownote wird erwähnt, dann: »Nach Beust wichtiges Ereignis auch für Bayern. Er wünscht, daß Bayern selbständig am Entscheidungsrecht über Krieg und Frieden festhält.«

42 Beust an Walterskirchen, 12. Januar; HHStA, PA VI 34, f. 5 f., Nr. 2 (Konz. Res.). – Die in den Memoiren des sächsischen Ministers Richard v. Friesen enthaltene Nachricht, daß Beust in München sich um die Entlassung des Grafen Bray und die Berufung von der Pfordtens als Nachfolger bemüht habe (FRIESEN, Erinnerungen aus meinem Leben 3, 209) ist jüngst von DIÓSZEGI 176 f. durch einen sächsischen Gesandtschaftsbericht aus München unterstrichen worden. DOEBERL 137 und POPPINGER 142 haben diese Nachricht kategorisch bestritten. In der Tat erscheint diese Angabe im Hinblick auf die Antezedentien und auf das spätere Verhältnis zwischen Beust und Bray nicht eben wahrscheinlich.

43 Siehe KOLMER 2, 110 f.

44 KOLMER 2, 92; dort der vollständige Text des Adreßentwurfs.

45 Stenographische PROTOKOLLE DES HERRENHAUSES DES REICHSRATHES, 2. Sitzung der 6. Session (Wien 1870) 22 f.: »Der deutsche Stamm in Österreich steht mit loyaler Ergebenheit und unwandelbarer Treue zu Kaiser und Reich. Der deutsche Stamm wird es nie vergessen, daß er gerade seit jeher das staatsbildende und das reichsstützende Element gewesen ist; daß dieses schicksalsvolle Reich nicht etwa von böhmischer Seite her, durch Přemysliden oder Luxemburger, noch auch von ungarischer Seite, trotz der großen Eroberungen von Mathias Corvinus, sondern von deutscher Seite her, von den deutschen Habsburgern, von dem Kern- und Stammlande Österreich ausgebildet, erhalten und erweitert wurde. Der deutsche Stamm gehört zu Österreich, wie der Anker zum Schiffe; er ist die festeste Säule dieses vielgliedrigen Reiches.«

46 Ebd. 27.

47 Ebd. 40.

48 Ebd. 63

49 Stenographische PROTOKOLLE DES ABGEORDNETENHAUSES, 6. Session (Wien 1870) 93.

50 Ebd. 97.

51 Beust an Andrássy, London 11. April 1872; HHStA, PA VIII 77, f. 131 ff. (Or. Geh.).

52 Siehe die in der Literatur noch kaum verwerteten Berichte der italienischen Diplomaten aus Wien, in DDI 2, 1, 433 ff. Die kriegerischen Ergüsse Viktor Emanuels (»tirer l'épée pour défendre la cause de la foi des traités et l'indépendance des États plus faibles«) kommentierte Kübeck skeptisch. Kübeck an Beust, 19. Nov.; HHStA, PA XI 78 f. 400 ff. (Or. Très Res.).

53 Siehe Beusts Weisungen an Chotek vom 16. Nov. in CORRESPONDENZEN 4, 137 ff. Choteks
 Berichte vom 21. Nov. in HHStA, PA X 62, Nr. 66 A, B, C, D (Or.). – Gegenüber Vitzthum
 bedauerte Fürst Orloff, russischer Gesandter in Brüssel und persönlicher Vertrauensmann
 des Zaren, daß Alexander II. die Vertragsfrage nicht zur Sache einer zweiseitigen Verständigung mit Österreich gemacht habe: »Nous aurions pu distribuer les rôles et la chose se faisait tranquillement sans tapage« (ebd. PA XII 36, f. 405 ff., Nr. 141 – Or.).
54 Siehe Beusts Weisung an Wimpffen vom 17. November; ebd. PA III 102, f. 163 ff. (Konz.).
 Wimpffen soll Thile die beiliegenden Antwortnoten Beusts an Chotek lesen lassen »und
 dann Herrn Staatssekretär unter Berufung auf den Ihnen desfalls hiermit erteilten Auftrag
 den hohen Wert auszudrücken, den das k.u.k. Kabinet auf eine baldige Eröffnung der Ansichten Preußens über die dem Artikel 14 des Pariser Vertrags zuzuerkennende Wirkung legen würde«.
55 Beust an Metternich, 20. Nov.; ebd. PA XI 79, f. 306 ff. (Kop.).
56 Vgl. die Äußerung Kübecks gegenüber Beust sogleich nach Bekanntwerden der Note: Der
 neue russische Schachzug soll »planmäßig, nebst den eigenen Interessen, wohl auch Preußen gerade jetzt von weiteren unbequemen Einmischungen der Neutralen degagieren«. Kübeck an Beust, 12. Nov.; ebd. PA XI 79, f. 106 ff. (Priv. vertr.).
57 Vgl. u. a. BAMBERGER 228, 238; DOEBERL 129 f. (Tagebuch des Großherzogs von Baden);
 GW 6 b, 608 u. 613; M. BUSCH 1, 450, 465. Vgl. auch den Brief Brays an seine Frau,
 25. Nov. (BRAY 170): »Was mich beruhigt und zu meiner Entschlußnahme mächtig beigetragen hat, ist die hier herrschende Geneigtheit, sich Österreich zu nähern und zu diesem
 Reiche die freundschaftlichsten Beziehungen zu unterhalten.«
58 RHEINDORF, Pontus 154.
59 Bray an Schrenck (bayer. Gesandter in Wien), 25. 11.; München GStA, MA I 651, f. 262 ff.
 (Konz.). Vgl. dazu auch Bismarcks Äußerungen gegenüber Russell am 21. November; GP 2,
 14.
60 Bismarck an Reuß, 18. Nov.; RHEINDORF, Pontus 155.
61 GW 6 b, 589 – Vorbemerkung zu Nr. 1919.
62 GW 6 b, 605.
63 RHEINDORF, Pontus 117.
64 Siehe den Bericht des bayerischen Gesandten Perglas (Berlin) an Staatsrat v. Daxenberger,
 11. Nov.; München GStA, MA I 651, f. 162 ff. (Or.). Ob es sich bei dieser Intervention um
 England oder Italien handelte, war nicht festzustellen. Perglas ließ es offen, ob dieser Schritt
 »einer fremden Seite ... mit Auftrag oder aus eigener Initiative« erfolgte. Die Umstände machen es wahrscheinlich, daß die Anregung von Wien ausging.
65 HHStA, PA XL 130, »Varia Interna« (Konz. u. Or.). Der Text dieser Mitteilung stimmt mit
 der telegrafischen Weisung Bismarcks an Schweinitz vom 24. Nov. überein; siehe GW 6 b,
 596.
66 Schon in der zweiten Sitzung am 25. Nov. kam eine Interpellation bezüglich der Pontuskrise. Beust antwortete unter Hinweis auf das eben erschienene vierte Rotbuch der Regierung,
 daß eine Antwort Rußlands auf die österreichische Stellungnahme zur Gortschakownote
 noch nicht eingetroffen sei. Er warnte davor, vom Kriege zu reden (KOLMER 2, 105 f.). Am
 1. Dezember wurde Beust im Budgetausschuß der österreichischen Delegation von Rechbauer und Giskra hinsichtlich der Haltung Österreichs im deutsch-französischen Krieg und
 zur deutschen Einigung interpelliert. Beust betonte die neutrale Haltung der Monarchie.
 Die Rüstungen seien notwendig gewesen, »weil Österreich leicht hätte in die Lage kommen
 können, durch eine mit Nachdruck geübte Vermittlung in die kriegerische Action einzutreten, und weil auch möglicherweise, wenn der Krieg eine andere Wendung genommen hätte,
 unsere Grenzen einer raschen Deckung bedurft hätten«. Zur deutschen Frage: »Die Regierung sei bestrebt, die besten und freundschaftlichsten Beziehungen zu erhalten, und denke
 nicht daran, in die inneren Constituirungsfragen Deutschlands hemmend einzugreifen.«

(Neue Freie Presse, 2. 12.; der einschlägige Aktenbestand – HHStA, Delegation des Reichsrates, Kasten 63: Ausschußprotokolle 70–73 – enthält keine Aufzeichnungen über Beusts
Antworten).

67 DDI 2, 1, 525; CORRESPONDENZEN 5, 2 f.

68 Telegramm Beusts an Prokesch, 28. Nov.; HHStA, PA XII 96, f. 354 (eigh. Konz.). Das Gespräch fand vor Beusts Abreise nach Budapest, also wohl am 22. oder 23. Nov. statt. Beust
berichtete weiter über seine abweisende und tadelnde Antwort: »J'ai répondu qu il parais-
sait qu'on désirait être découragé puisque notre attitude avait été la plus accentuée de
tous...«

69 Wimpffen an Beust, 19. Nov.; ebd. PA III 102, f. 268 ff., Nr. 127 A (Or.). Den unsicheren
Charakter der jetzt sichtbaren Freundlichkeit Preußens gegenüber Österreich betonte
Bruck in einem Privatschreiben an Beust, München 27. Nov. (ebd. PA IV 41 f. 1187 ff.):
»Gegen uns tritt Preußen wie es scheint mit pattes de velours auf, da es jetzt jede Crisis zwi-
schen Österreich-Ungarn und Rußland vermieden sehen will, so lang es nicht in der Lage ist,
mit freien Händen das Ziel auszusuchen, welches seiner Politik besser convenieren dürfte.«

70 Beust an Wimpffen, 23. Nov.; ebd. PA III 102, f. 123 ff. (Konz.). Wimpffen übergab Thile
am 25. Nov. eine Abschrift der Depesche: »Herr von Thile versprach mir die Mitteilung
noch heute an Grafen Bismarck zu leiten und dabei dem Bundeskanzler, aufgrund meiner
wiederholten Anregung, unseren Wunsch nach Eröffnung seiner Ansichten über den russischen Schritt in Erinnerung zu bringen«. (Wimpffen an Beust, 25. Nov.; ebd. f. 308, Nr. 131
– Or.).

71 Zu DIÓSZEGI 204 f.

72 Inhaltsangabe der Antwort Beusts auf Schweinitz' Mitteilung vom 25. November in der
Weisung Beusts an Wimpffen vom 5. Dez. (siehe unten S. 384); gedr. in CORRESPONDENZEN
4, Anhang 6.

73 GW 6 b, 596 Anm. 1.

74 Beust an Bruck; HHStA, PA IV 40, f. 94 – eigh. Konz. (ebenso an Walterskirchen in Stuttgart).

75 Kennzeichnend ist u. a. das eigh. Privatschreiben Metternichs an Beust aus Tours vom
2. Dez., das, zwischen Begeisterung und Unsicherheit schwankend, die Folgen einer allgemeinen Niederlage Preußens ausmalt (HHStA, PA IX 96, Varia f. 149 f.): »... Mon Dieu, si
Guillaume pouvait être puni de la faute qu'il a commise en voulant forcer ses succès outre
mesure. Bismarck a fait aussi selon moi une bêtise en n'accordant pas l'armistice... La Pro-
vidence ne voudra pas que l'électeur de Brandebourg devienne le maître de l'Europe
et mette sur sa tête la couronne impériale... Veuillez, si les choses marchent bien, féliciter
de ma part ce bon archiduc Albert qui sentira comme moi tout ce qu'il y a de providentiel
pour notre chère dynastie dans cette fin de réussite pour les Hohenzollern. Vous allez avoir
la main plus libre aussi du côté des Centralistes Viennois, et des Deutschtümler imbéciles
de nos provinces allemandes...« Vgl. auch den Bericht des österreichischen Militärattachés Major Kodolitsch vom 29. Nov., der eine große militärische Intervention Österreichs (gegen Preußen und Rußland, mit Insurrektion Polens etc.) vorschlug; K. A., KM
Präs. 39-$\frac{2}{11}$ – Or. Ähnlich dachte damals der Reichskriegsminister Kuhn; siehe die Tagebuchnotiz vom 28. November bei H. v. SRBIK, Reichskriegsminister Freiherr von Kuhn
1868–1874, in: ders., Aus Österreichs Vergangenheit (Salzburg 1949) 206. Auch Erzherzog Albrecht, der damals die (anonyme) Broschüre »Das Jahr 1870 und die Wehrkraft der
Monarchie« erscheinen ließ (Vorwort vom Oktober 1870), äußerte sich bei aller Anerkennung für die militärischen Leistungen der Deutschen keineswegs pessimistisch hinsichtlich
der damaligen Chancen des französischen Volkskrieges: »... Wie sehr andererseits selbst
das anfänglich vollkommene Gelingen einer Invasion später in die größten Verlegenheiten,
wo nicht in das Verderben der eingedrungenen Armee umschlagen könnte, wenn der kleine
Krieg in ihren Flanken und Rücken entbrennt, lehrt abermals der Feldzug 1870« (S. 10).

Österreich akzeptiert Bismarcks Angebot der »freundschaftlichen Beziehungen« (Dezember 1870)

1 HHStA, PA XL 285, f. 1205 ff.
2 A. FISCHHOF 10 ff.
3 Siehe oben S. 316 ff.
4 Nach dem Bericht in der ›Presse‹, 3. 12. Siehe auch P. MOLISCH, Die deutschen Hochschulen in Österreich und die politisch-nationale Entwicklung nach dem Jahre 1848 (München 1922) 72 f.
5 DIÓSZEGI 202 f.
6 Ebd. 203 f.
7 Siehe u. a. den Bericht ›Ungarische Delegation‹ (Presse, 6. 12.) über das außenpolitische Exposé Beusts und seine Aufnahme.
8 Im folgenden wird nach der offiziellen deutschen Fassung zitiert, die am 11. Dez. in der ›Politik‹ veröffentlicht wurde. Das Memorandum selbst ist vom 8. Dez. datiert.
9 DIÓSZEGI 216.
10 Hier stimme ich ganz mit DIÓSZEGI 217 überein, während in der Analyse der Vorgänge im Oktober/November Unterschiede bestehen; siehe auch unten S. 575, Anm. 16.
11 Illustrativ, aber wenig genau die Angaben bei PRZIBRAM 281 f. und SCHÄFFLE 1, 211 ff.
12 PRZIBRAM 280: »Der Kaiser ermächtigte zwar den Reichskanzler, das Schriftstück an die Absender zurückzusenden und mit einer ablehnenden Zuschrift zu begleiten, trug ihm jedoch ausdrücklich auf, ›keinen die Loyalität Riegers verletzenden Ausdruck zu gebrauchen‹.«
13 In Form eines Schreibens an Ladislaus Rieger, Ofen 14. Dezember. Der vollständige Text u. a. in der ›Augsburger Allgemeinen Zeitung‹, 18. Dez.
14 Für das Echo seitens der Berliner Regierung siehe Wimpffen an Beust, 17. Dez. (HHStA, PA III 102, f. 204 – Or. Priv.): »Ich bin in der Lage zu entnehmen, daß die Festigkeit, womit E. E. dem czechischen Promemoria entgegengetreten sind, hier nicht unbemerkt und ohne Eindruck geblieben ist. Meine Collegen sprechen mir davon und selbst Herr von Thile, zwischen dem und mir natürlich sonst nie von unseren inneren Geschäften die Rede ist, glaubte gestern in diesem Sinne eine anerkennende Äußerung gegen mich fallen lassen zu sollen.«
15 Chotek an Beust, 30. Dez., ebd. PA X 62, f. 601 ff., Nr. 81 D (Or.). – Dagegen kritisierte Fürst Orloff, der ja stets eine Verständigung Rußlands mit Österreich befürwortete, gegenüber Vitzthum das Vorgehen der Tschechen: »›Les Tchèques sont absurdes‹, me dit le prince Orloff, ›de ne pas être Autrichiens, ils ne peuvent que devenir Prussiens et l'Allemagne n'aurait pas pour cette nationalité les égards que l'Autriche peut avoir pour elle‹« (Vitzthum an Beust, 26. Dez.; ebd. PA XXII 37, f. 114 ff. – Or. Priv.). Für den größeren Rahmen der damaligen Strömungen in der russischen Publizistik vgl. die informative Übersicht bei BEYRAU 252 ff.
16 M. BUSCH 1, 481 ff.
17 Siehe U. RAUCHBAUER, Die Außenpolitik Österreich-Ungarns 1870–1871 im Spiegel der amerikanischen Gesandtschaftsberichte John Jays, in: MÖSTA 21 (1968) 331 ff., hier 376.
18 Die Auffassung von DIÓSZEGI 225, die österreichische Außenpolitik habe sich von Anfang Dezember an wieder mit voller Kraft dafür eingesetzt, für Frankreich einen annehmbaren Waffenstillstand zu erreichen, kann ich nicht teilen. Die vergleichende Durchsicht der Korrespondenz Beust-Metternich ergibt den Eindruck einer deutlichen Wendung im November (seit der Kapitulation von Metz und dem Scheitern der mit England und Italien vereinbarten Vermittlungsschritte). Vgl. u. a. die Schreiben Beusts an Metternich vom 10. Dezember (HHStA, PA IX 97, f. 501 ff. – Konz.) und oben S. 370.
19 Zur Frage der Luxemburger Neutralität und zu Bismarcks Vorgehen vgl. RHEINDORF, Eng-

land 127 ff. Siehe Beust an Wimpffen, 22. Dez.; HHStA, PA III 102, f. 190 f. (Konz.) und die anschließende Korrespondenz.

20 Siehe Beust an Kübeck, 10. Dez.; ebd. PA XI 79, f. 355 ff. (Konz.). Ebd. PA XI 78, f. 545 ff. Kübecks Antwort, 20. Dez. (Or. Confid.): »… En exerçant une légère et salutaire pression par la perspective d'une modification possible de notre pensée par rapport a Rome, j'ai aisément réussi à rendre le Chevalier Visconti Venosta aussi expansif que je le souhaitais.« Vgl. DDI, 2, 1, 576, 595 f., 609.

21 Beust an Prokesch, 2. Dez. Text und Analyse bei Diószegi 209.

22 Siehe Chotek an Beust, 12. Dez. (Correspondenzen 5, 7); Apponyi an Beust, 22. Dez. (ebd. 14); Wimpffen an Beust, 9. Dez., HHStA, PA III 102, f. 361, Nr. 138 A (Or.): »… Aus den spärlichen Informationen des Herrn von Thile über die Pontusfrage konnte ich gestern entnehmen, daß zwischen Euer Exzellenz und dem Grafen Bismarck kürzlich ein direkter Ideenaustausch stattgefunden habe und daß namentlich Ihre Ansichten und Anschauungen über die Art und Weise und die Form, wie die Konferenz einzuleiten und zu führen sei, sich der besonders beifälligen Zustimmung des Bundeskanzlers zu erfreuen hatte« (neben dem Schlußsatz zwei große Fragezeichen).

23 Beyrau 245 f. Das Ergebnis des Ministerrats und den Inhalt der Instruktion Apponyis (22. Dez., HHStA, PA VIII 77, f. 26 ff. – Kop., gedr. Correspondenzen 5, 11 ff.) resümiert Beyrau wie folgt: »Der Pforte wollte man das Recht der ›fakultativen‹ Öffnung‹ der Meerengen zugestehen, wobei den Nicht-Anlieger-Staaten des Schwarzen Meeres die Durchfahrt einer bestimmten Anzahl von Kriegsschiffen gewährt werden würde. Diese sollte sich nach der maritimen Stärke Rußlands im Schwarzen Meer richten. Weiter verlangte man die eventuelle Erhöhung der Anzahl der Stationärschiffe an der Donaumündung und den Fortbestand der Europäischen Donaukommission mit dem Zusatz, eine Schiffsgebühr zu erheben, um mit deren Einnahmen die Stromschnellen am Eisernen Tor zu beseitigen. Österreich wollte dem Wunsch der Pforte nach Beitritt aller Signatarstaaten zum Vertrag vom 15. April 1856 zustimmen.«

24 Siehe unten S. 405.

25 »Graf Bray ist sehr in Sorge zu erfahren, ob Euer Excellenz mit dem einverstanden sind, was er abgeschlossen. Er glaubt das Möglichste getan zu haben und findet sein Gewissen rein von jeder Schuld.«

26 Siehe die Berichte Brucks in HHStA, PA IV 41 passim.

27 Wimpffen an Beust, 3. Dez.; ebd. PA III 102, f. 330 ff., Nr. 134 A (Or.).

28 Walterskirchen an Beust, 8. Dez.; ebd. PA VI 34, f. 179 f. (Or. Priv.).

29 Pfusterschmidt an Außenministerium, 20. Dez.; ebd. PA VII 51, f. 659 f., Nr. 127 (Or.).

30 Walterskirchen an Beust, 31. Dez.; ebd. PA VI 33, f. 603 ff., Nr. 104 (Or.).

31 Wimpffen an Beust, 6. Dez.; ebd. PA III 102, f. 344 ff. (Or.).

32 Bruck an Beust, 11. Dez.; ebd. PA IV 41, f. 1247 ff. (Or. Priv.).

33 Das Folgende nach Beusts Schreiben an Wimpffen vom 5. Dez. (Correspondenzen 4, Anhang 6), das einen Bericht über die Besprechung mit Schweinitz am 4. Dez. enthält. Wimpffen wird »zu persönlicher Kenntnisnahme und zur Benützung für … [seine] vertrauliche Äußerungen« informiert. Mitteilung des Schreibens nach Petersburg, München und Stuttgart erfolgte am 7. Dez. (siehe das Konz. in HHStA, PA III 102, f. 185). Wimpffen sprach am 8. Dez. mit Thile: »… glaubte ich, im Interesse der Kontrolle Anlaß nehmen zu können, um dem Herrn von Thile in ganz vertraulicher Weise… von den Unterredungen Kenntnis zu geben, welche E. E., mit Bezug auf die neuen Bundesverträge und die darüber an uns zu richtende Mitteilung, mit dem General von Schweinitz gehabt haben« (Wimpffen an Beust, 8. Dez.; ebd. f. 358, Nr. 137 – Or.).

34 GW 6 b, 632 ff.

35 Schweinitz, Denkwürdigkeiten 285. Die oben zitierte Weisung Bismarcks an Schweinitz

vom 15. Dezember (offenbar eine Begleitdepesche zu der Note vom 14. Dezember) bei
PLATZHOFF 304.

36 Die einschlägigen Akten in HHStA, PA III 102, f. 206 ff.; ebd. K. A. G. A., Kart. 17, Fasz. 1,
f. 315 ff.; ebd. PA XL 53 (Reinkonzept der Denkschrift vom 25. Dezember). Die Denkschrift ist – in etwas fehlerhafter Weise – gedr. bei BEUST 2, 443 ff. Für den Text des Schreibens Beusts an Franz Joseph vom 25. Dez. siehe unten Anm. 47. Das Schreiben Beusts an
Wimpffen vom 26. Dez. ist vielfach gedruckt, u. a. in CORRESPONDENZEN 4, Anhang 8 und
bei BEUST 2, 440 ff. Auf die wichtigen Ergänzungen in den Geheimakten des Kabinettsarchivs hat meines Wissens zuerst hingewiesen W. WAGNER, Kaiser Franz Joseph und das
deutsche Reich 1871–1914 (ungedr. phil. Diss. Wien 1950) 72.

37 Siehe oben S. 325.

38 Tel. Beust an Wimpffen, 26. Dez.; HHStA, PA III 102, f. 228 (Konz.): »Sie erhalten heute
abend die Antwort auf die preußische Neugestaltung. Sie haben aber vor deren Mitteilung
noch besondere telegraphische Weisung abzuwarten.«

39 Tel. an Beust, Dez. 27., 9.30 abends: »Ich genehmige den Entwurf der Depesche nach Berlin
und ermächtige sie dieselbe abgehen zu lassen« (ebd. f. 213). Der Text des Telegramms, mit
dem Beust die Einwände des Kaisers beantwortete, scheint nicht erhalten zu sein. Nur von
untergeordneter Bedeutung ist eine durch einen Schreibfehler ausgelöste Textkorrektur, die
aufgrund einer telegraphischen Anfrage Wimpffens an Beust von diesem am 28. Dezember
nach Berlin übermittelt wurde. Der betreffende Satzteil im Schlußabschnitt der Depesche
lautete ursprünglich: »... Bürgschaften einer glücklichen, für seine eigene nationale Existenz, gleich wie für die die (!) allgemeinen Interessen Europas und die Interessen des ... Kaiserstaates ...«. Die fehlerhafte Verdoppelung des »die« als letztes Wort war schon im Konzept entstanden, wo das erste »die« als letztes Wort am Ende einer Seite unten, das zweite
»die« als erstes Wort auf der neuen Seite oben steht. Beust benutzte die Rückfrage Wimpffens, um etwas mehr zu ändern; er ließ bei dieser Gelegenheit die »allgemeinen Interessen
Europas« weg, so daß der definitive Text dieser Stelle lautete: »... Bürgschaften einer glücklichen, für seine eigene, wie für die Wohlfahrt des ... Kaiserstaates ...« (Telegramme
Wimpffens und Beusts vom 28. Dez.; ebd. f. 215 und 217). ERICHSEN 97 nimmt irrtümlich
an, daß dem Kaiser die Denkschrift vom 25. Dezember nicht unterbreitet wurde; er kannte
offenbar die oben Anm. 36 zitierten Geheimakten der Kabinettskanzlei nicht.

40 GW 6b, 653, Vorbemerkung zu Nr. 1994.

41 Bismarck an Schweinitz, 1. Jan.; ebd. 653.

42 Beusts Information an Wimpffen vom 5. Dez. über seine Antwort auf Schweinitz' Mitteilung vom 26. Nov. (CORRESPONDENZEN 4, Anhang 6); siehe oben S. 369. – Der vorausgehende Teil von Beusts Inhaltsangabe dieser Antwort lautet: »Mit Allerhöchster Ermächtigung und in Übereinstimmung mit der Auffassung des Ministerconseils habe ich mich hierauf gegen Herrn von Schweinitz dahin ausgesprochen, daß die Regierung Österreich-Ungarns die angekündigte Mittheilung so günstig aufnehmen werde, wie es von Seite Preußens
nur immer gewünscht werden könne. Man beabsichtige unsererseits nicht, der Logik der
mächtigen Ereignisse, durch welche die Führung des neuen deutschen Bundes der Krone
Preußens zugefallen sei, das Recht des Prager Friedensvertrages entgegenzustellen.«

43 Vgl. oben S. 347 ff. die Denkschrift des Sektionschefs v. Hofmann vom 4. November.

44 Hier zeigt sich ein Echo auf Bismarcks Kriegsordnung von Ende Oktober/Anfang November; siehe oben S. 280 f.

45 Im Juni 1870; siehe oben S. 152.

46 Siehe oben S. 216 und 221. Auch die ausdrückliche retrospektive Erwähnung eines solchen
Projektes in der Oppenheimer-Broschüre (Anfang November) verdient hier angeführt zu
werden (S. 562, Anm. 3). Vielleicht war sie – von Beust her – nicht nur retrospektiv gemeint!

47 Begleitschreiben Beusts an den Kaiser, 25. Dez.; HHStA, K. A. G. A., Kart. 17, Fasz. 1, f.
315, 324 (Or. eigh.): »... General v. Schweinitz hat mir die einleitend besprochene Depe-

sche vor einigen Tagen gebracht. Es ist ein Kanzleiversehen, daß dieselbe nicht sofort dem Paket für Eure Majestät beigeschlossen wurde... Ich wage es aber, um die volle Genehmigung [sc. der Antwort an Bismarck], wenn nicht erhebliche Bedenken entgegenstehen sollten, besonders untertänigst zu bitten. – Die Aufgabe, deren Lösung ich angestrebt, bestand darin: unzweideutig entgegenkommend, zugleich aber würdig und vorsichtig zu sein. – Diesen letzten Anforderungen entsprechend wird die Diskussion über den Prager Frieden abgelehnt und nicht auf die Zurückweisung der Berliner demokratischen Theorie eingegangen, ferner eine Begrüßung des neuen Kaisers vermieden, und an deren Stelle ein herzlicher, aber würdevoller Gruß an das deutsche Volk gesetzt, endlich eine verständliche Mahnung in der Pontusfrage hinzugefügt. – Ich lege namentlich auf die Stelle, wo Eure Majestät hervortreten, großes Gewicht, sie bietet für die Gegenwart eine feste und würdige Stellung und möglicherweise einen wichtigen Anknüpfungspunkt für die Zukunft. – Für den Fall der Allerhöchsten Genehmigung würde ich untertänigst um telegrafische Ermächtigung zum Abgang bitten, da bereits in Versailles... Ungeduld zu herrschen scheint...«

48 Denkschrift für Franz Joseph vom 18. Mai 1871; H. Lutz, Zur Wende 178. Im Rückblick auf die Entscheidung des 26. Dezember betont Beust dem Kaiser gegenüber das schon damals ausschlaggebende Gewicht dieser Sorge: »Je mehr ich mir daher vor Augen halten mußte, wie unwahrscheinlich es sei, daß das durch einen großen Krieg vielfach erschöpfte, aus tausend Wunden blutende Preußen bald eine Veranlassung nehmen werde, positiv feindlich gegen Österreich-Ungarn aufzutreten, um so mehr mußte ich – bei wenig freundlichen Beziehungen zwischen den beiden Nachbarreichen – befürchten, daß man in Berlin nicht unterlassen würde, den in Deutsch-Österreich ohnedies vielfach vorhandenen Zündstoff zur hellen Flamme anzublasen, und sagte mir, daß das einzige Mittel, solchen Gefahren vorzubeugen, nur darin gefunden werden müsse, Preußen jedes *Interesse* zu benehmen, auch auf gedachtem indirekten Wege feindlich gegen uns aufzutreten, was nur durch die von mir empfohlene Annäherung erreicht werden konnte.« Bemerkenswert ist die Verschiebung der Akzente gegenüber der Argumentation vom Dezember 1870. Sie findet wohl zum großen Teil ihre Erklärung in den in der Zwischenzeit eingetretenen Veränderungen (Frankfurter Friede, Regierung Hohenwart-Schäffle).

49 Bruck an Beust; HHStA, PA IV 42, f. 62 ff. (Or. Priv.). Am 1. Febr. berichtete Vetsera aus Darmstadt über die Zweifel, die Dalwigk an der Dauerhaftigkeit der neuen Zustände in Deutschland äußerte (ebd. PA VII 71, Nr. 3 B – Konz. vertr.); gedr. Dalwigk 497. Vgl. dazu auch Dalwigks Antwort an Beust vom 1. Februar bei Dalwigk 497 f. Diószegi 226 kommt insgesamt zu einem anderen Urteil über die damalige Haltung Beusts. »Der Text der Vorlage vom 25. Dezember und seine praktischen außenpolitischen Taten zeigen übereinstimmend, daß Beust die Aussöhnung mit Deutschland lediglich als ein ihm durch die Umstände aufgezwungenes taktisches Nachgeben betrachtete. Hinter dem Schleier dieses taktischen Zugeständnisses wollte er unverändert jene Politik fortführen, die Österreich in der Hoffnung auf eine preußische Niederlage die Regelung des deutschen Schicksals sichern sollte.« Demgegenüber ist auf den Gesamtprozeß der seit Oktober einsetzenden, tiefgehenden Neuorientierung der österreichischen Außenpolitik zu verweisen, wie er oben verfolgt wurde. Zu der von Diószegi angenommenen Konstanz der profranzösischen Politik Beusts siehe oben S. 570, Anm. 18. Insgesamt ist zu unterscheiden zwischen der taktischen Rücksichtnahme Beusts auf die antipreußischen Gefühle des Kaisers und der eigenen Linie, die seit dem November konsequent die »rückhaltlose« Annäherung an Deutschland anstrebt. Unklarheit besteht nur hinsichtlich der eventuellen nicht nachweisbaren »Hintergedanken« Beusts. Die klar verfolgbaren und objektiv wirksam werdenden Züge seiner Politik sind eindeutig und gehen weit über taktische Zugeständnisse hinaus.

Fortsetzung der Annäherungspolitik im Zeichen der Pontuskonferenz und der definitiven Niederlage Frankreichs (Januar bis März 1871)

1 F. LEIDNER, Die Außenpolitik Österreich-Ungarns vom Deutsch-Französischen Krieg bis zum Deutsch-Österreichischen Bündnis 1870–1879 (Kiel 1936) 8; Bericht Bloomfields an Granville, 25. Mai.

2 Siehe das Schreiben des Kaisers an Kriegsminister Kuhn, Budapest 26. Jan.: »Ich habe den Generalinspektor des Heeres, den Herrn Feldmarschall Erzherzog Albrecht, beauftragt, mir seine Ansichten über einen Aufmarsch der Armee gegen Rußland vorzulegen« (KA – MK 1871, 69-⅓). Noch deutlicher ebd. das eigh. Schreiben Albrechts an den Kaiser vom 25. Jan., aus dem hervorgeht: 1) der Auftrag bezog sich nicht nur auf »Ansichten«, sondern auf einen Aufmarschplan; 2) Feldzeugmeister John war an der Initiative beteiligt; 3) der Erzherzog sah in den gegenwärtigen russischen Rüstungen nicht nur die Vorbereitung für ein Vorgehen gegen die Türkei, sondern für einen »großen Krieg« (also gegen Österreich).

3 Siehe SCHMERFELD 4 ff.

4 Siehe DIÓSZEGI 249 ff.; KOLMER 2, 104 ff.; BEUST 2, 445 ff. Auf die öffentliche Meinung im Januar und auf die Delegationsverhandlungen geht ein N. SCHAUSBERGER, Die »Reichsgründung« 1871 im Spiegel der öffentlichen Meinung Österreichs, in: Österreich in Geschichte und Literatur 18 (1974) 321 ff.

5 DIÓSZEGI 253.

6 Siehe Stenographische SITZUNGSPROTOKOLLE der Delegation des Reichsrathes. Dritte Session 1870/71 (Wien 1871) 217 ff. Kuranda erklärte: »So befinden wir uns der fast mathematischen Gewißheit gegenüber, daß in Preußen nach der Beendigung des Krieges eine sehr große politische Reaction eintreten werde. Nun zweifle ich keinen Augenblick, daß unser neuer Freund uns die Hand bieten werde, damit wir diesen reactionären Tanz Hand in Hand mit ihm vollführen... Im Namen dieser Solidarität wird man auch heute trachten, den Nachbarstaat Österreich hineinzuziehen in die Kreise, welche das neue deutsche Kaiserthum zur Befestigung seiner Macht zieht. Meine Herren vom Regierungstische, hüten Sie sich, in diese Falle zu gehen!«

7 Rechbauer, siehe ebd. 246.

8 Besonders aufschlußreich sind die drei Schreiben Beusts an Metternich vom 27. Jan.; HHStA, PA IX 97, f. 16 ff. (Konz.). In der Weisung Nr. 2 entwickelt Beust in zurechtweisender und rechtfertigender Weise eine zusammenfassende Kritik des Verhältnisses der französischen Regierung zu Österreich: »... En effet, tout en réclamant notre appui et notre assistance il s'abstient de suivre les conseils que nous lui donnons...«

9 Vgl. das Tel. Münchs (Stellvertreter Wimpffens in Berlin) an Beust, 28. Febr.; ebd. PA III 103, f. 117, Nr. 16 (Dech.): »Herr von Thile hat einem der Gesandten der verbündeten Regierungen gesagt, daß die Anstrengungen der neutralen Mächte in der zwölften Stunde, Rußland nicht ausgenommen, in Versailles sehr verstimmt haben, während Österreich die loyalste und korrekteste Haltung beobachtet habe.«

10 SCHWEINITZ, Denkwürdigkeiten 285.

11 Beust an Chotek, 4. Jan.; HHStA, PA X 63, f. 3 ff., Nr. 1 (Konz.). Ähnlich am 2. Jan., ebd. f. 33 ff. (gedr. in CORRESPONDENZEN 4, Anhang 18 f.). Im Druck ist der Name von Choteks Gesprächspartner, Kriegsminister Miljutin, durch die Floskel »mit einer hervorragenden Persönlichkeit« ersetzt.

12 Vitzthum an Beust, 13. Jan.; HHStA, PA XXII 39, Varia (Or. Priv.).

13 Vgl. Bruck an Beust, 4. Jan.; ebd. PA IV 42, f. 1 ff. Nr. 1 A (Or. vertr.). Dazu Walterskirchen an Beust, 19. Jan.; ebd. PA VI 34, f. 5 ff. (Or. Priv.).

14 Vgl. Vitzthum an Beust, 6. Febr. und 8. März; ebd. PA XXII 38, f. 86 ff., Nr. 12 und f. 138 ff., Nr. 23 (Or.).

15 Wimpffen an Beust, 31. Dez.; ebd. PA III 102, f. 402, Nr. 146 A (Or.).
16 Szécsen an Beust, 19. Jan.; ebd. PA VIII 77, f. 37 f. (Or. Priv.). Diese Antwort bezieht sich
auf Beusts Weisung vom 8. Januar (ebd. f. 16 ff. – Konz.): Szécsen und Apponyi sollen bei
Bernstorff sondieren, ob eine Intervention der Neutralen die Herbeiführung des Friedens erleichtern kann. Dabei bediente sich Beust einer Argumentation, die den Anschein ehrlicher
Absicht erweckt: »Maintenant que nous avons prouvé à la Prusse que nous acceptions sans
arrière-pensée de rancune ou de malveillance les changements en train de s'accomplir en
Allemagne, il nous est permis de plaider avec plus d'autorité la cause de la paix au nom des
intérêts européens...« DIÓSZEGI 224 f. hat diese Anweisung und andere Schritte Beusts in
dem Sinne interpretiert, daß sich ab Anfang Dezember »die österreichische Außenpolitik
wieder mit ganzer Kraft dafür [einsetzte], für Frankreich einen annehmbaren Waffenstillstand zu erreichen«. Wie schon oben S. 379 f. gesagt, kann ich mich dieser These angesichts
der so wenig nachdrücklichen Gesamthaltung Beusts Frankreich gegenüber (seit November) nicht anschließen.
17 Szécsen an Beust, 1. Febr.; ebd. f. 54 f. (Or. Priv.).
18 Aldenburg an Beust (in Budapest), 10. Jan.; ebd. PA XL 131, Sonderfaszikel f. 3 f. (Or.).
19 Ähnlich die Mitteilung Thiles an Wimpffen, Tel. Wimpffens an Beust, 10. Jan.; ebd. PA III
103, f. 36 (Dech.).
20 Wimpffen an Beust, 14. Jan.; ebd. PA III 103, f. 44 f., Nr. 6 A, 6 B (Or.).
21 Beust an Wimpffen, 15. Jan.; ebd. PA III 104, f. 7 ff. (Konz.). Über die Weitergabe der Anregung in Berlin siehe Wimpffen an Beust, 28. Jan.; ebd. PA III 103, f. 86, Nr. 13 A (Or.) – Vgl.
SCHWEINITZ, Denkwürdigkeiten 286.
22 HHStA, PA XL 285, f. 1322 ff. – Vorbereitend die Beratungen des Ministerrats vom 13. Januar, ebd. 1290 ff.: Regulierung am Eisernen Tor, Verhältnis von Donaukommission zu
Uferstaatenkommission, Frage nach Rechtsnachfolge von Preußen-Deutschland für Württemberg und Bayern in letzterer Kommission.
23 Beust an Wimpffen, 22. Jan.; ebd. PA III 104, f. 10 ff. (Kop.). – Gleichzeitig hatte Bismarck
mit den Regierungen in Bayern und Württemberg (die Mitglieder der »Donauuferstaaten-
kommission« waren) wegen der österreichischen Vorschläge Kontakt aufgenommen. Bray
äußerte sich positiv dazu und bezeichnete gegenüber dem österreichischen Gesandten
Bruck diese Vorgänge als Beweis der Annäherung Deutschlands an Österreich (Bruck an
Beust, 20. Jan.; ebd. PA IV 42, f. 35 ff., Nr. 7 A – Or.). Brucks Kommentar zu diesen Äußerungen und zur Gesamtkonstellation angesichts der Londoner Konferenz war eher skeptisch: »Die heilige Allianz ist in aller Mund, was wohl beweisen mag, daß Preußen noch fest
an Rußland gebunden ist. Wenn auch auf der Londoner Conferenz Preußen anscheinend
mit uns gehen und daraus Kapital für die Annäherungsversuche zu Österreich-Ungarn
schlagen wird, so ist Graf Bismarck, so viel ich höre, bereits mit Fürst Gortschakow einverstanden, wie weit man gehen könnte, ohne Rußland zu verletzen« (ebd. f. 62 ff. – Or. Priv.).
24 Siehe oben S. 100 f.
25 Für die österreichische Interessenlage gegenüber der 1856 eingesetzten Uferstaatenkommission ist aufschlußreich eine 1881 gedruckte Denkschrift des Außenministeriums »Besteht die Donau-Uferstaaten-Commission auch heute noch rechtlich und praktisch aufrecht
und könnte ihr Wiederzusammentritt mit Erfolg von irgend einer Macht angerufen werden?« HHStA, Gesandtschaftsarchiv Berlin 195, 263 ff.
26 Wimpffen an Beust, 2. Febr.; CORRESPONDENZEN 5, 34. Vgl. das Telegramm Beusts an Apponyi vom 3. Febr.: »Comte Bismarck nous fait savoir que Bernstorff a reçu ordre d'ap-
puyer nos propositions touchant le Danube.«
27 Beust an Wimpffen, 18. Febr.; CORRESPONDENZEN 5, 41 f.; HHStA, PA VIII 77, f. 102
(Konz.).
28 Wimpffen an Beust, 2. Febr.; HHStA, PA III 104 (Or. Priv.).
29 Der Londoner Vertrag vom 13. März gedr. in GP 2, 23 ff. Das harte Urteil DIÓSZEGIS 237

könnte vielleicht durch eine nähere Analyse des in den Donaufragen Erreichten modifiziert werden. Der Schlußbericht der österreichischen Delegierten vom 14. März in HHStA, PA VIII 76, f. 325 ff., Nr. 23 B (Or.). Der Schlußbericht Bernstorffs in GP 2, 20 ff.

30 GORIAINOW 237 f.; RHEINDORF, Pontus 122; PLATZHOFF 303; GW 6 b 688 ff. (Bismarcks Weisung an Reuß vom 6. Febr.) und die Vorbem. 688. Bemerkenswert ist die Schärfe, mit der GORIAINOW 237 das damalige Entgegenkommen Bismarcks an Österreich tadelt: »Le comte Bismarck, qui se préparait à la proclamation de l'empire germanique, croyait nécessaire de ménager la susceptibilité mesquine de l'Autriche et tâchait d'atténuer l'effet défavorable que devait produire la couronne impériale sur l'Allemagne du Nord; dans ce but, le chancelier d'Allemagne faisait toute sorte de concessions et de condescendances à l'Autriche sur le terrain des négociations de Londres.«

31 GW 6 b, 689.

32 Siehe die Kündigung des Baden-Badener Telegraphenvertrages von 1868, die Schweinitz Beust am 24. Dez. mitteilte (HHStA, A. R. F. 34, S. R. 56, dort auch weitere Akten).

33 Siehe Beust an Wimpffen, 22. März; ebd. PA III 104, f. 32 (Konz.); Wimpffen an Beust, 25. März, ebd. PA III 103, f. 163 f., Nr. 31 C (Or.). Dazu das Ministerratsprotokoll vom 22. April (ebd. PA XL 286, f. 195 ff.): Beibehaltung der Missionen in München, Stuttgart, Dresden.

34 Vgl. HHStA, PL 1870/71 passim; NAUJOKS 209 ff.; Einleitung S. 37 ff.

35 Siehe die Darstellung und Quellenpublikation von Th. SCHIEDER, Das Deutsche Kaiserreich von 1871 als Nationalstaat (Köln 1961), Exkurs III: Die Reichskleinodien und das Kaisertum von 1871, 154 ff. Beachtenswert ist, daß die Antwort Beusts an Crenneville vom 6. Jan. (ebd. 163) keine Ablehnung eventueller deutscher Wünsche oder Anregungen enthält oder auch nur andeutet. Beust sagt Crenneville nur zu, sich »bei ferneren Erwägungen« mit dem Oberstkämmerer in Verbindung zu setzen. Das zitierte Schreiben Crennevilles an Braun ebd. 179 Anm. 212. Das aufschlußreiche Schreiben Schweinitz' an den Kronprinzen vom 1. Febr. 1871 gedr. bei MEISNER 485 f.

36 Siehe WAGNER, Franz Joseph 72.

37 SCHWEINITZ, Denkwürdigkeiten 287; vgl. Wimpffen an Beust, 22. Febr.; HHStA, PA III 103, f. 109, Nr. 22 (Or.).

38 Bruck an Beust, 22. Jan.; ebd. PA IV 42, f. 56 ff., Nr. 8 (Or.).

39 Bruck an Beust, 23. Jan.; ebd. f. 68 ff., Nr. 9 (Or.).

40 Bruck an Beust, 10. Febr.; ebd. f. 155 ff. (Or. Priv.).

41 Bruck an Beust, 31. März; ebd. f. 278 ff. (Or. Priv.).

42 Siehe Pfusterschmidt an Außenministerium, 10. Jan.; ebd. PA VII 51, f. 7 ff., Nr. 2 (Or.).

43 Walterskirchen an Beust, 1. Febr.; ebd. PA VI 34, f. 11 ff. (Or. Priv.). Für Beusts Kritik siehe oben S. 357.

44 Walterskirchen an Beust, 8. März; ebd. f. 44 ff., Nr. 9 (Or.).

45 Vetsera an Beust, 30. Jan.; ebd. PA VII 71, Nr. 3 A (Konz.).

46 Beust an Vetsera, 23. Jan.; ebd. f. 1 f. (Konz.). Siehe DALWIGK 487.

47 Lippe an Beust, 5. April; ebd. Nr. 10 (Konz. streng vertr.).

48 Siehe Vitzthum an Beust, 6. Febr.; ebd. PA XXII 38, f. 86 ff. (Or.). – Beusts Sondierungen sind bis in die zweite Märzwoche zu verfolgen. Sachlich interessant ist in diesem Zusammenhang eine denkschriftartige Ausarbeitung Apponyis vom 8. März: »Der mutmaßliche Einfluß der französischen Kriegsentschädigung auf den europäischen Geldmarkt beschäftigt begreiflicherweise in hohem Maße das englische Publikum...« (ebd. PA VIII 76, f. 189 ff.).

49 Chotek an Beust, 7. März; ebd. PA X 63, Nr. 10 G (Or.).

50 Chotek an Beust, 28. März; ebd. Nr. 17 F (Or.).

51 RHEINDORF, Pontus 130.

52 Beilage zu Apponyi an Beust, 9. Febr.; HHStA, PA VIII 76, f. 184, Nr. 13.

53 Siehe den Bericht Apponyis an Beust, 19. Febr.; ebd. f. 217 f., Nr. 15 (Or.).
54 Beust an Apponyi, 19. April; ebd. PA VIII 77, f. 168 ff. (Konz.).
55 Prokesch an Beust, 3. Febr.; ebd. PA XII 98, f. 111 ff., Nr. 7 D (Or.).
56 Bleistiftvermerk des Kaisers zu einem Schreiben Prokeschs an Beust vom 24. Februar (über Beschädigung der türkischen Gebäude in der Suttorina); ebd. f. 133 (Or.).

Das Ministerium Hohenwart-Schäffle: föderalistisch-proslawische Innenpolitik als Gefährdung der deutschen Freundschaft?

1 SCHÄFFLE 1, 187 f.
2 I. ŽOLGER, Der staatsrechtliche Ausgleich zwischen Österreich und Ungarn (Leipzig 1911) 90. Für die Divergenz zwischen dem ungarischen und dem cisleithanischen Ausgleichsgesetz in diesem Punkt siehe die Einleitung, S. 26 f.
3 Siehe oben S. 558, Anm. 2.
4 PLATZHOFF 303; WERTHEIMER 1, 557.
5 HHStA, PA XL 131, Fasz. »Beust in Ofen« f. 46 (Konz.).
6 BEUST 2, 458.
7 WERTHEIMER 1, 552, nach dem Tagebuch von Sektionschef Orczy. Vgl. auch die Angaben bei PRZIBRAM 292 f., die mit etwas Vorsicht aufzunehmen sind.
8 Siehe GW 6 b, 690, Vorbem. zu Nr. 2029.
9 WERTHEIMER 1, 552; Tagebuch Orczy.
10 SCHÄFFLE 1, 168, 219.
11 WIERER, Fundamentalartikel 158.
12 Siehe SCHÄFFLE 1, 161 ff.
13 REDLICH 2, 557; aus Beusts Gutachten vom 26. Jan. 1867.
14 SCHÄFFLE 1, 227.
15 Ebd. 208.
16 BEUST 2, 458 ff. – Die Frage, wie, wo und wann Beust die Nachricht von der Berufung des neuen Ministeriums erhielt, ist umstritten, aber von keiner großen Bedeutung. PRZIBRAM 293 und Orczys Tagebuch (WERTHEIMER 1, 553 Anm. 2) berichten, daß Beust auf der Eisenbahnfahrt von Budapest nach Wien durch den Kauf einer Zeitung (in Neuhäusl lt. Przibram, in Preßburg lt. Orczy) die Nachricht erfuhr. BEUST 2, 456 f. erzählt, daß er die Mitteilung noch in Budapest durch den Kaiser selbst erhalten habe.
17 SCHÄFFLE 1, 223.
18 GW 6 b, 690.
19 Ebd. 698, Vorbem. zu Nr. 2040.
20 Ebd. 698 f., Bismarck an Schweinitz, 15. Februar.
21 Bose an Friesen, 9. Febr.; WERTHEIMER 1, 554.
22 Siehe BEUST 2, 463 (schriftliche Erklärung des Kanzlers gegenüber dem Kaiser): »... Was ich dagegen nicht zugeben oder glauben lassen kann, ist, daß ich darum gewußt habe, denn ich mag mir nicht vorwerfen lassen, daß ich Millionen und Millionen der in der Mehrheit deutschen Delegation abgerungen habe, um ihr mit der Überraschung des Ministeriums zu danken.« Ähnlich die Mitteilung Orczys an Andrássy; WERTHEIMER 1, 571 f.
23 Siehe Wimpffen an Beust, 22. Febr.; HHStA, PA III 103, f. 109, Nr. 22 (Or.).
24 SCHÄFFLE 1, 227 f.
25 Siehe Wimpffen an Beust, 25. Febr.; HHStA, PA III 103, f. 113, Nr. 23 (Or.).
26 WERTHEIMER 1, 561 nach dem Bericht Schweinitz' vom 22. Febr.
27 Zitiert nach DIÓSZEGI 259.
28 KOLMER 2, 124.

29 Ebd. 122.
30 ROGGE 3, 407 f.; LOTT-REESE 84 ff. – Im Verwaltungsarchiv Wien befinden sich zur Frage
    der Siegesfeiern bzw. des behördlichen Vorgehens dagegen Aktenbestände; insbesondere
    sei hier auf den Faszikel »Deutsche Friedens- und Siegesfeier« hingewiesen (M I – Präs.
    2935-1871).
31 HHStA, K. A. G. A., Kart. 31 – Konz. eigh. (ohne Datum mit Bleistiftvermerk »März
    1871«). Dazu ROGGE 3, 407: »Die Behörden selbst handhabten das Verbot in den verschie-
    denen Kronländern inconsequent, die Bevölkerung umging es consequent.« – Beust hat in
    seinem Kompetenzbereich eine mittlere Linie einzuhalten empfohlen; siehe seine Weisung
    an Lippe (Darmstadt) am 11. März (HHStA, PA VII 71, f. 45 – Or.): der Gesandte soll sich
    bei einer Siegesfeier ganz der Haltung der Vertreter Englands und Rußlands anschließen
    und die Gesandtschaft illuminieren, aber eine weitere Ausschmückung mit »auf die Feier
    Bezug nehmenden Emblemen, Inschriften oder dergleichen« unterlassen.
32 D. HARRINGTON-MÜLLER, Der Fortschrittsklub im Abgeordnetenhaus des österreichischen
    Reichsrats 1873 – 1910 (Wien 1972) 159.
33 Ebd. 21 f.
34 Wimpffen an Beust, 8. April; HHStA, PA III 103, Nr. 38 E (Or. Geh.), (mit Vermerk: »Dem
    Grafen Hohenwarth mitzuteilen«): »Der ehemalige Abgeordnete aus Ober-Österreich, Ba-
    ron Weichs, befindet sich seit einiger Zeit in Berlin und, nach mir zugekommenen bestimm-
    ten und verläßlichen Notizen, liegen seinem Aufenthalte und seinem tätigen Wirken auf hie-
    sigem Terrain keine ungefährlichen und Österreich freundlichen Tendenzen und Absichten
    zu Grunde.«
35 Inhaltsangabe des Schreibens vom 26. März bei WERTHEIMER 1, 562 f., 566.
36 22. März (lithogr. Kop.); HHStA, Ges. Berlin 131, f. 515 ff., Nr. 21.
37 Lippe an Beust, 28. März; ebd. PA VII 71, Nr. 9 A (Konz.). Gleichzeitig berichtete der Ge-
    sandte über die sehr ungünstige Aufnahme, die in Deutschland das Verbot der Siegesfeiern
    gefunden hat.
38 Beust an Wimpffen, 1. März; ebd. PA III 104, f. 19 (Konz.).
39 Ebd. f. 217. Siehe SCHWEINITZ, Denkwürdigkeiten 287.
40 Siehe Wimpffen an Beust, 6. Mai; HHStA, PA III 104, f. 37 f. (Or. Priv.).
41 Bericht Schweinitz' vom 14. März; PLATZHOFF 303.
42 19. März; HHStA, PA III 104, f. 221 f., 228 f. (Konz.).
43 Ebd. f. 225 f. – 24. März (Or. eigh.). Vgl. Wimpffen an Beust, 25. März; ebd. PA III 103, f.
    157 f., Nr. 31 A (Or.).
44 Bismarck an Beust, 25. März; ebd. PA III 104, f. 223 (Or. eigh.); Tel. Wimpffens an Beust,
    26. März; ebd. PA III 103, f. 177 (Dech.). Vgl. SCHWEINITZ, Denkwürdigkeiten 288 f. – Im
    Juni gab Bismarck gegenüber Fürst Hohenlohe (der damals als Reichstagsabgeordneter in
    Berlin weilte und von Beust mit einer Sondierung beauftragt war) seine Stellungnahme ge-
    genüber Bellegarde – laut Hohenlohes Bericht – folgendermaßen wieder: »... was er dem
    Grafen Bellegarde gesagt habe, nämlich daß er an der Seite Österreichs stehen und nötigen-
    falls Rußland von einem Angriffe gegen uns abhalten würde, nur möge man nicht von ihm
    verlangen, eine feindliche Politik gegen Rußland zu führen« (HHStA, PA III 104, f. 78 f. –
    Or. Priv.). – Siehe unten S. 430 f.
45 Siehe Europäischer Geschichtskalender, ed. H. SCHULTHESS, 12 (1871) 73.
46 Siehe SCHWEINITZ, Denkwürdigkeiten 287 f.
47 Chotek an Beust, 7. März; HHStA, PA X 63, Nr. 10 B (Or.).
48 Wimpffen an Beust, 10. März; ebd. PA IV 42, f. 244 ff., Nr. 25 B (Or. Priv.).
49 Bruck an Beust, 10. März; ebd. PA IV 42, f. 244 ff. Nr. 25 B (Or. Priv.).
50 Münch an Beust, 17. Juni; ebd. PA III 104, f. 78 f. (Or. Priv.).
51 Siehe Bruck an Beust, 1. März; ebd. PA IV 42, f. 212 ff. (Or. Priv.). Vgl. HOHENLOHE 2,
    40 f.

52 Beust an Bruck, 4. März; HHStA, PA IV 42, f. 3 f. (Konz. Priv.). – Am 5. März schickte Beust eine Kopie des Privatschreibens vom 4. März zur Information an Wimpffen (ebd. PA III 104, f. 25 – Konz.).

53 Bruck an Beust, 6. März; ebd. PA IV 42, f. 230 ff. (Or. Priv.). – In seiner Apologie der Stellung Beusts und der deutschfreundlichen Gesamtkonstellation in Wien war Bruck ziemlich weit gegangen. Er versicherte Hohenlohe, Gründe zur Annahme zu haben, daß das neue Ministerium nicht ohne Mitwissen Beusts gebildet worden sei. Beust legte bezeichnenderweise Wert darauf, auch Hohenlohe gegenüber (und damit Bismarck gegenüber) seine »Unschuld« an dem Ministerium zu erklären. Siehe zu der betr. Stelle von Brucks Schreiben den Vermerk Hofmanns: »Dieser Irrtum wird durch ein eigenh. Privatschreiben S. Ex. aufgeklärt werden.« Ebenfalls aufschlußreich für das damalige Verhältnis Beusts zu Franz Joseph ist der Vermerk Hofmanns am Kopf des Schreibens: »Bitte n i c h t zur Lecture«. Es wurde also vermieden, Brucks Spekulationen über das gute Verhältnis Beusts zu Hohenwart etc. zur Kenntnis des Kaisers zu bringen.

54 Siehe BEYRAU 261.

55 WERTHEIMER 1, 564; nach einem Bericht von Prinz Reuß an Bismarck aus Petersburg, 20. März.

56 Eine gemeinsame deutsch-österreichische Aktion in der römischen Frage wurde Anfang März in München für wünschbar gehalten; siehe Bruck an Beust, 10. März; HHStA, PA IV 42, f. 252 ff. (Or. Priv.). Die österreichische Initiative (Konferenzvorschlag Beusts) wurde mit Frankreich, Italien und England erörtert, siehe u. a. Apponyi an Beust, 5. April; ebd. PA VIII 76, f. 365 ff., Nr. 28 A (Or.). Wimpffen war am 6. Mai schon überzeugt, daß Preußen trotz der Rücksicht auf seine Katholiken nichts zugunsten der weltlichen Herrschaft des Papstes unternehmen werde. Am 5. Mai berichtete Bruck über die veränderte Haltung Berlins zu den kirchlichen Fragen und dementsprechende Anweisungen Bismarcks für Bayern, ebd. PA IV 42, f. 353 ff., Nr. 40 (Or.).

57 Chotek an Beust, 3. Mai; ebd. PA X 63, Nr. 24 D (Or.).

58 Siehe oben S. 155 f.

59 Siehe oben S. 351.

60 HHStA, PA XL 286, f. 139 ff., – Vgl. für die Situation in Rumänien D. BERINDEI, L'écho des événements de France dans la vie politique de la Roumanie durant les années 1870 – 1871, in: Revue d'Histoire Moderne et Contemporaine 19 (1972) 362 ff.

61 Wimpffen an Beust, 1. April; ebd. PA III 103 f. 189 ff., Nr. 34 (Or. Res.).

62 Wimpffen an Beust, 2. April; ebd. PA III 104, f. 31 f. (Or. Priv.).

Nach dem Frankfurter Frieden: die beginnende Konsolidierung des deutsch-österreichischen Mitteleuropablocks und das Ende der proslawischen Innenpolitik

1 Der Text der Denkschrift ist von mir erstmals vollständig ediert worden: H. LUTZ, Zur Wende der österreichisch-ungarischen Außenpolitik 1871. Die Denkschrift des Grafen Beust für Kaiser Franz Joseph vom 18. Mai, in: Mitteilungen des Österreichischen Staatsarchivs 25 (1972) 169 ff. Nach der dort verwendeten Paragraphenzählung wird im folgenden zitiert. – Bei der damaligen Publikation ging ich, wie schon der Titel zeigt, unter dem Eindruck der in der bisherigen Forschung, auch noch bei DIÓSZEGI passim, vertretenen Meinung davon aus, die eigentliche »Wende« in der Wiener Außenpolitik eher nach dem Jahresende 1870 anzusetzen. Aufgrund meiner seitherigen Untersuchungen kam ich zu dem Ergebnis, diese Wende (ohne diesen Ausdruck allzu sehr pressen zu wollen) doch schon früher anzunehmen. Gegenüber der ausführlichen Analyse und Interpretation bei DIÓSZEGI

269 ff. ergeben sich Unterschiede nicht nur aus dieser Frage der zeitlichen Gewichtung,
sondern auch aus unterschiedlichen Einschätzungen einiger politischer Faktoren (vor allem
nach der deutschen Seite hin) und durch andere methodische Nuancierungen.

2 LUTZ, Zur Wende 184. Der letzte Absatz Beusts lautete: »Den Entwurf der auf diesen unter-
tänigsten Vortrag eventuell zu erlassenden kaiserlichen Entschließung füge ich im Anschlusse in tiefster Ehrerbietung bei.« Der hier erwähnte Entwurf konnte im Archiv nicht
festgestellt werden. Es ist auch bei späteren Gelegenheiten nie die Rede davon, daß der Kaiser diese – von Beust wohl im Sinne einer regierungsinternen Sanktion des außenpolitischen
Systems gewünschte – Entschließung ausgefertigt hat. Man kann daran denken, diesen Umstand als Symptom einer nur eingeschränkten Zustimmung des Kaisers aufzufassen.

3 Gedr. bei BEUST 2, 466 ff. – Siehe unten S. 447.

4 LUTZ, Zur Wende 177 [11].

5 Siehe oben S. 76 f.

6 Siehe oben S. 392.

7 Siehe oben S. 391.

8 Die Ernsthaftigkeit dieses Arguments ist von DIÓSZEGI 271, 272 bestritten worden. Beusts
Aussage ist hier nicht im Indikativ gehalten, wie DIÓSZEGI zitiert (»nicht unterlassen wurde«), sondern konditional (»würde«). Die taktische Absicht Beusts ist selbstverständlich;
dies schließt aber nicht aus, macht es bei der nüchternen Beobachtungsgabe Franz Josephs
nur wahrscheinlich, daß es ein ›fundamentum in re‹ gab. Dabei ist zweierlei zu unterscheiden: die Frage nach dem Vorhandensein des deutschnationalen Zündstoffes und die Frage
nach dem Verhalten Berlins im gegebenen Falle. Die erste Frage ist mit dem Blick auf die Ereignisse, die zum Sturz des Ministeriums Hohenwart führten, eindeutig positiv zu beantworten. Die zweite Frage ist komplexer; Bismarcks prinzipielle und tatsächliche Bereitschaft, im gegebenen Falle die Karte zentrifugaler Bewegungen auszuspielen, ist unbestreit-
bar. Daß er bei einer eventuellen Konfliktsituation mit Österreich nach der Reichsgründung
auf diese Karte verzichtet hätte, kann jedenfalls in einer methodisch gesicherten Weise nicht
ausgeschlossen werden.

9 LUTZ, Zur Wende 180 [27].

10 Siehe ebd. 181 [30]: »Ein solches übereinstimmendes Vorgehen würde in unserer Bevölkerung mit Achtung und Vertrauen aufgenommen werden, wenn dasselbe sich als Resultat
des Einvernehmens mit unserem deutschen Nachbar allein herausstellte, nicht aber, wenn
dieses Einvernehmen noch andere Teilnehmer fände, und dies führt mich zur Beleuchtung
unserer Beziehungen zu unserem östlichen Nachbar.«

11 Siehe oben S. 316 ff.

12 LUTZ, Zur Wende 182 [32].

13 [L. v. OPPENHEIMER], Gedanken über die österreichische Politik der Zukunft 13; siehe
oben S. 343 ff.

14 LUTZ, Zur Wende 179 [18].

15 Vgl. M. BUSCH 2, 227.

16 Siehe Münch an Beust, 3. Juni; HHStA, PA III 103, f. 337 ff. Nr. 57 (Or.): »... Die süddeutschen liberalen Abgeordneten werden kleinlaut nach Hause zurückkehren und die erste
Enttäuschung in ihrem Wahne verzeichnen können, durch die Einheit zur Freiheit zu kommen.«

17 Das von NAUJOKS 433 f. als »anonymer Agentenbericht« zitierte, in seiner Bedeutung richtig gewürdigte Aktenstück von Anfang Juni stellt eine von dem Preßburger Journalisten Dr.
Julius Lang an Beust übersandte Aufzeichnung aus Berlin dar. Lang stand als Herausgeber
der ›Deutsch-ungarischen Wochenschrift‹ in Preßburg in Verbindung mit den preußischen
Pressestellen und war insofern ein journalistischer »Doppelagent«. Die eigenhändige Aufzeichnung Langs findet sich in HHStA, PA III 104, f. 248 ff.

18 Siehe Münch an Beust, 17. Juni; ebd. f. 80 f. (Or. Priv.).

19 Auffallend ist die Betonung der gemeinsamen »deutschen« Vergangenheit, ganz entspre-
    chend der Beustschen Denkschrift vom 18. Mai (Franz Joseph an Kaiser Wilhelm, Juni; ebd.
    f. 236 – Konz.). Nach einem Rückblick auf die Zeit Friedrich Wilhelms III. heißt es: »Was
    jene Epoche der vereinten Herzen und Völker geboten, nur in schwächerem Maße ward es
    dem nachstrebenden Geschlechte beschieden. Aber die Zeit ist unvergessen, in welcher die
    Truppen Preußens und Österreichs sich vor unseren Augen um ein Banner schaarten und in
    edlem Wettstreit ihrer Kräfte die deutschen Länder Schleswig-Holstein fremder Herrschaft
    abrangen.« Gestrichen im Konzept der folgende Satz: »In den stolzen Gefühlen jener Tage
    haben die Überzeugungen sich neue Wurzeln gefestet, die in dem engen Zusammengehen
    beider Reiche, in der unwandelbaren Freundschaft ihrer Beziehungen, die wirksamsten
    Bürgschaften ihrer Macht und Wohlfahrt kennen.«
20 Siehe BEUST 2, 476 f., 483; SCHWEINITZ, Denkwürdigkeiten 290. Bismarcks Briefe in GW
    14, 2, 820 u. 821; Beusts eigh. Konzepte an Bismarck vom 18. Juli in: HHStA, PA III 104 f.
    260 f. und PA XL 54, f. 474. – Siehe auch Schweinitz an Beust, 13. Juli; ebd. PA III 104, f.
    254 (Or.). – Der obenzitierte Satz endet folgendermaßen: »...und werde mich aufrichtig
    glücklich schätzen, wenn es mir vergönnt ist mit Ihnen gemeinsam der Sache des Friedens
    und der Ordnung im Interesse unsrer Monarchen und ihrer Länder nützliche Dienste zu lei-
    sten.«
21 General Werder an Schweinitz; SCHWEINITZ, Denkwürdigkeiten 290.
22 Wilhelm an Franz Joseph, 20. Juni; HHStA, PA III 104, f. 238 f. (Or. eigh.). Für die voraus-
    gegangenen Weisungen Bismarcks nach Wien, für die am 3. Juni von Reuß aus Petersburg
    gemeldeten Anregungen Alexanders II. und die weiteren Schritte Bismarcks in Sachen der
    Internationale vgl. M. BUSCH 2, 250 ff.
23 BEUST 2, 473; ebd. 466 ff. der Text der Rede.
24 Vgl. den Artikel ›Ein mitteleuropäisches Friedensbollwerk‹ in der ›Badischen Landeszei-
    tung‹ vom 9. Juli (Beilage zu dem Bericht Pfusterschmidts aus Baden-Baden vom 9. Juli, ebd.
    PA VII 51, f. 131 ff. – Or.).
25 Der Text war von Pfusterschmidt an die in Baden-Baden weilende Kaiserin vermittelt wor-
    den; siehe seinen Bericht an Beust vom 21. Juli, ebd. f. 142 f. (Or.).
26 Bismarck an Schweinitz, 26. Juni; PLATZHOFF 303 f.
27 Franckenstein an Beust, 9. August; HHStA, PA X 64, f. 20 ff., Nr. 35 A (Or.).
28 Münch an Beust, 29. Juli; ebd. PA III 104, f. 132 ff. (Or. Priv.). Schon am 15. Juli analysierte
    Münch die Umrisse der neuen Situation (ebd. f. 19 ff., Nr. 68 D – Or.): »Die Preußische Po-
    litik hat es stets als eine ihrer Hauptaufgaben betrachtet, in kritischen Zeiten Allianzen zu
    haben und in ruhigen Zeiten sich solche zu sichern, und die Nützlichkeit dieser Politik hat
    sich so bewährt, daß die Bevölkerung in gegebenen Momenten instinktiv in die Fragen über
    die Zukunft die Frage über die Stütze, die sich ihr auswärts bieten kann, einschließt. Ein sol-
    cher Moment scheint jetzt gekommen zu sein und liegt in der allseitigen Zustimmung, die
    das Anknüpfen intimer Beziehungen zwischen Deutschland und der Österreichisch-ungari-
    schen Monarchie jetzt hier findet, gewiß mehr als die Erinnerung an die gemeinsame Ver-
    gangenheit oder nationale Sympathien – es liegt demselben die Überzeugung zugrunde, daß
    Deutschland das Gewonnene ungetrübt genießen kann, nur dann, wenn es seinen Nach-
    barn in Mitteleuropa zum Bundesgenossen hat. Man fängt an, in der Bevölkerung sich
    Rechenschaft zu geben darüber, daß, wenn Österreich die Bundesgenossenschaft Deutsch-
    lands sucht, Deutschland im eigenen, selbstverstandenen Interesse nicht weniger der Bun-
    desgenossenschaft Österreichs bedarf. Und daß diese Ansicht Boden gewinnt und sich ver-
    breitet, das ist das Resultat der letzten Woche französischer Politik.«
29 Münch an Beust, 17. August; ebd. f. 84, Nr. 78 (Dech.).
30 Grundlegend die beiden von Beust an Franz Joseph aus Gastein erstatteten Berichte: 1) Be-
    richt über seine Audienz bei Kaiser Wilhelm [18. August]; gedr. BEUST 2, 491 f. (Or. in
    HHStA, K. A., G. A. Karton 17, Fasz. 2 f. 7 ff.). 2) Bericht über seine Verhandlungen mit

Bismark [28. August]; BEUST 2, 483 ff. (Or. ebd. f. 13 ff., Kopie in PA XL 54,f. 448 ff.).

31 ROGGE 3, 441. Dort auch weitere Details, ganz aus der Sicht einer deutschliberalen Kampf-einstellung.

32 Aufzeichnung Abekens nach den Angaben Kaiser Wilhelms vom 20. August, bei M. BUSCH 2, 279 f.

33 BEUST 2, 486.

34 M. BUSCH 2, 277 f.

35 Siehe oben S. 423.

36 H. LAMMASCH in einem Artikel ›Der unterjochte Verbündete‹ in der ›Basler Nationalzei-tung‹ vom 28. Juni 1919; zitiert nach St. VEROSTA, Theorie und Realität von Bündnissen. Heinrich Lammasch, Karl Renner und der Zweibund (1897 – 1914) (Wien 1971) 191.

37 Siehe ROGGE 3, 450; SCHÄFFLE 2, 34 war überzeugt davon.

38 Siehe die katholische Wochenschrift ›The Tablet‹, 2. Sept., S. 291: »Accordingly Prince v. Bismarck, as we learn from a telegram in the ›Tagblatt‹ has declared that, before coming to any definite agreement, he must wait for the result of the elections. If they give the victory to the ›Clericals‹, and the ›Slaves‹, by which he means the Federalists in general, Germany can have nothing to do with Austria.« Der Kommentar des ›Tablet‹ fährt fort: »The crisis is a very curious one; it is, practically speaking, a duel between the Austro-Hungarian Chancel-lor and the Austrian Prime Minister. Beust is backed by Bismarck and the German Radicals, Hohenwart by the Catholics, the Federalists and, of course, the Slaves.« Aufschlußreich – zumindest als Niederschlag damaliger Auffassungen im deutschliberalen Milieu – die Dar-stellung ROGGES 3, 434 f. Er sieht in dem Vorgehen des Ministeriums Hohenwart-Schäffle im August/September genau geplante Gegenschläge gegen die Konsolidierung der deutsch-österreichischen Freundschaft in Gastein/Salzburg. »Ganz direct als Schachzug gegen die Beust-Andrássysche deutsch-freundliche Politik ward auch von Hohenwart-Schäffle und denen, die hinter ihnen standen, ein jedes dieser Decrete gedeutet und behan-delt. Wer mochte sich denn auch im Ernste einbilden, daß die Freundschaft mit dem Deut-schen Reiche fortbestehen könne, wenn die Deutsch-Österreicher slawisirt werden sollten, wenn am Vorabend des Tages, da Bismarck seinen großen Feldzug gegen die Klerikalen er-öffnete, eine Regierung von Jesuiten Österreich blindlings in die Arme des Ultramontanis-mus trieb?«

39 BEUST 2, 484.

40 Ebd.

41 Ebd. 485.

42 Siehe oben S. 385 f.

43 Siehe die Aufzeichnungen des amerikanischen Gesandten Jay bei RAUCHBERGER 382 f. Schweinitz erläuterte ihm das Ergebnis des Monarchentreffens: »We accomplished this at Salzburg, that the Emperor Francis Joseph was convinced by the Prince Bismarck, that Germany for her own interest desires Austro-Hungary to continue to fill its place on the map of Europe, that Germany has no other desire than for the integrity and prosperity of the Austro-Hungarian Empire. It was not easy to make the Emperor believe this. His misfor-unes have naturally made him distrustful, but he believes it now, and Beust and Andrássy and Hohenwart believe it also, and that is a great point gained.«

44 BEUST 2, 486. – Der in Salzburg anwesende General Waldersee notierte sich zum 8. Sep-tember im gleichen Sinne (Denkwürdigkeiten 1, 165 f.): »Alle Deutschen in Österreich, ausgenommen nur die Mehrzahl des hohen Adels und der Geistlichkeit, hoffen sehr, daß wir ihnen gegen die Hohenwartsche Politik helfen werden. Sie werden sich aber darin ge-täuscht sehen. Nach meiner Meinung ist dies auch nicht anders zu machen. Die österreichi-sche Regierung fürchtet unsere Einmischung sehr. Bismarck hat aber zugesichert, daß wir uns um nichts kümmern werden, daß sie mit den Deutschen machen mögen, was sie wollen, daß sie uns dafür aber vollständig freie Hand gegenüber Frankreich lassen. Bismarck hält es

doch für möglich, daß wir mit den Franzosen bald ernstlich verfahren müssen und da ist es uns natürlich sehr erwünscht, den Rücken frei zu haben. Die Sachen liegen jedenfalls insofern günstig, als die Österreicher die Bittenden sind.«

45 BEUST 2, 493.
46 Gedr. bei L. BRÜGEL, Geschichte der österreichischen Sozialdemokratie 2 (Wien 1922) 196 ff. und – unvollständig – bei SCHÄFFLE 2, 229 ff. – Vgl. für den Zusammenhang H. LUTZ, Le problème 300 ff. Bismarck hatte schon im Mai und Juni in Wien gemeinsame Maßnahmen gegen die Internationale angeregt; siehe oben S. 447 f. und GW 6c, 7 f. Vgl. die Schreiben Bismarcks an den preußischen Handelsminister Itzenplitz vom 21. Okt. und 17. Nov., die sich positiv auf die Gasteiner Besprechungen mit Beust und auf die österreichische Denkschrift bezogen, bei H. v. POSCHINGER (Hrsg.), Aktenstücke zur Wirtschaftspolitik des Fürsten Bismarck 1 (Berlin 1890) 160 ff. u. 164 ff. Bismarck betonte hier ganz im Sinne der Beustschen Anregungen, »daß man realisirt, was in den sozialistischen Forderungen als berechtigt erscheint und in dem Rahmen der gegenwärtigen Staats- und Gesellschaftsordnung verwirklicht werden kann.«
47 Siehe BRÜGEL 2, 155 f.; M. BUSCH 2, 299 f., 346, 363, 369. Die Note Bismarcks an Schweinitz vom 27. Jan. 1873, mit welcher deutscherseits die Übergabe des Konferenzprotokolls vom November 1872 begleitet wurde, betonte im Berliner Sinne den Zusammenhang zwischen sozialistischer und klerikaler Agitation; siehe HHStA, Gesandtschaft Berlin 196, Separatfasz. II/1.
48 In dem Schlußbericht vom 28. August über Beusts Gasteiner Verhandlungen mit Bismarck; BEUST 2, 486.
49 Vgl. u. a. den Bericht des amerik. Gesandten Jay über das, was Schweinitz (sein künftiger Schwiegersohn) ihm als Erfolgsbilanz der Salzburger Tage schilderte (oben Anm. 43).
50 Siehe SCHÄFFLE 2, 36. – Zum folgenden die Memoiren von BEUST 2, 497 ff.; SCHÄFFLE 2, 40 ff. u. 236 ff.; PRZIBRAM 304 ff. Wertvolles Material, mit Vorsicht zu benutzen, bei KÓNYI 156 ff. und WERTHEIMER 1, 570 ff. Die Darstellung von ROGGE 3, 436 ff. ist sehr materialreich, aber von pamphletistischer Einseitigkeit. Mit Berücksichtigung der neueren tschechischen Literatur PRINZ 145 ff. und WIERER 158 ff. – Reskript, Fundamentalartikel und weitere Aktenstücke bei KOLMER 2, 172 ff. – KÓNYI 152 berichtet, anscheinend nach Aufzeichnungen Andrássys, über Bismarcks Salzburger Ausführungen gegenüber Andrássy und Hohenwart: »Hohenwart möge sein Experiment immerhin machen. Er, Bismarck, wünsche in diesem Falle ein schlechter Prophet zu sein, er zweifle jedoch keinen Augenblick daran, daß der Versuch mißraten werde, und darum bedauere er, daß derselbe gemacht werde.« Vgl. dazu BEUST 2, 497 und GORIAINOW 305, wo aus russischer Quelle berichtet wird, daß Kaiser Wilhelm Andrássys Salzburger Versuche, ihn hinsichtlich Rußlands anzusprechen, abgewiesen habe.
51 SCHÄFFLE 2, 236. Die hier zum 10. Oktober mitgeteilte Tagebuchnotiz zeigt, daß das Hohenwart-Kabinett zunächst daran dachte, direkt die Entlassung Beusts zu fordern, und dann erst seine Forderungen etwas vorsichtiger formulierte. – Vgl. dazu in HHStA, K. A., G. A. Fasz. 17 f. 35 ff. das ausführliche Schreiben Hohenwarts an Franz Joseph vom 10. Oktober (Or.), wo die Beschwerde über Beusts Verhalten in der Aula mit einer ultimativen, den Rücktritt auch des Ministerpräsidenten anbietenden Bitte um Entscheidung des Kaisers verbunden ist: »...Nur bei vollständiger Einheit der Regierung und wenn der Opposition jede Hoffnung benommen wird, in dem ersten Minister Eurer Majestät eine Stütze ihrer Bestrebungen zu finden, kann diesen Schwierigkeiten mit Erfolg begegnet werden. Leider ist aber eine solche Hoffnung auf den Grafen Beust noch fortan sehr lebhaft, und hat letzterer auch nicht den kleinsten Schritt getan, diese Hoffnung zu zerstören. Bei dieser Sachlage glaube ich die ehrfurchtsvollste Bitte stellen zu müssen, Eure Majestät wollen geruhen nach Anhörung der Minister eine Differenz zu entscheiden, die unmöglich länger schwebend belassen werden kann...« In einem Postscriptum berichtete Hohenwart über den eben statt-

gefundenen Entschuldigungsbesuch Beusts: »Leider kann ich diese Entschuldigung in keiner Weise als haltbar und noch viel weniger als der gegenwärtigen Situation genügend erkennen, mußte vielmehr neuerdings mich überzeugen, daß Graf Beust es nicht für möglich hält, seine Zustimmung zur inneren Politik in irgendwelcher Weise auszusprechen.« Die Einberufung des Reichsrates wird verschoben, bis der Kaiser die »Differenz« entschieden hat.

52 Siehe das Ministerratsprotokoll II vom 20. Oktober; HHStA, PA XL 286, f. 673 ff.
53 Denkschrift Beusts für Franz Joseph vom 13. Oktober; BEUST 2, 501 ff., hier S. 504. (Or. in HHStA, K. A. G. A., Kart. 17, Fasz. 2, f. 44 ff.,; Kop. ebd. PA XL 286 f. 703 ff.).
54 BEUST 2, 506 f.
55 Ebd. 508.
56 Ebd. 509.
57 Das Echo der Schlußkrise (seit 12. September) im Ausland kann hier nicht verfolgt werden. Aus Berlin wurde Beust u. a. über ein Gespräch mit Herrn v. Keudell, Bismarcks Mitarbeiter, informiert. Julius Lang berichtete am 17. Oktober, daß seine »Vertrauensmänner« im Reichskanzleramt über die Vorgänge in Österreich auch wegen möglicher Rückwirkungen auf Deutschland sehr beunruhigt seien. Keudell erklärte: »Würde man aber verblendet genug sein [sc. in Österreich], ein derartiges nie dagewesenes Staatswesen zu schaffen, dann glaube ich auch, daß die Beziehungen der Monarchie zu uns wesentlich alteriert werden würden. ... Ich fürchte vor allem, daß die Rückwirkung dieser Rechtsordnungs-Erschütterung eine sehr weite sein wird und selbst wir von derselben nicht unberührt bleiben dürften. Und dadurch würden unsere Zirkeln gestört werden und das von uns angebahnte Friedenswerk könnte ohne unsere Schuld gefährdet werden.« ([Julius Langs] Bericht vom 17. Okt.; ebd. PA III 104, f. 265 ff.).
58 HHStA, PA XL 286, f. 575 ff. Außer Beust, Lónyay und Kuhn nahmen die Sektionschefs Hofmann und Orczy teil.
59 Protokoll II vom 20. Oktober; ebd. f. 673 ff.
60 Siehe M. BUSCH 2, 287: »Nach Berichten vom 21. u. 22. d. M. hat Andrássy dem Kaiser Franz Joseph in langen Unterredungen die Gefahren dargelegt, denen er sich aussetzen würde, wenn er sich, ›wie es durch das unselige Reskript geschehen‹, auf die antideutsche Seite stellen wollte. ›Die zuverlässige Treue, von der die deutsche Regierung jetzt so deutliche Beweise giebt – so hat der Graf ihm [sc. Franz Joseph] bemerkt –, wird dann nicht imstande sein, den Lauf der Dinge zu hemmen. Die österreichischen Deutschen werden sich an die deutsche Demokratie wenden, und diese wird dem Fürsten Bismarck die nationale Fahne entwinden, um sie weiter zu tragen bis zur Einigung des ganzen deutschen Volkes‹.«
61 Preußische Jahrbücher 28 (1871) 557 ff.
62 M. BUSCH 2, 288.

Von Beust zu Andrássy: wankende Selbständigkeit des prodeutschen Kurses Österreichs

1 HHStA, PA XL 54, f. 494 (Or.).
2 Siehe die umfangreiche Zusammenstellung von Presseartikeln und Zuschriften bei BEUST 2, 519 ff.
3 PRZIBRAM 315.
4 Siehe DIÓSZEGI 283.
5 Siehe das Schreiben Bismarcks nach P. [Paris? Petersburg?] vom 13. November, bei M. BUSCH 2, 290.

6 Tel. Schweinitz' an Bismarck, 9. Nov.; WERTHEIMER 1, 634.
7 HHStA, K. A. G. A., Kart. 17, Fasz. 2, f. 183 ff. (Or.); ebd. PA XL 54, f. 492 ff. (Kop.).
8 Lithogr. Text, 10. Nov.; ebd. Ges. Berlin 131, f. 591 f., Nr. 50.
9 So die Bemerkung bei M. BUSCH 2, 299.
10 Für das innenpolitische Programm Andrássys siehe seine eigh. Aufzeichnung »Zu dem Regierungsprogramm« (undat., nach Protokollnummer und Inhalt vermutlich in den November 1871 gehörig); HHStA, K. A. G. A., Kart. 7: »1. Feste und gerechte Regierung, die dem Gesetze nach jeder Richtung rasche und volle Geltung zu verschaffen weiß, ohne Voreingenommenheit, Rancune und Befangenheit gegenüber den verschiedenen nationalen und politischen Parteien. Die möglichst beste Administration in allen Zweigen der Verwaltung soll der Durchführung dieses Grundsatzes zur Stütze dienen. 2. An der bestehenden Verfassung ist festzuhalten. Je konsequenter aber die Verfassungstreue geübt, das Recht der Legislation respektiert und die Verwirklichung der Verfassung angestrebt wird, desto weniger kann von weiteren Zugeständnissen an den Liberalismus, sei es auf dem staatlichen oder konfessionellen Felde, die Rede sein. Jeder Versuch, dahin abzielende Konsequenzen aus allgemeinen Verfassungsbestimmungen herbeizuführen sowie überhaupt jedes Andrängen auf Veränderung der Verfassung in dieser Richtung wird abzuweisen sein. 3. Da ein Ausgleich zwischen den Landes- und den Reichsinteressen nur auf dem Boden der Verfassung möglich ist, so kann die Ausgleichsaktion, Böhmen gegenüber, *nicht* fortgesetzt werden. Weil dagegen 4. die Autonomie-Erweiterung Galiziens innerhalb des Rahmens der Verfassung und auf deren Boden angestrebt und eingeleitet worden ist, so soll dasjenige, was diesem Königreiche ohne Gefährdung der einheitlichen Staats- und Centralgewalt zugestanden werden kann, endlicher Erledigung in der Weise zugeführt werden, daß hiermit das Maß der Concessionen als definitiv abgeschlossen zu betrachten sein wird. 5. Aufgabe der Regierung wird es sein, eine Partei zu schaffen, welche ausgehend von der Notwendigkeit der Aufrechterhaltung der gemeinsamen Machtstellung beider Reichshälften sich die Bewilligung der hiezu erforderlichen Mittel in den Delegationen nicht minder angelegen sein läßt, wie die Unterstützung der Regierung im Reichsrate. 6. Nachdrückliche Geltendmachung der Autorität der Regierung gegenüber ihren Organen.«
11 Siehe H. LUTZ, Politik und militärische Planung in Oesterreich-Ungarn zu Beginn der Ära Andrássy. Das Protokoll der Wiener Geheimkonferenzen vom 17. bis 19. Februar 1872, in: Geschichte und Gesellschaft – Festschrift für Karl R. Stadler (Wien 1974) 23 ff., hier S. 29.
12 Siehe die ausführliche Darstellung bei PRZIBRAM 321 ff.
13 Zirkular Andrássys, 23. November; CORRESPONDENZEN 6, 1 f.
14 Siehe Lippe an Andrássy, 29. Nov.; HHStA, PA VII 71, f. 245, Nr. 21 B (Konz.).
15 Walterskirchen an Andrássy, 15. Nov.; ebd. PA VI 34 f. 228 ff., Nr. 51 (Or.), die Zeitung liegt bei.
16 Franckenstein an Andrássy, 24. Nov.; ebd. PA X 64, Nr. 50 B (Or.).
17 Hoyos an Andrássy, 3. Dez.; ebd. PA IX 99, f. 397 f., Nr. 78 (Or.).
18 Münch an Andrássy, 2. Dez.; ebd. PA III 104, f. 192 (Or. Priv.).
19 SCHWEINITZ, Denkwürdigkeiten 293. Vgl. dazu die Charakteristik Beusts, die Schweinitz dem amerikanischen Gesandten Jay gab (RAUCHBAUER 381 f.): »Beust does not believe in God or anything else. He is not working for his country as Bismarck is. He is not an Austrian, and what does he care for Austria! If he were turned out tomorrow, and the Sultan should make him Prime Minister, he would take it.« Jay wies dieses Urteil als ungerechtfertigt zurück: »Is it a fair assumption, that Beust believes in nothing and would turn Turk, simply because he serves Austria? Although born in Saxony, he is German and he is serving Austro-Germans, and you admit, that he has served them well.«
20 SCHWEINITZ, Denkwürdigkeiten 293.
21 Siehe Andrássy an Münch, 6. Dez.; HHStA, PA III 104, f. 145 (Konz.).

22　M. Busch 2, 295 f. (16. Dezember).
23　Rogge 3, 493.
24　Siehe den Bericht des deutschen Botschafters Graf Arnim über seine Gespräche mit Beust in Paris; M. Busch 2, 295.
25　R. Charmatz, Deutsch-österreichische Politik (Leipzig 1907) 32. Ebd. eine Statistik von 1879 mit Angaben über den Anteil der Stimmberechtigten an der Bevölkerung: Deutschland = 21,4 %, Frankreich = 25,6 %, Österreich = 5,9 %.
26　R. Charmatz, Österreichs innere Geschichte 1, 115.
27　Siehe oben S. 170.
28　Münch an Andrássy, 18. Nov.; HHStA, PA III 104, f. 182 f. (Or. Priv.).
29　Siehe Schweinitz, Denkwürdigkeiten 293; M. Busch 2, 291 f.
30　Siehe das Schreiben Üxkülls an Andrássy, Wien 7. Dez.; HHStA, PA XII 99, f. 183 ff. (Or. eigh.). – Für Prokeschs damalige Anschauungen vgl. dessen Schreiben an Andrássy, 1. Dez.; ebd. f. 12 (Or. Priv.).
31　Geheimkonferenz vom 17. Februar 1872; siehe H. Lutz, Politik und militärische Planung 32.
32　Pfusterschmidt an Beust, Baden-Baden, 12. Okt.; HHStA, PA VII 51, f. 188, Nr. 7 (Or.). – Gortschakow hielt sich zur Kur in Baden-Baden auf, wo ihn der österreichische Gesandte besuchte.
33　Franckenstein an Beust, 4. Okt.; ebd. PA X 64, f. 88 ff., Nr. 44 C(Or. vertr.).
34　Langenau an Andrássy, 27. Nov.; ebd. f. 135ʳ – 138ᵛ, Nr. 1 (Or.). Auszug gedr. in: Correspondenzen 6, 4 f.
35　Münch an Andrássy, 16. Dez.; HHStA, PA III 104, f. 194 ff. (Or. Priv.).
36　Buchanan an Granville, 17. Nov.; Leidner 35.
37　Siehe Károlyi an Andrássy, 13. Jan.; HHStA, PA III 104, f. 9 ff., Nr. 2 A – (Or. vertr.). Bei Leidner 37 ein Abschnitt gedruckt. Die mündlichen Aufträge Andrássys an Károlyi lassen sich aus den Anfangs- und Schlußpartien des Berichts rekonstruieren:»Im Sinne der mir von Euer Exzellenz mündlich erteilten allgemeinen Instruktionen, jedoch vorerst mit einem gewissen Interesse rücksichtlich der aus dem guten Einvernehmen mit dem Berliner Kabinette sich hoffentlich herauswachsenden Gemeinschaft für in der Zukunft liegende Eventualitäten, beschränkte ich mich auf Besprechung der Verhältnisse, wie sie gegenwärtig vorliegen.« Gegen Schluß heißt es:»Ich hielt es nicht für passend, weiter in den Reichskanzler zu drängen hinsichtlich der eventuellen Politik des Berliner Kabinetts bei einem Zerwürfnis zwischen Rußland und Österreich-Ungarn, denn diese allgemeinen Andeutungen, zu welchen ich Seine Durchlaucht nicht direkt durch meine Äußerungen aufgefordert hatte, die daher spontan gegeben wurden, schienen mir für die Gegenwart einen genügenden Keim weiterer fruchttragender Entwicklung in sich zu schließen, und es mir außerdem nicht in meiner augenblicklichen Aufgabe gelegen zu sein scheint, dem Fürsten Bismarck gegenüber irgendwelche besondere Besorgnis in Bezug auf Rußland an den Tag zu legen.«
38　Schweinitz, Denkwürdigkeiten 297; die ungefähre Datierung ergibt sich aus den Vorbereitungen zum Besuch Franz Josephs in Berlin.
39　H. Lutz, Politik und militärische Planung, passim.
40　Siehe oben S. 471.
41　KA-MK, Sep.-Fasz. 69, Nr. 25 (Juli 1871):»Über die Vorbereitung eines Kriegsschauplatzes mit besonderer Berücksichtigung der Karpathenländer«.
42　H. Lutz, Politik und militärische Planung 41.
43　Ebd. 33.
44　Ebd. 37 und die ursprüngliche Fassung des Protokolltextes auf S. 42, textkritische Note m–m.
45　Das Protokoll wurde zwischen dem 20. und 23. Februar – wie üblich – den Teilnehmern zur Unterschrift vorgelegt. Daß Oberst Beck in einer so wichtigen Frage als Protokollführer ge-

irrt hätte, erscheint ausgeschlossen. Auch Erzherzog Albrecht hat nachträglich etwas korrigiert, siehe die textkritischen Noten bei H. Lutz, ebd. 42. Für den Usus, Protokolltexte nachträglich im Sinne des Schlußvotums zu korrigieren, vgl. Przibram 279: »Dabei drängte sich uns die Wahrnehmung auf, daß manche Herren Minister es nicht vertrugen, wenn ihre zu Beginn der Verhandlung abgegebenen Voten nicht im Sinne der schließlichen Abstimmung lauteten. So kam es häufig vor, daß sie im Protokoll Korrekturen vornahmen, die die Sache dahin veränderten, als hätten sie schon von Anfang an für die Anschauung gestimmt, die in der Oberhand blieb.«

46 H. Lutz 40.
47 Leidner 9 ff. hat mit ausgiebiger Dokumentation die von Wertheimer 2, 6 ff. überschätzten Ergebnisse der österreichisch-englischen Geheimverhandlungen in richtiger Weise beurteilt.
48 Andrássy an Beust, 1. April; Leidner 14 ff., hier S. 16.
49 Erinnerung und Gedanke, GW 15, 398.
50 Leidner 30.
51 Ebd. 28.

Rückblick und Ausblick

1 I. Diószegi, Die österreichisch-ungarische Monarchie in der internationalen Politik im letzten Drittel des 19. Jahrhunderts, in: Etudes Historiques 1 (Budapest 1970) 365 f.
2 I. Gonda, Verfall der Kaiserreiche in Mitteleuropa. Der Zweibund in den letzten Kriegsjahren 1916–1918 (Budapest 1977) 129.
3 Erklärung Andrássy in der Geheimkonferenz vom 17. Februar 1872, siehe oben S. 471 und H. Lutz, Politik und militärische Planung.
4 Siehe oben S. 14 ff.
5 Siehe H. Lutz, Friedrich Engel-Janosi als Historiker in unserer Zeit, in: Biographie und Geschichtswissenschaft, ed. G. Klingenstein, H. Lutz, G. Stourzh (Wiener Beiträge zur Geschichte der Neuzeit 6, Wien/München 1979) 1 ff.
6 Für den Weg zum Zweibund sei nachdrücklich verwiesen auf die sorgfältige und quellennahe Darstellung von N. Der Bagdasarian, The Austro-German Rapprochement, 1870–1879 (Cranbury, New Yersey 1976), die mir erst nach Abschluß der vorliegenden Arbeit zugänglich wurde. B. Waller, Bismarck at the Crossroads. The Reorientation of German Foreign Policy after the Congress of Berlin 1878–1880 (London 1974) ist vor allem für die russische Seite ergiebig; dagegen bietet die Arbeit des Politologen P. J. Katzenstein, Disjoined Partners. Austria and Germany since 1815 (Berkeley 1976) zwar anregende Gesichtspunkte, aber keine historische Ausführung.
7 M. Weber, Gesammelte politische Schriften (Tübingen, 3. Aufl. 1971) 449.
8 Für die gleichzeitig von Berlin ausgehende »Werbung« für das siegreiche preußische Militärsystem vgl. den Bericht des österreichischen Militärattachés Welsersheimb vom 31.3.1871 über ein Gespräch mit dem eben nach Berlin zurückgekehrten Moltke; KA – Präs 1871, 47 ¼ (Or.): Moltke betonte, »wie nur die wohldurchdachte geistige und materielle Vorbereitung und strenge Ordnung und Disziplin in allen Funktionen der ganzen großen Maschine, von oben bis in die untersten Schichten des Staatslebens und Heeresmechanismus den Erfolg gegenüber dem jenseitigen ›Drunter und Drüber‹ ermöglicht habe. Einzelne hätten gewiß vielseitig Vorzügliches geleistet – die Großartigkeit der Erfolge sei aber nur dem zu danken, daß alle das Ihrige getan, daß das seit langen Jahren konsequent angebahnte und vervollkommnete System – und dieses mache durchaus keinen Anspruch als Universal-Modell – zu korrekter und kräftiger Durchführung gekommen. – Die Erfahrun-

gen dieses Krieges sprächen so kategorisch als nur möglich für die Notwendigkeit einer, alle Kräfte des Landes umfassenden militärischen Vorbereitung und Organisation, – was *neben* dem bürgerlichen Leben recht gut möglich sei.«

9   R. A. KANN 1, 185.
10 H. RUMPLER, Föderalismus als Problem der deutschen Verfassungsgeschichte des 19. Jahrhunderts (1815–1871), in: Der Staat. Zeitschrift für Staatslehre, Öffentliches Recht und Verfassungsgeschichte 16 (1977) 215 ff., hier S. 226.

Abkürzungen und Siglen

Bei ungedruckten Quellen (Archivalien)	Bei gedruckten Quellen und Literatur
A. R. = Administrative Registratur HHStA = Haus-, Hof- und Staatsarchiv Wien KA = Kriegsarchiv Wien K.A.G.A. = Kabinettsarchiv, Geheimakten KM = Kriegsministerium MK = Militärkanzlei PA = Politisches Archiv PL = Presseleitung	AÖG = Archiv für Österreichische Geschichte APP = Die auswärtige Politik Preußens 1858–1871 DDI = I Documenti diplomatici Italiani DDF = Documents Diplomatiques Français 1871–1914 GP = Die Große Politik der Europäischen Kabinette GW = Otto Fürst v. BISMARCK, Die gesammelten Werke
Confid. = Confidentiel(le) Dech. = Dechiffrat eigh. = eigenhändig geh. = geheim Konz. = Konzept Kop. = Kopie Or. = Original Priv. = Privatschreiben Res. = Reserviertes Schreiben Tel. = Telegramm vertr. = vertraulich	HZ = Historische Zeitschrift MIÖG = Mitteilungen des Instituts für Österreichische Geschichtsforschung MÖStA = Mitteilungen des Österreichischen Staatsarchivs Nordschleswigsche Frage = W. PLATZHOFF, K. RHEINDORF, J. TIEDJE (Hrsg.), Bismarck und die nordschleswigsche Frage OD = Les Origines diplomatiques de la guerre de 1870–1871 Politička = V. J. VUČKOVIĆ (Hrsg.), Politička akcija Srbije

Die sonstigen Abkürzungen und Kurztitel verweisen ohne weiteres auf das alphabetische Verzeichnis der gedruckten Quellen und Literatur.

Quellen und Literatur

Ungedruckte Quellen

Wien, Haus-, Hof- und Staatsarchiv
Kabinettsarchiv, Geheimakten (K.A.G.A.):
  Karton 7, 17, 31
Presseleitung (PL): 1869, 1870, 1871
Gesandtschaftsarchiv Berlin:
  Faszikel 131, 195, 196
Administrative Registratur (A. R.):
  F. 34, S. R. 56, 69, 72
Politisches Archiv (PA):
  III (Preußen) 99, 100, 101, 102, 103, 104
  IV (Bayern) 40, 41, 42
  V (Sachsen) 38
  VI (Württemberg) 32, 33, 34
  VII (Hessen) 70, 71
  VII (Baden) 51
  VIII (England) 76, 77
  IX (Frankreich) 93, 94, 95, 96, 97, 98, 99, 177
  X (Rußland) 57, 58, 59, 60, 61, 62, 63, 64
  XI (Italien) 78, 79
  XII (Türkei) 94, 95, 96, 97, 98, 99
  XXII (Belgien) 36, 37, 38, 39
  XL (Interna) 53, 54, 130, 131, 284, 285, 286

Wien, Verwaltungsarchiv
MI-Präs. 2935–1871

Wien, Kriegsarchiv
Militärkanzlei (MK):
  Separat-Faszikel 69, 71, 75
Kriegsministerium, Präsidialakten
Nachlaß Eduard Heller, B/679–1
Nachlaß Graf Max Wladimir Beck, B/2 VI

München, Hauptstaatsarchiv (früher Geheimes Staatsarchiv)
MA I 633, 644, 651

Gedruckte Quellen und Literatur

Quellen

H. ABEKEN, Ein schlichtes Leben in bewegter Zeit. Aus Briefen zusammengestellt (3. Aufl. Berlin 1904)

[Erzherzog ALBRECHT], Das Jahr 1870 und die Wehrkraft der Monarchie (Wien 1870)

Bismarcks großes Spiel. Die geheimen Tagebücher Ludwig BAMBERGERS, hrsg. von E. FEDER (Frankfurt/M. 1932)

F. F. Graf von BEUST, Aus drei Viertel-Jahrhunderten. Erinnerungen und Aufzeichnungen, 2 Bde. (Stuttgart 1887)

F. F. Comte de BEUST, Trois Quarts de Siècle, Avec des Notes inédites et une Préface par F. KOHN (Paris 1888)

Memoirs of Friedrich Ferdinand Count v. BEUST, with an Introduction by H. de WORMS, 2 Bde. (London 1887)

R. Frhr. v. BIEGELEBEN (Hrsg.), Ludwig Frhr. v. Biegeleben (Wien 1930)

Otto Fürst v. BISMARCK, Die gesammelten Werke, 15 Bde. (Berlin 1924/35)

H. BÖHME (Hrsg.), Die Reichsgründung (München 1967)

Graf O. v. BRAY-STEINBURG, Denkwürdigkeiten aus seinem Leben, hrsg. von C. Th. v. HEIGEL (Leipzig 1901)

M. BUSCH, Tagebuchblätter, 2 Bde. (Leipzig 1899)

CORRESPONDENZEN des kaiserlich-königlichen Ministeriums des Äußeren, vom November 1866 bis 1872, 6 Bde. (Wien 1868/72)

Die Tagebücher des Frhr. R. v. DALWIGK ZU LICHTENFELS aus den Jahren 1860–71, hrsg. von W. SCHÜSSLER (Deutsche Geschichtsquellen des 19. Jahrhunderts 2, Stuttgart/Berlin 1920)

I Documenti diplomatici Italiani, Prima serie 1861–1870, Bd. 13 (5. Juli bis 20. Sept. 1870) (Rom 1963); Seconda serie 1870–1896, Bd. 1 und 2 (21. Sept. 1870 bis 30. Juni 1871) (Rom 1960/66)

Documents Diplomatiques Français 1871–1914, 1er Série 1871–1900, Bd. 1 (Paris 1929)

A. FISCHHOF, Ein Blick auf Österreichs Lage (Wien 1866)

A. FISCHHOF, Österreich und die Bürgschaften seines Bestandes (Wien 1869)

KAISER FRIEDRICH III. Das Kriegstagebuch von 1870/71, hrsg. von H. O. MEISNER (Berlin/Leipzig 1926)

Tagebuch meiner Reise nach dem Morgenlande 1869. Bericht des preußischen Kronprinzen FRIEDRICH WILHELM über seine Reise zur Einweihung des Suez-Kanals, hrsg. von H. ROTHFELS (Berlin 1970)

R. Frhr. v. FRIESEN, Erinnerungen aus meinem Leben, hrsg. von H. v. FRIESEN, Bd. 3 (Dresden 1910)

A. FRIIS (Hrsg.), Det nordslesvigske Spørgsmaal 1864–1879, 4 Bde. (Kopenhagen 1921/38)

A. FRIIS, P. BAGGE (Hrsg.), Europa, Danmark og Nordslesvig 1864–1879, 4 Bde. (Kopenhagen 1939/59)

J. FRÖBEL, Ein Lebenslauf, 2 Bde. (Stuttgart 1890/91)

F. HÄHNSEN (Hrsg.), Ursprung und Geschichte des Artikels V des Prager Friedens. Die deutschen Akten zur Frage der Teilung Schleswigs (1863–1879), 2 Bde. (Breslau 1929)

L. v. HASNER, Denkwürdigkeiten. Autobiographisches und Aphorismen (Stuttgart 1892)

Denkwürdigkeiten des Fürsten Chlodwig zu HOHENLOHE-SCHILLINGSFÜRST, hrsg. von F. CURTIUS, 2 Bde. (Stuttgart/Leipzig 1907)

L. JARRAS, Souvenirs du Général Jarras, Chef d'État-Major général de l'Armée du Rhin 1870 (Paris 1892)

B. Jelavich (Hrsg.), Rußland 1852–1871. Aus den Berichten der bayerischen Gesandtschaft in St. Petersburg (Wiesbaden 1963)

M. Komjáthy (Hrsg.), Protokolle des gemeinsamen Ministerrates der österreichisch-ungarischen Monarchie 1914–1918 (Publikationen des Ungarischen Staatsarchivs II, Quellenpublikationen 10, Budapest 1966)

H. Frhr. Langwerth v. Simmern, Aus meinem Leben. Erlebtes und Gedachtes, Bd. 1 (Berlin 1898)

B. Lebrun, Souvenirs Militaires 1866–1870 (Paris 1895)

Die Große Politik der Europäischen Kabinette 1871–1914. Sammlung der Diplomatischen Akten des Auswärtigen Amtes, hrsg. von J. Lepsius, A. M. Bartholdy, F. Thimme, Bd. 3: Das Bismarck'sche Bündnissystem (Berlin 1922)

A. Loftus, Diplomatic Reminiscences 1862–1879, 2 Bde. (London 1894)

R. Lord (Hrsg.), The Origins of the War of 1870. New Documents from the German Archives (Cambridge 1924)

N. Miko (Hrsg.), Das Ende des Kirchenstaates, 4 Bde. (Wien/München 1962/70)

P. Molisch (Hrsg.), Briefe zur deutschen Politik in Österreich 1848 bis 1918 (Wien 1934)

Moltke in der Vorbereitung und Durchführung der Operationen, Hrsg. Großer Generalstab (Kriegsgeschichtliche Einzelschriften 36, Berlin 1905)

H. v. Moltke, Militärische Werke, Abt. I, Bd. 3 (Berlin 1896)

H. Oncken, Die Rheinpolitik Kaiser Napoleons III. von 1863–1871 und der Ursprung des Krieges von 1870/71, 3 Bde. (Stuttgart 1926)

[L. v. Oppenheimer], Gedanken über die österreichische Politik der Zukunft (Leipzig 1870)

Les Origines diplomatiques de la guerre de 1870–1871. Recueil de documents publié par le Ministère des Affaires Etrangères, Bd. 11–29 (Paris 1920/1931)

W. Platzhoff, U. Rheindorf, J. Tiedje (Hrsg.), Bismarck und die nordschleswigsche Frage (Berlin 1925)

E. Frhr. v. Plener, Erinnerungen, Bd. 1: Jugend, Paris und London bis 1873 (Stuttgart 1911)

H. Pollak, Dreißig Jahre aus dem Leben eines Journalisten. Erinnerungen und Aufzeichnungen, 2 Bde. (Wien 1894/95)

H. v. Poschinger (Hrsg.), Aktenstücke zur Wirtschaftspolitik des Fürsten Bismarck, Bd. 1 (Berlin 1890)

H. v. Poschinger, Fürst Bismarck und die Parlamentarier, Bd. 2: 1847–1879 (Breslau 1895)

Die auswärtige Politik Preußens 1858–1871, hrsg. von der Historischen Reichskommission, Bd. 1 ff. (Oldenburg 1933 ff.)

Protokolle des Österreichischen Ministerrates 1848–1867, Bd. VI, 2: Das Ministerium Belcredi, 8. April 1866 – 6. Februar 1867, hrsg. von H. Brettner-Messler, mit einer Einleitung von F. Engel-Janosi (Wien 1973)

Stenographische Protokolle über die Sitzungen des Hauses der Abgeordneten des österreichischen Reichsrathes (Wien 1867 ff.)

Stenographische Protokolle über die Sitzungen des Herrenhauses des österreichischen Reichsrathes (Wien 1867 ff.)

L. v. Przibram, Erinnerungen eines alten Österreichers (Stuttgart/Leipzig 1910)

[L. v. Przibram] Randglossen zum Preußisch-Französischen Kriege (Separatabdruck aus dem ›Pester Lloyd‹, Pest 1870)

Aufzeichnungen und Erinnerungen aus dem Leben des Botschafters J. M. v. Radowitz, hrsg. von H. Holborn (Berlin 1925)

F. Graf Revertera, Erinnerungen eines Diplomaten in St. Petersburg 1864 bis 1868, in: Deutsche Revue 2 (1904) 29 ff., 129 ff., 262 ff.

A. E. F. Schäffle, Aus meinem Leben, 2 Bde. (Berlin 1905)

F. v. Schmerfeld (Hrsg.), Graf Moltke. Die Deutschen Aufmarschpläne (Forschungen und Darstellungen aus dem Reichsarchiv 7, Berlin 1929)

F. Schnürer (Hrsg.), Briefe Kaiser Franz Josephs I. an seine Mutter 1838–1872 (München 1930)

Europäischer Geschichtskalender, hrsg. von H. Schulthess, Jg. 12: 1871 (Nördlingen 1872)

Denkwürdigkeiten des Botschafters General Hans Lothar v. Schweinitz, hrsg. von W. v. Schweinitz, Bd. 1 (Berlin 1927)

Stenographische Sitzungsprotokolle der Delegation des Reichsrathes (Wien 1869 ff.)

Das Staatsarchiv. Sammlung der offiziellen Aktenstücke zur Geschichte der Gegenwart, hrsg. von L. U. Aegidi und A. Klauhold, Bd. 19, 20 (1870/1871)

Denkwürdigkeiten des Generals und Admirals Albrecht v. Stosch, erstem Chef der Admiralität. Briefe und Tagebücher, hrsg. von U. v. Stosch (Stuttgart/Leipzig 1904)

E. Steinacker, Lebenserinnerungen (Veröffentlichungen des Instituts zur Erforschung des deutschen Volkstums im Süden und Südosten in München 13, München 1937)

K. v. Stremayr, Erinnerungen aus dem Leben (Wien 1899)

Der politische Nachlaß des Grafen Eduard Taaffe, hrsg. von A. Skedl (Wien/Berlin/Leipzig/München 1922)

A. Thiers, Notes et Souvenirs 1870–1873 (Paris 1903)

Erinnerungen Adolfs von Tschabuschnigg, hrsg. von S. Frankfurter, in: Archivalien zur neueren Geschichte Österreichs, Bd. 2, 1 (Wien 1932) 55 ff.

K. F. Vitzthum v. Eckstädt, Denkwürdigkeiten 1866 bis 1873 (als Manuskript gedruckt Dresden 1894)

V. J. Vučković (Hrsg.), Politička akcija Srbije u južnoslovenskim pokrajinama Habsburške monarchije 1859–1874 (Die politische Aktion Serbiens in den südslawischen Provinzen der Habsburger Monarchie) (Belgrad 1965)

R. Wemyss, Memoirs and letters of Sir Robert Morier, 1826–1876, Bd. 2 (London 1911)

E. v. Wertheimer, Ungedruckte Briefe des Erzherzogs Albrecht an Kaiser Franz Joseph I., in: Deutsche Revue 46, 1 (1921) 203 ff.

Kaiser Wilhelms Briefe aus den Kriegsjahren 1870/71 (Leipzig o. J.)

Literatur

S. Adler-Rudel, Baron Moritz von Hirsch. Ein großer jüdischer Philanthrop und sein Werk, in: Bulletin des Leo Baeck Instituts 7 (1964) 189 ff.

J. Ch. Allmayer-Beck, Der Ausgleich von 1867 und die k.u.k. bewaffnete Macht, in: Der österreichisch-ungarische Ausgleich von 1867. Vorgeschichte und Wirkungen, hrsg. von P. Berger (Wien/München 1967) 113 ff.

M. S. Anderson, The Eastern Question 1774–1923. A Study in International Relations (London 1966)

Der österreichisch-ungarische Ausgleich von 1867. Seine Grundlagen und Auswirkungen (Buchreihe der Südostdeutschen Historischen Kommission 20, München 1968)

N. Der Bagdasarian, The Austro-German Rapprochement 1870–1879. From the Battle of Sedan to the Dual Alliance (London 1976)

P. Bairoch, Europe's Gross National Product: 1800–1975, in: The Journal of European Economic History 5 (1976) 273 ff.

Die großpreußisch-militaristische Reichsgründung 1871, hrsg. von H. Bartel und E. Engelberg, 2 Bde. (Berlin 1971)

H. Baumgart, Quellenkunde zur deutschen Geschichte der Neuzeit, Bd. 5/2 (Darmstadt 1977)

J. Becker, Baden, Bismarck und die Annexion von Elsaß und Lothringen, in: Zeitschrift f. die Geschichte des Oberrheins 115 (1967) 167 ff.

J. Becker, Bismarck et l'empire libéral, in: Francia. Forschungen zur westeuropäischen Geschichte 2 (1974) 327 ff.

J. Becker, Bismarck und die Frage der Aufnahme Badens in den Norddeutschen Bund im Frühjahr 1870. Dokumente zur Interpellation Laskers vom 24. Februar 1870, in: Zeitschrift f. die Geschichte des Oberrheins 119 (1971) 427 ff.

J. Becker, Der Krieg mit Frankreich als Problem der kleindeutschen Einigungspolitik Bismarcks 1866–1870, in: Das kaiserliche Deutschland. Politik und Gesellschaft 1870–1918, hrsg. von M. Stürmer (Düsseldorf 1970) 75 ff.

J. Becker, Zum Problem der Bismarckschen Politik in der Spanischen Thronfrage 1870, in: HZ 212 (1971) 529 ff.

J. Becker, Liberaler Staat und Kirche in der Ära von Reichsgründung und Kulturkampf. Geschichte und Strukturen ihres Verhältnisses in Baden 1860–1876 (Mainz 1973)

O. Becker, Bismarcks Ringen um Deutschlands Gestaltung, hrsg. von A. Scharff (Heidelberg 1958)

A. Beer, Der Staatshaushalt Österreich-Ungarns seit 1868 (Prag 1881)

M. Berger, Österreichs auswärtige Politik. Die Ministertätigkeit des Grafen Beust 1866–1870/71 und das »Vaterland« (ungedr. phil. Diss. Wien 1947)

Der österreichisch-ungarische Ausgleich von 1867. Vorgeschichte und Wirkungen, hrsg. von P. Berger (Wien/München 1967)

D. Berindei, L'écho des événements de France dans la vie politique de la Roumanie durant les années 1870–1871, in: Revue d'Histoire Moderne et Contemporaine 19 (1972) 362 ff.

D. Beyrau, Russische Orientpolitik und die Entstehung des deutschen Kaiserreiches 1866–1870/71 (Veröffentlichungen des Osteuropa-Instituts München, Reihe Geschichte 40, Wiesbaden 1974)

U. Bindreiter, Die diplomatischen und wirtschaftlichen Beziehungen zwischen Österreich-Ungarn und Rumänien 1875–88 (Veröffentlichungen der Kommission für Neuere Geschichte Österreichs 63, Wien/Köln/Graz 1976)

E. Birke, Frankreich und Ostmitteleuropa im 19. Jahrhundert. Beiträge zur Politik und Geistesgeschichte (Ostmitteleuropa in Vergangenheit und Gegenwart 6, Köln/Graz 1960)

H. Böhme, Deutschlands Weg zur Großmacht. Studien zum Verhältnis von Wirtschaft und Staat während der Reichsgründungszeit 1848–1881 (2. Aufl. Köln 1972)

K. Bosl, Der Eintritt der süddeutschen Staaten, in: Reichsgründung 1870/71. Tatsachen, Kontroversen, Interpretationen, hrsg. von Th. Schieder und E. Deuerlein (Stuttgart 1970) 148 ff.

E. Brandenburg, Der Eintritt der süddeutschen Staaten in den Norddeutschen Bund (Berlin 1910)

H.-H. Brandt, Die Finanzen des österreichischen Neoabsolutismus. Finanzen, Wirtschaft und Politik Österreichs 1848–1860 (Schriftenreihe der Historischen Kommission bei der Bayerischen Akademie der Wissenschaften 16, Göttingen 1978)

F. R. Bridge, From Sadowa to Sarajevo. The Foreign Policy of Austria-Hungary, 1866–1914 (London/Boston 1972)

L. Brown, Heinrich von Haymerle. Austro-Hungarian Career Diplomat 1828–81 (Columbia 1973)

L. Brügel, Geschichte der österreichischen Sozialdemokratie, Bd. 2 (Wien 1922)

Bayern und die Deutsche Einigung 1870/71. Ausstellung des Bayerischen Hauptstaatsarchivs München zum 100. Jahrestag der Reichsgründung am 18. Januar 1871, hrsg. von H.-J. Busley (Kallmünz 1971)

F. Chabod, Storia della politica estera italiana dal 1870 al 1896, Bd. 1 (Bari 1965)

F. Charles-Roux, Alexandre II, Gortchakoff et Napoléon III (Paris 1913)

R. Charmatz, Österreichs innere Geschichte von 1848 bis 1907, Bd. 1: Die Vorherrschaft der Deutschen (2. Aufl. Leipzig 1911)

R. Charmatz, Deutsch-österreichische Politik (Leipzig 1907)

C. W. Clark, Prince Gorchakov and the Black Sea Question, 1866. A Russian Bomb that did not explode, in: American Historical Review 48 (1942/43) 52 ff.

B. CROCE, Storia d'Italia dal 1871 al 1915 (Neuausgabe Bari 1967)

H. DELBRÜCK, Das Geheimnis der Napoleonischen Politik im Jahre 1870, in: ders., Erinnerungen, Aufsätze und Reden (3. Aufl. Berlin 1905) 301 ff.

I. DIÓSZEGI, Die österreichisch-ungarische Monarchie in der internationalen Politik im letzten Drittel des 19. Jahrhunderts, in: Etudes Historiques 1 (Budapest 1970) 363 ff.

I. DIÓSZEGI, Österreich-Ungarn und der französisch-preußische Krieg 1870–1871 (Budapest 1974)

M. DOEBERL, Bayern und die Bismarckische Reichsgründung (München/Berlin 1925)

J. B. DUROSELLE, Die europäischen Staaten und die Gründung des Deutschen Reiches, in: Reichsgründung 1870/71, hrsg. von Th. SCHIEDER und E. DEUERLEIN (Stuttgart 1970) 386 ff.

L. EISENMANN, Le compromis Austro-Hongrois de 1867. Etude sur le Dualisme (Paris 1904)

M. EKMEČIĆ, Der Aufstand in Bosnien 1875, Bd. 1 (Graz 1974)

F. ENGEL-JANOSI, Der »Ballhausplatz« 1848–1948, in: ders., Geschichte auf dem Ballhausplatz (Graz 1963) 9 ff.

F. ENGEL-JANOSI, Der Briefwechsel Gobineaus mit Prokesch-Osten, in: MIÖG 48 (1934) 456 ff.

F. ENGEL-JANOSI, Die römische Frage in den diplomatischen Verhandlungen 1869/70, in: ders., Geschichte auf dem Ballhausplatz (Graz 1963) 143 ff.

F. ENGEL-JANOSI, Zur Geschichte des österreichischen Aktenwerkes über den Ursprung des Ersten Weltkriegs, in: Zeitgeschichte 5 (1977) 39 ff.

F. ENGEL-JANOSI, Graf Rechberg. Vier Kapitel zu seiner und Österreichs Geschichte (München 1927)

F. ENGEL-JANOSI, Die Jugendzeit des Grafen Prokesch von Osten (Innsbruck 1938)

F. ENGEL-JANOSI, Österreich und der Vatikan 1846–1918, Bd. 1 (Graz/Wien/Köln 1958)

F. ENGEL-JANOSI, Österreich-Ungarn im Sommer 1870, in: ders., Geschichte auf dem Ballhausplatz (Graz 1963) 207 ff.

F. ENGEL-JANOSI, Il problema di Roma nella politica dell'Austria, in: Atti del XLV Congresso di Storia del Risorgimento Italiano (Rom 1972)

E. ENGELBERG, Über die Revolution von oben, in: Zeitschrift für Geschichtswissenschaft 22 (1974) 1183 ff.

E. ERICHSEN, Die deutsche Politik des Grafen Beust im Jahre 1870. Ein Beitrag zur Geschichte der Reichsgründung (Phil. Diss. Kiel 1927)

K.-G. FABER, Die nationalpolitische Publizistik Deutschlands von 1866 bis 1871. Eine kritische Bibliographie, Bd. 2 (Düsseldorf 1963)

F. FELLNER, Kaiser Franz Joseph und das Parlament. Materialien zur Geschichte der Innenpolitik Österreichs in den Jahren 1867–1873, in: MÖStA 9 (1956) 287 ff.

W. A. FLETCHER, The Mission of Vincent Benedetti to Berlin 1864–1870. A Study of Franco-Prussian Diplomatic Relations (Den Haag 1965)

H. FORGÓ, Fürst Richard Metternich (ungedr. phil. Diss. Wien 1966)

FRAGEN AN DIE DEUTSCHE GESCHICHTE. Historische Ausstellungen im Reichstagsgebäude in Berlin und in der Paulskirche in Frankfurt a. Main aus Anlaß der hundertsten Wiederkehr des Jahres der Reichsgründung 1871 (Berlin 1971)

T. FRANK, The British Image of Hungary 1865/1870 (Budapest 1976)

T. FRANK, Der preußisch-österreichische Krieg und die englische öffentliche Meinung, in: Annales Universitatis Scientiarum Budapestensis de Rolando Eötvös nominatae, Sectio Historica 17 (1976) 151 ff.

T. FRANK, Die österreichische Propaganda des Dualismus in England 1866–1870, in: Zeitgeschichte 3 (1976) 337 ff.

L. GALL (Hrsg.), Das Bismarck-Problem in der Geschichtsschreibung nach 1945 (NWB 42, Köln/Berlin 1971)

L. GALL, Das Problem Elsaß-Lothringen, in: Reichsgründung 1870/71, hrsg. von Th. SCHIEDER und E. DEUERLEIN (Stuttgart 1970) 366 ff.

Historisches GESCHEHEN im Spiegel der Gegenwart. Österreich-Ungarn 1867–1967, hrsg. vom Institut für Österreichkunde (Wien 1970)

W. H. GILLER, Die Orientkrise 1868/69 mit besonderer Berücksichtigung der österreichischen Haltung (ungedr. phil. Diss. Innsbruck 1957)

E. v. GLAISE-HORSTENAU, Franz Josephs Weggefährte. Das Leben des Generalstabschefs Grafen Beck (Wien 1930)

L. v. GOGOLÁK, Beiträge zur Geschichte des slowakischen Volkes, Bd. 3 (Buchreihe der Südostdeutschen Historischen Kommission 26, München 1972)

W. GOLDINGER, Die Zentralverwaltung in Cisleithanien – Die zivile gemeinsame Zentralverwaltung, in: Die Habsburger Monarchie 1848–1918, hrsg. von A. WANDRUSZKA und P. URBANITSCH, Bd. 2: Verwaltung und Rechtswesen (Wien 1975) 100 ff.

J. GOLDSCHLAG, Die Wiener führende Presse und der Deutsch-Französische Krieg 1870/71 (ungedr. phil. Diss. Wien 1930)

S. GORIAINOW, Le Bosphore et les Dardanelles (Paris 1910)

S. GORIAINOV, La Question d'Orient à la veille du traité de Berlin (1870–1876) (Paris 1948)

F. GOTTAS, Ungarn im Zeitalter des Hochliberalismus. Studien zur Tisza-Ära (1875–1890) (Studien zur Geschichte der österreichisch-ungarischen Monarchie 16, Wien 1976)

E. GROB, Beusts Kampf gegen Bismarck (Zürich 1930)

Entscheidung 1870. Der deutsch-französische Krieg, hrsg. von W. v. GROOTE und U. v. GERSDORFF (Stuttgart 1970)

R. GRUPP, Die diplomatischen Beziehungen Württembergs zu Österreich in der Zeit der Reichsgründung (ungedr. phil. Diss. München 1957)

S. W. HALPERIN, Diplomat under Stress: Visconti-Venosta and the Crisis of July 1870 (Chicago 1963)

S. W. HALPERIN, The Origins of the Franco-Prussian War Revisited: Bismarck and the Hohenzollern Candidature for the Spanish Throne, in: The Journal of Modern History 45 (1973) 83 ff.

Der Bonapartismus. Historisches Phänomen und politischer Mythos, hrsg. von K. HAMMER und P. C. HARTMANN (Beihefte der Francia 6, München 1977)

P. HANÁK, Hungary in the Austro-Hungarian Monarchy: Preponderancy or Dependency? in: Austrian History Yearbook 3 (1967) 260 ff.

H. HANTSCH, Die Nationalitätenfrage im alten Österreich. Das Problem der konstruktiven Reichsgestaltung (Wiener Historische Studien 1, Wien 1953)

D. HARRINGTON-MÜLLER, Der Fortschrittsklub im Abgeordnetenhaus des österreichischen Reichsrats 1873–1910 (Studien zur Geschichte der österreichisch-ungarischen Monarchie 11, Wien/Köln/Graz 1972)

H. HASELSTEINER, Die Serben und der Ausgleich. Zur politischen und staatsrechtlichen Stellung der Serben Südungarns in den Jahren 1860–1867 (Wiener Archiv für Geschichte des Slawentums und Osteuropas 9, Wien/Köln/Graz 1976)

F. HAUPTMANN, General Rodić i Politika Austrijske vlade u krivošijskom ustanku 1869/70, in: Godišnjaka, Društva istoričara Bosne i Herzegovine 13 (1962) 53 ff.

F. HAUPTMANN, Österreich-Ungarn und die Emanzipationsbewegungen der Südslawen, in: Festschrift Hermann Wiesflecker, hrsg. von A. NOVOTNY und O. PICKL (Graz 1973) 259 ff.

W. HAUSCHKA-HIRSCH, Felix Graf Wimpffen (1827–1882). Ein österreichischer Diplomat der franzisko-josephinischen Epoche, in: MIÖG 80 (1972) 356 ff.

H. HAUTMANN/R. KROPF, Die österreichische Arbeiterbewegung vom Vormärz bis 1945. Sozialökonomische Ursprünge ihrer Ideologie und Politik (2. Aufl. Wien 1976)

H. HELMERT, Der preußische Generalstab in der Vorbereitung des Krieges gegen Frankreich (1866–1870), in: Die großpreußisch-militaristische Reichsgründung 1871, hrsg. von H. BARTEL und E. ENGELBERG, Bd. 1 (Berlin 1970) 157 ff.

L'Historiographie du Second Empire (Sammelband), Revue d'Histoire Moderne et Contemporaine 21 (1974)

Europa und die Einheit Deutschlands. Eine Bilanz nach 100 Jahren, hrsg. von W. Hofer (Köln 1970)

J. Holzer, Erzherzog Albrecht 1867–1895. Politisch-militärische Konzeptionen und Tätigkeit als Generalinspektor des Heeres (ungedr. phil. Diss. Wien 1974)

N. M. Hope, The Alternative to German Unification. The Antiprussian Party, Frankfurt, Nassau and the two Hessen 1859–1867 (Wiesbaden 1973)

D. W. Houston, The Negotiations for a Triple Alliance between France, Austria and Italy, 1869–70 (ungedr. Diss. University of Pennsylvania 1959)

M. Howard, The Franco-Prussian War. The German Invasion of France 1870–71 (London 1968)

H. Hubatschke, Die amtliche Organisation der geheimen Briefüberwachung und des diplomatischen Chiffredienstes in Österreich (Von den Anfängen bis etwa 1870), in: MIÖG 83 (1975) 352 ff.

G. Hünigen, Nikolaj Pavlovič Ignat'ev und die russische Balkanpolitik 1875–1878 (Göttinger Bausteine zur Geschichtswissenschaft 40, Göttingen 1968)

B. Jelavich, The Habsburg Empire in European Affairs 1814–1918 (Chicago 1969)

R. A. Kann, A History of the Habsburg Empire 1526–1918 (Berkeley 1974); dt.: Geschichte des Habsburgerreiches 1526–1918 (Wien/Köln/Graz 1977)

R. A. Kann, Das Nationalitätenproblem der Habsburgermonarchie – Geschichte und Ideengehalt der nationalen Bestrebungen vom Vormärz bis zur Auflösung des Reiches im Jahre 1918, 2 Bde. (Veröffentlichungen der Arbeitsgemeinschaft Ost 3, 2. Aufl. Graz/Köln 1964)

P. J. Katzenstein, Disjoined Partners. Austria and Germany since 1815 (Berkeley 1976)

J. Klaczko, Deux chanceliers. Le prince Gortchakof et le prince de Bismarck (Paris 1876)

E. Kolb, Bismarck und das Aufkommen der Annexionsforderung 1870, in: HZ 209 (1969) 318 ff.

E. Kolb, Ökonomische Interessen und politischer Entscheidungsprozeß. Zur Aktivität deutscher Wirtschaftskreise und zur Rolle wirtschaftlicher Erwägungen in der Frage von Annexion und Grenzziehung 1870/71, in: Vierteljahrsschrift f. Sozial- und Wirtschaftsgeschichte 60 (1973) 343 ff.

E. Kolb, Der Kriegsausbruch 1870. Politische Entscheidungsprozesse und Verantwortlichkeiten in der Julikrise 1870 (Göttingen 1970)

E. Kolb, Der Kriegsrat zu Herny am 14. August 1870. Zur Entstehung des Annexionsentschlusses der preußischen Führungsspitze im Krieg von 1870, in: Militärgesch. Mitteilungen 1 (1971) 5 ff.

E. Kolb, Rußland und die Gründung des Norddeutschen Bundes, in: R. Dietrich (Hrsg.), Europa und der Norddeutsche Bund (Berlin 1968) 183 ff.

G. Kolmer, Das Herrenhaus des österreichischen Reichsraths (Wien/Leipzig 1907)

G. Kolmer, Parlament und Verfassung in Österreich, 8 Bde. (Wien/Leipzig 1902/14)

E. Kónyi, Beust und Andrássy 1870/71, in: Deutsche Revue 15, 2 (1890) 1 ff.

J. Kořalka, Die preußisch-deutsche Politik, der Ausgleich von 1867 und die nationalen Fragen in Mitteleuropa, in: A. Vantuch und L. Holotík (Hrsg.), Der österreichisch-ungarische Ausgleich 1867 (Preßburg 1971) 83 ff.

M. Kossina, Die Rotbücher der österreichisch-ungarischen Monarchie (ungedr. phil. Diss. Wien 1946)

B. Krebs, Die westeuropäische Pressepolitik der Ära Beust (1865–1871) (Göppinger Akademische Beiträge 5, Göppingen 1970)

F. Leidner, Die Außenpolitik Österreich-Ungarns vom Deutsch-Französischen Krieg bis zum Deutsch-Österreichischen Bündnis 1870–79 (Kiel 1936)

G. Lewis, Kirche und Partei im Politischen Katholizismus. Klerus und Christlichsoziale in Niederösterreich 1885–1907 (Wien/Salzburg 1977)
Dimensions et Résonances de l'année 1871. Colloque tenu à Strasbourg sous les auspices de
l'Association européenne d'histoire contemporaine présidée par F. L'Huillier, 28–31 oc-
tobre 1971, in: Revue d'Histoire Moderne et Contemporaine 19 (1972) 153 ff.
R. Lill, Aus den italienisch-deutschen Beziehungen 1869–1876, in: Quellen und Forschungen
aus italienischen Archiven und Bibliotheken 46 (1966) 399 ff.
W. Lipgens, Bismarck, die öffentliche Meinung und die Annexion von Elsaß-Lothringen 1870,
in: HZ 199 (1964) 31 ff.
A. Lorant, Le Compromis Austro-Hongrois et l'opinion publique française en 1867 (Travaux
d'histoire éthico-politique 21, Genf 1971)
Gesamtdeutsches Denken in Österreich und die Reichsgründung. Reichssiegerarbeit der Sparte
»Kampf um die Weltanschauung« im Reichsberufswettkampf der deutschen Studenten
1936/37, Mannschaft der Fachgruppe Kulturwissenschaft der Studentenführung Universität
Berlin, Mannschaftsführer: W. Lott und W. Reese (München/Berlin 1938)
M. Lunzer, Der Versuch einer Presselenkung in Österreich 1848 bis 1870 (Wien 1954)
H. Lutz, Von Königgrätz zum Zweibund. Aspekte europäischer Entscheidungen, in: HZ 217
(1973) 347 ff.
H. Lutz, Politik und militärische Planung in Österreich-Ungarn zu Beginn der Ära Andrássy, in:
Geschichte und Gesellschaft. Festschrift für K. R. Stadler (Wien 1974) 23 ff.
H. Lutz, Le problème de la politique extérieure Austro-hongroise en 1871, in: Revue d'Histoire
Moderne et Contemporaine 19 (1972) 296 ff.
H. Lutz, Zur Wende der österreichisch-ungarischen Außenpolitik 1871. Die Denkschrift des
Grafen Beust für Kaiser Franz Joseph vom 18. Mai, in: MÖStA 25 (1972) 169 ff.
C. A. Macartney, The Habsburg Empire 1790–1918 (London 1968)
E. Marcks, Der Aufstieg des Reiches. Deutsche Geschichte von 1807 bis 1871/78, Bd. 2 (Stutt-
gart/Berlin 1936)
H. Matis, Sozioökonomische Aspekte des Liberalismus in Österreich 1848–1918, in: Sozialge-
schichte heute. Festschrift für Hans Rosenberg zum 70. Geburtstag, hrsg. von H.-U. Wehler
(Kritische Studien zur Geschichtswissenschaft 11, Göttingen 1974) 243 ff.
H. Matis, Österreichs Wirtschaft 1848–1913. Konjunkturelle Dynamik und gesellschaftlicher
Wandel im Zeitalter Franz Josephs I. (Berlin 1972)
A. J. May, The Habsburg Monarchy 1867–1914 (Cambridge, Mass., 1951)
R. Millman, British Foreign Policy and the Coming of the Franco-Prussian War (Oxford 1965)
P. Molisch, Die deutschen Hochschulen in Österreich und die politisch-nationale Entwicklung
nach dem Jahre 1848 (München 1922)
H. Mommsen, Die Sozialdemokratie und die Nationalitätenfrage im habsburgischen Vielvöl-
kerstaat (Wien 1963)
H. Mommsen, Die Rückwirkungen des Ausgleichs mit Ungarn auf die zisleithanische Verfas-
sungsfrage, in: A. Vantuch und L. Holotík (Hrsg.), Der österreichisch-ungarische Ausgleich 1867 (Preßburg 1971) 353 ff.
W. E. Mosse, The European Powers and the German Question 1848–71 with special reference
to England and Russia (Cambridge 1958)
W. E. Mosse, The Rise and Fall of the Crimean System 1855–71. The Story of a Peace Settle-
ment (London 1963)
K. A. v. Müller, Bismarck und Ludwig II. im September 1870, in: HZ 111 (1913) 89 ff.
K. A. v. Müller, Bismarck und Ludwig II. im September 1870. Aktenstücke aus den Papieren
des Grafen Karl von Tauffkirchen, in: Forschungen zur Brandenburgischen und Preußischen
Geschichte 27 (1914) 572 ff.
K. A. v. Müller, Die Tauffkirchensche Mission nach Berlin und Wien, in: Riezler-Festschrift
(Gotha 1913) 352 ff.

E. Naujoks, Bismarcks auswärtige Pressepolitik und die Reichsgründung (1865–71) (Wiesbaden 1968)

C. di Nola, La situazione europea e la politica italiana dal 1867 al 1870 (Biblioteca della »Nuova Rivista Storica« 22, Rom/Neapel 1956)

E. di Nolfo, Austria e Roma nel 1870, in: Rassegna Storica del Risorgimento 58 (1971) 409 ff.

O. Odložilik, Russia and Czech National Aspirations, in: Journal of Central European Affairs 22 (1962/63) 407 ff.

[L. v. Oppenheimer], Austriaca. Betrachtungen und Streiflichter (Leipzig 1882)

Sozial-ökonomische Forschungen zur Geschichte von Ost-Mitteleuropa, hrsg. von E. Pamlényi (Studia Historica Academiae Scientiarum Hungaricae 62, Budapest 1970)

K. Paupié, Handbuch der österreichischen Pressegeschichte 1848–1959, 2 Bde. (Wien/Stuttgart 1960/1966)

N. Petrovič, Der österreichisch-ungarische Ausgleich und die Orientalische Frage, in: A. Vantuch und L. Holotík (Hrsg.), Der österreichisch-ungarische Ausgleich 1867 (Preßburg 1971) 195 ff.

I. Pfaff, Tschechische Politik und die Reichsgründung, in: Jahrbuch f. Geschichte Osteuropas 20 (1972) 492 ff.

W. Platzhoff, Die Anfänge des Dreikaiserbundes (1867–1871) unter Benutzung unveröffentlichten Materials, in: Preußische Jahrbücher 188 (1922) 283 ff.

O. Poppinger, Die bayrisch-österreichischen Beziehungen von Königgrätz bis Versailles (1866–1871) (ungedr. phil. Diss. Wien 1958)

H. Potthoff, Die deutsche Politik Beusts von seiner Berufung zum österreichischen Außenminister Oktober 1866 bis zum Ausbruch des deutsch-französischen Krieges 1870/71 (Bonner Historische Forschungen 31, Bonn 1968)

F. Prinz, Die böhmischen Länder von 1848 bis 1914, in: Handbuch der Geschichte der böhmischen Länder, hrsg. von K. Bosl, Bd. 3 (1968) 135 ff.

A. Radenić, Die Balkanländer in der Strategie Österreich-Ungarns 1867–1878, in: Balcanica 1 (1970) 147 ff.

H. Rall, Die politische Entwicklung von 1848 bis zur Reichsgründung 1871, in: Handbuch der bayerischen Geschichte, hrsg. von M. Spindler, Bd. 4/1 (München 1974) 228 ff.

H. Rall, König Ludwig II. und Bismarcks Ringen um Bayern 1870/71 (München 1973)

H. Rall, Bismarcks Reichsgründung und die Geldwünsche aus Bayern, in: Zeitschrift für bayerische Landesgeschichte 22 (1959) 396 ff.

U. Rauchbauer, Die Außenpolitik Österreich-Ungarns 1870–1871 im Spiegel der amerikanischen Gesandtschaftsberichte John Jays, in: MÖStA 21 (1968) 331 ff.

W. Rechberger, Zur Geschichte der Orientbahnen. Ein Beitrag zur österreichisch-ungarischen Eisenbahnpolitik auf dem Balkan in den Jahren von 1852–1888 (ungedr. phil. Diss. Wien 1958)

J. Redlich, Das österreichische Staats- und Reichsproblem. Geschichtliche Darstellung der inneren Politik der habsburgischen Monarchie von 1848 bis zum Untergang des Reiches, 2 Bde. (Leipzig 1920/26)

J. A. v. Reiswitz, Belgrad-Berlin, Berlin-Belgrad 1866–1871 (München 1936)

K. Rheindorf, England und der deutsch-französische Krieg 1870–71 (Bonn/Leipzig 1923)

K. Rheindorf, Die Schwarze-Meer-(Pontus-)Frage vom Pariser Frieden von 1856 bis zum Abschluß der Londoner Konferenz von 1871. Ein Beitrag zu den orientalischen Fragen und zur Politik der Großmächte im Zeitalter Bismarcks (Berlin 1925)

W. Rogge, Oesterreich von Világos bis zur Gegenwart, Bd. 3: Der Kampf mit dem Föderalismus (Leipzig/Wien 1873)

H. Rumpler, Beust im Schatten Bismarcks. Grenzen und Bedingungen einer Persönlichkeitsbeurteilung, in: Objektivität und Parteilichkeit in der Geschichtswissenschaft, hrsg. von R. Koselleck, W. J. Mommsen, J. Rüsen (München 1977) 212 ff.

H. Rumpler, Föderalismus als Problem der deutschen Verfassungsgeschichte des 19. Jahrhunderts (1815–1871), in: Der Staat 16 (1977) 215 ff.

H. Rumpler, Die deutsche Politik des Freiherrn von Beust 1848–1850. Zur Problematik mittelstaatlicher Reformpolitik im Zeitalter der Paulskirche (Veröffentlichungen der Kommission für Neuere Geschichte Österreichs 57, Wien/Köln/Graz 1972)

A. v. Ruville, Bayern und die Wiederaufrichtung des Deutschen Reiches (Berlin 1909)

H. Salomon, L'ambassade de Richard de Metternich à Paris (Paris 1931)

N. Schausberger, Die »Reichsgründung« 1871 im Spiegel der öffentlichen Meinung Österreichs, in: Österreich in Geschichte und Literatur 18 (1974) 321 ff.

Th. Schieder, Vom Deutschen Bund zum Deutschen Reich, in: B. Gebhardt, Handbuch der deutschen Geschichte, hrsg. von H. Grundmann, Bd. 3 (9. Aufl. Stuttgart 1970) 99 ff.

Th. Schieder, Das deutsche Kaiserreich von 1871 als Nationalstaat (Wissenschaftliche Abhandlungen der Arbeitsgemeinschaft für Forschung des Landes Nordrhein-Westfalen 20, Köln 1961)

Reichsgründung 1870/71. Tatsachen, Kontroversen, Interpretationen, hrsg. von Th. Schieder und E. Deuerlein (Stuttgart 1970)

Th. Schieder, Die Bismarckische Reichsgründung von 1870/71 als gesamtdeutsches Ereignis, in: Stufen und Wandlungen der deutschen Einheit (Festschrift für K. A. v. Müller), hrsg. von K. v. Raumer und Th. Schieder (Stuttgart/Berlin 1943) 342 ff.

K. Schlintner, Die Reichsratsdelegation Österreichs und die Außenpolitik von 1867 bis 1878/79 (ungedr. phil. Diss. Wien 1950)

R. Schmalisch, Die Stellung liberaler und konservativer Zeitungen Wiens zu Preußen und Frankreich zwischen den Kriegen von 1866 und 1870/71 (ungedr. phil. Diss. Wien 1964)

A. Schmidt-Brentano, Die Armee in Österreich. Militär, Staat und Gesellschaft 1848–1867 (Militärgeschichtliche Studien 20, Boppard 1975)

H. A. Schmitt, Count Beust and Germany, 1866–1870: Reconquest, Realignment or Resignation? in: Central European History 1 (1968) 20 ff.

F. Schnabel, Das Problem Bismarck, in: Hochland 42 (1949/50) 1 ff.

E. Schneider, Württembergs Beitritt zum Deutschen Reich 1870, in: Württembergische Vierteljahreshefte N. F. 29 (1920) 119 ff.

O. Schneider, Die Wiener Pressepolitik während des Deutsch-Französischen Krieges (ungedr. phil. Diss. Wien 1944)

K. P. Schoenhals, The Russian Policy of Count Friedrich Ferdinand von Beust 1866–1871 (ungedr. phil. Diss. Rochester 1964)

R. Schüller, Die Entstehung des österreichisch-ungarischen Wirtschaftsgebietes, in: G. Gratz und R. Schüller, Der wirtschaftliche Zusammenbruch Österreich-Ungarns. Die Tragödie der Erschöpfung (Wien 1930) 1 ff.

W. Schüssler, Bismarcks Kampf um Süddeutschland 1867 (Berlin 1929)

G. Seeber, Preußisch-deutscher Bonapartismus und Bourgeoisie. Zu Ausgangspositionen und Problemen der Bonapartismus-Forschung, in: Jahrbuch für Geschichte 16 (1977) 71 ff.

A. Sorel, Histoire diplomatique de la guerre franco-allemande, 2 Bde. (Paris 1875)

Th. v. Sosnosky, Die Balkanpolitik Österreich-Ungarns seit 1866, Bd. 1 (Stuttgart/Berlin 1913)

H. Ritter v. Srbik, Erinnerungen des Generals Freiherrn von John 1866 und 1870, in: ders., Aus Österreichs Vergangenheit. Von Prinz Eugen zu Franz Joseph (Salzburg 1949) 43 ff.

H. Ritter v. Srbik, Reichskriegsminister Freiherr von Kuhn 1868–1874, in: ders., Aus Österreichs Vergangenheit. Von Prinz Eugen zu Franz Joseph (Salzburg 1949) 141 ff.

H. Steiner, Die Arbeiterbewegung Österreichs 1867–1889 (Wien 1964)

A. Stern, Geschichte Europas seit den Verträgen von 1815 bis zum Frankfurter Frieden von 1871, Bd. 9 und 10 (Stuttgart/Berlin 1924)

O. Graf Stolberg-Wernigerode, Robert Heinrich Graf von der Goltz. Botschafter in Paris 1863/69 (Deutsche Geschichtsquellen des 19. Jahrhunderts 34, Berlin 1941)

G. Stourzh, Die österreichische Dezemberverfassung von 1867, in: Österreich in Geschichte und Literatur 12 (1968) 1 ff.

R. Stropp, Die Akten des k.u.k. Ministeriums des Äußern 1848–1918, in: MÖStA 20 (1967) 389 ff.

Das kaiserliche Deutschland. Politik und Gesellschaft 1870–1918, hrsg. von M. Stürmer (Düsseldorf 1970)

V.-L. Tapié, Autour d'une tentative d'Alliance entre la France et l'Autriche 1867–70 (Österreichische Akademie der Wissenschaften, Philosophisch-historische Klasse, Sitzungsberichte 274. Band, 5. Abhandlung, Wien 1971)

A. J. P. Taylor, The Habsburg Monarchy 1809–1918. A History of the Austrian Empire and Austria-Hungary (London 1955)

A. J. P. Taylor, The Struggle for Mastery in Europe 1848–1918 (Oxford 1954)

A. Toth, Parteien und Reichstagswahlen in Ungarn 1848–1892 (Südosteuropäische Arbeiten 70, München 1973)

H. Treitschke, Österreich und das deutsche Reich, in: Preußische Jahrbücher 28 (1871) 667 ff.

A. Vantuch und L. Holotík (Hrsg.), Der österreichisch-ungarische Ausgleich 1867 (Preßburg 1971)

St. Verosta, Theorie und Realität von Bündnissen. Heinrich Lammasch, Karl Renner und der Zweibund (1897–1914) (Wien 1971)

K. Vocelka, Verfassung oder Konkordat? Der publizistische und politische Kampf der österreichischen Liberalen um die Religionsgesetze des Jahres 1868 (Wien 1978)

W. Wagner, Geschichte des k.k. Kriegsministeriums, Bd. 2 (Studien zur Geschichte der österreichisch-ungarischen Monarchie 10, Wien/Köln/Graz 1971)

W. Wagner, Kaiser Franz Joseph und das deutsche Reich 1871–1914 (ungedr. phil. Diss. Wien 1950)

A. Wahl, La question des courants annexionistes en Allemagne et l'»Alsace-Lorraine«, in: F. L'Huillier (Hrsg.), L'Alsace en 1870–1871 (Paris 1971) 185 ff.

B. Waller, Bismarck at the Crossroads: The Reorientation of German Foreign Policy after the Congress of Berlin 1878–80 (London 1974)

A. Wandruszka, I Cattolici Austriaci e la presa di Roma, in: Il venti Settembre nella storia d'Italia, hrsg. von G. Spadolini, Sonderband der »Nuova Antologia« (Oktober 1970) 109 ff.

A. Wandruszka – R. G. Plaschka – A. Drabek (Hrsg.), Die Donaumonarchie und die südslawische Frage von 1848 bis 1918. Texte des ersten österreichisch-jugoslawischen Historikertreffens, Gösing (Wien 1978)

A. Wandruszka, Geschichte einer Zeitung. Das Schicksal der »Presse« und der »Neuen Freien Presse« von 1848 zur Zweiten Republik (Wien 1958)

Die Habsburgermonarchie 1848–1918, hrsg. von A. Wandruszka und P. Urbanitsch, Bd. 1: Die wirtschaftliche Entwicklung, ed. A. Brusatti (Wien 1973); Bd. 2: Verwaltung und Rechtswesen (Wien 1975)

E. Weinzierl-Fischer, Aus dem Reisetagebuch des Prinzen Aloys Liechtenstein von 1871, in: AÖG 125 (1966) 241 ff.

E. Weis, Vom Kriegsausbruch zur Reichsgründung. Zur Politik des bayerischen Außenministers Graf Bray-Steinburg im Jahr 1870, in: Zeitschrift für bayerische Landesgeschichte 33 (1970) 787 ff.

H. Wereszycki, Julian Klaczko – Österreichischer Hofrat, in: Studia Austro-Polonica 1 (Warschau/Krakau 1978) 279 ff.

E. v. Wertheimer, Bismarck im politischen Kampf (Berlin 1930)

E. v. Wertheimer, Graf Julius Andrássy. Sein Leben und seine Zeit, 3 Bde. (Stuttgart 1910/13)

E. v. Wertheimer, Zur Vorgeschichte des Krieges von 1870/71, in: Deutsche Rundschau 185 (1920) 1 ff., 220 ff., 342 ff.; 186 (1921) 35 ff.

R. F. Wierer, Die böhmischen Fundamentalartikel vom Jahre 1871, in: Der österreichisch-ungarische Ausgleich von 1867. Vorgeschichte und Wirkung, hrsg. von P. BERGER (Wien/München 1967) 154 ff.

J. WINCKLER, Die periodische Presse Österreichs (Wien 1875)

H. WOLTER, Zum Verhältnis von Außenpolitik und Bismarckschem Bonapartismus, in: Jahrbuch für Geschichte 16 (1977) 119 ff.

H. de WORMS, The Austro-Hungarian Empire and the Policy of Count Beust. A Political Sketch of Men an Events from 1866 to 1870, by an Englishman (London 1870)

I. ŽOLGER, Der staatsrechtliche Ausgleich zwischen Österreich und Ungarn (Leipzig 1911)

W. ZORN, Die wirtschaftliche Integration Kleindeutschlands in den 1860er Jahren und die Reichsgründung, in: HZ 216 (1973) 304 ff.

F. ZWITTER, en collaboration avec J. SIDAK et V. BOGDANOV, Les problèmes nationaux dans la monarchie des Habsbourg (Belgrad 1960)

Personenregister

Der Name des Reichskanzlers Friedrich Ferdinand Graf von Beust, der auf fast allen Seiten des Buches vorkommt, wurde nicht in das Register aufgenommen.

LA VALETTE, CHARLES Marquis de 129
LEBOEUF, EDMOND 149
LEBRUN, BARTHÉLEMY 149–152
LEININGEN, Graf zu 382
LEOPOLD II., König der Belgier 259
LEOPOLD, Prinz von Hohenzollern-Sigmaringen 187
LIECHTENSTEIN, ALOYS Prinz von und zu 32
LIPPE-WEISSENFELD, WILHELM GEORG Graf und Edler Herr von 413, 427, 472
LOFTUS, AUGUSTUS (Lord) 83
LÓNYAY VON NAGY-LÓNYA, MEINHARD Graf 209 f., 213, 241
LORANT, ANDRÉ 74
LUDWIG II., König von Bayern 64, 163, 175 f., 288, 290–292, 307 f., 319, 324, 356, 412
LUDWIG III., Großherzog von Hessen-Darmstadt 173, 413
LUEGER, KARL 372
LUITPOLD, Prinz von Bayern 271, 277, 364
LUTZ, JOHANN Freiherr von 293, 302, 350

MACARTNEY, CARLYLE AYLMER 22, 51
MARIE, Königin von Hannover 114
MARINOVIĆ, JOVAN 183
MARX, KARL 19, 420
MAXIMILIAN, Erzherzog, Kaiser von Mexiko 73 f., 87
MAY, ARTHUR JAMES 51
MAYERHOFER, FRANZ VON 311
METTERNICH(-WINNEBURG), KLEMENS WENZEL LOTHAR NEPOMUK Fürst von 19, 76, 100, 416, 469
METTERNICH, RICHARD Fürst von 32, 87, 100, 123, 126, 138–142, 147, 197, 231 f., 240, 257, 260, 303, 379 f., 467
MEYENDORFF, General 446 f.
MEYSENBUG, OTTO RIVALIER Freiherr von 31 f.
MICHAEL III., Fürst von Serbien 104 f., 107, 126, 181–183
MILAN IV., Fürst von Serbien 107
MILJUTIN, DIMITRIJ 97, 230, 433
MINGHETTI, MARCO 234, 252 f., 350, 357
MITTNACHT, HERMANN Freiherr von 291, 299, 350, 382
MOHL, MORITZ 297
MOLTKE, HELMUTH Graf von 59, 92, 191 f., 199 f., 400, 477
MORIER, SIR ROBERT 240
MOSBOURG, COMTE DE 379, 385

MOUSTIER, LIONEL Marquis de 83, 88, 108, 111, 123, 125, 183
MÜNCH-BELLINGHAUSEN, JOACHIM Freiherr von 449, 473
MYRBACH-RHEINFELD, FRANZ VON 312

NAPOLEON I., Kaiser der Franzosen 324
NAPOLEON III., Kaiser der Franzosen 13, 44 f., 50, 62 f., 66, 72–74, 76, 78–83, 87–90, 93, 98, 113, 122–127, 129, 136, 138 f., 141–153, 158, 163, 187, 196, 198, 202, 204, 211 f., 231–233, 250, 255, 274, 279, 327, 414, 441, 487
NEURATH, Freiherr von 382
NIGRA, CONSTANTINO CONTE 232
NIKOLAUS I., Zar von Russland 124
NIKOLAUS I., Fürst von Montenegro 107
NOWIKOW, EUGEN VON 352

OLGA, Königin von Württemberg 162, 174, 411
OLLIVIER, ÉMILE 129, 146 f., 168, 235
ONCKEN, HERMANN 45, 51, 125, 137, 150
OPPENHEIMER, LUDWIG VON 50, 343–345, 347, 350, 354, 356, 368, 444
ORCZY ZU ORCZ, BÉLA Freiherr von 26, 208
ORLOFF, NIKOLAUS Fürst 162, 256, 403
OTTOKAR II., König von Böhmen 458 f.

PALACKY, FRANZ 131, 373, 460
PEEL, SIR ROBERT 398, 414
PETRINÓ, ALEXANDER Freiherr von 312
PFUSTERSCHMIDT, JOSEPH VON 382
PIUS IX. (GIOVANNI MARIA CONTE DI MASTAI-FERRETTI), Papst 136, 232 f.
PLENER, IGNAZ VON 206, 400
POTOCKI-PILAWA, ALFRED Graf 133 f., 147, 164, 171, 181, 205, 207, 211–213, 217–220, 241, 259, 310, 312 f., 326, 328, 333, 344, 346, 350, 354, 358, 360 f., 371, 401, 419, 421, 425, 474
POTTHOFF, HEINRICH 137, 155
PRANCKH, SIEGMUND Freiherr von 293, 302, 350, 411
PROKESCH-OSTEN, ANTON VON 32, 110, 180, 352, 415 f., 476
PRZIBRAM, LUDWIG VON 46, 335

RADOWITZ, JOSEPH MARIA VON 276
RAJEWSKI, Erzpriester 162